KB264667

마거릿 미첼(1900~1949)

마가렛 미첼 하우스 박물관   미첼이 《바람과 함께 사라지다》 대부분을 쓰며 10년간 살았던 곳으로 1994년 화재로 소실되었으나 새로 복원, 1996년 역사적인 장소로 등록되었다. 애틀랜타 시 크레센트 거리

해군함정 건조 지원   미첼은 제2차 세계대전 무렵 적십자사의 자원봉사자로 활동하며 소설 수익금으로 적십자사의 채권을 구매, 1941년 해군함정 'USS 애틀랜타'(CL-51)를 건조했으나, 그 뒤 이 함정이 침몰하자, 1944년 다시 군함 CL-104의 건조를 지원 '애틀랜타'라는 이름을 붙이고 그 배의 진수식에 참가했다.

앤티텀 전투   1862년 남북 전쟁 중 하루 동안 가장 치열했던 싸움이다.

〈노예 매매〉   에어 크로우. 1853. 시카고 역사박물관
남부군들은 포로로 잡은 흑인 병사들을 노예로 만들고, 전쟁 지원을 위한 노역자로 이용했다.

영화 〈바람과 함께 사라지다〉 빅터 플레밍 감독, 비비안 리·클라크 게이블·레슬리 하워드 주연. 1967.

World Book 128

Margaret Mitchell

GONE WITH THE WIND

바람과 함께 사라지다 I

마거릿 미첼/장왕록 옮김

동서문화사

바람과 함께 사라지다 I

차례

주요인물

스칼렛   자신의 사랑을 위해서는 물불을 가리지 않는, 타라 농장주 제럴드의
　　맏딸.

제럴드   아일랜드 태생의 호방한 대농장주며 오하라 집안의 주인. 전쟁의 패
　　배와 아내의 죽음으로 실의에 빠진다.

엘렌   제럴드의 아내, 스칼렛의 어머니. 프랑스계의 우아한 부인이나 전쟁중
　　전염병에 걸려 죽는다.

레트 버틀러   남북 전쟁을 배경으로 대부호가 된 호남으로 스칼렛의 세 번째
　　남편이다.

마미   엘렌이 시집올 때 데리고 온 흑인 하녀. 말이 많으나 유모로서 스칼렛을
　　진심으로 보살핀다.

애쉴리 윌크스   시와 음악을 좋아하는 윌크스 집안의 맏아들. 스칼렛의 적극
　　적인 구애에 끌리면서도 자신과 성격이 비슷한 사촌누이 멜라니와 결혼한다.

멜라니   천사 같은 마음과 관용의 미덕을 지닌 여자. 애쉴리의 아내이며 찰스
　　의 누이동생.

찰스 해밀턴   해밀턴 집안의 맏아들. 스칼렛과 결혼했으나 종군하여 남캐롤라
　　이나에서 전염병에 걸려 죽는다.

프랭크 케네디   애틀랜타 출신의 목재상. 수엘렌의 약혼자였으나 스칼렛의 두
　　번째 남편이 된다.

제1부

1

스칼렛 오하라는 미인은 아니었다. 그러나 그녀의 매력에 사로잡힌 사람들은 쌍둥이 탈레턴 형제처럼 그것을 거의 깨닫지 못했다. 그녀의 얼굴에는 프랑스계 해안 귀족 출신 어머니의 심세함과 혈색 좋은 아일랜드 태생 아버지의 굵은 선이 무척 뚜렷하게 섞여 있었다. 하지만 예리한 턱선과 각진 아래턱이 아주 매력적인 얼굴이었다. 갈색이 전혀 섞이지 않은 연녹색 눈은 빳빳하고 검은 속눈썹이 그 둘레를 별처럼 아련하게 둘러싸고 눈초리가 약간 치올라 가 있었다. 그 위에 검고 짙은 눈썹이 살짝 올라갔다 싶게 목련처럼 흰 살결에 뚜렷한 빗살을 긋고 있었다. 이런 흰 살결은 남부 여자들이 무척 소중히 여겼기에 보닛이나 베일, 장갑 같은 것으로 저 뜨거운 조지아의 햇살로부터 그야말로 조심스럽게 보호하고 있는 터였다.

1861년 4월의 어느 화창한 오후, 아버지의 대농장 타라의 현관 밑 시원한 그늘에서 탈레턴 집안의 쌍둥이 형제 스튜어트, 브랜트와 함께 앉아 있는 그녀의 모습은 한 폭의 그림처럼 아름다웠다. 치마 후프 위에서 12야드나 물결치는 초록 꽃무늬가 든 새 모슬린 드레스는 아버지가 최근 애틀랜타에서 사다 준 초록빛 모로코 가죽 실내화와 잘 어울렸다. 드레스는 이 근방 세 군(郡)에서는 가늘기로 이름난 그녀의 17인치 허리에 꼭 끼어 아름다움을 한층 돋보이게 하고, 몸에 착 달라붙은 바스크[1]는 열여섯 살의 나이에 비해 성숙한 가슴의 풍만함을 그대로 드러내고 있었다.

그러나 수줍은 듯 펼쳐 놓은 치마, 시뇽[2]모양으로 빗어올려 헤어네트를 씌운 우아한 머리맵시, 무릎 위에 얌전하게 포개놓은 조그만 흰 손, 이 모든 정숙한

---

1) 겨드랑이 아래부터 엉덩이까지 가리는 여성용 속옷의 일종.
2) 목덜미 위로 모아 틀어올린 머리.

겉모습으로도 도저히 그녀의 타고난 성격을 숨길 수 없었다. 조심스럽고 부드러워 보이는 얼굴에서도 초록 눈빛만은 강인한 의지와 넘칠 것 같은 정열을 숨김없이 나타내고 있어 그 얌전한 태도와는 전혀 어울리지 않았다. 그녀의 몸가짐은 어머니의 부드러운 가르침과 흑인 유모의 보다 엄격한 교육에 의해 강요된 것이었다. 그러나 눈만은 그녀 자신의 것이었다.

그녀의 양쪽에는 무릎까지 올라오는 부츠를 신은 쌍둥이 형제가 편안히 의자에 기대앉아 승마 근육이 발달한 긴 두 다리를 느긋하게 포갠 채 웃고 이야기하며, 박하수(薄荷水)가 담긴 길쭉한 컵 너머로 반짝이는 햇빛에 실눈을 뜨고 있었다. 둘 다 나이는 열아홉 살이었는데, 키는 6피트 2인치에 뼈대가 굵은 늠름한 체격으로, 햇볕에 그을은 얼굴과 진한 적갈색 머리카락, 밝고 오만한 눈을 하고 같은 색의 푸른 상의와 똑같은 겨자빛 승마 바지를 입고 있어서 두 형제는 어찌 보면 두 개의 목화송이처럼 똑 닮아 있었다.

집 밖에선 늦은 오후의 햇살이 비스듬히 앞뜰에 비쳐 신록을 배경으로 하얀 꽃 무더기 같은 층층나무 덤불을 눈부시게 부각시키고 있었다. 형제의 승마용 말은 마찻길 쪽에 매여 있었는데, 몸집이 크고 주인의 머리칼과 같은 붉은 털빛을 가지고 있었다. 말의 발밑에는 형제가 가는 곳이라면 어디든지 따라가는 야위고 신경질적인 사냥개 몇 마리가 계속 싸움을 하고 있었다. 조금 떨어진 곳에는 귀족처럼 된 검은 얼룩 달마티안 한 마리가 부리망을 쓴 채 저녁식사를 하러 주인들이 돌아가기를 참을성 있게 기다리고 있었다.

이들 개와 말, 형제들 사이에는 일반적인 동료의식 이상의 매우 닮은 점이 있었다. 하나같이 건강하지만 생각이 깊지 못한 젊은 동물들로서 발육이 좋고, 날씬하고 신경질적이었으며, 청년들은 그들의 말과 같이 혈기왕성하고 화를 잘 내는 성격이라 다소 거칠기는 했지만, 잘 다뤄 주는 사람에겐 무척 부드러운 기질을 가지고 있었다.

안락한 생활의 대농장주 아들딸로 태어나 어렸을 때부터 무엇 하나 모자란 것 없이 자라왔지만, 이 현관에 나란히 앉은 세 얼굴엔 결코 무기력하거나 연약한 빛은 없었다. 일생을 드넓은 대지 속에서 보내면서 독서 같은 따분한 일에는 별로 머리를 썩힌 일이 없는 자연인의 터질 것 같은 활기와 날랜 용감성을 그들은 갖고 있었다. 조지아 주 북쪽의 이곳 클레이턴 군은 아직 신출내기

지역이어서 이미 뿌리를 내린 어거스타나 서배너나 찰스턴 같은 곳에 비하면 훨씬 야성적이었다. 그러므로 남부에서도 좀더 안정이 되고 오래전부터 개척되어 있는 지방 사람들은 내륙의 조지아 사람들을 경멸하고 있었다. 그러나 북부 조지아인이 근방에서는 비록 옛날식의 고상하고 우아한 교양은 없을지라도 일상생활에 필요한 일만 잘 처리해 가면 아무것도 부끄러울 것이 없었다. 좋은 목화를 생산하고, 승마술이 뛰어나며, 사격에 능숙하고, 날렵하게 춤추고, 여성에게 친절하게 봉사하고, 남 못지않게 술을 마시며 대화를 할 수 있는 것, 그들에게 필요한 건 그것뿐이었다.

쌍둥이 형제는 둘 다 이 방면의 재능에 있어서는 매우 뛰어났다. 또 책 속에서 뭔가 배우려는 재능이 모자란다는 점 역시 마찬가지었다. 그들의 집은 이 군내에서도 어깨를 겨룰 자가 없을 만큼 재력이 있고 말이나 노예도 가장 많이 갖고 있었지만, 학식만은 근처에 살고 있는 가난뱅이 백인 어느 누구보다도 뒤떨어졌다.

스튜어트와 브랜트가 이 화창한 4월의 오후에 타라 저택의 현관에서 빈들빈들 시간을 보내고 있는 이유도 바로 여기에 있었다. 그날도 마침 이 2년 동안 그들을 퇴학시킨 네 번째 조지아 대학에서 금방 쫓겨난 참이었던 것이다. 그들의 형인 톰과 보이드도 동생들을 환영하지 않는 학교에는 더 있지 않겠다며 모두 함께 돌아와 버리고 말았다. 두 형제는 이번 퇴학 처분을 오히려 즐거워했다. 스칼렛 역시 지난해 페이엇빌 여학교를 졸업한 뒤론 자진해서 책 한 권 읽은 일이 없었으므로 그들과 같은 생각을 했다.

"당신들 두 사람이나 톰은 퇴학 같은 거 아무렇지도 않게 생각하겠지만," 그녀는 말했다. "하지만 보이드는 어떨까 싶어. 그 사람은 얌전하게 학교를 마치고 싶어할 텐데요. 그런데도 당신들 두 사람 때문에 버지니아 대학, 앨라배마 대학, 남캐롤라이나 대학, 그리고 이번에는 조지아 대학을 모두 그만두게 됐으니 이런 식이면 영영 졸업은 못할 거 아니에요."

"뭐, 형은 페이엇빌의 파멀리 판사님 사무소에서 법률 공부를 하니까 상관없어요. 이런 일은 별로 문제도 아니에요. 그리고 이런 일이 없다 해도 우리는 어차피 학기가 끝나기 전에 돌아오지 않으면 안 되었을 테니까요." 브랜트가 대수롭지 않다는 투로 말했다.

"어머, 어째서요?"

"전쟁 몰라요? 바보로군! 언제 전쟁이 터질지 모른다니까요. 당신은 전쟁이 시작된다는데 우리가 학교에만 꼭 틀어박혀 있을 수 있다고 생각해요?"

"전쟁이 다 뭐예요?" 스칼렛은 그런 화제는 이제 진절머리 난다는 듯 말했다. "단지 소문뿐이에요. 왜냐하면 지난주 애쉴리 윌크스 씨 부자가 오셔서 우리 아버지와 이야기하셨거든요. 워싱턴에 파견된 남부 위원들이 남부 주동맹에 대해서 링컨 씨와 우호…… 뭐라고 했더라. 참 그렇지, 우호협정이요. 그 우호협정이란 것을 맺었대요. 어쨌든 양키는 전쟁할 마음이 없을 만큼 남부를 무서워하고 있는 거예요. 그러니까 전쟁 같은 게 있을 리 없어요. 난 이제 전쟁 이야기라면 지긋지긋하다고요."

"전쟁이 없다고요?" 쌍둥이는 자기들이 기만당하기라도 한 것처럼 화를 내며 소리쳤다.

"전쟁은 꼭 일어나요. 그야 양키는 우리를 무서워하고 있을지도 모르죠. 하지만 어쨌든 그저께 뷰리가드 장군이 섬터 요새를 공격하여 놈들을 쫓아 버리고 말았어요. 이렇게 됐으니 놈들도 전쟁을 하지 않고는 못 배길 거예요. 그렇지 않으면 온 세계에서 겁쟁이란 소릴 듣게 될 테니까. 남부동맹은……."

스튜어트가 이렇게 말하자 스칼렛은 더 참을 수 없다는 듯 뾰로통해져서 입을 내밀었다.

"또 한 번 전쟁이란 말을 입에 올린다면 저는 집 안으로 들어가 문을 닫아버리겠어요. 태어나서 지금까지 '전쟁'이란 말만큼 나를 진절머리 나게 한 것은 없어요. 그리고 또 한 가지는 '남북 분리'라는 말인데, 우리 아버지만 해도 아침이고 밤이고 전쟁 이야긴 데다 찾아오는 사람마다 으레 섬터 요새니 주권의 독립이니 링컨이 어쨌느니 그런 이야기뿐이라서, 나는 정말 울고 싶을 지경이에요. 게다가 젊은 사람들까지 모두 전쟁이 일어난다는 둥, 이제부터 편성되는 기병대가 어떻다는 둥, 그런 이야기뿐이니……. 올봄 파티가 조금도 재미가 없었던 건 남자들이 전쟁 이야기 말고는 도무지 이야깃거리가 없었기 때문이에요. 조지아 주가 지난해 크리스마스가 끝날 때까지 북부에서 분리되는 것을 늦춘 것이 얼마나 고마웠는지 몰라요. 그렇지 않았다면 모처럼의 크리스마스 파티도 틀림없이 엉망진창이 되었을 테니까요. 당신들이 또 한 번만 더 전쟁 이야기를 꺼내면 나는 정말 집에 들어가 버리고 말겠어요.”

그녀에게 그것은 과장이 아니었다. 그녀는 자기가 중심이 될 수 없는 화제는 오래 참을 수 없는 성격이었다. 그러나 그녀는 그런 말을 할 때도 의식적으로 보조개를 지어 보이고 검은 속눈썹을 나비 날개처럼 살짝 펴보이며 미소짓는 것을 잊지 않았다. 그러자 청년들은 그녀가 예상했던 대로 매혹되어 그녀를 지루하게 한 것을 곧바로 사과했다. 전쟁에 흥미를 갖고 있지 않다고 해서 그들이 스칼렛을 생각하는 데 변함이 있을 리 없었다. 오히려 그녀에 대한 애정을 더욱 두텁게 할 뿐이었다. 전쟁은 남자들의 일이지 숙녀가 관여할 일이 아니었기 때문이다. 그래서 그들은 오히려 그녀의 이런 태도를 여자답다고 생각하는 것이있다. 지루한 전쟁 이야기를 그만두게 한 그녀는 이번엔 재미있다는 듯 화제를 주변의 문제로 돌렸다.

“당신들 두 사람이 또 퇴학 맞은 것에 대해서 어머님은 뭐라고 해요?”

두 사람은 난처한 표정을 지었다. 석 달 전 버지니아 대학에서 퇴학 처분을 받고 돌아왔을 때 어머니의 태도가 생각났기 때문이다.

“그게 말이에요.” 스튜어트가 말했다. “어머니는 아직 우릴 혼낼 기회가 없었어요. 톰과 우리 두 사람은 오늘 아침 어머니가 아직 일어나시기도 전에 집을 나와 톰은 폰테인 댁에 가서 죽쳤고, 우리는 이리로 와 버렸으니까요.”

“하지만 어젯밤 당신들이 돌아왔을 때는 아무런 말씀도 안 하셨나요?”

“어젯밤엔 아주 재수가 좋았어요. 우리가 돌아오기 조금 전에 어머니가 지난달 켄터키에 주문해 두었던 종마가 마침 도착해서 한창 법석을 떨고 있는 중이었거든요. 크고 정말 굉장한 말이에요. 스칼렛, 당신 아버님께도 곧 한 번 보러 오시라고 하는 게 좋을 거예요. 아무튼 이곳까지 끌고 오는 동안에도 마부를 무는가 하면, 존즈버러 역까지 마중 나갔던 우리집 검둥이를 둘이나 짓이겨 버렸으니까. 게다가 우리가 도착하기 조금 전에는 마구간에서 어찌나 날뛰었는지, 전부터 있던 어머니의 스트로베리란 종마를 반쯤 죽여 놓았어요. 우리가 돌아와 보니 어머니는 설탕 주머니를 들고 마구간에 들어가 그 사나운 말을 달래려 하는 참이었죠. 우리 어머니는 정말 말 달래는 데는 선수거든요. 흑인들도 부서워서 마구간 기둥에 매달린 채 눈만 멀뚱거리고 있는데, 어머니가 마치 사람에게 하듯 다정하게 말을 걸자 말이란 놈이 얌전하게 어머니 손바닥

위의 설탕을 핥기 시작하는 게 아니겠어요. 말에 대해서만은 우리 어머니는 제일인자예요. 어머니는 한참 뒤 우리 모습을 보더니 '대체 어째서 돌아왔니, 넷씩이나 줄줄……. 이집트 전염병보다도 처치하기 힘든 놈들이구나. 너희 놈들은 정말……' 하고 퍼부어 댔어요. 그러자 마침 그때 말이란 놈이 별안간 콧김을 거칠게 내뿜으며 뒷다리로 일어서려고 했어요. 그 바람에 '나가거라. 이 덩치 큰 귀염둥이가 흥분하는 걸 모르겠니. 너희하곤 내일 아침에 이야기하자.' 이렇게 결정되고 말았어요. 그래서 우리는 그대로 잠을 자고 오늘 아침엔 어머니께 붙잡히기 전에 달아난 셈이죠. 뒷수습할 사람으로 보이드를 남기고 말이에요."

"보이드, 어머니한테 매나 맞지 않았는지 몰라……." 이렇게 말한 것은, 그녀 역시 군내 사람들과 마찬가지로 몸집 작은 탈레턴 부인이 어른이 다 된 아들들을 붙잡고 사정없이 매질하는 것을 도무지 이해할 수 없었기 때문이다. 일단 때리는 것이 좋겠다고 생각되면 탈레턴 부인은 등이든 어디든 가리지 않고 마구 채찍질을 했던 것이다.

베아트리스 탈레턴은 정말 바쁜 부인이었다. 넓은 목화밭과 백 명의 흑인, 여덟 명의 아이들을 돌볼 뿐만 아니라 조지아 주 최대의 종마장까지 경영하고 있었다. 쉽사리 흥분하는 성격인데, 네 아들 때문에 어지간히 속을 썩이고 있는지라 말이나 노예를 매질하는 것은 절대 용서하지 않아도 아들들을 가끔 때리는 것은 별로 해가 되지 않을 것이라고 생각하고 있었다.

"물론 어머니는 보이드를 때리진 않아요. 장남인 데다 형제 가운데 몸집도 제일 작으니까 아무리 어머니라도 삼가시는 거죠." 6피트 2인치의 키를 자랑하는 스튜어트가 말했다. "그러니까 우리는 그를 변호사로 남기고 온 거예요. 아무튼 어머니도 이제 우리를 그만 때려야 해. 우리도 벌써 열아홉이고 톰은 스물한 살이나 되었는데 말이야. 어머니는 글쎄 우릴 대여섯 살 먹은 아이들처럼 취급한다니까."

"어머니는 그럼 내일 윌크스 댁 바비큐파티에 그 새로 왔다는 말을 타고 가시나요?"

"어머니는 타고 가시고 싶은 모양인데 아버지가 아직 위험하다면서 말리고 있어요. 그리고 누이들도 반대하고요. 일생에 한 번쯤은 그래도 귀부인답게 마차를 타고 싶은 모양이죠."

"내일 비가 오지 말았으면." 스칼렛이 말했다. "일주일 동안 매일 질금거렸으니 말이에요. 실내에서 바비큐파티를 여는 것만큼 시시한 일은 없어요."

"아뇨, 내일은 활짝 갤 거예요. 그리고 6월처럼 더워질 거고." 스튜어트가 말했다. "저 저녁놀을 봐요. 저렇게 빨간 것을 난 지금껏 본 적이 없어요. 저녁놀로 날씨를 알 수 있거든요."

그들은 스칼렛의 아버지 제럴드 오하라가 새로 일구어 놓은, 끝없이 넓은 목화밭 지 너미로 시빨갛게 물든 지평선을 바라보았다. 태양은 지금 믹 플린드 강 저편 언덕 뒤에 불그스레 떠 있는 구름 속에서 가라앉고 있는 참이었다. 4월의 따뜻한 온기가 어렴풋이 잔잔한 냉기에 밀려 어디론가 사라져 갔다.

그해는 예년보다 빨리 내린 포근하고 싱싱한 비로 봄이 일찍 찾아왔다. 분홍색 복사꽃이 느닷없이 활짝 피었는가 하면, 산수유들이 여기저기 음산한 늪지대와 먼 산들을 흰 별처럼 점점이 수놓았다. 경작지의 경작이 얼추 끝나서 피처럼 빨간 저녁해가 새로이 갈아엎은 조지아의 붉은 밭이랑을 한층 더 빨갛게 물들였다. 목화씨가 뿌려지기를 기다리고 있는 축축하게 굶주린 모래가 많이 섞인 이랑의 위쪽 땅은 연분홍색으로, 또 이랑을 따라 그림자가 드리워진 옆쪽은 주홍색과 진홍색, 또는 고동색으로 물들어 있었다. 흰 벽돌로 지은 저택은 파도가 물결치는 새빨간 바다에 떠 있는 섬처럼 보였고, 그 바다는 빙글빙글 돌며 출렁거리고, 또는 초승달 모양으로 밀어닥쳐 오는 물결의 연분홍빛 파도머리가 바야흐로 무너져 내리려는 순간에 화석이 되어 버린 것 같았다. 이 근처에서는 중부 조지아 지방과 같은 누런 진흙의 편평한 토지나 해안지방의 비옥한 검은 흙 농장에서와 같은 일직선의 긴 밭이랑은 없었기 때문이다. 경사와 기복이 많은 이곳 북 조지아의 산기슭 지방에선 비옥한 토양이 강으로 흘러 들어가는 것을 막기 위해 꾸불꾸불한 이랑을 수없이 갈아엎어 놓고 있었다.

야만스러울 만큼 흙이 빨간 땅이었다. 비가 그치고 나면 핏빛을 띠었고 가뭄에는 벽돌 부스러기처럼 되었다. 그러나 그것은 목화를 재배하기에 세상에서 가장 알맞은 땅이었다. 하얀 집, 경작된 평화로운 밭, 완만하게 흐르는 누런 강물 등 기분이 상쾌한 고장이기는 하였으나, 한편으론 밝은 햇빛과 깊은 그림자와의 대조가 아주 뚜렷한 고장이기도 했다. 아름답게 개간된 농원, 그리고 몇 마일인지 모르게 이어져 있는 목화밭은 따뜻한 햇볕 아래 질펀하게 누워 미소짓고 있었다. 그 들판 끝은 원시림에 맞닿아 있었다. 그곳은 한낮이라도 어둡고 싸늘하며 으스스 기분 나쁜 것이 얼마쯤 불길하기조차 했다. 그리고 솔바람 소리는 '조심해라! 조심해! 너는 일찍이 우리 것이었다. 또 언젠가는 전처럼 만들어 줄 테다' 하고 조용한 한숨과 더불어 대지를 위협하면서 그날이 오기를 몇 년이고 참을성 있게 기다리고 있는 것만 같았다.

현관에 있는 세 사람의 귀에 말발굽 소리며 마구의 쇠사슬이 쨍그랑거리는 소리, 흑인의 날카롭지만 태평해 보이는 웃음소리 따위가 들려 왔다. 들일을 하는 패들과 노새들이 농장에서 돌아온 것이었다. 집 안에서는 스칼렛의 어머니인 엘렌 오하라가 열쇠 바구니를 든 작은 흑인 계집아이를 부르는 부드러운 목소리가 흘러나왔다. 이윽고 카랑카랑한 앳된 목소리가 "네, 마님" 하고 대답하는 소리가 들린 데 이어 엘렌이 뒤꼍 훈제소 쪽으로 걸어가는 발소리가 들렸다. 아마 들에서 돌아온 사람들에게 식사를 나누어 주기 위해서인 모양이었다. 이쪽 식당에서는 타라 저택의 하인 우두머리인 포크가 저녁식사 준비를 하고 있는 모양인지 접시와 은그릇이 부딪치는 소리가 들려오고 있었다.

이 마지막 소리로 쌍둥이는 이제 돌아갈 시간임을 깨달았다. 하지만 어머니와 얼굴이 마주치는 게 싫었으므로 지금이라도 스칼렛이 혹시 저녁식사에 초대해 주지나 않을까 하고 기대하며 타라의 현관에서 우물쭈물하고 있었다.

"저 스칼렛, 내일 일인데," 브랜트가 말을 꺼냈다. "우린 여길 떠나 있었기 때문에 바비큐파티나 무도회에 대해서 전혀 모르고 있었어요. 그렇다고 내일 밤 무도회에 갈 수 없는 건 아니잖아요. 내일 밤 댄스 프로그램 말인데, 설마 아직 전부 예약되어 있진 않겠죠. 어때요?"

"아뇨, 모두 약속되어 있어요. 당신들이 돌아올 줄은 몰랐거든요. 당신들을 기다리다 벽의 꽃이 되란 말이에요?"

"벽의 꽃이 된다고!" 두 사람은 깔깔거리고 웃었다.

"음, 내게는 최초의 왈츠를, 스튜어트에게는 최후의 왈츠를, 그리고 저녁식사는 우리와 같이 먹는다고 약속해 주지 않겠어요? 또 전번 무도회 때처럼 계단에 걸터앉아 진시 할머니를 불러서 신수점도 쳐달라고 하고."

"싫어요, 난 진시 할머니의 점이 제일 싫어요. 당신들도 알고 있잖아요, 나더러 머리칼이 시커먼 데다 까맣고 긴 콧수염을 기른 신사와 결혼하라느니 어쩌니. 머리칼이 검은 신사 같은 거, 난 제일 싫어.”

“그럼 당신은 붉은 머리카락이 좋단 말이죠? 그렇죠?” 브랜트가 마음에 든 듯 빙긋이 웃었다. “어서 왈츠하고 저녁식사 약속을 해 줘요.”

“당신이 약속해 준다면 우리도 비밀 얘기를 해 주죠.” 스튜어트가 말했다.

“어떤 얘긴데?” 스칼렛은 아이들처럼 곧 그 말을 다그쳐 물었다.

“스튜어트, 어제 애틀랜타에서 들은 그 얘기 말이야? 그건 아무에게도 이야기하지 않는다고 약속했잖아.”

“응, 피티 아주머니에게서 들은 그 이야기.”

“그분이 누구죠?”

“왜, 애쉴리 윌크스의 친척이고 애틀랜타에 살고 있는 피티팻 해밀턴, 알잖아요……. 찰스 해밀턴과 멜라니 해밀턴의 고모 말이에요.”

“알고 있어요, 바보스러운 아주머니. 나는 그런 별난 아주머니는 처음 보았어.”

“응, 우리가 어제 애틀랜타에서 기차를 기다리고 있는데 마침 그분이 마차를 타고 지나가잖아요. 그래서 말을 멈추고 잠깐 이야기를 나눴는데 그때 내일 밤 윌크스 댁 무도회에서 약혼 발표가 있을 거라고 귀띔해 주더군요.”

“아, 그 일이라면 알고 있어요.” 스칼렛은 실망한 듯 말했다. “그분 조카인 저 머리가 좀 모자라는 찰스 해밀턴하고 하니 윌크스의 일 말이죠? 찰스 쪽은 썩 마음이 내지 않는 모양이지만, 그 두 사람이 언젠가 결혼할 것이라는 것은 몇 년 전부터 누구나 알고 있는 사실 아닌가요?”

“당신은 정말 찰스를 모자란다고 생각하는 건가요?” 브랜트가 말했다. “작년 크리스마스 땐 당신 뒤를 줄줄 따라다니도록 만들었잖아요.”

“줄줄 따라다니는 건 그쪽의 자유예요.” 스칼렛은 어깨를 약간 으쓱했다. “꽤 나 여자 같은 남자라고 생각해요.”

“한데 이번에 발표되는 건 찰스의 약혼이 아니에요.” 스튜어트는 으스대듯이 말했다. “애쉴리하고 찰스의 누이동생 멜라니의 약혼이래요.”

스칼렛의 낯빛은 달라지지 않았지만 입술이 파랗게 질려 갔다. 마치 경고도 없이 치명타를 받은 사람이 그 충격을 받은 순간에는 잠시 무슨 일이 일어났는지 모르는 것과 같이 스튜어트를 쳐다보는 스칼렛의 얼굴이 너무나 잔잔했으므로, 남의 마음을 꿰뚫어 보지 못하는 그는 그녀가 단순히 놀라고 흥미를 느낀 것 뿐이라고 단정했다.

"피티 아주머니 말씀으로는 멜라니의 건강이 시원찮아서 내년까지는 발표하고 싶지 않지만, 전쟁 이야기가 너무 시끄러워서 차라리 빨리 결혼시키는 편이 좋을 거라고 양가에서 이야기가 정해졌대요. 자, 스칼렛. 우리가 비밀을 이야기해 주었으니, 당신도 우리와 같이 식사한다고 약속해 줘요."

"네, 약속하겠어요." 스칼렛은 기계적으로 말했다.

"그리고 왈츠까지 전부, 알았죠?"

"네, 전부."

"당신은 정말 상냥해! 틀림없이 다른 녀석들은 모두 샘이 나서 미칠 거야."

"미치려면 미치라지 뭐." 브랜트가 말했다. "우리 둘이서 해치우고 말 테니까. 이봐요, 스칼렛. 아침 바비큐파티에서도 우리와 같은 자리에 앉아 주겠죠?"

"네? 뭐라고요?"

스튜어트가 다시 한 번 같은 말을 되풀이했다.

"물론이죠."

형제는 기뻤지만 약간 놀란 얼굴로 마주 보았다. 두 사람 모두 그녀가 자기들에게 호의를 갖고 있다고 자부하고는 있었으나, 지금까지 이토록 쉽게 그 호감의 표시를 얻은 적은 없었다. 여느 때는 비위를 살살 맞추어도 좋다든가 싫다든가 대답이 없고, 부루퉁해 있으면 재미있어 하고, 성을 내면 토라져 쌀쌀맞거나 잔뜩 애를 태우게 하는 게 예사였다. 그런데 지금은…… 바비큐파티 때는 같은 자리에 앉아 준다 하고, 왈츠를 전부(그들은 댄스를 전부 왈츠로 출 작정이었다) 그들과 춰 준다고 하고, 저녁식사 뒤의 시간까지 함께 있어 준다고 하니, 사실 내일 전부를 약속해 준다는 것이나 다름없었다. 이것이야말로 대학을 퇴학 맞고 온 보람이 아니고 무엇이겠는가?

이 성공에 새로이 힘을 얻은 그들은 더욱더 돌아갈 생각을 하지 않고 바비큐파티에 대한 얘기, 무도회에 관한 얘기, 애쉴리 윌크스와 해밀턴에 대한 얘기를 서로 말려가며 지껄여 대고, 또 애쉴리를 흉보며 비웃고, 저녁식사에 초대해 달라고 노골적으로 암시하며 앉아 있었다. 그러나 잠시 뒤 그들은 스칼렛이 말을 한 마디도 하지 않고 있다는 걸 깨달았다. 뭔지 모르게 여느 때와 달랐는데, 그게 무엇 때문인지 두 사람은 알 수 없었지만, 어쨌든 오후의 명랑함이 차차 사라져 가고 있음을 눈치챘다. 스칼렛은 대답만은 꼭꼭 했지만 그들의 이야기에 도무지 마음을 기울이는 것 같지 않았다. 뭔가 이해할 수 없는 것을 느끼고 어리둥절해진 두 사람은 잠시 버티다가 이윽고 시계를 보고 마지못해 일어났다. 태양은 새로 갈아엎은 경작지 너머로 떨어지고, 강 건너편 울창한 숲이 그림자처럼 검게 어렴풋이 보였다. 앞뜰에는 굴뚝을 보금자리 삼은 제비가 이리저리 날았고, 닭이며 오리며 질면조가 아장아장하거나 거느름을 피우며, 혹은 뒤뚱뒤뚱거리며 밖에서 돌아왔다.

스튜어트가 고함을 질러댔다. "짐스!" 그러자 곧 그들과 같은 나이 또래의 키 큰 흑인이 숨을 헐떡거리며 집 저쪽에서 나타나 말이 매여 있는 곳으로 달려갔다. 짐스는 사냥개와 마찬가지로 시중을 들기 위해 어디에나 따라다니는 그들의 전속 흑인이었다. 그는 어렸을 때부터 형제의 친구로 쌍둥이가 열 살 생일을 맞았을 때 그들의 하인이 되었다. 짐스의 모습을 보자마자 사냥개들은 붉은 모래먼지 속에서 일어나 주인을 기다렸다. 두 사람은 스칼렛에게 인사를 하고 악수하면서 내일 아침엔 일찍부터 윌크스 댁에서 기다리고 있겠노라고 말했다. 그리고 보도로 뛰어내려가 말에 올라타고 짐스를 거느리고는 그녀에게 모자를 흔든 다음 큰 목소리로 인사를 하고 나서 삼나무의 가로수길을 달려 내려갔다.

먼지 낀 길을 둥글게 돌아 타라 저택이 보이지 않게 되자 브랜트는 층층나무 그늘에서 말을 세웠다. 스튜어트도 그를 따랐다. 검둥이는 그들의 몇 걸음 뒤에서 말을 멈추었다. 말은 고삐가 느슨해지자 목을 길게 뻗어 부드러운 봄풀을 뜯기 시작했고, 참을성 많은 사냥개들은 다시 부드러운 붉은 흙 위에 웅크리고 앉아 어두워지는 저녁놀 속에서 높고 낮게 나는 제비를 탐스럽다는 듯이 올려다보았다. 브랜트의 크고 순진한 얼굴은 어리둥절한 채 다소 화가 난 듯이 보였다.

"네가 보기에도 그녀가 저녁식사에 초대할 눈치가 아니었니?"

"나도 그럴 거라고 생각하고 있었는데" 하고 스튜어트는 말했다. "난 초대해 주길 기다리고 있었어. 하지만 해 주지 않잖아, 왜 그럴까?"

"모르겠어. 처음엔 곧 초대해 줄 것 같더니. 어쨌든 오늘은 우리가 돌아온 첫날이고, 또 그녀도 꽤 오랫동안 우리와 만나지 않았는데 말이야. 우리도 아직 그녀에게 하고 싶은 말이 많이 있었으니까."

"우리가 처음 나타났을 때는 아주 좋아하는 것 같던데."

"그래. 나도 그렇게 생각했어."

"그런데 한 30분 전부터 갑자기 골치라도 아픈 듯 입을 다물고 말았어."

"나도 눈치채고 있었지만 그때는 아무렇지도 않게 생각했어. 도대체 왜 그럴까?"

"모르겠어. 뭐 기분이 언짢은 말이라도 우리가 한 건가?"

두 사람은 잠깐 생각에 잠겼다.

"아무래도 짚이는 게 없는걸. 그리고 스칼렛의 기분이 언짢아졌을 때는 누구라도 곧 알 수 있잖아. 다른 여자와 달리 감정을 숨기지 않으니까."

"그래. 그게 나는 좋아. 기분이 언짢아지더라도 다른 여자들처럼 비꼬든가 유난히 쌀쌀맞든가 하지 않고 곧 그것을 나타내니까. 하지만 그녀가 갑자기 병에라도 걸린 것처럼 입을 다물 때는 틀림없이 우리가 말을 잘못했거나 좋지 못한 태도를 취했거나 한 거야. 왜냐하면 우리가 갔을 때는 그렇게 기뻐하고, 또 저녁식사에도 꼭 초대할 듯이 보였으니까."

"설마 우리들이 퇴학 맞은 것 때문에 그러는 건 아니겠지."

"바보 같은 소리 마. 우리가 그 말을 할 때 그녀는 늘 웃고 있었잖아. 그리고 스칼렛도 결코 우리보다 공부를 더 좋아하지는 않으니까."

브랜트는 안장 위에서 몸을 돌리고 검둥이 마부를 불렀다.

"짐스!"

"네."

"우리가 스칼렛 아가씨와 이야기하는 걸 들었지?"

"아뇨, 브랜트 도련님. 도련님은 저희들이 백인 양반들 이야기를 엿듣는 줄 아세요?"

"엿듣지 않는다고? 아니 그럼, 너희 흑인 놈들은 우리가 하는 일을 아무것도 모른단 말이야? 이 거짓말쟁이 놈아! 내가 이 눈으로 똑똑히 보았어. 너는 현관 구석으로 슬며시 기어들어 와서 벽의 재스민 그늘에 웅크리고 있었잖아. 그러니까 들었을 거야. 우리가 혹시 스칼렛 아가씨의 기분을 언짢게 하는 무슨 기분 나쁜 얘기를 하지 않았니?"

이쯤되자 짐스도 더 이상 엿듣지 않았다고 버틸 수 없어 이마에 검은 주름 살을 모으면서 대답했다.

"아닙죠, 도련님들께서는 그분을 화나게 할 만한 말씀은 한 마디도 하시지 않았어요. 그분이 만나고 싶어 하시는 참에 도련님들이 오셨기 때문에 몹시 기뻐하고 계셨는걸요. 그리고 새처럼 재재거리고 있었습죠. 그런데 애쉴리 도련님 과 멜라니 해밀턴 아가씨가 결혼하신다고 도련님늘이 이야기하자 삽자기 매가 머리 위로 날을 때의 새처럼 입을 다물고 말았죠."

형제는 얼굴을 마주보고 고개를 끄덕였다. 그러나 아무래도 이해할 수가 없 었다.

"짐스가 말하는 대로야. 하지만 어째시인지 나는 도무지 알 수가 없는걸." 스 튜어트가 말했다. "왜냐하면 애쉴리는 그녀의 친구일 뿐 그 이상은 아무것도 아니잖아. 그에게 호감을 갖고 있을 리 없어. 그녀가 호감을 갖고 있는 것은 우 리니까."

브랜트는 그 말에 찬성하며 고개를 끄덕였다.

"하지만 이렇게 생각되지는 않아? 애쉴리가 내일 밤 약혼을 발표한다고 그녀 에게 얘기하지 않아서 다른 사람들에게 말하기 전에 먼저 친한 친구인 자기한 테 말해 주지 않은 것이 기분 나빠서 그런 게 아닐까? 여자들이란, 그런 걸 제 일 먼저 안다는 것을 아주 중요하게 생각하니까."

"그럴지도 모르지. 하지만 내일이라는 것을 그녀에게 얘기하지 않았다고 화 내는 것도 이상하잖아. 발표할 때까지 비밀로 해 두고 모두를 놀라게 하려는 거니까. 그리고 남자는 자기 약혼을 숨겨 둘 권리쯤은 갖고 있단 말이야. 우리 만 해도 피티 아주머니가 말해 주지 않았다면 몰랐을 거 아냐. 스칼렛도 애쉴 리가 멜라니와 언젠가는 결혼한다는 것쯤 알았어야 했어. 우리만 해도 몇 년 전부터 알고 있었잖아. 월크스 댁과 해밀턴 댁은 옛날부터 사촌끼리 혼인하고 있거든. 그러니까 하니 월크스가 멜라니의 오빠인 찰스와 결혼하는 것과 마찬 가지로 애쉴리의 일도 누구나 다 짐작하고 있었을 거란 말이야."

"이제 생각하는 건 그만두자. 하지만 스칼렛이 저녁식사에 불러 주지 않은 것 만은 정말 섭섭한걸. 나는 돌아가서 어머니한테 퇴학 맞은 일로 꾸지람 듣기는 싫어. 이번이 처음도 아니니까."

"지금쯤은 아마 보이드가 어머니를 달래고 있을 거야. 형은 키가 작긴 하지만 웅변가니까. 언제나 잘 무마시키지 않았어?"

"그렇지만 그건 시간이 걸려. 이러쿵저러쿵 수다스럽게 지껄여대는 통에 어머니가 진저리가 나서 될 대로 되라고 아무렇게나 되거라, 이제 그만 해라, 그런 입담은 변호사나 되거들랑 밑천으로 써라 하고 소리치게 만드는 게 형의 수법이니까 말야. 하지만 아직 그만큼 시간이 지나진 않았어. 틀림없이 어머니는 아직도 새로 온 말 때문에 흥분할 대로 흥분해 가지고 오늘 저녁식사 때 보이드의 모습을 볼 때까지는 우리가 돌아왔다는 일조차 잊고 있을 거야. 그러니까 식사 때 가서야 어머니는 화가 머리끝까지 치밀어 화를 낼걸. 그리고 대학 총장이 너나 나에게 그 따위 소리를 한 이상 그런 대학에 남아 있는 것은 우리 전부의 명예에 관한 문제라고 형이 끄집어 내는 것은 아마 10시가 지나서일 거야. 그리고 우리에 대한 어머니의 노여움을 보이드가 잘 무마시켜 그 노여움을 대학 총장 쪽으로 방향을 바꾸게 하고, 그 따위 총장이라면 왜 쏘아 죽이지 않고 왔느냐고 어머니가 소리소리 지르게 되는 것은 아무래도 밤중이 돼서일 거야. 그러니까 지금은 돌아갈 수 없어."

두 사람은 우울하게 얼굴을 마주 보았다. 그들에게는 사나운 말도, 총을 서로 쏘아 대는 싸움도, 이웃 사람들을 성내게 하는 일도 아무래도 무섭지 않았지만, 이 붉은 머리 어머니의 잔소리와 가차없이 날아오는 채찍만은 몹시 겁이 났다.

"좋아, 그럼 말이야." 브랜트는 말했다. "윌크스 댁으로 가자. 애쉴리나 그 누이동생은 틀림없이 환영해 줄 거야."

스튜어트는 좀 난처한 듯한 표정을 지었다.

"거긴 안 돼. 내일 바비큐파티 준비로 모두 바쁠 테고, 게다가……."

"그렇지, 잊고 있었군." 브랜트는 곧바로 취소했다. "거긴 안 되겠군."

그들은 잠시 묵묵히 말을 달렸다. 스튜어트의 햇볕에 그을은 얼굴에는 난처한 빛이 떠올라 있었다. 지난해 여름까지만 해도 스튜어트는 윌크스 댁의 딸 인디어에게 구혼 중이었다. 양가의 가족은 물론이고 이 군 전체가 이 결혼에 대찬성이었다. 참을성 많고 침착한 인디어 윌크스의 사람됨이 그를 침착하게 만들 것이라고 군의 사람들은 믿었기 때문이다. 아무튼 사람들은 모두 그렇게 되기를 바라고 있었다. 그리하여 브랜트만 불만이 없었다면 스튜어트는 아마 그녀와 결혼했을지도 모른다. 브랜트도 그녀가 싫은 것은 아니었지만, 인물이 못나고 무척 평범한 여자라고 생각하고 있었다. 언제까지나 한 짝으로 살아야 하는 스튜어트의 아내는 자기까지 반할 만한 상대가 아니면 안 된다고 생각했던 것이다. 이 쌍둥이 형제로선 처음 있는 의견충돌이었다. 브랜트는 도무지 주목할 만한 점이 없는 여자에게 자기 형제가 마음을 빼앗기고 있는 게 무척 못마땅했다.

그럴 즈음인 작년 여름, 존즈버러의 참나무 숲 속에서 열린 정견 발표회 때 두 사람은 갑자기 스칼렛 오하라에게 마음을 빼앗기게 되었다. 두 사람 다 훨씬 전부터 그녀를 알고 있기는 했으나, 어렸을 때는 그녀도 그들과 똑같이 말도 능숙하게 탔고 나무에도 잘 올라갔으므로 아주 사이 좋은 소꿉친구였다. 그런데 놀랍게도 그런 그녀가 어느덧 나이가 차고, 세계에 둘도 없을 만큼 매혹적인 처녀가 돼 있었던 것이다. 그때 비로소 그들은 그녀의 초록빛 눈이 표정에 따라 얼마나 잘 움직이는지, 그녀가 웃으면 보조개가 얼마나 귀엽게 패는지, 그녀의 손이나 발이 얼마나 사랑스러운 것인지, 그녀가 얼마나 가냘픈 허리를 갖고 있는지를 깨달았다. 그들이 뭔가 그럴 듯한 말을 하면 그녀는 즐거워하며 크게 웃었다. 그리고 그녀가 자기들을 뛰어난 한 쌍의 젊은이라고 생각하는 것처럼 여겨지자 거기에 힘을 얻은 그들은 평소보다 훨씬 뛰어나 보이려고 애썼다.

그들 형제에게 그날은 평생 잊지 못할 날이었다. 그 뒤부터 그들은 그것을 얘기할 때마다 어째서 지금까지 스칼렛의 매력을 깨닫지 못했을까 하고 이상하게 생각했다. 그에 대한 정확한 대답은 그들에게선 나오지 않았지만, 사실 그 대답은 스칼렛이 그날 그들의 관심을 끌려고 처음부터 결심한 것에 있었다. 스칼렛은 천성적으로 어떤 남자든 자기가 아닌 다른 여자에게 마음을 두는 것을 보지 못하는 성미였다. 때문에 인디어 윌크스와 스튜어트가 다정히 그 모임에 참석하는 것을 보자 그녀에겐 곧 약탈적인 본성이 드러났다. 그리고 스튜어트만으로는 만족하지 않고 브랜트의 마음까지 지배하려 하여, 마침내는 두 사람다 완전히 정복하고 말았던 것이다.

이후 그들은 둘 다 그녀를 사랑하게 되었다. 인디어 윌크스도, 브랜트가 얼마쯤 사랑을 느끼고 있었던 러브조이의 레티 먼로도 두 사람의 마음에서 멀리 한구석으로 밀려나고 말았다. 스칼렛이 그들 가운데 하나에게 사랑을 허락했을 때, 사랑을 잃어버린 다른 한쪽은 과연 어떻게 될까 하는 것까지는 이 두 형제는 생각지 않았다. 그러나 그렇게 되면 그렇게 된 대로 둘 다 그 다리를 건널 작정이었다. 두 사람 사이에는 질투가 없었으므로 현재로선 둘이서 의좋게 한 여자를 사랑하고 있다는 사실에 둘 다 충분히 만족하고 있었다. 이 상황은 세상 사람들의 흥미를 끌었고 스칼렛을 별로 좋아하지 않는 그들의 어머니를 어리둥절하게 만들었다.

"그 교활한 계집애가 만일 너희들 가운데 어느 하나를 선택하는 날이면 너희들에겐 큰 천벌이다." 그녀는 말했다. "어쩌면 너희 둘 다 선택할지도 모르지. 그렇게 되면 너희는 아마 유타 주에라도 이주해야 할 게다⋯⋯. 하긴 그곳의 일부다처주의인 몰몬교가 과연 너희의 일처다부를 허락해 줄지 어떨지 그건 모르겠지만 말이다⋯⋯. 걱정되는 것은 너희가 그 보잘것없는, 조그맣고 눈 파란 못된 계집애에게 미쳐 버려서 서로 질투하다가 총을 들이대지나 않을까 하는 거야. 하지만 어쨌든 좋아. 그것도 나쁘진 않을 테니까."

정견 발표회가 있었던 날부터 스튜어트는 인디어와 얼굴을 마주치는 것이 어쩐지 낯뜨거웠다. 그녀는 그가 별안간 변심한 것에 대해 나무라지도 않고 표정이나 태도에 전혀 나타내지도 않았다. 숙녀로서 그런 점잖지 못한 짓은 하고 싶지 않다고 마음먹고 있었으므로, 하지만 스튜어트는 죄책감을 느끼고 그녀와 함께 있을 때면 마음이 괴로웠다. 먼저 사랑한 것이 자기인 데다 그녀가 아직도 자기를 사랑한다는 것을 알고 있었기 때문에, 마음속으로는 자기 행동이 신사답지 않음을 부끄러워하고 있었다. 지금도 그는 그녀를 진심으로 좋아하고 또 그녀의 차분하고 고상한 성격과 학문, 그녀가 가진 온갖 견실한 특성들을 존경하고 있었다. 하지만 유감스럽게도 그녀는 스칼렛의 저 찬란하고 변화무쌍한 매력에 비하면 단조로워 흥미가 생기지 않았고 언제나 변함이 없는 것 같았다. 인디어가 상대일 때는 그녀가 자신을 어떻게 생각하고 있는지를 언제나 알 수 있는데, 스칼렛인 경우엔 그것을 짐작할 수 없었다. 그것은 남자를 미칠 것 같은 상태로 몰아넣는 데 충분했고, 사실상 거기에 매력이 있었다.

"그럼 캐이드 캘버트 댁으로 가서 저녁밥을 먹을까. 캐들린이 찰스턴에서 돌아와 있다고 스칼렛이 말했어. 어쩌면 캐들린은 섬터 요새에 대해 뭔가 우리가 모르는 소식을 알아 왔는지도 몰라.”

“캐들린이 뭘 알고 있겠어. 2대 1로 내기해도 좋지만, 그 여자가 찰스턴 항구 안에 요새가 있는지 없는지 그것조차 아는 건지 의문이야. 하물며 그 요새에 남군의 포격을 받고 쫓겨날 때까지 양키 군대가 머물고 있었다는 건 알 까닭이 없어. 그녀가 알고 있는 건 무도회와 그녀가 사귄 남자친구들에 대한 일 정도일 서야.”

“하지만 그 여자 수다를 듣는 것도 재미는 있어. 어머니가 주무실 때까지 시간을 메우기는 충분할 거야.”

“이해해 줘! 나도 캐들린은 싫지 않고, 또 재미있는 여자야. 캐로 레트나 그 밖의 찰스턴 사람들 얘기를 듣는 것도 재미있긴 하지만, 그녀의 계모인 저 북부 태생 여자와 함께 식사하는 것만은 견딜 수 없어.”

“그렇게 욕하지는 마. 그 여자라고 해서 특별히 심보가 나쁜 건 아니잖아, 스튜어트.”

“나쁘다는 게 아냐. 오히려 딱하게 생각하고 있어. 하지만 난 동정받아야 하는 인간이 싫어. 그 여자는 우리가 방문하면 대접하려고 법석을 떨긴 하지만, 언제나 반대로 틀려먹은 일만 말하거든. 그러니까 나는 그 여자 앞에 있으면 조마조마해서 견딜 수가 없단 말야. 더욱이 그 여자는 남부인을 야만인이라 생각하고 있어. 우리 어머니에게도 그렇게 말했다더군. 그래서 남부인을 무서워하는 거야. 우리가 가면 언제나 벌벌 떨고 있는 것 같지 않아? 마치 의자에 앉아 있는 말라깽이 암탉같이 누가 조금이라도 움직이기만 하면 금세 깜짝 놀라 비명을 지르고 일어날 듯 눈알을 되록거리잖아.”

“그녀만 나무랄 수도 없어. 너도 실제로 캐이드의 다리를 총으로 쏜 일이 있잖아.”

“응, 그때는 나도 좀 과음했었으니까. 그렇지 않았다면 쏘지 않았을 거야.” 스튜어트는 말했다. “그리고 캐이드는 나를 별로 나쁘게 생각하지 않아. 캐들린도 그렇고 레이포드도 캘버트 씨도 모두 그래. 단지 그 계모인 북부 여자뿐이야. 나를 야만인 취급하면서 고상한 인간은 미개한 남부 사람 곁에 있으면 생명이 위험하다는 둥 하며 비명을 지르는 건.”

“그렇게 그 여자만 공격할 게 아냐. 물론 그 여자는 북부 태생이고 태도 역시 좋지는 않아. 하지만 너는 캐이드를 쏘았고, 캐이드는 비록 친자식은 아니더라도 어쨌든 그 여자의 아들 아냐?"

"그렇다 해서 나를 모욕할 구실은 되지 않아. 너는 어머니의 핏줄을 이어받은 아들이 아니니? 그런데도 네가 토니 폰테인에게 다리를 맞았을 때 우리 어머니가 떠들어 대든? 천만에, 그렇지 않았어. 단지 상처 치료를 위해 토니의 아버지인 노선생을 불러 놓고 이렇게 말했을 뿐이야. '토니는 도대체 어디를 겨냥한 겁니까? 아마 술을 너무 마셔서 사격 솜씨가 형편 없었던 모양이죠?' 이 말을 듣고 토니란 놈, 얼마나 성을 냈는지 기억하고 있지?"

두 사람은 소리를 높여 웃었다.

"정말 어머니는 대단하셔." 브랜트는 기쁜 듯이 찬성했다. "어떤 경우에도 사건을 능숙하게 처리하기 때문에 의지가 돼. 내 앞에서 약점 잡힐 만한 짓은 절대로 하지 않으시니까."

"그렇고말고. 그렇지만 오늘 밤 집에 돌아가면 아버지나 누이들 앞에서 우리에게 뒷감당 못할 말을 하실 게 틀림없어." 스튜어트는 침울한 투로 말했다. "그리고 브랜트, 우리 유럽여행은 산통 다 깨졌어. 전번에 어머니가 이번에 또 학교에서 쫓겨나면 유럽여행은 허락하지 않겠다고 말했었잖아."

"뭐 그까짓 것은 문제도 안 돼. 유럽 같은 데 가서 뭘 보고 오겠다는 거야. 이 조지아 주에 없는 게 유럽에 있다는 거니? 아마 말도 이곳 말만큼은 빠르지 않을 거고, 또 여자도 그렇게 예쁘지 않을 테고. 게다가 우리집의 라이 위스키보다도 더 맛 좋은 술이 유럽에 있을 것 같니?"

"거긴 좋은 연극, 좋은 음악이 얼마든지 있다고 애쉴리 윌크스가 말하던데. 애쉴리는 유럽이 좋은가 봐. 언제나 유럽 얘기만 하고 있거든."

"그럴 거야……. 윌크스 댁 사람들이 어떤 사람들인지 그건 너도 알고 있지 않니? 음악이나 책이나 연극 얘기만 나오면 당장 눈빛이 달라지는 색다른 족속들 아니니. 어머니도 말했지만, 그건 윌크스 집안이 할아버지 대에 버지니아에서 이주해 왔기 때문이래. 버지니아 녀석들은 그런 것들을 아주 대단하게 생각한다니까."

"그럼 그런 건 모두 그 녀석들에게 맡겨 두면 되겠군. 타는 데 좋은 말, 마시는 데 좋은 술, 사랑하는 데 좋은 여자, 놀아나는 데 좋은 말괄량이를 나에게 쥐! 그러면 그들의 유럽 같은 건 아무라도 좋아하는 놈에게 쥐 버릴 테야……
여행을 떠날 수 없다는 것쯤은 정말 문제도 아니야. 전쟁이 언제 일어날지도
모르는 판인데, 유럽에 갔다간 금세 돌아올 수 없잖아. 나는 유럽에 가는 것보
다 전쟁에 나가는 편이 훨씬 좋아."

"나도 마찬가지야……. 좋아, 브랜트, 저녁을 얻어먹을 만한 집을 생각해 냈어.
이제부터 늦 선너 에이블 와인더 댁으로 가서 우리 네 사람이 다시 놀아왔으니
까 훈련 준비를 하자고 말하자."

"그거 좋군!" 브랜트는 기뻐 큰 소리로 외쳤다. "그렇게 하면 기병대 얘기도
들을 수 있고, 또 군복을 어떤 색깔로 정했는지도 알 수 있고."

"만일 주아브식[3] 아라비아 복장이라면 나는 기병대에 입대하는 걸 사양하겠
어. 그 자루 같은 붉은 바지를 입으면 틀림없이 여자 같은 느낌이 들 거야. 마치
빨간 여자 플란넬 속옷 같으니 말이야."

"도련님들께선 와인더 님 댁에 가실 작정인가요? 그 집이라면 맛있는 저녁식
사는 바라지도 말아야 할걸요." 짐스가 말했다. "요리사가 죽었는데 아직 새 요
리사를 구하지 못했거든요. 들일하는 검둥이에게 요리를 시키는 판이라 이 주
에서 제일 맛없는 요리라고 소문이 자자한뎁쇼."

"이봐, 정말이야? 어째 요리사를 새로 구해 놓지 않지?"

"백인 양반이라도 가난뱅이 쓰레긴 웬만해선 검둥이를 사지 못하죠. 지금까
지만 해도 그 집에는 검둥이가 네 사람 이상 있어 본 적이 없으니까요."

짐스의 이야기에는 다분히 모욕이 깃들어 있었다. 백 명 남짓한 노예를 소유
하고 있는 탈레턴 댁의 검둥이인 만큼 짐스는 다른 대농장 노예들과 마찬가지
로 소수의 노예밖에 소유치 못하는 백인들을 은연중에 깔보며 자기의 사회적
우월을 뽐내고 있었다.

"그런 소리를 지껄이면 껍질이 벗겨지게 매질을 해줄 테다!" 스튜어트는 격한
목소리로 외쳤다. "에이블 와인더를 보잘것없는 가난뱅이라고 깔보면 그냥 안 둘
테야. 가난할지는 모르지만 쓰레기는 아니야. 그 사람을 나쁘게 말하는 놈이 있
으면 검둥이든 백인이든 용서하지 않을 테다. 군내에 그 사람보다 훌륭한 사람

---

3) 프랑스 외인부대의 옷차림.

이 어디 있어? 그러니까 기병대에서도 그 사람을 부대장으로 뽑은 게 아냐?”

“그게 저희들로선 알 수 없는뎁쇼.” 짐스는 주인의 역정 따위는 아랑곳없다는 듯 태연히 대답했다. “장교는 늪지대에 살고 있는 그런 백인 쓰레기 족속들보단 부자 신사 양반들 가운데서 뽑는 게 더 나을 텐뎁쇼.”

“쓰레기가 아니라니까! 너는 그 사람을 정말 백인 쓰레기인 슬래터리 패들과 똑같이 생각하니? 물론 에이블은 부자는 아니야. 소농이고 대농장 주인은 아니지만, 누구나 그를 부대장으로 뽑아도 상관없다고 생각하고 있어. 그러니 흑인 따위가 주제넘게 실례될 말을 함부로 지껄일 필요는 없어. 기병대는 알아서 처리할 줄 안단 말이야.”

기병대의 의용군이 조직된 것은 석 달 전에 조지아 주가 합중국 정부로부터 분리를 선언한 날이었는데 그날부터 대원들은 전쟁을 고대하고 있었다. 이 단체에는 아직 명칭이 붙어 있지 않았지만, 그것은 그것에 관한 제의가 없었기 때문이 아니었다. 제복의 모양이나 색깔에 관해서도 저마다 의견이 있듯, 명칭에 관해서도 여러 가지 의견이 있었고 서로 양보하지 않았던 것이다. ‘클레이턴 와일드 캐츠(살쾡이부대)’, ‘파이어 이터스(용감한 자들)’, ‘북 조지아 경기병’, ‘주아브부대’, ‘인랜드 라이플스(내륙소총부대)’(하지만 이 기병대는 피스톨과 사벨과 사냥에 쓰는 나이프로 무장하고 라이플은 갖지 않기로 되어 있었다.), ‘클레이턴 그레이스(잿빛셔츠부대)’, ‘블러드 앤 선더스(열혈번개부대)’, ‘라프 앤 레디스(거친 준비된 자들)’ 따위와 같은 명칭이 각각 다수의 지지자를 갖고 있었다. 이 부대는 전쟁이 끝날 때까지 ‘기병대’란 이름으로 통용되었다. 나중에 기막히게 훌륭한 부대명이 붙여지긴 했지만, 싸움터에서 손해를 입고 존재 의의를 잃을 때까지 그저 ‘기병대’란 이름으로 불리고 있었던 것이다.

장교는 대원 가운데에서 뽑기로 했다. 왜냐하면 이 군에는 멕시코 전쟁[4]과 ‘세미놀 인디언 토벌전’[5]에 종군한 일이 있는 몇 사람의 노병을 제외하고는 군대 경험이 있는 사람은 한 사람도 없었고, 더구나 이 기병대는 전쟁 경험이 있는 사람이라도 대원들이 개인적으로 호감을 갖고 믿는 사람이 아니면 지휘자로서 받들기를 원하지 않기 때문이었다.

---

4) 1846~48. 아메리카와 멕시코의 전쟁.
5) 플로리다의 인디언을 진압한 전쟁.

사람들은 탈레턴 집안의 네 형제와 폰테인 집안의 세 형제를 좋아하기는 했으나, 탈레턴 집안 패들은 금방 술이 취해서 법석을 떨기 일쑤였고, 폰테인 집안 녀석들은 욱하기 쉽고 신경질적인 위험한 성격의 소유자였기에 유감스럽게도 장교로는 선출되지 못했다. 결국 애쉴리 윌크스가 군내에서도 손꼽히는 명기수인 데다 그 냉철한 두뇌는 군 기강을 지키는 데도 크게 쓸모가 있었으므로 대장으로 뽑혔다. 레이뇨느 갤버트는 사람들로부터 호감을 받고 있어서 제1 부대장으로, 그리고 늪지대에 덫을 놓아 짐승을 잡는 사냥꾼의 아들이며 소농인 에이블 와인더는 제2 부대장으로 뽑혔다.

에이블은 두뇌가 날카롭고 근엄한 몸집 큰 사나이인데, 교육은 못 받았지만 친절하고 다른 청년들보다 나이가 많았으며, 부인 앞에서도 다른 사람과 마찬가지로 혹은 그 이상으로 훌륭한 태도를 보였다. 기병대 가운데는 신사인 체하고 거만하게 구는 사람은 한 사람도 없었다. 왜냐하면 대개의 집안이 아버지나 할아버지 대에 소농 계급에서 출세하여 오늘의 재산을 모았기 때문이다. 그리고 에이블은 기병대 첫째가는 사격의 명수로서 75야드나 떨어진 곳에서도 다람쥐의 눈알을 맞힐 수가 있었고, 빗속에서도 불을 피운다든가 들짐승의 발자국을 가려내거나 샘물 있는 곳을 찾아내는 야외생활의 명수였다. 대원들은 실력이 있는 인물을 존경하였고, 또 와인더를 좋아하고 있었으므로 신분 따위에는 구애되지 않고 그를 장교로 뽑았던 것이다. 그는 이 명예를 진지하게 받아들이고 그것이 당연한 자기 임무이기나 한 것처럼 부지런히 임무를 수행할 뿐 결코 뽐내는 일이 없었다. 그러나 대농장 부인들이나 노예들은 대원들이 모두 그를 믿고 있는데도 불구하고 그가 좋은 집안에서 태어나지 않았다는 이유로 너그럽게 보아 주지 않았다.

처음에 이 기병대는 대농장주의 자제들만으로 조직되고, 말이나 무기나 군장이나 몸종 같은 것은 모두 각자가 부담하기로 돼 있었다. 그러나 새로 개척된 이 클레이턴 군에는 부자인 대농장주가 극히 적었으므로 기병대를 크게 강화하기 위해서는 소농, 산속의 사냥꾼, 늪지대에서 덫을 놓고 짐승을 쫓아다니는 빈민의 자식까지 참가시켜야 되었고, 때로는 이른바 가난뱅이 백인 가운데서도 소질이 있는 사람은 약간이긴 해도 채용해야 했다.

이 청년들도 전쟁이 터지면 양키들과 일전을 벌이고 싶다는 열의에 있어 결코 부호의 자제에 뒤지지 않았다. 그러나 여기에서 돈 문제 때문에 미묘한 일이 생겼다. 소농으로서 말을 갖고 있는 사람은 거의 없었다. 그들은 들일을 하는 데 있어 노새를 부리고는 있었지만, 그것도 여유가 있는 게 아니어서 네 마리 이상 갖고 있는 사람은 거의 없다 해도 과언이 아니었다. 그러므로 이를테면 전쟁에 노새를 써도 상관없다고 하더라도 들일에 지장이 있으므로 노새를 전쟁에 끌고 갈 순 없었다. 게다가 기병대에선 노새론 곤란하다고 했다. 그때 가난뱅이 백인 가운데 노새 한 마리라도 갖고 있는 것은 그래도 나은 편이고 산속이나 늪지대 주민들은 한 마리도 갖고 있지 않았다. 그들은 전적으로 자기들 토지에서 산출된 것이나 소택지에서 잡은 것으로 생활하고, 또 일용품은 물물교환으로 충당했으므로 현금이라고는 1년에 5달러를 손에 쥐기 어려운 형편이었다. 그러니 말이나 군장 따위를 장만한다는 건 도저히 엄두도 낼 수 없었다. 그러나 그들은 대농장주가 그 재산을 자랑하는 것처럼 자기들의 가난에 완고한 자부심을 갖고 있었으므로 부호들로부터 조그마한 혜택도 결코 받으려고 하지 않았다. 그래서 이들의 감정을 상하게 하지 않으면서 기병대를 강화시키기 위해 스칼렛의 아버지와 존 윌크스, 벅 먼로, 짐 탈레턴, 휴 캘버트 등 군의 대농장주 가운데 앵거스 매킨토시를 제외한 모든 사람이 기병대 군비로 돈을 기부하고 말과 대원의 군장을 도맡기로 했다. 대농장주는 자기 자제들뿐만 아니라 다른 몇 사람의 장비까지 맡게 되었는데 실행에 옮기면서 가난한 사람들의 자존심을 다치게 하지 않고 말이나 군복을 받도록 세심히 조심해야 했다.

　기병대는 매주 두 번 존즈버러에 모여 군사 훈련을 계속하면서 빨리 전쟁이 시작되었으면 좋을 텐데 하며 바라고 있었다. 전원에게 골고루 돌아갈 만큼 말을 다 준비하진 않았지만, 말을 갖고 있는 패들은 재판소 뒤에 있는 광장에서 커다란 먼지 더미를 차올리며 함성을 지른다든가, 객실의 벽에 장식해 두었던 독립전쟁 당시의 장검을 휘두르며 기병대 연습은 바로 이럴 것이라고 그들이 상상한 대로 행동했다. 말을 갖지 못한 녀석들은 블라드의 가게 앞 댓돌에 걸터앉아 담배를 씹든가 이야기를 하든가 하면서 말을 탄 동료의 연습을 바라보거나, 그렇지 않으면 사격 솜씨 내기를 했다. 사격만은 연습할 필요가 없었다. 남부 사람들은 본디부터 마치 총을 안고 태어난 듯 매일 사냥을 일삼고 있으므로 모두가 사격의 명수였다.

모임이 있을 때마다 대농장주의 저택이나 소택지의 통나무 집에서는 갖가지 장식의 소총이 나왔다. 아메리카에 온 이주자가 처음으로 엘러게니 산맥을 넘었을 무렵 신형을 자랑하던 총신이 긴 다람쥐 사냥총이며, 조지아 주가 갓 개척되었을 무렵 많은 인디언들을 위협한 구식 전장총이며, 1812년의 세미놀 전쟁이나 맥시코 전쟁 때 위력을 발휘했던 마상용 대형 피스톨이며, 은 개머리판이 달린 격투용 피스톨이며, 넬린서식 소형 피스톨이며, 2연발 엽총이며, 개머리판에 아름다운 나무를 쓴 영국제 멋진 신형 총에 이르기까지 속속 모였다.

훈련은 으레 존즈버러의 술집에서 끝나는 것이 예사였다. 그러므로 저녁때가 되면 곳곳에서 싸움이 벌어지고 장교들은 북군과 싸우기도 전에 부상자가 나오면 큰일이라고 그 중재에 바빴다. 스튜어트 탈레턴이 캐이드 캘버트를, 그리고 토니 폰테인이 브랜트를 쏜 것도 바로 이런 소동에서 비롯된 것이었다. 기병대가 조직된 것은 탈레턴 집안의 쌍둥이 형제가 때맞추어 조지아 대학에서 퇴학 맞고 집으로 막 돌아왔을 때였으므로 그들은 기뻐 어쩔 줄 모르며 여기에 참가했다. 그러나 두 달쯤 전에 그 총격 사건을 일으켰으므로 어머니는 이제 다신 돌아오지 말라고 타이르고 두 형제를 주립대학에 보냈던 것이다. 그들은 대학에 있는 동안에 군사 훈련에 참가할 수 없는 것이 분하여 동료 대원들과 함께 말을 달리고 고함을 지르고 사격을 할 수만 있다면 공부 따원 팽개쳐도 좋다고 생각하고 있었다.

"좋아, 그럼 이제부터 지름길로 에이블의 집으로 가자." 브랜트가 말했다. "오하라 농장의 강을 건너 폰테인 목장을 빠지면 문제 없어."

"가시더라도 고슴도치 고기하고 야채 말고는 아무것도 먹을 것이 없을 텐뎁쇼." 짐스가 또 참견했다.

"넌 먹지 않을 텐데, 뭘." 스튜어트는 웃었다. "넌 이제부터 집으로 돌아가서 어머니에게 우린 저녁식사에 돌아가지 않는다고 보고를 해야 하니까 말야."

"그건 안 됩니다요!" 짐스는 깜짝 놀라 외쳤다. "그건 안 됩니다요! 베아트리스 마님께 혼나는 건 저도 도련님들보다 더 질색이니깐입쇼. 우선 첫째로, 왜 도련님이 대학에서 쫓겨날 짓을 하는 걸 옆에 붙어 있으면서도 잠자코 보고만 있었느냐 하실 테고요. 그 다음은, 왜 오늘 밤 데리고 와서 꾸지람을 듣게 하지 않았냐고 하실 게 뻔하니깝쇼. 그리고 딱정벌레를 발견한 오리 새끼들처럼 무서운 기세로 모두 달려들어 내가 나쁘다고 된통 야단을 칠테니깝쇼. 끝내 도련님들이 와인더 씨 댁으로 데려가 주시지 않는다면 전 밤새도록 숲 속을 돌아다니겠어요. 그러다 순경에게 붙잡힐지도 모르지만 뭐 화나신 베아트리스 마님 앞에 나서기보다는 그 편이 훨씬 나은걸입쇼."

형제는 이 검둥이의 단호한 결의에 난처해져 화가 난 눈으로 그 얼굴을 바라보았다.

"이놈은 얼간이라 틀림없이 순경에게 붙잡힐 거야. 그거야말로 또 어머니에게 몇 주일이나 잔소리할 재료를 제공하는 거나 다름없지. 검둥이도 골칫거리야. 때때로 나도 노예폐지론자의 주장을 옳다고 생각하는 때가 있어."

"그럼 할 수 없지. 우리도 당하고 싶지 않은 일을 짐스에게 당하게 하는 게 잘못일지도 모르지. 데리고 가야 할 거야. 하지만 이봐, 짐스, 이 건방진 흑인 놈! 만일 와인더 집 흑인들 앞에서 으스댄다든가, 그쪽은 토끼나 고슴도치밖에 먹지 못하는데 우리는 닭구이와 햄을 늘 먹고 있다고 쓸데없이 입이라도 놀리는 날엔…… 당장 어머니에게 일러바칠 테다. 그리고 전쟁에도 데리고 가지 않겠어."

"으스댄다굽쇼? 제가 그따위 싸구려 검둥이 앞에서 으스댄다굽쇼? 천만에요. 저도 좀더 점잖은 태도를 가질 수 있습죠. 베아트리스 마님은 제게도 도련님들과 똑같게 예의범절을 가르쳐 주셨으니까요."

"하지만 어머니의 훈계는 우리 세 사람에게는 별로 효력이 없었던 모양이지." 스튜어트는 말했다. "자, 가자!"

말을 마치자 스튜어트는 붉은 털의 늠름한 말을 뒷걸음질시켜 옆구리를 힘껏 차더니 쉽사리 나무 울타리를 뛰어넘어 제럴드 오하라 댁의 농장 안 부드러운 밭 속으로 뛰어들어갔다. 브랜트의 말과 짐스의 말이 곧 뒤를 따랐다. 짐스는 안장의 앞턱과 말갈기를 단단히 움켜잡았다. 그는 울타리를 뛰어넘는 것은 별로 좋아하지 않았지만, 주인 뒤를 따라 할 수 없이 이것보다 더 높은 울타리를 넘은 일도 있었다. 붉은 경작지를 지나 짙어가는 땅거미 속을 야트막한 언덕에서 강바닥 쪽으로 내려가면서 브랜트가 큰 소리로 고함쳤다.

"이봐 스튜어트! 스칼렛이 우리를 저녁식사에 초대하려 했었다고 생각하지 않니?"

"나도 내내 그렇게 생각하고 있었어!" 스튜어트는 마주 고함쳤다. "그런데 왜 초대하지 않았을까? 네 생각엔 어떠니……."

2

탈레턴 형제가 사라져 가는 것을 스칼렛은 타라 저택에 서서 전송하고 있었다. 이윽고 발발굽 소리가 들리지 않게 되자 그녀는 봉유병 환자처럼 의자로 돌아왔다. 얼굴은 고통으로 딱딱하게 굳어진 듯했고, 입술은 형제에게 비밀을 들키지 않기 위해 억지로 미소지었으므로 무척 아프게 되고 말았다. 다리 하나를 엉덩이 밑에 깔고 의자에 축 늘어지듯 걸터앉았으나, 심장은 슬픔으로 꽉 차 주체할 수 없을 만큼 가슴에 북받쳐올랐다. 심장은 불규칙하게 고동치기 시작했고 손은 싸늘해졌으며, 슬픈 마음이 온몸을 짓눌렀다. 지금까지 마음대로 응석 부리며 자라온 아이가 비로소 뜻대로 되지 않는 현실에 부닥쳤을 때와 같은 고뇌와 혼란이 얼굴에 역력히 나타나 있었다.

애쉴리가 멜라니 해밀턴과 결혼한다! 아냐, 그게 사실일 리 없어! 그 형제가 뭔가 잘못 듣고 하는 소릴 거야. 그렇지 않다면 언제나 하는 장난으로 나를 놀리고 있는 게 틀림없어. 애쉴리가 그녀를 사랑할 리가 없어. 애쉴리가 아니더라도, 누구도 그 따위 생쥐처럼 빈약한 여자는 사랑하지 않을 거야. 스칼렛은 멜라니의 여위고 앳된 모습이며 거의 박색이라고 할 수 있는 평범한 하트형 얼굴을 경멸 속에 떠올렸다. 더구나 애쉴리는 요 몇 달 동안 멜라니와는 통 만나지 못 했으리라. 작년 트웰브 오크스 저택에서 파티가 열린 뒤부터 그는 애틀랜타엔 두 번 이상 가질 않았었다. 아냐, 아냐, 애쉴리가 멜라니를 사랑하다니, 그럴 리가 없어. 왜냐하면—오, 나는 결코 잘못 생각하고 있지는 않아—그가 사랑하고 있는 건 바로 나니까! 이 스칼렛이야말로 그가 사랑하고 있는 여자가 아닌가…… 나는 그걸 알고 있어!

복도의 마루를 울리며 다가오는 마미의 둔중한 발소리를 듣고 스칼렛은 급히 깔고 앉았던 다릴 빼고 얼굴에 부드러운 표정을 지으려고 애썼다. 뭔가 이상한 일이 있었구나, 하고 마미에게 의심을 받게 되면 꼼짝할 수가 없기 때문이었다. 마미는 오하라 집안이 육체적으로나 정신적으로나 모두 자기와 한몸이고, 따라서 가족의 비밀은 자기의 비밀이라고 믿고 있으므로 조금이라도 숨기는 그늘을 발견하면 그야말로 짐승 쫓는 사냥개처럼 봐주지 않고 추궁하는 것이었다. 스칼렛은 이미 경험으로 알고 있는 것으로서 만일 마미의 호기심이 즉각 만족되지 않으면 결국 어머니 엘렌한테까지 문제가 알려지게 되고, 그렇게 되면 스칼렛은 어머니 앞에 모두 털어놓을 수밖에 없거나 또는 그럴듯한 거짓말을 생각해 내야만 했던 것이다.

마미가 복도에서 모습을 드러냈다. 코끼리처럼 눈이 작고 눈빛이 밝으며 몸집이 커다란 노파였다. 검은 피부가 윤이 나도록 반짝거리는 순수 아프리카 토인으로서 마지막 피 한 방울까지 오하라 집안을 위해 바칠 각오를 하고 있는, 말하자면 엘렌의 가장 강력한 의논상대이고, 스칼렛 등 세 딸들에겐 절대적 권력자이며 다른 하인들에겐 두려움의 대상이었다. 흑인이긴 하지만, 마미의 예절이나 자부심은 그녀의 소유자인 주인들과 마찬가지로, 혹은 그 이상으로 높았다. 그녀는 엘렌 오하라 부인의 어머니인 솔랜지 로빌라드 부인의 침실 하녀로 자랐는데, 로빌라드 부인은 잔소리가 많고 쌀쌀맞으며 콧대 높은 프랑스 부인으로서 자식이든 하인이든 상관없이 조금만 예의에 벗어난 짓을 하면 가차 없이 그에 알맞은 벌을 주었다. 처음에 마미는 엘렌의 보모였는데, 엘렌이 결혼하자 함께 서배너에서 이 내륙지방으로 옮겨 왔다. 그녀는 사랑하는 사람일수록 엄하게 대했다. 그래서 그녀의 스칼렛에 대한 애정과 자부심이 크면 클수록 그녀에의 채찍은 엄했고 가차 없이 내려졌다.

"그 신사분들은 벌써 돌아가셨납쇼? 왜 저녁식사에 초대하시지 않으셨어요, 스칼렛 아가씨? 포크에게 두 사람 몫만큼 더 만들라고 일러두었는데, 그런 예의가 어디 있사와요?"

"그 사람들은 전쟁 이야기만 하는걸, 뭐. 난 진절머리가 났어. 그런데 식사하는 동안 아버지까지 함께 어울려 링컨이니 전쟁이니 그런 이야기를 하면 난 정말 참을 수 없을 거야."

"엘렌 마님하고 제가 아가씨를 위해 이렇게 애쓰는데, 아가씨는 어쩌면 들에서 일하는 노예와 마찬가지로 예절을 모르시는굽쇼. 그리고 솔도 두르지 않으시고! 밤바람이 싸늘해졌는데. 제가 언제나 말하는 거지만 어깨에 아무것도 두르지 않고 밤바람을 쐬면 감기 걸린다굽쇼. 스칼렛 아가씨, 자 어서 집 안으로 들어가세요."

스칼렛은 마미가 숄 때문에 정신이 팔려 얼굴 표정은 눈치채지 못한 것을 다행으로 여기고 일부러 아무렇지 않은 듯 돌아섰다.

"난 여기서 저녁노을을 보고 싶어. 아름답잖아? 숄을 좀 갖다 줘, 마미. 아버지가 돌아오실 때까지 여기 있겠어."

"봐요, 벌써 감기가 들어 코맹맹이 소리를 하잖는갑쇼." 마미는 의심스러운 듯이 말했다.

"아니라니까" 스킬렛은 짜증을 내었다. "아무렇지도 않으니까 빨리 숄이나 갖다 줘요!"

마미는 쿵쾅거리며 응접실로 들어갔다. 이윽고 층계 있는 곳에서 2층 하녀에게 부드럽게 이르는 소리가 들렸다.

"로자, 스칼렛 아가씨의 숄을 던져 다오." 대답이 안 들리자 목소리가 커졌다. "쓸모없는 검둥이 년 같으니라고! 언제든지 필요한 곳엔 있을 때가 없단 말이야. 하는 수 없지! 내가 올라가서 가져와야지."

계단이 삐걱대는 소리를 듣자 스칼렛은 조용히 일어났다. 마미가 돌아오면 또 손님에 대한 대접이 소홀했다느니 어쩌느니 잔소리를 할 것이 틀림없었다. 마음이 울적해진 지금 스칼렛은 그런 시시한 일로 설교를 듣는 것이 정말 견딜 수 없을 것 같았다. 마음의 괴로움이 얼마쯤 가라앉을 때까지 어디 가서 숨어 있자. 어디가 좋을까, 하고 망설이면서 서 있으려니 문득 작긴 하지만 그녀에게 한 가닥 희망을 주는 생각이 떠올랐다. 아버지 제럴드는 오늘 그의 하인 포크의 아내인 딜시를 양도받기 위한 교섭으로 윌크스 댁 농장 트웰브 오크스에 가 있다. 딜시는 윌크스 댁의 하녀 감독이자 산파로 여섯 달쯤 전에 포크와 결혼했는데, 그 뒤로 포크는 딜시를 양도받아 두 사람이 같은 농장에 살 수 있도록 해 달라고 밤낮으로 주인을 졸라 왔던 것이다. 그래서 제럴드는 오늘 오후 마침내 졸리다 못해 교섭을 하러 갔다.

스칼렛은 틀림없이 아버지가 이 무서운 이야기가 사실인지 아닌지 알고 있을 것이라고 생각했다. 설사 오늘 오후 아무것도 듣지 않았다 하더라도 만일 그 말이 정말이라면 윌크스 가족의 동요를 느끼고 뭔가를 알아챘을 것이 틀림없었다. 저녁식사 전에 잠깐만이라도 아버지와 단둘이 있게만 된다면 아마 사실을 다 알게 될 것이다. 틀림없이 그 쌍둥이 형제의 고질적인 질 나쁜 농담에 지나지 않다는 것을 알게 될 것이다.

이제 제럴드가 돌아올 시간이었으므로 아버지와 단둘이 이야기를 하려면 신작로와 저택으로 들어오는 길의 갈림길까지 가서 거기서 기다리고 있을 수밖에 없었다. 그녀는 조용히 현관 계단을 내려가 마미가 보고 있지 않나 하고 조심스럽게 2층 창문을 올려다보았다. 바람에 펄럭거리는 커튼 사이로 저 눈같이 새하얀 터번을 두른 넓적하고 시커먼 얼굴이 나무라듯이 내려다보고 있지 않음을 확인하자마자 그녀는 초록빛 꽃무늬 치맛자락을 휘어잡고 리본 장식이 달린 실내화를 신은 작은 발로 될 수 있는 대로 빨리 저택의 샛길을 내려가 차도 쪽을 향해 뛰기 시작했다.

자갈길 양편에 시커멓게 솟은 삼나무는 양쪽에서 머리 위를 덮어 긴 가로수 길을 어두운 터널로 만들고 있었다. 삼나무의 옹이 많은 나뭇가지가 무성하게 늘어진 곳까지 뛰어왔을 때, 이제 저택에서는 보이지 않는다는 걸 알자 그녀는 안심하고 걸음을 늦추었다. 달리는 것이 무리일 만큼 코르셋을 세게 졸라매고 있었으므로 숨이 찼으나 그래도 그녀는 열심히 발길을 재촉했다. 이윽고 차도를 벗어나 신작로로 나서는 곳까지 왔지만 그녀는 그 모퉁이를 돌아 그녀와 저택을 가로막는 삼나무 숲 저쪽에 나설 때까지 걸음을 멈추지 않았다.

그녀는 얼굴이 빨갛게 달아올라 숨을 헐떡거리며 나무 그루터기에 걸터앉아 아버지를 기다렸다. 아버지가 귀가하는 시각은 이미 오래전에 지났지만 그녀에겐 오히려 그 편이 나았다. 그동안 거칠어진 호흡을 가라앉히고 얼굴빛을 진정시키고 아버지에게 의심받지 않도록 완전히 준비할 수 있었다. 아버지의 말발굽 소리가 이제 들리지 않을까, 예의 그 무지무지한 속력으로 언덕을 달려 올라오는 아버지의 모습이 이제 곧 보이지 않을까 싶어 초조하게 그녀는 기다렸다. 그러나 몇 분이나 지났지만 제럴드는 돌아오지 않았다. 아버지 모습이 보이기만을 기다리며 신작로를 내려다보고 있는 동안 고통이 다시 가슴에 복받쳐왔다.

'그게 사실일 리가 없어!' 하고 그녀는 생각했다. '아버지는 왜 여태 돌아오시지 않는 걸까?'

그녀의 눈길은 오늘 아침 내린 비로 피처럼 빨개진 꼬불꼬불한 길을 더듬어 올라갔다. 그녀의 마음은 신작로를 따라 언덕을 내려가고, 강물이 느릿느릿 흐

르는 플린트 강을 건너 삐뚤삐뚤한 소택지를 빠져나가 다시 언덕길을 올라간
다음, 애쉴리가 사는 트웰브 오크스의 길을 좇고 있었다. 이제 그 길은 스칼렛
에게 있어서는 애쉴리에게로 가는 길, 그리하여 언덕 꼭대기를 그리스의 신전
처럼 꾸미고 있는 아름답고 흰 둥근 기둥이 늘어선 그의 저택으로 가는 길일
뿐 그 외의 아무것도 아니었다.

'아, 애쉴리! 애쉴리!' 그렇게 생각하자 가슴의 고농이 한층 더 빨라졌다.

탈레턴 형제에게서 그 소문을 들은 뒤부터 그녀를 무겁게 내리누르고 있던
혼란과 불안 섞인 차가운 느낌은 마음 한구석으로 쫓겨나고, 그 뒤를 이어 다
시 2년 전부터 그녀를 사로잡고 있던 열정이 되살아났다.

지금 생각하면 이상한 일이지만, 그녀는 다 자랄 때까지 애쉴리에게 그렇게
마음을 빼앗기지는 않았던 것 같다. 어렸을 무렵 그를 자주 보곤 했지만 도무
지 마음이 끌리지는 않았다. 그러다 2년 전, 애쉴리가 3년 동안의 유럽 여행을
마치고 고향에 들아와 인사차 왔을 때부터 그녀는 그를 사랑하게 되었다. 그렇
게 단순한 것이었다.

그날 그녀가 현관 앞에 서 있으려니 애쉴리가 회색 정장을 차려입고 주름잡
힌 와이셔츠에 잘 어울리는 넓고 검은 넥타이를 맨 채 긴 가로수길을 말을 타
고 달려왔다. 지금도 그녀는 그날 그가 입었던 옷차림의 어떤 사소한 점도 떠올
릴 수 있다. 그의 부츠가 얼마나 번쩍거리고 있었던가, 메두사[6]의 얼굴을 조각
한 크라바트[7] 핀, 그녀의 모습을 보고 곧 벗은 테가 넓은 파나마 모자. 그는 말
에서 내려 검둥이 소년에게 고삐를 던져 주더니 그대로 선 채 그녀를 올려다보
았다. 그 꿈꾸는 듯한 잿빛 눈은 넘칠 듯 미소를 담았고 금발머리는 햇빛을 받
아 마치 은 투구처럼 눈부셨다. 그가 말했다. "스칼렛, 무척 많이 자랐군요." 그
러고 나서 사뿐 계단을 올라와 그녀의 손에 키스했던 것이다. 그때의 그 목소
리! 우울한 듯하면서도 밝고 음악적이어서 그녀는 그 목소리를 들었을 때 처음
듣는 목소리가 아닌가 생각할 만큼 설레었던 것을 지금도 잊을 수 없다.

그 최초의 순간부터 그녀는 그를 원했다. 먹기 위해 먹을 것을 원하고, 타기
위해 말을 원하고, 잠자기 위해 부드러운 침대를 원하는 것처럼 그녀는 단순하

---

6) 그리스 신화에 나오는 괴물. 머리카락이 모두 뱀으로서 보는 사람을 돌로 변하게 한다.
7) 넥타이처럼 매는 폭넓은 남성용 스카프.

게 이유도 없이 그를 원했던 것이다.

그로부터 2년 동안 그는 그녀를 불러내어 무도회며 낚시며 피크닉이며 재판소 같은 곳에 데리고 갔다. 탈레턴 댁의 쌍둥이 형제나 캐이드 캘버트처럼 뻔질나게 오는 것도 아니고, 폰테인 댁 청년들만큼 집요하게 구는 것도 아니었지만, 그가 타라를 일주일 이상 찾아오지 않는 일은 거의 없었다.

사실 그는 별로 그녀에게 사랑을 속삭인 일도 없고, 또 그 맑은 잿빛 눈에 다른 사나이들이 곧잘 스칼렛에게 하는 것처럼 열띤 번쩍거림을 나타내는 일도 없었다. 하지만 그래도 그녀는 그가 자기를 사랑하고 있음을 알고 있었다. 결코 틀릴 리가 없었다. 이성보다 강한 본능이, 경험에서 얻은 지식이, 그가 자기를 사랑하고 있다고 속삭여 주고 있었다. 그가 뜻밖에 평소의 그 꿈꾸듯 아늑한 눈이 아니라 그녀를 어리둥절하게 하는 동경과 슬픔이 가득 찬 눈초리로 지그시 그녀를 바라볼 때, 그녀는 곧잘 놀라움을 느끼곤 했다. 그는 확실히 자기를 사랑하고 있었다. 그러나 어째서 그것을 고백하지 않는 걸까. 그것이 그녀로선 이해되지 않았다. 그러나 그에 대해 이해되지 않는 건 그것 말고도 많이 있었다.

그는 언제나 예의바르고 누구에게서나 떨어져 먼 곳에 있었다. 누구에게도, 특히 스칼렛에게는 그가 무엇을 생각하고 있는지 도무지 알리지 않았다. 누구나 무엇이든지 생각한 일을 그 즉시 거침없이 말해 버리는 고장 사람들 사이에선 애쉴리의 이 어울리지 않는 성격은 못마땅한 것으로까지 여겨지고 있었다. 그러나 그는 다른 청년들과 마찬가지로 사냥이든 내기든 댄스든 또는 정치적인 흥정이든 간에 이 지방 오락이라면 뭐든지 능숙했고 특히 말타기에 있어선 그를 따를 사람이 없었다. 단지 다른 청년들과 다른 점은 그렇게 유쾌한 행동도 그에게 있어선 인생의 최종 목적이 아닌 것 같은 데 있었다. 그는 혼자 책이나 음악을 벗삼고 시를 짓는 기쁨 속에 고립되어 있었던 것이다.

아, 어째서 그는 그렇게나 멋진 금발머리이고, 그렇게나 정중하면서 냉담하고, 그렇게나 유럽에 대해서든 책에 대해서든 음악에 대해서든 시에 대해서든 그 밖에 그녀가 조금도 흥미를 갖지 않는 일만을 이야기하는 걸까…… 그런데도 왜 그녀의 마음은 이토록 그에게 끌리는가? 황혼녘을 현관 앞에서 그와 함께 보낸 날 밤마다 언제나 그녀는 침대에 들어가고 나서도 몇 시간이고 뒤척이면서 잠을 이루지 못했으며, 이 다음에 만날 때는 틀림없이 자기에게 구혼할 것이라고 스스로 위로했다.

그러나 다음 기회도 올 듯하다가는 그냥 가 버리고, 기대한 결과는 영 얻어지지 않고…… 다만 그녀를 사로잡고 있는 정열만이 날이 갈수록 높아지고 끓어오를 뿐이었다.

그녀는 그를 사랑하고 그를 원하면서도 그를 이해하진 못했나. 그녀는 나라 농장을 불고 지나가는 바람처럼 혹은 또 타라 농장을 끼고 흐르는 누렇게 흐린 강물처럼 솔직하면서도 단순했고, 그래서 마지막 순간까지 끝내 복잡한 것을 이해할 수는 없었다. 그런데 지금 그녀는 난생처음으로 복잡한 성격과 부딪치게 된 것이다.

그것은 애쉴리가 생활의 여가를 행동으로 옮기지 않고 사색이나 현실감이 전혀 없는 아름답고 다채로운 꿈을 읽어 내기 위해 쓰는 월크스 집안의 핏줄을 타고났기 때문이었다. 그가 사는 곳은 이 조지아 따위보다는 훨씬 더 아름다운 내부 세계였고, 거기서부터 그는 마지못해 현실 세계로 돌아오곤 하는 것이었다. 단지 인간을 방관하고 있을 뿐 그들을 좋아하거나 싫어하지 않았다. 인생을 방관하고 있을 뿐 거기에서 유난히 기쁨이나 슬픔을 느끼지도 않았다. 그는 우주와 그 우주에 있는 자기 입장을 있는 그대로 받아들이고 무슨 일이 생기면 어깨를 약간 으쓱할 뿐, 음악이나 책 같은 그의 보다 좋은 세계로 들어가 버리고 마는 것이다.

그의 마음은 그녀에겐 완전히 낯선 것인데도, 왜 그가 스칼렛을 매혹시키고 말았는지 그녀로선 알 수가 없었다. 이 이해할 수 없는 신비로움이 자물쇠도 열쇠도 없는 문처럼 그녀의 호기심을 자극시켰던 것이다. 이해할 수 없는 이런 여러 가지 것들이 더욱 그녀의 사랑을 깊게 해 주고, 그의 기묘하고 조심스런 구애의 태도는 그녀로 하여금 그를 자기 것으로 만들겠다는 결의를 한층 더하게 했다. 또한 그녀는 아직 젊은 데다 자기 마음대로 되지 않는 일은 하나도 없을 만큼 응석을 부려 왔으므로, 그가 언젠가 구혼하리라는 것을 그녀는 조금도 의심하지 않았다. 그런데 지금 청천벽력같이 이 무슨 얘기란 말인가! 애쉴리가 멜라니와 결혼하다니! 그런 일이 진실일 수는 없다!

왜냐하면 전 주일 저녁 무렵 페어힐에서 둘이 말을 타고 돌아왔을 때, 그는 이런 말을 하지 않았던가.

"스칼렛, 당신에게 할 아주 중대한 얘기가 있는데 어떻게 말해야 좋을지 망설이고 있어요."

그때 그녀는 얌전하게 눈길을 내리깔고 있었다. 드디어 그 행복의 순간이 왔구나 하고 심장은 격렬한 기쁨으로 뛰놀았다. 그러자 그가 말했다.

"하지만 지금은 말할 수 없소. 이제 곧 집이고 시간이 없으니까. 스칼렛, 나는 정말 겁쟁이야!"

그러고는 말에 박차를 가하여 타라로 향한 언덕을 단숨에 달려 올라가고 말았다.

스칼렛은 지금 나무 그루터기에 걸터앉아 그때 그토록이나 그녀를 행복하게 만들었던 그 말을 생각해 내고, 별안간 그 말이 다른 뜻으로, 무서운 뜻으로 해석되는 것을 깨달았다. 그가 털어놓으려고 했던 말은 멜라니와의 약혼에 대해서가 아니었을까.

아, 아버지만 돌아와 준다면! 이 불안한 마음은 이제 한시도 견딜 수 없다. 그녀는 조바심을 내며 다시 한 번 신작로를 굽어보고 실망했다.

태양은 지평선 아래로 가라앉고 아득한 땅 끝의 붉은 광선은 서서히 담홍색으로 어슴푸레해져 갔다. 하늘은 담청색에서 차차 초록빛이 감도는 청색으로 바뀌고, 전원의 황혼녘 꿈 같은 정적이 주위에 살짝 다가섰다. 땅거미가 자욱이 들판을 덮었다. 갈아엎어진 붉은 이랑도, 칼자국 모양의 붉은 신작로도, 그 마술적인 선혈의 붉은 빛깔을 잃고 단지 갈색일 뿐인 흙으로 변했다. 신작로 맞은편 목장에서는 말이며 노새며 소가 울타리 너머로 고개를 내밀고, 우리로 돌아가 저녁먹이가 주어지는 걸 조용히 기다리고 있었다. 그들 또한 목장 주위에 있는 냇가 풀숲에 스며드는 캄캄한 어둠을 좋아하지는 않으리라. 그들은 인간적인 우정을 느끼기나 하듯 스칼렛 쪽으로 귀를 쫑긋거리고 있었다.

호젓이 어렴풋한 빛 속에서 강기슭 습지의 우뚝 솟은 굵고 높다란 소나무는, 햇빛 아래서 그토록 산뜻하며 고운 녹색이던 것이 지금은 파스텔로 그린 듯한 하늘을 배경으로 시커멓게 늘어서 있어 부드럽게 굽이치는 흙탕물의 강을 발밑에 숨기고 가로막은 검은 거인의 행렬 같았다. 그 강 너머 건너편 언덕 위에는 윌크스 댁의 높은 굴뚝이 주위를 에워싼 떡갈나무 숲의 암흑 속에 차차 녹아 없어지고, 다만 멀리 떨어진 바늘 끝만한 식당 불빛만이 거기 집이 있음을 알려 주고 있을 뿐이었다. 따뜻하고 습기를 품은 봄의 향긋한 입김은 새로 갈아 놓은 흙의 축축한 냄새와 싹이 트려고 하는 온갖 나뭇잎이 발산하는 숨결과 함께 그녀를 감싸 주었다.

일몰도, 봄도, 새싹도 스칼렛에게는 전혀 신기하지 않았다. 이 모든 것들의 아름다움을, 그녀는 호흡하는 공기, 마시는 물과 같이 아무렇지 않게 받아들이고 있었다. 그녀가 아름답다고 생각하는 것은 단지 여자의 얼굴이라든가 말이라든가 비단옷이라든가, 그렇듯 만지고 느낄 수 있는 것에만 국한되어 있기 때문이었다. 그러나 잘 정돈된 이 타라 농장의 잔잔한 저녁 어스름은 그녀의 어지러운 마음에 어느 정도 안정을 주었다. 스스로는 깨닫지 못하고 있지만 그녀는 그 고장을 기도할 때 램프 불빛 아래 보는 어머니의 얼굴만큼이나 깊이 사랑하고 있었던 것이다.

끝없이 이어진 신작로는 고요하기만 했고, 아직도 아버지의 모습은 보이지 않았다. 더 이상 오래 머물면 틀림없이 마미가 찾아와 집 안으로 끌고 들어갈게 틀림없었다. 그렇게 생각하며 어두운 신작로를 열심히 굽어보고 있으려니 언덕 목장 아래쪽에서 말발굽 소리가 들려오고, 소와 말이 놀라 달아나는 것이 보였다. 제럴드 오하라가 벌판을 가로질러 전속력으로 질주해 오고 있었던 것이다.

제럴드는 허리가 굵고 다리가 긴 늠름한 체구의 사냥용 말을 타고 언덕을 올라왔는데, 말이 엄청나게 컸으므로 멀리서 바라보면 그의 모습이 마치 소년처럼 보였다. 길고 흰 머리카락을 나부끼며 채찍을 휘두르기도 하고 소리 높이 고함치면서 말을 몰아 댔다.

고뇌에 가득 차 있음에도 불구하고 그녀는 애정이 깃든 사랑스러움으로 아버지의 모습을 바라보았다. 제럴드는 뛰어난 기수였던 것이다.

'어째서 아버지는 조금이라도 약주만 잡수시면 울타리를 뛰어넘고 싶어 하시는 걸까' 하고 그녀는 생각했다. '작년에는 바로 이 근처에서 말에서 떨어져 무릎을 다치기까지 했으니 이제 혼이 나서 그만둘 만도 하련만. 어머니에게도 이젠 절대로 뛰어넘지 않겠다고 맹세해 놓고서.'

스칼렛은 아버지를 무서워하지 않았으며, 동생들보다도 오히려 아버지 쪽을 더 친구처럼 느끼고 있었다. 왜냐하면 아내 몰래 울타리를 뛰어넘는 일이 아버지에겐 아이들 같은 자랑이었고 장난꾸러기 같은 기쁨이기도 하지만, 거기에는 스칼렛이 마미를 보기 좋게 따돌렸을 때의 기쁨과도 같은 것이 있기 때문이었다. 그녀는 일어나서 아버지의 모습을 지켜봤다.

늠름한 말은 울타리에 다가서자 뛰어넘을 자세를 취했다. 기수가 열심히 격려하고 채찍이 허공에 울리자 말은 아버지의 흰머리를 뒤로 나부끼게 하며 새처럼 가볍게 뛰어넘었다. 아버지는 나무 밑 어둠 속에 딸이 있는 줄도 모르고 신작로에 발을 들여놓자 칭찬하듯 말의 목을 토닥거렸다.

"너와 어깨를 겨룰 만한 말은 이 군에는 물론 조지아 주 어느 곳에도 없을 게다."

그는 자랑스럽게 말과 더불어 얘기했다. 그가 아메리카에 온 지는 벌써 39년이나 됐는데도 여전히 그의 말 속에는 출생지인 아일랜드의 사투리가 강하게 남아 있었다. 이윽고 그는 서둘러 머리를 가다듬고 흐트러진 와이셔츠 깃을 고치고, 비뚤어진 넥타이를 고쳐 매었다. 아버지가 이처럼 허둥지둥 몸단장을 하는 것은 이웃을 방문한 뒤 조용히 말을 타고 돌아온 신사라는 것을 어머니 앞에 꾸미기 위한 것임을 스칼렛은 알고 있었다. 그러나 이야말로 자기의 참뜻을 아버지에게 들키지 않고 듣고 싶은 얘기를 끌어 낼 수 있는 다시없는 기회를 아버지가 주는 것이라고 그녀는 생각했다.

그녀는 커다란 목소리로 웃었다. 예상한 대로 아버지는 그 웃음소리에 깜짝 놀랐다. 그리고 그녀를 발견하자 곧 그 혈색 좋은 얼굴에 수줍은 듯하면서도 도전적인 표정을 띠었다. 그는 말에서 떨어지고 난 뒤부터 무릎이 자유롭게 구부러지지 않았으므로 가까스로 말에서 내려 고삐를 팔뚝에 걸고 어색한 걸음걸이로 그녀에게 다가왔다.

"난 누구라고, 너냐?" 그는 그녀의 볼을 살짝 꼬집으며 말했다. "너도 내 동정을 살피고 있었니? 지난주에 동생 수엘렌이 했던 것처럼 이번에는 네가 어머니에게 고자질할 셈이구나."

그의 낮은 쉰 목소리에는 화가 난 듯하면서도 비위를 맞추려는 듯한 여운이 있었다. 스칼렛은 놀려 대듯이 혀를 날름해 보이고 아버지의 크라바트를 고쳐 매주었다. 그녀의 얼굴에 와 닿는 아버지의 입김에는 엷은 박하가 섞인 부르봉 위스키 냄새가 확 풍겼다. 그 밖에도 씹는 담배 냄새, 기름으로 잘 손질된 가죽 장신구 냄새, 말의 냄새 같은 것이 아버지 몸에 배어 있었으므로 이것들이 뒤섞인 냄새는 그녀에게 언제나 아버지를 떠올리게 했고, 또 이러한 냄새를 갖고 있는 사내를 본능적으로 좋아하게 했다.

"아니에요, 아버지. 난 수엘렌같이 고자질쟁이는 아니에요" 하고 말해 아버지를 안심시켜 놓고, 조금 떨어진 다음 매무새를 고친 아버지의 옷차림을 유심히 살펴보았다.

제럴드는 5피트가 될까말까하게 키 작은 사나이였지만 허리통이 크고 목이 굵어서 앉아 있는 것을 보면 모르는 사람은 거인으로 착각할 정도였다. 암팡진 허리통을 받쳐 주고 있는 다리는 짧고 튼튼했으며, 언제나 얻을 수 있는 것 가운데 가장 좋은 부츠를 신고 마치 허세를 부리는 조그만 아이처럼 늘 다리를 벌리고 서 있었다. 몸집 작은 사내가 버티고 있는 모습은 대개의 경우 우스꽝스러운 법이다. 그러나 밴텀 수탉이 농가의 마당에서 높은 평가를 받고 있는 것처럼 제럴드 역시 그랬다. 제럴드 오하라를 꼴불견인 작은 사나이라고 생각하는 사람은 한 사람도 없었다.

그의 나이 이미 예순 살, 굽슬굽슬 물결치는 머리털은 은빛이었으나 그 날카롭고 늠름한 얼굴에는 주름살 하나 없었고 힘이 넘치는 작고 푸른 눈은 포커 게임을 할 때 카드를 몇 장 바꿀까 생각하는 것 이상의 추상적인 문제로 골치를 썩인 일이 없는 사람 특유의 철부지 청년다운 젊음을 아직 갖고 있었다. 그는 먼 옛날 떠나온 고국 아일랜드에서도 신기할 만큼 가장 아일랜드적인 풍모를 지녔다. 얼굴은 둥글고 혈색이 좋았으며 코가 짧고 입이 커서 전투적이었다.

하지만 이 사나운 외모 아래 제럴드 오하라는 가장 부드러운 마음을 지니고 있었다. 아무리 정당한 이유가 있어도 노예가 매질을 당하고 뿌루퉁해 있는 것은 보지 못했고, 새끼 고양이나 어린애가 울부짖는 것을 태연히 들어 넘기지 못하는 성미였다. 그러나 그는 이 여린 마음을 남에게 알리는 것을 무척 두려워했다. 그와 만나면 누구나 5분도 지나기 전에 그 착한 마음씨를 꿰뚫어 보았지만 그는 그것을 몰랐다. 만일 그걸 알았다면 그의 허영심은 크게 상처받았을 것임에 틀림없다. 그는 지기기 큰 소리로 명령하기만 하면 누구라도 겁내어 따를 것으로 믿고 있었기 때문이다. 이 농장에서 사람들이 따르는 것은 단 하나의 목소리, 그의 아내 엘렌의 부드러운 목소리밖에 없다는 것을 그는 깨닫지 못하고 있었다. 위론 엘렌으로부터 아래론 들일하는 아주 얼간이 흑인에 이르기까지 친절하게도 암암리에 합심하여 그의 말이 절대적인 율법이거나 한 것처럼 믿도록 만들고 있었으므로 그는 아마 영원히 이 비밀을 눈치채지 못할 게 틀림없었다.

스칼렛은 그의 역정이나 노한 목소리를 누구보다도 대수롭지 않게 여겼다. 그녀는 맏딸이었고 이미 세 아들을 무덤에 보낸 그는 이젠 사내애가 태어날 가망은 없다고 체념하고 있었으므로 그녀를 마치 사내애처럼 취급하였으며, 그녀 또한 그것을 기뻐하고 있었다. 캐롤라인 아이린이란 세례명을 줄여서 캐린이라 부르는 동생은 연약한 체구에 공상적이었고, 수잔 엘리너란 이름을 줄여 수엘렌이라 부르고 있는 바로 아래 동생은 그 우아함과 귀부인다운 맵시를 자랑하고 있었으므로 그 가운데 아버지를 가장 많이 닮은 것은 스칼렛이었다.

더욱이 스칼렛과 아버지는 서로 은폐 조약이라고나 할까, 그런 것으로 맺어져 있었다. 그녀가 문에서 반 마일이나 걸어가는 걸 귀찮게 여겨 울타리를 기어오르든가 남자친구들과 너무 늦게까지 현관의 계단에 앉아 있든가 하는 걸 발견해도, 아버지는 그녀를 엄하게 꾸짖을 뿐 엘렌이나 마미에게 결코 말하지 않았다. 스칼렛 역시 아버지가 어머니와의 굳은 약속을 어기고 말을 타고 울타리 뛰어넘는 것을 발견해도 결코 어머니에게 일러바치는 짓은 하지 않았다. 또 아버지가 포커로 잃은 정확한 금액을 알더라도—그건 이웃의 소문으로 곧 알 수 있었지만—만일 수엘렌이었다면 넌지시, 그것도 충분히 기교적 방법으로 저녁식사 때 곧 떠벌리고 말았겠지만 스칼렛은 입을 다물고 모른 척했다. 그런 것을 귀띔해 봤자 결국 어머니의 마음을 아프게 할 뿐이고 더구나 어머니의 착한 마음을 슬프게 하는 일은 결코 하고 싶지 않다는 점에 있어서 부녀는 완전히 일치하고 있었다.

스칼렛은 희미해져 가는 빛 속에서 아버지를 바라보았다. 왠지 아버지 앞에 있으면 마음이 편해지는 것이었다. 아버지에게는 그녀를 향해 속삭이는 그 무엇인가가, 즉 꿋꿋한 생활력, 대지에 대한 애착, 야성이 있었다. 인간 심리의 분석 따위를 전혀 모르는 그녀는 자기가 그와 비슷한 성질을 어느 정도 갖고 있기 때문이라고는 깨닫지 못했다. 사실 그것은 엘렌이나 마미가 16년 동안 어떻게든지 고쳐보려고 노력했는데도 아직껏 남아 있는 성질이었다.

"자, 이젠 어디에 나가셔도 손색이 없어요" 하고 그녀는 말했다. "아버지만 자랑하시지 않는다면 누구도 아버지가 울타리를 뛰어넘었다곤 눈치채지 못할 거예요. 하지만 작년에 무릎을 다치셨는데 또 그 울타리를 뛰어넘다니!"

"딸한테까지 어디를 뛰어넘어라, 어디를 뛰어넘지 말아라 잔소리를 듣게 됐다니 나도 끝장이군." 그는 큰 소리로 말하고 또 딸의 볼을 꼬집었다. "부러지든 부러지지 않든 내 모가지야. 그런데 넌 숄도 두르지 않은 채 이곳에서 뭘 하고 있는 거니?"

아버지가 슬그머니 화제를 돌리려는 걸 알아차리자 그녀는 팔을 아버지 팔에 감고 말했다.

"아버지를 기다리고 있었어요. 이렇게 늦으실 줄은 전혀 생각지도 못했거든요. 딜시를 샀는지 어쨌는지 궁금해서요."

"사긴 샀는데 엄청난 값이야. 그 여자하고 그 여자의 딸 프리시도 함께 왔다. 존 윌크스는 거의 거저나 다름없는 값으로 넘겨 주겠다고 했지만, 어디 제럴드 오하라쯤 되는 사람이 거래에 우정을 이용했다는 말을 들어서야 체면이 서겠니. 두 사람 값으로 3천 달러 치르고 왔다."

"어머, 굉장하네요, 3천 달러라니? 프리시까지 살 필요는 없잖아요."

"딸이 아버지 하는 일에 대해 이러쿵저러쿵 말하는 시대가 되었다는 거냐" 하고 그는 연설 투로 외쳤다. "프리시는 착한 아이고 게다가……."

"전 그 애를 알고 있어요. 그 계집애는 심술이 많고 멍텅구리예요." 스칼렛은 아버지의 큰 목소리에도 끄떡하지 않고 태연히 받아넘겼다. "딜시가 딸도 함께 사달라고 울며 매달리는 바람에, 단지 그 이유만으로 아버지는 그 애를 산 거죠?"

친절한 일을 하고도 지적당했을 때면 언제나 하는 버릇대로 제럴드는 기가 꺾여 난처한 표정을 지었다. 스칼렛은 속이 빤히 들여다보이는 아버지의 태도에 거침없이 웃었다. 그러자 제럴드는 갑자기 허세를 부리기 시작했다.

"그러니까 어쨌다는 거냐. 딸 때문에 어미인 딜시가 낙담해 있다면 그걸 사오더라도 아무짝에 소용없잖니. 그러니까 이제 내 집의 검둥이는 결혼 따위는 시키지 않을 테다. 돈이 들어 견딜 수가 있어야지. 자, 돌아가 저녁이나 먹자."

땅거미는 더욱더 짙어져 하늘에 남아 있던 마지막 초록빛 섞인 광선도 사라지고 봄의 따뜻한 기온이 자취를 감추며 차차 으스스 추워졌다. 그러나 스칼렛은 동기를 의심받지 않으면서 애쉴리의 얘기를 꺼내려면 어떻게 해야 좋을까 생각하며 아직도 망설이고 있었다. 그것은 꽤 어려운 일이었다. 스칼렛은 그렇게 교묘한 재주는 없었기 때문이다. 그러므로 그녀가 아버지의 잔꾀를 꿰뚫어 보듯, 아버지 또한 그녀의 서투른 속임수 따윈 곧 알아차렸다. 그리고 그는 좀처럼 요령껏 넘어가 주지 않았다.

"트웰브 오크스에선 모두들 안녕하세요?"

"별일 없더라. 캐이드 캘버트가 와 있어서 말이야. 딜시에 대한 이야기가 끝나고 모두 베란다에 모여 야자술[8] 좀 들었지. 캐이드는 애틀랜타에서 막 돌아왔다는데 거긴 벌써 굉장한 난리래. 전쟁 얘기로 말이야. 그리고……."

스칼렛은 한숨을 쉬었다. 제럴드가 전쟁이나 남북 분리 얘기를 한번 꺼냈다 하면 몇 시간이고 계속되기 때문이다. 그래서 그녀는 곧 다른 방향에서 공격하기로 했다.

"내일 바비큐파티에 대한 이야기는 없었어요?"

"참 그래, 뭐라더라. 왜, 그 뭐라고 하는 이름이었지? 작년에 이곳에 오지 않았니, 너도 알고 있을 거야. 애쉴리의 사촌누이인 예쁜 아가씨 말야……. 참, 멜라니 해밀턴이라든가 하는 아가씨와 그 오빠 찰스가 벌써 애틀랜타에서 와 있더라. 그리고……."

"어머, 벌써 와 있어요?"

"응, 와 있었어. 착하고 얌전한 아가씨야. 자기 쪽에선 먼저 나서서 한 마디도 말하지 않더라. 여자란 그래야 하는 건데. 자, 이제 가자. 네 어머니가 찾겠다."

아버지의 이야기에 스칼렛의 마음은 우울해졌다. 그런 일은 없으리라 생각하면서도 멜라니가 어떤 이유로든 애틀랜타를 떠나 올 수 없었더라면, 하고 바라고 있었던 것이다. 그러나 그녀와 정반대인 멜라니의 온순하고 얌전한 성격을 아버지가 칭찬했으므로 속마음과는 달리 억지로 털어 놓았다.

"애쉴리도 있었어요?"

---

8) 위스키에 뜨거운 물·설탕·레몬 따위를 탄 음료.

"있었지" 하고 대꾸하면서 제럴드는 딸의 팔을 빼고 그녀의 얼굴을 날카롭게 들여다보았다. "너, 그게 알고 싶어서 여기서 기다리고 있었다면 괜히 빙빙 돌지 말고 처음부터 그렇게 말하지 그랬니."

스칼렛은 뭐라고 말해야 좋을지 몰라 얼굴이 빨개지는 걸 느꼈다.

"자, 망설이지 말고 말해 봐라."

그녀는 잠자코 있었다. 할 수만 있다면 아버지를 흔들며 가만히 있어 달라고 하고 싶었다.

"애쉴리는 있었어. 그리고 친절하게 네 이야기를 묻더라. 그 애의 동생들도 함께 말이다. 그리고 내일 바비큐파티에 꼭 와 달라고 하더라. 꼭 가겠다고 나도 분명히 말하고 왔지." 그는 능란하게 말했다. "하지만 얘야, 너하고 애쉴리가 대체 어쨌다는 거냐."

"아무것도 아니에요." 그녀는 짧게 말하고 아버지의 팔을 잡아끌었다. "자, 돌아가요. 아버지."

"허어, 이번에는 네 쪽에서 돌아가자고 하는구나." 그는 따지듯 말했다. "그런데 나는 네 마음을 알 때까진 이곳에 있고 싶구나. 아무리 생각해도 요즘 너는 좀 이상해. 애쉴리한테 무슨 쓸데없는 말이라도 들었니? 아니면 청혼을 받았니?"

"아뇨."

그녀는 짤막하게 대답했다.

"하긴 애쉴리 쪽에서 청혼할 까닭이 없지." 제럴드는 말했다.

격한 감정이 그녀의 가슴에 복받쳐 왔다. 그러나 아버지가 손을 저어 그것을 막았다.

"누구에게도 말해선 안 된다. 실은 말이야, 오늘 존 윌크스가 절대 비밀이라고 하면서 나에게 말해 줬는데, 애쉴리하고 멜라니가 결혼하기로 됐단다. 내일 발표한다더라."

스칼렛의 손이 힘없이 아버지의 팔에서 떨어졌다. 역시 사실이었구나!

고통이 야수의 이빨처럼 사납게 그녀의 마음을 찢어 놓았다. 그동안에도 그녀는 아버지의 약간 가엾어하는 듯하면서 도저히 해결될 것 같지 않은 문제에 부닥쳐 어리둥절한 눈길이 자기에게 향해 있는 것을 느꼈다. 아버지는 스칼렛을 사랑했다. 그러나 그녀로부터 이렇게 유치한 문제의 해결을 요구받았을 때는 쩔쩔매지 않을 수가 없었다. 엘렌이라면 무엇이든지 대답할 수 있다. 스칼렛의 이런 고뇌는 어머니에게 가져 갈 문제다.

"너는 너를…… 우리 전부를 웃음거리로 만들 작정이냐." 그는 소리 질렀다. 흥분하면 그의 목소리는 언제나 높아지곤 했다. "너는 자기를 사랑하지도 않는 남자의 꽁무니를 쫓고 있었단 말이냐. 너만 그럴 생각이 있다면 이 근방 젊은 이는 얼마든지 골라잡을 수 있을 텐데 말이다."

분노와 상처받은 자존심이 얼마간 그녀의 괴로움을 쫓아 주었다.

"애쉴리의 꽁무니 같은 걸 쫓아다닌 게 아니에요. 단지…… 조금 놀랐을 뿐이에요."

"거짓말 마라!" 제럴드는 소리쳤다. 그리고 딸의 곧 울 듯한 얼굴을 들여다보더니 갑자기 부드러운 목소리로 덧붙였다. "속상해 할 것 없다, 얘야. 뭐니뭐니 해도 넌 아직 어리잖니. 이제부터라도 얼마든지 마음에 드는 청년이 나타날 거야."

"어머니가 아버지와 결혼하신 건 열다섯 살 때예요. 전 벌써 열여섯이에요."

금방이라도 꺼질 듯한 목소리였다.

"네 어머니는 달라." 제럴드는 말했다. "네 어머니는 너처럼 말괄량이는 아니었어. 자, 기운을 내. 다음 주에 찰스턴의 율랄리 아주머니를 방문할 때 함께 데리고 가 주마. 거기는 섬터 요새 이야기로 들끓고 있을 테니까. 애쉴리 같은 건 일주일만 지나면 다 잊어버릴 거다."

'아버지는 나를 어린애로 알고 계셔.' 스칼렛은 생각했다. 슬픔과 노여움으로 말도 제대로 나오지 않았다. '새 장난감을 보여 주면 이 고통을 잊을 수 있으리라 생각하고 계시구나.'

"자! 이제 나한테도 그만 대들어라." 제럴드는 말했다. "네게 분별만 있다면 너는 벌써 오래전에 탈레턴 댁의 스튜어트나 브랜트 가운데 누구와 결혼했을 거다. 생각해 봐라, 얘야. 네가 그 쌍둥이 가운데 어느 한쪽과 결혼하기만 한다면 두 집의 농장은 서로 붙어 있으니 짐 탈레턴과 내가 너희들에게 기막히게 좋은 집을 지어 줄 게 아니냐. 저 경계인 소나무 밭에 말이야. 그리고……."

"저를 어린애 취급하는 말은 그만 하세요!" 스칼렛은 부르짖었다. "전 찰스턴에는 가고 싶지 않아요! 훌륭한 집도 그 형제와의 결혼도 싫어요! 단지 제가 원하고 있는 건……." 그녀는 흠칫하며 입을 다물었다. 그러나 때는 늦었다. 제럴드의 목소리는 이상하게 잔잔했다. 좀처럼 써먹은 일이 없는 생각의 창고에서 말을 끄집어 내오듯 천천히 밀려 나왔다.

"네가 원하는 것은 애쉴리뿐이란 말이지? 그런데 너는 그를 손에 넣을 수가 없다. 그러나 그가 설령 너와 결혼하고 싶다고 청해 온다고 해도 나는 안심하고 승낙할 수가 없다. 나와 존 윌크스와의 두터운 우정으로 봐서라도." 그녀의 놀라는 듯한 표정을 알고 그는 다시 말을 이었다. "나는 내 딸을 행복하게 해 주고 싶다. 그러나 너는 애쉴리와 결혼하면 행복할 수 없어."

"아니에요, 될 수 있어요! 행복할 수 있어요!"

"아냐, 아냐, 행복해질 수 없어, 얘야. 사람은 비슷한 사람끼리 결혼했을 때 비로소 행복해질 수 있는 거란다."

스칼렛은 별안간 이렇게 외치고 싶은 짓궂은 욕망을 느꼈다. '하지만 아버지는 행복하시잖아요. 아버지와 어머니가 그렇게 성격이 다른데도.' 그러나 그녀는 그런 말을 하면 건방지다고 한 대 얻어맞을 것 같아 입에는 올리지 않았다. 아버지는 조용히 하나하나 낱말을 찾듯이 말을 이어갔다. "윌크스 댁 사람들과 우리와는 사람이 틀리다. 윌크스 댁 사람들은 이 근방 누구와도 달라…… 내가 알고 있는 어떤 가족과도 다르다. 색다른 패들이야. 그러니까 그들은 사촌끼리 결혼해서 그 색다른 점을 그들끼리 간직해 두는 게 가장 좋은 거야."

"하지만 아버지, 애쉴리는……."

"잠자코 있어. 내가 뭐 애쉴리에 대해 나쁘다고 말하고 있는 건 아냐. 나도 그 사내는 좋아. 색다르다고 해서 미치광이라는 것도 아니고, 갖고 있는 건 뭐든 경마에 걸어 버리는 캘버트 집안이나 형제 가운데 으레 고주망태가 나오는 탈레턴 집안이나 성급하고 경솔하고 모욕당한 것도 아닌데 모욕당했다고 성내어 사람을 죽이고 싶어하는 폰테인 집안 녀석들과 같이 그렇게 별나다는 것도 아냐. 그런 점이라면 나도 알 수 있고, 또 신의 은혜가 없는 한 이 제럴드 오하라 역시 그런 결함을 전부 갖고 있을지도 모르지. 그렇다고 해서 너와 결혼하고 난 다음, 애쉴리가 다른 여자와 어디론가 줄행랑을 친다거나 너를 때린다거나 한다는 그런 뜻도 아냐. 그가 그런 짓을 할 사나이라면 도리어 너는 행복해질 수 있을 거다. 그렇다면 적어도 너는 이해할 수 있을 테니까. 그런데 그의 색다름이란 그런 게 아니란 말이야. 그를 전혀 이해할 수 없는 거다. 나는 그가 좋다. 한데 그가 하는 말은 거의 전부가 나로선 뭐가 뭔지 알 수 없단 말이야. 어때, 사실대로 말해 봐라. 너도 책이니 시니 음악이니 그림이니, 그 밖에 아무짝에도 쓸모없는 것들에 대해서 그가 지껄이는 말들을 이해할 수 있더냐?”

“아니에요, 아버지.” 그녀는 참다못해 외쳤다. “그런 건 제가 결혼하면 모두 고쳐 놓겠어요!”

“네가 고친다고? 이제부터 고치겠다는 거야?” 제럴드는 그녀를 날카롭게 쏘아보면서 성난 것처럼 말했다. “그 따위 생각을 하는 건 네가 아직 애쉴리뿐만 아니라 살아 있는 모든 인간을 모르기 때문이다. 잘 기억해 둬라. 아내가 남편의 성격을 바꾼다든가 하는 건 일찍이 이루어진 예가 없다. 윌크스 집안의 성격을 바꾼다……. 농담이 아니다, 얘야. 그 집 녀석들은 모두 그렇다니까. 옛날부터 그랬어. 이제부터라도 아마 달라지지는 않을 게다. 그들은 어머니 뱃속에서부터 다른 거야. 그들이 뉴욕이나 보스턴으로 오페라나 그림을 보러 갈 때의 그 미쳐 날뛰는 꼴 좀 보란 말야. 그들은 프랑스나 독일의 책을 북부에 주문해서 궤짝에 담아 가져오게 하지. 보통 사람이라면 사냥을 하거나 포커를 하면서 시간을 보낼 때 그들은 죽치고 들어앉아 책을 읽고, 아무도 알 수 없는 꿈을 꾸면서 시간을 보내고 있는 거야.”

“하지만 이 군 안에서 말을 타는 데 애쉴리 만큼 잘 타는 사람은 한 사람도 없잖아요.” 스칼렛은 애쉴리를 사내답지 않다고 나무란다고만 여기고 날카롭게 반박했다. “만일 있다면 그분의 아버지뿐이에요. 그리고 포커 역시 지난 주 존즈버러에서 아버지는 애쉴리에게 2백 달러나 잃었잖아요?”

“쳇, 또 캘버트 댁 젊은 녀석들이 지껄였구나.” 제럴드는 체념한 듯 말했다. “그렇지 않다면 네가 금액까지 정확하게 알고 있을 리가 없지. 확실히 애쉴리는 말타기에선 일급이다. 포커 솜씨도 일급이고…… 그 말이 옳아. 더욱이 느긋하게 앉아 마시기로 말하면, 탈레턴 집안 녀석들까지도 곯아떨어지게 할 수 있다는 걸 난 부정하지 않는다. 하지만 그는 그런 일 전부를 뭐든지 능숙하게 해내지만 그런 것에 도무지 열중하지는 않는단 말이야. 그게 색다르다는 거야.”

스칼렛은 입을 다물고 말았다. 마음이 무거웠다. 제럴드가 한 말을 그녀 또

한 사실이라고 여겼으므로 변명할 수가 없었다. 사실 애쉴리는 그처럼 유쾌한 일에 능숙하면서도 열중하는 일은 전혀 없었다. 다른 사람들이 목숨을 걸 만큼 열광하고 있는 일도 그는 다만 교제상 재미있어 한다고밖에 생각되지 않았다. 그녀가 침묵하는 원인을 알아챈 제럴드는 딸의 팔을 쓰다듬어 주고 의기양양하게 말했다.

"어때, 스칼렛! 너도 내가 하는 말이 옳다고 생각되지? 애쉴리 같은 남자를 남편으로 맞아 어쩌겠다는 거냐. 그 녀석들, 윌크스 집안 녀석들은 모두 머리가 돌았단 말이다." 마침내 그는 달래는 말투로 바꾸었다. "내가 아까 탈레턴 집안의 쌍둥이 얘길 했지만, 뭐 억지로 권하는 건 아니다. 꽤나 좋은 젊은이들이긴 하지만 만일 네가 케이드 캘버트를 고른다 해도 난 상관없다. 캘버트 집안 사람들도 노인이 양키 여자와 결혼하긴 했지만, 그래도 모두 좋은 사람들이다. 내가 죽으면 글쎄, 잠자코 들어라! 나는 너와 케이드에게 이 타라 농장을 물려 줄 생각이다."

"케이드 같은 건 설사 은접시에 담아서 가져온대도 전 싫어요." 스칼렛은 성이 나서 외쳤다. "제발 부탁이니 그런 사람을 떠맡기지 마세요! 타라고 다른 어떤 농장이고 전 갖고 싶지 않아요. 농장 같은 건 아무것도 아니에요." 그녀는 '좋은 사람과 함께 살 수 없다면' 하고 말할 생각이었다.

제럴드는 자기가 아내 다음으로 세상에서 가장 사랑하는 농장을 준다고 했는데도 너무나 매정하게 거절당했으므로 화가 잔뜩 치밀어 고함쳤다.

"뭐라고, 스칼렛 오하라. 다시 한 번 말해 봐라! 타라가……이 땅이 아무것도 아니라고!"

스칼렛은 고집 세게 끄덕였다. 그녀는 아버지를 화나게 하고 말았다는 사실에 신경 쓸 여유조차 없을 만큼 슬펐던 것이다.

"땅이야말로 이 세상에서 언제까지나 남아 있는 유일한 것이란 말이다." 그는 이렇게 외치면서 화가 치민 나머지 짧고 굵은 팔로 다양한 제스처를 해댔다. "왜냐하면 땅이야말로 이 세상에 영원히 남는 유일한 것이니까. 이걸 잊지마라! 일할 가치가 있는 단 하나의 것, 싸울 가치가 있는 유일한 것, 그 때문에 죽을 수 있는 유일한 것, 그게 바로 땅이란 말이다."

"아버지도, 참." 그녀는 불쾌한 듯 중얼거렸다. "마치 아일랜드 사람 그대로네요."

"내가 지난날 아일랜드 사람이었다는 걸 부끄러워한 일이 있니? 오히려 난 자랑으로까지 여긴다. 너에게도 반은 아일랜드 사람의 피가 흐르고 있다는 걸 잊어선 안 돼. 한 방울이라도 아일랜드 사람의 피를 몸에 갖고 있는 사람에겐 그가 사는 땅은 어머니와 마찬가지란 말이다. 나는 지금의 너 같은 인간을 부끄럽게 생각한다. 모처럼 내가 세계에서 가장 아름다운—고향인 미드 군을 빼놓는다면—땅을 물려주려는데, 너는 도대체 무슨 소리를 하는 거냐? 코웃음을 치다니!"

제럴드는 흥분하여 소리지르는 것에 어떤 쾌감을 느끼기 시작했다. 그러나 스칼렛의 슬픈 듯한 얼굴을 보자 다시 말을 누그러뜨렸다.

"하지만 너는 아직 젊어. 땅에 대한 애정도 차차 알게 될 테지. 네가 아일랜드 사람의 핏줄을 이어받은 한 이 사실에서 벗어날 수는 없을 거다. 너는 아직 어린애고 애인의 일 따위로 고민하고 있지만, 나이를 먹으면 땅에 대한 애정이 어떤 것인지 이해할 수 있을 거다……. 그런데 어떠냐? 캐이드나 저 쌍둥이 형제나 아니면 먼로 집안 아들들 가운데 어느 누구든 골라잡을 수 없겠니? 그리고 내가 얼마나 네 걱정을 하고 있는지 그걸 알아주렴!"

"오, 아버지!"

제럴드는 이제 그 이야기를 끝내고 싶었고, 이런 문제의 책임을 어깨에 짊어지는 것이 골치 아파졌다. 더구나 이 근방에서도 소문난 젊은이들에 타라의 농장까지 덧붙여 제공하겠다는데도 스칼렛이 여전히 슬픈 얼굴을 하고 있는 것이 불만스럽기 짝이 없었다. 제럴드는 이런 선물을 딸이 기뻐하며 손뼉 치고 입을 맞추며 받아주기를 바라고 있었던 것이다.

"자, 기분을 풀어야지, 애야. 너와 취미가 같고 신사이며 남부 사람에 자존심 있는 젊은이라면 누구와 결혼해도 난 무방하다. 여자란 건 결혼하고 나서 애정이 생기는 법이니까."

"어머, 아버지, 그건 낡은 생각이에요……."

"그리고 또한 선량한 생각이지. 요즘 아메리카 사람들이 요란스럽게 떠들어 대는 연애결혼 따위는, 그런 건 하녀나 하는 짓이야. 양키들이 하는 짓이란 말이야. 부모가 골라 주는 게 가장 좋은 결혼이야. 너 같이 철없는 여자애는 인간의 선악을 구별할 수 없으니까. 윌크스 집안을 봐라. 몇 대에 걸쳐서도 자존심

강하고 무기력해지지 않는 까닭이 무엇인지 아니? 비슷한 사람끼리 혼인하기 때문이야. 언제나 일족의 녀석들이 결혼시키고 싶은 사촌끼리 짝을 맞어 주기 때문이란 말이다."

"아아!" 스칼렛은 울먹였다. 제럴드의 말로 다시금 피할 수 없는 그 무서운 사실이 가슴을 치고 새로운 고뇌가 그녀를 난도질한 것이다. 제럴드는 푹 숙인 그녀의 머리를 바라보고 불안스러운 듯 발을 움식였다.

"울고 있는 것 아니냐?" 제럴드는 그녀의 얼굴을 쳐들려고 서툴게 그녀의 턱을 잡았다. 그러나 가엾은 마음으로 그의 얼굴에도 주름살이 잡혀 있었다.

"아뇨." 그녀는 아버지의 손에서 달아나며 세게 부정했다.

"거짓말 마라. 속여도 소용없다. 하지만 나는 네 그 고집이 기쁘다. 너도 긍지를 갖고 있는 것이 기쁜 거야. 내일 바비큐파티에서도 그 긍지를 보여다오. 너를 친구 이상으로 생각하지 않는 남자에 대한 감정을 다른 사람들이 쑥덕거리고 비웃는다면 나는 견딜 수 없다."

'그는 나를 생각하고 있어.' 그녀는 서글프게 마음속으로 뇌까렸다. '끔찍이 생각하고 있어. 난 그걸 알고 있어. 만일 좀더 여유가 있다면 내가 그 사람에게 구혼을 시킬 수도 있는 건데……. 아, 월크스 집안에 사촌끼리 결혼한다는 관습만 없었어도!'

제럴드는 딸의 팔을 끌어다가 자기 팔에 끼었다. "자, 저녁식사를 하러 가자. 지금 얘기는 나와 너 둘만 아는 걸로 접어 두자. 나는 이런 일로 네 어머니를 괴롭혀 주고 싶지는 않다……. 너도 걱정을 끼치지 마라. 자, 코를 풀어."

스칼렛은 손으로 주물럭거리다가 찢어버린 손수건으로 코를 풀고, 어두운 가로수길을 아버지와 팔짱을 끼고 걷기 시작했다. 집 가까이 이르러 스칼렛이 입을 열려고 했을 때 현관의 어두운 그늘에 어머니의 모습이 보였다. 어머니는 모자를 쓰고 숄을 둘렀으며 장갑을 끼고 있었다. 그 뒤에는 마미가 금방 천둥이라도 칠 듯한 표정으로 엘렌이 언제나 노예들의 치료를 할 때 쓰는 붕대며 약이 든 검정 가죽가방을 들고 서 있었다. 마미의 커다랗게 늘어진 입술은 화가 나면 평소보다 두 배나 내밀고 있는 것이 보통이다. 지금도 마침 아랫입술이 잔뜩 나와 스칼렛은 마미가 무언가 잔뜩 마음이 상해 있다는 걸 알 수 있었다.

"오하라 씨." 엘렌은 두 사람이 마찻길로 다가오는 것을 보고 말했다. 엘렌은 예의범절이 엄격한 집안에서 자랐기 때문에 결혼 뒤 17년이나 지나고 여섯 명의 아이를 낳은 지금도 예의바르게 꼭 남편을 '오하라 씨'라고 불렀다. "오하라 씨, 슬래터리 댁에 환자가 생겼어요. 에미가 낳은 갓난애가 죽어가고 있다고 하니 세례를 하러 가야겠어요. 도와줄 수 있는 일이 있는지 마미와 함께 가서 보고 올까 하고요."

어디까지나 남편의 의향에 따르겠다는 말투였다. 물론 형식에 불과한 것이긴 하지만 제럴드로서선 크게 만족하게 되는 것이다.

"쳇, 무슨 일이람!" 제럴드는 소리쳤다. "당신도 아직 저녁식사 전일 거고, 나도 애틀랜타의 전쟁 소식을 당신에게 들려주고 싶었는데, 왜 그 백인 쓰레기들은 이런 시간에 당신을 끌어내리려고 하지. 하지만 아무튼 다녀와요. 어딘가 일이 벌어지고 있는데 도와주러 가지 않으면 당신은 안심하고 밤에 잠도 편히 못 자는 성미니까."

"마님은 병든 노예를 돌봐 주시든가 아니면 남의 손을 빌리지 않고 자기들 스스로 알아서 해야 할 백인 쓰레기들을 문병하기 위해 밤에 잠도 제대로 못 주무시죠." 마미는 옆의 마찻길에 대기시켜 놓은 마차 쪽으로 계단을 내려가면서 억양 없는 투로 중얼거렸다.

"나 대신 아버지의 식사 시중을 들어 주렴." 엘렌은 장갑을 낀 손으로 스칼렛의 볼을 가볍게 어루만졌다. 스칼렛은 눈물이 글썽해 있었지만 영원히 끝없는 마술 같은 어머니의 손이 스치고, 그 사락사락 소리나는 비단옷에서 풍기는 레몬 버베나의 향긋한 향기를 맡자 가슴이 안정되는 것을 느꼈다. 스칼렛에게 있어 어머니 엘렌 오하라에겐 뭔가 마음 편안해지는 것이 있었다. 마치 성스러운 기적과 더불어 살고 있는 것처럼 어머니는 그녀를 두렵게 만들고 매혹시켰으며 위로해 주었다. 제럴드는 아내를 부축하여 마차에 태워 주고 마부에게 조심해서 달리라고 일렀다. 20년 동안이나 제럴드의 말을 다루어 온 마부 토비는 자기 일에 대해 이런 주의를 받자 불만스러운 듯 입술을 내밀었다. 마부석에 나란히 앉아 말을 모는 마미와 토비의 모습은 기분이 언짢은 아프리카 흑인의 뿌루퉁한 얼굴을 그린 한폭의 그림 같았다.

"슬래터리의 쓰레기 같은 녀석들, 내가 돌봐 주지 않으면 놈들은 다른 데로 가서 또 집을 얻어야 할 거야." 제럴드는 화를 내었다. "그리고 그 코딱지 같은 늪지를 나더러 사달라고 조르러 오겠지. 그놈들을 차라리 쫓아 버리는 것이 군을 위해서도 좋을지 몰라.”

하지만 이윽고 무언가 재미있는 장난을 생각해 낸 듯 유쾌하게 웃으며 말했다.

“얘, 스칼렛, 딜시를 산 대신 포크를 윌크스 댁에 팔기로 했다고 포크란 놈을 골려 줄까?”

그는 옆에 서 있는 검둥이 소년에게 고삐를 던져 주고 곧장 계단을 올라갔다. 벌써 스칼렛의 슬픔 같은 것은 잊어버리고 지금은 하인을 곯려 주는 일만으로 마음이 가득했다. 스칼렛은 무거운 발을 끌다시피 아버지의 뒤를 따라 올라갔다. 아무리 그래도, 하고 그녀는 생각하였다. 자기가 애쉴리하고 결혼하는 일이 엘렌 로빌라드 오하라와 아버지가 결혼한 일보다 더 이상할까. 언제나 생각하는 것이지만 어떻게 그 거칠고 촌스러운 감정의 소유자인 아버지가 어머니 같은 여성과 결혼했는지 이상하기만 했다. 태생으로 보나 성장 과정으로 보나 성격으로 보나 이 두 사람만큼 걸맞지 않은 짝도 없었기 때문이다.

3

스칼렛의 어머니 엘렌 오하라는 서른두 살이었다. 시대의 기준으로 봐선 벌써 중년 부인이라고 할 수 있었다. 여섯 명의 아이를 낳고 그 가운데 셋을 잃었다. 키가 큰 부인으로서 성미가 괄괄한 키 작은 남편과 나란히 서면 머리 하나는 더 컸다. 그러나 넓은 치마를 끌고 조용하면서 상냥하게 움직이기 때문에 키 큰 것이 별로 눈에 띄지 않았다. 상의의 검은 태피터 옷깃에서 빠져나온 가느다란 크림빛 목은 그물을 씌워 뒤로 벗어올린 풍부한 머리카락 무게에 비스듬히 기울어지기라도 한 듯 언제나 약간 뒤로 쏠려 있었다. 부모님은 1791년 혁명(프랑스 대혁명) 때 아이티로 망명해 온 프랑스 사람으로서 그녀는 눈초리가 올라간 검은 눈과 검은 머리털을 어머니에게서 물려받았고, 나폴레옹의 지휘 아래 군인이었던 아버지에게선 높고 곧은 코와 모난 턱을 이어받았는데 부드러운 볼의 곡선이 그 딱딱한 느낌을 덜어 주고 있었다. 그러나 그녀의 얼굴에 나타나 있는 교만하지 않으면서 긍지에 찬 표정, 우아함, 우수, 그리고 전혀 변덕 없는 성격 등은 그녀 자신이 이제까지의 생활 속에서 얻은 것이었다. 만일 그녀의 눈동자가 좀더 찬란히 빛나고, 그 미소에 좀더 친근해질 수 있는 따뜻함이 있고, 가족이나 하인들 귀에 상냥하고 잔잔하게 울릴 뿐 감정을 나타내지 않는 그 목소리에 좀더 생기가 있었다면, 아마 그녀는 기막힌 미인이라고 소문났을 게 틀림없다. 그녀는 조지아 해안지방 사람들 특유의 부드럽고 상냥한 목소리로, 매끄러운 모음과 부드러운 자음, 그리고 약간의 프랑스 사투리를 섞어 말했다. 하인에게 뭐라 이르거나 아이들을 꾸짖거나 할 때도 결코 높아진 일이 없는 목소리이긴 하지만, 그 목소리에는 남편 제럴드의 성난 목소리나 욕설이 전혀 무시당하고 있는 타라 농장에서 사람들을 즉각 복종시킬 만한 무게가 있었다.

스칼렛이 기억해 낼 수 있는 한 어머니는 언제나 똑같았다. 칭찬할 때도 그 목소리는 부드럽고 아름다웠으며, 제럴드 같이 떠들썩한 인물을 가장으로 둔 집안에서 매일처럼 일어나는 사건에 대해서도 결코 떠들지 않고 교묘하게 처리해 나갔다. 그녀의 정신은 언제나 침착하여 세 자식을 잃었을 때조차 감정이 전혀 흐트러져 보이지 않았다. 스칼렛은 어머니가 어떤 의자에 앉을 때라도 등을 기대는 걸 본 적이 없었다. 그리고 또 식사 때, 환자를 간호할 때와 농장의 장부를 적을 때 말고는 바느질감을 놓고 쉬는 어머니를 본 적이 없었다. 손님 앞에선 아름다운 수를 놓았지만, 그렇지 않을 때는 제럴드의 찢어진 셔츠나 딸들의 옷이나 노예의 옷 따위를 꿰맸다. 금으로 만든 골무를 끼고 있지 않은 어머니의 손은 전혀 상상할 수가 없었고, 사락사락 울리는 어머니의 옷자락 소리를 들으면, 흑인 소녀를 데리고 방마다 돌아보며 다니는 어머니의 모습을 상상하지 않을 수 없었다. 시침실을 뽑는 일과 자단목 바느질 상자를 안고 부인의 뒤를 따라다니는 것이 인생의 소임인 검둥이 계집애를 데리고, 엘렌은 요리며 청소며 농장 사람들이 입는 숱한 의복의 바느질을 감독하기 위해 온 집안을 돌아보는 것이었다.

스칼렛은 밤이든 낮이든 어머니가 근엄한 침착함을 잃거나 몸단장을 잊는 것을 한 번도 본 일이 없었다. 엘렌이 무도회 때나 방문객이 있을 때, 혹은 재판날 존즈버러에 가거나 할 때 그 몸단장에 만족하려면 두 사람의 하녀와 마미의 시중을 받으며 넉넉히 두 시간은 걸려야 했지만, 갑자기 서둘러야 할 경우에는 참으로 놀랄 만큼 민첩한 솜씨로 몸치장을 해치우는 것이었다.

스칼렛의 침실은 어머니의 침실과 복도를 사이에 둔 맞은편이었으므로 그녀는 어렸을 때부터 이른 새벽에 단단한 널빤지를 깔아놓은 복도를 급한 걸음으로 걷는 검은 맨발의 부드러운 발소리, 허둥지둥 어머니의 침실 문을 두드리는 소리, 흑인 노예가 숨 죽인 겁먹은 목소리로 병이 났다느니 어린애가 태어났다느니 죽었다느니 하면서 길게 몇 채고 잇달아 지어진 흰 칠을 한 흑인 오두막 안 사건들을 속삭이는 걸 곧잘 들을 수 있었다. 어렸을 때 스칼렛은 자주 문 있는 데까지 살금살금 걸어가 그 조그만 틈을 기웃거리곤 했는데, 그럴 때마다 아버지인 제럴드가 규칙적으로 기분 좋게 코를 골고 있는 어두운 방에서 높이 쳐든 촛불의 일렁거리는 빛 속에 약품상자를 옆구리에 끼고 머리는 깨끗이 빗어올린 채 겉옷의 단추 하나 풀리지 않은 어머니의 모습이 나타나곤 했다.

어머니가 복도를 발끝으로 걸으면서 마중 온 사람에게 침착하고 동정어린 목소리로 이렇게 속삭이는 걸 들으면 스칼렛은 늘 마음이 놓이곤 했다.

"조용히 해요. 오하라 씨가 잠을 깨요. 환자가 죽을 만큼 중태는 아니잖아요."

그리고 밤이 늦었는데도 불구하고 어머니가 갔으니 이젠 안심이라고 다시 침대로 들어가 눕는 것은 기분 좋은 일이었다.

폰테인 댁의 노선생도 젊은 선생도 왕진을 나가 올 수 없을 때는 어머니가 밤새도록 출산이나 임종의 자리에 있어야 했는데, 그런 때도 아침이 되어 돌아오면 언제나 변함없이 아침식사의 식탁을 감독하곤 했다. 그 검은 눈은 피로에 젖어 있었지만, 목소리나 태도에는 피로한 기색이 조금도 나타나 있지 않았다. 그녀의 위엄 있는 부드러움 속에는 모든 가족을 두렵게 하는 강철과 같은 성격이 숨겨져 있었다. 제럴드는 죽어도 아내를 겁내고 있다고는 시인하지 않을 것이 틀림없지만, 역시 딸들과 마찬가지로 두려워하고 있었다.

때때로 스칼렛은 자기 전에 키가 큰 어머니의 볼에 키스하려고 발돋움을 하고는, 그 너무나도 초연한, 너무나도 현실의 바람에 상하기 쉬워 보이는 입술을 바라보고, 이 입술 또한 소녀시절에는 귀엽게 웃거나 친한 친구인 소녀들과 기나긴 밤을 지새우며 비밀을 속삭인 일이 있을까, 하고 이상히 여겼다. 아냐 아냐, 절대로 그런 일은 없었을 거야. 어머니야말로 예나 지금이나 늘 힘의 기둥이며 지혜의 샘물이며 어떤 문제라도 대답할 수 있는 사람이었을거야.

그러나 그것은 스칼렛의 잘못된 생각이었다. 몇 년 전 서배너에 있을 무렵의 엘렌 로빌라드는 그 아름다운 해안도시에 있는 열다섯 살의 다른 소녀들과 다름없이 킬킬 웃거나 긴 밤을 친구들과 속삭이거나 마음의 비밀을 주고받거나 하며 지냈던 것이다. 그러나 누구에게도 얘기하지 않는 비밀이 하나 그녀에게 감추어져 있었다. 그건 그녀보다 스물여덟 살이나 연상인 제럴드 오하라가 그녀의 인생에 등장한 바로 그 해였고……그리고 또한 그녀의 청춘과 검은 눈을 가진 청년, 사촌오빠 필립 로빌라드가 그녀의 인생에서 사라지고 만 해이기도 했다. 반짝이는 눈과 자유로운 생활을 갖고 있던 필립은 영원히 서배너를 떠날 때 엘렌의 가슴에 싹튼 정열까지 가져가고 말았으며, 뒤에 남은 것은 그녀의 아름다운 껍질뿐이었다. 안짱다리에 작은 몸집의 아일랜드 남자는 이 껍질과 결혼한 것이었다.

그러나 그녀와 결혼할 수 있다는 믿어지지 않는 행운에 압도된 제럴드에겐 만족스럽기만 했다. 그녀로부터 뭔가 사라져 버렸더라도 그는 그런 것에는 통 무관심했다. 빈틈없는 사내이긴 하지만, 가문도 재산도 없는 한낱 아일랜드 사람인 그가 해안지방에서도 일류급 재산가이고 명망가인 사람의 딸을 손에 넣을 수 있었다는 것은 기적 말고는 다른 아무것도 아니라고 그는 생각했다. 스스로 이렇게 낮출 만큼 제럴드는 몸 하나로 오늘을 쌓아올린 사나이였던 것이다.

제럴드는 스물한 살 때 아일랜드에서 아메리카로 건너왔다. 그보다 전이나 후에 서둘러 아메리카에 건너온, 그보다도 선량하거나 그보다 불량한 많은 아일랜드 사람과 마찬가지로 그 또한 몸에 걸친 의복 한 벌뿐인 알몸뚱이였고, 뱃삯을 치르고 나자 2실링밖에 남지 않았다. 그의 목에는 현상금이 걸려 있었는데, 그가 저지른 죄에 대한 액수로는 너무 많다고 그는 생각했다. 지옥의 이쪽편에 살고 있는 오렌지당9) 당원으로서 영국 정부 또는 악마라도 백 파운드나 현상금을 걸 만큼 값어치가 있는 놈은 없을 것이다. 그러나 영국 정부가 부재지주의 토지 관리인이던 한 영국인의 죽음을 그처럼 중대시한다면, 제럴드 오하라로서는 역시 아일랜드를 떠날 수밖에, 그것도 허둥지둥 떠날 수밖에 없었던 것이다. 그 토지관리인에게 "이 오렌지당의 사생아야!" 하고 욕설을 퍼부은 것은 과연 그이긴 했지만, 제럴드의 견해에 의하면, 그렇다고 해도 그 토지관리인이 《보인 강》 첫머리 한 구절을 휘파람으로 불어 그를 모욕할 권리는 없

---

9) 1795년 북아일랜드에 조직된 신교와 영국 왕권을 옹호하는 비밀결사.

었던 것이다.

보인의 싸움이 있은 지 벌써 백 년 이상 지났지만 오하라 집안이나 그 지방 사람들에겐 아직도 어제의 일처럼 생생했다. 놀라 패주하는 스튜어트 왕가의 왕자가 일으켜 놓은 자욱한 먼지바람이 걷히는 것과 동시에 그들의 희망도 꿈도 토지도 재물도 모두 잃고 말았던 것이다. 전승한 오렌지 공 윌리엄과 군모에 오렌지 휘장을 단 그 가증스럽기 짝이 없는 군대는 이윽고 스튜어트 왕가를 지지하는 아일랜드인을 죽이기 시작했다.

이런 이유도 있고, 또 그 밖에 다른 사정도 있고 해서 제럴드가 오렌지 당원인 토지관리인과 싸워 그를 죽인 일에 대해선 오하라 집안 사람들은 누구나 대수롭지 않게 생각했지만, 그 결과가 중대해진 것만은 걱정을 했다. 오하라 집안은 여러 해 동안 반영국적인 행동을 해왔다는 혐의를 받고 있었으므로 잉글랜드 경찰의 감정도 좋지 않았다. 밤이 채 밝기도 전에 아일랜드를 떠나 먼 여행을 나선 사람이 오하라 집안에선 제럴드가 처음은 아니었다. 제럴드의 큰형 제임스와 둘째 형인 앤드루는 말수가 적은 청년이었다. 비밀 임무 때문에 곧잘 한밤중에 드나들거나 몇 주일씩 어디론가 모습을 감추고 하여 어머니에게 걱정을 끼쳤던 일밖에 제럴드는 기억나지 않았지만, 몇 년 전인가 돼지우리 밑에 무기며 탄약을 파묻어 두었던 일이 들통나서 아메리카로 망명했다. 지금 이 두 사람은 서배너에서 장사꾼으로 성공해 있다. 어머니는 자기 아들 가운데 가장 위인 이 두 사람의 이야기만 나오면 으레 그 얘기 사이에 '어떤 곳인지 난 모르지만 말야' 하고 전제하는 게 버릇이었는데, 젊은 제럴드는 바로 거기에 보내졌던 것이다.

어머니의 다급한 키스를 볼에 받고 열광적인 가톨릭풍 축복을 귀에 들으며 집을 떠날 때, 아버지는 작별의 말로 "자신이 누구인가를 잊지마라. 누구의 것도 훔치지 마라" 하고 격려했고, 키 큰 다섯 명의 형들은 기특한 듯이, 그리고 약간 애처롭게 여기는 듯한 미소를 짓고 그에게 작별을 고했다. 왜냐하면 제럴드는 나이도 제일 어리고 늠름한 체격의 가족 가운데에선 몸도 가장 작았기 때문이다.

아버지며 다섯 형들의 키는 6피트 이상 되었고, 몸집도 그에 걸맞게 실팍했지만, 제럴드만은 스물한 살이 지난 뒤에도 작달막해서 5피트 4인치 반이라는 키는 신의 예지가 그에게 허락해 준 최대한도인 듯싶었다. 키가 작은 걸 별로 원망하지 않는 것 또한 제럴드다운 점이었는데, 그는 무엇이든 갖고 싶다고 생각한 걸 손에 넣는데 키 때문에 손해를 봤다고 생각한 일은 한 번도 없었다. 그뿐인가. 오늘날의 그가 있는 것은 오히려 그 암팡진 작은 몸 덕분이었다. 왜냐하면 작은 사나이가 큰 사나이들 속에 섞여 살아 나가기 위해선 배짱을 든든히 갖지 않으면 안 된다는 것을 그는 어렸을 때부터 뼈저리게 느껴왔기 때문이었다. 아무튼 그는 배짱이 센 사나이였다.

키다리 형들은 모두 엄격하면서 입이 무거웠고, 그 마음속에는 지금은 영원히 잃어버린 오하라 집안의 영광이 전통으로 남아 있어서 그것이 때로는 영국인에 대한 무언의 증오가 되기도 하고 때로는 풍자적인 유머가 되어 흘러나왔다. 제럴드도 만일 체격이 당당한 사나이였다면, 조용히 사람들 눈에 띄지 않게 정부에 대한 반역의 무리들 틈에 끼었을지도 모른다. 그러나 그는 어머니가 곧잘 말했듯이 '소란스럽고 황소고집'이라 폭발하기 쉽고 곧 주먹을 휘두르든가 싸울 자세가 되어 눈에 띌 만큼 어깨를 으쓱거렸다. 그는 키 큰 가족들 틈바구니에서 마치 큰 코친 종 수탉만 있는 뒤꼍에서 으스대는 밴텀 수탉처럼 굴었다. 형들은 그를 사랑했기에 일부러 지분거려 흥분하게 해 놓고 그가 악을 쓰는 것을 재미있어 하거나 커다란 주먹으로 그를 쥐어박곤 했는데도, 제일 막내동생이라는 그의 지위를 고려하여 늘 사정을 봐주곤 했다.

제럴드가 아메리카에 건너왔을 때 그의 교육 수준은 아주 보잘것없었는데, 그는 자기 교육이 형편없다는 것조차 모르고 있었다. 그러나 설사 그걸 남에게서 지적받았다 해도 아마 염두에도 두지 않았을 것이다. 어머니는 그에게 읽기를 가르치고 또박또박한 글씨체로 글자 쓰는 걸 가르쳤다. 그는 산수에 능했다. 그러나 그걸로 책에서 얻는 지식의 학문은 모두 끝난 셈이었다. 그가 알고 있는 라틴어는 교회 미사 때의 성가뿐이었고, 역사라면 영국의 아일랜드 박해사를 알고 있는 정도였다. 시는 무어[10] 말고는 알지 못했고, 음악은 옛날부터 전해지고 있는 아일랜드의 민요뿐이었다. 그는 자기보다 학식 있는 사람에게 존경을 보냈으나, 그 자신의 형편없는 교육에는 전혀 무관심했다. 그러나 더 무식한 아

---

10) 토머스 무어. 아일랜드의 시인.

일랜드의 가난한 농사꾼일지라도 거대한 재산을 만들 수 있는 이 새로운 나라에서 그런 것이 그에게 무슨 소용 있단 말인가. 인간에게 튼튼하고 건강하다는 것과 적극적으로 일하는 것 말고는 아무것도 요구되는 게 없는 이 나라에서.

그를 서배너의 상점에 데려온 제임스나 앤드루도 그의 무교육을 걱정하지는 않았다. 제럴드의 뛰어난 수완, 정확한 계산, 빈틈없는 장사 재주는 형들의 존경을 받았다. 만일 그가 분학석 재능을 가졌거나 음악에 대한 훌륭한 감상력을 갖고 있었다면, 다만 형들의 경멸을 받는 데 그쳤으리라. 19세기 초엽의 아메리카는 아일랜드인에 대해 친절했다. 처음에 서배너에서 조지아 주 내륙지방에 포장마차로 상품을 날라 장사하고 있던 제임스와 앤드루는 이윽고 그들 자신의 기게를 가질 만큼 성공했고, 제럴드도 그들과 함께 재산이 늘어갔다.

그는 남부가 좋았으므로 곧 스스로 남부 사람 행세를 하게 되었다. 남부 그리고 남부 사람에게는 그가 절대로 이해할 수 없는 것들이 많이 있었다. 그러나 전력을 기울이는 천성적인 성격으로, 그는 곧 그 나름대로 남부의 사고방식이나 습관을 빨아들여 자기 것으로 만들었다. 포커, 경마, 정치에 대한 광적인 관심, 결투의 예의, 주권(州權)의 독립을 부르짖고 모든 양키를 비난하는 일, 노예 제도를 인정하는 일, 목화를 귀중히 여기고 가난한 백인을 깔보는 일, 부인에게 지나칠 정도의 예의를 표하는 일 따위였다. 그는 씹는 담배를 하는 것도 배웠다. 위스키를 마시는 일만은 배울 필요가 없었다. 왜냐하면 그는 천성적으로 그 능력을 갖추고 있었기 때문이었다.

그러나 제럴드는 역시 제럴드였다. 생활양식이나 사고방식은 변했지만, 가령 태도만은 바꿀 수 있다 해도 그는 결코 바꾸려고 하지 않았다. 쌀이나 목화의 대농장을 가지고 있는 부유한 사람들이 순종 말에 올라앉아 화려한 부인들을 태운 마차나 노예들의 수레를 거느리고 소나무가 무성한 그들의 왕국에서 서배너로 나오는 그 유연한 우아함에는 감탄했지만, 그 자신이 그렇게 하고 싶다고는 생각지 않았다. 그들의 생기 없으면서도 어딘가 화려한 목소리는 듣기 좋게 귀에 울렸지만 과단성 있게 말해 버리는 그의 아일랜드 사투리는 좀처럼 가시지 않았다. 그들이 재산이든 농장이든 노예이든 뭐든지 카드 한 장에 전부 걸고, 내기에 지더라도 개의치 않고 기분 좋게 양도서류를 쓰면서 검둥이 아이에게 동전을 뿌려 주는 만큼도 떠들지 않고, 아무리 중대한 문제라도 대수롭지 않게 처리하는 그 너그러운 태도가 제럴드의 마음에 들었다. 그러나 제럴드는 가난의 경험이 있었으므로 인심 좋게 혹은 기분 좋게 큰 돈을 버리는 태도를 본받을 생각은 없었다. 조지아 주의 해안지방 사람들은 목소리가 차분하고 화를 잘 내고 기분내키는 대로 하는 유쾌한 친구들이었으므로 곧 그의 마음에 들었다. 그러나 습기는 있을망정 시원한 바람이 불고, 안개 짙은 늪지대이긴 해도 열병은 발생하지 않는 고장에서 갓 건너온 이 아일랜드 젊은이에겐 발랄하고 부단한 생활력이 넘쳐 있었다. 이것이 그로 하여금 이 아열대의 기후와 말라리아가 창궐하는 늪지대에서 태어난 게으른 사람들과는 다른 느낌을 받게 하는 이유였다.

그들로부터 그는 쓸모 있는 것만을 배우고 쓸모없는 것은 버렸다. 남부의 온갖 풍습 가운데서도 포커와 위스키만이 가장 유용한 것이라는 것을 그는 알았다. 그리하여 가장 가치 있는 제럴드의 세 가지 소유물 가운데 두 가지, 즉 노예와 농장은 바로 이 카드와 호박색 액체에 대한 그의 선천적인 천분으로 손에 넣은 것이다. 다른 한 가지는 아내 엘렌인데, 이는 신의 신비로운 은혜에 의해 주어진 것이라고밖에 생각되지 않았다.

그 노예는 포크라고 했는데, 반짝일 정도로 빛이 검고 당당한 체격의 고상한 흑인으로 신사다운 복장이라든가 몸시중을 드는 데 아주 잘 훈련돼 있었다. 제럴드가 세인트 사이몬 섬에서 온 농장주와 밤새워 포커를 한 결과 차지한 것으로, 상대인 농장주도 포커에 있어서는 그에 뒤지지 않는 용기를 갖고 있었으나 뉴올리언스 산 럼주에 있어선 전혀 그의 상대가 되지 않았다. 포크의 원 소유자는 나중에 그때의 두 배 값으로 포크를 도로 사겠다고 청했지만 제럴드는 단호히 거절했다. 포크는 그가 소유한 최초의 노예였고, 게다가 이 노예는 해안지방을 통틀어 가장 뛰어난 하인이었으며, 그리고 그것은 그가 은근히 바라고 있던 희망에의 첫걸음이었기 때문이다. 노예와 토지를 소유하는 신사가 되는 게 그의 소원이었던 것이다.

그는 제임스나 앤드루처럼 매일 장사로 세월을 보내고, 밤엔 밤대로 촛불 아래 숫자 계산만 하는 그런 생활을 평생 계속하진 않으리라 결심했다. 형들은 느끼지 못하고 있었지만, 이 근방에선 '장사꾼'을 일방적으로 경멸하는 경향이 있다는 것을 제럴드는 날카롭게 느끼고 있었다. 그는 농장 주인이 되고 싶었다.

지난날 자기 것이었던 토지를 영국인에게 빼앗기고 소작인이 되고 만 아일랜드인이면 누구나 땅에 대해서 강렬한 소유욕을 갖고 있었다.

그 아일랜드인의 갈망으로 그는 자신의 토지가 눈 앞에서 초록빛으로 펼쳐지는 걸 보고 싶었다. 불타는 듯한 한줄기 정열로, 그는 자기 집, 자기 농장, 자기의 말, 자기 노예를 원했다. 더구나 이 새로운 곳에선 그가 뒤에 남기고 온 고국에서처럼 누 가지 위협에 놀리는 일은 없었다. 그건 농작물이든 곡간이든 모두 삼켜 버리는 무거운 세금과 언제 어느때 소작권을 몰수당할지 모르는 불안이었다. 그러므로 무슨 일이 있어도 그런 것들을 갖고 싶다는 생각이 더욱 굳어졌다. 그러나 야심을 갖는 일과 그것을 이루는 일은 전혀 별개의 다른 문제라는 걸 시간이 지남에 따라 그는 깨달았다. 조지아 주의 해안지방은 오랜 문벌계급에 의해 너무나도 튼튼하게 점령되어 있어서 그가 갖고 싶다고 결심한 토지를 손에 넣기란 바라기조차 힘든 일이었다.

그러나 이윽고 운명의 손과 포커의 손이 악수를 하며 나중에 그가 타라라고 부르게 된 이 농장을 그에게 주게 되었다. 그래서 그는 해안을 떠나 그 북부 조지아 고지대로 옮겨가게 된 것이다.

따뜻한 봄날 밤, 서배너의 어느 술집에서 제럴드는 문득 가까운 테이블에 있는 낯선 손님의 대화에 귀를 기울이게 되었다. 그 낯선 사람은 서배너 고장 사람이긴 했지만 12년 만에 내륙 지방에서 갓 돌아온 친구였다. 제럴드가 아메리카에 온 전해, 주 정부는 인디언에게 양도받은 조지아 주 중부의 광대한 토지를 추첨에 의해 주민에게 나누어 준 일이 있었는데, 그 추첨에 당첨된 한 사람이 이 손님이었다. 그 사람은 그곳으로 옮겨와서 농장을 만들었다. 그러나 화재로 집은 불타 버리고 이제 그 저주받은 땅에도 싫증나서 누군가 자기 손에서 그 땅을 가져가 줬으면 무척 고맙겠다는 둥 그런 이야기를 하고 있었다.

자기 자신의 농장을 갖고 싶다는 생각이 언제나 마음에서 떠난 적 없는 제럴드는 곧 소개인을 통해 그 대화에 참가했다. 그리고 조지아 주의 북부 지방에 지금 한창 캐롤라이나 주나 버지니아 주로부터 사람들이 꼬리를 이어 들어오고 있다는 이야기를 듣자 그의 관심은 더욱 높아졌다. 해안지방의 사람들은 조지아 주에서 개척돼 있는 건 해안지방뿐이고, 다른 모든 지방은 삼림지대로 아직도 인디언이 곳곳의 숲에 출몰한다고 생각하고 있었으며, 제럴드 역시 서배너에 산 지 꽤 오래되었으므로 어느덧 그런 생각에 젖어 있었다. 오하라 형제상회의 거래상 일로 그는 서배너 강을 백 마일이나 거슬러 올라 어거스타에도 간 일이 있었고, 거기서 다시 서쪽 오지에 있는 몇 군데의 오래된 작은 도시에도 간 일이 있었으므로 그 지방이 해안의 어느 지방보다도 뒤떨어지지 않을 만큼 개척돼 있음을 알고 있었다. 그러나 그 낯선 사람의 이야기를 듣자니 그 사람의 농장은 서배너에서 북서쪽으로 2백50마일쯤이나 들어간 내륙지방의 채터후치강 남쪽에서 그다지 멀지 않은 곳인 듯했다. 제럴드는 그 강 북쪽 땅이 아직도 인디언인 체로키족의 소유임을 알고 있었으므로 인디언에게 습격당하는 일은 없느냐고 물었더니, 그 사람은 코웃음을 치며 그 신천지에도 지금은 많은 거리가 발전하고 많은 농장이 번영하고 있다고 해서 깜짝 놀랐다.

한 시간이나 지나서 얘기가 싫증나기 시작할 무렵을 틈타 제럴드는 밝고 파란 눈으로 매우 순진한 척 속마음을 숨기고 그 사나이를 포커 노름에 유도했다. 밤도 깊어가고 술도 거나해지자 노름에 끼어들었던 다른 사람들은 손을 털고 마침내 제럴드와 그 손님 단둘이서 1대 1의 승부를 겨룰 때가 되었다. 손님은 판돈에 곁들여 그의 농장 소유권 증서를 내놓았다. 제럴드는 내기 돈 위에 다시 지갑을 내던졌다. 지갑 속 알맹이는 오하라 상점의 돈이었지만 제럴드의 양심은 별로 가책을 받지 않았고 이튿날 아침 미사에서 참회하면 될 것이라고 생각하고 있었다.

그는 자기가 원하는 것이 무엇인지 알고 있었다. 그리하여 뭔가 갖고 싶다고 하면 가장 직접적인 방법으로 그것을 손에 넣으려 하는 게 그의 수법이었다. 그는 자기 운명과 4듀스(1달러 지폐)의 트럼프 맞추기를 믿었으므로 테이블을 대하고 마주 앉아 있는 상대의 솜씨가 더 좋다든가, 만일 자기가 진다면 그 돈을 어떻게 형들에게 변상할까 하는 것은 생각하려고도 하지 않았다.

"별로 좋은 돈벌이도 아닐 거요. 나는 이제 그 땅의 세금을 치르지 않아도 되니 기쁠 지경이오." 에이스 풀의 패를 잡고 진 상대가 펜과 잉크를 가져오라고 말했다. "1년 전에 주건물은 불에 타버렸고, 농장은 잡초와 저절로 난 소나무 따위로 우거져 있으니 말이오. 그러나 어쨌든 당신 것입니다."

"아일랜드 밀조 위스키를 먹기로 하고 어머니 젖을 뗀 인간이 아닌 한 트럼프와 위스키를 섞는 짓은 하지 말아야 해."

제럴드는 그날 밤 포크의 시중을 받으며 침대에 누우면서 진지한 표정으로 말했다. 이미 포크는 이 새로운 주인에 대한 찬탄의 마음으로 그 말의 사투리까지 흉내내게 되었고, 아일랜드의 미드 지방 사투리와 흑인의 사투리가 뒤범벅되어 그들 두 사람말곤 수수께끼로밖에 들리지 않는 기묘한 말투로 응대하게 되어 있었다.

뒤얽힌 덩굴로 덮인 소나무와 물참나무가 남처럼 늘어서 있는 사이를 누렇게 흐린 플린트 강이 소리 없이 흐르면서 팔을 구부려 끌어안듯이 제럴드의 새로운 땅 양쪽을 에워싸고 있었다. 전에 집이 서 있던 조그만 언덕에 올라서자 이 높게 늘어선 초록빛 장벽이 제럴드에겐 마치 자기 소유권을 확인시키는, 눈으로 볼 수 있는 좋은 증거 같았고 자기가 소유하는 토지를 구별하기 위해 자기가 만든 울타리인 듯 생각되었다. 불난 터의 검게 그을은 주춧돌 위에 서서 신작로로 이어지는 긴 가로수길을 굽어보며, 그는 신에게 감사기도를 올리는 정도로선 도저히 미치지 못할 것 같은 엄청난 기쁨에 미친 듯 고함을 질렀다. 저 두 줄로 늘어서 있는 김푸른 가로수도 자기 것이다. 새하얀 별 같은 꽃을 달고 있는 아직 어린 목련나무 아래 허리에 닿을 만큼 잡초가 무성한 황폐한 잔디밭도 자기 것이다. 작은 소나무와 잡목이 드문드문 나 있는 젊은 처녀지는 사방으로 아늑하게 그 높고 낮은 붉은 땅을 펼치고 있는데 이 땅 또한 제럴드 오하라의 소유인 것이다. 더구나 그것은 모두 그가 술에 취하지 않는 아일랜드인의 머리와 트럼프에 모든 것을 건 용기를 갖고 있으므로 손에 들어온 것이다.

제럴드는 눈을 감았다. 그리고 아직 사용되지 않은 땅의 정적 속에서 드디어 안주할 수 있는 땅에 이르렀다고 느꼈다. 지금 그가 딛고 선 이 발 아래 드디어 흰 벽돌집이 세워지는 것이다. 신작로 저 너머에는 새로 울타리를 만들어 살찐 소와 말을 기르자. 언덕이 유연하게 강기슭 기름진 분지까지 내려가 있는 붉은 경작지는 햇빛에 반짝이는 오리의 깃털처럼 희게 빛나리라…… 목화! 넓고 넓은 목화밭! 오하라 집안은 다시 이곳에서 꽃피는 것이다.

얼마 안 되는 포커 밑천과 선뜻 마음 내켜하지 않는 형들에게서 빌린 돈에 토지를 저당하여 모은 꽤 많은 돈을 보태어, 처음으로 제럴드는 농장에서 일할 흑인 노예를 사가지고 타라에 옮겨왔다. 그리고 흰 벽돌의 타라 저택이 완성될 때까지 노예 감독용으로 지은 방이 넷밖에 없는 비좁은 집에서 쓸쓸한 독신 생활을 시작했던 것이다.

그는 토지를 개간하여 면화를 재배하고, 형인 제임스나 앤드루에게서 돈을 더 빌어 노예를 더 사모았다. 오하라 집안은 단결심 강한 일족으로서 순탄할 때나 역경에 처할 때나 서로 힘이 되어 주었지만, 그것은 가족적인 애정에서라기보다 오랜 박해의 세월을 통해 세상의 거친 파도에 맞서 한 집안이 살아나가기 위해 어쩔 수 없이 배운 것이었다. 형들이 제럴드에게 돈을 빌려 주면 그 돈은 해마다 이자와 더불어 돌아왔다. 제럴드는 이웃의 땅을 사서 늘려 갔으므로 농장은 점차 확장되고, 이윽고 흰 벽돌 저택이 꿈이 아닌 현실로 나타나게 되었다.

그건 노예의 노동력에 의해 지어진 것으로서 강으로 내려가는 언덕 비탈, 초록빛 목장이 한눈에 내려다보이는 조그만 언덕 위에 자리한 볼품없이 우람한 건물이었지만, 신축했을 때부터 꽤 고풍적인 안정감을 보여 주어 제럴드를 무척 기쁘게 했다. 자기 그늘 밑을 지나는 인디언들을 내려다보며 나이를 먹은 떡갈나무는 그 거대한 팔로 단단히 집을 싸안고, 높은 가지를 지붕 위로 드리워 짙은 그늘을 드리우고 있었다. 잡초를 뽑고 클로버나 버뮤다풀을 빽빽이 자라도록 한 뜰은 제럴드도 손질을 게을리하지 않도록 늘 마음을 썼다. 삼나무 가로수로부터 노예들이 사는 흰 칠을 한 오두막이 들어선 언저리까지 타라에는 자못 견실하고 안정적이며 영구적인 분위기가 감돌았다. 말을 달려 돌아갈 때마다 제럴드는 신작로를 돌아 푸른 나뭇가지 사이로 우뚝 솟은 자기 집 지붕이 보이면 언제나 전부 처음 보는 경치이거나 한 것처럼 자부심으로 가슴이 뿌듯해 오는 것이었다.

이 모든 것은 작지만 단호하고 거친 제럴드 오하라가 쌓아올린 것이다.

제럴드는 이 군 안에 사는 이웃 사람들과도 친하게 교제를 시작했다. 다만 그의 농장 왼쪽 옆에 농장을 갖고 있는 매킨토시 집안과 오른쪽 플린트 강 및 저편 윌크스 집안의 농장 사이에 좋지 않은 습지를 3에이커쯤 갖고 있는 슬래터리 집안은 예외였다.

매킨토시 집안은 스코틀랜드계 아일랜드 사람으로 오렌지 당원이었다. 설령 그들이 가톨릭 상본(像本)에 이름이 오르고 온갖 성자 같은 덕성을 갖추고 있다 하더라도 오렌지당의 조상을 갖고 있다는 것만으로 제럴드의 눈엔 이미 영원히 저주받은 존재였다. 이 집안이 조지아 주에 벌써 70년이나 살았고, 그보다 앞서 남북 캐롤라이나에 벌써 30년이나 산 건 사실이지만, 최초로 아메리카의 해안에 발을 디딘 조상이 울스터[11] 태생의 인간이란 것만으로도 제럴드로선 모든 게 끝난 이야기였다.

　그들은 비밀스럽고 거만하여 고집이 센 데다 남과 교제하지 않으며, 혼인 상대도 캐롤라이나 주에 남아 있는 친척으로 국한했으므로 그들을 싫어하는 건 비단 제럴드뿐만이 아니었다. 대체로 이 지방 사람들은 사교적이고 이웃 사람과의 교제를 꽤 중시하고 있어서 그러한 성질이 결여되어 있는 그들에게는 너그럽지 못했다. 그리고 그들이 노예 폐지론자의 동조자라는 소문도 매킨토시 집안에 대한 세상 평판을 좋게 할 조건이 못되었다. 하지만 매킨토시 댁의 앵거스 노인은 한 사람의 노예도 해방시켜 준 일이 없었을 뿐만 아니라 루이지애나 주의 사탕수수 농장에 농노를 팔러가는 뜨내기 노예 상인에게 자기 집 노예를 팔아 치우는 것 같은, 일반적으로 사회적 죄악이라고 인정받는 일까지도 서슴지 않았던 것이다. 그런데도 여전히 노예 폐지에 찬성하고 있다는 소문은 사라지지 않았다.

　"그는 노예 해방주의자임에 틀림없어" 하고 제럴드에게 존 윌크스는 말한 일이 있다.

　"하지만 그는 오렌지당 집안이니까 그 주의가 스코틀랜드 사람의 인색한 기질과 맞부딪치면, 주의 쪽이 꽁무니를 뺄 것이 뻔하지."

　슬래터리 집안은 또 문제가 달랐다. 가난한 백인인 그들은 앵거스 매킨토시의 고집스러운 고고함이 이웃 사람들로부터 억지로 짜내는 것 같은 마지못한 존경조차 받지 못했다. 슬래터리는 제럴드와 존 윌크스가 몇 번이나 사겠다고 교섭했는데도 불구하고 집요하게 몇 에이커의 밭을 물고늘어져 언제나 무기력하게 우는소리만 하고 있었다. 그의 아내는 수세미 같은 머리에 병자처럼 핏기 없는 얼굴로 토끼를 떠올리게 하는 음침하게 생긴 아이들을 많이 낳았다. 이 아이들 또한 매년 규칙적으로 늘어났다. 톰 슬래터리는 노예를 갖고 있지 않았으므로 위의 두 아들을 데리고 이따금 간헐적으로 목화밭에서 일했고, 아내와

---

11) 옛날 아일랜드의 주 이름.

작은 아이들은 채소밭인 듯싶은 곳에서 일하고 있었다. 그러나 웬일인지 그의 목화는 언제나 수확이 시원찮았고 채소밭 역시 신통찮아 마누라가 잇달아 낳는 아이들을 먹여 살리기엔 모자랐다.

이웃 대지주의 문전에서 '임시변통'으로 목화 종자나 소금에 절인 돼지고기를 구걸하는 톰 슬래터리의 모습을 사람들은 곧잘 볼 수 있었다. 그러나 슬래터리도 얼마간의 긍지는 갖고 있어 대지주들의 호의의 이면에 숨은 모멸을 알아채곤 이웃 사람들을 미워하고, 특히 '부잣집 저택의 건방진 검둥이'를 미워했다. 이 지방의 대지주 집에서 일하는 집안 흑인들은 가난한 백인들에 대해 우월감을 갖고 있었으므로 그 노골적인 모멸이 그의 감정을 상하게 하고, 그들이 자기보다 안정된 지위에 있는 것이 그의 질투심에 불을 질렀다. 그 자신의 비참한 환경에 비하면 그들은 먹는 것도 입는 것도 고급이었고, 병이나 늙은 뒤의 일까지도 보장받았다. 그들은 주인의 명성을 자랑하고, 그리고 그 대부분은 재산이 있는 주인을 섬기고 있는 것을 자랑스레 여겼다. 그런데 슬래터리는 누구에게서나 경멸을 받고 있었던 것이다.

톰 슬래터리가 팔 생각만 있었더라면, 군 안의 농장주들은 누구라도 그 빈약한 농장을 시가의 세 배 값으로 사들였으리라. 농장 주인들은 그같이 눈에 거슬리는 인간들을 이 고장에서 없애기 위해서라면 그만한 돈은 아깝지 않다고 여기고 있었지만, 톰은 얼마 안 되는 목화의 수확과 이웃 사람의 자비 덕분에 초라하게 사는 것에 만족하는 듯 도통 이 고장에서 떠나려 하지 않았다.

그 밖의 사람들과는 제럴드는 모두 가깝게 사귀었고, 어떤 사람들과는 특히 다정히 지냈다. 윌크스 댁, 캘버트 댁, 탈레턴 댁, 폰테인 댁 같은 집안 사람들은 큰 백마에 올라탄 작은 몸집의 제럴드가 집앞 마찻길로 달려들어오는 걸 보면 모두 미소지으며 한 숟갈의 설탕과 박하 새싹을 다져 넣은 커다란 위스키 컵을 준비시키는 것이었다. 그는 모든 사람에게서 환영을 받았다. 그 고함치는 듯한 목소리나 난폭한 태도의 이면을 한 꺼풀 벗기면 친절한 마음이 있고, 금세 다정하게 남의 이야기를 듣는 귀가 있고, 후한 인심이 있다는 것을 아이들이나 흑인이나 개들까지도 한눈에 꿰뚫어보았을 뿐 아니라 이웃 사람들도 시간이 지남에 따라 차차 이해하기에 이르렀던 것이다.

그가 찾아오면 반드시 사냥개들은 기뻐 날뛰며 야단스럽게 짖어 댔고, 검둥이들은 그를 맞이하기 위해 환성을 지르며 뛰어와선 그의 말고삐를 받으려 했으며, 그로부터 호의에 넘친 욕설을 듣고는 계면쩍은 듯이 잇몸을 드러내며 씩웃곤 했다. 백인 아이들은 그가 그 아버지와 형들을 향해 양키 정치가들의 추행을 떠들어 댈 때면 연방 무릎에 안겨 흔들어 달라고 졸랐고, 또 아는 사람의 딸들은 연애 문제의 비밀을 털어놓으며 그의 의견을 들었으며, 체면에 관계되는 노름빚을 아버지가 무서워 차마 밀 못하고 있는 이웃 젊은이들은 그가 그런 때 크게 쓸모 있는 친구임을 알고 있었다.

"그럼, 벌써 한 달째나 못 갚고 있단 말이지. 이 건달 같으니!" 그는 고함을 쳤다. "왜 좀더 일찍 나한테 돈 문제를 의논하러 오지 않았나."

그의 말버릇이 거칠다는 건 누구나 알고 있으므로 기분 나빠하는 사람은 없었다. 고함을 쳐도 젊은이들은 부끄러운 듯 웃으며 대답했다. "네, 하지만 아저씨에게 신세지고 싶진 않았어요. 우리 아버지는……."

"자네 아버지는 좋은 사람이야. 그건 부정하지 않지만, 좀 지나치게 딱딱해. 자, 아무 말 말고 이 돈을 가져가게."

마지막까지 문을 닫고 있었던 것은 대농장의 귀부인들이었다. 그러나 '위대한 귀부인이며 게다가 세상에 드문 침묵이라는 미덕을 지니고 있다'고 제럴드가 평한 윌크스 부인이, 어느날 아침 마차길에 말발굽 소리를 울리며 돌아가는 제럴드의 뒤를 지켜보고 "저 사람은 말은 거칠지만 신사예요" 하고 말한 순간부터 제럴드의 사회적 지위는 뚜렷이 확립되었던 것이다.

여기까지 다다르는 데 약 10년이 걸렸다는 걸 제럴드는 알지 못했다. 처음 이 고장에 옮겨 왔을 무렵 사람들이 자기에 대해서 얼마나 수상쩍은 눈으로 보았나 생각해 보지도 않았기 때문이다. 처음으로 타라에 발을 들여놓은 그 순간부터 그는 자기가 이 지방 사회에 속하는 인간임을 당연한 일로 여기고, 그것에 대한 의심 따위는 눈곱만큼도 하지 않았던 것이다.

마흔세 살이 되자 그는 혈색도 좋고 투실투실 살도 쪄서 마치 스포츠 잡지 화보에서 빠져나온, 사냥을 좋아하는 시골 신사를 그대로 닮아갔음에도, 또한 타라에 여전히 애착을 느끼고 이웃 사람들도 마음을 터놓고 문을 열어 맞이해 주었음에도 그는 어쩐지 무언가 아쉬움을 느끼게 되었다. 아내를 맞이하고 싶었던 것이다.

타라 농장은 안주인을 갈망하고 있었다. 필요에 의해 들일을 하는 흑인을 승격시켜 요리사로 부렸지만 그 뚱뚱보는 결코 시간을 맞추어 식사를 준비한 적이 없었다. 역시 전에 들일을 하다가 집안일을 하게 된 하녀는 언제나 세간살이를 먼지투성이로 만들었고, 테이블보나 홑이불 따위도 시키지 않으면 결코 빠는 일이 없었다. 그러므로 손님이라도 오게 되면 큰 소동이 벌어졌다. 집안일하는 흑인으로 훈련되어 있는 것은 포크뿐이었다. 그는 다른 하인들을 감독하고 있었는데, 그런 그마저 오랜 세월 동안 제럴드의 태평스런 생활습관에 물들어 게을러지고 개의치 않게 되고 말았다. 하인으로선 제럴드의 침실을 말끔히 치우고, 급사장으로선 위엄을 갖고 예절대로 식탁 시중을 들었으나, 그 밖의 일은 대부분 되어가는 대로 내버려 두었다.

아프리카 토인의 눈치 빠른 본능으로 흑인들은 모두 제럴드가 고함은 치지만, 결코 덤벼들어 때리지는 않는다는 걸 알고서 뻔뻔스럽게도 그 점을 이용했다. 남쪽으로 팔아 버린다든가 채찍으로 후려팰 테다, 하고 위협하는 제럴드의 성난 목소리가 언제나 공기를 울리기는 했지만, 이제까지 한 사람의 노예도 타라에서 팔린 일은 없었다. 채찍도 단 한 번, 제럴드가 긴 하루의 사냥에서 돌아왔을 때 애마의 시중을 게을리한 노예를 향해 휘둘러졌을 뿐이다.

제럴드의 날카롭고 푸른 눈은 이웃집들이 얼마나 능률적으로 운영되고 있는가, 그리고 머리를 얌전히 빗어넘기고 긴 치맛자락을 사락사락 끌고다니는 부인들이 얼마나 쉽게 하인들을 부리고 있는가 늘 보았다. 부인들이 새벽부터 밤까지 요리며 육아며 바느질이며 빨래 따위의 감독에 부단히 쫓기면서 일하고 있다는 것은 모르고 단지 그가 보고 있었던 것은 외면에 나타난 결과뿐이었는데, 그러한 결과가 그를 무척 감동시켰던 것이다.

그가 정말 시급히 아내를 맞이할 필요를 절감한 것은 어느 재판이 열리는 날 아침, 읍으로 가려고 옷을 갈아입을 때였다. 그가 즐겨 입는 주름진 와이셔츠를 포크가 가져왔는데, 하녀의 손으로 어찌나 서툴게 꿰매져 있는지 포크에게나 줄까 도저히 입을 수 없는 지경이 되어 있었다.

"나리" 포크는 얻어 가진 와이셔츠를 고맙다는 듯 개키면서 화가 잔뜩 나 있는 제럴드에게 말했다. "마님이 계셔야했는뎁쇼, 집안일하는 검둥이를 많이 두신 마님 말씀입니다요."

제럴드는 포크의 주제넘은 참견을 꾸짖긴 했으나 마음속으론 그의 말이 옳다고 생각했다. 그는 아내를 갖고 싶었다. 그리고 아이들도 갖고 싶었다. 빨리 아내와 자식을 두지 않으면 나이를 너무 먹고 만다. 그러나 아무하고나 결혼할 생각은 없었다. 캘버트 씨는 전처 자식을 위해 고용한 북부 태생의 가정교사를 후처로 들이고 말았지만, 그런 결혼은 하고 싶지 않았다. 자기 아내가 될 만한 여성은 숙녀라야 했다. 더구나 윌크스 부인과 같이 기품 있고 정숙한 문벌의 숙녀로 윌크스 부인이 그녀의 소유지를 멋들어지게 관리하고 있는 것처럼 이 타라 농장을 관리할 재능을 가진 여자가 아니면 안 되었다.

그러나 이 지방의 집안과 혼인을 하는 데는 두 가지 장애가 있었다. 첫째는 결혼 적령기의 처녀가 적다는 것, 두 번째로 보다 중대한 장애는 벌써 거의 10년이나 이 고장에 살고 있으면서도 제럴드는 여전히 '토박이 아닌 뜨내기', 즉 이방인으로 취급되고 있는 사실이었다. 그의 집안에 대해서는 누구든 아무것도 몰랐다. 이 조지아 내륙지방의 사회는 귀족적인 해안지방만큼 보수적은 아니었지만, 그렇다고 해서 할아버지에 대해서조차 알지 못하는 사나이에게 선뜻 딸을 주려는 가정은 없었다.

이 지방 사람들로부터 진심으로 호감을 사고 있고, 또 그 사람들과 더불어 사냥하고 술을 마시고 정치 토론을 하긴 하지만, 누구도 자기 딸을 주겠다고 나서는 사람이 없다는 것을 제럴드는 잘 알고 있었다. 제럴드 오하라 또한 곳곳의 가정에서 그 집 아버지로부터 유감스럽지만 딸한테 구혼하기 위해 방문하는 것은 삼가해 달라고 거절당했다는 따위의 얘기가 식탁의 화젯거리로 등장하는 것을 원치 않았다. 그러나 그렇다고 해서 그는 자기가 이웃 사람들보다 못하다고는 생각지 않았다. 제럴드는 어떤 경우, 어떤 사람에 대해서라도 자기가 못났다고 느낄 사나이가 아니었다. 이 남부에 스물두 해 이상 살면서 토지와 노예를 소유하고, 또 그동안 상류사회에 흔한 악습에만 젖어 있던 집안이 아니면 딸을 주지 않겠다는 것은 한낱 이 지방에만 있는 기묘한 풍습에 지나지 않는다고 생각했다.

"여행 준비를 해라. 서배너에 가겠다!" 그는 포크에게 소리질렀다. "'입 닥쳐!'라든가 '젠장할 것!' 같은 쌍스런 말을 쓰면 곧 팔아 버리고 말 테다. 그런 말은 나도 그리 자주는 쓰지 않으니 말야."

제임스와 앤드루는 자기의 결혼 문제에 대해 뭔가 의논 상대가 되어 줄 테지. 그리고 형들의 오랜 친구들 가운데는 그의 요구에 들어맞고, 그를 남편으로 받아들일 만한 딸을 가진 사람이 있을지도 모른다. 그러나 제임스와 앤드루는 그의 말을 진지하게 들어주기는 했지만 별로 신통한 대답은 해 주지 못했다. 그들은 아메리카로 건너오기 전에 이미 결혼했으므로, 서배너에는 이런 때 도움을 청할 만한 친척도 없었다. 옛 친구의 딸들은 벌써 오래전에 결혼하여 지금은 자기들의 어린아이를 키우고 있었다.

"너는 부자도 아닌 데다 집안도 좋은 편이 아니잖니." 제임스는 말했다.

"돈은 모았어요. 그리고 이제부터 좋은 집안을 만들어 보겠어요. 그러니까 아무하고나 결혼할 수는 없어요."

"꿈이 너무 큰데." 앤드루는 냉담하게 말했다.

하지만 형들은 제럴드를 위해 힘 자라는 데까지 도와주었다. 제임스와 앤드루는 서배너에서 알려진 지 오래이고 꽤 높은 지위에 있으며 친구들도 많았으므로 그들은 한 달 내내 제럴드를 이 가정에서 저 가정으로, 만찬회며 무도회며 피크닉 같은 데로 데리고 다녔다.

"이 정도면 됐다고 생각되는 건 한 사람밖에 없군요." 제럴드는 마지막으로 말했다. "내가 이 아메리카에 상륙했을 무렵에는 아직 태어나지도 않았던 아가씨지만요."

"누구냐, 네 눈에 드는 여자가."

"엘렌 로빌라드 양이에요." 제럴드는 애써 태연하게 말하려고 노력했다. 그도 그럴 것이 살짝 치켜 올라간 엘렌 로빌라드의 까만 눈은 이미 그의 눈뿐만 아니라 눈 이상의 것을 사로잡고 있었기 때문이었다. 열다섯 살 소녀로선 어울리지 않게 수수께끼 같은 약간 얼빠진 듯한 태도이긴 했지만, 그녀는 그를 매혹시켰다. 게다가 우수에 젖은 듯한 그녀의 절망어린 표정이 그의 마음에 감동을 주어 일찍이 세상 어떤 사람에 대해서도 가져 본 일 없는 사랑을 품게 했다.

"하지만 그 아가씨와는 아버지와 딸만큼이나 나이 차이가 있잖니!"

"나는 아직 한창이에요!" 제럴드는 못마땅한 듯이 외쳤다.

제임스는 조용히 말했다.

"제럴드야, 이 서배너에서 그 처녀만큼 너와 결혼할 가망이 적은 사람도 없을 거다. 그 여자의 아버지는 로빌라드 집안 사람인데, 그들 프랑스 계통 사람들은 마왕처럼 자존심이 높단다. 그 여자의 죽은 어머니는—신이시여, 그녀의 영혼에게 축복을 내려 주소서—아주 훌륭한 부인이었어."

"그런 건 문제가 아니에요." 제럴드는 몸이 달아 말했다. "게다가 어머니는 세상을 떠났고 아버지는 나에게 호의를 갖고 있어요."

"인간으로서는 말이지. 하지만 딸의 남편으로는 문제가 달라."

"어쨌든 치너기 승낙하지 않올 기야." 앤드루가 끼이들었다. "그 처녀는 약 1년 전부터 사촌오빠인 필립 로빌라드라는 불량스런 청년을 사랑하고 있다는군. 가족이 밤낮으로 단념시키려고 애쓰는데도 말야."

"그 사내라면 벌써 한 달 전에 루이지애나 주로 가버렸어요." 제럴드는 말했다.

"너 어떻게 알고 있니?"

"알고 있고 말고요." 제럴드는 대답했지만 이 귀중한 정보를 포크로부터 얻었다는 얘기는 하지 않았다. 그리고 그 필립이라는 청년이 가족의 간청으로 마지못해 서부로 가버렸다는 것도 말하지 않았다.

"어쨌든 그 아가씨가 필립을 잊지 못할 만큼 사랑하고 있다고는 생각할 수 없어요. 열다섯이라면 아직 사랑 같은 건 깊이 모를 테니까요."

"하지만 그 여자의 결혼상대로 꼽는다면 그들은 아마 너보다는 그 난폭한 사촌오빠 쪽을 선택할 거다."

이런 식이었으므로 피에르 로빌라드의 딸이 조지아의 벽지에서 나온 이 키 작은 아일랜드인과 결혼할 거라는 이야기가 전해졌을 때는 제임스도 앤드루도 다른 사람 못지 않게 놀랐다. 서배너의 집안에서는 사람들이 시끄럽게 숙덕거리고 서부로 가 버린 필립에 대해선 여러 가지 억측이 구구했지만, 그런 소문에선 아무런 해답도 끌어낼 수가 없었다. 왜 로빌라드 집안의 딸들 가운데서도 가장 아름다운 그녀가 우락부락한 목소리에 얼굴이 붉으며 키는 그녀의 귀에 닿을까말까 한 조그만 사나이와 결혼하는 것인지 그건 모든 사람에게 수수께끼로 남겨졌다.

제럴드 자신도 어째서 그렇게 되었는지 잘 몰랐다. 그는 다만 기적이 생겼다고 생각했을 뿐이었다. 그리고 엘렌이 창백하고 몹시 냉정한 얼굴로 가녀린 손을 그의 팔에 얹고 "오하라 씨, 전 당신과 결혼하겠어요" 하고 말했을 때 그는 평생에 단 한 번 몹시 겸허한 심정이 되었던 것이다.

벼락을 맞은 것처럼 깜짝 놀란 로빌라드 집안 사람들도 그 해답의 일부만 알고 있을 뿐, 그날 밤 그녀가 새벽녘까지 상심한 어린애처럼 울어 대고, 아침이 되자 마음을 정한 한 사람의 부인으로서 자리에서 일어난 모든 경위를 알고 있는 사람은 본인인 엘렌과 마미뿐이었다.

마미는 전날 기묘한 예감을 느끼면서 뉴올리언스에서 온 낯선 글씨체의 소포를 젊은 아가씨에게 건네 주었었는데, 그 속에는 그녀가 손에 쥐자마자 느닷없이 울음을 터뜨리며 방바닥에 내던진 그녀의 작은 초상화와, 그녀가 필립 로빌라드에게 보냈던 편지 네 통과 함께 사촌오빠가 술집에서 싸움을 하다 살해되었다는 뉴올리언스 목사의 간략한 편지가 들어 있었다.

"아버지랑 폴린이랑 율랄리랑 모두가 그 사람을 쫓아 보낸 거야. 모두가 그이를 몰아낸 거야! 난 싫어. 모두 미워. 이제 두 번 다시 보기도 싫어! 어딘가 가버리고 싶어. 그 사람들을, 이 고장을, 그리고 그이를……그이를 생각나게 하는 걸 두 번 다시 보지 않아도 될 곳에 가버리고 싶어."

날이 훤히 샐 무렵, 그때까지 아가씨의 검은 머리카락 위에 울면서 엎드려 있던 마미가 항의하듯이 말했다.

"하지만 아가씨, 그건 할 수 없는 일이에요."

"할 수 있어. 제럴드 씨는 친절한 분이야. 그것도 안 되면 난 차라리 찰스턴의 수녀원에 들어가겠어!"

수녀원에 들어간다는 위협에 어쩔 줄을 모르고 슬퍼하던 아버지 피에르 로빌라드도 드디어 승낙했다. 가족은 모두 가톨릭이었지만, 이 아버지만은 완고한 신교도였으므로 딸이 수녀가 되는 것은 제럴드 오하라와 결혼하는 것보다도 더 골치 아픈 일이었던 것이다. 사실 제럴드에 대한 불만은 단지 집안에 관한 점뿐이었으니까.

이리하여 로빌라드 집안을 떠난 엘렌은 두 번 다시는 이 도시를 보지 않으려고 서배너에 등을 돌리고는 중년인 남편과 마미와 스무 명의 '안일하는 검둥이'와 함께 타라 농장을 향해 길을 떠났다.

그 이듬해 첫아이가 태어났다. 제럴드의 어머니 이름을 따서 캐티 스칼렛이라고 이름을 지었다.

아들을 바라던 그는 실망했으나 그 검은 머리털을 가진 조그마한 딸을 위해서 타라 농장의 흑인 노예 전부에게 럼주를 나누어 주고 자기도 기분 좋게 취할 만큼은 기뻐했다.

설사 엘렌이 급하게 그와 결혼하게 된 걸 뉘우쳤다고 해도 그건 아무도 모르는 일이었고, 또 꼭 제럴드가 알아야 할 것도 아니었으므로 언제나 그녀를 볼 때마다 그는 자부심으로 가슴이 터질 것만 같았다. 저 바다를 낀 아름다운 도시를 떠났을 때 그녀는 이미 서배너와 그 추억에 등을 돌렸고, 그리고 이 고장에 닿는 순간부터 북부 조지아를 자기 고향으로 정했던 것이다.

아버지의 집을 영원히 떠날 때 그녀는 아름답고 유연한 여성의 육체 같은 윤곽을 지닌 집, 돛을 한껏 올린 배와 같은 집에 이별을 고했다. 그것은 연분홍빛 회칠을 하고 프랑스 식민지풍으로 지어진 집이었었는데, 높다란 곳에 우아하게 자리잡고, 레이스처럼 섬세한 쇠 손잡이가 달린 나선계단에 의해 실내로 들어가도록 돼 있었다. 어둑하지만 호화롭고 우아하지만 냉담한 집이었다.

그녀는 비단 그 품위 있는 집만을 버린 것이 아니라 그 건물의 이면에 있는 모든 문명까지도 버렸던 것이다. 그러고는 하나의 큰 대륙을 넘어온 것만큼이나 색다르며 낯선 세계에 있는 자신을 발견했다.

북부 조지아의 이 지방은 억센 사람들이 살고 있는 우악스런 고장이었다. 블루 릿지 산맥 기슭에 있는 고원에서 눈에 띄는 것이란, 파도의 물결처럼 굽이치는 붉은 언덕의 기복과 곳곳에 널려 있는 화강암의 커다란 노출과 음산히 치솟은 말라빠진 늙은 소나무뿐이었다. 햇빛 이끼와 우거진 녹음으로 덮인 바다의 섬들이 보여 주는 그 조용한 밀림의 아름다움, 아열대의 태양 아래 불타듯이 펼쳐져 있는 흰 모래 해안선, 드문드문 종려나무가 서 있고 아득한 저편까지 굽어볼 수 있는 평평한 모래밭 등 그런 풍경만 보아 온 해안 태생의 그녀 눈에는 이곳의 온갖 것이 야만스럽고 가까이하기 어려운 것으로만 비쳤다.

이곳은 겨울 추위가 매서웠고 마찬가지로 여름 더위도 극심했다. 그리고 이곳에 사는 사람들한테는 그녀에게 낯선 활기와 정력이 있었다. 그들은 친절한 사람들로서 정중하고 너그럽고 선한 성격을 지니고 있었다. 그러나 또 한편으론 억세고 강건했으며 곧잘 화를 냈다. 그녀가 저버리고 온 해안지방 사람들은 어떤 사건이라도 설혹 그것이 결투나 피를 보지 않곤 해결되지 않을 그런 반목일지라도 아무렇지 않게 처리하는 걸 자랑으로 삼았지만, 여기 북부 조지아 사람들 속에는 격렬한 구석이 있었다. 해안지방에선 생활이 무르익어 있었고, 여기선 모든 것이 젊고 발랄하여 신선했다.

엘렌이 서배너에서 안 사람들은 모두 같은 거푸집에서 주조되기나 한 듯 사고방식도 전통도 비슷했지만, 여기는 전혀 다른 인간들의 집합체였다. 북부 조지아에 이주해 온 사람들은 여러 다른 고장, 즉 조지아 주의 다른 지방, 남북 캐롤라이나며 버지니아, 유럽, 북부 여러 주에서 옮겨온 사람들이었다. 그 가운데에는 제럴드처럼 행운을 찾아 들어온 신참도 있었다. 또 엘렌처럼 오랜 문벌 가에서 태어났으면서도 그 낡은 생활에 견딜 수 없게 되어 멀리 떨어진 두메산골로 안식처를 찾아서 온 사람도 있었다.

그러나 대부분의 사람들은 아무런 뚜렷한 이유도 없이, 단지 지금까지 그들의 혈관에서 고동치며 흐르는 조상들의 부단히 활동하는 개척자의 피 때문에 이주해 온 사람들이었다.

각각 다른 고장에서 많은 다른 배경을 가지고 모여든 이들은 이 지방의 모든 생활을 간략한 것으로 만들었다. 그것이 엘렌에겐 낯선 것이었는데, 그런 약식 생활에 완전히 익숙해지기란 아무래도 불가능했다. 어떤 경우에도 해안지방의 사람들이라면 이렇게 할 텐데 하고 그녀는 본능적으로 판단할 수 있었다. 그러나 이 북부 조지아 주 사람들은 도무지 무슨 짓을 할지 전혀 짐작조차 가지 않았다.

당시는 남부 여러 주를 휩쓸고 있던 호경기가 밀물처럼 밀어닥쳐 이 지방의 모든 것을 약동시키고 있었다. 온 세계가 목화를 찾던 그 무렵, 이 젊고 풍요로운 새 고장은 숱한 목화를 생산해 내고 있었던 것이다. 목화는 이 지방의 심장을 뛰놀게 하는 원동력이라 그 파종과 수확은 붉은 대지의 심장의 확장기와 수축기였다. 부는 꾸불꾸불 꾸부러진 이랑 속에서 뛰어나왔으나, 그 대신 분수를 모르는 교만도 낳았다……초록빛으로 덮인 수풀과 양털처럼 새하얀 목화의 대농장 위에 쌓아올려진 교만이었다. 만일 목화가 그들을 당대에 부자로 만들어 준다면, 다음 세대에는 도대체 얼마나 큰 부호가 될까!

이 내일에의 희망은 사람들에게 생활의 흥분과 열정을 주어 사람들은 엘렌으로선 도저히 이해하기 어려울 만큼 마음껏 쾌락을 누렸다. 그들은 노는 시간에 구애를 받지 않을 정도로 충분한 돈이 있었고 노예도 갖고 있었다. 그리고 그들은 놀기를 좋아했다. 낚시질이며 사냥이며 경마를 거를 만큼 그들은 바쁘지도 않았고, 바비큐파티나 무도회도 없이 일주일을 그냥 지내는 일은 거의 없었다.

엘렌은 그런 패거리의 한 사람이 되려 하지 않았고, 또한 될 수도 없었다—그녀는 너무나도 많은 것을 서배너에 두고 왔던 것이다—그러나 그녀는 그들을 존경하고, 이윽고 이 사람들의 솔직하고 단순한 점을 좋아하게 되었다. 그들은 마음먹은 일은 뭐든지 말해 버렸고 인간의 가치를 있는 그대로 평가했다.

그녀는 이 고장에서도 가장 사랑받는 이웃이 되었다. 그녀는 부지런하고 친절한 주부였고 좋은 어머니였고 성실한 아내였다. 신에게 바치려고까지 골똘히 생각했던 상심한 마음과 몸을 그녀는 아이들과 가사에 쏟았으며 그리고 자신을 서배너의 추억에서 끌어냈다. 그리고 아무것도 묻지 않는 남편을 위해 모두 바쳤다.

스칼렛이 만 한 살이 되어, 마미의 말에 의하면 여자아이로선 드물 정도로 건강한 아이가 되었을 때 두 번째 딸이 태어나 수잔 엘리너라고 불렸는데, 평소에는 줄여서 수엘렌이라고 불렀다. 이어서 가족의 출생이나 사망을 기입하는 가정용 성서에 적힌 이름은 캐롤라인 아이린이지만 보통 캐린이라고 부르는 셋째딸이 태어났다. 그리고 나서 잇달아 세 아들이 태어났으나 셋 다 채 걷기도 전에 죽고 말았다. 이 세 사내아이는 지금 백 야드쯤 떨어진, 삼나무가 가지를 서로 드리우고 있는 나무 그늘 밑 묘지에 '제럴드 오하라의 아들'이라고 쓴 비석 아래 누워 있다.

엘렌이 처음 이곳에 온 그날부터 타라는 모습을 바꿔 나갔다. 그녀는 당시 불과 열다섯 살밖에 되지 않았지만, 이미 대농장 주부로서의 책임을 질 수 있도록 모든 준비가 돼 있었다. 여자란 결혼하기 전에는 무엇보다도 우선 사랑스럽고 착하고 아름답고 몸치장도 하고 있어야 하지만 일단 결혼을 하고 나면 백 명 이상의 백인이나 흑인이 있는 대가족의 살림을 꾸려 나가야 했다. 그래서 당시의 아가씨들은 그런 사고방식으로 교육되고 있었다.

가정교육이 제대로 된 아가씨라면 누구나 받는 이런 결혼의 준비 교육을 엘렌 또한 받았었다. 게다가 그녀에게는 무기력한 검둥이도 기운이 넘치게 하는 마미가 딸려 있었다. 그녀는 곧 제럴드의 집안에 질서와 품위와 우아함을 끌어 들이고 지금까지 일찍이 찾아볼 수 없었던 아름다움을 타라에 부여했다.

이 집은 일정한 건축 설계에 의해 지어진 게 아니라 그때그때 편의상 편리한 장소에 증축된 것이지만 엘렌의 주의와 배려로 설계의 불완전을 채우는 어떤 품위가 생겼다. 신작로에서 집 앞까지 이어진 삼나무 가로수길—이 삼나무 가로수길이 없다면 조지아의 농장 주인 저택으로선 불완전한 것이다—의 시원하고 우중충한 그늘이 다른 나무들의 초록빛을 대조적으로 더한층 밝게 돋보이도록 하고 있었다. 베란다를 덮고 있는 무성한 등나무는 희게 칠한 벽돌로 말미암아 더욱 돋보이면서 현관 가까운 연분홍빛 배롱나무 덤불에 이어져 있었고, 흰꽃이 만발한 뜰의 목련은 집 건물의 어딘가 엉성해 보이는 선을 부드럽게 해 주고 있었다.

봄에서 여름이 되면 잔디의 버뮤다 풀이며 클로버가 에메랄드처럼 빛났다. 더구나 그것은, 집 뒤꼍의 한 귀퉁이만이 그들의 놀이터로 정해져 있는 칠면조와 흰 거위 떼들에게는 참기 어려운 유혹이 될 만큼 매혹적인 에메랄드 빛이었다. 새들은 늙은 새가 앞장서서 재스민의 새싹이나 백일홍 화단에 향긋한 먹이를 예상하고 늘 앞뜰로 침입해 왔다. 그들의 침입에 대비하여 작고 검은 보초가 앞쪽 현관 근처에 늘 자리를 차지하고 있었다. 누더기 수건을 무기로 현관 계단에 걸터앉은 작은 흑인 소년의 모습은 타라의 한 풍경이었다……. 불행하게도 아이들에겐 새를 때리는 것이 금지되었으므로 단지 수건을 펄럭펄럭 휘둘러 쫓을 수밖에 없었다.

엘렌은 몇 사람의 흑인 노예 소년들에게 이 일을 시켰다. 이것이 타라에서 남자 노예가 맡는 최초의 일이었다. 만 열 살이 되면 그들은 농장의 구두 수선을 하는 대디 영감 수레바퀴 제조인이자 목수인 에이머스 혹은 소먹이는 필립, 또는 노새 몰이꾼인 커피한테로 제각기 일을 배우기 위해 보내어진다. 만일 이들이 그 같은 직업에 아무런 재능도 나타내지 않으면 들일 하는 곳으로 보내진다. 그렇게 되면 그들은 그들의 말대로 마침내 사회적 지위를 요구할 어떤 권리도 잃고 마는 것이다.

엘렌의 생활은 결코 안락하지도 행복하지도 않았다. 그러나 그녀는 생활에서 안락을 기대하지는 않았고, 행복하지 않더라도 그것이 여자의 운명이라고 생각하고 있었다.

이 세상은 남자의 세계였고 그녀는 그것을 그대로 받아들이고 있었다. 남자는 재산을 지니고 여자는 그걸 관리한다. 관리가 능숙하다는 명성은 남자가 듣고, 여자는 그의 두뇌를 칭찬한다. 남자는 손가락에 가시가 찔려도 황소처럼 신음한다. 그러나 여자는 출산할 때조차도 남자에게 방해가 될까봐 신음소리를 참는 것이다. 남자는 난폭하고 곧잘 술로 곤죽이 돼 버린다. 여자는 아무리 심한 말을 들어도 못 들은 척하며 불평하지도 않고 주정뱅이를 침대로 데리고 간다. 남자는 예절을 모르고 마음먹은 대로 내쏟는다. 그러나 여자는 늘 친절하고 부드럽고 너그럽지 않으면 안 되는 것이다.

엘렌은 신분 높은 귀부인의 전통 속에서 자랐다. 그것은 생활의 무거운 짐에 눌리면서도 스스로의 매력을 유지하려면 어떻게 해야 할 것인지 그녀에게 가르쳤다. 그리고 그녀는 자신의 세 딸도 또한 고귀한 귀부인으로 키우고 싶다고 생각하고 있었다. 이 교육방침은 밑의 두 딸에게는 성공하였다. 수엘렌은 어떻게든지 남의 눈에 띄는 여자가 되고 싶은 일념으로 어머니의 가르침에 열심히 귀를 기울였고, 캐린은 겁이 많은 아이였으므로 쉽게 이끌 수 있었다. 그러나 스칼렛만은 아버지인 제럴드를 닮아 숙녀가 되는 길을 가르치는 것이 여간 어렵지 않았다.

마미의 역정에도 불구하고 스칼렛이 먼저 놀이동무로 골라잡은 아이는 얌전한 동생들이나 예의가 깍듯한 윌크스 댁의 딸들이 아니라 농장의 흑인 자식들이나 이웃의 사내애들이었고, 나무를 오르는 일이든 돌을 던지는 일이든 어느 것 하나 누구에게 지지 않았다. 마미는 엘렌 부인의 딸인 아가씨가 그 같은 장난을 하는 걸 크게 걱정하여 입에 침이 마르도록 '작은 숙녀답게 굴라'고 엄격히 타일렀다. 그러나 엘렌은 먼 장래의 일을 생각하고 마미보다 너그러웠다.

어렸을 때의 친구들 가운데서 으레 뒷날의 애인이 나오는 법이고, 여자의 첫째 의무는 결혼에 있다는 것을 그녀는 알고 있었기 때문이다. 스칼렛의 결점은 다만 활발하다는 것뿐인데, 남자를 이끄는 기교와 우아한 몸가짐을 가르치자면 아직 시간이 있다고 그녀는 자기 자신을 안심시켰다.

이런 목표를 항해 엘렌과 마미가 노력하고 있는 사이, 이윽고 스칼렛은 성장

함에 따라 이 방면에 있어선 가르치지 않더라도 절로 터득하는 우수한 학생이 되었다. 가정교사를 차례로 두고 2년쯤 근처의 페이엇빌 여학교에 다니기도 했지만, 배운 학문은 극히 엉성한 것이었다. 그러나 이 지방에서 그녀만큼 우아하게 춤출 수 있는 처녀는 한 사람도 없었다. 어떤 식으로 미소지으면 보조개가 보이는가, 어떤 식의 비둘기 걸음으로 걸으면 후프로 부풀린 치마를 황홀할 만큼 흔들 수 있는가, 어떤 식으로 남자의 얼굴을 올려다보다가 눈을 내리깔고 별안간 눈꺼풀을 깜박거리면 다정한 감정에 떨기라도 하는 것처럼 꾸며 보일 수 있는가를 그녀는 모두 터득하고 있었다. 그 가운데 가장 중요한 것은 어린애처럼 아름답고 순진한 얼굴 아래 어떻게 하면 남자들에게 눈치채이지 않고 그 날카로운 두뇌의 활동을 감출 수 있는가 하는 것을 배운 것이었다.

엘렌은 조용한 목소리로 훈계하고, 마미는 툴툴 잔소리를 해 가면서 스칼렛에게 아내로서 가장 이상적인 특징을 가르쳐 주려고 애썼다.

"넌 좀더 상냥하고 침착해야 한다." 엘렌은 딸에게 일렀다. "남자와 얘기할 때는 비록 네가 그 사람보다 더 많이 알고 있어도 옆에서 말참견을 해서는 안 돼요. 신사들은 나서는 아가씨를 제일 싫어하니까."

"젊은 여자가 뽀로통한 얼굴로 턱을 발딱 쳐들고 '난 이렇게 하고 싶어'라든가 '이렇게 하고 싶지 않아'라든가 그런 말을 하면 우선 서방님이 싫어하시죠." 마미는 엄격한 얼굴로 단언했다. "젊은 아가씨란 그냥 눈길을 내리깔고 '그래요' '그 말씀이 옳아요' 하고 말하지 않으면 안 돼요."

두 사람은 스칼렛에게 숙녀로서 알아야 할 것을 가르쳤다. 그러나 그녀가 배운 것은 숙녀로서의 겉모양뿐이었다. 그러한 겉모양을 남게 하는 마음의 아름다움에 관해서는 그녀는 배우지도 않았었고 또 배울 이유도 인정하지 않았다. 그녀는 그런 것은 겉모양만으로 충분하다고 생각했다. 숙녀다운 겉모양만 나타내도 그녀는 사람들의 인기를 끌 수 있었고, 사람들이 떠받들어 주는 게 그녀가 구하고 있는 전부였기 때문이다. 제럴드는 스칼렛이 이 세 군 안에서 가장 뛰어난 미인이라고 뽐내고 있었는데, 그것이 반드시 거짓말은 아니었다. 그녀는 근처 청년들의 거의 전부로부터 청혼을 받고 있었고, 뿐만 아니라 애틀랜타나 서배너처럼 먼 곳에서조차 많은 청혼이 들어 왔던 것이다.

열여섯 살인 그녀는 엘렌이나 마미 덕분으로 겉보기에는 사랑스럽고 매력적이고 활달한 아가씨가 되었다. 그러나 실제로는 응석꾸러긴데다 허영이 많고 고집 센 아가씨였다. 아일랜드 태생인 아버지에게서 이어받은 격하고 폭발하기 쉬운 정열을 가졌을 뿐, 어머니의 희생적이고 참을성 많은 성격은 거죽에 살짝 씌워진 겉치레에 불과했다. 하지만 엘렌은 그게 겉치레에 지나지 않는 것인 줄 알지 못했다. 스칼렛은 어머니 앞에선 언제나 순진하게 꾸며 보였는데, 어머니로부터 비난의 눈길을 받으면 참을 수 없으니 늘 성미를 누르고 거친 성격을 감추면서 될 수 있는 대로 얌전한 듯 꾸미고 있었기 때문이었다.

그러나 마미는 스칼렛의 겉모습만으론 속지 않았다. 그래서 언제나 그녀의 가면을 벗길 틈을 노리고 있었다. 마미의 눈은 엘렌의 눈보다도 날카로웠다. 스칼렛은 태어나서부터 지금까지 마미를 오랫동안 속여 넘겨 본 기억이 없었다.

그러나 두 사람의 자애로운 교육자를 슬프게 만든 것은 스칼렛의 발랄한 기질이나 매혹적인 점이 아니었다. 그런 것은 오히려 남부 여자들이 자랑으로 삼는 성격이었다. 두 사람을 걱정시킨 것은 그녀의 내부에 있는 제럴드를 닮은 저 고집과 격한 싱격이있다. 좋은 결혼을 할 수 있을 때까지 이 불리한 성품을 숨겨 둘 수 있을지 두 사람은 이따금 그걸 염려하고 있었던 것이다. 그러나 스칼렛은 결혼하고 싶다—애쉴리와 결혼하고 싶다—고 생각하고 있었다. 그리고 만일 그러한 성격이 남자들의 마음을 끌 수 있는 거라면, 얼마든지 얌전하게 보여 줄 수도, 온순하게 보일 수도, 착실하게 보일 수도 있다고 생각했다. 왜 남자가 그러는지 그녀는 알 수 없었다. 그녀가 알고 있는 것은 다만 그런 방법이 가장 효험이 있다는 것뿐이었다. 왜 효험이 있는지에 관해선 굳이 생각해 볼 흥미도 없었다. 왜냐하면 누구의 마음이든, 심지어 그녀 자신의 마음에 있어서 조차도 그녀는 인간의 내면적인 활동에 대해서는 전혀 몰랐기 때문이다.

그녀가 알고 있는 건 단지 그녀가 이러저러한 행동을 하든지 혹은 말하든지 하면 남자들은 틀림없이 이러저러한 찬사로 응해 온다는 것뿐이었다. 그건 마치 수학 공식 같은 것으로 그 이상 어려운 일은 아니었다. 수학은 그녀가 학교에 다니고 있을 때 가장 쉽게 습득한 과목의 하나였다.

남자의 마음에 대해서조차 무지했으므로 본래 그다지 흥미가 없는 여자의 마음에 관해서는 한층 더 무지했다. 그녀에겐 여자친구가 없었지만 그 때문에 아쉬움을 느낀 일은 없었다. 그녀에겐 두 동생을 포함해서 모든 여성은, 같은 사냥감인 남자를 다투는, 날 때부터의 경쟁자였다.

그러나 모든 여성이라고는 해도 어머니만은 예외였다.

스칼렛은 엘렌 오하라를 다른 모든 인간과는 다른, 성스러운 존재로서 존경하고 있었다. 아직 어렸을 무렵 그녀는 어머니와 성모 마리아를 혼동하고 있었으나 다 자란 오늘에 와서도 그 생각은 변함이 없었다. 그녀에게 엘렌은 신 그리고 인간의 모성만이 줄 수 있는 정다운 안도감의 상징적인 존재였다. 그녀는 어머니를 정의와 진리와 자애로운 사랑과 심원한 지혜의 화신, 즉 위대한 여성으로서 생각하고 있었던 것이다.

스칼렛도 진심으로 어머니처럼 되리라 마음먹고 있었다. 그러나 단 한 가지 곤란한 것은 다정하고 정직하며 이기적이지 않으려면 거의 모든 인생의 향락을 놓치고 많은 남자친구들을 잃어 버려야만 한다는 것이다. 이러한 쾌락을 놓쳐 버리기에는 인생은 너무나 짧다. 어느 날인가 애쉴리와 결혼하고, 나이를 먹고, 언젠가 그럴 여유가 생기면 그녀도 엘렌처럼 되리라 생각했다. 그러나 그때까지는—

4

그날 밤, 저녁식사 때 어머니가 없어 대신 식탁의 시중을 들면서도 스칼렛의 마음은 애쉴리와 멜라니에 대한 그 충격적인 소식으로 들끓고 있었다. 죽을 것 같은 심정으로 그녀는 어머니가 슬래터리 댁에서 돌아오기를 기다렸다. 왜냐하면 어머니가 없으면 상실감과 고독을 떨치기 어려웠기 때문이다. 자기가 이렇게도 어머니를 필요로 하고 있는 지금 무슨 권리로 슬래터리 집안 사람들이나 그들의 끊임없는 병은 어머니를 이 집에서 끌어낸단 말인가!

쓸쓸한 식사를 하는 동안 제럴드의 큰 목소리가 귀에 울려서 참을 수 없는 심정이었다. 그는 조금 전에 딸과 이야기한 일 따위는 완전히 잊어버리고 테이블을 주먹으로 두드리고 팔을 공중에 내두르며 말에는 악센트를 넣어 가면서 섬터 요새에 관한 최신 정보를 혼자 떠들어 대고 있었다. 식사할 때의 대화는 제럴드가 지배하는 것이 습관이 돼 있어서 여느 때라면 스칼렛은 멋대로 자기 생각에 잠겨 아버지의 얘기 따윈 거의 듣지도 않을 것이지만, 오늘 밤은 엘렌의 귀가를 알리는 마차 소리를 들으려고 무척 긴장해 있으므로 아버지의 목소리가 방해가 되어 견딜 수 없었다.

물론 그녀는 이렇듯 무겁게 내리누르는 마음의 고통을 어머니에게 털어놓을 생각은 없었다. 만약 자기 딸이 이미 다른 처녀와 약혼한 남자를 애타게 사모한다는 것을 알면 엘렌은 무척 놀라고 슬퍼할 것임을 알고 있기 때문이다. 난생처음으로 접한 이 비극의 심연 속에서 스칼렛이 찾고 있는 건 오직 어머니와 함께 있을 때의 그 그니큰 위로였디. 엘렌이 곁에 있이 주는 것만으로도 그녀는 언제나 마음이 평안해짐을 느꼈다. 왜냐하면 엘렌은 아무리 나쁜 상태라도 좋은 상태로 바꿀 수가 있기 때문이었다. 그러므로 단지 옆에 있어 주기만 하면 되었다.

마찻길에 울리는 바퀴 소리에 그녀는 급히 의자에서 일어났으나 마차가 집을 돌아 뒤꼍 쪽으로 가버린 것을 알자 힘없이 의자에 몸을 묻었다. 어머니라면 현관에서 내릴 것이다. 그러니까 어머니는 아닌 모양이었다. 이윽고 뒤꼍 어둠 속에서 흥분한 검둥이의 목소리가 들리고 드높은 웃음소리가 울렸다.

스칼렛이 창문에서 바라보니 조금 전까지 이곳에 있던 포크가 횃불을 높이 쳐들고 있고, 누군가 낯선 사람의 그림자가 막 마차에서 내리는 참이었다. 어두운 밤공기를 흔들고 웃음소리와 이야기 소리가 높아졌다 혹은 낮아졌다 하였다. 그건 즐겁고 따뜻하며 맘편한 듯이 들렸는데, 목 깊은 곳에서 부드럽게 울렸으며 음악적으로 새된 목소리였다. 그리고는 뒷계단을 올라 본관으로 통하는 복도를 걸어오는 발소리가 들리고, 이윽고 식당 바로 앞 복도에서 멎었다. 잠깐 작은 목소리로 소곤거리더니 곧 포크가 여느 때의 그 점잔을 빼던 모습은 어디로 갔는지 눈알을 빛내고 흰 이를 번쩍이며 들어왔다.

"나리." 숨찬 목소리로 그는 말했다. 검은 윤기가 도는 얼굴 가득히 새신랑의 기쁨이 넘쳤다. "새 여자가 왔습니다요."

"새 여자? 난 새로 여자 같은 거 산 기억이 없는데." 제럴드는 일부러 눈에 힘을 주며 노려봤다.

"사시지 않았습니까, 나리. 사셨습니다요. 그녀가 지금 인사를 하려고 밖에 와 있습니다요." 포크는 흥분이 되어 두 손을 맞비벼 대며 히죽히죽 웃었다.

"그래, 그럼 신부를 데려와 봐."

제럴드가 말하자 포크는 복도 쪽을 돌아보며 새로 윌크스 댁 농장에서 타라 농장의 한가족이 되기 위해 팔려온 그의 아내를 불러들였다. 여자가 들어오자 그 뒤로 그녀의 커다란 캘리코 치마 아래 숨듯이 열두 살 난 그녀의 딸이 쭈뼛쭈뼛 어머니 뒤를 따라 들어왔다.

딜시는 키가 크고 자세가 바른 여자였다. 나이는 서른에서 예순 사이라면 몇 살이라고 해도 괜찮을 듯했다. 무표정한 구릿빛 얼굴에는 주름살 하나 없었다. 그 얼굴 생김새에는 흑인종의 특징을 누르고 인디언의 혈통이 짙게 드러나 있었다. 붉은빛을 띤 살갗, 좁고도 높은 이마, 툭 불거진 광대뼈, 날렵한 콧날에 끝이 납작한 코, 두터운 흑인 입술 등 모든 것이 두 인종의 혼혈을 잘 나타내고 있었다. 그녀는 침착했고 걷는 모습도 마미 이상으로 위엄이 있었다. 마미는 수업으로 터득한 위엄이었지만, 딜시는 혈통에 의한 위엄이었다.

이야기할 때도 그 말은 다른 흑인들처럼 그렇게 또렷하지 않았고, 말투도 꽤 조심을 하고 있었다.

"아씨들, 안녕하시와요. 나리 마님, 방해를 해서 죄송하지만 저와 딸을 사주신 인사를 여쭈려고 왔어요. 저를 사려고 하실 분은 계셨지만, 저를 슬프게 하지 않으려고 딸 프리시까지 함께 사 주시는 분은 안 계셨습죠. 감사합니다요. 이제부터 열심히 일해 은혜를 갚겠습니다."

자기의 친절한 행동이 남 앞에서 폭로되는 것이 제럴드에게는 쑥스럽기만 했으므로 "어흠 ! 음!" 연거푸 헛기침을 했다.

딜시는 눈가에 엷은 미소를 띠고, 이번엔 스칼렛에게 얼굴을 돌렸다.

"스칼렛 아가씨, 저를 사 주시도록 나리 마님께 여쭈었다고 포크에게서 들었습죠. 그래서 딸 프리시를 아가씨 몸종으로 바치고 싶습니다."

이렇게 말하고 뒤로 손을 돌려 딸을 앞으로 끌어냈다. 딸은 새처럼 바싹 마른 다리에 실로 꼼꼼하게 땋아 늘인 머리가 뿔처럼 머리에 돋친 다갈색 피부의 작은 소녀였다. 그 어떤 것이라도 놓치지 않을 듯 날카롭고 빈틈없는 눈을 갖고 있었지만, 얼굴에는 꾸민 듯한 멍청한 표정을 띠고 있었다.

"고마워, 딜시!" 스칼렛은 말했다. "하지만 마미가 뭐라고 할지 한 번 의견을 들어봐야 할 거야. 마미는 내가 태어났을 때부터 시중을 들어왔으니까."

"마미는 이젠 나이가 많은 걸입쇼." 딜시는 마미가 들으면 화낼 것 같은 냉랭한 말투로 말했다. "좋은 마미(유모)이겠습죠. 하지만 아가씨도 이제는 훌륭한 숙녀시니 좋은 몸종이 있어야죠. 프리시는 1년이나 인디어 아가씨를 모시고 있었으니 바느질이고 머리 손질이고 훌륭하게 해냅지요.”

제 어미가 쿡 찌르자 프리시는 느닷없이 꾸벅 절을 하고 싱긋 웃어 보였다. 스칼렛도 그걸 보자 그만 마주 웃지 않을 수 없었다.

‘약삭빠른 아이다’ 하고 생각하면서 그녀는 말했다. “고마워, 딜시, 어머니가 놀아오시면 의논해 볼께.”

“고맙습니다요, 아가씨. 그럼 안녕히 주무세요.”

딜시는 말을 마치자 알랑거리는 포크와 함께 딸을 데리고 방을 나갔다.

저녁 식탁이 치워지자 제럴드는 다시 연설을 계속했으나 이제 아무도 주의해서 듣는 사람도 없을 뿐더러 스스로 생각해도 별로 잘된 연설이 못되었다. 우뢰와 같이 큰 목소리로 닥쳐올 전쟁을 예언하고, 남부 여러 주가 과연 이 이상 북부의 모욕에 참아야 하느냐 어쩌느냐 하고 힘주어 떠들었지만, 딸들로부터는 단지 ‘그래요, 아버지’라든가 ‘아버지, 아니에요’라든가 질린 듯한 반응이 돌아올 뿐이었다. 캐린은 커다란 램프 아래 앉아 애인과 사별하고 수도원에 들어간 소녀의 이야기를 열심히 탐독하며 살짝 달콤한 눈물을 짓고, 그 여주인공처럼 흰 수녀 모자를 쓴 자신의 모습을 어렴풋이 마음속에 그려보고 있었다. 수엘렌은 장난삼아 스스로 ‘혼수품 상자’라고 이름 붙인 상자에 수를 놓으며, 내일 가든파티에서 스튜어트 탈레턴을 언니의 곁에서 뺏어 스칼렛이 갖지 않은 여자다운 귀염성으로 그를 유인하자면 어떻게 해야 할까 궁리하고 있었다. 그리고 스칼렛은 애쉴리의 일로 마음이 산란했다.

자기가 이토록 슬퍼하는 걸 알면서도 어째서 아버지는 태연히 섬터 요새니 양키니 하고 떠들어 대시는 걸까. 세상의 젊은 처녀가 모두 그런 것처럼 그녀 또한, 어째서 사람들은 자기의 고민에 이렇듯 태연하고 무관심한지, 그리고 지구는 자기의 상심에도 불구하고 어째서 이렇듯 여느 때와 다름없이 돌고 있는 것인지 이상하기만 했다.

그녀의 마음은 마치 회오리바람이 휩쓸고 지나간 것 같아서 모두 앉아 있는 이 식당이 평소와 마찬가지로 전혀 변함없이 조용한 것이 기묘하게 여겨졌다. 묵직한 마호가니 식탁도, 식기 찬장도, 호화로운 은그릇도, 윤이 나도록 닦은 마룻바닥에 깐 밝은 빛의 양탄자도 아무 일도 없었던 것처럼 여느 때와 다름없었다. 친숙하고 쾌적한 방이라서 스칼렛도 보통 때는 저녁식사 뒤 가족이 이 방에서 보내는 조용한 시간이 좋았으나 오늘 밤은 바라보기도 싫었다. 만일 아버지만 예의 그 큰 목소리로 어쩌구저쩌구 귀찮게 묻지 않는다면 그녀는 살며시 이곳에서 빠져나가 어두운 복도를 지나 엘렌의 작은 사무실로 가서 그 낡은 소파에 몸을 던지고 자신의 슬픔에 대해 큰 소리로 울고 싶었다.

어머니가 사무실로 쓰고 있는 그 방을 그녀는 집 안에서 제일 좋아했다. 엘렌은 매일 아침 높은 책상 앞에 앉아 농장의 회계를 보거나 감독인 조나스 윌커슨의 보고를 듣거나 했다. 엘렌이 거위깃털 펜으로 장부를 적고 있을 때 곧잘 누군가가 시간을 메우기 위해 갔다. 제럴드는 으레 낡은 흔들의자에, 그리고 딸들은 손님이 오는 곳엔 도저히 둘 수 없을 만큼 망그러져 찌그러진 긴 의자 쿠션 위에 앉는 것이 버릇이었다. 스칼렛은 지금 그 방에 엘렌과 단둘이 있고 싶었다. 그리고 어머니의 무릎에 얼굴을 파묻고 맘 편히 울고 싶었다. 어머니는 왜 이렇게 돌아오시지 않는 걸까?

그때 마찻길 자갈 위를 구르는 바퀴 소리가 날카롭게 들리더니 이윽고 마부를 돌려보내는 엘렌의 잔잔한 목소리가 방으로 흘러들어 왔다. 치마의 후프를 흔들면서 잰걸음으로 들어선 그녀의 모습을 방 안에 앉아 있던 사람들은 애타게 기다린 듯 바라보았다. 그녀의 얼굴은 피로하고 슬퍼 보였다. 그녀와 함께 레몬 버베나의 그윽한 향기가 아련히 감돌았다. 옷자락에서라도 풍기는 것일까. 스칼렛의 마음속에는 이 향긋한 향기가 언제나 어머니와 결부되어 있었다. 마미는 아랫입술을 빼물고 눈살을 찌푸린 채 가죽가방을 들고 몇 걸음 뒤를 따랐다. 그리고 느릿느릿 걸음을 옮기면서 뜻을 확실히 알아들을 수 없는 낮은 소리로, 그러면서도 불만의 뜻을 나타내고 있는 것만은 누구나 알 수 있을 만큼 높게 목소리를 조절하여 뭐라고 투덜댔다.

"늦어서 미안해요." 그러곤 엘렌은 날씬한 어깨에서 줄무늬 숄을 벗어 스칼렛에게 건네 준 다음 지나가는 길에 손으로 가볍게 그녀의 볼을 건드렸다. 제럴드는 엘렌이 들어오자 마술에라도 걸린 듯 얼굴을 빛냈다.

"애새끼에게 세례를 받게 했소?"

"네, 그러나 죽었어요, 불쌍하게도. 산모까지 죽지 않을까 걱정했는데 산모는 다행히 산 것 같아요."

딸들은 놀라며 궁금한 듯 어머니에게 얼굴을 돌렸다. 제럴드는 냉정하게 머리를 저었다.

"그런 애새끼는 죽는 편이 나아. 보나마나 아비 없는 자식……."

"이제 밤이 깊었어요. 자, 모두들 기도합시다." 그렇게 말하고 엘렌은 제럴드의 말을 가로막았으나, 극히 자연스러웠으므로 만일 스칼렛이 어머니의 성격을 잘 알지 못했다면 가로막았다고 생각지 않고 무심코 귓결에 흘러 버리고 말았을지도 모른다.

에미 슬래터리의 갓난애 아버지가 누구인지 알면 재미있겠다고 생각했지만, 어머니에게서는 일의 진상을 들으려 해도 헛일이라는 것을 스칼렛은 알고 있었다. 어쩌면 조나스 윌커슨일지도 모른다고 그녀는 생각했다. 해가 저문 다음 그와 에미가 신작로를 걷고 있는 것을 자주 보았기 때문이다. 조나스는 북부 태생으로 독신이긴 했지만, 농장감독을 하고 있었으므로 이 지방 사교계에서는 영원히 제외되었다. 웬만큼 지체 있는 집안과는 혼인할 수가 없었고, 슬래터리네나 그와 비슷한 하층민을 제외하고는 상대해 주는 사람조차 없었다. 그러나 그는 단지 교육을 받았다는 점에서 슬래터리 네 패들보다는 몇 단 위였으므로 비록 자주 에미와 어둠 속을 거닐었다고는 해도 그녀와 결혼할 생각이 없을 것만은 뻔했다.

스칼렛은 호기심이 치밀어 저도 모르게 한숨을 쉬었다. 어머니의 눈앞에는 언제나 여러 가지 사건이 차례로 일어났지만, 어머니는 더 알아내려고 하지 않았으므로 마치 아무 일도 일어나지 않은 것 같았다. 엘렌은 자기가 적당하다고 여기는 생각에 들어맞지 않는 일은 무슨 일이고 못 본 척했다. 그리고 스칼렛에게도 그렇게 하도록 가르쳤지만, 그 가르침은 별로 효과를 거두지 못한 것 같았다.

엘렌이 벽난로 선반으로 다가가 기도에 쓰는 묵주를 언제나 넣어 두는 서랍에서 꺼내려고 하자 마미가 단호한 투로 말했다.

"마님, 기도하시기 전에 뭘 좀 잡수셔야지요."

"고마워, 마미. 하지만 생각이 없어."

"제가 만들어 오겠으니 잡수십쇼." 마미는 화가 나 눈살을 찌푸리고 주방을 향해 복도를 걸어가면서 "포크!" 하고 커다란 소리로 불렀다. "요리사에게 불을 피우라고 일러요. 마님이 돌아오셨으니."

거대한 그녀의 몸무게에 눌려 삐걱거리는 마룻바닥을 쿵쾅거리며 복도에서 뭐라고 혼자 중얼거리는 마미의 목소리가 점점 더 높아지더니 식당에 있는 가족에게까지 똑똑히 들려왔다.

"내가 몇 번이나 말씀드렸담. 그 따위 백인 쓰레기에게는 뭘 해 줘도 소용없다고. 하나같이 게으름뱅이에다 은혜를 모르는 건달뿐이라니까. 엘렌 마님이 손수 찾아다니며 녹초가 되도록 해 줄 필요 없는데 말이야. 똑똑한 인간이라면 제 시중은 자기네 검둥이가 하면 그만 아냐. 그래서 말씀드렸는데……."

그녀의 목소리는 지붕만 있는 긴 복도에서 부엌 쪽으로 갈수록 점점 희미하게 들렸다. 마미는 모든 문제에 대해 그녀의 의견을 똑똑히 주인에게 알리는 그녀 특유의 방법을 갖고 있었다. 검둥이들이 뭔가 혼자서 투덜대고 있을 때 그것이 혼잣말인 한 그것에 대하여 백인들이 조금이라도 주의를 기울이거나 하는 것은 품위를 떨어뜨리는 것이라고 여기고 있음을 마미는 알고 있었다.

품위를 지키기 위해선, 백인들은 노예가 옆방에서 아무리 혼잣말을 보란 듯 떠들어도 모른 척하고 있어야 된다는 걸 그녀는 알고 있었다. 그렇게 하면 흉잡힐 일 없이 어떤 문제에 대해서도 그녀 자신의 견해를 뚜렷이 알릴 수 있는 것이다.

포크가 쟁반에 은식기와 냅킨을 담아 가지고 들어왔다. 그 바로 뒤에는 열 살이 된 흑인 소년 재크가 한 손으로 흰 리넨 윗옷 단추를 급히 채우면서, 다른 손에 자기의 키보다도 긴 갈대 끝에 신문지 오라기를 단 파리 몰이채를 갖고 대기하고 있었다. 엘렌은 공작새 깃털로 만든 아름다운 '파리 몰이채'를 가지고 있었지만, 포크나 요리사나 마미가 모두 공작의 깃털은 재수 없는 거라고 굳게 믿고 있었으므로 웬만한 경우가 아니면 쓰질 못했고, 그런 경우에도 포크의 반대로 한바탕 소란을 피워야 했다.

제럴드가 권한 의자에 엘렌이 앉자 네 사람의 목소리가 일제히 그녀를 향했다.

"엄마, 내 새 무도회 드레스의 레이스가 헐거워졌어요. 내일 밤 트웰브 오크스 무도회 때는 그걸 입고 갈 생각이에요. 고쳐 주시지 않겠어요?"

"엄마, 스칼렛 언니의 드레스가 내 것보다 더 예뻐요. 난 분홍색 옷을 입으면 꼭 도깨비 같이 보이는데. 어째서 내게 저 초록색 드레스를 주지 않고 언니에게 주죠? 언니라면 초록색보다 분홍색이 더 잘 어울릴 텐데.”

“엄마, 나도 내일 밤 무도회에 가도 괜찮아요? 나도 이젠 열세 살이란 말이에요.”

“여보, 엘렌, 당신도 그 말을 믿소? 조용히들 못하겠니, 너희들. 조용히 하지 않으면 종아리를 때릴 테다! 캐이드 캘버트가 오늘 아침 애틀랜타에 다녀왔는데 말요. 그가 말하길, 이봐, 조용히들 해 다오, 내 말소리가 내 귀에도 안 들리잖니! 그런데 그의 말이 애틀랜타에선 굉장히 떠들썩하디는 데, 모두들 입만 벌리면 전쟁 얘기래. 의용군 훈련, 군대 편성으로 들끓고 있다는 거야. 그리고 찰스턴에선 이제 이 이상 양키의 모욕을 참을 수 없다고 야단을 한다는 거야.”

이 난리법석에 엘렌의 피로한 입가에는 절로 미소가 떠올랐다. 먼저 아내의 의무로서 남편에게 대답하였다.

“그 얌전한 찰스턴 사람들까지 그렇게 생각하게 됐다면 이제 우리도 똑같이 생각하게 되겠군요.” 그렇게 말한 것은 아메리카 대륙에서 단 한 군데, 서배너를 제외하면 그 조그만 항구에 가장 고상한 집안의 사람들이 모여 산다고 엘렌이 마음속으로 굳게 믿고 있었기 때문이다. 또 찰스턴 사람들 모두가 그렇게 자부하고 있는 것은 두말할 필요도 없다. 그러고 나서 부인은 각각 딸들에게 대답했다.

“안 돼, 캐린, 내년까지는. 내년엔 무도회에 가도 되고 드레스도 만들어 주겠다. 아, 그때는 복숭앗빛 볼을 한 이 귀여운 내 딸이 얼마나 즐거운 시간을 가질 수 있을까. 자, 뽀로통해선 못 써요. 넌 야외 가든파티도 참석할 수 있고 밤의 식사 때까지 남아 있어도 괜찮다. 그걸 잊어선 안 돼요. 하지만 무도회 나가는 것만은 열네 살이 될 때까진 안 돼.”

“드레스를 가져와 봐요, 스칼렛. 기도가 끝나면 꿰매 놓을 테니까.”

“수엘렌, 그런 말버릇을 쓰면 안 돼요. 그 분홍빛 드레스는 예뻐서 네 얼굴에 아주 잘 받아. 스칼렛 것이 언니에게 어울리듯이 말이야. 그 대신 내일 밤엔 엄마의 석류석 목걸이를 해라.”

수엘렌은 이 말을 듣자 어머니의 등 뒤로 숨으며 스칼렛에게 약올리듯 코를 찡긋했다. 그 목걸이는 스칼렛이 빌리려고 마음먹고 있던 것이기 때문이었다. 스칼렛은 혓바닥을 날름했다. 수엘렌은 응석받이에 이기적이고 고약한 동생이라서 만일 엘렌에게 야단맞는 게 무섭지만 않다면, 스칼렛은 그녀의 따귀를 몇 번 때려 주었을지 모른다.

"그리고 참 오하라 씨, 캘버트는 찰스턴에 대해 뭐라고 하죠? 좀더 얘기해 주세요." 엘렌은 다시 남편에게 말했다.

스칼렛은 어머니가 전쟁이나 정치에는 전혀 흥미가 없고, 또 그런 것은 남자들이 하는 일이지 여자의 이성으로 참견해서는 안 된다고 생각한다는 것을 잘 알고 있었다. 그러나 관심을 보이면 제럴드는 기염을 토할 수 있기 때문에 좋아했다. 엘렌은 이렇게 남편이 좋아하도록 언제나 마음을 쓰고 있었다.

제럴드가 새로운 뉴스에 대해 떠벌이기 시작하자 마미는 노릇노릇하게 구워진 비스킷이며, 기름에 튀긴 닭의 가슴살이며, 녹은 버터가 뚝뚝 떨어지고 김이 모락모락 나는 고구마 접시를 들여 놓았다. 마미에게 꼬집힌 재크 소년은 급히 엘렌의 뒤로 돌아가 그의 소임인 파리 몰이채를 천천히 움직이기 시작했다. 마미는 식탁 옆에 서서 접시에서 입으로 운반되는 포크 하나하나를, 만일 엘렌이 먹을 생각이 없다면 억지로라도 먹이겠다는 듯이 뚫어지게 지켜보고 있었다. 엘렌은 애를 써 가면서 먹고 있었지만, 스칼렛은 어머니가 자신이 무엇을 먹고 있는지조차 모를 만큼 피로하다는 것을 알았다. 단지 그녀는 마미의 타협하지 않는 얼굴 때문에 먹고 있는 것이다.

접시가 다 비도록 노예 해방을 부르짖으면서도 그것에 대해 한푼의 돈도 내려 하지 않는 양키의 도둑놈 근성에 대해 열을 올리고 있는 제럴드의 의견은 아직 반도 끝나지 않았다. 그러나 엘렌은 일어섰다.

"벌써 기도 시간이오?" 제럴드는 못내 아쉬운 듯 물었다.

"네, 이미 너무 늦었어요. 어머, 어느새 10시가 되었네." 마침 이때 시계가 재채기라도 하듯 땡땡 시각을 알렸다. "캐린은 이제 잠자야 할 시간이다. 포크, 램프를 내려 줘. 그리고 마미는 내 기도서를 갖다 주고."

마미가 목쉰 소리로 재촉하는 소리에 재크는 파리 몰이채를 구석에 치우고 접시를 나르기 시작했다. 마미는 벽장 서랍에 손을 넣어 닳아빠진 엘렌의 기도서를 더듬어 찾았다. 포크는 발돋움하여 가까스로 쇠사슬 고리에 손을 뻗어서 램프를 가만히 내렸다. 테이블 위가 밝게 비쳐지고 천장에 어두운 그림자가 덮였다. 엘렌은 치맛자락을 사리며 마룻바닥에 무릎을 꿇고 기도서를 테이블 위에 펴 놓은 다음 그 위에 깍지 낀 손을 얹었다. 제럴드 역시 그녀 옆에 무릎을 꿇었다. 스칼렛과 수엘렌은 여느 때처럼 테이블 오른쪽으로 가서 딱딱한 마룻바닥에 무릎이 아프지 않도록 속치마를 무릎 밑에 깔고 꿇어 앉았다. 나이에 비해 몸이 작은 캐린은 팔꿈치를 괴면 테이블 위에 얼굴을 잘 숙일 수가 없으므로 의자에 팔꿈치를 세우고 그 앞에 무릎을 꿇었다. 기도하는 동안 그녀는 대개 잠들어 버렸는데, 잠이 들더라도 이 자세라면 어머니에게 들키지 않으므로 그녀는 이 자세를 즐겨 이용했다.

안 일하는 노예들은 부스럭부스럭 복도에 모여 문 있는 곳에서 무릎을 꿇었다. 마미는 무릎을 꿇을 때 커다란 비명소리를 냈다. 포크는 몸뚱이를 막대기처럼 꼿꼿이 하고 무릎을 꿇었다. 하녀인 로자와 티나는 화려한 빛깔의 캘리코 치마를 펼치고서 얌전하게, 요리사는 깡마른 노란 얼굴에 흰 천을 머리에 감은 채로, 재크 소년은 졸려서 바보처럼 멍해 있으면서도 마미에게 꼬집히지 않도록 그녀의 손이 닿지 않는 곳에서 저마다 무릎을 꿇었다. 백인들과 함께 기도를 한다는 것은 하루의 중요한 일과였으므로 그들의 검은 눈동자는 반짝이고 있었다. 동양적인 비유 설명이 많은 기도문의 낡고 수식이 많은 구절의 의미는 그들로선 잘 알 수 없었지만, 그래도 왠지 모르게 마음에 스며드는 무언가가 있었다. 그리고 '주여, 우리를 불쌍히 여기소서' '그리스도여, 우리에게 자비를 베푸소서' 하고 입을 모아 뇌까릴 때면 그들은 언제나 마음속까지 뒤흔들렸다.

엘렌은 눈을 감고 기도하기 시작했다. 그녀의 목소리는 높아졌다 낮아졌다 하여 듣는 사람의 마음에 안도와 위안을 주었다. 이윽고 그녀가 가족과 흑인 노예들의 건강이며 행복을 신에게 감사하자 사람들은 노란 등불의 테두리 속에서 일제히 머리를 숙였다.

타라의 지붕 아래 사는 모든 사람, 그녀의 부모, 동생들, 죽은 세 아들, 그리고 '연옥에 있는 모든 불쌍한 영혼'을 위한 기도가 끝나자 엘렌은 긴 손가락 사이에 흰 묵주를 감아 쥐고 묵주기도를 시작했다. 고요한 바람처럼 흰 목에서도 검은 목에서도 구절을 따라하는 것이 되풀이되었다.

"천주의 성모 마리아는 이제 와 우리 죽을 때 우리 죄인을 위하여 빌어 주옵소서!"

마음이 아파 눈물조차 나오지 않는 고통에 시달리고 있었지만, 스칼렛은 지금 다시 언제나 이 시간에 느끼는 고요하고 깊고 평화로운 심정이 되었다. 오늘의 실망과 내일에의 공포가 얼마쯤 가시고 희망이 남았다. 그러나 그녀가 위안을 얻은 것은 그녀가 그 영혼을 신에게 연결되도록 높였기 때문은 아니었다. 왜냐하면 종교는 그녀에게 있어 극히 말뿐인 것에 불과했기 때문이다. 그것은 신의 보좌, 사도들, 천사들을 향해 사랑하는 자를 위하여 기도하는 어머니의 그윽한 얼굴을 바라보고 있었기 때문이다. 엘렌이 하늘에 기도를 드린다면 반드시 어머니의 기도를 들어주실 게 틀림없다고 스칼렛은 믿고 있었다.

엘렌의 기도가 끝나자 언제나 기도 때만 되면 묵주를 찾느라고 수선을 떠는 제럴드가 손가락을 더듬어 조용히 묵주의 수효를 헤아리면서 기도를 시작했다. 그 나직하고 단조로운 목소리를 듣고 있는 사이 스칼렛의 상념은 자기도 모르게 방황하기 시작했다.

지금 이 순간이 자기의 양심을 돌이켜볼 때라는 걸 그녀는 알고 있었다. 하루가 끝날 때 깊이 양심에 비추어 보고 자기가 저지른 많은 과실을 인정하고, 신에게 그 용서를 빌고, 또다시 허물을 되풀이하지 않게 힘을 줄 것을 비는 게 이 시간의 의무라고 엘렌으로부터 배운 것이다. 그러나 이때 스칼렛이 돌이켜 본 것은 양심이 아니라 감정이었다.

어머니에게 들키지 않도록 깍지 낀 두 손 사이에 얼굴을 파묻고 그녀의 상념은 애달프게도 애쉴리에게로 돌아갔다. 사실은 나를, 이 스칼렛을 사랑하고 있으면서 어째서 멜라니와 결혼할 생각을 했을까. 내가 얼마나 그를 깊이 사랑하고 있는지 그도 알고 있을 게 아닌가? 어째서 그는 굳이 내 마음에 상처를 입히는 일을 하는 걸까?

그러자 문득 하나의 새로운 생각이 혜성처럼 그녀의 머리를 스치며 지나갔다.

'알았다. 애쉴리는 내가 사랑하고 있다는 걸 모르고 있다!'

그녀는 이 뜻하지 않은 계시에 충격을 받아 하마터면 큰 소리를 지를 뻔했다. 숨도 쉴 수 없는 순간 그리고 무척 길게 느껴진 순간, 그녀의 머리는 마비된 것처럼 움직이지 못했지만 이윽고 쏜살같이 달리기 시작했다.

'그이가 알 리 없어. 나는 언제나 숙녀처럼 얌전히 손도 못 대게 했으니까. 그이는 내가 그이를 친구 이상으로는 생각지 않고 있다고 여기는 거야. 그래서 그이는 사랑을 고백하지 않았던 거야. 자기의 사랑은 가망 없다고 단념하고 있었던 거야. 그러니까 그이는 그런 표정을……'

그녀는 재빨리 여러 가지 일들을 마음에 되새겨 보았다. 그가 기묘하게도 달라진 눈치로 지그시 자기를 바라보고 있었던 일이 생각났다. 여느 때라면 빈틈없는 커튼처럼 감정을 숨기고 있는 그 잿빛 눈을 그때는 커다랗게 뜨고 고뇌와 절망의 빛을 띠었었지.

'알았다. 그이는 내가 브랜트나 스튜어트나 캐이드를 사랑하고 있는 줄 알고 절망하고 있었던 거야. 그리고 아마 나를 손에 넣지 못할 바에는 차라리 집의 식구들을 기쁘게 하기 위해 멜라니와 결혼하겠다고 결심했는지도 몰라. 그러니까 만일 내가 사랑하고 있다는 걸 알면……'

변하기 쉬운 그녀의 마음은 우울의 밑바닥에서 엄청난 행복의 절정으로 단숨에 뛰어올랐다. 이야말로 애쉴리의 침묵에 대한, 그리고 저 기묘한 행동에 대한 해답이었던 것이다. '그는 모르고 있었던 거야.' 그녀의 그렇게 믿고 싶어 하는 소망에 허영심이 달라붙어 틀림없다는 믿음을 만드는 데까지 뛰어올랐다. '만일 내가 그를 사랑하고 있다는 것을 안다면 그는 당장 내 곁으로 올 게 틀림없어. 단지 그걸 그에게 알리기만 하면……'

'오!' 그녀는 숙이고 있던 이마의 머리털에 손가락을 집어넣고 기뻐 어쩔 줄 몰라하며 생각했다. '지금까지 이런 걸 몰랐다니, 난 참 바보야. 이제는 그에게 내 마음을 알릴 방법을 생각해야겠다. 만약 내가 사랑한다는 걸 알면 멜라니 따위와는 결혼하지 않을 거야. 할 리가 없어!'

문득 그녀는 제럴드의 기도가 벌써 끝나고 어머니의 눈이 지그시 자기를 보고 있다는 걸 깨달았다. 그래서 황급히 묵주를 기계적으로 헤아리며 기도를 시작했지만, 그 목소리에는 평소에 볼 수 없었던 감정이 담겨 있었으므로 마미는 눈을 크게 뜨고 수상쩍다는 듯 스칼렛을 바라보았다. 그녀의 기도가 끝나자 다음에는 수엘렌이, 그리고 그 다음에는 캐린이 차례차례 기도를 했는데, 그동안에도 그녀의 마음은 아까 새로 떠올린 황홀한 상념을 좇고 있었다.

'아직 늦지 않다! 이제까지 결혼식장에 나란히 선 두 사람 가운데 어느 한 쪽이 다른 남자나 여자와 함께 달아나 사람들을 깜짝 놀라게 한 예가 이 지방에도 얼마든지 있다. 그런데 애쉴리의 약혼은 아직 발표되지도 않았다. 그렇다, 시간은 아직 충분히 있다! 만일 내 상상대로 애쉴리와 멜라니와의 사이에 사랑이 없고 단지 옛날부터 약속만 있을 뿐이라면, 어째서 그가 그 약속을 깨고 나와 결혼할 수 없겠는가. 만일 그가 내쪽에서도 그를 사랑하고 있음을 알면 꼭 그렇게 할 것이다. 어떡하든 내 마음을 알릴 방법을 생각해 내야겠다. 어떻게든지 그 방법을 찾아내야겠어.'

그러다 깜박 기도에 따라 외는 걸 잊어 어머니가 비난하듯 그녀를 쏘아보았으므로 스칼렛은 갑자기 즐거운 꿈에서 깨어났다. 그리고 다시 기도에 소리를 맞추면서 잠깐 눈을 들어 방 안을 둘러보았다. 무릎 꿇고 있는 사람들의 모습, 램프의 따뜻한 빛, 검둥이들의 웅크리고 있는 검은 그림자, 한 시간 전까지는 보기도 역겨웠던 가구들까지 순간적으로 그녀의 감동에 물들어 다시 모든 것이 다정한 광경으로 비쳤다. 그녀는 이 순간과 이 광경을 평생 잊지 못하리라.

"지극히 거룩하신 성모 마리아여." 어머니가 외기 시작했다. 성모 마리아의 합송이 시작된 것이다. 스칼렛도 엘렌이 잔잔한 콘트랄토로 성모찬가를 부르는 데 따라 얌전히 "우리를 위하여 비옵소서" 하고 외었다.

어렸을 때부터 스칼렛에게 그것은 언제나 성모 마리아에 대한 찬미라기보다 차라리 엘렌에 대한 찬미의 순간이었다. 신에 대한 모독일지는 모르겠지만, '환자의 건강'이니, '예지의 전당'이니, '죄인의 은신처'니, '기적의 장미'니 하는 낡은 기도의 말이 이어져 가는 걸 들으면 스칼렛의 감은 눈에 어리는 것은 언제나 축복된 성모의 모습이 아니라 신을 우러러보는 엘렌의 얼굴이었다. 그리고 그 말들을 아름답다고 여기는 것은 그것이 모두 어머니 엘렌에게 향한 것이라고 생각되기 때문이었다. 그러나 오늘 밤은 자기의 영혼이 기쁨 때문에 떠올라 있어 스칼렛은 이 모든 의식의 잔잔한 기도 구절에서도, 나직하게 따라 외는 목소리에서도 그녀가 이제껏 경험한 일이 없는 엄청난 아름다움을 찾아냈다. 지금까지의 비참한 상태에서 빠져나와 곧장 애쉴리의 품 안으로 인도하는 길을 그녀를 위해 열어 준 신에 대해 그녀는 진심으로 감사를 드렸다.

마지막 '아멘'을 외고 모두 일어났다. 누구나 약간씩 발에 쥐가 나서 마미는 티나와 로자가 양쪽에서 어영차 하고 일으켜 주어야 할 정도였다. 포크는 벽난로 선반 위에서 긴 불쏘시개를 꺼내어 램프의 불을 댕겨 들고 복도로 나갔다.

나선 계단 맞은쪽에는 식당에서 쓰기엔 너무 큰 호두나무 찬장이 있고, 그 제일 꼭대기 높은 칸에 몇 개의 램프와 촛대에 세운 초가 올려져 있었다. 포크는 램프 하나와 세 자루의 초에 불을 댕기고, 왕과 왕비를 침대에 안내하는 시종처럼 자못 점잖고 거만한 걸음걸이로 등불을 머리 위에 들고 모두를 2층으로 안내했다. 엘렌은 제럴드와 팔짱을 끼고 그 뒤를 따랐고, 딸들은 저마다 촛대를 들고 뒤따라 계난을 올라갔다.

스칼렛은 방에 들어가자 촛불을 높은 장 위에 놓고, 손을 더듬어 어두운 벽장 속에서 고쳐야 하는 무도회 드레스를 꺼냈다. 그리고 그것을 가슴에 안고 조용히 홀을 가로질러 갔다. 양친의 침실 문은 조금 열려 있었다. 그녀가 노크를 하려고 하는데, 안에서 엘렌의 나직하지만 위엄 있는 목소리가 들려왔다.

"오하라 씨, 조나스 윌커슨을 해고하세요."

제럴드는 큰 소리로 대답했다.

"하지만 나를 속이지 않을 농장감독을 어디서 찾아오지?"

"조나스는 당장 내일 아침 해고하지 않으면 안 돼요. 빅 샘이 새 감독을 채용할 때까지 대리 노릇을 할 수 있을 거예요."

"오호라!" 제럴드의 목소리가 울려 나왔다. "알았다. 그럼 조나스란 녀석이 에미에게 아비 없는 자식을 낳게 했⋯⋯."

"어쨌든 해고해야 돼요."

'역시 조나스가 에미 슬래터리의 갓난애 아버지였구나' 하고 스칼렛은 생각했다. '양키 남자와 백인 쓰레기 딸인걸 뭐. 뭘 기대할 수 있겠어?' 그녀는 잠시 멈춘 채 제럴드의 말이 끝나기를 조심스럽게 기다렸다. 그리고 노크하고 어머니에게 무도회 드레스를 건네주었다.

스칼렛은 옷을 벗고 촛불을 끄는 동안 내일의 계획을 세밀한 것까지 꾸며 냈다. 계획이라곤 하지만 아주 단순한 것이었다. 목적을 향해 한눈도 팔지 않고 돌진하는 제럴드의 핏줄을 받아 그녀의 눈도 단지 목표에만 집중하여 거기에 다다르는 직선적인 최단거리의 길만 생각하고 있던 것이다.

'우선 아버지가 말한 것처럼 '긍지를 갖고' 행동해야만 한다. 트윌브 오크스에 닿는 순간부터 유쾌하고 명랑하게 꾸미자. 그렇게 하면 누구도 내가 애쉴리와 멜라니의 일로 타격을 받았다고는 생각지 않을 테지. 그리고 거기 와 있는

어느 젊은이에게나 애교를 부리자.'

이건 애쉴리에겐 좀 잔인할지 모르지만, 이렇게 함으로써 그녀에 대한 그의 애정은 한층 불타오를 것이 틀림없다. 결혼할 수 있는 또래의 남자라면, 수엘렌의 애인인 생강빛 구레나룻을 기른 중년의 프랭크 케네디로부터 멜라니의 오빠인 부끄럼쟁이에 온순하여 곧잘 얼굴을 붉히는 찰스 해밀턴에 이르기까지 하나도 빼놓지 말자. 그들은 이윽고 벌집에 모인 벌처럼 둘레에 떼를 지어 모여들 것이고, 그렇게 되면 애쉴리도 틀림없이 멜라니의 곁에서 떨어져 찬미자들 떼에 끼리라. 그때 어떡하든 거기서 빠져나와 몇 분 동안만 그와 단둘이 될 기회를 만들자. 그녀는 모든 것이 이런 식으로 돼 가기를 바랐다. 이것 말고는 아무래도 좋은 방법이 없는 것처럼 생각되었기 때문이다. 만일 그녀가 마음먹은 대로 애쉴리가 움직여 주지 않을 때는 이쪽에서 먼저 말을 꺼낼 수밖에 없다고 생각했다.

마침내 단둘이 있게 되면 그는 다른 남자들이 그녀의 둘레에 모이는 광경을 새로 마음에 새겼던 참이고 또 누구나 그녀를 원하고 있다는 사실을 새로 인식한 참이므로 틀림없이 그 눈에 슬픔과 절망의 빛을 띨 것이다. 그때 그녀는 아무리 사람들의 찬미 대상이 돼 있다 해도 온 세계에서 그녀가 가장 좋아하는 사람은 그뿐이라고 잘 깨닫도록 이야기한다. 얌전하고 부드럽게 일을 추진하되 말로 나타낼 수 없는 것은 다 눈짓으로 알리자. 물론 모든 걸 상냥하고 숙녀답게 해야만 된다. 뻔뻔스럽게 그를 보고 사랑을 고백하거나 하는 짓은 꿈에도 생각해서는 안 된다. 그래서는 절대 안 돼. 하지만 그럼 어떤 식으로 털어놓아야 좋을까. 그녀에게 그것은 조금도 마음 쓸 필요 없이 사소한 문제였다. 지금까지의 경험으로 그만한 것쯤은 충분히 할 수 있다고 믿었기 때문이다.

어슴푸레한 달빛을 받고 침대에 누워 그녀는 마음속으로 여러 가지 광경을 그려보았다. 그녀가 그를 진정으로 사랑한다는 것을 알았을 때 그의 얼굴에 나타날 놀라움이나 기쁨의 표정을 또렷이 눈앞에 보는 듯하였다. 그리고 '아내가 되어 주오' 하고 호소하는 듯한 그의 목소리까지 들려오는 듯싶었다.

당연히 그때는 다른 여자와 약혼한 사람과는 결혼할 수 없다고 일단 분명히 튕겨야겠지. 그러나 그는 아무리 해도 듣지 않고 더욱 간절히 호소해 올 것이 틀림없다. 그래서 마침내 그녀도 마지못해 승낙하고, 그러고 나서 두 사람은 곧 그날 오후 존즈버러로 달아날 계획을 약속하고…… 그렇게 되면 내일 이맘때 쯤은 난 애쉴리 윌크스 부인이 돼 있을 게 아닌가!

그녀는 침대 위에서 일어나 앉아 무릎을 끌어안고 애쉴리 윌크스 부인, 애쉴리의 신부가 되어 오랫동안 행복한 때를 보냈다.

문득 한 줄기 찬바람이 마음속에 스며들었다. 만일 그렇게 되지 않는다면? 애쉴리가 함께 달아나자고 말하지 않는다면? 그러나 그녀는 그런 생각을 단호히 마음에서 쫓아버렸다.

"그런 건 지금 생각하지 말자." 그녀는 단호하게 말했다. "지금 그런 걸 생각한다면 어떻게 해야 좋을지 모르게 되고 만다. 그가 나를 사랑하기만 한다면 잘 되지 않을 까닭이 없어. 그이가 날 사랑하고 있다는 걸 난 알고 있어!"

그녀는 얼굴을 들었다. 눈시울이 거무스름한 눈이 달빛에 빛났다. 엘렌은 아직 그녀에게 무엇을 갈망하는 것과 무엇을 손에 넣는 것과는 서로 다른 두 가지 일이라는 것을 가르쳐 주지 않았다. 그녀의 인생경험 또한 가장 빨리 달리는 자가 반드시 경주에 이긴 자가 아니라는 걸 가르치지는 못했다. 용솟음치는 용기와 함께 은빛 달그림자 아래 누워 패배는 있을 수 없고, 다만 아름다운 의상과 청초한 용모만이 운명을 정복할 수 있는 무기라고 생각하며 즐겁게 인생을 보내온 열여섯 살의 나이가 세울 수 있는 그런 계획을 그녀 또한 세우고 있었다.

5

아침 9시였다. 4월치고는 따뜻한 날씨여서 넓은 창문의 파란 커튼을 통해 금빛 햇살이 스칼렛의 방에 눈부시게 흘러들어 왔다. 크림빛 벽은 햇빛에 밝게 빛나고, 마호가니 가구 그림자는 포도주의 진홍빛으로, 바닥은 유리를 깐 듯 반짝이고, 다만 양탄자를 깔아 놓은 부분만이 화려한 빛깔로 얼룩져 있었다.

벌써 여름 같은 느낌이었다. 한창 무르익은 봄이 아쉬움을 남기면서 극성스런 더위에 길을 양보하는 계절로서 조지아의 여름의 첫 징조가 보이기 시작했다. 활짝 핀 들꽃의 훈훈한 향기, 신록의 냄새, 새로 갈아엎은 경작지의 축축한 냄새, 벨벳의 감촉 같은 향기가 부드럽고 포근한 온기와 더불어 방 안에 흘러들었다. 창문으로는 자갈을 깐 마찻길 가를 따라 두 줄로 만발한 수선화와 황

금덩어리처럼 노란 꽃을 단 재스민이 크리놀린[12]같이 대지에 펼쳐져 있는 모양
이 바라보였다. 창문 바로 아래 목련나무의 소유권을 둘러싸고 옛날부터 되풀
이되어 온 흉내지빠귀와 어치의 싸움은, 어치는 거칠고 험악하게, 흉내지빠귀
는 맑은 목소리로 구슬프게 다퉈 오고 있었다.

이렇게 빛나는 날 아침은 언제나 스칼렛을 창가에 서게 했다. 그녀는 언제나
넓은 창틀에 두 팔을 얹고 타라의 상쾌한 냄새와 소리 속에 잠기는 것이 버릇
이었다. 그러나 오늘은 '비가 안 와 다행이다' 하고 허둥지둥 생각하였을 뿐 햇
빛도 파란 하늘도 쳐다볼 틈이 없었다. 침대 위에는 헝겊으로 된 레이스를 꽃
처럼 꿰어 물결무늬로 꾸민 초록빛 비단 무도복이 커다란 종이상자에 넣어져
있었다. 밤 무도회 전에 갈아입기 위해 트웰브 오크스로 가져갈 것이었는데, 스
칼렛은 그걸 보자 어깨를 으쓱했다. 만일 계획대로만 된다면 그녀는 오늘 밤
이 옷을 입을 필요가 없는 것이다. 무도회가 시작하기 훨씬 전에 그녀와 애쉴리
는 결혼하기 위해 벌써 존즈버러로 가는 도중일 것이다. 지금 망설이고 있는 문
제는 오직 바비큐파티에 무엇을 입고 가느냐 하는 것이다.

어느 옷이 그녀의 매력을 가장 잘 나타내고 애쉴리를 매혹시킬 수 있을까.
아침 8시부터 이것저것 입고 벗고 한 끝에 지금 그녀는 레이스를 단 팬털렛[13]
에 리넨 코르셋 커버, 그리고 크게 3단으로 주름을 잡은 레이스와 리넨 페티코
트 차림으로 어쩔 줄 몰라하며 초조하게 서 있었다. 침대며의자 위에 벗어 팽
개쳐진 옷과 주위에 흩어져 있는 리본이 현란한 색채를 과시하고 있었다.

분홍색 긴 새쉬[14]가 달린 장밋빛 오건디[15]가 어울렸지만, 그건 벌써 지난해
여름 멜라니가 트웰브 오크스에 와 있을 때 입고 간 적이 있으므로 그녀는 틀
림없이 기억하고 있을 것이다. 언제나 같은 것만 입고 있다고 흉을 잡힐지도 몰
라. 소매가 느슨하고 레이스 칼라가 달린 공주풍의 검정 봄버진[16] 쪽이 자신의
흰 살결을 훨씬 돋보이게 할지 모르지만, 좀 지나치게 수수해서 나이가 들어

---

12) 19세기 중엽 유행한 치마로서 허리를 가늘게 조이고 고래뼈나 철사로 버팀대를 만들어 치마
　　폭을 부풀렸다.
13) 19세기의 속옷으로서 헐렁한 여자용 긴 속바지.
14) 허리에 두르는 장식 띠.
15) 아주 얇고 반투명한 모직물.
16) 면모 혼방의 비단.

보인다. 스칼렛은 턱살이 처지지는 않았나, 잔주름이 잡히지는 않았나 하고, 열여섯 살의 얼굴을 근심스런 듯이 거울에 비쳐 보았다. 귀엽고 순진해 보이는 것이 멜라니의 장점이므로 그 앞에 나가 조금이라도 겉늙어 보이든가 해서는 안 되었다. 가로무늬가 진 연보랏빛 모슬린 옷은 폭넓은 레이스로 꾸몄으므로 예쁘기는 했지만 입어보니 도무지 마음에 들지 않았다. 캐린의 가냘프고 섬세한 옆얼굴이나 마음약해 보이는 표정이라면 썩 잘 어울리겠지만, 자기가 입으면 마치 여학생처럼 보이지 않을까 걱정되었다. 침착한 멜라니 곁에서 여학생처럼 보인다는 건 딱 질색이다. 가벼운 단 장식이 달리고 그 장식 하나하나에 초록빛 벨벳 리본이 달린 초록빛 격자 무늬의 태피터라면 눈도 에메랄드빛으로 돋보이게 하고 잘 어울릴 것 같아 그녀는 그것이 가장 마음에 들었다. 그러나 그 옷은 가슴 있는 곳에 커다란 기름 얼룩이 묻어 있었다. 물론 브로치로 가리면 감출 수는 있었지만, 어쩌면 멜라니는 의외로 날카로운 눈을 갖고 있을지도 모른다. 그 밖에는 이런 경우에 전혀 어울리지 않는 여러 가지 빛깔의 무명옷과 드레스 그리고 어제 입었던 초록 바탕에 작은 나뭇가지 무늬가 있는 모슬린 옷이 있을 뿐이었다. 그러나 그건 애프터눈 드레스로서 소매에 조그만 퍼프가 달리고 옷깃이 패어 오히려 무도회 드레스로 어울리지 바비큐파티엔 맞지 않았다. 하지만 그걸 입을 수밖에 없었다. 아침나절에 목덜미나 가슴이나 팔을 내놓는다는 건 예의가 아니었지만, 스칼렛은 자신의 목이나 팔이나 가슴을 부끄럽게 여기진 않았다.

거울 앞에 서서 몸을 틀어 옆모습을 비쳐 보면서 부끄러워 할 몸매는 절대로 아니라고 생각했다. 목은 짧지만 통통했고, 팔은 포동포동하고 탐스러웠다. 코르셋으로 죈 가슴은 퍽 멋졌다. 아름다운 곡선을 내고 살집을 돋우기 위해 열여섯 또래 아가씨가 곧잘 하듯 윗옷 안쪽에 비단을 덧댈 필요 따윈 애초에 없었다. 엘렌으로부터 화사한 흰 손과 날씬한 다리를 물려 받은 것을 스칼렛은 기쁘게 생각했다. 욕심을 낸다면 엘렌만큼 큰 키를 갖고 싶었지만 지금으로도 충분히 만족했다. 페티코트를 걷어올리고 팬털렛 밑으로 뻗은 날씬한 다리를 자못 아쉬운 듯이 바라보면서 이 다리를 남에게 보일 수 없다니 얼마나 아까운 일인가 싶었다. 사실 그녀는 멋들어진 다리를 갖고 있었다. 페이엇빌 여학교 친구들 사이에서도 소문 난 다리였다. 그리고 허리에 대해 말하자면, 페이엇빌이든 존즈버러든 또는 이 근처 세 군 가운데서 사실 그렇게 날씬한 허리를 가진 아가씨는 한 사람도 없었다.

허리에 대해 생각하는 바람에 그녀의 마음은 문득 현실로 돌아왔다. 초록빛 모슬린 옷은 허리 둘레가 17인치인데, 마미는 봄버진을 입고 가는 줄 알고 코르셋의 허리를 18인치로 해놓았던 것이다. 그러니까 마미를 불러 좀더 세게 졸라매어 달라고 해야겠다.

문을 열고 귀를 기울이자 아래층 복도를 걷는 마미의 묵직한 발소리가 들렸다. 엘렌은 지금쯤 요리사에게 오늘 하루치의 양식을 달아서 내주기 위해 훈제소로 가 있을 테니 아무리 소리를 높여도 들리지 않을 거라고 생각하고 한껏 큰 소리로 다급하게 불러댔다.

“내가 날기라도 할 줄 아시는 모양이지.” 마미는 중얼거리면서 발을 끌고 층계를 올라왔다. 방에 들어온 그녀는 헐떡이면서도 전투를 예상하고 기꺼이 받아들이겠다는 사람과 같은 표정을 짓고 있었다. 그 검고 커다란 손에 들고 온 쟁반엔 버터를 바른 큼직한 고구마 두 개와 과즙을 섞은 메밀가루로 구운 핫케이크, 커다란 햄 한 조각이 헤엄치고 있는 수프가 놓여 있었다. 이걸 보자 스칼렛의 약간 초조해하던 표정이 갑자기 고집 세고 전투적인 표정으로 바뀌었다. 오하라 집안의 아가씨들은 어떤 파티에 갈 때라도 거기서 음식을 먹지 않아도 되도록 집에서 요기를 하고 가야만 된다는 게 마미가 받들고 있는 철칙이었는데, 옷에만 열중하는 바람에 스칼렛은 그것을 잊고 있었던 것이다.

“필요 없어, 먹고 싶지 않아. 부엌으로 가져가요.”

마미는 쟁반을 테이블 위에 놓고 양손을 허리에 짚고 어깨를 추어올렸다.

“안 됩니다요. 요전번 바비큐파티 때는 제가 아파서 가시기 전에 식사를 드리지 못했더니 글쎄, 거기에 가서 그런 채신머리 없는 짓을 하지 않았습니까요. 이걸 하나도 남기지 말고 다 잡수셔야 합니다요.”

“먹지 않겠어! 그보다 빨리 코르셋이나 더 죄어 줘. 벌써 늦었어. 집 앞으로 돌아오는 마차 소리가 들리잖아.”

마미의 말투는 달래는 듯한 목소리가 되었다.

“자, 스칼렛 아가씨, 착한 아가씨니까 조금이라도 잡수세요. 캐린 아가씨도 수엘렌 아가씨도 벌써 모두들 잡수셨어요.”

"그야 그렇겠지." 스칼렛은 경멸하듯 말했다. "그 애들은 마치 토끼처럼 줏대가 없으니까. 하지만 난 싫어. 이젠 진절머리가 나. 전번 캘버트 댁에 초대받았을 때도 집에서 배불리 먹고 갔으므로 서배너에서 일부러 시켜 만든 아이스크림을 한 숟갈밖에 먹지 못했단 말야. 지금도 생각나는걸. 오늘은 실컷 재미있게 놀고, 또 실컷 먹고 올 테야."

이 도전적인 심술궂은 말을 듣자 마미는 화가 나서 눈살을 찌푸렸다. 젊은 아가씨가 해도 좋은 일과 나쁜 일은 마미의 마음속에선 흑과 백처럼 뚜렷이 구별돼 있었다. 그 사이에 애매한 행동을 용납하는 중간 지대란 있을 수 없었다. 수엘렌과 캐린은 그녀의 억센 손아귀에 걸려들면 마치 찰흙처럼 마음대로 주무를 수 있게 되어 그녀의 훈계에도 존경심을 갖고 귀를 기울인다. 그러나 스칼렛에게는, 그녀의 타고난 성품에서 나오는 것 거의 모두가 숙녀답지 않은 행위라고 가르치는 것이 여간 어려운 일이 아니었다. 마미가 스칼렛에게 이기는 것은 고전을 치른 뒤였으며, 백인의 사고방식으로는 알 수 없는 술책을 몰래 써야만 했다.

"남들이 아가씨나 이 댁에 대해 뭐라고 말하든 아가씨는 걱정이 되지 않겠지만 저는 걱정이 됩니다요." 마미는 고함을 질렀다. "아가씨가 파티에서 모든 사람으로부터 버릇없다는 소리를 듣는 게 저로서는 참을 수 없습니다요. 귀부인이란 작은 새처럼 조금만 먹어야 된다고 제가 몇 번이나 말씀드렸습니까요. 전 아가씨가 윌크스 댁에 가서 들일하는 노예처럼 게걸스레, 돼지처럼 허겁지겁 먹게 하고 싶지는 않습니다요."

"엄마도 귀부인이지만 먹잖아." 스칼렛은 대들었다.

"아가씨도 결혼하시면 얼마든지 잡수셔도 상관없습죠." 마미는 마주 대들었다. "마님도 아가씨만했을 때는 집을 나서기만 하면 한 입도 잡수시지 않았습죠. 폴린 마님도 율랄리 마님도 다 그러했습죠. 그래서 모두 결혼하시지 않았습니까요. 너무 많이 잡수시는 아가씨에겐 신랑감이 잘 나서지 않는 법입니다요."

"난 그걸 믿지 않아. 유모가 앓아누워 집에서 먹지 않고 갔을 때, 그 바비큐 파티에서 애쉴리 윌크스가 말했어. 건강하고 식욕이 좋은 아가씨를 보는 게 제일 좋다고."

마미는 무슨 가당치 않은 소리냐는 듯 머리를 저었다.

"신사들의 입과 마음은 딴판입지요. 전 애쉴리 도련님이 아가씨한테 구혼했다고는 생각되지 않는뎁쇼."

스칼렛은 언짢은 얼굴을 하고 끽소리도 못하게 한 마디 해줄까 했지만 참았다. 마미에게 급소를 찔리고 만 것이다. 다투어 볼 여지도 없었다. 스칼렛의 고집스러운 표정을 보자 마미는 쟁반을 들면서 이번에는 흑인 특유의 능청스러운 교활함으로 전술을 바꾸었다. 금방이라도 문을 나가는 척하며 한숨을 쉬었다. "좋습니다요. 요리사가 이걸 만들고 있을 때 전 말했습죠. 음식을 많이 드시는지 조금 드시는지 보면 숙녀인지 아닌지 알 수 있어. 요전에 애쉴리 도련님, 아니, 인디어 아가씨를 찾아오신 멜라니 해밀턴 아가씨처럼 음식을 안 자시는 아가씨는 본 적이 없다고 말입죠."

스칼렛은 의심에 찬 날카로운 눈으로 힐끗 마미를 쳐다봤다. 그러나 그녀의 넓은 이마에는 다른 기색은 없고 다만 스칼렛이 멜라니 해밀턴 같은 숙녀가 아님을 슬퍼하는 빛뿐이었다.

"쟁반은 거기 놔두고 코르셋을 더 죄어 줘." 스칼렛은 급히 말했다. "나중에 조금 먹을 테야. 지금 먹으면 코르셋이 잘 죄어지지 않으니까."

의기양양한 마음을 얼굴에 나타내지 않고 마미는 쟁반을 테이블 위에 놓았다.

"어느 걸 입으실 건가요?"

"저거!" 스칼렛은 불룩하게 부풀어 있는 녹색 바탕에 꽃무늬가 있는 모슬린을 가리켰다. 그러자 마미는 즉시 전투태세로 들어갔다.

"안 됩니다요. 이건 아침에 입는 옷이 아닙니다요. 칼라도 소매도 없는뎁쇼. 오후 3시 전에 가슴이나 어깨가 드러나는 옷을 입어선 안 된다는 것쯤 아가씨도 잘 알고 계시지 않습니까요. 이런 걸 입고 가면 금방 갓난애 때처럼 주근깨투성이가 됩니다요. 작년 여름에도 서배너에서 해수욕을 하시고 주근깨투성이가 되어 돌아오신 걸 제가 겨우내 버터밀크로 씻어 없애드리지 않았습니까요. 마님에게 이르겠어요."

"내가 다 입을 때까지 한 마디라도 엄마한테 고자질하면 한 입도 먹지 않을 테야." 스칼렛은 태연한 얼굴로 말했다. "입고 나면 그 다음엔 시간이 없으니까 엄마도 갈아입으라곤 하시지 않을 거야."

마미는 꼼짝없이 당했구나 싶어 한숨을 쉬고 체념했다. 두 가지 다 나쁘지만, 그래도 손님으로 가서 돼지처럼 먹는 것보다는 오전 바비큐파티에 애프터눈 드레스를 입고 가는 편이 낫기 때문이다. "자, 뭘 붙잡고 숨을 들이마셔야죠" 하고 명령했다.

스칼렛은 시키는 대로 침대 기둥을 붙잡고 자세를 취했다. 마미는 바짝 졸라맸는네, 고래뼈로 만든 허리께의 가는 곳이 점점 죄어들자 마미의 눈에는 자랑스러운 듯 부드러운 빛이 떠올랐다.

"아가씨같이 이렇게 가는 허리는 없습죠." 그녀는 대견한 듯 말했다. "수엘렌 아가씨만 해도 20인치 이상 졸라매면 언제나 정신을 잃고 마니까요."

"후아!" 안간힘을 쓰며 스칼렛은 괴로운 듯 말했다. "난 정신을 잃은 적은 한 번도 없어."

"하지만 이따금 까무러치는 것도 나쁘지는 않습죠." 마미는 충고했다. "아가씨는 가끔 성미가 좀 너무 억세질 때가 있습죠. 뱀이나 쥐 같은 것이 나왔을 때는 차라리 정신을 잃는 편이 보기가 좋죠. 집에서라면 아무래도 좋지만 남들 앞에선 말입니다요. 제가 언제나 하는 말이지만……."

"자, 빨리 해줘! 잔소리는 이제 귀가 아파. 나 꼭 신랑감을 찾아 놓을게. 두고 봐! 엉엉 울고 까무러치고 그 야단하지 않고 말이야. 이제 코르셋은 됐어. 너무 졸라맸나 봐. 어서 옷을 입혀 줘."

마미는 조심스럽게 12야드나 되는 녹색의 작은 나뭇가지 무늬가 있는 모슬린 치마를 불룩하게 부푼 페티코트 위에 입히고, 가슴이 트인 바스크[17]의 훅을 등 뒤에서 채웠다.

"햇빛이 비치는 곳에서 숄을 벗거나 해서는 안 됩니다요. 그리고 아무리 덥더라도 모자를 쓰고 있어야 합니다요." 마미는 명령했다.

"그러지 않으면 집에 돌아왔을 때 슬래터리네 노처녀처럼 볕에 그을리고 말 테니까요. 자, 이번엔 식사를 할 차례입니다요. 하지만 너무 서두르지 마세요. 서둘러 먹으면 곧 토하게 되어 헛일이 되고 마니까요."

스칼렛은 시키는 대로 쟁반을 마주하고 앉았으나 배 속에 뭘 넣고서도 숨쉴

---

17) 부인용의 짧은 윗옷.

여지가 있을까 생각했다. 마미는 세면대에서 커다란 수건을 갖다 조심스럽게 스칼렛의 목에 두르고 흰 천을 무릎 위에 펼쳤다. 스칼렛은 햄을 좋아했으므로 우선 햄부터 먹기 시작했다.

"아, 결혼했다면 얼마나 좋을까." 그녀는 원망스럽게 고구마를 쿡쿡 찌르며 말했다. "언제까지나 이런 부자연스런 짓만 하고, 하고 싶은 일 하나 마음대로 할 수 없으니 따분해 죽겠어. 먹는 건 꼭 새만큼도 못 먹는 것처럼 꾸며야 하고, 뛰고 싶을 때도 얌전하게 걸어야 하고, 아직 이틀은 더 계속 춤을 출 수 있는데도 왈츠를 추고 나면 이제 피로해서 정신을 잃을 것 같다고 말해야 하고 정말 미칠 것만 같아. 그리고 내 반만큼도 똑똑하지 못한 남자에게 '어머, 당신은 참말로 멋지네요' 어쩌구 비위를 맞춰야 하고, 남자들이 하는 시시한 이야기를 아주 감탄한 것처럼 가만히 들어야 하고. 정말, 정말 지긋지긋해……. 이젠 한 입도 더 못 먹겠어."

"핫케이크도 잡수셔얍죠." 마미는 한 치도 양보하지 않았다.

"남편을 손에 넣기 위해 여자는 왜 이따위 어리석은 짓을 해야 하지?"

"그야 서방님들이 자기한테 어떤 여자가 좋은지 모르고 있기 때문입죠. 알고 있는 것처럼 우쭐거리고 있을 뿐. 그러니까 그 우쭐한 마음을 만족만 시켜 준다면 일이 쉬워져서 팔다 남은 것 같은 비참한 꼴은 당하지 않게 됩죠. 어쨌든 서방님들은 새만큼밖에 먹지 않고 조금도 영리하지 않은 아가씨를 좋아하는 법이죠. 상대편이 자기보다 똑똑하다고 생각하면 서방님들은 절대로 결혼하려고 않습니다요."

"결혼하고 나서 아내가 똑똑하다는 걸 알면 놀라지 않을까?"

"하지만 그건 할 수 없습죠. 결혼한 다음엔 때가 늦는걸요. 그리고 남자들은 마님으로 만든 다음에는 오히려 여자가 똑똑한 것이 아주 싫지는 않은 모양이에요."

"언제든지 난 하고 싶은 대로 하고 말하고 싶은 대로 말할 테야. 남이야 뭐라든."

"안 돼요, 안 됩니다요." 마미는 엄격히 말했다. "내 눈에 흙이 들어갈 때까지는 그렇게 하시게 내버려 두지 않겠습니다요. 자, 그 핫케이크를 수프에 찍어 잡수셔요."

"양키 처녀들은 이따위 바보 같은 짓은 하지 않을 거야. 작년에 새러토가에 갔을 때 봤지만, 모두들 남자 앞에서도 훌륭한 견식이 있는 것처럼 행동하던걸."

마미는 코웃음쳤다.

"양키 처녀 말씀입니까. 양키 처녀라면 마음먹은 걸 아무 거리낌 없이 척척 말할 테죠. 하지만 새러토가에서도 그런 처녀에겐 청혼이 그리 많지 않은 걸입쇼."

"그렇지만 양키라고 결혼하지 않는 건 아니잖아." 스칼렛은 우겼다. "아무리 양키라도 저절로 태어나는 건 아닐 테고 결혼해서 아이들을 낳을 게 아냐. 그렇게 많이 있던걸 뭐."

"양키 남자는 돈 때문에 결혼하는걸입쇼." 마미는 단호히 말했다.

스칼렛은 핫케이크를 수프에 찍어서 입에 넣었다. 아마 마미의 말에도 뭔가 뜻이 있으리라. 엘렌도 이것과 똑같은 얘기를 비록 방식은 좀 다르고 고상한 말은 썼을망정 한 일이 있는 걸 보면 뭔가 진리가 있는 거라고 생각해야 된다. 친구들에게 들어보아도 어떤 가정이고 어머니란 딸들에게 나긋나긋하고 가냘픈 몸가짐과 암사슴 같은 눈을 한 여자가 되라고 신신당부하고 있는 모양이었다. 그러나 사실 닦고 익힌 그런 몸가짐을 늘 지니기란 여간 어려운 일이 아니다. 어쩌면 그녀가 너무 자신만만해 있었는지도 모른다. 이따금 그녀는 애쉴리와 토론을 벌일 때 자기 의견을 거침없이 말한 일이 있었다. 어쩌면 그런 일들이, 그리고 그녀가 승마나 하이킹 같은 활발한 운동을 좋아하는 것이 애쉴리의 마음으로 하여금 얌전한 멜라니 쪽으로 옮겨가도록 한 것이 아닐까. 아마 만일 그녀가 전술을 바꾼다 해도, 그러나 애쉴리가 여성스런 속임수에 굴복한다면 그녀는 그를 지금만큼은 존경할 수 없을 것 같았다. 억지웃음이나 연약한 태도나 '어머, 당신은 참 멋지네요' 같은 말에 좋아라 할 만큼 어리석은 남자라면 자기 것을 만들어 봤자 별수 없다. 그러나 왠지 모든 남자는 그런 걸 좋아하는 모양이다.

만약 그녀가 이제껏 애쉴리에게 취했던 전술이 잘못된 것이라 할지라도 그건 벌써 지난 일이니 할 수 없었다. 오늘은 다르고 바른 방법을 써보기로 했다. 그녀는 그를 원하고 있고, 더구나 그를 획득할 수 있는 시간은 조금밖에 남지 않았다. 만일 그걸 위해 기절하거나 기절한 체해야 할 필요가 있다면 얼마든지 해보자. 억지웃음을 띠고 교태를 짓고 바보인 체하는 게 그의 마음을 끌 수 있다면 기꺼이 어떤 연극이라도 꾸미고 캐들린 캘버트보다도 더욱 어리석은 여자로 가장하자. 그리고 만약 좀더 대담한 방법이 필요하다면 그도 얼마든지 해보이리라. 오늘이야말로 그날인걸!

비록 아무리 놀랄 만한 생명력이 넘치고 있다 하더라도 그녀가 쓰는 어떤 가면보다도 자신의 개성이 사실은 매혹적인 것이라는 걸 아무도 스칼렛에게 가르쳐 주지 않았다. 설사 말해 주는 사람이 있었다고 해도 그녀는 그것을 기쁘게 여겼을 뿐 믿지는 않았으리라. 그녀가 속한 문명사회가 그 전이나 후를 통틀어 이때만큼 여성의 자연 그대로의 모습을 낮게 평가한 시대도 없었기에 사회 그 자체가 이마 그것을 믿지 않았을 것이다.

스칼렛은 마차가 윌크스 농장으로 가는 붉은 황톳길을 굴러가는 동안 어머니와 마미가 파티에 함께 가지 않는 것을 기뻐해선 안 된다고 생각하면서도 기뻐하고 있었다. 이로써 아름답게 눈썹을 찌푸리거나 아랫입술을 내밀어서 그녀의 계획을 훼방 놓을 사람은 한 사람도 없는 셈이다. 물론 수엘렌이 내일이면 여러 가지로 어머니에게 고자질할 테지만, 만일 스칼렛이 마음먹은 대로 모든 일이 잘 되기만 하면 그녀가 애쉴리와 약혼한 일이며 함께 달아난 소동 따위에 휩쓸려 그런 건 문제도 되지 않을 것이다. 엘렌이 오늘 함께 올 수 없게 된 것이 그녀는 몹시 기뻤다.

오늘 아침 제럴드는 브랜디로 용기를 돋우고 조나스 윌커슨에게 해고를 선언했다. 그래서 농장감독인 그가 농장을 떠나기 전에 엘렌은 그를 입회시키고 농장의 경리장부를 조사한 다음 사무 인계를 받아야 하므로 타라에 남게 되었다. 좁은 사무실의 서류가 들어 있는 서랍이 잔뜩 붙은 높은 책상 앞에 앉아 있는 어머니에게 스칼렛은 인사를 하러 갔다. 조나스 윌커슨은 모자를 손에 들고 옆에 서 있었는데, 그 창백하고 굳은 얼굴에는 아주 사소한 여자 문제로 이 지방에서도 최고인 농장감독의 지위에서 이렇듯 간단히 쫓겨나야만 하는 데 대한 노여움이 역력히 드러나 있었다. 에미 슬래터리 자식의 애비는 자기뿐만이 아니다. 자기말고도 열두 사람은 더 댈 수 있다고 그는 몇 번이고 제럴드에게 변명했다. 제럴드 역시 그 점은 충분히 인정하였다. 그러나 그것이 엘렌에게 영향을 미쳐 그가 벌인 일을 바꿀 순 없었다. 조나스는 남부 사람들이 모두 못마땅했다. 그에 대한 그들의 서먹서먹한 친절이 미웠고, 그 친절의 이면에 노골적으로 보이는 그의 사회적 지위에 대한 경멸 태도가 미웠다. 그리고 남부인이 지닌 온갖 증오스런 점의 축소판으로서 엘렌 오하라를 가장 미워하고 있었다.

마미는 농장의 하녀 감독으로서 엘렌을 거들어 주기 위하여 저택에 남았으므로 그 대신 딜시가 아가씨들의 무도회 드레스를 넣은 긴 옷상자를 무릎 위에 놓고 마부인 토비와 나란히 마부석에 앉아 있었다. 제럴드는 사냥갈 때 타는 억센 말에 올라앉아 마차와 나란히 왔는데, 브랜디로 거나한 데다 월커슨을 해고하는 불쾌한 일이 빨리 해결되어 아주 기분이 좋아 보였다. 그가 책임을 엘렌에게 떠맡긴 나머지 그녀가 오늘 바비큐파티에 갈 수 없게 되고, 친한 사람들과도 만날 기회를 놓쳐 실망하고 있다는 것쯤은 조금도 마음에 두지 않았다. 활짝 갠 봄날의 농장은 아름다웠고, 새는 지저귀고, 마음은 들떠 있어 남의 일 따윈 도저히 생각할 여유가 없었던 것이다. 그는 이따금 흥겹게 '포장 없는 마차 안의 페그'며, 그 밖의 아일랜드 민요와 로버트 에메트[18]를 추모하는 구슬픈 노래 '그녀의 영웅은 머나먼 땅에 잠들었네' 같은 가락을 흥얼거리고 있었다.

그는 행복했다. 양키나 전쟁 얘기 같은 걸 온종일 마음껏 지껄일 수 있다고 생각하자 즐거워 견딜 수가 없었다. 그리고 화려한 치마를 크게 펼치고, 햇볕을 가려 줄 것 같지도 않은 형편없이 작은 양산을 받친 아름다운 세 딸도 그는 자랑스러웠다. 어제의 스칼렛 얘기 같은 건 그는 벌써 말끔히 잊어버렸다. 다만 스칼렛이 몹시 아름다워서 크게 자랑거리가 될 거라고만 생각하고 있을 뿐이고, 특히 오늘 그녀의 눈이 아일랜드의 언덕처럼 초록빛으로 빛나고 있다고 생각했을 뿐이었다. 아일랜드의 언덕 같다는 이 생각은 더욱더 그를 의기양양하게 만들고 시적인 감흥이 솟구쳐 그는 큰 소리로 '초록빛 옷을 몸에 두르고'란 노래를 좀 달뜬 목소리로 딸들에게 들려주었다.

스칼렛은 아이 어머니가 애정이 깃든 가소로워하는 마음으로 우쭐거리는 자기의 어린 자식을 바라보듯 아버지를 바라보면서 오늘 해질녘까지 아버지가 무척 술에 취할 것이라고 생각했다. 그리고 어두워져서 돌아올 때는 늘 하는

---

18) 아일랜드 혁명가로서 교수형을 받았다.

버릇대로 트웰브 오크스에서 타라에 이르는 도중의 울타리란 울타리는 전부 말을 타고 뛰어넘을 것이 틀림없었다. 신의 은혜와 숙련된 승마술로 목이 부러지거나 하는 일이나 없었으면 하고 그녀는 생각하였다.

그는 다리가 있는데도 그걸 건너는 것은 떳떳한 일이 아니라면서 곧잘 그렇게 하듯 말을 헤엄치게 하여 강물을 건너고는 큰 소리로 고함치며 집에 돌아가 언제나 그런 밤이면 램프를 켜들고 현관에서 기다리는 포크의 부축을 받으면서 사무실 소파에 가 쓰러져 잠들고 말리라.

저 쥐색 새 옷도 꾸깃꾸깃 수세미가 되고 말 것이다. 그리고 아침이 되면 그때서야 정신이 든 아버지는 시끄럽게 떠들어 대며 어머니에겐 어두워 말이 다리에서 떨어졌다고 거짓말을 하겠지만, 누구나 거짓인 줄 알고도 잠자코 있을 테니 본인은 신이 나서 자기의 교활한 꾀를 한층 더 자랑하게 될 것이다.

아버지는 이기적이고 무책임하지만 순수하고 다정한 사람이라고 아버지에 대한 애정의 물결을 느끼면서 스칼렛은 생각했다. 그녀는 오늘 아침 매우 흥분하고 행복에 넘쳐 있으므로 제럴드와 마찬가지로 온 세계를 그녀의 애정 속에 감싸고 있었다. 그녀는 아름다웠다. 그리고 그걸 자기 자신도 알고 있었다. 오늘 안으로 애쉴리를 자기 것으로 만들 수가 있는 것이다. 태양빛은 따뜻하고 부드러워 조지아의 봄의 영광이 눈앞에 펼쳐져 있었다. 길을 따라서 검정 딸기의 덤불이 겨울비에 씻겨 황량하게 드러난 붉은 흙을 부드러운 초록빛으로 덮었고, 붉은 흙에서 고개를 내민 화강암 덩이는 엉겨붙은 체로키 장미로 꾸며졌으며, 그 둘레에는 연보랏빛 제비꽃이 꽃송이를 달고 있었다.

강 상류 언덕에는 층층나무 꽃이 잔설도 무색할 만큼 새하얗게 빛나고 있었다. 봉오리가 벌어진 산능금나무들은 우아한 흰색에서 진분홍까지 색색의 꽃을 달았고, 그 나무 아래 햇빛이 얼룩져 비친 언저리에는 마른 솔잎이며 야생 겨우살이 덩굴 따위가 빨강 노랑 장밋빛의 다채로운 양탄자를 아로새기고 있었다. 관목의 달콤하고 아련한 향기가 미풍에 실려와 세계는 마치 먹어 버리고 싶도록 향긋한 향기에 넘쳐 있었다.

'오늘의 이 아름다움은 평생 내 기억에 남을 거야.' 스칼렛은 생각했다. '내 결혼기념일이 될지도 모르니까!' 그리고 그녀는 오늘 오후 애쉴리와 더불어 이 아름다운 꽃과 신록 속을 마차를 달려 존즈버러의 목사 집으로 가게 되리라. 그렇지 않으면 오늘 밤 달빛을 받으며 그렇게 하게 되리라고 생각하자 그녀의 가슴에는 전율 같은 감동이 스치고 지나갔다. 물론 그러고 나서 애틀랜타로부터 신부를 초청하여 정식으로 결혼을 다시 해야만 되겠지만, 그건 엘렌과 제럴드가 어떻게든지 주선해 줄 것이다.

자기 딸이 남의 약혼자와 달아났다는 소리를 들으면 엘렌은 틀림없이 부끄럽게 여기고 새파랗게 질리겠지 하고 생각하자 스칼렛은 조금 풀이 죽었다. 그러나 딸만 행복해진다면 엘렌은 틀림없이 용서해줄 것이다. 제럴드는 꾸짖고 소리를 지를 것이고 어제도 애쉴리와 그녀가 결혼하는 걸 좋아하지 않는 듯이 말을 했지만, 윌크스 댁과 사돈이 되는 건 아마 무척 기뻐할 것이다.

'하지만 그런 건 결혼한 다음에 생각하자.' 그녀는 그런 생각을 마음속에서 쫓아 버렸다.

따뜻한 햇볕이 내려쬐이는 봄날 트웰브 오크스 저택의 굴뚝이 강 건너 언덕 위에 보이기 시작하자 용솟음치는 기쁨 말고는 아무것도 생각할 수 없었다.

'난 이제부터 한평생 저 저택에 사는 거야. 그리고 이런 봄을 쉰 번, 또는 그 이상을 맞는 거야. 그리고 나는 자식들이나 손자들에게 오늘의 이 봄날이 얼마나 아름다웠는지, 다른 누구도 경험 못할 만큼 즐거운 봄이었다고 말해 주는 거야.' 이렇게 생각하자 그녀는 갑자기 행복해져 '초록빛 옷을 몸에 두르고'의 마지막 합창을 제럴드의 가락에 맞추어 노래하여 뜻밖에 아버지로부터 칭찬을 받았다.

"오늘 아침은 어째서 이렇게 행복해 보이지?" 수엘렌이 짓궂게 물었다. 그녀는 아직도 그 초록빛 무도회 드레스가 스칼렛보다 자기가 입는 편이 잘 어울린다고 마음속으로 생각하고 있었다. 왜 스칼렛은 옷이나 모자라면 그렇게도 이기주의자가 될까. 그리고 어째서 어머니는 언제나 언니만 두둔하고, 초록빛은 내겐 어울리지 않는다고 하시는 걸까. "애쉴리의 약혼이 오늘 밤 발표된다는 거 언니도 알고 있어? 아버지가 오늘 아침 말씀하셨는데. 언니는 그이를 벌써 몇 달 전부터 좋아하고 있었잖아."

"네가 알고 있는 건 그것뿐이지." 스칼렛은 혀를 날름해 보이고 그런 것쯤으로 자기의 유쾌한 기분이 깨지지 않는다는 걸 과시했다. 내일 아침이면 수엘렌은 깜짝 놀랄 거야.

"수엘렌 언니, 사실은 그렇지 않다는 걸 언니도 알면서." 캐린은 놀란 것처럼 말했다. "스칼렛 언니가 좋아하는 사람은 브랜트잖아!"

스칼렛은 어째서 이렇듯 모두들 천진난만하기만 한지 의아하게 생각하면서 미소띤 파란 눈을 막내동생에게 보냈다. 브랜트 탈레턴 쪽에선 스칼렛의 귀여운 꼬마 동생으로밖에 생각지 않는데, 이 캐린이 그 열세 살의 애정을 그에게 보내고 있다는 것은 집안 식구의 누구나 다 아는 사실이었다. 그러므로 엘렌이 없는 곳에선 모두들 캐린을 놀려 곧잘 울려 놓곤 했다.

"난 브랜트 따윈 생각하지도 않아." 남에게도 행복을 나누어 주고 싶은 듯한 너그러운 마음으로 스칼렛은 분명히 잘라 말했다. "브랜트 역시 나 따윈 아무렇지도 않게 생각해. 그 사람은 네가 크기를 기다리고 있단다."

캐린의 둥글고 조그만 얼굴이 약간 의아스러운 듯, 그러나 분명히 기쁨을 감추지 못한 채 살짝 붉어졌다.

"어머 스칼렛 언니, 정말이야?"

"스칼렛 언니, 캐린은 아직 애인 같은 거 생각하기에는 이르다고 엄마가 말씀하셨잖아. 그런데 그런 말을 캐린에게 하다니."

"마음대로 지껄이렴." 스칼렛은 대꾸했다. "이제 1년이나 2년쯤 지나면 캐린 쪽이 너보다 훨씬 예뻐질 것 같으니까 그래서 넌 캐린을 언제까지나 가둬 두려고 하는 거지."

"이봐, 오늘은 쓸데없는 수다 떨면 안 돼. 말 안 들으면 채찍으로 때릴 테다." 제럴드가 나무랐다. "자, 조용히들 해라! 마차 소리가 들려온다. 탈레턴네 사람인가, 아니면 폰테인네 녀석들인가?"

울창하게 들어찬 숲을 빠져 미모사 농장과 페어힐 농장으로 통하는 교차로에 다가감에 따라 말발굽 소리며 수레바퀴 소리가 점점 뚜렷해지면서 숲의 장막 저편에서 즐거운 듯 떠드는 여자들의 흥겨운 목소리가 왁자지껄하게 들려왔다. 말을 선두로 세운 제럴드는 고삐를 당기고 토비에게 교차로 근처에서 마차를 세우라고 지시했다.

"탈레턴 댁 부인들이다." 그는 혈색 좋은 얼굴을 빛내면서 딸들에게 말했다. 엘렌을 빼놓고 그는 이 지방에서 붉은 머리를 한 탈레턴 부인을 가장 좋아했다. "오, 부인이 손수 고삐를 잡고 있구나. 멋지게 말을 다룰 수 있는 손을 가진 부인이 여기 있다! 그 손은 깃털처럼 가볍고 가죽처럼 단단하고, 더구나 입맞추기에 좋은 손이다. 너희가 저렇게 아름다운 손을 갖지 못한 건 정말 안타깝구나." 그리고 애정이 깃들었으면서도 비난하는 듯한 눈길을 딸들에게 던지면서 덧붙였다. "캐린은 말을 무서워하고 수엘렌의 손은 고삐를 잡았다 하면 부젓가락이나 다름없고, 그리고 스칼렛은……."

"하지만 저는 말에서 떨어진 일은 없어요." 스칼렛은 새침해서 소리쳤다. "탈레턴 부인은 사냥할 적마다 나가떨어지잖아요."

"그리고 남자처럼 쇄골을 부러뜨리지." 제럴드는 말했다. "더구나 까무러치거나 난리를 피우지 않고. 자, 얘기는 이걸로 그치자. 부인이 벌써 저기 오시는구나."

제럴드는 등자를 밟고 일어서 모자를 한 번 휘둘렀다. 탈레턴 댁의 마차는 화려한 옷차림의 딸들과 양산과 바람에 나부끼는 베일을 가득 싣고 점차 다가왔다. 과연 마부석에는 제럴드가 말한 것처럼 탈레턴 부인이 앉아 있었다. 네 딸과 유모와 무도복을 넣은 긴 마분지 옷상자로 마차가 가득했으므로 마부 앉을 자리는 없었던 것이다. 게다가 베아트리스 탈레턴 부인은 팔을 다쳐 붕대로 팔을 매달고 있지 않은 한 흑인이든 백인이든 남에게 고삐를 잡게 하는 걸 좋아하지 않았다. 보기엔 연약하고, 뼈가 가늘고, 온갖 핏기가 모두 그 불타는 붉은 머리털에 모인 듯 핏기 없는 흰 얼굴을 하고 있었지만, 부인은 넘치는 건강과 피로를 모르는 정력을 갖고 있었다. 그래서 그녀는 그녀를 닮아 붉은 머리에 기력이 넘치는 아이를 여덟씩이나 낳았고, 또 그들을 하나같이 모두 훌륭하게 키워 내고 있었다. 이 지방 사람들은 그것을 그녀가 망아지를 키울 때의 요령 그대로, 애정을 깃들인 방임에 엄격한 훈련을 곁들여 키웠기 때문이라고들 말하고 있었다.

'고삐는 매더라도 기는 죽이지 마라.' 이것이 탈레턴 부인의 신조였다.

그녀는 말을 좋아하고 늘 말 얘기만 했다.

이 지방에서 말을 알고 말을 다루는 데는 어떤 남자도 그녀를 따르지 못했다. 무질서하게 지어진 언덕 위 그녀의 집에선 여덟 명의 자녀들이 집에서 넘쳐 나오듯 망아지가 사육장에서 넘쳐 앞뜰 잔디밭에까지 나와, 그녀가 농장을 돌 때는, 아들·딸·망아지·사냥개가 줄줄 뒤를 따라다녔다. 그녀는 말에게는, 특히 그녀가 타는 붉은 털의 암말 넬리에게는 마치 인간과 같은 능력이 있다고 믿었다. 그러므로 만일 집안일이 바빠 늘 일과로 삼는 승마 시간을 놓치기라도 하면 그녀는 흑인 소녀에게 설탕 항아리를 내주며 이렇게 말했다.

"넬리에게 이걸 한 움큼 주고 곧 내가 간다고 일러라."

특수한 경우가 아닌 한 그녀가 승마복을 입지 않은 때는 거의 없었다. 사실 말을 타든 안 타든 그녀는 언제나 탈 생각으로 있는 것이다. 따라서 아침에 일어나면 반드시 승마복을 입었다. 매일 아침 비가 오거나 날이 좋거나 애마 넬리는 안장을 차리고 문 앞을 왔다 갔다 하면서 부인이 일하는 시간을 조절하여 승마의 여가가 생길 때까지 기다리게 된다. 그러나 페어힐 농장은 관리가 꽤 까다로운 농장이어서 좀처럼 시간을 내기가 어려웠으므로 넬리는 몇 시간이고 타는 사람도 없이 혼자서 걸어야 했고, 부인은 부인 대로 걷어올린 치마 밑으로 반짝반짝 빛나는 승마용 구두가 6인치나 나와 있다는 것도 잊고 일에 쫓겨 하루를 헛되이 보내고 마는 일이 많았다.

오늘은 유행에 뒤떨어진 좁은 후프 치마에 광택이 없는 검정 비단옷을 입고 있었는데, 여느 때와 다름없이 보이는 건 옷이 승마복과 비슷할 정도로 간소하게 재단되어 있기 때문이고, 또 부인의 반짝반짝 빛나는 따뜻한 갈색 눈의 한 쪽을 가리듯이 깊이 눌러쓴, 긴 깃털장식을 단 조그마한 검정 모자가 언제나 사냥할 때 쓰는 쭈그러진 낡은 모자와 생김새가 비슷했기 때문인 것 같았다.

그녀는 제럴드를 보자 채찍을 들어 설쳐 대는 붉은 말 두 마리를 세웠다. 그러자 네 딸은 일제히 마차에서 몸을 내밀고, 말이 깜짝 놀라 앞발을 번쩍 들 만큼 큰 목소리로 환성을 질렀다. 모르는 사람이 보았다면 아마 탈레턴네 식구와 오하라네의 식구가 몇 년 만에 만난 걸로 생각하겠지만, 실은 그들은 바로 이틀 전에도 만났던 것이다. 탈레턴 집안 사람들은 사교를 좋아하여 인사성이 밝고, 이웃 사람, 특히 오하라 집의 아가씨들을 좋아했다. 그러나 그녀들이 좋아하는 건 수엘렌과 캐린뿐이었다. 이 지방의 아가씨로 머리가 텅텅 빈 캐들린 캘버트라면 몰라도 진실로 스칼렛을 좋아하는 사람은 한 사람도 없었다.

여름이 되면 이 지방에서는 거의 매주 바비큐파티나 무도회가 없는 때가 없었다. 하지만 향락에 있어선 위대한 능력을 갖고 있는 탈레턴 집안 붉은 머리 아가씨들은 어떤 바비큐파티나 어떤 무도회에도 마치 난생처음 참석하는 것처럼 수선을 떨었다. 이 아름답고 토실토실한 네 자매가 비좁은 마차 속에 끼어

앉아 있었으므로 치마의 후프나 레이스 장식은 제멋대로 얽히고, 검은 벨벳 턱끈이 매달리고 위에 장미꽃을 장식한 테 넓은 차양용 밀짚모자 위에서 양산이 서로 맞부딪치는 형편이었다. 그리고 모자 아래로는 헤티의 단순한 빨강, 캐밀라의 딸기 빛깔을 띤 블론드, 란다의 금갈색, 꼬마 뱃시의 홍당무 빛깔 등 모두 붉은색을 띤 머리털이 드러나 보였다.

"참 아름답군요." 말을 마차 곁에 멈추고 세럴드는 은근하게 말했나. "하시만 따님이 백 명 있어도 어머니에게는 당하지 못하죠."

탈레턴 부인은 적갈색 눈을 굴리며 칭찬을 받아 황송하다는 듯 아랫입술로 쭉 소리를 내었다. 그러자 딸들은 일제히 소리쳤다.

"엄마, 아저씨한테 윙크하면 아버지한테 이를 테야!"

"오하라 아저씨, 제가 맹세하는데, 우리 엄마는 아저씨같이 훌륭한 분이 이렇게 가까이 오셔도 우리한테는 기회를 주시지 않는답니다!"

이런 우스갯소리에 스칼렛도 다른 사람과 함께 웃었다. 하지만 언제나 느끼는 일이지만, 탈레턴 집안 딸들의 어머니에 대한 이 자유스러운 행동은 놀랍기만 했다. 어머니를 마치 자기들 가운데 한 사람, 열여섯 살을 하루도 넘지 않은 또래의 처녀처럼 대하고 있는 것이다. 스칼렛에게는 이런 말을 어머니에게 말하려고 생각하는 것조차 어머니에 대한 모독으로 느껴지는데. 그러면서도—그러면서도 또한—탈레턴 모녀 사이에는 뭔가 즐거운 것이 있고, 서로 비평하고 잔소리하고 놀리고 하면서도 딸들이 어머니를 존경하고 있는 것을 알 수 있었다. 하지만 결코 어머니로서 탈레턴 부인이 엘렌보다 낫다고 생각하는 건 아니야, 하며 곧바로 마음에서 지워 버렸지만, 그래도 어머니와 장난을 할 수 있다면 얼마나 즐거울까 하는 마음은 떠나지 않았다.

그녀는 이런 생각을 하는 것조차 어머니에게 미안한 느낌이 들어 부끄러움을 느꼈다. 그리고 마차 속에서 서로 밀어 대고 있는 네 개의 불타는 듯한 붉은 머리칼 속에 있는 두뇌는 이런 일로 고민하는 일이 없으리라 생각했다. 그리고 언제나 자기가 주위 사람들과는 다르다고 느꼈을 때의 그 초조한 혼란에 빠지는 것이었다.

그녀의 두뇌는 민첩하긴 했지만 사물을 분석하여 생각하도록 돼 있지는 않았다. 탈레턴 집안의 딸들이 망아지처럼 까불고 3월의 산토끼처럼 멋대로 뛰어다니긴 해도, 매사에 구애되지 않고 외곬으로 열중할 수 있는 것은 유전적 성격의 일부임을 스칼렛도 반쯤은 느끼고 있었다. 외가로 말하든 친가로 말하든 그녀들은 조지아 사람들이었다. 새로 토지를 개척한 사람들로부터 1대밖에 지나지 않은 북 조지아 사람이었다. 그러므로 자기 자신에 대해서나 환경에 대해서나 강한 확신을 갖고 있었다. 그 방법은 서로 달랐지만, 그녀들 또한 월크스 집안 사람들처럼 본능적으로 자신들이 해야 할 일을 알고 있었다. 스칼렛의 가슴속에서는 상냥한 목소리를 지닌 고상한 해안지방 태생인 어머니의 귀족적인 피와 빈틈없고 거친 아일랜드 농민인 아버지의 피가 곧잘 충돌하여 서로 싸웠지만 그녀들에게는 그러한 고민이 없었다. 스칼렛에겐 어머니를 우상처럼 존경하고 숭배하고 싶은 마음이 있는 반면에 어머니의 머리칼을 끌어당기며 장난치고 싶은 마음도 있었다. 그 어느 쪽인가 한쪽을 택해야 한다는 것은 그녀도 알고 있었다. 그건 그녀가 젊은 남자들 앞에서 부드럽고 고상한 귀부인 행세를 하고 싶다는 생각과 함께 한편으론 키스쯤 아무렇지도 않게 여기는 불량 소녀로 보이고 싶다는 생각 같은 그런 서로 엇갈리는 두 개의 감정이 함께 있는 것과 같은 것이었다.

"엘렌이 오늘은 무슨 일이죠?" 탈레턴 부인이 물었다.

"농장감독을 해고해서 말입니다. 장부 인계를 받으려고 집에 남았어요. 그런데 댁 주인 양반이랑 아드님들은?"

"벌써 몇 시간 전에 말을 타고 트웰브 오크스에 갔어요. 펀치[19]를 시음하고 술의 배합이 제대로 되었는지 미리 알아보려는 거겠지만, 마실 시간이 없기라도 한 것처럼 급히 갔어요. 어차피 이제부터 내일 아침까지는 진탕 마실 텐데. 오늘 밤은 그 사람들을 붙들어 마구간에라도 좀 재워 달라고 존 월크스 씨에게 부탁해야겠어요. 주정뱅이도 다섯쯤 되니 도저히 나 혼자 힘으론 감당 못하겠어요. 세 사람 정도면 얼마든지 해치울 수 있겠지만……."

제럴드는 급히 화제를 바꾸려고 입을 열었다. 작년 가을 월크스 댁 바비큐 파티에서 술에 잔뜩 취해 돌아왔을 때 그의 모습을 생각해 내고, 딸들이 킬킬 웃고 있는 것을 등 뒤로 느꼈기 때문이다.

---

19) 물·과즙·향료에 와인이나 다른 술을 넣어 만든 음료.

"어째서 오늘은 말을 타고 오시지 않았습니까. 넬리하고 같이 계시지 않으면 부인답지 않아요. 정말이지 부인은 스텐토어이니까."

"스텐토어라고요! 발음이 틀렸겠죠." 부인은 제럴드의 아일랜드 사투리를 흉내내며 말했다. "당신이 말씀하시는 건 센토어[20]라는 뜻이겠죠. 스텐토어란 놋쇠 징처럼 목소리가 큰 사내란 뜻이에요."

"스텐토어고 센토어고 상관없어요." 제럴드는 자기의 잘못된 발음에도 개의치 않고 유들유들 대답했다. "부인이 사냥개를 채찍질할 때 목소리는 그야말로 징소리 같으니까요."

"엄마가 한 대 먹었어요." 헤티가 말했다.

"정말이에요. 제가 언제나 말했잖아요. 여우를 발견할 때 엄마는 꼭 코만치 족 같은 목소리를 낸다고."

"하지만 유모가 네 귀를 씻길 때처럼 그런 굉장한 소리는 내지 않는다." 탈레턴 부인은 되받았다. "넌 벌써 열여섯 살이나 되는데 말이야. 그런데 오하라 씨, 제가 오늘 말을 타고 오지 않은 건 넬리가 오늘 아침 새끼를 낳았기 때문이에요."

"허어, 새끼를 낳았어요?" 제럴드는 진심으로 흥미를 느껴 외쳤다. 아일랜드인 특유의 말에 대한 정열이 그의 눈에 빛났다. 스칼렛은 다시 어머니와 탈레턴 부인을 비교하고 충격을 느꼈다. 엘렌은 말이 새끼를 낳았다는 말이나 소가 새끼를 낳는다는 말을 전혀 입에 올리지 않았다. 심지어 닭이 알을 낳는다는 말조차도 거의 입에 올리지 않았다. 그런데 탈레턴 부인은 태연히 이런 문제를 입에 담고도 조금도 거리낌이 없는 것이다.

"조그만 암망아지겠죠?"

"아뇨, 다리가 2야드나 되는 아주 기막힌 수놈이에요. 오하라 씨, 한 번 보러 오시지 않겠어요? 진정한 탈레턴 말이에요. 헤티의 곱슬머리처럼 빨간 것이."

"그리고 얼굴까지 헤티 언니를 닮았어요" 하고 끼어든 캐밀라는 갑자기 죽는 소리를 지르며, 치마와 팬털렛 및 모자 무더기 속으로 모습을 감추었다. 얼굴이 기다란 헤티가 꼬집기 시작했기 때문이다.

"우리집 암망아지들은 오늘 아침부터 흥분하고 난리였어요." 부인은 말했다.

---

20) 반인반마. 켄타우로스.

"애쉴리와 저 애틀랜타에서 온 귀여운 사촌누이가 약혼한다는 얘기를 듣고부터는 그야말로 발을 굴러 대고 야단이에요. 뭐라고 했지, 그 아가씨 이름이? 멜라니? 귀여운 아가씨라고는 기억하고 있지만, 얼굴도 이름도 까맣게 잊었어요. 우리집 요리사가 윌크스 댁 하인감독 마누라라서 어젯밤 그 사내한테서 오늘밤 약혼 발표가 있다는 얘기를 듣고 오늘 아침 그걸 우리에게 알려 주었어요. 딸들이 모두 그걸 듣더니, 나는 어째서 떠드는지 알 수가 없지만 법석을 떨지 않겠어요? 애쉴리가 메이컨의 버 집안의 사촌과 결혼하지 않는다면 틀림없이 그 아가씨하고 결혼하리라는 건 하니 윌크스가 멜라니의 오빠 찰스하고 결혼하는 것과 같이 몇 해 전부터 누구나 다 아는 사실 아니에요? 그런데 말이죠, 오하라 씨, 윌크스 댁에선 친척 아닌 사람과 결혼하면 불법이라도 저지르는 거래요? 왜냐하면……"

　스칼렛은 부인이 웃으면서 말한 뒷이야기는 아예 듣고 있지 않았다. 매우 순간적이긴 했지만, 태양은 차가운 구름의 그늘로 숨고 세계는 캄캄해지고 천지는 모두 빛을 잃고 만 것처럼 느껴졌다. 싱싱한 초록빛 새싹도 시들고 층층나무의 꽃도 새파랗게 변하고, 아까까지 아름다운 연분홍으로 만발했던 산능금 나무의 꽃은 색이 바래고 생기를 잃고 말았다. 스칼렛의 손가락은 마차의 장식물을 단단히 잡고 있었지만, 순간 그녀의 양산이 흔들흔들 움직였다. 애쉴리가 약혼한 것을 안다는 사실과 이렇듯 대수롭지 않게 사람들이 그 일을 얘기하는 것을 듣는다는 사실은 결코 같은 일이 아니었다. 그러나 이윽고 그녀의 용기는 다시 힘차게 솟아올랐다. 태양은 다시 모습을 나타내고 주위는 또다시 빛나기 시작했다. 그녀는 애쉴리가 자기를 사랑한다는 것을 알고 있었다. 그건 틀림없는 사실이었다. 만일 오늘 밤 그들의 약혼 발표가 없고 자기들이 달아난 걸 듣는다면 이 탈레턴 부인은 얼마나 놀랄까 싶자 스칼렛은 절로 미소가 떠올랐다. 부인은 틀림없이 이웃 사람들에게 떠들고 돌아다니리라. 스칼렛은 정말 깜찍한 아이예요. 내가 멜라니 얘기를 할 때 옆에서 새침하게 듣고 있었는데 글쎄 그때는 벌써 애쉴리 하고 약속이 되어 있었다지 뭐예요. 이런 생각을 들으며 스칼렛은 보조개를 만들었다. 엄마의 말이 스칼렛에게 어떤 반응을 일으킬지 날카롭게 그녀의 얼굴을 지켜보고 있던 헤타는 스칼렛의 얼굴에 파인 보조개를 보고 어리둥절하여 조그맣게 눈살을 찌푸리고 다시 앉아버렸다.

“뭐니뭐니해도요, 오하라 씨.” 탈레턴 부인은 말에 힘을 주었다. “사촌끼리의 혼인은 좋지 않아요. 그것만해도 좋지 않은 일인데 하니까지 그 창백한 찰스 해밀턴과 결혼하다니.”

“하니는 찰스 말고는 결혼하기 전에 상대해 줄 사람이 없어요.” 란다가 말했다. 자기는 자신 있다고 믿고 잔인한 말을 이렇게 태연하게 하는 것이다. “하니는 그 사람말고는 남자친구가 한 사람도 없거든요. 게다가 찰스는 약혼했는데도 하니에게 별로 다정하게 굴지 않아요. 그렇지, 스칼렛, 작년 크리스마스 때만 해도 그 사람이 치근치근 네 꽁무니를 쫓아다니지 않았어?”

“아가씨, 그런 심술궂은 말을 하면 못써.” 탈레턴 부인은 말했다. “사촌끼리 결혼하는 건 좋지 않아요. 육촌끼리도 좋지 않은데. 혈통을 약화시키거든요, 말과는 다르죠. 말이라면 암말과 그 형제를 교배해도, 수말과 그 딸을 교배해도 혈통만 좋으면 상관없지만, 사람이야 어디 그런가요. 혈통을 순수하게 유지시키려는 건 좋지만 체력이 약해져요. 당신도…….”

“하지만 부인, 거기에 대해선 제게도 의견이 있습니다. 왜냐하면 윌크스 댁의 사람들보다 뛰어난 인물이 달리 있을까요. 더구나 그 집에선 브라이언보루[21]가 어린애였을 때부터 근친결혼을 해오고 있습니다.”

“하지만 그것도 이제 멈추어야 할 단계예요. 벌써 쇠퇴 징조가 보이기 시작하거든요. 애쉴리는 풍채도 훌륭하니 그렇지 않지만, 그런 그도, 아니 그보다도 그 댁의 두 따님을 좀 보세요. 빨래를 너무 해서 바랜 것 같은 얼굴빛을 하고 있잖아요, 가엾게도! 그야 좋은 아가씨들이죠. 게다가 그 몸집 작은 멜라니를 보세요. 울타리에 가로지른 나무처럼 가늘고 바람 불면 곧 날아가 버릴 듯이 약해 빠진 게 전혀 기력이 없잖아요. 또 애당초 자기 주장이란 걸 갖고 있질 않아요. ‘네’ 아니면 ‘아뇨’밖에 할 줄 몰라요. 제가 하는 말뜻 아시겠어요? 그 가족에는 새로운 피가, 그것도 저희 집 딸이나 댁의 스칼렛 같은 건강하고 씩씩한 피가 필요하단 말이에요. 하지만 오해는 말아주세요. 윌크스 댁 사람들은 모두 그런대로 훌륭한 분들이고, 잘 아시다시피 저도 그 사람들을 좋아하고 있으니까요. 하지만 솔직하게 말해서 그 집은 근친결혼이 지나치고 근친번

식도 과했어요. 그렇게 생각되지 않으세요? 그야 잘 마르고 닦인 경마장에서
라면 훌륭히 달릴 수 있겠지만 진창인 경마장에서도 그렇게 달릴 수 있을까
요. 이 말을 잘 새겨 두세요. 그들은 패기가 없어졌다고 생각해요. 하니까 여차
하는 경우 역경에 놓였을 때 싸울 수 있을 것 같진 않아요. 이를테면 갠 날씨에
만 쓸모 있는 사람들이죠. 하지만 전 말도 날씨가 좋건 나쁘건 어느 때나 써먹
을 수 있는 늠름한 편이 좋아요. 그들은 근친결혼만 하기 때문에 점점 더 이 근
방 사람들과는 달라지는 거죠. 그 사람들은 언제나 피아노를 치거나 책에 얼굴
을 파묻고 있으니까요. 애쉴리도 틀림없이 사냥을 하기보다는 책 읽는 편을 더
좋아할 거예요. 정말, 정말이지 저는 그렇게 믿어요, 오하라 씨. 첫째, 그 사람들
의 골격을 좀 보세요. 지나치게 가늘지 않아요. 그 집안에는 아무래도 억센 종
마와 암말이 필요해요."

"으흠" 하고 제럴드는 헛기침을 했다. 이 같은 화제는 자기에겐 그야말로 재미
있고 또 대단히 알맞다고 생각했지만, 엘렌에겐 그렇지 못할 거라고 생각하자
문득 마음이 꺼림칙해져 왔던 것이다. 실제로도 만일 딸들에게 이렇게 노골적
인 얘기를 들려 주었다는 것을 알면 엘렌이 받는 충격은 돌이킬 수 없을 것이
라고 생각되었다. 그러나 탈레턴 부인은 늘 그렇듯이 그녀가 즐겨하는 얘깃거
리, 즉 번식에 대한 얘기라면 그것이 말에 관한 것이든 인간에 관한 것이든 간
에 다른 일 따위는 생각도 하지 않았다.

"제가 말씀드리는 것은 절대로 엉터리가 아니에요. 왜냐하면 저의 집안에도
사촌끼리 혼인한 사람이 있으니까요. 그런데 글쎄 어쨌는지 아세요? 태어난 아
이들이 가엾게도 마치 식용 개구리처럼 모두 눈이 툭 불거져 나왔지 뭐예요.
가족들이 제게도 육촌하고 결혼하라고 권했지만 그 따위 얘긴 한창 기운 뻗친
망아지처럼 차 버리고 말았죠. 그때 전 이렇게 말했어요. '엄마 싫어요. 나를 위
해서 그러는 게 아니에요. 태어나는 아이들이 비절내종이나 천식에 걸리는걸
요. 뭐' 하고 말이에요. 제가 비절내종이니 하고 이상한 병 이름까지 대니까 어
머니는 까무러치려고까지 했지만, 저는 끝까지 버텼죠. 그러자 할머니가 제 편
을 들어 주었어요. 할머니 역시 말의 번식에 대해 자세히 알고 계셔서 제가 말
하는 게 정말이라고 지지해 주었어요. 그리고 저를 도와서 지금 이 탈레턴과
달아나게 해주셨죠. 저희 집 아이들을 좀 보세요. 모두들 크고 건강해서 병신

이거나 난쟁이 따위는 하나도 없잖아요. 제일 몸집이 작은 보이드만 하더라도 5피트 10인치는 되니까요. 그런데 윌크스 댁 사람들은……."

"잠깐! 얘기를 가로막는 건 아닙니다만, 부인." 제럴드는 황급히 말했다. 캐린이 어리둥절한 표정이었으며, 수엘렌은 탐욕스러운 호기심으로 열심히 귀를 기울이고 있다는 것을 깨달았기 때문이다. 이 두 딸이 집에 돌아가 만일 엘렌을 어리둥절하게 만드는 질문이라도 하는 날이면 어린 딸들의 삼독으로 자기가 얼마나 무능한가를 폭로하는 결과가 된다고 걱정이 됐던 것이다. 다행히 스칼렛만은 숙녀답게 다른 일이라도 생각하는 듯했으므로 우선 안심이 되었다.

이때 헤티 탈레턴이 구원의 손길을 뻗쳐 왔다.

"저 엄마, 빨리 가요." 그녀는 지루한 듯 소리쳤다. "햇볕이 따가워서 목덜미에 주근깨가 생기는 소리가 들리는 것 같아요."

"잠깐 기다려 주세요, 부인. 그 전에 잠깐만." 제럴드는 말했다. "우리가 조직한 기병대에 말을 파신다는 건 어떻게 됐습니까? 이제 전쟁이 언제 시작될지 모르는 판국이라 모두 결정을 기다리고 있어요. 그리고 클레이턴 군 기병대니까 역시 클레이턴 군의 말을 가져야 한다는 거죠. 그런데도 부인은 참 고집스러운 분이군요. 좋은 말이 그렇게 많은데 아직 팔겠다고 결정을 내려주시지 않으니."

"전쟁은 안 일어나는 게 아닐까요?" 탈레턴 부인은 벌써 윌크스 집안의 혈통 이야기를 완전히 마음에서 밀어내고 시간을 끌며 말했다.

"전쟁이 없다고요? 그럼, 부인께선……."

"엄마!" 헤티가 또 가로막았다. "엄마도 아저씨도 말 얘기는 트웰브 오크스에 가서 하실 수 없어요?"

"그러마, 헤티." 제럴드는 말했다. "시계로 재서 1분 이상은 절대로 지체하지 않을게. 이제 곧 트웰브 오크스니까. 거기서는 노인이나 젊은이나 모두 말 문제를 걱정하고 궁금해 하고들 있어요. 아가씨 어머니같이 훌륭한 귀부인이 어째서 이렇듯 말을 팔기 아까워 하는지, 그걸 생각하면 가슴이 찢어질 것만 같아. 저 탈레턴 부인, 당신의 애국심은 대체 어디에 있는 겁니까? 남부동맹 같은 건 아무래도 좋다고 생각하시는 겁니까?"

"엄마!" 꼬마 뱃시가 코맹맹이 소리로 말했다. "란다가 내 옷 위에 앉아서 죄다 꾸겨 놨어요."

"란다를 떼밀려무나, 뱃시. 그리고 좀 조용히들 해요. 그런데 제럴드 오하라 씨, 제 말 좀 들어보세요." 부인은 반박했다. 눈이 빛나기 시작했다. "제 앞에서 그렇게 동맹, 동맹하고 말씀하실 건 없다고 생각해요. 남부동맹은 제게도 당신들 이상으로 중대한 의미가 있으니까요. 아무튼 저는 제 아들들을 기병대에 보냈지만, 당신은 하나도 보내지 않았잖아요. 우리집 아이들은 자기 일을 자기가 처리할 수 있지만, 말은 그렇지 못해요. 제가 알고 있는 젊은이들 가운데 언제나 서러브레드[22]만 타버릇한 신사들만 타게 된다는 걸 알 수만 있다면, 전 기꺼이 거저라도 내놓겠어요. 1분도 망설이지 않구요. 하지만 산속의 숲이나 조그만 밭에서 노새 따위만 탄 녀석들이 탄다면 절대로 안 돼요! 안장에 스친 상처 하나 제대로 치료하지 않고 변변하게 손질도 않은 채 타고 돌아다닐 걸 생각하면, 전 정말 꿈에까지 보일 것 같아요. 그 순한 입매를 한 제 귀여운 말들이 그렇게 무지막지한 바보들이나 태우고, 더구나 입을 찢기고, 성질이 비뚤어질 만큼 얻어맞는 것을 제가 가만히 보고만 있을 수 있다고 생각하세요? 생각만 해도 오싹 소름이 끼쳐요. 오하라 씨, 당신이 제 말을 사시겠다는 것은 대단히 기쁘지만, 그 따위 농사꾼을 태우기 위해서라면 차라리 애틀랜타로 가셔서 짐말이나 사오시는 편이 좋을 거예요. 그까짓 것들이 좋은 말 나쁜 말을 가릴 줄이나 알겠어요."

"참 엄마는, 빨리 가요." 캐밀라가 조바심을 내며 어머니를 재촉했다. "아무리 귀여운 말이라도 결국은 팔지 않으면 안 된다는 걸 엄마도 알고 있잖아요. 아버지랑 오빠가 남부동맹에 필요한 것이라고 졸라 대면, 엄마는 결국 울면서라도 내놓게 될 텐데 뭘." 탈레턴 부인은 웃으면서 고삐를 흔들었다. "그렇겐 안 돼"라고 말하면서 가볍게 채찍을 말에 댔다. 마차는 곧 달리기 시작했다.

"훌륭한 부인이야." 제럴드는 모자를 쓰고 딸들의 마차 있는 데로 돌아왔다.

"토비, 자 출발이다. 어떻게 해서라도 설득을 시켜 말을 팔도록 해야지. 물론 부인이 하는 말은 옳아. 신사도 아닌 놈이 말을 타야 할 일은 없지. 그런 녀석은 보병대가 알맞아. 하지만 농장주의 자제들만으론 1개 대를 조직할 수 없으니, 참 일이 고약해. 응, 뭐라고, 스칼렛?"

---

22) 영국산 고급 경주마.

"아버지, 마차 뒤나 앞에서 달려 주세요. 먼지가 너무 나서 숨이 막힐 것 같아요." 스칼렛은 이렇게 말했지만, 그건 그 이상 말을 하는 것이 견딜 수가 없었기 때문이다. 제럴드가 이야기를 하고 있으면 정신이 어지러워 생각을 간추릴 수가 없었다. 그런데 그녀는 트웰브 오크스에 닿을 때까지 마음도 얼굴도 남의 눈을 끌 수 있도록 다듬어 두어야만 했다. 그래서 그녀는 몹시 애가 탔다. 제럴드는 시키는 대로 말에 박차를 가하여 탈레턴 댁 마차를 따라잡으려고 곧장 붉은 모래 먼지 속을 달려갔다. 부인과 또 말 이야기나 계속하려는 것이리라.

6

마차는 강을 건너 언덕을 올라갔다. 트웰브 오크스 저택은 아직도 보이지 않았지만, 스칼렛은 하늘 높이 솟아 있는 나무들 꼭대기에 가볍게 떠 있는 아지랑이 같은 연기를 보았다. 호두나무 통장작이 타는 구수한 냄새와 돼지고기며 양고기를 굽는 향기가 뒤섞인 맛있는 냄새가 풍겨왔다.

바비큐파티의 음식은 야외에 흙을 파서 만든 화덕에다 통구이를 한 돼지고기와 양고기였다. 지난밤부터 가물가물 불길이 꺼지지 않고 있는 화덕에선 지금껏 벌써 통장작 숯불이 장밋빛으로 수북이 쌓이고, 꼬챙이에 꿴 고기가 그 위에서 뒤적여질 때마다 기름이 숯불 속으로 뚝뚝 떨어져 지글지글 타 없어져 가고 있을 것이다. 산들바람에 실려오는 그 향긋한 냄새가 웅장한 저택 뒤의 커다란 떡갈나무 숲 사이에서 흘러온다는 것을 스칼렛은 알고 있었다. 존 윌크스는 언제나 거기서 바비큐파티를 열었다. 거긴 장미밭으로 이어지는 완만한 경사지로 시원한 그늘을 이루고 있어 캘버트 댁에서 바비큐파티를 여는 장소와 비교하면 훨씬 기분 좋은 곳이었다. 캘버트 부인은 통구이를 한 육류를 좋아하지 않았다. 그리고 냄새가 며칠이고 집에 밴다면서 늘 집에서 4분의 1마일이나 떨어진, 나무 그늘도 없는 평지에서 열기 때문에 초대받은 손님들은 늘 더위에 시달렸다. 그러나 손님을 환영하는 데 있어서는 주에서도 유명한 존 윌크스 댁은 바비큐파티란 어떻게 열어야 하는지 잘 알고 있었다.

윌크스 댁의 가장 호화로운 테이블보를 씌운 피크닉용의 긴 조립식 테이블이 가장 시원한 그늘을 찾아 몇 개나 놓이고, 그 양편에는 등받이 없는 벤치가 놓인다. 그런 벤치를 원하지 않는 사람들을 위해선 집에서 운반된 의자며 방석이며 쿠션 따위가 경사지의 알맞은 곳에 마련된다. 손님에게 연기가 가지 않을 만한 거리에서 고기를 굽기 위해 길게 구덩이가 파이고 그 위에 걸어 놓은 쇠 냄비에서는 불고기 국물이며 브런즈윅 스튜[23]의 구수한 냄새가 풍긴다. 윌크스 댁의 가든파티에서는 언제나 최소한 12명쯤의 흑인 노예가 손님 시중을 위해 쟁반을 가지고 바삐 돌아다닌다. 헛간 뒤쪽에도 따로 고기를 굽는 화덕을 만들 어, 거기에서는 저택의 고용인과 손님을 따라온 마부며 하녀들이 핫케이크와 고구마, 또 흑인들이 제일 좋아하는 돼지 내장 같은 것으로 그들만의 잔치를 벌이도록 되어 있고, 수박이 익는 계절에는 그것을 실컷 먹을 수 있다.

향긋한 돼지고기 냄새가 풍겨오자 스칼렛은 음미하려는 듯 코를 찡그렸다. 저것이 다 익을 때까지 식욕이 좀 생겼으면 좋으련만. 배가 부른 데다가 코르셋 을 단단히 졸라맸으므로 금방이라도 트림이 나오지 않을까 걱정이 되었다. 트 림이 나오면 그야말로 큰일이다. 사회적인 비난을 받을 염려 없이 트림할 수 있 는 건 오직 노인이나 몹시 늙은 부인에 국한되어 있었다.

언덕을 올라가자 균형이 잘 잡힌 흰 건물이 눈 앞에 나타났다. 높고 둥근 기 둥, 널찍한 베란다, 반듯한 지붕, 그건 흡사 자기의 매력에 커다란 자신감을 갖 고 있어서 모든 사람에게 너그럽고 친절해질 수 있는 귀부인과 같은 아름다움 을 지니고 있었다. 스칼렛은 타라 이상으로 이 트웰브 오크스가 좋았다. 왜냐 하면 거기에는 제럴드의 저택에선 볼 수 없는 장엄한 미와 원숙한 품위가 있었 기 때문이다.

넓고 굽이진 마찻길에는 벌써 안장을 얹은 말이며 마차며 손님이 가득했고, 내려선 손님들은 서로 아는 사람을 부르며 인사를 나누고 있었다. 파티가 열린 다 하면 으레 흥분하는 흑인들은 잇몸을 드러내며 말을 뒤꼍으로 끌고 갔다. 마구를 풀고 안장을 떼어내며 밤까지 쉬도록 하기 위해서였다. 흑인과 백인이 함께 어울린 아이들 무리는 푸른 잔디밭 근처를 뛰어다니며 환성을 올리고 돌 차기를 하거나 술래잡기를 하며, 누가 많이 먹느냐는 얘기에 열중하고 있었다. 현관에서 안뜰까지 뚫려 있는 넓은 홀에는 사람들이 들끓었다. 오하라 집안의 마차가 현관 가까운 곳에 닿았을 때, 스칼렛은 나비처럼 화려한 크리놀린[24]의

---

23) 두 가지 이상의 고기와 야채를 넣고 끓인 음식.
24) 스커트를 부풀리기 위해 입었던 딱딱한 페티코트 또는 후프를 넣은 치마.

소녀들이 2층으로 올라가는 층계를 오르내리며 서로 허리를 끌어안고 아름다운 난간에 몸을 기대거나 아래층 홀에 있는 젊은 남자를 부르거나 미소를 보내는 것을 보았다.

열어젖힌 프랑스풍 창 너머로 스칼렛은 객실에 앉아 있는 중년 부인들을 힐끗 보았다. 그녀들은 수수한 옷차림으로 의젓하게 걸터앉아 부채를 흔들면서 갓난애 얘기며 병 얘기며 누구 누구가 어떤 식으로 결혼했다는 따위의 말을 주고받고 있었다. 윌크스 댁의 하인감독 톰이 은쟁반을 손에 들고 비쁜 듯이 홀 안을 돌아다니면서 청년들에게 미소띤 얼굴로 머리를 숙여 목이 긴 컵을 권하고 있었다. 청년들은 엷은 황갈색이나 잿빛 바지에 우아하게 주름이 잡힌 리넨 와이셔츠를 입고 있었다.

양지바른 정면 베란다에도 손님이 붐비고 있었다. 그렇다. 오늘은 이 지방 사람들이 모두 모이는 것이다, 스칼렛은 생각했다. 탈레턴 댁의 네 형제는 아버지와 함께 높고 둥근 기둥에 기대어 서 있었다. 쌍둥이인 스튜어트와 브랜트는 언제나 그렇듯이 꼭 붙어서 나란히 서 있었고, 보이드와 톰은 아버지 제임스 탈레턴과 나란히 서 있었다. 캘버트 씨는 북부 태생의 아내와 바짝 몸을 붙이고 서 있었는데, 그녀는 이 조지아 주에 온 지가 벌써 15년이나 지났지만 여전히 아무래도 남부에 익숙하지 않은 것처럼 보였다. 누구나 그녀를 딱하게 여겨 다정하고 친절하게 대해 주고 있었지만, 그녀가 장소를 잘못 선택하여 북부에 태어났다는 최초의 실수에 덧붙여 캘버트 댁의 가정교사였다는 실수를 누구도 잊지 않았다. 캘버트 댁의 아들 레이포드와 캐이드는 화려한 금발머리를 한 누이 캐들린과 함께 얼굴이 가무잡잡한 조 폰테인과 그의 사랑스런 미래의 신부 샐리 먼로를 놀리고 있었다. 알렉스와 토니 폰테인 형제는 디머티 먼로의 귀에 뭐라 속삭여 그녀를 몹시 즐겁게 하고 있었다. 거기에는 10마일이나 떨어져 있는 러브조이 같은 먼 곳에서 온 가족도 있고, 더욱 먼 페이엇빌이나 존즈버러에서 온 사람도 있었다. 집 안은 온통 사람들로 떠나갈 것 같았다. 이야기 소리, 깔깔 웃는 웃음소리, 소리를 죽인 웃음, 날카롭게 킥킥거리는 여자의 소리, 외침 따위가 쉴 새 없이 높아졌다 낮아졌다 했다.

현관 층계에는 존 윌크스 씨가 서 있었는데 은발의 단정한 그는 마치 조지아의 여름 태양처럼 따뜻하게 연방 매력과 애교 있는 그 부드러운 미소를 사람들에게 보내고 있었다. 곁에는 하니 윌크스가 도착하는 손님들에게 인사하면서 침착하지 못한 태도로 킬킬 웃고 있었다. 그녀가 '하니'라고 불리는 까닭은 그녀가 특히 친근한 사람에게 쓰는 '하니'라는 말을 아버지부터 들일하는 검둥이에게 이르기까지 쓰는 데서 지어진 별명이었다.

눈에 띄는 모든 남성의 마음을 끌고 싶다는 하니의 신경질적이고 노골적인 욕망은 아버지의 온순한 태도와는 좋은 대조를 이루어 스칼렛은 탈레턴 부인의 말에도 어느 정도 근거가 있는 것이 아닌가 싶었다. 윌크스 댁 남자들은 확실히 공통의 가계적 용모를 갖고 있었다. 아버지인 존 윌크스와 아들 애쉴리의 잿빛 눈을 돋보이게 해 주는 짙은 황금색 속눈썹은 하니와 그 언니 인디어에게선 성겨지고 빛깔도 엷었다. 그러므로 하니의 얼굴은 속눈썹 없는 토끼처럼 기묘한 느낌이 들었고, 인디어는 평범하다고밖에는 달리 말할 수 없는 여자였다.

인디어의 모습은 아무 데도 보이지 않았다. 아마 부엌에서 하녀들에게 마지막 지시라도 하는 게지, 하고 스칼렛은 생각했다. 그녀는 어머니가 죽고 나서는 가사를 돌보는 데 바삐 쫓기느라고 스튜어트 탈레턴말고는 다른 남자친구도 붙잡을 기회가 없었다. 그러나 그 스튜어트가 인디어보다 나를 아름답다고 생각한대도 그건 내 탓이 아니지.

존 윌크스는 스칼렛에게 팔장을 끼게 하려고 층계를 내려왔다. 마차에서 내릴 때 그녀는 문득 수엘렌이 생긋 웃는 것을 보고 틀림없이 수엘렌이 이 군중 속에서 프랭크 케네디의 모습을 찾아냈을 것이라고 생각했다. 마치 노처녀가 승마바지를 입은 것 같은 남자 따위보다 훨씬 훌륭한 애인을 어째서 내가 손에 넣을 수 없단 말인가! 마차에서 땅에 내려서면서 존 윌크스에게 감사의 미소를 지어 보이고 그녀는 동생을 경멸하여 그렇게 생각했다.

프랭크 케네디는 수엘렌이 마차에서 내리는 것을 돕기 위해 급히 다가왔다. 그러자 수엘렌은 스칼렛이 한 대 찰싹 갈겨주고 싶을 정도로 의기양양해져서 고개를 바싹 젖혔다. 프랭크 케네디는 이 고을 안에서 어깨를 겨룰 사람이 없을 만큼 큰 지주인 데다 몹시 친절한 마음씨의 사나이일는지도 모른다. 그러나 그렇다곤 해도 그가 이미 마흔 살이고 빈약하며 신경질적이고 엷은 생강빛 수염을 길렀으며 노처녀 같은 좀스런 태도를 지닌 사나이라는 사실을 무시해 버릴 순 없으리라. 어쨌든 스칼렛은 자기 계획을 기억해 내곤 경멸의 마음을 숨기고 화려한 미소로 프랭크에게 인사를 했다. 그러자 그는 발길을 뚝 멈추고는 수엘렌에게 내민 손도 그대로 둔 채 어리둥절하면서도 기뻐하며 멍하니 스칼렛을 바라보는 것이었다.

존 윌크스와 이것저것 즐거운 듯이 얘기를 나누면서도 스칼렛의 눈은 군중 속에서 애쉴리를 찾아 헤매고 있었다. 하지만 그의 모습은 현관에는 없었다. 한 디스쯤의 입이 외친 환영의 소리와 더불어 스튜어트와 브랜트기 그녀 쪽으로 다가왔다. 먼로네 아가씨들도 달려와 그녀의 옷을 칭찬해 주었다. 그녀는 곧 서로 다른 목소리를 누르고 그녀에게 들려주기 위해 차차 높아져 가는 소음의 한가운데에 있게 되었다. 그런데 대체 애쉴리는 어디에 있는 것일까? 그리고 멜라니나 찰스는? 그녀는 넌지시 주위를 둘러보고 홀 안에서 즐겁게 웃고 있는 한 떼의 사람들에게 눈길을 돌렸다.

지껄이고 웃으며 집 안이며 정원을 재빨리 훑어보았을 때 그녀의 눈은 한 낯선 사나이의 모습 위에 못박혔다. 그 사나이는 홀 안에 혼자 서서 그녀를 냉랭하게 예의 없는 태도로 노려보고 있었다. 그 눈은 그녀에게 한 사람의 낯선 사나이를 매혹시킬 수 있다는 여자다운 기쁨과 함께 자기 드레스 가슴이 너무 패어 있다는 계면쩍은 부끄러움을 날카롭게 느끼게 했다. 그는 벌써 꽤 많은 나이인 듯싶었다. 적어도 서른다섯은 되었으리라. 키가 크고 체격이 건장했다. 어깨는 떡 벌어지고 근육질의 몸은 단단했다. 신사치고 그토록 건강한 사나이는 한 번도 본 일이 없다고 스칼렛은 생각했다. 두 사람의 눈길이 마주치자 그는 짧게 다듬은 검은 콧수염 아래 동물적인 흰 이를 드러냈다. 그의 얼굴색은 마치 해적처럼 햇볕에 그을은 듯 검었으며, 그 대담한 검은 눈은 마치 이제부터 격침시키려고 겨냥한 갈레온이나 또는 이제부터 납치하려는 소녀를 평가하고 있는 해적의 눈초리 같았다. 얼굴에는 냉랭한 난폭함이 서렸고, 그녀에게 미소지었을 때조차도 입술에는 비웃는 듯한 기질이 깃들어 있었다. 스칼렛은 자기도 모르는 새 훅 숨을 들이마셨다. 저렇게 사람을 흘겨보다니 모욕을 느껴야 한다고 생각하면서도 모욕을 느낄 수 없는 게 화가 났다. 그 남자가 누구인지 그건 몰랐지만, 그의 검은 얼굴에는 지울 수 없는 명문의 혈통이 짙게 나타나 있었다. 정력 넘치는 붉은 입술, 매부리처럼 날카로운 코, 시원한 이마, 서글

서글한 눈이 그걸 말해 주고 있었다.

그녀는 미소를 보내 주지도 않고 억지로 사나이에게서 눈길을 돌렸는데, 그 역시 누군가 부르는 소리에 고개를 돌렸다.

"레트! 레트 버틀러! 이쪽으로 오게. 조지아에서 제일 쌀쌀한 아가씨를 소개해 줄 테니."

레트 버틀러? 뭔가 재미있는 스캔들과 관련하여 들은 일이 있는 이름이었다. 그러나 그녀의 마음은 지금 애쉴리로 가득 차 있었다. 그녀는 그 남자에 대한 생각을 그만두었다.

"난 2층으로 가서 머리 손질을 하고 오겠어요." 그녀는 스튜어트와 브랜트에게 말했다. 두 사람은 그녀를 군중 속에서 끌어내려 하고 있었던 것이다. "당신들, 저를 기다려야 해요. 다른 여자와 어디로 가 버리면 화낼 테야."

만일 자기가 다른 누구와 킬킬거리며 장난이라도 치면, 오늘의 스튜어트는 다루기 힘들게 될 것이라고 그녀는 생각했다. 그가 술을 마시고 오만한 표정을 띠고 있게 되면 곧잘 말썽을 일으키는 버릇이 있다는 것을 그녀는 경험으로 알고 있었다.

그녀는 아는 사람들에게 말을 걸고 부엌 쪽에서 나온 인디어에게 인사를 하려고 복도에서 발걸음을 멈추었다. 인디어는 머리를 부스스하게 하고 이마에는 땀방울이 가득 솟아 있었다. 가엾은 인디어! 스무 살이나 돼 가지고도 아직 노처녀로 팔리지 않고 있다는 초라함을 제외해도, 윤기 없는 머리칼과 역시 윤기 없는 속눈썹, 그리고 고집스러운 성질을 나타내듯 앞으로 튀어 나온 턱을 가지고 있는 것만으로도 충분히 불리했다. 자기가 그녀에게서 스튜어트를 뺏은 것을 인디어는 정말 분개하고 있지 않는지 그녀는 궁금했다. 인디어가 아직껏 스튜어트를 사랑하고 있다고 많은 사람이 말하기는 하지만, 윌크스 사람들의 본심은 아무도 알 수가 없었다. 이를테면 스칼렛을 원망하고 있을지라도 그걸 조금이라도 나타내는 일은 결코 없었기 때문이다. 그녀는 언제나 그렇듯이 약간 서먹서먹하면서도 친절하고 정중하게 스칼렛을 맞았다.

스칼렛은 즐거운 듯 그녀와 말을 나누면서 넓은 층계를 올라갔다. 그때 수줍어하는 목소리가 등 뒤에서 그녀의 이름을 불렀다. 돌아다보니 찰스 해밀턴이었다. 부드러운 갈색 곱슬머리를 풍부하게 흰 이마에 물결치게 하고, 콜리 종의

개를 떠올리게 하는 짙은 갈색의 밝고 부드러운 눈을 한 체격 좋은 청년이었다. 겨자빛 바지에 검은 코트, 주름이 있는 와이셔츠에 최신 유행의 검정색 크라바트를 맨 빈틈없는 차림이었다. 스칼렛이 돌아보자 그의 얼굴이 붉게 상기되었다. 그는 여자에게 몹시 수줍게 굴었다. 그리고 내성적인 성격이 으레 그렇듯이 스칼렛 같이 쾌활하고 씩씩하며 언제나 느긋한 소녀를 진심으로 찬미하고 있었다. 이제까지 스칼렛은 이 청년에게 거의 겉치레뿐인 인사밖에 한 일이 없었다. 그러므로 지금 그녀가 밝고 기쁨이 담긴 미소로 답례를 하고 다정히 두 손을 내미는 것을 보자 그는 거의 숨이 멎는 것만 같았다.

"어머, 찰스 해밀턴, 여전히 훌륭하시네요! 아마도 가엾은 내 가슴에 상처를 내기 위해 애틀랜타에서 일부러 이렇게 오신 모양이죠!"

찰스는 그녀의 따뜻하고 조그만 손을 꼭 움켜잡고, 춤추듯 흔들리는 초록빛 눈을 들여다보면서 흥분해서 말도 제대로 하지 못하였다. 이런 태도는 흔히, 처녀들이 다른 젊은이들에게는 보여 주지만 찰스에겐 결코 보여주지 않는 것이었다. 이유는 알 수 없었지만, 왠지 처녀들은 그를 언제나 동생처럼밖에 취급하지 않아 몹시 친절하게 대하면서도 놀려대거나 장난하려고 하지는 않았다. 그보다 못생겼거나 재산 없는 청년들과 하는 것처럼 그하고도 함께 장난을 치고 희롱해 줬으면 하고 그는 언제나 바라고 있었다. 그런데도 어쩌다 막상 그런 일에 부딪치면, 무슨 말을 해야 좋을지 생각할 수도 없게 되고 어색함에 벙어리처럼 말문이 막혀 고통을 느끼는 것이었다. 그리고 그런 밤은 잠도 못 이룬 채 그때는 이렇게 이렇게 했으면 좋았을걸 하면서 온갖 매력적이고 달콤한 말을 이것저것 마음에 떠올리는 것이었다. 그러나 그가 두 번째 기회를 붙잡는 일은 좀처럼 없었다. 왜냐하면 처녀들 쪽이 한두 번 집적거리다가 미련없이 그에게서 떨어져 나가버리기 때문이다.

하니와는 내년 가을 그가 재산을 상속받으면 결혼하기로 무언중에 합의되어 있었지만, 그 하니와 함께 있을 때조차 그는 조심스러우며 조용했다. 때때로 그는 하니의 교태나 임자가 있다는 태도 역시 믿을 것은 못된다고 그녀에 대해 실례되는 생각을 품는 일이 있었다. 왜냐하면 그의 생각에 그녀는 남자를 매우 좋아하므로 기회만 주어지면 어떤 남자에게도 그런 교태를 보일 게 틀림없기 때문이다. 그녀와의 결혼을 상상해 보아도 찰스는 그다지 흥분을 느끼지 못했다. 왜냐하면 그가 매우 좋아하는 책에서 애인이란 이런 것이구나 하고 그에게 확신케 하는 저 격렬한 연애 감정을 그녀는 아무것도 불러일으키지 못했기 때문이다. 그가 늘 동경해 마지않는 것은 불꽃 같은 정열과 장난기가 있으면서도 귀엽고 활달한 여성으로부터 사랑을 받는 일이었다.

그런데 스칼렛 오하라는 지금 내 가엾은 가슴에 상처를 내고 싶으냐는 등하면서 그에게 장난을 친 것이다!

그는 뭔가 대꾸하려 했으나 헛일이었다. 잠자코 선 그는 혼자 떠들어 대느라 대꾸할 수고를 덜어주고 있는 스칼렛에게 은근히 감사했다. 그것이 사실이라면 복에 겨운 일이다.

"그럼 제가 돌아올 때까지 여기서 기다려주세요, 네? 난 당신과 함께 식사를 하고 싶어요. 다른 아가씨하고 놀러가거나 하면 안 돼요. 난 아주 샘이 많은 사람이니까요." 양쪽 볼에 보조개가 팬 붉은 입술에서 이런 믿기 어려운 말이 흘러나왔다. 그리고 진한 속눈썹이 파란 눈 위에서 자못 진지하게 깜박거렸다.

"그러지 않을 거예요." 가까스로 이렇게만 대답한 그는 그녀가 자기를 백정 앞에 나선 송아지처럼 여기고 있는 줄은 꿈에도 몰랐다.

접은 부채로 가볍게 그의 팔을 토닥거리면서 층계를 오르려고 방향을 바꾸었을 때 그녀의 눈길은 문득 찰스에게서 대여섯 걸음 떨어진 곳에 혼자 서 있는 레트 버틀러라는 사나이에게 못박혔다. 그는 분명 지금 두 사람의 대화를 다 들었으리라. 왜냐하면 그녀를 보고 마치 살쾡이처럼 짓궂게 잇몸을 드러내며 히죽 웃었기 때문이다. 더욱이 지금까지 그녀가 남에게서 받기에 익숙했던 존경의 빛 따윈 털끝만큼도 없는 눈초리로 다시 그녀를 쏘아보았다.

'하느님의 잠옷 같으니라고!' 스칼렛은 제럴드가 즐겨 쓰는 욕지거리를 떠올려 분개하면서 마음속으로 외쳤다. '저 사나이는 마치…… 마치 슈미즈를 벗은 내 모습을 알기나 하는 것 같은 눈초리야.' 그리고 그녀는 머리를 꼿꼿이 쳐들고 층계를 올라갔다.

숄 따위가 널린 침실에선 캐들린 캘버트가 거울 앞에서 몸단장을 하며 좀더 붉게 보이기 위해 입술을 깨물고 있었다. 새쉬에 꽂은 싱싱한 장미들이 그녀의 볼빛과 잘 어울렸다. 그리고 수레국화 같은 짙푸른 눈이 흥분되어 잔뜩 들떠 있었다.

“캐들린,” 드레스의 코르사주[25]를 위로 끌어 올리며 스칼렛은 말했다. “아래 층에 있는 버틀런가 뭔가 하는 그 능글맞은 남자 대체 누구니?”

“어머, 넌 몰랐니?” 캐들린은 재미있다는 듯 속삭였다. 그리고 딜시와 윌크스 댁의 하녀들이 수다를 떨고 있는 옆방에 경계의 눈길을 보냈다. “그 남자가 와 있는 걸 윌크스 씨가 어떻게 생각하고 계신지 모르지만, 그이는 존즈버러에 케네디 씨를 찾아왔대. 복화를 사러 왔다나. 불본 케네디 씨도 함께 데리고 오지 않을 수 없었겠지. 왜냐하면 그곳에 그 사람만 남겨 두고 자기만 올 수는 없을 테니까.”

“그 사람에게 무슨 내력이라도 있어?”

“응, 그인 어느 집에서나 상대를 안 해 줘.”

“설마!”

“정말이야.”

스칼렛은 잠자코 그 말을 되새겨 보았다. 어디서도 받아 주지 않는 사람과 한 지붕 아래 있어 본 일은 아직까지 한 번도 없었다. 매우 흥미진진하게 느껴졌다.

“무슨 짓을 했는데?”

“스칼렛, 그는 소문이 아주 나빠. 이름은 레트 버틀러라고 하고 찰스턴 사람이야. 태어난 집은 거기서도 여간 좋은 집안이 아니라는데, 그 집 식구들도 그와는 말을 하지 않는대. 그 사람 얘긴 작년 여름 캐로 레트에게서 들었어. 캐로의 집하고는 아무 관계도 없지만, 그 애는 그이에 대해서 아주 잘 알고 있거든. 하긴 누구든지 알고 있긴 하지……. 그는 웨스트 포인트 사관학교에서 제명됐대. 생각 좀 해봐, 쫓겨난 거야. 어떤 나쁜 짓을 하고 쫓겨났는지, 너무 나쁘기 때문에 캐로도 잘 모를 정도래. 게다가 결혼해야 할 의무가 있는 아가씨와 결혼하지 않은 사건도 있어.”

“얘기 좀 해 줘!”

“넌 정말 아무것도 모르니? 작년 여름 캐로가 죄다 얘기해 줬는데, 그런 걸 캐로가 알고 있다고 생각만 해도 캐로 엄마는 아마 죽어 버릴 거야. 음, 그 버

---

25) 본디 몸에 딱 붙는 여성용 윗옷의 허리부분을 르네상스 시기부터 속옷은 코르셋, 겉옷은 코르사주라고 불렀다.

틀러 씨가 말이야, 찰스턴의 어떤 아가씨를 사륜마차에 태우고 드라이브를 하러 나갔다나 봐. 그 아가씨가 누군지 난 잘 모르지만 짐작이 아주 안 가는 것도 아냐. 틀림없이 그리 품행 좋은 여자는 아닐 거야. 그렇지 않다면 저녁때가 되어서 시중드는 사람도 안 데리고 남자랑 그런 데 나갔겠어? 그리고 거의 밤새도록 집에 돌아오지 않고 새벽녘이 되어서야 걸어 돌아왔대. 말이 달아나고 마차는 부서져서 두 사람은 숲 속에서 길을 잃어버렸다고 했다지만 거기서 무슨 일이 있었는지 누가 아니?”

“모르겠어, 말해 봐.” 스칼렛은 될 수 있는 한 끔찍한 얘기가 나오길 바라며 열심히 말했다.

“이튿날 그 사람은 그 아가씨하고 결혼하지 않겠다고 했대.”

“오!” 스칼렛은 바라던 결과가 아니어서 낙담했다.

“그는 아무 짓도 안 했으니까…… 그 아가씨에게 아무 짓도 안 했는데 왜 결혼해야 되냐고 말하더래. 그리고 그 아가씨 오빠가 그를 불러내니까 버틀러는 바보 처녀와 결혼하느니 차라리 총 맞아 죽는 게 낫다고 했다는 거야. 그래서 마침내 결투하게 되었는데 버틀러가 그 아가씨의 오빠를 쏘아 죽이고만 거지. 그래서 그 일로 찰스턴에도 있을 수 없게 되었고 지금은 아무도 받아주지 않는 거야.”

캐들린이 자랑스럽게 말을 끝맺었을 때 마침 딜시가 그녀의 소임인 아가씨의 화장을 감독하기 위해 방에 들어왔다.

“그 아가씨, 아기 낳았니?” 스칼렛은 캐들린의 귀에 속삭였다.

캐들린은 고개를 세게 저었다. 그리고 속삭였다. “하지만 그 애는 일생을 망치고 말았으니 역시 마찬가지야.”

애쉴리가 내 명예에 관계되는 일을 해 줬으면, 하고 스칼렛은 문득 생각했다. 그렇게 되면 애쉴리는 신사니까 나와 결혼하지 않겠다는 말을 하지는 않을 것이다. 하지만 그녀는 자기도 모르게 바보 처녀와 결혼하지 않겠다고 거절했다는 그 레트 버틀러에게 어떤 존경심을 품기 시작하고 있었다.

스칼렛은 저택 뒤의 커다란 떡갈나무 그늘 아래 자단나무로 만든 높직한 쿠션 의자에 앉아 있었다. 옷의 레이스 장식이나 주름이 몸 둘레에 물결치고 그 밑으로 초록 빛깔인 모로코 가죽 실내화가 2인치쯤 엿보였다—이쯤이 숙녀로서 남에게 비난받지 않고 보일 수 있는 한계였다—거의 손도 대지 않은 접시를 손에 들고 있는 그녀의 주위에는 일곱 명의 기사가 둘러싸고 있었다. 바비큐 파티는 절정에 다다라 있었고 따뜻한 공기에는 웃음소리, 이야기 소리, 사기나 은그릇이 부딪히는 소리, 구운 고기와 수프의 먹음직하고도 구수한 냄새가 가득했다. 이따금 산들바람의 방향이 바뀌면 고기를 굽는 긴 화덕에서 연기가 모여 있는 사람들 쪽으로 흘러오고, 부인들은 호들갑스럽게 비명을 지르며 종려잎 부채로 얼굴 주위를 수선스럽게 부쳐 댔다.

젊은 처녀들은 대개 식탁의 긴 의자에 파트너와 함께 앉아 있었다. 그러나 그렇게 앉으면 처녀 옆 양쪽밖에 신사가 앉을 자리가 없고 게다가 그 양편에는 한 사람씩밖에 앉을 수 없다는 것을 스칼렛은 알고 있었으므로 가능한 한 많은 청년을 주위에 모을 수 있도록 일부러 훨씬 떨어진 곳에 자리를 잡았다.

테라스에는 한 무리의 부인들이 있었다. 그녀들의 수수한 옷은 주위의 화려한 색채나 떠들썩한 분위기에 어우러져 차분한 맛을 빚어 내고 있었다. 남부에선 결혼한 부인을 사교계의 꽃으로 떠받드는 풍습이 없었으므로 기혼 여인들은 연령의 차별없이 눈을 반짝이는 아가씨들과 청년들의 명랑한 웃음소리에서 떨어져 언제나 한쪽에 몰려 앉았다. 그리고 연령적 특권으로 공공연하게 트림을 할 수 있는 폰테인 댁 할머니부터 첫 임신의 입덧과 싸우고 있는 열일곱 살의 앨리스 먼로에 이르기까지 그녀들은 한결같이 이마를 맞댄 채 싫증도 내지 않고 집안의 내력이나 아기 낳는 이야기에 열중하고 있었다. 이런 의논이 있어서 이런 모임은 대단히 유쾌하기도 했고, 또 저마다 도움도 되었다.

그 무리에게 모멸 찬 시선을 던지며 스칼렛은 그들이 마치 뚱뚱한 까마귀 떼 같다고 생각했다. 기혼 여인들은 깔깔거리고 재미있게 웃을 수도 없었다. 그녀 역시 애쉴리와 결혼하면 자동적으로 그 무리 속에 끼어서 수수한 옷차림을 한 점잖은 부인들과 함께 테라스나 객실에 처박혀 똑같이 수수하고 굼뜬 모양으로 유쾌하게 장난치는 무리에서 쫓겨나야 했지만, 그녀는 거기까지는 생각하지 않았다. 많은 처녀와 마찬가지로 그녀의 상상 또한 그녀를 결혼식 단상까지밖에 데려가 주지 않았고, 그러고 나서의 앞일까지는 미치지 못했다. 그리고 지금 그녀는 천천히 몽상을 쫓고 있을 만큼 행복하지도 않았다.

그녀는 접시에 눈길을 떨구고 우아한 손놀림으로 비스킷 한 조각을 조금씩 베어 물었다. 그러나 식욕은 전혀 없었다. 만일 이 자리의 광경을 마미가 보았다면 무척 기뻐했을 것이다. 주체 못할 만큼 많은 청년에게 둘러싸여 있기는 했지만, 이때만큼 자기가 초라하게 생각된 일은 지금까지 한 번도 없었다. 어째선지는 몰랐지만, 그녀의 어젯밤 계획은 최소한 애쉴리에 관한 한 완전히 실패였던 것이다. 다스로 셀 만큼의 청년을 끌 수는 있었지만, 애쉴리를 끌 수는 없었다. 어제 오후의 그 두려움이 되살아나서 심장의 고동은 불규칙하게 빨라졌다 늦어졌다 하고, 볼은 빨갛게 달아올랐다가 다시 백지장처럼 창백해지곤 했다.

애쉴리는 그녀를 둘러싼 축에 끼려고도 하지 않았다. 사실 이곳에 온 뒤로 그와 단둘이 이야기할 기회는 고사하고 아직 처음에 잠깐 인사를 나누었을 뿐 그 뒤로 말조차 나누지 못했다. 그는 스칼렛이 뒤꼍으로 나왔을 때 그녀를 환영하기 위해 앞으로 나서려고 했지만, 그 팔에는 그의 어깨에 겨우 닿을까말까 한 저 멜라니가 매달려 있었던 것이다.

멜라니는 체구가 작고 연약한 소녀로서 마치 어머니의 커다란 후프 치마로 어른 흉내를 낸 아이처럼 보였고, 이 착각은 그 지나치게 큰 갈색 눈의 겁을 집어먹은 것 같은 모습에 의해 한층 더 두드러졌다. 곱슬곱슬 물결치는 검은 머리는 헤어네트를 썼으므로 한 올의 머리카락도 흩어진 게 없었고, 수수한 모양으로 손질한 그 머리 모양이 그녀 얼굴을 더한층 하트형으로 보이게 했다. 광대뼈 사이가 너무 넓고 턱이 지나치게 뾰족하여 사랑스럽고 내성적인 것처럼 보이긴 했지만 평범한 얼굴이었다. 그러나 그녀는 그 평범함을 감추기 위해 보는 사람에게 여자다운 기교를 부리거나 하는 노력을 전혀 하지 않았다.

그녀는 대지처럼 단순했고 빵처럼 선량했으며 봄의 물처럼 투명하게 보였다. 또 사실이 그랬다. 용모가 평범하고 몸집은 빈약했지만, 그녀의 몸가짐에는 차분한 품위가 있어서 그게 이상하게도 사람을 이끌었으며 열일곱이라는 나이에 비해 훨씬 조숙해 보였다.

체리빛 공단 새쉬가 달려 있는 오건디의 잿빛 드레스는 그 장식이나 주름으로 발육이 불완전한 그녀의 앳된 육체를 감싸주고, 긴 체리색 장식끈이 달려있는 노란 모자는 그 크림빛 살갗을 싱싱하게 돋보이게 했다. 금으로 테를 입힌 긴 귀걸이가 네트로 착 눌러붙인 머리 밑으로 늘어져 갈색 눈에 닿을 정도로 흔들리고 있었다. 그 눈은 갈색 낙엽이 조용한 수면에 비쳐 반짝일 때의 겨울 숲 속 연못과 같은 안정된 빛을 보여 주고 있었다.

그녀는 스칼렛에게 인사하면서 조심스럽게 호의가 깃든 미소를 띠며 스칼렛의 초록빛 옷이 여간 아름답지 않다고 말했다. 그러나 애쉴리와 단둘이 얘기하는 것만을 간절히 원하던 스칼렛은 겨우 예의에 벗어나지 않는 대꾸를 하는 게 고작이었다.

애쉴리는 그 무렵부터 다른 손님들에게서 떨어져 멜라니 발밑의 낮은 의자에 걸터앉아 스칼렛이 좋아하는 그윽한 꿈을 꾸는 듯한 미소를 띠고 조용히 멜라니와 이야기하고 있었다. 무엇보다도 화가 나는 것은 그가 미소지을 때마다 조그만 불꽃이 멜라니의 눈에 반짝이고 그럴 때의 멜라니는 스칼렛조차 아름답다고 생각하지 않을 수 없는 것이었다. 멜라니가 애쉴리를 바라볼 때에는 그 평범한 얼굴이 마음에 불타고 있는 불길로 환히 비쳐진 것처럼 빛났다. 만일 사랑의 마음이 얼굴에 모습을 나타낸다면 지금의 멜라니 해밀턴의 얼굴에야말로 바로 그것이 나타나 있었다.

스칼렛은 그런 두 사람에게서 눈길을 돌리려고 애썼으나 돌릴 수가 없었다. 두 사람 쪽을 훔쳐본 다음에는 둘러싼 기사들을 상대로 웃으며 대담한 말을 하고, 희롱하고, 그들의 찬사에 귀걸이가 춤출 만큼 머리를 흔들며 더욱 명랑하게 수선을 떨었다. 그리고 몇 번이나 '엉터리예요!' 하든가, '당신들의 말에는 진실성이 없기 때문에 누구의 말이든 난 이제 절대로 믿지 않겠어요' 하고 소리치기도 했다. 그러나 애쉴리는 그녀의 일 따위엔 전혀 관심도 없는 것 같았다. 그는 다만 멜라니만을 올려다보면서 이야기하고, 멜라니 또한 자신이 그에게 속해 있다는 표정으로 그를 내려다보고 있었다.

스칼렛은 비참했다. 다른 사람의 눈으로 보면 그녀만큼 비참해질 이유가 없는 처녀도 달리 없으리라고 생각될 것이다. 그녀는 의심할 것도 없이 바비큐파티 최고의 미인이었고 관심의 초점이었다. 그녀가 청년들 사이에 불러일으킨 소동과 그 때문에 다른 아가씨들 마음에 일어난 질투는 만일 이런 경우가 아니었다면 그녀를 대단히 기쁘게 해주었으리라.

그녀의 달콤한 말로 용기를 얻은 찰스 해밀턴은 스칼렛의 오른쪽에 바싹 자리를 잡고 앉아서, 쌍둥이 탈레턴 형제가 힘을 모아 몰아내려 하는 걸 버티고 있었다. 그리고 한 손에 그녀의 부채를 들고 또 한 손엔 손도 대지 않은 바비큐 접시를 들고 금방이라도 울음을 터뜨릴 듯 이쪽을 보고 있는 약혼자인 하니의 눈과 마주치는 걸 열심히 피하고 있었다. 캐이드는 점잖게 그녀의 왼쪽에 기대 앉아 관심을 끌기 위해서 그녀의 치마를 잡아당기거나 험악한 눈초리로 스튜 어트를 노려보았다. 이미 그와 탈레턴 댁의 쌍둥이 형제 사이에는 험악한 공기 가 감돌아 거친 말이 오가고 있었다. 프랭크 케네디는 맛있는 요리로 스칼렛의 비위를 맞추려고 병아리 품은 암탉처럼 바삐 참나무 그늘과 식탁 사이를 왔 다 갔다 뛰어다녔고, 그런 심부름을 시키기 위해 준비된 12명쯤의 하인의 존재 도 완전히 잊고 있는 것 같았다. 그 결과 너무나 분해 그만 숙녀의 예의를 잊은 수엘렌은 똑바로 스칼렛을 쏘아보고 있었다. 어린 캐린은 금방 울음을 터뜨릴 것 같은 표정이었다. 왜냐하면 그날 아침 스칼렛이 그렇게 듣기 좋은 말을 해 주었는데도 브랜트는 '안녕, 캐린' 하고 머리의 리본을 살짝 잡아 당겼을 뿐 모 든 관심을 스칼렛에게 보내고 말았기 때문이다. 평소엔 무척 친절하고 무관심 한 듯하면서도 경의를 가지고 대해주었으므로 그녀는 자기가 성숙한 아가씨가 된 것처럼 머리를 올리고 치마를 늘였었다. 그를 진짜 애인으로 받아들일 날이 오는 걸 남몰래 꿈꾸고 있었는데, 이제 브랜트는 스칼렛한테 빼앗기고 만 것이 다. 먼로 댁 아가씨들도 가무잡잡한 폰테인 댁 아들들의 배신을 괘씸하게 여기 면서도 그걸 얼굴에 나타내진 않았다. 그러나 스칼렛을 둘러싼 한패 속에 있는 토니와 알렉스가 누군가 일어나기만 하면 그 틈을 노려 스칼렛 옆으로 끼어들 려고 하는 걸 보고 짜증이 났다.

그녀들은 눈썹을 미묘하게 움직여 스칼렛의 행동에 대한 비난을 헤티 탈레 턴에게 눈짓으로 보냈다. '난잡해'라고 할 수밖에는 스칼렛에 대해 할 말이 없 었다. 세 젊은 아가씨가 동시에 레이스 양산을 펼쳤다. 그리고 가까이 있던 청 년의 팔에 가볍게 손가락을 대고, 덕분에 이제 음식을 충분히 먹었으니 이번엔 장미밭이나 분수나 테라스 쪽으로 가보고 싶다고 상냥하게 부탁했다. 질서정 연한 이 전략적 후퇴를 그 근처에 있던 부인들은 누구나 눈치로 알았지만 남자 들은 조금도 깨닫지 못했다.

세 청년이 자기의 매력권으로부터 끌려나가 누구나 아이들 시절부터 잘 알 고 있는 장소를 둘러보러 간 것을 보고 스칼렛은 킥킥 웃었다. 그리고 눈을 들어 애쉴리는 어떤 반응을 나타내는지 날카롭게 그를 보았다. 그러나 그는 멜라니의 새쉬 끝을 만지작거리면서 그녀를 올려다보며 미소짓고 있을 뿐이었다. 스칼렛의 가슴이 비틀리듯 아팠다. 그녀는 멜라니의 상앗빛 피부를 피가 밸 만큼 할퀴어 준다면 얼마나 통쾌할까 싶었다.

멜라니에게서 눈길을 돌렸을 때 그녀는 레트 버틀러의 눈길과 부딪쳤다. 그는 군중 속에 섞이지 않고 한쪽에 떨어져서 존 윌크스 씨와 선 채 얘기를 하고 있었다. 그리고 이제까지 쭉 스칼렛을 지켜보고 있었던지 그녀와 눈길이 마주치자 노골적으로 웃었다. 자기의 거친 쾌활함 뒤에 무엇이 숨어 있는지 알고 있는 건 사교계에서 쫓겨난 저 사나이뿐이고, 더구나 그것이 그 사나이에게 짓궂은 즐거움을 주고 있다고 생각하자 스칼렛은 갑자기 견딜 수 없이 불안해졌다. 할 수만 있다면 그 사나이도 할퀴어 주고 싶었다. '이 바비큐파티에서 오후까지 견딜 수만 있다면.' 그녀는 생각했다. '여자들은 모두 오늘 밤 파티를 위하여 낮잠을 자러 2층으로 간다. 그러면 나는 아래층에 있다가 애쉴리를 붙잡아야지. 내가 얼마나 남자들의 인기를 끌고 있는지는 그 사람도 충분히 알았을 거야.' 그리고 또 이런 희망으로 자기 마음을 위로했다. '그이가 멜라니를 소중히 여기는 것은 뭐니뭐니해도 멜라니가 그이와 사촌이기 때문이고 멜라니가 남자들에게 거의 인기가 없기 때문이야. 그이라도 상대를 해 주지 않는다면 멜라니는 벽의 꽃으로 있어야만 되니까.'

그렇게 생각하여 새로운 용기를 얻은 그녀는 찰스에게 전보다 더욱 다정하게 했다. 그는 갈색 눈을 빛내며 열심히 그녀의 눈을 쳐다보았다. 그날은 찰스에겐 아주 멋진 날이었고 꿈 같은 날이었다. 그는 아무런 힘도 안 들이고 쉽게 스칼렛과 사랑에 빠지고 만 것이다. 이 새로운 감정 앞에서 하니의 모습 같은 건 흐릿한 안개 속으로 사라져 버렸다. 하니는 한낱 짹짹거리는 참새에 지나지 않았고, 스칼렛은 그야말로 찬란한 벌새였다. 스칼렛은 그를 놀리기도 하고 애교를 떨며 그에게 질문을 하고선 자기가 그 대답을 하곤 했다. 그래서 그는 입한 번 열지 않고도 아주 재치 있는 것처럼 보일 수 있었다. 다른 청년들은 그녀가 찰스에 대한 흥미를 너무 빤히 나타내자 어이가 없어 약이 올랐다. 찰스가여자에겐 아주 수줍어하고 계속해서 두 마디도 말을 못하는 것을 잘 알고 있었기 때문이다. 예의상 점점 치밀어오르는 화를 누르려고 했지만 그것을 누르는 데는 꽤 힘이 들었다. 모두 속이 시커멓게 타들어 갔다. 애쉴리 문제만 제외하면 그야말로 스칼렛의 완전한 승리가 뚜렷했다.

돼지고기와 닭고기와 양고기의 마지막 숟갈을 먹고 났을 때 스칼렛은 빨리 인디어가 일어나 부인들에게 집에 들어가 쉬도록 제안해 주었으면 하고 생각했다. 벌써 2시였다. 햇볕이 머리 위에 쏟아져 더웠지만, 사흘에 걸친 잔치 준비에 지친 인디어는 나무 그늘에 앉아 있는 것만으로도 너무 기쁜 나머지 페이엇빌에서 찾아온 귀머거리 노신사에게 커다란 목소리로 뭔가 떠들며 좀처럼 일어날 기색이 아니었다. 나른한 졸음이 사람들을 엄습했다. 검둥이들이 요리를 차려 놓았던 긴 식탁을 천천히 치우기 시작했다. 웃음소리 이야기 소리도 잦아들고 이곳저곳에 모인 사람들이 입을 다물었다. 여주인 대신인 인디어가 아침 연회가 끝났다고 알리기를 누구나 몹시 기다리고 있었다. 야자잎 부채의 움직임도 느려지고 신사 몇 명은 더위와 배부름 때문에 꾸벅꾸벅 졸기 시작했다. 파티는 끝난 것이다. 모두 다 해가 머리 위에 있을 동안에는 푹 쉬고 싶다고 생각하고 있었다.

아침 파티와 밤 무도회 사이에는 누구든지 느릿하고 한가롭고 태평해 보였다. 단지 바로 직전까지 모든 사람에게 넘치던 활기를 잃지 않고 있는 것은 청년들뿐이었다. 부드러운 투로 얘기하면서 이 패에서 저 패로 돌아다니고 있는 청년들은 흡사 순혈 종마처럼 잘생기고 그것처럼 위험해 보였다. 한낮의 나른함이 사람들을 지배하고 있었지만, 그 나른함의 밑바닥에선 즉각적으로 불이 붙고 순식간에 살인적인 높이에까지 불타오르는 격렬한 성질이 있었다. 청년도 처녀도 하나같이 아름답고 야성적이었다. 상냥한 태도 아래에는 모두들 조금씩 결렬함이 있었는데, 단지 약간 길들여져 있을 뿐이었다.

시간이 지루하게 지남에 따라 햇볕은 더욱더 뜨거워졌다. 스칼렛도 다른 사람들도 또다시 인디어 쪽을 바라보았다. 이야기 소리는 완전히 끊겼다. 그때 그 근처에 있던 모든 사람은 격렬한 투로 고함치고 있는 제럴드의 목소리를 들었다. 그는 바비큐 테이블에서 조금 떨어진 곳에 서 있었는데 존 윌크스와의 이야기가 바야흐로 최고조에 달하고 있었던 것이다.

"신의 잠옷이여, 이봐요! 양키와의 평화적 해결을 신에게 빌겠다니 우리는 벌써 섬터 요새에서 양키 악한들과 전투를 시작하지 않았소? 평화적 해결이라니 무슨 소리요? 남부는 모욕에 참을 수 없다는 것과, 연방으로부터 남부가 분리하는 건 남부의 호의에서가 아니라 남부의 실력에 의한 것이라고 무력으로 보여 줘야 한단 말이오!”

‘아아, 맙소사!’ 스칼렛은 생각했다. ‘드디어 시작됐구나! 그럼 모두들 밤중까지 이러고 앉아 있게 되려나.’

졸음은 순식산에 축 늘어신 사람늘 사이에서 달아나고 말았다. 뭔가 번갯불 같은 것이 공중을 번쩍 스치고 지나갔다. 남자들은 의자와 자리에서 벌떡 일어났다. 팔은 큰 제스처를 취하며 다른 목소리를 압도하고 자기 목소리를 들려주려고 목소리와 목소리가 부딪쳤다. 아침나절엔 정치 얘기나 닥쳐 온 전쟁 얘기 같은 것은 전혀 나오질 않았는데, 그건 부인들을 심심하지 않게 하려는 윌크스 씨의 특별 배려로 사람들에게 부탁하여 그 화제를 피하고 있었던 까닭이었다. 그러나 제럴드가 ‘섬터 요새’라는 말을 외친 지금에 와선 남자들은 모두 이 집 주인의 충고를 잊고 말았다.

“물론 우리는 싸운다……”“양키, 도둑놈들……”“한 달이면 충분히 해치울 수 있어……”“그까짓, 남부 사람 하나면 양키 스무 명은 상대할 수 있어……”“좀처럼 잊지 못할 교훈을 안겨 주자.”“평화적이라고? 평화적으로 해결하지 않는 건 놈들이 아닌가……”“링컨이 어떻게 남부위원들을 모욕했는지 생각해 봐!”“그래. 그놈은 섬터 요새를 내주겠다고 맹세하면서 남부위원을 몇 주일씩이나 묶어 두었어!”“놈들은 전쟁을 원하고 있어. 그러니까 싫증이 나도록 전쟁 맛을 보여 주어야 해……” 이런 갖가지 목소리를 제압하고 제럴드의 목소리가 한층 드높게 울려 퍼졌다. 그러나 스칼렛이 들을 수 있었던 것은 되풀이 외쳐진 ‘하느님께 맹세코 주권의 독립이다!’이라는 말뿐이었다. 제럴드로선 유쾌한 시간이지만, 그의 딸은 그렇지 않았다.

남북 분리니, 전쟁이니 하는 말들은 너무나 귀 아프도록 들어왔었으므로, 전부터 스칼렛은 지겨워 견딜 수 없는 것이었지만, 지금은 그 말소리조차 미웠다. 왜냐하면 그건 남자들이 거기에 서서 몇 시간이고 번갈아가며 연설하는 걸 뜻했으며, 따라서 애쉴리를 붙잡을 기회가 점점 적어지는 셈이었기 때문이다. 물론 전쟁 따윈 일어날 까닭이 없다. 남자들도 모두 그건 알고 있는 것이다. 그들은 단지 전쟁을 화제로 삼아 서로 듣고 들려주는 게 좋을 뿐인 것이다.

　찰스 해밀턴은 다른 청년들과 함께 일어나지 않았다. 그리고 스칼렛과 거의 단둘이 된 것을 알자 그녀 쪽으로 몸을 바싹 대고 새로운 사랑이 불러일으킨 대담함으로 속삭였다.

　"저 오하라 양…… 전…… 전 벌써 결심하고 있습니다. 만일 전쟁이 시작되면, 전 남캐롤라이나로 가서 기병대에 참가할 작정입니다. 웨이드 햄프턴 씨가 그곳에서 기병대를 편성하고 있다는 말을 들었지요. 그러니까 전 물론 햄프턴 씨와 함께 갈 작정이지요. 햄프턴 씨는 매우 훌륭한 사람입니다. 제 아버지 친구분이시죠."

　스칼렛은 '이 사람은 대관절 나보고 어쩌라는 걸까…… 박수라도 쳐달라는 걸까' 하고 생각했다. 왜냐하면 찰스는 대담하게 마음의 비밀을 털어놓겠다는 듯이 몹시 진지한 표정을 짓고 있었기 때문이다. 그녀는 뭐라 대답을 해야 좋을지 몰라서 마음속으로 여자가 그런 일에 흥미를 갖는다고 생각하다니 남자는 얼마나 어리석은지 모르겠다고 생각하고 찰스 얼굴을 물끄러미 바라보았다. 그는 그 침묵을 그녀가 자기의 결심에 감동하여 말도 할 수 없게 된 거라고 여겼으므로 다시 빠른 말투로 단호하게 이어나갔다.

　"제가 출정하면…… 당신은…… 슬퍼해 주시겠습니까? 오하라 양"

　"전 틀림없이 매일 밤 베개가 젖도록 울 거예요." 스칼렛은 극히 가벼운 뜻으로 말했는데 찰스는 액면 그대로 받아들이고 기뻐 얼굴을 붉혔다. 그녀의 손은 드레스의 주름 속에 숨겨져 있었다. 그는 조심스럽게 손을 드레스 주름 속으로 넣어 스칼렛의 손을 꼭 잡았다. 그리고 자기의 대담함과 그녀가 순순히 응해 주는 데 완전히 감동하고 말았다.

　"저를 위해 기도해 주시겠습니까?"

　'이런 얼간이 좀 봐!' 스칼렛은 따분하게 생각했다. 그리고 빨리 이런 대화에서 구원해 주는 사람이 없으려나 하고 살며시 주위를 둘러보았다.

　"네, 기도해 주시겠습니까?"

　"네? ……네, 기도하고말고요, 해밀턴 씨. 적어도 하룻밤에 세 번씩 당신을 위하여 기도 드리겠어요!"

　찰스는 재빨리 사방에 눈길을 보냈다. 숨을 들이마시고 위장 근육을 긴장시켰다. 거의 단둘만이라고 할 수 있는 이런 기회가 또 있으리라고는 생각되지 않았다. 이를테면 다시 한 번 신의 자비로 베풀어진 기회가 온다 해도 그때는 어쩌면 용기가 솟지 않을지도 모른다.

"오하라 양, 저는…… 당신에게 꼭 해야 할 말이 있습니다. 전…… 당신을 사랑하고 있습니다!"

"음?" 스칼렛은 무심코 대답했다. 그리고 토론에 열을 올리는 군중 속에서, 또 멜라니의 발밑에 앉아 얘기하고 있을 애쉴리의 모습을 찾아내려고 애썼다.

"그렇습니다!" 찰스는 속삭였다. 그가 지금까지 한 상상으로는 젊은 처녀란 이런 경우 반드시 웃거나 외치거나 기절하거나 하는 것이 상식인데, 스칼렛은 그러지 않았으므로 그는 몹시 기뻤다. "저는 당신을 사랑합니다! 당신은 가장…… 가장……" 그는 난생처음으로 혀가 마음대로 움직였다. "제가 지금까지 본 여성 가운데 가장 아름다운 분입니다. 가장 다정하고 가장 친절한 분입니다. 가장 사랑스러운 모습을 갖고 계십니다. 저는 제 마음 전부를 바쳐 당신을 사랑합니다. 당신이 저 같은 남자를 사랑해 주리라고 바랄 수는 없지만, 오하라 양, 만일 당신이 저에게 조금이라도 희망을 주신다면 저는 당신에게서 사랑을 받고자 어떤 것이라도 할 작정입니다. 저는……."

찰스는 말을 끊었다. 자기 정열의 깊이를 스칼렛에게 증명하는 것이 그렇게 힘든 일이 아니라고 생각되었기 때문이다. 그래서 그는 간단히 잘라 말했다.

"저는 당신과 결혼하고 싶습니다."

결혼? 그 말을 듣자 스칼렛은 퍼뜩 자기 정신으로 돌아왔다. 그때까지 결혼을, 그리고 애쉴리를 생각하고 있던 그녀는 참을 수 없는 초조함을 느끼면서 찰스를 바라보았다. 그녀가 미칠 것처럼 고민하고 있는 바로 오늘, 왜 이 송아지 같은 얼간이는 자기 마음대로 그녀의 기분을 방해하는가. 그녀는 그가 자신의 참된 마음을 호소하는 갈색 눈을 바라보았다. 그러나 처녀는 거기에서 수줍은 청년의 첫사랑의 아름다움도, 이상이 현실로 나타난 것에 대한 감탄도, 불길처럼 온몸을 불태우는 진한 애정도 볼 수 없었다. 스칼렛은 결혼을 청하는 남자의 속삭임에는 익숙해 있었다. 그러나 그것은 찰스 해밀턴보다는 훨씬 매력이 있고, 그녀가 보다 중대한 문제로 괴로워하고 있는 이런 바비큐파티 같은 자리에서 구혼하는 얼간이 짓을 하지 않는, 좀더 재치 있는 청년들이었다. 그녀의 눈에 비친 것은 단지 홍당무처럼 얼굴을 붉히고 우둔해 보이는 스무 살의 청년이었다. 그가 얼마나 어리석어 보이는지 말해 주고 싶었지만, 엘렌이 이런 경우에는 이렇게 대답해야 된다고 가르쳐 준 말이 자동적으로 입술을 비집고 나왔다. 오랫동안의 습관으로 눈을 내리깔면서 그녀는 작은 목소리로 말했다. "해밀턴 씨, 그렇게 말씀해 주시니 전 정말 고마워요. 하지만 너무 갑작스런 일이어서 뭐라 대답해야 좋을지 모르겠어요."

이건 남자의 허영심을 누그러뜨리고, 게다가 계속해서 남자를 낚아 두기에는 꽤 적절한 말이었다. 찰스에겐 이같은 미끼가 전혀 색다른 것이었다. 그래서 그는 자기가 그것에 걸려든 최초의 인간이기나 한 듯 바싹 달라붙었다.

"전 언제까지라도 기다리고 있겠습니다! 당신의 결심이 설 때까진 결혼할 생각은 하지 않겠어요. 단지 아무쪼록 오하라 양, 그것에 희망을 두어도 좋은지 그것만 말씀해 주십시오."

"음." 스칼렛은 말했다. 그녀의 날카로운 눈길은 일어나 전쟁 얘기에 끼려고도 않고 여전히 멜라니를 올려다보며 미소짓고 있는 애쉴리에게 향해 있었다. 만일 자기 손을 잡고 있는 이 멍청이가 잠깐이라도 조용히 해 준다면 저 두 사람이 하는 얘기를 들을 수 있을 텐데. 그들이 나누는 이야기를 들어야만 했다. 그가 저렇듯 재미있어 하는 눈빛이니 멜라니는 대관절 어떤 이야기를 하고 있는 걸까. 그런데 다시 찰스의 말이 그녀가 열심히 들으려 하고 있는 애쉴리의 목소리를 흩뜨려 놓았다.

"쉿, 가만히 있어요!" 그녀는 그의 손을 꼬집어 말리며 찰스는 거들떠보지도 않았다.

그녀의 나무라는 소리에 찰스는 처음엔 딱지맞은 것이 아닌가 하고 깜짝 놀라 어리둥절해 빨개졌으나 다음 순간 곧 그녀의 눈이 자기 누이동생 멜라니에게 가 있는 것을 알고는 안심한 듯 미소지었다. 그의 말을 누가 엿듣지는 않나, 스칼렛은 그걸 겁내고 있다, 처녀다운 부끄러움과 수치심으로 남에게 들리는 것을 몹시 겁내고 있다, 찰스는 그렇게 생각했다. 그러자 이제까지 한 번도 경험한 일이 없는 우월감이 파도처럼 온몸에 넘쳐오는 것을 느꼈다. 젊은 처녀를 이런 식으로 부끄러워하도록 만든 건 이것이 난생처음이었기 때문이다. 그는 황홀감에 빠져들었다. 그러고는 스스로 태연하고 무관심한 표정이라고 생각되는 표정을 얼굴에 띠고 그녀의 나무람 따윈 얼마든지 받아들이고 이해할 수 있는 아량이 있다는 것을 과시하기 위해 살며시 스칼렛의 손을 되꼬집었다.

그러나 그녀는 꼬집힌 것조차 느끼지 못했다. 멜라니의 중요한 매력인 다정한 목소리를 그때 똑똑히 들을 수가 있었기 때문이다.

"전 새커리[26]의 작품에 대해선 당신의 주장에 찬성할 수 없어요. 그 사람은 풍자가예요. 틀림없이 디킨스[27] 같은 신사는 아닐 거라고 생각해요."

남자에게 무슨 시시한 소리를 하고 있는 걸까, 하고 스칼렛은 긴장이 풀어짐과 동시에 하마터면 킥킥 웃음이 터질 뻔했다. 왜 그녀는 학식이 있는 체하는 걸까? 학자인 체하는 여자를 남자들이 어떻게 생각한다는 것은 누구나 알고 있는 사실이다…… 남자의 흥미를 끌고 그 흥미를 이어 가는 방법은 우선 그 남자에 대해서 이야기해야 한다. 그러고 나서 화제를 서서히 자기 쪽으로 끌어온다. 그리하여 언제까지나 그렇게 두는 것이다. 그러니까 만일 멜라니가 이를 테면 '당신은 참 멋져요!' 했다든가 '어머, 어쩌면 당신은 그렇게도 멋진 일을 생각하세요. 그런 걸 생각만 하려 해도 제 빈약하고 낡아빠진 머리는 마치 쪼개질 것만 같은데!' 하고 말했다면 스칼렛은 이건 경계해야 할 일이라고 생각했을지 모른다. 그런데 멜라니는 글쎄, 발밑에 앉아 있는 남자에게 마치 교회라도 간 것 같은 따분한 얘기를 하고 있지 않은가. 스칼렛은 눈앞이 환히 밝아지는 걸 느꼈다. 희망에 빛나는 눈을 찰스에게 돌리고 진심으로 기쁨에 넘친 미소를 지을 만큼. 그러자 이것을 자기에 대한 애정의 표시로 생각한 그는 더욱더 우쭐해져 그녀의 부채를 빼앗아 정신없이 펄럭펄럭 부쳐 주었다. 그녀의 머리카락이 멋대로 흩어져 나부꼈다.

"애쉴리, 자네는 아직 우리에게 의견을 말하지 않았지." 시끄럽게 떠들어 대고 있는 남자들 무리 속에서 짐 탈레턴이 고개를 돌리고 말했다. 애쉴리는 멜라니에게 양해를 구하면서 일어났다. 그 꾸밈없는 태도가 얼마나 멋진가, 그리고 그의 금발과 수염이 얼마나 햇빛에 아름답게 빛나는가, 하고 황홀하게 바라보면서 그만큼 잘생긴 청년은 이곳에 또 없을 것이라고 스칼렛은 생각했다. 나이 먹은 패들까지 입을 다물고 그의 말에 귀를 기울였다.

"신사 여러분, 만일에 조지아 주가 싸운다면 저도 주와 함께 싸우겠습니다.

---

26) 윌리엄 새커리(1811~1863). 영국 소설가.
27) 찰스 디킨스(1812~1870). 영국 소설가.

제가 기병대에 가입한 것도 결국은 그 때문이 아니겠습니까!" 그는 말했다. 그의 잿빛 눈은 커다랗게 뜨이고 권태로운 태도 같은 건 스칼렛이 이제껏 한 번본 일이 없는 열정으로 깨끗이 씻겨 있었다. "그러나 저도 또한 아버지와 마찬가지로 가능하다면 우리가 평화적으로 북부에서 떨어져 나가기를, 그리고 전쟁이 일어나지 않기를 희망하고 있습니다……." 폰테인 댁과 탈레턴 댁 청년들이 저마다 뭐라고 외치기 시작했으므로 그는 웃으면서 손을 들어 그걸 막았다. "그래요, 그래요. 우리가 모욕을 받고 속은 건 저도 잘 알고 있어요…… 하지만 만일 우리가 입장을 바꾸어 북부의 입장에 서서 연방에서 떨어져 나가려고 하는 남부를 보았다면, 과연 어떤 행동을 취할까요. 결국 현재 북부가 취하고 있는 그런 태도를 취하지 않을 수 없으리라고 생각됩니다. 아마도 쉽게 분리를 승인하지는 않을 거라고……."

'또 시작했어.' 스칼렛은 생각했다. '저이는 언제든지 남의 입장에 서서 모든 일을 생각하나 봐.' 그녀에게는 한 가지 일을 논의할 경우 옳은 쪽이 하나밖에 있을 수 없었다. 아무튼 애쉴리에겐 때때로 이해할 수 없는 점이 있다.

"너무 흥분하지 말고 될수록 전쟁은 피해야 한다고 생각합니다. 세계의 비극 대부분은 오로지 전쟁이 그 원인이니까요. 더구나 전쟁이 끝나고 나면 무엇 때문에 전쟁을 했는지조차 아무도 알 수 없어지는 게 일반적입니다."

스칼렛은 콧방귀를 뀌었다. 애쉴리가 용감한 청년이라는 정평이 나 있는 것이 다행이었다. 그렇지 않았다면 지금쯤 틀림없이 한바탕 소동이 일어났을 것이기 때문이다. 그녀가 이런 생각에 잠겨 있으려니 반대의 외침이 분연하고 격렬하게 애쉴리 주위에서 일어났다.

테라스 앞에선 페이엇빌에서 온 귀머거리 노신사가 인디어를 붙잡고 묻고 있었다.

"대체 어쨌다는 거지? 무슨 말을 하고 있나?"

"전쟁 얘기예요!" 하고 손을 노인의 귀에 대고 그녀는 소리쳤다. "모두들 북부하고 전쟁해야 한대요!"

"뭐, 전쟁?" 노인은 되받아 소리쳤다. 그리고 손으로 더듬어 옆의 단장을 잡더니 몇 년 동안 해본 일이 없을 것 같은 기세로 의자에서 벌떡 일어났다. "전쟁에 대해서라면 내가 말해 주마. 나는 전쟁터에 나간 일이 있어." 언제나 가족들이 막았기 때문에 이 맥레이 노인이 전쟁 얘기를 말할 기회는 지금까지 거의 없었던 것이다.

그는 단장을 휘두르고 소리치며 급히 사람들 쪽으로 발을 끌면서 갔다. 그리고 주위의 소리가 들리지 않기 때문에 당장에 두말할 것 없이 그 장소를 독차지하고 말았다. "자네들 혈기왕성한 젊은이들은 내 말을 잘 들어요. 자네들은 절대로 전생을 바라선 안 돼. 난 선생에 나간 일이 있기 때문에 잘 알고 있지. 난 세미놀 전쟁에도, 멕시코 전쟁에도 참가한 바보였지. 도대체 자네들은 전쟁이 어떤 것인지 알고나 있나? 자네들은 전쟁이라니까 뭐 훌륭한 말이나 타고 처녀들이 던져 주는 꽃다발이나 받고 씩씩하게 개선하는 일만 생각하는 모양인데 사실 진짜 전쟁이란 그런 게 아니야. 단연코 그런 게 아니란 말야. 전쟁이란 배고픈 거야. 질척한 땅에서 자니까 홍역에 걸리고 폐렴에 걸려. 홍역이나 폐렴에 걸리지 않으면 장이 탈이 나. 전쟁에서 배탈이 난다는 것은 여기서 말이지만…… 이질이니 하는 그런 것이……."

부인들은 얼굴을 붉혔다. 이 늙은 맥레이 씨는 당혹스럽게도 공공연하게 트림을 하는 폰테인 댁 할머니와 마찬가지로 저 야만스런 시대, 누구나 잊어버리고 싶어하는 시대를 떠올리게 하는 인물 가운데 하나였다.

"빨리 할아버지를 모셔 와!" 그 노신사의 딸이 곁에 서 있는 어린 계집애에게 작은 목소리로 일렀다. 그리고 "정말이지……" 하고 주위에 있는 부인들에게 속삭였다. "아버지는 날이 갈수록 더 심각해지고 있어요. 글쎄 오늘 아침만 해도…… 겨우 열여섯 살 난 메리를 붙잡고 이런 말을 하시지 않겠어요. '저, 아가씨…….'" 그 목소리는 알아들을 수 없는 나직한 속삭임으로 바뀌었다. 손녀딸은 맥레이 씨를 나무 그늘에 있는 자리로 데려오기 위해 뛰어갔다.

나무 그늘에 둥글게 자리잡고 있던 사람들은 아가씨들조차 흥분된 미소를 띠었고, 남자들은 열심히 토론을 벌이고 있었지만, 그 가운데 단 한 사람 냉정을 지키고 있는 남자가 있었다. 스칼렛의 눈길은 나무에 몸을 의지하고 두 손을 깊숙이 바지 주머니에 찌르고 있는 레트 버틀러에 머물렀다. 그는 윌크스 씨가 곁을 떠난 뒤 거기서 혼자 선 채 차차 열기를 더해가는 이야기에 한 마디도 끼어들려고 하지 않았다. 짧게 기른 검은 콧수염 아래 붉은 입술을 꽉 다물고, 그 검은 눈에는 재미있어 하는 듯한 경멸의 빛…… 아이들의 허황된 소리를 듣고 어른이 떠올리는 그 가소로워 하는 빛이 어려 있었다. 얼마나 얄미운 웃음인가 하고 스칼렛은 생각했다. 그는 스튜어트 탈레턴이 붉은 머리를 흩날리고 눈을 번뜩이며 되풀이하여 다음과 같이 외칠 때까지 조용히 듣고 있었다. "그까짓, 우리는 한 달이면 그놈들을 해치울 수 있어! 신사가 어중이떠중이보다 전쟁에선 잘 싸워. 한 달이야…… 한 번 싸움을 벌이기만 하면……."

"신사 여러분." 레트 버틀러가 입을 열었다. 그 의젓한 말투는 그가 찰스턴 태생임을 말해 주고 있었다. 그는 기댄 나무에서 몸을 일으키려고도 하지 않고 또 손을 주머니에서 빼려고도 하지 않았다.

"한 마디 해 볼까요?" 눈빛뿐만 아니라 그 태도에도 경멸의 빛이 나타났다. 왜인지 사람들의 태도를 흉내내어 일부러 정중한 체하는 그런 경멸이었다.

사람들이 그를 향해 고개를 돌렸다. 그리고 자기 동료가 아닌 사람에 대한 예의로 조용히 귀를 기울였다.

"신사 여러분들 가운데 메이슨 딕슨 선[28] 이남에는 포병 기지창이 하나도 없다는 걸 생각해 보신 분이 계십니까? 또 남부에 얼마나 제철소가 적은지 생각해 보신 분이 계십니까? 또 모직공장·제면공장·제혁소 따위에 관해 생각하신 분이 계십니까? 우리에게는 한 척의 군함도 없습니다. 그래서 북부의 함대가 일주일도 못되어 남부의 모든 항만을 봉쇄할 수 있고, 우리는 목화를 외국에 팔 수가 없게 된다는 것을 생각하신 분이 계십니까? 그렇지만…… 물론…… 신사 여러분은 그런 일에 관해선 이미 충분하게 생각하셨을 줄 압니다."

'어머, 저 사람은 모두를 바보 취급하네.' 스칼렛은 분개했다. 뜨거운 피가 볼에 올라왔다. 그렇게 생각한 건 분명히 그녀뿐이 아니었다. 왜냐하면 몇 사람인가의 청년이 그 말을 듣자 대뜸 아래턱을 내밀기 시작했기 때문이다. 그때 존 윌크스가 이 사람은 자기의 귀한 손님이고 여기에는 부인들도 있다고 경고하기라도 하듯 넌지시 발언자의 옆자리로 돌아왔다.

"우리 대다수 남부인의 결점은," 레트 버틀러는 계속했다. "여행을 별로 하지 않고 또 그 여행을 충분히 이용하지 않는다는 점에 있습니다. 아니, 여기에 계신 신사 여러분은 물론 여행을 많이 하셨으리라 믿습니다. 그런데 여러분은 여

---

28) 메릴랜드주와 펜실베이니아주의 경계선으로 미국 남부와 북부의 경계. 노예제도 찬성 주와 반대 주의 경계이기도 하였다.

행에서 무엇을 보셨습니까? 유럽이나 뉴욕이나 필라델피아, 그리고 부인들은 물론 새러토가에 가신 일이 있을 것이라고 생각됩니다만.”

이렇게 말하고 그는 테라스에 있는 부인들 쪽을 향해 가볍게 머리를 숙였다. “여러분들은 호텔이나 박물관이나 무도회장이나 도박장을 보셨겠지요? 그리고 세계 어느 곳을 가나 남부보다 나은 고장은 없다고 굳게 믿고 귀국하셨겠지요? 서는 찰스턴 사람입니다만, 최근 몇 넌 동안 북부에서 살나 돌아왔습니나.” 그는 흰 잇몸을 드러내고 웃었다. 그건 왜 자기가 찰스턴에 있을 수 없게 됐는지 그 이유는 여러분 쪽이 더 잘 알 것이다, 그러나 그렇다고 해도 자기는 조금도 개의치 않는다고 말하고 있는 것 같았다. “저는 여러분들이 아무도 보지 못한 많은 것을 보고 왔습니다. 약간의 식량과 약간의 급료만 주면 기꺼이 북부를 위해 올 수천의 이민군도 보았고, 공장·제철소·조선소·철광·탄광도 보았습니다……. 그 모든 것이 남부가 갖지 못한 것이지요. 남부가 갖고 있는 건 단지 목화와 노예와 교만뿐이 아닐까요? 그들은 한 달이 못 가서 우리를 해치울 수 있을 겁니다.”

긴장의 순간 침묵이 흘렀다. 레트 버틀러는 윗옷 주머니에서 고급 리넨 손수건을 꺼내 천천히 소매의 먼지를 털었다. 이윽고 심상치 않은 술렁임이 사람들 속에서 일어났다. 그리고 테라스 쪽에서는 침략자에 습격받은 것 같은 벌집을 쑤신 듯한 소란이 일어났다. 노여움의 피가 아직 뜨겁게 양볼에 느껴졌으나 어딘가 실제적인 스칼렛의 마음은 그 사나이가 한 말이 옳은 것 같고 상식적인 견해인 듯이 생각되었다. 왜냐하면 이제까지 그녀는 공장이란 걸 본 일이 없고, 또 보았다는 사람도 모르기 때문이었다. 그러나 설사 그것이 옳다고 해도 그런 말을—모두 유쾌한 때를 보내고 있는 바비큐파티의 장소 같은 데서—공공연하게 말하다니 신사로서의 예법은 아니라고 생각했다.

스튜어트 탈레턴이 눈썹을 곤두세우고 앞으로 나섰다. 브랜트가 그 뒤를 따랐다. 물론 탈레턴 댁의 쌍둥이 형제는 예의를 알고 있으니까 아무리 자극을 받아도 바비큐파티의 장소에서 한바탕 소동을 벌일 염려는 없었다. 그러나 부인들은 가벼운 흥분을 느꼈다. 왜냐하면 그녀들은 눈 앞에서 소동이나 싸움이 벌어지는 것을 본 일이 거의 없었고, 언제나 제삼자에게서 듣기만 했기 때문이다.

"여보시오⋯⋯." 스튜어트는 엄숙하게 말했다. "대체 그게 어떤 뜻입니까?" 레트는 정중하지만 비웃는 듯한 눈으로 그를 바라봤다.

"내가 말한 뜻은" 하고 그는 대답했다. "나폴레옹이⋯⋯아마 당신도 그 이름을 들어보셨겠죠? 그 나폴레옹이 일찍이 '신은 가장 강한 군대를 편든다'고 말했답니다." 그렇게 말하고 그는 존 윌크스 씨를 향해 그야말로 깍듯이 예의를 표하고 말했다. "서재를 보여 주신다고 하셨지요. 그 호의를 기쁘게 받아들여 이제부터 구경할까 합니다. 유감스럽지만 일이 좀 있어 오늘 오후 너무 늦기 전에 존즈버러에 돌아가야 하니까요."

그는 사람들 앞에서 양쪽 구두 뒤꿈치를 딱 붙이며 댄스 교사가 하는 것 같은 인사를 했다. 그건 그같이 몸집이 우락부락한 남자에겐 어울리지 않을 만큼 우아한 인사였는데, 사람들의 뺨을 후려치는 것 같은 무례하기 짝이 없는 인사였다. 그러고 나서 그는 그 새카만 머리를 높직이 쳐들고 존 윌크스 씨와 함께 잔디밭을 가로질러 걸어가 버렸다. 이윽고 테이블 근처에 있는 사람들을 불쾌하게 만드는 그의 웃음소리가 들려왔다. 사람들은 깜짝 놀라 멍하니 있었으나 잠시 뒤 다시 왁자지껄 떠들기 시작하였다. 나무 그늘 밑에 앉아 있던 인디어는 힘없이 일어나 잔뜩 화가 나 있는 스튜어트 탈레턴에게 다가갔다. 그녀가 말하는 내용은 스칼렛에게 들리지 않았지만, 시무룩한 그의 얼굴을 올려다보고 있는 그 눈을 보자 양심에 어떤 찌릿한 것이 느껴졌다. 그건 애쉴리를 볼 때의 멜라니의 눈과 같은, 자신이 그에게 속해 있다고 믿는 사람의 눈이었다. 단지 스튜어트가 그걸 모르고 있을 뿐이었다. 인디어는 그를 사랑하고 있었다. 1년 전 연설회 때만 해도 자기가 만일 그렇게 옆사람의 눈을 무시하고 스튜어트와 장난치지만 않았던들 지금쯤은 스튜어트와 인디어는 결혼했을지도 모르는데, 하고 문득 스칼렛은 생각했다. 그러나 다른 아가씨들이 상대방 남자에게 채였다고 해서 그것이 어찌 자기 죄가 될 수 있는가. 그녀에 대한 미안한 생각은 곧 사라졌다.

스튜어트가 겨우 인디어에게 미소를 지어 보였다. 마지못한 듯한 미소였다. 그리고 고개를 끄덕였다. 아마 인디어가 그에게 버틀러 씨를 뒤쫓아가 소동을 벌이지 않도록 부탁한 모양이었다. 나무 그늘에 있던 사람들이 조그만 소란을 피우면서 무릎 위의 빵 부스러기를 털어 내며 일어났다. 부인들은 유모와 아이들을 불러 돌아갈 채비를 했다. 처녀들 무리는 웃고 떠들면서 2층 침실로 가 소문을 교환하거나 낮잠을 자기 위해 집 쪽으로 걸어갔다.

탈레턴 부인을 제외한 모든 부인들은 떡갈나무와 테라스 그늘을 남자들에게 물려 주고, 모두 뒤꼍에서 나가버렸다. 탈레턴 부인만은 제럴드와 캘버트 씨에게 붙잡혀 가지고 있는 말을 기병대에 파는 것에 대한 대답을 강요받고 있었다.

애쉴리는 깊은 생각에 빠져 즐거운 미소를 띠고 스칼렛과 찰스가 있는 곳으로 다가왔다. “거만한 사나이로군요.” 그는 버틀러의 뒷모습을 바라보면서 말했다. “마치 보르자 집안의 일족같이.”

스칼렛은 아무리 생각해도 이 군에서나 애틀랜타에서나 서배너에서나 그런 이름의 집안을 생각해 낼 수 없었다.

“보르자 집안이라니 난 모르겠어요. 그 사람의 친척인가요? 어떤 집안이죠?”

찰스가 묘한 표정을 지었다. 스칼렛의 무식을 믿을 수 없다는 마음과 그것을 부끄러워하는 마음과 그녀에 대한 애정이 그의 내부에서 무섭게 싸움을 벌였다. 그러나 결국은 애정이 승리를 차지했다. 처녀란 사랑스럽고 다정하고 아름답기만 하면 그 매력을 없애는 교양 따윈 오히려 없는 편이 낫지 않은가고 생각했기 때문이다. 그래서 그는 곧 말했다.

“보르자[29]란 이탈리아 사람이지요.”

“어머,” 스칼렛은 흥미 없다는 듯 말했다. “외국인이군요.”

그리고 가장 사랑스러운 미소를 애쉴리에게 던졌다. 그러나 무슨 까닭인지 애쉴리는 그때 그녀 쪽을 보고 있지 않았다. 찰스를 보고 있었던 것이다. 그 얼굴에는 이해의 빛과 희미한 연민의 빛이 떠올라 있었다.

스칼렛은 2층에서 내려오는 계단 중간쯤에 서서 난간 너머로 조심스럽게 아래쪽 홀을 내려다보았다. 거기에는 아무도 없었다. 2층 침실에서는 나직한 속삭임이 끊임없이 새어나왔다. 속삭임은 높고 낮게 이따금 킬킬거리는 웃음소리에 섞여 “어머, 너 정말 그런 짓을 했었니?” “그때 그이가 뭐라고 하든?” 하는

---

[29] 이탈리아 르네상스 시기의 귀족 집안으로서 예술과 학문에 이해가 깊고 정치적 재능에 뛰어났으나 체사레 보르자 같은 잔인하고 몰인정한 전제적 지배자가 배출되었다.

말이 토막토막 들려왔다. 아가씨들은 여섯 개의 커다란 침실에 있는 침대나 소파에 누워 있었다. 드레스를 벗고 코르셋을 늦추고 풀어헤친 머리칼이 등에 물결쳤다. 낮잠을 자는 것은 이 지방의 관습이었는데 아침 일찍 시작하여 한밤중 무도회로 절정에 이르는 하루 종일의 잔치 때만큼 그것이 필요한 것은 없었다. 아가씨들은 30분쯤 웃고 지껄인다. 그러노라면 하녀들이 덧창을 닫는다. 아늑한 어둠 속에서 수다스런 목소리는 차차 속삭임으로 바뀌고 이윽고 평화롭고 규칙적인 숨소리만이 들리는 침묵이 찾아드는 것이다.

스칼렛은 혼자 나와 층계를 내려가기 전에 멜라니가 하니와 헤티 탈레턴 등과 함께 침대에 누워 있는 것을 확인했다. 층계참의 창문을 통해서 남자들이 테라스에서 목이 긴 컵으로 술을 마시고 있는 게 보였다. 그들이 오후 늦게까지 마셔 댈 것을 그녀는 알고 있었다. 그 무리 속에 애쉴리의 모습은 보이지 않았다. 귀를 기울이자 애쉴리의 목소리가 들려왔다. 그녀의 기대에 어긋나지 않게 그는 아직도 현관 앞에 서서 돌아가는 부인들이며 아이들에게 인사를 보내고 있었다. 심장이 목구멍까지 튀어나올 듯 뛰는 가운데 그녀는 빠른 걸음으로 층계를 내려갔다. 만일 윌크스 씨와 마주치기라도 한다면 어떻게 할까? 다른 소녀들은 모두 낮잠을 자고 있는데 나만 저택 안을 돌아다니고 있는 걸 뭐라고 변명해야 할까? 아무튼 해보는 데까지 해보는 거다.

제일 아래 계단까지 내려왔을 때 하녀들이 식당에서 하녀감독의 지시를 받으며 무도회를 위해 테이블과 의자를 치우는 소리가 들려왔다. 넓은 홀 맞은쪽에 서재 문이 열려 있었으므로 그녀는 발소리를 죽여 살짝 안으로 들어갔다. 거기서 애쉴리가 인사를 끝낼 때까지 기다렸다가 집 안으로 들어오면 붙잡아 말을 걸 속셈이었다.

블라인드를 내려 햇볕이 차단된 서재 안은 어두침침했다. 높은 벽 가득히 우중충한 책이 쌓인 어두운 방은 그녀의 마음을 압박했다. 바라던 밀회 장소로서 그녀는 이런 곳을 고르고 싶진 않았다. 수많은 책은 읽기를 좋아하는 사람만큼이나 그녀를 압박하는 것이다. 단지…… 애쉴리만은 예외이긴 했지만. 희미한 빛 속에 육중한 가구들이 눈에 띄었다. 키가 큰 윌크스 댁 사람들을 위해 만들어진, 팔걸이가 넓고 등받이가 높은 푹신한 의자와 부인들을 위해 벨벳 방석이 놓인 푹신푹신한 벨벳 의자가 놓여 있었다. 긴 방 훨씬 저쪽 벽난로 앞에는 애쉴리가 애용하는 길이 7피트가 넘는 긴 의자가 마치 잠자고 있는 거대한 야수처럼 높은 등을 보여 주었다.

그녀는 약간 사이를 두고 소리가 나지 않게 문을 닫은 다음 가슴의 고동을 가라앉히려고 했다. 지난밤 애쉴리에게 말하려고 계획했던 것을 열심히 생각해 내려고 했지만, 웬일인지 조금도 기억나지 않았다. 도대체 그녀는 무엇을 계획했다가 잊어버리고 말았는가…… 아니면 단지 애쉴리에게 말을 시키려고만 마음먹고 있었던 것일까? 그것조차도 그녀는 생각이 나지 않았다. 갑자기 싸늘한 공포가 엄습해 왔다. 두근거리는 심장의 고동소리만 이렇게 귀에 울려 오지 않더라도 해야 할 말을 생각해 낼 수 있을 것 같았다. 하지만 그가 마지막 인사를 끝내고 현관홀로 들어오는 발소리를 듣자 가슴의 고동은 한층 더 빠르고 높아질 뿐이었다.

그녀가 생각할 수 있는 것은 단지 자기가 그를 사랑하고 있다는 것…… 그에 관한 모든 것, 자랑스럽게 빗어올린 금발머리 끝에서부터 좁고 검은 구두 끝까지 무엇이든 사랑하고 있다는 것, 그녀를 혼란스럽게까지 하는 그 미소를 사랑하고 그 수수께끼 같은 침묵까지도 사랑하고 있다는 것…… 그것뿐이었다. 아아, 만일 그가 지금 이곳에 들어와 나를 두 팔로 안아 주기만 한다면 나는 아무 말도 할 필요가 없을 텐데. 그도 나를 사랑하는 것이 틀림없어…… 그렇다, 기도하자. 기도하면…… 그녀는 눈을 감고 빠른 말로 중얼거렸다. "자비로우신 성모 마리아여!"

"아니, 스칼렛 아니오?" 그녀의 먹먹한 귓속을 뚫고 애쉴리의 목소리가 울렸다. 그녀는 완전히 침착함을 잃고 있었다. 그는 장난스런 미소를 띠고 홀에 서서 문 틈으로 방 안을 들여다보았다.

"누구를 피하고 있어요? 찰스? 아니면 탈레턴 댁 사람들?"

그녀는 침을 꿀꺽 삼켰다. 역시 이 사람은 청년들이 얼마나 내 주위에 치근치근 따라다니는지 알고 있다! 그녀의 괴로운 마음도 모르고 눈을 껌벅이며 서 있는 그의 모습은 얼마나 그리운 모습인가. 그녀는 아무 말도 할 수 없었다. 잠자코 손을 뻗쳐 그를 방 안으로 끌어들였다. 그는 무슨 일인가 의아해 하면서도 흥미에 이끌려 들어왔다. 그녀의 눈은 긴장 때문에 그가 지금까지 본 일이 없을 정도로 이상하게 빛났다. 애쉴리는 어둠 속에서도 장밋빛으로 달아오른 그녀 얼굴을 볼 수 있었다. 기계적으로 그는 등 뒤의 문을 닫고 그녀의 손을 쥐었다.

"대체 무슨 일입니까?" 거의 속삭이듯이 말했다.

그의 손이 닿자 그녀는 몸을 떨기 시작했다. 그녀가 꿈꾸고 있던 일이 이제 일어나려고 하는 것이다. 종잡을 수 없는 무수한 상념이 탄환처럼 마음을 꿰뚫고 지나갔지만 하나도 말이 되어 나오지는 못했다. 그녀는 다만 몸을 떨며 그의 얼굴을 올려다볼 뿐이었다. 왜 그가 먼저 말을 꺼내 주지 않는걸까?

"무슨 일이에요?" 그는 되풀이했다. "내게 비밀 얘기라도 할 게 있어요?"

갑자기 그녀의 혀가 자유로워졌다. 동시에 긴 세월을 두고 엘렌이 가르친 교훈은 어디론가 날아가 버리고 솔직 담백한 제럴드의 아일랜드 피가 그녀의 입술을 열게 했다.

"네…… 비밀이에요. 저는 당신을 사랑하고 있어요."

순간 숨막힐 듯한 침묵이 흘렀다. 그녀의 떨림은 멎고 행복과 긍지가 온몸에 밀려들었다. 왜 그녀는 좀더 일찍 이렇게 하지 못했을까. 이제까지 배워 온 숙녀다운 책략보다 이건 얼마나 간단한 일인가. 그녀의 눈은 날카롭게 그의 눈을 살폈다. 그의 눈에는 놀라움의 빛과 믿어지지 않는 듯한 빛, 그리고 그 이상의 다른 무엇이 있었다. 무슨 일일까? 그렇다, 사랑하는 말의 다리가 부러져 쏘아 죽이지 않으면 안 되었을 때 제럴드는 이런 눈빛을 한 일이 있었다. 어째서 지금 그런 생각을 하게 됐는가? 그런 어리석은 생각을 그리고 대체 애쉴리는 왜 이렇게 묘한 표정으로 아무 말도 않는 것일까? 이윽고 뭔가 잘 훈련된 듯한 가면 같은 표정이 그의 얼굴을 덮었다. 그는 매우 부드럽게 웃었다.

"당신은 오늘 그렇게 많은 젊은이들의 마음을 사로잡았소. 그래도 아직 만족하지 않는 거요?" 언제나처럼 놀리는 듯하면서도 애무하는 듯한 목소리였다. "한 사람도 남김없이 만장일치로 하고 싶은 거요? 좋소. 당신은 옛날부터 내 마음을 사로잡고 있었소. 당신도 그걸 알고 있었을 텐데."

뭔가가 잘못되었다. 모든 것이 잘못되었다! 그녀가 계획한 것은 이런 것이 아니었다. 갖가지 생각들이 미친 듯 그녀의 머릿속을 휩쓸고 지나갔다. 이윽고 한 가지 형태로 차차 정리되기 시작했다. 왠지, 어떤 이유로 애쉴리는 그녀가 장난을 쳤다고 여김으로써 농담으로 돌리려 하고 있다. 그러나 그는 그녀의 의도를 알고 있다. 그녀는 그것을 알았다.

"애쉴리…… 애쉴리! 말해 주세요…… 말하지 않으면 안 돼요…… 아아, 놀리지 마세요! 정말 제가 당신의 마음을 사로잡고 있어요? 네, 애쉴리? 난 당신을 사랑……."

그의 손이 재빨리 그녀의 입술을 막았다. 가면이 벗겨졌다.

"그런 말 하면 안 되오, 스칼렛! 말해선 안 되오. 그건 당신의 본심이 아니오. 그런 말을 하면 당신은 나중에 스스로를 미워하게 되오. 그리고 그것을 내가 들었다는 이유로 나까지 미워하게 되오!"

그녀는 얼른 고개를 내저었다. 뜨거운 기운이 빠르게 온몸을 돌았다. "전 당신을 미워할 수도 없어요. 전 당신을 사랑한다고 했어요. 그리고 당신도 저를 좋아하고 있다는 것을 알고 있어요. 왜냐하면……."

그녀는 입을 다물었다. 애쉴리 얼굴에 떠오른 것은 그녀가 이제까지 한 번도 본 일이 없는 비통한 표정이었다.

"애쉴리, 당신은 저를 생각하고 계시죠. 분명 생각하고 계시죠. 생각하지 않아요?"

"그렇소." 그는 힘없이 대답했다. "생각하고 있소."

만일 그가 혐오한다고 말했어도 그녀는 이보다는 더 놀라지 않았으리라. 그녀는 아무 말도 못하고 그의 팔에 매달렸다.

"스칼렛." 그는 말했다. "저쪽으로 갑시다. 그리고 이런 얘기는 한 번도 주고받지 않은 걸로 다 잊어버립시다."

"아뇨." 그녀는 속삭였다. "전 잊지 않아요. 그게 무슨 뜻이죠? 저완 결혼하고 싶지 않으세요?"

그는 대답했다. "나는 멜라니와 결혼하기로 되어 있소."

어떻게 된 건지 문득 정신을 차려 보니 그녀는 낮은 벨벳 의자에 앉았고, 애쉴리는 그녀의 발밑 방석에 앉아서 그녀의 두 손을 꽉 움켜잡고 있었다.

그는 여러 가지 말을 하고 있었다…… 이해할 수 없는 여러 가지를. 바로 전까지 파도치고 있던 갖가지 상념은 완전히 사라지고 마치 텅 빈 것만 같았다. 그의 말은 유리창 위의 빗방울만큼도 자국을 남기지 않았다. 빠른 말투로 이야기하는, 마치 상처 입은 어린애를 부드럽게 달래는 아버지처럼 연민에 넘친 그 말은 아무것도 알아들을 수 없는 그녀의 귀에 의미없이 떨어졌다.

멜라니란 울림이 그녀의 의식에 걸렸다. 그녀는 수정처럼 맑은 그의 잿빛 눈을 쏘아보았다. 그 속에서 그녀는 언제나 그녀가 괴로워하듯이 그녀의 이해를 뛰어넘은 것, 그리고 스스로를 학대하는 자기혐오의 빛을 발견했다.

"아버지가 오늘 밤 약혼을 발표하기로 돼 있어요. 우리는 곧 결혼합니다. 당신에겐 미리 알려 주었어야 했지만 벌써 다 알고 있으리라고 생각했어요. 그 일은 누구나 알고 있으니까요. 몇 년 전부터 누구나 알고 있다고 생각해요. 당신이 나를 생각하고 있을 줄은 꿈에도 몰랐어요……. 당신에겐 그렇게 많은 구혼자가 있는데. 난 스튜어트가……."

생명과 감정과 이해력이 다시 그녀에게로 돌아왔다. "하지만 방금 당신은 나를 좋아한다고 하셨잖아요?" 그의 따뜻한 손이 그녀의 손을 아프도록 꽉 쥐고 있었다.

"당신은, 당신에게 상처 줄 말을 나에게 하라는 거요." 그녀의 침묵이 그를 압박했다. "대체 어떻게 하면 그것을 당신에게 이해시킬 수 있을까. 아직 결혼이란 어떤 것인지 전혀 생각하지도 못할 만큼 어린 당신에게 어떻게 말하고 설명하면 좋을까?"

"저는 제가 당신을 사랑하고 있다는 것을 알고 있어요."

"결혼하는 두 사람의 성격이 우리처럼 서로 달라선, 그리고 애정만으론 성공적인 결혼이 될 수 없어요. 스칼렛, 당신은 남자의 전부를, 그의 육체며 심장이며 영혼이며 사상까지도 전부 원하게 될 거야. 그리고 만일 그를 손에 넣을 수 없으면 당신은 틀림없이 비참해지겠지. 그런데 난 나의 전부를 당신에게 줄 수가 없소. 당신만이 아니라 다른 누구에게도 자신의 모든 것을 줄 수가 없소. 게다가 나는 당신의 마음이나 영혼까지 갖고 싶지는 않을 거요. 이것도 당신의 마음을 아프게 할 거요. 그러다 마침내 당신은 나를 증오하게 되고…… 얼마나 쓰라릴까. 당신은 내가 읽는 책이며 내가 즐기는 음악까지도 증오하게 될 거요. 왜냐하면 책이나 음악은 한순간이라도 나를 당신에게서 뺏을 테니까. 그리고 나는…… 아마도 나는……."

"당신은 그녀를 사랑해요?"

"그녀는 나와 많이 닮았소. 내 피의 일부분이고, 우리는 서로 이해하고 있소.

스칼렛! 스칼렛! 결혼이라는 것은 두 사람이 서로 비슷하지 않으면 결코 평화롭게 이끌어나갈 수 없다는 걸, 어떻게 말하면 당신이 알아들을 수 있을까.”

누군가가 그렇게 말했었다. ‘비슷한 사람은 비슷한 사람끼리 결혼하지 않으면 안 돼. 아니면 행복해질 수 없어…….’ 그게 누구였더라? 그녀가 그걸 들은 건 백만 년이나 된 옛날인 것 같았다. 그러나 그녀는 지금도 여전히 그 뜻을 이해할 수 없었다.

“하지만 당신은 저를 좋아한다고 말씀하시지 않았어요?”

“나는 말해선 안 될 말을 하고 말았소.”

머리 어딘가에서 천천히 불꽃이 피어오르고 격렬한 노여움이 다른 모든 것을 불어 끄기 시작했다.

“그렇군요, 당신은 그렇게 말할 만큼 비열한 분이군요…….”

그의 얼굴이 창백해졌다.

“멜라니와 결혼하게 돼 있으면서 당신에게 그런 말을 하다니 나는 정말 신사가 아니오. 나는 당신에게 나쁜 짓을 저질렀소. 그리고 멜라니에게는 더욱 나쁜 짓을 하고 말았소. 당신이 이해해 주지 못하리라는 것을 알면서 그런 소리를 하는 게 아닌데. 하지만 어떻게 내가 당신을 좋아하지 않을 수 있겠소……. 삶에서 내가 갖지 못한 모든 정열을 가지고 있는 당신을! 나에게는 불가능할 만큼 격렬하게 사랑하고 격렬하게 미워할 수 있는 당신을! 당신은 마치 불처럼, 바람처럼, 야수처럼 천진난만하오. 하지만 나는…….”

그녀는 멜라니를 생각했다. 멜라니의 꿈꾸는 듯한 잔잔한 갈색 눈이며, 검은 레이스 장갑을 낀 얌전하고 작은 손이며, 온화하고 조용한 모습이 문득 눈에 떠올랐다. 그녀의 노여움이 폭발했다. 그것은 제럴드로 하여금 살인을 저지르게 하고 아일랜드의 조상들로 하여금 목숨을 건 저항적인 행위를 감행케 한 분노와 똑같은 것이었다. 이제 그녀의 몸 안에는 세상이 어떻게 보든 묵묵히 참는, 교양 있는 로빌라드 집안인 모계의 피는 한 방울도 남아 있지 않았다.

“당신은 왜 그런 말을 하지 않았죠? 비겁자! 당신은 나와 결혼하는 게 무서운 거죠! 그렇죠! 당신은 ‘네’ ‘아뇨’라는 말을 할 때밖에는 입을 열 수 없는 자기와 똑 닮은 데다 솔직하지 않고 버릇없는 아이들만 몇씩이나 낳을, 저 멍청하고 조그만 어릿광대 같은 멜라니와 함께 살겠다는 거죠. 왜…….”

"멜라니에 대해 그런 말을 하면 안 돼요!"

"당신에게 그런 말 듣고 싶지 않아요! 당신이 내게 되느니 안 되느니 할 수 있는 분이에요? 비겁자! 신사답지도 않아요. 지금까지 나하고 결혼할 것처럼 해놓고선……."

"억지소리 하지 말아요." 그의 목소리는 항의하는 투가 되었다. "언제 내가……."

그의 말이 진실이라는 것은 알고 있었지만, 그녀는 타협하려 하지 않았다. 확실히 그는 한 번도 그녀에 대해 우정의 울타리를 넘은 일은 없다. 그걸 생각하자 다시금 새로운 노여움이 상처받은 긍지와 여자다운 허영심에서 나온 분노가 치밀어올랐다. 이쪽에서 좇아갔는데도 그는 그걸 받아들이지 않았다. 그리고 자기 대신 멜라니 같은 창백하고 조그만 계집애를 고른 것이다. 아아, 엘렌과 마미의 훈계를 지켜 좋아하는 눈치 같은 걸 보이지 않았다면 얼마나 좋았을까! 이처럼 몸이 불타 버릴 만큼 부끄러운 꼴을 당하다니 어떠한 일도 이보다는 나을 것이다.

그녀는 벌떡 일어나 두 손을 짝 쥐었다. 그도 따라 일어났다. 그 얼굴에는 강제로 현실에 몰린, 게다가 그것이 고통에 찬 현실일 때의 말없는 비참함이 가득 나타나 있었다. "죽을 때까지 당신을 증오하겠어요. 이 가짜 신사…… 비겁자…… 비열한 인간!"

더 지독한 욕설은 없을까? 하지만 속이 후련할 만한 욕은 찾아낼 수 없었다.

"스칼렛…… 제발."

그는 그녀에게 손을 내밀었다. 그녀는 그의 얼굴을 힘껏 때렸다. 그 울림은 조용한 방 안에서 마치 채찍으로 후려치는 듯한 소리를 내었다. 그러자 그녀의 분노는 씻은 듯 사라지고 서글픈 마음만이 가슴에 가득 남았다.

피로한 그의 흰 얼굴에 그녀의 손자국이 빨간 흔적을 남겼다. 그는 아무 말 없이 그녀의 부드러운 손을 입술에 가지고 가 입을 맞추었다. 그리고 그녀가 말도 못하고 있는 사이에 조용히 문을 닫고 나갔다.

갑자기 그녀는 허물어지듯 주저앉았다. 격심한 분노의 반동으로 무릎에 힘이 빠져 더 서 있을 수가 없었던 것이다. 그는 가버렸다. 때린 그의 얼굴의 기억은 죽을 때까지 그녀를 따라다닐 것이다.

긴 복도 저쪽으로 사라져가는 부드럽게 소리 죽인 그의 발소리가 들렸다. 그녀는 갑자기 자신이 얼마나 엄청난 짓을 지질렀는지 깨달았다. 그를 영원히 잃어버리고 만 것이다. 이제 그는 그녀를 증오하겠지. 그리고 그녀를 볼 때마다 자기 쪽에선 손도 내밀려고 하지 않았는데 그녀가 얼마나 몸이 달아 덤벼들었는지 생각해 내겠지.

'나는 하니 윌크스같이 부끄러운 짓을 하고 말았다.' 그녀는 문득 생각했다. 그리고 모두들, 아니 누구보다도 자기가 얼마나 히니의 뻔뻔스런 행동올 비웃고 깔보았는지 생각해 냈다. 하니가 청년들의 팔에 매달려 있을 때의 그 꼴사나운 몸가짐을 그녀는 눈으로 보고, 그 바보 같은 웃음소리를 귀로 들었다. 그러자 그게 또 새로운 노여움을, 자기 자신에 대한, 애쉴리에 대한, 세상에 대한 노여움을 북돋웠다. 자기 자신이 미웠고 열여섯 살의 좌절되고 굴욕당한 사랑의 격정으로 모든 것을 미워했다. 사실 그녀의 사랑에는 참된 애정이 정말 조금밖에 섞여 있지 않았다. 그 대부분은 허영심과 자신의 매력에 대한 자부심의 혼합이었다. 이제 그녀는 사랑을 잃었다. 그러나 사랑을 잃은 것보다 한층 무서운 것은 자기가 세상의 웃음거리가 된다는 것이었다. 저 하니처럼 사람들 눈에 분명히 염치 없는 인간으로 비치겠지. 모두들 자기를 비웃게 되겠지. 그렇게 생각하자 그녀는 자기도 모르게 몸을 부르르 떨었다.

그녀의 손이 곁의 작은 탁자 위에 힘없이 떨어졌다. 그녀는 웃고 있는 두 어린 소년의 그림이 그려져 있는 아주 작은 중국 도자기의 장미 꽃병을 손가락으로 만지작거렸다. 방 안이 너무나 조용해서 침묵을 깨기 위해 소리라도 지르고 싶을 정도였다. 무엇인가 하지 않으면 미칠 것만 같았다. 그녀는 그 꽃병을 집어 방 맞은편 벽난로를 향해 힘껏 내던졌다. 꽃병은 키가 높은 긴 의자 위를 아슬아슬하게 넘어 대리석 난로에 부딪쳐 쨍그랑 깨졌다.

"이건," 긴 의자 저쪽에서 목소리가 들려왔다. "좀 너무하군."

그녀는 이때처럼 놀라고 공포를 느낀 적은 없었다. 입 안이 바싹 말라 목소리를 낼 수조차 없었다. 무릎에서 힘이 쭉 빠져 의자 등을 붙잡고 간신히 서 있었다. 레트 버틀러가 이제까지 누워 있던 긴 의자에서 일어나더니 과장하여 공손한 태도를 보이며 인사를 했다.

"낮잠을 방해 받고 아까의 열띤 논전을 들은 것만 해도 충분한데, 왜 또 생명의 위협까지 받아야만 됩니까."

살아 있는 사람이었다. 유령이 아니었다. 하지만 성자들이여, 우리를 지키소서. 이 사내에게 죄다 들키고 말았으니! 그녀는 용기를 쥐어짜 위엄 같은 것을 유지하려고 했다.

"당신은 거기 계시다는 것을 미리 알렸어야 한다고 생각해요."

"정말인가요." 그는 하얀 이를 드러내고 대담한 검은 눈으로 그녀를 보며 웃었다. "하지만 침입자는 당신이었소. 나는 여기서 케네디 씨를 기다리고 있었습니다. 정원에선 아무도 별로 환영해 주지 않는 것 같기에 그 환영 못 받는 존재를 이곳에 숨겨 놓은 셈이지요. 여기라면 아무에게도 방해 받지 않을 거라고 생각하고 말입니다. 그런데 하, 참……." 그는 어깨를 으쓱하고 픽 웃었다.

이런 상스럽고 예의 없는 남자에게 모든 것을…… 이젠 입에서 꺼내느니 차라리 죽는 게 낫다고까지 생각하는 모든 것을 엿듣게 하고 말았다고 생각하자 또다시 화가 발끈 치밀었다.

"남의 이야기를 엿듣다니……." 그녀는 호되게 몰아세우기 시작했다.

"그런데 엿듣는 건 가끔 아주 재미있고, 또 유익하지요." 그는 싱글싱글 웃으면서 말했다. "오랫동안 엿들은 경험으로 나는……."

"당신은," 그녀는 말했다. "당신은 신사가 아니군요!"

"옳은 말씀" 하고 그는 가볍게 받아넘겼다. "그리고 아가씨, 당신도 숙녀는 아니죠." 그는 그녀에게 꽤 흥미를 느끼기 시작한 모양이었다. 또 픽 웃었다. "하지만 지금 엿들은 것 같은 말을 하고 또 그런 일이 방금 있은 뒤에는 누구도 숙녀다움을 지키기 어렵죠. 하지만 내게 숙녀가 매력적이었던 일은 별로 없습니다. 그녀들이 무엇을 생각하는지 난 알고 있습니다. 그런데도 그녀들에게는 생각하고 있는 것을 입에 올릴 용기도 없거니와 또 가정교육이 모자란 여자가 갖고 있는 재미마저도 없습니다. 그러니까 곧 싫증이 나게 마련이죠. 그런데 당신은, 친애하는 스칼렛 양, 당신은 보기 드문 활기, 매우 존경스러운 활기를 가지고 계십니다. 당신에게 경의를 표하는 바입니다. 그 우아한 애쉴리 군이 당신과 같은 격렬한 성격의 아가씨를 어떻게 사로잡을 수 있었는지 난 이해가 가지 않습니다. 당신 같은 아가씨가…… 뭐라고 했더라. '삶에 대한 정열'이라고 했던가요……. 이런 정열을 가진 아가씨가 주어진 것에 대해 그는 마땅히 무릎을 꿇고 신에게 감사해야만 합니다. 하지만 그런 형편없고 가련한 인간에게는……."

"당신은 그 사람의 신발을 닦을 자격도 없어요!" 그녀는 소리쳤다.

"그리고 당신은 이제부터 평생 그를 미워하겠죠."

그는 긴 의자에 몸을 묻었다. 의자 너머에서 껄껄대는 그의 웃음소리가 들렸다. 만일 이 남자를 죽일 수만 있다면 그녀는 죽여 버리고 말았으리라. 그러나 그녀는 할 수 있는 한 품위를 갖추고 방을 나섰다. 그리고 무거운 문을 꽝 닫았다. 너무 급히 층계를 뛰어올라갔으므로 층계참에 이르자 정신이 아찔했다. 그녀는 발을 멈추고 난간을 붙잡았다. 분노와 모욕과 피로 때문에 바스크가 찢어질 것처럼 심장이 뛰었다. 심호흡을 하려고 했지만, 마미가 죄어 준 코르셋이 너무 빡빡하여 불가능했다. 만일 그녀가 기절해서 여기 쓰러져 있는 걸 발견하면 사람들은 어떻게 생각할까? 아, 애쉴리도, 저 상스런 버틀러라는 사나이도, 그리고 샘 많은 처녀들도 이것저것 제멋대로 상상하겠지. 난생처음으로 그녀도 다른 아가씨들처럼 각성제를 가지고 다닐 걸 하고 후회했다. 그러나 그녀는 그런 것을 썼던 일조차 없었다. 그만큼 그녀는 한 번도 어지러움을 느낀 경험이 없는 것을 언제나 자랑으로 여기고 있었던 것이다.

"절대로 지금 까무러칠 수는 없어!"

괴로움이 점점 사라지기 시작했다. 곧 원기를 되찾게 될 것이다. 기운을 차리면 인디어 방 옆의 작은 탈의실로 살며시 들어가 코르셋을 늦추고, 잠자고 있는 아가씨들의 옆방 침실에 들어가 눕기로 했다. 그녀는 마음을 가라앉히고 얼굴 표정을 좀더 가다듬으려고 애썼다. 틀림없이 미친 여자처럼 보일 것이라고 생각했기 때문이다. 만일 아가씨들 가운데 누군가가 깨어 있다면 무슨 일이 있었다고 눈치챌 것이 틀림없었다. 그러나 아무에게도 무슨 일이 있었음을 결코 알려서는 안 되었다.

층계참에 있는 커다란 유리창으로 남자들이 여전히 나무 그늘이나 테라스의 의자에 한가롭게 앉아 있는 것이 보였다. 그녀는 얼마나 남자들을 부러워했었나. 남자로 태어나 자기가 방금 맛본 것 같은 고통을 겪지 않을 수 있다면 얼마나 좋을까! 열이 올라 현기증이 날 듯한 눈초리로 남자들을 지켜보고 있을 때, 앞쪽의 마찻길을 달리는 요란한 말발굽 소리가 들려왔다. 이어 검둥이 한 사람에게 뭔가를 묻는 흥분된 목소리가 들렸다. 나무 아래의 여유로운 무리가 있는 푸른 잔디밭으로 말을 모느라 다시 자갈 위를 달리는 말 탄 남자가 그녀의 시야를 가로질렀다.

늦게 온 손님인지도 모른다. 하지만 왜 인디어가 그토록 자랑스러워하는 잔디에 말을 들이몰고 그럴까? 그 남자가 누구인지는 알 수 없었지만, 안장에서 뛰어내려 곧장 존 윌크스의 팔을 잡아당기는 모양으로 보아 잔뜩 흥분해 있다는 것을 알 수 있었다. 사람들은 목이 긴 잔이며 야자잎 부채를 테이블이나 땅 위에 놓고 사나이 둘레에 모였다. 멀리 떨어져 있긴 했지만, 시끄럽게 묻고 부르고 하는 왁자지껄한 목소리를 들을 수 있었고, 남자들에게서 긴장으로 인한 극도의 흥분을 느낄 수 있었다. 이윽고 혼란스러운 소음을 누르고 스튜어트 탈레턴의 열광적인 고함소리가 들렸다. 그는 마치 사냥터에라도 있는 듯이 "이이 에이 이이!" 하고 외쳤다. 그것이 뭔지는 몰랐지만, 그녀는 난생처음으로 '반역'의 외침을 들은 것이다.

보니까 폰테인 댁의 아들들 선두에 선 탈레턴 댁 네 형제는 무리에서 떨어져 "짐스! 이봐. 말에 안장을 놓아!" 하고 소리지르며 마구간 쪽으로 뛰어갔다.

'누구네 집에 불이라도 났나?' 스칼렛은 생각했다. 그러나 불이든 불이 아니든, 그녀의 문제는 들키기 전에 침실로 돌아가는 일이었다. 가슴은 이미 진정이 되어 있었다. 그녀는 조용한 복도에 살며시 한 발을 들여놓았다. 집 안은 따뜻하고 나른한 졸음에 싸여 찬란한 촛불과 조용한 음악 속에 아름답게 꽃피는 밤까지 아가씨들과 함께 잠들어 있을 것처럼 생각되었다. 그녀는 조심스럽게 탈의실 문을 열고 안으로 들어갔다. 뒤로 돌린 손에서 아직 문의 손잡이를 떼지 않았을 때 침실로 통하는 맞은편 문 틈으로 거의 속삭이듯 나직한 하니 윌크스의 목소리가 들려 왔다.

"오늘 스칼렛은 정말 젊은 처녀로서 너무 난잡하게 굴었다고 생각해."

그녀는 심장이 다시 미친 듯 뛰는 것을 느꼈다. 그리고 그것을 억누르려는 듯 자기도 모르게 손을 가슴에 대었다.

'엿듣는 건 가끔 아주 유익하지요' 라고 말하던 버틀러의 말이 생각났다. 다시 여기서 나가는 편이 좋을까? 아니면 그녀가 여기 있다는 것을 알려 남의 뒷소리나 하는 보답으로 하니를 곤란하게 만들까? 그러나 뒤이어 들린 목소리가 그녀의 발을 딱 멈추게 했다. 멜라니의 목소리가 들렸을 때 그녀는 움직일 수가 없었다.

“어머 하니, 그렇지 않아! 그런 박정한 소릴 하면 못써. 스칼렛은 단지 명랑하고 활발했을 뿐이야. 제일 매력적이었다고 생각해.”

‘아아’ 윗옷을 손톱으로 쥐어뜯으며 스칼렛은 생각했다. ‘저런, 말도 제대로 못하는 꼬마 계집애에게 역성을 듣다니!’

그 말은 하니의 하나에서 얼까지 심술궂은 말보나 너 견니기 힘들었나. 그녀는 어머니를 제외한 모든 여성의 행위를, 이기적인 동기 말고 다른 것에서 나왔다고는 결코 믿지 않았으며 또 기대도 하지 않았다. 애쉴리가 틀림없이 자기 것이라는 자신이 있으므로 멜라니는 저따위 그리스도교적인 관대한 정신을 보여 줄 여유가 있는 것이다. 그것은 그녀의 승리를 과시하고, 동시에 상냥한 여자라고 생색내기 위한 멜라니의 책략이라고 스칼렛은 생각했다. 스칼렛도 청년들과 다른 처녀들의 소문을 이야기할 때는 곧잘 이런 수법을 써 왔다. 그리고 그럴 때마다 그녀의 다정함과 너그러움을 어리석은 청년들에게 믿게 할 수 있었던 것이다.

“그럼 너는,” 하니는 목소리를 높여 덤벼들 듯이 말했다. “눈먼 장님이었던 게 틀림없어.”

“쉿, 하니,” 샐리 먼로의 목소리가 그것을 막았다. “온 집 안에 다 들리겠어!”

하니는 목소릴 낮췄지만 말은 여전히 이어졌다.

“좋아. 하지만 그애가 모든 남자들을 닥치는 대로 끌어다가 적당히 주무르는 꼴을 너도 봤잖아……. 케네디 씨하고도 말이야. 자기 동생의 남자친구인데 말이지. 어떻게 그럴 수가 있니! 그리고 틀림없이 찰스의 꽁무니도 쫓고 있었어.” 하니는 의식적으로 킥킥 웃었다. “하지만 너희들 알고 있지. 찰스하고 나는…….”

“그게 정말이니?” 여럿의 흥분한 목소리가 들려왔다.

“정말이야. 하지만 아무한테도 말하지 마. 아직 안 돼.”

키득키득 참는 웃음소리는 차차 높아지고, 누군가 하니를 타고 눌렀는지 침대의 스프링이 삐익삐익 소리를 냈다. 멜라니는 하니가 자기 올케가 되면 얼마나 좋을까 하는 뜻의 말을 속삭였다.

“하지만 난, 스칼렛이 내 올케가 된대도 조금도 좋지 않아. 그앤 보통내기가 아니거든.” 헤티 탈레턴의 불평스런 목소리가 들려 왔다. “하지만 그 애는 벌써 우리집 스튜어트와 약혼한 거나 다름없어. 브랜트도 스칼렛이 관심을 보이지 않는다고 하면서도 역시 열심이고.”

“너희들은 모르겠지만,” 하니가 중대한 비밀이나 털어놓듯 말했다. “그 애가 좋아하는 사람이 꼭 한 사람 있어. 그건 애쉴리야.”

묻고 가로막는 속삭임이 소란스럽게 얽히고 있는 동안 스칼렛은 공포와 굴욕으로 피가 얼어붙는 것 같았다. 하니는 남자에 대해선 바보 같고 우둔한 얼간이였지만, 다른 여자에 대한 여성적 본능은 스칼렛이 얕본 것 이상으로 날카로웠다. 방금 서재에서 애쉴리와 버틀러에게서 받은 굴욕과 상처 입은 긍지도 이에 비하면 바늘 끝으로 살짝 찔린 것만큼 작은 것에 불과했다. 가령 버틀러 같은 인간이라도 쓸데없이 떠들지 않을 것이라는 것은 믿을 수 있었다. 그러나 사냥터에 풀어 놓은 사냥개같이 마음대로 쏘다니는 하니 윌크스의 혓바닥이라면, 이 지방 사람들은 저녁 6시가 되기 전에 모두 알게 되고 말 것이다. 더구나 제럴드는 어젯밤에도 딸만은 이 근방의 웃음거리로 만들고 싶지 않다고 말하지 않았는가. 아, 이 사실을 안다면 사람들이 얼마나 웃을까! 겨드랑이 밑에서 배어난 끈끈한 땀이 옆구리로 흘러 떨어졌다.

조용하게 가라앉은 멜라니의 목소리가 약간 나무라는 투로 다른 목소리를 눌렀다.

“하니, 그렇지 않다는 건 너도 알고 있잖아. 악의 있는 말을 해선 안 돼.”

“너무해 멜라니. 만일 네가 늘 장점이 전혀 없는 사람에게서 장점을 찾아내려고 애쓰지만 않는다면 너도 곧 알게 될 거야. 그리고 그렇게 되면 정말 기쁠 거야. 걔는 그래도 싸니까. 스칼렛 오하라가 지금까지 한 일이라곤 다른 사람의 애인을 뺏어 말썽을 일으키는 것뿐이야. 탐나지도 않으면서 스튜어트를 인디어에게서 뺏은 건 너도 잘 알고 있잖아. 오늘은 또 케네디나 애쉴리나 찰스까지 뺏으려고 했어.”

‘집에 가야 해!’ 스칼렛은 생각했다. ‘집에 가야만 해!’

마술을 써서 아무도 모르게 타라에 돌아갈 수 있으면 얼마나 좋을까. 어머니 엘렌에게 달려가 그 치마에 매달려 울면서 모든 것을 다 털어놓을 수 있다면…… 만일 그 이상 처녀들의 쑥덕공론을 들었다면, 그녀는 틀림없이 맞은편 방으로 뛰어들어가 하니의 엉성하고 빳빳한 머리털을 쥐어뜯고 멜라니에 대해서도 그녀의 동정을 자기가 어떻게 생각하고 있는지 보여 주기 위해 침을 뱉었을 것이다. 하지만 오늘은 벌써 형편없는 짓을 충분히 저지르지 않았는가. 백인 쓰레기와 똑같은 볼썽사나운 짓을…… 그리고 그녀의 고민도 모두 거기에 있지 않은가.

두 손으로 치마를 눌러 옷자락 소리를 죽이고 그녀는 짐승처럼 살짝 방을 빠져나왔다. 황급히 복노를 가로실러서 문이 닫혀 조용하기만 한 방 앞을 지나면서 그녀는 집에 돌아가야 된다고 마음속으로 뇌까렸다.

거의 바깥 현관까지 왔을 때 그녀의 가슴속에 문득 새로운 생각이 떠올랐다. 집에 돌아가서는 안 된다. 달아나서는 안 된다! 계집애들의 심술도 굴욕도 가슴을 저미는 아픔도 참고 마지막까지 견디지 않으면 안 된다. 달아니는 건 그들에게 이야깃거리를 더 많이 주는 것밖에 되지 않는다.

그녀는 한쪽의 높고 하얀 기둥을 주먹으로 탁탁 쳤다. 그녀는 자신이 삼손이길 바랐다. 그렇다면 이 저택 전부를 뿌리째 뽑아 버리고, 그들을 하나도 남김없이 멸망시킬 수 있을 텐데. 그들이 사과하도록 만들 것이다. 그녀는 본때를 보여 주고 말 것이다. 어떻게 본때를 보여 줄 것인지 그건 자기도 확실히 몰랐지만, 어쨌든 본때를 보여 주리라고 생각했다. 그리고 그녀를 아프게 한 것보다 그들을 더 아프게 해 줄 것이다.

순간 그녀는 언제나 그녀의 마음속에 살고 있던 애쉴리를 잊었다. 이제 그는 그녀가 사랑하던 키 크고 의젓한 청년이 아니라, 윌크스 댁의, 그리고 트웰브 오크스 저택의, 그리고 이 지방 사람들의 일부이고 한 조각이었다. 그녀는 그 모든 것이 그녀를 비웃었으므로 그들 전부를 증오했다. 열여섯 살 난 그녀에겐 허영심 쪽이 애정보다 훨씬 강했다. 이제 그녀의 뜨거운 심장에는 증오 말고는 아무것도 받아들일 여유가 없었다.

‘집에는 돌아가지 말자.’ 그녀는 생각했다. ‘여기 남아서 모두에게 미안하게 생각하도록 만들자. 어머니에게도 결코 말하지 않을 테야. 아니, 아무에게도 말하지 않을 테야.’ 그녀는 발길을 돌려 층계를 올라가 다른 침실로 가리라 결심했다. 그녀가 방향을 바꾸었을 때, 긴 복도 맞은편에서 찰스가 들어오는 모습이 보였다. 그는 그녀를 발견하자 급히 다가왔다. 머리칼은 헝클어지고 얼굴은 흥분으로 제라늄처럼 빨갛게 되었다.

"무슨 일이 일어났는지 알고 계십니까?" 그는 그녀의 곁으로 다가오기도 전에 외쳤다. "폴 윌슨이 이제 막 정보를 가지고 존즈버러에서 달려왔어요!"

곁으로 오자 그는 숨을 헐떡이면서 말을 끊었다. 그녀는 아무 말 없이 묵묵히 그를 쳐다봤다.

"링컨 씨가 드디어 사람을, 병사를…… 의용군 말이에요…… 7만 5천 명을 소집하기 시작했다는 겁니다!"

또 링컨이다! 남자란 정말 중요한 일은 생각하지 못하는 걸까? 그녀의 마음이 찢어지고, 체면이 형편없이 된 거나 다름없는 이 마당에 링컨의 하찮은 행동 따위로 그녀가 흥분하기를 바라는 바보 청년이 여기 있는 것이다. 찰스는 그녀를 바라보았다. 그녀의 얼굴빛은 종잇장처럼 하얗고 찌푸린 눈동자는 에메랄드처럼 반짝이고 있었다. 그는 여자 얼굴에 불타는 이 같은 불길을 어떤 아가씨의 얼굴에서도 본 일이 없고, 눈에 반짝이는 그 같은 광채를 어떤 사람의 눈에서도 본 일이 없었다.

"지각 없는 짓을 했습니다." 그는 말했다. "좀더 부드럽게 얘기해야 하는 건데 부인들이 얼마나 여린지 그만 잊고 있었습니다. 갑자기 놀라게 해드려 죄송합니다. 어디가 좋지 않으세요? 물을 갖다 드릴까요?"

"괜찮아요." 그녀는 말하고 일그러진 미소를 보였다.

"밖으로 나가서 의자에 걸터앉을까요." 그녀의 팔을 잡으면서 그는 말했다. 그리고 고개를 끄덕이는 것을 보자 그녀를 부축해 층계를 내려간 다음 잔디를 가로질러 앞뜰의 가장 큰 떡갈나무 아래에 있는 쇠 벤치로 데리고 갔다. 여자란 어쩌면 이토록 섬세하고 연약한 것일까! 그는 생각했다. 전쟁이라든가 살벌한 이야기를 듣기만 해도 벌써 기절할 것처럼 되고 마니. 그는 자기가 무척 남자답게 느껴졌다. 그래서 그는 더욱더 부드러운 태도로 그녀를 자리에 앉혔다. 그녀는 보통 때와 아주 다르게 보였다. 하얀 얼굴에는 그의 가슴을 뛰게 하는 야성적인 아름다움이 있었다. 그가 전쟁에 나간다고 해서 그녀는 이처럼 슬퍼하고 한탄하고 있는 걸까. 아니다, 그렇게 믿는 것은 너무 자만하는 것이다. 하지만 어째서 그녀는 이렇듯 묘한 눈초리로 그를 바라보고 있는 걸까! 또 어째서 레이스 손수건을 만지작거리는 그녀의 손은 이토록 떨리고 있는 걸까? 더구나 그녀의 짙고 검은 속눈썹은 전에 읽은 로맨스소설 속 소녀처럼 파르르 떨고 있지 않는가. 수줍음과 애정으로 깜박거리고 있지 않는가.

그는 뭔가 말하려고 세 번 헛기침을 했지만 매번 헛일이었다. 그는 꿰뚫어 보는 듯한 그녀의 초록색 눈동자에 질려 눈길을 떨구었지만, 그녀는 그를 거의 보지 않았다.

'이 남자에겐 많은 돈이 있다.' 문득 한 가지 계획이 마음속에 떠오르자 그녀는 빠르게 머리를 굴렸다. '나를 괴롭힐 귀찮은 부모도 없고 게다가 애틀랜타에 살고 있디. 만일 내가 지빨리 이 남자와 결혼해 비리면 애쉴리도 아까의 일은 내 본심이 아니고 단지 농담삼아 한 것이라고 생각할 거야. 그리고 그건 하니를 죽이는 것도 돼. 그 애는 이제 두 번 다시 애인을 손에 넣을 수가 없을 테니까. 그리고 사람들은 아마 죽도록 그녀를 비웃을 거야. 멜라니도 저렇게나 오빠를 사랑하고 있으니까 그 오빠가 나와 결혼한다면 아마 괴로워할 거야. 그리고 스튜어트나 브랜트도 틀림없이 상처를 입고……' 왜 자기가 다른 청년들까지 괴롭혀야 되는지, 그 청년들이 심술궂은 누이들을 갖고 있다는 것 말고는 스칼렛은 똑똑히 알지 못했다. '이제 내가 훌륭한 마차에 타고 예쁜 옷을 많이 갖고 내 집을 가지고 돌아온다면 모두들 틀림없이 뉘우칠 거야. 그리고 결코 나를 비웃거나 하지는 못할 거야.'

"물론, 그건 전쟁을 뜻합니다." 몇 번인가 말하려고 시도하다 실패한 끝에 찰스는 말했다. "하지만 걱정할 건 없어요, 스칼렛 양. 전쟁은 한 달 안에 끝날 테니까요. 우리는 놈들에게 혼구멍을 내줄 겁니다. 그래요! 틀림없이 혼구멍을 내줄 거예요! 전 무슨 일이 있어도 이 기회를 놓치고 싶진 않아요. 우리 기병대는 즉시 존즈버러에 집합하도록 되어 있어서 오늘 밤 무도회에는 참석할 수 없어 유감입니다. 탈레턴 형제들은 벌써 이 정보를 알리기 위해 나가 버렸습니다. 숙녀분들에겐 정말 미안하게 됐습니다."

그녀는 "어머나!" 하고 말했다. 그 이상 말할 수 없기 때문이었지만 찰스에게는 그것만으로도 충분했다.

그녀는 냉정을 되찾아 차츰 침착해지기 시작했다. 그녀의 감정 위에는 서리가 내린 것 같아 그녀는 이제 두 번 다시 만사를 따뜻한 마음으로 받아들일 수 없을 것이라고 생각했다. 왜, 이 귀엽게 볼을 붉히고 있는 청년을 남편으로 골라선 안 되는가? 애쉴리를 얻을 수 없다면 결혼상대 같은 건 아무라도 좋다.

이 청년이 오히려 다른 청년들보다 나을는지 모른다. 설사 그녀가 아흔 살까지 산다고 하더라도 결코 두 번 다시 뭔가에 관심을 갖는 일은 없을 것이다.

"웨이드 햄프턴 씨의 남캐롤라이나 연대에 가입할 것인지 아니면 애틀랜타 수비대에 참가할 것인지 전 아직 결심이 서지 않았습니다."

그녀는 또 한 번 "어머나!" 하고 말했다. 두 사람의 눈이 마주쳤다. 그녀의 속눈썹이 찰스를 매혹시켰다.

"저를 기다려 주시겠습니까, 스칼렛 양? 우리가 놈들을 해치울 때까지 저를 기다려 주신다면…… 당신이 저를 기다려 주심을 아는 것만으로도 천국에 있는 기분이 들겁니다." 그는 숨소리를 죽이고 그녀의 대답을 기다렸다. 그리고 그녀의 입술이 옆에서부터 동그랗게 말리고 처음으로 그 입가에 어두운 그림자가 드리우는 것을 보고 그 입술에 입을 맞추면 어떤 기분이 들까 생각했다. 축축하게 땀이 밴 그녀의 손이 그의 손 안으로 미끄러져 들어왔다.

"저, 기다리는 건 싫어요." 그녀는 말하고 눈을 반쯤 감았다.

그는 입을 멍청하게 벌린 채 그녀의 손을 움켜잡았다. 속눈썹 밑으로 그를 보면서 스칼렛은 마치 꼬챙이에 찔린 개구리 같다고 남의 일처럼 생각했다. 그는 몇 번이고 더듬거리며 또 제라늄 같은 색으로 달아오르면서 입술을 몇 번 움직인 끝에 겨우 말했다.

"정말 저를 사랑해 주시겠습니까?"

그녀는 잠자코 무릎을 내려다보았다. 찰스는 새로운 황홀경과 곤란한 상황에 빠져들었다. 어쩌면 남자가 젊은 처녀에게 할 질문은 아니었는지 모른다. 그 말에 대답한다는 건 어쩌면 그녀로선 처녀답지 않은 일인지도 모른다. 용기있게 이제까지 이런 상태에까지 빠져든 경험이 없는 찰스는 어떡하면 좋을지 전혀 짐작이 가지 않았다. 될 수 있으면 큰 소리로 고함을 치고 노래하고 그녀에게 키스하고, 잔디밭 위를 껑충껑충 뛰고, 뛰어나가 흑인이든 백인이든 아무에게나 그녀가 자기를 사랑한다고 외치며 다니고 싶었다. 그러나 그는 단지 그녀의 반지가 살에 파고들도록 세차게 그녀의 손을 움켜잡았을 뿐이었다.

"곧 저와 결혼해 주시겠습니까, 스칼렛 양?"

"네." 옷의 주름을 만지작거리며 그녀는 대답했다.

"누이동생 멜라니의 결혼식과 함께 합동으로 할까요!"

"그건 안 돼요." 그녀는 빠르게 말했다. 그를 올려다보는 눈이 심상치 않게 빛났다. 찰스는 또 실책을 저지른 것을 깨달았다. 물론 처녀란 자기 혼자만의 결혼식을 바라는 법이다. 남과 영광을 나누고 싶지 않다고 생각하는 게 당연하다. 그러나 이런 실책을 눈감아 주다니 그녀는 얼마나 상냥한 여자인가. 만일 주위만 어둡다면 그리고 그 어둠이 주는 용기가 자기에게 있기만 하다면 그녀의 손에 키스하고 말하고 싶은 모는 것을 털어놓을 텐데.

"당신 아버님한테는 언제 말씀드릴까요?"

"빠르면 빠를수록 좋아요." 그녀는 대답했다. 그가 이쪽에서 말을 꺼내기 전에 반지 낀 손을 옥죄는 것을 멈추어 주었으면 하고 생각하면서.

그는 벌떡 일어났다. 그녀는 순간 이 남자가 기쁨에 이성을 잃어 명문의 자제로서 지켜야 할 품위를 잊고 춤을 추는 거나 아닌가 생각했다. 그는 맑고 순진한 마음이 가득 깃든 빛나는 눈으로 그녀를 내려다보았다. 그녀는 이제까지 이런 식으로 남의 눈길을 받아본 적이 없었다. 그리고 앞으로도 누군가에게서 그런 눈길을 받으리라곤 생각되지 않았다. 그녀는 기묘한 무심함으로 그가 마치 송아지 같다고 생각했을 뿐이었다.

"지금 당신 아버님을 찾겠어요." 얼굴 가득 웃음을 띠며 그는 말했다. "난 이제 더 기다릴 수가 없어요. 괜찮지요? 네, 사랑하는 스칼렛." 애정을 나타내는 '사랑한다'는 말이 좀처럼 나오지 않았지만, 한 번 입 밖에 내놓자 그는 기뻐 다시 그걸 되풀이했다.

"괜찮아요." 그녀는 말했다. "전 여기서 기다리겠어요. 여기는 아주 시원하고 좋아요."

그는 잔디밭을 가로질러 저택을 돌아 모습을 감추었다. 그녀는 살랑살랑 잎사귀가 흔들리는 참나무 아래 혼자 남겨졌다. 승마복 차림의 남자들이 마구간에서 말을 타고 줄줄이 이어 나갔다. 검둥이들도 주인의 뒤를 따라 열심히 말을 몰고 갔다. 먼로 형제는 모자를 흔들면서 달려갔고 폰테인 댁이나 캘버트 댁 청년들은 뭐라 외치면서 길을 달려 내려갔다. 탈레턴 댁의 네 형제는 잔디밭을 곧장 가로질러 그녀 곁으로 돌진해 왔다. 브랜트는 "어머니에게 말을 얻게 됐어요! 이이 에이 이이!" 하고 외쳤다. 그들은 잔디를 짓밟으며 달려가 버렸다. 그녀는 또 혼자가 되었다.

그녀에겐 지금 눈 앞에 높은 기둥을 우뚝 세우고 서 있는 이 저택이 위엄어린 서먹함을 가지고 그녀로부터 멀어져 가려고 하는 것처럼 보였다.

이제 이 집이 그녀의 집이 될 가망은 없어졌다. 애쉴리가 그녀를 신부로 맞아 이 집 문턱을 넘게 할 리는 결코 없을 테니까. 아, 애쉴리, 애쉴리! 나는 대체 무슨 일을 저지르고 말았는가? 그녀의 마음속 깊은 곳에서는 상처 입은 긍지와 냉정한 타산 밑에 뭔가 따끔따끔 찌르듯 움직이는 게 있었다. 그녀의 허영심이나 제멋대로의 이기주의보다 한층 강한 것, 하나의 성인으로서의 감정이 싹트기 시작한 것이다. 그녀는 애쉴리를 사랑하고 있었다. 그리고 애쉴리를 사랑하고 있음을 알고 있었다. 그리고 찰스가 구부러진 자갈길 저쪽으로 모습을 감추는 것을 보았을 때만큼 애쉴리에 대한 사랑을 깊이 느낀 때도 없었다.

7

그로부터 두 주일도 되기 전에 스칼렛은 유부녀가 되고 다시 두 달이 채 못되어 과부가 되었다. 그처럼 허둥지둥 서두르고 그처럼 조금밖에 생각하지 않았던 인생의 속박에서는 곧 해방되었지만, 그녀는 이제 두 번 다시 미혼시절의 그 태평한 자유를 맛볼 수 없었다. 그녀의 과부생활은 결혼의 발꿈치를 물고 따라왔고, 곧 어머니의 시절이 이어졌기 때문이다.

후년에 가서 1861년 4월 하순 당시를 돌이켜 보아도 스칼렛은 자세한 일을 하나도 기억해 낼 수가 없었다. 시간과 사건이 마치 현실성도 근거도 없는 악몽처럼 복잡하게 얽혀 있을 뿐이었다. 아마도 그녀가 죽는 날까지 당시의 기억은 모두 공백으로 남으리라. 특히 막연한 것은 찰스의 구혼을 승낙한 날부터 결혼식까지의 기억이었다. 두 주일! 평화로운 시절이었다면, 그렇게 짧은 약혼기간은 도저히 있을 수 없었으리라. 예의상 1년이나 적어도 6개월의 간격이 그 사이에 있어야 했다. 그러나 당시 남부는 전쟁에 불타오르고 있었고, 숱한 사건이 마치 강풍에 날려가듯 너무나 빠르게 돌아가 옛날 같은 느릿한 속도는 사라지고 없었다. 엘렌은 결혼에 대해 좀더 천천히 생각할 시간을 두기 위해 두 손으로 빌다시피 결혼을 늦추도록 권했다. 그러나 그 충고에 스칼렛은 그 문제에 대해 더 길게 생각하려 하지 않았다. 나는 결혼하는 거야! 그것도 될 수 있는 대로 빨리 두 주일 안으로.

애쉴리의 결혼식은 소집이 있는 대로 언제든지 출정할 수 있도록 가을로 잡았던 예정이 5월 1일로 당겨졌다. 그것을 안 스칼렛은 자기들의 결혼식을 그의 결혼식 바로 전날로 정했다. 이것도 엘렌은 반대했지만, 찰스는 새로 발견한 말재주로 열심히 엘렌을 설득했다. 그는 한시라도 빨리 남캐롤라이나로 가서 웨이드 햄프턴 연대에 참가하고 싶었던 것이다. 제럴드도 젊은 두 사람의 편이었다. 그는 선생의 얼기에 들떠 있었고, 스칼렛이 좋은 결혼상대를 읽은 것을 기뻐하고 있었다. 전쟁이 벌어질 때, 젊은 사람들의 사랑을 어떻게 방해할 수 있단 말인가? 엘렌은 어쩔 줄 몰라했지만 이윽고 남부의 모든 어머니들과 마찬가지로 양보했다. 그녀들의 한가롭기만 한 태평세월은 뒤집히고 만 것이다. 그녀들의 탄원도 기도도 충고도, 그녀들을 세게 몰아친 강력한 힘 앞에서는 아무런 소용이 없었다.

남부 여러 주는 영광과 흥분에 취해 있었다. 누구나 한 번의 전투로 전쟁이 끝나리라 믿었다. 때문에 청년들은 하나같이 전쟁이 끝나기 전에 서둘러 지원하고 북군을 단숨에 무찌르기 위해 버지니아 전선으로 출정하기 전 애인들과 결혼을 서둘렀다. 군내에서도 열두어 쌍이 전시결혼을 올렸지만 이별을 슬퍼할 틈도 거의 없었다. 왜냐하면 깊이 인생문제를 생각하고 눈물을 흘리기에는 그들은 너무나 바빴고 흥분해 있었기 때문이다. 부인들은 군복을 만들고 양말을 뜨고 붕대를 감았으며 남자들은 훈련을 받고 사격 연습에 여념이 없었다. 북쪽의 애틀랜타나 버지니아로 향하는 군용 열차들이 병사를 태우고 매일 존즈버러를 거쳐 갔다. 어떤 부대는 빨강·담청색, 혹은 초록빛의 화려한 군복을 입은 상류층 자제만으론 편성되었고, 또 개중에는 모직군복에 너구리가죽 모자를 쓴 소부대도 있었다. 군복을 입지 않고 신사복에 훌륭한 리넨 와이셔츠를 입은 사람도 있었다. 하나같이 훈련은 돼 있지 않고 무장조차 불충분했지만, 마치 소풍이라도 가는 것처럼 몹시 들떠 고함을 질러 댔다. 이러한 광경은 이 근방의 청년들을 자기들이 버지니아에 가기 전에 전쟁이 끝나버리지나 않을까 하는 공포 속으로 몰아넣었고, 이로써 의용군의 출동준비는 날이 갈수록 박차가 가해졌다.

이런 혼란한 가운데 스칼렛의 결혼식 준비가 추진되었다. 거의 자각 없이 그녀는 엘렌의 웨딩드레스와 베일을 쓰고 아버지의 가슴에 의지하여 타라의 넓은 층계를 내려가 집 안에 가득 차 있는 손님 앞에 섰다. 벽에 달린 무수한 촛불과 얼마간 얼떨떨하면서도 애정에 넘친 얼굴로 딸의 행복을 조용히 빌고 있는 어머니 입술의 움직임과, 재산이 있고 훌륭한 집안인데다가 전통있는 오랜 명문과 혼인한다는 자부심으로 브랜디에 빨갛게 취한 아버지와…… 그리고 또 멜라니와 팔짱을 끼고 층계 아래 서 있던 애쉴리 얼굴 등을 그녀는 나중에 아득한 꿈처럼 떠올렸다.

그녀를 바라보는 애쉴리의 표정을 보았을 때 그녀는 생각했다. '이건 현실이 아니다. 현실일 리가 없어. 나는 악몽을 꾸고 있는 거야. 나중에 눈을 뜨면 모두 꿈이었다는 것을 알게 될 거야. 지금은 생각해선 안 돼. 그렇지 않으면 나는 이 사람들 앞에서 큰 소리로 외칠지도 몰라. 지금은 아무것도 생각할 수 없어. 나중에 생각할 수 있을 거야. 참을 수 있게 되면…… 애쉴리의 눈이 내 앞에 나타나지 않게 될 때……'

다정하게 미소짓는 사람들 사이를 지나간 것도, 빨갛던 찰스의 얼굴도, 결혼을 맹세하던 그의 더듬거리는 목소리도, 깜짝 놀랄 만큼 또렷하고 냉정했던 그녀 자신의 대답도 모두 거의 꿈만 같았다. 식이 끝난 뒤 축사며 키스며 축배며 댄스도…… 그것도 전부 꿈 같았다. 볼에 받은 애쉴리의 키스 느낌도, "이걸로 우리는 정말 자매가 되었네요" 하고 다정하게 속삭이던 멜라니의 목소리도 현실이라고는 믿어지지 않았다. 찰스의 고모인 뚱뚱하고 감동하기 잘하는 노처녀 피티팻 해밀턴이 기절해 쓰러지고 말았을 때의 소동도 한낱 악몽으로밖에 여겨지지 않았다.

그러나 춤과 건배가 끝나고 새벽이 가까웠을 때, 그리고 타라 저택의 농장 감독의 집까지 꽉 들어찬 애틀랜타에서 온 손님이 모두 침대나 소파나 바닥에 깐 돗짚자리에 곯아떨어지고, 이웃 사람들도 이튿날 트웰브 오크스에서 있을 결혼식에 대비하여 집으로 쉬러 돌아갔을 때, 꿈처럼 아득한 상태는 현실 앞의 크리스털처럼 완전히 깨지고 말았다. 이불을 푹 뒤집어쓰고 놀라서 바라보는 그녀의 눈빛을 피하며 잠옷을 입고 불그레한 얼굴로 화장실에서 나타난 찰스, 그것이 그녀의 현실이었다.

물론 그녀도 결혼한 사람이 한자리에 든다는 건 알고 있었다. 그러나 그건 그녀가 생각해 보지도 않은 일이었다. 아버지와 어머니의 경우에는 극히 당연한 것으로 생각되었지만, 막상 그것을 자기에게 적용시켜 생각한 일은 없었다. 바비큐파티 이후 그녀는 이제 처음으로 자기가 스스로에게 어떤 일을 저지르고 말았는지 똑똑히 깨달았다. 자기의 경솔한 행동에 대한 쓰디쓴 뉘우침과 애쉴리를 영원히 잃어버린 슬픔 때문에 가슴이 찢어질 것같이 되었을 때, 사실은 결혼 같은 것은 하고 싶지 않았던 이 낯선 청년이 자기와 잠자리를 같이하려 한다고 생각하자 그녀는 도저히 참을 수가 없었다. 그가 망설이면서 침대에 다가섰을 때 그녀는 갈라진 목소리로 속삭였다.

"내 옆에 가까이 오면 소리지르겠어요! 정말이에요! 정말 난…… 힘껏 소리칠 거예요! 저리 가세요! 날 건드리지 마세요!"

이리하여 찰스 해밀턴은 결혼 첫날밤을 방 한귀퉁이 팔걸이의자에서 자야 했는데, 그는 그것을 그다지 불행하게 생각하지 않았다. 그는 그것을 새색시의 섬세함과 얌전함 때문이라고 이해했으므로, 혹은 적어도 이해했다고 생각하였기 때문이다. 그는 그녀의 공포가 가라앉을 때까지 기꺼이 기다려 줄 참이었다. 다만, 다만 그는 이제 곧 전쟁에 나가야만 했다. 그는 좀더 편한 자세가 되려고 몸을 뒤적이며 자기도 모르게 한숨을 쉬었다.

그녀 자신의 결혼식도 악몽 같았지만, 애쉴리의 결혼식은 그녀에겐 그 이상으로 악몽이었다. 스칼렛은 푸른 능금빛 '신혼 이틀째' 옷을 입고, 무수한 촛불빛을 받으면서 트웰브 오크스 저택의 객실에 서 있었다. 객실은 어젯밤과 같은 군중으로 붐비고 있었다. 멜라니 윌크스가 된 멜라니 해밀턴의 평범하고 조그만 얼굴이 아름답게 빛나는 것을 그녀는 보았다. 이걸로 이제 애쉴리는 영원히 그녀의 손에서 떠나고 만 것이다. 그녀의 애쉴리! 아니다, 이제는 그녀의 애쉴리가 아니게 되었다. 여태까지 한 번이라도 그가 그녀의 것이었던 적이 있었던가? 마음속에서 여러 가지가 뒤섞여 마음은 한껏 피로하고 혼란했다. 그는 그녀를 사랑한다고 했다. 하지만 그렇다면 대체 무엇이 두 사람을 갈라놓았는가? 그것을 알 수 있다면. 그녀는 찰스와 결혼함으로써 세상의 소문을 막았다. 그러나 이제 그게 무엇이란 말인가? 한 때는 아주 중대한 일인 것처럼 생각되었지만, 지금 와서는 하나도 중대하지 않지 않은가. 마음을 죄는 모든 것은 오직 애쉴리의 일뿐이었다. 그 애쉴리는 이제 가 버리고 말았다. 그리고 그녀는 사랑하지 않을 뿐 아니라 아예 경멸하기까지 하는 남자와 결혼하고 만 것이다.

아, 그녀는 얼마나 모든 것을 뉘우쳤던가. 얼굴이 못생긴 것을 비관하여 자신의 코를 베었다는 얘기를 그녀는 가끔 들은 일이 있다. 그러나 지금까지 그것은 한낱 비유적 표현에 지나지 않는다고 생각하고 있었다. 그런데 이제 그녀는 그 뜻을 아프도록 깨달은 것이다. 찰스에게서 떨어져 완전히 타라로 돌아가 다시 한 번 처녀시절로 돌아가고 싶다는 미칠 듯한 마음에 이 잘못이 오직 자기 때문이라는 자책감 때문에 가슴이 저미도록 아파왔다. 어머니 엘렌이 그토록 말리려고 했는데 자기가 듣질 않았던 것이다.

애쉴리가 결혼하던 날 밤 그녀는 밤을 새워가며 정신없이 춤 추고 기계적으로 웃고 떠들었다. 그리고 엉뚱한 생각이었지만 그녀를 행복한 신부라 생각하고 그 부서진 마음을 깨닫지 못하는 사람들의 어리석음을 이상히 여겼다. 고맙게도 그들은 그녀의 마음을 알아내지 못했다!

그날 밤 마미가 옷시중을 들고 돌아간 다음 찰스가 결혼 둘째날 밤도 역시 말털 의자 위에서 보내야 하나 생각하며 화장실에서 머뭇머뭇 나타난 것을 보자 그녀는 소리 내어 울기 시작하였다. 찰스가 침대에 올라가 그녀 옆에 누워 열심히 달래려고 했지만 그녀는 그치지 않았다. 눈물이 다 마를 때까지 말도 하지 않고 울어 댔다. 이윽고 그녀는 훌쩍거리면서 순순히 그의 어깨에 고개를 파묻었다.

만일 전쟁이 없었다면, 이 두 쌍의 신혼부부는 우선 일주일쯤 군내의 가정을 여기저기 방문하고, 사람들로부터 무도회와 바비큐파티로써 환영받은 뒤 새러토가나 화이트 설퍼로 신혼여행을 떠났을 것이다. 그리고 전쟁이 아니었다면 스칼렛은 그녀에게 예의를 표하기 위해 베풀어지는 폰테인 댁이나 캘버트 댁, 탈레턴 댁 연회에 참석하기 위해 결혼 3일째, 4일째, 5일째를 차례로 옷을 바꿔 입지 않으면 안 되었을 것이다. 그러나 때가 때인만큼 연회도 신혼여행도 모두 중지되었다. 결혼 뒤 일주일 만에 찰스는 웨이드 햄프턴 대령의 부대에 참가하려고 출발했다. 그리고 그로부터 일주일 뒤 애쉴리 또한 이 군 전부를 텅텅 비게 하며 조직된 기병대와 함께 전선으로 떠나 버렸다.

그 두 주일 동안 스칼렛은 애쉴리가 혼자 있는 것을 본 일도 없고, 또 단둘이 이야기를 나눈 일도 없었다. 무서운 이별의 순간이 오고, 그가 정거장으로 가는 도중 타라에 들렀을 때도 그녀는 그와 얘기를 나눌 수 없었다. 왜냐하면 보닛을 쓰고 솔을 두르고 새로 몸에 익힌 기혼 여인의 품격과 차분함을 보이면서 멜라니가 그의 팔에 매달려 있는 데다가, 타라 농장의 모든 사람들이 검둥이 흰둥이 할 것 없이 몽땅 애쉴리의 출정을 전송하러 나와 있었기 때문이었다.

멜라니는 말했다. "스칼렛에게 키스해 주세요, 애쉴리. 이제 이분은 제 올케예요." 애쉴리는 허리를 굽혀 차가운 입술을 그녀의 볼에 대었다. 그의 얼굴은 딱딱하게 긴장돼 있었다. 스칼렛은 키스를 받았지만 조금도 기쁘지 않았다. 멜라니의 설득으로 인한 깃이어서 심기가 불편했다. 헤어질 때 멜라니는 숨이 막힐 만큼 힘껏 그녀를 껴안았다.

"애틀랜타에 오세요. 그리고 저와 피티팻 고모님을 방문해 주시지 않겠어요? 우린 모두 언니를 무척 초대하고 싶어요! 찰스 부인과 좀더 친해지고 싶거든요."

이윽고 다섯 주일이 지났다. 그동안 남캐롤라이나에 있던 찰스는 수줍고도 기쁨과 애정에 넘친 편지를 몇 통인가 보내고 자기가 얼마나 깊이 그녀를 사랑하고 있는가를, 그리고 전쟁이 끝난 뒤 장래의 계획이며 그녀를 위해 훌륭한 공을 세우고 싶다는 말과 지휘관 웨이드 햄프턴 대령에 대한 존경심 같은 것을 적어 보냈다. 그리고 그로부터 일곱 주일째에 그 햄프턴 대령에게서 직접 전보가 왔다. 이어 친절하고 정중한 조문 편지가 배달되었다. 찰스는 죽은 것이다. 대령은 좀더 일찍 전보를 치고 싶었지만, 자기의 병을 아주 가볍게 생각한 찰스가 가족에게 걱정을 시키고 싶지 않다고 치지 못하게 했던 것이다. 이 불행한 청년은 승리를 얻었다고 믿었던 사랑에 배신당했을 뿐만 아니라, 싸움터에서 명예와 영광을 빛내려고 했던 드높은 희망에도 배신당한 것이다. 그는 남캐롤라이나 야영지에만 있다가 한 번도 북군에 접근한 일도 없이 홍역 끝에 폐렴이 되어 어이없게 죽어 버린 것이다.

달이 차서 찰스의 아이가 태어났다. 사내아이에게는 아버지의 지휘관 이름을 붙이는 것이 당시의 유행이었으므로 그 아이는 웨이드 햄프턴 해밀턴이라고 이름 지어졌다. 임신이 된 것을 알았을 때, 스칼렛은 세상이 캄캄해진 것 같아 눈물을 흘리며 차라리 죽어 버릴까 하는 생각조차 했다. 그러나 그녀는 별 고통도 없이 배 속의 아이를 길러 쉽게 낳아 놓았고, 곧 이전 같은 몸이 되었다. 마미는 그녀를 보고 정말 이래서는 하층계급의 아낙네와 조금도 다를 것이 없다고 가만히 말했다. 스칼렛도 이 일만은 숨기고 있었지만, 그녀는 아이에 대해 전혀 애정을 느끼지 못했다. 처음부터 애 같은 것은 바라지도 않았으며 태어난 것이 원망스럽기조차 했다. 그러므로 아이가 막상 태어난 뒤에도 그 아이가 자기 것이라든가 자기의 일부라는 느낌은 들지 않았다.

산후 몸의 회복은 남부끄러울 정도로 빨랐으나 정신적으로는 아직도 멍하니 허약해 있었다. 그녀의 기분을 돋우려고 온 농장이 애를 썼지만, 그녀는 도무지 기운이 없었다. 엘렌은 바쁘게 일하면서도 이마에 근심스런 주름살을 지었고, 제럴드는 여느 때보다도 더욱 화를 잘 내었으며, 존즈버러에서 가끔 쓸모도 없는 선물을 사다주곤 했다. 의사인 늙은 폰테인 선생도 유황과 당밀과 약초를 섞어 만든 강장제가 전혀 듣지 않는 것을 보고는 고개를 갸웃거리지 않을 수 없었다. 스칼렛이 시종 초조해하고 멍해 있는 상태가 거듭되는 것은 마음의 슬픔이 원인이라고 어느날 선생이 엘렌에게 넌지시 귀띔했다. 그러나 만일 스칼렛이 설명할 마음만 있었다면 그것과는 전혀 다른, 좀더 복잡한 괴로움이라는 것을 그들에게 가르쳐 주었을지 모른다.

그러나 그녀는 자기가 이렇게 우울하게 가라앉아 있는 것처럼 보이는 것은 자기가 어머니가 된 것에서 오는 격심한 권태와 당황 때문이며, 특히 애쉴리가 없어졌기 때문이라는 것은 아무에게도 밝히려고 하지 않았다.

심한 권태가 늘 떠나지 않았다. 기병대가 전쟁에 나간 뒤부터 이 지방에는 마음을 위로할 것도 사교생활도 사라져 버렸다. 흥미의 대상이 되는 청년들도 모두 가 버렸다. 탈레턴 댁의 네 아들도, 캘버트 댁의 두 아들도, 폰테인 댁과 먼로 댁의 아들들도, 또 존즈버러나 페이엇빌이나 러브조이 근처의 젊고 매력적인 젊은이들도. 남겨진 것은 단지 노인과 불구자, 그리고 여자들뿐이었다. 그들은 뜨개질을 하든가 바느질을 하든가 군대를 위해 목화나 곡식의 증산을 도모하든가 돼지나 양이나 소의 번식을 꾀하면서 바삐 일하고 있었다. 어쩌다 남자다운 남자를 볼 수 있는 것은 매달 물자를 모으기 위해 찾아오는 수엘렌의 애인인 중년의 프랭크 케네디가 거느리는 병참부대뿐이었다. 그러나 병참부대에는 그렇게 흥미 있는 사람은 없었고, 게다가 그녀는 프랭크가 소심하게 수엘렌의 비위를 맞추고 있는 게 보기 싫었다. 그래서 나중에는 웃는 얼굴조차 별로 보여 줄 수 없게 되었다. 그녀는 프랭크와 수엘렌이 빨리 결혼해 버렸으면 좋을 텐데 하고 생각했다.

그러나 설령 병참부대가 좀더 흥미 있는 부대였다고 해도 그녀를 권태로운 상태에서 구해낼 수 없었을 게 틀림없었다. 그녀는 미망인이었고, 그녀의 마음은 무덤에 있었기 때문이다. 적어도 사람들은 그녀의 마음이 무덤에 있다고 생각하고 그에 어울리는 태도를 취하기를 기대하고 있었다. 이것이 그녀를 한층 짜증나게 만들었다. 왜냐하면 아무리 노력해 보아도 그녀가 찰스에 대해 기억할 수 있는 건 그녀가 결혼을 승낙했을 때 그의 얼굴에 나타났던 그 죽어가는 송아지 같은 표정이었기 때문이다. 게다가 그 기억마저 점점 엷어져 가고 있었다. 그러나 그렇다고 해도 그녀는 미망인이었고 따라서 태도를 조심해야만 했다. 미혼 처녀들의 활기는 그녀에게 이미 허락되지 않았다. 심각하고 냉담한 체하지 않으면 안 되있다. 프랭크의 부관이 징원 그네에 스칼렛을 태우고 흔들며 그녀를 크게 웃게 한 뒤 엘렌은 이에 대해 매우 길게 강조했다. 그녀는 매우 괴로워하며 미망인이 얼마나 사람들의 손가락질을 받기 쉬운 것인가, 누누이 일러 주었다. 미망인의 행동은 기혼자의 행동보다 두 갑절이나 조심스럽지 않으면 안 되는 것이다.

'하느님만은 아시겠지.' 어머니의 다정한 목소리를 얌전히 들으며 스칼렛은 생각했다. '기혼 부인도 재미있는 일은 하나도 없는데, 그럼 미망인은 죽은 거나 다름없네.'

미망인이란 끔찍한 검정 옷을 입지 않으면 안 되었다. 그 어두운 인상을 부드럽게 하기 위해 새쉬를 다는 일조차 허락되지 않고, 꽃이나 리본이나 레이스는 물론 보석조차도 줄마노 상복용 브로치나 죽은 사람의 머리털로 만든 목걸이 밖에는 허락되지 않았다. 모자에서 늘어뜨린 검은 베일은 무릎까지 닿지 않으면 안 되었고, 3년상이 지나고야 겨우 어깨까지의 길이로 줄일 수 있었다. 미망인이란 결코 재미있게 떠들거나 큰 소리로 웃어서는 안 된다. 미소지을 때조차 슬프고 비극적으로 웃어야 한다. 무엇보다도 가장 지독한 것은, 미망인은 신사들과 자리를 같이하더라도 그들에 대해 어떠한 관심을 나타내서는 안 된다는 것이었다. 만일 교양 없는 신사가 나타나 그녀에게 흥미를 나타냈을 경우에도 그녀는 품위를 갖고 적절하게 죽은 남편에 대한 이야기를 하여 그 신사의 열을 식혀 주어야만 했다. 맙소사 하고 스칼렛은 우울하게 생각했다. 그러나 과부 중에는 나이를 먹고 뼈가 굳어지고 나서도 재혼하는 사람이 있다. 이웃과 근처 사람이 눈을 번뜩이고 있는데 어떻게 목적을 이룰 수 있었는지 아무도 모른다. 그리고 재혼하는 상대는 대개 광대한 농장과 아이들을 한 다스나 거느려 부인을 간절히 원하는 노인인 경우가 많다.

결혼생활도 꽤 시시한 것이었다. 그러나 미망인이 되는 건 그녀의 인생이 영원히 끝나 버리고 마는 것이다. 찰스가 죽은 지금 작은 웨이드 햄프턴이 얼마나 당신의 위로가 되겠어요 하고 위로하는 사람은 얼마나 어리석은가. 그것이 지금의 그녀에게 뭔가 사는 희망이라도 되는 것처럼 말하는 사람들은 얼마나 우둔한가 하고 그녀는 생각했다. 사랑의 결정이 남겨져서 얼마나 행복하겠어요 하는 말은 누구나 한다. 물론 그녀는 그들의 오해를 바로잡아 주지는 못한다. 그러나 그들의 생각처럼 그녀의 본심에서 먼 것은 없었다. 그녀는 자식인 웨이드에겐 거의 흥미가 없었다. 곧잘 그것이 정말 자기가 낳은 아들이라는 것조차 잊어버릴 정도였다. 매일 아침, 잠이 깬 뒤 잠시 멍하니 있을 때만은 다시 스칼렛 오하라로 돌아갔다. 햇빛은 창 밖 목련꽃에서 눈부시게 빛나고, 흉내지빠귀가 지저귀고, 베이컨을 튀기는 구수한 냄새가 코에 스며든다. 그녀는 또다시 아무 근심이 없는 처녀가 된다. 그러나 이윽고 칭얼대며 배고픔을 호소하는 갓난애의 울음소리가 들려온다. 그러면 그녀는 언제나, 정말 언제나 깜짝 놀라 생각하는 것이었다. '어머, 우리집에 갓난애가 있었던가!' 이윽고 그녀는 그것이 자기의 어린애임을 기억해 낸다. 몹시 어리둥절하지 않을 수 없었다. 그리고 애쉬리! 아아, 그 무엇과도 바꿀 수 없는 애쉬리! 난생처음 그녀는 타라를 미워하고, 언덕에서 강기슭으로 이어지는 긴 붉은 흙길을 미워하고, 초록빛 목화잎이 피어 있는 황토밭을 미워하였다. 한 피트의 땅, 한 그루의 나무, 한 가닥의 시냇물, 하나하나의 오솔길과 마차길, 모두가 그를 생각케 했기 때문이다. 그는 이미 다른 여자의 남편이 되고 또 전선으로 가 버리고 말았다. 그러나 그의 환영은 아직 황혼이 깃든 길을 방황하고, 지금도 현관의 그늘에서 예의 그 꿈꾸는 듯한 잿빛 눈으로 그녀에게 미소를 던졌다. 트웰브 오크스에서 타라 농장으로 향하는 강가 길에서 문득 말발굽 소리가 들렸을 때 그녀는 몇 번이나 "애쉬리!" 하며 가슴 두근거리는 감미로운 순간에 젖었던가!

그녀는 전에는 그토록 사랑하던 트웰브 오크스를 지금은 싫어하고 있었다. 그러나 싫으면서도 마음은 자꾸 끌렸다. 거기서 그녀는 존 윌크스나 누이동생들이 애쉴리의 얘기를 하는 것을 듣고, 또 버지니아 전선에서 온 그의 편지를 읽는 것을 들을 수 있었기 때문이다. 그 편지들은 그녀를 괴롭혔다. 그러나 그녀는 그것을 듣지 않고는 견딜 수 없었다. 그녀는 고집 센 인디어나 어리석은 수다쟁이인 하니를 좋아하지 않았다. 둘 쪽에서도 자기를 싫어하고 있다는 건 알고 있었지만, 그래도 그녀는 거기에 가지 않을 수가 없었다. 트웰브 오크스에서 집에 놀아올 때마다 그녀는 침울한 얼굴로 침대에 들어가 식사때가 되어도 일어나지 않았다.

무엇보다 엘렌과 마미의 마음을 아프게 한 것은 식사를 하지 않는 것이었다. 마미는 맛있어 보이는 요리를 몇 가지나 가지고 와서 이제는 미망인이 되었으니 먹고 싶은 대로 먹어도 괜찮다고 넌지시 암시했지만, 스칼렛은 전혀 식욕을 느끼지 못했다.

폰테인 노선생이 엄숙한 표정으로 사랑의 상심은 곧잘 심신의 쇠약을 가져오고 그 결과 차차 여위어 마침내는 무덤에까지 가는 일이 있다고 경고하자 엘렌은 하얗게 질렸다. 그 공포가 그녀의 마음을 짓눌렀기 때문이다.

"무슨 좋은 방법이 없을까요, 선생님?"

"아마 가장 좋은 건 환경을 바꾸는 것일 겁니다." 선생님은 대답했다. 단지 선생은 마음 놓이지 않는 환자를 자기 감독 밖으로 벗어나게 하는 것이 약간 마음에 걸리는 것 같았다.

그래서 스칼렛은 마지못해 아이를 데리고, 처음으로 서배너에 있는 오하라 댁과 로빌라드 댁 친척을 방문하고, 찰스턴에 살고 있는 엘렌의 언니들인 폴린 이모와 율랄리 이모를 방문했다. 그러나 그녀는 엘렌이 예상했던 것보다 한 달이나 앞당겨 타라에 돌아왔다. 돌아온 이유에 대해선 아무 말도 하지 않았다. 서배너 사람들은 모두 친절했다. 그러나 제임스와 앤드루와 그 아내들은 이미 늙어서 단지 그냥 가만히 앉아 스칼렛은 아무 흥미도 없는 옛날 얘기에만 골몰하고 있었다. 로빌라드 댁 사람들도 똑았다.

찰스턴은 끔찍한 곳이었다. 폴린 이모와 그 남편인, 형식적이고도 까다롭게 예절을 지키면서 과거의 시대에 살고 있는 것처럼 어딘가 멍한 구석이 있는 작은 몸집의 노인은 타라보다 훨씬 적적한 강기슭 한 농장에 살고 있었다. 가장 가까운 이웃도 20마일이나 떨어져 있고, 그곳에 가려면 편백나무와 참나무가 우거진 숲 속 어두침침한 길을 지나가야만 했다. 잿빛 이끼가 바람에 흔들리는 커튼처럼 늘어져 있는 참나무는 언제나 제럴드에게서 들은 흐릿하게 빛나는 안개 속을 헤매는 아일랜드의 귀신 이야기를 그녀에게 떠오르게 했다. 아침부터 밤까지 뜨개질을 하고, 밤에는 리 아저씨가 읽어 주는 벌워 리튼[30]의 계발서를 듣는 것밖엔 아무것도 할 일이 없었다.

찰스턴의 포루 위 주위에 높은 돌담을 두른 정원이 있는 웅대한 저택에 틀어박힌 율랄리 이모네도 역시 아무 재미가 없었다. 기복이 심한 넓은 황토 언덕을 내려다보며 살아온 스칼렛에게는 그곳은 마치 감옥에 갇힌 느낌이었다. 그곳은 폴린 이모네보다는 사교적인 생활을 하고 있었지만, 찾아오는 사람들의 태도나 습관, 또는 그들이 늘어놓는 집안 자랑 따위가 스칼렛에겐 아주 질색이었다. 그 사람들 모두가 그녀를 어울리지 않는 결혼에서 태어난 아이라고 생각하고, 어째서 로빌라드 댁의 아가씨가 떠돌이인 아일랜드인 따위하고 결혼했을까 하며 궁금해 하고 있음을 그녀는 잘 알고 있었다. 스칼렛은 율랄리 이모가 보이지 않는 곳에서 그녀를 위해 변명하고 있음도 눈치채고 있었다. 이것도 그녀의 비위에 거슬렸다. 가계 같은 것은 아버지 제럴드와 마찬가지로 그녀에겐 아무런 문제도 아니었기 때문이다. 그녀는 제럴드를 자랑으로 여기고, 그가 민첩한 아일랜드인 특유의 두뇌 말고는 아무런 도움도 받지 않고 쌓아올린 것을 자랑으로 삼고 있었다.

찰스턴 사람들이 섬터 요새 사건에 대해 큰일을 한 것처럼 뽐내는 얼굴을 하고 있는 것도 비위에 거슬렸다. 굳이 그들이 무모하게 전쟁에 불을 댕기지 않았어도 틀림없이 다른 어리석은 자가 또 불을 붙였을 게 틀림없다는 것을 그들은 모르는 것일까? 조지아 고원의 빠른 말투에 귀가 익숙한 그녀에겐 이 해안 지방 사람들의 느리고 나지막한 말소리가 어쩐지 귀에 거슬렸다. 'palms(야자)'를 'paams', 'house(집)'을 'hoose' 'won't'를 'woont', 'Ma'·'Pa'를 'Maa'·'Paa'로 발음하는 소리를 만약 다시 듣게 된다면 아마도 비명을 지르고 싶어질 게 틀림없다고 생각했다. 그것이 몹시 짜증이 났기 때문에 그녀는 어떤 정식 방문 때 일부러 제럴드의 아일랜드 사투리를 흉내내어 이모를 당황하게 하였을 정도였다. 이리하여

---

30) 1803~1873. 영국 소설가 및 정치가.

그녀는 서둘러 타라로 돌아오고 말았다. 찰스턴 사람들의 발음을 듣느니 차라리 애쉬리의 회상으로 고민하는 편이 나았던 것이다.

남부동맹을 돕기 위해 타라 농장의 생산량을 갑절로 늘이느라 밤낮없이 바빴던 엘렌은 큰딸이 비쩍 마른 창백한 얼굴로 가시 돋친 말투를 쓰면서 찰스턴에서 돌아온 것을 보자 그야말로 가슴이 철렁했다. 그녀 자신도 소녀시절에 실연한 상심의 경험이 있으므로 매일 밤 코를 골며 자고 있는 제럴드 옆에 누워 어떻게 하면 스칼렛의 고민을 덜어줄 수 있을까 곰곰이 생각했다. 찰스의 고모 피티팻 해밀턴 노처녀로부터 스칼렛을 애틀랜타로 보내 천천히 머무르게 하면 어떻겠느냐는 편지가 여러 번 와 있었다. 엘렌은 그것을 비로소 진지하게 생각해 봐야겠다는 생각이 들었다.

피티팻 고모는 멜라니와 단둘이 큰 저택에서 살고 있으며, 편지에는 '이제는 아무도 의지할 남자가 없습니다'라고 써 보냈다. '귀여운 찰스가 죽어 버렸기 때문이지요. 물론 제 오라버니 헨리가 있긴 하지만 그는 우리와는 함께 기거해 주지 않습니다. 헨리에 대해선 아마 스칼렛에게서 들으셨으리라 믿습니다. 이 이상 오빠 얘기를 쓴다는 것은 여자로서의 예의가 허락지 않습니다. 만일 스칼렛을 보내 주신다면 멜라니와 제가 얼마나 마음이 놓이고 든든할까요. 쓸쓸한 여자끼리라도 둘이 있는 것보다는 셋이 있는 편이 훨씬 나을 테니까요. 현재 멜라니가 하고 있는 것처럼 이곳 병원에서 용감한 젊은 군인들의 간호라도 하게 된다면, 아마 스칼렛의 슬픔도 얼마쯤은 위안이 되리라고 믿습니다. 그리고 물론 멜라니도 저도 스칼렛의 귀여운 아기가 보고 싶어 견딜 수 없어요…….'

이리하여 스칼렛의 트렁크에는 또다시 상복이 채워졌다. 그녀는 아들인 웨이드 햄프턴과 아이 보는 프리시를 데리고 애틀랜타로 출발했다. 엘렌과 마미로부터는 귀에 못이 박히도록 훈계를 듣고, 제럴드로부터는 남부동맹 지폐로 백 달러를 받았다. 그녀는 딱히 애틀랜타로 가고 싶지는 않았다. 피터팻 고모는 노부인 중에서도 가장 어리석은 여자로 여기고 있었고, 무엇보다도 애쉬리의 아내와 한 지붕 아래서 살아야 한다는 생각이 몸서리를 치게 했다. 그러나 애쉬리의 추억으로 덮인 고장에서는 이제 더 못살 것 같았다. 어떤 것이든 그녀에겐 변화가 필요했던 것이다.

제2부

8

　1862년 5월 어느 날 아침 스칼렛은 북쪽으로 기차에 실려가면서 애틀랜타는 틀림없이 찰스턴이나 서배너처럼 지루한 고장은 아닐 거라고 생각했다. 피티팻 고모나 멜라니에겐 혐오감이 일었지만, 전쟁이 시작되기 바로 전해 겨울에 단 한 번 가본 그 거리가 그 뒤 어떻게 변했을까 싶자 얼마쯤은 호기심이 끓어올랐다.

　그녀는 언제나 애틀랜타에 대해서 다른 도시들보다 더 흥미를 갖고 있었다. 그건 그녀가 아직 어렸을 때 그녀와 애틀랜타는 같은 나이라고 아버지 제럴드에게서 들었기 때문이다. 그러나 성장하고 난 다음 그녀는 제럴드가 얼마간 사실을 부풀리고 있었음을 발견했다. 약간의 과장이 이야기를 재미있게 할 때는 태연히 부풀리는 것이 제럴드의 버릇이었다. 그렇긴 해도 애틀랜타는 그녀보다 아홉 살밖에 더 먹지 않았다. 그리고 이 도시는 그녀가 들은 다른 어떤 도시와 비교해도 놀랄 만큼 젊은 점이 남아 있었다. 서배너나 찰스턴은 해묵은 관록을 지니고 있었는데, 그 하나는 제2세대의 중간이었고, 또 하나는 제3세대째에 들어간 참이었다. 따라서 둘 다 그녀의 어린 눈에는 양지에서 조용히 부채질을 하고 있는 나이 많은 할머니들처럼 보였다. 그러나 그녀와 같은 세대에 속하는 애틀랜타는 미완성이고 청춘의 미숙함이 있으며 그녀와 마찬가지로 자유분방했다.

　제럴드에게서 들은 이야기는, 그녀와 애틀랜타가 같은 해에 이름 지어졌다는 사실에 근거를 두고 있었다. 스칼렛이 태어나기 전 9년 동안 이 도시는 처음엔 터미너스라고 불리고, 다음에는 마서스빌이라고 불렸다. 애틀랜타라고 불리게 된 것은 스칼렛이 태어난 바로 그해부터였다.

　처음 제럴드가 조지아 주 북부에 옮겨왔을 때는 애틀랜타라는 도시는 전혀 없었을 뿐만 아니라 마을 같은 것도 없었고 그 근처 일대는 미개척 지대의 광막한 황야뿐이었다. 하지만 그 이듬해인 1836년엔 주정부에 의해 토착민인 체로키족으로부터 갓 양도받은 토지를 꿰뚫고 북서로 향하는 철도의 부설이 허가되었다. 그 선로의 방향이 테네시 주에서 서부로 향할 것은 처음부터 확실히 정해져 있었지만, 조지아 주의 어디를 기점으로 할 것인가는 얼마 동안 분명치 않았는데, 그 뒤 약 1년이 지난 어느날 한 기사가 이곳을 선로의 남쪽 끝으로 한다는 표시로 붉은 황토 벌판에 말뚝을 꽂았다. 그리고 종점이란 뜻으로 터미너스라 이름이 붙고 이리하여 뒷날의 애틀랜타가 생겨 난 것이다.

당시 북 조지아에는 철도라고 할 만한 것이 전혀 없었고, 그 밖의 고장에도 매우 적었다. 그러나 제럴드가 엘렌과 결혼하기 전 몇 년 동안 타라의 북쪽 25마일 지점인 이 새로운 소개척지는 차차 발전하여 하나의 촌락이 되고 선로도 점점 북으로 뻗어갔다. 이윽고 철도 건설 시대라고 할 시대가 왔다. 제2의 철도는 첫 도시 어거스타에서 주 안을 횡단하여 서쪽으로 뻗고, 테네시 주에 이르는 새 선로와 이어져 있었다. 또 낡은 도시 서배너를 기점으로 하는 여러 선은 먼저 조지아 주의 중심부에 있는 메이컨에 이르고, 그 뒤 북으로 달려 제럴드가 사는 지방을 횡단하여 애틀랜타로 통했다. 그리고 다른 두 선로와 이어 서배너의 항구에서 서부 여러 주로 가는 큰길을 열어 놓았던 것이다. 다음에 같은 연결점인 젊은 애틀랜타로부터 네 번째 선로가 부설되어 남쪽인 몽고메리 및 모빌로 향했다. 철도에서 태어난 애틀랜타는 철도의 발전과 더불어 발전하여 갔다. 네 개의 노선이 완성된 결과 애틀랜타는 드디어 서부·남부 해안의 여러 지방과도, 또 어거스타를 거쳐 북부나 동부와도 연결되기에 이르렀다. 이리하여 동서남북의 교통 십자로가 되고, 따라서 작은 마을이 일약 사회의 표면에 튀어나왔던 것이다.

이로써 17년의 스칼렛 인생보다 불과 얼마 길지 않은 기간에 애틀랜타는 붉은 흙에 박힌 말뚝으로부터 인구 1만의 정력적인 소도시가 되었고, 온 주의 주목을 받았다. 보다 오래고 보다 안정된 다른 여러 도시는 마치 오리새끼를 까 놓은 암탉처럼 깜짝 놀라 이 북적거리는 신생 도시를 바라보았다. 왜 이 도시는 조지아 주의 다른 도시와 이토록 다른 걸까? 왜 이렇듯 빨리 발전한 것일까? 거기에는 별로 이렇다 하게 뽐낼 만한 것이 아무것도 없지 않은가, 단지 철도가 있고 극성스럽고 나서기 좋아하는 인간이 살고 있을 뿐이 아닌가 하고 사람들은 생각했다.

터미너스에서 마서스빌이 되고, 다시 애틀랜타로 불리게 된 이 도시에 정착한 사람들은 모두 극성스럽고 정력적이었다. 조지아 주의 옛날부터 개척된 고장이나 먼 여러 주로부터 억세고 활동적인 사람들이 철도의 연결점을 중심으로 급속히 팽창해 나가고 있던 이 도시에 이끌려 속속 모여든 것이다. 그들은 희망에 불타서 찾아들었다. 그리고 정거장 근처에서 만나고 있는 다섯 가닥의 먼지투성이 도로를 끼고서 가게를 열었다. 화이트홀 거리, 워싱턴 거리, 그리고 사슴 가죽신을 신은 인디언들이 오랜 세월에 걸쳐 밟아 다져 왔던 피치트리 거리라 불리는 작은 길과 이웃한 높은 지대에 그들은 드디어 아름다운 주택을 지었다. 그들은 이 도시를 자랑하고, 그 발전을 자랑하고, 그걸 발전시킨 자기들의 힘을 자랑했다. 오래된 도시들이여, 애틀랜타를 비난하려면 얼마든지 비난해라. 애틀랜타는 조금도 신경쓰지 않는다.

그런데 서배너나 어거스타나 메이컨 등이 애틀랜타를 비난하는 이유는 언제나 스칼렛이 애틀랜타를 사랑하는 바로 그런 이유였다. 그녀와 마찬가지로 이 도시 역시 조지아 주의 낡은 것과 새로운 것의 혼합체였고, 그리고 거기에서는 곧잘 낡은 것이 고집 세고 활발한 새로운 것과의 싸움에서 자리를 양보하고 있었다. 뿐만 아니라 그녀가 이름 지어진 해에 태어난—혹은 적어도 그해에 이름지어진—이 도시에 대해 그녀는 뭔가 개인적인 친근감조차 느끼는 것이었다.

간밤엔 날씨가 흐리고 비가 내렸지만, 스칼렛이 애틀랜타에 닿았을 때는 빛나는 햇빛이 꾸불꾸불한 붉은 진흙탕 개울과 같은 거리를 기특하게도 말리려하고 있었다. 정거장 부근 광장의 부드러운 지면은 끊임없이 드나드는 차량의 흐름 때문에 패일대로 패어 마치 돼지가 뒹군 거대한 수렁처럼 여기저기서 수레바퀴가 반 이상이나 바퀴자국에 빠져 있었다. 군수품과 부상병을 내리고 싣는 군용 차량과 구급수레의 끊임없는 흐름은 갖은 애를 써가며 구내에 들락거릴 때마다 진창을 만들어 더한층 혼란을 부채질하고 있었으므로, 마부는 소리 높이 고함을 치고 노새는 수렁에 빠져 몇 야드나 흙탕물을 튀겼다.

기차 아래 발판에 서 있던 스칼렛은 검은 상복차림에 하늘거리는 검은 베일을 뒤꿈치 언저리까지 늘어뜨린 채 창백하고 아름다운 모습을 하고 있었다. 신발과 옷자락을 더럽히는 것이 싫어 그녀는 한참 동안 망설였다. 그리고 짐수레와 사륜마차와 승용마차의 소용돌이 속에서 피티팻 시고모의 모습을 찾았다. 볼이 불그레한 뚱보 노부인의 모습은 아무데도 보이지 않았다. 스칼렛이 걱정스럽게 찾고 있는데, 반백 곱슬머리에 어딘지 기품이 흐르는 늙은 흑인이 모자를 손에 들고 진창 속을 걸어 그녀 쪽으로 다가왔다.

"스칼렛 아씨입니까? 피티 마님의 마부 피터입죠. 아, 진창에 내려서면 안 됩니다요." 스칼렛이 내려서려고 치마를 걷어올리자 그는 엄숙하게 명령하였다. "아씨도 피티 마님과 마찬가지로 다루기가 어렵군입쇼. 피티 마님은 아, 글쎄, 영락없는 아이들처럼 발을 흙탕으로 만들지 않겠습니까요. 자아, 제가 안아 드리겠습니다요."

그는 약해 보이는 겉모습과 나이에 어울리지 않게 거뜬히 스칼렛을 안아 올렸으나 문득 갓난아이를 안고 기차의 승강구에 서 있는 프리시를 보자 발길을 멈추었다. "도련님 보는 애로군요. 스칼렛 아씨, 저 애는 찰스 서방님의 외아드님을 보기에는 아직 어리군요! 그러나 그건 나중에 어떻게 해봅죠. 자, 얘야, 내 뒤를 따라와라. 도련님을 떨어뜨리지 말고."

스칼렛은 얌전히 마차로 안겨 갔다. 피터 영감의 자기와 프리시에 대한 건방진 주의에도 순순히 따랐다. 뽀로통한 얼굴로 우물우물 뒤따라오는 프리시와 함께 진흙 속을 들려 가면서 그녀는 언젠가 찰스가 피터 영감에 관해 이런 말을 해 주었던 걸 생각해 냈다.

"피터는 아버지를 따라 멕시코 전쟁에 나갔고, 아버지가 부상했을 때는 열심히 간호해 주었어요……. 정말이지 그는 아버지의 생명의 은인입니다. 아버지와 어머니가 돌아가셨을 때 우리는 아직도 어렸으므로 멜라니와 나는 그 영감의 손에서 자라다시피 했어요. 그 무렵 피티 고모는 헨리 아저씨와 사이가 나빴으므로 우리와 함께 살며 시중을 해 주겠다고 우리집에 와준 거예요. 고모님은 속수무책이라…… 마치 응석꾸러기로 자란 어린애 같긴 했지만, 피터 영감은 그 점을 잘 알아서 고모님을 모셔 왔죠. 고모님은 무슨 일이든 절대로 결단이란 걸 내릴 수 없는 성격이므로 피터가 고모님 대신 무엇이고 결정했어요. 내가 열다섯이 되었을 때, 좀더 용돈을 늘려야 한다고 정한 것도 피터였고, 헨리 아저씨가 나에게 주립대학의 학위를 따게 하려고 했을 때 하버드 대학에 들어가라고 권한 것도 피터였죠. 멜라니보고 이제는 머리를 빗어올리고 파티에 나가도 좋을 나이라고 결정한 것도 그였어요. 그는 또 남을 방문하기엔 너무 춥다든가 비가 몹시 온다든가, 솔을 둘러야 한다든가, 그런 것까지도 일일이 피티 고모님에게 명령했어요……. 그 영감은 내가 이제까지 본 검둥이 가운데 가장 재치 있고 게다가 아주 충실한 노인이죠. 단 한 가지 골치 아픈 것이 있다면 그것은 우리 세 사람이 몸도 마음도 그에게 딸려 있다는 것, 더구나 그가 그걸 알고 있다는 일이에요."

이 찰스의 말은 피터가 마부석에 올라타 채찍을 쳐들었을 때 벌써 증명이 되었다.

"피티 마님은 마중을 나올 수 없다고 한숨을 짓고 계십니다요. 아씨에게 인정머리 없다는 소릴 들어선 큰일이라고 하면서 몹시 걱정하고 계셨는데, 저는 피티 마님과 멜라니 아씨에게 흙탕물이 튀어 새 옷만 버리게 되니, 제가 아씨 마님에게 잘 말씀드리겠다고 하고 떼어 놓고 왔습니다요. 스칼렛 아씨, 아씨께서 도련님을 안아드려야 합죠. 저 조그만 계집애는 도련님을 떨어뜨릴지도 모르니까요."

스칼렛은 프리시를 보고 한숨을 쉬었다. 프리시는 어느 모로 보나 아기를 잘 볼 수 있는 아이라곤 할 수 없었다. 그녀는 극히 최근에 짧은 치마를 입고, 머리를 땋아 틀어올린 말라깽이 계집애 시절을 졸업하여 긴 캘리코 옷에 풀을 빳빳하게 먹인 흰 터번을 두르게 된 것을 무척 우쭐해 했다. 전쟁이라는 비상사태와 타라 농장에 대한 병참부의 요구는 마미나 딜시, 또는 로자나 티나 같은 여자들조차도 엘렌의 손에서 떠나지 못하게 하였다. 그렇지 않았더라면 프리시는 당연히 그처럼 어린 나이에 이토록 중요한 지위를 차지할 수는 없었을 것이다. 프리시는 이제껏 한 번도 트웰브 오크스 농장이나 타라 농장에서 1마일 이상 먼 곳에는 나가 본 적이 없었다. 따라서 기차 여행에 아이보기라는 지위에까지 뛰어올랐다는 것은 그녀의 작고 검은 두개골 속 두뇌로써는 감당하기 어려운 중책이었다. 존즈버러에서 애틀랜타에 이르는 20마일의 여행은 그녀를 걷잡을 수 없이 흥분시켜 할 수 없이 스칼렛은 그동안 갓난애를 안고 있어야 했다. 그런데 이제 또 많은 건물과 사람을 보게 됐으니 프리시의 흥분이 극에 달할 수밖에 없었다. 몸을 비틀며 이쪽저쪽을 보고, 손가락질을 하고, 벌떡 일어나고 갓난애가 놀라 울어 댈 만큼 시종 몸을 흔들어 댔다.

스칼렛은 마미의 굵고 익숙한 팔이 아쉬웠다. 갓난애는 마미의 손길이 닿기가 무섭게 울음을 그치곤 했다. 그러나 마미는 타라에 있다. 게다가 스칼렛은 아무것도 할 줄 몰랐다. 웨이드를 프리시에게 받아본댔자 아무 소용이 없었다. 샷난애는 그녀에게 안겨도 프리시에게 안겨 있을 때나 마잔가지로 큰 소리로 울어 댈 것이 틀림없다. 게다가 보닛에 단 리본을 끌어당기고 옷을 마구 헝클어 놓을 것이다. 그래서 그녀는 피터 영감의 충고를 못 들은 척 흘려 버렸다.

'언젠가는 나도 갓난애 달래는 법을 배우게 되겠지.' 마차가 정거장 근처의 진탕 속을 삐걱거리며 움직이기 시작하자 그녀는 초조하게 생각했다. '하지만 갓난애나 상대하는 그 따위 시시한 일은 아무래도 좋아질 것 같지 않아.' 그리고 웨이드의 얼굴이 너무 울어 새파랗게 된 것을 보고 그녀는 쌀쌀맞게 말했다.

"네 주머니에 있는 설탕 젖꼭지를 물려 줘라, 프리시. 어떻게 좀 달래 봐. 아마 배가 고파서 그러겠지. 하지만 여기서야 어쩔 수 없잖니."

프리시가 오늘 아침 마미에게서 받은 설탕 젖꼭지를 물려 주자 어린애는 울음을 그쳤다. 겨우 조용해져 새로운 경치가 눈에 들어오자 스칼렛의 마음도 어느 정도 밝아졌다. 피터 영감이 마침내 진탕에서 빠져나와 마차를 피치트리 거리로 돌리자 그녀는 이 몇 달 동안 통 느끼지 못하던 흥미가 비로소 솟아오름을 느꼈다. 이 얼마나 기막힌 발전인가! 그녀가 이 거리에 다녀간 뒤 겨우 1년밖에 지나지 않았는데 그동안 그녀가 알고 있는 이 조그만 애틀랜타가 이렇게까지 변할 줄이야!

이 1년이라는 세월, 그녀는 자기 슬픔에만 젖어 그 지긋지긋한 전쟁 얘기에는 귀를 기울이지 않으려고 애써 왔으므로 전쟁이 시작된 순간부터 애틀랜타가 급격히 변했다는 것에 대해서는 전혀 모르고 있었다. 평화시에 이 도시를 상업의 십자로로 만들었던 철도는 전쟁이 난 지금에는 중요한 전략적 가치를 안겨 주었다. 이 도시와 철로는 전선에서 훨씬 떨어져 있었지만, 남부동맹 측의 두 개의 군대, 즉 버지니아 군과 테네시 및 서부군을 잇는 중요한 연결점이 되어 있었다. 그리고 동시에 애틀랜타는 이 두 군대와 물자를 공급하는 남부의 먼 여러 지방을 잇고 있었다. 이제 애틀랜타는 전쟁의 필요에 응하여 군수공업의 중심지가 되고 기지병원이 되고 군대를 위한 식량과 그 밖의 물자를 모아 이것을 공급하는 남부의 주요 병참부의 하나가 된 것이다.

스칼렛은 주위를 둘러보면서 아직도 깊이 그녀의 기억에 남아 있는 작은 거리의 모습을 발견하려고 애썼다. 그러나 그 자취는 조금도 남아 있지 않았다. 그녀가 지금 바라보고 있는 도시는 마치 갓난애가 하룻밤 사이에 쑥쑥 자라나 거인으로 변한 것 같았다.

애틀랜타는 남부동맹에 대한 자기의 중요성을 자랑스럽게 의식하면서 벌집처럼 북적거렸다. 농업지구를 공업지구로 전환시키려는 작업이 밤낮없이 진행되고 있었다. 전쟁 전에는 방직공장·모직공장·병기창·기계 제작소 같은 것이 메릴랜드 주 이남에는 별로 없었고 더구나 또 그것이 모든 남부인의 자랑이기도 하였다. 이제까지 남부의 여러 주는 정치가와 군인, 농장주와 의사, 법률가와 시인 등을 낳았지만, 확실히 기술자나 기계공 따위는 낳지 않았다. 그런 천한 직업은 북부에게 맡겨라, 사람들은 그렇게 생각하고 있었다. 하지만 이제 남부의 모든 항만이 북부의 포함에 의해 봉쇄되고, 봉쇄를 뚫은 약간의 물자가 유럽에서 흘러들어올 뿐인 실정이었다. 남부는 죽을힘을 다하여 군수품 생산에 매달렸다. 북부는 전세계에서 물자와 병사를 거둬들일 수 있었다. 몇천 명이나 되는 아일랜드인과 독일인이 북부가 내주는 장려금에 끌려 속속 북군에 흘러들어오고 있었다. 그렇지만 남부는 무슨 일이든 스스로의 힘으로 해야 했던 것이다.

애틀랜타의 기계공장은 아주 느리게 군수품 기계를 만들고 있었다. 왜냐하면 남부에는 모형으로 쓸 만한 기계가 거의 없었으므로 모든 바퀴나 톱니바퀴에 이르기까지 기계 하나하나가 봉쇄를 뚫고 영국에서 들여온 설계도에 의지하여 만들어져야만 했기 때문이다. 지금 애틀랜타 거리거리에는 많은 외국인의 얼굴이 보였다. 1년 전에는 아메리카 서부의 사투리를 듣기만 해도 귀를 쫑긋하던 시민들이 기계를 만들고 남군의 군수품을 만들기 위해 봉쇄를 뚫고 들어온 유럽 사람의 외국 사투리를 들어도 조금도 이상해 하지 않게 되었다.

그들은 모두 숙련공이었다. 따라서 그들이 없었으면 남부동맹은 권총도 라이플 총도 대포도 탄약도 만들기 어려웠으리라.

작업은 밤낮없이 이어져 군수품은 철도의 동맥에 의해 두 전선으로 수송되므로 애틀랜타 시의 심장의 고동소리마저 들리는 것 같았다. 기차는 24시간 내내 우렁찬 기적소리를 내며 드나들었다. 새로 지은 공장으로부터 나오는 매연은 소나기처럼 흰 주택들 위에 쏟아졌다. 밤이 되면 용광로의 불이 빨갛게 타오르고 쇠망치 소리는 시민이 다 잠든 한밤중까지도 오랫동안 울렸다. 1년 전까지도 빈터였던 장소에는 새로 마구며 안장이며 구두공장, 라이플 종과 대포의 받침대를 만드는 공장, 북군에 의해 파괴된 쇠 레일과 화차의 보급을 서두르는 차량 공장과 철공장, 그리고 박차·재갈·죔쇠·천막·단추·권총·군도를 만드는 공장 같은 것이 가득 들어섰다. 철공장에서는 벌써부터 쇠의 부족을 느끼기 시작했다. 봉쇄 때문에 철채가 거의 수입되지 못하고, 또 광부가 전선에 보내진 앨라배마 광산의 조업이 거의 중단상태에 놓여 있었기 때문이다. 애틀랜타 시중에선 철책, 철제 정자, 철문 같은 것을 전혀 볼 수 없게 되었고 공원의 잔디밭을 꾸미고 있던 철상도 모습을 감추고 말았다. 모두 일찌감치 차량공장의 용광로 속에 들어가버리고 만 것이다.

피치트리 거리를 비롯하여 그 부근의 거리거리에는 각종 군 본부가 있고, 병참부·통신부·군사 우편국·철도 운수국·헌병 사령부 등의 사무실에는 어디를 가나 군복을 입은 사람들로 넘치고 있었다. 시외에는 군마 보급부가 있어 커다란 울 안에 말이며 노새가 모여 있고 옆길에는 병원이 줄지어 있었다. 피터 영감에게서 들은 이야기로도 애틀랜타는 이제 부상자의 거리가 되어 버린 것이 틀림없다고 스칼렛은 생각했다. 숱한 종합병원이며 전염병원이며 요양소가 있었기 때문이다. 게다가 기차는 매일처럼 파이브 포인트 옆 정거장에서 더 많은 환자와 부상병을 토해 내고 있었다.

조그마한 도시의 모습은 완전히 사라지고 갑작스레 팽창하는 도시의 얼굴이 쉴 새 없는 활력과 소란으로 활기를 띠고 있었다. 눈이 핑핑 도는 이러한 광경은 한가롭고 조용한 시골에서 갓 나온 스칼렛에게는 거의 숨이 막힐 것 같았지만, 그녀는 그것들을 좋아했다. 거기에는 그녀에게 힘을 주는 흥미진진한 분위기가 있었다. 그녀는 자기의 고동과 박자를 맞추어 차차 속도를 빨리하면서 착실하게 울리는 도시의 심장소리가 실제로 들려오는 듯한 느낌이 들었다.

시의 큰길 진창을 피해 천천히 가면서 그녀는 새로운 건물과 새로운 얼굴을 흥미롭게 바라봤다. 계급과 병과를 나타내는 휘장을 단 군복 차림의 남자들이 보도에 가득 넘치고 있었다. 좁은 길에는 여러 가지 차, 승용마차·사륜마차·부상병·운반차·군용포장마차 따위로 북적댔다. 포장마차에 탄 난폭한 마부들은 노새가 진창 수레바퀴자국에 빠져 잘 나가지 못하면 입에 담지 못할 욕설로 고함을 질렀다. 잿빛 군복을 입은 연락병이 명령서와 전보를 가지고 흙탕물을 튀기며 본부에서 본부로 거리를 누비고 다녔다. 회복기 부상병들은 대개 친절해 보이는 부인들에게 양쪽에서 부축을 받으며 목발에 의지하여 절뚝거리고 있었다. 나팔과 북소리와 짖는 것 같은 구령소리가 연병장 쪽에서 울려왔다. 거기에선 신병이 한 사람의 병사로 훈련되고 있었다. 스칼렛은 심장이 목까지 치밀어오르는 것을 느끼면서 난생처음 양키의 군복을 보았다. 피터 영감이 채찍으로 가리킨 곳을 보니까 풀 죽은 푸른 옷의 포로 한 떼가 총검도 어마어마한 남군의 감시를 받으며 기차에 태워져 포로수용소로 보내지기 위해 정거장을 향해 걸어가는 참이었다.

'아' 하고 바비큐파티 이후 처음으로 진정한 기쁨을 느끼며 스칼렛은 생각했다. '점점 이 거리가 좋아진다! 이렇게 활기 있고 생기가 넘치다니!'

애틀랜타 시는 그녀가 실제로 느낀 것보다 더욱 활기가 있었다. 새로운 술집이 몇십 채나 추녀를 맞대어 서고, 군대의 뒤를 따라온 매춘부가 거리에 떼를 지어 서성대고, 무수한 매음굴에서는 여자들이 교태를 다투어 교회 관계자들을 당황케 하고 있었다. 여관은 물론이고 하숙집이나 개인 주택까지도 애틀랜타의 큰 병원에 입원해 있는 부상병과 조금이라도 가까이 있고 싶어하는 친척과 친지들로 가득 차 있었다. 매주 파티며 무도회며 바자가 열리고 전시결혼이 수없이 거행되었다. 휴가를 받아 돌아온 신랑은 밝은 잿빛 바탕에 금 장식끈이 달린 화려한 군복을 입고, 신부는 봉쇄망을 뚫고 수입된 아름다운 옷을 입은 다음 동료들이 뽑아 높이 교차시킨 칼 밑을 빠져나왔다. 그리고 봉쇄를 뚫고 들어온 샴페인으로 축배를 든 다음 곧 눈물겨운 이별을 하는 것이다. 밤이 되면 가로수가 늘어선 어두운 거리거리에 댄스 스텝이 울리고, 곳곳의 객실에서는 피아노 소리가 흘러나오고, 초대받은 병사들의 목소리에 맞추어 소프라노의 목소리가 '휴전 나팔은 울린다'나 '당신의 편지는 왔건만 너무 늦어 버렸어요' 같은 노래를 달콤한 슬픔을 담아 불렀다. 이런 애수 띤 노래는 아직 현실의 비애를 모르는 어린 눈에 감동의 눈물을 맺히게 하였다. 진창길을 내려가면서 스칼렛은 연방 여러 가지 질문을 피터에게 던졌다. 피터는 자기 지식을 과시할 수 있는 게 자랑스러워 채찍으로 이곳저곳을 가리키면서 설명했다.

"저건 병기창입니다요. 총이랑 그런 것들이 들어있습죠. 아니에요, 저것은 가게가 아닙니다요. 봉쇄국입니다요. 아니, 스칼렛 아씨. 봉쇄국을 모르십니까요? 저 사무실에는 외국 사람들이 있습죠. 그리고 말인뎁쇼, 남부의 복화를 사늘여 가지고 그걸 찰스턴이나 윌밍턴의 항구에서 배로 실어 내다가 저쪽에서 탄약을 실어 옵습죠. 아, 글쎄, 그게 어느 나라 외국 사람인지 그건 저도 모르겠습니다요. 피티 마님은 영국 사람이라고 하시지만, 저 사람들이 지껄이는 말은 아무도 알아듣지 못한답니다요. 그을음이 굉장하다고요? 이 그을음 때문에 피티 마님의 비단 커튼이 다 못 쓰게 됐습죠. 철공소랑 차량공장에서 뿜어내는 그을음입니다요. 밤엔 또 얼마나 시끄러운뎁쇼! 아무도 잠들 수가 없습니다요. 아니에요, 아니에요. 여기저기 구경하시는 건 좋지만 마차를 세울 수는 없습니다요. 피티 마님께 아씨를 곧장 모시겠다고 약속했는걸입쇼! 스칼렛 아씨, 인사하십쇼. 메리웨더 마님과 엘싱 마님이 저기서 인사를 하고 계십니다요."

그녀는 그녀의 결혼식에 참석하기 위해 그런 이름의 두 귀부인이 애틀랜타에서 타라에 와주었던 것을 어렴풋이 기억해 내고, 그것이 피티 시고모의 가장 친한 친구들이었다는 것을 생각해 냈다. 그녀는 급히 피터 영감이 가리킨 쪽을 향해 인사를 했다. 두 사람은 옷감 가게 앞에 마차를 세워 놓고 있었다. 가게 주인과 두 사람의 점원이 보도에 서서, 한아름 안은 무명옷감을 펼치고 마차에 있는 두 부인에게 보여 주고 있었다. 메리웨더 부인은 키가 크고 체격이 육중한 부인으로 코르셋을 너무 세게 죄었으므로 가슴이 뱃머리처럼 툭 튀어나와 있었고, 짙은 잿빛 머리칼이 곱슬곱슬한 가발 밑으로 삐져 나와 있었는데, 그 가발 또한 무척 눈에 띄는 다갈색이라 원래의 머리칼과는 전혀 어울리지 않았다. 둥글고 몹시 혈색 좋은 얼굴에는 기민한 성격과 명령을 내리기만 하는 습관이 잘 녹아들어 있었다. 엘싱 부인은 그보다는 젊고 바짝 마른 몸이 무척 약해 보이는 사람이었다. 옛날엔 꽤 미인이었을 듯 지금도 그 용모에는 퇴색한 아름다움이 남아 있었는데, 얌전하고 고압적인 성격이 나타나 있었다.

이 두 사람은 화이팅 부인과 함께 애틀랜타 사교계를 주름잡는 세 기둥이었다. 세 사람은 저마다 자기들이 소속해 있는 교회나 목사나 합창단이나 교구민을 조종하고 있었다. 그리고 바자를 조직하고, 뜨개질 모임을 주최하고 또 감독으로서 무도회나 피크닉에도 나가 어느 결혼이 잘 되고 어느 결혼은 잘 되지 못하고, 누가 몰래 술을 마시고, 누가 언제 어린애를 낳는다는 둥 뭐든지 알고 있었다. 세 사람은 또 조지아, 남캐롤라이나, 버지니아 등 세 주의 손꼽힐 만한 사람들의 집안 계보에 대해서도 권위자였다. 대신 그녀들은 그 밖의 주민들에 대해선 관심을 나타내지 않았다. 그건 그녀들이 적어도 남에게 누구누구라고 손꼽힐 만한 인물은 이 세 주 말고는 결코 나올 수 없다고 믿고 있기 때문이었다. 그들은 또 어떤 행동이 칭찬받아야 하며 어떤 행동이 비난받아야 할 것인지 잘 알고 있었다. 그래서 그것에 관한 자기 의견을 남에게 납득시키는 데 실패한 일이 한 번도 없었다. 메리웨더 부인은 소리소리 지르고, 엘싱 부인은 우아하면서도 풀 죽은 듯 느리게, 그리고 또 화이팅 부인은 그런 말을 하는 것을 자기가 얼마나 싫어하고 견딜 수 없어 하는가를 나타내면서 못마땅한 듯이 속삭였다. 이 세 귀부인은 마치 로마 초기 삼두 정치가들처럼 서로 마음속으로 싫어하며 의심하고 있었다. 그래서 이들 세 사람은 밀접한 동맹관계를 유지하고 있는 것이었다.

"내가 부인에게 얘기해서 당신을 우리 병원으로 오게 한 거예요." 메리웨더 부인은 미소를 띠며 말했다. "그러니까 미드 부인이나 화이팅 부인과 약속해선 안 돼요!"

"네, 알았어요." 스칼렛은 메리웨더 부인이 무슨 말을 하고 있는지 잘 알지는 못 했지만, 자기가 환영을 받고 필요하다고 생각되자 즐겁게 대답했다. "나중에 또 뵙고 싶어요."

마차는 한참 가다가 다시 섰다. 붕대를 담은 바구니를 든 두 여자가 진창길을 위태롭게 밟아가며 징검돌을 딛고 가로질러 갔기 때문이다. 그때 스칼렛은 문득 보도 위를 걷기에는 정말 지나치게 밝은색 복장을 한 한 여자를 보았는데, 그녀는 발뒤꿈치까지 닿는 술 달린 페이즐리 숄을 두르고 있었다. 뒤돌아보니 키가 훤칠하게 큰 그 여자는 선이 굵은 얼굴에 숱 많은 붉은 머리칼을 탐스럽게 늘어뜨린 당당한 미인이었다. 그 머리는 태어날 때의 머리라곤 도저히 생각할 수 없을 정도로 붉었다. '머리칼이 붉은 여자'가 있다는 소리는 들었지만 보기는 처음이었다. 그녀는 넋을 잃고 그 여자를 바라보았다.

"피터, 저 사람은 누구지?" 그녀는 속삭였다.

"모릅니다요."

"알고 있잖아, 알고 있으면서. 누구야?"

"벨 와틀링이라고 합니다요." 피터 영감은 아랫입술을 빼물면서 대답했다.

피터가 이름에 '아가씨'라는 말도 '부인'이라는 말도 달지 않은 것을 스칼렛은 재빨리 눈치챘다.

"어떤 사람이야?"

"스칼렛 아씨." 피터는 말을 채찍으로 후려쳐 몰며 퉁명스럽게 말했다. "피티미 님은 아씨가 쓸데없이 이것저것 물으시는 걸 좋아하지 않습니다요. 뭐, 이 고장의 하찮은 인간인뎁쇼. 굳이 말할 필요가 없습니다요."

'저런!' 핀잔을 듣고 입을 다문 스칼렛은 마음속으로 생각했다. '아마 매음굴 여자인 모양이지!'

매음굴 여자를 그녀는 지금까지 한 번도 본 일이 없었다. 그녀는 고개를 비틀고 군중 속으로 사라져 가는 여자의 뒷모습을 언제까지나 바라보았다.

상점과 새 군용건물이 드문드문해지고 사이사이에 빈터가 나타나기 시작했다. 그리고 상업구역을 벗어나자 주택가가 시야에 들어왔다. 당당하게 위엄이 있는 건 레이든 댁, 작은 흰 기둥과 초록빛 덧문이 있는 건 보넬 댁, 낮은 회양목 울타리 너머로 보이는 빨간 벽돌 건물은 맥루어 댁의 조지아 별장이라는 말을 듣고 스칼렛은 마치 옛 친구들이라도 만난 듯 그 건물 하나하나를 뜯어보았다. 마차의 속도가 차차 느려졌다. 현관과 정원과 보도에서 부인들이 인사를 보내왔기 때문이다. 그저 안면 정도 있는 사람도 있고 어렴풋이 기억나는 사람도 있었지만 대부분은 전혀 모르는 사람들이었다. 피티팻이 그녀의 도착을 떠벌린 게 틀림없었다. 아기를 칭찬하려고 일부러 정성스럽게 진창 속을 지나 마차 승강대까지 다가오는 부인들이 있었으므로, 그때마다 조그만 웨이드는 일일이 높이 안아올려졌다. 그녀들은 모두 자기 뜨개질 모임에 들어와 달라느니, 자기들의 병원위원회에 들어와 달라며 다른 데는 들어가지 말아달라고 저마다 외쳤다. 스칼렛은 뭐든지 좋다는 식으로 어디나 들어갈 약속을 했다.

판자를 초록빛으로 칠한 볼썽사나운 집 앞을 지나가려니 현관 층계에서 망을 보고 있던 작은 흑인 계집애가 외쳤다. "오셨습니다!" 그 목소리에 대꾸하듯 미드 박사 내외와 열세 살 난 필 소년이 환성을 지르며 나타났다. 이 사람들도 그녀의 결혼식에 참석했던 것을 스칼렛은 생각해 냈다.

부인은 노둣돌에 올라서서 아기를 보려고 목을 뺐지만 박사는 진탕도 상관하지 않고 마차 옆으로 다가왔다. 그는 비쩍 마르고 키가 큰 세모꼴 잿빛 구레나룻을 기르고 있었는데, 복장은 마치 태풍이라도 만난 듯 그 앙상한 몸에 아무렇게나 감겨져 있었다. 애틀랜타가 박사를 온갖 힘과 지혜의 원천으로 보고 있는 한 박사가 그런 그들의 믿음에 영향을 입어 다소 거만을 떨더라도 전혀 이상할 것이 없으리라. 신탁이라도 전하듯이 자기 주장을 말하는 버릇과 조금 오만한 태도를 짓기는 해도 그는 이 도시에서 가장 친절한 사람이었다.

스칼렛의 손을 잡고 웨이드의 배를 쿡쿡 찌르며 인사말을 늘어놓고 나서 박사는, 피티팻 시고모님이 스칼렛을 미드 부인이 관계하고 있는 병원과 붕대감기 위원회 말고는 절대로 넣지 않겠다고 신에게 맹세했다며 엄숙히 말했다.

"어머! 하지만 전 벌써 천 명이나 되는 부인들과 약속하고 말았는걸요!" 스칼렛은 대답했다.

"메리웨더 부인일 거야. 그게 틀림없어요!" 미드 부인은 화가 나서 소리쳤다. "얄미워서 죽겠다니까! 보나마나 기차가 닿을 때마다 마중나갔을 거예요!"

"전 무슨 일인지 조금도 몰라 그만 약속을 하고 말았지 뭐예요." 스칼렛은 솔직히 말했다. "그 병원위원회란 게 대체 뭐예요?"

박사 내외는 둘다 그녀의 무지함에 적잖이 놀란 모양이었다.

"하지만 무리도 아니죠. 당신은 쭉 시골에 있어서 아무것도 모르고 있으니까요." 미드 부인은 그녀를 위해 변명했다. "우선 간호위원회란 것이 있는데요, 이건 다른 날마다 각각 딴 병원으로 가서 환자를 간호하든가 의사 선생의 시중을 들든가 붕대를 감든가 옷을 꿰매든가 하는 거예요. 그리고 환자가 퇴원해도 좋을 정도가 되면 집으로 데리고 와서 다시 군대에 돌아갈 수 있을 때까지 몸과 마음을 안정시키고 휴양하게 하는 거예요. 또 곤란을 받고 있는 유가족의 뒷바라지도 하고요. 곤란받는 정도가 아닌 참혹한 사람도 있습니다. 우리집 주인은 자선병원에 나가고 있지만, 우리 위원회도 거기 있어요. 우리집 주인을 두고 모두들 놀랄 만한……."

"이봐요." 박사는 부드럽게 말했다. "남 앞에서 내 자랑을 하면 어떡해. 당신이 종군시켜 주지 않기 때문에 어차피 나는 별로 큰일도 못하는데."

"종군을 못하게 한다고요?" 그녀는 무섭게 소리쳤다. "내가요? 이 도시가 당신을 붙들어 놓지 않았어요? 그리고 당신도 그건 알고 있잖아요. 글쎄 말이죠, 스칼렛, 우리집 주인이 군의관으로 버지니아 전선에 나가고 싶어하는 것을 알고 말이죠, 이곳 부인들이 한 사람 빠짐없이 여기에 남아 달라고 탄원서에 서명했지 뭐예요. 물론 당신이 없으면 이 도시는 죽도 밥도 되지 않잖아요?"

"글쎄, 가만히 있으라니까." 박사는 말했다. 분명히 칭찬을 받아 흐뭇한 눈치였다. "전선엔 아들 녀석 하나가 가 있으니까 당분간은 그걸로 충분할 테지."

"저는 내년에 가요." 필 소년이 흥분해 깡충깡충 뛰면서 외쳤다. "소년 고수가 될 겁니다. 지금 북치는 법을 배우고 있어요. 제 북소릴 듣고 싶으세요? 얼른 가서 북을 가져올게요."

"아냐! 지금은 안 돼." 소년을 옆으로 끌어당기면서 미드 부인이 말했다. 별안간 긴장의 빛이 그녀 일굴에 나타났다. "내년이 아니다. 애야, 내후년이 되면."

"하지만 그럼 전쟁이 끝나버려!" 소년은 어머니를 뿌리치면서 입을 내밀고 외쳤다. "엄마, 보내 준다고 약속했잖아!"

소년의 머리 위에서 부모의 눈이 마주쳤다. 스칼렛은 그 눈빛을 스칼렛은 보았다. 맏아들 다시 미드가 버지니아 전선에 나가 있으므로 부인은 뒤에 남은 이 소년을 의지하고 있었던 것이다.

피터 영감이 헛기침을 했다.

"제가 나올 때 피티 마님이 몹시 걱정하고 계셨기 때문에 너무 늦어지면 까무러칠 것입니다요."

"잘 가. 점심때 지나서 찾아가겠어." 미드 부인이 말했다. "그리고 말이야. 만일 아씨가 우리 위원회에 들어오지 않으면 피티 고모님에게 아주 혼내주겠다고 하더라고 전해 줘."

마차는 진창길을 미끄러져 갔다. 스칼렛은 쿠션에 기대며 미소를 지었다. 실로 그녀는 몇 달 만에 유쾌한 기분이 되었다. 군중과 소란스러움과 무엇이든 흘려보내는 흥분의 흐름이 소용돌이치고 있는 애틀랜타는, 그녀에게는 아주 흥미 있고 명랑한 도회지였고, 악어의 포효가 밤의 정적을 깨뜨리는 찰스턴 교외의 쓸쓸한 농장보다는 훨씬 좋은 곳이었다. 높은 담에 둘러싸인 정원 안에서 잠자고 있는 듯한 찰스턴보다도 훨씬 좋은 고장이었다. 야자수가 늘어선 넓은 도로와 그 곁을 탁한 강이 흐르고 있는 서배너보다도 좋다. 그렇다, 당분간이라면 타라보다도 좋다! 타라는 그리운 고장이긴 하지만.

울퉁불퉁 기복이 있는 언덕 사이에 가로놓이고, 비좁은 진창투성이 길이 있는 이 도시에는 뭔가 가슴 설레게 하는 것이 있었다. 뭔가 거칠고 미숙한 것이 있었다. 엘렌과 마미에게서 받은 아름다운 껍데기 아래 숨겨진 그녀의 거칠고 미숙한 점과 서로 통하는 점이 있었다. 문득 그녀는 여기야말로 자기가 속할 고장이라고 생각했다. 싯누런 강물을 끼고 평지에 자리잡은 조용하고 해묵은 도시는 결코 그녀가 살 곳이 못되었다.

집은 점점 드물어졌다. 스칼렛은 몸을 내밀고 피티팻 시고모 집의 붉은 벽돌과 슬레이트로 이은 지붕을 보았다. 도시의 북쪽 변두리에서도 거의 마지막 집이었다. 피치트리 거리의 도로는 거기서부터 폭이 좁아지고, 거목 사이를 꼬불꼬불 돌아 울창하고 조용한 숲 속으로 사라져 갔다. 시고모 집의 조촐한 판자로 이어진 울타리는 새로 흰 페인트가 칠해졌고, 담으로 둘러싸인 앞뜰에는 꽃이 지다만 수선화가 노란 별처럼 흩어져 있었다. 현관 층계에 상복을 입은 두 여자가 있었다. 그리고 그 뒤에 얼굴이 누렇고 몸집 큰 여자가 에이프런 밑에 두 손을 찌른 채 흰 잇몸을 온통 드러내 웃고 있었다. 통통하게 살이 찐 피티팻 노처녀는 두근거리는 가슴의 고동을 가라앉히려는 듯 한 손을 풍만한 가슴에 얹은 채 흥분에 들떠 조그만 발을 쉴 새 없이 움직이고 있었다. 스칼렛은 시고모와 나란히 서 있는 멜라니를 보자 저도 모르게 혐오감이 치밀었다. 검은 상복을 입은 채 숱 많고 검은 곱슬머리를 유부녀답게 곱게 빗고서, 하트형 얼굴에 환영과 행복에 겨운 애정어린 미소를 띤 그 가냘픈 작은 몸집만은 애틀랜타에 어울리지 않는 옥에 티라고 그녀는 생각했다.

남부 여러 주의 사람들이 일부러 여행가방을 준비해 가지고 20마일이나 떨어진 곳에 방문 여행을 나설 때는 한 달 이내로 방문을 끝내는 일은 좀처럼 없었다. 대개 좀더 긴 것이 상식이다. 남부인들은 주인으로서 손님을 초대하는 일도 좋아하지만, 손님으로 남을 방문하는 것도 그에 못지않게 좋아한다. 크리스마스 휴가에 놀러와서 그대로 7월까지 머무르게 되는 일도 친척 사이에선 보통 있는 일이다. 또 신혼부부가 신혼여행으로 친척을 방문하고 돌아다니는 사이 마음에 드는 집이 있으면, 두 번째 아이가 태어날 때까지 거기에 주저앉아 있는 것도 그렇게 신기한 일이 아니다. 나이 든 아주머니나 아저씨가 일요일 만찬에 왔다가 그대로 쭉 눌러앉게 되어 몇 년 지나고 나서 마침내 그 집에서 장례식을 치렀다는 예도 흔히 있는 일이다. 묵는 손님 따위는 얼마나 있든 문제가 아니다. 왜냐하면 서백은 넓고 노예노 많으니 군식구를 아무리 먹여 살려도 조금도 부담이 되지 않을 만큼 풍요로운 고장이었기 때문이다. 이리하여 나이와 성별을 막론하고 누구나 즐겨 남의 집을 방문했다. 신혼여행자도, 새로 낳은 자식을 보여 주러 가는 젊은 어머니도, 회복기에 있는 환자도, 의지할 곳 없는 사람도, 딸을 어리석은 결혼의 위험으로부터 벗어나게 하려는 부모들도, 그리고 출가할 나이가 되긴 했으나 아직 약혼자가 발견되지 않아 차라리 다른 고장에 가서 친척의 도움으로 적당한 배우자를 얻길 부모들이 바라고 있는 딸들도 방문 여행에 나섰다. 방문자는 태평스런 남부의 생활에 자극과 변화를 가져다 주었으므로 어딜 가나 환영받는 게 보통이었다.

그러므로 스칼렛이 애틀랜타에 왔을 때도 언제까지 머무르겠다는 일정은 전혀 생각하지 않았다. 만일 서배너나 찰스턴에 갔을 때처럼 심심하다면 한 달 있다가 돌아갈지도 몰랐고, 유쾌하면 언제까지라도 묵을 셈이었다. 그러나 그녀가 도착하자마자 피티 시고모와 멜라니는 언제까지나 있어 달라고 열심히 설득 작전에 나섰다. 그러기 위하여 그녀들은 가능성이 있는 온갖 이론을 하나도 남김없이 끌어다 설득했다. 자기들은 스칼렛을 사랑하기 때문에 권하는 것이지만, 스칼렛 자신을 위해서도 여기 있는 편이 좋다고 생각한다. 자기들만의 생활은 적적하다. 특히 밤에는 커다란 저택 안에서 곧잘 공포에 사로잡힌다. 그러나 꿋꿋한 스칼렛이 있어 준다면 두 사람 모두 아주 마음이 든든하다. 스칼렛은 쾌활하므로 슬픔에 잠겨 있는 자기들의 마음을 북돋워 줄 게 틀림없다. 찰스가 죽고 만 지금 스칼렛과 그녀의 아들은 마땅히 그의 친척과 함께 살아야 한다. 뿐만 아니라 이 집의 반은 찰스의 유언에 의해 스칼렛의 소유물이 되어 있다. 이렇게 말하며 설득한 끝에 그녀들은 마지막으로 지금 남부동맹은 바느질을 하며 뜨개질을 하고 붕대를 감고 부상자를 간호하는 등 해야 할 일이 많으므로 한 사람이라도 많은 손을 필요로 하고 있다고 덧붙였다.

아직 독신인 찰스의 삼촌 헨리 해밀턴은 정거장에 가까운 애틀랜타 호텔에 살고 있었는데, 그 역시 진지하게 언제까지나 이 고장에 있어 달라고 스칼렛에게 간청했다. 얼굴빛이 불그스름한 삼촌은 키가 작고 불룩한 배에 부스스한 긴 은발의 화를 잘 내는 노인으로, 여자에게 흔히 있는 소극적이고 우물쭈물하며 결단성 없는 성질에 대해서는 결코 참지 못하는 성미였다. 그가 누이동생인 피티팻과 얼굴이 마주치면 마지못해 판에 박은 듯한 인사나 하는 정도까지 의가 나빠진 것도 이런 이유에서였다. 이 남매는 어린시절부터 기질이 전혀 반대였는데, 더한층 두 사람의 감정을 어긋나게 만든 것은 찰스의 교육에 관한 두 사람의 의견 충돌 때문이었다. 그는 피티의 방식을 "군인의 아들을 얼간이로 만드는 거야!" 하고 말하며 비난했던 것이다. 게다가 몇 년 전 그는 누이동생을 몹시 모욕했는데, 지금도 피티는 오빠의 문제가 나오면 남의 눈을 꺼리듯이 목소리를 낮추고 말하는 것 말고는 절대로 이야기하기 싫어했다. 따라서 사정을 모르는 사람은, 이 정직한 노변호사가 적어도 살인 정도의 범죄를 저지른 것이나 아닌가 하고 의심할 정도였다. 누이동생을 모욕한 것이란, 어느 날 피티가 엉터리 금광에 투자하기 위해 오빠가 관리하고 있던 그녀의 재산에서 백 달러쯤 꺼내려고 한 일이 있었는데, 그는 그 요구를 거절하고 격분해서 누이를 풍뎅이만큼도 분별이 없는 등신이라고 욕했다. 뿐더러 그것만으로 그치지 않고 다시 5분 이상이나 누이에게 욕설을 퍼부었다는 것이다. 그날부터 그녀는 한 달에 한 번 피터 영감의 마차를 타고 생활비를 받기 위해 오빠의 사무실로 갈 때 말고는 한 번도 얼굴을 대하지 않았다. 더구나 그 잠시뿐인 방문에서 돌아오면, 피티는 반드시 온종일 이불 속에 들어가 눈물과 약을 상대로 보내는 게 예사였다. 삼촌과 사이가 좋은 멜라니와 찰스는 이제부터는 곧잘 자기들이 대신 삼촌의 사무실로 심부름을 가겠다고 자청했지만, 그때마다 피티는 마치 철없는 아이처럼 고집세게 입을 다물고 거절했다. 헨리에게 가는 일은 자기가 짊어져야 할 십자가니까 마땅히 자기가 가야 한다는 것이었다. 이 일로 해서 이윽고 찰스와 멜라니는, 고모가 한 달에 한 번 있는 이 자극에 대해 오히려 커다란 기쁨을 느끼고 있다고 결론짓지 않을 수 없었다. 온실 안과 같은 그녀의 생활에는 이것이 유일한 자극이었던 것이다.

헨리 삼촌은 곧 스칼렛이 마음에 들었다. 그의 말에 의하면, 그녀는 우스꽝스럽게 새침을 떼는 점은 있지만 어쨌든 얼마쯤은 분별이 있다는 것이다. 그는 피티와 멜라니의 재산 관리인인 동시에 찰스가 남긴 스칼렛 재산의 관리인이 기도 했다. 자기가 부유한 젊은 부인이라는 것을 안 스칼렛은 깜짝 놀라고 또 기뻤다. 찰스는 피티 시고모의 저택 반의 권리를 남겼을 뿐만 아니라 시골 농장 과 시내의 토지와 가옥까지 그녀에게 남겼던 것이다. 더구나 그 유산의 일부인 정거장 근처 철도에 이웃한 몇 채의 점포와 창고는 전쟁 후 세 갑절이나 값이 뛰어올랐다. 스칼렛에게 애틀랜타에 오래 머물러야 한다는 문제를 헨리 삼촌 이 꺼낸 것은 그 유산의 설명을 할 때였다.

"웨이드 햄프턴이 성년이 될 무렵이면 그는 청년 부호가 될 수 있다." 그는 말 했다. "이대로 애틀랜타가 발전하면 20년 뒤 그의 재산은 현재의 열 갑절이 된 다. 그 애가 자기 재산이 있는 고장에서 키워지는 것은 당연한 일이고, 그렇게 하면 자연히 자기 재산에 관심도 갖게 된다. 그렇지, 그리고 피티와 멜라니의 재산도 결국은 그 애가 관리해야 할 거다. 그 앤 머잖은 장래에 해밀턴 성을 쓰 는 유일한 사람이 될 테니까. 뭐니뭐니해도 나같은 사람은 이제 앞날이 길지 않을 테니 말이다."

피터 영감은 스칼렛이 당연히 자기들과 함께 살기 위해 온 것이라고 잔뜩 믿 고 있었다. 찰스의 외아들인 애가 자기의 감독이 미치지 않는 고장에서 자란다 는 것은 그로서는 천부당만부당한 일이었다. 모든 사람의 이러한 생각에 대해 스칼렛은 단지 미소를 지을 뿐 아무런 대답도 하지 않았다. 애틀랜타가 정말 좋아질 것인지, 남편 쪽의 친척들과 변함없는 교제를 이어갈 수 있을지, 그 확 신이 설 때까지는 언질을 주고 싶지 않았기 때문이다. 그렇게 하자면 제럴드와 엘렌에게도 양해를 얻어야 된다고 생각했다. 그리고 타라를 떠나고 보니, 역시 타라가 그립고 붉은 황토밭, 파랗게 싹트는 목화, 감미로운 황혼의 정적이 그리 웠다. 토지에 대한 애착은 네 핏줄 속에도 흐르고 있다고 한 아버지 제럴드의 말이 비로소 어렴풋하게나마 이해되었다. 그래서 그녀는 언제까지 머물러 있겠 다는 것에 대해서는 완곡하게 확답을 피하고, 피치트리 거리 변두리에 있는 이 조용한 붉은 벽돌집의 생활 속으로 홀가분히 미끄러져 들어갔던 것이다.

찰스와 혈연관계에 있는 사람들과 함께 살며 그가 자란 집을 살핀 결과, 그 처럼 빠른 시간 내에 연거푸 그녀를 아내로 삼고 과부로 만들고 어머니로 만든 그 청년에 대해 스칼렛은 전보다 어느 정도 더 잘 이해할 수 있었다. 왜 그가 그토록 수줍고 단순하며 이상주의적이었던가도 곧 알았다. 이를테면 찰스가 군인이었던 그의 아버지에게서 엄격하고 대담하고 괄괄한 성격 가운데 어느 하나를 이어받았다 하여도 그것들은 그가 키워진 이 집의 여성적인 분위기 때문에 소년시절에 이내 없어지고 말았을 것이 틀림없다. 그는 애티가 가시지 않는 피티 고모를 진정으로 따르고 존경하고, 멜라니와는 보통의 남매 이상으로 사이가 좋았다. 게다가 이 두 사람은 세상에서 그렇게 흔히 볼 수 없을 정도로 정이 많고 상냥스러웠다.

피티팻 시고모에게 지금부터 60년 전에 주어진 진짜 이름은 사라 제인 해밀턴이라는 것이었는데, 먼 옛날 그녀를 끔찍이 사랑한 아버지가 그녀가 작은 발로 언제나 바지런하고 원기 있게 통통거리며 뛰어다닌다고 해서 피티팻이란 애칭을 붙인 뒤로는 누구나 그녀를 그것 말고 다른 이름으로 부르지 않게 되었다. 하지만 이 제2의 이름이 주어진 뒤 긴 세월이 흐르는 동안 그녀의 신상에는 여러 가지 변화가 일어났다. 그리고 어느덧 이 애칭이 그녀에게 어울리지 않게 되고 말았다. 경쾌하게 뛰어다니던 어린시절의 자취로 지금까지 남아 있는 것이라고는 단지 그녀의 몸무게에 부적당한 작달막한 다리와 별것도 아닌 것을 즐거운 듯 지껄이는 성격뿐이었다. 뚱뚱하고 볼은 담홍색이며 머리칼은 은빛이 되었고 코르셋을 너무 세게 죄었으므로 호흡은 늘 괴로워 보였다. 너무 작은 구두 속에 억지로 쑤셔넣은 그녀의 작은 발로는 거리의 한 구역도 걸어다닐 수가 없었다. 그녀의 심장은 어떤 흥분에도 곧잘 뛰었다. 그리고 뻔뻔한 응석을 부려 그걸 핑계로 무슨 일만 있으면 곧 기절하고 마는 것이다. 그녀의 기절이 대개 단순히 귀부인다운 것을 나타내기 위한 겉치레에 불과하다는 것은 누구나 아는 사실이다. 그러나 모두 그녀를 좋아하고 있었으므로 그걸 입에 올려 말하는 것 같은 짓은 아무도 하지 않았다. 누구든지 그녀를 사랑하고 마치 아이들처럼 응석을 받아주고 오빠인 헨리를 제외하고는 누구 하나 그녀가 하는 짓을 심각하게 받아들이려고 하는 사람은 없었다.

그녀는 이 세상의 어떤 일보다도 남의 소문을 말하기 좋아했다. 음식을 먹는 것도 좋아했지만, 그것보다 더욱 좋아했다. 몇 시간이고 계속해서 악의 없이 동정 어린 말재주로 남의 문제를 이러쿵저러쿵 지껄였다. 사람의 이름이나 시일이나 장소에 대한 기억력이 전혀 없었고, 애틀랜타에서 일어난 어떤 사건의 등장인물과 전혀 다른 사건의 주인공을 혼동하는 일쯤은 예사로 있었다. 그러나 누구에게도 피해는 입히지 않았다. 왜냐하면 그녀의 수다를 진짜로 알아들을 만큼 어리석은 사람은 한 사람도 없었기 때문이다. 정말로 충격적인 일이나 정말로 추악한 일은 누구나 될 수 있는 대로 그녀의 귀에 들어가지 않도록 애썼다. 이미 예순 살의 노처녀이긴 했지만 이 비혼 부인의 심정을 상할 만한 일이 있어선 안 된다고 누구나 생각하고 있었기 때문이다. 친지들은 호의어린 공동 협의 아래 언제까지라도 그녀를 나이 먹은 아이로 기분을 맞추어 주고 세상의 물결에서 지켜 주려고 애쓰고 있었던 것이다.

멜라니는 이 고모와 여러 가지 점에서 비슷했다. 고모와 마찬가지로 내성적이고 별안간 얼굴을 붉히고 무척 겸손했다. 그러나 그녀는 '일종의 상식이 있는 것만은 인정하지 않을 수 없다'고 스칼렛조차 본의 아니게 인정했을 정도로 상식을 가지고 있었다. 멜라니도 피티 고모와 마찬가지로 단순한 친절과 진실과 애정 말고는 아무것도 모르는, 세상 바람이 전혀 닿지 않은 어린아이였다. 가혹한 일, 사악한 일은 보지도 않았고 설사 보았다고 해도 그것을 믿으려 하지 않는 아이였다. 이제까지 그녀는 늘 행복했었다. 그래서 그녀는 주위 사람들이 모두 행복하기를, 적어도 불만이 없기를 바라고 있었다. 그 결과 그녀는 늘 누구에게도 그 사람이 갖고 있는 가장 좋은 점만을 인정하고 다정하게 그걸 칭찬했다. 때문에 어떤 하인이든 결점을 덮을 만한 성실이나 친절을 그녀에게 발견되지 못할 만큼 어리석은 하인은 없었고, 또 어떤 아가씨든 용모가 아름답다든가 성격이 고상하다든가, 하여튼 어딘가에서 좋은 점이 발견되지 않을 만큼 추악하고 불쾌한 아가씨도 없었다. 아무리 보잘것없이 형편없는 사나이라 할지라도 그녀는 그 남자의 현재에는 눈을 감고 좋아질 수 있는 장래의 가능성에만 주목하는 것이었다. 너그러운 심정에서 자연스럽게 우러나오는 이 같은 성격 때문에 그녀는 많은 사람을 그 주위에 끌었다. 본인 자신조차 상상하지 못했던 훌륭한 장점을 발견해 주는 그녀의 매력에 누가 감히 맞설 수 있겠는가? 그녀는 이 도시에서 누구보다도 많은 여자친구들을 갖고 있었다. 남자친구들도 많았다. 다만 남자의 마음에 뛰어들어 그걸 붙잡아 올 만큼 고의적인 마음과 이기심이 부족했으므로 구애하는 남자의 수는 많지 않았다.

그러나 멜라니의 태도는 모든 남부 아가씨들이 하지 않으면 안 된다고 가르침을 받는 이상의 것은 아니었다. 그녀들은 누구나 주위 사람을 안락하고 기쁘도록 만들어야 한다고 배우고 있는 것이다. 남부 여러 주의 사교계를 그렇듯 즐거운 것으로 만들고 있는 것은, 여자들이 모두 힘을 합해 만들어 낸 행복이었다. 남자들이 만족을 얻고 반박 받지 않고 허영심에 상처 받는 일도 없이 안심하고 있을 수 있는 고장은 여자들에게도 무척 살기 좋은 곳이라는 것을 그녀들은 잘 알고 있었다. 때문에 여자들은 날 때부터 죽을 때까지 남자들을 기쁘게 하려고 노력하고, 그리하여 만족한 남자들은 아낌없이 정중한 관심과 찬미를 여자들에게 뿌렸다. 사실 남자들은 여자에게도 지능이 있다는 것을 믿으려 하는 것 말고는 세계의 모든 것을 기꺼이 여자들에게 던져주었던 것이다. 스칼렛도 멜라니와 같은 매력은 가지고 있었지만, 그건 연습한 기교와 완벽한 숙련에 의한 매력이었다. 이 두 여자가 다른 점은, 멜라니가 비록 일시적이나마 남을 행복하게 하고 싶은 마음에서 남의 기분을 즐겁게 하는 정다운 말을 하는 데 비해, 스칼렛은 자기 목적을 수행하기 위한 것 말고는 결코 그런 일을 하지 않는다는 점에 있다.

찰스는 그가 가장 사랑한 두 여자로부터 강한 인간이 될 만한 감화는 전혀 받지 못했고 각박하고 차가운 현실에 대해서도 무엇 하나 배운 바가 없었다. 그가 자란 가정은 마치 새둥우리처럼 아늑한 곳이었다. 타라에 비교하면 참으로 조용하고 구식인 아늑한 가정이었다. 스칼렛의 눈엔, 그곳에는 브랜디나 담배나 마카사르 유[1] 같은 고리타분한 남자 냄새도 없고, 고함치는 목소리도 가끔 들려 오는 성난 욕설도 없고, 구레나룻도 총도 안장도 마구도 없고, 발에 감기는 사냥개의 울음소리도 없는 것이 못내 허전하게 느껴졌다. 타라에서 엘렌이 없을 때면 늘 듣는 말다툼, 마미와 포크의 욕지거리, 로자와 티나들의 아귀다툼, 그녀와 수엘렌의 귀 따가운 입싸움, 제럴드의 커다란 고함소리 따위를 스칼렛은 그립게 떠올렸다. 이런 가정에서 자란 이상 찰스가 여성 같은 청년이었다고 해서 조금도 이상할 것이 없었다. 여기에선 서로 흥분하는 일도 없고, 소리를 높이는 일도 없고, 모두 얌전히 다른 사람의 의견에 귀를 기울인다. 그리

---

1) 인도네시아 셀레베스섬의 서해안에 있는 마카사르 항구에서 나는 기름. 마카사르는 1971년 우중판당으로 개칭.

고 결국에 가선 부엌에 있는 머리가 반백이 다 된 흑인 독재자 피터 영감의 주장이 관철되고 마는 것이다. 마미의 감독에서 벗어나자 다소 고삐가 느슨해질 거라고 기대하고 있던 스칼렛은 피터 영감이 믿고 받드는 귀부인으로서의 행동 기준, 그중에서도 찰스 서방님의 미망인으로서의 기준이 마미의 그것보다 더한 층 엄격하다는 것을 발견하고 비참한 심정이 되었다.

이런 가정 안에서 스칼렛은 차차 옛날의 그녀로 되돌아가고 있었다. 자기도 거의 의식하지 못하는 사이에 그녀의 정신은 정상으로 회복되어 가고 있었다. 그녀는 아직 열일곱 살이었고, 훌륭한 건강과 정력을 가지고 있었다. 찰스의 친척들은 그녀를 행복하게 하기 위해 열심히 힘을 기울였다. 하지만 그런 노력이 뜻대로 효과를 거두지 못했다고 해도 그건 그들이 나빠서가 아니었다. 왜냐하면 아무도 애쉴리의 이름이 입에 오를 때마다 쑤시는 아픔을 그녀의 가슴에서 없앨 수 없었기 때문이다. 더구나 멜라니는 얼마나 자주 그 이름을 입에 올리는지! 그러나 멜라니와 피티는 그녀들이 멋대로 떠올리고 단정을 내린 스칼렛의 슬픔을 덜어 주기 위해 끊임없이 갖은 방법을 꾸며 내는 것이었다. 이를 테면 그녀의 마음을 풀기 위해서 자기들의 슬픔은 입에 올리지 않았다. 그리고 그녀의 식사며 낮잠시간이며 마차로 나들이하는 일까지도 일일이 세심한 주위를 기울였다. 또 그녀의 활기찬 성격이며 아름다운 몸매며 작은 손발이며 흰 살결 같은 것을 터무니없이 칭찬할 뿐만 아니라 자주 그렇게 말했다. 그리고 자기들의 애정에 넘친 말을 강조하기 위해 그녀를 어루만지고 끌어안거나 키스하곤 했다.

스칼렛은 그러한 애정 표시는 바라지도 않았다. 그러나 칭찬받는 것은 불쾌하지 않았다. 타라에선 아무도 그녀에게 이렇게 비위를 맞추려는 사람이 없었다. 사실 마미 같은 사람은 일부러 시간을 낭비해 가며 그녀의 자만심을 식혀 주려 애썼을 정도였다. 조그만 웨이드도 이젠 귀찮은 존재가 아니었다. 이 가정의 흑인이며 백인이며 이웃 사람들까지 그를 몹시 귀여워하여 뺏다시피 서로 무릎 위에 앉히려고 다투었기 때문이다. 멜라니는 특히 아이를 귀여워했다. 미울 정도로 심술을 부리며 악을 쓸 때에도 멜라니는 귀여워 못견디겠다는 듯 중얼거리고 이렇게 덧붙이는 것이었다. "귀여운 아가야! 네가 내 아들이라면!"

스칼렛은 자기 감정을 감추느라고 자주 애쓰지 않으면 안 되었다. 지금도 그녀는 여전히 피티 시고모를 노부인 중에서도 가장 우둔한 여자라고 생각하며, 그 두서없는 수다에는 견딜 수 없는 짜증을 느꼈다. 멜라니에 대해서도 역시 질투 섞인 혐오감을 느끼고 있었다. 더구나 그 혐오감은 날이 갈수록 커갔다. 멜라니가 사랑의 긍지를 얼굴에 빛내면서 애쉴리의 얘기를 하고 그에게서 온 편지를 소리내 읽을 때는 방에서 휙 나가지 않고는 견디지 못했다. 그러나 대체로 생활은 이런 사정 상황에서도 가능한대로 만족스럽게 지나갔다. 애틀랜타는 서배너나 찰스턴이나 타라보다 한층 흥미로웠다. 게다가 새로운 전쟁과 관련된 일이 많이 생겨 생각에 잠기거나 우울해할 틈이 전혀 없을 정도였다. 그러나 때때로 촛불을 끄고 베개에 얼굴을 파묻을 때면 그녀는 한숨을 쉬며 이렇게 생각했다. '애쉴리만 결혼하지 않았더라면! 병원에서 간호일을 하지 않아도 된다면! 아아, 누군가 애인을 가질 수 있다면!'

그녀는 간호일 같은 것은 금세 싫증이 나 버렸다. 그러나 미드 부인과 메리웨더 부인 등의 양쪽 위원회에 다 들어 있었으므로 의무를 피할 수는 없었다. 의무란 일주일에 네 번, 아침에 머리를 수건으로 싸고 목에서 발까지 감싸는 답답한 에이프런을 두르고 찌는 듯 무덥고 역한 냄새가 나는 병원에서 일하는 것이었다. 애틀랜타의 기혼 부인들은 노소를 막론하고 누구나 스칼렛에게는 다소 광적으로 보일 만큼 열심히 간호를 했다. 그녀들은 스칼렛도 역시 자기들과 마찬가지로 애국적 열정에 불타고 있다고 단정하고 있었다. 때문에 만일 그녀가 전쟁에 대해 거의 관심을 갖고 있지 않다는 것을 알았다면 그들은 아마 무척 놀랐을 것이다. 애쉴리가 전사라도 하지 않을까? 끊임없이 이런 걱정을 하고 있는 것 말고는 그녀는 전쟁에 전혀 관심이 없었다. 간호를 계속하고 있는 것도 단지 어떻게 하면 그 일에서 손을 뗄 수 있는지 그 방법을 몰랐기 때문이었다.

확실히 간호라는 일에는 조금도 로맨틱한 점이 없었다. 그건 그녀에게 있어서 신음과 헛소리와 죽음과 악취를 의미할 뿐이었다. 병원은 더럽고 수염투성이에 이가 끓고, 악취를 풍기는 인간으로 득실거리고, 그 육체의 끔찍한 상처는 어떤 그리스도교도의 비위도 발칵 뒤집어 놓기에 충분했다. 썩은 살 냄새는 미처 문에 닿기도 전에 코를 찔렀다. 가슴이 메스꺼운 시큼털털한 냄새는 손과 머리칼에 들러붙어 꿈에서조차 그녀를 괴롭혔다. 파리와 모기와 쇠파리가 떼

를 지어 병실 안을 윙윙 날아다니고, 거기에 시달린 환자들은 저주의 말을 퍼
붓거나 혹은 가냘프게 흐느껴 울었다. 스칼렛은 자기도 모기에 물린 곳을 긁적
거리며 어깨가 아프도록 야자잎 부채를 부치면서, 차라리 모두 죽어 버려줬으
면 좋겠다는 생각까지 했다.

그러나 멜라니는 악취와 상처와 벗은 몸까지 조금도 개의치 않는 것 같았다.
여자 중에서도 가장 부끄럼을 잘 타고 얌전한 멜라니에겐 참으로 이상한 일이
라고 스칼렛은 생각했다. 때때로 미드 박사가 썩은 살집을 도려내는 곁에서 대
야와 수술도구를 들고 서 있을 때의 멜라니가 얼굴이 하얗게 질리는 때가 있
다. 한 번은 그런 수술이 있은 뒤 멜라니가 캘리코 제품이 들어 있는 벽장 속에
서 수건을 입에 대고 목소리를 죽여 가며 구토하고 있는 것을 스칼렛은 본 일
이 있었다. 하지만 환자의 눈이 미치는 곳에서의 멜라니는 언제나 다정하고 친
절하고 쾌활하게 행동했다. 때문에 병원에 있는 남자들은 그녀를 '자비로운 천
사'라고 부르고 있었다. 이 칭호는 스칼렛이 몹시 바라는 것이었지만, 그렇게 불
리기 위해선 이가 끓는 환자를 만져야 하고, 씹는 담배를 삼켜 목이 막힌 것이
아닌지 의식을 잃은 환자의 입에 손가락을 넣어야 하고, 손발을 자른 몸에 붕
대를 감아 주어야 하고, 곪은 살에서 구더기를 잡아내 주어야 했다. 그건 싫었
다. 그녀는 간호하는 것을 좋아하지 않았던 것이다! 그러나 만일 회복기에 있
는 환자들에게 매력을 과시하는 것이 허락됐다면 그녀는 참을 수 있었을지도
모른다. 왜냐하면 그런 환자의 대부분은 매력적이고 명문가의 사람이었기 때
문이다. 그러나 그건 과부인 그녀에게는 허락되지 않는 일이었다. 거리의 젊은
아가씨들은 처녀의 몸으로 보아선 안 될 광경을 보여선 안 된다고 환자의 간호
는 금지된 대신 회복기에 있는 환자들을 맡고 있었다. 기혼자니 과부니 하는
것에 속박되지 않는 그녀들은 회복기의 환자들에게 너도나도 덤벼들었다. 그리
고 그 가운데 제일 매력 없는 아가씨들조차 어렵지 않게 약혼자를 구하는 것
을 스칼렛은 우울한 표정으로 바라보았다. 스칼렛은 중환자·중상자를 제외하
고는 완전히 여자들뿐인 세계에서 일하게 되었다. 그것이 그녀를 질리게 했다.
왜냐하면 그녀는 자기와 같은 동성을 조금도 좋아하지 않을 뿐만 아니라 믿지
도 않았기 때문이다. 더구나 한층 어려운 것은 심심해 견딜 수 없는 것이었다.
그녀는 일주일에 세 번, 오후에 멜라니의 친구들이 하는 뜨개질 모임과 붕대감

기위원회에 출석해야만 했다. 그 모임 아가씨들은 모두 찰스를 알고 있었으므로 몹시 친절히 대해 주고 이것저것 신경을 써 주었다. 그중에서도 특히 보살펴 준 사람은 시의 태후라고 할 수 있는 엘싱 부인의 딸인 패니 엘싱과 메리웨더 부인의 딸인 메이벨 메리웨더 두 사람이었다. 그러나 그녀들은 스칼렛을 마치 이미 인생을 마친 늙은 여자이기나 한 듯 경의를 가지고 대우해 줄 뿐이었다. 댄스와 애인들에 대해 아가씨들이 쉴 새 없이 떠드는 것을 듣고 있으면 그녀는 그 즐거움이 부럽고 그런 활동을 금지당한 과부 신세가 원망스러웠다. 아, 나는 패니나 메이벨 따위보다는 세 배나 매력적인데! 어쩌면 인생은 이렇게도 불공평할까! 사실은 조금도 그렇지 않은데 누구나 내 마음이 무덤에 있다고 생각하니 얼마나 불공평한가! 내 마음은 애쉴리와 함께 버지니아에 있지 않은가!

그러나 이토록 재미없는 일이 있는데도 애틀랜타는 그녀를 몹시 만족스럽게 했다. 그래서 그녀의 체류는 주가 바뀔 때마다 자꾸 늦춰졌다.

9

그 여름도 반이 지나간 어느날 아침, 스칼렛은 침실 창가에 걸터앉아 우울한 마음으로 젊은 아가씨와 병사들과 시중드는 나이 든 부인들을 가득 태운 짐마차며 마차들이 뻔질나게 피치트리 큰길로 나가는 것을 바라보고 있었다. 그날 저녁 병원을 위해 열리는 바자에서 장식에 쓸 푸른 나뭇가지 같은 것을 구하러 나가는 것이었다. 빛나는 태양은 길 위에 뒤얽힌 나뭇가지들 사이로 황톳길 위에 바둑판 무늬의 그림자를 드리우고, 수많은 말발굽이 작은 구름처럼 먼지를 날리면서 달려 갔다.

앞장선 짐마차에는 건장한 흑인 네 명이 손에 상록수를 베거나 덩굴풀을 치기 위해 도끼를 들고 있었다. 이 짐마차의 뒤에는 냅킨을 씌운 광주리와 도시락을 넣은 바구니와 수박이 산더미처럼 쌓여 있었다. 그리고 밴조와 하모니카를 가진 두 사람의 흑인이 '재미를 보려거든 기병대로 들어가세요'란 곡조를 신나게 불어 대고 있었다. 그 뒤에는 화려한 행렬이 잇따랐다. 우선 젊은 아가씨들은 시원한 꽃무늬 무명옷 위에 가벼운 숄을 두르고 햇볕을 막기 위해 보닛을 쓰고 장갑을 끼고 조그만 양산을 들고 있었다. 마차에서 마차로 서로 부르고 웃고 농담을 주고받는 소동 속에서 나이 지긋한 상류사회 부인들은 빙그레 웃음지었다. 회복기에 있는 병원 부상병들이 투박한 몸집의 감독부인과 아리따운 아가씨들 사이에 끼어 있었다. 아가씨들은 법석을 떨며 상이군인의 시중을 들었다. 말탄 장교들은 마차와 나란히 서서 그 느릿느릿한 행진에 발걸음을 맞추어 한가롭게 지나갔다. 마차 바퀴가 삐걱거린다, 박차가 울린다, 금빛 장식끈이 반짝인다, 양산이 춤춘다, 부채가 펄럭인다, 흑인이 노래한다. 모두들 푸른 나뭇가지나 잎을 따기 위해 피크닉을 즐기고 수박을 깨먹기 위해 피치트리 길로 달린다, 모두들. 그런데 나만은 외톨이구나 싶자 스칼렛은 시무룩해졌다.

모두들 그녀 옆을 지나치면서 손을 흔들고 말을 걸었으므로 상냥하게 응하려곤 했지만 무척 어려웠다. 가슴속에 단단히 맺힌 조그만 슬픔이 점점 더 목까지 치밀어올라 덩어리가 되고, 그것이 금방이라도 눈물이 될 깃만 같았다. 모두들 그녀만 빼놓고 피크닉에 간다. 밤은 밤대로 모두 바자와 무도회에 간다. 역시 그녀만 빼놓는 것이다. 그녀와 피티팻과 멜라니, 그리고 상복을 입은 불행한 사람들을 제외하고는 모두 가는 것이다. 그러나 멜라니와 피티팻은 그것을 아무렇지도 않게 느끼고 있는 것 같았다. 가고 싶은 생각조차 하지 않고 있는 것 같았다. 그러나 스칼렛은 가고 싶었다. 죽도록 가고 싶어 견딜 수 없었다.

정말 불공평한 이야기였다. 그녀는 바자의 물건을 마련하기 위해 다른 아가씨들의 두 배나 일했다. 양말이며 어린애 모자, 덧이불, 머플러도 짜고 레이스도 몇 야드나 짰다. 사기로 만든 머리카락통과 면도그릇에 무늬를 그려넣기도 했다. 반 다스나 되는 소파의 방석잇에 남부동맹의 기를 수놓았다(그 기의 자수에서는 별 모양이 좀 잘 안 되었다. 거의 동그라미가 된 것도 있고 뿔이 예닐곱 개나 돋치기도 하였다. 그러나 전체적으론 볼품은 그렇게 나쁘지 않았다). 어제는 먼지가 자욱한 낡은 병기고에 벽에 잇대어 만든 매점에 노랑·빨강·초록빛의 엷은 천을 두르느라고 뼈 마디마디가 쑤셔 댈 만큼 일했다. 병원부인위원회의 감독을 받으면서 하는 일은 정말 중노동인데다 재미라고는 털끝만큼도 없었다. 메리웨더 부인·엘싱 부인·화이팅 부인 같은 이들이 옆에 있으니 재미도 뭐도 아무것도 없었고 더구나 이 부인들은 스칼렛을 마치 흑인이라도 부리듯 턱짓으로 무섭게 부려먹었다. 또 스칼렛은 그 부인들의 딸들이 얼마나 평판이 좋은가 하는 자랑까지 들어야 했다. 그중에서 가장 나빴던 것은 피티팻과 요리사가 복권 뽑기에 쓸 레이어 케이크를 구울 때 옆에서 도와주다가 손가락을 두 군데나 데어 물집이 생긴 일이었다.

농사꾼처럼 죽도록 일하고 이제부터 재미있는 일이 시작되려고 하니까 손가락이나 빨고 뒷전에 물러나 있어야 되는 것이다. 남편은 죽고 옆방에서는 어린 애가 앙앙 울어 대고 있다. 거기에다 유쾌한 일에는 전혀 낄 수가 없다니, 세상은 얼마나 불공평한가! 바로 1년 전까지는 춤도 추고 이런 우중충한 상복이 아닌 화려한 옷을 입었으며, 거기에다 사실상 세 청년과 거의 약혼한 것이나 다름없었다. 지금도 아직 열일곱 살의 젊은 나이로 아직은 춤을 추고 싶어 견딜 수 없는 나이인 것이다. 아아, 정말 불공평해. 인생은 나를 버리고 가려는구나. 그런데 여름날의 그늘진 길에는 잿빛 군복, 드높은 채찍 소리, 꽃무늬 오건디 옷, 울려 퍼지는 밴조의 즐거운 인생이 있다. 병원에서 간호해 준 친한 남자들을 보아도 그녀는 애써 미소를 누르고 손을 흔드는 데도 별로 열심이 아닌 척했다. 그렇지만 아무리 감추려고 해도 보조개는 자꾸 패었다. 실제는 그렇지도 않은데, 마음이 무덤에 있는 것처럼 꾸며 보이기란 어려웠다.

그녀가 하던 인사나 흔들던 손은 피티팻이 방으로 들어오자 딱 멈추었다. 고모는 언제나와 마찬가지로 숨을 헐떡이며 계단을 올라와 느닷없이 그녀를 창가에서 떼어 놓았다.

"너 정말 정신 나갔니? 침실 창문에서 사내에게 손을 흔들고 있게. 스칼렛, 정말 난 놀라 기절하겠다. 네 어머니가 보셨다면 뭐라고 하셨겠니?"

"하지만 저쪽에서는 제 침실인 줄 모르잖아요."

"참 기가 막혀서. 침실이라는 것쯤은 다 짐작해요. 하여튼 안 된다, 그런 짓을 해선 안 돼요. 세상이 이러쿵저러쿵 떠들어 댈 텐데. 주책 없는 여자라고 소문이 나요. 아무튼 메리웨더 부인은 네 침실이란 걸 알고 있어."

"그리고 군인들한테 말할 테죠, 그 늙다리 고양이 같은 노인네!"

"그런 말을 하면 못 써요! 돌리 메리웨더는 내 친구야."

"하지만 고양인 고양이예요……. 어머, 용서하세요, 고모님 우시다니! 전 제 침실 창문이란 걸 깜박 잊고 있었어요. 이제부터 조심하겠어요……. 다만 모두가 지나가는 게 보고 싶었을 뿐이에요. 저도 가고 싶어요."

"참, 철부지 같은 소리만!"

"하지만 정말이에요. 집구석에 틀어박혀 있는 게 이젠 정말 지긋지긋해요."

"스칼렛, 이제 다시 그런 소리 하지 않겠다고 약속해다오. 세상의 입이란 시끄러운 거다. 죽은 찰스에게 아내로서의 도리를 지키지 않는다는 말을 들어요."

"어머, 고모님, 울지 마시라니까요!"

"나 좀 봐, 너까지 울려 놓고" 하고 피티팻은 훌쩍거리면서도 기쁜 듯이 치마 주머니를 뒤져 손수건을 꺼내려고 했다.

소그만 고통의 덩어리가 마침내 복까지 치밀어올라 스칼렛의 울음을 터뜨렸다. 하지만 그것은 피티팻이 생각하고 있는 것처럼 찰스를 위해서가 아니라 마차 바퀴와 떠들썩한 웃음소리의 마지막 여운이 멀리 사라지고 말았기 때문이었다. 멜라니가 허둥지둥 방으로 들어왔다. 걱정스러운 듯이 이마에 주름살을 잡고 손에는 빗을 든 채 평소에는 곱게 다듬던 검은 머리가 헤어네트를 벗었으므로 조그맣게 물결치며 옆얼굴에 흐트러져 있었다.

"왜들 그러세요?"

"찰스를 생각했단다." 피티팻은 흐느껴 울면서 슬픔의 쾌감에 몸을 내맡기고 멜라니의 어깨에 얼굴을 파묻었다.

"어머" 멜라니는 오빠의 이름을 듣자 입술을 떨었다. "기운을 내세요. 울거나 하면 안 돼요, 스칼렛!"

스칼렛은 침대에 몸을 던지고 한껏 소리를 내어 울었다. 잃어버린 청춘을 위해, 그리고 거부당한 청춘의 즐거움을 위해 울었다. 전에는 울면 뭐든지 원하는 것이 손에 들어왔는데, 이젠 울어도 아무 소용이 없다는 것을 알았을 때의 어린애 같은 분개와 절망을 가지고 울었다. 베개에 얼굴을 묻고 소리내 울고, 발로 술 달린 이불을 걷어차며 울었다.

"차라리 죽어 버리고 싶어!" 그녀는 심하게 흐느껴 울었다. 이처럼 슬퍼하는 것을 보자 피티팻의 주책 없는 눈물은 벌써 말라 버렸다. 멜라니는 침대로 달려가 올케를 위로했다.

"응, 울지 말아요. 찰스 오빠가 얼마나 언니를 사랑하고 있었는지 생각해 봐요. 그걸로 언니의 마음을 위로하세요. 귀여운 아기를 생각하세요."

멋대로 오해받고 있다는 노여움에 모든 것으로부터 소외되고 있다는 외로움이 합쳐 그녀의 막 나오려던 말을 짓눌러 버렸다. 그러나 차라리 다행이었다. 만일 말이 나왔다면, 그녀는 아버지 제럴드를 닮은 거침없는 말로 가슴에 맺혀 있는 진심을 커다랗게 터뜨렸을 게 틀림없었기 때문이다. 멜라니는 그녀의 어깨를 가볍게 토닥거리고 있었다. 피티팻은 육중한 몸을 발끝으로 움직여 방의 차일을 내리며 돌아다녔다.

"제발 그러지 말아주세요!" 스칼렛은 베개에서 빨갛게 부은 얼굴을 들고 소리쳤다. "차일로 가릴 만큼 전 죽지 않았어요…… 죽은 거나 다름이 없지만. 제발 날 혼자 내버려 두고 나가주세요."

그녀는 다시 베개에 얼굴을 묻었다. 소곤소곤 의논하면서 그녀를 내려다보고 있던 두 사람은 발끝으로 걸어 살그머니 방을 나갔다. 멜라니가 나직한 목소리로 피티팻에게 이런 말을 하면서 계단을 내려가는 소리가 들렸다.

"피티 고모님, 스칼렛에게 찰스 오빠 얘기를 하지 마세요. 언제나 그 말이 언니의 마음을 얼마나 아프게 하는지 고모님도 잘 알고 계시잖아요. 가엾게도 얼굴 모습까지 달라져 있어요. 울지 않으려고 열심히 애쓰고 있는 거예요. 이제 더 이상 언니에게 가슴 아픈 생각을 하게 해선 안 돼요."

스칼렛은 어쩔 수 없는 분노로 이불을 걷어차 버리고 뭔가 가슴이 후련해지는 욕설을 찾아내려고 했다.

"하느님의 잠옷!" 하는 욕설을 가까스로 생각해 내뱉고 나자 다소 마음이 가벼워졌다. 멜라니는 아직 열여덟밖에 안 됐으면서 어떻게 집에 틀어박혀 만족할 수 있을까. 아무런 재미도 없이 오빠를 위해 상복을 입고 만족할 수 있을까. 멜라니는 인생이 박차를 가하여 마구 달아나고 있는 것을 모르는 걸까, 아니면 걱정도 않는가 보다.

'아무튼 그 앤 멍청하니까.' 스칼렛은 베개를 두드리며 생각했다. '게다가 나만큼 남자들한테 인기도 없으니까 모든 일에 대해서도 나처럼 분하지 않을 거야. 그리고 그 앤 애쉴리가 있잖아. 하지만 내겐 아무도 없다.' 이 새로운 슬픔에 그녀는 다시 울음을 터뜨렸다.

스칼렛은 점심때가 다 지날 때까지 우울하게 방에 틀어박혀 있었다. 이윽고 피크닉을 갔던 패들이 짐마차에 산더미처럼 소나무 가지며 덩굴풀·고사리 따위를 싣고 돌아오는 광경을 보아도 마음은 조금도 흥거워지지 않았다. 모두들 기분 좋게 거친 모양으로, 다시 그녀를 향하여 손을 흔들자 그녀는 침울한 마음으로 그 인사에 답하였다. 지금 그녀에게 인생은 전혀 희망이 없는 것이었다.

정말이지 살 가치가 없는 것이었다.

그러나 구원의 손길은 정말 뜻하지 않은 형식으로 찾아왔다. 점심식사 뒤 낮잠을 자려니까 메리웨더 부인과 엘싱 부인이 마차를 타고 찾아왔다. 이런 시각에 손님이 찾아와 멜라니와 스칼렛, 피티팻 고모 등 세 사람은 급히 일어나 허둥지둥 바스크의 훅을 채우고 머리를 매만지며 계단을 내려 응접실로 갔다.

"보넬 부인의 아기들이 홍역에 걸렸답니다."

메리웨더 부인이 다짜고짜 말했다. 그런 병에 걸리게 한 것이 마치 그녀 자신의 책임이기나 한 듯한 말투였다.

"그뿐인 줄 아세요. 맥루어 씨와 그 따님들이 버지니아에 불려 갔답니다요."

엘싱 부인은 언제나 그러듯 말꼬리가 입 속에서 사라지는 듯한 투로 말했다. 그러나 그런 일은 실은 아무래도 좋다는 식의 태도로 시들시들 부채를 놀렸다. "댈러스 맥루어가 부상을 입어서."

"어머, 가엾게도!" 주인측은 입을 모아 말했다. "그러면 댈러스는……."

"아니에요, 어깨에 관통상을 입어서 생명에는 관계없어요." 메리웨더 부인이 시원시원한 말투로 말했다. "그래도 하필이면 이런 때 그렇게 당하다니 운이 나쁘죠 뭐. 그래서 따님들이 댈러스를 맞으러 북부에 가게 되었어요. 어머, 여기 주저앉아 지껄일 시간 없는데, 내 정신 좀 봐. 빨리 병기고로 돌아가 장식을 끝마쳐야 하는데. 그래서 말이에요, 피티, 오늘 밤은 당신과 멜라니가 보넬 부인과 맥루어 댁의 따님들을 대신 해달라고요."

"어머 돌리, 하지만 우리는 안 돼요."

"그런 소리 하면 안 돼요, 피티팻 해밀턴." 메리웨더 부인은 단호한 투로 말했다. "당신이 과자를 맡은 흑인들을 감독해야 해요. 그게 보넬 부인 담당이었거든요. 그리고 멜라니는 맥루어 댁 따님이 맡았던 매점을 맡아주세요."

"하지만 아무래도 우린 안 돼요……. 찰스가 죽고 아직……."

"당신들의 심정은 알지만 나라의 사명을 위해서는 어떤 희생도 큰 게 아니에요" 하고 옆에서 엘싱 부인이 조용하긴 하지만 꼼짝 못하게 하는 말투로 참견을 했다.

"그야 물론 기꺼이 도와드리겠지만…… 하지만 매점 일을 맡을 만한 예쁜 아가씨들이 나 말고도 얼마든지 있잖아요?"

메리웨더 부인은 나팔처럼 콧소리를 내었다.

"요즘 젊은 사람들은 왜 그러는지 알 수가 없어요. 도무지 책임감이라는 게 없거든요. 매점 담당을 거절한 아가씨들은 모두 그럴 듯한 변명만 내세우고 도저히 당해 낼 수가 없어요. 그렇다고 속지는 않지만요. 모두들 장교 곁으로 못 가서 안달인 거죠. 이유는 그것뿐이에요. 매점 카운터 뒤에 있어본댔자 모처럼 입은 새 옷도 보일 수 없으니 싫어하는 거죠. 저 봉쇄망을 뚫고 밀수하는…… 뭐라더라, 그 사람의 이름이?"

"버틀러 선장이래요." 엘싱 부인이 가르쳐 주었다.

"그 사람에게 병원 필수품을 좀더 많이 가져오고 치마나 레이스 같은 건 훨씬 좀 적게 가져오라고 해야겠어요. 오늘이라도 옷을 한 벌 보자고 하면 곧 스무 벌이나 갖다 보여 주니까요. 모두 봉쇄망을 뚫고 가져온 옷들이죠. 버틀러 선장이라는 이름을 입에 올리기만 해도 난 메스꺼워서. 자, 피티, 노닥거리고 있을 틈이 없어요. 꼭 와 주세요, 네? 다른 분들도 이해해 줄 거예요. 어차피 당신 담당은 뒤꼍 부엌 쪽이니까 눈에 띄지 않을 거예요. 그리고 멜라니의 담당도 눈에 잘 띄지 않는 일이에요. 가엾은 맥루어 댁 따님들 매점은 훨씬 구석진 쪽이고 별로 화려한 가게도 아니니 아무도 살피지 않을 거예요."

"난 갈 의무가 있다고 생각해요." 스칼렛은 날아가고 싶은 마음을 얼굴에 나타내지 않으려고 애써 진지하고 순진한 표정을 지으며 말에 끼어들었다. "이 정도의 일은 별것도 아니니까 병원을 위해서 우리가 충분히 할 수 있어요."

손님인 부인들은 어느 쪽이나 지금까지 스칼렛의 이름을 입에 올리지 않았다. 그러므로 스칼렛이 이렇게 말하자 고개를 돌리고 그녀를 날카롭게 쳐다보았다. 아무리 손이 모자라기로 남편을 잃고 아직 1년도 안 되는 미망인에게 사교 행사에 나와 달라고 부탁한다는 건 도무지 이해할 수 없는 일이었기 때문이다. 스칼렛은 눈을 동그랗게 뜨고 어린애 같은 천진난만한 표정으로 부인들의 눈길을 마주 대했다.

"난 모두 가서 도와 성공하도록 해야 한다고 생각해요. 저도 멜라니와 같이 매점에 나가야 할 의무가 있어요. 혼자 있는 것보다는 우리 둘이 나가 있는 편이 돋보일 테니까요. 그렇지 않아, 멜라니?"

"글쎄." 멜라니는 시원찮게 대답했다. 상중에 공공연히 사교적인 모임에 참석한다는 건 아직 들은 일이 없으므로 난처했던 것이다.

"스칼렛의 말이 옳아요." 메리웨더 부인이 상대가 누그러지는 것을 보고 말했다. 그리고 일어나 스칼렛의 후프를 끌어당겨 고쳐 주었다. "그럼 두 분…… 아니, 세 사람 모두 꼭 와 주세요. 자, 피티, 이제 변명 같은 건 그만해요. 새 침대하고 약품을 사는 데 병원이 지금 얼마나 돈이 필요한지 그걸 생각해 보세요. 찰스도 그가 생명을 바친 나라의 큰 사병을 위해서라면 당신이 도와주는 걸 틀림없이 기뻐할 거예요."

"그렇다면," 피티는 자기보다 성격이 강한 사람 앞에선 언제나 지고 마는 것이 버릇이라 곧 양보하고 말았다. "사람들이 이해할 거라고 당신이 생각하신다면야."

'이게 사실이라니 너무 좋은걸. 이게 사실이라니 믿어지지 않아.' 맥루어 댁 아가씨들이 나갈 예정이었던 분홍과 노란 장식의 천이 드리운 매점에 살그머니 들어섰을 때 스칼렛의 기쁨에 넘친 마음은 이렇게 노래하고 있었다. 드디어 정말로 파티에 나온 것이다. 1년씩이나 집 안에 틀어박혀 상복을 입고 소리를 죽여 가며 살아 거의 미칠 지경이었는데, 마침내 꿈이 아닌 현실로 파티에 참석하게 된 것이었다. 더구나 애틀랜타 시가 생긴 이래 최대의 파티이다. 바로 눈 앞에서 사람들을 보며 수많은 불빛을 바라보고, 음악을 들을 수 있는 것이다. 자기의 눈으로 그 유명한 버틀러 선장이 최근 항해에서 봉쇄선을 뚫고 들여온 예쁜 레이스와 옷과 주름장식을 바라볼 수 있게 된 것이다.

그녀는 매점 카운터 뒤의 작은 의자에 걸터앉아 긴 장내를 둘러보았다. 그것은 오늘 오후까지만 해도 살풍경하고 더러운 훈련장이었다. 그것을 이만큼 아름답게 해놓았으니 부인들의 오늘의 노력도 짐작할 만했다. 멋들어진 탈바꿈이었다. 애틀랜타의 모든 초와 촛대가 몽땅 오늘 밤 이 모임에 모인 것 같았다. 꾸부러진 가지 달린 은촛대 열두 개, 멋진 작은 조각상이 붙은 사기 촛대, 곧고 품위 있는 고풍스런 놋촛대, 그것들이 가지각색 모양과 빛깔을 한 초를 끼우고 월계수의 향긋한 향기를 내뿜으며 회장에 쭉 늘어선 총걸이와 꽃으로 꾸며진 긴 테이블과 매점의 카운터 따위에 놓여 있고, 활짝 열어젖힌 창문틀 위까지 놓여 있었다. 따뜻한 여름 공기가 알맞게 불길을 돋울 만큼 불어 들어왔다.

회장 중앙에는 볼품없는 커다란 램프가 천장에서 녹슨 사슬로 매달려 있었는데, 그것도 지금은 사슬을 덩굴과 들포도 덩굴로 감아 추한 모습을 감추고 있었다. 단지 모처럼의 덩굴풀이며 들포도가 열기 때문에 벌써 시들어가고 있었다. 사방 벽에는 향긋한 향기를 내뿜는 소나무 가지를 장식하고, 회장 귀퉁이에는 예쁘장한 테라스 모양의, 하인이나 노부인을 위한 휴게실이 마련돼 있었다. 덩굴풀과 들포도, 덩굴장미 따위의 긴 우아한 장식그물이 가는 곳마다 둘러쳐져 있어서 벽에는 바퀴 모양의 꽃장식이 되고 창문에는 차일 장식이 되어 화려한 빛깔의 천을 드리운 매점 위에도 부채 모양으로 꾸며져 있었다. 또 이들 녹색 장식물 속에 세운 깃발, 펼쳐 놓은 깃발에는 빨강과 파랑 바탕에 남부동맹의 찬란한 별이 빛나고 있었다.

악사의 무대는 특히 맵시를 냈다. 한 단 높이 마련한 연주대는 둘러친 푸른 잎과 별이 있는 깃발로 완전히 가려져 있었다. 온 시내의 화분들이 남김없이 거기에 모였나보다고 스칼렛은 생각했다. 비단차조기, 제라늄, 수국, 협죽도, 베고니아, 엘싱 부인 비장의 네 그루 고무나무까지 나와 있었다. 이 고무나무들은 방 네 귀퉁이에서 특별한 대우를 받고 있었다.

연주대 맞은쪽 회장 한끝은 부인들이 특히 솜씨를 다투어 꾸민 곳이었다. 거기 벽에는 남부동맹 대통령 데이비스와 조지아 주 출신으로 리틀 알렉이란 애칭이 붙은 부통령 스티븐스의 커다란 초상화가 걸려 있었다. 그 위에는 커다란 국기가 걸려 있고, 그 아래 긴 테이블 위에는 시내 정원에서 잘라 온 양치류, 빨강·노랑·하양의 온갖 장미, 위풍당당한 금빛 글라디올러스, 짙고 연한 금련화로 꾸며져 있고, 그 가운데 키가 크고 거만한 접시꽃이 진한 갈색과 유백색의 머리를 의젓이 쳐들고 있었다. 꽃 속에서 촛불이 성스러운 제단의 불처럼 조용히 타고 있었다. 두 개의 초상화가 이 회장을 내려다보고 있었다. 같은 남북 분리의 위대한 사업의 키를 잡고 있는 인물인데도, 저 두 사람의 얼굴은 어쩌면 저렇게 다른가! 데이비스는 얼굴에 금욕주의자의 여윈 볼과 쌀쌀한 눈을 가졌으며 자존심이 강한 넓은 입술을 확 다물고 있다. 스티븐스는 움푹 파인 눈이 이글이글 불타고 있는데 병과 고통을 경험하고도 유머와 열정으로 그것을 극복한 얼굴을 하고 있었다. 그러나 이 두 얼굴이야말로 남부 사람들로부터 가장 깊이 사랑받고 있는 것이었다.

위원회 노부인들은 바자의 모든 책임을 지고 있었으므로 순풍에 바람을 가득 실은 돛처럼 당당히 옷자락 소리를 내며, 우물쭈물하고 있는 젊은 부인들과 킬킬거리고 있는 아가씨들을 재촉하여 매점에 세우고 잰걸음으로 문을 빠져나가 다과 준비를 하고 있는 뒷방으로 들어갔다. 피티 시고모는 숨을 헐떡이며 그 뒤를 따라갔다.

악사늘이 연주대로 올라갔다. 새까만 얼굴에 흰 이를 드러내고 싱글싱글 웃으며 살찐 볼 온 벌써 땀이 번들거리고 있었디. 그들은 이옥고 바이올린의 음정을 맞추기 시작했다. 이제부터 중요한 역할을 맡는다고 바이올린 활을 여러 가지 모양으로 움직이고 있는 메리웨더 부인의 마부 레비 노인은, 애틀랜타가 마서스빌이란 이름으로 불릴 때부터 바자·무도회·결혼식에는 빠짐없이 오케스트라의 지휘를 맡아왔다. 연주대 위에 선 그는 청중들의 관심을 끌기 위하여 바이올린의 활을 휙 하고 소리내며 흔들었다. 바자를 지시하는 부인들 말고는 극히 소수밖에 오지 않은 사람들의 눈은 노인에게로 쏠렸다. 바이올린·첼로·아코디언·밴조·너클본이 느릿하게 '로레나'의 곡을 연주하기 시작했다. 댄스에는 너무 느린 곡이었다. 무도회는 매점의 물건이 다 팔린 다음에 시작하기로 돼 있었다. 스칼렛은 왈츠의 달콤하고 우수에 찬 곡이 시작되자 자기도 모르게 가슴이 설렜다.

어느덧 세월은 흘러, 로레나여!
눈은 다시 풀밭에 쌓이고
저녁해는 아득히 기우는구나, 로레나여

하나 둘 셋, 하나 둘 셋―옆으로―셋, 돌면서―둘 셋. 얼마나 아름다운 왈츠인가! 그녀는 조금 팔을 벌리고 눈을 감은 채 이 구슬프고 애틋한 리듬에 맞추어 몸을 흔들었다. 이 비극적인 멜로디와 로레나의 실연에는 뭔가 그녀의 부글거리는 감정과 어우러지는 것이 있었고 그것은 차차 그녀의 목으로 치밀어 올라왔다.

이옥고 왈츠 리듬에 끌리기나 한 듯 아래쪽 달빛이 흐릿한 길에서 잡다한 소리가 흘러들어 왔다. 말발굽의 울림, 마차바퀴 소리, 따뜻하고 달콤한 바람에 실린 웃음소리, 말을 매는 장소 때문에 다투는 흑인의 나직한 목소리. 계단에서 떠들썩한 소란이 일어났다. 그리고 금세 주위가 마음이 들뜨게 시끄러워지더니 젊은 여자의 싱싱한 목소리에 섞여 따라온 남자들의 나직한 목소리가 들려왔다. 오늘 오후 헤어진 친구들을 발견하고 즐거운 듯 인사를 던지는 명랑한 목소리도 있었다.

별안간 회장은 활기를 띠며 젊은 처녀들로 가득 찼다. 호랑나비처럼 가뿐한 차림을 하고 그녀들은 쏟아져 들어왔다. 치마를 엄청나게 부풀리고, 그 아래로는 레이스를 단 팬털렛이 살짝 고개를 내밀었다. 둥글고 작은 흰 어깨와 레이스 장식 위에 봉긋한 귀여운 가슴을 살짝 드러내고서 레이스 숄은 아무렇게나 슬쩍 팔뚝에 늘어뜨렸다. 그리고 금박 부채, 그림을 그린 부채, 백조 솜털과 공작새 깃털 부채를 가는 벨벳 리본으로 매어 손목에 늘였다. 적갈색 머리를 귀 밑에서 뒤로 예쁘게 빗어붙이고 커다란 쪽을 쪄 그 무게로 멋을 부리며 고개를 젖히고 있는 아가씨가 있는가 하면, 목둘레에 금발 곱슬머리를 치렁치렁 늘어뜨리고 금귀걸이를 달아 그것이 찰랑이는 것과 함께 반짝반짝 춤추고 있는 아가씨도 있다. 레이스·비단·장식끈·리본, 그것들은 모두 봉쇄를 뚫고 들어온 외국제였다. 그런만큼 한층 귀중하기도 했고 그것을 몸에 지니는 것이 자랑스럽기도 했는데, 봉쇄하느라 애쓰고 있는 북부 녀석들의 뒤통수를 한 대 쥐어박아 준 쾌감도 더하여 그 아름다운 맵시가 한층 더 과시되었다.

온 도시의 꽃이 모두 남부동맹 지도자들의 두 초상화에만 바쳐진 것은 아니었다. 가장 작고 가장 향기 짙은 꽃들은 아가씨들을 꾸미고 있었다. 월계화를 분홍빛 귀 뒤에 꽂고 재스민꽃과 작은 장미꽃 봉오리는 옆으로 늘인 물결치는 곱슬머리 위에 꾸며졌으며, 갖가지 꽃이 공단 장식대에 얌전하게 꽂혀 있다. 이 꽃들은 어느 것이나 오늘 밤이 가버리기 전에 은밀한 마음의 기념으로 잿빛 군복의 가슴 주머니에 간직될 것이다.

군중들 속에는 군복 차림이 많이 섞여 있었다. 스칼렛이 알고 있는 사람들, 병원의 침대며 거리며 연병장에서 보아 알고 있는 숱한 군복의 무리였다. 눈이 번쩍 뜨일 만큼 화려한 군복, 번쩍번쩍 빛나는 금단추, 소매와 옷깃에 달려 있는 눈부신 덩굴 무늬 금줄, 빨강 노랑 파랑의 바지 줄, 그것들은 각종 병과를 나타내고, 잿빛 군복을 더할 수 없이 돋보이게 하고 있었다. 진홍색과 금색 견장이 흔들리고, 번쩍이는 군도가 광이 나도록 닦은 장화에 힘차게 부딪치고, 박차가 요란하게 울렸다.

그들은 친구와 말을 주고받기도 하고 손을 흔들기도 하고 몸을 낮게 구부려 나이 든 부인의 손에 키스하고 있었다. 어쩌면 저렇게 훌륭할까. 스칼렛은 가슴이 부풀어오르는 긍지를 느끼며 생각했다. 길고 노란 콧수염이며 검은색·갈색의 턱수염을 길게 기르고는 있었지만 모두들 젊어 보였고, 썩 잘 생기고 꽤 용감하게 보였디. 팔을 목에 매달고 있는 사람도 있었고 머리의 붕대가 그을은 얼굴과 대비되어 깜짝 놀랄 만큼 흰 사람도 있었다. 목발에 의지하고 있는 사람도 있었다. 아가씨들이 걸음걸이가 부자유스런 남자의 걸음에 맞추어 조심스럽게 천천히 걸어들어오는 모습은 퍽 자랑스러워 하는 듯이 보였다. 갖가지 군복 가운데 아가씨들의 화려한 옷도 무색할 만큼 호화찬란한 군복이 마치 열대의 새처럼 두드러졌다. 루이지애나 주의 주아브 의용군의 군복이었다. 청색과 백색 줄이 쳐진 헐렁헐렁한 바지에 크림빛 각반을 차고, 몸에 꼭 끼는 빨간 윗옷을 입은 살갗이 검고 작은 원숭이 같은 사나이가 한 팔을 검은 비단으로 목에 달아매고 싱글싱글 웃고 있었다. 메이벨 메리웨더가 특별히 사모하고 있는 애인 르네 피칼이었다. 이것으로 병원에 있는 환자들은 전부 와 있는 게 틀림없었다. 적어도 걸을 수 있는 사람은 모두 왔을 것이다. 휴가로 돌아와 있는 사람, 병으로 후송된 사람, 그리고 애틀랜타에서 메이컨까지 사이의 철도·우체국·병원·병참부에 근무하고 있는 사람은 모두 와 있을 게 틀림없었다. 주최자인 부인들은 얼마나 흐뭇할까. 병원은 오늘 밤 거액의 기금을 모을 게 틀림없기 때문이었다.

아래쪽 한길에서 북이 울리는 소리, 군화 소리, 마부들이 감탄해 외치는 소리가 들려 왔다. 나팔이 울려 퍼지고 해산을 명령하는 굵은 목소리가 들렸다. 그러더니 갑자기 화려한 군복을 입은 향토 방위대와 의용대 한 무리가 좁은 계단을 울리며 회장으로 밀려들어와 서로 거수경례를 하며 인사를 주고받고 악수를 하기 시작했다. 향토 방위대 중에는 전쟁놀이라도 하는 기분으로 으스대는 소년도 있었다. 그들은 내년 이맘때가 되어 만일 전쟁이 그때까지도 계속되면 버지니아 전선에 나갈 걸 즐겁게 기다리고 있는 것이다. 흰 수염을 늘어뜨린 노인도 있다. 그들은 다시 한 번 젊어지기를 원하면서 전쟁에 나가 있는 아들이 영광스런 군복을 입고 행진하는 것을 긍지로 삼고 있었다. 의용대에는 중년 남자가 많고 그보다 더 나이든 사람도 있었지만, 출정 적령자도 꽤 섞여 있었다. 이런 사람들은 출정하지 않고 남아 있으므로 연장자나 어린 사람만큼은 당당하지 못했다. 저 녀석들은 왜 전선으로 나가 리 장군 지휘 아래로 달려가지 않을까, 벌써부터 쑤군거리는 소리가 들릴 정도였다.

이렇게 많은 사람들이 어떻게 다 이 회장에 들어왔을까. 조금 전까지만 해도 너무 넓다고 생각했는데, 지금은 발 들여 놓을 틈도 없이 사람이 꽉 들어차 있다. 여름밤의 더위에 섞여 향주머니·향수·포마드·월계수 향초의 냄새, 꽃향기, 거기에 낡은 훈련장의 마룻바닥을 밟는 많은 사람의 발밑에서 피어오르는 뿌연 먼지로 장내는 숨이 막히게 화끈거렸다. 와글와글 떠드는 사람들의 목소리 때문에 거의 아무것도 알아들을 수 없었다. 그러자 마치 행사의 들뜬 기분과 흥분에 휩쓸리기라도 한 듯 지휘자 레비 노인이 '로레나'를 중간에서 뚝 그치고 열심히 활을 당겼다. 그러자 오케스트라는 갑자기 '아름다운 푸른 깃발'을 연주하기 시작했다.

거기에 맞추어 노래하는 수백 명의 목소리가 환호성처럼 울려 퍼졌다. 향토 방위대의 나팔수가 연주대에 기어올라가 막 합창이 시작되는 데서 연주에 끼어들었다. 드높고 우렁찬 나팔 소리는 한덩어리가 된 노랫소리 위에 울려 퍼지고, 사람들은 온몸에 전율을 느낄 만큼 감동에 젖었다.

만세! 만세! 남부의 주권 만세!
아름다운 푸른 깃발
거기에 반짝이는 별 하나, 만세!

노래는 제2절로 들어갔다. 스칼렛도 함께 노래하다가 높고 아름다운 멜라니의 소프라노가 등 뒤에서 울리는 것을 들었다. 나팔의 음색처럼 밝고 감동적인 목소리였다. 돌아보니 멜라니는 두 손을 가슴에 대고 눈을 감고 있었다. 눈끝에 어렴풋이 눈물이 맺혀 있었다. 음악이 끝나자 그녀는 묘한 표정으로 쑥스러운 듯 스칼렛을 향해 웃고 손수건으로 가볍게 눈물을 닦으며 변명하듯 속삭였다.

"난 아주 행복해요. 군인들이 자랑스러워 울지 않고는 견딜 수 없었어요."

그녀의 눈에는 거의 열광적이라 해도 좋을 깊은 광채가 빛나고, 일순간 그것은 그녀의 평범하고 조그만 얼굴을 환히 비춰 뭐라 표현할 수 없을 만큼 아름답게 했다. 그것과 똑같은 표정이 노래를 마친 모든 부인의 얼굴에 나타났다. 그녀들이 자기들의 남자를 향해 애인은 애인, 어머니는 아들, 아내는 남편 쪽을 향해 돌아섰을 때 그 자랑스러움에 찬 눈물은 분홍빛 볼에도, 주름잡힌 볼에도 흐르고, 입가에는 미소, 눈에는 깊고 열띤 빛이 깃들었다. 아무리 못생긴 사람이라도 진심으로 보호받고 사랑받아 그 사랑을 천 배로 돌려 주려고 할 땐 황홀할 정도로 아름답게 변하는 것이다. 지금 그녀들은 모두 눈부실 정도로 아름다워져 있었다.

그녀들은 저마다 자기 남자를 사랑하고, 그들을 믿고, 그들이 최후의 숨을 거둘 것을 믿고 있었다. 자기들과 북군 사이를 사랑하는 남자들의 잿빛 대열이 빈틈없이 가로막고 있는 한 어떻게 이런 여성들을 비참하게 만들 수 있겠는가. 천지가 개벽한 이래, 이렇듯 굳세고 대담하며 이렇듯 의협심과 동정심 많은 남자들이 있었을까. 이같이 떳떳하고 올바른 남부의 대의 아래 어찌 압도적인 승리가 주어지지 않을 까닭이 있겠는가. 그 대의란 그녀들이 저마다 남자들에게 바치고 있는 애정과 같이 그걸 사랑하고 몸과 마음으로 섬기고 늘 서로 이야기하고 생각하고 꿈에까지 보는 것이었다. 필요하다면 사랑하는 남자들마저 자청하여 희생으로 바치고, 남자들이 자랑스럽게 싸움의 깃발을 올리듯 잃어버린 자의 아픔을 긍지를 가지고 참고 견딜 수 있는 대의였다.

지금이야말로 그녀들의 가슴에 헌신과 자부심이 넘치고 남부동맹의 정신이 최고조에 달한 시기였다. 왜냐하면 최후의 승리가 눈앞에 보이고 있었기 때문이다. 철벽 장군 잭슨에 의한 셰넌도어 강 유역의 승리, 리치먼드 주변의 7일 전투에서 북군의 패배는 바로 그것을 증명하고 있는 것이 아니겠는가. 리 장군이나 잭슨 장군과 같은 명장을 가지고 있는데 이기지 못할 까닭이 있겠는가. 또 한 번 이기면, 아마 북군은 무릎을 꿇고 강화를 청해 올 것 이다. 그렇게 되면 사랑하는 남자들은 고향으로 귀환하여 키스와 너털웃음을 쏟아낼 것이다. 또 한 번 이기면 전쟁은 끝나고 만다.

물론 돌아오지 않는 주인을 헛되이 기다릴 의자도 있을 것이고, 아버지의 얼굴을 한 번도 못 본 아기도 있을 것이다. 혹은 쓸쓸한 버지니아의 시냇물가나 조용한 테네시 산속에 이름도 없이 뼈가 묻히는 사람도 있을 것이다. 그렇지만 남부의 대의를 위해서라면 그것 또한 그렇게 큰 희생은 아니리라. 부인들이 입는 견직물이며 차나 설탕은 이즈음 입수하기 어려워졌지만 그것조차도 농담거리로 삼아 그녀들은 웃고 있었다. 그리고 대담하기 이를 데 없는 봉쇄선 밀수꾼들이 북군의 찡그린 낯짝 바로 코앞을 지나 그런 귀중한 물자들을 운반해 들이고 있는데, 그런 물자를 손에 넣으면 어느 때보다 마음이 몇 배나 더 뛰었다. 머잖아 라파엘 시메스 제독과 남부동맹의 해군은 저 북군의 포함을 무찔러 버리고 항구의 출입을 전처럼 자유롭게 할 것이다. 영국도 남부동맹에 승리를 가져다주기 위해 원조해 줄 것이다. 영국의 방직공장은 남부의 목화가 가지 못해 거의 조업이 멈춘 상태로 곤란을 겪고 있기 때문이다. 그리고 영국의 귀족성이 남부의 귀족성에 동조하고, 양키 같은 달러 숭배족을 적으로 돌리는 것은 당연한 일이다. 왜냐하면 귀족성은 귀족성에 서로 공명하게끔 돼 있기 때문이다.

그러기에 부인들은 비단 옷자락을 나부끼며 웃고, 자부심에 부푼 마음으로 자기 남자들을 바라보는 것이다. 그녀들은 위험과 죽음의 눈앞에서 싸워 얻은 사랑은 거기에 따르는 강한 자극 때문에 그 감미로움이 더욱더 배가된다는 것을 알고 있었던 것이다. 처음으로 회장에 모인 군중을 보았을 때 스칼렛의 마음은 파티에 참석했다는 색다른 자극에 부풀어 있었다. 하지만 주위 사람들의 얼굴에 나타나 있는 숭고한 표정을 반밖에 이해하지 못하고 바라보는 사이에 그녀의 기쁨은 안개처럼 사라지기 시작했다. 여기 있는 여자들은 모두 그녀가 느끼지 못한 감동에 불타고 있는 것이다. 그것이 그녀를 어리둥절하게 하고 침울한 기분으로 만들었다. 왠지 회장도 그렇게 아름답지 않고 아가씨들도 그다지 멋있어 보이지 않았다. 그리고 사람들 얼굴에 아직도 넘치고 있는 대의에 불타는 헌신의 표정이란 대체 무엇이란 말인가? 아무래도 어리석은 것으로밖에 보이지 않았다.

문득 그 생각에 미치자 그녀는 깜짝 놀라 자기도 모르게 입 속으로 '앗!' 하고 부르짖었다. 이 여자들이 품고 있는 강렬한 긍지, 대의를 위해선 자기와 자기가 가지고 있는 모든 것까지도 희생하려는 열망을 자신은 가지고 있지 않다는 것을 깨달았기 때문이다. 그리고 그러한 자기가 갑자기 무서워져서 '안 돼, 안 돼. 그런 생각을 해선 안 돼. 그건 틀린 생각이야. 죄악이야'라고 생각했지만, 그보다 앞서 그녀는 대의가 자기에게는 아무 의미가 없으며, 사람들이 눈에 광적인 빛을 띠고 떠드는 그 대의라는 것에 자기는 진절머리를 내고 있음을 깨달았다. 그녀는 대의를 신성한 것이라곤 생각하지 않았다. 전쟁도 신성한 것은 아닌, 의미 없이 인간을 죽이고, 논을 쓰고, 사치스런 물건을 손에 넣기 어렵게 하는, 지극히 귀찮은 것에 지나지 않았다. 끝없이 뜨개질을 하고, 끝없이 붕대를 감고, 붕대용 면을 손질하느라 손이 거칠어지는 것에 이제 자신이 진절머리를 내고 있음을 알고 있었다. 병원의 간호보조도 이젠 싫증이 났다. 무엇이고 진력이 나 있었다. 썩은 살이 풍기는 메스꺼운 악취며 끝없는 신음소리에 구역질이 날 지경이었고, 바짝 야윈 얼굴에 죽음이 다가오는 것을 보면 등이 오싹할 지경이었다.

이렇게 매국적이고 모독적인 생각이 마음을 스쳐갔을 때 그녀는 그런 생각이 얼굴에 나타난 걸 누구에게 들키지 않았나 싶어 남의 눈치를 살폈다. 어째서 그녀는 다른 여자들과 같은 심정이 될 수 없을까. 모두 마음으로부터 진지하게 대의를 위해 헌신하고 있다. 그들의 언행은 모두 진실하고 마음속에서 우러나온 것들이다. 만일 누군가 그녀를 의심하게 된다면, 아냐 아무한테도 들켜선 안 돼. 사실은 그렇지 않지만, 대의를 위해 열광하고 긍지를 가지고 있는 것처럼 보이지 않으면 안 돼. 남부 동맹군 장교의 미망인으로 꿋꿋하게 슬픔을 참고, 마음은 이미 무덤에 있지만 남편의 죽음이 대의의 승리에 이바지한 것이라면 남편을 잃은 것도 결코 애석하게 생각하지 않는 것처럼 세상에 보여야 한다.

오, 어째서 그녀 마음은 이 애정 깊은 여자들과 이토록 다르고 동떨어져 있는 것일까. 이 여자들처럼 이기심을 떠나 무엇이나, 또 누구나 사랑하는 것이 그녀에겐 도저히 불가능했다. 어쩌면 이렇게 마음이 쓸쓸할까. 일찍이 그녀는 육체적으로나 정신적으로나 쓸쓸한 것을 몰랐다. 처음엔 이런 생각을 눌러 버리려고 했지만, 그녀의 성격 가장 깊은 곳에 숨어 있는 완고할 정도로 자기 정직에 충실한 기질이 허락하지 않았다. 그리하여 바자가 진행되고 있는 동안 멜라니와 함께 매점에 오는 손님을 맞으면서 그녀의 머리는 자기 생각을 스스로에게 납득시키려고 빠르게 움직이고 있었다. 그건 그녀에게 있어 이제까지 그다지 어려운 일은 아니었다.

다른 여자들은 단지 머리가 나빠서 대의니 애국심이니 하고 히스테리컬하게 지껄여 대는 것이었다. 남자들도 남부의 생사 문제니 주권이니 떠들어 대지만 시시하기로는 여자들과 큰 차이가 없다. 그녀만은, 이 스칼렛 오하라 해밀턴만은 완전히 냉정한 아일랜드 사람의 상식을 가지고 있다. 그녀는 대의를 위해 스스로를 바보로 만들 수는 없었다. 그렇다고 솔직한 심정을 털어놓아 어리석은 꼴을 당하는 멍청이 짓도 않을 생각이다. 정세에 대해 빈틈없이 대처할 침착함이 그녀에게는 있다. 그러니 그 누구도 그녀의 감정을 알 수는 없을 것이다. 만일 그녀의 본심을 안다면 이 바자에 와 있는 사람들은 얼마나 놀랄까? 그녀가 갑자기 저 무대로 뛰어올라가 전쟁을 그쳐라, 그러면 누구나 고향에 돌아가 목화밭을 돌볼 수 있고, 또 그전처럼 파티도 열 수가 있으며, 애인도 생기고, 연둣빛 옷도 마음대로 구할 수 있다고 마음에 있는 소리를 털어놓는다면 모두들 얼마나 기겁할까.

자기 생각이 옳다고 생각하자 그녀는 잠시 기분이 들떴지만, 그래도 회장을 둘러보니 유쾌하지 않았다. 맥루어 댁 자매 매점은 메리웨더 부인이 말한 대로 눈에 띄지 않는 곳에 있었다. 때문에 아주 드물게밖에는 아무도 이 구석 자리까지 오지 않았다. 그래서 스칼렛은 한가하게 단지 부러운 듯 즐거워 보이는 군중을 바라보고 있었다. 멜라니는 스칼렛이 시무룩해 있는 것을 알았으나 찰스를 생각하는 줄 알고 일부러 말을 걸지 않았다. 그리고 부지런히 매점의 물건을 좀더 사람의 눈에 띄도록 바꿔 놓았다. 스칼렛은 그냥 앉아 시무룩하게 회장을 바라보았다. 데이비스 대통령과 스티븐스 부통령의 초상화 아래 놓인 화초까지 마음에 들지 않았다.

'마치 성단 같아.' 그녀는 비웃었다. '모두들 저 두 사람을 마치 아버지이신 하느님과 예수님처럼 받들고 있구나!' 이 모독적인 생각이 갑자기 무서워진 그녀는 황급히 사죄의 표시로 성호를 그었지만, 결국 곧 다시 본래의 자기로 돌아갔다.

'하지만 사실인걸 뭐.' 그녀는 자기 양심과 싸웠다. '모두들 저 두 사람을 신성한 것처럼 받들고 있지만 실은 한낱 인간에 불과하잖아. 게다가 아주 지독하게 못생긴 사나이이고.' 물론 스티븐스 씨는 일생을 병으로 보냈으므로 어떻게 보여도 할 수 없는 일이었지만, 데이비스 씨는……. 그녀는 데이비스 씨의 선이 뚜렷이 부각된 오만한 얼굴을 올려다보았다. 그녀가 제일 질린 것은 염소수염이었다. 남자는 깨끗이 면도하든가 콧수염을 기르든가 아니면 턱수염을 깔끔하게 길러야 했다.

'겨우 저 엉성한 수염이나 턱에 붙이는 것이 고작이야.' 그녀는 생각했다. 그의 얼굴을 봐도 새 국가의 중책을 짊어질 만한 냉철한 예지 같은 것은 그녀로선 전혀 느낄 수 없었다.

처음엔 사람들 속에 나왔다는 기쁨에 들떠 있었지만, 지금은 조금도 즐겁지 않았다. 그 자리에 있다는 것만으론 이미 만족할 수 없었던 것이다. 바자에는 나와 있지만 그 속에는 낄 수가 없는 것이다. 아무도 그녀를 눈여겨보는 사람은 없었다. 현재 남편을 갖지 않은 젊은 여성으로서 애인이 없는 것은 그녀 한 사람뿐이었다. 그녀는 이제까지의 인생에서 언제나 무대의 중심인물이 되어 즐겨 왔다. 정말 불공평하다. 그녀는 아직 열일곱 살이다. 발은 뛰고 춤추고 싶어 근질근질하다. 열일곱인데, 오클랜드 묘지에 잠자고 있는 남편이 있고 피티 시고모 댁 요람 속에 갓난애가 있다 해서 세상 사람들은 현재의 운명에 만족해야 한다고 생각하는 것이다. 그녀는 여기 있는 어떤 여자보다도 흰 가슴과 가는 허리와 작은 발을 가지고 있었다. 그런데도 '찰스의 사랑하는 아내'라고 새긴 비석 아래 남편과 함께 묻힌 것이나 다름없는 세월을 보내야 하는 것이다.

그녀는 댄스를 하고 장난치고 할 수 있는 처녀도 아니지만, 그렇다고 해서 다른 기혼 부인들과 함께 앉아 춤추고 장난치는 아가씨들을 품평할 만큼 나이든 유부녀도 아니다. 그리고 미망인이라고 할 나이도 아니다. 미망인이라면 좀더 나이가 들었어야 한다. 춤추고 까불고 칭찬받을 욕망 같은 것이 일어나지 않을 만큼 나이가 느긋하게 들었어야 한다. 이런 곳에 얼굴을 찡그리고 앉아서, 아직 열일곱밖에 안 됐는데 미망인이라고 품위나 예절의 상징이기나 한 듯 앉아 있어야 하다니, 남자들이, 매력있는 남자들이 매점에 와도 소리를 낮추고 정숙하게 눈을 내리깔고 있어야 하다니 이 얼마나 공평하지 못한 일인가. 애틀랜타의 처녀란 처녀는 모두 두 겹 세 겹으로 남자들에게 둘러싸여 아무리 못생긴 처녀라도 애인처럼 행세하고 있다. 그리고 제일 화가 나는 건 아주 예쁜 옷을 입고 있는 일이다.

매점에 앉아 있는 그녀는 마치 까마귀처럼 손목까지 덮는 덥고 답답한 검정 태피터 옷을 입고, 턱밑까지 단추를 채웠으며 레이스나 장식끈은 한 조각도 달지 못한 채 어머니에게 받은 줄마노 브로치 말고는 보석 하나 없이 시시하고 평범한 처녀들이 미남자의 팔에 매달려 있는 것을 가만히 보고 있어야만 하는 것이다. 이 모두가 찰스 해밀턴이 홍역으로 죽었기 때문이다. 용감하게 싸워 영예스럽게 전사한 거라면 자랑할 수도 있었을 텐데 그것조차 그는 해 주지 않은 것이다.

그녀는 반항적으로 카운터에 턱을 괴고 사람들을 바라보았다. 턱을 받치면 팔꿈치가 보기 싫게 되어 주름이 잡힌다고 마미가 귀 따갑게 충고했지만, 그런 것은 이제 아무래도 좋았다. 보기 싫어져도 상관없어. 이제 두 번 다시 팔꿈치 같은 건 내놓지 못할 테니까. 그녀는 넋을 잃고 흘러가는 사람의 무리를 바라보았다.

장미 꽃봉오리를 단 노란 물결 무늬의 비단, 가는 검정 벨벳 리본으로 열여덟 군데나 옷자락을 꾸민 분홍빛 공단, 10야드나 되는 치마에 폭포수 모양의 레이스를 새하얗게 돋보이도록 단 물빛 태피터, 드러난 가슴, 매혹적인 꽃, 그러한 것들이 아름답게 눈 앞을 흘러간다. 메이벨 메리웨더가 주아브 병사의 팔에 매달려 옆 매점 쪽으로 다가왔다. 청사과빛 엷은 모슬린 스커트가 그녀의 뚱뚱한 허리에 감겨 크게 펼쳐져 있다. 크림빛 샹티이 레이스 장식이 그 위에 빗살처럼 늘어져 있다. 그 레이스는 최근 봉쇄를 뚫고 가져온 것을 찰스턴에서 산 것이다. 메이벨은 봉쇄선을 뚫고 그것을 가져온 것이 유명한 버틀러 선장이 아니라 마치 자기이기나 한 듯 의기양양해 하며 자랑하고 있었다.

'내가 저 옷을 입으면 얼마나 아름답게 보일까.' 스칼렛은 생각했다. 속이 뒤집힐 것 같은 질투가 일어났다. '저 애의 허리통은 꼭 암소 허리통 같아. 저 초록빛은 내게 제일 어울리는 색이니까 내 눈은 꼭 에메랄드처럼 보이겠지…… 대체 금발 계집애가 어쩌자고 저런 색을 좋아하는 걸까. 그러니까 피부가 퍼런 곰팡이 돋은 치즈처럼 보이는 거야. 하지만 나는 이제 두 번 다시 저 빛깔은 못 입겠지. 상복을 벗어도 재혼을 해도 입을 수 없겠지. 아이 분해. 이제부터는 보기도 싫은 노티나는 회색이나 황갈색이나 연보라색밖에 못 입는단 말인가.'

잠깐 그녀는 이런 모든 일이 부조리하다고 생각했다. 즐겁게 장난하고, 예쁜 옷을 입고, 댄스를 하고, 철없는 연애를 하는 시기는 얼마나 덧없는가. 고작 몇 년, 너무나 짧은 몇 년밖에 없는 것이다. 결혼하고 수수한 옷을 입고 아기를 낳아 허리의 곡선을 망쳐 가지고, 댄스할 때는 구석에 살림 때가 밴 나이 지긋한 부인들과 함께 앉아 이를테면 춤을 춘다고 해도 상대는 남편이거나 아니면 발을 밟는 늙은 신사가 고작인 것이다. 이렇게 하지 않으면 다른 부인들의 입방아에 오르고 소문이 나뻐져 집안의 수치가 되는 것이다. 소녀시절엔 어떻게 하면 남자의 눈을 끌까, 어떻게 하면 남자의 마음을 사로잡을까 그것만을 배우며 보내는데, 그 지식을 고작 이삼 년밖에 써먹을 수 없다니 정말 무서운 인생의 낭비라고 하지 않을 수 없다. 어머니 엘렌과 마미에게서 받은 그 방면의 교육은 언제든지 효과 만점의 완전무결한 것이었다고 생각된다. 거기에는 여러 가지 지켜야 할 까다로운 규칙이 있었다. 그리고 그것을 지키기만 하면 그 노력에 성공의 영광이 주어지는 것이었다.

노부인에겐 상냥하고 천진난만하게 대하고 될 수 있는 대로 순진한 태도를 취한다. 왜냐하면 노부인이란 질투가 많고 고양이처럼 심술궂게 처녀들을 지켜보다가 조금이라도 이상한 말투나 눈짓을 하면 금세 달려들기 때문이다. 노신사에겐 싹싹하면서도 약간 건방지게 굴고 너무 지나치지 않을 정도로 교태도 보인다. 그렇게 하면 바보 같은 늙은이들은 허영심이 동해 악마적인, 젊어진 기분이 되어 살짝 처녀의 볼을 꼬집으며 이 바람둥이야 어쩌구 지껄인다. 그런 때는 반드시 얼굴을 붉혀야 한다. 그렇게 하지 않으면 상대는 나잇값도 못하고 볼을 꼬집고 한 주제에 나중에 아들들에게는 그 아가씨는 아무래도 궁둥이가 가볍단 말이야, 어쩌구 이르기 때문이다.

젊은 아가씨나 젊은 유부녀에게는 한껏 달콤한 말을 하고 만날 때마다 키스를 해 준다. 하루에 열 번 만났다면 열 번 다 키스해 준다. 상대의 허리를 안고 상대에게도 이쪽 허리를 안게 한다. 아무리 싫어도 그렇게 하도록 해야 하는 것이다. 그리고 상대의 옷이나 아이를 입에 침이 마르도록 칭찬해 주고 애인에 대해선 놀려 주고 남편에 대해선 추켜 준다.

얌전하게 웃고 당신들에 비하면 자기 같은 건 아무것도 아니라고 겸손해한다. 그중에서도 특히 명심해야 할 것은 무슨 일이든 결코 본심을 털어놓아선 안 된다는 것이다. 상대도 마찬가지로 본심을 털어놓지 않으니까. 남의 남편 옆에 가까이 가서는 절대로 안 된다. 설사 그 남편이 지난날 자기가 차버린 애인일지라도 그렇게 해야만 한다. 혹은 또 아무리 그자가 마음이 끌리는 남자일지라도 그렇다. 남의 젊은 남편들에게 너무 친하게 굴면 그 아내에게서 바람둥이 계집이라는 소릴 듣고 소문이 나빠져 결국엔 한 사람의 애인도 갖지 못하게 되는 것이다.

그런데 젊은 독신 남자에 대해서는 완전히 사정이 달라진다. 그들에게는 아무리 다정하게 웃어 주어도 상관없다. 그들이 알고 달려와 어째서 웃었는가 물어도 이유를 말하지 않고 그냥 더 웃는다. 그러면 그들은 이유를 알고 싶어 우물쭈물 언제까지나 옆에서 떨어지지 않는다. 눈짓 하나로 남자가 둘만 있고 싶어 여러 가지 재주를 피우는 재미있는 광경을 얼마든지 즐길 수가 있다. 그런데 막상 단둘만이 되어 남자가 키스하려고 하면 몹시 감정을 상한 척하거나 몹시 성난 척 한다. 남자가 점잖지 못한 짓을 해서 미안합니다 하고 사죄하면 그때는 한껏 상냥하게 용서해 준다. 그러면 상대는 이 정도면 다시 한 번 키스할 수 있지 않을까 해서 옆에 다가온다. 때로는 그렇다고 늘 그래선 안 되지만, 키스를 허락해 준다(어머니도 마미도 그런 것은 가르쳐 주지 않았지만, 그녀는 그것이 극히 효과적이라는 것을 스스로 깨우쳤다). 그러고 나서 소리를 내어 울며 어떻게 해서 이렇게 되었는지 모르겠다고 하고 당신은 이제 저를 존경해 주시지 않겠죠, 어쩌고 말하는 것이다. 그럼 상대는 눈물을 닦아 주고 열렬히 존경하고 있다는 것을 보여 주기 위해 대개는 결혼을 신청하는 것이다. 그러고 나서…… 아, 독신 남자에게 할 수 있는 일은 얼마나 많은가. 더구나 그녀는 그것을 전부 알고 있다. 미묘한 추파의 여러 가지 사용법, 부채 그늘에서 살짝 웃는 미소, 치마를 종처럼 펼치는 엉덩이짓, 눈물, 웃음, 기쁘게 해 주는 말들, 달콤한 동정, 아아, 온갖 재주가 거기에 있었다. 그리고 그녀는 그 재주에 결코 실패하는 일이 없었다. 단지 애쉴리만은 별문제이지만.

이런 모든 재주를 완전히 터득하고도 조금밖에 쓰지 못한 채 나머지는 영원히 버려야 한다니, 아무리 생각해도 뭔가 잘못돼 있는 것 같기만 하다. 언제까지나 결혼하지 않고 연두색 옷을 입고 언제나 아름답게 차리고 언제나 잘생긴 남자에게 연모받고 있다면 얼마나 멋질까. 하지만 그것도 너무 오래하고 있으면 인디어 윌크스처럼 노처녀가 되어 모두로부터 아니꼽고 밉살스런 말투로 "안됐군요" 어쩌고 하는 말을 듣게 된다. 그러니까 역시 두 번 다시 재미있는 일을 못하게 되더라도 결혼을 하고 그 대신 자존심을 간직하는 편이 좋을 것 같다.

아아, 인생이란 왜 이렇게 뒤죽박죽일까. 하필이면 고르고 골라서 찰스 같은 사람과 결혼하여 열여섯의 젊음에 자기 인생의 *끝장*을 고하다니 얼마나 바보였는가.

그녀의 원통하고 절망적인 명상은 많은 사람들이 벽 쪽으로 밀려나오는 바람에 깨어지고 말았다. 부인들은 조심스럽게 치마의 후프를 누르고 있었다. 그렇게 하지 않으면 마구 떼밀려 치마가 기어올라가 점잖지 못하게 밑으로 팬털렛이 드러나기 때문이다.

스칼렛이 발돋움을 하고 사람들의 머리 너머로 회장을 바라보려니 의용대의 대장이 오케스트라의 연주대로 올라가는 것이 보였다. 그가 커다란 목소리로 구령을 붙이자 중대의 병사들 반수가 정렬했다. 몇 분쯤 그들은 이마에 땀을 흘리면서 씩씩한 훈련시범을 해 보였다.

사람들에게서 박수갈채가 일어났다. 스칼렛도 함께 얌전히 박수를 쳤지만, 병사들이 해산하여 펀치와 레모네이드가 있는 매점으로 몰려오자 멜라니 쪽으로 돌아섰다. 대의에 대한 자기의 본심을 속이려면 빠를수록 좋다고 생각했기 때문이다.

"군인들 참 멋있어, 안 그래?" 그녀는 말했다.

멜라니는 카운터의 편물 따위를 정리하느라고 정신이 없었다.

"하지만 저 사람들이 만약 잿빛 군복을 입고 버지니아의 전선으로 나가면 더욱 멋지게 보일 거예요." 멜라니는 대답했다. 목소리를 낮추려고도 하지 않았다.

의용대에 아들이 들어가 의기양양해 있던 어머니가 몇 사람 바로 옆에서 이 소리를 들었다. 기넌 부인의 얼굴이 새빨개졌다가 다시 파래졌다. 스물다섯 살인 아들 윌리가 이 중대에 들어가 있었기 때문이다. 스칼렛은 다른 사람도 아닌 멜라니의 입에서 이런 말이 튀어나왔으므로 어이가 없었다.

"어머, 멜라니!"

"언니도 그렇게 생각할 거예요. 난 소년이나 노인을 얘기하는 게 아니에요.

의용대 안에는 총을 훌륭히 다룰 만한 사람이 많이 있거든요. 총을 갖고 적을 쓰러뜨리는 일이야말로 지금 이때 그 사람들이 해야 할 일이 아닌가요.”

“하지만…… 하지만……” 그런 걸 지금까지 생각해 보지도 않았던 스칼렛은 뭔가 멋있는 대답을 하려고 애썼다. “누군가 후방에 남아 있지 않으면……” 윌리 기년이 애틀랜타에 남아 있는 구실을 뭐라고 하더라? “누군가 후방에 남아 있지 않으면 적의 침입에서 주를 지킬 수가 없잖아?”

“아무도 침입하지 않아요. 침입할 리가 없잖아요.” 멜라니는 의용대 병사들 쪽에 눈길을 보내며 냉정하게 말했다. “그리고 적의 침입을 막는 최선의 방법은 버지니아 전선으로 가서 양키를 해치우는 일이에요. 의용대가 여기 남아 있는 건 흑인의 반란을 막기 위해서라고 하지만…… 그런 바보 같은 소리가 어디 있어요. 어찌 남부 내에서 반란이 일어나겠어요. 그런 건 겁쟁이의 허울 좋은 구실에 지나지 않아요. 남부 모든 주에 있는 의용대가 모조리 버지니아로 밀려간다면 양키 같은 건 한 달이면 해치울 수 있어요. 두고 보세요!”

“어머, 멜라니!” 상대를 응시하면서 스칼렛은 다시 한 번 소리를 질렀다.

멜라니의 온순하고 검은 눈이 분노로 불타고 있었다. “내 남편은 전선에 나가는 것을 겁내지 않았고, 언니 남편도 그랬어요. 난 두 사람 모두 후방에 남아 있을 바에는 차라리 죽는 편이 낫다고 생각해요……. 어머, 스칼렛, 미안해요. 나 좀 봐, 얼마나 생각이 없고 모진 여자일까!”

그녀는 용서를 빌기나 하듯 스칼렛의 팔을 쓰다듬었다. 스칼렛은 똑바로 그녀를 바라보았다. 스칼렛이 생각한 건 죽은 찰스가 아니었다. 애쉴리에 대해서였다. 만일 애쉴리도 죽는다면 하고 생각하고 있었던 것이다. 그때 미드 박사가 자기들의 매점 쪽으로 오는 것을 보고 그녀는 황급히 돌아서 의미도 없이 미소 지었다.

“오, 부인들.” 그는 인사했다. “잘 와 주었소, 오늘 밤 여기에 나온 건 당신들에겐 엄청난 희생일 거요. 그건 나도 잘 알고 있소. 그러나 그것도 모두 나라의 대의를 위해서지. 그런데 당신들에게 한 가지 비밀을 가르쳐 줄까. 오늘 밤에 실은 말이야, 병원의 수입을 올리기 위해 깜짝 놀랄 만한 계획을 세우고 있어요. 부인들 중에선 깜짝 놀라 쓰러질 분도 있지 않을까 걱정도 되지만.”

여기서 말을 끊고 박사는 잿빛 염소수염을 쓰다듬으며 빙그레 웃었다.

"어머, 그게 뭐예요? 가르쳐 주세요!"

"아냐, 곰곰이 생각해 보니 이건 당신들 상상에 맡겨 두는 게 좋을 것 같아. 만일 교회신자 여러분이 그 때문에 나를 시에서 몰아낸다고 하면 그땐 부인들은 내 편을 들어줘야 해요. 어쨌든 이것도 병원을 위해서니까. 이제 곧 알게 될 거야. 세상에 듣도 보도 못한 희한한 계획이지."

그는 점잔을 빼며 한쪽 구석에 모여 있는 부인들 쪽으로 가버렸다. 두 사람이 얼굴을 마주보고 비밀이란 게 무엇일까 하고 이야기하려는데, 두 사람의 노신사가 장식끈을 10마일 길이쯤 사겠다고 큰 목소리로 말하며 매점 앞에 와 섰다. 노인이라도 손님이 한 사람도 오지 않는 것보다는 낫다고 생각하며 스칼렛은 장식끈의 치수를 재면서 턱 밑이 간지러워도 얌전히 참고 있었다. 원기 있는 노인들이 레모네이드 매점 쪽으로 가 버리자 다른 손님이 대신 가게 앞에 섰다. 이 매점은 다른 가게만큼 번창하지 못했다. 다른 가게에서는 메이벨 메리웨더의 높다란 웃음소리가 들리고 패니 엘싱의 킬킬대는 웃음소리가 나고 화이팅 댁 딸들의 재치 있는 응대로 북적거리고 있었다. 하지만 멜라니는 전혀 쓰잘 데 없는 물건을 팔면서 마치 주인처럼 태연히 버티고 앉아 있었다. 스칼렛도 될 수 있는 대로 멜라니의 본을 땄다.

두 사람의 매점 말고는 어느 가게 앞이건 사람들이 모여 서서 아가씨들이 지껄여 대고 남자들은 물건을 사고 있었다. 어쩌다 두 사람이 있는 가게에 사람이 왔는가 하면, 그들은 애쉴리와 동창이었다든가, 그는 정말 우수한 군인이라든가 그런 말을 하고, 또는 존경어린 말투로 찰스의 이야기를 꺼내고 그의 죽음은 애틀랜타의 커다란 손실이라고 떠벌리고는 사라졌다.

이윽고 음악이 갑자기 '조니 부커, 이 검둥이를 도와주렴' 하는 흥겨운 곡을 연주하기 시작했다. 스칼렛은 금방이라도 소리치고 싶은 충동을 느꼈다. 춤추고 싶었다. 춤추고 싶어 견딜 수 없었다.

바닥을 내려다보고 음악에 맞추어 한 발로 박자를 맞추었다. 녹색 눈이 이글이글 타오르고 당장에라도 뛰어들 듯 빛나고 있었다.

훨씬 떨어진 건너편 입구 근처에 새로 들어온 한 남자가 서성거리며 스칼렛의 그 심상치 않게 반짝이는 눈을 보고 있었다. 그리고 스칼렛이라는 것을 알자 흠칫 놀라는 눈치였지만, 여전히 그녀가 토라진 반항적인 표정으로 곁눈질하고 있는 것을 지그시 지켜보았다. 이윽고 어떤 남자에게도 곧 그것이라 알아차릴 수 있는, 상대를 찾는 눈빛을 그녀에게서 발견하고 그는 혼자서 싱긋 웃었다.

그 남자는 고급 정장 모직 옷을 입고 키가 컸으며, 가까이 서 있는 장교들 위로 두드러지게 솟아 있었다. 어깨는 넓었지만 허리로 가면서 몸집이 차차 가늘어지고 바니시 칠을 한 부츠를 신은 발은 이상할 만큼 작았다. 주름잡힌 아름다운 와이셔츠에 바지를 멋부리듯 굽 높은 부츠에 바짝 졸라맨 검정 일색인 복장은 그의 몸매나 얼굴과 어쩐지 전혀 어울리지 않았다. 왜냐하면 아주 멋있고 빈틈없는 복장은 하고 있었지만, 그 유연하고 늠름한 육체엔 강건한 골격과 위험한 그 무엇이 감추어져 있었는데, 그런 육체에 멋쟁이 옷을 입혀 놓은 느낌이 들었기 때문이다. 머리칼은 새까맣고 검은 콧수염은 짧고 조그맣게 다듬었는데, 옆에 있는 기병장교들의 용감스럽게 위로 삐쳐 올라간 콧수염에 비하면 마치 외국사람 같았다. 얼핏 보기에 정력적이고 육체적 욕망을 수치로 느끼지 않을 만큼 체력이 왕성한 남자로 보였고, 사실 또 그랬다. 태도 역시 자신에 넘치고 불쾌한 느낌이 들 만큼 사람을 깔보는 점이 있고 스칼렛을 지그시 쏘아보고 있는 그 대담한 눈에는 악의가 번득이고 있었다. 시선을 느끼고 스칼렛은 살며시 그쪽으로 눈길을 보냈다.

어딘가에서 본 기억이 있는 얼굴이다, 하는 예감이 들었지만 얼른 누군지 생각나지 않았다. 그러나 요 몇 달 동안 그녀에게 조금이라도 관심을 보여 준 사람은 그 남자가 처음이었다. 그래서 그녀도 기쁜 듯 미소를 던졌다. 그는 약간 머리를 숙여 인사를 했다. 답례를 보낸 그녀는 남자가 고개를 들고 아메리카 인디언 같은 특징이 있는 가벼운 발걸음으로 곧장 다가오는 것을 보자 당황하여 저도 모르게 손으로 입을 가렸다. 누구인지 생각이 났기 때문이다. 벼락에 맞아 온몸의 감각을 잃은 듯 우뚝 서 있는 사이 남자는 군중을 헤치고 가까이 다가왔다. 그녀가 정신없이 몸을 돌려 휴게실로 뛰어가려고 하는 찰나 치마가 매점의 못에 걸렸다. 힘껏 와락 당기는 바람에 치마가 찢어진 순간 남자는 어느새 옆에 와 섰다.

"실례" 하면서 남자는 몸을 숙이고 옷자락을 못에서 떼 주었다. "당신이 저를 기억하고 계실 줄은 몰랐습니다. 오하라 양."

그 목소리는 이상하게도 기분 좋게 귀에 울렸다. 아름다운 악센트가 있으며 아주 밝은 목소리로 기묘하게 느릿한 말투를 쓰는데다 찰스턴 사투리가 섞여 있었다. 그녀는 애원하듯이 그를 올려다보았다. 전번 만났을 때의 수치로 얼굴이 빨개진 그녀는 지금까지 본 일이 없는 새까만 두 눈과 마주쳤다. 그 눈은 무자비할 만큼 재미있어 하며 일렁이고 있었다. 이 세상에 사람도 많건만 아직도 악마처럼 마음에 붙어 떨어지지 않는 애쉬리와의 장면을 목격한 저 무서운 인물이 이런 곳에 모습을 나타낼 줄이야. 젊은 처녀들의 명예를 더럽히고 점잖은 사람들로부터 따돌림을 받는 능청맞고 뻔뻔스런 악한, 자기를 숙녀가 아니라고 그럴듯한 이유를 들어 함부로 지껄인 비열한 사나이! 그의 목소리를 듣고 멜라니가 고개를 돌렸다. 스칼렛은 난생처음으로 이 시누이의 존재가 고맙게 생각되었다.

"어머…… 당신은…… 레트 버틀러 씨가 아니에요?" 멜라니는 조그만 소리로 웃으며 손을 내밀었다. "당신을 뵌 것은……."

"당신의 약혼 발표가 있었던 행복한 날이었죠." 그는 상대의 말을 받아 대꾸하며 그 손에 입을 맞추었다. "기억을 해 주셔서 감사합니다."

"어쩐 일로 찰스턴같이 먼 곳에서 또 이렇게 일부러 오셨나요, 버틀러 씨?"

"시시한 장사일이 있어서요, 윌크스 부인. 앞으로는 가끔 왔다 갔다 하게 될 것 같습니다. 물건을 들여오는 것만이 아니라, 그 처분에 대해서도 일일이 손을 써야만 돼서요."

"들여오신다구요?" 말하면서 멜라니는 이마에 약간 주름을 지었으나 곧 황급히 기쁜 표정을 지으며 웃었다. "어머, 그럼 당신이…… 당신이 곧잘 소문에 들리는 유명한 버틀러 선장님이셨군요, 저 봉쇄망을 뚫는. 여기 계신 아가씨들은 모두 당신이 들여온 옷을 입고 있답니다. 스칼렛, 대단하죠……. 어머, 왜 그래요. 어지러워요, 언니? 앉아요."

스칼렛은 의자에 앉았다. 몹시 숨이 차서 코르셋의 끈이 금방이라도 끊어질 것만 같았다. 아, 어쩌다 이렇게 끔찍한 일을 당하게 됐을까. 이 남자를 또다시 만나는 일이 있을 줄은 꿈에도 생각지도 못했다. 그는 스칼렛의 검은 부채를 카운터에서 집어 걱정스러운 듯 부채질을 해 주었다. 지나치게 염려해 준다 싶을 만큼 점잖은 표정이었지만 그 눈은 여전히 재미있다는 듯 춤추고 있었다.

"여긴 참 덥군." 그는 말했다. "오하라 양이 정신을 잃게 될 만도 한데, 창 쪽으로 모실까요?"

"괜찮아요." 말하는 스칼렛의 어조가 너무나 난폭했으므로 멜라니는 눈을 크게 떴다.

"이분은 이제는 오하라 양이 아니에요." 멜라니가 말했다. "해밀턴 부인이에요. 제 올케랍니다." 멜라니는 스칼렛 쪽을 향해 힐끗 다정한 눈길을 던졌다. 스칼렛은 버틀러 선장의 거무튀튀한 해적 같은 얼굴 표정을 보고 목을 졸라 죽이고 싶다고 생각했다.

"그렇다면 아름다운 두 분에게 무엇보다 좋은 일이군요." 그는 가볍게 고개를 숙였다. 그건 누구나 하는 평범한 인사치레였지만, 그가 말하자 전혀 다른 뜻으로 해석되었다.

"부군들께서도 물론 오늘 밤 이 즐거운 모임에 오셨겠지요? 만나뵙고 싶습니다만."

"제 남편은 버지니아 전선으로 나가셨어요." 멜라니는 자랑스럽게 고개를 들며 말했다. "하지만 찰스 오빠는……." 목소리가 끊겼다.

"제 남편은 병영에서 돌아가셨어요." 스칼렛은 냉랭하게 말했다. 마치 시비를 거는 듯한 어조였다. 이 남자는 언제까지 치근치근 눌러붙어 있을 작정인가. 멜라니는 놀란 표정으로 그녀의 얼굴을 보았다. 선장은 예의 없는 말을 했다는 태도를 지어 보였다.

"이거…… 큰 실례를 저질렀습니다. 용서해 주십시오. 나라를 위해 죽는다는 것은 영원히 사는 것이라는 위로의 말을 전혀 남인 제가 올리는 무례를 용서해 주십시오."

멜라니는 반짝 빛나는 눈물 속에서 그에게 미소를 지었으나, 스칼렛은 맹렬한 분노와 어떻게 할 수 없는 증오로 심장이 물어뜯기는 듯한 기분이었다. 그는 다시 번지르르 한 말, 이런 경우면 으레 누구든지 하는 평범한 인사치레를 했건만, 그 말이 그의 입에서 나오면 전혀 의미가 다른 것이 되었다. 놀리고 있는 것이다. 그녀가 찰스를 사랑하지 않았다는 것을 이 사나이는 알고 있다. 멜라니는 바보니까 그의 본심을 꿰뚫어보지 못하는 것이다. 아, 제발 하느님, 아무에게도 이 남자의 본심이 들여다보이지 않기를. 스칼렛은 불안에 떨며 생각했다. 이 남자는 그녀가 찰스를 사랑하지 않았다고 사람들에게 말할 것인가. 물론 이 남자는 신사가 아니다. 신사가 아니라면 무슨 짓을 할지 모른다. 신사가 아닌 인간을 판단하는 기준은 없으니까. 얼굴을 들여다보니 그는 사뭇 사람을 바보 취급을 하며 동정하는 척 입을 굳게 다물고 부채질을 해 주고 있었다. 그 표정에는 뭔가 그녀의 성미를 건드리는 것이 있었다. 견딜 수 없는 혐오감에 그녀는 용기를 내어 힘껏 부채를 뺏었다.

"이젠 괜찮아요." 그녀는 가시 돋친 투로 쏘아붙였다. "머리카락이 산산이 흩어지도록 열심히 부쳐 주시지 않아도 돼요."

"어머, 스칼렛, 무슨 말을 그렇게. 버틀러 선장님, 용서하세요. 언니는…… 돌아가신 찰스 오빠의 이름만 들으면 언제나 이렇게 흥분해요……. 그리고 아무래도 우리는 오늘 밤 역시 오지 말았어야 했어요. 우리는 아직 상중이거든요. 그러니까 언니는 정말 괴로울 거예요……. 여기는 이렇게 흥겹게 음악까지 있는데 가엾게도."

"잘 압니다." 그는 짐짓 정중하게 말했다. 그러나 멜라니를 향해 탐색하는 듯한 눈초리로 그녀의 상냥하고 수심어린 눈 속을 보자 그의 표정은 바뀌었다. 마지못한 것이긴 했지만 존경과 동정이 그 검은 얼굴에 나타났다.

"당신은 용감한 분이시군요, 윌크스 부인."

'내 말은 한 마디도 해주지 않는군!' 스칼렛은 분개했다. 멜라니는 어쩔 줄 몰라하며 가볍게 웃고 대답했다.

"그렇지 않아요, 버틀러 선장님. 병원위원들이 어쩔 수 없이 우릴 이 매점에 끌어내게 된 것뿐이에요. 왜냐하면 시간이 다 된 마지막 순간에 가서…… 네, 베갯잇 말씀인가요? 이쪽에 기를 수놓은 예쁜 것이 있어요."

그녀는 카운터 앞에 나타난 세 기병을 향해 돌아섰다. 잠시 멜라니는 버틀러 선장이 참 친절한 신사라고 생각했다. 그리고 거친 무명보다 더 두껍고 튼튼한 것이 자기의 치마와 매점 바로 옆에 놓인 침그릇 사이에 있었으면, 하고 생각했다. 왜냐하면 담배를 씹은 뒤 누런 액체를 뱉는 기병의 겨냥은 총신이 긴 권총으로 사격하는 솜씨만큼 정확하지 않았기 때문이다. 그러는 사이에 많은 손님이 밀려왔으므로 그녀는 선장에 대해서나 스칼렛에 대해서나 침그릇에 대해서 모두 잊고 말았다.

스칼렛은 부채질을 하며 꼼짝하지 않고 의자에 앉아 있었다. 얼굴을 들 기운도 없고, 다만 버틀러 선장이 그의 일터인 배의 갑판으로 한시바삐 돌아가주었으면, 하고 그것만 바라고 있었다.

"부군께선 오래전에 돌아가셨습니까?"

"네, 이럭저럭 1년이 돼요."

"애온이란 말씀이군요."

스칼렛은 애온이라는 라틴어에서 나온 말이 무슨 뜻인지 몰랐지만, 그 말투에 미끼로 남을 옭으려는 뜻이 있는 것만은 확실히 알았다. 그래서 그녀는 대답하지 않았다.

"결혼 생활은 길었습니까? 이런 걸 자꾸 묻는 건 실례입니다만, 전 여길 오래 떠나 있어서요."

"두 달이었어요." 스칼렛은 마지못하여 대답했다.

"그래도 역시 비극이군요." 무척 태연스런 말투였다.

아, 속상해! 그녀는 부아가 치밀었다. 만일 다른 남자였다면 간단히 턱짓 하나로 나가 달라고 명령할 수도 있겠지만, 이 남자는 애쉴리와의 일도 알고 있고, 게다가 내가 찰스를 사랑하지 않았다는 것도 알고 있다. 그러니까 어찌해볼 도리가 없다. 그녀는 말없이 여전히 부채에 눈길을 떨구고 있었다.

"그렇다면 오늘 밤 처음으로 사교적인 자리에 나오셨겠군요."

"이상하게 생각할 줄은 알고 있어요." 그녀는 급히 변명했다. "하지만 이 매점을 담당했던 맥루어 댁 따님들이 별안간 멀리 여행을 떠나 달리 대신 맡을 사람이 아무도 없어서요. 그래서 멜라니와 제가……."

"대의를 위해선 어떤 희생도 크다고 할 수 없죠."

어머, 이건 엘싱 부인이 한 말인데. 그러나 부인의 입에서 나왔을 때와는 그 느낌이 달랐다. 격한 말이 당장에라도 튀어나올 듯싶었지만 그녀는 꿀꺽 삼켰다. 무슨 말을 듣든 여기에 나온 건 대의 같은 것 때문이 아니고, 집에 틀어박혀 있기가 지긋지긋해서였기 때문이다.

"전 언제나 생각합니다만……." 그는 명상적인 투로 말했다. "미망인의 인생을 상복 속에 가두고 일상의 즐거움을 금하는 거상제도는 힌두교에서 말하는 서티, 즉 아내의 순사(殉死)와 마찬가지로 야만입니다."

"세티(소파)?"

그가 웃었으므로 그녀는 자기의 무식에 낯을 붉혔다. 자기가 알아듣지 못하는 말을 하는 사람이 제일 싫었다.

"인도에선 사람이 죽으면 땅속에 묻지 않고 화장을 합니다. 그리고 혼자 남은 아내는 반드시 그 화장하는 장작더미 위에 올라가 남편의 유해와 함께 태워지죠."

"어머, 끔찍해라! 왜 그런 짓을 할까요? 경찰은 그렇게 해도 아무 간섭도 않나요?"

"물론 안 하죠. 스스로 함께 타죽지 않은 아내는 사회적으로 추방됩니다. 힌두교의 훌륭한 부인들은 지체 있는 집안의 부인으로 해야 할 일을 하지 않았다고 해서 배척당하고 마는 거죠……. 만일 당신이 빨간 옷을 입고서 경쾌한 릴 춤을 앞장서서 춘다면, 저 구석 자리에 대기하고 있는 훌륭한 부인들이 당신을 비난할 것과 똑같이 말입니다. 내 생각으로는 미망인을 산 채로 묻는 우리 이 자랑스런 남부의 풍습보다는 힌두교도의 순사한 아내 쪽이 차라리 인정이 있다고 생각합니다."

"어째서 제가 산 채로 묻혔다고 말씀하시는 거예요?"

"허 참, 부인네들은 어째서 그렇게 자기가 묶인 사슬에서 헤어나지 못하는 걸까. 당신은 힌두교도의 풍습이 야만적이라고 생각하고 계신 모양인데, 그렇다면, 가령 남부동맹이 당신을 필요로 하지 않았다고 해도 오늘 밤 이곳에 나올 용기가 있었을까요?"

이런 종류의 토론이 되면 언제나 스칼렛은 머리가 지끈지끈 아파왔다. 그의 말에 진실이 있다는 것을 막연하게나마 알고 있는 만큼 그녀의 머리는 더욱 어지러웠다. 그렇지만 지금이야말로 상대를 찍소리 못하게 해 줄 기회였다.

"물론 오지 않았을 거라고 생각해요. 만일 온다면…… 그야말로 죽은 사람을 존경하지 않는다든가…… 그리고 또, 마치 제가 남편에게 사랑이 없었던 것처럼……."

그의 눈은 야릇한 흥미를 띠고 그녀의 말을 기다리고 있었다. 때문에 그녀는 다음 말을 할 수가 없어졌다. 이 남자는 그녀가 찰스를 사랑하지 않는 걸 알고 있다. 그러므로 아무리 그녀가 착하고 친절한 마음씨를 갖고 있는 척해도 이 남자에게는 통하지 않는다. 신사가 아닌 남자를 상대한다는 건 얼마나 무섭고 두려운 일인가. 신사라면 이를테면 숙녀가 거짓말을 하고 있다는 것을 알아도 믿는 척할 텐데. 그게 남부의 기사도인 것이다. 신사는 언제나 신사도를 지키고 거기에 어긋나지 않는 응대를 하며 숙녀의 생활을 편안하게 해 주는 것이다. 그런데 이 남자는 신사도 같은 건 염두에도 두지 않고 분명히 뭔가 남이 하지 않는 말을 하며 재미있어 하고 있다.

"저는 숨을 죽이고 다음 말을 기다리고 있습니다."

"당신은 참 지독한 분이군요."

그녀는 도저히 어쩔 수 없어 눈을 감아 버렸다. 그는 카운터 위로 몸을 내밀고 애서니엄 극장에 가끔 등장하는 악당을 흉내내어 숨결이 닿을 만큼 그녀의 귀에 입을 바싹 갖다 대고 소곤소곤 속삭였다.

"두려워 말지어다, 아름다운 여인이시여! 그대의 죄 많은 비밀은 내 가슴속에 단단히 간직되어 누설될 염려는 없나니!"

"어머, 어쩌면 그런 말을 할 수가 있죠?"

그녀는 정신없이 속삭였다.

"다만 당신의 마음을 편하게 해드리려고 말했을 뿐이오. 어떻게 말하면 만족하실까. '내 것이 되라, 아름다운 여인이여, 아니면 모든 것을 폭로하리라.' 이렇게 말하면 좋겠소?"

그녀는 문득 그의 눈을 보았다. 마치 소년처럼 장난기 가득 찬 눈빛이었다. 별안간 그녀는 깔깔 웃음을 터뜨렸다. 무척 우스꽝스러운 상황이라고 생각했기 때문이다. 그도 웃기 시작했다. 그 소리가 너무 컸으므로 구석에 있던 몇 명의 시중드는 부인들이 이쪽을 바라보았다. 그리고 찰스 해밀턴의 미망인이 생판 낯선 사나이와 거리낌 없이 재미있게 이야기하고 있는 것을 보고 이마를 맞대고 소곤소곤 비난하기 시작했다.

북이 울리기 시작하고 많은 사람이 "조용히!" 하고 외쳤다. 미드 박사가 연주대 위로 올라가 두 손을 들어 조용히 해 주기를 청한 다음 인사말을 시작했다.

"경애하는 부인들의 불굴의 애국적 지성 넘친 노력에 의하여 이 바자를 재정적 성공으로 이끌었을 뿐만 아니라 이 살풍경한 회장을 아름다운 녹색 나무 그늘로, 또 보시다시피 가련한 장미꽃송이라고 할 아가씨들에게 어울리는 꽃

동산으로 꾸며 주신 데 대해 깊은 감사를 드리는 바입니다."

사람들은 일제히 박수를 쳤다.

"부인들께서는 시간뿐만 아니라 또 그 손재주에서도 최선의 것을 주셨는데, 매점에 있는 이 모든 아름다운 물건들은 전부 우리 사랑하는 남부 부인들의 고운 손으로 만들어진 것이므로 그 아름다움도 한층 더 할 것이라고 믿습니다."

앞서보다 더욱 큰 박수갈채가 일어났다. 스칼렛 옆에서 카운터에 아무렇게나 기대 서 있던 레트 버틀러가 그때 생각난 듯 그녀의 귀에 속삭였다.

"잰체하는 염소로군요, 그렇지 않습니까?"

처음에 스칼렛은 애틀랜타에서 가장 존경받고 있는 시민에 대한 이 불경스런 말에 놀라 나무라듯 레트를 쏘아보았다. 그러나 희끗희끗한 턱수염을 맹렬히 흔들어 대고 있는 박사가 확실히 염소를 닮았다고 생각하자 참을 수 없이 우스웠다.

"그렇지만 그것만으론 충분하지 않습니다. 병원위원회 부인들께선 차가운 손으로 병상에서 신음하는 수많은 환자의 이마를 식혀 주고, 대의를 위한 가장 용감한 싸움터에서 부상한 우리 용사들을 죽음의 문턱에서 끌어내긴 했습니다만, 결국 우리에게 가장 필요한 것들이 무엇이라는 것을 아셨습니다. 제가 그것을 일일이 꼽진 않겠습니다만, 의료품을 구입하는 데 있어서도 더욱 많은 돈이 필요합니다. 과거 1년 간에 걸쳐 봉쇄 돌파의 대성공을 거두고, 더구나 이제부터 또 우리가 필요로 하는 의약품을 수입하기 위해 봉쇄선을 돌파하려 하고 계신 대담한 선장이 오늘 밤 이 자리에 와 계십니다. 레트 버틀러 선장을 소개해 드리겠습니다."

불시에 호명된 것이었지만 봉쇄 밀수꾼인 버틀러는 정중하게 90도로 인사를 했다. 스칼렛은 그의 지나친 정중함을 보고 분석해 보려고 노력했다. 이곳에 있는 모든 인간에 대한 그의 경멸이 너무나도 크기 때문에 저렇듯 지나치게 정중한 인사로 나타난 것일까. 그가 머리를 숙이자 환성이 터졌다. 구석에 있던 부인들은 목을 빼고 그를 보았다. 그렇구나, 찰스 해밀턴의 미망인과 시시덕거리던 사나이가 저자로구나. 찰스가 죽은 지 이제 겨우 1년밖에 안 됐는데!

"우리는 많은 금이 필요하기 때문에 그것을 여러분들에게서 거두어들이고자 합니다."

박사는 계속했다.

"나도 희생할 생각입니다. 그러나 그 희생은 우리 용사 여러분이 바치고 계신 희생에 비하면 참으로 작은 것이고, 일소에 부칠 만큼 아주 작은 것입니다. 숙녀 여러분, 나는 당신들의 장신구를 바랍니다. 하지만 그것을 바라는 것이 '나'일까요? 아닙니다, 남부동맹이 바라는 것입니다. 남부동맹이 바라는 이상 어느 분도 내놓지 않으려고 하실 분은 없으리라 믿습니다. 부드러운 손목에 빛나는 보석은 참으로 아름다운 것입니다. 그렇긴 하지만 희생은 인도의 황금과 보석 전부보다 훨씬 아름다운 것입니다. 금은 녹이고 보석은 팔아서 돈으로 바꾸어 약품 및 기타 의료품 구입에 충당될 것입니다. 숙녀 여러분, 이제부터 용감한 상이용사 두 분이 여러분들 사이를 바구니를 들고 다닐 것이니……."

그의 연설 마지막 구절은 요란한 박수갈채 속에 파묻히고 말았다. 스칼렛은 상복을 입고 와서 정말 잘했다는 생각이 퍼뜩 들었다. 그 덕분에 소중한 귀걸이도, 로빌라드 집안의 할머니에게서 받은 무거운 금사슬줄도, 금에 까만 에나멜로 세공한 팔찌도, 석류석 브로치도 몸에 장식하고 오지 않은 것이다. 몸집이 작은 주아브 병사가 부상당하지 않은 팔에 떡갈나무 가지로 만든 바구니를 들고 군중 속을 돌아 이쪽으로 오는 것이 보였다. 부인들은 늙은이나 젊은이나 웃으면서 열의에 불타 팔찌를 잡아당기거나 살을 뚫은 구멍에서 귀걸이를 떼내어 일부러 아픈 시늉을 하고 흥분하여 소릴 지르며, 목걸이의 단단한 고릴 서로 벗겨 주기도 하고 가슴에서 브로치를 떼고 있었다. 딱딱한 금속이 쉴 새 없이 작은 소리를 내고 "기다려 주세요, 지금 이것을 뗄 테니까. 네, 이걸" 하는 목소리도 들려왔다. 메이벨 메리웨더는 팔꿈치 위와 아래에 낀 한 쌍의 아름다운 팔찌를 뽑고 있었다. 패니 엘싱은 "엄마, 나도 내도 괜찮지요?" 소리치면서 집안 대대로 내려오는 커다란 금 받침대에 자잘한 진주가 박힌 머리 장식을 빼고 있었다. 바구니에 물건이 헌납될 때마다 박수와 환호성이 터져나왔다. 싱글싱글 웃으면서 땅딸보 주아브 병사가 드디어 매점 앞까지 왔다. 바구니를 무겁게 들고 레트 버틀러의 옆을 지나려고 했을 때 훌륭한 황금 담배 케이스가 아무렇게나 바구니 속에 던져졌다. 주아브 병사는 스칼렛 앞까지 와서 바구니를 카운터 위에 올려 놓았다. 그녀는 두 손을 벌리고 고개를 저으며 바칠 것이 아무것도 없다는 시늉을 해보였다. 여기 와 있는 사람 가운데 아무것도 내놓지 않은 것은 그녀뿐이었으므로 몹시 난처해진 그녀는 문득 큼직한 황금 결혼반지가 손가락에서 빛나고 있는 것을 깨달았다. 순간 착잡한 심정으로 찰스의 얼굴을—그가 그걸 자기 손가락에 끼워 주었을 때 어떤 표정을 지었던가 생각해 내려고 했다. 그러나 기억은 희미했다. 그에 대한 기억을 떠올릴 때면 언제나 갑자기 짜증이 치밀었고 다시금 흐릿해졌다. 찰스! 그 사람이야말로 자기의 인생을 끝나게 하고 이 젊은 몸을 노인처럼 만들고 만 사나이가 아닌가. 순산집아채듯이 빈지를 움켜 뽑으려고 했지만 좀처럼 빠지질 않았다. 주아브 병사가 멜라니 쪽으로 가려고 했다.

"기다려요!" 스칼렛은 소리질렀다. "바칠 것이 있어요." 반지가 가까스로 뽑혔다. 사슬·시계·반지·장식 핀·팔찌 따위가 수북이 쌓여 있는 바구니 속에 던지려는데, 문득 레트 버틀러의 눈과 마주쳤다. 그는 입가를 잔뜩 일그러뜨리듯 조롱하듯 웃고 있었다. 마치 그에게 도전이라도 하듯 그녀는 헌납품 더미 위에 반지를 던져 넣었다.

"어머, 스칼렛!" 멜라니가 그녀의 팔을 움켜잡으며 작은 소리로 말했다. 그 눈은 사랑과 긍지로 불타고 있었다. "용감해요. 정말 용감해요! 기다려 주세요. 피칼 중위, 저도 바칠 것이 있어요."

그녀도 자기의 결혼반지를 뽑으려 했다. 그 반지는 애쉴리가 끼워 준 뒤로 한번도 뽑은 일이 없다는 걸 스칼렛은 알고 있었다. 그것이 그녀에게 얼마나 소중한 것인가를 스칼렛만은 누구보다도 잘 알고 있었다. 멜라니는 간신히 반지를 뽑자 작은 손에 잠깐 꼭 쥐어 보고 나서 수북이 쌓인 장신구 위에 살며시 얹었다. 두 사람은 그대로 구석에 모여 있는 노부인들 쪽으로 돌아가는 주아브 병사의 뒷모습을 바라보았다. 스칼렛은 도전적인 표정이었고, 멜라니는 울래도 울 수 없을 만큼 비참한 표정이었다. 그 어느 쪽의 표정도 옆에 서 있던 버틀러는 놓치지 않았다.

"언니가 그렇게 용기 있는 일을 하지 않았다면 저도 도저히 할 수 없었을 거예요." 멜라니는 스칼렛의 허리에 팔을 돌려 다정하게 껴안았다. 순간 스칼렛은 심술궂게 그녀를 뿌리치며, '놓으라니까' 하고 아버지인 제럴드가 울화통을 터뜨렸을 때처럼 목청껏 소릴 지르며 욕을 퍼부어 주고 싶었다. 그러나 레트 버틀러의 눈길을 느끼자 마지못해 쓰디쓴 웃음을 지었다. 언제나 멜라니가 자기의 동기를 잘못 해석하는 것이 비위에 거슬렸지만, 속마음을 의심받기보다는 그래도 이편이 훨씬 낫다고 참았던 것이다.

"참으로 아름다운 행위입니다." 레트 버틀러가 부드럽게 말했다. "당신들 같은 희생이야말로 우리 잿빛 군복 용사들에게 용기를 주는 것입니다."

격한 말이 이제라도 곧 튀어나올 듯싶었지만 그녀는 겨우 참았다. 이 남자가 하는 말은 무엇이든 남을 깔보는 데가 있었다. 정말이지 이 남자가 싫어 견딜 수 없었다. 함부로 기대어 있는 것도 비위에 거슬렸다. 그러나 그에겐 뭔지 모르게 자극적인 것이 있었다. 따뜻하고도 억센, 전기와 같은 짜릿함이 있었다. 그녀에게 깃들어 있는 아일랜드 기질이 모조리 들고 일어나 그의 검은 눈의 도전에 맞섰다. 이 남자를 좀 골려 주어야지. 그녀는 마음속으로 다짐했다. 내 비밀을 알고 있다고 이렇게 조바심이 날 정도로 거만하게 굴고 있다. 그러니까 어떡하든 위치를 바꾸어 이 남자를 꼼짝 못하게 만들어야지. 이 남자에 대해 자기가 어떻게 생각하고 있는지 그것을 똑똑히 밝히고 싶은 충동을 그녀는 가까스로 눌렀다. 식초보다 설탕이 훨씬 많은 '파리'를 모은다고 마미가 곧잘 말했던 것이다. 두 번 다시 내게 함부로 대하지 못하게 파리를 잡아서 정복하자.

"고마워요." 그녀는 일부러 그의 조롱을 모른 척 정중하게 말했다. "버틀러 선장님 같은 유명한 분한테 그런 칭찬의 말을 들어 정말 감사해요."

그는 고개를 벌떡 젖히고 주위도 아랑곳없이 소리를 내어 웃기 시작했다. 마치 짖어 대는 것 같다 싶어 스칼렛은 이를 갈며 다시 얼굴을 빨갛게 붉혔다.

"왜 진심을 말하지 않습니까." 그는 목소리를 낮추어 말했다. 장신구를 거두는 소란과 흥분 때문에 그녀에게밖에 들리지 않았다. "왜 이렇게 말하지 않죠. 너는 보기도 싫은 악당이다, 신사가 아니야, 썩 나가, 그러지 않으면 용감한 군인을 불러 내쫓을 테다."

쏘아붙일 말이 혀끝까지 나왔지만 그녀는 비장한 인내심으로 참고 말했다.

"어머, 버틀러 선장. 무슨 말씀을 그렇게 하세요. 누구나 당신이 얼마나 유명하고 얼마나 용감하고, 얼마나…… 얼마나……."

"당신에게 실망했습니다." 그는 말했다.

"실망하셨다고요?"

"그렇습니다. 우리가 처음으로 만난 저 기념할 만한 날, 나는 은근히 이렇게 생각했죠. 아름다울 뿐만 아니라 용기도 있는 아가씨를 마침내 만났다고요. 그런데 지금 와서 보니 당신은 다만 아름다울 뿐이군요.”

“제가 비겁하다는 말씀인가요?”

그녀는 깃털을 세운 암탉처럼 신경을 곤두세웠다.

“말하자면 바로 그렇지요. 진심을 말할 용기가 없지 않습니까. 처음에 뵙게 되었을 때 나는 생각했습니다. 이건 백만 명에 하나밖에 없는 아가씨다. 자기 미음이 어떻든 간에 어머니가 한 말을 무엇이든지 그대로 믿고 그대로 행동하는 못난 아가씨들과는 다르다. 얌전한 말만 하고 자기의 온갖 감정·욕망·슬픔을 숨기고 있는 사람과는 다르다고 나는 생각했죠. 오하라 양이야말로 드물게 보는 성격의 소유자라고요. 이 사람은 자기가 원하는 것을 알고 있다. 거침없이 본심을 말한다…… 거침없이 꽃병을 내던진다.”

“어머,” 그녀의 노여움이 마침내 폭발했다. “그렇다면 지금 곧 본심을 말해 드리겠어요. 당신에게 조금이라도 예의라는 것이 있다면 여기 와서 저에게 말을 붙이거나 할 수는 절대로 없었을 거예요. 제가 당신의 얼굴 같은 걸 두 번 다시 보고 싶어하지 않는 것쯤은 당신도 알고 있을 거예요. 당신은 신사가 아니에요. 당신은 단지 얄밉고 배운 것 없는 못된 남자에 불과해요. 당신의 조그만 고물 배가 북군의 봉쇄를 돌파했다고 해서 어슬렁어슬렁 이런 곳에 나타나 용사 여러분이나 대의를 위해 모든 것을 희생하고 있는 부인들을 놀림감으로 삼을 권리가 있다고 생각하신다면…….”

“아, 잠깐…….” 그는 빙글빙글 웃으며 말을 가로막았다. “서두는 제법 잘되어서 본심을 얘기했지만, 내게 대의란 말은 쓰지 말아 주십시오. 나는 대의란 ‘녀석’에게 진절머리를 내고 있습니다. 내기를 해도 좋겠지만, 당신 역시…….”

“어머, 어쩌면 그런…….” 말하다가 그녀는 정신을 차리고 황급히 자기를 억눌렀다. 상대의 함정에 걸려든 자신에게 걷잡을 수 없이 화가 치밀었다.

“나는 아까 문간에 서서 당신이 알 때까지 쭉 지켜보고 있었습니다.” 그는 말했다. “그리고 나서 다른 아가씨들의 얼굴도 보았죠. 다른 아가씨들은 이것도 저것도 다 같은 틀에서 뽑아낸 것 같은 얼굴을 하고 있었지만 당신만은 달랐어요. 당신은 곧 본심을 들여다볼 수 있는 얼굴을 하고 있었죠. 당신은 자기에게 맡겨진 일 같은 것은 생각하지도 않고 있었소. 내기를 해도 좋지만, 나라의 대의나 병원의 일 같은 건 당신의 마음에는 눈꼽만큼도 없었소. 당신 얼굴에는 춤추고 싶고 유쾌하게 놀고 싶지만 자기에게는 그게 허락되지 않는다는 불만이 역력히 나타나 있었소. 그래서 당신은 몹시 화를 내고 있었던 거요. 진심을 말하시오. 내 말이 옳죠?"

"이제 아무것도 말씀드릴 것이 없어요, 버틀러 선장."

그녀는 이미 어지간히 손상된 위엄을 몸에 지니려고 애쓰면서 될 수 있는 한 격식을 차려 말했다.

"그 이유는 당신이 아무리 '위대한 봉쇄 돌파자'라고 뽐내도 부인을 모욕할 권리는 없기 때문이죠."

"위대한 봉쇄 돌파자라고요? 농담이시겠죠. 당신이 나를 암흑 속에 던져넣기 전에 1분만 당신의 귀중한 시간을 쪼개 주십시오. 당신과 같이 아름다운 애국 부인에게 남부동맹에 대한 내 공헌을 오해받는다는 것은 견딜 수 없는 일이니까요."

"당신의 자랑 같은 건 듣고 싶지 않아요."

"봉쇄 돌파는 내겐 장사입니다. 그걸로 돈을 모으고 있으니까요. 이런 일로 돈을 버는 게 싫어지면 언제라도 발을 뺄 작정입니다. 자, 이걸 어떻게 생각하시죠?"

"돈이 목적인 악당이군요……. 북부의 양키와 조금도 다를 게 없어요."

"지당한 말씀." 그는 능글맞게 웃으며 말했다. "뿐만 아니라 북부 양키들도 내게 돈벌이를 해 주고 있죠. 정말입니다. 지난달 나는 내 배를 뉴욕 항구에 들이대고 짐을 싣고 왔으니까요."

"뭐라고요?" 스칼렛은 목소리를 높였다. 저도 모르게 흥미를 느끼고 흥분했던 것이다. "그래서 포격은 당하지 않았어요?"

"참 순진하시군요, 부인은. 포격할 리가 있겠소? 북부연방에도 실속 차리는 애국자가 얼마든지 있거든요. 그들은 태연히 남부동맹에 상품을 팔고 돈벌이를 하고 있죠. 뉴욕에 들어가 양키 장사치로부터 몰래 물자를 사 가지고 달아나는 거죠. 이것이 다소 위험할 경우에는 나소[2]로 갑니다. 나소로 가면 지금 말한

---

[2] 바하마의 뉴 프로비던스섬에 있는 수도.

것과 같은 북부 애국자들이 화약이며 포탄이며 후프 치마 같은 걸 가져다줍니다. 영국에 가는 것보다는 약과니까요. 때로는 찰스턴이나 윌밍턴에 들어가는 게 약간 힘든 일도 있지만……. 그래도 조그만 금화가 얼마나 큰 구실을 하는지 당신도 들으면 아마 놀랄 겁니다."

"양키가 비열하다는 건 알고 있었지만, 어쩌면 그렇게……."

"양키가 북부를 배신하고 정직한 돈을 벌고 있는 걸 뭐 시비할 필요는 없지 않습니까. 그런 건 몇백 년이 지나면 아무런 문제도 되지 않습니다. 요컨대 어느 쪽이나 결과는 마찬가지니까요. 그들은 마지막에 가선 남부가 진다고 생각하고 있으니 그때까지 벌어 두려는 것도 당연하지 않습니까."

"우리가 진다고요?"

"물론이죠."

"부디 저리로 가 주세요……. 아니면 제 쪽에서 밖으로 나가 마차를 타고 집으로 돌아가야 할까요?"

"역시 격렬한 작은 반항아라니까."

그는 또 별안간 빙긋 웃더니 인사를 하고 유유히 가버렸다. 뒤에 남은 그녀는 어쩔 수 없는 노여움과 울화로 가슴이 터질 듯이 뛰었다. 뭔지 모르지만 마음속으로 심한 실망을 느꼈다. 그것은 쌓아올린 환상이 무너지는 것을 보았을 때의 아이들의 실망과 흡사한 것이었다. 뻔뻔스럽게도 그는 수많은 봉쇄 돌파자로부터 온갖 명예를 잡아 벗기고 만 것이다. 대담하게도 남부가 진다고 함부로 공언한 것이다. 그것만으로도 그는 총살감이다. 매국노로 총살되어야 해. 그녀는 회장을 둘러보며 낯익은 얼굴들을 바라보았다. 모두 승리를 확신하는 씩씩하고 헌신적인 표정들이었다. 그걸 보자 그녀는 왠지 모르게 싸늘한 오한을 느꼈다. 진다고? 이 사람들이…… 아냐, 그럴 리가 없어. 질 까닭이 없어! 그런 생각은 할 수도 없어. 남부를 배신하는 생각이야.

"무슨 얘기를 그렇게 하셨어요?"

손님이 가버리고 나자 멜라니는 스칼렛을 향해 돌아서며 물었다.

"메리웨더 부인이 언니를 쭉 주목하고 있는 걸 봤어요. 그 여자는 입이 꽤 시끄러운데."

"그런 남자는 세상에 둘도 없을 인간이야…… 배운 것이라곤 없는 아주 비열한 인간." 스칼렛은 말했다. "메리웨더 아주머니 따윈 자기 멋대로 지껄이라고 해. 그 아주머니 때문에 바보처럼 얌전만 빼고 앉아 있어야 하다니 정말 구역질이 날 지경이야."

"어머, 스칼렛!" 어지간한 멜라니도 감정이 상해 외쳤다.

"쉿, 미드 선생이 얘길 하시려나봐."

스칼렛은 말했다. 박사가 목청을 높였으므로 장내는 다시 조용해졌다. 우선 박사가 귀중한 장신구를 쾌히 헌납한 부인들에 대해 감사의 말을 늘어놓았다.

"그런데 신사 숙녀 여러분, 제가 이제부터 기상천외한 제안을 하겠습니다. 너무 기발하기 때문에 개중에는 충격을 받으실 분이 있을지도 모르겠습니다. 그렇지만 이건 모두 병원을 위해, 또 입원해 있는 우리 용사 여러분을 위해 하는 것임을 특히 기억해 주시기 바랍니다."

사람들은 마른 침을 삼키며 몸을 내밀고 저 존엄한 박사가 우리에게 충격을 줄 만한 제안 같은 걸 할 수 있을까, 과연 어떤 말을 하려는 걸까 하고 갖은 상상을 다했다.

"이제부터 댄스가 시작되겠는데, 제일 첫 순서는 말할 것도 없이 릴, 그것에 이어서 왈츠가 되겠습니다. 그 뒤로 폴카, 쇼티셰, 마주르카로 돼 있는데 어느 것이나 그 전에 짧은 릴이 붙어 있습니다. 릴의 앞장을 서기 위해 우스운 경쟁이 있는 것은 저도 잘 알고 있습니다. 그래서……." 박사는 이마의 땀을 씻고 기묘한 눈짓을 구석 쪽에 던졌다. 거기에는 그의 아내가 시중드는 부인들 사이에 섞여 있었다.

"신사 여러분, 만일 자기가 선택한 부인과 함께 릴의 앞장을 서고 싶으시다면 그 부인을 위해 값을 경쟁해 달라는 것입니다. 제가 경매 집행을 맡되 그 수입은 전부 병원에 기부하겠습니다."

부치고들 있던 부채가 딱 멎으며 흥분한 속삭임이 파문처럼 장내에 퍼졌다. 시중드는 부인들이 있는 구석 쪽에선 큰 소동이 일어났다. 미드 부인은 내심으론 탐탁치 않아 했지만 그래도 남편을 지지하려고 마음을 태우고 있었다. 하지만 형세는 매우 불리하게 돌아갔다. 엘싱 부인, 메리웨더 부인, 화이팅 부인들이 얼굴이 시뻘게져 분개하고 있었던 것이다. 그러나 돌연 향토 방위대 쪽에서 환성이 일어나자 곧이어 다른 군인 초대석에서도 박수가 터졌다. 젊은 아가씨들은 손뼉을 치며 좋아했다.

"어머…… 어쩐지 꼭 노예 경매 같잖아요?" 여태까지 완전무결한 인물로 눈에 비치던 박사가 이렇듯 엉뚱한 제안을 했으므로 어떻게 생각해야 좋을지 모르는 표정으로 박사를 쳐다보며 멜라니가 속삭였다. 스칼렛은 아무 말도 하지는 않지만, 그 눈은 번쩍번쩍 빛나고 가슴은 무엇에 짓눌리는 듯했다. 내가 과부만 아니었다면, 내가 다시 한 번 스칼렛 오하라로 돌아갈 수만 있다면 짙은 초록빛 벨벳 리본을 가슴에 늘이고 파란 사과빛 옷을 걸친 다음 이 검은 머리에 월하향 꽃을 꽂고 무도장에 나가 릴의 제일 앞장을 설 수 있으련만. 틀림없이 앞장을 설 수 있을 텐데! 십 수 명의 남자가 나를 다투어 뺏으려고 아마 꽤 많은 돈을 박사에게 드릴 것이다. 그런데, 아아, 이런 곳에 죽치고 앉아 있어야만 하다니. 마음으로는 싫으면서도 벽의 꽃이 되어, 패니나 메이벨 따위가 애틀랜타의 꽃이 되어 첫 릴을 끊는 걸 보고만 있어야 하다니! 소란 속에서 한결 드높게 땅딸보 좌브 병사의 목소리가 울려 퍼졌다. 프랑스 계통의 사투리로 분명히 그라는 것을 알 수 있었다.

"시……실례지만……메이벨 메리웨더 양에게 20달러."

메이벨은 얼굴을 붉히고 패니의 어깨에 기댔다. 둘은 서로 얼굴을 어깨에 묻고 킬킬대며 웃었다. 한편 다른 목소리가 다른 아가씨의 이름을 부르고, 제각각의 금액을 외쳤다. 미드 박사는 다시 싱글벙글 웃는 얼굴로 돌아가고, 구석에 있는 병원위원회 부인들의 투덜대는 소리 같은 건 다 무시해 버렸다. 처음 한동안 메리웨더 부인은 그런 일을 하면 우리 메이벨은 절대로 참가시키지 않겠다고 단호히 큰 소리로 말했지만, 메이벨의 이름이 가장 자주 불리고 그 금액도 57달러로 올라간 것을 알자 그 항의도 차차 김이 빠져 갔다. 스칼렛은 카운터에 팔꿈치를 괴고 들뜬 웃음소리를 내면서, 많은 사람이 연주대 언저리에 북적대고 있는 것을 타는 듯한 눈초리로 바라보았다. 사람들은 손마다 남부동맹의 지폐를 잔뜩 움켜쥐고 있었다. 모두들 이제부터 춤을 춘다. 하지 않는 것은 그녀와 나이든 부인들뿐이다. 모두들 그녀만 빼놓고 이제부터 재미있는 시간을 보내려 하고 있다. 레트 버틀러가 박사의 바로 밑에 서 있는 것이 보였다. 그녀가 얼굴에 나타나 있는 표정을 숨길 틈도 없이 그가 그걸 보고 말았다. 입 한쪽이 일그러지고 한쪽 눈썹이 찡긋 올라갔다. 그녀는 턱을 쑥 내밀고 외면해 버렸다. 그런데 느닷없이 자기 이름이 불리는 소리가 들렸다. 영락없는 찰스턴 사투리로 다른 이름을 부르는 소리를 누르고 한층 뚜렷하게 울려 퍼졌다.

"찰스 해밀턴 부인에게…… 금화로 1백 50달러!"

그 금액과 그 이름에 놀라 장내는 별안간 조용해졌다. 스칼렛은 놀란 나머지 움직일 수조차 없었다. 턱을 괸 채 꼼짝하지 않고 앉아 있었지만 눈은 놀라움으로 커다랗게 떠졌다. 사람들은 모조리 그녀 쪽을 돌아보았다. 박사가 연주대에서 허리를 숙여 뭔가 레트 버틀러에게 귀띔하고 있는 게 보였다. 아마 저 사람은 상중이라 춤출 수 없다고 하고 있겠지. 레트가 천천히 어깨를 으쓱거리는 것이 보였다.

"다른 부인을 지명해 주시지 않겠습니까." 박사가 물었다.

"안 됩니다." 레트의 목소리는 단호했다. 그리고 그 눈은 태연히 군중을 둘러보았다. "해밀턴 부인입니다."

"안 된다고 말씀드리지 않았습니까." 박사의 목소리는 짜증이 섞여 있었다. "아마, 해밀턴 부인도 승낙하시지 않을 겁니다……."

다음 순간 스칼렛의 귀에 울린 소리는, 처음에는 자기 목소리처럼 생각되지 않았다.

"아뇨, 전 하겠어요!"

그녀는 벌떡 일어났다. 서 있을 수 없을 만큼 가슴이 뛰었다. 다시 한 번 모든 사람의 주목의 대상이 됐다는 전율, 이 장내에서 가장 인기 있는 여자라는 전율, 그리고 무엇보다도 기쁜 것은 다시 춤을 출 수 있다는 기대였다. 가슴이 두근거리고 있었다.

'겁낼 것 없어! 남이 뭐라고 해도 겁낼 것 없어!' 그녀는 마음속으로 뇌까렸다. 미칠 듯한 통쾌함이 온몸에 퍼졌다. 그녀는 고개를 꼿꼿이 쳐들고 구두 뒤축을 캐스터네츠처럼 울리며 검은 비단 부채를 쫙 펴들고 매점에서 뛰어나갔다. 극히 짧은 순간이긴 했지만, 멜라니의 멍해진 얼굴, 시중드는 노부인들의 표정, 심통이 나 있는 아가씨들, 열광적으로 찬성하고 있는 군인들의 모습이 눈에 비쳤다.

이윽고 무도장에 서자 레트 버틀러가 군중을 헤치고 다가왔다. 그 얼굴엔 저 얄미운, 사람을 경멸하는 듯한 냉소가 떠올라 있었다. 그러나 그녀는 마음에 두지 않았다. 설사 그가 적의 대통령 에이브러햄 링컨이었다고 해도 개의치 않았으리라. 다시 춤을 출 수 있는 것이다. 릴의 앞장을 서는 것이다.

그녀가 무릎을 꺾어 나지막이 인사를 하고 눈부실 만큼 화려한 미소를 띠자 그도 주름장식이 있는 가슴에 한손을 대고 인사했다. 깜짝 놀라 멍해 있던 레비 노인은 곧 긴장한 그 자리의 공기를 수습하기 위해 큰 소리로 고함을 질렀다.

"경매 릴의 상대를 골라잡으십시오!"

오케스트라는 릴 곡 가운데 가장 멋진 '딕시'를 신나게 연주하기 시작했다.

"왜 이렇게 저를 남의 눈에 띄게 하셨어요, 버틀러 선장님?"

"그런 말씀을 하시지만, 친애하는 해밀턴 부인, 당신은 그처럼 역력하게 사람 눈에 띄기를 바라고 계시지 않았습니까."

"어떻게 여러분들 앞에서 제 이름을 부를 수 있었죠?"

"싫다면 당신이 거절할 수 있었겠죠."

"하지만…… 나라를 위해서예요……. 전…… 전, 그렇게 많은 금화를 내놓겠다는데 제 일 같은 건 생각할 수 없었거든요. 웃지 마세요. 모두들 보고 있잖아요."

"어차피 모두 보게 마련입니다. 나에게 그 따위 나라를 위해서라는 시시한 말은 집어치우시오. 당신이 춤을 추고 싶어 하기에 나는 기회를 드린 것뿐입니다. 이번만 돌면 릴은 끝나겠지요?"

"네, 그래요. 정말이지, 전 이제 그만두고 또 앉아 있어야겠어요."

"어째서죠? 제가 당신의 발을 밟기라도 했나요?"

"아뇨, 하지만 모두들 저에 대해 이러쿵저러쿵 떠들 테니까요."

"정말 그런 게 마음에 걸립니까, 진심으로?"

"하지만……."

"당신은 죄를 저지르고 있는 게 아니오. 나와 왈츠 좀 추었다고 상관 있습니까?"

"하지만 만일 어머니라도……."

"아직도 어머님의 앞치마끈에 묶여 있습니까?"

"어머, 당신은 미덕은 뭐든 경멸하는 말투군요."

"미덕이란 어리석은 것이오. 당신도 남이 이러쿵저러쿵하는 것에 신경을 쓰는 편입니까?"

"아뇨…… 하지만…… 아, 이제 그 이야기는 그만두세요. 아이 좋아라. 왈츠가 시작됐네. 릴을 추면 저는 언제나 이렇게 숨이 차요."

"내 질문을 피하지 마시오. 정말 다른 여자들이 하는 말에 신경을 쓰십니까?"

"꼭 제 대답을 듣고 싶다면…… 말씀드리죠. 전 그렇지 않아요! 하지만 젊은 여자는 그런 것 신경써야 한다고 하잖아요. 그렇지만 오늘 저녁 전 아무렇지 않아요."

"장하십니다. 이제 겨우 자기 일을 남에게 기대지 않고 스스로 생각할 수 있게 됐군요. 그것이 지혜의 시작이라는 겁니다."

"어머나, 하지만……."

"당신도 나만큼 사람들의 입에 오르내리면 그런 건 아무것도 아니라는 것을 알게 될 겁니다. 생각해 보십시오. 찰스턴에는 나를 환영해 주는 집이 한 집도 없습니다. 정당하고도 신성한 대의를 위해 내가 여러 가지로 공헌하고 있는데도 금지령을 풀어 주지 않는단 말입니다."

"어머, 지독하군요."

"별말씀을요. 명성을 잃어보지 않고는 그것이 얼마나 무거운 짐이었는지 그리고 진정한 자유가 어떤 것인지 도저히 알 수 없습니다."

"듣기 거북한 말씀을 하시는군요."

"듣기 거북할진 모르지만 또 사실이기도 합니다. 충분한 용기, 돈만 있으면 소문이야 어쨌든 언제나 잘 살아갈 수 있습니다."

"돈으로 무엇이나 살 수는 없지요."

"누구한테서 그런 말을 들었습니까. 그런 진부한 말을 당신 스스로 생각했을 리는 절대로 없습니다. 돈으로 뭘 살 수 없죠?"

"그런 건 몰라요…… 하여튼 행복이며 사랑은 살 수 없겠죠?"

"대체적으로 살 수 있습니다. 설혹 살 수 없을 경우에도 정말 멋진 대용품을 살 수 있습니다."

"그럼, 당신은 그렇게 많은 돈을 가지고 계세요, 버틀러 선장님?"

"이건 예의 없는 질문이군요. 해밀턴 부인, 정말 놀랐습니다. 하지만 가지고 있지요. 아주 젊은 시절에 한 푼 없이 쫓겨난 신세치고는 난 매우 부유합니다. 그리고 봉쇄 밀수로 백만 달러 가량은 벌 자신이 있습니다.”

“설마!”

“정말입니다. 대부분의 사람들은 문명을 건설할 때와 마찬가지로, 문명을 파괴할 때도 돈을 벌 수 있다는 걸 모르고 있는 것 같아요.”

“그게 대체 무슨 뜻이죠?”

“당신 집안도 우리 집안도, 또 오늘 밤 여기 모인 모든 사람들도 황야를 개척해 문명을 쌓아올려 돈을 번 것입니다. 그것이 제국의 건설이라는 것이죠. 제국을 건설할 때는 좋은 돈벌이가 있습니다. 그러나 제국이 파괴될 때는 더 좋은 돈벌이가 있습니다.”

“어느 제국을 말씀하시는 거예요?”

“우리가 살고 있는 이 제국, 즉 남부—남부동맹—목화왕국—지금 우리의 발밑에서 무너져 가고 있는 제국말입니다. 그런데 대부분의 바보 같은 녀석들은 그걸 모르고 있죠. 그래서 붕괴로 생기는 정세를 이용하려 하지 않는 겁니다. 난 이 붕괴를 이용해 한밑천 잡았습니다.”

“그럼, 당신은 정말 우리가 진다고 생각하시는군요.”

“그럼요. 모래에 대가리만 쑤셔박고 보이지 않을 것이라고 생각하는 타조의 흉내밖에 더 내고 있습니까?”

“어머, 그런 말씀 하시면 전 정말 싫어요. 당신은 고상한 말은 쓰지 않으세요, 버틀러 선장님?”

“그럼 이렇게 말하면 마음에 드시겠습니까. 당신의 눈은 더할 나위 없이 맑은 초록빛 물이 넘실대는 한 쌍의 금붕어 어항입니다. 지금 나를 보고 계시는 그 눈처럼 물고기들이 위에까지 떠올라 오면 당신은 지독하게 매혹적입니다.”

“어머, 그러시는 거 싫어요……. 음악이 아름답지 않으세요? 아, 저는 이렇게 영원히 왈츠를 추고 싶어요. 전에는 이렇게 좋은 줄 몰랐는데.”

“당신은 제가 지금까지 같이 춘 여성 중에서 가장 아름답게 추십니다.”

“버틀러 선장님, 그렇게 확 껴안으시면 안 돼요. 모두들 보고 있어요.”

“만일 아무도 보지 않는다면 괜찮겠습니까?”

“버틀러 선장님, 자기 자신을 잊고 계시는군요.”

"1분간인들 잊을 리가 있겠습니까. 이렇게 당신을 안고 있으면 자신을 도저히 잊을 수 없습니다. 이게 무슨 곡이죠, 새 곡입니까?"

"네, 멋지죠? 북부한테 뺏은 거예요."

"제목이 뭡니까?"

"'고통스런 싸움이 끝날 때'라는 거예요."

"가사가 뭐죠? 노래해 보세요."

내 사랑 그대여, 기억하나요.
우리 만났던 마지막 그날을.
그대는 내 발 아래 무릎을 꿇고
이 몸을 사랑한다고 속삭였건만.

아, 그대는 잿빛 군복도 늠름하게
내 앞에 서서
절대로 떠나가지 않으리라
조국과 나에게 맹세했건만.

이제 나는 하염없이 눈물지으며
부질없는 탄식에 슬퍼하노라.
고통스런 싸움 언젠가 끝나는 날
또 만날 날을 빌고 비노라.

"그냥 양키의 '푸른 군복'을 남군의 '잿빛'으로 바꾸기만 한 거예요……. 어머, 왈츠를 참 잘 추시네요, 버틀러 선장님. 몸이 큰 남자들은 대개 잘 추지 못하는데. 이 다음 댄스를 또 몇 년 뒤에나 출지 생각하면……."

"몇 분만 있으면 또 추게 됩니다. 요 다음 릴에도 당신을 경매로 차지할 테니까요……. 그리고 그 다음에도 또 그 다음에도."

"어머, 전 안 돼요. 그렇게 하시면 안 돼요. 제 소문이 형편없이 돼요."

"벌써 형편없이 됐습니다. 그러니까 춰도 상관없어요. 당신과 대여섯 번 춘 뒤에는 다른 남자에게 양보해도 상관없지만, 그래도 마지막 한 번만은 제가 또 추겠습니다."

"네, 좋아요. 전 약간 정신이 나간 것 같지만 괜찮아요. 누가 뭐라 해도 상관없어요. 집에만 틀어박혀 있는 데엔 정말 진저리가 났어요. 추고 추고 또 출 거예요."

"그리고 검은 상복도 벗으시셨습니까? 난 상복이 제일 질색입니다."

"이것만은 벗으면 안 돼요……. 버틀러 선장님, 그렇게 꽉 껴안지 마세요. 그렇게 하시면 저 화내겠어요."

"당신은 화내면 멋집니다. 정말 화내는지 어쩌는지 더 죄어 볼까요? 트웰브 오크스 저택의 그날, 당신이 화내면서 뭘 집어던졌을 때 얼마나 매력적이었는지 자신은 아마 모르실 겁니다."

"아, 제발 부탁이에요. 그 일 좀 잊어 주시겠어요?"

"잊을 수 있겠습니까? 그것은 내 가장 소중한 추억 가운데 하나입니다. 우아하게 길러진 남부의 미인이 분통을 터뜨리다, 당신이야말로 진짜 아일랜드의 핏줄을 이어받고 있습니다."

"어머, 음악이 끝났어요. 그리고 피티팻 고모님이 나오셨어요. 틀림없이 메리웨더 부인이 고자질을 했을 거예요. 오, 부탁이에요. 저리로 가서 같이 창밖이라도 내다봐요. 여기서 고모님에게 붙잡히기는 싫어요. 시고모님의 눈이 마치 접시처럼 둥그레져 있어요."

10

다음날 아침 와플 접시를 앞에 놓고 피티팻은 금방이라도 울 것 같은 얼굴을 하고 있었고, 멜라니는 입을 꼭 다물고 있고, 스칼렛은 반항적이 되어 있었다.

"남들이 뭐라고 쑥덕거리건 전 상관없어요. 거기 와 있던 어떤 아가씨보다 병원을 위해 많은 돈을 만들어 주었으니까요. 모두가 팔아댄 구질구질하고 낡아빠진 잡동사니의 매상고 전부보다 많을 만큼."

"오, 얘야, 돈을 얘기하는 게 아냐." 피티팻은 두 손을 쥐어틀면서 벌써 울먹이는 소리였다. "난 내 눈을 믿을 수 없었단다. 가엾은 찰스가 죽은 지 이제 겨우

1년이 아니냐? ……그런데 그 무서운 버틀러 선장이 글쎄, 너를 남들 앞에 구경 거리로 끌어내다니 그 사람은 이만저만한 사람이 아니란다, 스칼렛. 화이팅 부 인의 사촌동생이고, 그 남편인 찰스턴 태생 콜만 부인에게서 들었는데, 그 남 자는 훌륭한 집안의 말썽꾼이래요……. 정말이지, 어떻게 그토록 훌륭한 집안 에서 그런 남자가 나왔는지. 찰스턴에서도 사교계에서는 따돌림을 받고 있고 건달이라는 소문이 있질 않나, 게다가 누구네 딸인가 하고도 말썽을 일으켰대 요. 그건 콜만 부인도 진상을 잘 알지 못할 정도로 수치스런 사건이래."

"저는 그렇게 나쁜 사람이라고는 생각하지 않아요." 멜라니가 조용히 말했다. "그분은 훌륭한 신사인 것 같아요. 그리고 생각 좀 해 보세요. 저 봉쇄를 뚫는 용기만 하더라도……."

"용감한 게 아니에요." 스칼렛은 반 항아리나 되는 시럽을 와플에 부으면서 삐딱하게 말했다. "단순히 돈 때문에 하고 있는 거예요. 자기 입으로도 그렇게 말했어요. 그 사람은 남부동맹 같은 것 아무렇지도 않게 생각해요. 남부는 진 다는 둥 예사로 말할 정도니까. 하지만 춤은 참 잘 춰요."

듣고 있던 두 사람은 기가 막혀 아무 말도 못하였다.

"전 집 안에만 들어앉아 있는 거 이젠 진저리가 났어요. 앞으론 두 번 다시 그렇게는 안 하겠어요. 모두들 어젯밤 일로 이러쿵저러쿵 말들을 한다면 어차 피 제 평판은 엉망이 됐으니 이제 더 무슨 말을 듣든 신경 쓰지 않겠어요."

이러한 사고방식이 사실은 버틀러의 생각이라는 것을 그녀 자신은 깨닫지 못했다. 그녀의 생각과 꼭 맞는 말이었으므로 이렇듯 자연스럽게 나온 것이다.

"원 세상에, 네 어머니가 들으시면 뭐라고 하시겠니, 나를 또 어떻게 생각하 시고."

딸의 처신에 대한 추문을 들었을 때 엘렌의 놀라움을 생각하자 양심의 가책 이 싸늘하게 스칼렛을 엄습했다. 그러나 스칼렛은 애틀랜타에서 타라에 이르 는 25마일의 거리를 생각하고 우선 마음을 놓았다. 피티인들 설마 엘렌에게 편 지로 알리거나 하는 짓은 하지 않겠지. 그렇게 하면 감독자로 시고모의 체면이 형편없이 될 테니까. 피티만 쓸데없이 편지질을 하지 않으면 우선은 안심이라고 생각했다.

"내 생각엔," 피티가 입을 열었다. "이 문제에 대해 헨리에게 편지를 쓰는 게 좋지 않을까 해……. 그런 일 하는 거 난 참 싫지만 그는 우리 집안의 유일한 남자니까. 그에게 부탁해서 버틀러 선장한테 충고를 하시라고 하면…… 정말, 찰스만 살아 있다면…… 인제 넌 절대로 그 남자와 얘기해선 안 된다. 스칼렛.”

멜라니는 그때까지 무릎에 손을 얹고 조용히 앉아 있었다. 그녀의 와플은 접시 위에서 싸늘하게 식었다. 그녀는 일어나 스칼렛 뒤로 돌아가 목에 두 팔을 감았다.

“언니, 흥분하시면 안 되요. 전 알고 있어요. 어젯밤 언니가 한 일은 용기가 필요한, 그리고 모두가 병원을 위한 일이었어요. 만일 언니에 대해서 이러쿵저러쿵하는 사람이 있으면, 모두 제가 맡겠어요……. 피티 고모님, 우시지 마세요. 스칼렛 언니도 괴로웠을 거예요. 아무데도 갈 수 없었으니까요. 언니는 아직 어린 걸요.” 그녀의 손가락은 스칼렛의 검은 머리를 쓰다듬고 있었다. “우리도 가끔 다 함께 파티에 참석하는 게 좋지 않을까 해요. 자기만의 슬픔에 잠겨 집에만 틀어박혀 있는 건 오히려 이기적이라고 생각돼요. 전시는 보통 때와는 다르거든요. 고향에서 멀리 떨어져 밤이 와도 찾아갈 친구 하나 없는 군인들, 그리고 병상에서 겨우 일어날 만큼 회복됐지만 아직 전선에 나가서 못하고 병원에 있는 사람들을 생각하면 우리는 너무 자기중심적인 것 같아요. 어느 집에서나 하고 있는 것처럼 우리집에도 부상병을 세 분쯤 초대해야 한다고 생각해요. 이제부터 매주 일요일 만찬에는 군인들을 초대해요. 자, 스칼렛 언니, 걱정하지 않아도 돼요. 그 사람들도 사정을 이해하면 아무 소리도 못할 거예요. 언니가 찰스를 사랑하고 있었던 것은 우리도 알고 있으니까요.”

스칼렛은 걱정 같은 것은 조금도 하고 있지 않았다. 오히려 머리카락을 만지고 있는 멜라니의 부드러운 손길을 짜증스럽게 여기고 있었을 뿐이었다. 그녀는 머리를 젓고 멜라니의 손을 뿌리치며 ‘아, 당치도 않아!’ 하고 악을 쓰고 싶었다. 향토 방위군이며 의용군이며 병원에서 온 군인들이 그녀를 댄스 파트너로 삼으려고 어젯밤 얼마나 경쟁했는지 그 기억이 아직도 그녀의 가슴에 따뜻하게 남아 있었기 때문이다.

멜라니가 역성드는 건 온 세계의 누구보다도 특히 싫었다. 고맙지만 자기의 변호쯤은 자기가 할 수 있었다. 그 늙다리 고양이 같은 할멈들이 쑥덕거리고 싶다면, 그 따위 늙어빠진 고양이들은 상대하지 않고도 얼마든지 해나갈 수 있다.

할멈들이 말하는 것 따위에 신경쓰기에는 이 세상에 훌륭한 장교들이 너무나 많았다.

멜라니가 달래서 피티팻이 겨우 진정하고 눈물을 닦았을 때 프리시가 두툼한 편지 한 통을 가지고 들어왔다.

"멜라니 아씨, 아씨께 왔어요. 조그만 검둥이 애가 가져왔어요."

"나한테?" 그렇게 말하고 멜라니는 미심쩍은 듯 겉봉을 뜯었다.

스칼렛은 상관하지 않고 와플을 먹고 있었으므로 아무것도 몰랐다. 멜라니가 갑자기 비명을 질러서 놀라 고개를 들자 피티 시고모가 한 손으로 심장을 누르고 있는 것이 보였다.

"애쉴리가 죽었어!" 피티팻이 외치더니 얼굴을 발랑 젖히고 두 손을 축 늘어뜨렸다.

"오, 하느님!" 스칼렛은 피가 얼어붙은 듯한 느낌으로 부르짖었다.

"아니에요, 아니에요!" 멜라니가 외쳤다. "빨리 스칼렛 언니, 고모님께 약을! 자, 정신 차리세요, 고모님. 기분이 어떠세요? 숨을 깊이 들이쉬세요. 아니라니까요. 애쉴리가 죽은 게 아니에요. 놀라게 해드려 정말 죄송해요. 저는 너무나 기뻤기 때문에 그만 울고 말았던 거예요."

그녀는 돌연 움켜쥐고 있던 주먹을 펴고 손 안의 것을 입술에 비벼 대며 "정말 난 기뻐요." 또 울음을 터뜨리고 말았다.

스칼렛은 재빨리 그것을 훔쳐보았다. 그것은 폭이 넓은 금반지였다.

"읽어 보세요." 멜라니는 마루에 떨어진 편지를 가리켰다. "그분은 어쩌면 그렇게 상냥하고 친절하실까!"

어리둥절해진 스칼렛은 편지를 집어들어 기운차게 굵직굵직한 글씨로 쓰인 편지를 읽었다.

'남부동맹은 남성의 피를 요구하고는 있습니다만, 아직 여성의 심장의 피까지 요구하고 있지는 않습니다. 친애하는 부인이시여, 당신의 갸륵한 행위에 대한 존경의 표시로 이걸 받아 주시오. 이 반지는 10배의 가격으로 병원에서 다시 산 것이오니 이걸로 당신의 희생이 무의미해졌다고는 생각지 말아 주십시오. 선장 레트 버틀러.'

멜라니는 그 반지를 끼고 애정어린 눈으로 바라보고 있었다.

"그분은 신사라고 제가 말했잖아요?" 그녀가 피티팻 쪽을 바라보며 말했다. 눈물어린 얼굴이 활짝 웃고 있었다. "교양 있고 동정심이 지극한 신사가 아니면, 이 반지를 병원에 기부한 일이 내 가슴을 얼마나 아프게 했는지 알지 못해요. 난 이것 대신 금사슬을 병원에 가져다주겠어요. 피티 고모님, 그분에게 감사 인사를 하고 싶은데요, 편지를 보내 일요일 만찬에 초대해 주시지 않겠어요?"

흥분해 있었으므로 두 사람 다 버틀러 선상이 스칼렛의 반지도 함께 돌려보내지 않은 것에는 미처 생각이 미치지 못했다. 그러나 스칼렛은 곧 그걸 깨닫고 화를 냈다. 그녀는 그가 이같이 친절을 가장한 일을 한 것은 그의 교양 때문이 아니라는 것을 알고 있었다. 그건 그가 피티팻 댁을 방문하고 싶어서, 또 어떻게 하면 초대장을 손에 넣을 수가 있는지 알고 꾸민 일인 것이다.

'나는 최근 네 행동을 전해 듣고 몹시 걱정스럽다.'

식탁에서 어머니 엘렌의 편지를 읽기 시작한 스칼렛은 여기까지 이르자 얼굴을 찌푸렸다. 나쁜 소문이란 어쩌면 이렇게도 빨리 퍼지는 것일까. 애틀랜타 사람들이 남부 주의 어느 고장 사람들보다도 소문을 좋아하고 남을 간섭하고 싶어 한다는 것은 자주 들어왔지만, 이제야 믿게 되었다. 바자가 있었던 것이 월요일 밤이고 오늘이 겨우 토요일인데, 대체 그 할멈들 가운데 누가 일부러 엘렌에게 편지를 띄웠을까? 잠깐 피티팻을 의심해 보았지만 그것은 곧 부정했다. 소심한 피티팻은 스칼렛의 조심성을 잃은 행동 때문에 비난받지 않을까 걱정하느라 3호 사이즈 구두 속에서 발을 달달 떨고 있을 정도니까 감독자로서의 자기 잘못을 엘렌에게 알릴 까닭이 없었다. 아마 틀림없이 메리웨더 부인의 짓일 거야.

'네가 그렇게도 자기 자신을 잊고 교양을 잃으리라고는 이 엄마는 믿어지지 않는다. 상중의 몸으로 남들 앞에 나간 잘못만은 그런대로 병원의 일을 돕겠다는 따뜻한 마음에서 나온 걸로 치고 아무 말도 하지 않겠다. 그러나 댄스라면, 더구나 버틀러 선장 같은 남자와 춤을 추었다는 것은 정말 말이 되지 않는 짓이다. 그에 대해선 엄마도 여러 가지로 듣고 있다. (누군들 안 들어 봤겠니?) 바로 지난주에도 폴린이, 그는 평판이 나쁜 사나이라서 가슴 아파하는 그의 어머니를 제외하고는 찰스턴에 있는 자기 집에도 들락거릴 수 없는 사람이라고 써 왔다. 그는 근본적으로 대단히 나쁜 사람이므로 너의 젊음과 순진함을 이용하여 너를 소문거리로 만들고, 나아가서 우리 집안의 명예를 더럽히려고 일부러 그런 짓을 한 것이다. 피티팻 부인은 또 어째서 네 감독인으로서의 의무를 게을리하셨을까?'

스칼렛은 테이블 너머로 살며시 고모를 바라보았다. 이 노부인은 엘렌의 필적을 알고 있었기에 꾸지람받는 것을 겁내며 꾸지람을 받으면 곧 울어버려 그것을 모면하려 마음먹은 어린애처럼 그 살찐 조그만 입술을 불안한듯 오므리고 있었다.

'이제까지 받은 교육을 그렇게 빨리 잊을 수 있을까 생각하니 엄마의 마음은 미어지는 것만 같다. 너를 곧 불러올까도 생각했지만 그건 네 아버지의 의견에 맡기기로 했다. 아버지는 버틀러 선장도 만나보시고, 너를 데리고 돌아오기 위해 금요일에 애틀랜타에 가시기로 했다. 나도 잘 부탁해 두었지만, 아버지가 네게 너무 엄하게 하시지 않을까, 그게 걱정이다. 이번과 같은 지나친 행동은 단지 철없는 실수에 불과한 것이기를 엄마는 빌고 있다. 엄마도 남부동맹에 대한 봉사와 열의에 있어서는 누구에게도 지지 않고 그래서 딸들이 같은 심정이 되어 주기를 바라고는 있지만, 명예를 더럽혀서까지……'

똑같은 의미의 말이 좀더 여러 가지로 씌어 있긴 했지만, 스칼렛은 마지막까지 읽어 나갈 수가 없었다. 이번만은 그녀도 진심으로 겁이 났다. 될 대로 되라는 용기도 반항심도 일어나지 않았다. 열 살쯤 되었을 무렵 식탁에서 수엘렌에게 버터 바른 비스킷을 던졌을 때 느낀 것과 같은 죄책감을, 그 시절의 마음으로 돌아가 뼈저리게 느꼈다. 다정한 어머니가 이토록 몹시 꾸짖고, 아버지가 버틀러 선장에게 따지기 위해 일부러 온다는 것을 생각하자 사건의 중대성이 뼈저리게 가슴에 울려 왔다. 이번만은 아버지의 무릎에 안겨 응석을 부리거나 토라지거나 해도 벌을 피할 수 없는 때라는 것을 깨달았다.

"나쁜 소식은 아니냐?" 피티팻이 떨리는 목소리로 물었다.

"아버지가 내일 이리 오신다나 봐요. 풍뎅이를 본 오리처럼 저를 잡으시려고요." 스칼렛은 서글프게 대답했다.

"프리시, 내 약을 찾아 놔라" 하고 피티팻은 허둥지둥 음식을 먹다 만 식탁의 의자를 뒤로 밀었다. "난, 난, 정신을 잃을 것 같구나."

"마님, 치마 주머니에 있습니다요."

가슴 뛰게 하는 연극이 재미있어 스칼렛의 뒤에서 우물거리고 있던 프리시가 황급히 대답했다. 그것이 자기의 곱슬곱슬한 머리 위에 떨어지지 않는 한 피티팻 마님의 화내는 모습은 언제나 가슴을 두근거리게 하는 재미있는 구경거리였다. 피티는 치마를 뒤적거려 약병을 꺼내 코끝으로 가져갔다.

"모두 제 옆에만 계셔서 삼시라도 아버지하고 단둘이 있게 하지 말아 주세요." 스칼렛은 소리쳤다. "아버지는 두 분을 모두 좋아하시니까, 두 분이 같이 있어만 주시면 그다지 야단은 안 치실 거예요."

"난 그럴 수 없어." 피티팻은 일어나면서 가냘픈 목소리로 말했다. "난…… 난, 어지러워서 누워야 되겠다. 내일도 온종일 누워 있을 테니 아버님께서는 네가 잘 말씀드려라."

스칼렛은 시고모를 쏘아보면서 마음속으로 '겁쟁이!' 하고 외쳤다.

멜라니는 저돌적인 제럴드 씨와 마주 대할 것을 생각하자 공포로 얼굴이 새파래졌으나 그래도 스칼렛을 도우려고 용기를 냈다.

"난, 그건 언니가 병원을 위해 한 일이라고 아버님께 말씀드리겠어요. 언니 아버님께서도 틀림없이 이해해 주실 거예요."

"아니야, 이해해 주시지 않을 거야." 스칼렛은 말했다. "아, 난 어머니의 말씀대로 누명을 쓴 채 타라로 끌려가느니 차라리 죽어 버릴 테야!"

"돌려보내다니 안 될 말이다." 피티팻은 와락 울음을 터뜨리며 외쳤다. "네가 집에 돌아가고 나면, 난 싫어도 헨리 오빠를 이곳에 모셔와서 같이 살아야만 되는데, 내가 오빠하고 함께 살 수 없는 건 너도 알고 있지 않니. 거리에 수상한 사람들이 잔뜩 들어와 있는데, 멜라니와 나 둘이선 밤 같은 때 무서워서 안 돼요. 넌 용감하지만, 난 남자 없이는 여기 있을 수 없단 말이다!"

"어머나, 아무리 아버님이시라도 언니를 타라로 데리고 가실 수는 없어요." 멜라니도 금방 울음을 터뜨릴 듯한 얼굴이 되었다. "여기가 언니 집이 아닌가요? 언니가 안 계시면 우리가 어떻게 지내요."

'내가 너를 어떻게 생각하는지 안다면 너는 내가 가는 걸 무척 좋아할 텐데.' 스칼렛은 심술궂게 생각했다. 그리고 멜라니가 아니라 누군가 다른 사람이 자기를 도와 제럴드의 노여움을 모면하게 해 주었으면 하고 생각했다. 이렇듯 못

견디게 싫은 사람에게 역성들도록 한다는 것은 생각만 해도 불쾌했다.

"어쨌든 버틀러 선장에게 보낸 초대장은 취소해야겠다." 피티팻이 말했다.

"아뇨, 그건 안 돼요! 그런 실례가 어딨어요!" 멜라니는 괴로운 듯이 외쳤다.

"침대로 갈 테니까, 좀 부축해 다오. 병이 날 것 같구나." 피티팻은 앓는 소리를 냈다. "아, 스칼렛, 넌 어쩌자고 나를 이 지경으로 만들었니."

이튿날 오후 제럴드가 도착하였을 때 피티팻은 아파 누워 있었다. 닫아 놓은 문 뒤에서 몇 마디 사과의 말을 늘어놓고는 잔뜩 겁에 질린 두 소녀에게 저녁 식사 시중을 떠맡기고 말았다. 제럴드는 스칼렛에게 키스하고 다정하게 멜라니의 볼을 꼬집으며 "멜라니 아씨" 하고 가족이라도 부르는 듯한 투로 불렀지만, 정작 중요한 문제에 대해서는 아무 말도 꺼내지 않았다. 스칼렛은 오히려 아버지가 고함을 지르고 야단을 쳐 주는 편이 훨씬 좋을 것 같았다. 약속대로 멜라니는 옷자락소리를 내는 스칼렛의 작은 그림자라도 된 듯 쉴 새 없이 스칼렛의 뒤를 따라다녔다. 제럴드는 신사 체면에 멜라니의 앞에서 딸을 나무랄 수 없었다. 시치미를 뗀 얼굴로 능숙하게 일을 처리해 나가는 멜라니의 솜씨에는 스칼렛도 감탄하지 않을 수 없었다. 그리고 멜라니는 저녁식사 시중을 들자마자 교묘히 제럴드를 대화 속으로 끌어들였다.

"저, 거기 소식을 좀 듣고 싶은데요." 그녀는 제럴드에게 미소지었다. "인디어도 하니도 편지쓰기를 아주 싫어해서요. 아저씨께 여쭤 보면 뭐든지 알고 계실 테니 이야기해 주시겠지요. 조 폰테인 댁 결혼식에 대해 말씀 좀 해주시지 않겠어요?"

제럴드는 이 칭찬의 말에 흐뭇해져서 이야기를 시작했다. 그리고 조가 이삼 일밖에 휴가를 얻지 못했으므로 결혼식은 너희들 때와 달라서 아주 검소했지만, 먼로 댁 막내딸 샐리는 퍽 예뻤었다는 얘기를 하고, 마지막으로 입고 있던 옷은 어떤 것이었는지 생각나지 않지만 소문에 의하면 그 아가씨는 '결혼 이틀째의 옷'을 갖고 있지 않았다더라고 덧붙였다.

"없다니! 그럴 수가 있어요?" 그녀들은 분개하여 외쳤다.

"그런데 그게 사실이야. 아무튼 그 아가씨에게는 '결혼 이튿날' 같은 게 없었으니까." 그는 유쾌한 듯 큰 소리로 웃었다. 그리고 웃고 나서 이건 여성의 귀에 들려 주어선 안 될 말이었는지도 모른다고 문득 생각했다. 그 웃음소리에 마음을 놓은 스칼렛은 마음속으로 멜라니의 수완에 탄복했다.

"조는 그 다음날 버지니아 전선으로 가 버린 거야." 제럴드는 급히 덧붙였다. "그래서 결혼식 후의 방문도, 무도회도 없었어. 그건 그렇고, 탈레턴 댁 쌍둥이 형제가 집에 돌아왔더라."

"그 얘긴 들었어요. 부상당한 건 좀 나았나요?"

"그렇게 심하게 다치진 않았어. 스튜어트는 무릎을 다쳤고 브랜트는 어깨에 관통상을 입었어. 너희 그 두 사람이 무공이 뛰어나서 군 공보에 특별히 실린 것도 아니?"

"아뇨! 말씀해 주세요!"

"겁없는 녀석들이지, 둘 다 말이야. 틀림없이 아일랜드 사람의 피가 섞여 있을 거야." 제럴드는 흐뭇한 듯 말했다. "둘 다 얼마나 용감한 일을 했는지 난 잊어 버렸지만, 브랜트는 지금 중위란다."

스칼렛은 그들의 무용담을 듣는 것이 기뻤다. 한때 두 사람을 차지했었던 사람으로서의 기쁨이었다. 한 번 자기 애인이었던 사람은 언제까지나 자기 소유라고 믿었으므로 그 남자들의 훌륭한 행위는 바로 곧 그녀 자신의 명예라고 느껴진 것이다.

"그리고 너희 두 사람과 관계 있는 뉴스가 있다." 제럴드는 말했다. "스튜어트가 트웰브 오크스 댁 아가씨의 비위를 맞추려고 또 매일같이 다니기 시작했다더라."

"하니요? 아니면 인디어? 상대가 누구예요?" 멜라니는 열심히 물었다. 스칼렛은 화난 얼굴로 그걸 노려보았다.

"아마 인디어라나 봐. 우리집 이 말괄량이가 끼어들 때까지는 스튜어트는 그 아가씨 것이었으니까."

"어머" 하고 멜라니는 제럴드의 노골적인 투에 약간 당황했다.

"그뿐만이 아니야. 브랜트란 녀석이 요즈음엔 타라에 와서 붙어 산다."

스칼렛은 말이 나오지 않았다. 옛 애인의 변심이 모욕으로 느껴졌기 때문이다. 특히 그녀가 찰스하고 결혼한다는 이야기를 했을 때 두 쌍둥이가 얼마나 난폭하게 나왔던가 생각이 났다. 스튜어트는 찰스를, 스칼렛을, 그 자신을, 아니 세 사람 전부를 쏘아 죽이겠다고까지 말하며 위협했던 것이다. 사실 그렇게 숨막히는 장면은 처음이었다.

"수엘렌에게요?" 멜라니는 얼굴을 활짝 펴고 웃으며 물었다. "전 수엘렌은 케네디 씨만 생각하고 있는 줄 알았는데요."

"음, 케네디?" 제럴드는 말했다. "프랭크 케네디도 여전히 자기 그림자에 겁먹은 듯한 꼬락서니로 몰래 찾아오지. 그 사내가 계속 아무 말도 꺼내지 않고 우물쭈물하고 있으면 머지않아 내 쪽에서 무슨 목적으로 우리집에 오는 거냐고 물어 볼 셈이야. 그런데 아냐, 브랜트의 목적은 우리 집 꼬맹이야."

"캐린 말인가요?"

"하지만 그 애는 아직 어린애가 아닌가요?" 겨우 입을 열 힘이 생긴 스칼렛이 날카롭게 물었다.

"그렇지만 네가 결혼한 나이보다 겨우 한 살 어리다." 제럴드는 핀잔을 주었다. "옛날 애인을 동생에게 주는 것이 아깝니?"

이런 노골적인 말에 익숙지 않은 멜라니는 얼굴을 붉히고 고구마파이를 가져오라고 피터 영감에게 신호를 보냈다. 그리고 이런 생활 주변의 화제가 아닌, 또 제럴드에게 이 여행의 목적을 잊게 할 화제는 없을까 열심히 이것저것 궁리해 보았다. 그러나 별로 이렇다 할 화제가 떠오르지 않았다. 더구나 제럴드는 한번 이야기에 불을 붙였을 때 듣는 사람만 있으면 더 이상의 자극이 필요치 않았다. 그는 매달 요구액을 높여 가는 병참부의 도둑 같은 방법이며, 제퍼슨 데이비스 대통령의 못된 우둔함이며, 상금에 유혹되어 북부의 군대로 들어간 아일랜드인의 비열함 따위에 대해 혼자서 열올렸다.

포도주가 식탁에 나왔을 때 두 여자는 그를 남겨 두고 일어났다. 제럴드는 찡그린 눈썹 아래로 자기 딸에게 험악한 눈짓을 하고, 잠깐 너만 이곳에 남아라 하고 명령했다. 스칼렛은 절망의 눈초리를 멜라니에게 던졌다. 하지만 멜라니는 어쩔 도리가 없어 손수건을 쥐어짜며 망설이더니 이윽고 조용히 미닫이문을 닫고 나가 버렸다.

"대체 어떻게 된 거냐, 너는?" 유리잔에 포도주를 따르며 제럴드는 고함치기 시작했다. "행실이 참 좋더구나! 과부가 된 지 얼마나 된다고 벌써 다음 사내 생각이 났단 말이냐?"

"그렇게 큰 소리 내지 마세요, 아버지. 하인들이……."

"하인들도 벌써 환히 알고 있어. 우리집 망신을 누구나 알고 있단 말이다. 가엾게도 네 어머니는 속상해 하다 몸져 누웠다. 난 나대로 남의 얼굴을 볼 낯이 없고. 정말 창피한 노릇이다. 아냐, 소용 없어. 아무리 그런 눈물로 날 속이려고 해 봤자 이번만은 어림도 없단 말이다."

스칼렛의 속눈썹이 깜박이기 시작하고 한쪽 입가가 일그러지는 것을 보자 제럴드의 목소리는 갑자기 낭황한 빛을 띠었다.

"난 너를 알고 있어. 너는 남편이 죽는 날 밤에도 사내놈과 시시덕거릴 여자야. 울지 마라. 오늘 밤은 인제 더 이상 말하지 않을 테니. 나는 이제부터 내 딸의 명예를 형편없이 만들어 준 버틀러인지 뭔지 하는 그 위대한 선장을 만나고 올 테다. 어차피 내일 아침…… 자, 그만 울어라. 울어 봤자 소용없으니까. 내 결심은 흔들리지 않는다. 더 이상 소문이 나빠지기 전에 내일은 너를 타라로 데리고 돌아가겠다. 자, 그만 울라니까. 울지 말고, 내가 갖고 온 선물이나 봐라! 예쁘지 않니? 봐라, 이걸! 어째서 너는 나에게 이런 고생을 시키는지 모르겠다. 바빠 죽겠는데, 쓸데없이 이런 곳까지 끌어내고 말이야. 울지 말라는데도!"

멜라니도 피티팻도 벌써 오래전에 잠들어 있었다. 하지만 스칼렛은 무더운 어둠 속에 눈을 뜬 채 누워 있었다. 마음은 무겁고 가슴은 불안에 떨렸다. 인생이 다시 시작되려는 참인데, 애틀랜타를 떠나 집에 돌아가 엘렌과 얼굴을 마주 대해야 하다니! 어머니와 얼굴을 마주하느니 차라리 당장 죽는 편이 낫다. 그녀는 지금 당장 죽어 버리고 싶다고 생각했다. 그러면 모두들 틀림없이 심하게 군 것을 뉘우칠 것이다. 뜨거워진 베개 위에서 이리저리 몸을 뒤척이려니 조용한 밤거리 아득한 곳에서 무슨 소리가 들려왔다.

멀어서 확실하지는 않았지만 이상하게도 친근한 소리였다. 그녀는 침대에서 빠져나와 창가로 가보았다. 길은 수목이 우거져 있고, 희뿌연 별빛 아래 조용하고 캄캄했다. 그 소리는 차차 가까워졌다. 수레바퀴의 울림, 말발굽 소리, 그리고 사람의 목소리. 아일랜드 사투리와 위스키로 탁해진 목소리로 '페그는 무개마차로 간다'를 노래하는 소리를 듣자 그녀는 픽 웃었다. 여기는 재판이 있는 날의 존즈버러는 아니지만, 술이 취해서 돌아오는 제럴드의 상태는 그날과 똑같지 않은가.

마차의 검은 그림자가 집 앞에서 멎었다. 마차에서 내리는 사람 그림자가 어렴풋이 보였다. 누군가 동행이라도 있는 모양인지 두 그림자가 문 앞에서 걸음을 멈추었다. 빗장을 벗기는 소리가 났다. 그리고 제럴드의 목소리가 똑똑히 들려왔다.

"자, 그럼 로버트 에메트를 애도하는 노래를 들려드리겠소. 이건 아마 당신도 배워 두는 게 좋을 거요. 내가 가르쳐 드리리다."

"배우고 싶긴 합니다만," 의젓하고 나른한 듯한 그 목소리는 웃음을 참고 있는 것 같았다. "다음 기회에 부탁드리겠습니다, 오하라 씨."

'어머, 그 얄미운 버틀러 아냐!' 이런 생각이 들자 스칼렛은 울컥 화가 치밀었다. 그러나 곧 마음을 돌이켰다. 어쨌든 권총을 서로 쏘아 대지는 않은 모양이다. 그뿐인가, 이런 시각에 이렇듯 함께 나타난 것을 보니 의외로 친해지고 말았는지 모른다.

"노래 부를 테니 당신은 들어요. 듣지 않겠다고 하면 당신은 오렌지당이니까 쏴 버릴 테다."

" 오렌지당이 아니라…… 찰스턴 사람이죠."

"마찬가지야. 아냐, 더욱 나빠. 찰스턴에는 내 처형이 두 사람 있어서 난 다 알고 있어."

'아버지는 이웃 사람을 모두 깨워 놓고 말 셈인가?' 그렇게 생각하자 자기도 모르게 깜짝 놀라 스칼렛은 잠옷 위에 걸치는 실내복을 입었다. 그러나 그녀가 어떻게 할 수 있을 것인가? 설마하니 이런 밤중에 아래층까지 내려가 거리에서 아버지를 안으로 부축해 들일 수도 없었다.

문에 기대 서 있던 제럴드는 이번엔 아무런 말도 없이 별안간 머리를 흔들어 대며, 짖는 듯한 베이스로 '애도가'를 흥얼거리기 시작했다. 스칼렛은 창문가에 팔꿈치를 괴고 듣고 있었는데, 그만 자기도 모르게 웃음이 터질 뻔했다. 아버지가 엉망진창으로 노래하지만 않았다면 아름다운 노래였고, 그녀도 이 노래가 무척 좋았다. 잠깐 그녀는 그 첫머리 가사의 구슬픈 애수에 잠겼다.

　젊은 영웅 잠든 땅
　아득히 두고 온 그녀

시름하는 몸인 줄 알지 못하고
연인들 모여드네.

노래는 그치지 않았다. 피티팻과 멜라니의 방 쪽에서 소리가 들려 왔다. 가엾게도 그녀들은 아마 깜짝 놀랐으리라. 두 사람 모두 제럴드 같은 야성적인 사람에게는 익숙하지 못한 것이다. 노래가 그치자 두 사람의 그림자는 하나가 되어 보도를 걸어와 층계를 올랐다. 이윽고 문간 있는 곳에서 조심스런 노크 소리가 들렸다.

'내가 내려갈 수밖에 없군.' 스칼렛은 결심했다. '어쨌든 나의 아버지시고, 마음 약한 피티 고모님은 나갈 생각만 해도 돌아가실 거고…….' 그리고 그녀는 하인들에게 제럴드의 이런 취한 모습을 보이고 싶지 않았다. 설사 피터 영감이 아버지를 침대로 데려가려고 한다 해도 당할 턱이 없었다. 이런 경우의 취급법을 알고 있는 것은 포크 말고는 아무도 없었다.

그녀는 실내복을 목 있는 데서 단정히 핀으로 여미고 침대 옆의 초에 불을 붙여 든 다음 현관으로 통하는 어두운 층계를 급히 내려갔다. 촛불을 작은 탁자에 세우고 문의 자물쇠를 열자 흔들리는 불빛 속에 술이 곤드레가 되도록 취한 땅딸막한 아버지와 아버지를 부축하고 서 있는 레트 버틀러의 단정한 모습이 나타났다. '애도가'가 제럴드 자신의 마지막 노래이기라도 했는지 그는 인사불성이 되어 버틀러의 팔에 매달려 있었다. 모자는 어디론가 달아나 버리고 검은 머리가 말털처럼 흩어져 있고, 넥타이는 한쪽 귀 밑으로 뒤틀어졌으며 셔츠의 앞가슴은 술로 얼룩져 있었다.

"당신 아버님이신 줄 아는데요." 버틀러 선장은 말했다. 거무스름한 얼굴에 그의 눈이 재미있어 하고 있었다. 실내복 아래의 그녀의 잠옷 차림을 그는 한눈에 꿰뚫어 본 모양이었다.

"안으로 모셔 주세요." 그녀는 쌀쌀하게 말했다. 자기의 옷이 마음에 걸리고, 이 남자에게 자기를 조롱감으로 만든 아버지에게 격한 분노를 느꼈다. 버틀러는 제럴드를 부축해 밀었다. "2층에 모시려면 제가 도와드릴까요? 부축해 드리기엔 당신에게 무리일 겁니다."

그의 무례한 제의에 놀라 그녀는 입을 딱 벌렸다. 생각 좀 해 보라. 버틀러 선장을 2층에 오르게 하면 침대 속에 웅크리고 있는 피티팻과 멜라니가 어떻게 생각할 것인가?

"무슨 말씀을 하시는 거예요. 여기면 충분해요. 응접실 세티 위에……."

"세티라고 말씀하셨습니까?"

"말씀을 삼가해 주시면 감사하겠어요. 여기면 돼요. 자, 여기에 뉘여 주세요."

"구두를 벗겨 드릴까요?"

"괜찮아요, 곧잘 구두를 신은 채 주무시니까요."

제럴드의 다리를 반듯하게 놔 주면서 버틀러는 빙긋 웃었다. 그녀는 말이 그만 빗나간 것이 후회되어 혀를 깨물고 싶은 심정이었다.

"그럼, 이제 돌아가세요."

그는 어두컴컴한 현관으로 나가자 문간에 떨어져 있는 모자를 집어들었다.

"일요일 만찬 때 또 뵙겠습니다." 말을 남기고, 그는 소리가 나지 않게 문을 조용히 닫으며 나갔다.

다음날 아침 스칼렛은 5시 반쯤 일어나, 뒤꼍 쪽에 살고 있는 하인들이 아침 준비를 하러 오기 전에 발소리를 죽여 조용한 아래층 응접실로 내려갔다. 제럴드는 잠이 깨어 긴 의자 위에 앉아 있었다. 마치 쥐어 터뜨릴 듯이 두 손으로 머리를 꽉 누르고 있었다. 그는 그녀가 들어온 것을 살그머니 올려다보았다. 눈을 움직이는 것도 견딜 수 없이 아픈 나머지 괴로운 신음만 냈다.

"아니, 벌써 아침인가!"

"정말 훌륭하신 태도시더군요, 아버지." 노기를 띤 낮은 목소리로 스칼렛은 시작했다. "그런 한밤중에 집에 돌아오셔서 큰 소리로 노래해서 이웃 사람들을 죄다 깨워 놓고 말이에요."

"내가 노래를 했나?"

"노래를 했나가 다 뭐예요! 온 동네가 쩌렁쩌렁 울리는 소리로 '애도가'를 부르시고선!"

"난 아무 기억도 안 난다."

"하지만 이웃 사람들은 평생 기억할 거예요. 그리고 피터 시고모님도, 멜라니도."

"아뿔싸!" 두껍게 백태가 낀 혀로 마른 입술을 축이며 제럴드는 신음하였다.

"내기를 시작하고 나서 그 뒤의 일은 하나도 생각이 안 난다."

"내기라고요?"

"그 건달 녀석 버틀러가 포커라면 아무한테도 지지 않는다고 너무 장담하는 바람에……."

"얼마나 잃으셨어요?"

"뭐라고? 내가 잃을 것 같으냐. 한두 잔 늘어가면 나는 끗발이 좋은데."

"지갑을 보세요."

움직이는 것조차 괴로운 듯 얼굴을 찡그리며 제럴드는 윗옷에서 지갑을 꺼내 보았으나 속은 빈털터리였다. 그는 풀이 죽어 당황하며 지갑을 들여다보았다.

"5백 달러." 그는 말했다. "너희 어머니 부탁으로 봉쇄 밀수품을 사갈 돈이었는데, 이제 타라에 돌아갈 여비도 없어졌구나."

화가 잔뜩 나서 빈털터리 지갑을 바라보고 있는 동안 스칼렛의 머릿속에선 차차 한 가지 생각이 정리되었다.

"전 이제 이 거리에서 얼굴을 들고 다닐 수 없게 됐어요. 아버지가 우리 전부에게 망신을 주었어요."

"입 좀 다물어라. 내 머리가 뻐개지려는 걸 모르니?"

"곤드레가 돼 가지고 버틀러 선장 같은 남자하고 함께 돌아오시질 않나, 있는 대로 소릴 질러 안 들은 사람 없이 노래를 부르시질 않나, 돈을 몽땅 털리시질 않나."

"녀석은 카드를 같이 하기엔 신사로서 너무 똑똑하더구나. 그 사내는……."

"어머니가 들으시면 뭐라고 하시겠어요?"

그는 갑자기 불안을 느끼고 얼굴을 들었다.

"너 한 마디라도 고자질해서 어머니를 슬프게 하거나 하진 않겠지?"

스칼렛은 그 말에는 대답하지 않고 묵묵히 입을 다물었다.

"그렇게 착한 어머니가 얼마나 가슴 아파할지 생각해 봐라."

"제가 집안을 더럽혔다고 아버지는 어젯밤 말씀하셨죠. 하지만 저는 군인들을 위해 병원 기금을 모으려고 잠깐 댄스를 했을 뿐이에요. 전 울고 싶어요."

"이제 됐다, 그만해 둬라." 제럴드는 간청하듯이 말했다. "머리가 아파 견딜 수 없다. 정말 뼈개지는 것 같아!"

"그리고 또 말씀하셨죠, 아버지는 제가……."

"자, 됐다! 자, 됐어, 스칼렛. 이 늙은 아버지의 말 같은 건 마음에 둘 것 없다. 아버지는 그런 뜻으로 말한 게 아니다. 아무것도 모르고 그냥 한 말이다! 정말 너는 훌륭하고 착한 딸이야! 그렇고말고!"

"하지만 누명을 뒤집어씌운 채 저를 집으로 데려가실 참이죠?"

"아니다, 난 그런 지는 않을 거야. 그건 그냥 너를 놀리려고 한 소리야. 네 어머니는 그 전부터 내가 낭비를 한다고 걱정하니까, 내가 노름에서 돈을 잃었다고 고자질해서 어머니 속을 태우진 않겠지?"

"하지 않아요." 스칼렛은 정직하게 말했다. "그러지 않을 거예요. 저를 여기에 그냥 두시고, 어머니께 그건 모두 늙은 고양이들의 밑도끝도없는 험담에 지나지 않는다고 말씀해 주신다면."

제럴드는 애절하게 딸을 보았다.

"이건 정말 협박이나 다름없구나."

"그리고 간밤의 일은 추문이나 다름없죠."

"좋아." 아버지는 타협적으로 나왔다. "우리 서로 그런 건 깨끗이 잊기로 하자. 그런데 피티팻처럼 훌륭하고 아름다운 부인댁에는 브랜디 같은 건 없냐? 해장 술 말이다."

스칼렛은 몸을 돌려 발끝으로 가만히 응접실을 지나 브랜디 병을 가지러 식당으로 갔다. 피티팻은 가슴이 몹시 뛰어 기절할 것 같거나, 때로는 기절한 척하고 언제나 그것을 한 잔씩 마시기 때문에 스칼렛과 멜라니는 그것을 '기절주'라고 부르고 있었다. 그녀의 얼굴은 승리감으로 빛나며 아버지에 대한 지나친 태도를 부끄러워하는 기색이 조금도 없었다. 엘렌은 이제 누군가 또 수다스런 사람이 편지를 써 보내도 믿지 않고 안심할 것이고, 그녀는 소원대로 애틀랜타에 눌러 있을 수 있는 것이다. 피티팻은 워낙 마음이 약하니 이제부터는 그녀 마음대로 할 수 있다. 술병이 들어 있는 찬장을 열고, 병과 유리잔을 꺼내 가슴에 안은 채 그녀는 잠깐 서 있었다.

물거품이 이는 피치트리 강변의 피크닉, 스톤 산에서 열리는 바비큐파티, 환영회, 무도회, 오후의 댄스 파티, 마차 드라이브, 일요일 밤 뷔페에서의 만찬회 광경 등이 차례로 떠올랐다. 그녀는 그 세계로 들어가는 것이다. 그리고 모든 것의 중심이 되고, 모여드는 사람들의 중심이 되는 것이다. 병원에서 조금만 친절하게 하면 남자들은 쉽게 사랑에 빠지고 만다. 그녀는 지금 병원 같은 것은 별로 문제삼지 않았다. 남자란 병에 걸렸을 때 같은 때는 정말 쉽게 마음이 흔들리는 것이다. 가만히 흔들기만 하면 농익은 열매가 얼마든지 떨어지는 타라의 복숭아나무처럼 그들은 엉리한 여자 손에 얼마든시 떨어지는 것이다. 그녀는 아버지의 원기를 회복시키는 술을 가지고 돌아가면서 술이 세기로 유명한 제럴드 오하라의 머리가 어젯밤 마시기 경쟁에서 끝내 버텨 내지 못한 것을 하늘에 감사했다. 그리고 문득, 어쩌면 레트 버틀러가 아버지를 함락시키기 위해 뭔가 수를 썼는지도 모른다고 의심했다.

11

그 다음 주 어느 날 오후, 스칼렛은 병원에서 녹초가 되어 화가 잔뜩 난 채 돌아왔다. 녹초가 된 것은 오전 내내 서 있었기 때문이고, 화가 잔뜩 난 것은 침대에 걸터앉아 부상병 팔에 붕대를 감아 주었다고 메리웨더 부인에게서 몹시 야단을 맞았기 때문이다. 피티 고모와 멜라니는 제일 좋은 보닛을 쓰고 웨이드와 프리시를 데리고 현관에 나와 매주 정기적으로 하는 위문 방문에 나가려는 참이었다. 스칼렛은 구실을 붙여 동행을 거절하고 2층 자기 방으로 올라갔다. 마차의 마지막 소리가 멀리 사라지고, 가족들이 아무도 없어 안심이 되자 그녀는 살그머니 멜라니의 방으로 들어가 안으로 문을 잠갔다. 정리가 잘 되어 있고 깔끔한 느낌이 드는 작은 방으로, 방 안은 조용하고 오후 4시의 햇볕이 비쳐들어 약간 더웠다. 마룻바닥은 반들반들 윤이 나고 색이 밝은 헝겊 조각으로 짠 두어 장의 깔개가 있을 뿐 아무것도 깔려 있지 않았다. 둘레의 흰 벽도, 멜라니가 제단으로 꾸민 한구석을 제외하곤 아무 장식도 없었다.

그 한구석에는 남부동맹기를 벽에 늘이고 그 밑에 멜라니의 아버지가 멕시코 전쟁에 가지고 갔던 황금빛 자루 달린 칼이 걸려 있었다. 찰스도 이 칼을 차고 전쟁에 나갔던 것이다. 찰스의 전대와 권총 혁대도 거기에 걸려 있었다. 가죽집에 넣은 권총도 있었다. 칼과 권총 사이에 찰스 자신의 은판 사진이 장식돼 있었다. 잿빛 군복을 입고 몹시 어색하면서도 자랑스러운 듯 커다란 다갈색 눈이 액자에서 번쩍이고 입매는 부드럽게 웃고 있었다.

스칼렛은 사진 쪽은 거들떠보지도 않고 성큼성큼 방을 가로질러 비좁은 침대 옆 책상 위에 놓아진 네모진 자단목 문갑 있는 곳으로 갔다. 그리고 속에서 자줏빛 리본으로 맨, 애쉴리의 필적인 멜라니에게 보낸 편지 묶음을 꺼냈다. 맨 꼭대기에 바로 그날 아침에 온 편지가 있었다. 그녀는 그것을 펴들었다.

처음 이 편지 묶음을 읽기 시작했을 때는 몹시 마음이 떨리고 들킬까 겁이 나서 봉투를 열어 볼 수조차 없을 정도로 손이 떨렸다. 그러나 차차 몇 번 거듭해 훔쳐보는 동안 본디 만사를 까다롭게 생각하지 않는 성격에 염치가 흐릿해져 들키면 어쩌나 하는 공포마저 사라져 버렸다. 이따금 '어머니가 아시면 뭐라고 하실까' 하고 생각하면 약간 마음이 무거웠다. 엘렌이라면, 딸이 이렇듯 수치스런 죄를 짓기보다는 차라리 죽는 편이 낫다고 생각하실 것이다. 처음 한동안은 이것이 스칼렛을 괴롭혔다. 왜냐하면 지금도 그녀는 하나에서 열까지 어머니처럼 되고 싶다고 생각하고 있었기 때문이다. 그러나 편지를 읽고 싶다는 유혹은 너무나 커서 엘렌을 생각하는 마음을 한쪽으로 밀어 버렸다. 요즘에 와선 불쾌한 생각은 교묘히 마음에서 털어 버리게끔 되었다. 그녀는 이렇게 말하는 것을 배웠다. '그런 골치 아픈 생각은 지금 하고 싶지 않아. 내일 하기로 하자.' 이튿날이 되면 대개 전혀 기억하지 못하든가, 또 기억해 내려 해도 하루가 지났으므로 이미 김이 빠져 버려 그다지 마음을 쓰지 않게 되었다.

멜라니는 언제나 인심좋게 애쉴리에게서 온 편지 가운데 일부를 피티 고모와 스칼렛에게 읽어 주었다. 그러나 스칼렛을 괴롭힌 것은 그 읽어 주지 않는 부분이었다. 그 때문에 남몰래 시누이 편지를 읽어 보게 된 것이다. 그녀가 무엇보다도 알고 싶은 것은 애쉴리가 결혼한 뒤 아내를 사랑하게 됐는지, 아내를 사랑하는 척하고 있는 것은 아닌가 하는 점이었다. 다정한 애정 표현으로 아내를 부르고 있을까. 어떤 감정을 어떤 따뜻한 마음을 나타내고 있을까.

그녀는 조심스레 편지의 접힌 곳을 폈다. 애쉴리의 작고 잘 정돈된 글씨가 눈에 들어왔다. '소중한 아내여……' 그것을 읽자 그녀는 휴 하면서 마음을 놓았다. '사랑하는 아내'라든가 '그리운 아내'라고는 부르지 않았기 때문이다. 소중한 아내여, 당신은 편지에 내가 진심을 숨기고 있는 것이 아닌가 그게 걱정이라고 썼소. 그리고 요즘 내가 무엇을 생각하는지, 그것이 알고 싶다고 했소……'

'어머나, 큰일났어!' 스칼렛은 죄책감에 당황하며 생각했다. '진심을 숨긴다고? 그럼 멜라니는 그이의 진심을 읽은 것일까? 아니면 내 마음을 안 것일까? 멜라니는 그와 나 사이를 의심하고 있는 걸까?'

무서움으로 손을 부들부들 떨면서 편지를 가까이 당겼다. 그러나 다음 구절을 읽자 그녀는 마음을 놓았다.

소중헌 이녀여, 만일 내기 뭔기 숨기고 있는 것이 있다면, 그건 나의 정신상의 불안정한 고뇌까지 알려, 내 육체의 안전을 걱정해 주고 있는 당신에게 그 이상의 걱정을 끼치고 싶지 않기 때문이오. 그렇다고 해도 나는 도저히 당신에게 무엇을 숨길 수 없소. 그런 내 성격을 당신은 잘 알고 있을 거요. 걱정하지 마오. 나는 상처 하나 입지 않고 병 하나 걸리지 않았다오. 먹을 것도 충분하고 때로는 침대에 들어가 잠도 자오. 군인으로 그 이상 바랄 것은 없소. 그러나 멜라니, 무거운 생각이 내 마음을 누른다오. 이제부터 그 기분을 전해 주겠소.

여름밤인 요즘, 나는 잠이 안 와 진지가 다 잠든 후에도 오랫동안 앉아있는 때가 있소. 하늘의 별을 바라보며 몇 번이고 자신에게 묻소. "애쉴리 윌크스, 너는 왜 여기 있느냐? 무엇 때문에 싸우고 있느냐?"

명예나 영광을 위해서가 아닌 것은 확실하오. 전쟁은 더러운 일이오. 그리고 나는 더러운 일은 싫어하오. 나는 군인이 아니오. 대포 앞에 서 있어도 공허한 명예 같은 건 바랄 마음이 없소. 그런데도 여기 와 싸우고 있소. 더구나 나라는 인간은 하느님이 근면한 시골신사 이상으로 만들려고 하지 않는 인간인데 말이오. 아시겠소, 멜라니? 나팔 소리를 들어도 내 피는 끓지 않고, 북소리를 들어도 나는 뛰어 일어날 기분이 되지 않소. 우리가 지금까지 배신당해 온 것을 나는 너무나 잘 알고 있소. 남부의 한 사람은 북군 열 명에 필적한다고 믿고 남부의 목화가 전 세계를 지배할 거라고 믿는 남부의 오만에 배신당하고, 또 우리가 존경하고 숭배한 사람들이 외치는 '목화왕국, 노예제, 주권, 양키 타도'니 하는 표어와 감언이설과 편견과 증오에 배신당한 것이오.

그래서 나는 담요를 뒤집어쓰고 별을 바라보며 스스로 "너는 무엇 때문에 싸우고 있는가?" 하고 묻고, 주의 권리니 목화니 흑인이니 어릴 때부터 증오해야 한다고 배워 온 양키의 일 같은 것을 생각해 보는 것이오. 그리고 그 어느 것이나 내가 지금 싸우고 있는 이유는 되지 못한다고 깨닫는다오. 그 대신 내 눈에 떠오르는 것은 트웰브 오크스 저택이오. 흰 기둥 복도 너머로 비스듬히 비치는 달빛, 달빛 아래 꽃피는 목련의, 이 세상 것이 아닌 것 같은 정경이 생각나오. 또 아무리 더운 한낮일지라도 덩굴장미가 복도에 시원한 그늘을 드리우던 것을 생각하오. 그리고 내가 어렸을 때와 마찬가지로 거기에서 바느질을 하고 계실 어머님의 모습이 떠오르오. 어두워진 밭에서 집으로 돌아가는 흑인들의 목소리가 들리오. 피로해도 노래하며 저녁밥을 먹으러 발길을 재촉하는 것이오. 시원한 우물 속에 두레박을 내리는 도르래 소리도 들린다오. 아득히 먼 곳 목화밭 너머 강까지 이어지는 길을 바라보고, 저녁 그늘이 드리운 습지에서 안개가 피어오르는 풍경도 눈에 떠오르오. 죽음도 고통도 영예도 전혀 사랑하지 않고, 누구를 미워할 마음조차 없는 내가 이 싸움터에 있는 것도 모두 이런 것들을 위해서요. 아마 이렇게 고향의 집과 땅을 사랑하는 것을 애국심이라고 하나 보오. 그러나 멜라니, 실은 그것들은 더욱더 심각한 것이오. 왜냐하면 멜라니, 내가 지금 늘어놓은 그런 것들은 그것을 위해 내가 생명을 걸 목적물의 상징이며, 내가 사랑하는 하나의 인생에 대한 상징에 불과하기 때문이오. 나는 지나가 버린 날을 위해, 내가 사랑해 마지않던 오래된 생활방식을 위해 싸우고 있는 것이오. 그러나 주사위의 면이 어디로 굴러가든, 결국 내가 사랑하는 그런 것들은 영원히 가버린 것이 아닐까 나는 그것이 두렵소. 이기거나 지거나 우리가 그걸 잃고 말 것은 뻔한 일이기 때문이오.

만일 이 전쟁에 이겨 우리가 꿈꾸는 목화왕국을 실현한대도 역시 우리는 진 것과 다름없소. 왜냐하면 우리가 다른 인간이 되고 옛날 그대로의 조용한 생활방식은 사라지고 말기 때문이오. 세계는 목화를 찾아 우리 문 앞에 밀려들 것이오. 그리고 우리는 마음대로 가격을 받을 것이오. 그러나 그렇게 되면 우리는 북부의 양키와 똑같아지지 않을까. 우리가 지금, 그 상업주의, 물욕, 영리주의를 비웃고 있는 저 양키하고. 그리고 만일 우리가 이 전쟁에 진다면, 아, 멜라니, 만일 진다면!

나는 위험을 두려워하고 있는 게 아니오. 포로가 되는 것도 부상을 당하는 것도 두렵지 않소. 설사 반드시 죽게 된다고 해도 죽음이 무서운 게 아니오. 단지 내가 무서워하는 것은 이 전쟁이 끝난 뒤에도 우리가 두 번 다시 옛날 그대로의 시대로 되돌아갈 수 없다는 바로 그 점이오. 더구나 나는 옛날 그대로의 시대에 사는 인간이오. 살육에 미친 현대의 인간은 아니오, 아무리 노력해도 나는 어떠한 미래에도 적응할 것 같지 않소. 당신 역시 같을 것이라고 생각하오. 당신에게도 나와 똑같은 피가 흐르고 있으니까. 이제부터 앞으로 어떤 세상이 될는지는 모르지만, 그건 지나가 버린 시대처럼 아름답고 유쾌한 것은 결코 아닐 것이오. 나는 누워 옆에 잠들어 있는 젊은 청년들을 바라보며, 저 쌍둥이며 알렉스며 캐이드도 역시 이런 생각을 하고 있을까 궁금하게 여겼소. 그들은 전쟁이 터진 바로 그 순간에 자기들이 위해 싸워야 할 목적이 없어진 것을 알고 있었을까. 전쟁을 시작한 우리의 목적은, 우리가 가지고 있던 생활방식을 지키기 위해서였소. 그런데 그 생활방식은 영원히 사라지고 다시는 돌아오지 않는 것이오. 그러나 그들은 아마 이런 것은 생각하고 있지 않을 것이오. 운이 좋은 거지.

당신에게 청혼을 했을 때 나는 우리의 이런 미래는 예상하지 못했소. 트웰브 오크스에서의 생활이 언제나 평화롭고 단순하게 변함없이 흘러갈 것이라고만 생각했소. 멜라니, 우리는 똑같이 그 정적을 사랑하오. 우리 앞에 책을 읽고 음악을 듣고 사색하며 보낼 평화로운 세월이 미래로 얼마든지 길게 이어져 있을 것이라고 믿고 있었소. 이렇게 되리라고는 생각하지 못했소. 꿈에도 생각하지 못했소. 우리 모두의 머리 위에 이런 것이 닥쳐오리라고는 정말 생각지 못했소. 오랜 생활이 파괴되고 이런 피투성이 살육과 증오가 있을 줄은! 멜라니, 주의 주권도, 노예제도며 목화도, 그만한 희생을 치를 가치는 하나도 없소. 우리에게 지금 일어나고 있는 일, 이제부터 일어날지도 모르는 일에 비길 것은 하나도 없을 것이오. 왜냐하면 만일 양키들이 우리를 때려눕힌다면 믿기 어려울 정도로 무서운 미래가 찾아올 것이기 때문이오. 멜라니, 그런데 적은 우리를 때려눕힐지도 모르오.

이런 건 안 쓰는 편이 좋을 뻔했소. 생각하지도 말 걸 그랬소. 그러나 당신이 내 마음속에 무엇이 있느냐고 물어왔소. 거기에는 패배의 공포가 있는 것이오. 우리의 약혼이 발표된 저 바비큐파티가 있던 날, 악센트로 찰스턴 태생 사람이라는 것을 알 수 있었던 그 버틀러란 사나이가 남부인의 무지를 비평한 일로 하마터면 싸움이 일어날 뻔했음을 당신은 기억하고 있을 것이오. 그 사나이가 남부엔 주조소도 공장도 제재소도 함선도 병기창도 기계제작소도 아주 조금밖에 없다고 지적했으므로 탈레턴 댁 쌍둥이 형제가 화를 내며 쏘아 죽인다고 펄펄 날뛰던 일을 기억하고 있을 것이오. 그 사나이는 북부의 함대가 우리를 엄중히 봉쇄할 수 있으므로 남부는 목화를 실어 낼 수 없을 것이라고 말하던 일이 생각날 것이오. 그는 옳았소. 우리는 독립전쟁 당시의 머스킷 총으로 북부의 신식 라이플과 싸우고 있소. 게다가 머지않아 의료약품의 보급조차 불가능할 정도로 봉쇄가 더욱 조여올 것이오. 우리는 감정으로 지껄여대는 정치가 따위에 귀를 기울이지 말고, 사실을 알고 있는 버틀러 같은 독설가의 말에 진작 귀를 기울여야만 했던 거요. 사실 그의 말은 남부에는 전쟁을 버틸 만한 것이 하나도 없고, 있는 것은 단지 목화와 교만뿐이라는 것이었소. 그러나 지금 우리의 목화는 한 푼어치의 가치도 없게 되었소. 따라서 남부에는 그가 이른 교만밖에는 남아 있지 않소. 그러나 나더러 말하라고 한다면, 그 교만이란 참으로 무모한 것이오. 만일……

그러나 스칼렛은 끝까지 읽지 않고 조심스럽게 편지를 접어 봉투에 다시 넣었다. 그 이상 읽을 흥미가 일지 않았던 것이다. 그리고 패배한다는 말이 너절하게 씌어 있어, 편지의 어조가 왠지 모르게 그녀의 마음을 무겁게 만들었던 것이다. 아무튼 애쉴리의 그 알 수 없는, 재미도 없는 사상을 알고 싶어서 멜라니의 편지를 읽은 것은 아니었다. 그런 일은 지나간 날, 그가 타라의 현관에 앉아 있을 때 진절머리나게 들은 것이다.

그녀가 알고 싶었던 것은 아내에게 그가 얼마나 정열이 담긴 편지를 쓰고 있느냐 하는 것뿐이었다. 지금까지의 편지에는 그 같은 것은 씌어 있지 않았다. 문갑 속의 편지는 지금까지 다 읽어 보았지만, 어느 것을 보아도 오빠가 누이동생에게 써 보낸 것 같은 것들뿐이었다. 다정하고 익살스럽고 너절하게 많은 것이 씌어 있긴 했지만, 애인의 편지는 아니었다. 스칼렛은 지금까지 열렬한 연애편지를 꽤 많이 받아왔으므로 편지를 보면 진정한 정열의 수준까지 식별할 수 있을 정도였다. 그러한 투가 여기에는 없었다. 그래서 언제나 몰래 훔쳐본 다음에는 자랑스러운 만족감에 휩싸였다. 확실히 애쉴리는 계속 자기를 사랑하고 있다고 느껴졌기 때문이다. 그리고 언제나 멜라니는 어째서 애쉴리가 그녀를 친구 이상으로 사랑하지 않는다는 것을 깨닫지 못할까 하고 비웃으며 궁금해 했다. 멜라니는 분명히 남편에게서 온 편지에 아무런 불만도 느끼지 않는 모양이지만, 그 까닭도 다른 남자에게서 연애편지를 받은 경험이 없으므로 애쉴리의 것과 비교해서 생각할 수가 없기 때문이라고 여겼다.

'그이는 이따위 시시한 편지만 써.' 스칼렛은 생각했다. '만일 내 남편이 이따위 헛소리 같은 것을 써 보낸다면 그냥 안 둘 테야. 찰스조차 이보다는 나은 편지를 보냈어.'

그녀는 편지 끝을 뒤져 각각의 날짜를 보고 그 내용을 생각해 봤다. 거기에는 한 군데도 다시 미드가 부모에게 보낸 편지나 또는 저 가엾은 댈러스 맥루어가 혼기를 놓친 동생 페이스 양이나 호프 양에게 써 보낸 것과 같은, 야영이며 돌격의 장면을 아름답게 묘사한 곳은 찾아볼 수 없었다. 미드 댁과 맥루어 댁 사람들은 자랑스럽게 그 편지를 이웃 사람들에게 읽어 주었다. 그러나 멜라니에게는 바느질 모임 같은 자리에서 모두에게 읽어 줄 만한 편지가 한 통도 없다는 것을 스칼렛은 때때로 은근히 부끄럽게 여기고 있었다.

멜라니에게 편지를 쓰고 있을 때의 애쉴리는 전쟁 같은 건 전혀 무시하고 자기들 단둘만의 주위에 시간을 초월하여 마법의 원을 그린 다음, 섬터 요새 사건이 일어난 뒤의 일들을 모조리 거기에서 몰아내려고 애쓰고 있는 것 같았다. 그것은 마치 전쟁 같은 건 아무데도 없다고 믿으려 하는 것만 같았다. 그는 멜라니와 함께 읽은 책에 대해, 둘이서 부른 노래에 대해, 두 사람이 알고 있는 몇 친구에 대해, 그가 유럽여행을 했을 때 들렀던 고장에 대해서만 써 보냈다. 그리고 어느 편지에나 트웰브 오크스의 자기 집에 돌아가고 싶다는 간절한 그리움이 절절히 흐르고 있었다. 그는 사냥에 대해, 싸늘한 가을 밤하늘 아래 조용한 숲길을 달리던 일이며 바비큐파티에 대해, 물고기를 잡던 일, 조용한 달밤의 낡은 저택의 한적한 운치에 대한 것을 몇 장이고 써 보냈다.

그녀는 방금 읽은 편지 속 문구를 생각했다. '이런 때가 올 줄은 생각하지 못했다. 꿈에도 생각 못했다.' 그건 어딘가에 부딪치고 싶지 않으면서도 부딪치지 않을 수 없는 것에 맞닥뜨린 영혼의 고뇌에 찬 부르짖음 같았다. 그것이 무엇인지 그녀는 알 수 없었다. 그가 부상이나 죽음을 겁내고 있는 것이 아니라면, 대관절 무엇을 두려워하고 있는 것일까. 그녀의 분석적이지 못한 머리는 복잡한 사상과 씨름을 했다.

'전쟁이 그이의 마음을 혼란하게 하고, 그이는 자기를 혼란하게 만드는 것을 싫어하고 있다……. 이를테면 내가 그랬어……. 그이는 나를 사랑하고 있으면서 나와 결혼하기를 겁냈다. 왜냐하면 내가 그이의 사고방식이며 생활방식을 뒤흔들어 놓지 않을까 두려웠기 때문이다. 아냐 아냐, 두려웠다고 하는 건 옳지 않아. 애쉴리는 겁쟁이가 아니야. 무공이 뛰어났다고 공보에 이름이 실리고, 상관인 슬론 대령이 멜라니한테 편지를 보내 일부러 돌격지휘를 맡은 그의 용감한 행위를 알려온 것만 봐도 겁쟁이일 리는 없어. 한번 뭔가 하겠다고 결심하면 그이만큼 용감하고 단호하게 해치우는 사람도 없어. 하지만 그이는 외부 세계보다도 자기 생각 속에 틀어박혀 세상에 나오는 것을 싫어하고 있다. 그리고…… 아, 난 모르겠다, 그것이 무엇인지. 이 한 가지만 좀더 일찍 알 수 있었으면 그이는 틀림없이 나와 결혼을 했을 텐데.'

그녀는 순간 편지다발을 가슴에 끌어안고, 애쉴리에 대한 그리움에 젖어 있었다. 그녀가 품고 있는 마음은 처음으로 사랑을 느낀 그날부터 변하지 않았다. 열네 살 소녀였던 그날, 타라의 현관에 섰을 때, 애쉴리가 미소지으며 아침 햇살에 머리를 은빛으로 빛내면서 말을 들이대는 것을 보고 조용히 마음 설레었던 그때의 감정이 지금도 그대로였다. 그녀의 사랑은 자기에게 이해되지 않는 남성, 자기에게는 없으면서도 찬미할 만한 성격을 모조리 갖춘 남성에 대해 소녀들이 품는 저 동경의 마음과 같은 것이었다. 그녀에게 있어 그는 아직 어린 소녀가 꿈꾸는 이상의 기사였다. 그 꿈은 그것을 알아 주기만 하면 그걸로 만족하는 것이었고, 결코 한 번의 키스보다 더한 것을 바라는 것은 아니었다.

편지를 읽고 나면 그가 자기를 사랑하고 있다는 것을 느낄 수가 있었다. 설사 멜라니와 결혼해 있을망정 사실은 자신을 사랑하고 있다는 것을 느낄 수가 있었다. 그리고 그 확증을 잡고 싶은 것이 그녀가 구하고 있는 모든 것이었다. 그녀는 아직 그토록 어리고 그토록 순진했던 것이다. 만일 찰스가 숫기 없이 망설이거나 서먹서먹한 소극적인 태도를 버리고 그녀의 마음속 깊이 흐르고 있는 정열적인 감각을 깨우쳐 놓았다면, 애쉴리에게 품는 그녀의 꿈도 키스쯤으로 만족할 수는 없었으리라. 그러나 찰스와 단둘이 보낸 얼마 안 되는 밤들은 그녀의 감정에 아무것도 불러일으킨 것이 없었고, 그녀를 하나의 여자로 성숙시키지도 못했다. 찰스는 정욕이란 어떤 것인가, 정말 깊고 깊은 것이 무엇인가를 끝내 깨우쳐 주지 못했던 것이다.

그녀에게 있어 정욕이란 단지 이해할 수 없는 남성의 광포함에 복종하는 것이었고, 여성이 알 수 없는 귀찮은 것이었고, 다시 좀더 고통에 찬 출산이라는 필연적인 과정을 향해 가는 길에 불과했다. 그러나 결혼이 그런 것이라고 해도 놀라지 않았다. 어머니 엘렌이 결혼 전에 넌지시 혼인이란 여성이 품위와 의지를 가지고 참아야 하는 그 무엇이라고 귀띔해 주었고, 또 미망인이 된 뒤 다른 나이든 여자들의 쑤군대는 소리를 들어보아도 역시 그것과 다름없었다. 그러므로 스칼렛은 오히려 미망인이 되어 욕정이나 결혼에서 벗어난 것을 기뻐하고 있었던 것이다.

결혼과는 인연이 멀어졌지만 연애는 별개였다. 그녀의 애쉴리에 대한 사랑은 보통의 연애와는 성질이 다른 것으로, 욕정이나 결혼과는 전혀 관계가 없는 뭔가 신성한, 숨막힐 듯 아름다운 것, 오랫동안 단단히 가슴에 간직하고 있는 사이 은밀히 성장한 어떤 종류의 감정이었다.

후유 하고 한숨을 쉬며 편지다발을 리본으로 묶으면서 그녀는 애쉴리의 내부에 있으면서 그녀의 이해를 거부하는 것이 대체 무엇인가 생각했다. 어떡하든 납득이 가는 결론을 얻을 때까지 이것을 생각해 보려고 몇십 번이고 노력을 해보았지만, 그녀의 복잡하지 않은 마음으로는 역시 결론이 얻어지지 않았다. 편지를 살며시 있던 곳에 넣고 뚜껑을 닫았다. 그리고 방금 읽은 편지 끝에 버틀러 선장의 얘기가 씌어 있던 것을 생각하고 눈살을 찌푸렸다. 그 악한이 1년이나 전에 한 말을 애쉴리가 똑똑히 기억하고 있다니 우스운 이야기였다. 버틀러 선장은 아무리 댄스가 능숙해도 악한임에는 틀림없다. 악한이 아니라면 바자 때, 남부동맹에 대해 그렇게까지 지독한 말을 할 리가 없다. 그녀는 방을 가로질러 거울 앞으로 가서 윤기가 흐르는 머리를 자랑스럽게 쓰다듬었다. 기운이 솟았다. 자기의 흰 살결이며 눈초리가 약간 올라간 초록색 눈을 보면 언제나 기운이 나는 것이다. 보조개를 만들기 위해 방긋 웃어 보았다. 그리고 버틀러 선장의 생각을 마음에서 쫓아 버리고 거울에 비친 자신의 모습을 황홀하게 바라보면서 애쉴리가 이 보조개를 얼마나 좋아했던가 생각했다. 남의 남편을 사랑하고, 그 아내에게 보낸 편지를 훔쳐본 것에는 조금도 양심의 가책을 느끼지 않고, 그녀는 자기의 젊음과 매력, 애쉴리의 애정을 다시 한 번 확인한 기쁨에 깊이 잠겨 있었다.

방문의 자물쇠를 열자 그녀는 마음 가볍게 어두침침한 나선계단을 내려갔다. 그러면서 계단 중턱에서 '고통스런 싸움이 끝날 때'라는 노래를 흥얼거리기 시작했다.

12

전쟁은 대부분 승리를 거두며 진행되어 갔지만, 사람들은 이제 한 번만 더 이기면 전쟁이 끝나리라는 말은 하지 않게 되었다. 동시에 북부의 양키가 겁쟁이들이라고도 하지 않게 되었다. 북부 녀석들은 겁쟁이기는커녕 한 번 더 이겨 가지고는 도저히 그들을 항복시킬 수 없다는 것을 지금은 누구나 확실히 알게 되었기 때문이다. 그렇다고는 해도 테네시 주에선 모건 장군과 포레스트 장군에 의해 남부동맹군은 수많은 승리를 거두었고, 다시 두 번째의 불런 전투에서도 승리를 거둔 형편이라 아프리카의 토인이 전승 기념으로 적의 머리가죽을 벗겨가지고 와서 개가를 올리듯 사람들은 북부의 패배를 통쾌히 여겼다. 그러나 이 같은 승리에는 커다란 희생이 따랐다. 애틀랜타의 병원과 가정은 부상병으로 넘치고 검은 상복을 입은 부인의 수가 날로 늘어갔다. 오클랜드 묘지에 단조롭게 늘어선 병사의 무덤은 하루하루 길게 뻗어갔다.

남부동맹의 통화 가치는 폭락하고 그에 반비례하여 식량과 의류의 가격은 폭등했다. 군대의 식량 징발은 한층 심해지고 그 때문에 애틀랜타의 식탁은 날로 빈곤해져 갔다. 흰 밀가루는 귀해서 값이 엄청나게 비쌌으므로 비스킷·롤빵·와플 대신 옥수수빵이 일반적으로 쓰이게 되었다. 푸줏간 진열장에는 쇠고기가 거의 바닥나고 양고기도 좀처럼 볼 수 없게 되었다. 더구나 양고기는 눈알이 나올 만큼 비쌌으므로 부자들의 입밖에는 들어가지 못했다. 그래도 돼지고기만은 닭고기나 야채와 같이 아직 풍부했다.

남부동맹 여러 항구에 대한 북군의 봉쇄는 더욱더 엄중해졌다. 그 때문에 차·커피·견직물·치마 후프·향수·패션잡지·서적 같은 사치품이 귀해지고 값도 비싸졌다. 가장 쌌던 면제품의 값도 다락같이 올라가서, 부인들은 처량한 마음으로 헌옷을 주워 입었다. 몇 년간이나 먼지를 뒤집어쓴 채 팽개쳐졌던 베틀이 다락에서 끌려나오고, 손으로 짠 피륙을 대부분의 집 객실에서 볼 수 있게 되었다. 병사도 시민도 여자도 아이도 흑인도, 너나 할 것 없이 모두가 손으로 짠 옷을 입기 시작했다. 남군의 군복색이었던 잿빛이 사실상 자취를 감추고 손으로 짠 호두빛 직물이 그것을 대신했다.

이미 병원에선 퀴닌·감홍(甘汞 : 염화제일수은)·아편·클로로포름·요오드의 부족으로 애를 먹고 있었다. 리넨과 무명 붕대도 요새 와선 아주 귀중품이 되었으므로 사용 뒤에도 함부로 버리지 못하고 병원에 일을 거들러 온 부인들 모두가 피묻은 세탁물을 광주리에 가득 담아 집으로 가져 가서 빨아 가지고 다시 다른 부상자에게 쓰기 위해 병원으로 가져오는 형편이었다.

그렇지만 미망인이라는 갇힌 생활의 굴레에서 막 벗어난 스칼렛에겐 전쟁은 마음 들뜨는 흥분의 시기, 바로 그것이었다. 의복이나 식량이 조금 모자란 것은 걱정도 되지 않고, 그저 다시 세상에 나온 것만이 마냥 기뻐 견딜 수 없었다.

지나간 1년, 날이면 날마다 아무 변화도 없이 지루했던 때를 생각하면 인생은 믿어지지 않을 만큼 빨리 지나가는 것처럼 생각되었다. 하루하루가 자극적인 모험이었다. 새로운 남자와 만나면, 그들은 으레 방문해도 좋으냐고 애원했고, 그녀가 얼마나 아름다운지 그녀를 위해 싸우는 것이, 아니 죽는 것조차 자기들에게는 근사한 특전이라고 말하는 나날이었다. 그녀에겐 애쉴리를 자기의 목숨이 붙어 있는 한 사랑할 힘이 있고, 또 사실 사랑하고도 있었지만 그렇다고 그것이 다른 남자들의 마음을 매혹시켜 청혼을 하게 하려는 그녀의 방해물은 되지 않았다.

언제든지 배경에 전쟁이 있으면 사교관계에는 예의가 간소화되기 마련이다. 노인들이 깜짝 놀라 눈을 커다랗게 뜨고 바라볼 정도로 모든 것이 간소화돼 갔다. 어머니들은 소개장도 없고 경력도 모르는 낯선 남자가 딸을 예사로 찾아오는 것을 보아야 했다. 그리고 딸들이 그런 남자와 손을 맞잡고 있는 것을 보고는 기절초풍했다. 결혼식이 끝날 때까지 한 번도 남편에게 키스를 허락하지 않았다는 메리웨더 부인은, 딸 메이벨이 주아브 병사 복장을 한 땅딸보 르네

피칼과 키스하는 것을 보고서는 자기 눈을 의심했다. 부인의 놀라움은 메이벨이 그것을 조금도 부끄럽게 생각지 않는 것을 알고 더욱 커졌고, 그 뒤 즉시 르네가 청혼했는데도 사태는 조금도 나아지지 않았다. 메리웨더 부인은 이제 남부가 완전히 도의적 붕괴를 향해 줄달음치고 있다고 느끼고 자주 그것을 입 밖에 내어 지적했다. 다른 어머니들도 마음으로부터 그녀의 의견에 동감하고 이것저것 다 전쟁 탓이라고 서로들 한숨지었다.

그러나 일주일이나 한 달 안에 죽을 것을 각오하고 있는 남자들에게는 1년 이상 기다리지 않고는 연인을 성이 아닌 이름으로—그것도 물론 '양'이라는 호칭을 붙여—부를 수 없는 풍습을 한가하게 지킬 수 없었다. 또 전쟁 전에 옳은 예의로 인정받던 긴 정식청혼기간 같은 것에도 얽매일 수가 없었다. 남자들은 대개 석 달이나 넉 달쯤 지나면 결혼을 신청했다. 아가씨들 쪽에서도 처음 세 번은 신사의 청혼을 거절하는 것이 숙녀로서의 예의라는 것은 알고 있었지만, 첫 청혼에서 생각없이 곧장 승낙해 버리는 형편이었다.

이 형식 무시가 스칼렛에게는 전쟁이 더할 수 없이 재미있는 것으로 느껴졌다. 구질구질한 간호 일과 싫증나는 붕대 감기만 없으면 전쟁은 영원히 계속되어도 좋았다. 사실 요즘에 와선 병원의 일도 예사롭게 견딜 수 있게 되었다. 왜냐하면 그곳은 그녀에게 이상적인 즐거운 사냥터였기 때문이다. 가엾은 부상병들은 분별도 없이 그녀의 매력에 사로잡혔다. 붕대를 감아 주거나 얼굴을 씻겨 주거나 베개를 고쳐 주거나 부채질을 해 주거나 하는 사이 병사들은 어이없이 사랑에 빠졌다. 따분한 지난해에 비하면 마치 천국 같았다.

스칼렛은 다시 찰스와 결혼하기 전 그녀로 돌아갔다. 그와의 결혼도 그의 죽음의 충격도 웨이드의 출산도, 그런 것들은 전혀 없었던 것만 같았다. 전쟁도 결혼도 출산도 그녀의 심금을 건드리지 않고 지나가 버렸고, 그래서 그녀는 조금도 달라지지 않았다. 어린애가 하나 있다고 해도 붉은 벽돌집에서 다른 사람의 손에 의해 소중히 키워지고 있었으므로 거의 잊고 있을 수 있었다. 그녀의 정신도 기분도 또다시 군 사교계의 아름다운 꽃으로 추앙받던 원래의 스칼렛 오하라로 되돌아 갔던 것이다. 생각하는 것도 행동하는 것도 옛날 그대로였다. 단지 활동 범위가 옛날보다 훨씬 넓어졌을 뿐이었다. 피티 시고모 친구들의 찡그린 얼굴 같은 것은 조금도 염두에 두지 않고 처녀시절과 똑같이 멋대로 행동했다. 모임에 나가고 댄스를 하며 군인들과 승마를 하고 시시덕거리는 등 처녀시절과 다름없이 닥치는 대로 해치웠다. 다만 상복만은 언제나 입고 있었다. 이것까지 마음대로 하면 피티 시고모와 멜라니의 눈 밖에 나리라는 것을 알고 있었던 것이다. 그녀는 미망인이 되어서도 처녀시절과 다름없는 매력에 넘쳐 있었다. 마음대로 할 수만 있으면 언제나 기분이 좋았고, 자기에게 불리하지 않는 한 남에 대해서도 친절했으며, 자신의 용모와 인기에 긍지를 느끼고 있었다.

몇 주일 전까지만 해도 그렇게도 비참했는데 지금은 즐거워 견딜 수 없었다. 자기를 사랑해 주는 남자들이 있는 것이, 그리고 모두가 변함없이 자기 매력을 인정해 주는 것이 기뻤다. 사랑하는 사람인 애쉴리가 멜라니와 결혼하고 지금은 위험한 싸움터에 나가 있다는 재미롭지 못한 일이 한편에 있었지만, 그 한도 내에서 가능한 행복을 맛보고 있었다. 그리고 왠지 애쉴리가 멀리 떨어져 있으니까 그가 남의 사람이라는 것도 한결 참기 쉬웠다. 애틀랜타와 버지니아 전선 사이에 놓인 수백 마일이란 거리는, 그가 멜라니 것인 동시에 자기 것이기도 한 것처럼 생각되게 만들 때가 있었다.

이리하여 1862년 가을은, 타라에 가서 잠깐 머물렀던 것을 제외하고는 간호와 댄스와 승마와 붕대 감기로 지내는 가운데 눈 깜짝할 사이에 지나갔다. 타라에는 돌아갈 때마다 언제나 실망을 맛보았다. 어머니와 차분히 얘기하려 생각하고, 그것을 유일한 희망으로 애틀랜타에서 떠나지만, 가보면 언제나 이야기할 기회가 거의 없었기 때문이다. 바느질을 하고 있는 어머니 옆에 자리잡고 앉아 어머니의 치마가 흔들릴 때마다 레몬 버베나의 희미한 향기를 맡고, 부드럽게 애무하는 어머니의 다정한 손길을 볼에 느낄 틈도 전혀 없었다.

어머니 엘렌은 바짝 야위어 여전히 바빴고, 아침부터 농장이 다 잠든 뒤까지 쉴 새 없이 일하고 있었다. 남군 병참부의 요구는 달마다 늘어나기만 했고, 거기에 응하여 타라 농장의 산출을 늘이는 것은 그녀의 책임이었기 때문이다. 농장감독인 조나스 윌커슨의 후임자를 아직 구하지 못하고 있었으므로 제럴드까지도 몇십 년 만에 바빴다. 고작 잠자기 전의 키스나 할 수 있을 정도로 엘렌은 바빴고, 제럴드는 온종일 밭에서 살다시피했으므로 스칼렛에겐 타라가 지루해 견딜 수 없었다. 두 동생까지도 자기들의 일로 정신이 없었다. 수엘렌은 프랭크 케네디와 어떤 암묵적인 합의를 했는지 스칼렛을 약오르게 하는 의미로

‘고통스런 싸움이 끝날 때’ 따위를 흥얼거리고 있었다. 캐런은 캐런대로 브랜트 탈레턴과의 꿈에 빠져 정신이 없었으므로 조금도 재미있는 말동무가 되지 못했다.

스칼렛은 언제나 즐거운 마음으로 타라로 돌아갔지만, 머물러 있는 동안에 피티나 멜라니로부터 으레 빨리 돌아와 달라는 편지가 와도 타라에 아쉬운 정을 전혀 느끼지 않았다. 엘렌은 언제나 그럴 때마다 한숨을 쉬고 맏딸 스칼렛과 단 하나뿐인 외손자 웨이드와 헤어지는 것을 슬퍼했다.

“하지만 애틀랜타에서 병원 간호를 도와주어야 하는데, 내 생각만 하고 너를 붙잡는다는 것은 잘못이다” 하고 그녀는 말하는 것이었다. “다만…… 다만 너와 천천히 이야기할 틈도 없고, 네가 지금도 역시 내 어린 딸이라는 생각을 할 사이도 없이 헤어지는 것이 섭섭하구나.”

“전 언제나 엄마의 어린 딸이에요.” 스칼렛은 이렇게 말하고는 언제나 양심에 찔려 어머니의 가슴에 얼굴을 파묻었다. 어머니에게는 차마 댄스와 애인들에게 이끌려 애틀랜타로 돌아가는 것이지, 결코 남부동맹에 대한 봉사 때문이 아니라고 고백할 수가 없었다. 이즈음엔 어머니에게 감추고 있는 일이 많이 있었다. 그중에서도 한사코 감추고 있는 것은 레트 버틀러가 이따금씩 피티팻의 집에 드나들고 있다는 사실이었다.

바자가 있은 뒤 수개월 동안 레트 버틀러는 시에 오면 반드시 찾아와 스칼렛을 자기 마차에 태워 댄스가 있는 파티며 바자에 안내하든가 병원 밖에서 기다리다 마차로 집까지 배웅해 주거나 했다. 자기의 비밀을 누설하지 않을까 하는 걱정은 이제 사라졌으나, 그가 자기의 가장 나쁜 점을 보고 말았을 뿐만 아니라 애쉴리에 관한 진상을 알고 있다는 불안한 기억이 늘 마음 한구석에 눌어붙어 떨어지질 않았다. 이러한 일 때문에 아무리 그가 비위에 거슬려 견딜 수 없을 때도 그녀는 도무지 마음대로 쏘아붙일 수가 없었다. 그가 비위에 거슬리는 일을 한 적이 한두 번이 아니었는데도.

레트 버틀러는 벌써 30대 중반을 지난 나이로 그녀가 지금까지 사귄 어느 애인보다도 나이가 많았다. 나이가 비슷한 애인이라면 자유자재로 다룰 수도 있었지만, 이 남자에게 걸리면 마치 자기가 철없는 어린애처럼 되어 버려 통 맥을 쓸 수가 없었다. 그는 어떤 일에도 놀라지 않고, 재미있는 일은 이미 모두 겪어 보았다는 그런 얼굴을 하고 있었다. 다만 스칼렛을 말도 안 나올 정도로 화나게 한 뒤 그가 이 세상에서 제일 재미있는 구경거리를 보듯 흥겨워하고 있다는 것을 알 수 있었다. 그녀는 곧잘 그의 교묘한 올가미에 걸려들어 노발대발 화를 냈다. 그녀는 겉으로는 어머니 엘렌에게서 물려받은 상냥한 얼굴을 하고 있었지만, 내부에는 성급한 아버지 제럴드의 아일랜드 기질을 다분히 지니고 있었기 때문이다. 지금까지 그녀는 어머니의 앞을 세외하고는 화를 참으려고 한 일이 한 번도 없었다. 그런 만큼 화를 내면 상대가 재미있어 하며 틀림없이 웃을 것임을 알고 있었지만, 화를 누르고 참고 있는 것 역시 고통스러웠다. 상대도 화를 낸다면 오히려 다루기가 좋겠지만, 뭐라고 말해도 태연하고 화내지 않으므로 자기 쪽이 불리했다.

대개 정해 놓고 그녀가 패하는 이런 다툼이 있고 나면, 그는 도저히 어찌해 볼 수 없는 교양 없는 인간이며, 비신사이고 그래서 앞으로는 절대로 교제하지 않겠다고 몇 번이나 맹세하는 것이었다. 그러나 늦든 이르든 그는 반드시 애틀랜타에 돌아오면 당연한 듯 피티 시고모를 방문하고, 스칼렛을 위해 나소에서 가져온 봉봉상자 같은 것을 사뭇 정중하게 내밀었다. 그런가 하면 또 음악회가 있는 파티에서 그녀의 바로 옆자리를 미리 예약해 놓는다든지 댄스 상대로 그녀를 청하거나 하므로, 그녀 쪽에서도 너무나 염치없는 상대의 뻔뻔스러움에 그만 재미가 나 웃음을 터뜨리게 되고, 이리하여 다음 말다툼이 일어날 때까지는 지금까지의 무례를 모두 흘려 버리고 마는 것이었다.

이처럼 사람의 화를 돋우는 데가 있는데도 그녀는 어느덧 그의 방문을 은근히 기다리게 되었다. 그에게는 뭔가 자극적인 데가 있고 그것이 뭔지 분석은 되지 않았지만, 하여튼 지금까지 안 어떤 남자와도 달랐다. 그 늠름한 체구가 지닌 묘한 부드러움에는 뭔가 숨막히게 하는 것이 있었고, 그가 방에 들어온 것만으로도 돌연 몸이 어딘가에 세게 부딪친 느낌이었다.

무례한 듯하면서 어딘가 슬며시 사람을 놀리는 듯한 검은 눈의 표정은 언제나 이 남자를 정복해 버리고 싶은 도전적인 기분을 그녀에게 일으켰다. '그러고 보면 마치 내가 그 사람을 사랑하고 있는 것 같군?' 그렇게 생각하고 어리둥절해 했다. '하지만 사랑하는 건 아니야. 단지 호기심 같은 것일 뿐이야.'

그러나 자극적인 느낌은 여전히 변함이 없었다. 그가 찾아오면 그 씩씩한 남자다움이, 점잖고 숙녀다운 피티 고모의 집을 마치 옹색하고 퇴색한 케케묵은 느낌이 드는 집으로 바꾸었다. 가족 가운데 그가 오면 기묘하게 눈치가 달라지고 마음에도 없는 짓을 하기 시작하는 것은 스칼렛뿐이 아니었다. 피티 시고모도 침착함을 잃고 안절부절못하는 것이었다.

피티는 엘렌이 딸 있는 곳에 버틀러가 찾아오는 것을 허락할 리 없다는 것을 알고 있고, 또 상류 사교계에서 그를 내쫓은 찰스턴 시의 불문율도 무시할 수 없다는 것을 알고 있었다. 그러나 그에게서 교묘하게 입에 발린 인사말을 듣고 손에 키스 인사라도 받고 나면 마치 파리가 꿀항아리의 유혹을 물리치지 못하는 것처럼 도무지 맞설 수 없게 되고 마는 것이었다. 그뿐만 아니라 그는 언제나 나소에서 피티 고모를 위해 약간의 선물을 가지고 오는 일이 많았다. 특히 당신을 위해 목숨을 걸고 봉쇄 밀수를 하여 가져온 것이라고 생색을 내며, 핀이나 재봉바늘·단추·비단실·머리핀 따위를 선물하는 것이었다. 이런 자잘한 사치품도 요즘에 와선 거의 손에 넣기가 어려워져서 부인들은 손으로 깎아 만든 목제 머리핀을 꽂고, 단추 대신 도토리에 헝겊 씌운 것을 달고 있었다. 피티 고모에게는 이런 물건을 거절할 만한 도덕적인 고집이 없었다. 게다가 '깜짝상자'처럼 뜻하지 않은 물건이 나오는 보퉁이가 그녀는 어린애처럼 좋아서 그의 선물을 열어 보고 싶은 유혹에 지고 마는 것이었다. 일단 열어 보면 되돌려 보낸다는 것은 생각할 수도 없었다. 더구나 선물을 받고 나면, 지켜 주는 남자 한 사람 없는 여자만 사는 집에 찾아오는 것은 당신의 평판을 나쁘게 할 뿐이라는 말을 할 용기가 전혀 나지 않게 되었다. 피티 고모는 언제나 레트 버틀러가 찾아오면 남자 보호자가 한 사람 있었으면 하고 생각하는 것이었다.

"어떻게 된 사람인지 난 도무지 모르겠다." 그녀는 언제나 불안해져 탄식했다. "다만 마음 깊은 곳에 여자에 대한 존경심을 가지고 있다는 것을 알기만 하면, 그 사람이 매력 있는 좋은 남자라고 진심으로 믿을 텐데."

결혼반지를 돌려받았을 때부터 멜라니는 레트 버틀러가 세상에도 드물게 세련된 자상한 신사라고 생각하고 있었다. 그래서 고모의 말에 충격을 받았다. 그는 멜라니에 대해선 언제나 정중하게 행동했지만, 그녀 쪽에선 그와 함께 있으면 왠지 소심해졌다. 가장 큰 이유는 그녀가 어릴 때부터 알지 못하는 사람에게는 낯을 가리기 때문이었다. 그녀는 마음속으로 버틀러를 몹시 딱하게 여기고 있었다. 그 마음을 그가 알았다면 아마 재미있어 했으리라. 어떤 실연의 슬픔이 그의 인생을 황폐하게 하고, 그 때문에 마음이 비뚤어진 사람이 됐을 것이라고 그녀는 믿고 있었던 것이다. 그러기에 그 사람에게 필요한 것은 다정한 여자의 애정이라고 생각하고 있었다. 세상을 모르고 자란 그녀는 사악함이란 것을 본 일이 없고, 그 존재조차 거의 믿지 않았다. 그래서 레트와 찰스턴 아가씨와의 소문을 들었을 때는 놀라움은 말할 것도 없고 믿으려 하질 않았다. 그리고 그에 대한 자세를 달리하기는커녕 그런 소문은 그 사람에 대한 신한 모욕이라고 분개하며 조심스럽기는 했으나 오히려 더 한층 자애롭게 대하게끔 되었다.

스칼렛은 마음속으로 은근히 피티 시고모의 의견에 찬성하고 있었다. 그녀도 역시 버틀러가 멜라니에게는 다를지 모르지만, 여자에게 존경심을 갖고 있지 않다고 생각하고 있었던 것이다. 지금도 그의 눈이 자기 몸을 흘금흘금 바라보고 있으면 언제나 알몸이 된 것 같은 느낌이 들었다. 남자 쪽에서 딱히 무슨 말을 입 밖에 내는 것도 아니었다. 그린 소리를 하면 한바탕 속시원히 욕이라도 해 줄 수 있었다. 거무스름한 얼굴에 능글맞고 무례한 표정을 짓고 빤히 바라보는 그 뻔뻔스런 태도가 마음에 들지 않았다. 마치 여자는 모두 자기 물건으로, 자기 마음이 내킬 때의 노리개로 생각하고 있는 것 같았다. 하지만 멜라니에게만은 그런 눈을 하지 않았다. 멜라니를 바라볼 때는 냉정하게 값을 저울질하는 눈빛이나 놀리는 듯한 빛이 전혀 없었다. 말투조차 바뀌어 정중하고 존경을 담은, 언제든지 도와줄 의사가 있다는 투였다.

"어째서 멜라니에겐 나한테와 달리 그렇게 다정하게 대해 주시는지 모르겠네요."

멜라니와 피리 시고모가 낮잠을 자러 물러가고 그와 단둘이 된 어느날 오후 스칼렛이 거침없이 물었다.

레트는 멜라니가 편물에 쓰는 실패를 한 시간이나 잡아 주었다. 멜라니가 애쉴리에 대한 얘기며 그 승진을 자랑스런 듯이 길게 이야기해 들려주고 있을 때 레트의 표정엔 아무런 반응도 나타나지 않았다. 보고 있던 스칼렛은 그가 애쉴리 같은 건 전혀 신경쓰지도 않고 소령으로 승진했다는 것에도 아무 흥미가 없다는 것을 역력히 알 수 있었다. 그래도 그는 정중하게 일일이 맞장구를 치고,

애쉴리의 용감한 행위에 대해서도 남들이 흔히 하는 감탄의 말을 늘어놓고 있었던 것이다. 자기가 애쉴리의 이름을 조금이라도 비치기만 하면, 그는 곧 눈썹을 추켜세우고 그 사람을 깔보는 비웃음을 지을 것이라고 생각하자 그녀는 화가 치밀었다.

"저는 멜라니보다 훨씬 예쁜데, 왜 그녀에게만 다정하게 대하는지 알 수 없어요." 그녀는 말했다.

"당신이 질투하고 있다고 생각해도 좋습니까?"

"어머나. 마음대로 생각하지 마세요."

"또 다른 희망이 부서졌군요. 내가 윌크스 부인에게 특별히 다정하게 대한다면 그건 그분에게 그만한 가치가 있기 때문이죠. 그녀는 매우 보기 드문 사람 가운데 하나죠. 정말 진실하고 이기적인 면이 없는 여성입니다. 저런 사람은 전 처음입니다. 그러나 당신은 아마 그게 무슨 소린지 모를 거요. 그리고 비록 나이는 어리지만, 그분은 이제까지 내가 만난 몇 안 되는 가장 훌륭한 숙녀 가운데 한 사람이오."

"그럼 저는 훌륭한 숙녀가 아니라는 말씀인가요?"

"그 점에 대해선 우리가 처음 만났을 때 의견이 일치된 걸로 알고 있는데요. 당신은 숙녀하고는 전혀 거리가 멀다고."

"어머, 또 그 얘기를 꺼내다니, 당신은 정말 무례한 분이군요. 어째서 그따위 하잘것없는 유치한 일을 언제까지나 기억하시는 거죠. 벌써 옛날 얘기가 아닌가요. 그리고 그때에 비하면 전 훨씬 어른이 됐어요. 당신이 툭하면 그 일을 들고 나와 제 속을 상하게만 하지 않는다면 저는 아주 깨끗이 잊어버릴 텐데."

"나는 그게 유치한 일이라고 생각하지 않습니다. 그리고 당신이 달라졌다고도 생각하지 않고요. 지금이라도 자기 마음먹은 대로 되지 않으면 언제 꽃병을 집어던질지 모르는 분이죠. 지금은 다만 뜻대로 행동하고 있기 때문에 장식품을 때려 부술 필요가 없는 것뿐입니다."

"어머, 지독하군요……. 내가 남자로 태어났으면 좋았을걸. 그랬으면 당신에게 밖으로 나오라고 하고……."

"그리고 그 대가로 나를 쏘아 죽이겠다는 겁니까? 나는 50야드 떨어진 데서 10센트짜리 은화에 구멍을 뚫을 수 있어요. 아무튼 자기 무기를 소중히 하는 게 좋을 겁니다. 보조개라든가 꽃병 따위의 것들을 말입니다."

"당신은 정말 악당이에요."

"그런 소리 들었다고 내가 막 화를 낼 것 같습니까? 실망시켜드려 죄송합니다. 나를 정확한 호칭으로 불러서는 날 화나게 만들 수 없습니다. 틀림없이 나는 악당입니다. 그게 어쨌다는 겁니까. 자유로운 나라라면 악당이 되건 무엇이 되건 마음대로니까요. 사실을 말해 줘서 화내는 것은 사랑스러운 부인 당신저럼 뱃속이 검으면서 그것을 감추려고 하는 위선자뿐입니다."

잔잔한 미소를 띠고 느릿한 말투로 빈정대는 그에게는 도저히 어쩔 도리가 없었다. 그녀는 이처럼 완전히 굴복시킬 수 없는 인간은 이제까지 만난 일이 없었다. 경멸·냉소·욕설 같은 그녀의 무기도 아무 소용이 없었다. 무슨 말을 해도 상대가 모욕으로 느끼지 않기 때문이었다. 그녀의 지금까지의 경험으로는, 거짓말쟁이는 한사코 자기의 정직을 변명하려고 하고, 겁쟁이는 자기의 용기를, 예의 없는 사람은 신사임을, 미천한 사람은 자기의 명예를 저마다 변호하려고 하였다. 그런데 레트는 그렇지 않았다. 그는 무엇이든 시인하고 여유있게 웃으면서 더 말하라고 그녀를 부채질하는 것이었다.

이 몇 달 동안 그는 뻔질나게 애틀랜타 시를 드나들었다. 올 때는 아무런 예고도 없이 오고 갈 때도 작별인사 한 마디 없이 가 버렸다. 스칼렛은 그가 무슨 일로 애틀랜타까지 오는지 전혀 알 수 없었다. 왜냐하면 봉쇄 밀수꾼이 해안에서 꽤 먼 이런 곳까지 와야 할 이유가 없었기 때문이다. 봉쇄 밀수꾼들은 화차의 짐을 윌밍턴이나 찰스턴으로 보냈다. 그리고 거기서, 남부 각 지방으로부터 밀수 물건을 경매로 사기 위해 모여드는 많은 상인과 투기꾼과 만나는 것이다. 레트 버틀러가 먼길을 여행해 오는 것이 자기를 만나기 위해서라고 생각하면 그리 나쁜 기분은 아니었지만, 아무리 남달리 허영심 강한 그녀라도 설마 그렇다고는 생각하지 못했다. 만일 그가 조금이라도 그녀에게 사랑을 표시하고, 그녀 주변에 몰려드는 다른 남자들에게 질투하는 눈치를 보이거나 손을 잡으려고 하거나 기념으로 사진이나 손수건 같은 것을 청하든가 했다면 그 사람도 자기 매력에 홀딱 빠졌다고 자랑스럽게 생각했을 것이다. 그러나 그는 답답할 정도로 애인 같지 않은 태도를 고수했다. 그리고 무엇보다 분한 것은 그를 무릎 꿇게 하려고 그녀가 이런저런 수단을 쓴다는 것을 이미 첫날에 눈치채 버린 것 같다는 점이었다.

그가 시에 나타나면 언제나 여성들 사이에 동요가 일어났다. 그에게는 대담하기 짝이 없는 봉쇄 밀수꾼이라는 낭만적인 분위기가 있을 뿐만 아니라 악당이며 사교계에 출입을 금지당한 사람이라는 짜릿한 무엇인가가 있었다. 그만큼 그는 악평이 나 있었던 것이다. 애틀랜타의 노부인들이 모여 세상 이야기를 시작하면 그의 평판은 반드시 더욱더 나빠졌는데, 그 때문에 오히려 젊은 아가씨들에게는 그가 한층 찬란한 존재로 보여졌다. 대개의 아가씨들은 철이 없었으므로 기껏해야 그는 여자관계가 지저분하다고 듣는 것이 고작이었는데, 처녀들은 남자가 지저분한 것이 어떤 것인지 정확히 알지 못했다. 그에게 걸려들면 무사한 아가씨는 한 사람도 없다는 험담이 나돌았다. 그런 소문이 파다한 데도 그가 처음으로 애틀랜타에 모습을 나타낸 이래 미혼 여성의 손에 키스한 일조차 없는 것은 이상했다. 그리고 그 점은 그를 더욱더 신비스럽게, 더욱더 사람의 마음을 흥분시키는 존재로 만들어 주었을 뿐이다.

군의 용사들을 제외하고는 그만큼 애틀랜타에서 남의 화제에 오르는 사람도 없었다. 그가 곤드레만드레 취한 일이며 여자와의 어떤 일로 웨스트 포인트 육군 사관학교에서 퇴학당한 경위를 자세히 알지 못하는 사람은 드물었다. 그가 문제를 일으킨 찰스턴 처녀에 대한 일, 그가 그녀의 오빠를 사살했다는 저 끔찍스런 추문에 대해서도 온 시의 사람들이 다 알고 있었다. 그 중엔 찰스턴의 친지들에게 편지로 문의하여 좀더 자세한 것을 알아낸 사람도 있다. 그것에 의하면, 그의 아버지는 무쇠 같은 의지와 꽂을대처럼 꼿꼿한 기개를 가진 경애할 만한 노신사로 레트가 스무 살이 되었을 때 한 푼도 주지 않고 집에서 내쫓았으며, 가문의 성서에 쓰여 있는 가족 명부에서 레트의 이름을 지워 버렸다고 한다. 그 뒤 레트 버틀러는 1849년 황금광 시대에 캘리포니아를 방랑했고 다시 남미를 거쳐 쿠바로 건너갔던 것인데, 이런 고장에서 그가 하고 있었던 일에 관해선 하나같이 좋지 못한 못한 내용뿐이었다. 계집질, 총을 사용한 결투, 중미 혁명군에 대한 총포 밀수 따위, 그중에서도 가장 좋지 않은 것은 도박을 직업으로 삼은 때도 있다는 것이었다. 이것이 애틀랜타 사람들이 들은 그의 경력의 전부였다.

조지아의 가정에는 적어도 가족이나 친척 남자 가운데 한 사람쯤 노름을 하

여 돈이며 집·토지·노예를 잃고 가슴아픈 탄식을 맛보지 않은 집이 거의 한 집
도 없었다. 그러나 그것은 사정이 다르다. 도박으로 빈털터리가 되더라도 여전
히 신사였지만, 노름을 직업으로 삼는 사람은 세상에서 배척당할 뿐인 것이다.
　전쟁 때문에 세상 사정이 확 바뀌고, 그가 남부동맹 정부를 위해 이바지하지
않았다면 레트 버틀러는 애틀랜타에 용납되지 않았을지도 몰랐다. 그러나 지
금은 아무리 케케묵은 고집쟁이라도 애국심이 그들에게 좀더 넓은 노량을 가
지라고 요구하는 것을 알고 있었다. 더욱 감상적인 사람들은 버틀러 집안의 말
썽꾸러기가 자기 잘못을 뉘우치고 죗값을 하려 하고 있다는 견해로 기울고 있
었다. 그래서 상류 부인들도 너그럽게 봐주자, 특히 대담무쌍한 봉쇄 밀수꾼인
경우에는 너그럽게 봐주는 것이 당연한 의무라고 느끼게 되었다. 요즘에 와선
누구의 눈에도 남부동맹의 운명이 전선에 있는 병사들의 양어깨에 걸려 있는
것과 마찬가지로, 북군 함대의 눈을 교묘히 속이는 봉쇄 밀수꾼의 선박 솜씨
에도 달려 있음을 알았던 것이다.
　소문에 의하면 버틀러 선장은 남부에서 손꼽는 수로 안내의 한 사람으로서
저돌적이고 무신경하다고 할 정도로 대담하다고 한다. 찰스턴에서 자랐으므로
그 항구 부근의 캐롤라이나 주 연안의 물굽이·강·여울목·암초는 손바닥 보듯
이 환히 알고 있었고, 윌밍턴 부근의 바다라면 제집에 있는 것과 다름없이 잘
알고 있다는 것이었다. 배를 침몰시키거나 짐을 바다에 던진 일은 한 번도 없었
다. 전쟁이 일어나자 소형 쾌속선을 한 척 사들일 만한 자금을 가지고 인생의
어두운 그늘에서 모습을 나타낸 그는, 봉쇄 밀수 물자가 한 번의 항해로 스무
갑절의 이익을 가져오는 현재에 와선 배 네 척을 소유하기에 이르렀다. 그는 솜
씨가 뛰어난 수로 안내원을 많은 월급을 주면서 모으고 있었다. 그들은 어두운
밤을 타서 찰스턴이나 윌밍턴을 빠져나가 목화를 싣고 나소나 영국이나 캐나
다로 향했다. 영국의 방직공장은 휴업상태로 곤란을 겪고 있었고 직공들은 굶
어 죽을 지경이었으므로 북군의 함대 사이를 빠져나간 봉쇄 밀수꾼은 리버풀
에서 얼마든지 비싼 값으로 목화를 팔아넘길 수 있었다. 레트의 배는 이례적으
로 운이 좋아서 갈 때는 남부동맹을 위해 목화를 실어내고, 돌아올 때는 남부
가 필사적으로 구하고 있는 군수물자를 무사히 싣고 왔다. 그러므로 상류부인
들도 이런 용감한 남자를 위해선 무슨 일이고 너그러이 보고, 무슨 일이고 깨

끗이 잊어 줄 수 있다고 생각했던 것이다.

그는 멋쟁이에 사람들이 무의식 중에 뒤돌아볼 만큼 풍채가 좋았다. 씀씀이가 시원하고, 건장한 검은 수말을 탔고, 그 옷차림은 모양도 바느질도 언제나 최신 유행의 것이었다. 그 옷차림만 갖고서도 사람의 관심을 넉넉히 끌기에 충분했다. 그도 그럴 것이, 지금 병사들의 군복은 이미 후줄근하게 바래 있었고, 시민들의 옷은 나들이옷마저 교묘하게 깁거나 짜깁기한 흔적이 보였기 때문이다. 스칼렛은 그가 입고 오는 다갈색이나 검고 흰 격자무늬나 바둑판 무늬의 바지 등 그렇게 우아한 것은 본 일이 없다고까지 생각했다. 조끼로 말하면, 이루 말할 수 없이 훌륭한 것이었다. 특히 작은 분홍빛 장미 꽃송이를 수놓은 흰 물결무늬가 있는 것은 정말 기막혔다. 그리고 그것보다도 더욱 기막힌 것은 그런 훌륭한 옷차림을 마치 아무것도 아닌 것처럼 대수롭지 않게 입고 있는 태도였다.

그가 그럴 마음만 먹고 노력하면 그의 매력에 맞설 수 있는 부인들은 몇 없었다. 마침내 메리웨더 부인까지도 누그러져 그를 일요일 만찬에 초대했다.

메이벨 메리웨더는 애인인 주아브 병사가 다음 번 휴가를 받으면 그와 결혼하기로 돼 있었다. 그녀는 그걸 생각할 때마다 울었다. 왜냐하면 결혼식에 흰 새틴 드레스를 입으려고 벼르고 있었는데, 지금 남부 여러 주에는 흰 새틴 같은 것은 한 오라기도 없었기 때문이다. 옷을 빌릴 가망도 없었다. 헌 새틴 웨딩 드레스 같은 것도 모조리 군기로 둔갑해 버렸기 때문이다. 애국적인 메리웨더 부인이 딸을 나무라고, 남부동맹의 신부에게는 손으로 짠 신부 의상이 가장 어울린다고 타일렀지만 헛일이었다. 메이벨은 새틴을 꼭 입고 싶었던 것이다. 전쟁의 대의명분을 위해서라면 머리핀도 단추도 예쁜 구두도 과자도 차도 없어도 상관없었다. 아니 오히려 그것이 자랑이라고까지 생각했지만 새틴 예복만은 입고 싶어 견딜 수 없었다.

레트는 멜라니에게서 이 말을 듣고 눈이 부시도록 흰 새틴 몇십 야드에 레이스로 된 베일을 영국에서 가져와서 결혼 축하선물이라며 메이벨에게 선사했다. 축하한다며 선사한 것이라는데 돈을 치르겠다는 말은 할 수 없었다. 메이벨은 너무 좋아서 하마터면 그에게 키스할 뻔했다. 메리웨더 부인은 이렇게 비싼 선물─더구나 이런 전시중에 옷 선물─은 매우 부적절한 일이라고 생각했지만, 레트가 극히 능란한 말로, 우리 용사의 신부를 꾸며드리기 위해서라면 어떤 일도 결코 충분하다고 할 수 없다고 하자 거절할 핑계도 없었다. 그래서 메리웨더 부인은 그를 만찬에 초대했다. 이 양보가 선물의 대가를 치르는 것보다 더욱 비싼 것이라고 생각했던 것이다.

그는 메이벨에게 새틴을 가져다주었을 뿐만 아니라, 웨딩드레스를 짓는 데에도 뛰어난 지혜를 빌려 주었다. 이 무렵 파리에선 치마 후프가 넓어지고 길이도 어느 정도 짧아졌다. 주름을 잡는 것은 이미 유행이 지났고, 옷자락에 늘쭉날쭉 단을 달고 밑에 레이스로 짠 페티코트를 살짝 내놓는다, 거리에서 팬털렛을 입고 있는 모습을 전혀 보지 못한 것을 보면 그것은 아마 입지 않게 된 모양이라고 그는 말했다. 나중에 메리웨더 부인은 엘싱 부인에게, 그때 좀더 이쪽이 흥미를 보였더라면, 파리 여자는 어떤 드로어즈를 입고 있더라는 말까지 자세히 들려주었을지도 모른다고 말했다.

그의 풍채가 그처럼 남성적이 아니었다면, 여자의 옷이며 보닛, 머리 모양 따위를 상세히 설명하는 그 능력이 퍽 여성적이라고 경멸을 받았으리라. 상류 부인들은 그를 둘러싸고 의복에 대한 질문을 퍼부을 때는 언제나 왠지 모르게 계면쩍은 느낌이 들었지만, 그래도 역시 여러 가지 질문을 했다. 여자들은 조난당한 뱃사람처럼 유행계로부터 고립되어 있었던 것이다. 그도 그럴 것이 의상잡지 같은 것은 봉쇄선을 돌파하여 들어오는 것이 거의 없었기 때문이다. 프랑스의 귀부인들이 머리를 박박 깎고 너구리가죽 모자를 쓰고 있다고 말해도 그녀들은 어쩌면 곧이들을지도 몰랐다. 때문에 치맛단에 대한 레트의 기억은 〈고디부인잡지〉의 훌륭한 대용품이었다. 그는 여자들의 심리에 있어선 퍽 귀중한 여러 가지 세밀한 일들을 주의할 수 있었고, 또 사실 주의하고 있었으므로 외국에서 돌아와 부인들에게 둘러싸일 때마다 올해는 보닛의 모양이 작아져 머리 꼭대기가 겨우 가려질 정도로 높이 쓰고, 그 장식도 깃털이나 꽃은 쓰지 않는다, 프랑스 여왕은 야회 때는 시뇽을 하지 않고 거의 머리 꼭대기로 틀어 올려 귀는 전부 드러나게 한다, 야회복은 또 놀랄 만큼 어깨가 드러났다는 둥 떠들어야 했다.

몇 달 동안 그는 거리에서 가장 인기 있고, 또 가장 낭만적인 인물이 되어 있었다. 과거의 악평도, 봉쇄 밀수뿐만이 아니라 식료품 투기까지 벌이고 있다는 소문도 무시되었다. 그에게 반감을 가지고 있는 패거리들은 그 사나이가 애틀랜타에 올 때마다 물가가 5달러씩 뛰어오른다고 하였다. 그러나 그런 험담을 들어도 그가 인기를 유지하려고만 하면 얼마든지 유지되었다. 그런데 대신에 그는 근엄한 애국 시민과의 교제에 힘써 그들의 존경과 인색한 호의를 얻고 나자 무엇이 그를 비뚤어지게 했는지 이번에는 그때까지의 방식을 바꾸어 그들에게 시비를 걸고, 자기가 이제까지 해온 일은 사실 모두가 연극에 지나지 않았으며 이제 더 이상 하고 싶은 흥미도 없다는 것을 드러내기 시작했다.

그는 모든 남부인과 모든 남부의 것, 특히 남부동맹 그 자체에 대해 근본적인 경멸을 품고 있는 것 같았고, 또 애써 그것을 감추려고 하지도 않았다. 남부동맹에 대한 그의 비평이 원인이 되어 애틀랜타 시민들은 처음에는 어리둥절한 얼굴로 그를 바라보았으나 곧이어 냉담해졌다. 그리고 나중에는 노발대발화를 내기 시작했다. 1862년에서 아직 1863년이 되기 전에 남자들은 그와 만나기가 무섭게 딱딱하고 불쾌한 인사를 건네게 되었고, 여자들은 그가 모임에 모습을 나타내면 딸을 자기 곁으로 끌어당기게 되었다.

그는 애틀랜타의 진지하고 열렬한 애국자를 곯리는 것을 재미있어 할 뿐만 아니라, 악당인 척하는 것을 재미있어 하는 것 같았다. 호감을 가진 사람들이 그 봉쇄 밀수의 용기를 칭찬하면 그는 뻔뻔스런 얼굴로 전선의 나이 어린 용사들이 벌벌 떨고 있는 것과 마찬가지로 자기도 위험을 만나면 언제나 떨고 있다고 대답했다. 사람들은 누구나 남부동맹의 병사 가운데 겁쟁이가 한 사람도 없다고 생각하고 있었으므로 이런 말을 듣게 되면 정말 화가 치미는 것이었다. 그는 늘 병사들을 우리의 용감한 젊은이라든가 우리의 잿빛 옷을 입은 영웅이라고 불렀지만, 언제나 심한 모욕을 느끼게 하는 말투였다. 대담한 젊은 여성이 비위를 맞출 생각에서 저희를 위해 싸워 주시는 용사의 한 사람이라고 감사를 하면, 그는 인사를 하며 감사 같은 걸 받을 처지가 못된다, 똑같이 돈벌이만 된다면 양키 여자들을 위해서도 이만한 일쯤 얼마든지 해 줄 수 있다고 내뱉었다.

스칼렛이 저 바자가 있던 날 밤, 애틀랜타에서 처음으로 그와 만난 뒤 그녀에 대한 그의 태도는 모두 이런 식이었다. 그런데 요즘에 와선 누구를 상대해도 어딘가 사람을 우롱하는 투가 있었다. 그에게 남부동맹을 위해 여러 모로 도움이 되고 있다고 칭찬하면, 그는 으레 봉쇄 밀수가 자기에겐 장사라고 대답하는 것이었다. 정부를 상대로 계약하여 같은 돈벌이만 된다면, 위험한 봉쇄 밀수 같은 건 집어치우고 조잡한 옷감, 모래 섞인 설탕, 상한 밀가루, 썩은 피혁을 남부동맹에 팔아넘기겠다고 일부러 정부의 어용상인에게 태연히 말하였다.

그가 하는 말은 거의 대답하기에 옹색한 것뿐이었다. 그런만큼 더욱 곤란했다. 정부의 지정 상인들에 대한 자잘한 추문들은 이미 여기저기 조금씩 퍼져 가고 있었다. 전선에서 오는 편지에는 구두는 일주일반 신으면 닳아빠진나, 화약은 통 발화하지 않는다, 고삐는 조금만 잡아당기면 끊어진다, 고기는 썩었다, 밀가루에는 벌레가 바글바글 끓고 있다고 끊임없는 불평이 적혀 있었다. 그렇게 형편없는 것을 정부에 팔아먹은 것은 앨라배마나 버지니아나 테네시의 장사꾼이 틀림없다, 조지아 사람은 아니다. 애틀랜타의 시민들은 그렇게 생각하려고 하였다. 왜냐하면 조지아의 어용상인 가운데는 명문가의 사람들이 참가하고 있을 것이었기 때문이다. 전사자의 고아 구제에, 병원의 기금 모집에 앞장서서 기부하는 것은 그들이 아닌가. 남부를 찬미하며 '딕시'가 불려지면 맨 먼저 갈채하는 것도 그들이 아닌가. 하다못해 연설에서만이라도 양키의 피를 가장 많이 광포하게 부르짖는 것도 그들이 아닌가. 그런 간악한 어용상인에 대한 심한 분노와 불만의 기운은 아직 충분히 고조돼 있지 않았다. 그러므로 레트가 하는 말도 단지 그의 교양이 없는 증거로밖에 받아들여지지 않았다.

그는 고관들도 돈이면 다 된다고 비꼬든가, 전선 병사들의 용기를 깎아내리든가 하여 시민들을 화나게 할 뿐만 아니라, 점잔 빼는 시민들을 놀려 그들이 진땀을 빼는 것을 재미있어 하였다. 자기 주위에 있는 사람들의 자만심이나 위선이나 과장된 애국심을 보면 집적거리지 않고는 못 견디는 모양이었는데, 그건 마치 개구쟁이 소년이 풍선을 바늘로 찔러보고 싶어 견딜 수 없어하는 것과 비슷했다. 거드름 피우는 놈들의 콧대를 보기좋게 꺾어 주거나 무지하고 완고한 패들의 정체를 폭로시키기도 했다. 더구나 그것이 언뜻 보기에 무척이나 정중한 태도로 희생자를 꾀어 내는 몹시 교묘한 방식이었으므로, 상대는 대체 무슨 일이 시작되고 있는지 눈치채지도 못하는 사이 그만 허풍쟁이라든가 엉큼한 아첨꾼이라든가 좀 바보 같다든가 하는 자기들의 정체를 드러내놓고 마는 것이다.

시내 사람들이 그를 용납하고 있던 수개월 동안 스칼렛은 그에 대해 아무런 환상도 품고 있지 않았다. 부인들에 대한 그의 교활한 친절이며 번드레한 말 역시 모두 연극이라고 꿰뚫어보고 있었다. 대담하고 애국적인 봉쇄 밀수의 역할을 맡고 있는 것도, 그것이 단지 재미있기 때문에 하는 것이라는 것을 알고 있었다. 때로는 그가 어릴 적부터 같이 자란 이 지방 청년들과 똑같게 보이는 때도 있었다. 이를테면 탈레턴 댁 망나니 쌍둥이는 못된 장난을 무척 좋아했고 폰테인 댁 아이들은 마치 악마가 씐 것처럼 짓궂게 장난이 심했다. 또 캘버트 댁 형제들은 밤잠도 자지 않고 남을 곯려 줄 궁리만 하고 있었다. 그렇지만 그것들은 다른 것이었다. 레트의 언뜻 소탈해 보이는 행동 밑바닥에는 뭔가 악의적인 것, 거의 사악하면서도 잔인함을 띤 그런 무엇이 있었다.

그가 성의를 가지고 하지 않는다는 것은 익히 알고 있었지만, 그녀는 그가 낭만적인 봉쇄 돌파의 연기를 해 주기를 바랐다. 그런 한 가지 이유로는, 그 편이 그녀의 입장상 훨씬 마음 편하게 그와 사귈 수 있었기 때문이다. 때문에 그가 지금까지의 연극을 걷어 치우고 애틀랜타 시민들의 호의를 일부러 걷어차는 행동을 하기 시작하자 그녀는 마음이 불안해졌다. 불안해진 이유는 그것이 바보 같은 행동으로 보였고, 또 그를 향한 무서운 비판이 그녀에게도 떨어질 것처럼 여겨졌기 때문이다.

레트가 마침내 그 자신에 대한 최후의 추방영장에 서명한 것은 회복기에 있는 부상병을 위한 은화 음악회가 엘싱 부인의 저택에서 열렸을 때 일어났다. 그날 오후 엘싱 집안은 휴가를 받은 병사와 병원의 환자, 향토 방위대와 의용대 병사, 기혼 여인, 미망인, 아가씨들로 가득 찼다. 집 안에 있는 의자를 총동원하고, 그러고도 모자라 긴 회랑 계단에까지 손님이 가득 찰 정도로 대성황이었다. 현관 어귀에 커다란 유리 쟁반을 든 엘싱 집안의 집사가 서 있었는데, 두 번이나 안에 든 은화를 쏟고 비웠을 정도였다. 그것만으로도 이 모임은 충분히 성공을 거둔 셈이다. 왜냐하면 이제는 은화 1달러가 남부동맹 지폐 60달러에 달했기 때문이었다.

조금이라도 예능에 재주가 있다고 자부하는 아가씨들은 모두 나와 노래를 부르고 피아노를 쳤다. 활인화는 대단한 갈채를 받았다. 스칼렛은 멜라니와 함께 '피어나는 꽃에 이슬이 맺히면'이란 슬픈 이중창을 불러 앙코르를 받아 다음에는 '오 맙소사 아가씨들, 스티븐 따위를 사랑하지 마세요'라는 명랑한 노래를 했으며, 게다가 활인화에서 '남부동맹의 꽃'이란 역으로 뽑혀 기분이 흐뭇해 있었다.

활인화의 그녀는 아주 멋있었다. 얇은 흰 광목으로 만든 그리스식 긴 겉옷을 우아하게 입고 빨강과 파랑 띠를 두르고, 한 손엔 별과 두 줄이 쳐진 남부동맹 기를 늘이고 찰스와 그의 아버지 유품인 황금장식의 군도를 가진 손을 그 앞에 무릎 꿇고 있는 앨라배마 출신인 캐리 애쉬번 대위 쪽으로 뻗고 있는 활인화였다.

활인화가 끝나자 자기가 연기한 아름다운 모습에 감탄했을까 싶어 그녀는 자기도 모르게 레트의 눈길을 찾았다. 그런데 그는 다른 사람과 토론하며 그런 일에는 전혀 관심도 두지 않았던 것 같았다. 그것을 알자 그녀는 무척 화가 치밀었다. 그를 둘러싸고 있는 한 무리의 사람들의 표정에서, 스칼렛은 모두가 그의 말에 무척 격분해 있음을 알았다. 그녀가 그쪽으로 다가가자 이런 모임에서 때때로 볼 수 있는 기묘한 침묵 속에 의용군인 윌리 기년의 목소리가 똑똑히 들려왔다.

"그럼 당신은 우리 용사들이 목숨을 바치고 있는 대의가 신성하지 않다는 겁니까!"

"만일 자네가 기차에 치어 죽었다면 자네의 죽음이 철도회사를 신성한 것으로 만들겠나, 어떨까?"

레트는 반문했다. 그 목소리에는 삼가 가르침을 청한다는 듯한 공손함이 있었다.

"무슨 말을 하는 거요!" 윌리의 목소리는 떨리고 있었다. "만일 우리가 이 저택 안에만 안 있다면……."

"어떻게 될 건지 생각만 해도 몸이 떨려 오는군." 레트는 말했다. "아무튼 자네의 용맹은 천하가 다 아는 일이니까."

윌리는 새빨개졌다. 모두들 입을 다물었으며 자리는 어색해졌다. 윌리는 체격도 좋고 건강하여 병역 적령기인데도 아직 전선에 나간 일이 없었다. 물론 그는 홀어머니의 외아들로 누군가 지켜야 하는 후방의 의용군으로 남은 사람이었다.

어쨌든 누군가는 뒤에 남아 후방을 지키는 의용군이 되어야만 했다. 레트가 용맹이 어쩌고 말했을 때 회복기에 있는 장교들 사이에서는 경솔하게도 킬킬거리는 웃음소리가 일어났다.

‘어머, 저 사람은 어째서 가만히 있지를 못할까.’ 스칼렛은 분개하며 생각했다. ‘모든 사람의 감정을 상하게만 하면서.’

미드 박사의 눈썹은 금방이라도 벼락이 떨어질 듯 험악해졌다.

“자네에게는 신성한 게 아무것도 없나보군, 젊은이.” 그는 언제나 연설 때 쓰는 투로 말했다. “하지만 남부의 애국적인 남자나 부인에게는 신성한 것이 많이 있네. 침략자로부터 우리 국토의 자유를 지키는 것도 그 가운데 하나이고, 주의 권리 또한 그 가운데 하나이고, 그리고…….”

레트는 아주 건방진 표정을 하고 있었는데, 곧 부드럽지만 따분해 견딜 수 없는 듯한 목소리로 말했다.

“전쟁은 모두 신성하죠. 단 싸워야만 될 사람에게는 말입니다. 만일 전쟁을 일으킨 녀석들이 전쟁을 신성하게 만들어 놓지 않는다면 바보 같아서 누가 싸울 생각이 나겠습니까. 그러나 싸우고 있는 멍청이에게 웅변가들이 아무리 그럴 듯한 표어를 내세워 주거나 어떤 숭고한 목적을 강제로 떠맡겨도 전쟁에는 결코 단 하나의 이유밖에 없습니다. 그건 금전이죠. 사실 전쟁이란 결국 서로의 돈을 뺏는 것입니다. 그렇지만 그것을 아는 사람은 거의 없죠. 그들의 귀는 북과 나팔 소리, 후방에 앉아 큰소리나 땅땅 치는 웅변가들의 미사여구 따위로 막혀 있으니까요. 그럴 듯한 구호는 ‘그리스도 무덤을 이교도에서 구해내자!’ 하고 외치는가 하면 ‘로마 교황을 타도해라!’ 할 수도 있고, 때로는 ‘자유를 위하여!’도 되고, 또 ‘목화, 노예제, 주의 권리를 위해!’라고 하는 수도 있으니까요.”

‘대체 로마 교황과 무슨 관계가 있다는 걸까.’ 스칼렛은 생각했다. ‘그리고 그리스도의 무덤이란 말은 또 뭐고.’

그러나 그녀가 잔뜩 격분해 군중들 쪽으로 급히 가려니까 레트가 거드름을 빼는 인사를 하고 사람 사이로 빠져 출구 쪽으로 걸어가는 모습이 보였다. 그녀는 뒤를 쫓아가려고 하였으나 엘싱 부인이 치마를 잡고 놓아주지 않았다.

“가게 내버려둬.” 조용하게 가라앉은 방 전체에 들릴 만큼 높은 목소리였다.

“멋대로 가게 내버려 둬. 저 사람은 배신자야, 사기꾼이야. 우리 스스로가 알을 품어 간 독사야.”

복도로 나가 모자를 손에 든 레트는 분명히 들으란 듯 말한 이 말을 듣자 몸을 돌려 잠깐 방 안을 둘러보았다. 그리고 독사를 깠다는 엘싱 부인의 납작한 가슴을 물끄러미 바라보더니 별안간 히죽 웃고는 인사를 꾸벅 하고 나가 버렸다. 메리웨더 부인은 피티 고모의 마차로 함께 돌아왔는데, 네 부인은 마차 자리에 앉기가 무섭게 곧 울분을 터뜨렸다.

"어때요, 피티팻 해밀턴, 이번에야말로 당신도 만족하셨겠지요."

"뭘 말이에요?" 피티는 불안한 듯 소리쳤다.

"당신이 지금까지 싸고 돌던 저 능글맞은 버틀러의 행동 말이에요."

피티팻은 가슴이 떨렸다. 메리웨더 부인은 자신도 레트 버틀러를 몇 번이나 초대했던 사실을 기억해 낼 수 없을 만큼 그의 비난에 당황해 있었다. 스칼렛과 멜라니는 그 사실을 기억하곤 있었지만, 나이 먹은 사람에 대한 예의로 그 말을 꺼내는 것을 삼갔다. 그리고 눈을 내리깔고 자기들의 장갑낀 손을 열심히 들여다보았다.

"그 사람은 우리 전부를 모욕했을 뿐만 아니라, 남부동맹까지 모욕한 거예요." 메리웨더 부인은 말했다. 그녀의 가슴은 화려한 금실 은실로 꾸며진 옷 속에서 맹렬히 뛰놀고 있었다. "우리를 돈 때문에 싸운다고 했어요! 우리의 지도자가 거짓말을 하고 있다고도 했고요! 그런 사람은 감옥에 넣어 버려야 돼요. 그렇고말고요. 꼭 그렇게 해야 해요, 미드 박사와 의논하겠어요. 남편만 살아 있다면 남에게 부탁하지 않고 끝장을 내버릴 테지만. 알겠어요, 피티 해밀턴? 이번에야말로 내 말을 들으세요. 이제 두 번 다시는 그 악당을 집 안에 들여놓지 마세요."

"아." 피티는 힘없이 중얼거리고, 마치 죽어 버렸으면 좋겠다는 태도였다. 두 젊은 여자 쪽을 애원하듯 바라보았지만, 둘 다 눈을 내리깔고 있을 뿐이었다. 그래서 이번엔 구원을 청하듯 피터 영감의 꼿꼿한 등에 눈길을 보냈다. 그가 귀를 기울여 듣고 있다는 것을 알고 있었으므로 언제나 곧잘 해주듯 몸을 돌려 역성을 들어 주기를 바랐다.

"자, 자, 돌리 마님, 피티 마님이 좋다는 대로 내버려 둡시다요"라고 말해 주겠지 싶어 희망을 걸었다. 그러나 피터는 돌아보지도 않았다. 그는 진심으로 레트 버틀러를 싫어하고 있었던 것이다. 피티도 그걸 알고 있었다. 그래 그녀는 한숨을 쉬고 말했다.

"그래요 돌리, 당신이 그렇게 생각하신다면……."

"그렇게 생각하고말고요."

메리웨더 부인은 딱 잘라 말했다. "대체 무엇 때문에 당신이 그 남자를 환영했는지 모르겠군요. 오늘 이런 일이 있은 이상 이제 그 남자를 환영해 줄 집은 한 집도 없어요. 뭐든지 좋은 구실을 붙여서 들락거리지 못하게 하세요."

그러고 나서 그녀는 젊은 두 여자에게 험악한 시선을 던지며 말을 이었다. "당신들 두 사람도 내가 한 말을 잘 기억해 두세요. 그 남자를 추어올리다니 당신들한테도 나쁜 점이 있어요. 그 남자의 방문과 매국적인 언동은 당신들 가정에서 원하는 바가 아니라고 예의를 잃지 않을 정도로 딱 잘라 말하세요."

스칼렛은 아까부터 뱃이 잔뜩 뒤틀리고 있었다. 조금이라도 다른 손으로 고삐를 당기면 곧 날뛰는 사나운 말처럼 금방이라도 꽥 소리칠 것 같았다. 그렇지만 입을 여는 것이 두려웠다. 메리웨더 부인이 또 어머니에게 편지를 보낼지도 모르는 위험을 감당할 수는 없었다.

'이 물소 할멈 같으니!' 그녀는 생각했다. 화를 누르느라고 이마가 새빨갛게 됐다. '당신을, 그리고 당신의 그 잘난 체하는 태도를 내가 어떻게 생각하고 있는지 사실대로 얘기했으면 참 통쾌하겠는데.'

"나라의 대의에 대해 그따위 매국적인 언사를 쓰다니 참 오래 살다보니 별꼴을 다 보겠군요." 아까부터 의분을 끓어올리면서 메리웨더 부인은 계속 떠들었다. "나라의 대의가 옳고 신성하다고 생각하지 않는 사람은 모두 교수형에 처해야만 해요. 당신들 두 사람도 또다시 그 남자와 이야기를 나누더라는 소문이 내 귀에 들리지 않도록 해 주세요. 아니 멜라니, 어디가 좋지 않아요?"

멜라니의 얼굴은 창백해진 채 눈만 커다랬다.

"저는 앞으로도 그분과 얘기하겠어요." 그녀는 낮은 목소리로 말했다. "그분에게 실례되는 일은 할 수 없어요. 드나들지 못하게도 할 수 없구요."

메리웨더 부인은 마치 주먹으로 호되게 얻어 맞아 폐가 터지기라도 한 듯 한 숨을 뚝 그쳤다. 피티는 두툼한 입술을 딱 벌리고 있고, 피터 영감은 몸을 돌려 멜라니를 빤히 바라보았다.

'어째서 저런 말을 나는 생각해 내지 못했을까.' 스칼렛은 질투와 감탄이 뒤

섞인 마음으로 생각했다. '어떻게 이 작은 토끼가 메리웨더 할멈에게 대들 용기가 생겼을까.'

멜라니의 손은 부들부들 떨리고 있었지만, 우물쭈물하고 있으면 용기가 사라져 버릴까 겁내는 듯 서둘러 덧붙였다.

"그분이 그런 말을 했다고 해서 저는 예의를 잃고 싶지는 않아요……. 그건…… 그분이 그런 말을 큰 소리로 하는 것은 예의없는 짓이고 아주 분별없는 행동이긴 하지만, 그러나…… 그분이 말씀하신 것은 애쉴리가 생각하고 있는 것과 똑같아요. 남편의 생각과 같은 것을 생각하는 사람의 출입을 막는다는 것은 저로선 불가능해요. 그건 부당한 일이에요."

메리웨더 부인은 숨을 내몰아 쉬고 다시 공격을 시작했다.

"멜라니 해밀턴, 내 평생 그런 거짓말은 들어본 적이 없어! 윌크스 집안에는 아직 한 사람도 그런 비겁자가 나온 일이 없어……."

"애쉴리를 비겁자라고 생각한 적은 없어요." 말하는 멜라니의 눈이 빛났다. "애쉴리는 버틀러 선장이 생각하고 있는 것과 같은 걸 생각하고 있다고 말씀드린 거죠. 단지 두 사람은 겉으로 드러내는 방법이 틀릴 뿐이에요. 애쉴리는 음악회 같은 데서 자기의 의견을 떠벌리거나 하지는 않을 거라고 생각해요. 하지만 편지로는 저에게 말하고 있어요."

양심에 찔리는 기억이 있는 스칼렛은 찔끔하면서 멜라니가 이런 말을 하는 애쉴리의 편지에 어떤 것이 씌어 있었던가 떠올려 보려 했다. 그러나 대개의 편지는 읽고 나면 금방 머리에서 사라져 버렸다. 그래서 멜라니의 머리가 혹시 어떻게 된 거나 아닌가 하는 정도로밖에 생각되지 않았다.

"애쉴리는 편지에서, 우리가 북부 사람들과 싸우지 말았어야 한다고 했어요. 그리고 또 달콤한 선동이나 편견을 입에 올리는 정치가나 연설가에 속아 전쟁으로 끌려 들어가고 말았다고도 했어요." 멜라니는 빠른 투로 계속했다. "이 전쟁이 우리에게 끼친 고난을 보상할 것은 이 세상에 아무것도 없다는 말도 했어요. 또 거기에는 영광도 아무것도 없다, 단지 비참하고 추악함만이 있을 뿐이다라고도 말했어요."

'아, 그 편지군. 그게 그런 뜻이었나?' 스칼렛은 생각했다.

"그런 건 믿을 수 없어." 메리웨더 부인은 단호하게 말했다. "너는 애쉴리를 오해하고 있는 거야."

"저는 애쉴리를 한 번도 오해한 적이 없어요." 멜라니는 조용히 대답했지만 그 입술은 떨리고 있었다. "저는 그이를 완전히 이해하고 있어요. 그이가 말하는 것은 버틀러 선장이 한 말과 똑같아요. 다만 남편은 난폭한 표현을 하지 않았을 뿐이에요."

"애쉴리 윌크스 같은 훌륭한 인물을 버틀러 선장 같은 건달과 비교하다니 너는 자기 자신이 부끄럽게 생각되지 않니? 그렇다면 너까지 나라의 대의가 시시한 것이라고 생각하는 게 아니냐?"

"전…… 전 제 생각을 모르겠어요." 멜라니는 분명치 않은 투로 말했다. 타오르던 불길이 꺼져 버린 뒤에는 너무 많은 이야기를 했다는 고통만이 남아 있었다. "저도 애쉴리와 똑같이 대의를 위해 죽을 수 있어요. 하지만…… 저는…… 생각하는 것은 남자들에게 맡기기로 했어요. 남자분들이 훨씬 머리가 좋으니까요."

"그런 얘기는 들어본 일이 없어." 메리웨더 부인은 콧소리를 흥 냈다. "세워 줘요, 피터 할아범. 우리집을 지나치지 않았소."

피터 영감은 등 뒤의 이야기에 정신이 팔려 메리웨더 댁 앞을 지나치고 만 것이다. 그는 마차를 돌렸다. 메리웨더 부인은 폭풍 속의 돛처럼 보닛의 리본을 나부끼며 마차에서 내렸다.

"후회할 겁니다요." 피터 영감은 말에 채찍을 후려쳤다. "아씨들께선 부끄럽다고 생각되지 않습니까요. 피티 마님께 걱정을 끼쳐 드리다니."

"난 걱정 같은 것 안 해." 피티가 그런 대답을 하리라고는 뜻밖이었다. 왜냐하면 그보다 더 하잘것없는 걱정거리로 기절한 일이 한두 번이 아니었기 때문이다. "멜라니, 네가 그런 말을 한 것도 나를 역성들기 위해서라는 것을 알고 있다. 정말이지 돌리의 콧대를 꺾어 주어서 가슴이 다 시원하다. 무슨 대장이나 된 것처럼 으스대니까 말야. 어떻게 그런 용기가 났니? 하지만 애쉴리 말만은 그렇게 하지 않는 게 좋지 않았을까?"

"하지만 사실인걸요." 멜라니는 대답하고 흐느껴 울기 시작하였다. "그리고 남편이 그런 생각을 해도 전 부끄럽지 않아요. 전쟁은 모두 잘못된 거지만 어쨌든 자기는 싸우다 죽을 각오라고 그이는 생각하고 있어요. 그 편이 옳다고 생각하는 것은 싸우는 것보다 훨씬 많은 용기가 필요할 거예요.”

“저, 멜라니 아씨. 피치트리 거리 한복판에서 울고 그러시면 안 됩니다요.” 피터 영감은 말을 급히 몰면서 혀를 찼다. “세상 사람들이 흉봅니다요. 집에 돌아가실 때까지 참으세요.”

스칼렛은 한 마디도 하지 않았다. 멜라니가 위로를 받으려고 손바닥에 살며시 밀어넣는 손을 꼭 쥐여 주려고도 하지 않았다. 그녀가 애쉴리의 편지를 읽은 데는 단 한 가지의 목적밖에 없었다. 그가 지금도 자기를 사랑하고 있는 증거를 잡고 싶었던 것이다. 그러나 멜라니는 스칼렛이 거의 알 수 없는 편지의 말에 새로운 의미를 부여한 것이다. 애쉴리 같은 완전무결한 사람이 레트 버틀러 같은 망나니와 같은 생각을 할 수 있었다는 사실이 그녀에게 커다란 충격을 주었다. 스칼렛은 생각했다. ‘저 두 사람은 전쟁의 진상을 알고 있는 것이다. 다만 애쉴리는 그것을 위해 죽을 각오를 하고 있지만, 레트는 그렇지가 않다. 그만큼 레트는 영리한 것이다.’ 그녀는 순간 생각을 멈추고 애쉴리에 대해 그런 식으로 생각하는 자기에게 깜짝 놀랐다. ‘저 두 사람은 똑같이 무서운 진상을 꿰뚫어 보고 있다. 그러나 레트는 그것을 정면에서 바라보고 그 진상을 지껄여 대어 남을 화나게 하고 있다. 그런데 애쉴리는 그것에 정면으로 맞설 용기조차 없는 것이다.’

그렇게 생각하자 뭐가 뭔지 아무것도 알 수 없이 되고 말았다.

13

메리웨더 부인의 선동으로 미드 박사는 신문에 투고하는 형식으로 행동을 개시했다. 그 속에는 레트의 이름은 들어 있지 않았지만, 그라는 것을 뚜렷이 알 수 있었다. 편집장은 이 기고의 사회적인 극적 효과를 직감하여 신문 제2면에 실었다. 2면에 냈다는 것은 놀랄 만한 결단이었다. 왜냐하면 1면과 2면은 언제나 노예·노새·쟁기·관·매매 및 대여·남에게 말할 수 없는 병의 치료약·낙태약·정력 강장제의 광고로 채워져 있었기 때문이다.

박사의 기고가 불씨가 되어 투기꾼·폭리 획득자·어용상인에 대한 불만의 소리가 남부 전체에서 일어났다. 찰스턴 항구는 사실상 북군의 포함에 봉쇄되어 있었으므로 봉쇄 돌파의 배가 입항하는 건 월밍턴으로 한정되었는데, 그곳의 추문은 이미 공공연한 것이 되어 있었다. 투기꾼들이 현금을 쥐고 윌밍턴에 몰려들어 뱃짐을 전부 사고 물가를 올리기 위해 그것을 움켜잡고 있었다. 물가는 영락없이 뛰었다. 필수품이 갈수록 모자라는 데 따라 물가는 달마다 뛰어오르기 때문이었다. 일반 시민들은 없이 살든가 아니면 투기꾼이 부르는 값대로 주고 살 수밖에 없었다. 빈민이나 중산계급은 날로 심각해지는 생활난에 허덕이고 있었다. 물가가 올라감에 따라 남부동맹의 지폐 가치는 형편없이 떨어졌다. 그리고 그 폭락에 따라 사치품에 대한 이상한 갈망이 높아갔다. 봉쇄 밀수꾼들은 필수품을 수입하도록 명령을 받고 있었고, 사치품의 거래는 부업 정도로 허가되어 있었다. 그렇지만 이제는 남부동맹이 절대적으로 필요한 건 다 젖혀놓고 값이 비싸질 사치품들만 배에 가득 싣고 오는 것이었다. 내일은 또 물가가 오를 것이고 돈 가치는 떨어질 거라고 겁낸 사람들은 꼭 미치광이처럼 사치품들을 사들였다.

설상가상으로 윌밍턴에서 리치먼드에 이르는 철도가 겨우 하나밖에 없어 숱한 밀가루와 베이컨이 미처 수송되지 못해 도로변에서 썩고 있었다. 그에 반하여 주류, 견직물류, 커피 따위를 매점한 투기꾼들은 늘 윌밍턴에서 하루 이틀 뒤면 리치먼드에 닿게 할 수 있었다. 이제까지 뒤에서 소곤소곤 말하던 소문이 드디어 공공연하게 떠돌게 되었다. 레트 버틀러가 자기 소유의 배 네 척을 동원하여 일찍이 없었던 높은 값으로 그 뱃짐을 팔고 있을 뿐만 아니라 다른 사람의 뱃짐까지 매점하여 물가를 올리기 위하여 독점하고 있다는 것이었다. 또 그는 백만 달러 이상의 자금을 가진 한 패의 대장이 되어 배의 짐을 부린 그 자리에서 봉쇄 밀수 상품을 매점하기 위해 윌밍턴을 그 본거지로 삼고 있다는 풍문도 있었다. 윌밍턴과 리치먼드 두 도시에 수십 개의 창고를 갖고 있다는 둥, 창고에는 값이 오르기를 기다리는 식량과 의류들로 꽉 들어차 있다는 둥, 별의별 소문이 다 떠돌았다. 병사가 됐건 시민이 됐건 모두 가난에 허덕이고 있을 때였으므로 버틀러와 그 일당인 모리배에 대한 시민들의 분노는 대단했다.

'남부동맹 해군의 봉쇄 돌파선 중에는 충성과 애국의 용사가 많이 근무하고 있다.' 박사가 신문에 기고한 편지 맨 마지막에는 이렇게 씌어 있었다. '그들은 남부동맹의 승리를 위해 자기의 생명과 재산을 걸고 있는, 욕심이란 조금도 없는 사람들이다. 그들은 모든 충성된 남부인들의 마음속 깊이 존경을 받고 있고, 그 누구도 그 위험의 보상으로 얻는 얼마 안 되는 금전적 이익에 불평하지는 않는다. 그들은 사사로운 욕심이 없는 신사이고, 우리는 존경을 바치고 있다. 이런 분들에 대해 나는 말하고 있는 것이 아니다.

그런데 그 가운데 악당이 있는 것이다. 그들은 봉쇄 돌파자의 가면을 쓰고 사리사욕을 탐내고 있다. 나는 가장 위대한 대의를 위해 싸우고 있는 사람들의 의분과 복수가, 우리 병사가 퀴닌 부족으로 죽어가는 이 마당에 새틴이나 레이스를 수입하고, 우리 병사가 모르핀 부족으로 괴로워하는 이때 차나 술을 실어들이는, 이들 인간의 탈을 쓴 탐욕스런 독수리들 위에 내려지기를 원한다. 나는 이들 흡혈귀를 증오한다. 그들은 로버트 리 장군 밑에서 싸우고 있는 병사들의 피를 빨아먹고 있는 것이다. 봉쇄 밀수라는 그 이름만으로도 모든 애국자의 가슴을 메스껍게 만들고 있는 이 무리를 나는 저주한다. 우리 장병들이 맨발로 전장을 뛰어다닐 때, 에나멜 부츠를 신고 우리 사이를 누비는 독수리들을 어떻게 참고 견디겠는가. 우리 병사들이 모닥불 앞에서 곰팡이 핀 베이컨을 뜯으며 몸을 떨고 있을 때, 샴페인을 마시고 파테를 먹는 그들을 어떻게 용인할 수 있겠는가. 나는 모든 충성된 남부동맹 여러분에게 호소한다. 이런 무리들을 몰아내자고.'

애틀랜타 시 사람들은 이 기사를 읽고 마침내 신의 계시가 내렸다고 생각했다. 그리고 충성스런 남부동맹의 한 사람으로 허둥지둥 레트를 추방하였던 것이다.

1862년 가을에 그를 맞이하던 모든 가정에서 1863년이 되고 나서도 그가 드나들 수 있었던 집은 겨우 피티팻의 집 정도였다. 만일 멜라니가 없었다면 아마 이 집에서도 맞아들이지 않았으리라. 피티 고모는 그가 시에 찾아오면 언제나 속을 끓였다. 그의 방문을 허락하면 주위 사람들이 뭐라고 할지 잘 알고 있었지만, 집에 드나들면 곤란하다는 말을 그에게 할 용기는 없었던 것이다. 버틀러가 애틀랜타에 왔다는 소식을 들을 때마다 그녀는 두툼한 입술을 꽉 다물고 자기가 현관에서 만나 선걸음에 쫓아버리고 말겠다고 젊은 두 여인에게 말하지만, 그가 조그만 선물이라도 들고 나타나 교묘한 말솜씨로 비위를 맞추면 곧 누그러지고 마는 것이었다.

"이젠 어떻게 해야 좋을지 모르겠다." 그녀는 한숨을 길게 내쉬었다. "그 사람에게 조금이라도 얼굴을 보이면…… 자칫 싫은 소리를 잘못 했다간 무슨 짓을 당할지 그게 무서워 죽겠어. 아무튼 무척 평이 나쁜 사람이니까 말야. 나를 때릴지도 몰라. 아니면…… 아, 찰스가 살아 있기만 하다면. 스칼렛, 네가 말해야 한다. 어떻게 좋은 말로 두 번 다시 오지 않게 말해라. 정말이다. 네가 그 사람을 버릇없게 만들고 있는 거야. 온 동네에서 시끄럽게 말들을 하고, 게다가 너의 어머님께서 아시면 어머님은 내게 뭐라고 하시겠니? 멜라니, 너도 너무 친절하게 대해 주면 안 된다. 쌀쌀맞게 대하면 그 사람도 알 게 아니냐. 아, 멜라니, 헨리에게 편지를 써서 버틀러 선장에게 말해 달라고 부탁하는 편이 좋지 않을까?”

“아뇨, 안 돼요.” 멜라니는 말했다. “그리고 저는 그분에게 실례되는 짓을 하고 싶지 않아요. 모두들 버틀러 선장이라면 머리가 이상해지고 겁쟁이가 되는 거예요. 저는 미드 박사나 메리웨더 부인이 말씀하시는 것처럼 그가 그렇게 악인이라고는 생각하지 않아요. 굶어 죽어가는 사람들에게는 먹을 것을 나누어 주는 분이라고 생각해요. 고아원에 기부해 달라고 저에게 백 달러나 주지 않았겠어요? 그분도 역시 우리와 마찬가지로 충성심과 애국심을 가지고 있는 거예요. 단지 너무 고집을 부리느라 자기를 변명하지 않는 거라고 생각해요. 남자가 고집을 부리게 되면 얼마나 외고집이 되는지 그건 고모님도 잘 아시잖아요.”

피티 시고모는 남자에 대해서는 고집을 부리느니 어쩌느니 하는 말을 들어도 아무것도 몰랐다. 그래서 포동포동한 작은 손을 불안하게 저을 뿐이었다. 스칼렛은 벌써 오래전에 어떤 사람에게서도 장점을 찾아내는 멜라니 성격에 두 손을 번쩍 든 형편이었다. 멜라니는 바보다. 그러나 도저히 어떻게 할 수 없다고 체념했던 것이다.

스칼렛은 레트에겐 애국심 같은 것이 없음을 알고 있었다. 그리고 그렇게 인정하느니 차라리 죽는 편이 낫다고 생각하고 있었지만, 실은 그녀에게 그런 것은 아무래도 좋았다. 그가 나소에서 가져다주는 작은 선물, 숙녀가 예의를 가지고 받아도 좋은 사소한 선물이 오히려 그녀에겐 커다란 관심거리였다. 이렇게 물가가 오른다면 그의 출입을 막는 날에는 대체 어디서 바늘이라든가 봉봉 과자, 머리핀 따위를 손에 넣을 수 있단 말인가. 피터 고모에게 책임을 전가시키는 문제없었다. 피터 고모는 뭐니뭐니해도 이 집의 가장이고, 자기들의 보호자이며 품행의 결정권자이기 때문이다. 시내 사람들이 레트의 방문에 대해, 그녀 자신에 대해 쑥덕거리고 있는 것을 그녀는 알고 있었다. 그러나 또 그녀는 애틀랜타 시민들이 멜라니 윌크스는 잘못을 저지를 사람이 아니라고 본다는 것도 알고 있었다. 그러므로 멜라니가 레트를 두둔하는 한 그가 찾아와도 세상에선 얼마쯤 경의를 가지고 본다고 생각해도 크게 틀리지 않다고 안심하고 있었던 것이다.

그렇긴 해도 레트가 저 이단자 같은 태도만 버린다면 인생이 훨씬 유쾌할 것이라고 생각했다. 그렇게 되면 그와 함께 피치트리 거리를 걷고 있을 때도 모두가 그를 보고도 못 본 척하는 불쾌한 꼴은 당하지 않으리라.

"그런 걸 생각한다고 꼭 입 밖에 낼 필요는 없잖아요." 그녀는 불평했다.

"아무리 멋대로 생각해도 가만히만 있으면 뭐든지 순조롭게 되어 갈 텐데."

"그게 당신의 방식이라는 거요, 초록 눈의 위선자 씨. 스칼렛, 스칼렛! 나는 당신이 좀더 대담하게 행동하길 바랐소. 아일랜드 사람이란 무엇이든지 하고 싶은 말은 다 하고 그 결과 같은 것은 아랑곳하지 않는 줄로만 알았소. 진실을 말하시오. 묵묵히 속에 감추어 두면 당장 자신이 펑 터져 버릴 것같이 느껴지지 않소?"

"글쎄요…… 그래요." 스칼렛은 마지못해 시인했다. "아침이고 낮이고 밤이고 나라를 위해서라고 모두들 말하는 걸 듣고 있으면 정말 진절머리가 나요. 하지만 말이죠, 레트 버틀러 씨, 그런 말을 하면 아무도 나와 말을 하지 않게 되고 나와 춤을 춰 주는 청년도 없게 될 거예요."

"아, 그렇군. 어떠한 희생을 치르고라도 춤은 춰야 할 테니까요. 당신의 참을성에는 감탄했소. 나는 도저히 그럴 수 없소. 아무리 그게 좋다고 해도 낭만 애국주의의 가면을 쓰고 태연할 수는 없소. 자기가 가지고 있는 전 재산을 걸고 봉쇄 밀수를 해서 이 전쟁이 끝났을 때는 거지가 되는 어리석은 애국자들도 꽤 많이 있을 거요. 그들의 애국에 대한 공적을 빛내기 위해, 또는 빈민의 수를 늘리기 위해 나를 그들 속에 넣을 필요는 없을 거요. 그들에게는 명예만 안겨 주면 되는 거요. 이건 진심으로 하는 말인데 그들은 그만한 가치가 있으니까. 그리고 고작 일 년쯤 지나면 그들이 소유하는 것이란 단지 명예뿐일 거요."

"이제 곧 영국과 프랑스가 우리 편을 들어 준다는 것을 잘 알고 계시면서 어쩌면 그런 말씀을 하세요. 너무 심하다고 생각해요. 그리고……."

"아니 스칼렛, 당신은 신문을 읽고 계신 모양이군요. 이건 놀랐는데? 하지만 이제 신문 같은 건 읽지 마시오. 그건 여자의 머리를 복잡하게만 할 뿐이오. 당신이 알고 있는 정보는, 내가 영국에 있었던 것이 한 달도 안 됐으니까 틀리지는 않소. 그건 이렇소. 영국은 절대로 남부동맹을 돕지는 않을 거요. 영국은 결코 지는 놈에게 돈을 걸지 않소. 그게 영국이라는 나라요. 게다가 옥좌에 앉아 있는 네덜란드 여자[3]는 무척 신앙심이 깊고, 노예 제도를 인정하지 않는 사람이오. 그러니까 영국의 방직공장 직공들이 아무리 우리 목화가 들어가지 않아 일거리가 없고 굶어 죽을 지경이 됐다고 해도 노예 제도를 지키기 위해 양키에게 한 대 먹이거나 하는 짓은 절대로 하지 않을 거요. 또 프랑스만 하더라도, 저 나폴레옹의 빈약한 아류 같은 사나이는 멕시코에 있는 프랑스 군을 지키기에 바빠 우리의 문제에 머리를 쓸 여유가 없소. 사실 나폴레옹 3세는 이 전쟁을 환영하고 있소. 왜냐하면 우리가 전쟁에 여념이 없어 그의 군대를 멕시코에서 몰아낼 이유가 없기 때문이오……. 이봐요 스칼렛, 외국으로부터 원조가 있을 것이라는 생각 같은 건 남부의 사기를 북돋우기 위해 그냥 신문이 꾸며낸 거요. 남부동맹의 운명은 벌써 정해져 있소. 지금은 그저 낙타처럼 자기 등의 혹을 먹고 생명을 이어나가고 있을 뿐이오. 아무리 큰 혹이라도 언제인가는 사라지고 말 것이오. 나는 앞으로 이제 여섯 달쯤 봉쇄 밀수를 하고 발을 뺄 작정이오. 그 이상하면 위험해요. 그냥 계속할 수 있다고 생각하는 바보 같은 영국 놈들에게 배를 팔아넘기겠소. 어느 쪽이 어떻게 되든 상관없소. 돈은 충분히 생겼겠다, 영국의 은행에 모두 금화로 맡겼소. 남부동맹의 가치 없는 지폐 같은 건 내겐 아무 필요가 없소."

그가 말을 하면 뭐든지 그럴듯하게 들렸다. 다른 사람이면 그의 말을 매국적이라고 할지 모르겠지만, 스칼렛에겐 언제나 상식과 진실이 있는 것처럼 생각되었다. 그런 일은 터무니없는 소리라고 깜짝 놀라고, 또 크게 화를 내야 한다는 것은 알고 있었지만, 사실은 그렇게 놀라지도 노하지도 않았다. 단지 그런 척은 할 수 있었다. 그러는 편이 훨씬 훌륭하고 숙녀답게 느껴졌기 때문이다.

---

3) 영국 여왕 빅토리아.

"미드 박사가 당신에 대해서 쓴 말씀은 옳았다고 생각해요, 버틀러 선장님. 자기의 잘못을 속죄하기 위해서는 배를 팔아 군대에 지원하는 길밖에 없을 거예요. 당신은 육군사관학교에 계셨다고 하고, 또……."

"당신의 말은 마치 침례교회의 전도사가 군대를 모집할 때 쓰는 설교 같군. 이를테면 말이오, 자기 죄를 속죄할 생각이 없다면 어떻게 하겠소. 나를 추방한 사회제도를 지지하기 위해 내가 싸워야 할 이유가 있을까요? 그런 제도 같은 긴 짓밟히는 것을 보는 게 니에겐 훨씬 유쾌히오."

"그런 제도는 들어보지 못했어요." 그녀는 토라진 것처럼 말했다.

"못들어봤다고요? 아니 일찍이 내가 그랬던 것처럼 그 일부가 아니었소? 내기를 해도 좋소. 딩신이 나 이상으로 그런 제도를 좋아하지 않다는 것을 말이오. 왜 내가 버틀러 집안에서 추방됐는지, 그게 그 때문이란 말이오. 달리 이유가 없소. 나는 찰스턴과 성격이 맞지 않았고, 또 맞을 수도 없었소. 찰스턴은 남부의 축소판 같은 곳이오. 그래도 당신은 그곳이 얼마나 까다로운 곳인지 모를 거요. 단지 옛날부터 내려오는 습관이라는 이유만으로 하지 않으면 안 되는 일이 산더미같이 많소. 같은 이유로 전혀 해도 없는데도 해선 안 되는 일이 얼마든지 있소. 참 하잘것없는 일로 화난 적이 한두 번이 아니오. 당신도 아마 들어서 알고 있겠지만, 그 젊은 아가씨하고 결혼하지 않은 것도 더 이상 견딜 수 없는 한계에 다다랐기 때문이오. 사고 때문에 어두워지기 전에 그 사람을 집에 돌려보내지 않았다는 단지 그 이유 하나만으로 따분하고 바보 같은 여자와 결혼해야 된다는 까닭이 어디 있소. 내 솜씨가 훨씬 나은데도 그 여자의 성난 오빠 손에 걸려 일부러 맥없이 죽어야 되는 이유가 어디 있소. 내가 신사였다면 그 사나이에게 죽어 줘야 했을 것이고 그렇게 했으면 버틀러 집안의 체면도 더럽혀지지 않았겠죠. 하지만 나는 살고 싶었소. 그래서 이렇게 살았고 또 즐겁게 지내왔던 거요……. 찰스턴의 신성한 우상을 숭배하며 그 속에 살고 있는 형을 생각하고, 형의 따분한 부인이나 성 세실리아 무도회, 앞으로 영원히 변하지 않을 논 같은 것을 생각하면 그따위 제도와 인연을 끊기를 잘했다고 생각하오. 스칼렛, 우리의 남부 생활양식은 중세 봉건제도와 조금도 다름없이 뒤떨어져 있소. 이상한 것은 그것이 어떻게 오늘날까지 이어져 내려왔나 하는 것이오. 훨씬 전에 멸망했어야 하고, 또 현재 멸망돼 가고 있는데도 당신은 미드 박사 같은 남부의 사명이 옳고 신성하다고 부르짖는 연설쟁이 말에 내가 따라야 한다고 생각하는 거요? 북소리에 흥분하여 총을 움켜잡고 버지니아 전선으로 뛰어들어가 리 장군을 위해서 피를 흘려야 된다고 생각하는 거요? 도대체 나를 어떤 종류의 천치로 아는 거요? 나를 매질한 채찍에 키스하는 것 같은 재주는 나하고 인연이 멀다오. 지금은 남부와 나는 그야말로 피장파장이오. 남부는 일찍이 나를 굶겨 죽이려고 내동댕이쳤었소. 하지만 나는 굶어 죽지도 않았고 나의 잃어버린 본디 권리를 되찾기 위해 남부의 단말마의 고통 속에서 톡톡히 돈을 벌고 있는 거요.”

“당신은 비도덕적이고 돈 버는 데만 관심이 있는 욕심쟁이군요.” 스칼렛은 말했지만 그 말은 기계적으로 나온 것에 지나지 않았다. 버틀러의 얘기는 대부분 오른쪽 귀에서 왼쪽 귀로 흘려버리고 있었다. 자기에게 관계 있는 이야기가 아니면 늘 그랬던 것이다. 그렇지만 일부분만은 알았다. 확실히, 훌륭하다고 하는 사람들의 생활에는 그런 어리석은 것이 잔뜩 있었다. 자기 마음이 무덤에 들어가 있지도 않은데 들어가 있는 척해야 한다. 바자에서 춤을 췄을 때, 모두의 놀라움은 어떠했던가. 뭘 하든가 말할 때마다 그것이 다른 젊은 여자들이 말하는 것과 조금만 다르면 모두들 성이 난 것처럼 눈살을 찌푸렸다. 하지만 그러면서도 무엇보다 진저리를 내고 있는 그 인습에 대해 그가 공격하는 것을 들으면 왠지 못마땅했다. 예의 바르고 자기 감정을 얼굴에 나타내지 않는 사람들 속에서 너무 오래 살아왔으므로 자기 생각을 남의 말로 나타내는 것을 들으면 불안해지는 것이었다.

“욕심쟁이라고요? 아니오, 내겐 단지 앞을 내다보는 눈이 있을 뿐이오. 어쩌면 그것이 욕심쟁이라는 말과 같은 뜻이 될지 모르겠지만, 적어도 나만큼 앞을 내다볼 수 없는 녀석들은 욕심쟁이라고 할 테지. 충성스런 남부동맹의 앞잡이라도 1861년에 현금으로 1천 달러 갖고 있었다면 내가 한 것만큼은 했을 거요. 그런데 말이오, 자기의 기회를 잡을 만큼 타산적인 인간은 그야말로 가뭄에 콩 나듯이 드문 거요. 예를 들어 섬터 요새의 함락 직후 봉쇄가 아직 엄중해지기 전에 나는 몇 천 상자의 목화를 헐값으로 사서 그걸 영국에 보냈소. 그건 리버풀 창고에 넣은 채 아직 팔지 않고 놔두고 있는데, 영국의 방직공작이 목화가 절실히 필요해 이쪽이 부르는 값으로 살 때까지 내놓지 않을 작정이오. 1파운드에 1달러로 거래하게 된 대도 난 놀라지 않을 거요.”

“목화 1파운드에 1달러가 되면 코끼리가 나무에 오를 거예요.”

“아니오, 틀림없이 1달러가 됩니다. 벌써 1파운드당 72센트까지 올라갔으니까요. 이 전쟁이 끝났을 때는 나는 큰 부자가 되어 있을 거요. 그 이유는 내가 앞을 내다보는 눈, 아니 실례, 내 욕심만 채워 왔기 때문이오. 언젠가 당신에게 말한 일이 있습니다. 큰 돈을 잡을 기회는 두 번 있다고. 한 번은 나라가 설 때, 또 한 번은 나라가 망할 때. 나라가 설 때는 천천히 돈이 벌리지만, 일확천금은 망할 때입니다. 내 말을 잘 기억해 두시오. 언젠가 당신에게 도움이 될 지도 모르니까.”

“훌륭하신 충고 대단히 감사합니다.” 스칼렛은 한껏 비꼬는 소리로 들리게 말했다. “하지만 모처럼의 충고인데 미안하게 됐군요. 제 아버지가 뭐 그렇게 가난뱅이라고 생각하시나요? 아버지에게는 제가 필요한 재산도 있고, 더욱이 찰스의 유산도 있어요.”

“프랑스 혁명 당시의 귀족들도 사형수의 호송마차에 올라탈 때까지 그것과 비슷한 생각을 하고 있었지요.”

레트는 곧잘 스칼렛에게 사교적인 활동을 하면서 검은 상복을 입고 있는 건 모순이라고 지적하고 있었다. 그는 화려한 빛깔을 좋아했다. 스칼렛의 상복과 보닛에서 발꿈치까지 늘어져 내려와 있는 크레프드신 베일은 그를 웃기기도 했고 또 불쾌하게도 만들었다. 그러나 그녀는 그 우중충한 검은 옷과 베일만은 고수하며 벗지 않았다. 앞으로 몇 년 더 기다리지 않고 화려한 옷으로 갈아입으면, 지금도 세상이 시끄러운 데 그보다 시끄러우리라는 것을 뻔히 알고 있었기 때문이다. 그리고 또 어머니에게는 뭐라고 변명할 것인가.

크레프드신 베일은 까마귀 같고, 검은 옷은 10년이나 늙어 보인다고 버틀러는 거침없이 말했다. 이 예의없는 말은 그녀를 거울 앞으로 달려가게 했다. 그리고 정말 열여덟이 아닌 스물여덟으로 보이나 하고 들여다보았다.

“메리웨더 부인을 닮으려고 애쓰시는 겁니까? 당신에게는 좀더 자존심이 있다고 알고 있었는데요.” 그는 놀렸다. “그리고 전혀 마음에도 없는 슬픔을 나타내려고 그런 베일을 쓴다는 건 악취미입니다. 내가 당신과 내기를 해도 좋소.

두 달 안에 당신 머리에서 그 보닛과 베일을 벗기고 파리에서 만든 멋들어진 옷을 입혀 보이겠소.”

“정말, 이제 그런 논쟁은 그만둡시다.” 스칼렛은 그가 찰스를 두고 비꼰 것이 짜증이 나 쏘아붙였다. 또 해외로 여행하기 위해 윌밍턴에 갈 채비를 하고 있던 레트는 싱글싱글 웃으며 가 버렸다.

그로부터 몇 주일 지난 어느 밝은 여름날 아침 그가 다시 나타났다. 손에는 멋진 장식이 달린 모자상자를 들고 있었는데, 집 안에 스칼렛 혼자 있는 것을 알자 그것을 열었다.

얇은 종이에 몇 겹이나 싼 최신 유행의 보닛이 나타나자 그녀는 자기도 모르게 “어머나, 멋져!” 소리치면서 그것을 들었다. 새로운 옷 같은 건 손에 만지기는 커녕 구경하기조차 어려웠으므로 그것은 그녀가 보아온 보닛 가운데 가장 예쁜 것처럼 보였다. 그것은 짙은 초록빛 태피터로 엷은 비취색 물결 무늬가 있는 비단 안감을 받친 것이었다. 턱 밑으로 매는 리본의 폭은 그녀의 손바닥만큼이나 넓었고, 그것 역시 엷은 초록빛이었다. 그리고 그 아름다운 모자의 테에 곱슬곱슬하게 댄 것은 아주 맵시 있는 초록빛 타조 깃털이었다.

“써 보십시오.” 레트는 웃으면서 말했다. 그녀는 방을 가로질러 거울 앞에 가서 그것을 머리 위에 가볍게 올려놓고 귀걸이가 보이도록 머리를 쓸어올린 다음 리본을 턱 밑에서 매었다.

“어때요, 어울려요?” 말하면서 그녀는 그에게 보이려고 발 끝으로 팽그르르 돌아 깃털장식이 흔들리도록 머리를 까딱 움직였다. 그러나 그의 눈에 대답을 확인하기도 전에 그녀는 자기가 아름답다는 것을 알았다. 황홀할 정도로 멋져 보였으며, 모자 안 쪽의 엷은 초록빛이 그녀의 눈을 짙은 에메랄드 빛으로 빛나게 했다.

“저, 레트 씨, 이 보닛, 누구에게 줄 거예요? 나, 사고 싶어요. 가지고 있는 돈을 전부 털어서라도 사고 싶어요.”

“당신에게 드리는 겁니다.” 그는 말했다. “그 초록빛이 어울리는 건 당신밖에 아무도 없지 않습니까? 당신의 눈빛을 제가 기억하지 못하리라 생각하십니까?”

“정말 저를 위해 이걸 만들게 하셨어요?”

"그럼요. 거기 상자 위에 '뤼 드 라 페[4]'라고 씌어 있지 않습니까. 아시겠지요?"

뜻 따위는 아무래도 좋았다. 그녀는 거울에 비친 자기 모습을 보고 웃었다. 지금 이 순간은 이 2년 동안 그녀가 쓴 모자 가운데 가장 아름다운 모자가 자기를 얼마나 멋져 보이게 하는지 그것밖에 관심이 없었다. 이 모자가 있으면 어떤 신나는 일이라도 할 수 있다! 그러나 이윽고 그녀의 미소는 사라졌다.

"마음에 들지 않습니까?"

"아, 꿈이에요. 하지만…… 아, 이 예쁜 녹색을 베일로 감추고 이 깃털 장식을 검게 물들여야 하다니, 정말 속상해요."

그는 벌떡 일어나 그녀의 옆으로 다가가 턱 밑에 맨 리본을 확 풀었다. 앗 하는 사이에 모자는 본디 상자 속으로 들어가 버리고 말았다.

"뭐하시는 거죠? 제게 주신다면서요?"

"하지만 상복 모자로 바뀌어서는 곤란합니다. 누군가 제 취미를 아는 초록색 눈의 아가씨를 찾아야지요."

"어머, 안 돼요! 안 주시면 난 죽어 버릴래요. 제발 레트, 짓궂게 굴지 마시고 저에게 주세요."

"드리면 다른 모자처럼 새까맣게 만들 텐데요, 싫습니다."

그녀는 상자를 꽉 붙잡았다. 자기를 이처럼 어리고 아름답게 보이게 하는 멋진 모자를 다른 여자한테 내줄 수 있는가. 순간, 피티와 멜라니가 얼마나 놀랄까 생각했다. 어머니, 어머니가 어떻게 말할까 생각하고는 몸서리를 쳤다. 그러나 허영심 쪽이 훨씬 강했다.

"바꾸지 않을게요. 약속해요. 이제 얼른 제게 주세요."

그는 비웃는 듯한 미소를 띠고 상자를 그녀에게 넘겨 다시 그녀가 머리에 쓰고 맵시를 내는 것을 지켜보았다.

"이거, 얼마예요?" 그녀는 불쑥 묻고 고개를 숙였다. "지금은 50달러밖에 없어요. 하지만 내일이면……."

"남부동맹 지폐라면 아마 2천 달러는 줘야 할 거요." 그는 빙글빙글 웃으면서 그녀의 풀죽은 표정을 보았다.

---

4) 파리의 번화가.

"어머나! 그럼 이렇게 해요. 지금 50달러만 드리고 나머지는······."

"돈 같은 건 필요 없어요. 그건 내가 드리는 선물입니다." 그는 말했다.

스칼렛은 입을 딱 벌리고 있었다. 남자로부터 받는 선물에 대해서만은 극히 엄밀하고 극히 조심스런 경계선이 쳐져 있는 것이다.

어머니 엘렌은 틈있는 대로 곧잘 이렇게 들려주었다.

"과자나 꽃, 그리고 시집이나 앨범이나 플로리다 향수 작은 것 정도가 숙녀로서 신사에게 받아도 좋은 선물이다. 값진 선물은 절대로 안 돼요. 설령 약혼자한테서라도 안 돼. 보석이나 몸에 걸치는 것은 물론, 손수건이나 장갑도 안 된다. 만일 그런 선물을 받으면, 남자는 너를 숙녀로 생각하지 않고 함부로 대하게 된다."

'아이, 어쩌나!' 스칼렛은 우선 거울 속의 자신을 보고, 그러고 나서 무엇을 생각하고 있는지 알 수 없는 레트 얼굴을 보면서 생각했다. '안 받겠다곤 도저히 말할 수 없어. 이렇게 예쁜 걸. 조금 함부로 대하면 어때.' 그래도 그런 생각을 품는 자기가 왠지 무서워져 그녀는 얼굴을 붉혔다.

"전······ 전, 50달러를 치르겠어요······."

"그런 짓 하시면 그걸 시궁창에 처넣고 말겠습니다. 그보다 차라리 그 50달러를 교회에 바쳐 당신의 영혼을 위해 미사라도 드리는 게 나을 걸요. 확실히 당신의 영혼은 두서너 번 미사를 올려야 할 테니까요."

본의 아니게 그녀는 웃었다. 초록빛 모자의 차양 밑에서 웃고 있는 거울 속의 자기 모습이 순간적으로 결심을 하게 만들었다.

"대체 저를 어떻게 하실 작정이세요?"

"당신의 그 소녀 같은 꿈이 완전히 가시고 내 마음대로 될 때까지 예쁜 선물로 유혹할 작정입니다." 그는 말했다. 그리고 어머니의 흉내를 내어 덧붙였다. "얘야, 남자들한테서는 과자하고 꽃밖에는 받아선 안 된다."

그녀는 웃음을 터뜨리고 말았다.

"당신은 머리는 좋아도 마음은 시커먼 악당이군요, 레트 버틀러. 이 모자가 아주 예뻐서 도저히 거절할 수 없다는 것을 알고 계셨죠?"

그의 눈은 그녀의 아름다움을 찬미하면서도 어딘가 조소의 빛을 띠고 있었다.

"그럼 피티 아주머니에게는, 나에게 태피터와 초록 비단을 견본으로 주고 모자의 모양까지 그려 주었더니 결국 50달러쯤 뺏기고 말았다고 말해 두면 되겠군요."

"아니에요, 백 달러라고 하겠어요. 그러면 고모님은 온 동네에 퍼뜨릴 거예요. 그렇게 되면 모두들 몹시 부러워하면서도 제가 지나치게 사치스럽다고 수군거리겠죠. 하지만 레트, 이제 다시는 이런 값비싼 선물을 갖고 오시지 마세요. 친절은 정말 고맙지만, 이제 다시는 아무것도 받지 않겠어요."

"정말입니까. 하지만 나는 내 마음이 내키는 한, 그리고 또 당신의 아름다움을 돋보이게 하는 것이 있는 한 선물을 갖고 오겠습니다. 이번에는 그 보닛에 어울리는 옷을 만들기 위해 물결 무늬가 있는 암녹색 비단을 가져오죠. 그리고 당신에게 경고하는데 이건 친절에서가 아닙니다. 나는 보닛이나 팔찌 따위로 당신을 유혹해 타락시키려는 겁니다. 언제나 이것만은 잊지 말고 기억해 두시오. 나는 무슨 일이고 이유 없이 하지는 않습니다. 아무 보수도 바라지 않고는 결코 하지 않는다는 겁니다. 나는 반드시 보수를 받고 말아요."

그의 검은 눈은 그녀의 얼굴을 유심히 바라보다가 천천히 입술 위에 와 멎었다. 스칼렛은 눈을 내리깔았다. 가슴이 두근거리기 시작했다. 마침내 어머니가 말한 대로 그는 함부로 행동하려 하고 있는 것이다. 키스하려는 걸까, 아니면 키스를 하려는 척하는 걸까. 그녀의 두근거리는 가슴은 어떻게 해야 할지 통 갈피를 잡을 수 없었다. 만일 키스를 거절한다면 그는 곧장 머리에서 보닛을 잡아채 다른 여자에게 주어 버릴지도 모른다. 반대로 만일 잠깐 키스를 허락한다면 또 키스를 할 수 있지 않을까 생각하고 예쁜 선물을 가지고 올지도 모른다. 왜 그런지는 몰라도 남자들이란 키스를 무척 대단한 것으로 여기는 모양이다. 대개 키스를 한 번 하면 남자는 완전히 그 여자에게 빠지고 만다. 만약에 여자가 현명하여 한 번만 키스하고 두 번 다시 못하게 하면 남자는 참으로 우스운 꼴을 연출한다. 레트 버틀러에게 사랑하게 하고 그것을 고백시키고 키스와 미소를 애원하게 만든다면 얼마나 자극적이고 재미있을까. 좋다, 그에게 키스를 허락해 주자.

그런데 그는 키스할 눈치는 보이지 않았다. 그래서 그녀는 속눈썹 아래로 살짝 눈웃음을 보내고 유혹하듯 낮은 목소리로 말했다.

"보수를 꼭 받는다고 하셨죠. 그럼 저에게서 어떤 보수를 받으시겠어요?"

"곧 아시게 될 겁니다."

"이 보닛의 보수로서 제가 만일 당신과 결혼이라도 할 거라고 생각하신다면 그건 거절하겠어요." 그녀는 대담하게 잘라 말하고 유혹하듯 깃털장식이 날리게 고개를 발딱 젖혔다.

그의 흰 이가 짧은 콧수염 아래서 반짝 빛났다.

"부인, 너무 자만하시는 것 같군요. 나는 당신과, 아니 다른 누구와도 결혼할 생각은 없습니다. 나는 결혼할 만한 인간이 못 되니까요."

"저런!" 불의의 공격을 받고 그녀는 소리를 질렀다. 그리고 이렇게 된 바에는 차라리 그에게 어떡하든 마음대로 하게 하리라 결심했다.

"당신에게 키스해 드릴 생각도 없어요."

"그럼 어째서 그렇게 이상하게 입술을 오므리고 있는 겁니까?'

"어머!" 그녀는 거울 속 자기 얼굴을 흘끗 보고 외쳤다. 붉은 입술은 키스를 바라는 모양을 하고 있었다. "어머!" 다시 한 번 소리를 지르고는 화가 잔뜩 나 발로 바닥을 탕 굴렀다. "당신처럼 무서운 사람은 본 일이 없어요. 당신 같은 사람, 이제 다시 보지 않아도 조금도 섭섭하지 않아요."

"정말 그렇게 생각하신다면 그 보닛을 짓밟아 버리는 게 어때요. 아, 정말 멋진 신경질이군. 당신도 알고 있겠지만 당신에게 정말 잘 어울리는군. 자, 스칼렛, 나와 내 선물을 어떻게 생각하고 있는지 그것을 분명히 하기 위해 보닛을 짓밟아 보시죠."

"이 보닛에 누가 손이나 대게 할 줄 아세요." 말하면서 턱의 리본 매듭을 꽉 누르고 그녀는 주춤 뒤로 물러섰다. 그는 뒤로 다가와 가볍게 웃으며 그녀의 양손을 잡았다.

"아, 스칼렛, 당신은 너무 젊소." 그는 말하고는 "모처럼 바라고 있는 모양이니 키스를 해드리지" 하고 아무렇게나 허리를 숙였다. 그의 콧수염이 그녀의 볼에 가볍게 스쳤다. "자, 이래도 숙녀의 품위를 지키기 위해 나를 후려갈겨야 된다고 생각하오?"

반항적인 입 모습을 하고 그녀는 얼굴을 들어 상대의 눈을 바라보다가 그 검은 눈동자 속에 담긴 무척 재미있어 하는 표정을 읽고 그만 웃음을 터뜨리고 말았다. 어쩌면 이렇게도 남을 놀리길 좋아할까. 어쩌면 이렇게 짓궂을까. 그녀와 결혼하고 싶지 않을 뿐만 아니라 키스도 하고 싶지 않다면, 그럼 대체 바라는 게 무엇일까. 그녀를 사랑하는 것도 아니라면 어째서 이렇게 뻔질나게 찾아오고 선물을 주고 그러는 걸까.

"좋아요." 그는 말했다. "스칼렛, 나는 당신에게 나쁜 영향을 주는 남자요. 만일 당신에게 조금이라도 분별이 있다면 나를 쫓아내야만 할 거요. 당신이 그럴 수 있다면 말이오. 그러나 나는 좀처럼 쫓아내기 어려운 남자지. 그렇지만 어쨌든 당신에겐 나쁜 남자요."

"당신이?"

"모르시오? 바자에서 내가 당신과 만난 이래 당신의 생활은 세상의 소문거리가 됐는데, 그 대부분의 책임은 내게 있소. 당신에게 춤을 권한 게 누구였소? 우리의 영광에 넘친 남부의 대의가 영광도 아니거니와 신성하지도 않다고 당신에게 인정하도록 만든 게 누구였소? 요란스런 구호로 외치는 주의를 위해 죽는 놈은 바보라고 당신에게 생각하도록 만든 게 누구였소? 부인들의 소문거리가 되도록 당신을 도운 게 누구였소? 관습을 무시하고 상복을 몇 년이나 일찍 벗기려고 유혹한 게 누구였소? 또 마지막으로 받기만 하면, 누구든 숙녀로서 있을 수 없는 그런 선물을 당신에게 권한 게 누구였소?"

"당신은 지나친 자만심에 빠져 있군요, 버틀러 선장. 전 남에게 그런 손가락질을 받을 만한 짓을 한 기억은 아무것도 없어요. 그리고 당신의 손을 빌지 않았더라도 어차피 저는 그런 것쯤 벌써 하고 있었을 거예요."

"이상한데요." 그는 갑자기 잔잔하고 진지한 표정을 지었다. "내 손을 빌지 않았다면, 당신은 여전히 찰스 해밀턴의 죽음을 슬퍼하고 있는 미망인이고, 부상병에 대한 갸륵한 행위로 세상의 칭찬을 받고 있었을 것이 틀림없소. 그런데 지금은……."

그러나 그녀는 이미 듣고 있지 않았다. 또다시 거울에 비친 모습을 즐거운 듯 바라보며 오늘 오후에는 이 보닛을 쓰고 회복기에 있는 장교들에게 꽃을 가져다주리라 생각하고 있었다.

그가 한 마지막 말이 진실이었다는 것을 그녀는 깨닫지 못했다. 레트가 억지로 그녀의 미망인 생활의 감옥을 열고 해방시켜 벌써 오래전에 사교계 꽃으로

서의 시대가 지나가 버린 그녀를, 미혼 여성들 위에 여왕으로 군림시켰다는 것을 깨닫지 못했다. 또 그의 영향을 받아 어머니의 가르침에서 멀어진 것도 깨닫지 못했다. 변화는 매우 더디게 진행되었으며, 하나의 사소한 세상의 관습을 무시하는 것과 또 다른 관습을 무시하는 것과의 사이에는 아무런 관계도 없는 것처럼 생각되었으므로 어느 것이든 레트하고는 아무 관계도 없는 것처럼 여겨졌던 것이다. 그의 격려가 있었으므로 예절에 관하여 어머니로부터 제지당하고 있는 숱한 훈계와 주의사항을 무시하고, 숙녀로서의 어려운 행동규범을 잊고 있는 줄은 깨닫지 못하고 있었다.

이 보닛이 지금까지 가진 어느 것보다도 가장 잘 어울린다는 것, 더구나 한푼도 치르지 않고 손에 넣었다는 것, 레트야 고백을 하든 말든 어차피 그는 자기를 사랑하고 있는 것이 틀림없다는 것, 그녀의 마음에는 그런 생각밖에 없었다. 그리고 동시에 그에게 꼭 사랑을 고백시킬 방법을 생각하고 있었던 것도 사실이었다.

이튿날 스칼렛은 거울 앞에 서서 빗을 손에 든 채로 입 하나 가득 머리핀을 문 다음 며칠 전 리치먼드에 남편을 만나러 갔다 온 메이벨이 수도[5]에서 한창 유행하고 있다고 한 새로운 헤어스타일을 만들어 보려고 애쓰고 있었다. 그건 고양이·쥐·생쥐 스타일이라고 하는데 무척 힘이 들었다. 머리를 한가운데에서 갈라 머리 양쪽에 각각 크기에 따라 세 개의 롤을 만드는 것인데, 앞쪽의 첫째 롤이 고양이인 것이다. 고양이와 쥐는 쉬운데, 생쥐는 화가 날 정도로 머리핀이 잘 물리지 않았다. 그렇지만 무슨 일이 있어도 꼭 틀어올려야만 했다. 왜냐하면 레트가 만찬에 오게 되어 있는데, 옷이나 머리가 조금이라도 새롭게 달라져 있으면 그는 반드시 관심을 보이고 비평하기 때문이었다.

숱이 많고 뻣뻣한 앞머리와 이마에 땀방울을 흘려가면서 씨름하고 있는데, 2층 복도로 뛰어드는 가벼운 발소리가 들렸다. 멜라니가 병원에서 돌아온 모양이었다. 한 번에 두 단씩 뛰어올라오는 발소리를 듣자 머리핀을 쥔 손이 허공에 멎었다. 뭔가 심상치 않은 일이 일어난 것 같았다. 왜냐하면 멜라니는 언제나 귀족 미망인처럼 얌전히 걷기 때문이었다. 스칼렛이 문을 확 열자 멜라니가 뛰

---

5) 리치먼드는 남부동맹의 수도가 되어 있었음.

어 들어왔다. 얼굴이 새빨갛고 마치 나쁜 짓을 한 어린애처럼 겁에 잔뜩 질려 있었다. 볼에는 눈물 자국이 있고, 리본으로 맨 보닛은 목에 매달렸으며 치마의 후프가 몹시 흔들렸다. 손에 무엇을 잔뜩 움켜쥐고 있었다. 그녀가 들어오자 방 안 가득 향수 냄새가 확 끼쳤다.

"아, 스칼렛!" 소리를 지르고 문을 닫자 그녀는 침대에 몸을 던졌다. "고모님은 아직 안 돌아오셨어요? 안 오신 거죠? 아, 살 됐다. 스칼렛, 나 걱정이 돼 죽을 것 같아요. 하마터면 기절할 뻔 했어요, 스칼렛, 피터 영감이 피티 고모님에게 이른다고 위협하지 않아요, 글쎄."

"뭘 이른다고?"

"나하고 말하고 있던 사람이, 저…… 미스, 아니, 미세스……." 말하다 말고 멜라니는 손수건으로 빨갛게 단 얼굴을 부채질했다. "저 붉은 머리의 벨 와틀링이라는 여자하고 얘기했다고."

"어머, 멜라니!" 스칼렛은 외쳤다. 너무 놀라 그만 눈을 커다랗게 떴다.

벨 와틀링이라는 여자는 그녀가 애틀랜타에 온 첫날 거리에서 본 붉은 머리의 여자로, 지금은 시에서 가장 악명 높은 여자였다. 많은 매춘부가 군대의 뒤를 따라 애틀랜타로 흘러들어 왔지만, 벨은 그 불꽃처럼 빨간 머리칼과 너무 튀는 색깔과 유행을 앞서가는 복장 때문에 한층 두드러졌다. 피치트리 거리라든가 고급 주택가 부근에는 좀처럼 모습을 나타내지 않았지만, 모습을 보이기만 하면 점잖은 부인들은 당황해서 길을 비키고 옆에 가까이 오지 못하게 했다. 그런 여자와 멜라니가 이야기를 했다니 피터 영감이 화를 내는 것도 무리는 아니었다.

"피티 고모님이 아시면 난 죽어 버릴 거예요. 스칼렛도 알다시피 고모님은 곧 울면서 동네 사람들에게 다 말해 버릴 테니까요. 난 망신 당하게 될 거예요." 멜라니는 흑흑 흐느껴 울었다. "내 잘못은 아니에요. 난, 난 그 사람한테서 도망칠 수가 없었어요. 그런 건 참 실례거든요, 스칼렛. 난, 난 그 사람이 불쌍하다고 생각했어요. 그렇게 생각한 게 잘못일까요."

그러나 스칼렛에게는 그 일의 도덕성 같은 건 아무래도 좋았다. 그녀도 역시 많은 철없는 양갓집 젊은 아가씨들처럼 매춘부에 대해 걸신들린 듯한 호기심을 가지고 있었던 것이다.

"무슨 일로 그 사람하고 얘기했어? 어떤 말투를 쓰고?"

"끔찍한 문법을 쓰고 있었어요. 하지만 고상하게 하려고 무척이나 애쓰고 있었어요, 가엾게도. 내가 병원에서 나오니까 피터 영감도 마차도 기다리지 않기에 천천히 걸어올 작정으로 에머슨 댁 앞을 지나가는데 그 사람이 울타리 뒤에 숨어 있었어요. 정말 깜짝 놀랐어요. 오! 정말 다행히도 에머슨 댁 식구들은 메이컨에 가고 아무도 없어서 다행이었어요. 그러자 그 사람이 '저 잠깐, 월크스 부인, 일 분만 저와 이야기를 해 주세요' 하지 않겠어요. 내 이름을 어떻게 알고 있는지. 달아나야 된다고는 생각했지만…… 하지만 스칼렛, 어찌나 그 사람이 슬퍼 보이던지…… 암만해도 무슨 얘기를 꼭 하고 싶은 것 같았어요. 그리고 검은 옷에 검은 모자를 쓰고 화장도 하지 않은 것이 그 붉은 머리만 아니었다면 정말 아주 품위 있게 보였을 거예요. 내가 아무 말도 못하고 있으려니까 '당신에게 말을 걸어서는 안 된다는 것은 알고 있지만 저 늙어빠진 암공작새 같은 엘싱 부인에게 말하려고 했더니 글쎄 그 여자가 저를 병원에서 막 내쫓아 버리지 않겠어요' 하고 말했어요."

"그 여자 정말 암공작새라고 했어?"

스칼렛은 재미있어 웃었다.

"웃으면 안 돼요. 웃을 일이 아니에요. 미스…… 그 여자는 뭐든지 병원 일을 좀 돕고 싶다고 했어요. 상상할 수 있겠어요? 그 사람은 매일 아침마다 병원에 와서 간호 일을 도와주고 싶대요. 물론 엘싱 부인은 그런 생각만 해도 죽어버릴 사람이니까 병원에서 쫓아버린 거예요. 그리고 그 여자가 말했어요. '저도 뭘 하고 싶어요. 저 역시 당신과 마찬가지로 훌륭한 남부동맹의 한 사람이 아닙니까.' 그래서 말이에요, 스칼렛, 난 도와주고 싶다는 그 사람 말에 정말 감동했어요. 대의를 위해 도움이 되려고 생각한다면 그 사람은 결코 나쁜 여자가 아니라고 생각해요. 이렇게 생각하면 안 될까요?"

"아무렴 어때, 멜라니. 멜라니가 나쁘다고 해도 아무도 신경쓰지 않을 거예요. 그 밖에 또 무슨 말을 했어?"

"이렇게 말했어요. 병원에 가는 부인들을 보니까, 내가 음…… 그가 친절해 보이기에 불러 세웠다면서 말이죠, 돈을 좀 가지고 있으니 그것을 받아 병원을 위해 써달라는 거예요. 하지만 그 돈의 출처는 아무에게도 말하지 말아 줬으면 좋겠대요. 만일 엘싱 부인이 그것이 어떤 돈인 줄을 알면 쓰지 못하게 할 거라는 말도 했어요. 글쎄 그게 어떤 돈이겠어요! 난 그걸 생각하자 그만 기절할 것 같았어요. 그래서 허둥지둥 한시라도 빨리 달아날 생각으로 '알았습니다. 정말 다정하시군요.' 어쩌구 그런 바보 같은 소리를 하고 말았어요. 그랬더니 그 사람은 활짝 웃으면서 말했어요. '당신이야말로 정말 훌륭한 크리스천이군요.' 그리고 이 불결한 손수건을 내 손에 꼭 쥐여 주었어요. 봐요, 이 향수 냄새, 지독하죠."

멜라니는 남자용 손수건을 내밀었다. 꾀죄죄하고 향수 냄새가 물씬나는 그 매듭 속에 약간의 돈이 들어 있었다.

"그 여자가 고맙다는 말을 하고 매주 내게 돈을 보내겠다고 하고 있을 때 피터 영감이 마차를 몰고 와서 나를 봤어요." 멜라니는 울음을 터뜨리며 베개에 머리를 묻었다. "그리고 내가 누구와 있는지 보더니, 스칼렛 언니, 나에게 막 야단치지 않겠어요. 난 이 세상에 태어나서 아직 한 번도 남에게 야단맞은 일이 없었어요. 피터 영감은 '냉큼 마차에 타십쇼' 하고 소리쳤어요. 물론 나는 올라탔어요. 그랬더니 집에 돌아올 때까지 내내 나를 야단치고 변명하려 해도 듣지 않고 끝내 피티 고모님에게 이른다고 하지 않겠어요. 스칼렛, 아래층에 내려가서 영감에게 고모님한테 제발 이르지 말아 달라고 좀 부탁해 주세요. 언니가 하는 말이라면 혹시 들을지도 몰라요. 내가 그 여자의 얼굴을 똑바로 보았다는 소리만 들어도 고모님은 그 자리에서 돌아가실 거예요. 영감에게 부탁해 주시겠어요?"

"알았어, 말해 줄게. 하지만 그 전에 돈이 얼마나 되는지 펴 봐. 꽤 무거운데."

그녀는 손수건을 풀었다. 금화 한 움큼이 침대 위에 굴러떨어졌다.

"스칼렛, 50달러예요, 게다가 금화로." 멜라니는 금화를 세면서 두려운 듯이 말했다. "언니, 이런 돈…… 저…… 그렇게 해서 만든 돈을 군인들을 위해 써도 괜찮을까요? 하느님께선 아마 그 사람의 도와주고 싶은 심정을 이해해서 비록 더럽기는 해도 노여워하지 않을 거라고 생각하지 않으세요? 병원이 필요로 하는 것이 잔뜩 있다고 생각하면……."

그러나 스칼렛은 듣고 있지 않았다. 더러운 손수건을 보면서 굴욕과 노여움에 가득 차 있었던 것이다. 손수건 한 귀퉁이에 R·K·B라고 머릿글자를 맞추어 무늬가 수놓여 있었다. 그녀의 서랍 맨 위에도 이것과 똑같은 손수건이 들어 있었다. 그것은 바로 어제 둘이서 꺾은 들꽃을 싸기 위해 레트 버틀러가 빌려 준 것으로, 오늘 밤 그가 만찬에 왔을 때 돌려줄 생각이었던 것이다. 알았다. 레트는 저 더러운 와틀링인가 하는 여자와 관계하고 이 금화를 준 것이다. 병원에 낼 기부금의 출처는 바로 거기였던 것이다. 봉쇄 밀수의 금화였던 것이다. 그런 여자하고 같이 지낸 다음 태연히 숙녀하고 얼굴을 마주 대하다니 레트는 얼마나 철면피 같은 남자인가. 그리고 또 그녀를 사랑하려니 생각하고 있던 그녀는 얼마나 어리석은가. 이것은 그가 결코 그녀를 사랑하고 있지 않다는 증거가 아니고 무엇인가.

나쁜 여자라든가 그것에 관련된 모든 일은 그녀에겐 모두 수수께끼였고 또한 추잡한 일이었다. 남자들이 그런 여자와 관계한다는 것은 알고 있었지만, 그 목적은 숙녀로서 입에 올릴 것이 못되었다. 설사 숙녀가 입에 올린다고 해도 간접적으로 완곡하게 귀띔해야 할 성질의 것이었다. 그런 여자한테 드나드는 것은 하층 계급의 천한 남자들뿐이라고 그녀는 생각하고 있었다. 바로 조금 전까지만 해도 훌륭한 남자가, 훌륭한 가정에서 만났으며 그리고 함께 춤까지 춘 남자까지 그런 짓을 하리라곤 꿈에도 생각하지 못했던 것이다. 이것은 그녀에게 지금까지 생각해 본 일이 없는 전혀 새로운 분야를 펼쳐 보여주었다. 게다가 그것은 소름끼치는 일이었다. 어쩌면 남자란 모두 그런 짓을 하고 있는 것이 아닐까? 남자가 아내에게 점잖지 못한 짓을 강요하는 것도 나쁜데, 실제로 천한 여자를 상대하고 그런 행위의 보수로서 금전을 치르다니 얼마나 천한 짓인가. 아, 남자는 모두 더럽다. 그리고 레트 버틀러는 남자 중에서도 가장 더럽다!

이 손수건을 레트의 얼굴에 힘껏 던져 내쫓고 다시는 말도 하지 않으리라고 생각했다. 그러나 물론 그럴 수는 없었다. 그런 나쁜 여자가 있는 것도, 더구나 그가 그런 여자한테 드나드는 것을 자기가 알고 있다는 것조차 절대로 그에게 눈치채게 해선 안 된다. 숙녀로서 그런 점잖지 못한 행동은 절대로 할 수 없기 때문이다.

'아!' 하고 그녀는 화가 머리끝까지 치밀어 생각했다. '내가 숙녀만 아니었다면 그 악당에게 실컷 욕을 퍼부어 주는 건데.'

그리고 손수건을 와락 움켜쥐고 계단을 뛰어내려가 피터 영감을 찾으러 부엌으로 갔다. 요리용 화덕 옆을 지날 때는 그 손수건을 불 속에 처넣고 싶은 참을 수 없는 분노를 느끼며 타는 불길을 멍하니 바라보았다.

14

1863년 여름에 들어서자 모든 남부사람들의 가슴에는 희망이 용솟음쳤다. 물자는 귀해지고 고생은 심하고 식량 투기꾼이며 그것과 비슷한 농간을 부리는 간사한 상인들은 날로 활개쳤지만, 또 죽음과 병과 고난의 비통한 그림자가 이제는 거의 모든 가정에 어둡게 드리웠지만, 남부는 또다시 이제 한 번만 이기면 전쟁은 끝난다고 말하기 시작했다. 더구나 거기에는 지난해 여름보다 훨씬 그럴듯한 자신감이 있었다. 북군은 그렇게 깨물어 쪼갤 수 있는 호두가 아니라는 것이 입증이 됐지만, 어쩐지 그것도 쪼개질 것처럼 되어갔던 것이다.

1862년의 크리스마스는 애틀랜타 사람들에게, 아니 남부 전체에게 즐거운 크리스마스였다. 남부동맹군이 프레데릭스버그에서 압도적인 승리를 거두고, 북군의 사상자는 수천에 다다랐기 때문이다. 크리스마스 휴가에는 전세가 뒤바뀌었다는 기쁨과 감사에 넘쳐 있었다. 호두빛 군복을 입은 남군은 이제 역전의 용사였고, 그 지휘관은 행장의 솜씨를 발휘했으므로 누구나 봄이 되어 또다시 전투가 시작되면 북군은 분쇄되고 두 번 다시 일어날 수 없게 되리라고 믿었다.

봄이 되어 전투가 다시 시작되었다. 5월이 되자 남부동맹군은 다시 챈슬러스빌에서 대승리를 거두었다. 남부는 승리의 봄이 왔다고 술렁였다.

조지아 주에선 주내로 깊숙이 침입했던 북부 연방군 기병대는 오히려 남군에게 승리를 안겨 주고 패해 달아났다. 사람들은 웃으면서 서로의 등을 두드리며 이렇게 말했다.

"그렇다니까요. 네이던 베드포드 포레스트 노장군에게 추격 당하면 놈들은 달아나기에 바쁘다니까요."

4월 말, 스트레이트 대령이 거느린 1천8백 명의 북군 기병대는 애틀랜타 북쪽으로 불과 60마일 남짓한 롬을 노리고 조지아 주에 기습을 기도하였던 것이다. 애틀랜타와 테네시 사이의 동맥이라고 할 중요한 철도를 끊고, 남쪽으로 방향을 돌려 애틀랜타를 침입하여 남부동맹의 요충인 이 도시에 산적한 군수품과 공장을 파괴하려는 것이 그들의 야심찬 작전이었다. 대담무쌍한 공격이었다.

만일 포레스트 장군이 없었더라면 남부는 막대한 타격을 입었을 게 틀림없었다. 하지만 포레스트는 불과 적의 3분의 1 병력으로—그렇지만 얼마나 용감한 보병이고 기병인가—즉각 추격을 개시하여 그들이 롬에 닿기도 전에 싸움을 걸어 밤낮으로 그들을 괴롭히고, 결국엔 전부대를 포로로 만들었던 것이다.

이 소식은 챈슬러스빌의 승리의 뉴스와 거의 때를 같이하여 애틀랜타에 알려졌다. 시는 환희와 폭소로 금세 터질 것 같았다. 챈슬러스빌의 승리 쪽이 중요하긴 했지만, 스트레이트 기습 부대를 포로로 잡은 것이 북부 녀석들을 놀려 주는 훨씬 좋은 비웃음거리가 되었다.

“여보시오, 정말이지 포레스트 노장군에겐 바보 같은 짓을 하지 않는 게 좋을 거요.”

이 이야기가 몇 번이고 되풀이될 때마다 애틀랜타 시민들은 유쾌하게 웃었다. 남부동맹의 행운의 물결은 바야흐로 넘쳐 들어오고, 남부 사람들은 그 물결에 떼밀려 기고만장해 있었다. 그랜트 장군 휘하의 북군이 5월 중순께부터 빅스버그를 포위하고 있는 것은 사실이었다. 철벽 장군이라는 별명이 붙은 잭슨이 챈슬러스빌에서 치명상을 입은 것도 남군에게 있어 견디기 어려운 손실이었다. 또 T.R.R. 콥 장군이 프레데릭스버그에서 전사하여 조지아 주의 둘도 없는 가장 용감하고 빛나는 인물을 잃은 것도 사실이었다. 그러나 북군이 다시 한 번 프레데릭스버그나 챈슬러스빌에서와 같은 패배를 맛보기만 하면 재기불능이 되는 것도 또한 사실이었다. 그들은 항복하지 않을 수 없으리라. 그렇게 되면 이 가슴 아픈 전쟁도 끝이 날 것이다.

7월 초가 되자 남군 총사령관 리 장군이 펜실베이니아로 진격을 개시했다는 소문이 퍼지고, 이윽고 군 공보에 의해 확인되었다. 리 장군이 적지에 침입했다. 리 장군이 전투를 서두르고 있다. 이것이야말로 이 전쟁의 마지막 일격인 것이다!

애틀랜타는 흥분과 기쁨과 격렬한 복수에의 갈망으로 들끓었다. 이번에야말로 북부 녀석들은 자기의 경계선 안에서 싸우는 것이 어떤 것인가를 톡톡히 알게 되리라. 기름진 밭은 짓밟히고, 말과 가축은 도둑맞고, 집은 불타고, 남자는 노소를 불문하고 감옥에 끌려가고, 부녀자는 굶주림 속에 내던져진다는 것이 어떤 것인가를 똑똑히 알게 되리라.

북군이 미주리·캔터키·테네시·버지니아 등 여러 주에서 저지른 포학은 누구나 알고 있었다. 철모르는 아이들조차 북군이 점령지에 끼친 참상은 증오와 공포를 가지고 기억하고 있었다. 이미 애틀랜타의 거리는 테네시 주 동부에서 내려오는 피란민으로 넘치고 있었다. 그리고 시민은 그들이 어떤 비참한 지경을 당했는지 직접 듣고 알았던 것이다. 그 지방에는 남부동맹의 지지자가 적고 남북 경계선이었으므로 전쟁 피해는 경계선에 있는 나른 모든 주와 바잔가지로 심했다. 남북의 지지자가 뒤섞여 있었으므로 이웃 사람끼리 서로 밀고하며 동포끼리 서로 죽이는 일이 허다했다. 이들 피란민들은 펜실베이니아를 불바다로 만들라고 외쳤다. 그리고 아무리 착한 노부인이라도 지독한 희열의 표정을 지었다.

그러나 리 장군이 펜실베이니아에 있는 개인의 재산에는 절대 손을 대지 말라, 약탈한 자는 사형에 처한다, 징발한 물자는 모두 군에서 값을 치르겠다고 명령을 내렸다는 보도가 전해지자 불만이 높아져 그의 인기를 유지하기 위해서는 이제까지 장군이 싸워 얻은 모든 존경이 필요할 정도였다. 그토록 번창한 주의 풍요로운 창고에 병사들을 풀어 주지 않다니? 리 장군은 대체 무슨 생각을 하고 있는 것일까. 우리 병사들은 굶주림에 지치고 구두며 의복이며 말이 얼마든지 필요하지 않은가.

다시 미드에게서 박사에게 서둘러 써 보낸 편지가 7월 초순 중 애틀랜타에 넘치고 있었던 뜬소문을 확인할 수 있는 단 하나의 정보였다. 이 편지는 차례차례 사람들의 손을 거쳐 읽히며 그들의 분노를 끌어올렸다.

아버지, 어떻게든 구두를 한 켤레 보내 주시지 않겠습니까? 벌써 2주일이나 저는 맨발로 있습니다. 구두를 손에 넣을 수 있을 것 같지 않습니다. 제 발이 이렇게 유독 크지만 않았다면 다른 친구들처럼 북군 전사자의 구두를 벗겨 신겠지만, 저같이 발이 큰 양키는 아직 보지 못했습니다. 구두가 손에 들어오면 우편으로 보내지 않도록 하세요. 도중에 도둑맞습니다. 도둑맞는 것도 무리는 아니니까 필에게 들려서 기차로 보내 주십시오. 머잖아 저희들이 가는 곳을 알려 드리겠습니다. 지금 현재로선 북쪽을 향해 전진하고 있다는 것 말고는 아무것도 모릅니다. 지금은 메릴랜드 주를 행군하는 중이고,

모두들 하는 말로는 펜실베이니아로 진격하고 있다고 합니다.

아버지, 저는 북군 놈들에게 놈들이 한 것과 똑같은 쓰라린 경험을 시켜 혼을 내 주어야 한다고 생각합니다. 그렇지만 장군은 허락해 주지 않습니다. 개인적으로는 양키의 집에 불을 지르는 통쾌감을 맛보기 위해서는 총살 당해도 상관없다고 생각할 정도입니다.

아버지, 오늘 저희는 당신께서는 한 번도 보지 못하셨을 기막힌 옥수수밭을 지나갔습니다. 남부에 이런 옥수수는 없을 거예요. 솔직히 저희는 그 밭에서 옥수수를 조금 훔쳤습니다. 모두 배가 고파 견딜 수 없었고, 장군도 모르면 신경쓰지 않을 거라고 생각했기 때문입니다. 그러나 새파란 옥수수는 아무런 보탬도 되지 않았습니다. 그렇지 않아도 모두들 설사를 하고 있었는데 그 옥수수 덕분에 더욱 심해졌습니다. 설사를 하면서 행군하기보다는 차라리 발에 부상을 당하는 편이 편하겠어요. 아버지, 꼭 어떻게 해서든지 구두를 마련해 주세요. 저는 이번에 대위가 되었습니다. 대위쯤 되면 새 군복과 견장은 없을망정 구두 하나 정도는 있어야 한다고 생각합니다.

그러나 남군은 이미 펜실베이니아 주에 진입했던 것이다. 그점이 최대의 관심사였다. 또 한 번만 이기면 전쟁은 끝나리라. 그러면 다시 미드는 구두쯤은 얼마든지 원하는 대로 손에 넣을 수 있으리라. 병사들은 고향으로 개선하고, 모두들 또다시 즐거운 생활을 보낼 수 있게 되는 것이다. 미드 부인은 출정한 아들이 개선하고 전처럼 함께 집에 있을 수 있는 날이 다가왔다고 생각하자 자신도 모르게 그만 울음이 터뜨렸다.

7월 3일이 되자 북부 전선에서 오는 연락이 뚝 끊겼다. 이 침묵은 4일 정오까지 계속되었는데, 그 무렵이 되자 혼란스러운 전보가 토막토막 애틀랜타 군 사령부로 들어오기 시작했다. 리 장군이 주력을 모은 펜실베이니아 주의 게티스버그라는 작은 읍 근방에서 격전이 벌어졌는데, 무척 고전하는 듯 싶다는 것이었다. 그러나 이들 보도는 불확실했고, 언제나 늦게 들어왔다. 왜냐하면 전투는 적지에서 벌어지고 있었고 전보는 일단 메릴랜드로 와서 리치먼드에 중계되어 그다음 다시 애틀랜타로 오는 형편이었기 때문이다.

불안이 쌓이고 공포가 서서히 시 전체를 덮기 시작했다. 어떤 일이 일어나고 있는지 모르는 것만큼 불안한 일은 없었다. 아들을 전선에 보낸 가정에선 그들이 펜실베이니아로 진격한 부대에 끼여 있지 않기를 열심히 기원했고, 다시 미드와 같은 연대에 집안 친척이 소속되어 있는 것을 알고 있는 가정에서는 이를 악물고 북군을 철저히 분쇄하는 이 대전투에 참가할 수 있다는 것은 한 가문의 명예라는 그런 말을 했다.

피티 시고모의 집에서는 세 여자가 서로 눈치만 보며 살피고 있었다. 그러나 아무도 공포의 빛을 감출 수는 없었다. 애쉴리는 다시 미드와 같은 연대에 소속되어 있었던 것이다.

5일이 되자 흉보가 북부 전선에서가 아니라 서부에서 왔다. 오랫동안 포위되어 격렬한 저항을 계속해 오던 빅스버그가 마침내 함락되고, 세인트루이스에서 뉴올리언스에 이르는 미시시피 강의 모든 전선이 사실상 북군 손에 들어갔다는 보도였다. 이것으로 남부동맹은 두 토막이 나고 만 것이다. 다른 경우였다면, 이 불행한 보도는 틀림없이 애틀랜타에 공포와 비탄을 주었으리라. 그러나 지금 그들은 빅스버그의 일 따위는 그리 중요하게 생각할 여유가 없었다. 펜실베이니아에서 적과 맞서 싸우고 있는 리 장군 부대의 일로 마음이 가득했기 때문이었다. 빅스버그의 손실이 있다고 해도 만일 리 장군이 동부에서 승리만 거둔다면 파국은 오지 않을 것이다. 펜실베이니아를 제압할 수만 있다면, 다시 나아가서 필라델피아·뉴욕·워싱턴으로 진격할 수 있는 것이다. 이들 도시만 손에 넣게 된다면 북부는 무력해지고 미시시피에서의 패배는 넉넉히 보상받고도 남는다. 시간은 느릿느릿 지나고 음산하고 불길한 그림자가 도시를 덮어 불타는 태양도 빛을 잃어버린 것 같았다. 이럴 때는 구름 낀 어두침침한 날씨가 어울리는 것인데 하늘은 새파랗고 아름답게 활짝 개어 있기만 하였다.

부인들은 가는 곳마다 모여 현관 앞, 보도, 또는 차도 한복판에서까지 이마를 맞대고 아무런 연락도 오지 않는 것은 전황이 호전되고 있는 증거일지도 모른다는 등 이야기하며 서로 위로하고, 억지로라도 기운을 내려고 했다. 거기에 리 장군은 전사하고 싸움은 패배했으며 매우 많은 사상자의 이름이 타전되고 있다는 무서운 소문이 조용한 거리에 박쥐처럼 날아다니기 시작했다. 사람들은 그것을 믿지 않으려고 했지만, 역시 불안에 동요되어 거리로 신문사로 군사령부로 몰려가 소식을 알려고 했다. 어떤 소식이건 간에 설사 흉 보더라도 좋으니 알고 싶다고 간청했다.

　도착하는 열차에서 소식을 얻으려는 사람은 정거장으로 몰리고, 그 밖에 전신국 앞이나 응대하기에 진땀을 빼는 군사령부 앞, 문을 잠근 신문사 앞 같은 데도 사람들이 가득 몰렸다. 기묘하게 조용한 군중이었다. 게다가 군중의 수효는 시시각각 늘어났다. 말하는 사람조차 없었다. 때때로 노인이 뭔가 소식을 들려 달라고 목소리를 떨며 묻는 일도 있었지만, 군중의 소리를 끌어내기는커녕 오히려 정적을 더욱 깊게 하고 "전투가 시작됐다는 것 말고는 북부 전선에선 아무런 연락도 와 있지 않은 것 같습니다"라는, 이미 몇 번이고 되풀이된 대답이 또다시 되풀이될 뿐이었다.

　걷는 부인, 마차에 탄 부인의 숫자도 군중의 바깥 쪽에 차차 늘어나고 있고, 빽빽이 들어찬 몸의 온기와 조바심을 내며 움직이는 발밑의 먼지 때문에 모두 질식할 것만 같았다. 부인들 역시 한 마디도 말하지 않았지만, 그 핏기 없는 얼굴은 울부짖는 것보다 더욱 뚜렷하게 그녀들의 감정을 말해 주고 있었다.

　이 전쟁에 아들·형제·아버지·애인·남편 가운데 누구 하나도 보내지 않은 집은 이 거리에 거의 한 집도 없었다. 모두 죽음이 그들의 집을 찾아왔다는 소식을 기다리고 있었다. 누구나 전사는 각오하고 있었다. 그러나 패배는 예상하고 있지 않았다. 그런 생각은 마음에서 내쫓고 있었던 것이다. 지금 이 순간에도 육친의 누군가는 햇볕에 타는 펜실베이니아의 언덕, 풀 위에서 죽을는지 모른다. 지금 이 순간에도 남군의 부대는 우박 맞은 곡식처럼 쓰러지고 있을지 모른다. 그러나 그들이 남부를 위해 싸우고 있는 한 남부의 대의가 무너질 순 없었다. 몇 천이라는 병사가 전사하고 있을지는 몰라도, 용의 이빨이 많은 용아병(龍牙兵)을 낳는 것처럼 잿빛 혹은 호두빛 군복을 입은 더 많은 새 병사가 그들을 대신하여 반격의 함성을 올릴 것이다. 그러나 그 새로운 병사가 대체 어디서 나타나 올 것인가 거기까지는 아무도 생각하지 않았다. 하늘에 대한 불신을 용납하지 않는 정의의 신의 존재를 믿는 것처럼 사람들은 다만 리 장군의 기적적인 승리와 버지니아의 출정군의 불패만을 굳게 믿고 있었던 것이다.

　스칼렛과 멜라니와 피티팻 세 사람은 데일리 이그재미너 신문사 앞에 포장을 맨 마차를 세우고 양산을 펼쳐 들고 있었다. 스칼렛은 손이 떨려 머리 위 양산이 흔들리고, 피티는 흥분한 나머지 토끼처럼 그 둥근 얼굴 한가운데서 코를 벌름거리고 있었다. 멜라니만은 석상처럼 꼼짝도 하지 않았다. 그 어두운 눈은 시간이 지남에 따라 차차 커다랗게 떠졌다. 이 두 시간 동안 그녀는 손가방 속에서 각성제를 꺼내 피티 고모에게 건넬 때 말고는 단 한 마디도 말을 하지 않았다. 그녀의 모든 생애를 합해 이처럼 무뚝뚝한 투로 피티 고모에게 말을 한 것은 아마 이때뿐이었으리라.

"고모님, 이걸 받아 두세요. 그리고 기절하게 되면 곧 쓰세요. 미리 말씀드리지만, 고모님이 기절하시면 기절한 그대로 피터 영감을 시켜 집에 보내드리겠어요. 전 뭐든지 소식을 들을 때까지…… 소식을 알 때까지는 절대로 여기를 떠나지 않을 테니까요. 스칼렛 언니보고도 쭉 함께 있어 달라고 하겠어요."

스칼렛은 떠날 생각 같은 건 털끝만큼도 없었다. 애쉬리의 소식을 맨 먼저 들을 수 있는 장소에서 떠날 생각은 전혀 없었다. 설사 피티 시고모가 죽더라도 이곳을 떠날 마음은 없었다. 애쉬리는 지금 어딘가에서 싸우고 있다. 어쩌면 죽어 가고 있는지도 모른다. 그 사실을 알 수 있는 곳은 신문사밖에 달리 없었던 것이다.

그녀는 군중을 둘러보고 친구며 이웃 사람들의 얼굴을 꼽아 보았다. 미드 부인은 보닛을 비스듬히 쓰고 열다섯 살 난 필과 팔짱을 끼고 있었다. 맥루어 댁 자매들은 떨리는 윗입술로 뻐드렁니를 감추려 하고 있었다. 엘싱 부인은 스파르타의 어머니처럼 꼿꼿이 버티고 서서 마음속 불안은 쪽진 머리에서 흐트러져 내린 회색 머리카락이 떨리는 것으로 살짝 엿보일 뿐이지만, 패니 엘싱은 유령처럼 새파래져 있었다.

'패니가 오빠인 휴를 그렇게 걱정할 리 없다. 혹시 연인이 전선에 있는 것이 아닐까?' 메리웨더 부인은 마차 속에서 메이벨의 손을 가볍게 토닥거려 주고 있었다. 메이벨의 배는 솔로 조심스럽게 가려져 있었지만, 남 앞에 나서기 부끄러울 정도로 눈에 띄게 불룩하였다.

그녀는 무엇을 저토록 걱정하고 있는 것일까. 루이지애나 부대가 펜실베이니아에 있다는 이야긴 듣지 못했으니 분명히 그녀의 남편인 털북숭이 땅딸보 주아브 병사는 이 위기를 모면하여 리치먼드에 무사히 있을 텐데.

군중의 바깥쪽이 움직이기 시작하면서 레트 버틀러가 피티 고모 쪽으로 조심스럽게 말을 몰아 들어오는 바람에 서 있던 사람들이 길을 비켰다. 그가 군복을 입고 있지 않다는 오직 이유만으로 이 흥분할 대로 흥분한 군중에게 갈가리 찢길지도 모르는 이런 때 이런 곳에 나타나다니 그는 얼마나 배짱이 센 사람인가 하고 스칼렛은 생각했다. 가까이 다가옴에 따라 자기가 앞장서서 그를 갈가리 찢어 주고 싶은 충동을 느꼈다. 훌륭한 말을 타고 번쩍번쩍 광나는 부츠를 신고 말쑥한 흰 리넨 옷을 입고 매끄럽게 영양 좋은 얼굴에 값비싼 시가를 피우고 있다니, 이 무슨 철면피 같은 사나이란 말인가! 애쉴리를 비롯한 모든 병사는 모두 구두도 없이 더위에 허덕이고 굶주림에 지치고 병을 참으며 북군과 싸우고 있는 이 판국에.

군중 사이를 천천히 헤치고 오는 그를 향해 못마땅한 눈총이 수없이 던져졌다. 노인들은 수염 속에서 중얼중얼 뇌까렸다. 그 누구도 두려워하지 않는 메리웨더 부인은 마차 안에서 엉거주춤 몸을 일으키고 똑똑히 들리도록 "협잡꾼!" 하고 욕설을 던졌다. 그 어조는 협잡꾼이라는 말에서도 가장 추잡하고 가장 악독한 것을 나타내고 있었다.

그는 주위의 눈총에도 아랑곳없이 멜라니와 피티 시고모에게 모자를 벗어 보이고, 스칼렛을 향해서 말을 대고는 허리를 굽혀 작은 목소리로 속삭였다.

"어때요, 이런 때야말로 미드 박사가 우리 깃발을 장식하는 독수리처럼 승리는 우리 군기 위에 있다고, 그 익숙한 연설을 한바탕 할만하지 않습니까?"

불안 때문에 신경이 잔뜩 긴장해 있었던 그녀는 성난 고양이처럼 그를 향해 몸을 돌리고 당장에라도 분노의 말을 쏘아붙이려고 했으나, 그가 손을 들어 그것을 막았다.

"저는 모두에게 알리러 왔습니다." 그는 큰 소리로 말했다. "저는 지금까지 사령부에 있었는데, 최초의 사상자 명단이 지금 막 전보로 들어왔습니다."

이 말에 그의 말을 들은 주위 사람들 속에서 소동이 일어났다. 군중은 술렁거리며 금방이라도 사령부를 향해 화이트홀 거리로 뛰어갈 기세였다.

"가실 것 없습니다." 그는 안장 위로 몸을 일으키며 한 손을 들어 막았다. "사상자 명단은 이미 신문사에 보내져 지금 한창 인쇄 중입니다. 여기서 기다리십시오!"

"어머, 버틀러 선장님!" 멜라니는 눈물을 글썽이며 외쳤다. "친절하게도 일부러 알려 주시려고 오셨군요! 언제 발표될까요!"

"이제 곧 발표될 겁니다, 부인. 보고는 벌써 30분 전에 신문사로 들어왔습니다. 담당 소령이 인쇄가 끝날 때까지 밖으로 새 나가지 않도록 통제한 거죠. 보도내용을 빨리 알려고 군중이 신문사에 난입할 염려가 있니까요. 아, 보세요!"

사옥 옆 창문이 열리며 가늘고 긴 한 다발의 애벌 인쇄지를 쥔 손이 불쑥 나왔다. 잉크 자국이 뚜렷한 거기에는 이름이 빽빽하게 인쇄되어 있었다. 군중은 잎다투어 몰러들고 반쪽으로 찢어 재가는 사림도 있있다. 손에 넣은 사람들은 군중 뒤로 물러나 읽으려 하였고, 뒤쪽에 있던 이들은 앞으로 밀려가면서 "길을 비켜 줘요" 하고 소리쳤다.

"고삐를 잡아 주게." 레트는 훌쩍 말에서 뛰어내리며 고삐를 피터 영감에게 던져 주었다. 그의 커다란 어깨가 한결 두드러지게 높이 보이는 군중 속을 그는 사정없이 마구 헤치며 나아갔다. 그는 잠시 뒤 대여섯 장의 인쇄물을 손에 쥐고 돌아왔다. 그러더니 한 장을 멜라니에게 건네 주고 나머지를 마차 바로 옆에 있던 부인들, 맥루어 댁 자매, 미드 부인, 메리웨더 부인, 엘싱 부인에게 나누어 주었다.

"빨리, 멜라니!" 스칼렛은 소리쳤다. 금방이라도 심장이 튀어나올 것만 같았다. 멜라니의 손이 도저히 읽을 수 없도록 떨리고 있는 것을 보자 온몸이 확 달아올랐다.

"언니가 읽으세요." 멜라니가 작은 소리로 말했다. 스칼렛은 그것을 뺏었다. 윌크스이니까 W줄이다. W는 어딘가. W줄은 제일 아래쪽이다. 잉크가 번져 있다. "화이트" 읽기 시작한 그녀의 목소리는 떨리고 있었다. "윌킨즈…… 원…… 제블론…… 아, 멜라니, 없어. 그분은 올라 있지 않아! 어머, 큰일 났어, 고모님이! 멜라니, 약을 빨리! 고모님을 부축해 드려요."

멜라니는 기뻐 정신없이 울면서 피티 고모의 흔들거리는 머리를 잡아 각성제를 코에 대 주었다. 뚱뚱한 노부인을 한쪽에서 부축하는 스칼렛의 마음은 기쁨으로 마구 뛰놀았다. 애쉴리는 살아 있다. 부상도 당하지 않았다. 하느님은 그에게 손조차 대지 못하게 하신 것이다. 얼마나 자비로우신, 얼마나…….

낮은 비명이 들렸다. 돌아보니 패니 엘싱이 어머니의 가슴에 얼굴을 묻고 있었다. 사상자 명부가 마차 위에서 펄럭였다. 엘싱 부인은 딸을 가슴에 꽉 껴안고 입술을 가늘게 떨며 마부에게 빨리 집으로 가자고 일렀다. 스칼렛은 급히 명단을 훑어보았다. 휴 엘싱의 이름은 올라 있지 않았다. 패니는 애인이 있었던 것이다. 그 사람이 전사한 것이다. 군중은 딱한 듯 조용히 엘싱 댁 마차가 지나가도록 길을 내 주었다. 그 뒤를 따라 맥루어 댁 자매가 탄 소형 이륜마차가 움직이기 시작했다. 언니인 페이스가 고삐를 잡고 있었는데, 그 얼굴은 바위처럼 굳어지고 지금은 그 뻐드렁니도 입술로 가려져 있었다. 동생 호프는 꼭 송장 같은 얼굴로 언니 옆에 뻣뻣하게 굳은 채 걸터앉아 언니의 치마를 확 움켜잡고 있었다. 둘 다 무척 늙은 부인들처럼 보였다. 두 사람은 어린 동생 댈러스를 사랑하고 있었다. 댈러스는 이 결혼하지 않은 두 자매에게 무엇과도 바꿀 수 없는 소중한 단 하나의 육친이었다. 그 댈러스가 이제 이 세상에서 사라진 것이다.

"멜라니, 멜라니!" 메이벨이 기쁜 듯 소리를 높여 외쳤다. "르네는 무사해요. 애쉴리도 무사하죠. 정말 하느님 은혜예요." 숄이 어깨에서 흘러내리고 커다란 배가 뚜렷이 드러나 보이는데도 지금은 그녀도 메리웨더 부인도 전혀 개의치 않았다. "어머, 미드 아주머니, 르네는……" 말하다가 메이벨의 목소리는 갑자기 어조가 바뀌었다. "멜라니, 좀 봐요……. 미드 아주머니, 혹시 저 다시가……."

미드 부인은 눈을 내리깔고 자기 무릎을 보고 있었다. 이름을 불러도 얼굴을 들지 않았다. 그러나 곁에 있는 필 소년의 얼굴에는 역력히 불행을 말하는 표정이 나타나 있었다. "저, 어머니." 그는 불안에 떨며 말했다. 미드 부인은 고개를 들고 멜라니를 바라보았다.

"그 애는 이제 구두가 필요 없게 됐어." 그녀가 말했다.

"어머나!" 외치고 멜라니는 흐느끼면서 피티 고모를 스칼렛에게 떠맡기고는 마차에서 내려 박사 부인 쪽으로 다가갔다.

"어머니, 아직 제가 남아 있잖아요." 필은 새파랗게 질린 어머니를 위로하려고 열심히 말했다. "제 출정만 허락해 주신다면 북군 놈들 하나도 남기지 않고 다 죽여 버릴 테야."

미드 부인은 마치 그를 가지 못하게 하려는 듯 아들의 팔을 잡고 "안 된다!" 하고 짓눌린 목소리로 한 마디 하고는 그대로 목이 메어 버렸다.

"필 미드, 그런 말은 하는 게 아니야." 멜라니는 주의를 주고 마차에 올라가 미드 부인 옆에 앉아 부인을 안았다. "너도 출정해서 만일 불상사가 일어난다면 그게 어머니를 돕는 일이 될 줄 아니? 그런 쓸데없는 소리 말고 자, 빨리 집으로 돌아가요."

그녀는 필이 말고삐를 잡자 스칼렛을 향해 말했다.

"고모님을 집으로 모셔다 드리고 곧 미드 아주머니 댁으로 오세요. 버틀러 선장님, 이 사실을 선생님에게 알려 주시지 않겠어요? 선생님은 병원에 게세요."

마차는 흩어져 돌아가는 군중 사이를 빠져 움직이기 시작했다. 부인들 중에는 기뻐서 우는 사람도 있었지만, 자기 신변에 닥친 너무나 큰 타격에 멍해 있는 사람이 많았다. 스칼렛은 선명치 못한 인쇄물을 들여다보며 아는 사람들의 이름을 찾으려고 열심히 눈을 굴렸다. 애쉴리가 무사하다는 것을 알자 남의 걱정을 할 여유가 생겼던 것이다. 어쩌면 이렇게도 많은 이름이 씌어 있을까. 애틀랜타 시와 조지아 주 전체에서 어쩌면 이렇게 많은 희생자가 생겼을까.

어머나! '캘버트 레이포드, 중위.' 레이프가! 그녀의 기억에 문득 떠오른 것은 저 옛날 둘이서 집을 도망쳐 나왔던 날의 일이었다. 배가 고프고 어둠이 무서워서 밤이 되자 두 사람은 집에 돌아왔었지.

'폰테인 조셉 K, 사병.' 키 조그맣고 몹시 신경질을 잘 내던 조 말이야? 가엾게도, 새색시 샐리가 아기를 낳은 지 얼마 되지도 않았다는데.

'먼로 라파엣, 대위.' 그는 캐들린 캘버트와 약혼한 사이였지! 가엾은 캐들린. 그 애는 이중으로 타격을 받은 셈이구나, 오빠와 애인을 한꺼번에 잃어버렸으니까. 하지만 샐리가 잃은 것이 더 커. 오빠하고 남편을 잃었으니까.

아, 얼마나 무서운 일인가. 그녀는 이제 계속해서 다음을 보기가 무서웠다. 피티 고모가 어깨에 무겁게 매달려 한숨만 쉬고 있었다. 스칼렛은 약간 거칠게 고모를 마차 구석으로 밀어젖히곤 다시 앞쪽을 읽기 시작했다.

어머, 그럴 리가 없어. 탈레턴 댁의 이름이 셋씩이나 올라 있다니! 그럴 리가 없어. 아마…… 아마, 당황해서 식자공이 같은 이름을 셋씩이나 연거푸 잘못 짜 넣었을 거야. 아냐, 그렇지 않아. 세 사람 다 분명히 올라 있어. '탈레턴 브랜트 중위.' '탈레턴 스튜어트 하사.' '탈레턴 토머스 사병.' 그리고 보이드는 전쟁이 시작된 첫 해에 전사하여 버지니아 주 어딘지도 모르는 장소에 묻혀 있다. 이것으로 탈레턴 댁 아들들은 전부 죽은 셈이 되는 것이다. 톰도, 다리 길고 실없는 말과 개구쟁이 같은 장난을 좋아하던 낙천가 쌍둥이도, 댄스 교사처럼 우아하면서도 독설가였던 보이드도 다 죽고 만 것이다.

그녀는 이제 더 계속해 읽을 수가 없었다. 함께 자라 춤을 추고 연애놀이를 하고 키스를 한 청년들이 아직 명단에 남아 있는지 더 볼 용기가 없었다. 소리를 내어 울고 싶었다. 목을 죄어 오는 무쇠 손가락을 늦추고 싶었다.

"안됐습니다, 스칼렛." 레트가 말했다. 그녀는 고개를 들어 그를 보았다. 그가 아직 거기에 있다는 것을 잊고 있었던 것이다. "아는 사람이 많이 있습니까?"

그녀는 끄덕이고 겨우 입을 열었다. "저희 친정의 동네 집들이 대부분 희생자를 냈어요. 게다가 탈레턴 댁은 삼형제가 전부 전사했구요."

그의 얼굴은 조용히 거의 침통한 빛을 띠고 있었다. 그 눈에는 사람을 깔보는 듯한 빛은 전혀 없었다.

"아직 끝이 아닙니다." 그는 말했다. "이건 겨우 첫 번째 발표이고 빠진 이름도 있습니다. 내일은 더 많이 발표될 겁니다." 그는 부근에 있는 다른 마차에 들리지 않도록 목소리를 낮추어 말했다. "스칼렛, 리 장군은 패한 게 틀림없어요. 사령부에서 들었는데, 장군이 메릴랜드 주까지 후퇴한 것 같습니다."

그녀는 겁먹은 눈을 들어 그의 눈을 보았다. 리 장군의 패배에 겁이 난 것이 아니었다. 내일, 더 많은 사상자가 발표된다는 그 말에 겁이 난 것이다! 내일! 내일 같은 건 생각하지도 않았다. 애쉴리의 이름이 명단에 올라 있지 않았으므로 내일은 생각할 수도 없을 만큼 기뻤던 것이다. 그런데 내일 또 발표가 있단다. 어쩌면 지금 이 순간에도 그이는 죽어가고 있을지 모른다. 내일도 알 수 없다. 아니, 경우에 따라선 일주일 뒤도 모르는 것이다.

"아 레트, 어째서 전쟁 같은 것을 해야 하죠. 이렇게 되느니 차라리 북부 사람들에게 노예를 팔아 해방시키는 편이 훨씬 좋을 뻔 했어요……. 남부가 노예를 무상으로 해방시켰더라도 이보다는 나았을 거예요."

"전쟁의 원인은 노예 문제가 아닙니다. 스칼렛, 그건 그냥 구실에 불과해요. 남자란 전쟁을 좋아하기 때문에 어느 세상에나 전쟁은 있게 마련이죠. 여자는 전쟁을 좋아하지 않지만 남자는 좋아해요. 정말이지, 여자를 좋아하는 이상으로 전쟁을 좋아하지요."

그의 입가가 일그러지고 다시 그 비웃는 듯한 웃음이 엷게 떠오르더니 진지

한 표정이 얼굴에서 싹 가셨다. 그는 테가 넓은 파나마 모자를 벗어서 들었다.

"그럼 이제부터 미드 박사를 찾으러 가겠습니다. 그분의 아드님의 전사를 알려 주는 자가 바로 나라는 짓궂은 운명의 장난을 지금 당장은 선생께서 느끼지 못하겠죠. 하지만 뒤에 영웅의 전사 소식을 가지고 온 사람이 더럽기 짝이 없는 협잡꾼의 하나라는 것을 알면 아마 무척 언짢은 기분이 되겠지요."

스칼렛은 피티 시고모를 더운 물에 위스키와 설탕을 다시 먹여 재운 뒤 프리시와 요리사에게 간호를 맡기곤 미드 박사 집을 향해 거리를 내려갔다. 미드 부인은 2층에서 필과 함께 남편이 돌아오길 기다리고 있었다.

멜라니는 객실에서 이웃 문상객들과 낮은 목소리로 이야기하고 있었다. 그녀는 바늘과 가위를 부지런히 놀려 엘싱 부인이 미드 부인에게 빌려 준 상복을 뜯어고치고 있었다. 벌써 집 안에는 옷을 검게 물들이기 위해 부엌에서 직접 만든 검은 물감을 풀어 옷을 삶고 있는 냄새가 풍겼다. 요리사가 흐느껴 울면서 커다란 빨래솥에 미드 부인의 옷을 전부 넣어 휘젓고 있는 것이다.

"부인은 좀 어때?" 스칼렛은 살며시 물었다.

"눈물 한 방울 흘리시지 않아요." 엘라니는 말했다. "여자는 울 수 없을 때가 괴로운 거죠. 남자가 울지도 않고 참을 수 있는 건 왜 그런지 모르겠지만, 아마 틀림없이 여자보다 훨씬 강하고 용기가 있기 때문일 거예요. 부인은 유해를 인수하러 몸소 펜실베이니아까지 다녀오시겠대요. 선생님은 병원 일로 손을 뗄 수 없으니까."

"그런 일은 부인에겐 어려울 텐데. 왜 필을 대신 보내시지 않을까?"

"부인은 만일 필을 보내면 혹시 군대에 지원하지 않을까 그걸 걱정하시는 거예요. 필은 나이에 비해 유달리 몸집이 큰데, 요즈음엔 열여섯 살부터 군인으로 뽑잖아요."

이웃 사람들은 하나 둘 빠져나갔다. 돌아오는 박사와 마주치고 싶지 않았기 때문이다. 나중에는 객실에서 바느질하는 멜라니와 스칼렛만이 남았다. 멜라니는 손에 든 상복 위로 눈물을 흘리며 슬퍼하고는 있었지만, 비교적 평온한 것 같았다. 지금도 전투가 벌어지고 있고, 애쉴리가 이 순간에도 죽어가고 있을지 모른다는 생각을 분명히 하고 있지 않는 것 같았다. 마음이 불안한 스칼렛은 멜라니에게 레트가 한 말을 전해 주고 그것으로 자기의 비참한 심정을 풀어 버릴까, 아니면 가슴에 접어 두는 편이 좋을까 결정하지 못했다. 그러나 결국 가만히 입을 다물고 있기로 결심했다. 애쉴리의 일만 걱정하고 있다고 멜라니가 생각할 것이 싫었기 때문이었다. 고맙게도 멜라니와 피터를 비롯해서 누구나 그날 아침은 저마다 자신의 걱정에 사로잡혀 그녀의 거동에는 주의할 여유가 없었다.

잠시 묵묵히 바늘을 놀리고 있으려니까 바깥에서 소리가 들리고, 커튼 너머로 미드 박사가 말에서 내리는 모습이 보였다. 어깨를 힘없이 떨구고 흰 턱수염이 가슴에 부채꼴로 펴질 만큼 고개를 푹 숙이고 있었다. 박사는 천천히 집 안으로 들어오더니 모자와 가방을 놓고 아무 말 없이 두 사람에게 키스를 했다. 그리고 피로한 듯 발을 끌며 층계를 올라갔다. 곧 필이 내려왔다. 팔다리만 길 뿐 아직 균형이 잡히지 않은 어린 소년이었다. 두 사람이 옆으로 오라고 눈짓으로 불렀지만, 그는 바깥 현관으로 나가 가장 윗계단에 걸터앉아 두 손으로 얼굴을 감쌌다.

멜라니는 한숨을 쉬었다.

"양키하고 싸우는 데 보내 주지 않는다고 저 애는 무척 기분이 상했나 봐요. 아직 열다섯 살인데! 아, 스칼렛, 저런 아들이 있다면 얼마나 행복하겠어요."

"그리고 전사해도?" 스칼렛은 다시를 생각하고 퉁명스럽게 물었다.

"아들이 하나도 없는 것보다는 설사 전사하더라도 역시 있는 편이 나아요." 멜라니는 말하고 눈물이 나오려는 것을 참았다. "언니는 몰라요. 스칼렛 언니에게는 웨이드가 있잖아요. 그런데 제겐 아, 스칼렛, 전 정말 아기가 갖고 싶어요. 이런 걸 대 놓고 말하는 게 망측하다고 생각하실지 모르지만 이건 진실이에요. 이것만은 여자라면 누구나 바라는 마음이에요. 언니도 아실 거예요."

스칼렛은 코웃음 치고 싶은 것을 억지로 참았다.

"만일 애쉴리가 하느님의 뜻으로…… 전사한다면 나도 차라리 죽어 버리고 싶다고 생각하겠지만 그래도 견디어 갈 수 있을 거라고 생각해요. 하느님이 견뎌 낼 힘을 주실 거예요. 하지만 남편이 죽은 뒤에 나를 위로해 줄 아이가…… 그와의 아이가 없다면 전 어떻게 견딜까요. 아, 스칼렛, 언니는 정말 하늘의 은혜를 입었어요. 찰스는 죽었지만 웨이드가 있잖아요. 하지만 애쉴리가 죽으면 내게는 아무것도 남지 않아요. 스칼렛, 미안해요. 난 이제까지 이따금 언니에게 질투를 느낄 때가 있었어요.”

“질투…… 내게?” 스칼렛은 죄의식에 움찔하면서 소리를 높였다.

“언니에게는 아들이 있는데 내게는 없어요. 난 이따금 아이가 없는 것이 무서워서 웨이드를 내 아들이라고 생각할 때가 있어요.”

“무슨 소릴 하는 거야, 그런.” 스칼렛은 마음을 놓으며 말했다. 그리고 일감에 몸을 굽히고 얼굴이 빨개져 있는 가냘픈 몸매를 힐끗 바라보았다. 아무리 아이를 갖고 싶어도 저 몸집으로는 도저히 어려울 것 같다. 키는 겨우 열두어 살 난 어린아이 같고, 허리 둘레도 아이 같은 데다 가슴은 밋밋했다. 멜라니가 어린애를 낳는다는 생각만 해도 속이 메스꺼워졌다. 생각하고 싶지 않은 여러 가지가 떠올랐기 때문이었다. 멜라니가 만일 애쉴리의 아기를 낳는다면 뭔가 자기 것을 뺏기는 기분이었다.

“웨이드 얘기를 꺼내서 정말 미안해요. 난 그 애가 아주 좋아요. 화난 건 아니죠?”

“쓸데없는 소리 그만해.” 스칼렛은 무뚝뚝하게 말했다. “그것보다도 현관에 나가 필을 위로해 줘. 울고 있잖아.”

15

버지니아 주까지 격퇴된 남군은 라피단 강변에서 겨울을 나기로 하였다―남군은 게티스버그에서 참패한 후로 극도의 피로에 지쳐 있는 데다 인원도 줄어들어 있었다―크리스마스 시즌이 다가오자 애쉴리는 휴가를 얻어 고향으로 돌아왔다. 스칼렛은 2년 만에 처음으로 그를 만나자 그에 대한 자기의 격렬한 감정에 스스로도 놀랐다. 트웰브 오크스의 응접실에서 그와 멜라니의 결혼식을 보았을 때는 그 이상 격렬하고 그 이상 애처로운 심정으로는 두 번 다시 그를 사랑할 수 없으리라고 생각했다. 그러나 멀리 지나간 날 밤의 자기 감정은 지금 생각하면 철부지 어린애가 장난감을 뺏겼을 때의 심정에 지나지 않았던 것처럼 여겨졌다. 지금 그녀의 감정은 오랫동안 그를 꿈속에서만 보아왔으므로 날카로울 대로 날카로워지고, 입에 내어 말하는 것을 억지로 누르고 있었으므로 오히려 높아질 대로 높아져 있었던 것이다.

색이 바랜 누덕누덕 기운 군복을 입고, 여름 햇볕에 바래어 금발이 삼거웃처럼 희끗희끗해진 애쉴리 윌크스는 전쟁 전 그녀가 죽도록 사랑하던 유연하고 꿈꾸는 듯한 눈초리의 청년과는 전혀 다른 남자가 돼 있었다. 이전보다 천 배나 멋있게 보였다. 전에는 흰 살결에 늘씬했던 것이 지금은 구릿빛 피부에 호리호리했으며, 입 둘레에 늘어져 있는 기병 스타일의 긴 황금색 콧수염이 군인으로서의 완전한 모습을 풍기고 있었다.

낡은 군복을 입고 군대식으로 자세를 잡은 채 닳아빠진 가죽케이스에는 권총을 넣었으며, 납작해진 칼집이 맵시 있게 장화에 부딪치고 녹슨 박차가 둔중한 빛을 내는 것이 어느 모로 보나 남군 장교 애쉴리 윌크스 소령이었다. 명령적인 태도가 몸에 배고 차분한 자기 신뢰와 위엄이 갖춰져 입가에는 단호함을 나타내는 주름조차 보이기 시작했다. 딱 벌어진 어깨와 차가운 눈빛에도 뭔가 새롭게 달라진 느낌이 감돌았다. 전에는 객실에서 나른하게 지내던 그가 지금은 소리없이 뛰는 고양이처럼 민감해져 있었다. 바이올린의 현처럼 늘 팽팽하게 신경이 곤두서 있는 사람의 민감성이었다. 눈에는 피로한, 뭔가 즐기는 듯한 표정이 있었다. 그리고 햇볕에 탄 살갗은 그 골격이 뚜렷한 얼굴 위에 작은 주름 하나 잡혀 있지 않았다. 그녀의 눈에는 여전히 미끈한 애쉴리이긴 했지만, 어딘가 예전과는 아주 다른 인상을 주었다.

스칼렛은 타라에서 크리스마스를 보낼 예정이었으나 애쉴리의 전보가 오고 나서는 지상의 어떠한 힘으로도, 설사 딸이 오지 않아 낙담한 엘렌으로부터 직접 명령이 올지라도 애틀랜타에서 떠날 생각이 없었다. 만일 애쉴리가 트웰브 오크스로 돌아간다면 그녀도 그의 가까이에 있고 싶어 서둘러 타라로 갔을지도 모른다. 그러나 그는 가족에게 애틀랜타까지 만나러 와 달라고 편지를 보냈던 것이다. 아버지 윌크스도 하니도 인디어도 이미 애틀랜타에 와 있었다. 2년이나 만나지 못했는데 어떻게 만나지 않고 타라로 돌아갈 수가 있겠는가. 가슴 뛰게 하는 목소리도 듣지 않고, 그 눈 속에서 아직 그녀를 잊지 않았다는 증거도 잡지 않은 채 어떻게 그 기회를 놓칠 수 있겠는가? 절대로 안 된다! 온 세상의 어머니가 명령해도 그것만은 안 된다.

애쉴리는 크리스마스 나흘 전, 역시 휴가를 얻은 같은 군 출신의 청년 무리를 데리고 집에 돌아왔다. 게티스버그 전투에서 슬프게도 인원이 줄어든 그룹이었다. 그 가운데는 말라깽이로 늘 콜록거리기만 하는 캐이드 캘버트와 1861

년 이후 처음 받은 휴가로 잔뜩 흥분해 있는 먼로 댁 형제와 몹시 술에 취해
소란을 피우며 시종 싸움만 하려 덤비는 알렉스와 토니 폰테인 형제가 섞여
있었다. 이들은 기차를 갈아탈 시간이 두 시간이나 남았기에, 정거장에서 폰테
인 형제가 서로 싸우거나 낯선 사람들에게 시비 거는 걸 막기 위해 술을 안 마
신 이들이 머리를 짜낸 결과 피티팻 아주머니 집으로 데려오게 된 것이다.

"이 녀석들은 버지니아에서 웬만큼 진짜 싸움을 하고 왔을 거라고 생각하실
데지만," 서로 먼지 피디 아주미니에게 기스하려고 싸움닭처럼 덤벼들이 아주
머니를 놀라게도 하고 기쁘게도 하는 폰테인 형제를 감시하면서 캐이드가 지겨
운 듯 말했다. "그런데 웬걸요. 저희가 리치먼드에 도착한 다음에도 줄곧 이 두
놈은 술에 취해 아무한테나 시비를 걸었지요. 끝내는 헌병에게 끌려가 만일 애
쉴리가 잘 말해 주지 않았다면 글쎄 영창에서 크리스마스를 보낼 뻔했답니다."

그러나 스칼렛은 다시 애쉴리와 한 방에 있다는 것만으로 완전히 흥분되어
캐이드의 말 같은 건 거의 한 마디도 듣고 있지 않았다. 이 2년 동안 그녀는 어
떻게 애쉴리 말고 다른 남자를 훌륭하다느니 잘생겼다느니 하며 가슴 설레어
할 수 있었을까? 이 세상에 애쉴리라는 남자가 있는데 어떻게 다른 남자들이
자기에게 사랑을 속삭이는 소리를 태연히 듣고 있을 수 있었을까? 그런 그가
다시 돌아와 홀의 양탄자 하나를 사이에 두고 있다. 소파에 앉아 있는 그를 보
자 그녀는 기쁨에 울음이 터질 것 같아 참는 데 온 힘이 필요했다. 그의 양쪽
에는 멜라니와 인디어가 앉고 하니는 그의 어깨에 기대 있었다. 만일 자기에게
그의 옆에 기대어 앉고 그의 팔에 자기 팔을 낄 권리가 있었다면! 만일 이삼 분
마다 그의 소매를 만져 보고 정말 그가 거기 있다는 것을 확인하면서 그 손을
잡고 기쁨의 눈물을 그의 손수건으로 닦을 수가 있다면! 멜라니는 부끄러움도
없이 그 모든 것을 하고 있었다. 너무 기쁜 나머지 부끄러움도 조심성도 잊어버
리고 그녀는 남편의 가슴에 몸을 기대고 그를 사모하는 자기 마음을 거침없이
눈에, 미소에, 그리고 눈물에 나타내고 있었다. 스칼렛 자신도 그것을 나무라거
나 질투하기에는 아주 행복했고 매우 기뻤다. 애쉴리가 마침내 돌아온 것이다!

때때로 그녀는 그의 키스를 받았던 볼에 손을 대보고 그의 입술이 스쳤을
때의 전율을 또다시 느끼며 미소를 그에게 보냈다. 물론 그가 제일 먼저 키스
한 것은 그녀가 아니었다. 멜라니가 그의 가슴에 온몸을 내던지고 애틋하게 목

메어 울면서 다시는 놓아주지 않을 듯 매달리고 만 것이다. 그리고 인디어와 하니가 멜라니의 팔에서 오빠의 몸을 떼어 양쪽으로 안았다. 다음에 그는 깊은 애정을 기울여 아버지를 포옹하고 조용히 키스했다. 그것은 아버지와 아들 사이에 흐르는 굳세고 조용한 감정을 말해 주는 것이었다. 다음은 흥분하여 어울리지 않게 작은 발로 종종걸음을 치는 피티 시고모님의 차례였다. 이윽고 마지막으로 그는 스칼렛을 보았다. 그리고 데리고 온 청년들이 스칼렛과 서로 키스하려고 다투고 있는 가운데 "오, 스칼렛! 당신은 여전히 아름답구료!" 말하고 그녀의 볼에 입술을 댄 것이다.

그 키스로, 그를 맞이했을 때 하려고 했던 말은 몽땅 달아나 버리고 말았다. 사실 몇 시간 뒤까지도 그녀는 그가 입술에 키스하지 않은 것조차 깨닫지 못하고 있었다. 그러고 나서 몇 시간이 지난 다음에야 비로소 만일 단둘이 만났다면 어떻게 했을까 생각해 보았다. 키가 큰 그는 허리를 숙이고 나를 발돋움하게 한 다음 그대로 오래오래 포옹하고 있지 않았을까? 이 상상은 그녀를 즐겁게 했다. 그리고 언젠가는 꼭 그렇게 할 것이라고 혼자서 정해 버렸다. 더구나 이 꿈을 실현하는 데는 아직 일주일이나 여유가 있다. 시간은 충분하다. 일주일 동안 반드시 단둘이 이야기할 기회가 만들어질 게 틀림없다. '우리가 우리만의 비밀 오솔길을 지나 멀리 말을 달렸던 일을 기억하고 계세요?' '단둘이 타라의 돌층계에 걸터앉아 당신이 시를 읊어주신 저 달밝은 밤의 일을 기억하고 계세요?' '난 몰라, 그게 어떤 시였더라?' '당신이 발을 삔 저를 안고 저녁 어스름 속에 집까지 바래다 주신 그날의 일을 기억하고 계세요?'

아, "기억하고 계세요?"라는 말을 붙여서 그에게 하지 못하는 말이 얼마나 많은가. 두 사람이 철부지 아이들처럼 마을을 싸돌아 다니던 저 즐거운 시절을 그에게 떠올려 줄 추억은 너무나 많다. 멜라니 해밀턴이 나타나기 이전의 추억은 끝이 없다. 단둘이 여러 가지 이야기를 하는 동안 틀림없이 그의 눈 속에 되살아나는 감정의 움직임과 멜라니에 대한 남편의 애정 뒤에, 그가 처음으로 참된 마음을 나타냈던 저 바비큐파티의 날과 마찬가지로 열렬히 그녀를 사랑하고 있는 마음의 암시를 읽어 낼 수 있을 것이다. 만일 애쉴리가 그녀에 대한 사랑의 마음을 솔직히 털어놓는다면 어떤 결과가 될 것인지 그녀는 생각하지 않았다. 그녀는 다만 그가 과연 자기를 사랑하고 있는지 그것만을 알고 싶었다.

그리고 그것으로 충분했다. ……그렇다, 기다리자. 그리고 그 사이 멜라니에게 그의 팔에 매달려 울 수 있는 시간을 잠시 주자. 어차피 언젠가는 그녀의 차례가 돌아올 테니까. 멜라니가 아무리 매달려 운대도 어찌 저런 여자가 참다운 사랑을 알 수 있으랴.

"당신은 마치 부랑자 같군요." 최초의 흥분이 지나가자 멜라니가 말했다. "그 군복 누가 기웠죠? 왜 파란 헝겊으로 기웠어요?"

"나는 더 이상 완벽할 수 없다고 생각하는데." 애쉴리는 자기 모습을 살펴보며 말했다. "싸움터에 있는 사람들과 비교하면 이래봬도 훨씬 난 거요. 이건 모스가 기워 준 건데, 전쟁이 날 때까지 한 번도 바늘을 쥐어 보지 못한 사람치고는 꽤 솜씨가 있지 않소? 그런데 이 파란 헝겊 조각은 말이요, 구멍이 뚫린 채로 두는 게 나은지 아니면 북군 포로의 군복에서 잘라 낸 천조각으로 깁는 게 나은지 비교하면 선택의 여지 같은 것이 전혀 있을 수 없었소. 그리고 나를 보고 부랑자 같다고 말했지만, 멜라니, 당신은 남편이 맨발로 돌아오지 않은 것에 감사해야 하오. 내 낡은 부츠는 지난주 완전히 떨어지고 말았소. 그때 만일 재수 좋게 북군 척후병 두 사람을 사살하지 않았더라면 나는 발에 양말이나 친친 동여매고 돌아왔어야 했을 것이오. 마침 척후병 하나의 장화가 내 발에 꼭 맞았소."

그는 그렇게 말하고 모두를 납득시키기 위해 모두의 눈 앞에 부츠를 신은 상처투성이의 긴 다리를 뻗어 보였다.

"그런데 또 한 놈의 장화는 애석하게도 내 발에 맞지 않았어요." 캐이드가 말을 꺼냈다. "억지로 신고는 왔지만 형편없이 작아서 어찌나 아픈지 꼭 지옥 같아요. 하지만 역시 집에 돌아가려면 차릴 것은 차려야 되니까."

"그렇게 아프면 내게 양보하면 될 텐데, 이 욕심쟁이 새끼는 절대로 벗으려고 안 하니 참 기가 막혀서." 토니가 말했다. "우리 폰테인 집안의 귀족적인 작은 발에는 꼭 맞을 텐데. 정말 이런 너덜너덜한 구두를 신고는 어머니와 만날 면목이 없어. 전쟁 전까지 우리 어머니는 노예에게도 이런 구두는 신기지 않았을 거야."

"걱정 마." 알렉스는 캐이드의 장화를 옆눈으로 흘겨보며 말했다. "돌아가는 기차 속에서 뺏어 버릴 거야. 어머니는 문제가 아닌데…… 나는…… 나는 정말 디머티 먼로에게게만은 이렇게 발가락이 나온 꼴을 보이고 싶지 않아."

"하지만 그건 내 부츠야. 내꺼라고 말했으니까, 내가 먼저야."

토니가 형에게 대들었다. 폰테인 댁 형제의 유명한 싸움이 벌어질까 봐 걱정한 멜라니가 사이에 끼어들어 양쪽을 말렸다.

"나는 식구들에게 보여 주려고 수염을 길렀었어." 애쉴리는 아직 뚜렷이 남아 있는 면도 자국을 애석한 듯 쓰다듬으며 말했다. "꽤 멋진 수염이었어. 자랑이 아니라 젭 스튜어트의 수염이나 네이던 베드포드 포레스트의 수염도 내 것에 비교하면 문제가 되질 않지. 그런데 애석하게도 리치먼드에 도착하자 이 두 악당이" 하고 폰테인 형제를 가리키며 "자기들도 밀어 버렸으니 나도 밀어 버려야 한다고 우기면서 막 둘이서 나를 누르고 우격다짐으로 밀어버리고 말았어. 하지만 수염과 함께 목이 잘리지 않은 것만 해도 그나마 다행이야. 용케 콧수염이 화를 면한 것은 에반과 캐이드가 중간에서 말려 주었기 때문이야."

"쳇, 윌크스 부인! 저희야말로 고맙다는 인사를 받아야 합니다. 만일 애쉴리가 그대로 돌아왔다면, 부인은 아마 틀림없이 얼굴을 알아보지 못하고 문간에서 쫓아버렸을 겁니다." 알렉스가 말했다. "우리는 헌병에게 교섭해서 영창 신세를 면하게 해준 사례로 깎아 주었을 뿐이지요. 원하신다면 콧수염도 당장 말끔히 없애드리죠."

"어머, 됐어요!" 멜라니는 깜짝 놀란 듯 황급히 애쉴리 옆으로 붙어섰다. 이 두 까무잡잡한 작은 남자들은 정말 어떤 난폭한 짓도 서슴지 않고 할 듯이 보였기 때문이다. "콧수염은 아주 보기 좋은 걸요."

"곰보도 보조개로 보인다더니." 폰테인 형제는 호들갑스럽게 고개를 끄덕였다.

애쉴리가 피티 고모의 마차로 청년들을 정거장에 바래다 주러 나간 뒤 멜라니는 스칼렛의 팔을 잡고 말했다.

"그이는 정말 형편없는 군복을 입었네요. 내가 공들여 지은 윗도리를 드리면 얼마나 놀라실까요. 바지를 만들 천이 있으면 좋겠는데."

애쉴리를 위한 그 상의는 스칼렛에게는 슬픈 것이었다. 멜라니 대신 자기가 선사하고 싶었던 것이다. 군복을 만드는 잿빛 양복지는 문자 그대로 루비보다 비쌌으므로 애쉴리도 별수 없이 집에서 짠 옷을 입고 있었다. 호두빛조차 풍부치 않아 병사들은 대개 북군 포로의 군복을 호두를 물감으로 삼아 짙은 갈색으로 다시 물들여 입고 있을 정도였다. 그러나 멜라니는 다행히 우연한 일로 상의를 만들 만한 나사를 구할 수 있었다. 길이를 약간 짧게 만들 수밖에 없었지만, 어쨌든 윗도리 모양이 되기는 했다. 멜라니는 병원에서 찰스턴 출신의 한 청년을 간호한 적이 있었다. 그 청년이 죽자 그의 머리칼과 그 초라한 소지품에 위안의 편지를 곁들여 괴로워했던 일은 쏙 빼고 평안하게 숨을 거둔 것처럼 임종의 광경을 적어 그의 어머니한테 보내 주었다. 그것이 인연이 되어 두 사람 사이에는 편지 왕래가 시작되었다. 이윽고 그 어머니는 멜라니의 남편이 전선에 나가 있는 것을 알자 죽은 아들을 위해 사두었던 잿빛 양복지와 놋쇠 단추를 부쳐 주었다. 두껍고 푹신해 보이며 약간 윤이 나는 고급 옷감으로서 보나마나 봉쇄 밀수의 밀수품일 것이기 때문에 꽤 많은 돈을 치르고 산 물건임이 틀림없었다. 멜라니는 옷감을 곧 바느질 집으로 보내 크리스마스 아침까지 완성되도록 서둘렀다. 스칼렛도 바지를 자기 손으로 마련할 수 있다면 무엇을 내놓아도 아깝지 않을 거라고 생각했지만, 애틀랜타에선 도저히 옷감을 손에 넣을 수가 없었다.

그녀도 애쉴리를 위해 크리스마스 선물을 준비해 놓았다. 그러나 그것은 멜라니의 훌륭한 잿빛 윗도리와 비교하면 형편없이 초라해 보였다. 그건 플란넬로 만든 조그만 '바느질 쌈지'로, 안에는 레트가 나소에서 사다 준 귀중한 바늘 쌈과 역시 레트에게서 받은 모시 손수건 석 장, 실패 두 개, 그리고 작은 가위가 들어 있었다. 그녀는 뭔가 좀더 몸에 가까이 지닐 수 있는 것, 이를테면 흔히 아내가 남편에게 선사하는 와이셔츠라든가 장갑이라든가 모자 같은 것……그렇다, 될 수 있으면 모자를 선물하고 싶었다. 애쉴리가 쓰고 있는 약식 보병 모자는 꼭대기가 납작해 볼품이 없었다. 스칼렛은 언제나 그 모자가 싫었다. 잭슨 장군이 테가 늘어진 펠트 모자보다 이런 모양의 약식 모자를 애용한다지만 그게 어쨌단 말인가? 위엄이 전혀 없지 않은가. 그러나 애틀랜타에서 손에 넣을 수 있는 모자는 형편없는 털모자뿐이어서 원숭이가 쓰는 것 같은 그런 약식 모자보다 더 마음에 들지 않았다.

모자를 생각하자 곧 레트 버틀러가 머리에 떠올랐다. 그는 정말 많은 모자를 가지고 있었다. 여름엔 테가 넓은 파나마모, 점잖은 장소에는 높직한 비버

가죽모자, 그리고 사냥용 모자가 있는가 하면 중절모만 해도 황갈색, 검은색, 푸른색 등 여러 가지를 다 갖추고 있다. 그녀의 사랑하는 애쉴리는 빗속을 모자에서 목덜미 속으로 빗방울을 떨어뜨리면서 돌아왔는데, 대체 무엇 때문에 레트는 그렇게 많은 모자를 가지고 있어야 하는가.

'옳지, 레트한테 그 검은 새 펠트 모자를 달라고 하자.' 그녀는 마음먹었다. '테에 잿빛 리본을 달고 그 위에 애쉴리가 준 꽃을 달면 아주 멋진 모자가 될 거야!'

그러나 거기서 문득 망설였다. 뭔가 그럴 듯한 구실 없이 모자를 손에 넣기란 어렵다. 애쉴리에게 주는 것이라고는 말할 수 없다. 애쉴리의 이름을 올리기만 해도 레트는 언제나 기분 나쁜 듯 눈썹을 곤두세운다. 이번에도 그렇게 말하고 부탁하면 틀림없이 그런 표정을 지을 거야. 그리고 틀림없이 거절할 거야. 그것보다는 몹시 모자를 탐내는 부상병의 가련한 이야기라도 그럴듯하게 꾸미는 편이 나을 것이다. 뭐, 굳이 레트에게 사실을 알릴 필요는 없을 테니까.

그날 오후 그녀는 불과 이삼 분이라도 애쉴리와 단둘이 될 기회를 노렸다. 그러나 멜라니가 늘 붙어 있는데다 인디어와 하니 두 사람도 속눈썹 없는 엷은 빛깔의 눈을 빛내면서 계속 오빠의 꽁무니를 따라다니고 있었다. 아들이 자랑스러운 존 윌크스마저 진득하게 이야기를 나눌 수가 없을 정도였다. 모두가 전쟁 얘기를 들으려고 그를 향해 질문을 퍼붓는 만찬 자리에서도 마찬가지였다. 전쟁! 전쟁 같은 것은 아무려면 어떤가! 스칼렛은 애쉴리도 전쟁 이야기 같은 것엔 그다지 흥미가 없을 것이라고 생각했다. 그래도 그는 이야기를 시작하자 곧잘 웃어 대며 이제껏 본 일이 없을 정도로 완전히 좌중의 대화를 지배했다. 그러나 별로 할 말도 없는 것 같았다. 그는 전우들에 관한 우스갯소리나 궁지에 빠졌을 때의 요령, 배가 고팠던 이야기며 빗속에 강행군하였던 이야기 같은 것을 명랑한 투로 아무렇지도 않은 듯 말했고, 게티스버그에서 후퇴할 때 옆을 지나간 리 장군이 "제군은 조지아 부댄가?" 하고 묻고 "잘 됐군, 우리는 자네들 조지아 사람 없이는 해나갈 수 없다네" 하고 말했던 일, 그리고 그때의 장군의 태도며 생김새 같은 것을 자세히 말했다.

그러나 스칼렛에게는 그가 대답하고 싶지 않은 질문을 애써 피하기 위해 열심히 지껄이고 있는 것처럼 보였다. 그리고 자기 아버지의 수심 어린 눈길을 오랫동안 받고 당황한 듯 눈길을 내리까는 것을 보자 왠지 마음에 어렴풋한 불안과 함께 도대체 애쉴리의 마음속에 무엇이 숨겨져 있는지 궁금하게 여겨졌다. 그러나 그 불안도 곧 사라져 버리고 말았다. 그녀의 마음에는 황홀한 행복감과 그와 단둘이 있고 싶다는 쫓기는 듯한 욕망 때문에 그 밖의 것은 있을 수가 없었다.

이 행복감은 난롯가에 모인 사람들이 슬슬 하품을 하기 시작하고, 윌크스 부녀가 호텔로 물러갈 때까지 계속되었다. 그들이 돌아가자 피터 영감에게 앞을 밝히게 하고 애쉴리와 멜라니, 피티팻과 스칼렛은 계단을 올라갔다. 그때 돌연 어떤 차가운 바람이 그녀의 가슴을 엄습했다. 그들이 3층의 복도에 설 때까지는 애쉴리는 그녀의 것이었다. 비록 그날 오후 내내 단둘이 다정한 말도 한마디 나누지 못했지만, 그는 그녀만의 것이었다. 그러나 이제 그녀가 안녕히 주무세요, 하고 말하자 멜라니의 볼이 확 붉어지고 몸이 가늘게 떨리는 것을 보았다. 멜라니는 양탄자 위에 눈을 떨구고 떨리는 감정에 몹시 압도된 것처럼 보였다. 부끄러움 속에서도 그녀는 무척 행복한 것 같았다. 애쉴리가 침실 문을 열었을 때 멜라니는 눈을 들려고도 하지 않고 재빨리 안으로 들어가고 말았다. 애쉴리는 몹시 무뚝뚝한 말투로 안녕, 하고 말했다. 그 역시 스칼렛과 눈이 마주치는 것은 피했다.

문은 두 사람의 뒤에서 닫혔다. 스칼렛은 멍하니 그 자리에 선 채 갑자기 고독감에 사로잡혔다. 애쉴리는 이미 그녀의 것이 아니었다. 멜라니의 것이었다. 그리고 멜라니가 살아 있는 한 영원히 그녀는 애쉴리와 단둘이 방에 들어가서 문을 닫고 바깥 세계와는 떨어질 수 없는 것이다.

애쉴리가 다시 버지니아 전선으로 돌아갈 날이 왔다. 진눈깨비 속의 행군으로, 배고픈 눈 속 야영지로, 고통과 빈곤 속으로, 그 아름다운 금발머리도 날씬한 육체도 인정머리 없는 발뒤축에 짓밟히는 개미처럼 순간적으로 유린당하고 말지도 모를 위험 속으로 다시 돌아가는 것이다. 꿈결처럼 아름답고 행복에 넘친 일주일이 그와 함께 가버린 것이다.

그 일주일은 순식간에 지나갔다. 소나무 가지와 크리스마스 트리의 냄새와 조그만 촛불과 손으로 만든 장식품으로 빛났던 꿈, 심장의 고동처럼 빠르게도 흘러가 버린 꿈이었다. 숨돌릴 틈도 없는 한 주일이었다. 스칼렛은 고통과 기쁨이 뒤섞인 심정으로, 그가 가버린 뒤 마음에 남아 이제부터 오랜 세월을 두고두고 천천히 떠올릴 때마다 자신의 쓸쓸함을 조금이라도 위로해 줄 추억의 여러 가지를 마치 뭔가에 쫓기기라도 하듯 허겁지겁 채워 넣으려고 했다—춤을 추고 노래하고 웃고 애쉴리를 위해 시중을 들고 그가 원하는 것에 신경을 쓰고 그가 웃을 때는 웃고 이야기할 때는 침묵하고, 그의 단정한 몸의 선, 눈썹이 올라갔다 내려갔다 하는 모양, 입가의 엷은 표정, 그런 것들 하나하나를 뒤쫓음으로써 마음속에 지워지지 않는 추억을 새겨 두려고 한 일주일이었다—그 일주일은 너무나도 빨리 지나가 버리고 더구나 전쟁은 무한히 이어질 듯이 느껴졌다.

그녀는 객실 소파에 앉아 작별의 선물을 무릎에 놓고 멜라니와 이별을 고하고 있는 그를 기다리고 있었다. 그리고 그가 혼자서 계단을 내려와 주었으면, 하다못해 몇 분 간이라도 그와 단둘이 있을 수 있었으면 하고 바랐다. 그리고 2층의 소리에 열심히 귀를 기울였으나 집 안은 이상하게 잠잠하여 그녀의 숨소리밖에 들리지 않았다. 애쉴리로부터 반 시간 전에 작별인사를 받은 피티 시고모는 자기 방 베개에 얼굴을 파묻고 울음을 터뜨리고 있었지만, 멜라니의 침실에서는 아무 말소리도, 우는 소리도 들려오지 않았다. 밖에서 기다리고 있는 스칼렛에겐 그것이 무척 긴 시간으로 여겨졌다. 그녀는 그가 아내의 침실에서 작별을 아쉬워하고 있는 그 한순간 한순간을 몹시 미워하고 저주했다. 시간은 속절없이 흘러서 그가 집에 있을 시간은 더욱 짧아지기만 하기 때문이었다.

그녀는 이 일주일 동안 이렇게 말할까 저렇게 말할까 하고 여러 가지로 생각했지만 끝내 말할 기회가 없었다. 이제와서는 아마 그럴 기회가 아주 없으리라고 체념하고 있었다.

말하고 싶다고 생각하던 몇 가지는 무척 바보스럽고 하잘것없는 것들이었다. 이를테면 '애쉴리, 몸을 조심하세요, 네.' '발을 적시면 안 돼요. 당신은 감기에 잘 걸리시니까.' '잊지 말고 와이셔츠 속에 신문지를 감으세요. 바람을 아주 잘 막아 준대요.' 이런 것들이었다. 그러나 그 밖에도 그에게 하고 싶은 좀더 중요한 말들이 있었다. 그에게 말하게 하고 싶은 좀더 중요한 말이 있었다. 비록 그가 입에 올리지 않더라도 그 눈빛으로 읽고 싶은 중요한 것이.

말하고 싶은 것은 잔뜩 있었지만 이제는 시간이 없었다! 만약 몇 분이 남아
있다고 하더라도 만일 멜라니가 문간에서 마차 타는 곳까지 그를 따라간다면
그 몇 분조차 그녀의 것은 아닌 것이다. 왜 그녀는 이 일주일 동안 그런 기회
를 만들지 않았던가? 그러나 언제나 멜라니가 옆에 있어 그 애정에 넘친 눈을
그에게서 떼려 하지 않고, 쉴 새 없이 친구며 이웃 사람들이며 친척들이 와 있
어 아침부터 밤까지 애쉴리는 걸코 혼사 있는 일이 없었던 것이나. 너구나 밤이
되면 침실의 문을 닫고 그와 멜라니는 단둘만이 되고 만다. 이 일주일 동안 그
는 스칼렛에 대해선 오빠가 누이동생에게 보이는 것 같은, 또는 평생 친구에게
대하는 것 같은 애정 이상의 그 어떤 것도 태도나 말에서 한 번도 나타낸 일이
없었다. 그녀는 지금도 틀림없이 자기를 사랑하고 있다는 그의 그 애정을 똑똑
히 확인하지 않고는, 경우에 따라선 영원한 이별이 될지도 모를 오늘의 작별에
안녕이라고 말할 수는 없을 것 같았다. 그것만 알 수 있다면, 비록 그가 죽고
말지라도 그녀는 생명이 다하는 날까지 그의 숨겨진 애정에 마음 따뜻하게 위
안을 받을 수가 있을 것이다.

　영원히 기다려야 하나, 하고 생각했을 때 그녀는 2층 침실에서 그의 부츠 소
리에 이어 문이 열렸다가 닫히는 소리와 그러고 나서 계단을 내려오는 그의 발
소리를 들었다. 혼자다! 하느님, 고마워요! 멜라니는 이별의 슬픔에 잠겨 방을
나오지 못하는 모양이었다. 드디어 그녀는 귀중한 몇 분간 그를 독점할 수 있
게 된 것이다.

　애쉴리는 박차를 잘그락잘그락 울리면서 천천히 계단을 내려왔다. 그녀는
사벨이 장화에 부딪치는 희미한 소리까지 또렷이 들을 수 있었다. 객실에 들어
온 그의 눈빛이 어두웠다. 애써 미소지으려는 그의 얼굴은 마음의 상처에서 피
를 내뿜는 사람처럼 창백하고 굳은 표정을 하고 있었다. 일어나 그를 맞은 스
칼렛은 마음속으로 이 사람이 자기 애인이라는 자부심에 이렇게 훌륭한 군인
은 본 일이 없다고 생각했다. 피터 영감이 열심히 닦은 보람이 있어 긴 가죽 총
집과 허리띠는 말쑥하게 윤이 나고 박차며 칼집도 번쩍번쩍 빛나고 있었다. 새
윗도리는 그다지 몸에 꼭 맞지는 않았다. 너무 서둘러 지었으므로 바느질 자리
가 군데군데 비뚤어져 있었다. 그 산뜻한 잿빛 새 윗도리는 닳아빠져 기운 곳
이 많은 호두빛 바지와 상처투성이 부츠와는 전혀 어울리지 않았지만, 그가 은

빛 갑옷으로 몸을 장식했다고 해도 그녀에겐 이보다 더 늠름하게 보이지는 않았을 것이다.

"애쉴리!" 그녀는 대담하게 물었다. "저, 기차까지 배웅해도 될까요?"

"아니, 오지 않는 편이 좋아요. 아버지랑 누이들도 와 있을 테니까. 그리고 정거장에서 떨면서 안녕 하는 소리를 듣기보다는 여기서 말해 주는 소리를 마음에 남기고 싶어. 그 편이 훨씬 좋은 추억이 될 거야."

그래서 그녀는 곧 그 계획을 버렸다. 그녀를 아주 싫어하는 인디어와 하니가 전송을 나온다면 도저히 은밀한 얘기 같은 것은 할 수가 없을 것이다.

"그럼, 안 가겠어요." 그녀는 말했다. "저, 애쉴리! 저도 선물이 하나 있어요."

마침내 그것을 줄 기회가 왔으므로 다소 수줍어하면서 그녀는 꾸러미를 풀었다. 그건 두터운 중국 비단으로 된 무거운 술이 늘어진 노란 빛깔의 긴 새쉬였다. 몇 달 전 레트 버틀러는 그녀에게 아바나에서 노란색 숄을 가져다주었다. 짙은 빨간색과 파란색으로 꽃과 새를 수놓은 화려한 숄이었다. 이 한 주일 동안 그녀는 정성껏 그 숄의 자수를 뜯고 비단을 직사각형으로 잘라 새쉬의 길이에 맞춰 꿰맸던 것이다.

"스칼렛, 정말 멋지군. 당신이 직접 만들었소? 그럼 무엇보다 고맙군. 자, 내게 달아 줘요. 내가 새 윗옷과 새쉬를 걸치고 매끈한 모양새로 가면 녀석들은 아마 새파래져서 부러워할 거요."

그녀는 그의 늘씬한 허리 혁대에 새쉬를 두르고 양쪽 끝을 사랑매듭으로 매주었다. 멜라니는 새 윗옷을 선물했지만 이 새쉬는 그녀의 선물인 것이다. 그가 싸움터에서 이것을 볼 때마다 자기를 기억해 주기를 바라며 정성껏 만든 은밀한 선물이었다. 그녀는 두세 걸음 뒤로 물러나서 잠깐 자랑스럽게 바라보았다. 그리고 화려한 새쉬를 두르고 모자에 깃털장식을 꽂은 젭 스튜어트라도 그녀의 이 기사만큼 멋있게 보이지는 않을 것이라고 생각했다.

"참 훌륭하군." 술을 만지작거리면서 그는 되풀이해 말했다. "하지만 이걸 만드느라고 당신은 옷이나 숄을 잘랐을 텐데 그런 짓은 하지 않는 게 좋았을 거요, 스칼렛. 요즈음은 예쁜 옷을 구하기가 퍽 어려울 테니 말이오."

"어머, 애쉴리, 저는……."

그녀는 처음 '당신이 원한다면 심장이라도 잘라드리겠어요' 하고 말할 생각이었으나 "저는 당신을 위해서라면 어떤 일이라도 해요!" 말해 버리고 말았다.

"어떤 일이라도?" 묻는 그의 얼굴에서 얼마쯤 어두운 그늘이 사라졌다. "그럼, 나를 위해 꼭 부탁하고 싶은 것이 있소. 스칼렛, 당신이 맡아 준다면 나는 아무런 걱정 없이 출발할 수 있소."

"뭔데요?" 어떤 일이라도 약속하겠다는 결심을 보이며 그녀는 기쁜 듯이 물었다.

"스칼렛, 나를 대신해 멜라니의 뒤를 돌봐 주지 않겠소?"

"멜라니를 돌봐 주라고요?"

그녀는 몹시 실망했다. 뭔가 아름답고 멋있는 약속을 할 줄 알고 가슴이 두근거렸는데 그의 마지막 소원이란 것이 겨우 이것이었던가. 이윽고 격렬한 노여움이 솟아올랐다. 이 순간은 그녀의 순간이고, 애쉴리와 단둘이 있을 수 있는 그녀만의 순간이었다. 그런데 여기에 없는 멜라니의 환영은 여전히 두 사람 사이에 드리워져 있는 것이다. 두 사람이 이별을 고하려고 하는 이 순간에 어떻게 그는 멜라니의 이름을 끄집어 낼 수 있었을까? 어떻게 그런 일을 자기에게 부탁할 수 있었을까?

그는 그녀의 얼굴에 나타난 이 실망의 빛을 깨닫지 못했다. 여전히 그의 눈은 그녀를 보지 않고 그녀를 지나 그 뒤에 있는 뭔가 다른 것을 보고 있었다.

"그래요, 그 사람을 살피고 돌봐 주시오. 그 사람은 몸이 약한데 스스로는 그것을 조금도 모르고 있소. 무리해서 간호하고 바느질을 하는 동안에 몸이 그냥 쇠약해져 버릴 거요. 게다가 저렇듯 너무나 마음 착하고 소심한 여자요. 피티팻 고모님과 헨리 아저씨와 당신을 빼놓는다면, 그 사람은 이 세상에 친한 친척이 한 사람도 없어요. 메이컨의 버 댁은 친척이라고는 해도 촌수가 멀고 피티 고모님은 스칼렛 당신도 알다시피 꼭 어린애 같고 헨리 아저씨는 노인이오. 멜라니는 당신을 매우 사랑하고 있소. 그건 당신이 찰스의 부인이었기 때문만이 아니라, 뭐라고 말하면 좋을까, 당신을 있는 그대로 사랑하고 있는 거요. 마치 진짜 형제간처럼. 스칼렛, 나는 만일 내가 전사하고 그 사람에게 아무도 기댈 사람이 없다면 어떤 일이 일어날까 생각할 때마다 밤잠도 제대로 못 잔다오. 자, 약속해 주겠소?"

그녀는 '만일 내가 전사한다면' 하는 불길한 말에 겁이 더럭 나서 그 마지막 말은 거의 듣지 못했다.

매일 그녀는 사상자 명단을 읽을 때마다 만일 그에게 무슨 일이 있으면 자기의 인생은 끝장이라며 두려워하고 있었던 것이다. 그러나 언제나 마음 한구석에는 비록 남군이 전부 전멸하더라도 틀림없이 애쉴리만은 살아남아 있을 것이라고 속으로 믿고 있었다. 그런데 지금 그 무서운 말을 애쉴리 스스로 입에 올릴 줄이야! 그녀는 온몸에 오싹 소름이 돋고 공포의 구렁텅이로 떨어졌다. 이성으로는 맞설 수 없는 미신적인 공포에 압도되고 말았다. 그녀는 육감을 믿을 만큼, 특히 죽음의 예감에 대해서는 육감을 믿을 만큼 아일랜드 사람의 피를 이어 받고 있었다. 때문에 그의 커다란 잿빛 눈 속에 무엇인가 깊은 슬픔의 빛을 보자 그녀는 그것을 꼭, 싸늘한 사신의 손가락이 어깨에 닿는 것을 느끼고 귀에 요마의 슬픈 외침을 들은 남자의 눈으로밖에 해석할 수가 없었다.

"싫어요, 그런 말씀은 하지 마세요! 하서도 안 돼요! 죽음을 입에 올리다니 불길해요. 자, 빨리 기도하세요!"

"당신이 나를 대신해 기도해 주시오. 그리고 촛불을 밝혀 주시오." 두려움에 떨고 있는 그녀의 목소리에 빙긋 웃으며 그는 말했다.

하지만 그녀는 자기 마음속에 그려진 슬픈 광경에 기가 질려 대답조차 하지 못했다. 애쉴리가 그녀에게서 멀리 떨어진 버지니아 눈 속에 죽어서 쓰러져 있는 모습을 마음에 그리고 기가 질리고 만 것이다. 그는 말을 계속하고 있었다. 그 소리 속엔 어떤 슬픔과 체념의 울림이 있었고, 그것이 그녀의 공포를 한층 부채질했다. 그리고 마침내 그 공포는 그녀의 노여움과 실망을 완전히 잊게 했다.

"나는 이런 이유로 당신에게 부탁하고 있는 거요, 스칼렛, 내 몸에 어떤 일이 일어날지 또는 우리 위에 어떤 일이 일어날는지 그것을 예측할 수 없소. 그러나 마지막 날이 왔을 때, 만일 내가 살아 있다고 할지라도 아마 나는 멜라니의 뒤를 봐 줄 수 없을 만큼 멀리 떨어진 곳에 있을 것이라고 생각하오."

"마…… 마지막 날이라고요?"

"전쟁의 마지막 날이오…… 그리고 이 세상의 마지막이오."

"하지만 애쉴리, 당신은 설마 우리가 북군에 진다고는 생각하지 않으시겠죠? 이 일주일 동안 당신은 내내 리 장군이 얼마나 장한지 모르겠다는 말씀만 하셨잖아요······."

"나는 일주일 동안 거짓말을 하고 있었소. 휴가로 귀향한 사람들이 모두 그러듯이. 멜라니와 피티 고모님을 또 놀라게 할 필요도 없는데 어째서 놀라게 할 수가 있겠소? 그렇소, 스칼렛, 나는 반드시 북군이 이길 거라고 생각하고 있소. 게티스버그 패전은 최후의 파국으로 가는 첫걸음이었소. 후방 사람들은 아직 그것을 모르고 있소. 그들은 전선의 상태가 어떤지 전혀 모르고 있지만. 이봐요, 스칼렛. 내 부하 중에는 맨발로 있는 병사가 얼마든지 있소. 그런데 버지니아는 지금 한창 눈이 깊이 쌓였소. 넝마 조각이나 헌 양말로만 칭칭 싸맨 가엾은 언 발을 보면, 그리고 눈 속에 그들이 남기고 간 핏자국을 보면, 내가 온전하게 부츠를 신고 있다는 것을 생각하면 이 신발은 그들에게나 주고 나도 맨발이 되어야 한다는 생각이 드는 거요."

"어머, 애쉴리, 신발만은 아무에게도 주지 않는다고 약속해 주시지 않겠어요?"

"이러한 우리 남군의 상황을 보고 북군의 상태를 볼 때, 나는 우리편의 최후를 예상하지 않을 수 없소. 왜냐하면 스칼렛, 북군은 유럽에서 병사를 마구 사들이고 있단 말이오! 최근 우리가 붙잡은 포로의 대부분은 영어조차 하질 못하오. 독일인도 있는가 하면 폴란드인도 있소. 개중에는 게일 말로 지껄이는 아주 무식한 아일랜드인도 있는 형편이오. 하지만 아군은 병사 하나를 잃으면 그걸 보충할 수조차 없소. 우리는 현재 신은 구두가 닳아 버리고 나면 신발이 없는 것이오. 우리는 벌써 완전히 눌리고 있단 말이오. 스칼렛, 뭐니뭐니해도 전 세계를 상대로 싸울 수는 없을 테니 말이오."

그녀는 미칠 듯이 혼란스러운 머리로 생각했다. 남부 여러 주 같은 것은 전부 연기 속에 무너져 버려도 좋다. 세상이 끝장 나도 상관없다. 그러나 애쉴리만은 죽어선 안 된다. 애쉴리가 죽어 버리면 나는 살아 있을 수가 없다.

"하지만 이런 말을 다른 사람에게 해서는 안 되오, 스칼렛. 다른 사람을 놀라게 해도 이제 아무 소용이 없소. 나는 당신을 놀라게 할 생각은 없었지만, 왜 내가 멜라니의 뒤를 부탁했는지 그 이유를 설명하기 위해서 마침내 말하고 만 거요. 몸도 마음도 약한 그녀에 비해 당신은 아주 강하오. 스칼렛, 내게 어떤 일이 있더라도 당신이 멜라니 옆에 있어 준다고 생각하면, 나는 아주 마음이 든

든하오. 약속해 주겠소?”

“네, 약속하겠어요!” 순간 그녀는 그의 몸에 죽음의 그림자를 본 것 같아 어떠한 약속이라도 하지 않을 수가 없었다. “애쉴리, 애쉴리! 나는 당신을 보내고 싶지 않아요! 난 당신을 보낼 용기가 없어요!”

“용기를 내지 않으면 안 되오.” 그의 목소리는 목멘 소리가 되고, 차차 깊이를 더하면서 미묘하게 바뀌어 갔다. “용기를 내 주지 않으면 안 되오. 당신까지 그런 말을 하면 나는 정말 견딜 수 없게 되오!”

그녀의 눈은 재빨리 그의 얼굴을 더듬었다. 그리고 기쁨에 떨며 정말로 그도 나와 마찬가지로 우리 두 사람의 이별을 슬퍼하고 있을까 생각했다. 그의 얼굴은 멜라니와 헤어지고 내려왔을 때와 똑같이 굳어 있고 그 눈에서는 아무것도 읽어 낼 수가 없었다. 그는 허리를 굽혀 그녀의 얼굴을 두 손으로 싸 쥐고 가볍게 그 이마에 입술을 댔다.

“스칼렛! 스칼렛! 당신은 참으로 훌륭하고 굳세고 선량하오. 그리고 참으로 아름답소. 얼굴만이 아름다운 게 아니라 육체도 정신도 영혼도 모두 아름답소.”

“어머나, 애쉴리.” 그녀는 그 말과 얼굴에 받은 키스의 감촉에 부들부들 떨리는 기쁨을 느끼며 속삭였다. “전 당신 말고는 아무도…….”

“난 누구보다도 당신을 잘 알고 있소. 나는 다른 사람들이 경솔하게, 혹은 천천히 살펴볼 틈도 없이 미처 놓쳐 버리고 마는 당신의 장점, 당신의 속깊이 파묻혀 있는 여러 가지 장점을 똑똑히 알고 있소. 그리고 그것을 생각하며 스스로 기뻐하고 있는 거요.”

그는 거기서 말을 끊고 손을 그녀의 얼굴에서 떼었다. 그러나 눈만은 아직 그녀의 눈을 찬찬히 들여다보고 있었다. 순간 그녀는 숨을 죽이고 기다리고 있었다. 그가 다음말을 잇는 것을 발돋움하면서 기다리고 있었다. ‘사랑한다’는 마술적인 말이 속삭여지기를. 그러나 그 말은 나오지 않았다. 그녀는 미친 듯이 그의 얼굴을 살폈다. 그의 말이 다 끝난 것을 보자 그녀는 입술을 떨었다. 이 두 번째의 실망은 그녀로서 너무나 견디기 어려운 것이었다. 그녀는 어린애 같은 속삭임으로 “아” 하고 부르짖으며 그대로 털썩 주저앉고 말았다. 눈물이 솟아올랐다. 그때 그녀는 창밖 차도에서 저주스런 소리를 들었다. 그건 애쉴리의 출발이 임박했음을 생생히 일깨우는 소리였다. 이교도의 영혼이 카론[6]이 젓는 배를 타고 아케론[7]을 건널 때, 그 나룻배 주변에서 들리는 물소리도 아마 이처럼 구슬프게 울리지는 않으리라. 피터 영감이 솜옷을 두르고 애쉴리를 정거장에 배웅하기 위해 마차를 끌고 나온 것이었다.

애쉴리는 조용히 "안녕" 하고 테이블 위에서 그녀가 레트에게서 얻어 선사한 테 넓은 펠트 모자를 집어들고, 어두운 바깥 현관 쪽으로 걸어갔다. 그리고 문 손잡이에 손을 댄 채 그녀를 돌아보고, 마치 그녀의 얼굴에서부터 봄의 각 부분까지 남김없이 마음에 새겨 잊지 않으려는 듯 오랫동안 절망적인 눈초리로 지켜보았다. 눈물에 젖은 눈으로 그녀는 그의 얼굴을 보았다. 그리고 그녀의 마음에서, 이 안전한 지붕 아래에서, 그녀의 생활에서, 그녀가 그렇게도 그리워하는 말도 남기지 않은 채 어쩌면 영원히 가 버리는 것인지도 모른다고 생각하자 그대로 목이 막히듯 고통스러웠다. 시간은 물레방아에서 떨어지는 물처럼 흘렀다. 이미 모든 것은 너무 늦었다. 그녀는 구르듯이 객실을 달려나가 현관으로 가서 그의 새쉬 끝을 와락 움켜잡았다.

"키스해 주세요." 그녀는 속삭였다. "작별의 키스를!"

그는 부드럽게 그녀를 안아 얼굴을 그녀의 얼굴 위에 숙였다. 처음으로 그의 입술이 그녀의 입술에 닿는 순간 그녀의 팔은 그의 목을 힘껏 끌어 안았다. 극히 짧은 순간, 화살처럼 지나가는 한순간, 그도 또한 그녀의 몸을 힘껏 안았다. 그리고 그녀는 그의 근육이 갑자기 팽팽하게 긴장하는 것을 느꼈다. 그래서 그는 일부러 재빨리 모자를 바닥에 떨어뜨렸다. 그리고 그것을 줍기 위해 손을 뻗치고 그녀의 팔을 목에서 떼어 내려고 했다.

"안 돼요, 스칼렛, 안 돼요." 그는 목에 감긴 그녀의 손목을 아프도록 쥐고 나직한 목소리로 말했다.

"저는 당신을 사랑하고 있어요." 그녀는 흐느끼는 듯한 목소리로 말했다. "전 줄곧 당신을 사랑해 왔어요. 전, 다른 누구도 사랑한 일이 없어요. 전 당신의 마음을, 당신의 마음을 아프게 하고 싶어서 찰스와 결혼한 거예요. 애쉴리, 전 진정으로 당신을 사랑하고 있어요. 당신의 옆에 있을 수만 있다면, 전 기꺼이 버지니아까지 먼 길도 한 발자국 한 발자국 걸어가겠어요! 당신을 위해 요리도

---

6) 아케론의 뱃사공.

7) 사람이 죽어서 저승으로 가는 길 중도에 있다고 하는 강.

마련하고 부츠도 닦겠어요. 말의 시중도 들겠어요. 애쉴리, 한 마디만 절 사랑한다고 말해 주세요! 전 이제부터 그 말로 평생을 살아가겠어요!”

그는 모자를 줍기 위해 급히 허리를 굽혔다. 그녀는 힐끗 그의 얼굴을 보았다. 그건 그녀가 이후 다시 볼 수 없을 것이라고 생각될 만큼 불행한 얼굴이었다. 초연했던 표정은 완전히 가셔 있었다. 그녀에 대한 사랑과 그녀에게 사랑을 받는 기쁨이 얼굴에 역력히 나타나 있었고, 그 두 개의 감정은 부끄러움과 절망의 감정과 무섭게 싸움을 벌이고 있었다. “잘 있어요.” 그는 목쉰 소리로 말했다.

문이 소리를 내며 열렸다. 찬바람이 집 안으로 확 몰려들어와 커튼을 나부끼게 했다. 스칼렛은 떨면서 그가 마차 쪽으로 보도를 내려가는 것을 지켜보았다. 사벨이 약한 겨울 햇살에 반사되고 새쉬의 술이 세차게 춤추고 있었다.

16

1864년의 1월과 2월은 찬비와 광풍 속에서 우울과 실의의 그림자에 싸인 채 지나갔다. 게티스버그와 빅스버그의 패전에 이어 남군 전선의 중앙부가 타격을 받기 시작했다. 대격전이 있은 뒤 이제 테네시 대부분은 북군의 손아귀에 들어갔다.

그러나 이제까지의 숱한 패배와 더불어 이번의 대손실에도 불구하고 남부의 사기는 아직 그렇게 떨어지지 않았다. 들뜬 승리의 희망이 이를 악문 비장한 결의로 바뀌었다고는 해도 사람들은 아직 암운 속에 한 줄기의 광명을 볼 수 있었다. 그 하나로 북군이 9월에 테네시에서 이긴 승리의 여세를 몰아 단숨에 조지아 주에 침입하려고 했다가 맹렬하게 격파된 일을 꼽을 수가 있다.

전쟁이 시작된 이래 처음으로 조지아의 흙은 조지아 주 가장 북서쪽 끝머리인 치카모가의 격전으로 붉게 물들여졌다. 북군은 치카모가를 점령하자 산길을 따라 조지아 주에 들어왔지만 곧 맹렬한 반격을 만나 격퇴하고 말았던 것이다.

애틀랜타와 그 철도는 치카모가의 싸움에서 남군의 승리에 커다란 역할을 맡았다. 버지니아로부터 애틀랜타에 이르고, 거기서 다시 테네시로 북행하는 철도를 이용하여 롱스트리트 장군이 거느린 부대는 급히 싸움터로 달려갔다.

수백 마일에 달하는 모든 노선은 일제히 운행을 멈추고 남동부에 있던 차량이란 차량은 모두 군의 수송용으로 동원되었다.

애틀랜타의 시민들은 열차마다 객차고 유개화차고 무개화차고 가릴 것 없이 함성을 올리는 병사들을 가득 싣고 시시각각 시를 통과하여 가는 것을 지켜보았다. 이들 병사들은 마시지 않고, 먹지 않고, 잠도 자지 않고, 말도 없거니와 위생차도 병참차도 달지 않은 채 나타나서 쉴 틈도 없이 열차에서 뛰어내리자 곧장 씨움터로 달려갔다. 이리히어 양키는 조지아 주로부터 테네시 주로 후퇴하지 않을 수 없게 되었던 것이다.

그건 이 전쟁에서 가장 큰 공적이었다. 애틀랜타 사람들은 그들의 철도가 승리를 가능하게 했다는 자부심에 시로서의 커다란 만족을 느끼고 있었다.

그러나 남부는 닥쳐오는 겨울 동안의 사기를 북돋기 위해 치카모가 대승의 쾌보가 필요할 만큼 급박해 있었다. 지금은 누구 한 사람 북군의 강함을, 결국 그들이 훨씬 뛰어난 지휘관을 가지고 있다는 것을 부정하는 사람은 없었다. 그랜트 장군은 승리를 위해선 아무리 많은 병사를 희생으로 바쳐도 상관없다고 말하는 하나의 도살자였다. 승리는 언제나 그의 것이었다. 셰리던 장군의 이름은 남부 여러 주 사람들의 공포의 대상이었다. 게다가 셔먼 장군이라는 지휘관이 있었다. 최근 그의 이름은 더욱 자주 사람들의 입에 오르게 되었다. 그가 테네시와 서부 전선에서 용맹을 떨친 이후 그 사납고도 가차 없는 전투 정신이 더 알려지게 되었던 것이다.

하지만 물론 그 가운데 누구 한 사람도 남군의 리 장군과 어깨를 겨룰 만한 사람은 없었다. 리 장군과 그 군대에 대한 믿음은 여전히 절대적인 것이었다. 그러기에 최후의 승리에 대한 신념은 절대로 흔들리지 않았다. 하지만 전쟁은 너무나 오래 계속되고 있었다. 사망자, 부상자, 불구자, 과부, 고아가 남부에 가득했다. 더욱이 앞으로도 계속 장기적인 고전이 예상되었으므로 더 많은 사망자, 부상자, 과부, 고아가 나올 것이라는 것은 당연히 예상되었다.

사태를 더욱 악화시킨 건 시민 사이에 정부 수뇌부에 대한 막연한 불신의 감정이 퍼지기 시작한 것이었다. 많은 신문이 데이비스 대통령과 아직도 전쟁을 계속하려고 하는 그 태도에 대하여 계속 비난의 화살을 돌렸다. 남부동맹 내각 내부에도 의견의 대립이 있고, 데이비스 대통령과 장군들 사이에도 알력이 생기고 있었다.

　통화 가치는 급격히 떨어졌다. 군대에 납품하는 신발과 의복은 바닥이 났다. 무기와 약품의 부족은 더한층 심해졌다. 철도는 낡은 차량에 대신하여 새 차량을 찾고 북군에 의해 파괴된 철도를 복구하기 위해 새로운 철도를 요구하고 있었다. 전선의 장군들은 계속 병력의 보충을 요구했지만, 모을 수 있는 병사의 수는 나날이 줄어 갈 뿐이었다. 가장 나쁜 것은 주지사 가운데 어떤 자가―그 가운데는 조지아 주의 브라운 지사도 포함돼 있었지만―주의 의용군과 무기 같은 것을 주 밖으로 내보내지 않겠다고 거절하기 시작한 것이었다. 주의 군대는 전선이 핏발선 눈으로 찾고 있는 억세고 건강한 병사를 많이 가지고 있었지만, 정부의 애원은 속절없이 거절당하는 형편이었다.

　이번 통화의 하락은 필연적으로 물가를 뛰어오르게 하였다. 쇠고기, 돼지고기, 버터 등은 한 파운드에 35달러, 밀가루는 한 통에 천 3백 달러, 소다는 한 파운드에 백 달러, 차는 한 파운드에 5백 달러로까지 뛰어올랐다. 방한복은 비록 손에 넣을 수 있다고는 해도 무척 비쌌으므로 애틀랜타의 부인들은 헌옷에 누더기로 안을 받치고 바람을 막기 위해 신문지를 발랐다. 구두는 '판지로 만든 것'과 진짜 가죽제품에 따라 값이 달랐는데 대략 한 켤레에 2백 달러에서 8백 달러 사이였다. 때문에 부인들은 헌 털실 숄이나 양탄자를 잘라 직접 구두를 만들어 신었다. 구두창은 나무로 댔다.

　이제 북군은 남군을 완전히 틀어쥐고 포위 상태로 몰아넣고 있었다. 다만 많은 사람이 그것을 모를 뿐이었다. 북군의 포함은 항만의 경계를 한층 엄중히 하였다. 때문에 요즘에 와서는 봉쇄를 돌파하는 배가 지극히 적은 형편이었다.

　남부는 지금까지 목화를 팔고, 그 대신 국내에서 생산할 수 없는 물품을 외국에서 사들여 와 생활해 온 것인데, 지금은 파는 것도 사는 것도 완전히 단절되고 말았다. 제럴드 오하라는 3년치의 목화 수확을 타라의 솜틀 공장 옆 창고에 저장해 놓고 있었지만, 그러나 이제 그것은 아무 쓸모도 없었다. 리버풀에 가져가면 넉넉히 15만 달러의 값을 받게 될 목화도 수송을 할 수 없으므로 도무지 어쩔 수가 없었다. 그리하여 제럴드는 부유한 대농장 주인에서 하루 아침에 올겨울은 가족과 노예들을 어떻게 먹여 살려야 할지 걱정하는 비참한 지경이 되고 말았다.

남부 여러 주를 통해 목화 재배인 대부분은 같은 곤경에 처해 있었다. 봉쇄가 엄중해짐에 따라 남부 여러 주의 수확을 영국의 시장으로 보낼 길은 막히고, 이제까지 목화를 판 돈으로 사들여 오던 일용품의 수입이 전혀 불가능하게 되고 말았다. 이리하여 농업지대인 남부 여러 주는 공업지구인 북부와의 장기전에 의해 평화로울 때는 문제도 되지 않았던 물건조차 모자라기 시작했던 것이다.

그러나 이것은 투기꾼이나 폭리 취득자 따위에게는 아주 안성맞춤의 정세였다. 그들은 약삭빠르게 활동을 시작했다. 식료품과 의류는 더욱더 귀해지고 물가는 시시각각으로 올라 일반 민중의 투기꾼에 대한 비난과 공격은 날이 갈수록 높아지고 심각해져 갔다. 1864년 초에는 모든 신문이 붓을 모아 투기꾼을 독수리에 비유하고 혹은 사람의 피를 빠는 거머리라고 지탄하여 통렬한 논설을 싣고 그들을 규제하라고 정부 당국을 공격했다. 정부도 여러 가지 최선의 방책을 강구하긴 했지만, 효과는 거의 없는 거나 같았다. 당국을 괴롭히는 문제가 너무나도 많았기 때문이다.

레트 버틀러에 대한 사람들의 분노는 어느 누구에 대한 것보다도 한층 강렬했다. 봉쇄 밀수가 위험하다고 느껴지자 그는 즉시 가진 배를 팔고 지금은 당당히 식료품 투기를 하고 있었다. 리치먼드와 윌밍턴에서 애틀랜타로 전해지는 그의 악평은 지난날 그를 자기 집에 맞아들였던 사람들을 몸둘 곳을 모를 만큼 부끄럽게 만들었다.

이런 온갖 재앙과 곤란에도 불구하고 애틀랜타 시 1만 명의 인구는 전쟁중에도 두 배로 불어났다. 봉쇄조차 애틀랜타를 번영시키는 결과가 되었다. 옛날부터 해안을 끼고 있는 모든 도시가 상업상으로나 그 밖의 다른 점으로나 남부 여러 주를 지배해 왔던 것인데, 지금에 와선 항구는 봉쇄되고 개항 도시의 대부분은 점령되거나 포위되어 있으므로 남부의 구제는 남부 자신의 힘에 의하는 수밖에는 없었다. 만일 남부가 장차 승리를 차지하려면 내륙 지방이 중요했다. 그리하여 애틀랜타는 이제 모든 것의 중심이 되고 만 것이다. 시내 사람들은 다른 남부 여러 주 사람들에 못지않는 고생, 격심한 궁핍, 질병, 죽음 같은 것으로 괴로워하고는 있었지만, 애틀랜타 시 자체로서는 전쟁 때문에 잃은 것보다는 오히려 얻은 것이 많았다. 애틀랜타는 남부 여러 주의 심장으로 아직도 힘차게 고동치고, 그 동맥이 되는 철도는 끊임없이 병사, 군수품, 일용품의 흐름으로 맥박치고 있었던 것이다.

다른 때였다면, 스칼렛은 초라한 옷이나 기운 신발 같은 것이 무척 고통스러웠겠지만, 지금은 전혀 그런 것이 마음에 걸리지 않았다. 그건 그녀가 보아 주기를 바라는 단 하나의 사람이 이미 거기에 없었기 때문이었다. 그녀는 이 두 달 동안 최근 몇 년 내 맛보지 못한 행복에 들떠 있었다. 그녀는 애쉴리의 목에 자기 팔을 감았을 때 그의 마음이 움직이기 시작한 것을 느꼈다. 그의 얼굴에 나타난 저 절망의 표정은 어떠한 말보다도 확실히 그녀에 대한 사랑을 말해 주고 있지 않았던가? 그는 그녀를 사랑하고 있는 것이다. 그녀는 이제 그것을 의심하지 않았다. 그리고 그 확신의 즐거움은 멜라니에 대해서조차 전보다 훨씬 친절하게 하도록 하였다. 그녀는 이제는 멜라니가 가엾기조차 했다. 아무것도 모르는 멜라니의 우둔함이 경멸스럽기도 했고 딱하게도 생각되었다.

'전쟁만 끝나면!' 그녀는 생각했다. '전쟁만 끝나면…… 그렇게 되면…….'

'그럼 어떻게 되지?' 하고 생각하면 곧잘 작은 불안에 사로잡혔지만, 그녀는 애써 그런 건 생각지 않으려고 했다. 전쟁만 끝나면 모든 것이 어떻게 해결되겠지. 만일 애쉴리가 나를 사랑하고 있다면 멜라니와는 살 수 없게 되는 것뿐이다.

그러나 그렇다고 해서 애쉴리와 멜라니가 이혼한다고는 생각할 수 없다. 엘렌과 제럴드는 완고한 가톨릭 신자였기 때문에 이혼한 남자와 딸이 결혼하는 것을 허락할 리가 없다. 자기 또한 교회에서 파문당하고 말 것이다! 스칼렛은 이것을 몇 번이나 생각한 끝에 교회를 버리고라도 애쉴리를 택하기로 마음을 정하였다. 그래도 마침내 추문의 구실은 되겠지! 이혼한 사람은 교회에서 파문될 뿐만 아니라 사교계에서도 추방되는 게 상식이다. 이혼한 사람들은 어느 가정에도 받아들여지지 않는 것이다. 그러나 애쉴리를 위해서라면 그것도 감수하자. 그녀는 애쉴리를 위해서라면 어떠한 희생도 마다하지 않을 결심이었다.

어쨌든 전쟁만 끝나면 만사가 잘 되어갈 것이 틀림없다. 만일 애쉴리가 진심으로 나를 사랑하고 있다면 어떻게든 방법을 생각해 주겠지. 아니, 내쪽에서 부탁하여 좋은 방법을 마련해 달라고 하면 될 것이다. 날이 지남에 따라 그녀는 점점 그의 사랑을 의심하지 않게 되고 북군이 전투에서 졌을 때는 반드시 그가 모든 것을 잘 처리해 줄 것이라고 굳게 믿게 되었다. 그는 북군이 이긴다고 했지만, 스칼렛은 그런 엉터리 같은 일은 있을 수 없다고 생각했다. 그런 소리를 한 것은 피로한 데다 혼란스럽기 때문일 것이다. 그러나 그녀에게는 사실 북군이 이기든 지든 그런 것은 별로 문제가 되지 않았다. 문제는 오직 하나, 전쟁이 빨리 끝나서 애쉴리가 집에 돌아오는 것뿐이었다.

그런데 3월의 진눈깨비가 모두를 집 안에 가두어 놓은 어느 날 뜻하지 않은 사건이 일어났다. 멜라니가 기쁨에 눈을 빛내면서 부끄러워하면서도 자랑스러운 듯 머리를 숙인 채 임신했다고 고백한 것이다.

"미드 선생님은 8월 말이나 9월쯤 해산하게 될 거라고 하셨어요." 그녀는 말을 이었다. "나도 임신일 거라곤 생각했지만…… 오늘까지 확실치 않았어요. 저, 스칼렛 대단하지 않아요? 난 웨이드란 아들이 있는 언니가 부러웠어요. 그리고 아일 몹시 갖고 싶었어요. 전 한 다스라도 낳고 싶어요."

그때 스칼렛은 잠을 자려고 머리에 빗질을 하고 있었는데, 멜라니의 이야기를 듣자 빗을 허공에 든 채 손을 멈추고 말았다.

"어머나!" 말했을 뿐 잠시 아무런 실감도 나지 않았다. 그러나 잠시 후 돌연 굳게 닫힌 멜라니의 침실문이 머릿속에 떠오르면서 칼에 찔린 듯한 고통이 그녀를 스치고 지나갔다. 그것은 마치 애쉴리가 그녀의 남편이고, 그 남편의 방탕을 발견한 고통과 같았다. 아기, 애쉴리의 아기! 그가 멜라니를 사랑하지 않고 자기를 사랑하고 있었다면 어떻게 그런 일이 있을 수 있는가?

"언니가 놀라는 것도 무리는 아니에요." 멜라니는 숨도 돌리지 않고 계속 말했다. "네, 정말 희한한 일이라고 생각되지 않으세요? 스칼렛, 난 애쉴리에게 뭐라고 편지를 써 내야 좋을까요? 직접 이야기한다면 이렇게 어렵지 않을 텐데, 아니면…… 아니면…… 아무 말도 하지 않았다가 차차 알게 할까요? 알다시피……."

"어머나!" 스칼렛은 빗을 떨어뜨리고 화장대 위 대리석에 몸을 의지하면서 말했다.

"그런 눈으로 보지 말아요. 아기를 갖는 게 그렇게 나쁘진 않잖아요. 언니 자신도 그러시고선. 그러니까 내 일은 걱정하지 마세요. 언니는 다정한 사람이라서 안 좋을까 봐 걱정하는 거예요. 물론 미드 선생님이 말씀하시길 난……."

멜라니는 얼굴을 붉혔다. "골반이 무척 좁대요. 하지만 걱정할 것까지는 없대요……. 스칼렛, 언니는 웨이드가 배 속에 있다는 것을 알았을 때 찰스에게 직접 편지로 알려 주었어요, 아니면 어머님이 알려 주셨어요, 아니면 아버님? 제게도 어머님이 계시면 좋으련만, 난 어떻게 하면 좋을지 모르겠어요……."

"조용히 해!" 스칼렛의 어조는 격했다. "조용히 해!"

"어머, 스칼렛, 내가 너무 어리석었어요! 미안해요! 행복한 인간이란 누구나 자기 생각만 하게 마련인가 봐요. 난 찰스를 깜박 잊고 있었어요. 아주 잠깐……."

"조용히 하라니까!" 스칼렛은 격정을 얼굴에 나타내지 않으려고 애쓰면서 다시 말했다. 절대로, 절대로 자기의 감정을 멜라니에게 알리거나 의심받게 해서는 안 되는 것이다.

멜라니는 여자의 직감으로 자기의 잔인함을 깨닫고 눈물마저 글썽거렸다. 어째서 나는 찰스가 죽고 몇 달도 되지 않아 웨이드를 낳은 슬픈 추억을 스칼렛의 마음에 떠오르게 한 것일까? 어째서 그런 주책없는 말을 지껄이고 만 것일까?

"옷 벗는 걸 도와줄게요." 그녀는 미안하게 생각하며 말했다. "머리도 빗겨 주겠어요."

"내버려둬." 말한 스칼렛의 얼굴은 돌처럼 딱딱했다. 멜라니는 스스로를 비난하고 눈물을 흘리며 도망치듯이 방에서 나갔다. 스칼렛은 눈물도 흘리지 않고 상처받은 자존심과 환영, 그와 잠자리를 같이한 인간에 대한 질투를 품고 방에 남겨졌다.

그녀는 애쉴리의 아이를 밴 여자와는 같은 집에 살 수 없다고 생각했다. 그리고 고향 타라로 돌아가리라 결심했다. 그녀는 이제 태연한 얼굴로 다시 멜라니와 얼굴을 마주칠 자신이 없었던 것이다. 때문에 다음날 아침은 식사가 끝나자 곧 트렁크에 짐을 챙겨 넣으리라 결심하고 잠자리에서 일어났다. 하지만 세 사람이, 스칼렛은 침울하게 입을 다물고 피티는 어리둥절한 표정으로 멜라니는 풀이 죽어 식탁에 앉았을 때 전보 한 통이 배달됐다.

그건 애쉴리의 당번 사병인 모스가 멜라니에게 보낸 것이었다.

'사방으로 수색했으나 발견되지 않음. 돌아가야 할 것인지?'

아무도 그 의미를 이해할 수 없었다. 그러나 서로 마주친 세 여자의 눈은 공포로 커다랗게 떠졌다. 스칼렛은 타라로 돌아가려던 생각 같은 것은 까맣게 잊어버리고 말았다. 아침식사도 그대로 놔두고 그녀들은 곧장 시내로 마차를 몰아 애쉴리의 부대장 앞으로 문의 전보를 치러 갔다. 그러나 그녀들이 우체국에 들어가자 거기에는 벌써 부대장으로부터 전보가 와 있었다.

'윌크스 소령, 3일 전 정찰 출농한 채 행방불병. 매우 유감스럽게 생각됨. 자세한 것은 뒤에.'

돌아오는 길의 그 비통함. 피티 시고모는 손수건 속에 얼굴을 파묻고 울고, 멜라니는 새파랗게 질린 채 꼼짝하지 않고, 스칼렛은 기절한 것처럼 마차 구석에 늘어져 있었다. 집에 닿자마자 스칼렛은 구르다시피 층계를 뛰어올라가 자기 침실로 들어갔다. 그리고 테이블 위 묵주를 움켜쥐자 무릎을 꿇고 기도하려고 했다. 그러나 기도의 말은 한 마디도 나오지 않았다. 거기에는 그녀의 죄 때문에, 신이 그녀를 외면했다고밖에 생각되지 않는 무한한 공포가 있을 뿐이었다. 그녀는 결혼한 남자를 사랑하고 그를 그 아내에게서 뺏으려 했다. 그래서 신은 그녀를 벌주기 위해 그 사내를 죽인 것이다. 기도를 드리고 싶었지만 눈물도 나오지 않았다. 눈물은 그녀의 가슴에 넘치고 있는 것 같았다. 가슴을 태울 것 같은 뜨거운 눈물이었으나 이상하게도 흘러나오지는 않았다.

방문이 열리고 멜라니가 들어왔다. 그 얼굴은 검은 머리칼에 싸여 마치 하트형으로 오려낸 흰 종이처럼 보였다. 두 눈은 어두운 밤거리에 버려진 아이처럼 겁에 질려 커다랗게 뜨여 있었다.

"스칼렛." 두 손을 내밀며 그녀는 말했다. "내가 어제 한 말을 용서해 주세요. 언니의 신세가…… 지금은 바로 내 신세가 되고 말았어요. 스칼렛, 난 그이가 죽었다는 것을 알 수 있어요."

어느 틈엔가 그녀는 스칼렛의 품 안에 안겨 있었다. 그녀의 조그만 가슴은 흐느낌으로 무섭게 물결쳤다. 그리고 어느샌가 두 사람은 서로 꼭 끌어안고 침대에 쓰러져 있었다. 스칼렛도 울고 있었다. 멜라니 얼굴에 자기 얼굴을 꼭 대고 울고 있는 것이다. 서로의 눈물이 서로의 볼을 적셨다. 운다는 것은 무척 고통스러운 일이었지만 울 수 없는 것보다는 그래도 나았다. 애쉴리는 죽었다…… 죽어 버렸다. 그녀는 생각했다. 내 사랑이 그를 죽이고 만 거야. 새로운 흐느낌이 목을 뚫고 치밀어 올라왔다. 멜라니도 눈물을 흘리면서 자기의 목에 꼭 감긴 스칼렛의 팔 안에서 위안을 느끼고 있었다.

"적어도" 멜라니는 속삭였다. "적어도…… 내게는 그이의 아기가 남아 있어요."

'그리고 내겐……' 스칼렛은 질투할 수도 없을 만큼 고통스러워하며 생각했다. '내겐 아무것도 없다, 아무것도 안 남아 있다. ……그 사람이 내게 잘 있으라고 말했을 때의 그 얼굴밖에는……'

최초의 보고는 '행방불명, 전사로 추측됨'이었다. 사상자 명단에도 그렇게 발표되었다. 멜라니가 열몇 번이나 슬론 대령에게 전보를 친 결과 마침내 편지 한 통이 도착했다. 동정에 넘친 필치로 애쉴리는 일개 소대를 끌고 정찰을 나간 채 행방불명이 되었다고 씌어 있었다. 북군 진지 안에서 작은 전투가 있었다는 보고가 있었으므로 애쉴리에게 소속된 모스 병사는 슬픔에 반미치광이처럼 되어 몸의 위험도 돌보지 않고 애쉴리의 시체를 찾으러 나섰지만, 끝내 아무런 단서도 발견하지 못했다고 했다. 멜라니는 지금은 이상할 정도로 마음이 가라앉아 모스에게 전신환으로 여비를 부쳐 주고 곧 돌아오라고 일렀다.

'행방불명, 포로가 된 것으로 여겨짐' 하고 사상자 명단에 실렸을 때에는 기쁨과 희망이 슬픔에 잠긴 집 안에 되살아났다. 멜라니는 거의 매일 우체국 옆에서 살다시피 했고, 열차가 닿을 때마다 편지가 오지 않는가 해서 정거장으로 나갔다. 이제 그녀의 임신이 여러 가지로 몸을 불편하게 만들어 병자와 다름없었지만, 미드 박사님의 권유도 뿌리친 채 결코 자리에 눕지 않았다. 그녀는 마치 열에 들뜬 것처럼 한시도 가만히 있질 못했다. 밤은 밤대로, 스칼렛은 자리에 누운 뒤에도 밤늦게까지 옆방 마룻바닥 위를 걷는 멜라니의 발소리를 들었다. 어떤 날 오후 그녀는 놀라 허둥대는 피터 영감의 마차로 레트 버틀러의 부축을 받으며 시내에서 돌아왔다. 우체국에서 기절한 그녀를 지나가던 레트가 집까지 바래다 준 것이다. 레트는 그녀를 2층 침실로 옮기고, 걱정스러워 한 가족들이 데운 돌이다, 담요다, 위스키다, 하고 이리저리 허둥거리는 사이 조용히 침대에 눕혔다.

"부인, 아기를 가지셨군요, 그렇지 않습니까?" 그는 단도직입적으로 물었다.

만일 멜라니는 이처럼 숨이 넘어갈 지경이 아니었다면 이 질문에 틀림없이 기겁했을 것이다. 여자친구 사이에도 그녀는 자기 몸에 대해서는 말하기를 꺼렸다. 미드 의사한테 가는 일은 살을 에는 듯한 고통이었다. 남자가, 특히 레트 버틀러 같은 남자가 이런 무례한 질문을 하다니, 생각할 수도 없었다. 그러나 침대에 힘없이 비참하게 누워 있는 그녀로선 다만 고개를 끄덕일 수밖에 없었 다. 그러나 끄덕인 다음에도 이상하게 싫은 생각은 나지 않았다. 그만큼 그는 친절하고 걱정스런 얼굴을 하고 있었던 것이다.

"그럼 부인도 좀더 자신의 몸을 소중히 하셔야만 합니다. 그렇게 뛰어다니고 걱정한다고 무슨 수가 생기는 것도 아니고, 아기에게 해로울 뿐입니다. 당신만 허락해 주신다면, 부인, 저는 워싱턴에 다소 연줄이 닿으니까 그걸 이용해 윌 크스 씨의 소식을 알아봐드리죠. 포로가 되어 있다면 북군의 명부에 있을 것이고, 만일 없다면……. 아닙니다, 어쨌든 분명히 밝혀지는 것이 가장 좋습니다. 그 대신 단단히 약속해 주셔야만 합니다. 꼭 몸을 조심하시겠다고. 아니면 나역시 맹세코 손가락 하나 까딱하지 않겠습니다."

"어머, 정말 친절하시게도." 멜라니는 말했다. "왜 사람들은 당신을 그렇게 나쁘게 말하는지 모르겠어요!"

이윽고 그녀는 자기의 경솔함을 깨닫고, 남자에게 자신의 몸에 대해 말해 버린 철없는 짓이 가책되어 힘없이 울기 시작했다. 데운 돌을 플란넬에 싸가지고 계단을 뛰어올라온 스칼렛은 레트가 멜라니의 손을 다정하게 쓰다듬고 있는 것을 보았다.

그는 자신이 한 말처럼 기꺼이 도와주었다. 그녀들은 그가 어떤 전보를 쳤는지 조금도 몰랐다. 적인 양키와 내통하고 있는 그의 행동을 시인하는 결과가 되는 것을 알면서도 묻기가 무서웠다. 애쉴리가 포로로 붙들려 있다는 확실한 소식을 레트가 가져온 것은 그로부터 한 달도 채 되지 않아서였다. 그러나 처음에는 살아 있다는 것만으로 그녀들의 마음을 하늘에라도 오를 것같이 만든 그 통지도 나중에는 마음을 좀먹는 고통의 씨가 되었다.

애쉴리는 죽지 않았다! 상처를 입고 포로가 된 것이다. 기록에 의하면, 일리노이 주 포로수용소의 하나인 록아일랜드에 있다고 했다. 최초의 기쁨 속에서 그녀들은 그가 살아 있다는 사실 말고는 아무것도 생각하지 않았다. 그러나 차차 냉정을 되찾자 서로 얼굴을 마주보고 "록아일랜드라고요!" 하고 한숨을 내쉬었다. 그건 마치 '지옥에 있다고요!' 하는 경우와 같은 울림을 가지고 있었다.

앤더슨빌이라는 지명이 북부 사람들에게 저주스런 악취를 내뿜고 있듯이, 록아일랜드란 명칭은 거기에 가족을 포로로 보낸 남부 사람의 가슴에 참기 어려운 공포를 불러일으키고 있었다.

링컨이 북군의 포로를 먹이고 감시하는 무거운 짐을 남군에게 짊어지게 함으로써 전쟁을 빨리 마무리 지으려고 정책상 포로 교환을 거절했으므로 조지아 주의 앤더슨빌엔 수천의 푸른 옷을 입은 북군 병사가 수용되어 있었다. 남군은 양식이 딸리고 부상병들이 쓸 약품이나 붕대도 없는 상태였다. 따라서 포로에게까지 좀처럼 손이 돌아가기 어려웠다. 포로의 식사에는 전선에서 병사가 먹고 있는 지방질 많은 돼지고기와 마른 콩 같은 것이 주어지고 있었다. 그리고 이 식사 때문에 북군의 포로는 마치 '파리 새끼'처럼, 때에 따라선 하루에 백 명씩이나 맥없이 죽어갔다. 이 보고에 분개한 북군은 남군의 포로에 대해서 보복적으로 더한층 가혹한 대우를 하게 되었는데, 그중에서도 가장 대우가 나쁜 곳이 록아일랜드였다. 식량은 적고 세 사람에게 한 장의 담요밖에 주지 않고, 천연두, 폐렴, 장티푸스 같은 병이 들끓었으므로 심지어 격리 병원이라는 별명마저 붙어 있을 정도였다. 여기에 보내진 병사는 네 사람 가운데 세 사람은 살아 돌아오지 못했다.

그런데 애쉴리가 그 무서운 곳에 있는 것이다! 애쉴리는 살아 있지만, 부상을 입고 록아일랜드에 있는 것이다. 더구나 그가 거기에 보내졌을 무렵, 아마도 일리노이 주에는 틀림없이 눈이 깊게 쌓였을 것이다. 레트가 손을 써서 조사해 주었을 때는 살아 있었지만, 지금쯤은 상처가 원인이 되어 죽어 버린 것이 아닐까? 천연두에 희생된 것은 아닐까? 폐렴의 열로 헛소리를 하면서 덮을 담요도 없이 괴로워하고 있는 것은 아닐까?

"버틀러 선장님, 어떻게 방법이 없을까요. 당신 힘으로 그분을 북군의 포로와 교환해 달랄 수는 없을까요?" 멜라니가 안타깝게 외쳤다.

"빅스비 부인이 잃은 다섯 애들을 위해서는 구슬 같은 눈물을 흘린 자비의 사람, 정의의 사람인 링컨 씨도 앤더슨빌에서 죽어가고 있는 수천의 북군 포로를 위해서 흘릴 눈물은 없나 보죠." 레트는 입을 일그러뜨리며 말했다. "전부 죽어 버려도 상관없다는 거죠. 태연히 포로 교환 금지 명령을 내렸으니까요…… 실은 지금까지 잠자코 있었습니다만, 부인, 댁의 주인께선 록 아일랜드에서 나올 기회가 있었습니다. 그런데도 그것을 거절하셨던 겁니다."

"어머나, 하지만 그럴 리가 없어요!" 멜라니는 반신반의했다.

"그런데 사실입니다. 지금 북군은 인디언 토벌대 병사를 모집하고 있는데, 그것을 남군의 포로들 가운데서까지 모집하고 있습니다. 누구라도 북부를 위해 충성을 맹세하고 2년간 인디언 토벌에 종군할 걸 승낙하기만 하면 풀려나 서부로 보내지는 겁니다. 한데 윌크스 씨는 그걸 거절했습니다."

"어머, 어째서 거절하셨을까요?" 스칼렛이 외쳤다. "왜 충성을 맹세한 다음 감금에서 풀려나와 곧 탈주하여 집에 돌아오지 않았을까요?"

멜라니는 성난 듯한 얼굴을 그녀에게 돌렸다.

"그이가 그런 짓을 하다니 농담이라도 그런 말은 하지 말아 주세요. 비열한 맹세를 하여 남군을 배신하고 또 북군에 대한 서약까지 배신하다니! 그런 비겁한 짓을 하느니 차라리 록 아일랜드에서 죽는 편이 훨씬 나을 거예요. 수용소에서 죽는다면 난 그이를 자랑스럽게 생각할 수 있을 거예요. 하지만 만일 그이가 그런 짓을 한다면 두 번 다시 그이의 얼굴은 보고 싶지 않아요. 절대로! 그이가 거절한 것은 당연하다고 생각해요."

스칼렛은 레트를 문간까지 배웅하면서 심통이 나서 물었다. "만일 당신이었다면 그런 곳에서 죽느니 북군 토벌대에 들어가 탈주하실 테죠?"

"물론입니다." 콧수염 밑으로 흰 이를 드러내며 레트는 대답했다.

"그럼 어째서 애쉴리는 그렇게 하지 않았을까요?"

"그 사람은 신사이기 때문이죠." 레트는 말했지만, 스칼렛은 그 존경어린 말 속에 어쩌면 그렇게도 교묘히 야유와 경멸의 의미를 포함시킬 수 있을까, 하고 생각했다.

제3부

17

1864년 5월이 왔다. 꽃도 봉오리 그대로 시들어 버릴 만큼 덥고 건조한 5월이었다. 셔먼 장군이 이끄는 북군은 또다시 애틀랜타의 서북쪽 1백 마일, 돌턴의 위쪽, 조지아 주 안으로 침입해 들어왔다. 조지아 주와 테네시 주 경계 근처에서 머지않아 대격전이 벌어질 것이라고 사람들은 쑤군거렸다. 북군은 애틀랜타 시와 테네시 주, 그 밖에 서부 여러 주를 연결하는 서부 대서양 철도를 파괴하려고 그곳에 계속 병력을 집결하고 있었던 것이다. 이 철도는 지난해 가을, 남군이 치카모가에서 대승리를 거둘 때 대부대의 수송에 성공한 선로이다.

그러나 애틀랜타 사람들은 돌턴 근처에서 전쟁이 있는 것을 별로 문제로 삼지 않고 있었다. 북군이 집결해 있는 곳은 치카모가 싸움터에서 동남쪽으로 불과 몇 마일 떨어져 있었다. 그들은 한 차례 그 지방의 산길을 돌파하려고 쳐들어온 일이 있었지만, 남군 때문에 쉽사리 격퇴되고 말았다. 그래서 이번에도 틀림없이 격퇴될 것이라고 얕보고 있었던 것이다.

북군을 주 경계 안에 오래 붙들어 두는 것이 존스턴 장군이 거느린 남군에게 있어 몹시 유리하다는 것은, 애틀랜타 사람들은 물론 조지아 주 사람들까지 모두 다 알고 있었다. 남군의 운명은 오로지 조지아 주가 갖고 있는 기능을 자유롭게 발휘할 수 있느냐 없느냐에 달려 있었다.

그러므로 조 장군과 그의 부대는 북군의 한 사람이라도 돌턴 이남으로 침입하지 못하게 하려고 하고 있었다. 실제로 아직 직접적인 피해를 입지 않은 조지아 주는 남군에게는 광활한 곡창이자 공장이었고 창고였다. 군대에서 쓰는 대부분의 무기·탄약이나 옷감류가 모두 여기에서 만들어지고 있었던 것이다. 애틀랜타와 돌턴 사이에는 대포제조공장이며 그 밖에 갖가지 공장이 있는 롬이라는 읍과 리치먼드 이남에서 제일 큰 철공장이 있는 에토와, 앨러투너 같은 읍이 끼여 있었다. 그리고 애틀랜타에는 권총, 마구, 천막, 탄약공장에서부터 남부 제일의 대 압연공장이며 주요 철도의 부속공장과 대규모의 병원 같은 것이 있었다. 게다가 이 애틀랜타는 남군의 생명선이라고도 할 수 있는 네 철로의 연결점이기도 했다.

그러므로 누구나 별로 걱정하지 않았다. 뭐니뭐니해도 돌턴은 멀다. 테네시 주 경계와 가까운 곳인 것이나. 너구나 벌써 3년간이나 테네시에선 전쟁이 계속되고 있다. 그러니까 누구나 그것은 멀고 먼 버지니아나 미시시피 강 근처 전쟁처럼 여기고 있었던 것이다. 게다가 북군과 애틀랜타와의 사이에는 조 장군과 그 군대가 버티고 있다. 조 장군은 철벽 장군이란 별명이 있던 잭슨 장군이 죽은 지금에 와선 리 장군의 뒤를 잇는 명장이라고 누구나 믿고 있었다.

어떤 무더운 5월의 저녁 무렵 피티 고모의 집 베란다에서 미드 의사가 이런 의견을 말하고, 결국 조 장군이 산속에서 철벽처럼 버티고 있는 한 애틀랜타는 조금도 두려워할 것이 없다고 덧붙인 것은 그야말로 일반 시민의 견해를 그대로 옮겨 놓은 것이었다. 소리 없이 내리는 황혼 속에서 조용히 흔들의자를 흔들거린다든가 땅거미 속에 마법의 불처럼 떠도는 반딧불의 움직임을 지켜보면서 사람들은 미드 의사의 말에 귀를 기울이고 있었다. 사람들 마음의 고뇌가 저마다 다르듯 의사의 이야기도 각자에게 저마다 다른 감명을 주었다. 미드 부인은 필의 팔에 손을 얹고 의사의 말이 진실이기를 빌고 있었다. 만일 전투가 좀더 가깝게 다가온다면 필도 전선에 나가지 않으면 안 된다. 필은 벌써 열여섯 살이고 향토 방위군에도 들어가 있는 것이다.

게티스버그에서 돌아온 이후 줄곧 눈에 띄게 얼굴빛이 창백하고 눈도 움푹 들어간 패니 엘싱은 이 몇 달 동안 지칠 대로 지쳐 버린 그녀의 마음에 구멍을 뺑 뚫어 놓은 저 잔인한 기억…… 메릴랜드에서 길고 괴로운 후퇴 도중, 비에 젖고 덜커덩거리는 소 달구지에서 흔들리며 숨을 거둔 댈러스 맥루어 중위의 생각을 하지 않으려고 열심히 노력하고 있었다.

캐리 애쉬번 대위는 새삼스레 자기의 부자유스런 팔이 저주스럽기만 했다. 게다가 그는 이즈음 아무래도 스칼렛에게 더 이상 접근할 가망이 없는 것 같아 마음이 우울해지곤 하였다. 그가 그렇게 비관하게 된 것은 애쉴리 윌크스가 포로로 잡혔다는 소식이 오고부터였는데, 그는 그것이 스칼렛과 어떤 관계가 있는지 도무지 이해할 수가 없었다. 스칼렛과 멜라니는 일이 바쁘거나 남과 이야기를 나누느라 정신이 다른 데 팔렸을 때를 제외하고는 늘 같은 모습으로 둘이 함께 애쉴리를 생각하고 있었다. 스칼렛은 애쉴리가 죽은 게 틀림없다, 그렇지 않으면 이렇게 소문조차 없을 리 없다고 비관적으로 생각하고 있었다. 멜라니는 쉴 새 없이 엄습하여 오는 공포를 뿌리치고 또 뿌리치면서 스스로에게 말했다. '죽었을 리가 없다. 나는 그것을 잘 알 수 있어. 만일 죽었다면 뭔가 내 마음에 느껴지는 것이 있을 거야.' 레트 버틀러는 맵시 있는 부츠를 신은 긴 다리를 아무렇게나 포개고 거무스름한 얼굴을 왠지 멍하니 한 채 그늘진 곳에 몸을 쭉 뻗고 있었다. 그의 팔 안에는 웨이드가 살을 깨끗이 발라낸 새의 가슴뼈를 조그만 손에 쥔 채 기분 좋게 잠들어 있었다. 스칼렛은 레트를 초청했을 때만은 웨이드를 늦게까지 있도록 내버려 두었다. 이 낯을 가리는 아이가 레트만은 잘 따르고 있었고, 또 이상하게도 그 역시 웨이드를 몹시 귀여워하고 있었기 때문이다. 스칼렛은 이 아이가 눈 앞에 있는 것을 귀찮아했지만, 웨이드는 레트의 팔에 안기면 언제나 얌전해졌다. 피티 고모만은 만찬에서 먹은 수탉고기가 너무 질겼으므로 트림을 누르느라고 애쓰고 있었다.

그날 아침 피티 고모는 한 마리밖에 안 남은 수탉을, 오랜 옛날에 먹혀 버리고 만 그의 암컷들을 슬퍼하여 더욱 야위기 전에 잡아 버리는 것이 좋겠다는 슬픈 결론에 이르렀다. 그때까지 며칠 동안 그 닭은 그것 말고는 새 그림자 하나 없는 닭장 속에서 화를 칠 기운도 없이 축 늘어져 있었던 것이다. 피터 영감이 수탉의 목을 조르고 나자 곧 피티 고모는 요새는 아무도 닭고기 맛을 보지 못했으니까 이 수탉을 친구들에게 대접해야겠다고 생각하게 되었다. 그래서 모두를 만찬에 초대하자고 말을 꺼냈던 것이다. 멜라니는 벌써 임신 5개월이 되어 요즈음 줄곧 남 앞에 나가는 것을 피하고 손님 접대도 하지 않고 있었으므로 고모의 이 제안에는 어안이 벙벙해지고 말았다. 그러나 피티 시고모는 이번만은 몹시 고집을 부렸다.

이 수탉을 자기들끼리 먹어 버린다는 것은 너무나 이기적이고, 멜라니의 배도 치마의 제일 윗 후프를 조금만 높이면 전혀 눈에 띄지 않을 것이며, 그렇게 하지 않더라도 원래 가슴이 아주 납작하니까 괜찮다고 주장하며 양보하려 하질 않았다.

"하지만 고모님, 전 아무하고도 만나고 싶지 않아요. 왜냐하면 애쉴리가……."

"그렇게 애쉴리가…… 마치 죽어 버리기나 한 것처럼 말하는 게 아니에요." 피티 고모는 말했지만 마음속으론 애쉴리가 죽었다고 생각하고 있었으므로 저절로 목소리가 떨렸다. "애쉴리는 살아 있어. 손님을 부르는 건 너를 위해서도 좋은 일이야. 그리고 패니 엘싱도 초대하도록 하자. 엘싱 부인이 거듭 나에게 부탁하더라, 어떻게든지 패니를 좀 명랑하게 해달라고. 그리고 모두 와서 만나게 하고……."

"하지만 아주머니, 그건 너무해요. 가엾게도 댈러스가 전사한 지 얼마 되지도 않는데……."

"하지만 멜라니야. 너까지 그런 말을 하면 나는 어찌해야 좋을지 몰라 울고 싶어진다. 이봐요, 난 네 고모다. 무엇이 좋고 나쁜 것쯤은 나도 잘 판단할 수 있어요. 게다가 나는 꼭 손님을 청하고 싶단 말이다."

이런 까닭에 피티 고모는 파티를 베풀게 되었는데, 그것이 거의 끝나갈 무렵 뜻밖에 고모가 생각하지도 않았던, 또 바라지도 않았던 한 손님이 나타났다. 닭 굽는 냄새가 집 안에 가득할 때 예의 그 수수께끼 같은 여행에서 돌아온 레트 버틀러가 종이 레이스로 포장한 커다란 봉봉 상자를 안고 비꼼인지 진실인지 알 수 없는 인사를 하며 들어온 것이다. 의사며 미드 부인이 레트를 어떻게 생각하고 있는지, 그리고 패니가 군복을 입지 않은 남자에 대하여 어떤 불쾌한 감정을 품고 있는지 모르는 것은 아니었지만, 피티 고모로서는 레트를 들어오게 할 수밖에 없었다. 미드 부부도 엘싱 모녀도 거리에서 그를 만나면 말조차 나누지 않았다. 그러나 물론 친구의 집에선 아무도 그런 실례를 저지를 수는 없었다. 그리고 요즘은 전보다도 더욱 멜라니가 그의 역성을 들고 있었다.

레트가 그녀를 위해 애쉴리의 정보를 얻는 데 힘을 써 주고부터는, 멜라니는 세상 사람이 그에 대해 뭐라고 말하든 "저는 언제라도 레트의 방문을 기쁘게 맞이하겠어요" 하고 공공연히 말하고 있었던 것이다.

피티 시고모는 이날 레트의 태도가 조금도 나무랄 데 없이 정중하고 우아한 것을 보고 내심 적지않이 안심했다. 그는 패니에 대해서도 참으로 마음에서부터 나오는 경의를 표했다. 그래서 그녀도 나중에는 미소를 보내게까지 되어 만찬은 지극히 유쾌하게 진행되었다. 파티는 그야말로 왕후의 향연에 비길 만한 것이었다. 캐리 애쉬번이 약간의 홍차를 가지고 왔다. 그것은 그가 앤더슨빌로 가는 도중 북군 포로의 담배 주머니 속에서 발견한 것이었다. 그래서 약간 담배 냄새가 섞여 있긴 했지만, 그래도 모두 한 잔씩 나눌 수 있었다. 질긴 닭고기도 한 점씩은 차례가 돌아갔는데, 더욱이 거기에는 옥수수를 재료로 양파로 맛을 낸 소스까지 쳐 있었다. 그 밖에 말린 콩이 한 접시, 그리고 쌀과 고기 국물은 넉넉했다. 고기 국물은 속에 넣을 밀가루가 없었으므로 좀 묽기는 했지만…… 식후에는 고구마 파이에 레트의 선물인 봉봉이 나오고, 게다가 신사들이 딸기 술을 마시면서 한 대씩 피우도록 본고장 아바나 시가를 레트가 제공했을 때는 정말이지 루쿨루스[1]의 향연에 못지 않다고 사람들은 말했다.

이윽고 신사들이 정면 베란다에 있는 부인들 사이에 끼어들자 이야기는 또 전쟁으로 돌아갔다. 요즈음은 화제가 으레 전쟁 이야기로 귀결되었다. 어떤 이야기도 전쟁에서 시작되고 전쟁으로 돌아갔다. 슬픈 이야기도, 또 가끔 나오는 유쾌한 이야기도 언제나 전쟁에서 떠나지 못했다. 전쟁 중의 사랑이야기, 결혼, 병원이나 전선에서의 죽음, 야영이나 전투나 행군중의 사건, 용감, 비겁, 익살, 비애, 계급의 박탈. 희망…… 그렇다, 더구나 거기에는 언제나 희망이 있었다. 작년 여름의 패배가 있었음에도 불구하고 아직도 확고하고 미동도 하지 않는 희망이.

애쉬번 대위가 드디어 소원이 이루어져 애틀랜타 수비군에서 돌턴의 제일선으로 나가게 되었다고 말을 하자 부인들은 그의 딱딱하게 굳은 팔에 눈길을 보내고 자랑스런 기분을 숨기며 "가시면 안 돼요. 당신이 가게 되면 저희들 사이에 인기 있는 사람이 없어지니까요" 하고 저마다 한마디씩 했다.

젊은 캐리는 미드 부인이나 피티 시고모며 패니 같은 정숙한 귀부인들과 노처녀들로부터 이런 말을 듣자 반은 기쁘고 반은 어리둥절하면서도, 스칼렛이 이렇게 생각해 준다면 얼마나 기쁠까 생각했다.

"뭐, 대위는 곧 다시 돌아옵니다." 의사는 캐리의 어깨에 팔을 감으며 말했다. "조그만 전투쯤은 있을 테지만, 그걸로 북군은 테네시로 쫓겨가고 말테니까요. 더구나 놈들이 테네시로 물러가게 되면, 포레스트 장군이 어떻게든지 잘 처치

---

1) 로마 집정관. 밤낮으로 연회를 일삼았다.

해 줄 겁니다. 북군이 아무리 가까이까지 쳐들어온대도 부인들께서 결코 놀라실 건 없어요. 존스턴 장군과 그 군대가 저 산중에서 철벽처럼 버티고 있는 동안은 절대로 안심입니다. 그렇죠, 정말 문자 그대로 철벽입니다."

그는 자기의 말을 음미하듯 되풀이했다.

"셔먼 같은 것이 절대로 돌파할 수 없습니다. 존스턴 장군은 절대로 격퇴시킬 수 없어요."

부인들은 박사의 말을 수긍하고 미소를 보냈다. 의사의 발언은 아무리 사소한 것이라도 의심할 여지가 없는 진리로 여겨졌기 때문이다. 아무튼 다른 건 몰라도 전쟁에 관해선 남자 쪽이 여자보다 훨씬 잘 알고 있으니 그가 존스턴 장군을 철벽이라고 하면, 거기에 이의가 있을 리 없었다. 그러나 레트만은 잠자코 있지 않았다. 그는 파티가 끝난 뒤 한마디도 말하지 않고 웨이드를 어깨에 기대게 하여 재우면서, 황혼 어스름 속에 앉아 입을 꽉 다문 채 다른 사람의 전쟁 이야기에 귀를 기울이고 있었던 것이다.

"소문에 의하면 셔먼 군은 원군이 도착해서 지금은 10만 이상의 대군이 됐다더군요."

의사가 무뚝뚝하게 대답했다. 그는 처음 여기에 들어와서 자기가 아주 싫어하는 레트가 파티 손님의 한 사람이라는 것을 알았을 때부터 매우 긴장해 있었다. 다만 피티팻에 대한 존중과 자기가 이 집 손님이란 점에서 그 감정을 노골적으로 나타내기를 삼가하고 있을 뿐이었다.

"그게 어쨌다는 겁니까?" 그는 날카롭게 대답했다.

"존스턴 장군이 이끄는 병력은 전번 승리에 용기를 얻어 깃발 아래 돌아온 탈영병을 다 넣고도 불과 4만 명에 지나지 않는다고, 방금 애쉬번 대위도 말씀하신 걸로 아는데."

"실례입니다만," 미드 부인이 성난 듯이 끼어들었다. "남군에는 탈영병 같은 건 한 사람도 없습니다."

"아, 이것 참 엉뚱한 실례의 말을 했습니다." 레트는 사람을 경멸하는 듯한 겸손한 태도로 말했다. "제가 말씀드린 것은 원대(原隊)에 돌아갈 것을 잊어버린 휴가병이나, 부상 뒤 여섯 달이 지나고도 아직 집에 남아 예전의 직업이나 봄농사에 종사하고 있는 부상병 같은, 그런 수천 명의 사람들을 가리키는 것입니다."

그의 눈은 번쩍번쩍 빛나고 있었다. 미드 부인은 화가 치민 듯이 입술을 깨물었다. 스칼렛은 레트에게 멋지게 한 대 먹은 부인이 고소해 그만 빙긋 웃을 뻔했다. 늪지대나 산림 속에 숨어 헌병에게 끌려 다시 군대로 돌아가지 않으려고 피해 다니고 있는 병사의 수효는 수없이 많았던 것이다.

그들은 '부자가 일으켜 가난뱅이가 싸우는 전쟁'이라고 공공연히 떠벌리는 사람들로, 전쟁이라면 신물이 날 정도로 강요당하고 있었다. 그러나 그런 사람들보다도 더욱 많은 것은 원대 명부에는 엄연히 탈영병이라고 적혀 있지만, 영원히 달아날 의도는 갖고 있지 않은 사람들이었다.

그들은 벌써 3년 동안 헛되이 휴가를 기다리고 있었는데, 기다리고 있는 사이에 더듬더듬 서투른 필치로 쓴 고향의 편지를 받았던 것이다. '우리는 굶주리고 있어요.' '금년은 수확이 거의 없는 거나 같아요…… 아무도 밭갈이하는 사람이 없기 때문이에요. 우리는 굶고 있어요.' '병참부의 공출은 엄격하고, 저희는 당신에게서 벌써 몇 달이나 돈을 받질 못했어요. 우리는 마른 콩만으로 살고 있어요.'

오는 편지마다 모두 이런 식이었으므로 불평은 높아갈 뿐이었다. '우리는 굶주리고 있어요. 당신의 아내도 아이들도 부모님도 모두 굶주리고 있어요. 이건 언제 가야 끝장이 날까요? 당신은 언제 돌아오실 수 있을까요? 저희는 굶주리고 또 굶주리고 있어요.' 나날이 병력이 줄어드는 군대가 쉽사리 휴가를 주지 못할 것을 알자 이들 병사들은 저마다 멋대로 고향에 돌아가 땅을 갈고 곡식을 심고 집을 고치고 울타리를 만드는 데 전념했다. 연대 장교들도 이 사정을 잘 알고 있었으므로 격전이 다가오자 귀향병들에게 아무런 문책도 하지 않을 테니 곧 원대로 돌아오라고 써 보냈다. 병사들도 대개 고향의 가족이 아직 몇 달은 이럭저럭 굶지 않고 버티며 기다릴 수 있다는 것을 알자 다시 부대로 돌아왔다. 이 '농경 휴가'는 적전(敵前) 도망과 같게는 보지 않았지만 병력을 약화시키는 데 있어서는 마찬가지였다.

미드 박사는 불쾌한 침묵을 털어 버리듯이 서둘러 입을 열었다. 의사의 목소리는 냉랭했다. "버틀러 선장, 아군과 북군의 병력 차이 같은 건 문제가 안 돼요. 아무튼 남군의 한 사람은 넉넉히 북군 열두 명과 맞먹으니까요."

부인들은 고개를 끄덕였다. 모두 그렇게 생각하고 있었던 것이다.

“딴은, 전쟁 초기에는 확실히 그랬습니다.” 레트는 말했다. “아마 지금도 별로 틀리지는 않을 것입니다. 만일 남군 병사에게 탄약과 신발과 양식만 있다면 말입니다. 어떻습니까, 애쉬번 대위.”

레트의 목소리는 여전히 부드럽고 그럴듯한 겸손이 넘쳐 있었다. 캐리 애쉬번은 난처한 표정이 되었다. 그도 레트가 아주 싫었으므로 의사의 편을 들고 싶었지만 거짓말을 할 수는 없었기 때문이다. 그가 부자유한 팔을 가지고 전선으로 나가려 하는 것도 사실 시민들은 꿈에도 생각지 못하는 이 절박한 사태를 인정하기 때문이 아닌가. 나무 의족에 비틀거리고 눈 한쪽을 잃고, 손가락이 날아가고, 팔 하나가 떨어져 나간 많은 사람이 병참부와 병원과 우편과 철도의 일에서 묵묵히 다시 원대로 돌아가려 하고 있었다. 누구나 존스턴 장군이 지금 한 사람이라도 더 많이 병사를 구하고 있음을 알고 있었기 때문이다.

캐리는 잠자코 있었다. 그러자 미드 의사는 참을 수가 없는 듯 고함쳤다. “아군은 지금까지 신발이나 식량 없이 싸우고도 훌륭히 이기지 않았소? 이제부터라도 싸우면 또 이길 게 틀림없소. 존스턴 장군은 결코 패하지 않아요. 예부터 험한 산의 요충지는 어떤 침입자도 돌파할 수가 없었소. 이를테면, 저 테르모필레[2]의 험한 산처럼!”

스칼렛은 아무리 생각해도 테르모필레가 뭔지 알 수 없었다.

“하지만 테르모필레에선 최후의 한 사람까지 전멸하고 말지 않았습니까, 선생님?” 레트가 되물었다. 그의 입술은 웃음을 참느라고 잔뜩 일그러졌다.

“자네는 나를 모욕할 작정인가?”

“천만에요, 선생님. 그건 오해입니다. 저는 다만 가르침을 받고 있을 뿐입니다. 저는 고대사에는 별로 능통하지 못하니까요.”

“만에 하나라도 북군이 조지아 주에 침입하게 되는 날에는 아군은 최후의 한 사람까지 기꺼이 죽을 거요.” 의사는 소리쳤다. “하지만 그런 일은 있을 리가 없소. 아군은 틀림없이 대단찮은 전투로 간단히 놈들을 조지아 주에서 쫓아낼 거요.”

피티팻 고모는 별안간 일어나더니 스칼렛에게 피아노를 치면서 여러분에게

---

2) B.C. 480. 페르시아와 그리스 연합군이 격전을 벌인 곳.

노래라도 들려 주라고 말했다. 대화가 갑자기 깊고 격렬한 소용돌이를 향해 달려가고 있음을 눈치챘기 때문이다. 레트를 파티에 초대하면 무슨 일이 일어나리라는 것쯤은 그녀도 잘 알고 있었다. 레트가 모습을 나타내기만 하면 언제든지 무사히 끝나는 일이 없었다. 그러나 어째서 그가 문제를 일으키는지 그것은 똑똑히 이해되지 않았다. 다만, 또 시작이로구나, 생각할 뿐이었다. 대관절 스칼렛은 이 남자를 어떻게 생각하고 있는 걸까? 그리고 멜라니는 왜 또 이 남자를 두둔하는 걸까?

스칼렛이 순순히 객실 쪽으로 갔으므로 베란다의 사람들은 모두 다 침묵을 지켰다. 그러나 레트에 대한 분노로 고동치는 침묵이었다. 무적 존스턴 장군과 그 군대의 승리를 진심으로 믿지 않는 사람이 대체 있을 수 있는가? 그것을 믿는 것은 신성한 의무가 아닌가. 또 믿을 수 없는 매국노라 할지라도 최소한 그것을 입에 담지 않는 예의쯤은 있어야 하지 않겠는가.

스칼렛은 화음을 몇 개 쳤다. 그리고 이어 그 무렵 유행하던 노래를 부르는 그녀의 달콤하고 구슬픈 목소리가 객실에서 흘러 나왔다.

새하얀 벽 병실 안
죽은 사람, 죽어가는 사람
총칼에 다친 사람, 폭격 당해 헛소리 하는 사람
언젠가 실려 온 이 누구의 임인가.

누구의 임일까, 젊고 씩씩한 사람
앳된 그 옛날의 모습을
그대로 싸늘한 무덤에 옮겨가려고
푸르고 애처로운 그 볼에
이렇듯 핏빛을 남겼는가.

'헝클어진 금빛 머리 이슬에 젖었네.' 스칼렛의 약간 이상해진 소프라노가 가냘프게 이어졌다. 그러자 패니가 갑자기 엉거주춤 일어나 꺼질 듯이 목멘 소리로 외쳤다. "뭔가, 뭔가 다른 노래를 해 줘!"

놀라고 어색해진 스칼렛이 갑자기 손가락을 떼는 바람에 피아노 소리가 뚝 그쳤다. 그러고는 황급히 '잿빛 군복'의 첫구절을 치기 시작했다. 그러나 이것 역시 잔인하다고 생각되었으므로 곡조가 엉터리로 쳐지고 말았다. 그래서 어떤 곡을 쳐야 좋을지 몰라 피아노 소리는 다시 멎고 말았다. 노래란 노래는 어느 것이나 죽음이나 이별, 슬픔이라는 말이 들어가지 않은 것이 없었던 것이다.

별안간 레트가 일어나더니 웨이드를 패니의 무릎 위에 놓고 객실로 들어갔다.

"켄터키 옛집'을 치십시오." 조용히 그가 말하자 스칼렛은 구원받은 기분으로 켄터키 옛집을 치기 시작했다. 그녀의 노래에 레트도 멋들어진 베이스로 합창했다. 이윽고 두 사람이 2절째로 들어갔을 무렵에는, 이 노래도 역시 그다지 마음이 즐거운 것은 아니었지만, 베란다에 있던 사람들의 마음은 한결 흥거워졌다.

　

　　힘들게 하는 짐을 나르는 것도
　　이제 며칠만 참으면 돼요.
　　가벼워지지 않을 짐이라면 상관없잖아요.
　　비틀거리면서 가는 길도 이제 며칠만 참으면 돼요.
　　내 켄터키 옛집이여, 안녕.

　

미드 박사의 예견은 지금까지는 들어맞았다. 존스턴 부대는 애틀랜타에서 1백 마일, 돌턴 끝 산악지대에 철벽처럼 버티고 있었다. 그 수비군은 그야말로 난공불락으로, 골짜기를 내려와 애틀랜타로 향하려는 서먼 군을 호되게 반격했으므로 어지간한 북군도 일단 후퇴하여 작전을 다시 세우지 않을 수 없었다. 정공법으로는 도저히 남군의 수비선을 돌파하기 어렵다는 것을 깨달은 적은 밤을 타서 반원 모양으로 산길을 돌아 존스턴 부대 뒤로 가, 돌턴에서 15마일 남쪽으로 내려온 레사카에서 철도를 차단하려고 시도하였다.

이 중요한 두 철도가 위기에 빠진 것을 알자 남군은 지금까지 필사적으로 지키던 진지를 버리고, 별빛 아래 샛길을 이용하여 레사카를 향하여 강행군을 했다. 이리하여 북군이 산에서 떼지어 나와 습격했을 때는 남군은 벌써 돌턴에서와 똑같이 흉벽에 몸을 숨기고 대포를 비치하고 총칼을 번득이며 기다리고 있었다.

그러나 돌턴에서 후송되어 온 부상병의 입에서 존스턴 군의 레사카 후퇴가 비관적으로 왜곡되어 전해지자 애틀랜타 사람들은 놀란 나머지 약간 흔들림의 조짐을 보였다. 그것은 마치 북서쪽 하늘에 나타난 검고 작은 구름, 여름 폭풍의 첫 징조로 나타난 저 검은 구름과 같은 것이었다. 북군을 18마일이나 조지아 주 안으로 침입하게 하다니, 장군은 대관절 어쩔 셈인가. 미드 박사도 말했듯이 산악지대는 천연의 요새가 아닌가. 어째서 존스턴 장군은 북군을 저 천연의 요새에서 막아내지 못했을까.

존스턴 장군은 레사카에서 죽을힘을 다해 싸워 북군을 또다시 물리쳤다. 그러나 셔먼 장군은 똑같은 측면 배치 이동으로 막대한 그 군대의 일부를 쪼개어 반대쪽으로 우회시키고 우스타놀라 강을 건너 다시 남군의 배후에 있는 철도를 습격했다. 또다시 철도를 지키기 위해 잿빛 군대들은 급히 붉은 황토 참호에서 불려 나갔다. 그리고 수면부족으로 피로하고 행군과 전투에 지치고 굶주리고…… 그렇다, 끊임없이 굶주림과 싸우면서 골짜기를 내려가 다시 한 번 강행군을 했다. 그들은 레사카에서 6마일 지점인 칼호운이라는 작은 고장에 북군보다 한 발 먼저 도착하여 진지를 구축하고 북군이 올 때를 대비하여 또 전투 준비를 했다. 공격이 시작되고 맹렬한 전투가 전개되어 다시 북군은 격퇴되었다. 남군 병사는 정말이지 지칠 대로 지쳐 무기를 놓고 쉬고 싶었다. 원하는 것은 단지 휴식뿐이었다. 그러나 쉴 시간은 없었다. 셔먼 장군이 또다시 끈질기게 한층 넓은 범위로 돌아 한 발 한 발 진격해 오기 때문에 후방의 철도를 지키기 위해서는 퇴각을 하지 않을 수 없었다.

남군 병사들은 졸면서 행군했다. 극도의 피로로 이미 아무것도 생각할 힘이 없었다. 그러나 생각할 힘이 있을 때는 그들은 아직 존스턴 장군을 믿고 있었다. 자기들이 후퇴하는 것은 알면서도 그것이 결코 격퇴당한 것은 아니라고 믿고 있었다. 그러나 그들에게는 자기들의 진지를 지키고 셔먼의 우회 작전을 깨뜨릴 만한 병력이 없었다.

그들은 북군이 멈춘 채로 싸우기만 하면 언제든지 해치울 수 있었다. 사실 무찔러 왔다. 그러나 이렇게 후퇴를 계속하고 있으면 결국 어떻게 될지 아무도 몰랐다. 하지만 존스턴 장군만은 자기가 하고 있는 것을 알고 있을 테니까 그들로선 그것으로 충분했던 것이다. 장군은 능수능란한 방식으로 퇴각을 시켰다. 그 때문에 그들의 손실은 거의 조금밖에 없었는데 비해 북군의 전사자나 포로는 훨씬 많았다. 그들은 한 대의 군용 화물차도 잃지 않고 대포 네 문을 잃었을 뿐이었다. 물론 후방의 철도도 적의 손에 넘기지 않았다. 셔먼은 정면 공격, 기병기습, 우회작전 등 여러 가지 시노를 했지만, 마침내 철도에는 손가락 하나 댈 수 없었다.

철로, 애틀랜타를 향해 태양이 내리쬐는 계곡을 굽이굽이 달리고 있는 이 가느다란 선로는 아직도 남군의 것이었다. 병사들은 잠잘 때도 어스름한 별빛 아래 희미하게 빛나는 철로가 보이는 곳에서 잤다. 그리고 죽을 때도 그들의 흐려진 눈에 어리는 마지막 광경은 사정없이 내리쬐는 태양 아래 강렬하게 번쩍이는 철로였다.

계곡을 후퇴해 가는 그들 앞에는 피란민들이 떼지어 밀려갔다. 농장주도 빈농도, 부자도 가난뱅이도, 백인도 흑인도, 여자도 어린애도, 노인도 죽어가는 환자도, 불구자도 부상자도, 해산달이 가까운 임신부도, 기차로 도보로 말로 마차로, 또는 트렁크며 세간살이를 잔뜩 쌓은 짐수레로 애틀랜타로 향한 큰길을 가득 메우고 있었다. 후퇴 부대보다 피란민은 5마일이나 앞서 갔다. 그리고 레사카, 칼호운, 킹스턴 등지에 잠시 발을 멈추고, 그럴 때마다 북군이 격퇴되어 고향에 돌아갈 수가 있도록 빌면서 기쁜 소식을 기다렸다. 그러나 그 햇살 눈부신 큰길을 되돌아갈 기회는 좀처럼 오지 않았다. 잿빛 군복을 입은 병사는 사람도 없는 저택 앞을, 버려진 농가 곁을, 문이 반쯤 열린 인기척 없는 집 모퉁이를 지나갔다. 군데군데 겁을 잔뜩 집어먹은 노예들과 함께 억센 부인들이 몇이 남아 병사들을 대접하고, 목마른 사람에게는 우물물을 길어다 주고 부상자에게는 붕대를 감아 주고 죽은 사람은 자기들의 묘지에 묻어 주었다. 그러나 이 햇볕이 쨍쨍 내리쬐는 골짜기 대부분의 농장은 사람의 손이 안 간 곡식이 바짝 마른 밭에 아무렇게나 버려져 있었다.

또다시 칼호운 측면 공격을 받은 존스턴 부대는 아데어스빌로 물러나 격렬한 일전을 벌이고 곧 캐스빌로, 그리고 다시 카터스빌의 남쪽으로 차차 후퇴하여 갔다. 이리하여 적군은 마침내 돌턴에서 55마일 되는 지점까지 전진해 왔다.

격렬한 전투를 벌이면서 또 15마일 후퇴한 남군은 뉴 호프 처치에 마지막 저항선을 구축했다. 북군은 사정없이 커다란 구렁이처럼 똬리를 트는가 하면 빨간 혀를 날름거리며 덤벼들고, 상처를 입으면 물러가지만 곧 다시 반격해왔다. 뉴 호프 처치에선 열하루에 걸쳐 쉴 새 없이 전투가 이어져 말로 다 나타낼 수 없는 격전을 벌인 끝에, 북군은 한 사람도 남김없이 피투성이가 되어 물러갔다. 그러나 그 뒤 존스턴 장군은 또다시 우회 공격을 받았으므로 허술해진 지휘 아래 군대를 수마일 후방으로 철수하지 않을 수 없었다. 뉴 호프 처치에서의 남군 사상자 수는 어마어마했다. 부상자는 기차에 가득 실려 애틀랜타로 흘러 들어왔다. 이걸 보자 시내 사람들은 완전히 기가 질리고 말았다. 지금까지 치카모가 전투에서조차 이렇게 많은 부상자를 본 일은 없었다. 병원은 초만원이 되고 부상자는 비어 있는 상점 마루 위며 창고의 목화 상자 위에까지 눕혀졌다. 여관도 하숙집도 개인 집도 부상병으로 가득 찼다. 피티 시고모의 집도 멜라니가 임신 중이므로 남을 둔다는 것은 좋지 않고, 너무나 비참한 광경을 보고 혹시 유산이라도 해선 큰일이라고 처음에는 거절했지만, 결국 숙소로 할당되었다. 멜라니는 치마 후프를 조금 위로 올려 불룩해진 배를 감추고 부상병을 이 벽돌집에 맞았다. 날이면 날마다 식사 준비를 하고, 안아 일으켜 주고, 돌려 눕혀 주고, 부채로 부쳐 주고, 붕대며 거즈를 빨아 다시 감아 주는 노동이 끝없이 계속되고, 매일 밤 옆방 남자의 헛소리에 잠 못 이루는 무더운 밤이 계속됐다. 마침내 이 시에서도 다 받아들일 수 없게 된 부상병은 메이컨과 어거스타의 병원으로 보내졌다.

모순된 갖가지 정보를 가지고 호송되어 오는 부상자의 물결과 이미 들어갈 여지도 없이 가득 찬 시에 꼬리를 물고 밀어닥치는 피란민으로 애틀랜타는 벌컥 뒤집힌 것처럼 소란스러워졌다. 지평선 위에 홀연 나타난 작은 먹구름이 순식간에 거대하고 험악한 구름덩이가 되어 거기에서부터 얼어붙는 듯한 차가운 바람이 불어오는 것 같았다.

한 사람도 아군의 불패를 믿지 않는 사람은 없었지만, 적어도 군인이 아닌 사람은 누구나 존스턴 장군에 대한 믿음을 버리고 있었다. 뉴 호프 처치는 애틀랜타에서 고작 35마일밖에 떨어져 있지 않다! 장군은 3주일 동안 65마일을 북군에게 쫓기고 있다. 왜 그는 후퇴만 하고 북군은 막아내려 하지 않는 것일까. 장군은 바보다. 아냐, 바보보다도 더해, 향토 방위군의 노인들과 국민군들은 애틀랜타에서 편히 앉아 '우리에게 시킨다면 좀더 정세를 유리하게 만들 수 있다'고 주장하며 테이블 위에 지도를 펴 놓고 자기들의 의견을 떠벌리고 다녔다. 장군은 휘하 부대가 점점 엉성해지고 게다가 여전히 후퇴를 더 하지 않을 수 없게 되자 필사적으로 조지아 주지사 브라운 씨에게 향토 방위군과 국민군의 참가를 요구해 왔다. 그러나 국민군의 패들은 안심하고 있었다. 주지사는 이미 남부 대통령 데이비스 씨의 요청마저 거부하고 자기의 직권 아래 군대를 동원하려 하지 않았기 때문이었다. 그리하여 이번 역시 존스턴 장군의 요구에 응하리라고는 아무도 믿지 않았다. 싸우고 물러나고 물러나서는 다시 싸우고, 70마일을 스무닷새 동안 남군은 거의 매일 싸움을 계속하였다. 뉴 호프 처치도 이제와서는 남군의 훨씬 후방이 되었다. 미친 사람의 꿈 같은 그곳의 기억, 열기, 먼지, 굶주림, 피로, 수레바퀴 자국으로 울퉁불퉁하게 된 황톳길과 진창 속의 행군, 후퇴, 참호, 전투…… 후퇴, 참호, 전투. 뉴 호프 처치의 추억은 마치 이 세상이 아닌 다른 세계의 악몽 같았다. 그리고 그들이 발걸음을 돌려 북군을 악마처럼 물리친 저 빅 샨티 전투도 돌이켜보면 정말 꿈만 같았다. 그러나 북군 전사자의 군복으로 싸움터가 파랗게 될 만큼 해치웠는데도 북군의 수효는 조금도 줄어들지 않았다. 없애도 없애도 또 새 군대가 계속해서 나타나는 것이었다. 그들의 앞은 언제나 동남쪽으로 코끝을 향한 무서운 북군의 푸른 옷이 가로막았다가는 남군의 배후로 철도로…… 그리고 애틀랜타로 들어오는 것이었다.

빅 샨티에서 지칠 대로 지친 군대는 연일 자지도 못하고 쉬지도 못한 채 마리에타라는 작은 읍에서 가까운 케네소 산까지 철로를 따라 후퇴하여 거기서 10마일에 걸친 반달 모양의 진지를 폈다. 험준한 산허리에 참호를 파고 산꼭대기에 대포를 설치했다. 노새는 산에 오르지 못하므로 병사들은 땀을 흘리고 저마다 저주의 욕설을 퍼부으면서 험한 언덕길로 무거운 대포를 끌어올렸다. 애틀랜타에 오는 연락병과 부상자는 이 정보를 가지고 와서 겁에 질린 시민들에게 적지 않은 안도감을 주었다. 험준한 케네소 산이라면 난공불락이다. 근처 파인 산과 로스트 산도 마찬가지로 방비되었다. 이번에만은 북군도 존스턴 군을 패배시킬 수 없으리라. 산꼭대기에서 대포가 몇 마일 안의 모든 길을 굽어 살피고 있다면, 우회작전도 못할 게 틀림없다. 애틀랜타의 시민들은 다소 마음을 놓았다. 그러나……

그러나 생각해 보니 케네소 산은 여기서 겨우 20마일밖에 떨어져 있지 않는 것이다!

케네소 산에서 처음으로 부상병이 보내져 온 날, 아침 7시라는 어이없는 시간에, 메리웨더 부인의 마차가 피티 시고모의 집 앞에 멎고, 검둥이 레비 영감이 스칼렛에게 곧 옷을 갈아입고 병원에 오라는 전갈을 전했다. 보니까 일찍부터 깨워진 패니 엘싱과 보넬네 딸들이 마차 뒷좌석에서 하품을 참으며 앉아 있었다. 그리고 엘싱 댁 보모가 깨끗이 세탁한 붕대 바구니를 무릎 위에 놓고 시무룩한 표정으로 마부석에 앉아 있었다. 간밤에 새벽녘까지 향토 방위군 파티에서 춤을 춰서 발이 아플 정도로 피로한 스칼렛은 간신히 일어났다. 그리고 언제나 병원 일을 할 때면 입는 가장 낡고 가장 누더기인 캘리코 단추를 프리시에게 채우게 하면서 입 밖에는 내지 않았지만 부지런하고 정력 좋은 메리웨더 부인을 저주했다. 커피 대신 볶은 옥수수와 말린 감자를 삶아 낸 쓴 액체를 들이켜고서 그녀는 총총히 나가 아가씨들이 탄 마차에 올랐다.

그녀는 간호 일에는 진저리를 내고 있었다. 그래서 오늘이야말로 메리웨더 부인에게 '어머니한테서 타라로 돌아오라는 편지가 왔어요……' 하고 말하려 하고 있었다.

그러나 그건 말하지 않는 편이 좋을 뻔했다. 소매를 걷어붙이고 건장한 몸을 커다란 에이프런으로 싼 이 경탄할 만한 노부인은, 스칼렛을 한 번 날카롭게 바라보고는 도리어 기세당당히 말했던 것이다. "스칼렛, 그런 바보 같은 소릴랑 두 번 다시 하지 말아요. 어머님에게는 내가 오늘 편지를 보내서 도저히 당신을 놓아 줄 수 없다고 말할 테니까. 그렇게 하면 어머니도 틀림없이 돌아오지 않아도 좋다고 말씀하실 거야. 자, 에이프런을 두르고 어서 미드 박사한테 뛰어가요. 손이 모자라 쩔쩔 매고 계시니까."

'아, 큰일났다.' 스칼렛은 따분해진 심정으로 생각했다. '어머니는 틀림없이 돌아올 것 없다고 하실 텐데. 하지만 이 이상 이런 역겨운 냄새를 맡으니 차라리 죽어 버리고 싶어. 아, 차라리 나도 할머니가 되어 젊은 처녀들을 마음대로 부려먹기나 했으면, 부려먹히지만 말고. 메리웨더 부인 같은 늙다리 고양이는 뭐

져 버리라고 말해 줬으면 좋겠어…….'

사실 그녀는 병원이며 악취며 격렬한 아픔이며 더러운 몸 따위는 이제 더 이상 참을 수 없게 되었다. 전에는 어떤 호기심 어린 흥미나 로맨스가 있었는지 모르지만, 이제 그런 것들은 벌써 1년 전에 어디론가 날아가 버리고 말았다. 게다가 이번 후퇴로 부상한 병사들은 이전 패들처럼 매력적이 아니었다. 그들도 그녀에게 전혀 흥미가 없는지 그저 "전쟁의 상황은?" "존스턴 장군은 지금 뭘 하고 있습니까? 장군은 위대한 사람이지요." 그런 소리만 했다. 그녀는 존스턴 장군이 위대한 인간이라고는 조금도 생각하지 않았다. 장군은 북군을 88마일이나 조지아 주 안쪽으로 들어오게 하지 않았는가. 부상병은 전혀 매력적이지 않을 뿐만 아니라 대부분이 빈사 상태에 놓여 있었다. 애틀랜타에 와서 의사의 치료를 받기도 전에 그들은 대개 패혈증이나 괴저나 장티푸스나 폐렴에 걸려 있었으므로 그것에 맞설 힘도 없이 조용히 죽어갔다.

그날은 더위가 심하고 열어젖힌 창문으로 파리가 떼지어 날아왔다. 크고 굼뜬 파리에 불과했지만, 육체의 고통보다도 이 파리란 놈의 극성이 사람들의 원기를 꺾어 놓았다. 그녀의 주위에는 악취와 고통의 밀물이 차츰차츰 높아져 갔다. 세숫대야를 들고 미드 박사를 따라 돌고 있으려면 땀이 새로 풀 먹인 옷에 배어 밖으로 번져나왔다.

아, 의사 옆에 서서 괴저에 걸린 썩은 살에 의사가 번쩍이는 메스를 휘두르는 걸 볼 때면 아무리 애써도 절로 나오는 그 구역질! 오, 그리고 수술실에서 절단 수술을 할 때마다 들려오는 비명소리 때문에 일어나는 그 공포! 온몸이 상처투성이가 되어 의사가 와 주기만 기다리고 있는 사람들. 괴성으로 귀가 먹먹해진 사람들. "딱하지만 그 손을 잘라야 해. 그래그래, 알고 있네. 하지만 보라구! 알겠지, 이 빨간 부분을 아무래도 잘라야 해" 하는 무서운 말을 기다리고 있는 사람들의 긴장된 하얀 얼굴을 보았을 때 느끼는 도저히 어쩔 수 없는 그 구토증이며, 가엾은 마음.

매우 모자라는 클로로포름은 웬만한 대수술이 아니면 쓰이지 않았고, 모르핀은 거의 귀중품이나 다름없어 죽어가는 사람의 괴로움을 덜기 위하여 쓰일 뿐 살아 있는 사람에게는 주어지지도 않았다.

정말이지, 스칼렛은 못견딜 지경이었다. 때문에 오늘 아침도 멜라니처럼 임신했다 하고 뺑소니를 치고 싶은 정도였다. 요즘에는 사교계에서 배척되지 않고 간호를 하지 않을 수 있는 구실은 그것밖에 없었던 것이다.

정오가 되자 스칼렛은 에이프런을 풀고서 메리웨더 부인이 산악지방 출신이라 글씨를 못쓰는 남자를 위해 바쁘게 편지를 대필하고 있는 틈을 타서 살그머니 병원을 빠져나왔다. 그녀는 이제 더 이상 참을 수 없었다. 더구나 정오의 기차로 부상병이 보내져 오면, 또 저녁때까지 죽도록 일해야 할 것이다. 어쩌면 식사를 할 틈도 없이…….

그녀는 피치트리 거리를 향하여 작은 블록을 두 개 정도 재빨리 달려갔다. 그리고 꽉 졸라맨 레이스 코르셋 밑으로 될 수 있는 대로 깊이 신선한 공기를 들이마셨다. 길 모퉁이에서 이제부터 무엇을 하겠다는 생각도 없이 멍하니 서 있었다. 피티 시고모의 집으로 돌아가는 것도 계면쩍고, 그렇다고 해서 병원에 되돌아갈 마음도 내키지 않았다. 거기에 마침 레트 버틀러가 지나갔다.

“마치 넝마주이 아이 같은 차림이군요.”

땀자국이 지고 세숫대야에서 튄 물이 군데군데 얼룩진, 누덕누덕 기운 연보랏빛 캘리코 옷을 바라보면서 그는 말했다. 스칼렛은 당황하고 화가 나 새빨개졌다. 왜 이 남자는 언제나 여자의 옷에 신경을 쓰는 걸까. 그리고 왜 꼴불견 같은 내 옷차림을 노골적으로 비평하고 그러는 걸까.

“당신 같은 사람에게 아무 말도 듣고 싶지 않아요. 그것보다 저를 마차에 태우고 사람들 눈에 띄지 않을 곳에 데려다 주세요. 저는 교수형을 받더라도 병원에는 돌아가지 않겠어요. 뭐, 이 전쟁을 내가 일으킨 것도 아니고 죽도록 일해야 할 이유가 어디 있어요. 그리고…….”

“허어, ‘우리의 영광스런 대의명분’에 대한 반역자이시군!”

“가마가 솥더러 검정아 하는군요. 자, 아무래도 좋으니 나를 좀 태워다 주세요. 어디로 가시든 상관없어요. 어쨌든 드라이브나 해요.”

레트는 마차에서 훌쩍 뛰어내렸다. 눈이며 팔다리가 병신이 아닌 온전한 남성, 고통으로 창백해지고 말라리아로 노랗게 되지 않은 건강하고 팽팽한 남성의 믿음직한 모습을 본 그녀는 ‘어쩌면 저렇게도 멋질까’ 하고 생각했다. 게다가 레트는 옷차림도 훌륭했다. 같은 옷감으로 만든 웃옷과 바지는 헐렁하지도 않고 그렇다고 활동하기 어려울 정도로 좁지도 않게 몸에 꼭 맞았다. 더구나 해진 곳 없는 새것으로서 더러운 맨살이나 털난 정강이가 보이지도 않았다. 그는 세상의 일 같은 것은 조금도 염두에 없는 것 같았다. 사람들이 걱정에 짓눌린 듯한 무서운 얼굴을 하고 있는 요즈음, 이런 차림에 이런 태평한 얼굴을 하고 있다니 얼마나 놀라운 남자란 말인가. 햇볕에 탄 얼굴에 부드러운 표정을 짓고 육감을 숨기지 않는 여자처럼 입매가 선명한 붉은 입술이 그녀를 마차에 부축해서 태울 때 빙긋 가볍게 웃었다.

건장한 몸의 근육이 잘 맞는 옷 속에서 탄력 있게 물결쳤다. 그리고 옆에 가까이 앉자 언제나 느끼듯이 그의 힘찬 육체적 정력이 그녀를 압박해 왔다. 그녀는 빨려들어가듯 그의 우뚝 솟은 힘찬 어깨 언저리를 바라보았다. 그의 몸은 정말 나무랄 데 없이 건강한 육체로서 그녀를 당황하게도 하고 조금 겁나게도 했다. 대담한 영혼 못지않게 튼튼한 육체였다. 더구나 그 체구는 일광욕을 하고 있는 표범처럼 늘씬하면서도, 언제라도 덤벼들어 적에게 일격을 가할 것 같은 날카로움을 숨기고 있었다.

"작은 협잡꾼 아가씨." 레트는 말을 몰면서 말했다. "밤새도록 군인들과 춤추고 장미나 리본을 선사하면서 '대의명분'을 위해서라면 언제든지 죽을 듯이 말해 놓고는 이제는 붕대를 조금만 감으라고 하거나 이 두서너 마리만 잡아내라고 하면 곧 허둥지둥 달아나는군요."

"뭔가 다른 이야기는 못하시나요? 그것보다 좀더 빨리 몰아 주세요. 이런 꼴을 가게에서 나온 메리웨더 아저씨에게라도 들키는 날이면 그야말로 큰일이에요. 당장에 그 메리웨더 아줌마에게 고자질을 할 테니까요."

그는 말에 채찍을 가했다. 마차는 파이브 포인트를 눈 깜짝할 사이에 지나 시가지를 두 개로 쪼개고 있는 철로를 가로질렀다. 부상병을 날라온 기차가 벌써 도착해 있었다. 들것꾼이 타는 듯한 태양 아래서 부상병을 운반차나 포장을 친 군용마차로 바삐 옮기고 있었다. 스칼렛은 그것을 보고도 조금도 양심의 가책을 받지 않고, 오히려 도망쳐 나오기를 정말 잘했다고 구원받은 듯한 느낌을 가졌을 뿐이었다.

"전 병원이라면 이제 지긋지긋해졌어요." 그녀는 주름 잡힌 치맛단을 펴고, 모자를 턱 밑으로 다시 단단히 매면서 말했다. "그런데 부상병은 매일 잇달아 실려와요. 모두가 존스턴 장군이 나쁘기 때문이에요. 장군만 돌턴에서 북군을 막아 주었다면 이런…….”

“하지만 장군은 지금도 버티고 있지 않습니까. 만일 장군이 언제까지나 돌턴을 지켜 내려고 했다면 셔먼 군에 포위되어 산산이 부서지고 말았을 겁니다. 그렇게 되면 철도도 빼앗기고요. 존스턴이 필사적으로 싸우는 건 바로 그 철도 때문이지요.”

“아, 그것은.” 전쟁의 내용 같은 것은 조금도 모르는 주제에 스칼렛은 우겼다. “어쨌든 장군이 나쁜 거예요. 어떻게 대책을 세우지 않는다면요. 그런 장군 따위, 난 파면시켜야 된다고 생각해요. 그렇게 후퇴만 하지 말고, 왜 버티고 싸우지를 못하죠?”

“오호라, 당신도 세상에서 흔히 말하듯, 불가능한 일을 못한다고 장군을 파면시키자고 떠들어 대는 패들과 같군요. 존스턴은 돌턴의 승리가 있었을 땐 구세주 그리스도였소. 그런데 지금은 어떻습니까. 불과 여섯 주 지난 현재 케네소 산까지 후퇴한 지금은 배신자 유다로 전락하고 말았습니다. 그리고 그가 만일 북군을 20마일쯤 격퇴하면 다시 그리스도로 돌아갈 판이니 입이 벌어지는군요. 자, 알겠소? 적장 셔먼은 존스턴의 두 갑절이나 병력을 갖고 있단 말입니다. 아군의 한 사람에 대해서 적은 두 사람의 병력을 잃어도 좋다는 계산이 되죠. 그러니 존스턴은 한 사람의 병사도 허술히 다룰 수 없죠. 그래서 마침내 그는 구원병을 강하게 요구해 왔소. 그런데 그가 얻은 구원병이란 게 뭡니까. ‘조 브라운의 사병’, 그런 게 무슨 쓸모가 있단 말입니까!”

“어머, 그럼 국민군은 정말 소집되는 건가요? 향토 방위군도요? 난 아직 그런 소린 못 들었는데요. 당신은 어떻게 아셨죠?”

“뜬소문이지요. 오늘 아침 밀리지빌에서 기차로 도착한 패들이 퍼뜨린 모양이오. 그런데 마침내 국민군도 향토 방위군도 존스턴 장군을 원조키 위해 출정한다고 하면, 브라운 지사의 눈치만 살피고 있던 녀석들도 포연 냄새를 맡아야만 할 판이니, 그 친구들 아마도 간담이 서늘해질 겁니다. 그들은 설마 자기들까지 전쟁터로 끌려가리라고는 생각지도 않고 있었으니까요. 사실 지사는 그렇게 되지 않을 거라고 약속한 거나 다름없고 그들은 지사한테 속은 거나 다름없지요. 지사는 데이비스 대통령 말에도 반대하고 그들을 버지니아로 보내지 않았으니까 녀석들은 절대로 출정하지 않을 거라고 굳게 믿고 있는 거죠, 그때

지사는 자기네 주를 지켜야 한다고 거절했었지요. 그런데 전쟁이 뒤뜰에까지 닥쳐 와서 정말 그들 자신의 주를 지키기 위해 총을 잡고 일어나야만 할 줄을 누가 생각했겠습니까?"

"어머나, 웃고 계시군요. 지독한 분! 향토 방위군의 노인들이랑 소년들을 좀 생각해 보세요. 글쎄, 필 미드 같은 소년도 가야만 해요. 메리웨더 아저씨도, 그리고 헨리 해밀턴 시숙부님도."

"아니오, 나는 조그만 아이나 멕시코 전쟁에서 살아남은 용사들을 말하는 게 아니오. 내가 말하는 것은 사치스런 군복을 입고 칼을 철컥거리고 싶어 하는, 저 윌리 기년 같은 용감한 청년들……."

"그리고 당신도!"

"하하, 그런 말을 해도 난 아프지 않소. 나는 군복도 입지 않고 칼도 차지 않았소. 그리고 남군의 운명 같은 것은 어떻게 되든 내 알 바가 아니지요. 그뿐인 줄 아십니까. 나는 그런 것 때문에 향토 방위군이나 군대 같은 데 들어가 죽고 싶지는 않아요. 이미 지난날 웨스트 포인트의 사관학교에서 전쟁에 대해서는 적당히 배웠으니까요…… 그러나 어쨌든 존스턴 장군도 참 큰일입니다. 리 장군은 버지니아 북군만으로도 힘에 겨운 판이라 존스턴 쪽까지 도우러 올 수도 없을 겁니다. 그러니까 장군의 구원군으로는 조지아 주 국민군밖에 남아 있질 않아요. 장군은 좀더 우대 받아도 좋은 위대한 전략가입니다. 그는 언제든지 북군보다 한발 앞서 목적지를 점거해 왔지요. 그러나 철도를 지키려면 후퇴할 수밖에 도리가 없었던 거요. 내 말을 기억해 두시오. 만일 적이 그를 산악지대로부터 이 근처의 평지로 몰아낸다면, 그의 운명은 이미 거기에서 끝나는 거지요."

"이 근처라뇨?" 스칼렛은 외쳤다. "북군이 이 부근까지 오다니. 거짓말이에요, 그건 당신도 잘 알고 계시잖아요."

"케네소는 여기서 겨우 20마일입니다. 내기를 해도 좋지만……."

"어머 레트, 거리를 보세요. 사람이 저렇게! 군인들이 아닌데. 도대체 뭘까? 어머, 흑인들이예요!"

거리 저쪽에서 자욱한 붉은 흙먼지가 다가오고, 그 속에서 많은 사람의 발소리와 찬송가를 부르는 백여 명의 흑인들의 크고 거친 목소리가 들려왔다. 레트는 길가 쪽으로 마차를 비켰다. 스칼렛은 신기한 듯 땀투성이가 된 검둥이의 행렬을 바라보았다. 그들은 곡괭이며 삽을 어깨에 메고, 장교 한 사람과 배지를 단 한 무리의 공병대들이 감독하는 가운데 행진해 오고 있었다.

"도대체 뭐지?" 그녀는 또 말했다.

그때 그녀의 눈에 맨 앞에 서서 노래하며 오는 한 흑인의 모습이 보였다. 거의 6피트 반이나 되는 거인으로 흑단처럼 새까맣고, 걸어오는 태도에는 뭔가 맹수와 같은 날랜 데가 있었다. 그는 새하얀 이를 드러내고 "자, 어서 가거라, 모세여" 하고 장단을 맞추며 노래하고 있었다. 타라의 흑인 우두머리인 빅 샘 말고는 저렇게 큰 몸집에 저렇게 큰 목소리를 낼 흑인이 없었다. 하지만 그 빅 샘이 이렇게 먼 곳까지 와서 대체 뭘 하고 있는 걸까? 타라에선 지금 관리인이 없어 제럴드의 오른팔인 그가 없으면 곤란할 텐데.

그녀가 마차에서 반쯤 일어나 좀더 잘 살피려고 했을 때 그쪽에서도 스칼렛의 모습을 알아보고 새까만 얼굴을 찡그리며 기쁜 듯 빙긋 웃었다. 그리고 발걸음을 멈추고 삽을 어깨에서 내리더니, 가까이 있는 흑인들에게 뭐라고 이르며 곧장 그녀 쪽으로 달려왔다. "야, 신난다! 스칼렛 아씨야. 이봐, 라이지! 포슬! 프로펫! 스칼렛 아씨가 계셔."

흑인의 대열이 흩어졌다. 모두들 이를 드러내고 웃으면서 그 자리에 멈춰섰다. 빅 샘은 세 사람의 커다란 검둥이를 뒤에 거느리고 길을 가로질러 마차 쪽으로 뛰어왔다. 그 뒤를 곧 장교가 소리치며 쫓아왔다.

"대열로 돌아가! 이봐, 대열로 돌아가라는데 들리지 않나…… 오, 해밀턴 부인이시군요. 안녕하십니까. 오, 버틀러 씨도 계셨군요. 이놈들을 선동하여 명령 위반과 반항을 일으키게 하시면 곤란합니다. 나는 벌써 아침부터 이놈들 때문에 애먹고 있으니까요."

"어머나, 랜달 대위님, 이 사람들을 나무라지 마세요. 모두 우리집 사람들이에요. 이 사람은 타라의 흑인 우두머리인 빅 샘이에요. 그리고 라이지와 포슬과 프로펫이에요. 저에게 얘기를 하려고 그러는 거예요……. 어때, 모두들 잘 있었어?"

그녀는 모두와 악수했다. 그녀의 조그만 흰 손이 그들의 부채 같은 검은 손아귀 속에 숨겨지고 마는 것 같았다. 네 흑인들은 그녀와 만난 것이 기쁘고, 또 그렇게 아름다운 젊은 부인을 모시고 있다는 것이 자랑스러워 동료들에게 으쓱댔다.

"타라에서 이렇게 먼 데까지 와서 너희는 대체 뭘 하고 있는 거야? 달아났지, 그렇지? 금세 감시인에게 붙잡힌다는 걸 몰라?"

그들은 이 농담에 기쁜 듯 깔깔대고 웃었다.

"달아났다고요? 아닙니다요." 빅 샘이 대답했다. "우리는 달아난 게 아닙니다요. 우리 네 사람은 타라에서 제일 크고 힘이 세기 때문에 끌려나온 겁니다요." 그는 자랑스러운 듯 흰 이를 드러냈다. "특히 저는 말입죠, 노래를 잘하기 때문에 끌려왔습죠. 프랭크 케네디 나리께서 저희를 데리러 오셨답니다요."

"하지만 어째서, 빅 샘?"

"아니, 스칼렛 아씨, 아직 못 들으셨습니까요? 저흰 북군이 쳐들어왔을 때 백인 나리들이 숨을 참호를 파러 왔습니다요."

랜달 대위도 마차 안의 두 사람도, 참호에 대한 이 순진무구한 설명에 그만 웃음을 터뜨렸다.

"물론 제럴드 나리께선 제가 없으면 농장 일을 해나갈 수 없다고 몹시 화를 내셨지만요. 하지만 엘렌 마님은 '데려가세요, 케네디 씨, 빅 샘은 저희들한테보다 남군에게 더 필요할 테니까요' 하고 말씀하셨습죠. 그리고 저에게 1달러를 주시면서 백인 나리들이 하는 말을 잘 들으라고 하셨습니다요. 그래서 저흰 왔습죠."

"대체 이게 어떻게 된 일이에요, 랜달 대위님?"

"뭐, 별 거 아닙니다. 그냥 참호를 몇 마일 더 파고 애틀랜타의 방비를 튼튼히 해놓자는 거죠. 장군은 전선에 손이 모자르니 이것을 시킬 수가 없어요. 그래서 농장에서 일하고 있는 힘센 흑인들을 불러 모아 시키기로 한 거죠."

"하지만……."

스칼렛의 심장에 흐릿하나마 차가운 공포가 솟아올랐다. 참호를 몇 마일이나 더! 어째서 참호가 더 필요한 걸까. 벌써 지난해에 애틀랜타의 주위, 시의 중앙에서 1마일밖에 떨어져 있지 않은 곳에 커다란 보루가 죽 만들어졌는데. 더구나 이 보루는 참호로 연결되고 몇 마일이나 잇대어져 시의 주위를 완전히 둘러싸고 있다. 그런데도 참호를 더 파다니!

"하지만…… 도시는 벌써 이렇게 튼튼하게 방비되어 있는데, 왜 또 참호를 파야 되죠? 난 지금까지 판 것도 다 필요 없다고 생각해요. 왜냐하면, 장군은 틀림없이……."

"현재의 방비는 시내에서 겨우 1마일밖에 떨어져 있지 않습니다." 랜달 대위는 짧게 말했다.

"그래 가지고는 너무 가까워서 안심할 수가 없습니다. 그래서 이번에는 좀더 떨어져 만드는 거죠. 알고 계시겠지만, 이 다음 후퇴가 시작되면 아군은 애틀랜타 시내까지 들어와야 할지도 모르니까요."

이렇게 말하고 그는 곧 마지막 한 말을 뉘우쳤다. 스칼렛이 깜짝 놀라면서 눈을 커다랗게 떴기 때문이다.

"물론 이 이상 후퇴하리라곤 생각하지 않습니다만." 그는 황급히 덧붙였다. "케네소 산 주변의 방비선은 금성철벽입니다. 아무튼 포병대가 산 위에서 사방의 길을 내려다보고 있으니 북군은 도저히 돌파하지 못할 겁니다."

그러나 그렇게 말하면서도 레트의 느긋하면서도 꿰뚫는 듯한 눈길과 마주치자 대위가 눈길을 황급히 내리까는 것을 놓치지 않고 볼 수 있었다. 그녀는 섬뜩했다. 그것은 북군이 이 근처 평지로 나오게 되면 장군의 운명도 끝장이라고 하던 레트의 말이 생각났기 때문이었다.

"아 대위님, 당신은 그런 일이……."

"아니, 물론 있을 수 없지요. 걱정하실 건 없습니다. 존스턴 장군이 조심하는 것보다 나은 일은 없다고 했기 때문에. 좀더 참호를 만들자는 것뿐이죠……. 자, 저는 이제 가 봐야겠습니다. 부인과 이야기를 하고 있으면, 유쾌하긴 합니다만…… 자, 너희도 주인께 작별인사를 해. 그리고 그만 가자."

"잘 가요. 모두들 만일 병이 나든가 다치든가 곤란한 일이 생기면 곧 내게 알려야 해요. 나는 피치트리 거리를 곧장 올라가서 제일 끝 집에 살고 있으니까. 잠깐 기다려요……" 하고 그녀는 손가방을 열어 보았다. "어머나, 1센트도 없네요. 레트 씨, 돈 좀 빌려 주세요. 이봐요, 빅 샘, 모두들 담배라도 사 피워요. 그리고 얌전히 랜달 대위님의 말씀을 잘 들어야 해요."

흩어졌던 대열이 정돈되고 그들이 움직이기 시작하자 다시 먼지가 붉게 피어올랐다. 빅 샘이 또다시 노래를 부르기 시작했다.

어서 가라, 모세여, 아득한 애굽으로!
그리고 바로에게 일러라.
우리 겨레 어서 해방하라고!

"레트, 랜달 대위는 거짓말을 한 거죠? 남자란 누구나 그렇지만, 우리 여자들이 기절이라도 하면 큰일이라고 모두 사실대로 말해 주지 않아요. 그렇죠, 네? 거짓말이죠, 레트? 위험이 없다면 왜 또 새로 참호를 파겠어요? 그리고 정말 흑인을 써야 할 만큼 군대에선 손이 모자라는 걸까요?"

레트는 말에게 소리를 지르며 마차를 몰기 시작했다.

"군대에선 여간 일손이 모자라지 않아요. 그렇지 않다면 무엇 때문에 향토 방위군까지도 전선으로 끌어내겠습니까? 참호는 말입니다, 포위 공격을 받았을 경우를 예상하고 파두는 거요. 즉 장군은 이 시에서 마지막 저항을 할 준비를 하고 있는 겁니다."

"포위 공격! 오, 말을 돌려 주세요. 집으로 돌아가겠어요. 난 곧 타라로 돌아가겠어요."

"어디 편찮으신가요?"

"포위 공격! 큰일났어요. 난 포위 공격에 대해서 얘기를 들은 적이 있어요. 아버지는 …… 아니, 할아버지셨던가? 하여튼 포위당한 적이 있대요, 그 이야기를 아버지한테서 들은 적이 있어요……"

"도대체 언제 얘기요?"

"크롬웰이 아일랜드를 점령했을 때 드로이다의 포위 공격 얘기예요. 모두들 먹을 것이 없어서 거리에서 굶어 죽었대요. 아버지께서 말씀하셨어요. 끝내는 고양이며 쥐도 다 잡아먹고 바퀴벌레까지도 먹었대요. 농성할 때는 거짓말인지 참말인지 모르겠지만, 사람의 고기까지 먹었대요. 그리고 크롬웰이 입성하자 여자란 여자는 모조리…… 아, 포위 공격이라니, 오 하느님!"

"내가 아는 젊은 여성 가운데 당신만큼 야만스럽고 무식한 사람도 없소. 드로이다의 포위는 17세기의 일이어서 당신 아버지는 태어났을 리가 없소. 그리고 셔먼은 크롬웰과는 달라요."

"아녜요, 더 나빠요. 모두들 그러던 걸요."

"그리고 그 아일랜드 사람들이 포위당했을 때 먹었다는 색다른 고기 말인데……. 나는 요즘 호텔에서 먹는 음식보다는 오히려 물기 많은 쥐고기가 먹고 싶을 정도인데요. 나는 리치먼드로 돌아가야 하지 않을까 생각하고 있어요. 거기에 가면 돈만 있으면 먹을 수 있는 맛있는 게 얼마든지 있거든요." 그의 눈은 그녀 얼굴에 떠오른 공포를 비웃고 있었다.

그녀는 자기가 너무 허둥거리는 꼴을 보인 것이 부끄러워져서 외쳤다. "당신이 왜 이렇게 오랫동안 이 시에 계시는 건지 모르겠어요! 당신이 생각하는 것이라곤 그저 편히 지낸다든가 맛있는 것을 먹는다든가…… 그런 것뿐이잖아요."

"맛있는 것을 먹는다든가 하는 그런 일보다 유쾌한 시간을 보내는 법을 불행하게도 나는 도무지 모르겠소." 그는 말하였다. "그리고 내가 이 시에 있는 까닭은, 여태까지 농성이라든가 포위당한 시라든가 하는 걸 쓴 것을 무척 많이 읽었지만, 이 눈으로 실제로 본 일은 한 번도 없소. 그래서 여기 이대로 있다가 자세히 구경하려고 하오. 위험할 것은 없지요. 나는 비전투원이니까요. 그리고 모든 것이 경험입니다. 스칼렛, 새로운 경험을 놓치면 안 되지요. 경험은 우리의 정신을 풍부하게 해 줍니다."

"제 정신은 충분히 풍부해요."

"그건 아마 당신이 제일 잘 아시겠지요. 하지만 나로 하여금 말하게 한다면…… 아니, 이건 부인에 대한 예의가 아니군요. 어쨌든 나는 여기 남아 있다가 포위가 시작되면 당신을 구출해 낼 생각이오. 불행하게도 여태까지 위험에 빠진 부인을 구해낸 적이 없으니까. 이건 정말, 처음 겪는 경험이지요."

놀리고 있는 줄은 알고 있었지만, 그녀는 그의 말 뒤에 가볍게 보아 넘길 수 없는 진지한 것을 느꼈다. 그녀는 홱 머리를 젖혔다.

"구해 주시지 않아도 좋아요. 고맙지만 제 앞가림은 제가 할 수 있어요."

"그런 말 하는 게 아니오, 스칼렛. 그렇게 생각하고 싶다면 생각하는 것은 자유지만, 남자에겐 절대로 그런 말을 하면 안 되오. 양키 아가씨도, 그게 골치란 말이오. 그녀들은 참으로 매력이 있어서 좋은데, 아깝게도 늘 내 일쯤은 내가 할 수 있으니까 염려 말아요, 하죠. 대체로 그 말은 사실이지만, 그렇게 되면 남자는 아무도 그렇게 말하는 여자들을 신경 쓰지 않게 되거든요."

"잘도 떠들어 대시는군요." 스칼렛은 쌀쌀하게 말했다. 그녀에게 있어서 양키

아가씨와 함께 취급되는 것처럼 커다란 모욕은 없는 것이다. "하지만 포위당한다는 건 거짓말이겠죠. 북군이 애틀랜타에 쳐들어오지 않는다는 건 당신도 아시겠죠."

"뭣하면 내기를 할까요. 놈들은 이 달 안에 반드시 여기까지 옵니다. 내가 지면 봉봉을 한 상자……." 말하는 그의 검은 눈이 그녀의 입술 언저리를 더듬었다. "당신이 지면 키스."

잠깐 북군의 침입에 대한 두려움 때문에 그녀는 애를 태우고 있었지만, '키스'라는 말을 듣자 두려움 같은 것은 대번에 잊고 말았다. 그 방면의 일이라면 장기였고, 우선 전쟁 따위보다는 훨씬 흥미가 있다. 그녀는 미소짓고 싶은 것을 겨우 눌렀다. 초록빛 보닛을 그녀에게 선물한 날 이후 레트는 애인으로 해석할 만한 태도를 전혀 나타내지 않았다. 그뿐 아니라, 아무리 꾀어 보아도 단둘만의 이야기는 하려고도 하지 않았다. 그런데 오늘은 그녀 쪽에서 꺼내지도 않았는데 자진해서 키스에 대한 이야기를 꺼냈다.

"전, 남 앞에서 할 수 없는 그런 이야기는 싫어요." 그녀는 쌀쌀맞게 말하고 눈살을 찌푸려 보였다. "그리고 당신하고 키스할 바엔 돼지하고 하겠어요."

"허허, 취향이 그렇다면 더 말할 여지도 없군요. 곧잘 듣는 이야기지만, 아일랜드 사람들이란 돼지 미치광이라 침대 밑에 돼지를 기른다더군요. 하지만 스칼렛, 당신은 속으론 키스가 하고 싶어 못 견딜 지경일 거요. 그게 당신의 병이요. 무슨 까닭인지 알 수 없지만, 당신을 둘러싼 남자들은 당신을 매우 존경하고 있거나 아니면 두려워하고 있어요. 그래서 당신에게 그 정당한 행위를 안 하는 게 아닐까요. 그 결과로 당신은 참을 수 없을 만큼 건방을 떨게 되는 거요. 키스를 해야 해요. 키스할 줄 아는 사람과 키스를 하십시오."

이야기는 그녀가 바라고 있는 방향으로 나가지 않았다. 그와 함께 있으면 늘 이렇다. 마치 결투 같았다. 게다가 지는 것은 늘 그녀 쪽인 것이다.

"그래서 당신은 자기야말로 거기에 알맞은 남자라고 생각하고 계시는 거군요." 그녀는 울화가 치밀어 오르는 것을 겨우 누르면서 잔뜩 비꼬아 말했다.

"말씀 그대로요. 굳이 내가 그런 행위를 한다면 말이죠." 그는 싹싹하게 대답했다.

"내가 키스해 준 여인들은 모두 잘한다고 칭찬을 해 주더군요."

"어머." 스칼렛은 자기의 매력을 가볍게 취급한 데에 성이 나서 마구 대들었다. "왜 당신은……" 그러나 그녀는 갑자기 당황하여 눈을 내리깔고 말았다. 레트는 가볍게 웃고 있었다. 그러나 그 검은 눈 속 깊이 극히 짧은 한순간이었지만, 번쩍하고 작은 불꽃 같은 광채가 번쩍였다.

"보닛을 갖고 갔던 날, 단순한 키스만 해 주고 두 번 다시 하지 않는 까닭을 아마 당신은 궁금해 할 텐데……"

"아아뇨, 난 절대로……"

"그렇다면 스칼렛, 당신은 사랑스러운 아가씨라고는 할 수 없겠는데요. 그렇게 들으니까 맥이 풀리는군요, 나는. 정말 사랑스런 아가씨는 남자가 자기에게 키스해 주지 않는 걸 반드시 이상해 하는 법이오. 키스를 요구해선 안 된다, 만약 키스를 당하면 모욕을 당한 것처럼 굴어야 한다는 것을 알고 있으면서도, 그 반면 반드시 남자가 키스해 줄 것을 바라는 것이오…… 어쨌든 걱정하지 않아도 좋아요. 이제 나는 꼭 당신에게 키스할 거고 당신도 그걸 좋아할 거요. 다만, 미리 말해 두지만 지금은 아니오. 그러니까 너무 초조해 하지 않는 편이 좋아요."

그가 여느 때와 마찬가지로 놀리고 있다는 것은 알고 있었다. 그러나 그것이 그녀로서는 견딜 수 없었다. 그의 말 속에는 늘 참 많은 진실이 들어 있었다. 아무튼 지금 이 자리에서는 이래도 좋다. 그러나 만약 아무 때고 나에게 버릇없는 짓이라도 할 때엔 그때야말로 톡톡히 본때를 보여 주어야겠다.

"제발 마차를 돌려 주세요, 네? 버틀러 선장. 난 병원으로 돌아가고 싶어졌어요."

"정말인가요? 아니, 이거 참 기특한 일이군요. 그럼 이나 고름이 나의 이야기보다는 그래도 낫다는 셈이군요. 하긴 '우리의 빛나는 대의명분'을 위해 기꺼이 일하려는 두 팔을 말릴 만한 힘은 나에게 없을 테니까요." 그는 말머리를 돌려 파이브 포인트 쪽으로 돌아가기 시작했다.

"내가 그 뒤 당신에 대해서 한 걸음도 나아가지 않은 까닭은 말이죠." 하고 그는 그녀가 이 이야기를 잘라 버린 것 따위는 아무렇지도 않다는 듯이 유들유들하게 말을 이었다. "나는 당신이 좀더 자라지기를 기다리고 있는 거요. 지금 상황에 당신에게 키스한 댔자 내겐 아무 재미도 없을 테니까. 나라는 사나이는 자신의 쾌락에 대해서는 아주 이기적인 인간이니까요. 나는 어린애와 키스할 생각은 없소."

잠자코는 있지만 그녀가 성이 나서 가슴을 들먹이고 있는 것을 슬쩍 보더니 그는 슬며시 미소를 감추었다.

"그리고 또 한 가지," 그는 조용히 계속했다. "나는 당신의 마음속에서 저 존경할 애쉴리 윌크스의 추억이 사라지기를 기다리고 있지요."

애쉴리의 이름이 입 밖에 나온 순간 문득 고통이 그녀의 온몸을 넣쳤다. 그리고 뜨거운 눈물이 눈꺼풀 속에 괴었다. 사라진다고? 아니, 아니, 애쉴리의 추억은 결코 사라지지 않아. 비록 그가 죽은 뒤 천 년이 지나더라도 사라지지는 않아. 애쉴리가 지금 상처를 입고, 덮을 담요도 없이 손을 잡아 줄 사람도 없이 머나먼 북부의 수용소에서 죽어가고 있다고 생각하자 그녀는 자기 옆에 앉아서 무심코 던지는 말로 자기를 우롱하고 있는, 이 피둥피둥하게 살찐 남자에 대해서 증오를 느끼는 것이었다.

그녀는 말도 할 수 없을 만큼 성이 나 있었다. 두 사람은 한동안 말없이 마차에 흔들리고 있었다.

"당신과 애쉴리 사이에 대해 나는 꽤 여러 가지 일을 알게 되었지요." 레트는 계속 말했다. "처음에는 트웰브 오크스에서의 당신의 귀부인답지 않은 광경밖엔 몰랐지만, 그 뒤 주의하고 있었기 때문에 제법 많은 수확이 있었소. 어떤 거라고 생각하시오? 우선 당신은 지금도 그에 대한 여학생 같은 로맨틱한 열정을 버리지 않고 있어요. 그는 또 그것을 그의 존경해야 할 마음이 허락하는 범위 안에서 받아들이고 있어요. 그리고 윌크스 부인은 아무것도 모르지요. 즉 당신들 두 사람이 적당히 얼버무리고 있는 거죠. 나는 사실 무엇이든지 알고 있어요. 그러나 정직하게 말해서 단 한 가지 모르는 일이 있지요. 그리고 이것이 적잖이 내 호기심을 자극한단 말이오. 그건, 과연 저 존경해야 할 애쉴리 선생이 그의 불멸의 영혼이 위태로워질 위험을 무릅쓰면서까지 당신에게 감히 키스를 했느냐 하는 일이오."

대답 대신 그녀는 돌처럼 침묵하고, 다만 얼굴을 외면했을 뿐이었다.

"흐흥, 딴은 그럼 키스는 했단 말이군요. 아마 그가 휴가로 돌아왔을 때의 일이겠군요. 그래서 그가 죽었는지도 알 수 없는 현재, 당신은 그 키스의 추억을 가슴속에서 살며시 키우고 있는 거군요. 하지만 틀림없이 언젠가는 그런 일 따위는 잊어버리고 말아요. 그리고 당신이 그의 키스를 생각하지 않게 된다면 그 때야말로 내가……."

그녀는 골이 잔뜩 난 벌건 얼굴로 돌아보았다.

"당신 같은 사람…… 어디로든지 가 버리기나 해요." 그녀는 앙칼지게 외쳤다. 그녀의 푸른 눈은 분노로 찢어질 것 같았다. "마차에서 내려 주세요. 안 그러면 뛰어내리겠어요. 이제 두 번 다시 당신 같은 사람하곤 말도 하지 않겠어요!"

그는 마차를 세웠다. 그러나 그가 내려서 부축해 줄 겨를도 없이 그녀는 스스로 뛰어내렸다. 넓은 치마의 후프가 마차에 걸렸다. 순간 파이브 포인트의 군중은 그녀의 페티코트나 팬털렛이 팔랑거리는 광경을 볼 수 있었다. 레트는 허리를 굽혀 재빨리 그것을 벗겨 주었다. 그녀는 한 마디도 하지 않은 채 돌아보지도 않고 달려가 버렸다. 레트는 가볍게 웃으면서 다시 마차를 몰기 시작했다.

18

전쟁이 시작된 이래 처음으로 애틀랜타는 전쟁의 소리를 들을 수 있었다. 아침 일찍 시내가 깨어나는 소리도 들리기 전 케네소 산의 포격 소리가 여름의 먼 천둥소리인가 여겨질 만큼 희미하게 들려왔다. 어쩌다가는 한낮의 소음 속에서도 충분히 알아들을 수 있을 만큼 크게 울려오는 때도 있었다. 시내 사람들은 될 수 있는 대로 그 소리를 듣지 않으려고 이야기도 하고 웃기도 하고 일을 하기도 하여 북군이 22마일 전방까지 와 있다는 사실을 무시해 보려고 했으나, 귀는 늘 그 소리에 잔뜩 긴장해 있었다. 온 시내가 넋이 나간 표정이었다. 일을 하면서도 모두 귀를 기울이고, 하루에 백 번이나 심장이 철렁 내려 앉는 것을 막을 도리가 없었다. 대포 소리가 전보다도 가깝게 들리는 것은 아닐까? 아니면 그저 크게 들리기만 하는 것일까? 이번엔 존스턴 장군이 정말로 버텨 줄 것인가? 그가 정말 해치워 줄 것인가? 한꺼풀 벗기면 그 밑에 공포가 있었다. 매일 후퇴가 시작될 때마다 온 시민의 신경은 점점 긴장되어 마침내 폭발점에까지 닿기 시작하였다. 누구나 공포를 입 밖에 내는 사람은 없었다. 그것은 건드려서는 안 되는 것이었다. 그 대신 잔뜩 긴장한 신경은 그 배출구를 장군을 비난하는 데서 찾았다. 시민의 감정은 병적인 열기처럼 높아졌다. 적의 장군 셔먼이 애틀랜타 문어귀까지 와 있는 것이었다. 이번에 후퇴하면, 남군은 시내까지 후퇴하여 올 것이다.

우리에게 후퇴하지 않는 장군을 보내라! 우리에게 끝까지 싸워 주는 지휘관을 보내라!

아득히 먼 대포의 진동을 듣자 국민군인 '조 브라운의 사병'과 향토 방위군은 존스턴 군 배후의 채터후치 강의 교량과 나루터를 방위하기 위하여 애틀랜타를 출발했다. 그날은 잿빛 구름이 무겁게 드리워져 있었는데, 그들이 파이브 포인트를 지나고 마리에타 가도에 나섰을 무렵, 가는 비가 내리기 시작했다. 전송나온 모든 시민은 만세를 부르기 위해서 피치트리 거리의 상점 추녀 밑에 빽빽이 들어차 있었다.

스칼렛과 메이벨 메리웨더 피칼은 병원을 쉬고 전송해도 좋다는 허가를 받았다. 해밀턴 시숙부와 메리웨더의 할아버지가 향토 방위군에 들어 있었기 때문이다. 그녀들은 인파에 밀리면서 저마다 시숙부와 할아버지의 모습을 찾느라고 발돋움을 해 가며 미드 부인과 함께 서 있었다. 스칼렛은 모든 남부 사람과 마찬가지로 전쟁의 진행 상황에 관해서는 그저 밝고 가장 안심할 수 있는 면만을 믿으려고 했었는데, 이제 가지각색의 복장을 한 대열이 행군하는 것을 보고 있으려니 무언가 썰렁한 것을 느꼈다. 정말이지 이런 노인이나 소년들까지 총알받이로 끌려나갈 지경이니 사태는 막다른 곳까지 몰리고 있는 것이 틀림없었다. 대열 중에는 물론 훌륭한 국민군의 제복을 입고 모자 앞에 깃털을 휘날리며 새쉬가 나부끼는 건장한 체격의 청년도 있기는 있었다. 그러나 늙은이나 소년들이 훨씬 많았다. 이것을 보고 있자니 그녀의 심장은 가련함과 두려움으로 죄어드는 것처럼 괴로워졌다. 그녀의 아버지보다 나이 많은 노인도 바늘처럼 가는 빗속을 고적대의 가락에 맞추어 호기롭게 행군해 가고 있었다. 우비 대용으로 메리웨더 부인의 가장 좋은 격자 무늬의 숄을 두른 메리웨더 할아버지는 선두의 대열 속에 있다가, 그녀들의 모습을 발견하자 싱글벙글 웃으면서 인사를 했다. 모두들 손수건을 흔들면서 몸 성히 다녀오라고 부르짖었지만, 메이벨은 스칼렛의 팔을 붙잡고 소곤거렸다.

"어머나, 가엾은 할아버지. 정작 폭풍우라도 불어치면 돌아가시고 말 거야. 허리 신경통 때문에……"

헨리 해밀턴 시숙부는 메리웨더 할아버지의 다음 대열에 섞여서 행군해 왔다. 길고 검은 외투의 깃을 귀밑까지 세우고 멕시코 전쟁 시대의 피스톨 두 자루를 벨트에 차고 조그만 손가방을 들고 있었다. 그의 곁엔 주인과 거의 같은 나이 또래의 흑인 하인이 우산을 펴서 받쳐 주면서 함께 행군해 왔다. 노인들과 어깨를 나란히 하고 소년들도 행군해 왔는데, 모두 열여섯 살 이상으로는 보이지 않았다. 그들 대부분은 학교를 그만두고 군대에 들어왔던 것이다. 또 여기저기에는 비에 젖은 잿빛 모자에 검은 깃털을 달고 어깨에서 비스듬히 흰 돛베로 만든 어깨띠를 걸친 사관학교의 견습 사관 군복 차림을 한 무리가 섞여 있었다. 필 미드도 그 속에 있었다. 자랑스러운 듯이 죽은 형의 군도와 권총을 허리에 차고 모자도 늠름하게 옆으로 비딱하게 쓰고 있었다. 미드 부인은 억지로 미소를 지으며 아들이 지나가 버릴 때까지 손수건을 흔들고 있었으나, 모습이 보이지 않게 되자 갑자기 힘이 빠져 버린 것처럼 잠깐 스칼렛의 등에 얼굴을 묻었다.

무장을 전혀 하지 않은 사람도 많았다. 남부 정부에는 이미 그들에게 지급할 총도 탄약도 없었던 것이다. 이런 사람들은 북군의 전사자나 포로에게서 총이며 칼을 뺏어서 무장할 작정인 것이다. 수렵용 나이프를 장화에 꽂고 ‘조 브라운의 창’이라고 불리는 뾰족한 쇠가 끝에 달린 긴 막대기를 가진 사람도 많았다. 구식 화승총을 어깨에 메고 화약통을 허리에 차고 있는 이는 아직 그나마 운이 좋은 사람들이었다.

존스턴 장군은 후퇴로 인하여 약 1만 명의 손실을 입었다. 그래서 그는 1만 명의 신예 부대가 필요했던 것이다. 이 행군이 바로 장군이 필요로 하는 그 신예 부대임을 생각하자 스칼렛은 갑자기 무서워졌다. 포병대가 요란한 울림 소리를 내면서 지나갔다. 구경하는 군중에게 흙탕물을 튀기면서 대포 옆에 붙어 노새를 타고 오는 한 흑인의 모습이 눈에 띄었다. 말안장 가죽 같은 살갗을 하고 점잔을 빼는 표정을 띤 젊은 사나이였다. 그를 한 번 보자 스칼렛은 저도 모르게 외쳤다. “모스구나. 애쉴리의 하인 모스구나. 여기서 도대체 무엇을 하고 있는 것일까?” 그녀는 사람들의 틈을 헤치고 차도의 가장자리까지 나가서 다시금 외쳤다. “모스, 잠깐 기다려요!”

그녀를 알아보자 그는 고삐를 당기고 기쁜 듯이 미소를 지으면서 말에서 내리려고 하였다. 그러자 그의 뒤에서 말을 타고 온 비에 흠뻑 젖은 중사가 소리

질렀다. "말에서 내려선 안 돼. 내리면 용서 없다. 정해진 시각에 산에까지 가야 하는 거야."

모스는 내릴까말까 망설이며 잠시 중사와 스칼렛의 얼굴을 번갈아 보았다. 그녀는 흙탕물을 튀기면서 포차로 달려가 모스의 등자 끈을 잡았다.

"잠깐만요, 중사님. 내리지 않아도 좋아, 모스. 대체 어찌된 일이지?"

"또 전쟁을 하러 가는 겁니다요, 스칼렛 아씨. 하지만 이번에는 애쉴리 서방님이 아니라 존 나으리를 모시고 갑죠."

"어머나! 윌크스 아저씨가!" 스칼렛은 놀라서 외쳤다. 윌크스 씨는 벌써 칠십이 가까운 것이다. "그래, 아저씨는 어디 계시지?"

"제일 뒤의 포차입니다요, 스칼렛 아씨. 훨씬 뒤쪽입니다요."

"부인, 안됐습니다만…… 자, 어서 가자."

포차가 움직이기 시작했어도 스칼렛은 발목까지 진구렁에 빠진 채 멍청하게 서 있었다. 아, 이건 무엇인가 잘못된 것이다. 그런 일이 있을 리 없다. 그분은 그처럼 노인이 아닌가. 그리고 애쉴리보다도 전쟁을 더욱 싫어하신다. 스칼렛은 두어 걸음 물러나서 눈 앞을 지나가는 얼굴을 하나하나 살펴보았다. 이윽고 맨 마지막 포차가 진흙을 튀기면서 삐거덕삐거덕 나타났을 때 그녀는 똑똑히 윌크스 씨의 모습을 보았다. 깡마른 몸매에 촉촉히 젖은 긴 은빛 머리를 목에 드리운 채 조그만 딸기빛의 암말을 타고 굳건한 태도로 가뿐가뿐 다가온다. 말은 공단 의상을 걸친 귀부인처럼 진흙길을 자못 얌전하게 걸어왔다. 아니…… 저 말은 넬리다.

탈레턴 부인의 애마 넬리다. 베아트리스 탈레턴 부인이 끔찍이도 소중히 하던 넬리가 아닌가.

그녀가 진구렁 속에 서 있는 것을 보자 윌크스 씨는 기쁜 듯이 미소지으며 고삐를 당기고 말에서 내려 그녀 쪽으로 다가왔다.

"만났으면 하고 생각했단다. 스칼렛. 너희 집 식구들에게서 부탁받은 많은 전갈이 있는데, 도저히 너에게 전해줄 기회가 없었단다. 아침에 여기 닿자마자 벌써 이렇게 강행군을 해야 하니 말야."

"오, 윌크스 아저씨." 그녀는 노인의 손을 잡으면서 절망적으로 부르짖었다. "가시면 안 돼요, 어째서 가셔야만 하나요?"

"허, 내가 나이를 너무 먹었다고 생각하는 거구나." 그는 미소를 띠면서 말했다. 그것은 애쉴리의 미소를, 단지 노인의 얼굴에 옮겨놓은 것이나 다름없었다. "하긴 나는 걸어서 행군하기엔 너무 늙었다. 하지만 승마와 사격 솜씨만은 늙지 않은 줄 알고 있다. 그리고 탈레턴 부인이 넬리를 빌려주셔서 마침 잘 되었단다. 나는 넬리에게 아무 일도 없기를 바라고 있어. 만약 무슨 일이라도 생기면 돌아가서 탈레턴 부인을 볼 낯이 없을 테니까 말이다. 넬리가 부인의 마지막 말이란다." 그는 스칼렛의 공포를 덜어 주려고 웃으면서 말했다. "네 어머님도 아버님도 동생들도 모두 잘 있다. 부디 안부 전하라고 말하더구나. 아버님도 하마터면 오늘 우리와 함께 올 뻔했다."

"안 돼요, 아버지는 안 돼요." 스칼렛은 깜짝 놀라며 외쳤다. "아버지께서 전쟁에 나가시지는 않겠죠, 네?"

"나오진 않아. 하지만 나오려고 했었다. 물론 다리가 불편하므로 먼 길을 걸을 수는 없지. 하지만 말을 타고 우리와 함께 오겠다는 거야. 네 어머니도 승낙했다. 다만 농장의 울타리를 뛰어넘을 수 있어야 한다는 조건을 붙여서 말이다. 네 어머니는 전쟁에 나가면 아무리 난폭한 말타기에도 견뎌내야 한다면서 말했지. 네 아버지는 그런 일이라면 어렵지 않다고 생각했다. 그런데…… 좀 믿기 어렵지만, 말이란 놈이 울타리 앞까지 가자 딱 서 버렸단 말야. 제럴드는 말 머리를 넘어 앞으로 굴러떨어지고 말았지. 목뼈가 안 부러진 것이 이상할 정도야. 하지만 스칼렛, 너도 알다시피 고집쟁이라서 일어나서 또 했단다. 그리고 세 번 떨어지고, 엘렌과 포크가 부축해서 침대로 들여보냈지. 그는 욕설을 내뱉으면서 네 어머니가 말에게 무언가 귀띔을 했을 게 틀림없다고 하더구나. 제럴드에게 역시 전쟁은 무리야. 그렇다고 스칼렛, 너는 그걸 부끄러워할 건 없다. 누구든지 남아서 군대를 위해 곡식을 만들어야 되니까 말이야."

스칼렛은 조금도 부끄럽다고는 생각하지 않았다. 그것보다도 오히려 한시름 놓은 편이었다.

"인디어와 하니는 메이컨의 버 씨 댁에 맡기고 트웰브 오크스는 오하라 씨가 타라와 함께 돌봐 주기로 되어 있다……. 자, 난 이제 가야 해. 네 귀여운 얼굴에 키스하게 해 주렴."

스칼렛은 입술을 내밀었다. 숨막히는 듯한 괴로움이 목까지 치밀어 올라왔다. 그녀는 윌크스 씨를 무척 좋아했다. 게다가 일찍이 그녀는 윌크스 댁 며느리가 되고 싶어한 적도 있지 않았던가.

"그리고 이 키스는 피티팻에게, 이번 것은 멜라니에게 전해 다오." 그는 가볍게 두 번 더 키스하면서 말하였다.

"그런데 멜라니는 어떻게 지내니?"

"살 있어요."

"아, 그래." 그는 빤히 그녀를 바라보고 있었다. 그러나 애쉴리처럼 그 잿빛 눈은 그녀를 통해서 그녀를 넘어 다른 세계를 바라보고 있는 것이었다.

"첫 손자 얼굴을 볼 수 있었으면 했었다. 잘 있거라."

그는 넬리에 올라타며 모자를 손에 들고 은실 같은 백발에 비를 맞으면서 달려가 버렸다. 스칼렛은 메이벨이나 미드 부인에게로 돌아와서야 비로소 윌크스 씨의 마지막 말의 뜻을 알았다. 그 순간 그녀는 미신적인 공포에 사로잡혀서 성호를 긋고 기도문을 외려고 했다. 애쉴리가 말한 것과 똑같이 윌크스 씨도 죽음에 대한 이야기를 한 것이다. 그리고 애쉴리는 지금…… 아니, 아니, 어느 누구도 죽음에 대한 말을 해서는 안 된다. 죽음에 대한 말을 입에 담는다는 것은 하늘의 뜻을 시험하는 것이다. 세 사람이 빗속을 묵묵히 병원으로 돌아오면서 스칼렛은 기도하고 있었다. '주여, 윌크스 씨를 데려가지 마옵소서. 그와 그리고 애쉴리를 부르시지 마옵소서!'

돌턴에서 케네소 산으로의 후퇴는 5월 초부터 6월 중순에 걸쳐서 행해졌다. 비가 계속되는 무더운 6월이 다 가도 셔먼 장군은 가파르고 미끄러운 비탈길 때문에 남군을 무찌를 수가 없었다. 사람들 가슴에는 다시 희망이 고개를 들기 시작했다. 모든 사람은 차차 기운이 나서 존스턴 장군에 대해서도 훨씬 호감을 갖고 이야기하게 되었다. 비오는 6월에서 다시 비가 몰아치는 7월에 들어서도 남군은 산 위의 진지에 의지하여 필사적으로 셔먼 군을 막고 있었으므로 애틀랜타는 대단한 기쁨에 넘쳐 있었다. 희망이 샴페인처럼 사람들을 취하게 했다. 만세! 만세! 아군이 적을 막고 있다. 여기서도 저기서도 유행병처럼 파티며 무도회가 열렸다. 전선에서 군인들이 올 때마다 그들을 만찬에 초대하고 그것이 끝나면 춤이 시작되는 것이다. 그리고 1대 4의 비율로 여자가 많았으므로 아가씨들은 그들을 알뜰하게 대접하고 다투어 그들과 춤을 추는 것이었다.

애틀랜타는 문병객이나 피란민이나 병원에 있는 부상자의 가족이나 산속에서 싸우고 있는 병사의 아내나 어머니, 만일 부상했을 때 되도록 가까이 있으려는 사람들로 가득하였다. 게다가 젊은 여자의 무리가 지방에서 이 시로 옮겨왔다. 지방에는 남자라고는 16세 이하나 60세 이상의 사람밖에 남아 있지 않았던 것이다. 피티 고모는 이 젊은 여자들을 몹시 싫어하였다. 그 여자들이 애틀랜타에 온 목적은 남편을 얻는 데 있다는 것이 뻔했다. 그러나 그런 파렴치한 짓이 용납된다면 앞으로 세상은 어떻게 될지 모른다고 느끼고 있었던 것이다. 스칼렛도 이것을 좋게는 생각하지 않았다. 그녀는 열여섯이라는 나이를 믿고, 기를 쓰고 도전하여 오는 처녀들 따위는 조금도 문제삼지 않았다. 그녀들은 두 번이나 뒤집어 지은 옷도, 누덕누덕 기운 구두도, 조금도 문제가 되지 않을 만큼 싱싱한 볼이나 명랑한 미소를 짓고 있기는 했지만…… 다행하게도 레트 버틀러가 마지막 배로 가져다주었으므로 그녀의 옷은 누구보다도 아름다운 새것이었다. 그러나 결국 그녀는 벌써 열아홉 살로 혼자서 꾸려나갈 만한 나이였고, 남자란 젊고 아무것도 모르는 아가씨를 뒤쫓아다니고 싶어하는 법이다.

이 아름다운 말괄량이 아가씨들에 비하면 어린애까지 딸린 과부란 밑지는 처지라고 그녀는 생각했다. 그러나 요즈음처럼 소란스러운 세상에서는 과부라는 것도 어린애가 있다는 것도 그전처럼 짐스럽지는 않았다. 낮동안의 병원 일에서 밤의 모임으로 돌아다니느라고 스칼렛은 거의 웨이드를 돌볼 틈이 없었다. 때로는 자기에게 어린애가 있는 것을 오랫동안 잊고 지내는 일조차 있었다.

비오고 무더운 여름 밤이 되면 애틀랜타의 모든 가정은 시의 방위자인 군인들을 위하여 개방되었다. 워싱턴 거리에서 피치트리 거리 사이의 커다란 저택들은 참호에서 갓 나온 흙투성이 전사들을 대접하기 위해 밤마다 등불이 휘황하였다. 그리고 밴조나 바이올린의 소리, 춤추는 가벼운 발소리나 흥겹게 웅성거리는 소리가 밤공기를 흔들면서 밤늦게까지 계속되고, 사람들은 피아노를 쳐대면서 '당신의 편지는 왔건만 너무 늦어 버렸어요'라는 처량한 가사를 힘껏 노래 불렀다. 그러면 누더기 옷의 용사들은 처녀들을 의미 있게 바라보았다. 그리고 칠면조 깃털로 만든 부채로 얼굴을 가리고 웃고 있는 처녀들에게 너무 늦으면 때를 놓쳐 버리게 된다면서 구슬렸다. 할 수 있는 한 기다리고 있을 아가씨는 없었다.

시내에 감돌고 있는 미친 듯한 환희와 흥분의 파도를 타고 그들은 결혼을 향하여 앞뒤 가리지 않고 돌진했다. 존스턴 장군이 적을 케네소 산에서 막고 있던 그 달만 해도 수많은 결혼식이 올려졌다. 많은 친구들한테 급하게 빌린 나들이옷을 입고 행복으로 얼굴이 상기되어 있는 신부와 누덕누덕 기운 무릎에 칼을 절그럭거리는 신랑의 결혼식이었다. 흥분과 파티와 그리고 갖가지 감격늘! 만세! 존스턴 장군은 22마일이나 먼 전방에서 북군을 막아 내고 있는 것이었다.

정말 케네소 산을 둘러싼 진지는 금성철벽이었다. 스무닷새 동안의 전투를 겪은 뒤 그동안 바친 막대한 희생자를 생각할 때 셔먼 장군이라 할지라도 그것을 인정하지 않을 수 없었다. 장군은 종래와 같은 직접 공격을 일단 멈추고 다시 우회작전을 펴서 남군 진지와 애틀랜타의 중간을 끊으려고 시도했다. 다시 전략의 싸움이 되었다. 후방을 확보하기 위해 존스턴 장군은 그토록 완강히 버티어 낸 고지마저 포기해야 했다. 그는 여태까지의 전투에서 3분의 1의 병력을 잃었으나, 나머지 부대는 비를 무릅쓰고 들판을 가로질러서 채터후치 강변으로 고달픈 이동을 강행했다. 남군은 이미 더 이상 원군을 바랄 수 없었다. 이에 반하여 테네시 이남 전선까지의 철도를 확보하고 있는 북군은 그 철도에 의해 매일 새로운 병력이며 군수품을 셔먼 장군에게 수송했다. 이리하여 남군은 애틀랜타를 향하여 진구렁인 들판을 후퇴해 갔다.

절대로 뺏기지 않을 것으로 생각하고 있었던 거점을 잃었으므로 시내에는 또 새로운 공포의 물결이 밀려왔다. 미칠 듯이 행복했던 스무닷새 동안 사람들은 서로 이런 일이 생길 턱이 없다고 장담하고 있었다. 그것이 지금 눈앞에 벌어진 것이다! 그러나 장군은 틀림없이 북군을 강 건너에서 막아낼 것이다. 그렇기는 하더라도 강은 너무 가깝다. 겨우 7마일밖에는 떨어져 있지 않은 것이다!

적장 셔먼은 강의 상류를 건너서 다시 측면 공격을 시작했다. 그래서 기진맥진한 남군은 서둘러 누렇게 흐린 강물을 건너서 침입군과 애틀랜타 사이에 몸을 던져야 했다. 그들은 시의 북쪽, 피치트리 강의 계곡에 급히 얕은 참호를 팠다.

애틀랜타는 고뇌와 동요 속에 휘말렸다.

싸우다가 후퇴, 싸우다가 또 후퇴! 그리고 후퇴할 때마다 북군은 한 발 한

발 시로 육박해 오는 것이었다. 피치트리 강은 겨우 5마일 밖에 있다! 존스턴 장군은 도대체 어떻게 생각하고 있는 걸까.

'우리에게 후퇴하지 않고 끝까지 싸워 주는 장군을 보내라'는 외침은 마침내 리치먼드에까지 닿았다. 애틀랜타를 빼앗기면 전쟁도 끝장이 난다는 것을 리치먼드에서도 알고 있었다. 이리하여 남군이 채터후치 강을 건너는 것과 동시에 존스턴 장군은 사령관 직에서 파면되었다. 그리고 그의 지휘 아래 군단장이었던 훗 장군이 새로 전군을 통솔하게 됐다. 이것으로 시민은 얼마간 마음을 놓았다. 훗 장군이라면 후퇴는 하지 않을 것이다. 수염을 휘날리며 쏘는 듯한 눈빛을 한 저 키 큰 켄터키 사람이라면 설마 후퇴는 하지 않을 것이다. 그에게는 불독이라는 별명까지 있었다. 그러면 북군을 피치트리 강에서, 아니 채터후치 강에서 돌턴으로 가는 길 한 걸음 한 걸음씩 몰아내 줄 것이다. 그러나 군대에서는 '우리의 존스턴 노장군을 복귀시켜라' 하고 외치고 있었다. 그들은 돌턴에서의 먼 길을 존스턴 장군과 고생을 함께 해온 것이다. 그리고 시민들은 몰랐으나 그가 어려운 고비를 돌파해 나온 것을 병사들은 모두 인정하고 있었던 것이다.

적장 셔먼은 훗 장군이 공격 준비를 할 때까지 기다리고 있지 않았다. 사령관이 바뀐 다음날 북군은 애틀랜타에서 6마일 거리의 디케이터라는 작은 마을을 단번에 급습하여 점령한 뒤 철도를 차단하고 말았다. 이 철도는 애틀랜타와 어거스타나 찰스턴이나 윌밍턴이나 버지니아 등을 연결하는 것이었다. 셔먼 군은 남부동맹의 전투력을 그야말로 반신불수로 만들어 버렸던 것이다. 이미 망설일 때가 아니다. 애틀랜타 사람들은 남군의 궐기를 요구하며 절규했다.

이윽고 축 늘어지도록 더운 7월 어느날 오후, 드디어 애틀랜타의 희망은 이루어졌다. 훗 장군은 갑자기 수세를 버리고 공세를 시작한 것이다. 참호에 있던 남군을 수적으로 우월한 셔먼 군의 진지에 투입하여 훗 장군은 북군을 피치트리 강으로 맹렬하게 공격했다.

겁에 질린 채 훗 장군이 적군을 물리칠 것을 기도하면서, 시의 중심에서 5마일이나 떨어져 있는데도 마치 옆집에서 나는 것처럼 크게 들려오는 대포의 진동이며 콩 볶듯 하는 소총 소리에 사람들은 누구나 귀를 기울이고 있었다. 그들에게는 포차의 굉음이 들리고 낮게 덮인 구름처럼 숲 위에 피어오르는 포연까지도 보였다. 그러나 몇 시간이나 전투의 상황을 알 수가 없었다.

오후도 퍽 늦어서야 첫 번째 정보가 전해졌다. 그러나 그것은 전투가 시작될 무렵 부상한 병사가 전해 온 것이었으므로 불확실하고 모순투성이여서 겁을 먹게 하는 것뿐이었다. 그런 부상병이 혼자서, 또는 떼를 지어, 경상자는 다리를 절거나 비틀거리는 중상자를 어깨에 메고 삼삼오오 짝을 지어 시로 들어오기 시작했다. 그리고 순식간에 병원으로 고통을 참으면서 걸어가는 이런 사람들의 행렬이 꼬리를 물었다. 그들의 얼굴은 탄환가루며 먼지며 땀으로 얼룩져서 흑인처럼 검었다.

붕대도 감지 않고 피가 마른 상처에는 파리가 그 언저리에 들끓고 있었다. 부상병은 시 북쪽에서 걸어오므로 우선 맨 먼저 다다르는 집 가운데 하나는 피티 고모의 저택이었다. 그들은 쉴 새 없이 문 안으로 비틀거리며 들어와 푸른 잔디 위에 쓰러져서 목쉰 소리로 외쳤다.

"물을!"

타는 듯한 오후 내내, 피티 고모와 가족들은 백인도 흑인도 모두 나서서 물을 담은 양동이와 붕대를 가지고 나무 그늘에 서 있었다. 그리고 국자로 물을 떠 주기도 하고 상처를 처매 주기도 하고 있었는데, 이윽고 붕대가 떨어지고 시트나 수건까지도 다 써 버리고 말았다. 피티 고모는 여느 때라면 피 한 방울을 보고도 까무러쳤지만, 지금은 그것도 잊고 꼭 끼는 작은 구두 속에서 조그만 발이 부어 서 있을 수 없게 될 때까지 줄곧 일했다. 배가 부른 멜라니마저도 평소의 몸가짐을 잊고, 프리시나 요리사나 스칼렛과 함께 어느 부상병 못지않게 긴장한 표정으로 부지런히 일했다. 나중에는 끝내 정신을 잃고 말았지만, 부엌 테이블밖에는 그녀를 눕힐 장소가 없었다. 온 집 안의 침대며 의자며 소파할 것 없이 모조리 부상자로 가득 찼기 때문이다.

이 난리통에 까맣게 잊혀져 있던 웨이드는 정면 현관의 난간 그늘에 웅크리고 앉은 채 엄지손가락을 빨고 딸꾹질을 하면서, 우리 안에 갇힌 놀란 토끼처럼 무서움으로 눈이 동그래져서 잔디 쪽을 바라보고 있었다. 스칼렛은 그런 웨이드의 모습을 보자 날카롭게 소리쳤다. "웨이드, 뒤꼍에 가서 놀아요!" 그러나 이 정신없이 소란스러운 눈 앞의 광경이 무서우면서도 한편 퍽 재미있었으므로 웨이드는 어머니의 말에 따르지 않았다.

잔디밭은 걸을 수 없을 만큼 지치고 부상 때문에 꼼짝도 할 수 없을 만큼 쇠약해져서 쓰러진 사람들로 가득 차 있었다. 이 사람들을 피터 영감이 마차에 태워서 병원으로 옮겼는데 늙은 말이 입에서 거품을 뿜을 만큼 여러 번 왔다 갔다 하였다. 미드 부인도 메리웨더 부인도 자가용 마차를 동원했지만, 이 역시 부상자의 무게로 스프링이 휠 만큼 많이 실어서 운반했다.

얼마쯤 지나서 길고 무더운 여름의 황혼 속을 전선으로부터 부상병 운반차며 흙투성이 방수포로 덮인 군량차 등이 몇 대씩이나 도착했다.

거기에 이어서 농장에서 쓰는 짐수레며 소 달구지, 그리고 위생반에 징발된 자가용 마차까지 도착했다. 부상자며 빈사 상태의 중상자를 가득 실은 그 마차들이 덜컹덜컹 흔들리면서 피어오른 모래먼지 위에 핏방울을 떨어뜨리고 피티팻 집 앞을 지나갔다. 양동이나 국자를 손에 든 여자들의 모습을 보면 수레는 멎고, 그들은 고함을 치거나 가냘픈 목소리로 입을 모아 말하는 것이었다.

"물!"

스칼렛은 목마른 사람들이 마시기 쉽도록 흔들리는 머리를 받쳐 주기도 하고, 잠시나마 시원하라고 먼지투성이의 뜨거운 몸이며 벌어진 상처에 물그릇의 물을 끼얹어 주기도 했다. 그리고 발돋움을 하여 마부에게 국자를 건네주면서 한 사람 한 사람에게 가슴을 죄며 묻고 다녔다. "상황이 어떤가요? 전쟁의 상황은?"

대답은 한결같았다. "확실한 건 모르겠어요, 좀더 기다려 보지 않으면."

밤이 왔다. 무더운 밤이었다. 바람 한 점 없는 데다가 흑인들이 밝히고 있는 횃불 때문에 더 덥고 답답했다. 스칼렛의 콧구멍은 먼지로 막히고 입술은 바짝 말라 버렸다. 그날 아침 갈아입은, 갓 빨아서 풀을 빳빳하게 먹인 연보랏빛 캘리코 드레스는 피와 먼지와 땀으로 얼룩얼룩했다. 전쟁은 영광스러운 것이 아니라 불결과 비참뿐이라고 애쉴리가 편지에 썼던 의미는 바로 이것이었던 것이다.

지친 눈에는 모든 광경이 거짓말처럼, 악몽처럼 비쳤다. 이것이 현실일 까닭이 없다……. 만약 이것이 현실이라면 세상은 미쳐가고 있는 것이다.

그렇지 않다면 어째서 그녀가 피티팻 댁 평화스러운 앞뜰에 서서 눈부신 햇빛 속에서 죽어가는 애인들에게 물을 끼얹어 주어야 한단 말인가. 부상자 중에는 그녀의 남자친구들이 많았다. 그들은 그녀의 모습을 보자 웃어 보이려고 했다.

그녀가 잘 아는 많은 사람이 이 어두운 길을 흔들리면서 실려 왔다. 많은 사람이 그녀의 눈 앞에서 죽어 갔다. 모기며 쇠파리가 그들의 피투성이 얼굴에 들끓고 있었다. 그들 모두가 예전에 함께 춤추고 함께 웃던 사람들이 아니었던가. 한때는 그 사람들을 위하여 피아노를 치고 노래를 부르고 놀려 대고 위로하고, 그리고 조금쯤은 사랑한 사람들이 아니었던가. 그녀는 캐리 애쉬번이 소달구지 속에서 부상자들 밑에 깔려 머리의 총상 때문에 빈사 상태로 누워 있는 것을 발견하였다. 그러나 그를 구해 내려면 여섯 사람의 부상자를 치워야 했기 때문에 할 수 없이 그대로 병원으로 데려가게 하였다. 나중에 들은 일이지만, 그는 의사의 치료도 받아보지 못하고 죽어 버려서 어딘가에 묻혔다는 것이었다. 그러나 아무도 똑똑히 알고 있는 사람은 없었다. 이 한 달 동안에 수많은 사람이 오클랜드 묘지의 급히 판 얕은 무덤 속에 매장되었다. 앨라배마의 캐리 어머니에게 보내 주기 위하여 그의 머리카락을 한 줌도 얻지 못하여 멜라니는 몹시 안타깝게 생각했다.

후텁지근한 밤이 차차 이슥해짐에 따라서 스칼렛과 피티팻은 피로 때문에 등이 쑤시고 무릎이 굳어져 버렸지만, 그래도 오는 사람을 하나하나 붙들고 외쳤다. "전황은 어때요? 전쟁 상황은?"

마침내 그녀들은 이에 대한 대답을 얻을 수 있었다. 그러나 그걸 듣자 새파랗게 질려서 서로 얼굴을 마주 보았다.

"후퇴요." "마침내 후퇴하게 되었어요." "적은 우리보다 훨씬 우세해요." "북군은 디케이터 근처에서 휠러의 기병 부대의 연락을 끊어버리고 말았어요. 우리는 원군을 보내야 해요." "아군은 전부 머지않아 시내로 후퇴해 와요."

스칼렛과 피티팻은 서로 팔을 잡고 쓰러지려는 몸을 지탱했다.

"그리고…… 그리고 북군도 오나요."

"그렇죠, 그들도 와 있어요. 하지만 설마 그렇게 가까이는 오지 않겠지요." "걱정 마세요. 애틀랜타는 뺏기지 않아요." "염려 없어요. 이 시 둘레에는 백만 마일이나 진지가 구축되어 있으니까요." "나는 존스턴 장군이 이렇게 말한 걸 들었어요, '나는 애틀랜타를 영원히 지켜낼 수 있다'고 말이죠." "그러나 그 존스턴 장군도 이제 우리 지휘관이 아니야. 우리가……" "잠자코 있어, 바보야. 너희,

부인네들을 불안스럽게 만들어서 어쩔 셈이냐." "북군이라도 여기까지는 오지 않아요." "그렇더라도 당신네들은 왜 메이컨이나 그 밖의 좀더 안전한 데로 피란하지 않으시죠? 그쪽에는 친척이 없나요?" "북군은 애틀랜타를 점령할 수 없어요. 하지만 그들이 공격하고 있는 동안은 부인들에게 그다지 안전하지 못해요." "대포알이 엄청나게 날아올 테니까요."

그 다음날 후텁지근하게 내리는 부슬비 속을 뚫고, 애틀랜타 시로 몇 천인지 알 수 없는 패잔병이 흘러 들어왔다. 모두가 굶주림과 피로로 기진맥진했고, 병력도 76일 동안의 전투와 후퇴로 훨씬 줄어들어 있었다. 말은 허수아비처럼 여위고, 포차나 탄약차는 새끼줄이나 날가죽 토막 따위로 말에 매여 있었다. 그러나 그들은 결코 무질서하게 대열을 흐트러뜨리면서 도망쳐 오지는 않았다. 누더기 옷을 입었을망정 당당하게, 찢어진 빨간 깃발을 빗속에 펄럭이면서 질서 있게 후퇴해 오는 것이다. 그들은 존스턴 장군 밑에서 후퇴를 배웠다. 장군은 후퇴에서도 진격과 마찬가지로 위대한 전략적 효과를 거두게 하고 있었던 것이다. 수염투성이의 더러운 꼴을 한 그들은 피치트리 거리를 '메릴랜드! 우리의 메릴랜드!' 노래에 맞추어서 행진해 왔다. 시민들은 모두 마중을 나가서 그들에게 환호성을 보냈다. 이기건 지건 자기들의 군대인 것이다.

새 군복을 입고 바로 얼마 전에 짧은 시간 동안 출전했던 국민군도 이미 옷이 더럽고 수염이 더부룩한 고참 용사들과 거의 구별할 수 없게 되어 있었다. 하지만 그들의 눈에는 새로운 광채가 있었다. 3년 동안 왜 일선에 나가지 않았는가에 대해서 변명하거나 설명하던 일도 지금은 과거가 되어 있었다.

그들은 후방의 안전을 전선의 고난과 바꿨던 것이다. 그 대부분은 안이한 생활을 치열한 죽음과 바꿨던 것이다. 지금은 그들도 역전의 용사였다.

단기간의 근무이긴 했지만 역전의 용사라는 데 있어서는 마찬가지였다. 뿐더러 그들은 용감하게 행동해 왔던 것이다. 그들은 군중 속에서 아는 얼굴을 찾아내면 자랑스럽게 도전하는 눈길을 보냈다. 그들은 지금이야말로 떳떳하게 얼굴을 들 수가 있었다. 향토 방위군의 노인과 소년들이 행진해 왔다. 노인들은 이젠 발을 옮겨 놓을 수 없을 만큼 지쳐 있었다. 소년들 또한 어른들의 문제에 너무나 빨리 맞닥뜨리게 되었으므로 지친 표정을 짓고 있었다.

스칼렛은 필 미드의 모습을 발견했는데도, 탄환가루와 때로 새까매지고 긴

장과 피로에 시달린 나머지 처음에는 그라고 알아볼 수 없을 정도였다. 헨리 시숙부는 빗속에 모자도 없이 입고 있는 낡은 기름천의 구멍으로 얼굴을 내밀고, 다리를 절고 있었다. 메리웨더 댁 할아버지는 맨발을 담요 조각으로 감고 포차를 타고 있었다. 그러나 아무리 찾아도 끝내 존 윌크스의 모습은 찾아낼 수 없었다.

존스턴 지휘 아래 용사들은 3년 동안 줄곧 피로를 몰랐다는 듯이 가뿐한 발길음으로 행진해 왔다. 아직도 그들은 이름다운 이기씨들에게 웃음을 보내거나 손을 흔들거나 군복을 입지 않은 남자들에게 난폭하게 욕설을 퍼붓거나 할 만큼의 여유를 갖고 있었다.

그들은 이제부터 또 시의 주위에 파여진 참호로 가는 것이었다. 이 참호는 지금까지 것과 같이 허둥지둥 만든 얕은 것이 아니라, 가슴 높이까지 모래 자루를 쌓아 올리고 그 위에 뾰죽한 막대기를 늘어세운 정식 참호였다. 시 주위에는 수 마일에 걸쳐서 이런 참호가 구축되어 있었는데, 그 붉은 흙을 쌓아올린 옆에 깊이 파여 있는 붉은 흙의 참호는 아군의 군대로 가득 채워지기를 기다리고 있었다.

사람들은 이 군대에 이겼을 때와 마찬가지로 환호성을 보냈다. 사람들은 모두 마음에 두려움을 품고 있었으나, 최악의 사태에 이른 지금, 전쟁이 그들의 눈 앞에서 벌어지고 있는 지금에 이르자 시의 공기에도 변화가 일어났다. 동요도 없거니와 광기어린 행동도 없었다. 마음속으로는 무슨 생각을 하고 있든 간에 그것을 절대로 얼굴에는 나타내지 않았다. 비록 억지로 그렇게 꾸미고 있을지라도, 어쨌든 기운 있어 보이는 얼굴을 하고 있었다. 그리고 누구나 용감해 보이는 얼굴을 하고, 군대에게는 신뢰하는 얼굴을 보이려고 애썼다. 모두들 존스턴 장군이 사령관 직에서 파면되기 직전에 한 말, ‘나는 애틀랜타를 영원히 지켜낼 수 있다’는 말을 몇 번이고 되뇌었다.

훗 장군이 어쩔 수 없이 후퇴를 하게 된 이상 존스턴 장군을 다시 군사령관으로 앉히고 싶어하는 생각은 군인을 포함해서 꽤 많은 사람들이 바라고 있었지만, 그들은 그것을 입 밖에 내기를 삼가고 다만 존스턴 장군의 말에서 용기를 얻고 있었던 것이다. ‘나는 애틀랜타를 영원히 지켜낼 수 있다!’

훗 장군의 전술은 존스턴 장군의 신중한 전술과는 달랐다. 훗은 동의 북군을 공격했는가 하면, 곧 머리를 돌려 서의 북군을 공격했다. 셔먼은 레슬링 선수가 적의 몸 어딘가에 새로이 붙잡을 틈은 없는가 하고 노리듯이 시의 주위를 호시탐탐 에워싸고 있었으나, 훗은 참호 뒤에 숨어서 북군의 공격을 기다리고 있지는 않았다. 그는 용감하게 쳐 나가고 맹렬하게 적에게 덤벼들었다. 애틀랜타 싸움 및 에즈라 처치의 싸움이라고 불리는 전투는 불과 며칠 동안의 전투였다. 그것은 피치트리 강의 전투 따위는 극히 소규모의 전투였다고밖에 생각되지 않을 정도의 대격전이었다.

그러나 북군의 세력은 전혀 줄어들지 않았다. 막심한 손해를 입은 것은 사실이지만, 그들에게는 그것을 채울 능력이 있었다. 그리고 그동안 그들은 애틀랜타에 포탄을 비처럼 퍼부어서 집 안에 있는 사람들을 죽이고, 건물의 지붕을 날려 보내고, 거리에 분화구 같은 커다란 구멍을 냈다. 시민들은 앞다투어서 지하실이나 땅에 판 구덩이, 철도 선로 때문에 내놓은 얕은 터널 등 될 수 있는 대로 안전한 장소로 피란했다. 애틀랜타는 드디어 포위되었던 것이다.

훗 장군이 사령관이 되고 난 뒤 열하루 동안 남군은 존스턴 장군이 74일 동안의 전투나 후퇴로 잃었던 것과 거의 맞먹는 병력을 잃었다. 더구나 애틀랜타는 그 삼면을 완전히 포위당하고 말았던 것이다.

애틀랜타에서 테네시로 통하는 철도는 모든 선로가 지금은 적장 셔먼의 손에 들어 갔다. 그의 군대는 다시 동으로 나아가서 남서쪽 앨라배마로 뻗는 철도를 막고 말았다. 남은 것은 단지 남쪽 메이컨 및 서배너로 통하는 철도뿐이었다. 시중에는 병사가 넘쳐나고 부상자가 들어차고 피란민으로 붐볐으므로, 이 한 가닥의 철도만으로 사람들의 요구를 채우기엔 도저히 불가능한 일이었다. 그러나 이 철도를 확보하고 있는 동안은 애틀랜타 또한 그럭저럭 버텨낼 수가 있었다.

이 철도가 얼마나 중요한 것이 되었는지, 셔먼이 이것을 탈취하려고 얼마나 맹렬하게 공격하고 있는지, 그리고 훗이 그것을 지키기 위하여 얼마나 필사적으로 싸우고 있는가를 알고서 스칼렛은 새삼스럽게 치를 떨었다. 이것이야말로 그 군(郡)을 관통하고 존즈버러를 지나는 오직 하나의 철도였기 때문이었다. 특히 타라는 존즈버러에서 불과 5마일밖에 떨어져 있지 않는 것이다!

타라는 이 지옥 같은 애틀랜타에 비하면 피란처라고도 생각되었지만, 어쨌든 타라는 존즈버러에서 겨우 5마일밖에 떨어져 있지 않는 것이다!

애틀랜타에서 전쟁이 시작된 날 스칼렛은 많은 부인과 같이 상점 옥상에 올라가서 조그만 양산을 받쳐들고 그 싸움을 바라보고 있었다. 그러나 이윽고 탄환이 시에 떨어지기 시작하자 그녀들은 부랴부랴 지하실로 쫓겨 들어갔다. 이 날 밤부터 부인이나 아이나 노인들의 피란이 시작되었다. 피란지는 메이컨이었다. 그날 밤 기차에 올라탄 사람들 가운데 대부분은 존스턴 군의 돌턴 후퇴 이래 벌써 대여섯 번이나 쫓겨다니던 사람들이었다. 그들은 애틀랜타로 달아났을 때에 비하면 훨씬 몸이 가벼워져 있었다. 짐이라고는 단지 손가방과 커다란 꽃무늬 박힌 손수건에 싼 초라한 도시락뿐이었다. 여기저기 겁에 질린 하인들이 최초로 피란을 시작했을 때부터 들고 다니는 은 꽃병이며 나이프며 포크, 혹은 한두 장의 가족 초상화 등을 그러안고 있었다.

메리웨더 부인과 엘싱 부인은 피란을 거절했다. 두 사람 다 병원에서 필요한 사람들이었고, 그리고 무섭지도 않거니와 또 아무리 북군이라 할지라도 자기들을 집에서 내쫓을 수는 없다고 호기 있게 큰소리쳤다. 그러나 메이벨과 그녀의 아기와 패니 엘싱은 메이컨으로 가기로 되었다. 미드 부인은 결혼 이래 처음으로 남편의 명령을 어겼다. 기차를 타고 안전한 곳으로 피하라는 박사의 명령을 무뚝뚝하게 거절했다. 자기가 없으면 박사가 곤란하다는 것이다. 그뿐만 아니라 어느 참호엔가 있을 필에게 만약의 일이라도 생겼을 경우 곁에 있어 주고 싶었던 것이다.

그러나 화이팅 부인을 비롯하여 스칼렛이 아는 많은 부인은 모두 피란했다. 가장 먼저 존스턴 장군의 후퇴를 비난한 피티팻 고모는 맨 먼저 트렁크 짐을 꾸리기 시작한 사람 가운데 하나였다.

고모의 말에 의하면, 자기의 신경은 몹시 약해서 조그만 소리에도 견디지 못하니 폭탄이 한 방만 폭발해도 그대로 까무러쳐서 도저히 지하실까지 피할 수 없기 때문이지 그저 무서워서 그러는 것만은 아니라는 것이었다. 그리고 그 갓난아기 같은 입을 굳게 다물고 자못 용감한 것처럼 보이려 했으나, 이것만은 잘 되지 않았다. 시고모는 메이컨에 있는 사촌인 버 부인에게로 갈 작정이라며 스칼렛과 멜라니에게도 같이 가자고 하였다.

스칼렛은 메이컨 같은 데는 가고 싶지 않았다. 포탄은 무서웠지만, 메이컨으로 갈 바에는 차라리 애틀랜타에 머물러 있는 편이 낫다고 생각하였다. 그녀는 버 부인을 아주 싫어했다. 수년 전 버 노부인은 윌크스 댁의 파티에서 스칼렛이 노부인의 아들 윌리와 키스하는 것을 보고 그녀를 '바람둥이 계집애'라고 욕한 적이 있었기 때문이다.

"고모님, 저는 타라로 가겠어요." 그녀는 피티팻에게 말했다. "메이컨에는 멜라니와 함께 가시면 되지 않겠어요."

이 말을 듣자 멜라니는 겁이 나서 막 울기 시작했다. 그리고 피티팻이 미드 박사를 부르러 간 동안 그녀는 스칼렛의 손을 잡고 호소하는 것이었다.

"나를 남겨 두고 타라로 가지 말아요. 언니가 없으면 너무 쓸쓸해서 아무것도 못해요. 스칼렛, 난 아기를 낳을 때 언니가 함께 있어 주지 않으면 아마 죽어 버릴 거예요. 응? 그야, 피티 고모님이 살뜰하게 해 주실 것은 알고 있지만, 고모님은 아기를 낳아본 적이 없잖아요. 난 때때로 고모님 때문에 답답해서 울고 싶을 때가 있어요. 나를 두고 가지 말아요. 네? 언니는 나에게 정말 친언니처럼 해 주셨고, 그리고……." 그녀는 핏기 없는 얼굴 위에 미소를 띠었다. "언니는 애쉴리에게 나를 지켜 주신다고 약속했잖아요? 언니에게 부탁해 두겠다고, 그이가 말하고 갔어요."

스칼렛은 놀라서 멜라니를 보았다. 이 여자에 대한 증오가 이미 감출 수 없을 만큼 심해져 있는데, 멜라니는 어째서 그녀를 사랑할 수 있는 것일까. 그녀가 애쉴리를 사랑하고 있다는 것을 아직도 눈치채지 못하다니 멜라니는 어쩌면 이다지도 우둔한 여자일까. 이 고뇌에 찬 몇 달 동안, 애쉴리로부터의 소식을 기다리면서 자기의 마음속을 벌써 백 번도 더 멜라니에게 보이고 말지 않았는가.

그런데도 멜라니는 아무것도 모르고 있다. 이 여자의 눈에는 사랑하는 사람의 좋은 점밖에는 비치지 않는 것일까……. 그렇다, 스칼렛은 애쉴리에게 멜라니를 지킬 것을 약속했다. 오, 애쉴리! 애쉴리! 당신은 죽었을 게 틀림없어. 벌써 몇 달 전에 죽었을 거야. 그런데도 당신과의 약속만이 손을 뻗쳐서 나를 잡고 있는 것이다!

"그래." 그녀는 짧게 말했다. "난 그 사람에게 그렇게 약속했어. 그리고 그 약속을 깨지는 않아. 하지만 메이컨으로 가서 저 늙다리 고양이 같은 버 부인과 함께 살다니 딱 질색이야. 난 단 5분도 되기 전에 그 할멈의 눈알을 뽑아 버릴 거야. 난 타라의 집으로 돌아가겠어. 그러니까 당신도 함께 가요. 어머니도 무척 기뻐할 거야."

"그렇게 해주신다면 기뻐요. 언니의 어머니는 그처럼 좋은 분인걸요. 하지만 고모님은 아기를 낳을 때는 꼭 함께 있고 싶다 하시고, 더구나 타라에는 안 가시리라고 생각해요. 거기는 전선이 가깝잖아요. 고모님은 위험하지 않은 곳에 가고 싶으신 거예요."

미드 박사는 피티팻이 허둥대며 부르러 왔으므로 멜라니에게 적어도 조산의 징후라도 있는 모양이라고 생각하며 숨을 헐떡이면서 달려왔다. 하지만 짐작과 달랐으므로 화를 내고 말에도 노골적으로 나타냈다. 그리고 이 소동의 원인을 알자 그 이상 의논할 여지를 주지 않는 말로 문제를 해결했다.

"메이컨으로 가다니 당치도 않아요, 멜라니. 만약 당신이 조금이라도 움직이려 든다면, 난 이후로 절대 의논 상대가 되어 주지 않겠소. 기차는 혼잡한 데다 시간은 부정확하고, 부상자, 군대, 식량 수송에 필요해지면 언제든지 징발되어 승객들은 숲 속에라도 내동댕이쳐진단 말이오. 당신 같은 몸으로……."

"하지만 스칼렛과 함께 타라로 가면……."

"움직여선 안 된다고 말하고 있는 거요. 타라로 가는 기차나 메이컨으로 가는 기차나 결국 다 마찬가지야. 그리고 지금 북군이 어디에 있는지 아무도 알지 못해요. 아마 그들은 어디서든지 나타날 거요. 그러므로 기차는 언제 북군에 붙잡힐지 몰라요. 그리고 비록 안전하게 존즈버러에 닿는다 하더라도 타라로 가자면 험한 길을 5마일이나 마차에 흔들리면서 가야 해요. 임신중인 부인이 할 짓은 못돼요. 뿐더러 늙으신 폰테인 의사가 종군한 뒤로 그 군에는 의사가 한 사람도 없소."

"하지만 산파가……."

"내가 말하는 것은 의사란 말이오." 그는 가로막듯이 말했으나, 그 눈은 무의식중에 멜라니의 앙상한 골격에 집중되었다. "움직이는 것은 좋지 않아요. 위험해요. 당신도 기차나 마차 안에서 몸을 풀고 싶지는 않겠죠."

이 의학적으로 솔직한 말에 부인들은 대답하기 어려워서 얼굴이 빨개지면서 입을 다물고 말았다.

"당신은 내 눈길이 닿는 이 시에서 가만히 누워 있어야 해요. 지하실을 오르내려서도 안 돼요. 포탄이 이 창문으로 날아 들어오더라도 절대로 움직여선 안 돼요. 결국 여기 있더라도 그리 위험하지는 않을 거예요. 북군 따위는 곧 쫓겨가고 말아요…… 그럼 피티팻 씨, 당신만 메이컨으로 가고 젊은 부인들은 여기 남아야 해요."

"돌봐 줄 사람도 없이?" 피티팻은 놀라서 외쳤다.

"두 분 다 이미 훌륭한 부인이란 말이오." 박사는 화난 듯이 말했다. "그리고 내 아내가 두 집 건너에 있지 않소. 멜라니가 이런 형편이니 남자 손님도 없을 거고 말이오. 피티팻 씨, 지금은 전시요. 예의범절을 따지고 있을 때가 아닌 거예요. 멜라니 생각을 해줘야 해요."

그는 발소리를 내며 방을 나가서 스칼렛이 다가오기를 현관에서 기다리고 있었다.

"나는 솔직하게 당신과 얘기를 해야겠소, 스칼렛." 그는 잿빛 수염을 잡아당기며 말했다. "당신은 젊지만 상식이 있는 부인이라고 생각하니까 구태여 부끄러워할 필요는 없소. 멜라니를 움직일 이야기는 절대로 해선 안 돼요. 그런 여행에는 견디어 내질 못할 거요. 주위 사정이 완전하다고 해도 매우 어려운 상태가 되어가고 있단 말이오. 알다시피 그 사람의 골반은 몹시 좁아요. 아마 해산 때에는 겸자를 써야 할걸. 그러니까 나는 무지한 흑인 산파 따위에게 맡기고 싶지 않은 거예요. 원래 멜라니 같은 부인은 아이를 낳아선 안 되는 거지만, 어쨌든 당신은 피티팻 씨의 짐을 꾸려서 메이컨으로 출발시켜요. 그 사람은 겁이 너무 많기 때문에 오히려 멜라니를 불안하게 만들 뿐이오. 그래선 실제로 아무런 도움도 되지 않으니까. 그리고 스칼렛" 하고 그는 지그시 그녀를 바라보았다. "당신도 집으로 돌아간다는 둥 그런 말을 하지 않았으면 해요. 아기가 태어날 때까지 멜라니와 같이 있어 주시오. 무섭지 않죠?"

"네, 물론이죠." 스칼렛은 꿋꿋한 체 했다.

"음, 장해요. 만약 당신을 도와줄 사람이 필요할 때는 아내가 도와줄 것이고, 피티팻 씨가 하인들을 데리고 가게 된다면 요리사로는 우리 뱃시를 보내기로 하지요. 그리 오래지는 않을 거요. 아기는 앞으로 5주일 안에 태어날 거요. 그러나 초산이고 총알이 이렇게 날아온다면 그것도 확실히 알 수 없소. 내가 언제든지 와주겠소.”

이리하여 피티팻은 피터 영감과 요리사를 데리고 눈물을 줄줄 흘리면서 메이컨으로 가버렸다. 열정적인 애국심에 쫓겨 그녀는 무심코 마차와 말을 병원에 기부하고 말았는데, 곧 후회가 되어서 더욱 눈물이 나와 견딜 수가 없었던 것이다. 포성은 여전히 들려왔으나 집 안은 잠잠해지고 말았다. 스칼렛과 멜라니는 이 조용한 집 안에 웨이드와 프리시와 함께 남겨지고 말았다.

19

북군이 시의 방어진지를 공격하다 못해 여기저기서 격퇴되던 농성 초기에는 포탄이 작렬할 때마다 스칼렛은 당장에라도 저세상으로 날아가는 것은 아닐까 하고 벌벌 떨면서 귀를 두 손으로 막고, 마음 둘 바를 모르고 움츠리고 있을 뿐이었다. 포탄이 날아오는 예고의 피리 소리 같은 윙 소리가 들리면, 그녀는 멜라니의 방으로 뛰어 들어가서 침대에 몸을 던지고 둘이서 단단히 얼싸안고 머리를 베개에 파묻으면서 “오! 오!” 하고 비명을 올렸다. 그리고 프리시와 웨이드는 급히 지하실로 뛰어들어가 거미줄투성이인 어둠 속에서, 프리시는 날카로운 비명을 올리고 웨이드는 울거나 딸꾹질을 하면서 죽은 듯 웅크리고 있었다.

죽음이 머리 위에서 절규하는 동안 깃털 베개를 숨이 막히도록 뒤집어쓰고 스칼렛은 무언중에도 자기를 이곳에 붙들어 두고 아래층의 안전한 곳으로 보내지 않는 멜라니를 저주했다.

그러나 박사는 멜라니에게 걷기를 금하고 있었으므로 스칼렛은 언제나 멜라니와 함께 있어야 했다. 자기 몸이 산산조각 날지도 모른다는 공포에 더하여 그녀에게는 멜라니가 언제 아기를 낳을지 모른다는 똑같이 강한 공포가 있었다. 그것을 생각할 적마다 스칼렛은 끈끈하게 식은땀마저 흘리는 것이었다. 해산이 시작되면 어떻게 해야 되는 것인가? 4월 달의 비처럼 포탄이 쏟아지는 거리로 나가 의사를 찾아 돌아다니기보다는 오히려 멜라니가 죽는 것을 내버려 둘 것임을 알았다. 프리시는 맞아 죽을지언정 결코 심부름을 가지 않으리라는 것도 알고 있었다. 어린애를 낳으면 도대체 어떻게 하면 좋단 말인가?

멜라니의 저녁식사 준비를 하면서 그녀는 어느 날 저녁때 프리시에게 이 문제를 작은 목소리로 의논했다. 그랬더니 놀랍게도 프리시는 그녀의 공포를 위로하러 드는 것이었다.

"스칼렛 아씨, 멜라니 아씨의 해산 때 선생님을 못 찾더라도 걱정하실 것 없사와요. 제가 할 수 있습니다요. 전, 해산하는 것은 무엇이든지 알고 있습죠. 제 어머니는 산파잖아요? 그래서 어머니는 저도 산파로 만들려고 했습죠. 모두 제게 맡겨 두시면 됩니다요."

스칼렛은 경험이 있는 사람이 가까이 있다고 생각하자 한결 마음이 놓였지만, 그래도 이 괴로움이 한시라도 빨리 끝나 주기를 진정으로 바랐다. 작렬하는 포탄 소리에서 멀어지고자 평화로운 타라의 집을 목마르게 그리워하면서 그녀는 밤이면 밤마다 어린아이가 내일이라도 태어나서 약속에서 벗어나 애틀랜타를 떠날 수 있게 되기를 미친 듯이 빌고 있었다. 타라는 이 고통에서 벗어날 수 있는 안전한 곳이라고 생각되었다.

스칼렛이 이때만큼 집이며 어머니를 그리워 한 적은 여태까지 없었다. 만약 엘렌의 곁에 있을 수만 있다면, 어떤 일이 생긴다 할지라도 무서울 것이 없다고 생각했다. 온종일 쌔앵쌔앵하고 고막을 찢는 듯한 포탄 소리를 들은 다음 밤이 되면, 무슨 일이 있어도 내일 아침에는 멜라니에게 이제 더 이상 애틀랜타에 있을 수는 없다, 나는 타라로 돌아갈 테니 멜라니는 미드 부인에게로 가라고 말하리라는 결심을 하고 침대에 들어가는 것이었다. 그러나 베개에 머리를 대고 누우면 그녀가 마지막으로 보았을 때의 애쉴리의 모습, 마음의 고통에 시달려 핼쑥하면서도 희미한 미소를 짓고 있던 그의 입술이 '멜라니의 뒤를 돌봐 주시오. 당신은 강한 사람이니까…… 약속해 주시오' 하는 기억이 떠오르는 것이었다. 그리고 그녀는 약속했었다. 지금 애쉴리는 죽어서 어딘가 묻혀 있다. 그러나 어디에 있든지 그는 스칼렛이 그와의 약속을 지키는 것을 지켜보고 있는 것이다. 살아 있거나 죽었거나, 어떠한 희생을 치르더라도 그녀는 그를 배신할 수가 없는 것이다. 그녀는 하는 수 없이 오늘이야말로 하고 생각하면서도, 여전히 애틀랜타에 머물러 있었다.

돌아오라는 엘렌의 편지에 스칼렛은 포위의 위험을 될 수 있는 대로 가볍게 쓰고, 멜라니의 상태에 대해 설명하고 아기를 낳으면 곧 돌아가겠다고 답장을 써 보냈다.

혈연관계나 인척관계나 친척 교제에 까다로운 엘렌은 스칼렛이 남는 데에 마지못해 동의했으나 웨이드와 프리시만은 곧 보내라고 하였다. 이제 프리시는 갑자기 무슨 소리라도 나면 이를 딱딱 마주치면서 떨 만큼 백치가 되어 두말없이 이에 동의하였다. 프리시는 거의 내내 지하실에 들어서는 오그라든 채 나오려고도 하지 않았으므로, 만약 미드 부인이 보내준 둔감한 할멈 뱃시가 없으면, 스칼렛이나 멜라니는 식사조차 제대로 못할 형편이었다.

스칼렛은 웨이드를 애틀랜타로부터 떠나보내는 것을 엘렌 못지않게 바라고 있었다. 그것은 아이의 안전을 위해서뿐만 아니라, 그가 언제나 겁에 질려 있는 것을 보면 그녀까지도 초조해지기 때문이었다. 웨이드는 포탄의 울림을 말도 제대로 못할 만큼 무서워하고 있었다. 그리고 그것이 뜸해졌을 때마저도 울지 못할 만큼 겁에 질려서 스칼렛의 치마에 매달려 있었다. 그는 밤이 되어서 침실로 가는 것조차 무서워하였다. 어둠이 무서운 데다 잠자는 동안 북군이 와서 자기를 잡아가지 않을까 하는 불안에 떨고 있는 것이다. 밤중에 아들의 가냘프고 초조한 울음소리가 들려 오면 그녀의 신경은 견딜 수 없을 만큼 시달렸다. 마음속으로는 그녀도 못지않게 무서워하고는 있었지만, 웨이드의 해쓱하고 긴장된 표정에서 그것을 똑똑히 보는 것 같아서 더 한층 화가 나는 것이었다.

그렇다, 웨이드는 타라로 보내는 것이 제일 좋겠다. 프리시에게 웨이드를 데리고 가게 하였다가 아이를 낳을 때 맞춰 곧 돌아오게 하면 된다.

그러나 스칼렛이 두 사람을 출발시키기 전, 북군이 남쪽으로 진출하여 애틀랜타와 존즈버러 사이의 철도 부근에서 소규모 전투를 시작했다는 정보가 들어왔다. 북군이 웨이드와 프리시가 탄 기차를 붙잡는다고 하면…… 그렇게 생각하자 스칼렛도 멜라니도 새파래졌다. 북군이 가엾은 어린애에게 행한 폭행은 여자들에게 하는 것보다도 지독하다는 것을 누구든지 알고 있었기 때문이었다. 그래서 타라로 보내지 않고 하는 수 없이 애틀랜타에 그대로 놔 두기로 했다.

웨이드는 겁먹은 유령처럼 되어 1분간이라도 어머니의 치마에서 손을 떼기를 두려워 하는 것처럼 스칼렛의 꽁무니를 필사적으로 쫓아다녔다.

포위는 무더운 7월 내내 계속되었다. 천둥이 울리는 낮이 끝났다고 생각하면 다음에는 음산하고 기분 나쁜 적막한 밤이 찾아왔다. 이윽고 애틀랜타는 포위에 익숙해져 갔다. 최악의 일이 일어나려는데, 마치 아무것도 겁낼 것이 없는 것 같았다. 그들은 포위를 겁내고는 있었지만, 막상 포위되고 보니 결국은 그것도 그다지 비참한 것은 아니었다. 생활은 거의 여느 때와 다름없이 할 수 있었고, 또 사실 하고 있었다. 그들은 자기들이 화산 위에 서 있는 것을 알고 있었으나, 그 화산이 폭발할 때까지는 아무것도 할 수가 없는 것이었다.

그렇다면 지금 괴로워할 것이 뭐가 있겠는가. 그리고 어쩌면 폭발하는 일은 없을지도 모른다. 훗 장군이 북군을, 시 외곽에서 얼마나 완강하게 막으며 버티고 있는지 보란 말이다! 그리고 우리 기병대가 메이컨으로 통하는 철도를 얼마나 잘 확보하고 있는가를 보란 말이다! 셔먼은 그것을 탈취할 수는 절대로 없을 것이다!

그러나 쏟아지는 포탄이며 식량 부족에 맞닥뜨린 채로 겉으로는 태연을 가장하고 반 마일 앞까지 닥친 북군을 무시하고, 또 참호에서 버티는 남군의 피폐한 군대에 끝없는 믿음을 보내고 있는데도 불구하고, 애틀랜타의 피부를 한 꺼풀만 벗기면 그 밑에는 내일은 어떻게 될 것인가 하는 극심한 불안이 늘 꿈틀거리고 있었다. 긴장, 근심, 비애, 기아, 그리고 타다가는 꺼지고 꺼졌다가는 다시 타오르는 희망에 대하여 흔들리는 감정은 그 피부를 더 엷게 하는 것이었다.

스칼렛은 낯익은 사람들의 씩씩해 보이는 얼굴을 보거나 또 막다른 골목에 이르렀을 때 그것을 참는 힘을 주는 고마운 자연의 조절작용에 의하여 차차 용기를 되찾아갔다.

사실 그녀는 지금도 포탄이 터지는 소리를 들으면 펄쩍 뛰어오르지만 그전처럼 비명을 지르면서 뛰어들어가 멜라니의 베개 밑에 얼굴을 처박는 짓은 하지 않게 되었다. 지금 그녀는 침을 꿀꺽 삼키면서 "지금 것은 가깝지 않았지?" 하고 힘없이 말할 수 있을 정도가 돼 있었던 것이다. 그녀가 그다지 무서워하지 않게 된 데에는 매일의 생활이 마치 꿈처럼 생각된다는 이유도 있었다. 그것은 현실이라고 하기에는 너무나도 끔찍한 꿈이었다. 스칼렛 오하라가 한 시간마다, 1분마다 죽음의 위험 속에 놓여 있다는 것은 있을 수 없는 일이었다. 여태까지의 잔잔한 생활의 흐름이 얼마 되지 않는 동안에 이렇듯 무참하게 부서진다는 것은 있을 수 없는 일이었다.

부드럽고 푸른빛으로 밝기 시작한 아침 하늘의 시내가 뇌운처럼 낮게 덮은 포연으로 더럽혀지다니…… 그리고 겨우살이 덩굴이나 덩굴장미의 달콤한 향기로 가득 찬 더운 오후의 공기를 찢어 놓듯이 윙윙거리면서 거리를 날아와 세상을 박살이라노 내려는 듯 폭발하고, 및 백 야드씩이나 쇳조각을 날려 보내어 인간도 짐승도 산산이 분쇄하는 것 같은 포탄 때문에 벌벌 떨고 있어야 하다니, 어찌 이것을 현실이라고 생각할 수가 있겠는가.

조용한 오후에 낮잠 자는 습관은 완전히 없어졌다. 전쟁하는 소리는 때때로 잠잠해지는 일도 있었으나, 피치트리 거리는 내내 활기에 차 시끄러웠기 때문이었다. 포차나 부상병 운반차가 지나가는가 하면 다친 병사들이 참호에서 비틀거리며 걸어왔다. 시 한쪽에서 압박을 받고 있는 다른 방면을 구원하려고 달려가는 1대의 병사가 구보로 빠져나갔다. 그리고 연락병은 남군의 운명이 그의 두 어깨에 걸려 있기라도 한 것처럼 사령부 쪽으로 재빨리 뛰어갔다.

너무나 더운 밤에는 그런 소리도 어느 정도 조용해졌는데, 그것은 기분 나쁜 고요함이었다. 모든 소리가 딱 그친 밤에는 오히려 기분이 언짢았다. 청개구리도 귀뚜라미도 졸린 듯한 앵무새도 겁에 질려서 여느 때처럼 여름밤의 합창도 못하는 듯했다. 이따금 최후의 방어선에서 콩 볶는 것 같은 소총 소리가 정적을 깨뜨리고 들려 올 뿐이었다.

등불이 꺼지고 멜라니는 잠들고 죽음과 같은 적막이 거리를 뒤덮는 깊은 밤 같은 때 스칼렛은 잠을 이루지 못하고 앞문의 빗장이 덜거덕거리다가 이윽고 현관문을 다급하게 두드리는 소리를 듣는 일이 있었다. 언제나 마찬가지로 어두운 현관에는 얼굴도 알아볼 수 없는 병사가 서 있고, 그 어둠 속에서 갖가지 목소리가 그녀를 부르는 것이었다. 어떤 때는 교양 있는 목소리가 그림자 속에서 들려왔다.

"부인, 소란을 피워서 죄송합니다만 저와 말에게 물을 마시게 해 주실 수 없겠습니까?" 어떤 때는 산악지방의 거친 말소리가 들려오는 일도 있었다. 또는 훨씬 남쪽인, 바랭이가 우거진 고장의 낯선 콧소리일 때도 있었다.

그리고 가끔 해안지방의 느릿하고 나른한 목소리가 들려와서 그녀에게 어머니 엘렌의 목소리를 떠올리는 일도 있었다.

"아가씨, 전우를 병원으로 데리고 가려고 여기까지 끌고 왔는데, 이 녀석, 이제는 움직일 것 같지 않아요. 집 안에 좀 들어갈 수 없을까요?"

"부인, 물을 마시게 해 주십시오. 그리고 옥수수 빵이라도 있으면 살겠는데, 하나 남은 것이라도 있으시면……."

"부인, 느닷없는 방문을 용서해 주십시오…… 오늘 밤, 현관에서 좀 지내게 해 주실 수는 없겠습니까? 이 장미를 보고 겨우살이 덩굴의 향기를 맡으니 너무나 고향 집 같기에 그만 염치도 없이……."

아, 밤마다 일어나는 이런 일들이 현실일 리가 없다, 악몽인 것이다. 그리고 얼굴도 몸도 없이, 단지 지친 목소리로 후텁지근한 어둠 속에서 그녀에게 말을 걸어오는 이런 사람들은 그 악몽 속의 인물인 것이다. 물을 마시고 음식을 먹고 현관에서 잠자고 상처를 동여매고 죽어 가는 전우의 더러워진 머리를 받쳐 주고 있는 이 사람들. 오, 이런 일들이 그녀의 현실에 생겨날 리가 없다.

7월 하순의 어느 날 밤, 시백부인 헨리 해밀턴이 문을 두드렸다. 그에게는 이제 우산도 손가방도, 그리고 예의 그 장구배도 없었다.

혈색 좋던 그 투실투실한 얼굴은 마치 불독의 목살처럼 축 늘어졌고, 덥수룩하게 자란 흰 수염은 말할 수 없이 더러웠다. 그는 거의 맨발이나 다름없었고 이가 들끓었으며 굶주려 있었지만, 사나운 성깔만은 조금도 꺾여 있지 않았다.

"나 같은 늙은이가 총을 들고 싸움터로 나가야 하다니 그따위 바보 같은 전쟁이 어디 있어." 그는 말했지만, 스칼렛이나 멜라니에게는 헨리 시백부가 결코 그것을 불만으로 여기고 있는 것처럼 보이지 않았다. 그도 젊은 사람들과 마찬가지로 군대에선 필요하였고, 또 사실 젊은 사람들이 하는 일을 하고 있는 것이다. 그뿐인가. "나는 젊은 것들에게 결코 뒤지지 않아. 메리웨더 노인은 도저히 나만큼은 못해." 그는 유쾌한 듯이 말했다. 사실 메리웨더 노인은 신경통으로 몹시 괴로워하고 있었다. 그래서 대장은 제대시키려고 하였지만, 노인은 고집을 부리고 절대로 집으로 돌아가려 하지 않았다. 그리고 자기를 늘 늙은이 취급을 하며 씹는 담배를 끊어라, 수염을 매일 씻어라 하고 잔소리하는 며느리보다 대장의 욕설이나 으름장이 훨씬 참기 쉽다고 말하며 듣지 않았다.

헨리 시백부는 잠깐밖에 틈이 없었다. 네 시간의 휴가를 얻고 왔는데, 참호에서 오고 가는 시간으로 반이나 빼앗겼기 때문이다.

"너희들하고도 얼마 동안 못 만날 것 같아서 말이다." 그는 멜라니의 침실에서, 스칼렛이 대야에 가져온 찬물에 물집투성이 발을 시원한 듯 절벅거리며 말했다. "우리 부대는 내일 아침 출동한다."

"어디로 가세요?" 멜라니는 깜짝 놀라 그의 팔을 잡으며 물었다.

"나를 건드리지 마라." 그는 꾸짖듯 말했다. "내 몸엔 지금 이가 득실거리고 있어. 전쟁도 이와 설사병만 없으면 피크닉 같을 텐데 말이야. 어디로 가느냐고? 글쎄, 아무 말도 못 들었지만 대강 짐작하고 있다. 내 상상이 크게 틀리지 않는다면 아마 내일 아침 남쪽 존즈버러를 향해 행군할 모양이다."

"어머, 하지만 왜 하필이면 존즈버러 같은 곳으로?"

"거기서 머지않아 큰 싸움이 시작돼. 양키 놈들이 그 철도를 뺏으려고 노리고 있단 말이다. 그런데 만일 놈들에게 그것을 뺏겨 봐라, 그야말로 애틀랜타여 안녕이 되지."

"하지만 헨리 아저씨, 정말 그렇게 될까요?"

"무슨 소리냐. 내가 거기서 버티고 있는 이상 어찌 놈들이 꿈쩍이나 하겠느냐." 헨리 시백부는 겁에 질린 그녀들의 얼굴을 향해 히죽 웃고 곧 다시 정색했다. "어지간히 힘든 싸움이 될 거다. 하지만 우린 어떻게든지 이기지 않으면 안 돼. 물론 너희도 알고 있겠지만, 적군은 메이컨으로 통하는 길 하나를 제외하고는 철도를 모두 뺏고 말았다. 게다가 놈들이 뺏은 것은 이것만이 아냐. 너희들 같은 색시는 모르겠지만, 놈들은 '맥도너 도로' 말고는 길이란 길은 마차가 다닐 수 있는 길까지 모두 차지하고 말았어. 애틀랜타는 자루 속에 들어간 거나 마찬가지다. 그리고 그 자루의 끈과 같은 것이 존즈버러야. 그러니 만일 북군이 그 철도를 손에 넣게 되면 놈들은 그 끈을 죄어 우리를 자루 속에 든 쥐처럼 해치울 수 있게 된다. 그러니까 놈들에게 철도를 뺏겨선 안 돼……. 그동안 잠시 작별이다. 그래서 나는 너희에게 잠깐 작별인사도 할 겸, 스칼렛이 아직 멜라니, 너와 함께 있는지 없는지 그것도 확인할 겸 들렀던 거다."

"물론 스칼렛은 함께 있죠." 멜라니는 다정하게 말했다. "저희들 일일랑 조금도 걱정하지 마시고, 헨리 아저씨, 무엇보다도 아저씨 몸이나 돌보세요."

헨리 시백부는 젖은 발을 해진 양탄자로 닦았다. 그리고 누더기 구두를 신으며 신음 소리를 냈다.

"자, 슬슬 가봐야겠다." 그는 말했다. "5마일이나 걸어야 하니까 말이다. 스칼렛, 너 나에게 도시락 하나 싸주지 않겠니. 뭐든지 있는 걸로 좋으니까."

멜라니에게 작별 키스를 하고 그는 부엌으로 갔다. 스칼렛은 부엌에서 옥수수 빵 하나와 사과 두어 개를 냅킨에 싸고 있었다.

"헨리 아저씨, 정말, 정말 그렇게 심각한 상태에 놓여 있나요?"

"심각한 상태 그렇지. 멍청하게 있어선 안 된다. 막다른 데까지 와 있어."

"북군은 타라까지 갈까요?"

"뭐라구……." 헨리 시백부는 너도 나도 고통을 당하고 있는 판국에 개인적인 일밖에 생각하지 않는 여자의 좁은 소견에 화가 났으나 그녀의 겁에 질린 슬픈 얼굴을 보자 곧 말을 부드럽게 하였다.

"물론 거기까진 안 간다. 타라는 철도에서 5마일이나 떨어져 있고, 또 양키는 철도만 뺏으면 그만이니까. 걱정할 것 없다." 그리고 그는 갑자기 무뚝뚝하게 말했다. "오늘 밤은 단지 너희들과 작별인사나 하려고 이렇게 먼 길을 일부러 온 게 아니다. 사실은 멜라니에게 나쁜 소식이 있어서 말하려 했지만 도저히 말할 수 없구나. 그러니까 네게 말해 둘 테니 나중에 멜라니에게 전해라."

"애쉴리 때문에…… 뭘 들으셨나요…… 그분…… 죽었나요?"

"설마, 참호 속에서 바지 궁둥이까지 흙투성이가 돼 있는 내 처지에 애쉴리의 일 같은 것을 알 까닭이 있니." 노인은 퉁명스럽게 되받았다. "그건 아니야. 그 애 아버지 말이다, 존 윌크스가 전사했다."

스칼렛은 싸다 만 도시락을 손에 든 채 털썩 주저앉고 말았다.

"멜라니에게 말하려고 생각하고 왔는데…… 하지만 난 말을 못하겠다. 네가 좀 말해 다오. 그리고 이걸 전해라."

그는 주머니에서 도장이 달린 무거운 금시계와 오래전에 죽은 윌크스 부인의 조그만 초상과 커다란 커프스 단추를 꺼냈다. 존 윌크스의 손 안에서 몇 천 번이나 보아 온 그 시계를 보자 애쉴리 아버지의 죽음이 강한 실감이 되어 스칼렛에게 엄습하여 왔다. 그녀는 울 수도 소리칠 수도 없을 만큼 정신이 아득해져 버렸다. 헨리 시백부는 우물우물 헛기침을 하면서, 그녀를 똑바로 보지 않았다. 눈물을 보면 너무나 마음이 아플 것 같았기 때문이다.

"용감한 사나이였어, 스칼렛. 멜라니에게 그렇게 말해라. 월크스네 딸들에게도 그렇게 써 보내라고 하고. 사실 그렇게 나이는 먹었지만 군인으로선 아주 훌륭했다. 포탄에 맞았던 거야. 바로 위에서 떨어진 포탄 때문에 말도 큰 상처를 입었다. 다친 말은 내 이 손으로 쏘아죽였지만 불쌍한 놈이었어. 좋은 암말이었는데. 네 손으로 탈레턴 부인에게 그것을 써 보내는 게 좋겠다. 부인은 그 암말을 무척 귀여워하고 있었으니까. 자, 노시락을 싸 나오. 나는 가야 돼. 그렇게 슬퍼하지 마라. 노인이 젊은 사람들이 하는 일을 하다 죽으면 그보다 더 좋은 죽음이 어디 있겠니?"

"하지만 그분은 돌아가시지 말았어야 했어요. 전쟁에 나가시지 말았어야 했어요. 살아 계셔서 손자가 크는 것을 보시고, 평화롭게 침대 위에서 눈을 감았어야 했어요. 아, 그분은 왜 전쟁에 나갔을까요? 남북 분리도 믿지 않고 전쟁을 미워하고, 그리고……."

"우리 중에서도 그렇게 생각하는 사람이 많이 있다. 하지만 그게 무슨 소용이냐?" 헨리 시백부는 화가 난 듯 코를 킁킁 했다. "내가 이 나이를 해가지고 북군 저격병의 총알 과녁이 되는 것을 기뻐하기라도 하는 줄 아느냐? 하지만 지금 같은 때 남자로 달리 취할 길이 없지 않니? 자, 작별의 키스를 해 다오. 그리고 내 걱정일랑 하지 말아라. 이번 전쟁은 무사히 넘길 것 같으니."

스칼렛이 키스하자 시백부는 어두운 계단을 내려갔다. 이윽고 바깥문의 고리가 울리는 소리가 들렸다. 그녀는 잠시 선 채 손 안의 유품을 들여다보았다. 그리고 멜라니에게 전해 주기 위해 계단을 올라갔다.

7월도 다 갈 무렵, 헨리 시백부가 말한 대로 북군이 또다시 존즈버러를 향해 공격하기 시작했다는 좋지 못한 정보가 들어왔다. 북군은 일단 도시의 4마일 전방에서 철도를 차단할 수는 있었지만, 즉시 남군 기병대에 의해 격퇴되었다. 공병부대는 곧 타는 듯한 햇볕 아래 땀투성이가 되어 철도의 복구 공사를 시작했다.

스칼렛은 걱정이 되어 미칠 것 같았다. 사흘을 기다렸다. 그녀는 차츰 공포심에 사로잡혀 갔다. 이윽고 제럴드에게서 조금 마음이 놓이는 편지가 왔다. 적은 타라까지는 가지 않았던 것이다. 전투 소리는 들렸지만, 북군의 모습은 한 사람도 볼 수 없었다고 편지에 씌어 있었다.

제럴드의 편지에는 북군이 철도 부근에서부터 격퇴된 광경이 무척 자랑스런 필치로 씌어 있어, 마치 그 자신이 혼자 적을 해치운 것만 같았다. 그는 장장 석 장에 걸쳐서 아군의 용감함을 적어 나간 다음, 편지 맨 끄트머리에 캐린의 병에 대해 짧게 언급했다. 엘렌의 이야기로는 장티푸스라지만 그리 중태는 아니니까 너무 염려하지 마라, 하지만 철도가 안전해지더라도 지금은 절대로 돌아와선 안 된다, 엘렌은 지금 와서 생각해 보니 포위가 시작되었을 때 스칼렛과 웨이드가 돌아오지 않은 것이 참 잘됐다고 무척 기뻐하고 있다, 엘렌은 캐린의 완쾌를 빌기 위해 스칼렛도 교회에 나가 달라고 말하고 있다, 이런 이야기들이 잇달아 씌어 있었다.

스칼렛의 양심은 이 마지막 문장을 읽자 뜨끔하고 아팠다. 그녀는 벌써 몇 달이나 교회의 문턱을 넘은 일이 없었기 때문이다. 그녀는 처음에는 이 태만을 무서운 죄악이라고 생각하고 있었지만, 지금은 왠지 이전만큼은 교회에서 떨어져 있어도 큰 죄로 생각되지 않았다. 그러나 그녀는 어머니의 말을 좇아 자기 방으로 돌아가 급히 기도를 드렸다. 기도를 끝내고 일어났지만, 이전과 같은 만족스러운 심정은 되지 않았다. 그건 매일 수백만의 기도가 올려지고 있는데도 불구하고 신은 그녀도 남군도 남부 여러 주도 지켜 주지 않는다는 것을 어느 틈엔가 느끼고 있었기 때문이다.

그날 밤 그녀는 제럴드의 편지를 품 안에 간직하고는 바깥 현관에 앉아 있었다. 이따금 가슴에 넣은 편지에 손을 대고 타라와 엘렌을 몸 가까이 느끼고 싶었던 것이다. 객실 창문으로 램프의 불빛이 포도 덩굴이 얽힌 어두운 현관에 기묘한 황금색 그림자를 던져 주고 있었다. 그리고 노란 덩굴장미와 겨우살이 덩굴에서 여러 가지가 뒤섞인 달콤한 향기가 그녀가 있는 곳까지 풍겨 왔다. 아무 소리도 들리지 않는 조용한 밤이었다. 총소리조차 해가 저무는 것과 동시에 그쳐 세계가 어딘지 먼 곳으로 가버린 것만 같았다. 스칼렛은 흔들의자에 흔들리며 앉아 있었지만, 타라에서 온 편지를 읽고부터는 쓸쓸하고 비참한 심정이 되어 있었다. 누군가, 누구라도 좋다. 메리웨더 부인이라도 좋으니까 함께 있어 주었으면 하고 생각하였다. 그러나 메리웨더 부인은 병원에서 야근이고, 미드 부인은 전선에서 돌아온 필을 위하여 축하 파티를 하므로 집에 있다. 그리고 멜라니는 잠이 들어 있는 것이다. 누군가 뜻하지 않은 사람이 찾아올 것 같지도 않았다. 걸을 수 있는 남자는 모두 참호를 지키든가 존즈버러 부근의 북군을 물리치기 위해 쓸어가 버렸으므로, 이 일주일 동안 아무도 찾아온 사람이 없었던 것이다.

오늘 밤처럼 혼자 있는 일은 좀처럼 없었다. 그리고 그녀는 혼자 있고 싶지 않았다. 혼자 있으면 곧질 생각에 짐기게 되는데, 요즘 하는 생각이란 결코 유쾌한 것이 아니었다. 다른 사람들과 마찬가지로 그녀 역시 지나간 과거의 일이며, 죽은 사람에 대해 생각하는 버릇이 몸에 배고 만 것이다.

시내가 이렇게 조용한 오늘 밤 같은 때 그녀는 눈을 감으면 곧장 타라의 평화로운 농장이며 늘 변함없는 생활 따위를 또렷하게 떠올릴 수 있었다.

그러나 그녀도 시골의 생활이 또다시 옛날처럼 되리라곤 생각하지 않았다. 그녀는 붉은 머리 쌍둥이, 톰과 보이드를 비롯해 탈레턴 댁의 네 형제를 생각하자 뜨거운 눈물이 왈칵 치밀어올랐다. 어쩌면 스튜어트나 브랜트 가운데 누구 하나가 그녀의 남편이 됐을지도 모르는데, 그러나 이제는 전쟁이 끝나고 타라에 돌아가 살더라도 옛날처럼 삼나무 가로수길로 말을 달리며 기운차게 외치는 그들의 목소리를 들을 수 없다. 그리고 저 댄스에 능숙했던 레이포드 캘버트도 다시는 그녀를 파트너로 뽑아 주지 않을 것이다. 그리고 먼로네 청년들이나 몸집 작은 조 폰테인이나, 그리고……

"오, 애쉴리!" 그녀는 두 손에 얼굴을 파묻으며 흐느껴 울었다. "당신이 안 계시게 되다니 전 도저히 믿어지지 않아요!"

바깥문에서 소리가 났다. 그녀는 고개를 번쩍 쳐들고 황급히 젖은 눈을 비볐다. 일어나 보니 레트 버틀러가 테 넓은 파나마 모자를 손에 들고 걸어왔다. 파이브 포인트에서 화가 나 마차에서 내린 뒤 그를 만나는 것은 이것이 처음이다. 그때 그녀는 두 번 다시 그를 보고 싶지 않다고 말했다. 그러나 그녀는 지금 무척 말동무가 필요하였다. 그녀의 마음에서 애쉴리의 생각을 쫓아 버려 줄 사람이 필요하였다. 그는 그때 일 같은 것은 잊어버리고 있는 건가, 아니면 잊어버린 척하는 건가, 그날의 일은 입 밖에도 내지 않고 시치미를 뗀 채 계단의 제일 위 그녀의 발아래 앉았다.

"메이컨으로 피란하지 않으셨군요. 피티 씨가 갔다고 해서 나는 당신도 물론

같이 간 걸로 알고 있었는데요. 그래서 여기 불이 켜져 있는 것을 보고 누군가 하고 들러 봤습니다. 왜 남으셨죠?”

“멜라니하고 같이 있으려고요. 아실 테죠, 그 사람……. 저, 지금 피란할 수 없어요.”

“이건 놀랐는데.” 그는 말했다. 얼굴을 찌푸리고 있는 것이 램프 불빛 속에 보였다. “설마 윌크스 부인이 아직 이런 곳에 있겠다고 하진 않았겠죠. 그런 바보 같은 소리는 들은 일도 없어요. 그런 상태로 여기 계시는 것은 정말 위험하니까요.”

스칼렛은 난처해서 대답하지 못했다. 멜라니의 몸은 남자와 토론할 이야깃 거리가 될 수 없었기 때문이다. 게다가 멜라니의 상태가 위험하다고 레트에게 알릴 수도 없어 그것이 또 스칼렛을 난처하게 만들었다. 그런 일을 독신 남자 에게 알리다니 별로 칭찬할 일이 아니기 때문이다.

“저도 역시 위험한 처지에 있는데, 조금도 생각해 주시지 않다니 너무하시군 요.” 그녀는 날카롭게 말했다.

그의 눈에 놀라는 듯한 빛이 퍼뜩 지나갔다.

“당신 대 북군이라면 난 언제든지 당신 편에 내기를 걸겠소.”

“아첨이에요, 뭐예요?” 그녀는 모호하게 물었다.

“아첨이 아니지요.” 그는 대답했다. “당신은 언제가 돼야 남자의 사소한 말 속 에서도 칭찬을 찾아 내려는 그 버릇을 고치겠소?”

“당장 죽게 되는 마당에는 고쳐지겠죠.” 대답하고 그녀는, 레트는 제쳐놓고 언제든지 그녀에게 칭찬을 보내는 남자가 있다는 생각을 하고 자기도 모르게 미소지었다.

“허영, 허영.” 그는 말했다. “하지만 최소한 당신은 그 점만은 솔직해.”

레트는 시가 케이스를 열고서 검은 잎담배를 꺼내 잠시 코끝으로 가져갔다. 그리고 성냥을 켜 불을 붙이고 무릎을 안으면서 기둥에 기대 잠시 묵묵히 담 배를 피우고 있었다. 스칼렛은 다시 의자를 흔들기 시작했다. 더운 밤의 적막한 어둠이 둘의 주위를 에워싸고 있었다. 장미덩굴이며 겨우살이덩굴에 집을 짓 는 앵무새가 별안간 잠을 깨어 조심스럽게 매끄러운 목소리로 한 번 울었다. 그 러고는 울 때가 아니라고 생각하기나 한 듯 다시 고요 속으로 돌아갔다.

현관 그늘에서 레트가 갑자기 나직하고 조용한 목소리로 웃었다.

"그래서 윌크스 부인하고 함께 남아 있는 거군요. 난 지금까지 이렇게 우스운 일은 본 일이 없습니다."

"전 조금도 우습다고 생각하지 않아요." 그녀는 불쾌한 듯 조심스럽게 대답했다.

"그래요? 그렇다면 당신은 비개인적이고 객관적인 견해를 가지고 있지 않다는 게 됩니다. 지금까지 내가 받은 인상으로는 당신은 윌그스 부인히고는 아무래도 맞지 않아요. 그 사람을 어리석은 멍청이라고 생각하고 있고, 그 사람의 애국적인 사상에 애를 먹고 있을 겁니다. 당신은 지금까지 조그만 일에도 그 사람을 헐뜯으려고 생각하지 않은 때가 없어요. 그렇다면, 어차피 당신이 이런 자기를 돌보지 않는 일을 선택하고 이 포탄이 날아오는 가운데 그녀와 함께 남아 있다는 것은 아무래도 이상하게 생각되지 않소. 그럼 묻겠는데, 왜 그런 일을 하셨소?"

"왜냐하면 그 사람은 찰스의 누이동생이에요. 그러니까 내 동생이나 마찬가지예요." 그녀는 될 수 있는 대로 위엄을 가지고 대답했지만 얼굴이 화끈해짐을 느꼈다.

"당신의 말뜻은 그게 아니라 애쉴리 윌크스의 미망인이기 때문이라는 거겠죠."

스칼렛은 노여움을 누르면서 벌떡 일어났다.

"나는 당신의 전번 무례를 용서해 드릴 작정이었어요. 하지만 지금은 그것도 용서할 수 없어요. 아까 그렇게 쓸쓸하지만 않았더라면 당신을 이 현관에도 못 오게 했을 거예요. 그리고……"

"자, 앉아서 화를 푸세요." 그는 말했지만 그 목소리는 아까와는 투가 달랐다. 그는 가까이 다가와서 손을 잡고, 그녀를 의자에 끌어 앉혔다. "그런데 왜 그렇게 쓸쓸했습니까?"

"오늘 타라에서 편지가 왔어요. 북군이 바로 근처까지 와 있고…… 게다가 막내 동생이 장티푸스를 앓고 있대요. 그리고…… 그리고…… 설사 내가 돌아올 수 있다 하더라도, 전염되면 안 되니까 돌아오지 말라고 어머니가 말했어요. 아아, 난 가고 싶어 죽겠어요……"

"그런 일로 울 것까진 없습니다." 그는 말했으나 그 목소리는 한층 부드러워졌다. "북군이 밀려와도 이 애틀랜타가 타라보다 훨씬 안전해요. 북군은 아무렇게도 하지 않지만 장티푸스는 무서우니까요."

"북군이 아무렇게도 안 한다고요! 어머, 그런 거짓말을 어떻게 하세요?"

"가엾은 아가씨, 북군은 악마도 귀신도 아니오. 당신은 어떻게 생각하고 있을지 모르지만, 뿔도 발굽도 가지고 있지 않소. 남부 사람과 똑같아요. 물론 예의는 없고 말소리도 상스럽긴 하지만."

"하지만 북군은 저……."

"당신에게 함부로 굴 거라는 거죠? 그런 일은 없을 거라고 생각합니다. 물론 그들은 함부로 굴고 싶기는 하겠지만."

"그런 망측한 이야기를 하면 전 집에 들어 가겠어요." 하고 그녀는 어두운 그림자 때문에 얼굴이 빨개진 것이 보이지 않는 것에 안심하며 말했다.

"숨겨도 소용 없어요. 그런 거 생각하고 있었지요?"

"어머나! 절대로 아니에요."

"아니, 확실히 그렇소. 마음을 속속들이 들여다보았다고 나한테 화를 내봤자 소용 없는 일이오. 이건 고상하게 자라난 순결한 마음씨의 남부 부인들 모두가 똑같이 하는 생각이니까. 그녀들은 줄곧 그것만 염두에 두고 있소. 내기를 해도 좋지만, 메리웨더 부인 같은 늙은 마나님도……."

스칼렛은 아무 말 없이 침을 삼켰다. 힘든 요즘에는 기혼 부인들이 모이기만 하면 으레 이 근방에서는 별로 그렇지 않지만 버지니아나 테네시나 루이지애나 같은 데선 늘 그런 사건이 일어나고 있다고 쑤군대던 것을 기억해냈던 것이다. 북군은 부인에게 욕을 보이고 아이들의 배에 총검을 찔러 대고 노인을 안에 가두어 둔 채 집을 불질러 버린다는 것이다. 비록 길거리에 나서서 외치지는 않지만 누구나 그것이 사실이라고 생각하고 있었다. 만일 레트가 세상 사람이 흔히 가지는 체면을 가지고 있다면, 그것을 진실이라고 인정해야만 할 것이다. 그리고 굳이 그런 얘기를 할 필요는 없는 것이다. 적어도 픽픽 웃으면서 그럴 일은 아닌 것이다.

그녀는 그가 입속으로 킥킥 웃는 것을 들었다. 때때로 레트라는 인간이 참으로 싫은 남자로 여겨지는 일이 있었다. 사실 대체적으로 싫은 남자였다. 여자가 무엇을 생각하고 무엇을 이야기하고 있는지 남자에게 알려지는 것은 무서운 일이다. 여자에게는 마치 벌거숭이가 되는 것과 같은 것이다. 게다가 남자가 양갓집 부인한테서 그런 것을 얻어 들었을 턱이 없다. 레트가 자기 마음까지 꿰뚫어 보았다고 생각하자 그녀는 무척 화가 치밀었다. 그녀는 남자들이 자기를 신비한 것으로 믿길 바랐다. 그런데 이 레트라는 사나이는 자기를 마치 유리처럼 투명한 걸로 생각하고 있는 것이다.

"이런 문제를 이야기하고 있으면" 그는 계속하였다. "걱정이 되는 것은 이 집에 보호자라든가 감독자가 있는지 그게 문제요. 저 탄복할 만한 메리웨더 부인이나 미드 부인이 돌봐 주시는 겁니까? 그 사람들은 언제나, 너는 뭔가 엉큼한 목적으로 여기에 오는 거지, 다 알고 있어, 하는 표정으로 날 보고 있어요."

"미드 부인이 밤이 되면 언제나 와 주시기는 하지만" 스칼렛은 화제가 바뀐 것을 기뻐했다. "오늘 밤은 못 오실 거예요. 아들 필이 돌아왔거든요."

"그건 다행이군." 그는 부드럽게 말했다. "당신 혼자 있을 때 올 수 있어서."

그 목소리에는 뭔가가 숨어 있는 것처럼 생각되었다. 그래서 그 말을 듣자 그녀의 가슴은 기쁘게 울렁거리고 얼굴이 달아오르는 것을 느꼈다. 그녀는 지금까지 많은 남자의 목소리에서 그런 투를 들은 일이 있었으므로 그것이 사랑을 고백하는 전조라는 것을 금세 알았다. 오, 일이 얼마나 재미있게 돼 가는가. 만일 레트가 조금이라도 사랑을 속삭이기만 하면 애를 먹이고 속을 태우게 해서 이삼 년 동안 줄곧 자기에게 마구 함부로 해온 그 얄미운 말의 보복을 해 주는 거다. 다가오는 이 사나이의 구애의 손길을 가볍게 뿌리쳐 애쉴리와의 부끄러운 장면을 들킨 그날의 치가 떨리는 굴욕의 보상을 해주는 거다. 그리고 마지막으로, 나는 당신의 누이동생으로서밖에 교제할 수 없다고 다정하게 말하고, 승리의 영광에 넘쳐 이 싸움의 창을 거두어 들이는 것이다. 그녀는 이 즐거운 상상 때문에 신경질적으로 웃었다.

"웃으면 안 됩니다." 말하면서 그는 그녀의 손을 잡고 뒤집어 손바닥에 입술을 댔다. 따뜻한 그의 입술이 스치자 뭔가 활력에 넘친 전기 같은 것이 그에게서 전해와 그녀의 온몸을 오싹하도록 훑고 지나갔다. 이윽고 그의 입술이 조용히 손목 있는 데까지 왔으나, 그녀는 높아진 심장의 고동을 손목의 맥박으로 알까봐 재빨리 손을 빼려고 하였다. 하지만 아, 그럴 셈은 아니었는데…… 그의 머리카락을 쓰다듬어 주고 싶고, 그의 입술이 자기의 입술을 더듬기를 기다리는, 자기를 배반한 이 감정의 파도는 대체 어떻게 된 것인가.

자신은 그를 사랑하고 있지 않다고 그녀는 혼란스런 마음으로 스스로에게 속삭였다. 그녀는 애쉴리를 사랑하고 있는 것이다. 하지만 손이 떨리고 명치 언저리가 싸늘해지는 이 감정은 대체 어떻게 설명하면 좋은가.

그는 조용히 웃었다.

"손을 뺄 필요는 없소. 당신을 어떻게 하진 않을 테니까."

"나를 어떻게 한다고요? 난 당신을…… 레트 버틀러, 당신을…… 아니, 당신뿐만 아니라 어떤 누구라도 그게 인간인 이상 아무도 무섭지 않아요."

그녀는 격하게 소리쳤다. 손만이 아니라 목소리까지 떨리는 것을 짜증스럽게 생각하면서.

"칭찬할 만한 감정이오. 하지만 좀더 목소리를 낮출 수 없을까요? 윌크스 부인에게 들립니다. 그리고 제발 좀더 침착했으면 좋겠소." 그의 말은 그녀의 혼란을 재미있어 하고 있는 것처럼 들렸다. "스칼렛, 당신은 나를 좋아하고 있죠, 그렇지 않소?"

이것은 그녀의 예상 밖이었다.

"글쎄요, 때로는." 그녀는 조심스럽게 대답했다. "당신이 부랑자 같은 짓을 하지 않을 때는……."

그는 다시 웃고 그녀의 손바닥을 자기의 팽팽한 볼로 가져갔다.

"나는 내가 부랑자이기 때문에 당신이 나를 좋아하는 걸로 알고 있었는데요. 당신은 지금까지 세상을 모르고 자랐기 때문에 극악무도한 부랑자라는 것을 도무지 모르고 있소. 그러니까 나 같은 악당을 보면 오히려 야릇한 매력을 느끼는 거요."

이것은 그녀가 기대하고 있던 이야기와는 방향이 달랐다. 그녀는 다시 손을 빼려고 했지만, 그는 놓지 않았다.

"그런 일 없어요! 나는 고상한 사람이 좋아요. 언제라도 신사로 믿을 수 있는 사람이."

"그건 언제든지 당신 쪽이 우월한 입장에 설 수 있는 남자란 뜻이겠죠. 하지만 그런 건 나와 당신의 정의가 다를 뿐 아무래도 좋습니다."

　그는 그녀의 손바닥에다 또다시 키스했다. 그녀는 흥분 때문에 목덜미의 피부가 다시금 짜릿해지는 것을 느꼈다.

　"어쨌든 당신은 내가 좋은 거요. 하지만 당신이 나를 사랑할 수 있을까, 스칼렛?"

　'아, 드디어 그를 손에 넣을 수가 있게 되었다.' 그녀는 우쭐해서 생각했다. 그리고 일부러 쌀쌀한 투로 대답했다. "아마 못할 거예요. 그건…… 당신이 태도를 어지간히 바꾸지 않는 한 어려울 거예요."

　"그런데 나는 조금도 태도를 바꿀 생각은 없소. 그렇다면 당신은 나를 사랑할 수가 없다는 뜻이 되겠군. 아니 뭐, 바라는 바요. 왜냐하면 나도 당신이 아주 좋기는 하지만, 사랑하고 있지는 않으니까. 보답받지 못할 사랑의 슬픔을 두 번씩이나 받는다는 것은 당신에게는 그야말로 비극이오. 그렇지 않소, '친애하는' 해밀턴 부인. 하지만 '친애하는' 해밀턴 부인이라고 불러도 괜찮을까요. 하긴 당신이 뭐라고 하시든, 내가 '친애하는'이라고 부르는 데는 변함이 없을 테니 새삼스레 물을 것도 없지만, 예의는 예의니까 말입니다."

　"그럼 당신은 저를 사랑하고 계시지 않는군요."

　"유감스럽지만, 옳은 말씀. 아니면 사랑하는 편이 좋았을까요?"

　"실례되는 말은 삼가해 주세요."

　"당신은 내가 사랑해 주기를 바라고 있었소! 그러나 슬프도다, 덧없는 그 희망이여! 당신은 아름답소. 게다가 쓸모도 없는 일에 많은 재능을 가지고 있소. 그러니까 나도 당신을 사랑해야 마땅한 것이오. 그런데 아름답고 재능이 있으며, 당신만큼이나 소용이 없는 여성은 얼마든지 있소. 그러니까 나는 당신을 사랑하고 있지 않소. 그러나 몹시 좋아하는 건 사실이오. 융통성 있는 양심, 숨길 번거로움조차 내던진 이기주의, 별로 멀지 않은 아일랜드 농사꾼 조상에게서 이어받은 재빠른 현실성 따위, 그게 좋소."

　농사꾼! 그는 그녀를 모욕하고 있는 것이다. 그녀는 말을 하지 못하고 식식거리기 시작했다.

　"잠깐 가만히 있어요." 그는 그녀의 손을 꽉 쥐며 말했다. "다시 말해서 내 내부에도 당신과 똑같은 성질이 있기 때문에 그래서 당신이 좋은 것이오. 동류는 동류끼리라지 않소. 당신이 아직, 저 신과 같고 어리석은, 그리고 아마도 무덤에 들어간 지 이미 여섯 달이나 되었을 윌크스 씨의 추억을 마음속에 지니고 있다는 것은 나도 알고 있소. 하지만 당신의 마음에는 아직 나를 받아 들일 만한 구석은 남아 있을 것 같소. 스칼렛, 그렇게 몸을 버둥거릴 필요는 없어요. 나는 당신에게 고백하고 있는 거요. 나는 당신이 저 가엾은 찰스 해밀턴을 홀리고 있었던 트웰브 오크스의 서재에서 단 한 번 봤을 때부터 당신을 원하고 있었던 거요. 어떤 여자를 원한 것보다도 강하게 당신을 원하고…… 어떤 여자를 기다린 것보다도 참을성 있게 당신을 기다리고 있었소.”

마지막 말을 듣자 그녀는 놀라움으로 숨이 콱 막히는 것 같았다. 그녀를 이러니저러니 모독했지만, 역시 그녀를 그토록 사랑하고 있는 것이다. 단지 여느 때와는 달리 내가 웃지는 않을까 그것을 겁내어 솔직하게 말하지 못할 뿐이다. 좋아, 그렇다면 맛을 보여 줘야지.

“그럼 저보고 결혼해 달라는 말씀인가요?”

그녀의 손을 놓았더니 그녀가 놀라서 의자에 몸을 움츠릴 만큼 큰 소리로 웃기 시작하였다.

“웃기지 마십시오! 그런 일은 있을 수 없어요. 나는 결혼을 할 만한 남자가 아니라고 전에도 말했을 텐데요.”

“하지만…… 하지만…… 그럼 어째서…….”

그는 일어나 가슴에 손을 대고 광대처럼 정중하게 허리를 굽혀 인사했다.

“그대여.” 그는 낮은 목소리로 말했다. “당신의 지능에 경의를 표하오. 나는 우선 당신을 유혹하는 일 따위를 하지 않고도 내 정부가 되어 줄 수 있는지 묻고 있는 거요.”

‘정부!’

그녀는 마음속으로 외쳤다. 더럽게 모욕당했다고 고함을 쳤다. 그러나 그 처음 놀란 순간에는 조금도 모욕을 받았다고 느끼지 않았다. 단지 그가 자기를 그런 못난 여자로 여기고 있다고 생각하자 그것에 대해 분노가 치밀어 오르는 것을 느꼈다. 그녀가 예상했던 청혼이 아니라 이따위 수작을 걸어오다니, 그는 틀림없이 그녀를 바보라고 생각하고 있다. 노여움과 상처받은 허영심, 그리고 실망으로 그녀의 마음은 부글부글 끓어올랐다. 그리고 그를 비난할 높은 도덕적 근거를 미처 생각하기도 전에 그녀는 벌써 입에 오른 첫말을 외쳐 대고 있었다.

"정부라뇨! 정부라니, 사생아를 낳는 것 말고는 아무것도 못하는 그따위가 어쨌다는 거예요?"

그녀는 자기가 한 말을 깨닫자 오싹 소름이 끼쳐 입을 다물었다. 손수건을 입에 대고 벙어리처럼 묵묵히 앉아 있는 그녀의 모습을 어둠 속에서 살피듯 들여다보며 그는 숨이 넘어갈 듯 웃었다.

"이래서 나는 낭신이 좋은 서요. 당신은 내가 알고 있는 한 유일하게 솔직한 부인이오. 죄악이니 도덕이니 입에 올려 문제를 얼버무리지 않고 사물의 실제적인 면만을 볼 수 있는 오직 하나뿐인 여인이오. 이것이 만일 다른 부인들이었다면 우선 먼저 기절해 놓고 나서 나에게 돌아가라고 문을 가리켰을 거요."

스칼렛은 자기도 모르게 벌떡 일어났다. 얼굴은 부끄러움으로 새빨개졌다. 어째서 그런 말을 하고 말았을까. 엘렌의 딸이고 엘렌의 교육을 받은 그녀가 태연히 앉아서 그따위 천박한 말에 귀를 기울이고 게다가 그따위 수치스런 대답을 하다니, 정말이지 무슨 창피람. 그녀는 그때 비명을 올렸어야 했다. 까무러쳤어야 했다. 말을 하지 않고 쌀쌀한 태도로 현관에서 떠났어야만 했다. 하지만 지금은 이미 너무 늦었다.

"저도 돌아가라고 말하겠어요!" 그녀는 멜라니나 이웃 미드 댁에 들리는 것도 상관하지 않고 큰 소리로 외쳤다. "나가 주세요! 어떻게 감히 그런 말을 내게 하실 수 있어요! 당신에게 그런 생각을 품게 할 만한 짓을…… 내가 했다는 말인가요? 나가 주세요! 그리고 두 번 다시 오지 마세요. 이번에야말로 똑똑히 말해 두겠어요. 내가 또 용서할지도 모른다는 생각을 하고 핀이나 리본 따위 보따리를 갖고 오셔도 이젠 소용 없어요. 난…… 난 아버지에게 이르겠어요. 그러면 아버지가 당신을 죽일 거예요!"

그는 모자를 집어들고 머리를 숙였다. 그가 콧수염 밑으로 흰 이를 드러내고 웃는 것이 램프 불빛에 보였다. 그는 부끄러워하는 기색도 없었다. 그녀의 말을 재미있어 하고 있는 것이다. 그리고 그녀를 몹시 흥미롭게 바라보고 있는 것이다.

오, 얼마나 가증스런 남자인가! 그녀는 휙 몸을 돌려 집 안으로 들어갔다. 그리고 문 손잡이를 잡고 힘차게 닫으려 했지만 문을 열어 두기 위해 달아 논 고리가 빡빡하여 좀처럼 닫히질 않았다. 그녀는 숨을 헐떡이며 그것을 벗기려고 짜증을 내며 애썼다.

"도와 드릴까요?" 그가 물었다.

더 이상 여기에 있으면 심장이 터질 것 같아 그녀는 재빨리 계단을 뛰어올라 갔다. 그리고 2층까지 왔을 때 그가 그녀를 대신해 친절하게도 문을 닫아 주는 소리를 들었다.

20

무덥고 시끄러운 날들로 가득 찼던 8월도 끝이 가까워졌을 무렵 돌연 포성이 딱 그쳤다. 시가를 둘러싼 정적은 무시무시하기조차 했다. 이웃 사람들은 거리에 모여 대체 무슨 일이냐고 서로 불안스러운 눈을 마주 보았다. 끊임없는 소음 뒤에 찾아온 이 정적은 사람들의 긴장된 신경을 늦춰 주지 않고 오히려 더 강화시켰다고 해도 과언이 아니었다. 누구도 어째서 북군 포병대가 포성을 그쳤는지 알고 있는 사람은 없었다.

남군의 동정에 대해서도 약간 남아 있는 철도 선로를 지키기 위해 시 주위 참호에서 철수한 아군의 대부대가 남쪽으로 갔다는 것이 알려져 있을 뿐이었다. 실제로 전쟁이 벌어지고 있다면 그것이 어디서 벌어지고 있는지 그리고 그 전황은 어떻게 되는지 누구 한 사람 알고 있는 사람이 없었다.

요즈음엔 사람의 입에서 입으로 옮겨지는 정보 말고는 아무것도 들을 수가 없었다. 종이의 부족, 잉크의 부족, 종업원의 부족으로 포위된 뒤에는 신문의 발행이 멈춰 있었으므로 어딘가에서 괴이한 소문이 나타나면 곧 그것이 온 시에 퍼지는 것이었다. 지금도 이 불안스런 정적이 찾아오자 사람들은 정보를 알고 싶어서 훗 장군의 사령부로 몰려가거나 전신국이나 정거장으로 몰려갔다. 누구나 전승의 정보를 듣고 싶어 하고 있었다. 누구나 적 셔먼 군의 침묵은 북군의 전면적인 후퇴를 뜻하고 남군이 적을 돌턴 도로 쪽으로 추격하는 중이기를 희망하고 있었다. 그러나 아무런 정보도 들어오지 않았다. 전선은 침묵하고 있었으며 단 하나 남은 남쪽에서 오는 기차도 오지 않고 우편도 끊겨 있었다.

가을은 숨막힐 듯한 먼지 많은 더위를 몰아오고, 갑자기 흐릿해진 시가지를 질식시킬 듯 살그머니 다가와 지칠 대로 지친 불안한 인심에 바싹 메말라 허덕이는 듯한 중압감을 주었다. 타라에서 오는 소식을 안타깝게 기다리면서도 스칼렛은 여전히 용감한 듯한 얼굴을 하고 있어야만 했다. 포위가 시작된 이래 영겁의 세월이 지나가 버린 듯이 느껴져 지금 이 기분 나쁜 정적에 싸이자 마치 이제까지 늘 대포 소리 속에서 살아온 것만 같이 생각되었다. 그렇긴 하지만 포위전이 시작된 이래 아직 30일밖에 지나지 않았다. 포위된 30일, 온 도시는 붉은 황토색 참호로 둘러싸이고, 쉴 새 없는 단조로운 포성이 울리고, 먼지가 이는 도로에 핏방울을 흘리며 병원으로 달려가는 부상병 운반차나 소날구지의 긴 행렬이 이어지고, 과로로 지친 매장반은 아직도 체온이 남아 있는 시체를 운반해 좁고 길다란 구덩이 속에, 마치 한없이 늘어놓은 통나무 줄처럼 나란히 눕혀 묻었다. 그것이 불과 30일 동안에 일어난 모든 것이다!

　게다가 북군이 돌턴으로 남하하기 시작한 것은 이제 겨우 넉 달이었다. 겨우 넉 달! 지나간 세월을 돌이켜 보면, 스칼렛은 그것이 마치 머나먼 과거처럼 생각되고 전혀 다른 세계의 일처럼 생각되었다. 아니야, 아니야, 겨우 넉 달일 리가 없어. 한평생처럼 긴 세월이었어.

　넉 달 전! 넉 달 전에는 돌턴이니 레사카니 케네소 산은 그녀에게 단지 철도 언저리의 고장 이름에 지나지 않았다. 그게 지금은 존스턴 장군이 고생하며 싸운 보람도 없이 애틀랜타로 후퇴해 온 그 도중의 고난을 나타내는 싸움터의 이름으로 바뀌었다. 그리고 피치트리 강이며 디케이터며 에즈라 처치며 유토이 강 같은 것도 이젠 즐거운 고장의 이름이 아니었다. 그녀는 이제 그런 곳들을 그녀를 기꺼이 맞아 주는 사람들이 사는 마을로 생각할 수 없게 되었다. 그리고 잘생긴 장교들과 유유히 흐르는 냇물가의 초록빛 풀밭에서 피크닉을 한 장소로 생각할 수도 없게 되었다. 그런 지명도 싸움터를 뜻하는 게 되었고, 일찍이 그녀가 앉았던 부드러운 초록빛 풀밭은 무거운 포차에 짓이겨지고 총칼과 총칼이 부딪치는 광란의 발길에 짓밟히고 단말마의 고통에 몸부림치는 병사의 육체에 깔려서 뭉개지고 만 것이다…… 그리고 부드러운 냇물의 흐름은 조지아의 붉은 흙으로 물들여진 것보다도 더욱 붉게 물들고 말았다. 피치트리 강의 물은 북군이 건넌 다음 새빨개졌다고 한다. 피치트리 강, 디케이터, 에즈라 처치, 유토이 강. 아, 이제 그것들은 옛날 그대로의 고장 이름이 아니다. 그곳은 아는 사람들이 파묻힌 묘지의 이름이고 매장도 안 된 시체가 썩어 없어지는 무성한 숲의 덤불 그늘이고, 적장 셔먼이 휘하 군대를 돌격시키고, 훗 장군의 군대가 완강하게 그것을 격퇴한 애틀랜타 주변의 싸움터의 이름인 것이다.

이윽고 잔뜩 긴장한 시내에 남쪽으로부터 정보가 들어왔다. 그건 사람들에게, 특히 스칼렛에게는 그야말로 청천벽력과 같은 정보였다.

적장 셔먼은 시의 남은 마지막 네 번째 측면을 틀어막기 위해 또다시 존즈버러에서 철도를 차단하려 하고 있다는 것이었다. 그 네 번째 측면에 모인 북군은 대부대인데, 작은 전투를 목적으로 한 소부대도 기병의 파견대도 아니고, 그야말로 적의 주력이었다. 이리하여 몇 천이라는 남군 부대는 이 적과 맞서기 위해 시의 부근인 참호에서 철수하여 이동해 갔다. 이것이 저 느닷없이 생긴 침묵의 이유인 것이다.

'어째서 적은 언제나 존즈버러를 공격하는 것일까?' 스칼렛은 존즈버러가 타라에서 가깝다는 생각에 공포로 가슴을 떨며 생각했다. '철도를 공격하더라도 왜 다른 곳에서 하지 않을까?'

일주일 동안 그녀는 타라의 소식을 듣지 못했다. 게다가 요전번 제럴드의 짧은 편지에 씌어 있던 것을 생각하자 한층 공포가 더해 갔다. 캐린의 병은 훨씬 악화됐다고 한다. 우편이 개통되는 것은 언제가 될는지 모른다. 캐린이 죽었는지 살았는지 알기도 전에 며칠이 지나가고 말겠지. 아, 멜라니 같은 것은 팽개쳐 두고 포위전이 시작될 때 돌아갈 것을 잘못했다.

존즈버러에서 전투가 벌어지고 있다. 그것만은 애틀랜타에서도 알고 있었지만, 전황이 어떻게 되어 있는진 아무도 모른 채 유언비어가 마구 시중에 나돌았다. 간신히 존즈버러에서 연락병이 와 북군이 격퇴되었다는 정보를 전했다. 그러나 적은 존즈버러에 침입했다가 후퇴할 때 정거장을 불지르고 전선을 끊고 3마일에 걸쳐 철도 선로를 파괴하고 갔다는 것이다. 공병대가 미친 듯이 수리를 시작했지만, 적은 침목을 쌓아 그것을 불태우고 비틀어 뽑은 레일을 그 불에 새빨개질 때까지 달구어 그것을 전봇대에 감아 커다란 코르크마개 뽑기처럼 꼬아 놓고 갔으므로 수리 공사는 좀처럼 진전이 되지 않고 있다고 했다. 요즈음은 새 철제품이 부족하므로 쇠 레일로 바꾸기도 매우 곤란했다. 그러나 적은 타라까지는 가지 않았다. 훗 장군으로부터 급보를 가지고 온 그 연락병에게서 스칼렛은 그것을 확인했다. 전투가 끝난 다음 연락병이 때마침 애틀랜타로 출발하려고 했을 때 존즈버러에서 제럴드와 만나 그녀에게 보내는 편지를 부탁받고 왔던 것이다.

그러나 아버지는 존즈버러에서 대체 무엇을 하고 계신 것일까. 젊은 연락병은 그 말에 대답하려 할 때 약간 난처한 표정을 지었다. 제럴드는 타라에 함께 가줄 군의를 찾으러 와 있었다고 한다.

햇볕이 내리쬐는 바깥 현관에 서서 그 젊은 연락병에게 고맙다는 말을 하면서 스칼렛은 무릎이 무너져 내리는 것 같았다. 엘렌의 치료만으론 견딜 수 없게 되어 제럴드가 의사를 찾고 있다면 캐린은 거의 죽어가고 있는 게 틀림없다. 연락병이 붉은 먼지를 작게 일으키면서 가 버리자 스칼렛은 떨리는 손가락으로 제럴드의 편지를 뜯었다. 남부의 종이 사정은 이미 극도로 좋지 않았으므로 제럴드의 편지는 전번 그녀가 보낸 편지의 글줄 사이에 씌어 있어 몹시 읽기가 어려웠다.

'사랑하는 딸아, 네 어머니도 두 동생도 장티푸스에 걸렸다. 세 사람 모두 병세는 매우 나쁘지만, 우리는 완쾌할 희망을 버리지 않고 있다. 네 어머니는 몸져 누웠을 때 어떤 일이 있더라도 스칼렛과 웨이드가 타라에 와서 이 병과 가까이해서는 안 된다고 나에게 편지로 알려 주라고 말했다. 그리고 너에게 사랑을 보낸다고, 또 어머니를 위해 기도해 주기를 바란다고 당부했다.'

'어머니를 위해서 기도해야지!' 스칼렛은 계단을 뛰어올라가 자기 방으로 들어가자 침대 옆에 꿇어앉아 일찍이 그래 본 적 없었던 진심으로 기도했다. 형식적인 묵주 기도가 아닌, 다만 몇 번이고 같은 말을 되풀이하여 열심히 빌었다. "성모님, 어머니를 돌아가시지 않게 해 주세요. 어머니만 구해 주신다면 저는 아주 좋은 딸이 되겠어요. 제발 어머니를 돌아가시지 않게 해 주세요!"

그 뒤 일주일 동안 스칼렛은 상처 입은 야수처럼 집 안을 돌아다니며 타라에서 오는 소식을 기다리고 있었다. 말발굽 소리가 날 때마다 깜짝 놀라 뛰어일어났다. 밤에 병사가 문을 두들기면 어두운 계단을 뛰어내려 갔다. 그러나 타라에서는 아무 소식도 없었다. 그녀와 타라 사이에는 겨우 25마일의 먼지투성이 길이 있을 뿐인데, 마치 커다란 대륙이라도 가로놓인 듯이 느껴졌다.

우편은 아직 복구되지 않았다. 남군이 어디에 있는지 북군이 어디로 가고 있는지 전혀 알 수 없었다. 단지 알고 있는 것은 남북 양군의 수천이라고 하는 대부대가 애틀랜타와 존즈버러 사이 어딘가에 있다는 것뿐이었다. 그로부터 일주일이나 지났는데 타라에서는 아무런 소식도 없었다.

스칼렛은 애틀랜타의 병원에서 장티푸스 환자를 많이 보아 왔으므로 이 무서운 병에 일주일이라는 게 무엇을 뜻하고 있는지 잘 알고 있었다. 엘렌까지도 장티푸스에 걸렸다. 그리고 어쩌면 죽어가고 있는지도 모른다. 그런데 스칼렛은 이 애틀랜타에서 임신한 여자를 돌보며 고향과의 사이를 남북 양군에 가로막혀 이러지도 저러지도 못하고 있는 것이다. 엘렌은 병에 걸려 있다. 게다가 어쩌면 죽어가고 있는지도 모른다. 하지만 엘렌이 병에 걸릴 리가 없다. 지금까지 병에 걸린 일이 한 번도 없었다. 엘렌이 죽어가고 있다는 것은 상상할 수도 없다. 만일 그게 사실이라면…… 그것이야말로 스칼렛 생활의 유일한 뿌리가 무너지고 마는 것이다. 누구라도 병을 앓는다. 하지만 엘렌만은 절대로 안 걸린다. 엘렌은 병자를 간호하고 고쳐 주는 임무를 띠고 있다. 병에 걸릴 리가 없다. 스칼렛은 돌아가고 싶었다. 그녀는 공포에 질린 어린아이가 자기가 알고 있는 단 하나의 피란처로 미친 듯이 달아나고 싶어 하는 것 같은 절망적인 희망을 가지고 타라에 돌아가고 싶다고 생각했다. 우리집. 불규칙하게 널려 있는 하얀 집, 창문에 나부끼는 흰 커튼, 꿀벌이 바쁘게 날아다니는 클로버가 우거진 잔디밭, 화단에서 오리나 칠면조를 들기 위해 현관 층계에 걸터앉아 망을 보고 있는 조그마한 흑인 소년, 평화로운 황토밭, 그리고 태양빛에 새하얗게 빛나는 끝없는 목화밭! 오, 우리집!

포위전이 시작되고 모두 피란하던 무렵, 그녀도 타라로 돌아갔다면! 몇 주일씩이나 시간만 헛되이 보내는 동안에 멜라니를 데리고 안전하게 갈 수도 있지 않았을까. '오, 저주스러운 멜라니!' 그녀는 수천 번 생각했다. '멜라니는 왜 피티 시고모하고 같이 메이컨에 가지 않았을까. 나와 같이 있는 것보다는 친척도 있고, 거기야말로 멜라니가 갈 곳이 아닌가. 나하고 그녀는 한 핏줄로 얽힌 것도 아니다. 어째서 나한테만 이렇게 매달리는 것일까. 멜라니가 메이컨에 갔다면 나도 고향의 어머니한테 돌아갈 수 있었으련만, 지금이라도…… 지금이라도 어린애만 남지 않는다면 북군이 있어도 집에 돌아갈 기회는 없지 않다. 훗 장군에게 부탁하면 호위병을 딸려 줄 것이다. 훗 장군은 친절한 사람이니까, 부탁하면 틀림없이 휴전 깃발을 가진 호위병을 붙여서 전선을 통과시켜 줄 것이다. 하지만 나는 어린애가 태어나는 것을 기다리지 않으면 안 된다. 오, 어머니, 어머니! 돌아가시지 마세요! 그런데 아이는 왜 이렇게 태어나지 않는걸까. 그렇다, 오늘 이제부터 미드 박사를 만나 내가 빨리 타라에 돌아갈 수 있도록 어떻게 아이를 빨리 낳게 하는 방법이 없는지 물어 봐야겠다. 미드 선생은 멜라니의 해산은 난산일 거라고 말했다. 오, 만일 멜라니가 죽는다면! 멜라니가 죽는다. 멜라니가 죽는다. 그리고 애쉴리가…… 아니야, 아니야, 그런 생각을 해선 안 돼. 나쁜 생각이야. 하지만 애쉴리는…… 아니야, 아니야, 그런 생각을 해서는 안 돼. 애쉴리는 벌써 죽었는지도 몰라, 하지만 그는 멜라니의 뒤를 돌봐 달라고 나에게 부탁했다. 하지만…… 만일 내가 멜라니의 뒤를 돌봐 주지 않고 멜라니가 죽어 버리고, 그리고 애쉴리가 아직도 살아 있다면…… 아냐, 그런 생각을 해선 안 돼. 그건 죄악이야. 나는 하느님에게 어머니를 죽지 않게 해 주면 착한 딸이 되겠다고 약속하지 않았는가. 아, 빨리 아기만 낳아 준다면. 빨리 이 고장에서 떠날 수만 있다면…… 집에 돌아갈 수 있다면…… 어디라도 좋으니까 이곳에서 떠날 수만 있다면…….'

스칼렛은 전에는 그녀도 사랑했던 이 애틀랜타의 불쾌한 정적을 보자 정말 진절머리가 났다. 애틀랜타는 이미 그녀가 사랑하던 명랑한, 턱없이 명랑한 도시는 아니었다. 포위의 포격이 그친 이래 조용한, 무섭도록 조용한, 마치 전염병이 휩쓸고 간 도시처럼 무서운 고장으로 변하고 말았다. 포탄의 작렬이나 위험이 있는 동안에는 그래도 자극이 있었다. 이어 찾아온 이 정적 속에는 단지 공포가 있을 뿐이었다. 도시는 무엇에 홀린 것 같았다. 공포와 불안 그리고 추억에 홀려 있었다. 사람들의 얼굴은 움츠러들었다. 스칼렛이 본 몇몇의 병사들은 이미 졌다고 정해진 마지막 코스를 억지로 달리는 경주마처럼 지쳐 빠진 표정을 짓고 있었다.

8월 마지막 날이 되어서야 애틀랜타 격전이 있은 이래 처음으로 대격전이 벌어지고 있다는 믿을 만한 정보가 전해졌다. 남쪽 어딘가에서 벌어지고 있다는 것이었다. 전황의 정보를 고대하고 있는 애틀랜타에선 이제 웃거나 농담을 하는 사람도 없었다. 군인이 2주일 전에 깨달은 것을 지금은 모든 사람이 알고 있었다―그건, 애틀랜타는 막다른 데까지 와 있고 메이컨의 철도를 뺏기면 애틀랜타 또한 무너질 수밖에 없다는 사실이었다.

9월 1일 아침, 스칼렛은 숨 막힐 듯한 공포에 쫓겨 눈을 떴다. 그건 어젯밤 잠잘 때까지 쭉 생각해 왔던 공포였다. 잠이 덜 깨어 흐리멍덩한 머리로 그녀는 생각했다. 어젯밤 잘 때까지 걱정한 것이 무엇이었더라? 아 그렇다, 전쟁에 대해서다. 어제 어딘가에서 전쟁이 있었다. 어느 쪽이 이겼을까. 그녀는 벌떡 일어나 앉아 눈을 비볐다. 무거운 마음은 또 어제의 짐을 짊어졌다.

아침이 이른데도 공기는 무거워 한낮의 반짝이는 푸른 하늘과 사정없이 내리쬐는 붉은 태양을 예고하듯 몹시 더웠다. 바깥 길은 호젓하고 조용했다. 마차도 지나가지 않았다. 붉은 먼지를 일으키며 지나가는 군대의 그림자도 없었다. 이웃집 부엌에서 흑인들이 지껄이는 나른한 말소리도 들리지 않고 아침식사 준비를 하는 즐거운 그릇 소리도 들려오지 않았다. 미드 부인과 메리웨더 부인을 빼놓고 이웃 사람들은 모두 메이컨으로 피란을 갔기 때문이다. 그녀는 그 두 집에서도 소리 하나 들을 수 없었다. 한길의 훨씬 저쪽 상점가도 조용하고 상점이나 사무소의 태반은 주인들이 어딘가 시골 쪽에서 총을 들고 있으므로 문에 못질이 돼 있었다.

오늘 아침 정적은 기묘하게도 조용했던 이 일주일 동안의 어느 아침보다도 한결 기분이 나빴다. 그녀는 침대 위에서 언제나 하던 가벼운 체조도 생략하고 벌떡 일어나 이웃 사람의 얼굴이든 무엇이든 용길 얻을 만한 것을 보려고 창가로 걸어갔다. 그러나 한길에는 사람의 그림자 하나 없었다. 나뭇잎은 아직 푸른 빛을 띠고 있긴 했지만, 붉은 먼지를 뒤집어쓰고 바싹 메말라 있었고, 손질도 않고 내버려 둔 앞뜰의 꽃은 가엾게도 말라 비틀어져 있었다.

창가에서 밖을 내다보고 있으려니까 폭풍의 전조인 먼 천둥 같은 무거운 울림이 아득히 들려 왔다. '비가 오려는 걸까' 하고 처음엔 생각했다. 그리고 시골 태생인 그녀는 '하긴, 한줄기 오긴 해야 할거야' 하고 생각했지만, 곧 생각을 고쳤다. '정말 비일까, 아니야! 비가 아니야, 대포야!'

가슴을 두근거리며 그녀는 창문에 바싹 몸을 내밀었다. 그리고 아득한 그 소리를 향해 귀를 기울이고 어느 방향에서 들려오는지 알아보려고 했다. 하지만 그 희미한 울림은 몹시 멀어 잠깐은 알아들을 수가 없었다. '하느님, 마리에타 쪽에서 들려오는 소리이기를 빕니다.' 그녀는 기도했다. '그렇지 않으면 디케이

터나 피치트리 강 쪽에서이기를. 다만 남쪽에서만 아니기를! 절대로 남쪽에서 나는 소리가 아니기를!' 그녀는 창틀을 꽉 잡고 더욱 열심히 귀를 기울였다. 아득한 포성이 조금 커진 것처럼 생각되었다. 게다가 그것은 확실히 남쪽에서 들려오는 것이었다.

남쪽에서 울려오는 포소리! 남쪽에는 존즈버러가 있다. 타라가 있다. 그리고 엘렌이 있다.

북군은 어쩌면 지금 이 순간에 타라에 침입했는지도 모른다. 그녀는 다시 귀를 기울였지만, 귓속에서 피가 윙윙 울려 먼 포 소리를 지워 버렸다. 아니야, 적이 벌써 존즈버러까지 가 있을 리가 없어. 만일 그렇게 멀리까지 적이 가 있다면 포 소리는 좀더 흐릿하게, 좀더 어렴풋이 들릴 거야. 그러나 적어도 존즈버러에서 10마일쯤 되는 곳, 어쩌면 러프 앤 레디의 작은 개척지 근방일지도 몰라. 그러나 존즈버러는 러프 앤 레디에서 10마일밖에 떨어져 있지 않다.

남쪽의 포성, 그것은 애틀랜타 함락에 대한 애도의 종소리인지도 몰랐다. 그러나 어머니의 안부만을 염려하고 있는 스칼렛은 남쪽의 전쟁은 다만 타라에서 가까운 전쟁이라는 것 말고는 아무 의미가 없었다. 그녀는 손을 비틀며 방 안을 서성거리고 있는 동안에 비로소 남군이 질지도 모른다는 것이 여러 가지 뜻을 지니고 있다는 것을 알았다. 그건 수천이라는 셔먼의 군대가 타라에 접근한다는 뜻이 었다. 그렇게 생각하자 창유리를 흔드는 포위군의 포성에도, 식량이나 의복의 부족에도, 끝없이 이어지는 빈사의 부상병 행렬에도 거의 느끼지 않았던 전쟁의 공포가 처음으로 깊이 실감되었다. 셔먼의 군대가 타라에서 불과 수 마일 떨어진 곳까지 밀려와 있다. 그리고 설사 북군이 패한다고 해도 그들은 타라 쪽으로 후퇴할는지 모른다. 병자를 데리고 피란할 수도 없을 것이다.

아, 북군이 있든 말든 자기가 지금 타라에 있다면! 그녀는 맨발로 방 안을 돌아다녔다. 잠옷 자락이 발에 걸렸다. 게다가 서성거리면 서성거릴수록 불길한 예감은 더욱 높아졌다. 그녀는 집으로 돌아가고 싶었다. 어머니 엘렌 옆에 있고 싶었다.

아래층 부엌에서 프리시가 아침식사 준비를 하고 있는지 사기 그릇 소리가 들려 왔다. 그러나 미드 부인이 보내 준 뱃시의 목소리는 들리지 않았다. 이윽고 프리시의 우는 듯한 정정한 목소리가 들려왔다. '힘들게 하는 짐을 나르는 것도 이제 며칠만 참으면 돼요.' 그 노래를 듣자 스칼렛은 이상하게 짜증이 났다. 그 구슬픈 노래의 뜻이 못 견디게 싫었던 것이다. 그녀는 가운을 걸치고 홀에서 뒷계단으로 뛰어나가며 소리쳤다. "프리시, 그 노래 부르지 마!"

무뚝뚝하게 "네, 아씨" 하고 대답하는 목소리가 들려왔다. 그러자 스칼렛은 별안간 자기가 한 일이 부끄러워져 크게 숨을 들이마셨다.

"뱃시는 어디에 있니?"

"모르겠습니다요. 오지 않았습니다요."

스칼렛은 멜라니의 방 앞으로 가서 문을 빠끔히 열고 햇살이 가득 비치는 방 안을 들여다보았다. 멜라니는 잠옷을 입은 채 침대에 누워 있었다. 감은 눈가에는 검은 기미가 끼어 있었고, 하트형 얼굴은 부석부석했으며, 가냘픈 몸이 흉하게 뒤틀려 있었다. 스칼렛은 애쉴리에게 멜라니의 이 모습을 보여줬으면 좋겠다고 심술궂게 생각했다. 임신중인 여자라도 이렇게 추한 꼴은 본 일이 없었다. 스칼렛이 들여다보자 멜라니는 눈을 뜨고 부드러운 미소를 띠었다.

"들어오세요." 그녀는 겨우 몸을 돌려 누우며 말했다. "난 날이 새면서부터 쭉 깨어 있었어요. 그리고 말이죠, 생각했어요. 스칼렛, 나 언니에게 부탁할 말이 있어요."

스칼렛은 방 안으로 들어가 뜨거운 햇볕이 무자비하게 내리비치는 침대에 걸터앉았다. 멜라니는 손을 뻗어 스칼렛의 손을 다정하게 미덥다는 듯 쥐었다.

"저, 난 말이에요, 저 대포 소리 때문에 걱정하고 있었어요. 존즈버러 쪽이 아니에요?"

스칼렛은 "응" 하고 대답했다. 또다시 조금 전의 일이 생각나서 가슴이 두근거리기 시작했던 것이다.

"얼마나 걱정이 되세요. 지난 주 어머님의 소식을 들었을 때 나만 없었다면 언니는 곧장 타라로 달려갔을 텐데. 그렇죠?"

"그래." 스칼렛은 냉정하게 대답했다. "스칼렛 언니는 정말 저에게 친절히 대해 주세요. 친언니라도 이렇게 다정하게, 이렇게 용감하게는 할 수 없을 거예요. 그러니까 난 언니를 진실로 사랑하고 있어요. 내가 방해물이 돼서 정말 미안하게 생각해요."

스칼렛은 눈을 커다랗게 떴다. 나를 사랑하고 있다고? 바보!

"그래서 말이죠, 스칼렛 언니, 나 누워서 생각했는데, 꼭 들어 주셔야 할 청이 하나 있어요." 그녀는 손을 더욱 꼭 쥐었다. "만일 내가 죽는다면 제 아기를 맡아 주시지 않겠어요?"

멜라니의 커다란 눈은 잔잔하면서도 깊은 생각에 사로잡힌 듯 번쩍번쩍 빛났다.

"네, 맡아 주시겠어요?"

스칼렛은 공포에 사로잡혀 멜라니의 손을 뿌리쳤다. 그녀의 목소리는 그 무서움 때문에 난폭하리만큼 거칠었다.

"멜라니, 그런 바보 같은 소리 하지 말아요. 죽긴. 처음으로 애를 낳을 때는 누구나 그런 생각을 하는 법이야. 나도 그랬어."

"어머, 언니가 그랬을 리 없어요. 언니는 무엇이고 무서워한 일이 없어요. 나에게 용기를 주려고 그런 말을 하는 거죠. 난 죽는 건 무섭지 않지만, 단지 남겨 두고 가는 아이가 걱정이에요. 애쉴리가 있으면……. 스칼렛, 제발 약속해 줘요. 만일 내가 죽는다면 아이를 맡겠다고요. 그러면 난 아무 걱정도 하지 않겠어요. 피티 고모님은 아이를 키우기에는 너무 나이가 드셨고, 하나나 인디어는 친절하긴 해도…… 난, 언니가 길러 줬으면 해요. 네, 스칼렛, 약속해 줘요. 그리고 만일 어린애가 남자라면 애쉴리 같은 사람으로 키워 주세요. 그리고 만일 여자라면…… 난 언니 같은 사람이 됐으면 좋겠다고 생각해요."

"불길하게!" 스칼렛은 침대에서 발딱 일어나며 외쳤다. "요즘은 불길한 일 천진데 멜라니까지 죽느니 어쩌니 그런 말을 하면 어떡해?"

"미안해요. 하지만 약속해 주세요. 나 오늘 아기를 낳을 것 같아요. 틀림없이 오늘이에요. 네, 제발 약속해 주세요."

"그래, 좋아. 약속하겠어." 스칼렛은 당황하여 멜라니를 보며 말했다.

자기가 얼마나 애쉴리를 사랑하고 있는지 정말 눈치채지 못할 만큼 멜라니는 바보일까? 아니면 모든 것을 알면서도 애쉴리를 사랑하고 있으므로 그의 자식까지도 안심하고 부탁하는 걸까. 스칼렛은 그걸 알아보고 싶은 충동을 강하게 느꼈지만, 멜라니가 손을 잡아 볼에 갖다 대자 그 충동도 사라져 다시 전 같은 잔잔한 눈빛이 되었다.

"어떻게 오늘 낳을 거라고 생각해, 멜라니?"

"새벽부터 아파요. 그렇게 심하지는 않지만."

"진통이 있었어? 어머, 어째서 날 부르지 않았어? 곧 프리시를 시켜 미드 박사를 부를게."

"아뇨, 아직 부르지 마세요, 스칼렛. 박사님은 아주 바빠요. 모두 너무너무 바빠요. 다만 오늘 중으로, 아무 때고 와달라고 할지도 모른다는 말만 전해 주세요. 그리고 미드 부인에게 심부름을 보내어 내 옆에 있어 달라고 좀 부탁해 주세요. 부인은 언제 박사님을 불러야 할지 잘 아실 거예요."

"어머, 그렇게 남의 걱정만 할 필요는 없어. 멜라니도 병원에 입원하고 있는 사람 못지않게 의사가 필요하니까. 곧 박사님을 부르러 보내자."

"괜찮아요. 제발 부탁이니까 부르지 마세요. 애가 태어날 때까지는 아무래도 하루는 걸릴 것 같아요. 그 가엾은 사람들이 그처럼 선생님을 찾고 있는데, 제가 어떻게 선생님을 몇 시간이나 여기에 붙들어 두겠어요. 전 도저히 그럴 수는 없어요. 미드 부인을 불러 주세요. 그분은 잘 아실 거예요."

"그럼, 알았어요." 스칼렛은 말했다.

21

멜라니의 방에 아침식사를 들여보내고 나서 스칼렛은 프리시를 시켜 미드 부인을 데리러 보내고 웨이드와 함께 식탁에 앉았다. 그러나 오늘 아침따라 식욕이 전혀 없었다. 멜라니의 해산이 임박했다는 생각에 몹시 불안해졌고, 또 한편 포격의 방향을 확인하려고 무의식중에 긴장되어 있었으므로 도무지 먹을 수가 없었다. 심장의 고동이 이상해져서 얼마 동안 규칙적으로 뛰는가 하면 갑자기 크고 빠르게 뛰어 위마저 이상해진 것 같았다. 된 옥수수 죽이 아교처럼 목구멍에 붙고, 볶은 옥수수와 고구마를 섞어 만든 대용 커피도 오늘따라 유난히 역했다. 달게 하기 위해 사탕수수를 쓰고 있었는데, 조금도 단맛이 안 났고 설탕도 크림도 섞지 않고 마시면 쓸개즙처럼 썼다. 한 모금 마시고 그녀는 컵을 밀어놓았다. 달리 이유가 없다 해도 단지 설탕이나 진한 크림을 친 진짜 커피를 자기에게서 빼앗았다는 생각만으로도 그녀는 북군이 미웠다.

웨이드는 어느 때보다도 얌전하였고, 극히 싫어하는 옥수수 죽인데도 다른 날 아침처럼 투정하지 않았다. 그는 스칼렛이 숟갈로 떠서 먹여 주면 말없이 받아 먹고 물로 넘겼다. 숨길 수 없는 어머니의 공포가 그에게도 전해졌는지 어린애다운 어리둥절함으로 그 엷은 갈색 눈을 1달러짜리 은화만큼 크고 동그랗게 뜨곤 어머니의 일거일동을 살피고 있었다. 식사를 마치자 웨이드를 뒷마당으로 놀러 보냈다. 그리고 듬성듬성한 풀을 밟으면서 그가 아장아장 자기의 놀이터로 가는 걸 보자 어지간히 마음이 놓였다.

이윽고 그녀는 일어나서 계단 아래까지 갔으나 거기서 발을 멈춘 채 잠시 망설이고 있었다. 올라가서 멜라니 곁에 앉아 닥쳐오는 시련으로부터 그녀의 마음을 딴곳으로 돌리게 해야 한다는 것을 알고 있었지만 도무지 그럴 마음이 나지 않았다. 하필이면 오늘 같은 날에 아기를 낳다니! 또 하고 많은 날에 오늘 같은 날 죽는다는 말을 하다니!

그녀는 제일 아래 계단에 앉아서, 어제 전쟁은 어떻게 되었는가, 오늘 전쟁은 어떻게 되어 갈까 하고 또다시 생각하면서 마음을 가라앉히려고 했다. 고작 수 마일 밖에서 큰 전쟁이 벌어지고 있다는데, 그 형편을 조금도 모르다니 어쩐지 이상한 생각이 들었다. 피치트리 강의 격전에 비해서 이 인기척 없는 도시 변두리의 적막은 참으로 이상한 느낌을 주었다. 피티 시고모의 집은 애틀랜타의 북쪽 끝에 있으므로 전투가 아득히 먼 남쪽 어딘가에서 벌어지고 있으면, 뛰어서 지나가는 구원군의 모습도, 부상병 운반차도, 비틀거리면서 전선에서 물러나오는 부상병의 대열도 볼 수 없었다. 시의 남쪽에서는 지금 그때와 같은 광경이 전개되고 있을지도 모른다고 생각을 하면 그녀는 자기가 거기에 있지 않은 것을 신에게 감사하였다. 단지 현재와는 반대로, 미드 댁과 메리웨더 댁만 피란을 가고 이 시의 다른 사람들이 모두 남아 있는 것이라면…… 그렇게 생각하면 그녀는 사람들에게 버림받은 것 같아서 쓸쓸하기 그지없을 것 같았다. 하다못해 피터 영감이라도 있어서 사령부에 가서 무슨 소식이라도 알아다 준다면 얼마나 좋을까. 멜라니의 일만 아니라면 지금 당장이라도 나가서 몸소 듣고 오련만, 미드 부인이 와 주실 때까지는 곁을 떠날 수도 없다. 어째서 부인은 와 주지 않는 것일까. 대체 프리시는 어디로 갔을까.

그녀는 일어나서 현관으로 나와 초조하게 밖을 바라 보았지만, 미드 부인의 집은 거리 모퉁이에 가려져 사람의 그림자라고는 보이지 않았다. 시간이 꽤 지나서 프리시의 모습이 나타났다. 혼자서 치마를 요란스레 좌우로 흔들면서 어깨너머로 그 맵시를 살피며 해가 지기 전까지만 돌아오면 되려니 하는 것처럼 서두르지도 않고 느릿느릿 걸어 왔다.

"어째서 그렇게 꾸물거리니!" 스칼렛은 프리시가 문을 열기가 무섭게 소리질렀다. "미드 부인은 뭐라고 하시던? 곧 와 주신다던?"

"안 계시와요." 프리시는 대답하였다.

"어딜 가셨다던? 언제 돌아오신다던?"

"그것이" 하고 프리시는 자기 말이 영향력을 갖게 되는 것이 기쁜 듯 느릿느릿 말을 시작했다. "요리사 말로는 미드 부인께선 오늘 아침 일찍 나가셨다는군요. 뭐 필 도련님이 부상당하셨다나요? 마차로 늙은 탤벗과 뱃시를 데리고 필 도련님을 찾으러 가셨다는군입쇼. 요리사가 그러던걸요. 필 도련님이 몹시 다쳤으니 아마 미드 부인은 이리로 올 생각을 안 하실 거라굽쇼."

스칼렛은 프리시를 빤히 지켜보다가 마구 쥐어 박아 주고 싶은 충동이 치밀었다. 흑인이란 것들은 언제나 나쁜 소식을 전하고 좋아하는 것이다.

"알았으니, 그렇게 등신처럼 서 있지만 말고 메리웨더 부인한테 가서 와주십사고 부탁드리고 오너라. 그리고 만일 마님이 안 계시거든 할멈이라도 보내 주십사고. 자, 빨리 해야 한다."

"그 댁에도 안 계시던걸입쇼, 스칼렛 아씨. 전 돌아오는 길에 그 댁 할멈하고 좀 지껄이고 올까 해서 들렀습죠. 모두 나가고 집에는 쇠를 채웠던 걸입쇼. 병원에라도 가셨을 겁니다요."

"그래서 늦었구나. 내가 심부름을 보냈을 때는 내가 이른 곳에만 가고 아무하고도 수다를 떨면 못써, 그럼 얼른……."

이렇게 말을 꺼내다가 그녀는 머리를 쥐어 짰다. 아는 사람들 가운데 의지할 만한 사람이 누가 남아 있을까. 그렇다, 엘싱 부인이 있다. 물론 엘싱 부인은 요즘 스칼렛에 대해서 좋게 생각하고 있지 않는 눈치지만, 멜라니에 대해서는 언제나 호의를 갖고 있다.

"엘싱 부인 댁에 갔다 오너라. 여기 사정을 잘 말씀드리고 와 주십사고 부탁드리는 거다. 알겠니, 프리시. 조심해야 한다. 멜라니 아씨는 언제 해산을 하실지 모르니 1분이라도 더 네 손이 필요한 거야. 빨리 갔다 곧장 돌아오너라."

"네, 아씨" 하고 프리시는 말하고, 달팽이 같은 걸음걸이로 저택 안의 길을 어슬렁어슬렁 걷기 시작했다.

"빨리 가! 굼벵이 같으니!"

"네, 아씨."

프리시의 걸음이 좀 빨라진 것을 보자 스칼렛은 집 안으로 되돌아왔다. 멜라니한테로 올라가려 하다가 또 망설였다. 미드 부인이 못 오게 된 이유를 이야기해야겠는데, 필이 부상했다는 말을 늘으면 멜라니는 틀림없이 기절하고 밀 것이다. 옳지, 거짓말로 얼버무리자.

멜라니의 방에 들어가 보니 프리시를 시켜서 올려보낸 아침식사는 손도 대지 않고 있었다. 멜라니는 모로 누워 있었다. 얼굴빛이 몹시 창백했다.

"미드 부인은 병원에 가셨대." 스칼렛은 말했다. "하지만 엘싱 부인이 와주시기로 했어. 기분은 어때? 나빠?"

"그렇지도 않아요." 멜라니는 거짓말을 하였다. "저 스칼렛, 웨이드를 낳을 때 얼마쯤 걸렸어요?"

"눈 깜짝할 사이였어." 스칼렛은 지금의 마음과는 딴판인 명랑한 목소리로 대답했다. "난 그때 마침 뜰에 나가 있었는데, 거의 집 안으로 들어갈 틈도 없을 정도였어. 하지만 그런 말은 남에겐 못하는 거라고, 마미가 말하더군…… 마치 흑인의 해산 같더라나."

"나도 흑인처럼 해산하고 싶어요." 멜라니는 이렇게 말하고 애써 웃어 보였지만, 아픔으로 얼굴을 찡그렸으므로 미소는 금방 사라졌다.

스칼렛은 멜라니의 가는 허리께를 보고 도저히 순산은 어렵겠는걸, 하고 생각했지만 그래도 안심시키려고 말했다. "알고 보면 해산이란 건 그다지 대단한 일은 아니야."

"나도 그렇게 생각해요. 난 조금 겁쟁인가 봐요. 저…… 엘싱 부인은 곧 와 주실까요?"

"응, 곧 와." 스칼렛은 말했다. "내가 찬물을 떠다가 몸을 닦아 줄게. 오늘은 무척 더워."

그녀는 물 긷는 데에 될 수 있는 대로 능장을 부리면서, 프리시는 아직 안 돌아오나 하고 2분 간격으로 현관으로 달려 나가 보았다. 프리시는 좀처럼 돌아올 것 같지 않았으므로 할 수 없이 2층으로 돌아가서 물을 스폰지에 적셔 멜라니의 땀이 밴 몸을 닦아 주고 길고 검은 머리를 빗겨 주었다.

한 시간쯤 지났을 무렵 질질 끄는 듯한 걸음으로 걸어오는 흑인 특유의 발소리가 거리 쪽에서 들려왔다. 창문에서 내려다보니, 프리시가 아까처럼 느릿느릿 걸으면서 아까와 마찬가지로 자기를 주시하는 많은 구경꾼 앞에 나서기라도 한 듯이 치마를 흔들어 보이기도 하고 머리를 움직여 보이기도 하는 것이었다.

'저 검둥이 계집애, 아무 때고 꼭 가죽채찍으로 때려 줘야지.' 스칼렛은 계단을 뛰어내려가면서 단단히 별렀다.

"엘싱 부인은 병원에 계시다는뎁쇼. 아침 일찍 부상한 군인들이 기차로 많이 왔다고 요리사가 말하더군입쇼. 요리사는 병원에 가져갈 수프를 만들고 있었습쇼. 그리고 말하기를……"

"요리사가 뭐랬거나 아무래도 좋아." 그 말을 가로막았지만 스칼렛은 맥이 탁 풀렸다. "이번엔 병원까지 가야 할 테니 깨끗한 에이프런으로 갈아입어라. 내가 미드 박사께 편지를 쓸 테니 그걸 갖고 가서 만약 선생님이 안 계시거든 존즈 선생님께나 어느 의사 선생님이라도 상관없으니 내드려라. 그리고 이번엔 빨리 돌아오지 않으면 산 채로 껍질을 벗겨 줄 테다."

"네, 아씨."

"그리고 누구든 남자를 만나거든 아무라도 좋으니 전쟁이 어떻게 되어 가는지 알아 오너라. 그 사람이 모르거든 정거장에 들러서 부상병을 실어 온 기관수에게 물어보고 오너라. 정말로 존즈버러나 그 근처에서 전쟁을 하고 있는지 어떤지 확인하고 오란 말이다."

"어머, 어떡합죠, 스칼렛 아씨!" 프리시의 검은 얼굴에 갑자기 놀라운 빛이 떠올랐다. "북군이 타라까지 가 있사와요?"

"나도 모른다. 그러니까 물어보고 오라잖니."

"어머, 어쩌면 좋죠, 스칼렛 아씨! 적이 우리 어머니를 얼마나 혼낼까요."

프리시는 갑자기 커다란 목소리로 울어 대기 시작했다. 그 목소리에 스칼렛의 불안은 더욱 심해졌다.

"울지 마라! 멜라니 아씨가 듣겠다. 자, 빨리 에이프런을 갈아입어라, 어서."

재촉을 받고 프리시는 서둘러 안으로 들어 갔다. 그동안 스칼렛은 지난번에 온 제럴드의 편지 여백을 이용하여 급히 편지를 썼다, 온 집 안에 이것밖에는 종이가 없었던 것이다. 그리고 지금 쓴 곳이 제일 위로 나오게끔 그것을 접으려니까 문득 거기에 씌어 있는 제럴드의 글씨가 눈에 띄었다.

'어머니는…… 장티푸스…… 어떤 일이 있어도…… 돌아오면 안 된다.' 그녀는 이미 울고 있었다. 그리고 멜라니 걱정만 아니라면 걸어서라도 돌아가고 싶었다.

프리시는 편지를 들자 급히 나갔다. 스칼렛은 엘싱 부인이 못 온 이유에 대하여 무슨 그럴 듯한 거짓말은 없을까 하고 생각하면서 2층으로 되돌아왔다. 그러나 멜라니는 아무 말도 묻지 않았다. 반듯이 누워 있었는데, 그 얼굴은 조용하고 기분도 좋은 듯싶었다. 그것을 보고 스칼렛은 잠시 마음을 놓았다.

그녀는 자리에 앉아 무슨 시시한 세상 이야기라도 꺼낼까 생각했으나 타라의 일을 생각하고 남군의 패배에 대해 생각하자 견딜 수 없이 괴로웠다. 죽음의 자리에 누워 있는 엘렌의 생각, 애틀랜타에 침입하여 모든 집을 불태우고 모든 사람을 죽이는 북군을 생각하면, 멀리서 희미하게 울려오는 포성이 끈덕진 공포의 파도가 되어 그녀의 귀를 엄습하는 것이었다. 그녀는 이미 말을 할 수도 없었다. 그녀는 잠자코 그저 창밖으로 보이는 덥고 괴괴한 거리며 꼼짝도 않고 먼지를 뒤집어쓰고 있는 나무들의 잎 따위를 바라보고 있었다. 멜라니도 잠자코 있었다. 그러나 가끔 사이를 두고 그녀의 조용한 얼굴은 고통으로 일그러졌다.

그녀는 고통이 뜸할 적마다 "사실은 그렇게 괴롭지는 않아요" 하고 말했지만 스칼렛은 그것이 거짓말임을 잘 알고 있었다. 멜라니가 말없이 지그시 고통을 견디는 것을 보기보다는 차라리 사납게 울부짖는 소리를 듣는 편이 스칼렛으로서는 오히려 참기 쉬웠을 것이다. 멜라니를 동정해야 한다고 생각은 하면서도 무슨 까닭인지 동정할 마음이 나지 않았다. 그녀의 마음은 자신의 근심만으로도 이미 꽉 차 있었기 때문이다. 한 번은 고통으로 일그러진 멜라니 얼굴을 날카롭게 보고 있으려니까 이 넓은 세상에서 이런 경우에 왜 자기만이 멜라니에게 붙어 있지 않으면 안 되는지 이상하게 생각한 일조차 있었다. 원래 아무런 공통점도 없고, 그녀를 미워하고 그녀의 죽음마저 기꺼이 보고 있으리라고 생각하는 자기가 아닌가. 그렇다, 멜라니가 죽기를 바라는 그녀의 희망은 이루어질지도 모른다. 오늘 안으로 이루어질지 모른다. 그렇게 생각했을 때 오싹한 미신적인 공포가 엄습해 왔다.

남이 죽기를 바라면 자기에게도 불행이 닥친다, 남을 저주한 이상으로 불행하게 된다, 남을 물에 빠뜨리려 하면 자기가 먼저 빠진다고 마미는 늘 말했었다. 그녀는 급히 멜라니가 죽지 않도록 기도하고는 갑자기 자기도 무슨 말인지 모를 부질없는 얘기를 헛소리처럼 지껄이기 시작했다. 마침내 멜라니는 뜨거운 손을 스칼렛의 손목에 대고서 말했다.

"그렇게 일부러 마음을 써 가면서 얘기해 주시지 않아도 좋아요. 언니도 얼마나 걱정이 많은지 난 알고 있는걸요 뭐. 걱정을 끼쳐서 정말 미안해요."

스칼렛은 다시 말을 하지 않았다. 그러나 도저히 가만히 있을 수가 없었다. 의사도 프리시도 시간에 대어 오지 못하면 어떻게 하지. 그녀는 창가로 다가가서 거리를 내려다 보았으나 곧 제자리로 돌아와 앉았다. 그런가 하면 또 일어나서 이번에는 반대쪽 창문으로 밖을 내다보았다.

한 시간이 지나고 또 한 시간이 지났다. 오전이 되자 태양은 높이 솟아서 더웠고, 먼지 낀 나뭇잎을 흔들 만큼의 바람도 없었다. 멜라니의 진통은 차츰 심해 왔다. 긴 머리는 땀으로 축축히 젖고, 잠옷이 군데군데 땀에 젖은 살에 들러붙었다. 스칼렛은 말없이 물로 축인 스폰지로 그녀의 얼굴을 닦아 주고 있었으나 불안은 시시각각으로 심해졌다. 만일 의사가 오기 전에 아일 낳는다면 어떡하지. 내가 무슨 일을 할 수 있담. 그녀는 해산에 대해서는 아무것도 모르는 것이다. 최근 몇 주일 동안을 그녀가 염려한 것은 이런 경우가 생기지나 않을까 하는 것이었다. 그리고 의사가 오지 못할 때는 모든 것을 프리시가 어떻게 해 주겠지, 하고 잔뜩 믿고 었었던 것이다. 프리시는 산파 일이라면 무엇이고 다 안다고 되풀이해 가며 말하였던 것이다. 그런데 프리시는 어디에 있을까. 왜 돌아오지 않는 것일까. 왜 의사는 오지 않는 것일까. 그녀는 창가로 걸어가서 또 밖을 내다보았다. 가만히 귀를 기울였다. 그러자 별안간 멀리서 들리던 포성이 전혀 들리지 않게 된 것처럼 생각되었다. 마음 탓은 아닐까 하고 의심하여 보았다. 만약 멀어졌다면 그건 전쟁이 존즈버러에 가까워졌다는 게 된다. 그렇다면……

드디어 프리시가 거리를 달려오는 모습이 보였다. 스칼렛은 저도 모르게 창문에서 몸을 내밀었다. 프리시는 창문을 올려다보고, 무슨 말인가 하려고 입을 벌렸다. 스칼렛은 프리시의 작고 까만 얼굴에 나타나 있는 당황한 빛을 보자 무슨 나쁜 소식을 큰 소리로 외치면 멜라니를 놀라게 할 뿐이라는 생각하고, 얼른 자기 입술에 손가락을 대고 아무 말도 말라는 신호를 하고 나서 창가에서 물러났다.

"찬물을 다시 떠올게" 하고 말하며 그녀는 멜라니의 거무스름하게 그늘진 어두운 눈을 들여다보면서 웃어 보였다. 그리고 얼른 방을 나와 조심스럽게 방문을 닫았다.

프리시는 숨을 헐떡이면서 현관 계단 맨 아래에 앉아 있었다. "존즈버러에서 지금 전쟁이 한창이라는뎁쇼, 스칼렛 아씨. 게다가 우리편 군대는 지고 있다나 본뎁쇼. 어떻게 합지요, 스칼렛 아씨. 어머니나 포크는 어떻게 되죠, 오 하느님, 북군이 여기까지 오면 어떻게 합죠, 오 하느님……."

스칼렛은 울부짖는 프리시의 입을 손으로 막았다.

"제발 조용히 좀 해라!"

그러나 정말 적군이 오면 어떻게 될까…… 타라는 어떻게 될까. 그녀는 그런 생각을 머릿속에서 세게 털어 버리고 좀더 절박한 당면 문제를 생각하려고 했다. 그런 일을 생각하다가는 그녀마저도 프리시처럼 울음을 터뜨리게 될 것이다.

"미드 박사님은 어떻게 됐지? 언제 오신다던?"

"만나뵙지 못했사와요, 스칼렛 아씨."

"뭐라고!"

"병원에는 안 계시던걸입쇼. 메리웨더의 마님도 엘싱 마님도 역시 안 계셨사와요. 박사님은 존즈버러에서 부상병이 왔으므로 마차로 정거장에 가셨다고 일러 주던 걸입쇼. 그렇지만 스칼렛 아씨, 전 무서워서 정거장엔 못 가겠사와요. 죽어가는 사람이 많다던 걸입쇼. 전 송장을 보면 너무 무서워서……."

"그럼 다른 의사 선생님은 어떻게 됐니?" "스칼렛 아씨, 어쩌면 좋습니까요. 전 그 나리님들을 붙잡고 편지를 읽게 할 수가 없었는 걸입쇼. 그분들은 마치 미친 사람처럼 일하고 있었사와요. 한 나리가 저에게 말했습죠. '이 망할 것! 여긴 이처럼 죽어가는 사람이 많은데, 너는 애 낳는 일 따위로 훼방을 놓으러 왔느냐. 아무 여자에게나 거들어 달라고 해'라고 말입죠. 그래서 전 이번에는 아씨 말씀대로 전쟁의 소식을 물으러 갔었는뎁쇼. 모두들 "존즈버러는 지금 전쟁이 한창이다” 하기에 전……”

“미드 선생님은 정거장에 계시다고 말했지?”

“네, 그 나리께선……”

“그럼, 정신 차리고 잘 들어다오. 나는 이제부터 미드 선생님을 모시러 갈 테니, 너는 멜라니 아씨 곁에 앉아서 무엇이든지 분부대로 해야 한다. 만약 어디서 전쟁이 벌어지고 있느니 어쩌니 하고 입을 놀렸다간, 너 같은 건 금방 남쪽에다 팔아 버릴 테다. 그리고 다른 의사 선생님도 못 오실지 모른다느니 하면 안 된다 알겠니?”

“네, 아씨.”

“눈물 닦고 새 물주전자를 갖고 올라가거라. 멜라니 아씨의 땀을 닦아 드리는 거다. 난 미드 선생님을 모시러 갔다고 해라.”

“금방 해산하게 되었습니까요, 스칼렛 아씨?”

“난 모르겠다. 그런 게 아닌가 싶긴 하지만, 역시 모르겠어. 너라면 알 수 있을지도 몰라. 올라가거라.”

스칼렛은 테이블 위에서 테가 넓은 밀짚모자를 집어들자 찌부러뜨리듯이 눌러썼다. 그리고 거울을 들여다보면서 기계적으로 흐트러진 머리카락을 쓸어올렸지만, 거울 속을 보고 있지는 않았다.

차가운 잔물결 같은 공포가 명치 끝에 치밀었는가 싶자 곧 그것이 퍼져서 몸에는 땀이 흐르는데도 볼에 닿은 손가락 끝은 싸늘했다.

그녀는 급히 집에서 뙤약볕이 내리쬐는 바깥으로 나섰다. 눈을 뜰 수 없을 만큼 눈이 부신 데다 이글이글 타는 뜨거운 더위였다. 피치트리 거리를 걸어가는 동안 관자놀이가 지끈지끈 아파왔다. 한길 훨씬 저편에서 많은 사람들의 목소리가 높아졌다 낮아졌다 하면서 들려 왔다. 레이든 댁의 건물이 보이기 시작했을 무렵에는 코르셋 끈을 지나치게 졸라맸던 탓인지 숨이 가빠 왔다.

그러나 그녀는 발걸음을 늦추지 않았다. 소란스런 목소리는 차차 높아갔다.

레이든 댁에서 파이브 포인트까지의 거리는 활기로 들끓어 마치 무너진 개미탑의 움직임 같았다. 흑인들이 허둥거리며 뛰어다니고 있었다. 그리고 어느 집의 현관에서나 백인 아이들이 돌봐 주는 사람없이 울고 있었다. 부상자를 가득 실은 군용마차며 부상병 운반차, 트렁크니 가구 따위를 산더미처럼 실은 마차 등으로 거리는 말할 수 없이 혼잡했다. 말을 탄 사람이 몇 사람씩 보도의 혼잡을 헤치고 훗 장군의 사령부 쪽으로 피치트리 거리를 빠져나가고 있었다. 보넬 댁 앞까지 오자 아모스 영감이 마차 말의 머리를 잡은 채 눈이 휘둥그레져 스칼렛에게 인사를 했다.

"아직 피란하지 않으셨습니까요, 스칼렛 아씨. 저흰 지금 피란가는 참인뎁쇼. 노마님은 짐을 꾸리고 계십죠."

"피란을 하다니, 어디로?"

"어딘지는 모릅죠만, 아씨, 어디라도 좋습니다요. 북군이 밀어닥쳐 오니깝쇼."

그녀는 작별인사도 않고 걸음을 재촉하였다. 북군이 와 있다! 웨슬리 교회까지 오자 그녀는 걸음을 멈추고 숨을 돌렸다. 그리고 가슴의 고동이 가라앉기를 기다렸다. 여기서 쉬지 않았다면 아마 실신했을 것이다. 가로등을 붙잡고 몸을 지탱하고 서 있으려니, 파이브 포인트 쪽으로부터 말을 타고 달려오는 한 장교의 모습이 눈에 띄었다. 그녀는 튕겨난 것처럼 거리 한복판으로 뛰어나가 그 장교에게 손을 흔들었다.

"세워 주세요! 제발 세워 주세요!"

그는 당황해서 고삐를 당겼다. 말은 뒷발로 곤두서서 앞발을 들고 허공에서 버둥거렸다. 그의 얼굴에는 피로와 초조의 빛이 짙게 나타나 있었지만, 그래도 찢어진 잿빛 모자를 벗고 인사했다.

"무슨 일입니까, 부인?"

"정말인가요, 북군이 밀려왔다는 건?"

"아마, 그런 것 같습니다."

"사실이로군요, 그 말이!"

"그렇습니다, 부인. 30분쯤 전에 존즈버러의 전선으로부터 급한 소식이 사령부에 도착했습니다."

"존즈버러 확실한가요?"

"틀림없습니다. 무엇 때문에 거짓말을 하겠습니까, 부인. 그 통보는 하디 장군에게서 온 것입니다만, 거기에는 '전투는 패배하였으며, 전군 후퇴중'이라고 적혀 있었습니다."

"오, 하느님!"

너무 지쳐 버린 장교의 어두운 얼굴은 아무런 감정도 없이 그녀를 내려다보고 있었다. 그는 고삐를 고쳐 잡고 모자를 썼다.

"잠깐 기다려 주세요. 우린 대체 어떻게 하면 좋지요?"

"부인, 그건 저도 모르겠습니다. 어쨌든 군대는 곧 애틀랜타에서 철수합니다."

"우리를 북군의 손에 두고 가 버리는 거예요?"

"할 수 없습니다."

박차가 걸린 말은 쏜살같이 달려갔다. 스칼렛은 그대로 거리 한복판에, 발목까지 붉은 먼지에 묻힌 채 서 있었다.

북군이 밀어닥친다. 아군은 철수한다. 북군이 밀어닥친다. 어쩌면 좋을까. 어디로 달아나야 하지? 아니야, 달아날래야 달아날 수가 없다. 집에는 진통을 겪고 있는 멜라니가 있다. 아, 여자는 왜 아이를 낳아야 하는 걸까. 멜라니 일만 아니라면 웨이드와 프리시를 데리고 북군이 찾아내지 못할 숲 속에라도 숨을 수가 있을 텐데. 하지만 멜라니를 숲 속으로 데리고 갈 수는 없어. 이제는 도저히 그럴 수가 없다. 하다 못해 멜라니가 좀더 일찍, 어제라도 아이를 낳았던들 운반차라도 찾아서, 그걸로 아무 데나 데리고 가서 숨을 수도 있었겠지만 그러나 이제 와서는…… 그렇다, 미드 박사님을 찾아 집으로 모시고 돌아가야 한다. 박사님께서 어쩌면 빨리 낳게 하도록 무슨 조치를 강구해 주실지도 모르는 일이다.

그녀는 퍼지기 쉬운 치마를 손으로 누르고 거리를 뛰기 시작했다. 달리니까 그 발소리조차도 '북군이 온다. 북군이 온다' 하고 장단을 맞추는 듯했다. 파이브 포인트엔 눈이 뒤집힌 군중들이 갈팡질팡하고. 부상병을 실은 포장마차며 부상병 운반차며 소달구지며 승용마차로 악머구리 끓듯 하고 있었다. 느닷없이 성난 파도가 무너지는 듯한 소리가 군중 속에서 일어났다.

그때 이 마당의 분위기와는 묘하게도 어울리지 않는 광경이 그녀의 눈에 들어왔다. 한 떼의 여자들이 철도 선로 쪽으로부터 햄을 어깨에 둘러메고 왔던 것이다. 그 옆에는 조그만 아이들이 당밀이 철철 넘는 양동이를 갖고 비틀거리며 허둥지둥 따라왔다. 큰 아이들은 옥수수나 감자 자루를 질질 끌고 있었다. 한 늙은이는 조그만 밀가루 통을 절쩔매면서 수레에 싣고 있었다. 남자고 여자고 아이들이고 백인이고 흑인이고 간에 긴장한 얼굴을 하고 종종걸음으로 식량 보따리나 자루나 상자를 질질 끌고 있는 것이다…… 그건 그녀가 최근 1년 동안에 구경조차 못해 본 식량들이었다. 갑자기 한 대의 마차가 기울어지면서 달려왔으므로 군중은 당황하여 조금 길을 터 주었다. 그러자 그 길로 평소엔 가냘프고 얌전한 엘싱 부인이 한 손엔 고삐를 잡고 한 손엔 채찍을 잡은 채 마부석에 버티고 서서 달려왔다. 모자도 쓰지 않은 기다란 잿빛 머리를 뒤로 휘날리면서 새파랗게 질린 얼굴로 신화 속의 복수의 여신처럼 말을 몰고 있었다. 마차 좌석에는 흑인 할멈 멜리시가 한쪽 손에 베이컨의 비곗살을 움켜 집고, 다른 한쪽 손과 두 발로 주위에 잔뜩 쌓인 상자며 자루를 누르느라고 매달려 있었다. 마른 콩자루가 하나 터지며 콩이 길에 뿌려졌다. 스칼렛은 큰 목소리로 부인을 불렀으나 그 목소리는 군중의 아우성 소리에 묻히고, 말은 미친 듯이 지나가고 말았다.

한순간 그녀는 이 소동의 의미를 깨달을 수가 없었다. 그러나 병참부의 식량 창고가 이 앞쪽의 선로 옆에 있었던 것을 가까스로 생각해 내고, 북군이 밀어 닥치기 전에 군대가 그 창고를 시민 구제를 위해서 개방하였다는 것을 알았다.

그녀는 파이브 포인트의 광장에 큰 파도처럼 밀려든 미치광이 같은 군중을 헤치고 짧은 거리의 한 구역을 정거장을 향하여 기를 쓰고 급히 걸었다.

혼잡을 이룬 부상병 운반차며 피어오르는 모래 먼지 속에서 그녀는 간신히 웅크리거나 일어나거나 뛰거나 하는 의사며 들것을 든 사람들을 볼 수가 있었다. 이제 곧 미드 박사를 찾아낼 수 있을 것이다. 애틀랜타 호텔의 모퉁이를 돌자 정거장이며 선로의 전경이 눈 앞에 펼쳐졌다. 그녀는 깜짝 놀라 우뚝 서 버렸다.

사정없이 내리쬐는 태양 아래 어깨와 어깨, 머리와 발을 맞대고 몇 백인지 알 수 없는 부상병의 무리가 차고에서 넘쳐나와 선로에도, 그 옆의 길에도 긴 줄을 이루고 누워 있었다. 그 가운데에는 꼼짝 않는 사람도 있지만, 대부분은 더운 햇빛 아래 신음하면서 몸을 뒤틀고 있었다. 가는 곳마다 파리 떼가 끓어 사람들의 얼굴 위를 왱왱거리면서 날아다니고 있었다. 어디를 보나 선혈과 더러워진 붕대와 신음소리였다. 그리고 들것꾼에게 들려질 때면 아픔을 못 이겨 욕설을 퍼붓는 목소리가 가득 차 있었다. 땀과 피와 더러운 체취, 그리고 배설물의 악취가 지독한 열기 속에 뒤섞여서 그 숨막히는 냄새를 맡자 그녀는 당장 토할 것만 같았다. 간호병은 뒹굴고 있는 사람들 사이를 이리저리 바쁘게 뛰어다니고 있었다. 그러나 어느 줄이나 빽빽이 들어차 있으므로 자칫하면 부상병을 짓밟고 만다. 그러나 밟힌 쪽에선 그저 멍청하게 쳐다보며 자기 차례가 오기를 기다리고 있을 뿐이다.

그녀는 금방 토할 것만 같아서 얼른 손으로 입을 막으면서 자기도 모르게 한 발 물러섰다. 더 이상은 도저히 나갈 수 없을 것 같았다. 그 전에도 피치트리 강 전투 뒤에 병원이나 피티 시고모의 집 잔디밭에서 부상병을 본 적은 있었다. 그러나 이런 광경을 보기는 처음이었다. 이글거리는 햇볕에 그을려서 냄새가 코를 찌르는, 이런 피투성이 부상자의 몸을 본 일은 전혀 없었다. 고통과 악취와 아우성의 지옥이었다. 그리고 그 모든 것이 눈이 팽팽 돌 만큼 분주했다. 북군이 밀어닥친다! 북군이 밀어닥친다!

그녀는 용기를 내어 부상자들 사이를 조심조심 걸어갔다. 그리고 서 있는 사람들 속에서 미드 박사의 모습을 찾아내려고 눈을 크게 뜨고 살폈다. 그러나 어지간히 조심해서 걷지 않으면 가엾은 병사를 밟을 것 같아서 찾는 데만 골몰할 수도 없었다. 그녀는 치마를 걷어쥐고, 건너편에서 들것을 지휘하고 있는 사람들 쪽으로 길을 헤치면서 조금씩 나아갔다.

문득 한 부상병이 불덩어리 같은 손으로 그녀의 치마를 움켜잡았다. 그리고는 쉰 목소리로 외쳤다. "부인…… 물! 제발, 물을! 살려 주시는 셈치고 물을!"

꽉 움켜쥔 손에서 간신히 치마를 낚아챘을 때 그녀의 얼굴에는 땀이 비오는 듯했다. 만약 그런 군인을 밟기라도 했다면, 그녀는 비명을 지르고 실신했을지도 모른다. 그녀는 죽은 사람을 타 넘고, 흐리멍덩한 눈을 뜬 채 상처와 누더기 같은 옷에 아교처럼 피가 말라붙은 복부를 손으로 단단히 움켜잡고 있는 사람, 수염이 피에 엉키고 엉망으로 깨진 턱에서 "물!" 하기라도 하는 것 같은 소리를 내고 있는 사람 위를 타 넘었다.

만약 그때 곧 미드 박사의 모습을 찾아낼 수가 없었다면 그녀는 틀림없이 미친 듯이 비명을 질렀을 것이다. 차고 속의 사람들을 보면서 그녀는 될 수 있는 대로 큰 소리로 외쳤다. "미드 박사님! 미드 박사님, 거기 안 계세요?"

사람들 무리에서 혼자 떨어져서 그녀 쪽을 돌아본 사람이 있었다. 그녀가 찾고 있는 미드 박사였다. 그는 윗옷도 안 입고, 속옷 소매를 어깨까지 걷어붙이고 있었다. 와이셔츠도 바지도 백정처럼 선혈로 범벅이 되고, 철회색 수염 끝까지 피가 엉겨붙어 있었다. 그 얼굴은 피로와 힘이 미치지 못하는 분함과 불타는 듯한 연민의 정으로 술에 취한 것 같은 표정을 하고 있었다. 먼지 때문에 잿빛이 되다시피 더러워진 땀이 볼 위를 줄줄 흘렀다. 그러나 그녀에게 말한 그 목소리는 침착하고 또렷했다.

"이거 고맙군. 잘 와 주었어요. 손이 열이라도 모자라는 판이었지."

황급히 치마를 내리면서 순간 그녀는 썰쩔매며 박사의 일굴을 응시했다. 치마가 한 부상병의 더럽혀진 얼굴 위에 늘어졌다. 그는 내리덮이는 치맛자락을 피하려는 듯이 힘없이 머리를 돌리려고 했다. 박사는 도대체 무슨 소리를 하고 있는 거야? 부상병 운반차에서 일어나는 모래먼지가 숨도 쉴 수 없을 만큼 그녀의 얼굴에 휘몰려 왔다. 그리고 썩은 냄새가 구정물처럼 코를 찔렀다.

"자, 빨리 이쪽으로 와 줘요."

그녀는 치마를 걷어잡고 줄지어 누운 사람들의 몸뚱이 사이를 누비면서 급히 박사에게 다가갔다. 그러고는 그의 팔에 손을 얹었다. 박사의 팔은 힘이 빠져서 떨고 있는 것 같았으나 그 얼굴에는 탈진한 기미가 조금도 보이지 않았다.

"아, 선생님!" 그녀는 외쳤다. "와 주세요, 멜라니가 아이를 낳게 됐어요!"

그녀의 말을 듣고도 무슨 말인지 잘 모르는 것처럼 박사는 그녀를 물끄러미 바라보았다. 그녀의 발밑에서 수통을 베개삼아 누워 있던 남자가 그 말을 듣더니 사람이 좋아 보이는 미소를 띤 채 올려다보면서 "잘 해 내겠지요" 하고 활기띤 목소리로 말했다.

그녀는 그쪽을 내려다보려고 하지도 않고 박사의 팔을 흔들었다.

"멜라니 말이에요. 아기 말이에요. 선생님, 곧 와 주세요. 멜라니가⋯⋯ 저⋯⋯." 점잔을 뺄 처지가 아니었지만, 그래도 모르는 남자가 이렇게 많이 듣고 있는 데서 이런 말을 하기는 거북했다.

"진통이 점점 심해져요, 네? 선생님⋯⋯."

"아이? 그거 야단났군." 의사는 소리 지르듯이 말했지만, 그 얼굴은 갑자기 증오와 분노 때문에 일그러졌다. 그녀에 대한 분노도, 어느 누구를 향한 분노도 아니었다. 다만 이런 사태를 일으켜 놓은 세상이 미웠다.

"당신은 정신이 있소, 없소. 나는 이 사람들을 내버려 둘 수가 없소. 이렇듯 많은 사람들이 죽어가고 있는 거요. 그 아기 하나 때문에 이 사람들을 내버려 둘 수는 없단 말이오. 누구든지 여자에게 도와 달라고 해요. 그렇군, 내 안사람을 데리고 가시오."

그녀는 미드 부인이 오지 못하게 된 까닭을 말하려고 입을 열려다가 얼른 깨닫고 황급히 입을 다물었다. 박사는 자기 아들이 부상당했다는 것을 아직 모르는 것이다. 그녀는, 만일 박사가 그 말을 듣고도 그대로 여기에 버티고 있을까 하고 생각해 보았다. 아마 아들이 죽어 가고 있다 해도 틀림없이 이곳에 이대로 남아서 한 사람 대신에 더 많은 사람을 구하려고 할 것이다.

"아니에요, 꼭 와 주세요. 선생님이 멜라니는 난산일 거라고 말씀하셨잖아요." 이 지옥과 같은 무더위와 신음 속에서 소리를 빽빽 지르면서 이런 점잖치 못한 말투를 쓰고 있는 것이 정말로 나 자신일까, 스칼렛은 생각했다.

"와 주시지 않으면 멜라니는 죽고 말아요!"

그는 그녀의 손을 거칠게 뿌리치더니 그녀가 하는 말 따위는 전혀 듣고 있지 않았던 것처럼 들었어도 무슨 일인지 모르겠다는 듯이 말했다.

"죽는다! 음, 모두 죽는 거야…… 이 사람들은 모두 죽는 거야. 붕대도 없고, 바를 약도 없다. 키니네도 없고, 클로로포름도 없다. 아아, 모르핀이 있었으면! 중상자에게 조금이라도 좋으니까 모르핀을 주고 싶다. 클로로포름도 주고 싶다. 개 같은 북군놈들! 개 같은 북군놈들!"

"놈들은 지옥으로나 가라, 그렇죠, 선생님!" 땅바닥에 누워 있던 한 사람이 수염 사이로 잇몸을 드러내고 말했다.

스칼렛은 떨기 시작했다. 그녀의 눈은 공포의 눈물 때문에 타는 것 같았다. 박사는 함께 가줄 것 같지도 않다. 멜라니는 죽을지 모른다. 더구나 스칼렛은 그녀가 죽기를 바란 적조차 있지 않았던가. 아, 박사는 가 주지 않는다.

"부탁이에요, 선생님 제발 어떻게 좀 해 주세요!"

미드 박사는 입술을 깨물었다. 그리고 다시 냉정한 표정으로 되돌아갔다.

"어떻게 갈 수 있도록 생각은 해 보지요. 분명하게 약속할 수는 없지만, 노력만은 해 봅시다. 이 사람들의 치다꺼리가 끝나면…… 북군은 눈앞에 와 있고 아군은 도시에서 철수하기 시작했소. 이 부상자들을 어떻게 처리할 것인지. 기차는 이미 틀렸어. 메이컨 선을 뺏긴 거요…… 하지만 어쨌든 해봅시다. 자, 어서 돌아가시오. 나를 방해하지 말아 주시오. 아이를 받는다는 건 그리 어려운 일은 아니야. 이봐, 그 끈을 잡아매고……."

그는 한 사람의 연락병이 옷소매를 잡아당겼으므로 뒤돌아보았으나, 다시 여기저기의 부상병을 가리키면서 분주하게 지휘를 시작했다. 발밑에 누워 있던 남자는 스칼렛을 딱한 듯이 올려다봤다.

박사가 거들떠보지도 않으므로 할 수 없이 그녀는 온 길을 다시 되돌아섰다.

그녀는 부상자들 사이를 누비면서 피치트리 거리 쪽으로 급히 걸어갔다. 박사는 와 주지 않는다. 내 손으로 해야 한다. 다행히도 프리시가 산파가 하는 일이라면 뭐든지 안다고 하였다. 더워서 머리가 지끈지끈 아프기 시작하고 윗옷이 땀으로 축축해져서 살에 달라붙어 언짢았다. 마음도 발도 마치 꿈속에서처럼 무감각해져서 움직이려 하여도 마음 먹은 대로 되지 않았다. 집까지의 먼 길을 생각하면 그것이 끝없이 먼 거리처럼 여겨졌다.

그러나 곧 '북군이 오고 있다'는 말이 다시 마음속에서 되풀이되었다. 그것을 생각하면 그녀의 심장은 힘차게 뛰기 시작하였고 팔다리에도 새로운 힘이 되살아났다. 그녀는 파이브 포인트의 군중 속에 섞여서 길을 서둘렀다. 군중은 아까보다도 많아지고 좁은 보도는 몸을 비벼 넣을 틈도 없을 지경이었으므로 할 수 없이 거리 한복판을 걸어갔다.

그때 먼지를 뒤집어쓰고 지쳐 있는 한 무리의 병사들이 길게 열을 짓고 나타났다. 수염이 더부룩하고 더럽고 총을 아무렇게나 맨 채 잰걸음으로 행군해 가는 그 병사들의 수는 정말 많아 보였다. 포차가 지나갔다. 마부가 기다란 채찍으로 노새를 후려갈기고 있었다. 너덜너덜한 방수포를 씌운 짐마차가 덜커덩거리면서 수레바퀴 자국 위로 지나갔다. 숨 막힐 것 같은 먼지를 일으키며 기마부대가 잇달았다. 그녀는 지금껏 이렇게 많은 군대의 무리를 본 일이 없었다. 후퇴! 후퇴! 군대는 철수를 시작한 것이다.

그녀는 다시 혼잡한 보도로 밀려났다. 그러자 싸구려 옥수수 제품인 위스키 냄새가 코에 확 풍겼다. 디케이터 거리 근처의 군중 속에서 축제일에나 입을 야한 옷을 입고 이 장소의 분위기와는 전혀 어울리지 않는 짙은 화장을 한 여자들이 섞여 있었다. 그 여자들은 대개 취해 있었으나, 그녀들이 매달리고 있는 병사들은 더 취해 있었다. 스칼렛의 눈에 벨 와틀링의 붉은 곱슬머리가 퍼뜩 비쳤다. 그리고 당장 쓰러질 듯한 이 역시 발이 휘청거리는 술 취한 병사를 붙잡으면서 드높게 웃는 목소리가 들렸다.

그녀는 군중을 헤치고 겨우 파이브 포인트를 지났다. 거기까지 이르자 조금 사람의 물결이 뜸해졌으므로 치마를 걷어올리고서 다시 뛰기 시작했다. 웨슬리 교회까지 오자 숨이 차서 현기증이 나면서 가슴이 메스꺼웠다. 코르셋이 꽉 죄어서 갈비뼈가 부러질 것만 같았다. 그래서 교회의 층계에 쓰러지듯이 앉자 머리를 두 팔 속에 묻었다. 잠깐 그렇게 하고 있으니까 얼마쯤 가슴이 후련해졌다.

'아, 한 번만이라도 좋으니 가슴 그득히 숨을 들이쉴 수가 있다면. 이 심한 심장의 고동이 가라앉기만 한다면. 그리고 지금 누구라도 좋다, 이 미칠 것 같은 곳에서 나를 구해 줄 사람이 있다면……'

그녀는 여태까지 무슨 일이고 간에 혼자서 한 적이 없었다. 응석받이로 자랐다고도 할 수 있었다. 언제나 그녀를 위해서 누군가가 일했고 돌봐 주고 감싸 주고 또한 응석을 받아 주었다. 그런 자기가 이렇게 절박한 상태에 빠지다니, 도저히 믿을 수 없는 일이었다. 도와줄 친구도 이웃 사람도 없다. 그녀의 주위에는 언제나 친구도 있었고 이웃 사람도 있었다. 고분고분하게 말을 잘 듣는 노예도 있었다. 그런데 이 가장 다급한 때에 아무도 없는 것이다. 이렇듯 다만 혼자서 공포에 떨면서 고향에서 멀리 떨어져 있어야 하다니, 도무지 믿어지지 않는 일이었다.

아, 고향! 북군 따위야 오든말든 고향에 있을 수만 있다면. 비록 엘렌이 병들어 있더라도, 아 고향! 스칼렛은 엘렌의 다정한 얼굴이, 자기를 안아 주던 마미의 억센 팔이 절실하게 그리웠다.

그녀는 비틀거리며 일어나서 다시 걷기 시작했다. 집이 보이는 곳까지 이르자 웨이드가 앞문에 매달려 놀고 있는 것이 보였다. 그녀의 모습을 보더니, 그는 얼굴을 잔뜩 찌푸리고 가시에 찔린 상처 자국이 있는 손가락을 내밀면서 울음을 터뜨렸다.

"다쳤어!" 하면서 흐느꼈다. "다쳤단 말이야!"

"그쳐, 그치라니까! 안 그치면 때릴 테다. 자, 뒷마당에 가서 흙빵이라도 빚으면서 놀아라, 아무 데도 가면 안 된다."

"웨이드는 배가 고프단 말이야." 그는 훌쩍거리면서 다친 손가락을 입에 물었다.

"아직 멀었어. 자, 뒷마당으로 가거라."

문득 위를 올려다보니 프리시가 2층 창문에서 몸을 내밀고 있었다. 그 얼굴에는 두려움과 불안의 빛이 뚜렷하게 나타나 있었으나, 스칼렛의 모습을 보자 곧 마음을 놓는 듯한 표정이 되었다. 스칼렛은 프리시에게 아래로 내려오라는 손짓을 하고 자기도 안으로 들어갔다. 복도는 섬뜩하리만큼 시원했다. 그녀는 모자를 벗어 테이블 위에 내던지면서 팔뚝으로 이마의 땀을 닦았다. 2층에서 문 열리는 소리가 들렸다. 그와 동시에 고통의 밑바닥에서 쥐어짜는 듯한 낮은 신음소리가 들려왔다. 프리시가 계단을 셋씩 뛰어서 내려왔다.

"선생님은 오십니까요?"

"아니, 못 오셔."

"어머, 스칼렛 아씨. 멜라니 아씨는 여간 심하지 않으신뎁쇼."

"선생님은 못 오신단다. 아무도 와 주지 않아. 네가 아이를 받아라, 내가 도와줄 테니까."

프리시는 입을 딱 벌린 채 말도 못하고 혓바닥을 떨고 있을 뿐이었다. 그리고 스칼렛을 곁눈질로 보면서 슬금슬금 발을 움직여 비쩍 마른 몸을 꼬았다.

"그런 멍청이 같은 얼굴을 하는 게 아니야" 하고 스칼렛은 프리시의 바보 같은 표정에 치밀어 오르는 노여움을 터뜨렸다. "왜 그러는 거지?"

프리시는 뒷걸음질로 슬금슬금 계단을 오르기 시작했다.

"잘못하였사와요, 스칼렛 아씨……."

그녀의 눈에는 무서움과 부끄러움이 한데 섞여서 나타나 있었다.

"아니, 뭐라구?"

"잘못했사와요, 스칼렛 아씨. 의사 선생님이 안 계시면…… 전, 전……. 스칼렛 아씨, 전 해산 같은 건 아무것도 모릅니다요. 엄니는 해산 때 절 얼씬도 못하게 했었습죠."

스칼렛은 두려움 때문에 숨이 넘어갈 것만 같았다. 그러나 곧 격렬한 분노가 몸속에서 미쳐 날뛰기 시작했다. 프리시는 홱 몸을 날려 달아나려고 했지만, 순간 스칼렛의 손에 꽉 붙잡히고 말았다.

"요 검둥이 거짓말쟁이…… 뭐라구? 너는 해산에 대한 일이라면 뭐든지 알고 있다고 그처럼 뽐내지 않았니. 그럼, 정말로는 어떻다는 거니? 냉큼 대답해!"
그녀가 너무나 사납게 흔들어 대는 통에 프리시의 머리는 주정뱅이처럼 건들
건들 흔들렸다.

"거짓말을 했사와요, 스칼렛 아씨. 하지만 어째서 그런 거짓말을 했는지, 그건
저도 모르겠사와요. 전 꼭 한 번, 아기를 낳는 것을 하마터면 볼 뻔했었는데, 엄
니가 막무가내로 보여 주지 않았사와요."

스칼렛은 그녀를 뚫어져라고 바라보았다. 프리시는 달아나려고 몸부림을 치
면서 조금씩 뒷걸음질쳤다. 한순간 스칼렛은 무엇이 어떻게 되었는지 알 수 없
게 되고 말았다. 그러나 이윽고 프리시가 출산에 대해서 자기 이상으로는 아무
것도 모르고 있다는 것을 깨닫자 불길처럼 노여움이 치솟았다. 그녀는 여태까
지 노예를 때린 일은 한 번도 없었다. 그러나 처음으로 그녀는 지친 팔에 힘을
주어 프리시의 검은 뺨을 때렸다. 프리시는 아픈 것보다도 무서움 때문에 죽는
소리를 지르며 스칼렛에게서 빠져나려고 버둥거리며 껑충껑충 뛰었다.

프리시가 비명을 지르자 2층의 신음소리가 잠깐 멎더니, 이윽고 멜라니의 가
냘프고 떨리는 목소리가 들려왔다.

"스칼렛 언니예요? 와 줘요! 제발 부탁이야!"

스칼렛이 프리시의 팔을 놓자 프리시는 계단 위에 털썩 주저앉으며 울음을
터뜨렸다. 잠깐 스칼렛은 2층을 올려다보고 다시 시작된 나직한 신음소리를 들
으면서 우두커니 서 있었다. 그렇게 서 있으려니 멍에로 목이 졸리고 거기다가
무거운 짐을 매달아 놓은 것 같은 고통이 느껴졌다. 그 무거운 짐은 지금 여기
서 한 걸음만 발을 내디디면 곧 그녀에게로 덮쳐 올 것이다.

웨이드를 낳을 때 마미나 엘렌이 그녀를 위해서 해 주던 일을 모조리 생각
해 내려고 했지만, 그때는 해산의 고통 때문에 머리가 마비돼 버려서 모든 것이
안개 속의 일처럼 어렴풋했다. 하지만 그래도 웬만큼은 기억을 되살릴 수 있었
으므로 프리시에게 급히 위엄 있는 목소리로 명령했다.

"난로에 불을 피우고 솥에 물을 끓여라. 그리고 집 안의 수건과 노끈 뭉치를
죄다 가져 오너라. 그리고 가위를 꺼내 오너라. 한 가지라도 못 찾겠다는 소릴
했다간 그냥 안둘 테다. 자, 빨리 해야 한다. 어서 빨리!"

그녀는 프리시를 일으켜 세우고 부엌으로 밀어냈다. 그리고 나서 두 어깨를

펴고 계단을 오르기 시작했다. 그러나 멜라니에게 자기하고 프리시만으로 아이를 받는다는 이야기를 할 생각을 하자 마음이 절로 무거워졌다.

22

이날 오후만큼 길고 그리고 더운 하루는 다시 없으리라고 생각되었다. 파리는 또 어쩌면 이렇게도 많을까 싶을 만큼 많은 네나 귀찮았다. 스길렛이 쉴 새 없이 부채질을 해도 파리는 곧 멜라니에게 달라붙었다. 커다란 야자수잎 부채를 움직이느라고 그녀는 팔이 아팠다. 아무리 부채질을 해도 헛일이었다. 땀밴 얼굴에서 쫓아냈다 싶으면 어느새 꼼짝 않고 있는 발에 덤벼들어 멜라니는 발을 힘없이 움직이면서 "미안하지만 발 쪽을!" 하고 외치는 것이었다.

스칼렛이 더위와 햇볕을 막기 위해서 덧문을 내렸으므로 방은 어둠침침했다. 바늘 끝만한 빛이 덧창의 작은 구멍이나 틈으로 비쳐들고 있었다. 방 안은 마치 아궁이 속처럼 더워서 스칼렛의 땀에 후줄근히 젖은 옷은 마르기는커녕 시간이 흐름에 따라 더한층 흠뻑 젖어서 끈적거리기 시작했다. 프리시도 역시 땀을 흘리면서 구석에 웅크리고 있었는데, 냄새가 고약해서 방 밖으로 내보내고 싶었으나 놓아 주면 곧 달아나 버릴 것만 같아서 그럴 수도 없었다. 멜라니는 침대에 드러누워 있었으나, 시트는 땀으로 거무죽죽해지고 스칼렛이 물을 엎지른 자리는 지저분하게 얼룩이 져 있었다. 멜라니는 몸을 잠시도 가만히 두지를 못하고 오른쪽으로 누웠다 왼쪽으로 돌아누웠다 반듯이 누웠다 하면서 몸을 틀고 있었다.

그리고 가끔 앉아 보려고 하다가는 다시 누워서 몸부림을 치기 시작했다. 처음 한동안은 살가죽이 벗겨질 만큼 입술을 악물며 소리를 내지 않으려고 참고 있었으나, 그녀가 그러는 것을 보고 있노라면 자기의 신경이 그 입술처럼 아파 오는 것 같아서 목쉰 소리로 말했다.

"멜라니, 그렇게 억지로 참지 않아도 괜찮아. 소리를 내고 싶으면 큰 소리를 내요. 우리밖에 듣는 사람이 없으니."

점점 시간이 지남에 따라서 멜라니는 결국 참아내지 못하고 신음하기도 하고 비명을 지르기도 했다. 그 비명을 들을 적마다 스칼렛은 두 손으로 머리를 싸안고 귀를 막고 몸을 꼬면서 차라리 자기가 죽는 게 낫겠다고까지 생각했다.

아무런 힘도 되어 주지 못하고 이런 고통을 보고 있을 바에는 어떤 일이라도 할 수 있을 것 같았다. 여기에 붙잡혀서 아이가 태어나기를 이렇게 오래 기다리고 있을 바에는 다른 무슨 일이든 이보다는 낫겠다. 더구나 북군이 당장에라도 파이브 포인트까지 밀어 닥친다는 사실을 알고 있으면서 기다리고 있는 것보다는…….

부인네들이 해산에 대하여 소곤소곤 이야기하는 것을 좀더 귀담아서 들어 두었더라면 좋았을걸, 그녀는 뼈저리게 느꼈다. 들어 두기만 했다면, 그리고 이런 문제에 좀더 흥미를 갖고 있기만 하였던들, 멜라니의 해산이 오래 걸릴 것인지, 조금 걸릴 것인지 알 수 있었을 것이다. 그녀는 피티 시고모의 친구가 이틀 동안이나 고생하다가 끝내는 아이도 낳지 못한 채 죽어 버렸다던 이야기가 어렴풋이 생각이 났다. 멜라니가 그 이야기처럼 이틀씩이나 시달리게 된다면 어떻게 될까. 멜라니는 몸이 몹시 약하므로 이 고통에 이틀씩이나 견뎌 내지 못할 게 뻔하다. 빨리 아이가 나오지 않는다면 머지않아 그녀는 죽을지도 모른다. 그러나 만약 애쉴리가 아직 살아 있다면, 꼭 돌봐 주겠다고 그토록 맹세한 터에 무슨 낯으로 멜라니가 죽었다는 말을 할 수 있을까.

처음에 멜라니는 진통이 심해지면 기를 쓰고 스칼렛의 손을 움켜잡았다. 너무나 힘을 주는 통에 뼈가 으스러질 것처럼 아프게 되어 한 시간쯤 지나자 스칼렛의 손은 잔뜩 부어 올라 꾸부릴 수조차 없게 되고 말았다. 그래서 긴 수건을 두 개 맞대어 한 끝을 침대 다리에 묶고, 한 끝은 매듭을 만들어 그것을 멜라니에게 쥐여 주었다. 멜라니는 그걸 마치 구명줄처럼 당겼다 늦췄다 하면서 끊어져라 하고 매달려 있었다. 그 오후 내내 신음소리는 함정에 빠진 야수가 죽어가는 것처럼 언제까지나 계속되었다. 때때로 멜라니는 수건을 놓고 힘없이 자기 손을 쓰다듬으며 고통으로 퀭해진 눈으로 스칼렛을 올려다봤다.

"뭔가 얘기 좀 해줘요. 네, 뭐든지 얘기 좀……" 하고 그녀는 속삭였지만, 스칼렛이 무슨 얘기를 시작하면 얼마 가지 않아 멜라니는 또 수건을 움켜잡고 몸부림을 시작하는 것이었다.

어두침침한 방 안은 더위와 고통과 성가신 파리로 가득 차 있었다. 그리고 시간이 끔찍이도 더디게 갔으므로 스칼렛에게는 아침나절에 있었던 일들은 벌써 생각이 나지 않을 정도였다. 이 무덥고 어두운, 그리고 땀내 나는 방에 한평생 갇혀 있었던 것 같은 생각마저 들었다. 멜라니가 소리를 지를 때마다 자기도 커다랗게 무언가 외쳐 대고 싶어져서 피가 날 만큼 입술을 깨물면서 가까스로 마음을 억누르고 히스테리를 일으키지 않고 넘기는 것이었다.

한 번은 웨이드가 살며시 계단을 올라와서 문 밖에서 울면서 말했다.

"웨이드, 배고파……." 스칼렛이 아이에게로 가려고 일어나려 하자 멜라니는 재빨리 속삭였다.

"가지 말아 줘, 응? 언니가 있어 주지 않으면 참을 수가 없어요."

그래서 할 수 없이 스칼렛은 프리시를 아래층으로 내려보내고, 아침에 먹던 옥수수 죽을 데워서 웨이드에게 먹이게 하였다. 그녀 자신은 이런 일을 겪고서 는 도저히 아무것도 먹을 수 없을 거라고 생각했다.

벽난로 위의 시계가 이미 멎어 시간은 알 수 없었으나, 방 안의 열기도 얼마 간 식고 바늘 끝 같은 광선도 흐려졌으므로 그녀는 덧창을 열었다. 열어 보니 놀랍게도 밖은 벌써 저녁녘이고 시뻘건 태양이 지기 시작하고 있었다. 그녀는 왠지 찌는 듯한 한낮이 영원히 계속될 줄로만 생각하고 있었던 것이다.

시내는 어떻게 되어 있을까, 궁금해서 견딜 수가 없언다. 이미 군대는 모두 철수하고 말았을까? 북군은 밀어닥쳤을까? 남군은 한 번도 싸워 보지 않고 후 퇴했단 말인가! 이윽고 시내에는 이미 남군의 수는 보기 드문데, 셔먼 지휘 아 래 북군이 들끓고, 그리고 그들은 보급도 넉넉하리라는 것을 생각하면 갑자기 등골이 오싹했다. 셔먼! 악마라는 이름이라도 그녀에게 이만큼 공포를 주지는 않았다. 그러나 지금은 그런 일을 생각하고 있을 겨를이 없었다. 멜라니가 물 이며 머리를 식힐 찬수건이며 부채, 얼굴에서 파리를 쫓아 달라고 계속 청하기 때문이었다.

황혼이 찾아오고 프리시가 검은 생령처럼 졸랑졸랑 다니면서 램프를 켤 무 렵이 되자, 멜라니는 더한층 맥을 잃어 갔다. 그녀는 헛소리처럼 몇 번이고 애쉬 리의 이름을 불렀다. 그 무섭고도 단조로운 목소리를 듣노라면 스칼렛은 멜라 니의 입에 베개를 틀어막아 질식시켜 버리고 싶은 모진 마음이 들었다. 머지않 아서 박사가 오기는 올 것이다. 그저 한시라도 빨리 와 주었으면! 희망이 희미 하게 솟아났다. 그래서 프리시 쪽을 보면서 빨리 미드 댁으로 가서 박사님이나 마님이 계신지 어떤지 보고 오라고 일렀다.

"만약 박사님이 안 계시거든 마님께든 요리사에게든 상관없으니, 어떻게 하면 되는지 알아 오너라. 그리고 속히 와 주십사고."

프리시는 무언가 중얼중얼하면서 나갔다. 거리를 뛰어가는 그녀의 모습을 바라보며 스칼렛은 그 칠칠치 못한 프리시가 이렇게 빨리 달릴 수 있었던가 생각했다. 이윽고 한창 지나고 나서 그녀는 혼자 돌아왔다.

"박사님은 한 번도 돌아오시지 않았다는뎁쇼. 군인들과 함께 가 버리셨을 거라고 하던 걸입쇼. 스칼렛 아씨, 필 도련님이 죽었사와요."

"죽었다고?"

"네" 하고 프리시는 중대 사건을 전한다 싶어 뽐내는 얼굴로 말했다. "마부 탤벗이 그러던걸입쇼. 필 도련님은 총알을 맞고서……."

"그만해, 알았다."

"미드 마님은 만나지 못했습니다요. 마님은 북군이 오기 전에 해야 한다면서 필 도련님을 벗기기도 하고, 파묻을 준비를 하고 계신다고 요리사가 말하더군입쇼. 그리고 말입죠, 요리사는 진통이 정 심하거든 예방으로 멜라니 아씨의 침대 밑에 나이프를 넣으면 좋다고 하더군입쇼. 그렇게 하면 진통을 두 동강을 낸다고요."

스칼렛은 이 어처구니없는 조언을 듣자 다시 프리시를 후려갈기고 싶어졌다. 그러나 그때 멜라니가 퀭한 눈을 크게 뜨고 가냘픈 목소리로 물었다.

"저…… 북군이 와 있나요?"

"아냐." 스칼렛은 딱 잘라 말했다. "프리시가 거짓말을 하는 거야."

"그렇습죠. 제가 거짓말을 했사와요." 프리시도 얼른 말했다.

"와 있는 거군요." 멜라니는 사실을 눈치챈 듯 말하고는 베개에 얼굴을 파묻어 버렸다. 그러자 베개 밑으로 가냘픈 목소리가 새어나왔다.

"불쌍한 내 아기, 가엾은 내 아기." 그리고 한참 있다가 "오, 스칼렛, 언니는 여기 있으면 안 돼요. 웨이드를 데리고 달아나야 해요."

그 일이라면 이미 스칼렛도 속으로 생각하고 있던 것이다. 그러나 막상 그 말을 들으니 화가 불끈 치밀었다. 자기의 겁먹은 마음을 속속들이 보인 것 같아서 부끄러웠던 것이다.

"쓸데없는 소리 말아요. 난 조금도 무섭지 않아요. 내가 어떻게 멜라니만 두고 갈 수가 있겠어?"

"가 주시는 편이 좋아요. 어차피 나는 죽을 걸요, 뭐." 그렇게 말하고 그녀는 또 신음하기 시작했다.

스칼렛은 노파처럼 난간을 붙잡으면서 어두운 계단을 굴러떨어지지 않도록 조심스럽게 살금살금 내려갔다. 다리는 납덩어리처럼 무거운 데다 피로와 긴장으로 떨리고 있었다. 그리고 온몸에 끈적끈적 배어난 땀이 식어서 으스스 추워 견딜 수가 없었다. 스칼렛은 힘없이 현관으로 나가서 층계의 맨 윗계단에 앉아 현관 기둥에 기댄 뒤 축 늘어져서 떨리는 손으로 윗도리의 단추를 풀고 반쯤 가슴을 벌렸다. 어둡고 고요한 밤이 주위를 감싸고 있었다. 그녀는 그 어둠 속을 소처럼 물끄러미 바라보고 있었다.

모든 일이 끝났다.

멜라니는 죽지 않았다. 그리고 조그만 사내아이가 새끼 고양이 같은 울음소리를 내면서 지금 프리시의 손으로 씻겨지고 있다.

멜라니는 잠들어 있다. 저 모진 고통이나, 도와주기보다 방해가 되었다고 하는 편이 나을 만한 산파의 손을 거친 악몽 끝인데도 어쩌면 저렇게 잘 수가 있을까? 왜 죽지 않았을까? 그렇게 다루어지면 나 같으면 죽었을 거라고 스칼렛은 생각했다. 해산이 끝나자 멜라니는 스칼렛이 몸을 숙여 귀를 갖다 대지 않으면 알아들을 수 없을 만큼 나직한 목소리로 "고마워요" 하는 말까지 했던 것이다. 그리고 그녀는 잠들고 말았다. 용케도 잠이 드는구나. 스칼렛은 자기 역시 웨이드를 낳은 뒤 푹 잔 일을 잊어버리고 있었다. 그녀는 모든 것을 잊어버렸던 것이다. 그녀의 마음은 텅 비었다. 세계도 텅 비었다. 이 끝없는 하루 이전에는 생활이라는 것이 없었던 것이다. 그리고 이날 이후로도 아마 없을 것이다. 단지 있는 것이라곤 이 찍어 누르듯 답답하고 더운 밤과 목이 쉬어 버린 그녀의 지친 숨결과 겨드랑이 밑에서 허리로, 엉덩이에서 무릎으로 촉촉히 흐르는 식은땀뿐이었다.

그녀는 자기의 숨결이 크고 고르다는 것을 생각하자 발작적으로 흐느낌이 치미는 것을 느꼈으나, 눈은 눈물도 말라 버렸다고 생각될 만큼 보송보송하고 뜨거웠다. 조심조심 몸을 간신히 추슬러서 무거운 치마를 허벅지께까지 걷어올렸다. 더위와 추위와 끈끈한 기분을 모두 한꺼번에 느끼고 있었으므로 밤공기의 감촉이 팔다리에 닿아 시원했다. 문득 이렇게 밖의 현관에 엎드린 채 치마를 걷어올리고 드로어즈까지 드러낸 꼴을 본다면, 피티 시고모님이 뭐라고 할까 하고 멍청히 생각해 보았다. 그러나 그다지 마음이 쓰이지도 않았다. 그녀는 이미 아무것도 걱정하지 않았다. 시간이 딱 멈추어 버린 것이다. 해가 지금 막 진 것 같기도 하고 밤중같기도 했다. 그러나 그런 것은 아무래도 좋았다. 2층에서 발소리가 들렸으므로 그녀는 '빌어먹을 프리시 계집애가 하고' 생각하면서 어느 틈엔가 눈을 감고 깜박 졸았다. 얼마나 지났는지 문득 깨어 보니 프리시가 옆에 와서 기쁜 듯이 지껄이고 있었다.

"일이 잘 됐사와요, 스칼렛 아씨. 우리 엄니라도 이렇게 잘하지는 못하는걸입쇼."

어둠 속에서 스칼렛은 그녀를 쏘아보았지만 너무나 지쳤으므로 야단을 칠 수도, 지금껏 프리시가 저지른 갖가지 실수를 늘어놓을 수도 없을 지경이었다. 프리시는 산파 일을 알지도 못하는 주제에 잘난 체하고 거짓말을 했을 뿐만 아니라, 겁만 잔뜩 집어먹고 손재주가 없어서 한창 바쁠 때는 도무지 쓸모가 없었고, 가위를 잘못 놓기도 하고 침대에 물을 엎지르기도 하고 갓 낳은 아이를 떨어뜨리기도 하면서 실수만 저질렀던 것이다. 그런데 이제 와선 또, 자기도 거뜬히 해냈다고 하면서 뽐내고 있는 것이다.

그런데도 양키는 검둥이를 해방하려 하고 있다! 하긴 검둥이들은 양키를 환영할 것이다.

그녀는 대꾸도 하지 않고 기둥에 기대앉아 있었다. 그녀의 기분이 언짢다는 것을 눈치채자 프리시는 슬그머니 현관의 어둠 속으로 사라져 버렸다. 잠시 지나자 숨결도 차차 잔잔해지고 한결 기분도 가뿐해져 왔다. 그때 문득 스칼렛은 거리에서 나는 희미한 사람의 소리를 들었다. 북쪽으로부터 많은 사람의 발소리가 들려 온다. 군대다! 그녀는 조심조심 고쳐 앉아, 이 어두움 속에서는 보일 리가 없다고 생각했지만, 얼른 치마를 내렸다. 몇 사람이나 되는지 짐작은 가지 않지만, 병사들이 그림자처럼 집 앞을 지나치려고 했을 때 그녀는 급히 불렀다.

"저, 잠깐만!"

대열 속에서 그림자 하나가 떨어져 나오더니 문 있는 데까지 다가왔다.

“모두 가 버리시나요? 저희를 버리고 가 버리시는 건가요?”

그 그림자는 모자를 벗는 모양이었다. 곧 어둠 속에서 조용한 목소리가 들려왔다.

“그렇습니다. 부인. 말씀하신 대로입니다. 우리는 여기서 1마일쯤 되는 북쪽 참호에 마지막까지 남아 있었습니다만.”

“여러분은…… 군대는 정말 후퇴하는 건가요?”

“그렇습니다, 부인. 지금 북군이 쳐들어오고 있습니다.”

북군이 오고 있다. 그녀는 그것을 잊고 있었던 것이다. 갑자기 목이 죄어드는 것처럼 느껴져서 그 이상 말을 할 수가 없게 되었다. 그 그림자는 다시 다른 그림자와 합쳐지더니 발소리는 어둠 속으로 사라져 갔다. ‘북군이 온다! 북군이 온다!’ 그들의 발소리는 그렇게 말하는 것 같았다. 그리고 갑자기 쿵쿵 소리를 내며 뛰기 시작한 그녀의 심장도 이 말을 외치고 있는 것처럼 느껴졌다. 북군이 온다!

“북군이 오는군입쇼!” 프리시가 그녀 쪽으로 붙어서며 외쳤다.

“오, 스칼렛 아씨. 그놈들 우리 모두 죽입니다요. 우리 가슴을 총검으로 찌른답니다요. 그리고…….”

“입 닥치지 못해!”

새삼스럽게 프리시의 떨리는 말을 듣지 않더라도 생각만으로 자지러지기에는 넉넉했다. 공포가 또다시 엄습해 왔다. 어쩌면 좋을까? 어떻게 하면 달아날 수 있을까? 누구에게 구원을 청하면 좋을까? 아는 사람들은 모두 자기를 버리고 가지 않았는가.

문득 그녀는 레트 버틀러를 생각해 냈다. 그러자 이상하게도 두려움이 가시고 마음이 가라앉았다. 오늘 아침, 머리 잘린 병아리처럼 갈피를 못잡고 허둥거리고 있었을 때, 어째서 그 사람을 생각해 내지 못했을까?

그녀는 그를 미워하고 있었다. 그러나 그는 굳세고 남자답고 영리하고, 게다가 북군을 두려워하지 않는다. 지금도 아직 시내에 있을 것이 틀림없다. 물론 지난번에 그는 용서할 수 없는 말을 해서 그녀를 화나게 했다. 그러나 이런 경우 그만한 일쯤은 용서해 주어도 좋지 않겠는가. 뿐더러 그는 말과 마차를 갖고 있다. 아, 어째서 지금까지 그가 생각나지 않았더란 말인가! 그라면 우리를 이 무서운 고장으로부터, 북군의 마수로부터 어딘가로, 어디라도 상관없다, 데려다 줄 것이 틀림없다. 그녀는 프리시 쪽을 돌아보고 열병에 걸린 것처럼 흥분해서 말했다.

"너, 버틀러 선장님이 계신 곳을 알고 있지……. 애틀랜타 호텔이던가."

"네, 하지만……."

"하지만이 아니야, 곧 가야 한다. 힘껏 뛰어가야 한다. 그리고 내가 와 주십사 한다고 전해라. 마차나, 될 수 있으면 환자 운반차를 가지고 빨리 와 주십사고 말이야. 아이 이야기도 해야 한다. 그리고 어디로든 데리고 달아나 주십사고 말이야. 자, 가거라, 어서!"

그녀는 고쳐 앉더니 프리시를 빨리 가라고 밀었다.

"어쩌면 좋습니까요, 스칼렛 아씨. 전, 이렇게 캄캄한데 혼자 가기가 무서운 걸입쇼. 만약에 북군에게 붙들리기라도 하면……."

"힘껏 뛰어가면 아까 그 군인들을 뒤따르게 될 거다. 그러면 북군에게 붙들릴 리가 없잖아. 자, 어서!"

"전, 무섭사와요! 버틀러 선장님께서 호텔에 안 계시면 어떡합죠?"

"그러면 어디 계시냐고 물어봐, 네게는 그만한 꾀도 없니? 호텔에 안 계시거든 디케이터 거리의 술집에 가서 찾으란 말이다. 벨 와틀링의 집으로 가란 말이다. 찾아내야 해. 이 멍충아, 빨리 가서 그분을 찾아내지 못하면 정말로 북군이 우리를 잡아간다는 걸 모른단 말이냐?"

"스칼렛 아씨, 전 술집에 가든가 이상한 집에 가든가 하면 엄니한테 목화대로 얻어맞사와요."

스칼렛은 일어섰다.

"좋아, 안 가겠다면 내가 때려 줄 테다. 굳이 안까지 들어가지 않더라도 밖에서 부르면 되지 않니. 그렇지 않으면 그분이 안에 계신지 안 계신지 누구에게 물어 보아도 되잖니. 자, 갔다 와."

프리시가 여전히 발끝으로 땅을 후벼 파면서 입을 우물거리고 있으므로, 스칼렛은 또 한 번 그녀를 난폭하게 떼밀었다. 프리시는 하마터면 현관 층계에서 거꾸로 곤두박질을 칠 뻔했다.

"자, 빨리 가지 않으면 미시시피에다 팔아 버려서 들일하는 노예로 만들 테다.

그렇게 되면 이젠 엄니도 누구도 만날 수 없게 된단 말이다. 자, 빨랑 빨랑 가거라!"

"어머, 어쩌면 좋습니까요, 스칼렛 아씨……."

그러나 스칼렛이 여전히 세게 밀어댔으므로 그녀는 할 수 없이 층계를 내려갔다. 이윽고 앞문이 열리는 소리가 났으므로 스칼렛은 소리쳤다.

"뛰어갔다 와야 한다. 빨리!"

프리시가 뛰기 시작하는 발소리가 들렸다. 발소리는 부드러운 흙 위로 차차 멀어져 갔다.

23

프리시가 가 버리자 스칼렛은 울적하여 아래층 홀로 들어가서 램프를 켰다. 집 안은 마치 한낮 더위를 그대로 벽 속에 가두어 두었던 것처럼 찌는 듯이 더웠다. 그러나 이윽고 나른한 피로가 가시자 갑자기 배가 고파졌다. 스칼렛은 간밤부터 옥수수 죽만 한 숟갈 먹었을 뿐이었다는 것을 생각해 내고, 램프를 들고 부엌으로 들어갔다. 아궁이의 불은 꺼져 버렸지만 숨막히게 더웠다. 냄비 속에 딱딱한 옥수수 빵이 조금 남아 있는 것을 찾아 내어 그걸 물어 뜯으면서, 또 그 밖에는 먹을 것이 없을까 하고 주위를 둘러보았다. 우묵한 냄비 속에 옥수수 죽이 약간 있었다. 그녀는 접시에 꺼내어 담지도 않고 커다란 요리용 숟갈로 다짜고짜 입에 떠넣었다. 소금을 치지 않으면 맛이 없어서 먹을 수 없었지만, 너무나 배가 고팠으므로 소금을 찾는 것도 귀찮아서 연거푸 네 숟갈을 퍼 먹었다. 그러나 부엌의 더위가 너무나 심하여 견딜 수가 없었다. 그녀는 한 손에 램프를, 한 손에 물어뜯던 옥수수 빵을 들고 그곳을 뛰쳐나와 복도로 되돌아왔다.

2층으로 가서 멜라니 곁에 앉아 있어 주어야 된다는 생각이 들었다. 만약 상태가 나빠지더라도 그녀는 쇠약할 대로 쇠약해져서 사람을 부를 수조차 없으리라. 그러나 악몽에 시달린 것 같은 몇 시간을 보낸 그 방으로 지금 돌아간다는 것은 생각만 해도 몸서리가 났다. 설사 멜라니가 죽어 가고 있다 해도 그녀는 올라갈 마음이 없었다. 두 번 다시 그 방을 보고 싶지 않았던 것이다. 램프를 창가에 놓고 앞 현관으로 되돌아 나왔다. 밤공기는 부드러운 온기를 머금고

찐득하지만, 여기는 훨씬 시원했다. 희미하게 새어나오는 램프의 불빛 속에서 층계에 앉아 옥수수 빵을 계속 씹고 있었다.

빵을 다 먹고 나자 웬만큼 기운을 되찾았지만, 기력과 함께 다시 공포가 엄습해 왔다. 거리의 먼 곳에서 소음이 울려왔다. 그러나 그녀는 그것이 무슨 예고인지 알 수 없었다. 다만 소음이 커졌다가 희미해지고 희미해졌다가 다시 커지는 것을 알 수 있을 뿐이었다. 그녀는 몸을 앞으로 내밀며 그 소리를 알아 내려고 귀를 기울였다. 그러나 곧 긴장 때문인지 온몸의 마디마디가 아파 왔다. 이때 그녀는 세상의 무엇보다도 말발굽 소리를 듣고 싶었다. 그녀의 공포를 웃어넘기는 레트의 저 태연하고 자신에 넘친 눈길을 보고 싶었던 것이다.

레트는 우리를 틀림없이 어디든 피란시켜 줄 것이다. 어디에? 그것은 그녀도 알 수 없었다. 어디로 가든 그런 것은 상관없었다.

그녀가 거리 쪽으로 귀를 기울이고 앉아 있으려니 나무들 꼭대기가 어슴푸레 훤해졌다. 무엇일까 하고 지켜보는 동안에 그것은 차차 밝아져 어두운 하늘이 처음에는 장밋빛으로, 그리고 다음에는 어두운 분홍빛으로 변하나 싶더니 갑자기 거대한 불길이 나무 위로 치솟아서 하늘 높이까지 타올랐다. 그녀는 엉겁결에 일어섰다. 심장이 다시 심하게 불규칙한 고동을 치기 시작했다.

양키가 침입해 온 것이다! 그녀는 북군이 쳐들어와서 거리를 불지르고 있는 줄로 알았다. 불길은 거리의 중심 동쪽에서 일어나는 것 같았는데, 높이 타오른다고 생각하자 금세 사방을 새빨갛게 물들이고, 그녀의 겁에 질린 눈 앞 가득히 퍼졌다. 거리 한 구역이 전부 타 버렸을 것이 틀림없다.

희미하게 불기를 머금은 미풍이 일더니 연기 냄새가 그녀의 코를 찔렀다.

그녀는 2층 자기 방으로 뛰어올라가서 좀더 잘 보려고 창문을 열어젖혔다. 하늘빛은 처참했다. 어마어마한 검은 연기가 무럭무럭 피어오르고, 불길 훨씬 위에는 커다란 파도 같은 구름이 떠돌고 있었다. 냄새가 더욱 강해졌다. 저 불길은 당장에라도 이 피치트리 거리로 퍼져서 이 집에도 불길이 옮겨 붙는 것은 아닐까. 양키가 오래지 않아 이곳에 나타나는 것은 아닐까. 어떡하면 좋담. 어디로 달아나면 된담—종잡을 수도 없이 이것저것 여러 가지 일이 마음에 떠올랐다. 지옥의 악귀들이 모두 한꺼번에 나서서 그녀의 귓속에서 함성을 올리고 있는 것 같았다. 머릿속은 혼란과 낭패로 소용돌이 치고, 끝내 견딜 수가 없어서 그녀는 창틀을 움켜잡고 몸을 지탱했다. '생각해야 한다.' 되풀이하여 그녀는 자신에게 말했다. '생각을 해야 한다.'

그러나 놀라서 허둥거리는 벌새처럼 생각은 종잡을 수 없이 마음을 드나들 뿐 도무지 하나로 정리할 수가 없었다. 그녀가 창틀에 매달려 있는데, 여태까지 들어 온 어느 포성보다도 큰, 귀가 먹을 것 같은 폭음이 별안간 일어났다. 어마어마한 불길이 하늘을 찢었다. 이어서 또 폭음이 일어났다. 대지가 흔들리고 머리 위의 창유리가 깨져서 그녀의 주위에 떨어졌다.

귀청을 찢는 듯한 폭음이 차례차례 일어날 때마다 온 세계는 굉음과 불길과 흔들리는 대지의 지옥으로 변했다. 하늘을 향해 급류처럼 발사되는 불티는 핏빛 같은 빛을 띤 연기 구름을 누비며 천천히 떨어져 온다. 옆방에서 가냘픈 목소리가 부르는 것 같았으나, 그런 걸 돌볼 겨를이 없었다. 이젠 멜라니 생각을 할 겨를이 없었다. 지금 눈 앞에 보이는 불길과 같은 속도로 그녀의 혈관을 달리고 있는 공포 말고는 아무것도 생각할 틈이 없었던 것이다. 그녀는 공포에 미친 어린애와 마찬가지여서 다만 어머니 무릎에 얼굴을 묻고 이 광경으로부터 눈을 가리고 싶은 생각뿐이었다. 아, 집에 있는 것이라면! 어머니와 함께 집에 있을 수만 있다면.

신경을 찢어 놓는 듯한 음향 속에서 그녀는 그것과는 다른 소리를 들었다. 공포에 쫓겨서 계단을 한 번에 세 단씩이나 뛰어 올라오는 발소리다. 길 잃은 사냥개와 같은 새된 소리가 났다. 프리시가 뛰어들어 왔다. 그리고 스칼렛에게 덤벼들어 살이 찢어져 나갈 만큼 그녀의 팔을 움켜잡았다.

"양키가……." 스칼렛은 외쳤다.

"아뇨, 그렇지 않사와요. 저건 우리편 군대입니다요" 하고 프리시는 스칼렛의 팔에 더욱 손톱을 박으면서 헐떡헐떡 소리를 질렀다. "우리 군대가 철공장이랑 군수품이랑 식량창고들을 불태우고 있는 것입니다요, 대포알이랑 화약을 실은 화차를 일흔 개나 폭파시키고, 오 하느님, 스칼렛 아씨, 우리 모두 타 죽게 됩니다요."

프리시는 또 쇳소리로 악을 쓰기 시작했다. 그리고 너무나 아프게 스칼렛의 팔에 손톱을 박았으므로 그녀는 소리를 지르고 프리시의 손을 뿌리쳤다.

양키는 아직 오지 않았구나! 아직 달아날 시간은 있다! 그녀는 단숨에 겁먹었던 마음을 다시 고쳐먹었다.

'여기서 정신을 바짝 차리지 않으면' 하고 그녀는 생각했다. '나도 뜨거운 물을 뒤집어쓴 고양이처럼 비명을 지르고 말 것이다.' 프리시의 겁에 질린 초라한 모습이 도리어 그녀를 정신차리게 했다. 그녀는 프리시의 어깨에 손을 얹고 잡아 흔들었다.

"자, 방정 떨지 말고 차근차근 이야기해 보아라. 양키는 아직 안 오지 않았니, 바보야! 버틀러 선장님은 만났니? 그분은 뭐라고 하시든? 와 주신다든?"

프리시는 울부짖는 것을 겨우 그쳤으나 아직도 이를 덜덜 떨고 있었다.

"용케 찾았사와요. 아씨께서 말씀하신 것처럼 술집에서 그분은……."

"어디서 찾아 냈든 그런 건 아무래도 좋아. 와 주신다든? 말을 가지고 오라고 말했니?"

"아이구, 스칼렛 아씨. 그분은 말도 마차도 부상병을 나르기 위해서 우리 군대에 뺏기고 말았다고 하시던걸입쇼."

"어머나, 저를 어째, 야단났구나."

"하지만 선장님은 와 주신다고 하셨사와요."

"뭐라고 하시든?"

프리시는 가쁜 숨이 가라앉아 웬만큼 침착해졌지만 아직도 눈알을 되록되록 굴리고 있었다.

"그래서 말씀입죠. 아씨께서 말씀하신 대로 저는 선장님을 술집에서 찾아냈습죠. 제가 밖에 서서 불렀더니 나오셔서 저를 보셨습죠. 그래서 제가 말씀드리려고 하는데, 그때 군인이 디케이터 거리 창고에 불을 질러서 무섭게 타올랐습죠. 그러자 선장님은 자, 이리로 오너라, 하시곤 저를 파이브 포인트까지 끌고 가면서 무슨 일이야, 빨리 말해, 하고 물으시기에 아씨께서 일러 주신 대로 빨리 마차를 갖고 와 주시와요, 멜라니 아씨가 아기를 낳으셨는데, 스칼렛 아씨께서 함께 시에서 데리고 나가 주십사고 말씀하셨다 했습죠. 그랬더니 선장님은 물으시더군입쇼. 대관절 어디로 갈 작정이냐고 말입죠. 그래서 전, 그런 일 저는 모르겠사와요, 그저 나리님도 어차피 양키가 오기 전에 어디든지 달아나셔야 할 테니까 함께 데리고 가 주십사 하고 말했습죠. 그랬더니 선장님은 웃으면서 말씀하시더군입쇼. 말은 군대에 징발당했단다……."

마지막 희망이 끊어지고 말았으므로 스칼렛의 마음은 납덩어리처럼 무겁게 가라앉았다. 나는 얼마나 바보였는지 몰라. 후퇴하는 군대가 시에 남아 있는 마차나 말을 징발하리라는 것쯤 왜 깨닫지를 못했을까? 스칼렛은 잠깐 프리시가 무슨 말을 하고 있는지 귀에 들리지 않을 만큼 넋을 잃고 있다가 이윽고 마음을 다잡고 이야기를 끝까지 들었다.

"그리고 선장님은 말씀했습죠. 스칼렛 아씨께 안심하시라고 선해라, 발은 군대의 마구간에 한 필이라도 남아 있기만 하면 기어코 훔쳐올 테니, 말을 훔쳐낸 일은 전에도 있다. 총에 맞아 죽을지도 모르지만, 그래도 스칼렛 아씨를 위해서라면 훔쳐오겠다, 스칼렛 아씨께 그렇게 말해라. 그리고 또 웃으시면서 어서 돌아가라, 하고 말씀하셨사와요. 그래서 돌아오려는데 무지무지하게 큰 소리가 났습죠. 제가 땅바닥에 엎드리려고 하니까, 선장님은 이러시더군입쇼. 아무것도 아니다. 저건 양키들에게 뺏기지 않으려고 아군이 탄약을 폭발시키고 있는 거라굽쇼. 그리고 나서……."

"그럼 그분이 와 주신다는 말이지? 말을 가지러 가신다구?"

"그렇게 말씀하셨사와요."

스칼렛은 후유 안도의 숨을 내쉬었다. 만약 말을 구할 방법만 있다면 레트 버틀러는 반드시 구해 가지고 올 것이 틀림없다. 레트는 빈틈없는 남자다. 만약 그가 우리를 이 어려운 처지에서 구해 준다면 지금까지의 일은 모두 용서해 주어야겠다. 달아날 수 있는 것이다. 레트와 함께라면 조금도 무서울 게 없다. 레트가 우리를 지켜 준다. 레트, 고마워요! 이제는 안전하다고 생각하자 그녀의 마음은 곧 실제적인 일로 돌려졌다.

"웨이드를 깨워서 옷을 입혀라. 그리고 우리 옷을 조금만 챙겨서 작은 트렁크에 담아라. 멜라니 아씨에게는 달아난다는 말을 해선 안 된다. 아직 일러. 아기를 두터운 수건 두 장으로 단단히 싸고, 그리고 아기 옷을 꾸려라."

프리시는 아직도 스칼렛의 치마에 매달려 있었는데, 그 눈에서는 흰자위밖에 볼 수 없었다. 스칼렛은 모질게 프리시를 밀어내면서 그 손을 뿌리쳤다.

"서둘러야 해!" 그녀가 말하자 프리시는 토끼처럼 뛰어나갔다.

스칼렛은 이제 멜라니에게 가서 그녀의 공포를 가라앉혀 주어야겠다고 생각하고 있었다. 그녀는 쉴 새 없이 울리는 저 천둥 같은 굉음과 하늘을 그을리는 섬광에 까무러칠 정도로 겁에 질려 있을 것이다. 마치 이 세상의 종말과 같은 광경이요, 소리인 것이다.

그러나 지금 곧 그 방으로 되돌아갈 마음은 도무지 생겨나지 않았다. 그녀는 피티팻 고모가 메이컨으로 피란갈 때 남기고 간 도기와 작은 은기 따위를 꾸려야겠다고 생각하고 계단을 뛰어내려 갔다. 그러나 식당에 들어가기는 했지만 손이 몹시 떨려서 접시를 네 개씩이나 떨어뜨려서 깨고 말았다. 그녀는 현관으로 달려나가 바깥 낌새를 살피고 다시 식당에 뛰어들어갔으나 이번에는 은그릇을 떨어뜨리고 말았다. 손에 닿는 대로 모두 떨어뜨리고 마는 것이었다. 너무나 허둥거려서 자기까지 양탄자에 걸려서 마룻바닥에 나가떨어졌으나 곧 벌떡 일어났다. 아픔을 느낄 만한 틈도 없을 정도였다.

2층에서는 짐승처럼 뛰어다니는 프리시의 발소리가 들려왔다. 그것이 또 그녀를 허둥거리게 하였다. 그녀 역시 목적도 없이 뛰어다니고 있었기 때문이다.

이번으로 열두 번째, 스칼렛은 현관으로 뛰어갔다. 그러나 이번에는 쓸데없는 짐싸기를 하기 위해 되돌아가는 걸 그만두고 그 자리에 앉았다.

도저히 짐꾸리기 같은 것은 할 수 없었다. 아무것도 손에 잡히지가 않았고, 그저 심장만 두근거리면서 레트를 기다리는 수밖에 도리가 없었다. 그가 오기까지가 몹시 길게 생각되었다. 그러나 드디어 아득히 먼 곳에서부터 기름이 말라 삐걱거리는 수레바퀴 소리와 느리고 불안정한 말발굽 소리가 들려 왔다. 저 사람은 왜 서두르지 않는 걸까? 어째서 말을 빠르게 달리도록 하지 않을까?

소리가 차차 가까워지자 그녀는 벌떡 일어나서 레트의 이름을 불렀다. 이윽고 조그만 짐수레의 마부석에서 내리는 그의 모습이 어렴풋이 보이고 문고리를 벗기는 소리가 나더니 레트가 그녀 쪽으로 다가왔다. 램프의 불빛이 다가오는 그의 모습을 뚜렷하게 떠올렸다. 그의 옷차림은 무도회에라도 가는 것이 아닐까 생각될 만큼 말끔했다. 솜씨 좋게 지은 흰 리넨 윗옷에 바지, 무늬진 비단에 수를 놓은 연회색 조끼, 와이셔츠의 가슴엔 살짝 접은 주름장식이 엿보였다. 테 넓은 파나마 모자를 비스듬히 멋 내어 쓰고, 바지 허리띠에는 상아 자루가 달린, 총신이 긴 결투용 권총 두 자루를 차고 있었다. 그리고 윗옷의 주머니는 탄환으로 묵직하게 늘어져 있었다.

그는 야만인처럼 성큼성큼 힘차게, 그리고 그 맵시 있는 머리를 이교도의 왕자처럼 의젓하게 젖히고 걸어왔다. 스칼렛을 정신 차릴 수 없이 허둥거리게 만든 이 밤의 위험도 그에게는 흥분제 같은 작용밖에 못하는 것처럼 여겨졌다. 그 거무튀튀한 얼굴에는, 만약 그녀가 눈치챘다면 틀림없이 섬뜩했을 듯한 조심스럽게 억누른 잔인성이 나타나 있었다.

그 검은 눈은 마치 모든 사건을 즐기고 있는 것처럼, 대지를 찢는 듯한 굉음도 무서운 불길도 아이늘의 장난쯤으로 생각하는 것처럼 싱싱하게 빛나고 있었다. 그가 층계를 올라오자 그녀는 파랗게 질린 얼굴에 푸른 눈을 빛내면서 그를 또렷이 바라보았다.

"안녕하십니까." 느긋한 투로 말하면서 그는 과장된 몸짓으로 모자를 벗었다. "날씨가 좋군요. 여행을 떠나신다구요?"

"농담을 하신다면, 당신과는 이제 말하지 않겠어요." 그녀의 목소리는 떨리고 있었다.

"설마 무서워하고 계신 것은 아니겠지요." 그는 놀랐다는 듯이 웃었다. 그녀는 그 웃음을 보자 이 남자를 층계에서 떼밀어 버리고 싶어졌다.

"무서워요. 죽도록 무서워요. 당신이 하느님이 양에게 내리신 것만큼의 감각이라도 갖고 계신다면 틀림없이 무서워할 거예요. 하지만 우리는 이야기 따위를 하고 있을 틈이 없어요. 빨리 달아나야 해요."

"무슨 분부든지 내리십시오. 하지만 어디로 가실 작정이신지? 나는 부인께서 어디로 가시겠다고 하실 것인지 거기에 기대를 걸고 여기까지 와본 것입니다만, 동쪽이건 서쪽이건 남쪽이건 북쪽이건, 아무 데고 갈 길은 없습니다. 양키들이 에워싸고 있으니까요. 그러나 꼭 한 가닥 빠져나갈 길이 있지요. 거기는 아직 양키들의 손에 들어가지 않았어요. 남군은 그 길로 후퇴하고 있지요. 그러나 그것도 머지않아 막히고 말거요. 스티브 리 장군 지휘 아래 기병이 러프 앤 레디에 버티면서 우리 군이 모두 후퇴할 때까지는 이 길을 막지 않으려고 지금 기를 쓰고 싸우고 있긴 합니다만. 그런데 만약 당신이 후퇴하는 아군의 뒤를 돌아 맥도너 도로로 가다간 아무래도 군대에게 말을 뺏기고 말 겁니다. 그다지 좋은 말은 못되지만, 그래도 가까스로 훔쳐 낸 겁니다. 자, 그럼 어디로 가실까요?"

그녀는 그의 이야기에 귀를 기울이고는 있었으나 이야기의 내용 따위는 조금도 알 수 없었고 그저 떨면서 서 있을 뿐이었다. 그러나 그의 질문을 받자 자기가 어디로 가려 하고 있는 것인지, 이 비참한 하루 내내 자기가 어디로 가려고 했었는지 곧 정신이 들었다. 그것은 오직 한 곳뿐이었다.

"집으로 가겠어요" 하고 그녀는 말했다. "집이라니, 타라 말씀입니까?"

"네, 그래요, 그래요. 타라로 가는 거예요. 오, 레트, 빨리 서둘러 주세요, 네?"

그는 정신이 돈 것은 아닌가 하는 것처럼 그녀를 살펴보았다.

"타라? 농담하지 마십시오, 스칼렛. 당신은 존즈버러에서 종일토록 전쟁이 있었던 사실을 모르십니까. 러프 앤 레디에서 존즈버러 읍내까지의 10마일에 걸친 가도에서 격전이 벌어졌었단 말입니다. 북군은 벌써 타라를, 그 군 전체를 점령했을지도 모르지요. 북군의 위치는 아무도 정확하게 알지는 못하지만, 그 부근에 있는 것만은 확실합니다. 그러니까 타라로 돌아간다는 것은 도저히 불가능하오. 북군 속을 뚫고 가겠다니……."

"하지만 저는 집으로 돌아갈 거예요!" 그녀는 외쳤다. "갈 거예요, 갈 거예요!"

"당신은 바보로군." 레트의 말이 거칠어졌다.

"타라엘 어떻게 가겠다는 거요. 이를테면 북군에게 잡히지 않는다 하더라도 숲 속에는 적과 아군의 낙오병이랑 탈주병이 득실거리고 있어요. 그리고 상당수의 아군 부대가 아직도 존즈버러에서 후퇴 중이고, 그들 역시 북군과 마찬가지로 당신에게서 당장 말을 뺏을 것이 뻔하오. 오직 하나 가능한 방법은 그들 뒤에 바싹 붙어서 맥도너 도로를 가면서, 어둠의 힘을 빌어 그들에게 들키지 않도록 하는 길 뿐이오. 타라로는 못 갑니다. 비록 타라로 간대도 아마 그곳은 이미 불타 버렸을 겁니다. 나는 당신을 절대로 타라로 보내고 싶지 않아요. 그야말로 미친 짓이란 말입니다."

"아뇨, 나는 집으로 가겠어요!" 그녀는 외쳤지만 목소리가 메말라 있어 비명에 가까웠다. "난 집으로 가겠어요. 말려도 소용 없어요. 난 집으로 돌아간단 말이에요. 어머니에게 가고 싶어요. 날 말리면 당신을 죽여 버릴 거예요. 난 집으로 돌아갈 거예요!"

오랫동안 팽팽하게 긴장되었던 감정이 한꺼번에 왈칵 넘쳐나오고, 공포와 히스테리로 눈물이 걷잡을 수 없이 흘러나왔다. 그녀는 주먹으로 그의 가슴을 두드리면서 또 외쳤다.

"돌아가겠어요! 돌아가겠어요! 걸어야 한다면 난 걸어서라도 돌아가겠단 말이에요!"

갑자기 그가 그녀를 품 안에 끌어안았다. 눈물에 젖은 그녀의 볼은 풀이 빳빳한 와이셔츠 가슴에 눌리고, 그의 가슴을 두드려 대던 주먹은 이미 움직이지 않았다. 그의 손길은 그녀의 흐트러진 머리칼을 다정하게, 조용히 쓰다듬고 있었다. 목소리 또한 부드러웠다. 비웃는 투는 조금도 없고 너무나 다정하고 잔잔했기 때문에 레트의 목소리가 아니라 브랜디와 담배와 말 냄새가 나는 진절하고 씩씩한 낯선 사람의 목소리처럼 느껴지기조차 했다. 이 체취는 그녀에게 믿음직스러운 아버지 제럴드를 생각나게 했다.

"자, 자, 착하지." 그는 다정하게 말했다. "울지 말아요. 당신은 집에 가게 될 거예요, 내 용감한 꼬마 숙녀님. 집에 가게 될 테니 이젠 울지 말아요."

무언가 그녀의 머리카락에 닿는 것 같았다. 혼란스러운 와중에도 그녀는 레트의 입술이 아닐까 하고 막연하게 생각했다. 그리고 다정하게 달래 주는 쾌감에 그녀는 언제까지나 이 팔에 안겨 있으면 이런 억센 팔에 안겨 있으면 아무것도 위험한 일은 없을 거라고 생각했다.

그는 주머니를 더듬어 손수건을 꺼내더니 조용히 그녀의 눈물을 닦아 주었다.

"자, 착한 아이지, 코를 풀어요." 그는 말했다. 눈에 미소가 어렸다. "그리고 어떻게 해달라는 건지 말해 봐요. 서둘러야만 하니까."

그녀는 아직도 떨고 있었으나 고분고분 코를 풀었다. 그러나 그에게 무엇을 해 달라고 말해야 좋을지 생각이 나지 않았다. 입술은 떨리고, 힘없이 그를 올려다보고 있는 눈을 보자 그는 자기 쪽에서 말을 꺼냈다.

"윌크스 부인은 아기를 낳으셨다구요. 그럼 움직이는 것은 위험해요. 저런 시원찮은 짐수레를 타고 25마일이나 달려야 할테니까. 미드 부인 댁에 두고 가는 편이 좋겠군요."

"미드 댁에는 이미 아무도 없어요. 난 멜라니를 버리고 갈 수는 없어요."

"좋습니다. 그럼 짐수레에 타시도록 하지요. 그런데 좀 모자라는 흑인 계집애는 어디 있지요?"

"2층에서 짐을 꾸리고 있어요."

"짐을 꾸려요? 트렁크 따위는 저 마차에 싣지 못해요. 너무 작아서 우리가 모두 타는 것만도 고작일 테고, 수레바퀴만 해도 벌써 다 망그러져 가고 있으니까요. 그 흑인 계집앨 불러서 이 집에서 제일 작은 깃털이불 하나만 마차에 실으라고 이르십시오.”

스칼렛은 아직 움직일 수 없었다. 그러나 그에게 팔을 억세게 붙잡히자 그를 활동시키고 있는 왕성한 생명력이 얼마간 그녀의 체내에도 흘러들어오는 것처럼 여겨졌다. 레트처럼 냉정하고 태연한 심정이 될 수 있다면 얼마나 좋을까, 하고 그녀는 생각했다. 그는 그녀를 복도 안쪽으로 밀었다. 그녀는 여전히 맥없이 그를 바라보고 서 있었다. 그의 입술이 놀리는 것처럼 움직였다.

“이게 일찍이 저에게, 신도 인간도 무서워 하지 않는다고 말한 그 용감한 젊은 부인입니까?”

그리고 갑자기 커다란 목소리로 웃어 대면서 그녀의 팔을 놓았다. 그녀는 발끈해서 증오어린 눈으로 그를 노려보았다.

“조금도 무섭지 않아요.” 그녀는 말했다.

“아냐, 무서워하고 있소. 그리고 다음에는 기절을 하겠지만, 난 유감스럽게도 정신 드는 약을 갖고 있지 않군요.”

그녀는 어찌할 바를 몰라서 그저 발만 동동 굴렀다. 그리고 한 마디도 하지 않고 램프를 들고 2층으로 올라갔다. 바로 뒤를 따라온 그가 킬킬 웃는 것이 들렸다. 그 소리를 듣자 그녀는 등뼈를 꼿꼿이 세웠다. 웨이드의 방에 들어갔더니, 웨이드는 반쯤 옷을 갈아입은 채 딸꾹질을 하면서 프리시의 팔에 매달려 있었다. 프리시는 훌쩍거리고 있었다. 웨이드 침대의 깃털이불이 작았으므로 그녀는 프리시에게 그것을 가져다가 짐마차에 실으라고 일렀다. 프리시는 아이를 떼어놓고 시키는 대로 했다. 웨이드는 이제부터 어떻게 될 것인지, 그것에 흥미가 쏠려 딸꾹질도 멎고 프리시의 뒤를 따라 계단을 내려갔다.

“이리로!” 스킬렛은 말하면서 멜라니의 방 앞에 섰다. 레트는 모자를 들고 그 뒤를 따라갔다.

멜라니는 턱까지 이불을 덮어쓰고 조용하게 누워 있었다. 그 얼굴은 죽은 사람처럼 창백했지만, 움푹 꺼지고 검은 그늘이 진 눈은 잔잔하고 침착했다. 레트가 침실에 들어온 것을 보고도 조금도 놀란 기색이 없었다. 오히려 당연한 일이라고 생각하고 있는 것 같았다. 그리고 힘없이 미소지으려 했지만, 그 미소는 입언저리에서 사라지고 말았다.

"우리는 집으로 가는 거예요, 타라로." 스칼렛은 빠른 투로 설명했다. "북군이 쳐들어와. 레트가 데려다 줄 거야. 알겠지? 멜라니, 다른 방법이 없어요."

멜라니는 희미하게 끄덕이고 갓난아기 쪽을 보려고 했다. 스칼렛은 갓난아기를 안아 올리자 재빨리 두툼한 수건으로 쌌다. 레트는 침대로 다가갔다.

"될 수 있는 대로 괴롭지 않게 해드리지요" 하고 그는 시트로 멜라니를 싸면서 조용히 말했다.

"어떻습니까? 제 목에 팔을 걸 수 있겠습니까?"

멜라니는 레트의 목을 잡으려고 했으나 팔에 힘이 없어서 축 늘어지고 말았다. 그는 허리를 굽혀서 한 손은 그녀의 어깨에, 한 손은 무릎 밑에 넣고 가만히 들어올렸다. 멜라니는 비록 비명은 지르지 않았지만, 입술을 악물고 얼굴빛이 창백해져 가는 것을 스칼렛은 알 수 있었다. 그녀가 램프를 높이 쳐들어 레트의 발밑을 비쳐 주면서 문 쪽으로 걷기 시작하자 멜라니는 벽 쪽을 힘없이 바라보았다.

"뭡니까?" 레트는 부드럽게 물었다.

"부탁이에요." 그녀는 무언가를 지시하는 것처럼 속삭였다. "찰스."

레트는 헛소리라도 하는 것이 아닌가 생각하고 그녀를 보았으나 스칼렛은 곧 그 의미를 알 수 있었다. 그리고 알게 되는 동시에 화가 치밀었다. 멜라니는 벽의 권총과 군도 밑에 걸려 있는 찰스의 은판사진을 말하고 있는 것이다.

"제발 부탁이니," 그녀는 또 속삭였다. "군도도."

"응, 알았어." 스칼렛은 대답해 놓고 조심스럽게 계단을 내려가는 레트의 발밑을 비쳐 주면서 아래층까지 내려갔다가 다시 되돌아가 권총과 군도를 벗겼다. 갓난아기와 램프에 권총과 군도…… 참으로 묘한 조합이구나 하고 스칼렛은 생각했다. 자기가 죽어 가고 있다는 사실도, 양키가 지척에 와 있다는 것도 잊고, 단지 찰스의 유품만을 걱정하다니 아무래도 멜라니답다고 생각하였다.

사진을 벗기면서 그녀는 찰스의 얼굴을 힐끗보았다. 그러자 그 커다란 다갈색 눈동자와 눈길이 딱 마주쳤다. 그녀는 순간 그대로 선 채 사진을 찬찬히 바라보았다. 이 사나이가 그녀의 남편이었던 것이다. 짧은 며칠 밤을 함께 지내고, 그를 똑 닮은 연한 갈색 눈빛을 한 아이를 그녀에게 남기고 간 것이다. 그러나 그에 대한 일은 거의 생각이 나지 않았다.

팔에 안은 갓난아기가 조그만 주먹을 흔들면서 가냘프게 울음소리를 냈다. 그녀는 갓난아기를 들여다보았다. 그리고 비로소 이 갓난아기가 애쉴리의 아이라는 것을 깨달았다. 그와 동시에 몸 안에 남아 있는 모든 힘을 가지고 이 아기가 자기와 애쉴리 사이에서 생긴 아기라면 얼마나 좋을까 하고 생각했다.

프리시가 계단을 뛰어올라왔으므로 스칼렛은 갓난아기를 그녀에게 건네주었다. 두 사람은 계단을 뛰어내려갔다. 램프의 그림자가 벽에 일렁일렁 흔들렸다. 복도에 들어서자 모자가 눈에 띄었으므로 스칼렛은 얼른 그걸 쓰고 끈을 매었다. 그건 멜라니의 상복용 모자였으므로 그녀의 머리에는 맞지 않았지만, 자기 것은 어디에 두었는지 생각이 나지 않았다.

집 밖으로 나온 그녀는 램프를 손에 들고 군도가 발에 부딪치지 않도록 누르면서 현관 층계를 내려갔다. 멜라니는 짐마차 뒤쪽에 축 늘어져 누워 있고 웨이드와 수건에 싸인 갓난아기가 그 옆에 웅크리고 있었다. 프리시가 마차에 올라타고 갓난아기를 안았다. 마차는 매우 작은 데다 주위를 둘러막은 널빤지도 몹시 낮았다. 수레바퀴는 안쪽으로 휘어 있어 구르기 시작하면 당장 빠질 것 같았다. 말을 보자 맥이 탁 풀리는 것 같았다. 여윈 머리를 앞다리 사이로 낮게 늘어뜨리고 있는 빈약한 조그만 말이었다. 등허리는 마구에 스쳐서 벌겋게 살이 벗겨지고, 말이라고 생각할 수 없을 것 같은 이상한 숨소리를 내고 있었다.

"대단한 말이지요?" 레트는 싱글싱글 웃으면서 말했다. "마차를 끌고 가다가 죽어 버릴지도 모르지요. 하지만 그래도 이게 그 가운데 제일 나은 말이었소. 이 말을 내가 어디서 어떻게 훔쳐 왔는가 하는 이야기나, 덕분에 하마터면 총에 맞아죽을 뻔한 이야기는 나중에 재미있게 각색해서 얘기해 드리지요. 내 나이에 말도둑…… 그것도 이렇게 비루먹은 말을 도둑질하는 것도 오로지 당신 때문입니다. 그건 그렇고 어디 좀 도와 드릴까요?"

그는 그녀에게서 램프를 받아 밑에 내려놓았다. 마부석은 옆으로 좁다란 널빤지를 하나 가로질러 놓았을 뿐이었다. 레트는 스칼렛을 덥석 안아서 그곳에 밀어올렸다. 그녀는 넓은 치마를 사리면서, 자기가 만약 남자라면, 그리고 레트처럼 억세다면 얼마나 좋을까 하고 생각했다. 레트가 옆에 있어 주기만 하면, 아무것도…… 사나운 불길도 폭음도 북군도 무섭지 않았다.

레트는 마부석에 그녀와 나란히 앉아서 고삐를 잡았다.

"아, 잠깐만 기다려 줘요!" 그녀는 외쳤다. "현관에 자물쇠를 채우는 걸 잊었어요."

그러자 별안간 그는 커다란 소리로 웃으면서 고삐로 말등을 때렸다.

"뭐가 우스워요?"

"당신이 우스워요. 그것으로 북군을 막아 낼 수 있다고 생각하는 당신이."

말은 느릿느릿 자못 마음이 내키지 않는다는 듯이 달리기 시작했다. 보도에 놓은 램프는 언제까지나 타고 있었으나, 그 조그만 노란 불빛은 그들이 멀어짐에 따라 점점 작아져 갔다.

레트가 걸음이 더딘 말을 피치트리 거리로부터 서쪽으로 돌리고 수레바퀴 자국이 많은 샛길로 접어 들자 마차는 심하게 흔들리고 멜라니가 간간이 질식하는 듯한 신음소리를 냈다. 시커먼 나뭇가지들이 머리 위에 얽혀 있었다. 검고 인기척 없는 집들이 양쪽에 어렴풋이 나타나고 흰 칠을 한 울타리의 목책이 묘석이 늘어선 것처럼 희미하게 비쳐보였다. 비좁은 도로는 마치 어두컴컴한 터널 같았다. 그러나 내리덮여 있는 무성한 나뭇잎 사이를 통해 무서운 불길의 붉은빛이 새어들어서, 어두운 길에 빛과 그림자가 미친 망령처럼 앞서거니 뒤서거니 하면서 달리고 있었다. 연기 냄새가 점점 더 짙어져 왔다. 그리고 열기를 머금은 미풍에 실려 시내의 중심부로부터 고함소리며 군용마차의 둔한 바퀴소리며 행진하는 군대의 힘찬 발소리 따위가 뒤섞여 들려 왔다. 레트가 갑자기 말머리를 돌려 다른 길로 들어섰을 때 고막을 찢는 듯한 폭음이 공기를 가르면서 무시무시한 검은 연기가 서쪽 하늘로 치솟았다.

"마지막 탄약 창고를 폭파시켰을 거요, 틀림없이." 레트는 침착하게 말했다. "어째서 오늘 아침에 실어내지 않았담. 어리석은 놈들. 시간은 넉넉하게 있었는데. 어쨌든 우리에겐 형편이 불리해졌는걸. 나는 시내 중앙을 삥 돌아서 가면, 저 엄청난 불이며 디케이터 거리의 주정뱅이들을 피해 안전하게 시의 서남쪽으로 갈 수 있을 것이라고 생각했었지요. 그러자면 어디선가 마리에타 거리를 가로질러야 하는데, 지금 그 폭발은 어쩐지 마리에타 거리 근처인 것 같군요."

"그럼…… 그럼 불 속을 뚫고 가야만 하나요?" 스칼렛은 몸서리를 쳤다.

"빨리만 가면 그럴 필요도 없겠는데." 말하면서 레트는 마차에서 뛰어내려 그곳 정원의 어둠 속으로 사라졌다 얼마 안 있어 가느다란 나뭇가지를 손에 들고 돌아오더니, 그 가지로 가죽이 벗겨진 말의 등허리를 사정없이 후려갈겼다. 말은 헐떡이면서도 비틀거리며 달리기 시작하였다. 마차는 앞쪽으로 심하게 흔들리고, 타고 있는 사람들은 냄비 속의 옥수수 튀김처럼 튀어올랐다. 갓난아기는 불에 데인 것처럼 울어 대고 프리시와 웨이드는 마차의 옆구리에 몸을 부딪쳐서 비명을 질렀다. 그러나 멜라니는 한 마디도 소리를 내지 않았다.

마리에타 거리에 가까워지자 나무들이 듬성듬성해지고 무지막지한 소리와 함께 불길은 건물보다 높이 치솟아 길이나 집들을 대낮보다도 밝게 비추고, 그 그림자가 심한 파도에 시달리는 난파선의 찢긴 돛처럼 무시무시하게 땅을 기고 있었다.

스칼렛은 이를 딱딱 마주치며 떨고 있었다. 그러나 너무 무서워서 자신은 그것을 모르고 있었다. 불길의 열기가 얼굴을 달구는데도 그녀는 오한이 나서 몸을 떨었다. 이것이야말로 바로 지옥이다. 뿐만 아니라 그녀는 지금 그 지옥 속에 있는 것이다. 만약 무릎이 떨리지 않게 할 수만 있다면, 그녀는 마차에서 뛰어내려 비명을 지르면서 지금 온 길을 되돌아가 피티팻의 집으로 뛰어들어 갔을지도 모른다. 그녀는 레트 곁으로 꼭 다가앉아서 떨리는 손가락으로 그의 팔을 붙잡으며 위안의 말, 무엇이고 마음을 진정시켜 줄 만한 말을 기대하면서, 그의 얼굴을 올려다보았다. 사람들을 비추고 있는 불길한 시뻘건 불빛 속에 그의 검은 옆모습은 고대 동전에 새겨진 조각처럼 뚜렷이 부각돼 있었다. 아름답고 냉혹하고 퇴폐적인 표정이었다. 그녀가 팔을 움켜잡자 그는 얼굴을 돌렸다.

그 눈은 불빛에 못지않을 만큼 무서운 빛으로 번쩍이고 있었다. 스칼렛에게는, 그가 이 상황에서 강한 즐거움을 느끼고 신나하면서 한편으로는 우습게 보고 있다고 여겨졌다. 그리고 그는 마치 그들이 다가가고 있는 지옥을 기꺼이 맞으려는 듯이 보였다.

"이걸로," 그는 허리띠에 지른 총신이 긴 권총에 한 손을 대면서 말했다. "당신이 있는 쪽에서 마차에 접근해서 말에 손을 대려는 놈이 있으면 흑인이건 백인이건 상관 말고 쏘시오. 시비는 그 다음에 가리기로 하고. 그러나 덤비다가 말을 쏘면 안 돼요."

"저도…… 저도 권총이라면 갖고 있어요." 스칼렛은 막상 죽음에 맞닥뜨리면 도저히 방아쇠를 당길 자신은 없었지만, 무릎 위에서 권총을 움켜쥐고 속삭였다.

"갖고 있다고요? 어디서 난 겁니까?"

"찰스 거예요."

"찰스?"

"그래요, 찰스…… 제 남편인……."

"허어, 그럼 당신이 정말로 남편을 가져 본 적이 있단 말입니까?" 그는 속삭이고 킥킥 웃었다.

레트가 좀더 진지해 주기만 한다면! 레트가 좀더 서둘러 주기만 한다면!

"그렇다면 어떻게 나에게 어린애가 생겼다고 생각하세요?" 그녀는 사납게 외쳤다.

"남편 없이도 어린애를 갖는 방법은 얼마든지 있지요."

"수다 떨지 말고 빨리 좀 갈 수 없어요?"

그러나 그는 마리에타 거리 가까이 이르자 느닷없이 고삐를 당기고 아직 불길이 닿지 않은 창고 그늘에 마차를 세웠다.

"빨리요!" 그녀의 마음을 차지하고 있는 것은 오직 이 한 마디뿐이었다. 빨리! 빨리!

"군인들입니다." 그가 말했다. 병사의 한 대열이 마리에타 거리를 걸어왔다. 세차게 불타고 있는 건물 사이를 보통의 행군 속도로 가까스로 총을 맨 채 고개를 축 늘어뜨리고, 너무 지쳐서 서두르지도 못하고, 좌우로 떨어지는 불타는 목재며 주위에 밀어닥치는 연기에 주의할 기력도 없는 이들이었다. 옷은 모두 너덜너덜하고, 찢어진 모자의 테에 꿰매 붙인 C·S·A[3] 표지[4]만을 간혹 볼 수 있어서 그것으로 겨우 병사와 장교를 분간할 수 있었다. 대부분 맨발인 사람이 많고 머리나 팔에 더러운 붕대를 감고 있는 사람도 많이 섞여 있었다. 그들은 말도 없고, 좌우를 보는 일도 없이 묵묵히 지나갔다. 만약 발소리까지도 내지 않았다면 영락없는 유령이었다.

---

3) 남부동맹군 병사.
4) 장교 표지.

"잘 보아 두십시오." 레트의 비웃음 섞인 말투가 흘러 나왔다. "영광스런 대의를 위해서 싸운 군대가 물러가는 모습을 보았다면, 손자들에게 들려 줄 이야기가 있을 테니 말입니다."

갑자기 스칼렛은 이 사나이가 미워졌다. 순간적으로 공포조차 잊고, 공포 따위는 보잘것없는 하찮은 것이라고 생각했을 만큼 그가 극도로 밉다고 생각했다. 그녀의 안전도, 뒤에 타고 있는 사람들의 안전도 오직 그에게 달려 있다는 것을 알고 있었지만, 이 비참한 아군 대열을 비웃는 그가 미워 견딜 수 없었던 것이다. 그녀는 죽은 찰스, 죽었을지도 모르는 애쉴리, 엉성한 무덤 속에서 썩어 가고 있는 씩씩하고 용감한 모든 청년을 생각하였다. 그리고 지난날엔 그녀 자신도 이 병사들을 바보라고 생각하고 있었다는 것은 까맣게 잊고 있었다. 그녀는 말을 할 수가 없었다. 그러나 찬찬히 그를 쏘아 보고 있는 그녀의 눈에는 심한 증오와 혐오가 타오르고 있었다.

부대의 마지막 병사들이 지나가려고 했을 때 총을 끌며 걷고 있던 마지막 줄의 조그만 그림자가 비틀거리다가 후퇴해 가는 부대의 뒤를 물끄러미 바라본 채 거기에 멈춰서고 말았다. 얼굴은 먼지투성이가 되고 극도의 피로 때문에 표정을 잃어서 마치 몽유병자처럼 보였다. 키는 스칼렛 정도밖에 안 되고 총의 길이와 별로 차이가 없을 만큼 작았다. 더러워진 얼굴에는 수염도 나 있지 않았다. 나이는 고작 열여섯 살쯤이었다. 향토 방위군의 일원이거나 아니면 학교를 뛰어나와 군대에 들어간 학생이 틀림없을 것이라고 스칼렛은 애처롭게 생각했다. 계속 보고 있으려니, 소년의 무릎이 차차 꺾이더니 마침내 모래먼지 속에 쓰러지고 말았다. 그러자 마지막 대열에서 두 병사가 아무 말 없이 소년에게로 되돌아왔다. 그리고 허리띠에 닿을 만큼 길고 검은 수염에 키가 크고 깡마른 사나이가 묵묵히 또 한 사나이에게 자기 총과 소년의 총을 둘 다 건네주었다. 그리고 몸을 굽혀 소년을 거뜬히 어깨에 둘러메었다. 그러고는 무게 때문에 어깨를 구부리면서 천천히 부대 뒤를 따라갔다. 소년은 몹시 지쳐 있었지만, 윗사람들에게 놀림 받은 아이처럼 성을 내며 외치기 시작했다.

"내려 줘! 내려 달라니까! 난 걸을 수 있단 말이야!"

텁석부리 사나이는 잠자코 길 모퉁이를 돌아서 가버렸다.

레트는 고삐를 늦춘 채 가만히 앉아서 그들의 모습을 배웅하고 있었다. 이

때 그 거무튀튀한 얼굴에 이상하게 침통한 표정이 나타났다. 가까이에서 재목이 무너져내리는 소리가 들리고 자기들이 그 그늘에 숨어 있던 창고의 지붕 위를 가느다란 불길의 혓바닥이 핥기 시작하는 것을 스칼렛은 보았다. 그러자 순식간에 승리에 날뛰는 깃발 같은 불길이 머리 위에 높이 펄럭였다. 뜨거운 연기가 스칼렛의 콧구멍을 덮쳤다. 웨이드와 프리시는 캑캑거리고 갓난아기는 낮게 재채기 같은 소리를 냈다.

"어머, 어떻게 된 거예요, 레트! 당신, 정신이 돈 거 아니에요? 빨리! 서둘러요!"

레트는 거기에는 대답하지 않고 나뭇가지로 힘껏 말 등허리를 후려쳤다. 그 호된 채찍의 힘으로 말은 쏜살같이 달리기 시작하였다. 온 힘을 쥐어 짠 속력으로 말은 수레를 흔들면서 마리에타 거리를 가로질러 갔다. 앞쪽은 그야말로 불길의 터널이었다. 철도 선로로 통하는 비좁고 짧은 길 양쪽에서 집이 한창 불타고 있는 것이었다. 그들은 그 속을 뚫고 나갔다. 태양 열두 개를 합친 것보다도 더 강렬한 섬광이 눈을 어지럽히고 맹렬한 열기가 살갗을 덮치고, 우르릉우르릉하는 소리, 우지직우지직하는 소리, 와그르르하는 소리가 고통의 물결이 되어 귀를 덮쳤다. 이 화염 지옥 속에 있었던 시간은 영원만큼 길게 느껴졌으나 그들은 별안간 어스름 속으로 다시 들어갔다.

레트는 기계적으로 채찍질을 하면서 그 길을 곧장 달려나가고 건널목을 뛰어넘었다. 그의 얼굴은 자기가 어디에 있는지조차 잊은 듯 마음이 엉뚱한 곳에 가 있는 것처럼 보였다. 넓은 어깨를 앞으로 숙이고 무슨 유쾌하지 못한 생각에 마음이 사로잡힌 것처럼 턱을 내밀고 있었다. 불길의 열기 때문에 이마와 볼에 땀이 비오듯 흐르고 있었지만, 그는 그것을 닦으려고도 하지 않았다.

마차는 샛길에서 샛길로, 비좁은 거리를 몇 번이나 꼬불꼬불 돌아갔으므로 스칼렛은 방향조차 알 수 없게 되고 말았다. 불길의 으르렁거리는 소리는 이미 들려오지 않았다. 레트는 여전히 말도 없이 그저 규칙적으로 채찍을 휘두르고 있을 뿐이었다. 하늘을 물들이고 있던 불도 차차 없어져서 길은 어둡고 무서워졌다. 스칼렛은 어떤 말이라도 듣고 싶었다. 조롱이건 모욕이건 아무리 심한 말이라도 좋으니 레트가 말을 걸어 주기를 바랐다. 그러나 그는 입을 열려고 하지 않았다.

어쨌든 스칼렛으로서는 그가 말을 해 주든 안 해 주든 곁에 있어 주는 것만으로도 든든하게 느껴졌고 고맙게 생각됐다. 곁에 한 사나이가 있고 그에게 붙어 앉아 그 팔의 울퉁불퉁한 근육을 느끼고, 그가 나타낼 수 없는 공포와 그녀 사이에 떡 버티고 앉아 있는 것이라고 생각하면, 아니 단지 그가 거기에 있다는 것만으로도 아주 마음이 든든했다.

"저, 레트." 그녀는 그의 팔을 꼭 잡고 속삭였다. "우린 당신이 없었다면 어떻게 되었을까요? 당신이 군대에 들어가지 않아서 참 다행이었어요."

그는 얼굴을 돌려 그녀를 힐끗 보았다. 그것은 그녀를 소스라치게 하고 저도 모르게 팔을 잡았던 손을 떼게 하는 눈초리였다. 그의 눈에는 여느 때 같은 조롱기가 없었다. 마음을 송두리째 드러내 놓은 눈초리 속에는 분노와 뭔지 알 수 없는 난처함 비슷한 것이 나타나 있었다. 그는 입술을 꽉 다물고, 곧 앞쪽으로 얼굴을 돌렸다. 오랫동안 그들은 한 마디도 말을 나누지 않고 마차에 흔들리면서 갔다. 이따금 갓난아기의 울음소리와 프리시의 훌쩍이는 소리가 들려올 뿐이었다. 그 훌쩍이는 소리를 견디다 못한 스칼렛이 돌아보고 프리시를 꼬집자 커다란 비명을 질렀으나, 이윽고 소리를 냈다가 꾸지람 듣는 것이 무서워서 다시 잠잠해지고 말았다.

마침내 레트가 말머리를 똑바로 돌리고 나서 얼마 안 있다가 넓고 평평한 길이 나왔다. 어둠 속에서 어렴풋이 보이는 집들의 그림자는 차차 멀어지고 양쪽에는 숲이 벽처럼 한없이 잇닿아 있었다.

"겨우 애틀랜타를 벗어났군요." 고삐를 당기면서 레트는 무뚝뚝하게 말했다. "이것이 러프 앤 레디로 통하는 주도로이지요!"

"서둘러 주세요. 세우지 마세요."

"말을 한숨 돌리게 해야죠." 그는 그녀 쪽을 돌아보며 느릿한 투로 물었다. "그런데 스칼렛, 당신은 아직도 이따위 미친 짓을 계속할 작정입니까?"

"계속하다뇨?"

"당신은 아직도 타라까지 뚫고 갈 작정이냐는 말입니다. 그건 자살 행위예요. 스티브 리 장군의 남군 기병대와 북군이 여기하고 타라 사이를 막아서고 있으니까 말입니다."

아! 끔찍했던 오늘 하루를 겨우 여기까지 빠져나왔는데 이제 와서 그는 타라에 가기를 마다하는 것일까?

"네, 가고 싶어요! 가고 싶어요! 제발 레트, 서둘러 주세요. 말은 아직 조금도 지치지 않았으니까요."

"잠깐 기다려 주십시오. 이 도로에서 존즈버러로 갈 수는 없습니다. 철길을 따라 갈 수도 없어요. 러프 앤 레디 남쪽은 종일 전투가 있었으니까요. 당신은 러프 앤 레디노 존스버러노 지나지 않고 타라로 가는 길을 알고 있습니까? 작은 짐마차만 지날 수 있으면 어떤 길이라도 좋겠는데."

"알고 있어요." 스칼렛은 마음이 놓여서 외쳤다. "러프 앤 레디 근처까지 가면 존즈버러로 가는 주도로에서 갈라져서 몇 마일인가 돌아서 가는 짐마차 길이 있어요. 아버지와 같이 곧잘 말을 타고 다니던 길이에요. 그 길로 가면 매킨토시네 농장으로 나가게 돼요. 타라에서 겨우 1마일쯤 되는 곳이에요."

"좋소. 당신은 아마 러프 앤 레디를 무사히 지날 수 있을 거요. 스티브 리 장군이 오늘 오후까지 거기서 남군의 후퇴를 엄호하고 있었으니까, 북군은 아직 와 있지 않을 거라고 생각되오. 만약 스티브 리 장군의 부하에게 이 말을 뺏기지만 않는다면 당신은 무사히 지날 수 있을 게 틀림없소."

"내가…… '내가' 말인가요?"

"그렇소, '당신'이 말입니다." 그의 목소리는 거칠었다.

"하지만 레트…… 당신은…… 당신이 데려다 주시는 게 아닌가요?"

"아뇨, 난 여기서 작별해야겠습니다."

그녀는 미칠 것 같은 심정으로 주위를 둘러보았다. 등 뒤의 납빛 하늘을, 감옥의 벽처럼 양쪽에 늘어서 있는 검은 거목을, 마차 뒤쪽에 겁에 질려 있는 사람들의 모습을, 그리고 마지막으로 레트를 보았다. 아, 나는 미쳐 버린 것이 아닐까? 레트의 말을 잘못 들은 것이 아닐까? 그는 이미 웃고 있었다. 희미한 빛 속에서 그의 흰 이를 볼 수가 있었다. 눈에는 예의 비웃음이 서려 있었다.

"작별? 그리고 어디로…… 어디로 당신은 가시나요?"

"사랑하는 아가씨여, 나는 군대와 함께 가는 것입니다."

그녀는 안심과 초조가 뒤섞인 한숨을 쉬었다. 왜 그는 하필이면 이런 경우에 농담을 하는 것일까? 레트가 군대에 들어간다? 그는 북소리나 웅변가의 신나는 말에 속아 넘어가서 목숨을 버리러 가는 바보, 약삭빠른 사람에게 벌이를 시켜 주기 위해서 목숨을 버리는 바보들을 입이 닳도록 욕하지 않았던가.

"너무 놀라게 하면 당신을 목졸라 죽일 거예요. 자, 가요."

"나는 농담을 하고 있는 게 아닙니다. 나의 용감한 희생정신을 당신이 보다 훌륭한 정신을 갖고 이해해 주시지 않는다니 섭섭한데요. 당신의 애국심, 우리의 영광된 대의에 대한 당신의 사랑은 어디 갔지요? 자, 지금이야말로 당신은 '방패를 들고 서라, 아니면 방패에 실려 돌아오라'[5]고 격려할 때입니다. 하지만 격려하시려면 빨리 격려해 주십시오. 나도 싸움터로 달려가기 전에 용감한 연설 한 마디쯤은 떠들고 싶으니까요."

그의 느릿한 목소리는 비웃는 것처럼 그녀의 귀에 울렸다. 그는 그녀를 놀리고 있는 것이다. 뿐더러 그녀에게는 어쩐지 그가 그 자신까지도 비웃고 있는 것처럼 여겨졌다. 그는 도대체 무슨 소리를 하고 있는 것일까? 애국심이니 방패니 용감한 연설이니 하면서 말이다. 그가 하는 말뜻을 알 수가 없었다. 죽을지도 모를 여자와 갓 태어난 아기와 바보 같은 검둥이 계집애와 겁에 질린 어린 애를 한 어깨에 짊어지고 있는 그녀를 이렇게 어두운 한길에 내버리고, 뿐만 아니라 앞으로 몇 마일이 될지 모르는 싸움터와 패잔병과 북군과 불길과 또 그 밖에 무엇이 튀어나올지도 알 수 없는 속을 그녀에게 돌파시키려는 마당에, 태평스럽게 그런 잔소리를 떠벌리고 있는 것이 아무래도 제정신이라고는 믿어지지 않았다.

옛날에 그녀는 여섯 살 때 나무에서 떨어져 배를 다친 일이 있었다. 그때의 숨을 돌릴 때까지의 괴로움을 지금도 생각해 낼 수가 있었다. 그리고 지금 레트를 보고 있으려니 그때와 똑같은 숨 쉴 수 없는 고통, 기절할 것 같은, 구역질이 날 것 같은 불쾌감을 그녀는 느끼는 것이었다.

"레트, 당신은 농담을 하고 계시는군요."

그녀는 그의 팔을 잡았으나 자기 손목에 공포의 눈물이 뚝뚝 떨어지는 것을 느꼈다. 그는 그녀의 손을 잡고 기분 좋게 키스했다.

"어디까지나 이기적인 아가씨로군요. 당신은 단지 자기 목숨의 귀중한 것만 생각하고 우리 정의를 용감하게 받드는 남부동맹에 대해서는 조금도 생각하지

---

5) 스파르타의 어머니가 아들이 출정할 때 하는 격려.

않는군요. 내가 뒤늦게 나타남으로 해서 아군의 사기를 얼마나 복돋아줄 것인지 생각 좀 해 보십시오.”

그의 목소리에는 짓궂은 다정함이 깃들어 있었다.

“오, 레트.” 그녀는 울음소리를 냈다. “어떻게 그런 짓을 할 수가 있어요? 어째서 우리를 버리고 가시나요?”

“어째서?” 그는 쾌활하게 웃었다. “우리 남부인 모두에게 숨어 있는 감상적 버릇이 본색을 드러냈는지도 모르오. 아니, 그것보다도 아마…… 아마, 내가 수치를 알게 되었기 때문인지도 모르오. 어느 쪽인지 잘 모르겠지만 말입니다.”

“수치를 알았다고요? 수치를 알았다면 죽는 게 옳아요. 우리를 이런 곳에 버려 두고, 외톨이인 연약한…….”

“스칼렛, 당신은 절대로 연약하지 않아요. 당신처럼 이기적이고 의지가 굳은 사람이 연약한 일은 절대로 없소. 북군이 당신을 붙잡는다면 하느님은 양키를 도운 것이 되겠지요.”

그는 갑자기 마차에서 뛰어내렸다. 그리고 어떻게 해야 할지 몰라 난처한 얼굴로 멍하니 바라보고 있는 그녀 쪽으로 돌아왔다.

“내리십시오!” 그는 명령하듯이 말했다. 그녀는 그를 바라보고만 있었다. 그는 우악스럽게 손을 뻗쳐서 그녀를 안아 자기 옆의 땅바닥에 내려놓았다. 그리고 두말없이 마차에서 몇 걸음 떨어진 곳까지 그녀를 끌고 갔다. 그녀는 신발 속에 모래와 잔돌이 들어가서 발이 아팠다. 고요하고 따뜻한 어둠이 그녀를 꿈처럼 감쌌다.

“나는 당신에게 알아 달라고도 용서해 달라고도 부탁하지 않소. 당신이 이해해 주거나 용서해 주거나 그런 건 나에게 있어선 조금도 고맙지 않아요. 우선 나 자신도 왜 이런 바보 같은 짓을 할 생각이 났는지 전혀 알 수 없고, 용서할 수도 없으니까요. 아직도 내 속에 돈키호테적인 게 이처럼 많이 남아 있는 것을 발견하고 나는 나 자신에게 당할 수가 없게 됐단 말입니다. 하지만 우리 아름다운 남부는 지금 모든 남자를 필요로 하고 있소. 우리 용감하신 브라운 지사께서 그렇게 말하지 않았던가요? 그런 건 아무래도 좋소. 어쨌든 나는 싸우러 가는 겁니다.”

그는 별안간 웃었다. 어두운 숲에 메아리칠 만큼 잘 울리는 거리낌없는 웃음소리였다.

"사랑스런 그대여, 이 몸이 이렇듯 명예를 깊이 사랑하지 않았던들, 그대를 또한 이렇듯 사랑하지 않았으리.' 어때요? 이 자리에 어울리는 연극 대사가 아닙니까. 적어도 내가 현재 생각해 낼 수 있는 것보다는 훨씬 낫다는 것만은 확실합니다. 왜냐하면 스칼렛, 지난날의 어느 날 밤, 당신네 현관에서 그런 소리를 지껄이긴 했지만 나는 사실 당신을 사랑하고 있기 때문이오."

그의 느릿한 말투는 애무하듯이 울리고 그의 뜨겁고 힘찬 손은 그녀의 드러난 팔뚝을 가만히 쓸어올렸다.

"나는 당신을 사랑하고 있소. 우리는 둘 다 배신자이고 이기적이고 악당 같은 면이 있는 사람들이오. 그래서 나는 당신을 사랑하는 거요. 우리는 자기들만 안전하고 유쾌하면 세상이 어떻게 되든 도무지 아랑곳하지 않으니까요."

그의 말소리는 어둠 속에서 계속되었다. 그러나 그녀는 그런 말을 들어도 아무런 느낌도 생기지 않았다. 그녀의 마음은 지친 나머지 다만 그가 자기들을 북군의 눈앞에 버리고 간다는 매정한 사실을 그녀에게 이해시키려고 애쓰고 있을 뿐이라고 생각했다. 그녀의 마음은 그저 '레트가 나를 버리고 간다, 레트가 나를 버리고 간다' 뇌까리고 있을 뿐 아무런 감정도 일어나지 않았다.

이윽고 그는 팔을 그녀의 허리와 어깨에 둘렀다. 그녀는 그의 굳건한 허벅다리 근육을 자기의 몸에서 느끼고, 그의 윗옷 단추가 가슴에 눌리는 것을 느꼈다. 어리둥절하고 무서우며 따뜻한 감정의 물결이 온몸에 흘러서 시간도 장소도 환경도 그녀의 마음에서 날려 보내고 말았다. 그녀는 자기를 헝겊으로 만든 인형처럼 맥없는 것으로 느끼고, 단지 따뜻하고 약하고 무력한 것으로 느꼈다. 그리고 자기를 받쳐 주고 있는 그의 팔만이 기분 좋게 느껴졌다.

"내가 한 말을 다시 생각해 보실 마음은 없소? 위험과 죽음만큼 자극을 주는 것은 없어요. 애국심을 불러일으켜 주시오, 스칼렛. 죽음을 각오한 전사를 어떻게 하면 아름다운 추억과 함께 싸움터로 보낼 수 있을지 그걸 생각해 보아요."

그는 벌써 키스하고 있었다. 그의 수염이 그녀의 입술에 부드럽게 스쳤다. 밤새도록이라도 계속하고 있을 듯이 침착하고 뜨거운 키스였다. 찰스는 이런 식으로 키스한 일이 없었다. 이렇게 그녀를 흥분케 했다가 차갑게 만들고, 몸을 부르르 떨게 하는 키스는 탈레턴 집안이나 캘버트 집안의 청년들도 한 적이 없었다. 그는 그녀의 몸을 젖히게 하고 입술을 목에서 윗옷에 단 보석 있는 데까지 더듬어 내려 왔다.

"사랑스러워." 그는 속삭였다. "정말 사랑스러워."

그녀는 어둠 속의 마차 그림자를 물끄러미 바라보았다. 그리고 높고 가는 웨이드의 목소리를 들었다.

"엄마, 웨이드 무서워!"

정열에 이성을 잃은 그녀의 마음에 갑자기 싸늘한 의식이 돌아왔다. 그러자 그때 그녀가 그동안 잊고 있었던 일, 자기 역시 무섭다는 것, 그리고 레트가 자기들을 내버리고 간다는 사실을 겨우 생각해 냈다. 그뿐 아니라 그는 길가에서 뻔뻔스런 구애로서 감히 그녀를 모욕하는 것 같은 파렴치한 짓을 했던 것이다. 그걸 생각하자 노여움과 증오가 몸 안에 확 퍼졌다. 그녀는 등을 꼿꼿이 세우고 사납게 몸을 뒤틀어 그의 팔에서 몸을 떼어 냈다.

"비열한 인간!" 이렇게 외쳤으나 그녀의 마음은 좀더 호된 욕설은 없을까 하고 부글부글 끓고 있었다. 아버지 제럴드가 링컨 씨나 매킨토시네나 고집센 노새에게 곧잘 퍼붓던 욕설을 생각해 내려고 했지만 도무지 나오질 않았다.

"이 천하고 비겁하고 더러운 망나니 같으니!" 그리고 그 이상 가슴이 후련해질 만한 욕설이 생각나지 않았으므로 그녀는 팔을 당겨 남아 있는 온 힘을 담아서 그의 입언저리를 후려쳤다. 그는 얼굴에 손을 대고 한 걸음 뒤로 물러났다.

"아아" 하고 그는 조용히 소리쳤다. 그리고 잠시 두 사람은 어둠 속에 마주보고 서 있었다. 스칼렛은 그의 거친 숨소리를 들을 수 있었다. 그녀의 숨결도 힘껏 달리고 난 뒤처럼 헐떡거리고 있었다.

"남들이 모두 하던 말이 옳았어요! 누구의 의견이나 다 옳아요! 당신은 신사가 아니에요!"

"사랑하는 아가씨여," 그는 말했다. "그것만으로는 좀 모자라지 않습니까."

그녀는 그가 웃고 있다는 것을 알았다. 그렇게 생각하자 더욱 화가 치밀었다.

"자, 가 버려요! 지금 당장 가 주세요, 빨리! 이젠 두 번 다시 당신 같은 사람은 만나고 싶지 않아요. 당신 같은 사람은 대포알이나 맞았으면 좋겠어요. 그리고 산산조각이 났으면 좋겠어요. 나는……."

"아니, 이제 그만하면 됐소. 당신의 전체적인 의견은 그것으로 대략 짐작이 가니까요. 내가 죽어서 국가의 제단에 모셔졌을 때 당신이 양심의 가책을 느껴주시길 기대하겠습니다."

그녀는 웃으면서 몸을 돌려 마차 쪽으로 가는 그의 모습을 보았고, 멜라니에게 이야기하고 있는 그의 목소리를 들었다. 그 목소리는 언제나 그가 멜라니에게 이야기할 때의 정중한 존경을 담은 말투로 바뀌어 있었다.

"윌크스 부인."

마차 속에서 프리시의 겁먹은 목소리가 대답했다.

"큰일났사와요, 버틀러 선장님! 멜라니 아씨께서는 벌써부터 까무러쳐서 누워 계시와요."

"숨은 쉬고 계시냐?"

"네, 숨은 쉬고 계시군입쇼."

"그럼 그냥 그렇게 놔 두는 편이 좋겠다. 의식이 있다면 이런 고통 속에서 도저히 살아 있을 수가 없을 거야. 잘 간호해 드려야 한다. 프리시. 자, 은화를 줄 테니까 받아 둬라. 너는 지금보다 더 바보가 될 생각은 아예 말아라."

"네, 고맙습니다요."

"잘 가요. 스칼렛."

그가 자기를 돌아보고 있다는 것은 알고 있었지만 그녀는 잠자코 있었다. 너무나 미워서 말이 나오질 않았던 것이다. 그의 발은 길에 깔린 자갈을 버석버석 밟고 있었다. 한동안 그의 넓은 어깨가 어둠 속에 어렴풋이 보였으나, 이윽고 보이지 않게 되었다. 그리고 잠시 그의 발소리만이 들려왔으나 얼마 뒤 그것도 사라졌다. 그녀는 천천히 마차 쪽으로 돌아갔다. 무릎이 떨리고 있었다.

그는 왜 가버렸을까? 어둠 속으로, 전쟁 속으로, 상실된 대의명분 속으로, 미친 것 같은 세계 속으로, 여자와 술의 환락을, 맛있는 식사나 폭신한 침대의 즐거움을. 고급 리넨이나 가죽의 감촉을 그처럼 사랑하고, 남부의 모든 주를 미워하고 남부를 위해서 싸우는 사람들을 그처럼 바보라고 비웃던 레트가 어째서 가버린 것일까? 그는 바야흐로 굶주림이 쉴 새 없이 엄습해 오고, 부상과 피로와 비통함이 울부짖는 이리처럼 판치고 있는 고난의 길로 그 잘 닦여진 부츠를 신고 들어선 것이다. 그 길이 끝나는 곳은 죽음이다. 굳이 갈 필요는 없잖은가. 그는 안전하고 유복하며 유쾌하게 생활할 수 있을 텐데. 그러나 그는 가버렸다.

그녀와 타라 사이에는 아직도 북군이 있다는데, 그녀를 이 지척을 분간할 수 없는 어둠 속에 혼자 남겨 놓고 가버린 것이다. 그때서야 그녀는 그에게 퍼붓고 싶은 욕설이 생각났다. 그러나 이미 때가 늦었다. 그녀는 갈기를 늘어뜨리고 있는 말의 목에 기대어 울었다.

24

머리 위에 우거진 나무들의 우듬지 사이로 비쳐드는 밝은 햇살에 스칼렛은 눈을 떴다. 불편한 자세로 잠잤던 탓인지 몸이 뻐근하고, 잠깐은 자기가 어디에 있는 것인지도 생각나지 않았다. 태양은 눈부시고, 마차 바닥의 딱딱한 널빤지가 몸에 배기고 다리엔 무거운 것이 얹혀져 있었다.

일어나려다가 보니 다리 위의 무거운 것은 그녀의 무릎을 베개삼아 자고 있는 웨이드였다. 멜라니의 맨발이 바로 눈 앞에 있었다. 프리시는 마부석 밑에서 검은 고양이처럼 둥글게 몸을 구부린 채 자고 있었고, 그녀와 웨이드 사이에는 작은 갓난아이가 끼여 있었다.

이윽고 그녀는 모든 것을 생각해 낼 수 있었다. 그래서 정신이 번쩍 나서 일어나 고쳐 앉고 얼른 주위를 둘러보았다. 다행스럽게도 북군 병사의 모습은 아무 데도 보이지 않는다! 그녀들이 숨어 있는 이곳은 밤 사이에 끝내 발견되지 않았던 것이다. 모든 일이 머릿속에 되살아났다. 레트의 발소리가 사라져 버리고 난 뒤의 악몽과도 같은 여행길, 끝없는 밤, 덜커덩거리며 쉬지 않고 달려 온 수레바퀴 자국과 자갈투성이의 캄캄한 길, 이따금 바퀴가 미끄러져 빠진 길 양쪽의 깊은 도랑, 그때마다 그녀와 프리시는 무서움에 떨며 죽을힘을 다해 마차를 도랑에서 밀어 올렸던 것이다. 얼마나 여러 번 군대가 다가오는 소리를 듣고는 적인지 아군인지 모른 채 밭이나 숲 속으로, 마다하는 말을 억지로 몰아댔던가……. 또 기침, 재채기, 웨이드의 딸꾹질 따위가 자기들이 있는 곳을 군인들에게 알리지는 않을까 하고 얼마나 걱정했던가. 아아, 군인들이 말소리도 내지 않고, 마치 유령처럼 지나간 저 어두운 거리. 들리는 것이라곤 단지 부드

러운 흙을 밟는 조용한 발소리와 마구가 스치는 희미한 소리와 졸라맨 가죽띠
가 삐걱거리는 소리뿐이었다. 그리고 또 말이 지쳐서 갑자기 움직이지 않게 되
어 그녀들이 숨을 죽이고 있는 곁을 기병대와 포차가 달려 지나가던 그때의 무
서움이란! 손을 뻗치면 닿을 만큼 너무나 가까운 옆이었으므로 군인들의 몸에
서 풍기는 퀴퀴한 땀냄새까지 맡을 수 있었을 정도였다.

가까스로 러프 앤 레디가 가까워지자 야영하는 불빛이 두셋 보였다. 스티브
리 장군의 후위대 중의 마지막 부대가 후퇴 명령을 기다리고 있는 것이었다. 그
녀들은 그 야영의 불이 보이지 않게 될 때까지 1마일쯤이나 경작지를 가로질
러 우회하였다. 그런데 그러는 사이 어둠 속에서 길을 잃고, 환히 알고 있는 줄
만 알았던 좁은 짐마차 길을 찾아낼 수가 없어서 그녀는 마침내 울어 버리고
말았다. 이윽고 가까스로 길을 찾게 되자 이번에는 마차가 바퀴 자국에 빠져서
말이 움직이지 않게 되고 말았다. 그리고 그녀와 프리시가 아무리 말을 끌어도
일어나려 하지 않는 것이다.

할 수 없이 그녀는 마구를 끄르고 녹초가 된 몸으로 짐마차 뒤쪽에 기어들
어가 아픈 다리를 뻗었다. 졸려서 막 잠이 들려고 할 때에 멜라니가 이렇게 말
한 것을 그녀는 어렴풋이 기억했다. 그것은 빌 듯이 부탁하는 가냘픈 목소리
였다.

"스칼렛, 물 좀 먹을 수 없을까요?"

"물이 어디 있어야지." 이렇게 그녀는 말했으나, 말을 미처 다 끝내기도 전에
잠들고 말았다.

그러나 벌써 아침이다. 사방은 조용하고 화창하고 녹음이 짙었으며 군데군
데 금빛으로 빛났다. 군인들의 모습은 아무 데도 보이지 않는다.

배는 고프고, 목은 탔다. 온몸의 뼈 마디마디가 아팠다. 여태까지는 리넨 시
트와 가장 보드라운 깃털이불 속이 아니면 편한 잠을 잘 수 없었던 스칼렛 오
하라가 마치 들일하는 여자처럼 딱딱한 널빤지 위에서 잠을 잘 수 있었다는 것
이 이상해서 견딜 수 없었다.

햇빛에 눈을 깜박거리면서 문득 멜라니의 모습을 바라보다가 그녀는 갑자기
무서워져서 숨이 턱 막혔다. 멜라니가 새파랗게 질린 얼굴로 너무나 조용히 자
고 있으므로 죽은 게 아닐까 하고 생각한 것이다. 정말로 멜라니는 죽은 것 같

았다. 여윌 대로 여윈 얼굴에 흐트러진 검은 머리가 뒤엉켜 마치 죽은 노파처럼 보였다. 그러나 자세히 보니 가는 숨을 쉬면서 가슴을 조금씩 들먹이고 있어 겨우 마음이 놓였다. 역시 멜라니도 지난밤에 살아남았던 것이다.

스칼렛은 이마에 손을 대고 다시 주위를 둘러보았다. 그녀들은 분명히 어떤 집 앞뜰의 우거진 나무 밑에서 하룻밤을 지냈다. 그곳에는 모래와 자갈이 깔린 마차길이 눈 앞에서부터 주욱 뻗어 나가 삼복 가도수실 아래로 꾸불꾸불 사라지고 있었다. '어머, 맬로리 농장 아냐!' 그녀는 생각했다. 아는 사람이 있다, 그 아는 사람에게 도움을 받을 수 있다고 생각하자 너무 기뻐서 가슴이 마구 뛰었다.

그러나 이 농장에도 역시 죽음 같은 정적이 깔려 있었다. 말발굽이며 수레바퀴며 군화에 함부로 짓밟혀서 관목도 잔디밭의 풀도 엉망진창이 돼 있고, 흙까지 파헤쳐서 맨땅이 드러나 있었다. 집 쪽을 바라보니 그녀가 잘 알고 있는 오래된 흰 판자벽 집 대신 시커메진 직사각형의 화강암 주춧돌과 숯이 된 나뭇잎 사이로 우뚝 서 있는 그을은 두 개의 높은 굴뚝이 있을 뿐이었다.

그녀는 몸서리치며 심호흡을 했다. 타라도 이런 식으로, 건물은 모두 불타 버리고 죽은 것처럼 잠잠하기만 할까!

'지금 그런 일을 생각해선 안 된다.' 그녀는 얼른 자신에게 타일렀다. '내가 그런 생각을 하게 해서는 안 된다. 생각하면 또 무서워질 뿐이다.' 그러나 저도 모르게 심장의 고동은 무섭게 뛰고, 그 고동의 하나하나가 마치 이렇게 외쳐 대고 있는 것 같았다. '집으로! 서둘러! 집으로! 서둘러라!'

그들은 다시 집을 향해 출발해야 했다. 그러나 그것보다도 우선 먹을 것과 물, 그중에서도 물을 찾아내야 했다. 그녀는 프리시를 흔들어 깨웠다. 프리시는 눈알을 되룩거리며 주위를 둘러보았다.

"아이고머니나, 스칼렛 아씨, 전 죽어서 천당에서 눈을 뜬 줄로 알았사와요."

"너는 천당에 가려면 아직도 멀었다" 하고 말하면서 스칼렛은 헝클어진 머리카락을 쓸어올렸다. 얼굴은 개기름이 번지고 몸은 땀에 젖어 있었다. 온몸이 지저분하게 끈적거렸고 악취마저 풍길 것 같았다. 입은 채로 잤으므로 옷은 구깃구깃했다. 이렇듯 심하게 지쳐서 몸이 쿡쿡 쑤신 적은 난생처음이었다. 지난밤의 서툰 노동 때문에 여태까지는 전혀 생각지 못했던 여러 군데의 근육이 아프기 시작하여 몸을 조금만 움직이는 것도 고통스러웠다.

멜라니를 내려다보니 그녀는 검은 눈을 뜨고 있었다. 그것은 열에 떠서 번들거리는 병든 눈이었고, 눈 밑에 부석부석한 것 같은 검은 그늘이 생겨 있었다. 멜라니는 바짝 탄 입술 사이로 애원하듯이 속삭였다. "물 좀 줘요."

"일어나라, 프리시." 스칼렛은 명령했다. "나하고 우물로 가서 물을 길어와야겠다."

"하지만 스칼렛 아씨! 귀신이 나오면 어쩝니까요. 어쩌면 누군가 죽어 있을지도 모릅니다요."

"네가 마차에서 내리는 게 싫다고 하면, 너를 귀신으로 만들어 버릴 테다." 스칼렛은 절룩절룩 마차에서 내려오면서 말했다. 더 이상 프리시를 상대로 쓸데없는 말다툼 따위를 하고 싶지 않았다.

그때 불현듯 말 생각이 났다. 오, 하느님! 만약 말이 밤 사이에 죽어 버렸으면 어쩐다지! 어젯밤 마구를 풀어 주었을 때도 당장 죽을 것 같은 몰골이었다. 얼른 마차를 돌아서 뛰어가 보니 말은 모로 쓰러져 있었다. 만약에 말이 죽어 있었다면 그녀는 틀림없이 신을 저주하고 자기도 함께 죽어 버렸을 것이다. 성서 속에도 그런 이야기가 씌어 있었다. 신을 저주하고 죽은 사람의 이야기 말이다. 그 사람의 심정을 지금 그녀는 똑똑히 알 수 있었다. 그러나 말은 살아 있었다. 괴로운 듯이 숨을 쉬면서 힘없이 눈을 반쯤 감고 있었지만, 아직 살아 있었다. 물을 먹여 주면 다시 기운이 날지도 모른다.

프리시는 오만 가지 신음소리를 다 내면서 마지못해 마차에서 내려와 쭈뼛거리며 스칼렛을 따라 가로수길을 걸어갔다. 폐허가 되어 버린 저택 뒤쪽의 흰 칠을 한 노예 숙사는 내리덮인 나무들 아래 괴괴하기만 했다. 우물은 그 숙사와 아직도 연기를 내고 있는 주춧돌 사이에 있었다. 우물의 지붕도 남아 있고, 양동이를 매단 두레박 줄이 길게 늘어져 있었다. 줄을 당겨 올려 차갑게 반짝이는 물을 담은 양동이가 어두운 우물 속으로부터 나타나자 스칼렛은 그것을 입 쪽으로 기울여 온몸이 물에 흠뻑 젖을 만큼 질질 흘리면서 꿀꺽꿀꺽 소리 내어 마셨다.

"아이구, 저도 목이 탑니다요, 스칼렛 아씨."

참다못해 짜증이 난 프리시의 목소리를 듣고서야 비로소 스칼렛은 다른 사람도 역시 물을 먹고 싶어한다는 것을 깨달았다.

"양동이를 줄에서 끌러서 마차 있는 데까지 가져 가거라. 그리고 모두에게 마시게 한 다음에 나머지를 말에게도 먹여야 한다. 멜라니는 아기에게 젖을 주지 않아도 괜찮을까? 갓난애가 굶어 죽겠구나."

"그렇지만 스칼렛 아씨, 멜라니 아씨는 젖이 안 나올 겁니다요…… 앞으로도 나오지 않을걸입쇼."

"네가 어떻게 아니?"

"멜라니 아씨 같은 분을 저는 많이 알고 있습니다요."

"제발 아는 체하지 좀 마라. 어제 해산 때만 해도 너는 아무것도 모르지 않았니. 빨리 양동이나 가져가거라. 난 뭐든지 먹을 것을 찾아올 테니까."

스칼렛은 여기저기 찾아다닌 끝에 간신히 과수원에서 사과를 몇 개 찾아냈다. 군대가 지나간 뒤라 나무에는 아무것도 달려 있지 않았고 그녀가 땅바닥에서 주운 것은 거의 썩어 있었다. 그중에서 좀 나은 것을 골라서 치마에 싸가지고 잔돌이 들어가서 걷기 힘든 구두에 신경을 쓰면서 부드러운 흙을 밟고 마차 쪽으로 돌아왔다. 왜 지난밤 좀더 튼튼한 구두로 바꿔 신을 생각을 못했을까? 왜 햇볕을 가리는 모자를 갖고 오지 않았을까? 왜 뭐든지 식량을 갖고 오지 않았을까? 바보 같은 짓을 하고 말았구나. 하지만 물론 그녀는 레트가 잘 알아서 해 주려니 생각하고 있었던 것이다.

레트! 이름만 생각해도 역겨워서 그녀는 땅바닥에 침을 뱉었다. 어쩜 그렇게도 밉살 맞은 녀석이람! 경멸할 녀석 같으니라고! 그런 그에게 그녀는 길바닥에서 키스를 허락했다. 그것도 그렇게 싫지만은 않은 마음으로. 어젯밤엔 아마 미쳤었던가보다. 얼마나 치사한 녀석인지!

돌아오자 그녀는 사과를 모두에게 나누어 주고 나머지를 마차 위에 던졌다. 말은 이제 일어나 있기는 했으나, 물을 먹여 줘도 그다지 기운이 나는 것 같지 않았다. 햇빛 아래서 보니 밤에 보았을 때보다 훨씬 초라한 말이었다. 허리뼈는 마치 늙어빠진 소의 그것처럼 불거져 있고, 갈비뼈는 빨래판처럼 앙상하게 드러나고 등은 상처투성이다. 마구를 채우는 동안 그녀는 말을 만지면서 움츠러들었다. 재갈을 주둥이에 물렸을 때, 말의 이가 모조리 빠져 있는 걸 알았다. 무척 나이를 먹은 말인 것이다. 이왕에 훔칠 바에 레트는 왜 좀더 변변한 말을 훔쳐 오지 못했을까?

그녀는 마부석에 올라앉아 호두나무 가지로 말을 채찍질했다. 말은 헐떡거리면서 움직이기 시작했으나, 한길로 나와서도 그 걸음이 너무 느려 그녀는 이럴 바엔 차라리 내려서 제발로 걷는 편이 편하고 빠를 거라고 생각했다. 아, 정말이지, 성가신 멜라니나 웨이드나 갓난애나 프리시만 없다면, 얼마든지 빨리 걸어서 집으로 돌아갈 수 있을 텐데! 아니지, 아마 뛰어가겠지. 타라와 어머니에게 가까워지는 이 길의 한 걸음 한 걸음을 아마 뛰어갔을 게 뻔하다.

이제 집까지는 15마일이 더 되지는 않을 것이다. 그러나 이 늙다리 말의 걸음으로는 하루가 꼬박 걸릴 것이 틀림없다. 몇 번씩이고 멈춰서서 말을 쉬게 해야만 하기 때문이었다. 꼬박 하루! 그녀는 이글이글 타는 황톳길을 바라보았다. 포차나 부상병 운반차 때문에 거기에는 깊은 바퀴자국이 무수히 패어 있었다. 타라가 아직 그대로 남아 있는지, 그리고 어머니 엘렌이 어떻게 됐는지, 그것을 확인하려면 아직도 몇 시간이나 걸리는 것이다. 아, 이 타는 듯한 9월 뙤약볕 아래의 여행은 몇 시간 뒤라야 끝나는 것이다.

그녀는 햇볕 속에 눈을 감고 축 늘어져 있는 멜라니를 돌아보았다. 그러고는 모자 끈을 와락 풀어서 그것을 프리시에게로 던져 주었다.

"이 모자를 멜라니 아씨의 얼굴에 덮어 드려라. 눈부신 것은 막을 수 있을 거다."

그리고 드러낸 머리에 뜨거운 햇볕을 받으면서 그녀는 생각했다.

'해가 저물 무렵에는 나는 메추리알처럼 주근깨투성이가 되고 말겠구나.'

여태까지 그녀는 모자나 베일을 쓰지 않고 햇빛 속에 나선 적이 한 번도 없었다. 또 포동포동한 하얀 손을 장갑으로 감싸지 않고 고삐를 잡은 적도 없었다. 그런데 지금은 다 죽어 가는 말이 끄는 다 망가진 마차 속에서 햇빛에 노출되어 있다. 그리고 더럽고 땀에 젖은 데다 먹을 것도 의지할 것도 없이 황폐한 땅을 달팽이처럼 느릿느릿 덜커덩거리며 꿈지럭댈 수밖에 도리가 없는 것이다. 편안하게 아무런 걱정도 없이 살아왔을 때가 불과 며칠 전이었건만! 애틀랜타는 결코 무너지지 않는다. 조지아 주는 결코 적의 침입을 용납하지 않는다고, 그녀뿐만 아니라 모두 다 생각하고 있었던 것이 바로 엊그제의 일 아니었던가. 그런데 넉 달 전, 북서쪽 하늘에 나타난 한 점의 어두운 구름은 순식간에 거대한 폭풍우가 되고 포효하는 회오리바람이 되어서 그녀의 세계를 날려 버리고 근심 없는 생활로부터 휩쓸어올려서 이 적막하고 을씨년스런 황야의 한복판에 떨어뜨리고 만 것이다.

타라는 아직 무사할까? 아니면 타라 역시 조지아 주를 휩쓸어 버린 바람과 함께 사라져 버렸을까? 그녀는 지친 말의 등에 채찍질을 했다. 말이 걸어갈 때마다 바퀴가 비틀거렸으므로 모두 마치 술에 취한 것처럼 이리 비틀 저리 비틀 흔들렸다.

사방에 죽음이 감돌고 있었다. 추억 많은 푸른 밭이나 숲의 나무들이 늦은 오후의 햇빛을 받은 채 조용했지만, 이 세상 같지 않은 그 적막함이 스칼렛에게 으스스한 공포를 느끼게 하였다. 그날 지나오면서 본 인기척 없는 총알자국 투성이의 집이며 시커멓게 그을은 불탄 자리를 내려다보고 서 있는 황량한 굴뚝 하나하나가 더욱 그녀를 불안하게 했다. 지난밤부터 살아 있는 것이라고는 사람이고 동물이고 한 번도 만나지 못했다. 파리가 잔뜩 꾀고 퉁퉁 부어서 길바닥에 뒹굴고 있는 송장이나 죽은 말이며 노새 따위는 많이 보아 왔지만, 산 것은 전혀 만나지 못했다. 멀리 떨어진 곳에서 들리는 가축의 울음소리도 없고 작은 새의 지저귐이나 나무를 흔드는 바람 소리도 없었다. 이 죽음과 같은 고요를 깨는 것은 오직 지쳐빠진 말굽 소리와 갓난아기의 가냘픈 울음소리뿐이었다.

이 근처 일대가 어떤 무서운 요마의 지배 아래 있는 것처럼 여겨졌다. 아니 그것보다도 더 나빴다. 그것은 죽음의 고통을 치른 뒤에 아름답고 평화스럽게 갠, 정답고 그리운 어머니의 죽은 얼굴을 보는 것 같다고 생각하자 스칼렛은 마음이 오싹해졌다. 예부터 낯익은 숲에는 망령이 들끓고 있을 것같이 생각되었다. 존즈버러 근처의 전투에서는 몇천 명이라는 사람이 죽었다. 어슴푸레해진 저녁 햇빛이 잎사귀 하나 흔들리지 않는 가지 사이로 새어드는 이 을씨년스런 숲 속에는 지금 그런 사람들이 있다가, 적이고 아군이고 피와 빨간 흙먼지로 멀어버린 눈, 유리처럼 무서운 눈으로, 거의 부서진 짐마차로 비틀거리며 지나가는 그녀들을 노려보고 있는 것 같은 기분이 들었다.

"어머니! 어머니!" 그녀는 중얼거렸다. 엘렌한테로 갈 수만 있다면! 신의 기적에 의하여 타라가 아직 무사히 있어 준다면. 그리고 긴 가로수길을 지나서 집 안으로 들어가 어머니의 다정하고 친절한 얼굴을 볼 수만 있다면. 마음속의 공포를 몰아내 주는 어머니의 부드럽고 든든한 손에 닿고, 엘렌의 치마에 매달려서 거기에다 얼굴을 파묻을 수만 있다면. 틀림없이 어머니는 어떻게 하면 좋은지 알고 있을 것이다. 멜라니하고 갓난아기를 죽게 하지 않을 것이다. 어머니는 침착한 목소리로 "조용히 해라" 하고 나서, 모든 망령이나 공포를 모조리 쫓아내 줄 것이다. 그러나 어머니는 앓고 계신다. 아니, 죽어가고 있는지도 모르는 것이다.

스칼렛은 지친 말 엉덩이에 채찍질을 했다. 더욱 서둘러야 된다. 지루하고 더운 하루, 끝없는 길을 간신히 여기까지 오기는 했건만, 머지않아 밤이 될 것이다. 그러면 우리는 또다시 이 황폐 속에 남겨져 있어야만 한다. 그건 죽는 것과 다를 바 없다. 그녀는 물집투성이인 손에 고삐를 단단히 움켜잡고 말 등어리를 사정없이 채찍질했다. 그때마다 팔이 얼얼하게 아팠다.

타라 농장과 엘렌의 다정한 품 안에 안겨서, 젊은 그녀의 어깨에 너무나 무겁게 지워진 여러 가지 짐, 다 죽어 가는 여자, 약하디약한 갓난아이, 허기져서 우는 그녀의 어린 자식, 겁에 질린 흑인 계집애 등을 내려놓을 수만 있다면 얼마나 홀가분할까. 이들은 모두가 할 수 없이 꿋꿋하게 버티고 있는 그녀의 등을 보고, 거기에서 힘을 찾고 의지하고 있는 것이다. 그녀에게는 이미 용기도 힘도 오래전에 빠져 버렸는데도. 극도로 지친 말은 채찍이나 고삐에도 아무런 반응을 보이지 않았고, 조그만 돌멩이에도 걸리면 당장에라도 무릎을 꿇을 것처럼 무거운 다리를 끌며 비틀비틀 걸었다. 그러나 저녁 어스름이 닥칠 무렵, 긴 여행도 마침내 마지막 단계에 이르렀다. 짐마차가 다니는 오솔길로 꺾어 들자 주도로로 나섰던 것이다. 이제 타라까지 고작 1마일이다!

매킨토시 집안 소유지의 경계를 이루는 고광나무 생울타리가 흐릿하게 검은 그림자를 보이고 있었다. 그곳에서 조금 더 앞으로 간 도로에서 스칼렛은 앵거스 매킨토시 노인 집으로 통하는 떡갈나무 가로수 앞에서 고삐를 당겼다. 그리고 짙어져 가는 어스름 속을 두 줄로 늘어선 노목 사이로 밖을 내다보았다. 어디라 할 것 없이 모두 캄캄하다. 저택 안에도 노예 움막에도 불빛은 없었다. 그녀는 어둠 속에서 눈을 크게 뜨고 이 공포의 하루 동안 눈에 익을 만큼 보아

온 삭막한 풍경을 거기에서도 희미하게 보았다. 두 개의 높은 굴뚝이 거대한 묘석처럼 폐허가 돼버린 2층 위에 솟아 있고, 부서진 어두운 창문들이 움직이지 않는 장님의 눈처럼 벽에 구멍을 내고 있다.

"여보세요!" 그녀는 목청껏 외쳤다. "이봐요!"

프리시는 너무 무서워서 정신없이 그녀에게 매달렸다. 돌아보니 프리시는 눈알을 희번덕거리고 있었다.

"큰 소리를 내어선 안 됩니다요, 스칼렛 아씨! 제발, 다시는 큰 소리를 내어선 안 됩니다요!" 프리시는 떨리는 목소리로 속삭였다. "어떤 놈이 대답하며 달려 나올지 모르잖아요."

'그렇구나!' 하고 스칼렛도 흠칫하면서 생각했다. '그렇지! 이 애의 말이 옳아. 어떤 것이 튀어나올지 알 수 없지!'

그녀는 고삐를 움직여 말을 가게 했다. 매킨토시 농장의 황폐한 몰골은 그녀의 가슴속에 지금껏 남아 있었던 마지막 희망까지 산산조각을 내고 말았다. 그곳도 그날 보아 온 모든 농장과 마찬가지로 불타고 폐허가 되어 황량하기만 했다. 타라는 적이 진격해 간 길목을 끼고 겨우 반 마일 밖에 떨어져 있지 않다. 틀림없이 타라도 똑같은 운명에 빠져 있을 것이다! 벽돌은 불타 시커멓게 그을고 지붕도 없는 벽 너머로 별이 반짝이고 엘렌도 제럴드도 동생들도 마미도 검둥이들도 모두 어디론가 가 버렸을 것이다. 아무도 알지 못하는 어딘가로. 그리고 여기와 똑같이 을씨년스런 침묵이 모든 것을 휩싸고 있을 것이다.

왜 그녀는 모든 상식에서 벗어나서 멜라니나 갓난아기까지 데리고 이런 헛고생을 한단 말인가? 온종일 타는 듯한 태양과 삐걱거리는 마차에 들볶인 끝에 쥐죽은 듯이 조용하기만 한 타라의 폐허에서 죽을 바에야 차라리 애틀랜타에서 죽는 편이 훨씬 좋았을 게 아닌가.

그러나 애쉬리는 멜라니의 뒷바라지를 그녀에게 부탁하고 갔다. '그 사람의 뒤를 돌봐 주십시오.' 아, 영원한 이별을 앞두고 그가 나에게 키스하던, 그 아름다운 날이여! '그 사람을 돌봐 주시겠지요? 약속해 주십시오!' 그리고 나는 약속했다. 애쉬리가 없는 현재 이중의 속박이 될 그런 약속을 그녀는 어째서 가볍게 맹세하고 말았던가? 극도로 지쳐 있으면서도 그녀는 역시 멜라니를 미워하고, 더욱더 가냘프고 가늘어지면서도 정적을 깨는 멜라니의 아기 울음소리를 미워하고 있었다. 그러나 일단 약속한 이상 웨이드나 프리시가 그녀에게 딸려 있는 것처럼 멜라니와 그 갓난아기 또한 그녀에게 딸려 있는 것이다. 그러니까 힘과 숨이 계속되는 한 그녀는 그들을 위하여 싸워야 한다. 마음만 먹었다면 멜라니를 병원에 내던지고 두 사람을 애틀랜타에 남겨둔 채 달아날 수도 있었을 것이다. 그러나 그런 짓을 하면, 그녀는 이승에서고 저승에서고 간에 정말 애쉴리를 볼 낯이 없게 된다. 그의 아내와 자식을 낯선 사람들 가운데 내버려서 죽어 버렸다는 말을 어떻게 그에게 할 수가 있단 말인가!

오, 애쉴리! 그녀가 그의 아내와 자식을 데리고 이렇게 무서운 밤길에서 고생하고 있는 지금, 그는 어디에 있는 것일까? 살아서 록아일랜드의 감방에 누워 그녀를 생각해 주고 있을까? 아니면 벌써 몇 달 전에 천연두로 죽어서 수백 명의 남군 병사들과 함께 어딘가 긴 도랑 속에서 썩어 버리고 말았을까?

바로 그때 가까운 풀섶 속에서 무슨 소리가 나는 바람에 스칼렛의 긴장된 신경은 하마터면 툭 끊어질 뻔했다. 프리시는 요란한 비명을 지르면서 갓난아기 위에 덮치는 것처럼 마차 널빤지에 푹 엎드리고 말았다. 멜라니는 갓난아기를 찾는 듯한 손짓을 하면서 보일 듯 말 듯 몸을 꿈틀거렸고, 웨이드는 너무 무서워서 소리 지를 힘도 없이 눈을 두 손으로 가리고 움츠러들고 말았다. 이윽고 바로 곁에서 풀섶을 밟는 육중한 발굽 소리가 들리고 나직한 신음소리가 모두의 귀에 들렸다.

"아니, 암소잖아?" 스칼렛은 말했으나, 목소리는 무서움에 거칠어져 있었다. "정신 좀 차려라, 프리시. 갓난아기가 터지겠구나. 너 때문에 멜라니 아씨하고 웨이드가 얼마나 놀랐는지 모른다."

"귀신입니다요." 얼굴을 널빤지에 틀어박으면서 프리시는 신음소리를 냈다.

스칼렛은 침착하게 돌아보면서 채찍 대용으로 쓰는 나뭇가지를 프리시의 등에 내리쳤다. 기진맥진한 데다 놀란 나머지 힘이 빠져 다른 사람의 나약한 행동을 너그럽게 보아 줄 수 없었던 것이다.

"똑바로 앉아, 멍청아!" 그녀는 말했다. "자꾸 그렇게 꾸물거리고 있으면 이 나뭇가지로 때릴 테다."

프리시는 꺅 비명을 지르며 얼굴을 들더니 겁먹은 모습으로 짐마차 밖을 내다보았다. 그것은 붉고 흰 얼룩빼기 암소였는데 공포에 찬 커다란 눈으로 호소하는 것처럼 이쪽을 바라보고 서 있었다. 소는 입을 벌리더니 아픔을 참지 못하는 것처럼 다시 한 번 울었다.

"다친 데라도 있는 게 아닐까? 울음소리가 예사롭지 않은데."

"아마 젖이 불어서 괴로워하는가 봐요." 얼마간 기운을 차린 프리시가 말했다. "이건 틀림없이 매킨토시 나리님네 소일 겁니다요. 검둥이가 숲에 몰아넣어서 북군의 손에 들어가지 않았을 것입니다요."

"그럼, 이 소를 데리고 가자." 스칼렛은 곧바로 결정했다. "그러면 갓난아기에게 먹일 우유를 짤 수 있을 거야."

"어떻게 소를 데리고 갑죠, 스칼렛 아씨? 어떻게 데리고 갈 수 있겠습니까요. 젖을 갓 짜내고 나서도 애먹이는데, 지금은 저렇게 젖통이 커다랗게 불어 있는 걸입쇼. 그래서 저런 울음소리를 내는 것입니다요."

"그렇게 잘 알거든 네 페티코트를 벗어라. 그리고 그걸 찢어서 끈을 만들어 소를 짐마차 뒤에 붙들어 매어라."

"스칼렛 아씨, 저는 벌써 한 달이나 페티코트 같은 걸 입어본 적이 없습니다요. 비록 입고 있더라도 그걸로 소 같은 걸 붙들어 맬 수는 없습니다요. 전 지금까지 소 같은 걸 다룬 일이 없습니다요. 무섭습니다요."

스칼렛은 고삐를 놓고 치마를 걷어올렸다. 그 밑에 입고 있는 레이스 장식이 달린 페티코트는 그녀가 몸에 걸치고 있는 것 가운데 단 하나의 아름다운 것이었으며, 깁지 않은 유일한 것이었다.

그녀는 허리끈을 끄르고 페티코트를 다리에서 끌어내려 보드라운 리넨 주름을 두 손으로 잡아훑었다. 이 리넨과 레이스는 레트가 마지막 밀수의 봉쇄를 돌파하면서 나소에서 선물로 가져다준 것으로, 그녀는 일주일씩이나 걸려서 그것을 페티코트로 만들었던 것이다. 그녀는 미련없이 그 아랫단을 집어들더니 한 끝을 입에 물고 힘껏 잡아당겨서 쭉 찢었다. 그리고 입으로 물고 두 손으로 잡아 찢고 해서 가느다란 끈을 몇 가닥 만들었다. 그리고 끝과 끝을 이어서 한 가닥으로 만들었으나 물집이 터져서 피가 밴 손가락은 너무 피로해서 맥을 못 추고 떨리고 있었다.

"이걸 쇠뿔에 걸어라." 그녀는 명령했으나 프리시는 꽁무니를 뺐다.

"저는 소가 무섭습니다요, 스칼렛 아씨. 지금까지 한 번도 소 같은 걸 다룬 일이 없는걸입쇼. 저는 들일하는 검둥이가 아닙니다요. 집에서 일하는 검둥이입니다요."

"아무 데도 쓸모없는 검둥이구나. 우리 아버지께서 하신 가장 나쁜 일은 너를 샀다는 거다." 스칼렛은 느릿느릿 말했다. 화를 내기에는 너무나 지쳐 있었던 것이다. "팔이 낫기만 하면 이 채찍이 부러지도록 실컷 때려 줄 테니까 잘 알아둬라."

그때 문득 그녀는 지금 자기가 검둥이니 하는 말을 썼는데 이런 말을 쓰면 어머니는 아마도 몹시 싫어하실 테지, 하고 생각했다. 프리시는 눈알을 굴리면서 처음에는 주인의 굳은 표정을 보고, 그리고 나서 구슬프게 신음하고 있는 암소를 보았다. 그렇게 비교해 보아 아무래도 스칼렛 쪽이 위험성이 적다는 것을 알아차리자 짐마차 한쪽에 달라붙어서 끝끝내 거기서 움직이려 들지 않았다.

스칼렛은 뻣뻣한 몸으로 마부석에서 내렸다. 움직일 때마다 근육이 욱신욱신 쑤셨다. 암소가 무서운 것은 프리시뿐만이 아니었다. 스칼렛 역시 무서웠다. 평소에도 아무리 온순한 암소조차 그녀는 왠지 싫었다. 그러나 이렇듯 엄청난 공포가 떼를 지어 한꺼번에 달려들면 조그만 무서움 따위는 돌볼 겨를이 없다. 다행히도 이 암소는 몹시 유순하였다. 암소는 괴로운 나머지 사람을 찾아 도움을 청하고 싶었던 모양인지 그녀가 페티코트로 만든 끈의 한 끝을 뿔에 걸어도 위협적인 몸짓을 전혀 나타내지 않았다. 그녀는 끈의 한 끝을 마음대로 되지 않는 손가락으로 될 수 있는 한 단단히 마차 뒤에 붙들어맸다. 그리고 마부석으로 되돌아가려 하자 격심한 피로가 밀어닥쳐서 현기증이 났다. 그녀는 쓰러지지 않으려고 마차의 가로대를 잡고 몸을 버텼다.

멜라니는 눈을 뜨고 곁에 서 있는 스칼렛을 보더니 속삭였다. "언니…… 이제 집에 닿았어요?"

집! 그 말을 듣자 뜨거운 눈물이 스칼렛의 눈에 왈칵 넘쳤다. 집! 집 같은 것은 이미 없어져 버리고 말았다는 것도, 그리고 자기들이 이 미칠듯이 황폐한 세계에 남겨지고 말았다는 것도 멜라니는 아직 모르는 것이다.

"아직 못 다 왔어." 그녀는 꽉 막힌 목구멍으로 될 수 있는 대로 다정하게 대답했다. "하지만 이제 금방이야. 지금 암소를 발견했으니, 곧 멜라니와 아기에게 우유를 줄 수 있게 됐어.”

“가엾은 아가야.” 멜라니는 속삭였다. 한 손이 갓난아기 쪽으로 힘없이 뻗다가 곧 다시 털썩하고 떨어졌다.

마부석에 기어오르는 데는 온몸의 힘을 모아야만 했다. 겨우 마부석에 올라가서 고삐를 집어들자 이번에는 말이 기진맥진한 듯이 머리를 축 늘어뜨리고 서 있을 뿐, 움직이려고 들지 않았다. 스칼렛은 사정없이 채찍을 휘둘렀다. 이렇게 지친 동물을 괴롭히다니 하느님 부디 용서해 주십시오, 하고 빌면서. 만약 하느님이 용서하시지 않는다 하더라도 하는 수 없었다. 어쨌든 타라는 바로 지척인 것이다. 이제 4분의 1마일만 더 끌어다 주고 나선 그 다음은 끌채를 매단 채 뻗어 버리든지 말든지 네 좋을 대로 해도 좋다.

가까스로 말은 움직이기 시작했다. 한 걸음마다 마차는 삐걱거리고, 암소는 구슬픈 울음소리를 내었다. 그 청승맞은 울음소리에 짜증이 난 스칼렛은 마차를 세우고 암소를 놓아 줘 버릴까 하고도 생각했다. 만약 타라에 아무도 없다면 암소 따위가 무슨 소용이겠는가? 그녀는 젖을 짜는 일을 할 수도 없거니와 또 비록 할 수 있다손 치더라도 암소는 틀림없이 아픈 젖통을 건드리는 사람을 걷어차 버리고 말 것이다. 그러나 일단 암소를 얻은 이상은 그것을 소중히 할 수밖에 없었다. 그것 말고는 그녀의 소유물이라고는 아무것도 없으니까.

마침내 완만한 언덕 밑에 이르렀을 때 스칼렛의 눈은 눈물이 그렁그렁해 있었다. 이 언덕을 넘으면 드디어 타라다! 그러나 그녀의 마음은 어두웠다. 늙다리 말로는 도저히 이 언덕을 넘을 수 없을 것이다. 그 옛날 그녀가 경쾌한 암말을 타고 치달았던 무렵에는 언제나 완만한 경사지 정도로밖에 생각되지 않았었는데, 지금 보니 전혀 달라 보일 만큼 가파르고 험해져 있었다. 이렇게 무거운 짐을 끌고 올라간다는 것은 이 말로써는 도저히 어려울 것이다. 그녀는 맥이 탁 풀려서 마차를 내리자 말 고삐를 잡았다.

“내려라, 프리시.” 그녀는 명령했다. “웨이드도 데리고 내려라. 업든지 걷게 하든지 마음대로 해라. 아기는 멜라니 아씨에게 맡겨 두어라.”

웨이드는 별안간 훌쩍거리며 울기 시작했다. 울면서 “깜깜해…… 깜깜해…… 웨이드 무서워!” 하는 말만을 스칼렛은 알아들을 수 있었다.

“스칼렛 아씨, 전 도무지 걸을 수 없습니다요. 발이 부르터서 아파 견딜 수가 없습니다요. 웨이드 도련님과 제가 탄다고 그렇게 무거울 것 같지는 않은뎁쇼……."

"내려! 말 안 들으면 끌어내릴 테다! 그리고 너만 어둠 속에 내버리고 갈 테다. 자! 빨리!"

길 양편에서 드리워져 있는 어두운 나무들, 만약 짐마차 속의 은신처에서 나오면 당장에라도 불쑥불쑥 손을 내밀어서 자기를 잡아당기는 것은 아닐까 하고 나뭇가지들을 흘낏흘낏 곁눈질하면서 프리시는 처량한 소리를 질렀다. 그러나 갓난아기를 멜라니 옆에 놓더니 가까스로 땅에 내려서서 손을 내밀어 웨이드를 안아 내렸다. 웨이드는 프리시에게 매달려서 흐느껴 울었다.

"조용히 좀 시켜, 견딜 수가 없구나." 말하면서 말고삐를 잡고, 스칼렛은 강제로 말을 걷게 했다.

"얌전히 굴어야 해, 웨이드. 이제 그만 울어. 말 안 들으면 그리로 가서 때려줄 테다."

어두운 길에 발이 걸려서 복사뼈를 호되게 부딪치고는 그녀는 사나운 마음으로 왜 하느님은 어린애 같은 것을 만들었을까 하고 생각했다. 어린애란 울어대기만 하고 쓸모없는 골칫거리고 언제든지 남의 방해만 되는 물건이 아닌가. 너무나 지쳐 녹초가 된 그녀에게는 프리시의 손에 매달려서 코를 훌쩍거리며 끌려가듯이 걸어가는 겁에 질린 자기 아들에 대한 동정의 여유조차 전혀 없었다. 왜 찰스 해밀턴 따위와 결혼했을까 하는 의아한 심정만이 피로의 밑바닥에 깔려 있었다.

"스칼렛 아씨." 주인의 팔을 붙잡고 프리시가 소곤거렸다. "타라로 가는 일은 그만두시와요. 가 보았자 아무도 없을 게 뻔합니다요. 모두 어디론가 가버렸을 걸입쇼. 죽어 버렸을지도 모르굽쇼. 우리 엄니도 다른 사람도 모두."

자기가 생각하고 있는 것을 그대로 고스란히 말했으므로 그녀는 발끈해서 붙잡고 있는 프리시의 손가락을 매정하게 뿌리쳤다.

"그럼, 웨이드를 이리 다오. 그리고 너는 언제까지라도 여기 앉아 있어라."

"싫습니다요! 싫습니다요!"

"그럼 입 다물고 있어!"

어쩌면 이 말은 이다지도 느리단 말인가! 침을 흘리고 있는 말의 입에서 축축한 것이 그녀의 손에 흘러내렸다. 문득 레트와 함께 불렀던 노래의 한 구절이 떠올랐다. 뒷구절은 생각나지 않았다.

　　힘들게 하는 짐을 나르는 것도
　　이젠 며칠만 참으면 돼요.

‘이젠 몇 걸음만 참으면 돼요.’ 그녀는 마릿속으로 거듭 뇌끼렸다. ‘힘들게 하는 짐을 나르는 것도 이젠 며칠만 참으면 돼요.’

언덕 꼭대기까지 이르자 타라의 떡갈나무 숲이 저물어 가는 하늘에 거뭇하게 우뚝 솟아 있는 것이 보였다. 스칼렛은 어딘가 불빛이 보이지 않을까 하고 얼른 사방을 둘러보았다. 그러나 불빛은 아무 데도 보이지 않았다.

‘모두 가 버렸구나!’ 그녀는 납덩이 같은 차가움을 가슴에 싸늘하게 느끼면서 마음속으로 중얼거렸다. ‘떠나 버렸구나.’

그녀는 말머리를 마찻길로 돌렸다. 머리 위에 얼기설기 얽힌 삼목 나뭇가지 때문에 그녀들은 한밤중 같은 어둠 속으로 들어섰다. 캄캄한 삼목의 긴 터널 속에서 그녀는 눈을 크게 뜨고 앞을 살폈다. 바로 그때였다. 그녀는 보았다. 확실히 본 것이었을까? 혹은 피로한 눈의 착각은 아니었을까. 타라 저택의 흰 벽돌이 어둠 속에 어렴풋이 보이는 것이 아닌가. 우리집이다! 우리집이다! 흰 벽, 커튼이 펄럭거리는 창문, 널찍한 베란다. 아, 그것이 모두 옛날 그대로 어둠에 싸인 채 거기 있는 걸까? 아니면 어둠에도 인정은 있어서 매킨토시네의 저택과 같은 참담한 잔해를 그녀의 눈에서 감춰 주고 있는 것일까?

가로수길은 마치 몇 마일이나 되는 것처럼 느껴졌다. 그녀의 손에 완강하게 재갈을 잡혀 걸음을 옮겨 놓고 있는 말의 발길은 더욱더 느려졌다.

그녀의 눈은 열심히 어둠 속을 살폈다. 지붕은 온전해 보였다. 이런 일이 있을 수 있을까…… 정말 있을 수 있을까…… 아니 이런 일은 있을 수 없다. 그 어떤 것에도 사정을 봐 주지 않는 전쟁은 5백 년이라도 견딜 만큼 튼튼하게 지어진 타라의 저택이라 할지라도 그대로 놓아 두지는 않았을 것이다. 타라만이 아무 탈 없이 남다니 그런 일은 있을 수가 없다.

이윽고 흐릿한 윤곽이 차차 형체를 갖추어 왔다. 그녀는 말의 걸음을 재촉했다. 어둠 저 쪽에 흰 벽이 보이기 시작했다. 게다가 조금도 연기로 그슬려 있지 않다. 타라는 전쟁의 재난을 모면했구나! 그리운 우리집! 그녀는 고삐를 놓자 그 벽을 두 손으로 움켜잡고 싶은 충동에 사로잡혀 마지막 대여섯 걸음을 단숨에 달려갔다. 그때 그녀는 문득 사람 그림자를 보았다. 현관의 어둠 속에서 어렴풋이 나타나 층계의 맨 위에 환영처럼 서 있는 것이다. 타라는 무인지경은 아니었다. 누군가가 집에 있다!

환희의 벅찬 외침이 목구멍까지 치밀었다. 그러나 그대로 목구멍에서 사그라지고 말았다. 저택 안은 어둡고 조용했으며, 사람 그림자는 꼼짝도 하지 않을 뿐더러 말도 걸어오지 않기 때문이었다. 뭐가 잘못된 것일까? 타라는 원래의 모습으로 서 있다. 그러나 파괴된 이 근처 일대를 둘러싸고 있는 것과 똑같은 무시무시한 정적에 싸여 있는 것이다. 이윽고 사람 그림자가 움직이기 시작했다. 어색하게 느릿느릿 층계를 내려온다.

"아버지세요?" 정말 아버지일까 의심하면서 그녀는 쉰 목소리로 외쳤다. "저예요…… 스칼렛이에요. 돌아왔어요."

제럴드는 불편한 다리를 절룩거리면서 몽유병자처럼 묵묵히 그녀 쪽으로 다가왔다. 그리고 곁에 가까이 오더니 그녀를 또한 꿈의 일부분이나 아닐까 하는 그런 멍한 태도로 물끄러미 바라보았다. 그리고 손을 뻗어 그녀의 어깨에 올렸다.

스칼렛은 손이 떨리고 있는 것을 느꼈다. 마치 악몽 속에서 아직 깨어나지 않은 것처럼 떨고 있는 것이었다.

"얘야" 하고 그는 가까스로 말했다. "얘야."

그리고 입을 다물고 말았다.

왜 이러실까…… 형편없이 늙으셨구나 하고 스칼렛은 생각했다.

제럴드의 어깨는 축 늘어져 있었다. 희미하게 보이는 그 얼굴에는 평소의 씩씩했던 제럴드의 발랄한 기운이 도무지 없었다. 그리고 그녀를 바라보는 눈에는 조그만 웨이드의 눈에 떠오르는 것과 아주 비슷한 공포에 질린 빛이 떠올라 있었다. 이제 그는 짓눌려 버린 조그만 노인에 지나지 않았다.

알 수 없는 일에 대한 공포가 어둠 속에서 달려들어 그녀를 사로잡았다. 그녀는 그저 뻣뻣이 선 채 아버지를 지켜보고 있었다. 치밀어오르는 여러 가지 의

문은 그녀의 입술에서 가로막히고 말았다.

가냘픈 울음소리가 짐마차 쪽에서 또 들려 왔다. 그러자 제럴드는 기력을 다해 정신을 차리려고 애쓰는 것처럼 보였다.

"멜라니하고 멜라니의 아기예요." 스칼렛은 얼른 속삭였다. "멜라니는 건강이 아주 나빠요. 제가 집에 데리고 왔어요."

제럴드는 그녀의 팔에서 손을 떼고 어깨를 쭉 폈다. 그리고 천천히 마차 쪽으로 걸어가는 것을 보고 있으려니, 일찍이 타라 농장의 주인으로서 손님을 맞던 모습이 역력히 엿보였다. 흐릿한 기억을 열심히 더듬고 있는 것처럼 그는 말했다.

"멜라니로군!"

멜라니의 목소리는 중얼거리는 것 같아서 알아들을 수가 없었다.

"멜라니, 여기가 네 집이다. 트웰브 오크스는 불타 버렸단다. 너는 이제부터 우리와 함께 지내야 한다."

멜라니의 오랜 고통을 생각하자 스칼렛은 우물쭈물하고 있을 수가 없었다. 우선 당장 해야 할 일이 다시 머릿속에 떠올랐다. 무엇보다도 먼저 멜라니와 갓난아기를 부드러운 침대에 눕힌 뒤에 그 밖의 여러 자질구레한 일도 해 주어야 하는 것이다.

"멜라니를 안아 주셔야겠어요. 그 앤 걷지 못하니까요."

쿵쾅거리는 발소리가 나고 검은 사람 그림자가 동굴 같은 복도에서 나타났다. 포크가 계단을 뛰어내려 왔던 것이다.

"스칼렛 아씨!" 그는 외쳤다.

스칼렛은 포크의 팔을 붙잡았다. 포크, 타라의 중요한 부분인 포크, 벽돌이나 시원한 복도와 마찬가지로 그리운 포크!

"돌아오셔서 얼마나 기쁜지! 얼마나!" 이렇게 외치면서 포크는 서투르게 그녀를 쓰다듬었다. 그녀는 포크의 눈에서 굴러떨어진 눈물을 팔에 느꼈다.

프리시는 와락 울음을 터뜨리면서 띄엄띄엄 중얼거렸다. "포크! 포크!" 어른들의 비탄에 용기를 얻어 웨이드도 칭얼거리기 시작했다. "웨이드는 목이 마르단 말이야!"

"멜라니 아씨하고 아기가 마차 속에 있어요. 포크, 조심해서 멜라니 아씨를 2

층 객실로 모셔다 드려. 프리시, 너는 아기하고 웨이드를 집 안으로 데리고 가서 웨이드에게 물을 마시게 해 줘라. 포크, 마미는 있어? 내가 부탁할 일이 있다고 마미에게 전해 줘."

그녀의 위엄 있는 목소리에 눌려서 포크는 짐마차로 다가가서 뒷좌석 쪽을 손으로 더듬었다. 오랜 시간 누워 있던 깃털이불에서 반쯤 안아 일으켜지자 멜라니는 괴로운 듯 신음소리를 냈다.

그리고 포크의 힘센 팔에 안겨 올려지자 그의 어깨에 어린아이처럼 힘없이 머리를 기댔다. 프리시는 한 손에 아기를 안고 한 손으로 웨이드의 손목을 잡고는 포크의 뒤를 따라 넓은 층계를 올라가 복도의 어둠 속으로 사라졌다.

스칼렛은 피가 밴 손가락으로 한결같이 아버지의 손을 찾았다.

"모두 회복되었나요, 아버지?"

"동생들은 거의 나았다."

또 침묵에 빠졌다. 말로 나타내기에는 너무나 두려운 한 가지 생각이 그 침묵 속에 떠올랐다. 그녀는 도저히 그 말을 입 밖에 낼 수가 없었다. 몇 번씩이나 마른침을 삼켰지만, 목은 곧 메말라서 찰싹 달라붙어 버린 것처럼 벌릴 수가 없었다. 이것이 타라가 침묵에 싸인 무서운 수수께끼를 푸는 대답인란 말인가? 그녀의 마음속 의문에 대답이라도 하는 것처럼 제럴드는 말했다.

"네 어머니는……." 그러나 그렇게 말했을 뿐 입을 다물고 말았다.

"어떻게 됐어요…… 어머니는?"

"어머니는 어제 돌아가셨다."

복도는 넓고 어두웠지만, 내부의 상태는 마치 자기의 마음속처럼 환하게 알고 있었으므로 아버지의 팔을 단단히 자기 팔과 엮고, 그녀는 거침없이 걸어갔다. 등받이가 높은 의자며 아무것도 걸려 있지 않은 총받침대며 짐승의 발톱처럼 다리가 삐죽 나와 있는 헌 식기 찬장 따위를 피하면서 그녀는 집 뒤쪽에 있는 조그만 사무실, 어머니 엘렌이 늘 앉아서 끝날 줄 모르는 계산 장부를 계속 처리하고 있던 사무실 쪽으로, 본능적으로 끌어당겨지는 것을 느꼈다. 만약 그녀가 그 방에 들어가면 아마도 어머니는 언제나처럼 책상 앞에 앉아서 거위 깃털 펜을 손에 든 채 조용히 얼굴을 들어 그녀를 바라보고는 치마를 사각사각

소리내어 그윽한 향기를 풍기면서 일어나 지친 딸을 맞아 줄 것만 같은 생각이 들었다. 아버지는 그렇게 말씀하셨지만—마치 단 한 마디밖에 모르는 앵무새처럼 '어머닌 어제 돌아가셨다, 어머닌 어제 돌아가셨다—어머닌 어제 돌아가셨다' 하고 되뇌어 말씀하셨지만, 아무래도 스칼렛은 어머니가 죽었다고는 믿어지지 않았다. 이상하게도 지금 그녀에게는 아무런 느낌도 일어나지 않았다. 느껴지는 것이라고는 다만 팔다리에 무거운 쇠사슬이 감겨 있는 것 같은 피로감과 무릎이 덜덜 떨릴 만큼의 허기뿐이었다. 어머니에 대한 생각은 나중에 하자. 지금 어머니에 대해서 생각하는 것은 그만두자. 그렇게 하지 않으면 그녀도 제럴드처럼 바보스럽게 비틀거리든가 웨이드처럼 덮어놓고 한결같이 울어댈 것이 뻔하다.

포크가 서둘러서 넓고 어두운 계단을 내려왔다. 그리고 추위에 떠는 짐승이 불을 그리워하며 다가서듯이 얼른 스칼렛 곁으로 바싹 다가왔다.

"등불은?" 그녀가 물었다. "왜 집 안을 이렇게 어둡게 해두지, 포크? 촛불을 가져 와요."

"양초는 모두 뺏겨 버리고 말았습니다요, 스칼렛 아씨. 꼭 한 자루, 어둠 속에서 물건을 찾을 때 쓰려고 남겨 둔 게 있기는 있습죠. 이제 닳아서 거의 없어져 가는 게 말입니다요. 마미는 돼지기름에 헝겊을 심지로 한 불을 켜고, 캐린 아가씨와 수엘렌 아가씨의 병간호를 하고 있습죠."

"그 초 토막을 가져와" 하고 그녀는 명령했다. "어머니의 방으로…… 사무실로."

포크는 발소리를 내며 식당으로 들어갔다. 스칼렛은 손으로 더듬어 가며 캄캄한 작은 사무실로 들어가서 안락의자에 몸을 묻었다. 아버지의 팔은 여전히 그녀의 겨드랑이 아래 끼여 있었다. 아주 어린아이거나 또는 아주 늙은 노인의 손만이 하는 것 같은, 무력하고 호소하는 듯한 모든 것을 믿고 맡겨 버린 태도였다.

'아버지는 늙어 버리셨구나. 늙고 지치셨어.' 그녀는 새삼스레 느꼈다. 그리고 그것이 조금도 마음에 걸리지 않는 것이 스스로도 어쩐지 좀 이상한 느낌이 들었다.

포크가 반쯤 타다 남은 초를 접시에 세워서 높이 들고 왔으므로 별안간 방

안이 밝아졌다. 어두운 동굴이 되살아났다. 아버지와 함께 앉아 있는 스프링 풀린 낡은 소파, 어머니가 늘 쓰시던 섬세한 조각 장식이 있는 의자 앞의 천장까지 닿을 만큼 높은 책상, 어머니의 예쁜 글씨가 쓰인 서류가 아직도 가득히 들어 있는 서류 정리장, 색 바랜 양탄자…… 모든 것이 전과 같았다.

단지 엘렌이 없을 뿐이었다. 레몬 버베나 향기를 그윽이 풍기면서 눈초리가 올라간 아름다운 눈을 가진 엘렌이 없을 뿐이었다. 심한 상처 때문에 감각이 마비되었던 신경이 다시 원상태로 돌아가려고 몸부림 칠 때처럼 스칼렛의 가슴은 희미하게 아프기 시작했다. 그러나 지금 고통을 되살려서는 안 된다. 이제부터 죽을 때까지 신경은 얼마든지 아파질 수 있는 것이다. 그러나 지금은 절대로 안 된다! 하느님, 제발 아프지 않도록 해 주십시오!

그녀는 퍼티[6] 같은 빛을 띤 제럴드의 얼굴을 보았다. 면도하지 않은 아버지 얼굴을 보기는 이번이 난생처음이었다. 그전에는 그처럼 윤기가 돌던 아버지 얼굴이 지금은 은빛의 뻣뻣한 수염으로 덮여 있다. 포크는 촛대에 초를 세우고는 그녀 곁으로 다가왔다. 만약 그가 개였다면 틀림없이 그는 그녀의 무릎에 콧잔등을 들이대고 킹킹거리면서 머리를 쓰다듬어 달라고 졸랐으리라, 그녀는 생각했다.

"포크, 지금 흑인은 몇 사람 있지?"

"스칼렛 아씨, 건달 검둥이놈들은 달아나 버리고 북군을 따라간 녀석들도 있습니다요……."

"몇 명 남아 있지?"

"저하고 마미하굽죠. 마미는 아침부터 밤까지 아가씨들의 시중을 들고 있습죠. 그리고 딜시가 있습죠. 딜시도 지금 아가씨들에게 붙어 있습죠만, 모두 해서 세 사람뿐입니다요, 스칼렛 아씨."

전에는 백 명이나 있었는데 지금은 모두 세 사람밖에 없는 것이다. 스칼렛은 목덜미가 아픈 것을 참고 고개를 쳐들었다. 여기서 심약한 소리를 해서는 안 된다고 생각했다. 그렇게 생각하자 스스로도 놀랄 만큼 마치 전쟁 따위는 없었던 것처럼 손을 움직이기만 해도 열 명의 하인을 부를 수 있었을 때와 마찬가지로

---

[6] 접착제의 하나.

말이 침착하고 자연스럽게 입에서 나왔다.

"포크, 난 몹시 배가 고픈데 뭐 먹을 게 없을까?"

"아무것도 없습니다요. 모두 가져가고 말았습니다요."

"하지만 채소밭의 것은?"

"놈들의 말이 짓밟아서 결단이 났습니다요."

"언덕 위의 *고구마밭노?*"

기쁜 미소와 흡사한 것이 그의 두터운 입술에 떠올랐다.

"스칼렛 아씨, 고구마를 깜박 잊고 있었군입쇼. 아마 틀림없이 밭에 그냥 남아 있을 겁니다요. 양키들은 고구마를 본 일이 없으므로 틀림없이 무슨 뿌리인 줄 알고서……."

"이제 곧 달이 뜰 테니까 그걸 캐다가 구워다오. 옥수수 가루는 없구? 말린 완두콩도 없어? 닭도?"

"아무것도 없습니다요. 놈들은 여기서 실컷 먹고 그리고 남은 닭은 말안장에 매달고 갔습니다요."

놈들…… 놈들…… 놈들…… '놈들'이 저지른 일에는 한정이 없는 걸까? 집을 태우고 죽이고 한 것만으로는 모자랐다는 말인가. 놈들은 아이들이나 여자들, 의지할 데 없는 검둥이들을 황폐하게 만든 곳에 남겨 놓고 굶어 죽게 할 작정인가.

"스칼렛 아씨, 마미가 마루 밑에 파묻어 둔 사과가 있습니다요. 저흰 오늘도 그걸 먹었습죠."

"그럼 고구마를 캐러가기 전에 그걸 가져와요. 그리고 말이지, 포크…… 난…… 난 …… 정신을 잃을 지경이야. 지하실에 포도주가 없을까, 검정 딸기 술이라도 괜찮아."

"헤에, 스칼렛 아씨, 놈들은 제일 먼저 지하실로 들어 갔습니다요."

속이 뒤집힐 것 같은 역겨운 구토증이 허기와 수면부족과 피로가 한데 섞여서 엄습해 왔으므로 그녀는 손에 닿는 의자에 조각된 장미를 단단히 움켜잡았다.

"포도주도 없단 말이지." 지하실에 주욱 늘어서 있던 숱한 병들을 떠올리면서 그녀는 나른하게 말했다. 그러자 한 가지 기억이 되살아났다.

"포크, 아버지가 포도나무 시렁 아래에 술통에 넣어서 묻으신 위스키는 어떻게 되었지?"

또다시 기쁨과 존경 어린 미소가 포크의 검은 얼굴에 빛났다.

"스칼렛 아씨, 아씬 어쩌면 그렇게도 잘 기억하고 계십니까요! 전, 그 술통을 까맣게 잊고 있었습니다요. 하지만 스칼렛 아씨, 그 위스키는 좋지 않습니다요. 파묻고 나서 겨우 일 년밖에 되지 않았고, 게다가 위스키는 귀부인께서 드실 게 못됩니다요."

흑인이란 어쩌면 이렇게 멍청할까? 시키지 않으면 아무것도 생각하려 들지 않는 것이다. 그런데도 양키들은 그들을 해방하겠다는 것이다.

"하지만 이 귀부인과 아버님은 아주 잘 마실 거야. 자, 포크, 얼른 술통을 파내 와. 그리고 컵 두 개하고 박하와 설탕도 말이야. 그걸로 줄렙⁷⁾을 만들 테니까."

그는 못마땅한 듯한 표정을 지었다.

"스칼렛 아씨, 아시다시피 타라에는 벌써 오래전부터 설탕 같은 것은 있지도 않습니다요. 박하풀은 말들이 모두 먹어 버렸고 컵은 놈들이 모조리 깨어 버렸습니다요."

만약 그가 다시 한 번 '놈들'이라는 말을 한다면 나는 틀림없이 소리를 지르고 말거야, 이제는 더 견딜 수가 없어, 하고 그녀는 생각했다. 그리고 목소리를 돋우어 말했다.

"그럼, 됐어. 빨리 위스키를 가져와! 빨리…… 할 수 없으니 그냥 마시겠어." 그러고 나서 그가 나가는 등 뒤에 대고 소리질렀다. "기다려, 포크, 얼른 생각나지 않지만 여러 가지 해야 할 일이 있어……. 참 그래, 내가 말과 암소를 끌고 왔었는데, 암소는 젖이 불어서 아픈 모양이야. 말의 마구를 끄르고 물을 먹여 줘. 그리고 마미에게 암소 시중을 좀 하도록 일러 줘. 아무것도 먹이지 않으면 멜라니의 아기는 죽고 말 거야. 그리고……."

"멜라니 아씨는 그럼……." 포크는 조심스럽게 말꼬리를 흐렸다.

"멜라니 아씨는 젖이 안 나와." 스칼렛은 만약에 어머니가 이렇게 내놓고 여

---

⁷⁾ 위스키에 설탕, 박하 따위를 넣은 것.

자 몸에 대한 이야기를 하는 것을 들으시면 아마 기절하실 거라고 생각했다.

"그렇다면 스칼렛 아씨, 저의 딜시에게 멜라니 아씨의 아기를 시중들게 합죠. 딜시도 아기를 낳았으니까 두 아기에게 젖을 먹이는 것쯤 아무것도 아닙니다요."

"어머나, 자네에게도 아기가 생겼어, 포크?"

아기, 아기, 아기, 왜 하나님은 그렇게도 아기만 많이 만느시는 걸까? 아냐 아냐, 그렇진 않아, 하느님이 만드시는 게 아니다. 어리석은 인간들이 만드는 거야.

"그렇습니다요. 크고 실한 검둥이 녀석입죠. 이 녀석이……."

"딜시한테 가서 동생들의 병간호는 내가 할 테니까 아기에게 젖을 먹이고, 될 수 있는 대로 멜라니 아씨 시중을 들라고 해. 그리고 마미에게는 암소를 봐 주고, 가엾은 말을 마구간에 넣으라고 일러요."

"마구간 따위가 있을 리 있습니까요, 스칼렛 아씨. 놈들이 헐어서 장작으로 써버리고 말았습니다요."

"포크, 이제 다시는 놈들이 어쩌구 했다는 말은 말아 줘. 딜시에게 지금 이른 말을 전하고, 포크, 잊지 말고 자네는 고구마를 파내고 위스키를 갖다 줘야 해."

"하지만 스칼렛 아씨, 등불 없이는 파낼 수 없는뎁쇼."

"횃불을 쓰면 되잖아? 안 그래?"

"횃불 같은 게 어디 있어야죠. 놈들이……."

"어떻게 해봐…… 무슨 수를 쓰든지 아무튼 파내 와. 자, 어서!"

그녀의 목소리가 거칠어졌으므로 포크는 얼른 방을 뛰어나갔다. 스칼렛은 제럴드와 단둘이 남았다. 그녀는 아버지의 다리를 다정스럽게 쓰다듬었다. 전에는 승마로 단련되어 팽팽하던 넓적다리가 몹시 여위어 있었다. 아버지가 다시 기운을 차리시도록 하자면 도대체 어떻게 하면 좋겠는가, 그러나 그녀에겐 어머니에 대한 일을 물을 용기가 나지 않았다. 그것은 내일, 단단히 마음의 준비가 되고 나서 할 일이다.

"왜 놈들은 타라를 불태우지 않았을까요?"

제럴드는 아무 말도 듣지 못한 것처럼 잠시 그녀의 얼굴을 바라보고 있었다. 그래서 그녀는 또 한 번 같은 질문을 되풀이했다.

"왜냐하면……." 그는 잠깐 궁리했다. "그건 놈들이 이 집을 본부로 썼기 때문이야."

"양키가…… 이 집을?"

무엇보다도 가장 사랑하는 집이 양키들 때문에 더럽혀졌다는 모욕감이 가슴에 활활 타올랐다. 엘렌이 살고 있었기에 신성한 이 집, 여기에 양키가 살았단 말인가.

"그렇단다, 얘야. 놈들이 여기 오기 전에 강 건너의 트웰브 오크스 댁에 연기가 오르는 게 보이더구나. 하지만 하니하고 인디어가 검둥이들을 데리고 메이컨으로 피란했기 때문에 우리는 별로 걱정도 하지 않았단다. 그렇지만 우리는 메이컨으로 갈 수가 없었지. 네 동생들도 어머니도 모두 앓고 있었기 때문에 갈 수가 없었던 거야. 집의 검둥이들은 달아나 버리고 말았어……. 어디로 달아났는지 알 수 없지만 말이다. 갈 때 마차며 노새를 훔쳐가지고 갔어. 하지만 마미하고 딜시하고 포크…… 그들은 달아나지 않았다. 동생들…… 어머니…… 우리는 이들을 움직이게 할 수 없었어."

"그렇군요, 그렇군요." 어머니에 대한 이야기를 시켜서는 안 된다. 무슨 다른 이야기라야만 한다. 셔먼 장군이 이 방을…… 어머니의 사무실을 본부로 썼다고 하는 말을 하더라도 차라리 아직은 그런 편이 더 낫다. 되도록 어머니에 관한 이야기만 아니라면.

"양키는 철도를 차단하기 위해 존즈버러를 향해서 진격했단다. 놈들은 개울 쪽으로부터…… 몇 천인지 알 수도 없이…… 대포와 말이…… 얼마나 되는지 헤아릴 수도 없이 달려왔어, 나는 현관에서 놈들과 만났다."

'어머, 용감하신 아버지!' 스칼렛은 생각했다. 마치 눈 앞에 가득 찬 적군 대신에 아군의 대군을 배후에 거느리고나 있는 것처럼 타라의 층계에서 오만하게 버티고 선 채 적을 맞이한 제럴드를 떠올리자 그녀의 마음은 자랑스러움으로 뿌듯했다.

"놈들은 집을 태워 버릴 테니 나더러 비키라고 하더구나. 하지만 나는 태우려거든 내 머리 위에서 불지르라고 해 주었지. 우리는 떠날 수가 없었던 거다. 네 동생들이…… 그리고 어머니가……."

"그래서 어떻게 됐어요?"

어째서 아버지는 화제를 자꾸만 어머니에게로 끌고 가려고 하시는 걸까?

"집에 병자가 있다, 장티푸스다, 움직이면 죽고 만다고 난 말해 주었다. 그리고 불을 지르려거든 내 머리 위에서 지붕을 태우라고 말이다. 난 어떤 일이 있어도 여길 떠나기가 싫었다…… 타라를 떠나기가…….."

그는 벽 쪽을 멍하게 둘러보면서 목소리가 끊기더니 이윽고 지워져 버렸다. 아버지의 심정은 스칼렛도 잘 알 수 있었다. 제럴드의 어깨 뒤에는 무수한 아일랜드의 조상들이 떼지어 있어서 그것을 그에게 허락하지 않았던 것이나. 그들은 자기들이 생활하고 경작하고 사랑하고 자식들을 낳은 저택을 버리기보다는 차라리 마지막까지 싸우다가 얼마 되지 않는 땅을 위해 죽어간 사람들인 것이다.

"나는 놈들에게 집을 태우려거든 죽어 가고 있는 세 여자의 머리 위에서 태우라고 해 주었다. 그럴망정 우리는 여기를 떠날 수 없다고 말이다. 그런데 적의 젊은 장교가…… 이놈이 신사더구나."

"양키가 신사라고요? 어이구, 아버지!"

"신사였다. 그 사나이는 말을 몰고 가더니 얼마 안 되어서 대위하고 군의관을 데리고 왔더구나. 그 군의관이 네 동생들과 어머니를 진찰해 주었단다."

"그럼 아버지는 그 가증스러운 양키를 침실에 들였단 말이에요?"

"놈은 모르핀을 갖고 있더구나. 집에는 그것이 조금도 없었단다. 덕분에 동생들의 목숨은 살아났다. 수엘렌은 출혈을 하고 있었단다. 친절하게도 가능한 모든 치료를 해주더라. 그 군의관이 네 동생들과 어머니의 병에 대해서 보고했기 때문에 놈들은 집에다 불을 지르지 않았던 거야. 그 대신 그 뭐라든가 하는 장군과 그 참모들이 들이닥치더구나. 그리고 병실만 빼고는 방이란 방을 모두 차지하고 말았지. 게다가 병사들은……."

그는 피로한지 또 말을 멈추었다. 수염이 텁수룩한 턱이 주름살이 잡혀 있는 가슴에 힘없이 떨어졌다.

그러나 그는 애써 다시 계속했다.

"병사들은 집 주위에서 야영을 했다. 목화밭이구 보리밭이구, 그 밖에 아무데고 곳곳에서 말이다. 목장은 그들의 푸른 군복으로 메워지고 말았지. 그날 밤은 화톳불이 몇 천인지 헤아릴 수도 없었지. 그들은 울타리를 헐어 취사용으로 써 버렸다. 헛간도 마구간도 훈제소도 모두 뜯어다 떼 버리고 말았다. 그리고 소도 돼지도 닭도…… 내 칠면조까지 모두 잡아먹어 버렸다." 제럴드가 그토록 애지중지하던 칠면조까지도 양키들이 잡아먹었단 말인가. "게다가 놈들은 여러 가지 물건들을 약탈해 갔어. 그림 같은 것까지도 말이야…… 가구도 도자기도!"

"은그릇은요?"

"은그릇은 포크하고 마미가 어떻게 건사한 모양이야…… 아마 우물에 처넣었는지도 모르지…… 하지만 난 지금 생각이 안 난다." 제럴드의 목소리는 가시가 돋친 것 같았다. "그리고 놈들은 여기서…… 이 타라에서 전쟁을 시작했단다. 굉장한 소동이었지. 말이랑 병사들이 달려가기도 하고 몰려서서 발을 구르기도 하고 말이다. 그러더니 존즈버러에서 포성이 울리기 시작하더구나…… 마치 천둥처럼 울리더라…… 앉아 누운 애들 귀에도 들렸던지 '아빠, 저 소리 좀 멎게 해 줘요' 하는 소리를 몇 번이고 해서 나를 애태웠지."

"그리고…… 그리고 어머니는? 양키가 집 안에 들어온 것을 어머닌 아셨나요?"

"그 사람은…… 아무것도 몰랐지."

"어머나, 다행이었네요." 스칼렛은 말하였다. 어머니는 속을 썩이지 않고 넘길 수가 있었던 것이다. 어머니는 적이 아래층 방에 들어와 있는 소리를 듣지 못했다. 알지도 못했고, 존즈버러의 포성도 못 들었고, 그녀 마음의 일부분이기도 한 이 고장이 양키의 발밑에 짓밟혔다는 사실도 몰랐던 것이다.

"나는 애들과 어머니와 함께 2층에 있었기 때문에 그들과는 좀처럼 얼굴도 마주치지 않았었다. 제일 자주 만난 것이 젊은 군의관이었다. 친절한, 아주 친절한 사나이였어, 스칼렛. 온종일 부상병의 치료를 하고 나선, 찾아와서 식구들의 치료를 해주었어. 약도 얼마간 두고 갔단다. 떠나면서 내게 이런 말을 하더군……. 따님들은 낫겠지만, 어머니 쪽은…… 너무 쇠약하시다는 거야…… 몹시 쇠약하니, 도저히 버티어 내지 못할 거다, 체력을 무리하게 다 써 버렸다는 거야……."

또다시 빠진 침묵 속에서 스칼렛은 마지막 며칠간을 그렇게 보냈을 것이 틀림없다고 생각되는 어머니의 모습을 마음속에 그려 보았다. 어머니는 연약하면서도 타라의 힘의 탑으로서 다른 사람들을 쉬게 하고 먹이기 위하여 먹고 자는 것을 잊고 간호하고 일하고 처리했던 것이다.

"그리고 그들은 진격해 갔어, 진격해 갔어."

그는 오랫동안 잠자코 있더니 이윽고 그녀의 손을 더듬었다. "네가 돌아와 주어서 기쁘다." 그는 단지 이렇게 말했을 뿐이었다.

뒤꼍 현관에서 무엇인지 비벼대는 듯한 소리가 났다. 집에 들어가기 전엔 반드시 신을 닦으라는 말을 40년 동안 들어온 사없은 포크는 이런 때도 그 습관을 잊지 않았던 것이다. 그는 표주박 바가지 두 개를 조심스럽게 들고 들어왔다. 그보다 먼저 뚝뚝 떨어지는 독한 위스키 냄새가 확 풍겨 왔다.

"많이 엎지르고 말았습니다요, 스칼렛 아씨. 술통 구멍에서 바가지에 따르는 것이 어찌나 어렵던지 말입니다요."

"괜찮아, 포크, 고마워." 그녀는 젖은 바가지를 받아들었으나, 위스키 냄새를 맡자 불쾌한 듯이 얼굴을 찡그렸다.

"이걸 드시면 좋을 거예요, 아버지." 묘하게 생긴 그릇에 담은 위스키를 아버지의 손에 들려 주고 물이 든 또 하나의 바가지를 포크에게서 받았다. 제럴드는 아이처럼 고분고분하게 바가지를 들어올려 꿀꺽꿀꺽 마셨다. 그러나 다음에 물을 건네주려니까 머리를 젓고 받지 않았다. 아버지에게서 위스키를 받아 입가로 가져갔을 때 희미하게 나무라는 빛을 띠고 자기를 보고 있는 아버지의 눈길을 그녀는 알아챘다.

"귀부인은 위스키 따위를 마셔선 안 된다는 건 저도 알고 있어요." 그녀는 짧게 말했다. "하지만 저는 오늘은 귀부인이 아녜요, 아버지. 그리고 오늘 밤은 지금부터 해야 할 일이 많은걸요."

그녀는 숨을 깊이 들이쉬고 나서는 바가지를 기울여 꿀꺽 마셨다. 독한 액체가 타는 듯이 목구멍에서 배 속으로 내려가자 숨이 막히고 눈에서 눈물이 나왔다. 그녀는 다시 숨을 쉬고 또다시 바가지를 기울였다.

"스칼렛." 이때 제럴드가 말했다. 여기 돌아온 뒤 처음으로 그에게서 듣는 위엄 있는 목소리였다. "그만하면 됐다. 독한 술을 마실 줄도 모르면서 그렇게 마시면 취한다."

"취한다고요?" 그녀는 보기 흉하게 웃었다. "취한다고요? 전 취하고 싶어요. 취해서 이런 일을 모조리 잊어버리고 싶어요!"

그녀는 또 마셨다. 열기가 차차 혈관에 타오르고 온몸에 배어들더니 이윽고 손가락 끝까지 쑤시고 후끈거렸다. 이 친절한 불길은 어쩌면 이렇게 고마울 수 있을까. 그것은 그녀의 얼어붙은 가슴 밑바닥까지 스며들어가 다시 온몸에 되살려 주었다. 제럴드의 어처구니없어 하는 찡그린 얼굴을 보면서, 그녀는 다시 아버지의 무릎을 가볍게 쓰다듬고 언제나 아버지가 좋아하시던 예의 조금 건방진 미소 비슷한 것을 지으려고 했다.

"이 따위로 제가 취한다고 생각하세요, 아버지? 전 아버지의 딸이에요. 저는 클레이턴 군에서도 제일 술이 센 머리를 아버지에게서 물려받은 게 아니었나요?"

그는 딸의 지친 얼굴에 미소 지어 보이려고 했다. 위스키는 그의 기운도 북돋아 주었던 것이다. 그녀는 술이 담긴 바가지를 아버지에게 돌려 주었다.

"자, 더 드세요. 그러면 제가 2층으로 모시고 가서 재워드릴게요."

그녀는 정신이 번쩍 들었다. 어머, 나는 마치 웨이드에게라도 하듯이 말하고 있네, 아버지에 대해서 이런 말버릇을 해도 괜찮은 것일까. 너무 실례가 아닌가. 그래도 아버지는 그녀가 하자는 대로 따랐다.

"그래요, 재워드리겠어요." 그녀는 대수롭지 않게 덧붙였다. "자, 좀더 마시게 해 드릴게요. 이 바가지의 술을 죄다 말이에요. 그러시면 푹 주무시게 될 거예요. 아버지는 푹 주무셔야 해요. 스칼렛이 여기 있는 이상 이젠 아무것도 걱정하지 마세요. 자, 드세요."

아버지는 고분고분 또 마셨다. 이윽고 그녀는 팔을 아버지의 겨드랑이 밑에 밀어넣어 일으켜 세웠다.

"포크……."

포크는 한 손에 바가지를, 다른 손으로는 제럴드의 팔을 잡았다. 스칼렛은 일렁거리며 타는 촛불을 집어들었다. 그리고 세 사람은 어두운 복도를 천천히 가로질러 제럴드의 방 쪽을 향하여 구불구불 도는 계단을 올라갔다.

수엘런과 캐린이 한 침대에서 두런거리기도 하고 몸부림치기도 하는 방은, 등불 대용으로 돼지기름을 담은 접시에 헝겊 오라기를 심지 삼아 태우고 있으므로 고약한 냄새가 났다. 창문을 모조리 닫아 놓아 약 냄새며 기름 냄새며 병실 특유의 악취가 차 있어서, 처음에 문을 열었을 때 스칼렛은 정신이 아찔해질 것 같았다. 아마도 의사가 병실에 바깥공기를 들여보내면 큰일난다고 말했겠지만, 만약 자기가 여기에 앉아서 간호한다면, 스칼렛은 신선한 공기 없이는 자기가 죽을 거라고 생각했다. 그래서 그녀는 세 개의 창문을 열고 떡갈나무 잎과 흙 냄새를 넣었지만, 새로운 공기도 몇 주일 동안이나 닫아 두었던 방에 밴 고약한 냄새를 좀처럼 놀아낼 수는 없었다.

창백하게 야윈 캐린과 수엘렌은 즐겁고 행복했던 시절에 의좋게 속삭이던 네 귀퉁이에 기둥이 있고 층이 높은 침대에서 가물가물 얕은 잠을 자기도 하고 잠을 깨서 눈을 퀭하게 뜨고 중얼거리기도 하고 있었다. 방 한쪽 구석에는 빈 침대가 놓여 있었다. 그것은 앞부분과 뒷부분이 휘어 있는 프랑스 제정 시대풍의 좁은 침대인데, 엘렌이 서배너에서 가져온 것이었다. 엘렌은 이 침대에 누워 있었던 것이다.

스칼렛은 동생들 곁에 앉아서 멍청하게 두 동생을 지켜보고 있었다. 오랫동안 텅 비었던 배 속에 들어간 위스키가 여러 가지로 그녀에게 장난질을 했다. 이따금 동생들의 모습이 아득히 멀리 조그맣게 보이기도 하고 두 사람의 띄엄띄엄 끊기는 목소리가 벌레 울음소리처럼 들리기도 하였다. 그런가 하면 이번에는 두 사람의 모습이 엄청나게 커다랗게 확대되어, 번개 같은 속도로 덤벼들기도 했다. 피로했다. 그녀는 뼛속까지 지쳐 있었다. 드러누워 며칠이고 오래오래 잠만 잤으면 하고 생각했다.

아, 드러누워 잘 수 있다면, 그리고 엘렌이 다정하게 어깨를 흔들며 '너무 늦었다, 스칼렛. 그렇게 게으름을 피우면 못 쓴다' 하면서 깨워 준다면. 그러나 이젠 두 번 다시 그런 행복을 맛볼 수 없는 것이다. 엘렌만 있어 준다면! 하다못해 누구든지 그녀보다도 분별 있고 현명하고 끈끈하고 기댈 만한 사람이 있었으면…… 그 무릎에 내 얼굴을 파묻을 수 있는 사람이, 그 어깨에 내 무거운 짐을 맡길 수 있는 사람이 있다면!

문이 살며시 열리더니 딜시가 들어왔다. 멜라니의 아기를 가슴에 안고, 한 손엔 위스키가 담긴 바가지를 들고 있었다. 침침한 불빛에 보니, 딜시는 마지막 만났을 때보다도 야위어 보였고, 인디언의 특징이 전보다도 한결 뚜렷하게 얼굴에 나타나 있었다. 높은 광대뼈는 더욱더 튀어나오고 매부리코는 좀더 날카로워지고, 구릿빛 피부는 한층 더 구릿빛으로 빛나고 있었다. 빛 바랜 캘리코 드레스가 허리까지 헤쳐져서 커다란 청동색 유방이 드러나 있었다. 단단히 안긴 멜라니의 갓난아기는 창백한 장미 꽃봉오리 같은 입으로 정신없이 검은 젖꼭지를 빨면서, 마치 어미 고양이의 따뜻한 배털에 몸을 파묻은 새끼 고양이처럼 부드러운 가슴을 조그만 주먹으로 누르고 있었다.

스칼렛은 비틀비틀 일어나 딜시의 팔에 손을 얹었다.

"용케 남아 있어 주었어, 딜시."

"어떻게 하찮은 검둥이 따위와 함께 달아날 수 있겠사와요, 아씨. 아씨 아버님께서 친절하시게도 저와 딸 프리시를 사 주셨을 뿐더러, 아씨의 어머님께서도 그토록 저희에게 친절하셨는뎁쇼."

"앉아, 딜시. 그 정도면 아기의 젖 걱정은 없을 것 같네. 멜라니 아씨는 어떠시지?"

"이 도련님은 단지 배가 고프셨을 따름이와요. 시장하신 도련님에게 드릴 건 제 것이면 충분합죠. 멜라니 아씨께는 별일 없사와요. 돌아가실 염려는 없습니다요, 스칼렛 아씨. 걱정하시지 마십쇼. 저는 멜라니 아씨같이 앓는 사람을, 백인이고 흑인이고 여태까지 많이 보아 왔는걸입쇼. 단지 몹시 지치시고 불안해서 이 갓난 도련님의 걱정을 너무 많이 하고 계실 뿐이와요. 제가 잘 위로해 드리고 이 바가지에 남았던 위스키를 드렸더니, 푹 주무시고 계시와요."

그렇다면 온 집안 식구가 이 옥수수 위스키 덕을 본 셈이다. 차라리 꼬마 웨이드에게도 먹여 볼까, 그러면 딸꾹질이 멎을지도 모르지, 하고 스칼렛은 신경질적으로 생각했다. 멜라니는 죽지 않는다.

그렇다면 애쉴리가 돌아왔을 때에는…… 만약 돌아온다면…… 아니다, 이런 일은 나중에 생각하기로 하자. 아, 나중에 생각해야 할 일이 어쩌면 이렇게도 많단 말인가! 풀어내야 할 일…… 결정해야 할 일이 어쩌면 이다지도 많단 말인가. 총결산하는 시간을 영원히 미룰 수 있다면! 이때 밖의 조용한 공기를 깨뜨리고 삐걱삐걱하는 율동적인 소리가 들려왔다. 그녀는 깜짝 놀랐다.

"저건 아가씨들을 씻겨 드릴 물을 마미가 긷고 있는 겁니다요. 물이 엄청나게 많이 들어얍죠." 딜시가 설명하면서 탁자에 있는 약병과 컵 사이에 바가지를 놓았다. 스칼렛은 갑자기 웃음을 터뜨렸다. 철이 들기 시작할 무렵부터 귀에 들어 본 우물의 도르래 소리에 놀라다니 내 신경이 어지간히 곤두서 있구나. 딜시는 위엄 있고 조용한 표정으로 그녀의 웃는 얼굴을 물끄러미 바라보고 있었다. 딜시는 내 심정을 알고 있는 것이다. 스칼렛은 그렇게 느꼈다. 그녀는 다시 의자에 몸을 묻었다. 꼭 쥔 코르셋이며 답답한 칼라며 발을 물집투성이로 만든 모래와 잔돌이 아직도 잔뜩 들어 있는 구두 따위를 벗어 던질 수 있다면 얼마나 시원할까.

삐걱거리는 도르래 소리는 점점 느려졌다. 삐걱거릴 때마다 줄이 올라오고 두레박이 올라오는 것이다. 이제 곧 마미가…… 엘렌의 마미, 그리고 그녀의 마미가…… 올라오겠지. 그녀는 아무것도 생각하려 하지 않은 채 잠자코 앉아 있었다. 이젠 젖을 잔뜩 먹어서 싫증이 났을 텐데도 갓난아기는 소중한 젖꼭지가 제 입에서 빠지자 킹킹거리기 시작했다. 역시 잠자코 있던 딜시가 어린애의 입에 젖꼭지를 물리면서 양손으로 어르는 동안 스칼렛은 뒷마당을 가로질러 오는 마미의 느릿하면서도 끄는 듯한 발소리에 귀를 기울이고 있었다. 어쩌면 밤이 이토록 조용할까! 아무리 작은 소리라도 그녀의 귀에는 크게 울려왔다.

마미의 육중한 몸이 문에 가까워짐에 따라 그 무거운 몸무게 때문에 2층 복도가 진동하는 것 같았다. 이윽고 양손에 어깨가 처질 만큼 무거운 나무 양동이를 든 마미가 방에 들어섰다. 그 정다운 검은 얼굴에는 원숭이 얼굴에서 보는 것 같은 야릇한 슬픔의 빛이 떠올라 있었다.

스칼렛을 보더니, 그녀는 눈을 빛내고 흰 이를 드러내면서 양동이를 내려놓았다. 스칼렛은 얼른 달려가서 살이 늘어진 커다란 가슴에 얼굴을 묻었다. 많은 백인이며 흑인의 얼굴을 묻은 가슴이다. 거기에는 뭔지 모르게 굳센 것, 그리고 조금도 변함없는 옛날의 생활이 있는 것 같은 느낌이 들었다. 그러나 마미의 첫마디는 그러한 환상을 무참히 쫓아 버렸다.

"마미의 아씨가 돌아오셨구료! 아이구 스칼렛 아씨, 엘렌 마님이 돌아가셨으니 이제부터 저희는 도대체 어떡하면 좋습니까요? 네에, 스칼렛 아씨, 저도 엘렌 마님과 함께 죽어 버린 거나 다름없으니 엘렌 마님이 안 계시면 아무것도 할 수 없습니다요. 이제 그저 뼈아픈 고생이 있을 뿐입니다요. 괴롭고 무거운 짐뿐입니다요, 아씨, 괴롭고 무거운 짐뿐이와요."

마미의 가슴에 얼굴을 비벼 대면서, 스칼렛은 '괴롭고 무거운 짐'이라는 말이 마음에 걸렸다. 그것은 그날 오후 내내 그녀의 머릿속에서 진저리가 날 만큼 단조롭게 윙윙대던 말이 아닌가. 그래 그녀는 그때 생각나지 않던 노래의 다음 구절을 울적한 마음으로 생각해 냈다.

> 힘들게 하는 짐을 나르는 것도 이제 며칠만 참으면 돼요.
> 가벼워지지 않을 짐이라면 상관없잖아요.
> 비틀거리면서 가는 길도 이제 며칠만 참으면 돼요.

'가벼워지지 않을 짐이라면', 이 구절이 지친 마음에 걸렸다. 그녀의 무거운 짐은 영원히 가벼워지지 않는 것일까? 타라로 돌아온 것은 무거운 짐을 내려놓고 쉬기 위해서가 아니라 더 많은 무거운 짐을 지기 위해서였던가? 그녀는 마미의 팔에서 빠져나오자 손을 뻗어 마미의 주름투성이인 검은 얼굴을 쓸었다.

"어머, 아씨의 손이!" 마미는 물집이 생기고 피가 말라붙은 그녀의 조그만 손을 잡고 깜짝 놀라서 나무라듯이 바라보았다. "스칼렛 아씨. 손을 보면 귀부인인지 아닌지를 알 수 있다고 그처럼 여러 번 말씀드리지 않았던가요. 그리고 얼굴만 해도 이처럼 까맣게 타시고 말입니다."

불쌍한 마미, 전쟁과 죽음이 방금 머리 위를 지나간 참인데도 아직도 그런 부질없는 일을 가지고 까다롭게 나무라다니! 다음에는 틀림없이 손에 못이 박이고 주근깨가 있는 아가씨는 대개 남편감을 못 얻는다고 말하겠지. 그래서 스칼렛은 앞질러서 말했다.

"마미, 나에게 어머니 얘기 좀 해 줘. 난 도저히 아버지에게는 듣지 못하겠어."

양동이를 들어올리려고 몸을 구부린 마미의 눈에서 눈물이 떨어졌다. 마미는 잠자코 양동이를 침대 옆까지 가지고 가더니 시트를 벗기고 수엘렌과 캐린의 잠옷을 헤쳤다. 스칼렛은 침침하게 일렁이는 불빛에 동생들을 바라보고, 캐린은 깨끗하긴 하지만 누덕누덕 기운 잠옷을 입고, 수엘렌은 아일랜드 레이스의 묵직한 단이 달려 있는 갈색의 헌 리넨 잠옷을 입고 있다는 것을 알았다. 마미는 밝은 앞치마 조각으로 두 동생의 여윈 몸을 닦아 주면서 소리 내지 않고 울었다.

"스칼렛 아씨, 엘렌 마님을 돌아가시게 한 것은 슬래터리네 놈들입니다요. 걸

레 조각처럼 아무 쓸모도 없고 천한 가난뱅이 백인인 슬래터리네 놈들입니다
요. 그따위 하찮은 녀석들에게 아무리 친절하게 해 주시더라도 아무런 쓸모도
없다고 제가 몇 번이고 말씀드렸었는데, 엘렌 마님은 마음이 고우셔서 무엇이
고 부탁을 받으시면 결코 안 된다는 말씀을 못하셨습죠.”

“슬래터리네?” 스칼렛은 미심쩍게 물었다. “그 사람들이 어쨌다는 거지?”

“이런 병에 걸렸습죠.” 축축하게 젖은 시트에 물방울을 떨어뜨리면서 마미
는 젖은 헝겊으로 벌거벗은 두 처녀들 쪽을 가리켰다.

“팔리지 않은 그 집 딸 에미가 이 병에 걸려서 말입니다요, 엘렌 마님에게 울
며불며 달려왔습죠. 그것들은 걸핏하면 주르르 달려옵니다요. 도대체 제 딸의
간호를 자기가 안 하는 법이 어디 있습니까? 엘렌 마님은 남의 일을 돌볼 겨
를이 없을 만큼 바쁘셨지만, 곧 가셔서 에미의 병간호를 하셨습죠. 알고 보면
엘렌 마님 자신도 몸이 그리 튼튼하시지 못했습죠. 스칼렛 아씨. 어머님은 훨
씬 전부터 몸이 편찮으셨습니다요. 밭의 곡식은 병참인지 뭔지가 모조리 뺏어
갔기 때문에 양식도 딸려서 엘렌 마님은 작은 새만큼밖에는 안 잡수셨습니다
요. 저는 백인 찌꺼기 따위는 버려 두시라고 몇 번이 고 말씀드렸지만 듣지 않
으셨습니다요. 그러다가 에미가 조금 차도가 있자 이번에는 캐린 아가씨가 그
병으로 쓰러지셨습죠. 티푸스 병은 길을 곧장 날아와서 캐린 아가씨를 덮치
고, 다음에는 수엘렌 아가씨에게 들러붙었습니다요. 그래서 엘렌 마님께서는
모두의 병간호를 하셔야 하게 됐습죠. 큰길에서는 전쟁이 벌어지고, 북군은
강 건너에서 밀어닥치고 들일하는 검둥이는 밤마다 달아나 버리고, 도대체 어
떻게 되려는가 싶어서 저는 미칠 것만 같았습니다요. 하지만 엘렌 마님은 침착
하셨습죠. 그저 아가씨들께 드릴 약이 아무것도 없어서 그걸 걱정하시느라고
유령처럼 야위셨습죠. 어느 날 밤 아가씨들의 몸을 둘이서 열 번이나 닦아
드리고 나서 엘렌 마님은 저에게 이렇게 말씀하셨습죠. ‘마미야, 혼을 팔 수
있다면 팔고 싶구나. 난 그걸 팔아서라도 딸애들의 이마에 얹어 줄 얼음을 사
고 싶다’굽쇼. 엘렌 마님은 제럴드 나리도, 로자나 티나도 이 방에는 들이지 않
았습죠. 들어오는 것은 저뿐이었는데, 전 한 번 티푸스를 앓았거든입쇼. 그러다
가 엘렌 마님에게도 병이 옮고 말았습죠, 스칼렛 아씨. 그때 전 이젠 틀렸구
나 하고 생각했습니다요.”

마미는 몸을 일으키더니 앞치마로 뚝뚝 떨어지는 눈물을 닦았다.

"엘렌 마님의 병세는 날로 더해 갔습니다요, 스칼렛 아씨. 그 친절한 양키 의사 선생도 이미 손을 쓸 수가 없었답니다요. 아무것도 모르시게 되고, 제가 아무리 소리 지르고 얘기를 해도, 이 마미마저 못 알아보시게 되고 말았습니다요."

"어머님은…… 내 이름을 부르셨어?…… 나를 찾으셨어?"

"아뇨, 아씨. 엘렌 마님은 완전히 서배너 시절의 작은 아가씨로 되돌아가셔서 아무의 이름도 부르시지 않았습니다요."

딜시는 몸을 틀어 잠든 아기를 무릎 위에 놓으면서 말참견을 했다.

"아니와요. 누군가의 이름을 부르셨습니다요."

"무슨 쓸데없는 소릴 하는 거야, 이 인디언―검둥이 튀기년이!"

마미는 사나우리만큼 격해져서 딜시 쪽을 보았다.

"잠자코 있어, 마미. 누구의 이름을 부르셨어, 딜시! 아버지?"

"아닙죠, 나리님이 아닙니다요. 마침 목화를 태운 날 밤이었는뎁쇼."

"목화를 태워 버렸어? 빨리 말해 봐!"

"그렇습지요. 모두 태우고 말았습죠. 병정들이 창고에서 뒷마당으로 들고 나와서 '조지아에서 제일가는 목화다, 불을 질러라' 하고 고함을 지르면서 불을 질렀답니다요."

3년 동안 모은 목화, 15만 달러어치의 목화가 한줌의 재가 되어 버리고 말았던 것이다!

"그 불빛으로 사방은 마치 대낮처럼 밝아졌습지요……. 이 흰 저택에 불이 옮겨붙지나 않을까 하고 가슴이 조마조마했답니다요. 이 방에 있어도 어찌나 밝은지 마룻바닥에 떨어진 바늘도 주울 수 있을 정도였습지요. 너무나 창문이 밝아졌기 때문에 엘렌 마님께서도 잠이 깨셨던지 침대에 일어나 앉으시더니 커다란 목소리로 한두 번 '필립! 필립!' 하고 부르셨사와요. 제가 한 번도 들은 적이 없는 이름이었지만, 사람의 이름인 것만은 분명했는데, 엘렌 마님께선 그 사람을 부르셨사와요."

마미는 석상처럼 몸이 굳어서 딜시를 노려보았다. 스칼렛은 두 손에 얼굴을 파묻고 생각에 잠겨 있었다. 필립…… 도대체 누구일까, 그 이름을 부르면서 죽은 어머니에게 그 사람은 대체 무엇이었을까?

애틀랜타에서 타라까지의 긴 길은 끝났다. 따뜻한 엘렌의 팔에서 끝났어야할 그 여로는 무정한 벽에 부닥침으로써 끝이 났다. 스칼렛은 이제 다시는 자기를 감싸 주는 깃털이불 같은 어머니의 사랑을 받으며 아버지가 보호하는 지붕 밑에서 어린애처럼 안심하고 잘 수 없게 되고 말았다. 어느 쪽을 보너라도 그녀가 숨을 수 있는 안전한 장소나 항구는 없는 것이다. 어디를 향하든 어떻게 몸을 뒤틀든 그녀에게 부닥친 이 막다른 골목을 피할 길은 없었다. 그녀를 대신해서 무거운 짐을 져줄 어깨는 한 사람도 없는 것이다. 아버지는 늙어서 천치처럼 되어 버렸고, 동생들은 앓아누웠고 멜라니는 지쳐 빠져서 쇠약하고, 아이들은 아무런 도움도 되지 않고, 검둥이들은 엘렌이 그러했듯이 엘렌의 딸도 역시 자기들의 의지가 되어 줄 줄로만 믿고 아이들 같은 믿음을 가지고 그녀의 치맛자락에 잔뜩 매달렸다.

떠오르기 시작한 희미한 달빛으로 창문에서 바라보니, 검둥이는 달아나 버리고 토지는 황폐해지고 헛간은 타버리고 만 타라가 눈 앞에서 마치 피를 뿜고 있는 육체처럼, 서서히 출혈하고 있는 그녀 자신의 육체처럼 눈 앞에 펼쳐져 있었다. 부들부들 떨고 있는 노인이며 병이며 굶주린 입이며 그녀의 치마에 매달리는 무력한 손이며…… 여로의 마지막은 이것이었다. 그 길이 끝나는 곳에는 그것밖에는 아무것도 없었다……. 있는 것이라곤 단지 어린 자식을 거느린 열아홉 살의 과부 스칼렛 오하라 해밀턴뿐이었던 것이다.

이 모든 일을 어떻게 처리해야 할 것인가? 멜라니와 갓난아기는 피티 시고모님과 메이컨의 버 댁에서 맡아 주겠지. 동생들의 병이 나으면 엘렌의 친척에게 억지로라도 둘 다 떼어 맡기자. 그리고 나와 아버지는 제임스 백부나 앤드루 백부한테로 가면 된다.

그녀는 눈 앞에서 여윈 모습으로 늘어져 있는 동생들의 모습을 바라보았다. 두 사람을 싸 주고 있는 시트는 떨어지는 물로 검게 젖어 있었다. 그녀는 수엘렌이 싫었다. 그녀는 지금 그것을 똑똑히 알았다. 사실 그녀는 수엘렌을 좋다고 생각한 적은 없었다. 그렇다고 해서 특별히 캐린을 좋아한 적도 없다. 그녀는 누구나 할 것 없이 약한 인간을 좋아할 수 없었던 것이다. 그러나 두 사람 모두 그녀와는 핏줄이 닿았고 타라의 일부분이다. 그 두 사람을 불쌍한 친척으로 이모들 집에서 지내게 할 수는 없다. 오하라 집안 사람이 둘 씩이나 불쌍한 친척으로 동정하는 빵에 매달리고 인정에 매달려 살아가도 상관없다는 말인가? 아니 아니, 절대로 그럴 수는 없다.

이 막다른 길에서 빠져나갈 길은 없는 것일까? 그녀의 지친 머리는 매우 느리게밖에 움직이지 않았다. 마치 공기가 물이 되어 그 저항과 싸우는 것처럼 그녀는 양손을 무거운 듯이 뻗고 푹 머리를 안았다. 그리고 컵과 약병 사이에 놓인 바가지를 집어들고 안을 들여다보았다. 어두침침한 불빛으로 잘 알 수는 없었으나 밑바닥에 아직도 조금은 남아 있는 것 같았다. 이상하게도 확 끼치는 술 냄새를 맡아도 이젠 그리 싫지 않았다. 그녀는 천천히 마셨다. 이번에는 타는 듯한 느낌은 없고, 훈훈하게 몸이 더워질 뿐이었다.

그녀는 빈 바가지를 내려놓고 주위를 둘러 보았다. 모든 것이 꿈인 것이다— 어두침침한 방도, 앓아서 야윈 처녀들도, 침대 옆에 웅크리고 있는 마미의 커다란 그림자도, 검은 가슴에 조그만 연분홍빛 육체를 안고 청동상처럼 꼼짝하지 않는 딜시도—모두 꿈이고, 이제 꿈에서 깨어나면 부엌에서 굽는 베이컨 냄새를 맡고 검둥이들의 높은 웃음소리며 밭으로 나가는 마차의 삐걱거리는 소리를 듣고 부드럽게 흔들어 깨우는 엘렌의 손길을 느낄 수 있지는 않을까.

이윽고 그녀는 자기가 자기 방의 자기 침대에 있는 것을 깨달았다. 희미한 달빛이 어둠을 뚫고 비추는 가운데 마미와 딜시가 옷 갈아입는 것을 거들고 있었다. 갑갑한 코르셋에 가슴을 죄는 일도 없고 폐 속, 뼛속까지 깊숙하고 조용하게 숨쉴 수 있었다. 그녀는 양말이 부드럽게 벗겨지는 것을 느꼈고, 그 물집투성이의 발을 씻으면서 마미가 또렷하지 않게 중얼거리고 있는 목소리를 기분 좋게 들었다. 어쩌면 물이 이렇게도 차가울까? 어린애처럼 폭신한 이불 속에서 잔다는 것은 얼마나 기분이 좋은 일인가. 그녀는 한숨을 쉬며 긴장을 풀었다. 1년 동안처럼 생각 되기도 하고 1초 동안처럼 생각되기도 한 시간이 흐른 뒤, 그녀는 혼자 방에 남겨져 있었다. 침대 위에 달빛이 흘러들어 방은 아까보다도 밝았다.

그녀는 자기가 취한 것을, 피로와 위스키로 취해 버린 것을 몰랐다. 알고 있는 것은 단지 어느덧 자기가 지친 육체를 빠져나와서 어딘지 고통도 피로도 없는 공간에 떠서 두뇌가 초인적으로 총명하게 사물을 보고 있다는 것뿐이었다.

그녀는 전혀 새로운 눈으로 사물을 보고 있었다. 그것은 그녀가 타라로 오는 긴 여로의 어딘가에서 자기 속에 있는 소녀 시절을 떨쳐 버리고 왔기 때문이다. 이미 그녀는 새로운 경험에 의하여 하나하나 틀이 바뀌는 소성점토는 아니었다. 마치 천 년이나 계속된 것 같은 그 막막한 하루 동안 어느 틈엔가 찰흙은 완전히 굳어 버리고 말았던 것이다. 그녀가 어린아이처럼 시중을 받는 것은 오늘 밤이 마지막인 것이다. 청춘은 가버렸다.

그녀는 이제 한 사람의 여자가 된 것이다. 제럴드 쪽 친척에도 엘렌 쪽 친척에도 의지할 수 없었고, 의지하려고도 생각하지 않았다. 오하라 집안은 남의 동정에 의지할 수는 없다. 오하라 집안 스스로 꾸려 나가는 것이다. 그녀의 무거운 짐은 그녀 자신의 것이었고, 그리고 그 무거운 짐은 충분히 그것을 견딜 만한 굳센 어깨가 있었기에 그리로 보내진 것이다. 여태까지 덮쳤던 최악의 경우에도 견딜 수 있었던 만큼, 이제 자신의 어깨가 어떠한 무거운 짐도 감당할 만큼 굳세다고, 높은 데서 내려다보며 그렇게 생각해도 그녀는 별로 놀라지 않았다. 타라에서 달아날 수는 없다. 붉은 흙의 경작지가 그녀의 것이라는 것 이상으로, 그녀는 붉은 흙의 경작지 그 자체였다. 그녀는 핏빛처럼 붉은 흙에 깊이 뿌리를 내리고 거기서 목화처럼 생명을 빨아 먹어 왔다. 그녀는 언제까지나 타라에 머무르면서 타라를 지키는 것이다. 그리고 어떻게 하든지 아버지와 동생들, 멜라니와 애쉴리의 아들, 검둥이들을 먹여 살려야 하는 것이다. 내일, 오, 내일! 내일 그녀는 목에 멍에를 달고서라도 일하리라. 내일은 할 일이 산더미처럼 쌓였다. 제일 먼저 트웰브 오크스 농장과 매킨토시 농장으로 가서 황폐한 농원에 뭐라도 남아 있는가 보고 와야겠다. 그리고 개울가 늪지에 가서 집 잃은 돼지나 닭을 찾아와야겠다. 또 존즈버러와 러브조이로 엘렌의 보석들을 가지고 가자. 거기에는 틀림없이 누군가 남아 있어서 무엇이건 먹을 것을 팔아 줄 것이다. 내일, 내일…… 그녀의 두뇌 활동은 마치 태엽이 풀린 시계처럼 점점 둔해 갔지만 환영만은 여전히 또렷했다.

어렸을 적부터 수없이 들어온 집안에 전해져 내려온 이야기를 당시에는 거의 지루해서 억지로 참으면서 그래도 얼마간은 알아들을 대목도 있어서 귀를 기울였었지만, 그것이 이때 문득 수정처럼 분명해졌다. 그것에 의하면 제럴드는 한 푼도 없이 타라 농장을 쌓아올렸다. 엘렌은 어떤 이해할 수 없는 슬픔을 정복하고 일어섰다. 로빌라드 집안의 조부님은 나폴레옹을 실각시킨 폭풍우 속에서 살아남아 기름진 조지아의 해안에 새 생활의 뿌리를 내렸다. 또 증조부인 프뤼 돔은 한때 아이티의 울창한 정글 속에 소왕국을 건설하였다가 얼마 안 되어 끝 내 멸망하고 말았지만, 그러나 생전에 그 이름을 서배너에서 다시 우러러보는 것을 보았다. 그곳에는 또 아일랜드의 자유를 위하여 아일랜드 의용군에 몸을 던져 싸우다가 교수형에 처해진 선조들도 있었고, 자기의 땅을 지키기 위하여 마지막까지 싸우다가 보인 강변에서 전사한 오하라 가문의 선조들도 있었다.

그러한 사람들은 모두 압도당할 것 같은 커다란 비운에 시달렸지만, 그 비운에 짓눌리지는 않았다. 제정의 몰락도, 반역하는 노예의 마체테[8]도, 전쟁도 반란도 추방도 재산 몰수도 그들을 거꾸러뜨릴 수는 없었다. 심술궂은 운명이 어쩌다가 그들의 목을 꺾어 놓은 일은 있었지만, 그들의 의지까지 겪을 수는 없었다. 그들은 절대로 비명을 지르지 않았다. 그들은 싸웠다. 죽어도 그들은 굴복하여 죽은 것이 아니라 칼이 부러지고 화살이 떨어져서 마침내 죽은 것이다. 그녀의 혈관에도 그와 같은 피가 흐르고 있다. 그러한 사람들의 환영이 달빛 비치는 방 안을 조용히 움직이며 돌아다니고 있는 것 같은 생각이 들었다. 운명이 줄 수 있는 최악의 것을 받아 그것을 최선의 것으로 다시 만들어낸 그러한 혈족들을 보아도 스칼렛은 놀라지 않았다. 타라야말로 그녀의 운명이며 싸움터였다. 그녀는 그것을 정복해야만 하는 것이다.

그녀는 졸린 듯이 돌아누웠다. 암흑이 슬금슬금 기어올라와서 그녀의 마음을 감싸안았다. 그들이 정말로 방 안에 있어서 그녀에게 무언의 격려를 속삭이고 있는 것일까? 그렇지 않으면 이것은 꿈의 일부분인 것인가?

"당신들이 정말로 계시든 안 계시든" 그녀는 잠꼬대처럼 중얼거렸다. "어쨌든 주무세요. 고마웠습니다."

25

이튿날 아침 스칼렛의 몸은 어제 몇 마일 씩이나 걷기도 하고 마차에 흔들리기도 한 탓으로 결리고 아팠고, 조금만 움직여도 심한 통증을 느꼈다. 얼굴은

---

8) 날이 넓고 무거운 칼.

햇볕에 타서 빨개지고 물집이 생긴 손바닥은 껍질이 벗겨져 있었다. 혀에는 백태가 끼고 목구멍은 불에 덴 것처럼 말라서 아무리 물을 마셔도 갈증이 가시지 않았다. 머리는 띵하고 눈을 움직이기만 하여도 아팠다. 위장은 갓 임신하였을 무렵이 떠오를 만큼 메스꺼워서 아침 식탁에서 김이 오르는 고구마가 못 견디게 싫어서 냄새를 맡기도 역겨웠다. 그것은 처음으로 독한 술을 마신 탓이고, 흔히 있는 숙취라는 것에 지나지 않는다고 제럴드라면 설명해 줄 수 있을 터인데도 그는 아무 눈치도 채지 못한 모양이었다. 식탁의 주인 자리에는 앉아 있지만, 이 흐릿하고 얼빠진 노인의 잿빛 눈은 문 쪽으로 눈길을 향한 채 고개를 갸웃거리면서 엘렌의 페티코트 옷자락 스치는 소리를 듣고 레몬 버베나의 향내음이 풍겨오기를 기다리고 있는 것 같았다.

스칼렛이 식탁에 앉자 그는 중얼거렸다. "어머니를 기다리자. 좀 늦는구나." 그녀는 아픈 머리를 들어 믿을 수 없다는 표정으로 아버지를 건너다보았다. 그러자 제럴드의 의자 뒤에 서 있는 마미의 무엇인가 호소하는 듯한 눈길과 마주쳤다. 그녀는 한 손을 목에 대고 비틀비틀 일어나 아침 햇살 속으로 아버지를 내려다보았다. 그는 멍청한 눈으로 딸을 바라보았다. 아버지의 손은 부들부들 떨리고 머리도 조금 떨고 있었다.

제럴드가 명령을 내려 주기를, 그리고 해야 할 일을 분부하기를 얼마나 자기가 기다리고 있었는지 그것을 이때까지 그녀는 깨닫지 못하고 있었다. 그런데 지금은…… 어젯밤의 아버지는 거의 평소와 다름없이 보였는데, 어떻게 된 것일까. 하긴 어젯밤에도 여느 때처럼 고함을 질러 대지도 않고 기운도 없었지만, 어쨌든 이치가 맞는 이야기만 했다. 그런데 지금은…… 지금은 엘렌이 죽은 사실조차 잊어버리고 있다. 북군의 내습과 부인의 죽음, 이 두 가지 충격으로 실성해 버리고 만 것이다. 그녀가 입을 열려고 하자 마미는 세게 고개를 저어 말리고 앞치마를 끌어올려 붉어진 눈시울을 닦았다.

'어쩜, 아버지가 미쳐 버리다니, 그런 일이 있을 수 있을까?' 스칼렛은 생각했다. 그 새로운 근심 때문에 그녀의 띵한 머리는 쪼개질 것처럼 아프기 시작했다. '아냐, 아냐, 아버지는 단지 머리가 멍해지셨을 뿐이다. 병 같은 거겠지. 곧 나을거야. 하지만 만약 낮지 않는다면 나는 도대체 어떻게 하면 좋단 말인가? 그러나 지금은 그런 걸 생각하고 싶지 않아. 아버지 일도 어머니 일도, 그 밖에 그런 끔찍한 일은 아무것도, 지금은 생각하고 싶지 않다. 생각하는 일을 견딜 만할 때까지는 아무것도 생각지 말아야 한다. 그건 그렇다 치고 생각해야 할 일이 어쩌면 이토록 많을까. 도무지 손을 댈 수 없는 일은 제쳐 놓는다 하더라도 어떻게 될 듯도 하지만 어쨌든 해야 할 일이 잔뜩 있다.'

그녀는 아무것도 먹지 않고 식당을 나와 뒤꼍의 현관으로 갔다. 가장 좋은 제복인, 그러나 지금은 볼품없이 누덕누덕 기운 것을 입은 포크가 맨발로 층계에 앉아서 땅콩 껍질을 까고 있었다. 머리가 망치로 얻어맞은 것처럼 쿡쿡 쑤시고 밝은 아침 햇빛이 날카롭게 눈을 자극했다. 그냥 서 있기만 하는 데도 엄청난 노력이 필요했다. 그래서 그녀는 흑인에게는 상냥하게 대해 주어야 한다고, 늘 어머니가 가르쳐 주신 형식 따위는 완전히 제쳐놓고 될 수 있는 대로 간단하게 이야기를 진행시켰다.

그녀가 너무나도 무뚝뚝하게 질문을 시작하고 너무나 단정적으로 명령을 내렸으므로, 포크는 어리둥절한 듯이 눈썹을 치켜세웠다. 엘렌 마님은 누구에 대해서도, 설사 병아리나 수박을 훔친 사람을 붙잡았을 때라도, 결코 이렇듯 무뚝뚝하게 말한 일은 없었다. 스칼렛은 새삼스럽게 농장이며 채소밭이며 가축에 대해서 물었다. 그녀의 파란 눈에는 그때까지 포크가 한 번도 본 일이 없는 모질고 빈틈없는 광채가 감돌았다.

"그 말은 죽었습니다요. 제가 매어 두었습죠만 양동이를 뒤집어쓰고 그 속에 코를 처박고 죽었더군입쇼. 암소는 괜찮습니다요. 모르셨습니까요? 고놈이 글쎄, 간밤에 새끼를 낳았더군입쇼. 그렇게 울어댄 건 그 탓이었습니다요."

"너희 집 프리시는 꽤나 훌륭한 산파가 될 거야." 스칼렛은 비꼬는 투로 말했다. "그 애는 암소가 우는 게 젖이 불어서 그런다고 하던걸."

"그렇지만 프리시를 뭐, 암소 산파를 만들 생각은 없사와요, 스칼렛 아씨." 포크는 재치있게 말했다. "새끼를 낳으면 암소도 어엿한 암소 구실을 할 수 있으니까, 저 북군의 군의관도 아가씨들에게는 버터 밀크가 필요하다고 했습죠만, 그 버터 밀크를 이젠 얼마든지 얻을 수 있습니다요. 그러니까 너무 나무라지 말아주시와요."

"알았어. 그리고 가축은 남아 있지 않아?"

"아무것도 없습니다요. 단지 늙어빠진 암퇘지 한 마리하고 새끼 돼지가 있었습지요. 북군이 밀어닥친 날, 제가 늪지대에 몰아넣었습죠만, 그것이 어디 있는지 알 수가 없습니다요. 고약한 암퇘지입죠.”

“그래도 붙잡아야 해. 자네와 프리시하고 둘이서 이제부터 곧 잡으러 갔다 와.”

포크는 놀라는 동시에 몹시 화를 냈다.

“스칼렛 아씨, 그건 들일하는 노예가 하는 일입니다요. 전 옛날부터 집안일하는 검둥이였죠.”

스칼렛의 눈에서 번쩍 날카로운 불꽃이 튀었다.

“둘이서 새끼 돼지를 붙잡아 와. 그게 싫다면 들일하는 흑인처럼 나가 줘.”

포크의 분한 듯한 눈에 눈물이 맺혔다. 아, 엘렌 마님만 계셨더라면. 그 구별을 알고 계시고 들일과 집안일의 커다란 차이점을 알고 계실 텐데.

“나가라고 하십니다만, 스칼렛 아씨, 대체 어디로 나갑니까요?”

“어딜 가든, 내가 알 바 아니야. 하지만 타라에 있으면서 일하고 싶지 않은 사람은 멋대로 양키 꽁무니라도 따라가는 게 좋을 거야. 다른 사람들에게도 그렇게 말해 줘.”

“알았습니다요.”

“그리고 옥수수밭하고 목화밭은 어떻게 되어 있지, 포크?”

“옥수수 말씀입니까요, 스칼렛 아씨? 놈들은 말을 옥수수밭에 풀어 놓고, 나중에는 말이 먹고 짓밟고 한 나머지까지 가져가 버렸습니다요. 그리고 목화밭은 밭 위로 포차며 마차를 끌고 다녔기 때문에 모두 엉망진창이 되고 말았습니다요. 단지 강 건너의 작은 목화밭만은 놈들 눈에 띄지 않았지만, 그런 건 짓밟을 거리도 못됩죠. 고작해야 세 짝쯤이나 날까말까하니깝쇼.”

세 짝. 보통 타라에서 산출되는 짝 수를 생각하자 스칼렛의 머리는 더한층 아팠다. 세 짝. 그렇다면 저 무능한 슬래터리네가 생산해 내는 양과 별로 다를 게 없잖은가. 게다가 난처한 것은 세금 문제였다. 남부동맹 정부는 현금 대신 목화를 바치게 하고 있었는데, 세 짝으로는 세금 내기에도 모자란다. 그러나 들일하는 검둥이는 모조리 달아나고 목화 따는 일꾼이 한 사람도 없게 된 지금에 이르러서는 그녀에게 있어서나 남부동맹 정부에 있어서나 그리 대수로운 문제는 못되었다.

'좋아. 이제 그런 일은 생각하지 말아야지.' 그녀는 생각했다. '따져 보면 세금 따위는 여자의 일이 아닌걸. 그런 일은 아버지가 어떻게 하시겠지. 하지만 아버지는……. 그러나 지금 아버지에 대해서 생각하는 것은 그만두자. 정부는 세금을 거두고 싶거든 얼마든지 마음대로 거두라지. 당장 우리에게 필요한 것은 먹을 것이니까.'

"포크, 자네들 가운데에서 누가 트웰브 오크스 농장이나 매킨토시 농장에 가서 채소밭에 무엇이 좀 남아 있는지 알아보고 온 사람 있어?"

"아무도 없습니다요! 모두 타라에서 한 발짝도 나가지 않았습니다요. 양키에게라도 붙잡히면 큰일이니깝쇼."

"딜시를 매킨토시 농장으로 보내야겠군. 무엇이고 찾아낼지도 몰라. 난 트웰브 오크스에 갔다오겠어."

"누구하고 같이 가시려굽쇼, 아씨?"

"나 혼자서 가겠어. 마미는 동생들한테서 손을 뗄 수가 없고 아버지는 틀렸고 하니까……."

포크는 질겁하여 소리를 지르며 말렸지만, 그것이 그녀를 짜증스럽게 했다. 트웰브 오크스에는 틀림없이 양키나 나쁜 검둥이가 있을 것이다. 그런데 아씨께서 혼자 가시다니 어림도 없는 소리라는 것이다.

"인제 그만해 둬, 포크. 딜시에게 곧 떠나라고 일러 줘. 그리고 자네와 프리시는 어미 돼지와 새끼 돼지를 붙들어 와야 해."

그녀는 발길을 돌리면서 또박또박 명령했다. 빛은 바랬지만 깨끗한 마미의 낡은 볕가리개 모자가 뒤쪽 현관의 못에 걸려 있었다. 스칼렛은 그것을 벗겨 쓰면서 레트가 파리에서 사다 준 녹색의 깃털 장식이 있는 곡선이 아름다운 모자를 마치 딴 세상의 것처럼 떠올렸다. 떡갈나무로 만든 커다란 광주리를 안고 뒷계단을 내려갔으나 한 발씩 옮길 때마다 머리가 어질어질했다. 마지막엔 가시가 정수리를 꿰뚫는 것이 아닌가 하고 생각되었다.

황폐한 목화밭 사이에 끼인 개울로 내려가는 황톳길은 뻘겋고 타는 것처럼 더웠다. 그늘을 짓는 한 그루의 나무도 없었다. 태양은 마미의 볕가리개 모자를 마치 그것이 두꺼운 겹으로 된 캘리코 제품이 아니라 환히 비치는 엷은 모슬린으로 만든 것이기나 한 것처럼 내리쬐고, 풀썩풀썩 피어오르는 먼지는 콧구멍이나 목구멍으로 들어와 만약 입을 열기라도 하떤 바싹 말라붙은 점막이 갈라질 것만 같았다. 말이 육중한 대포차를 끌고 간 자리에는 깊숙한 바퀴자국이며 도랑이 길에 패고, 양쪽 도랑턱은 빠진 차바퀴로 깊은 자국이 나 있었다. 좁은 길을 행군하는 포병들과 나란히 기병과 보병이 푸른 풀숲 사이를 지나갔으므로 목화밭은 엉망으로 짓밟히고, 풀숲은 진흙투성이가 되어 있었다. 쯤쇠며 끊어진 마구 조각, 편자와 탄약차에 눌려서 찌그러진 물통, 단주, 푸른 모자, 해진 양말, 피묻은 헝겊 조각 등, 행진하는 군대가 남기고 간 쓰레기가 길이며 밭 여기저기에 흩어져 있었다.

이윽고 삼나무 숲과 낮은 벽돌담으로 둘러 싸인 오하라 집안의 묘지를 지나게 되었는데, 어린 동생들을 묻은 나지막한 세 무덤 곁에 새로 생긴 무덤에 대해서 그녀는 억지로 생각하지 않으려고 안간힘을 썼다. 오, 어머니, 그녀는 먼지가 풀썩이는 언덕을 느릿느릿 내려가서 슬래터리네 집터였던 잿더미와 땅딸막한 굴뚝 옆을 지나갔다. 그리고 슬래터리 집안 식구 따위는 모조리 그 재의 일부분이 되었으면 좋겠다는 잔혹한 생각을 했다. 만약에 슬레터리 집안 사람들만 없었던들, 그전의 오하라네 농장 감독과 붙어서 사생아를 낳은 더러운 에미만 없었던들, 엘렌은 죽지 않았을 것이 틀림없다.

뾰족한 돌멩이가 물집투성이가 된 발을 찔렀으므로 그녀는 저도 모르게 외마디 소리를 질렀다. 너는 대체 여기서 무엇을 하고 있는 거냐? 온 고을에서 으뜸가는 미인이고, 타라의 자랑거리로서 거센 바람을 쐬지 않던 스칼렛 오하라여, 넌 무엇 때문에 맨발이나 다름없는 꼴로 이런 험한 길을 타박타박 걷고 있는 것이냐? 그녀의 조그만 발은 절룩거리기 위해서 만들어진 것이 아니라 춤추기 위해서 만들어진 것이 아니었던가? 그리고 그 예쁜 실내화는 날카로운 돌조각이나 먼지를 모으기 위해서 만들어진 것이 아니라, 화려한 비단옷 밑으로 귀엽게 살짝살짝 보이기 위하여 만들어진 것이 아니었던가? 그녀는 응석이나 부리고 하인들의 시중을 받게끔 태어나 있었던 것이다. 그런데 지금 그녀는 아프면서 누더기를 걸치고 굶주림에 쫓겨 이웃집 채소밭으로 먹을 것을 찾아나서는 길이다.

길게 잇닿은 언덕 아래에 개울이 있었다. 개울 위를 덮고 있는 울창한 나무 그늘은 어쩌면 이렇게 시원하고 조용할까! 개울가에 쓰러지듯이 주저앉은 그녀는 허울만 남은 실내화와 양말을 벗어 버리고 타는 듯이 화끈거리는 발을 차가운 물에 담갔다. 타라에 있는 사람들의 불안스런 눈에서 벗어나 온종일 이곳에 앉아 조용히 스치는 나뭇잎 소리와 고요를 깨뜨리며 한가롭게 흐르는 물소리를 들으면서 지낼 수 있다면 얼마나 좋을까. 그녀는 마지못해 일어나서 다시 양말과 신을 신고 나무 그늘이 지고 이끼가 해면처럼 부드럽게 끼어 있는 둑을 느릿느릿 걸어갔다. 다리는 북군 손에 타 버렸지만, 백 야드쯤 하류로 가면 물목이 좁아진 곳에 통나무 다리가 있다는 것을 그녀는 알고 있었다. 그녀는 그 통나무 다리를 조심조심 건너 트웰브 오크스까지 반 마일의 뜨거운 비탈길을 올라갔다.

열두 그루의 떡갈나무는 인디언 시대 그대로의 모습으로 우뚝우뚝 솟아 있었으나, 잎은 불 때문에 갈색으로 마르고 가지는 새까맣게 그을려 있었다. 떡갈나무에 둘러싸여 존 윌크스 저택이 탄 자리가 있었다. 옛날에는 늘어선 흰 기둥의 위엄을 뽐내며 언덕 꼭대기를 장식하고 있었던 당당한 저택도 지금은 오직 검게 탄 잔해만을 드러내고 있을 뿐이었다. 지하실 자리였던 깊은 구덩이, 그을은 기초석, 두 개의 커다란 굴뚝 따위가 각각 건물이 서 있었던 장소를 가리키고 있었다. 절반쯤 탄 긴 기둥 하나가 잔디밭에 쓰러져서 재스민 덤불을 짓누르고 있었다.

이 광경에 더 나아갈 기운마저 없어져서 스칼렛은 그 기둥 위에 털썩 앉았다. 이런 황량함은 이때까지 한 번도 경험한 적이 없을 만큼 심해서 그녀의 가슴에 충격을 주었다. 윌크스 집안의 긍지가 지금 그녀의 발밑에서 먼지를 뒤집어쓰고 있는 것이다. 언제나 그녀를 반겨 주던 친절하고 정중한 집, 그 집의 안주인이 되기를 헛되이 꿈꾸어 오던 마지막 모습이 거기에 있었다. 그녀가 춤을 추기도 하고 음식을 먹기도 하고 청년들과 장난을 치던 곳도 여기다. 어떻게 멜라니가 애쉴리에게 미소를 지어 보이는가를, 질투로 가슴을 쥐어짜면서 지켜보고 있던 곳도 여기다. 시원한 나무 그늘에서 그녀가 결혼 신청을 승낙했을 때 찰스 해밀턴이 정신없이 그녀의 손을 움켜잡던 곳도 여기였다.

'오, 애쉴리.' 그녀는 마음속으로 외쳤다. '차라리 당신이 죽었으면 좋겠어요! 당신이 이 꼴을 볼 것을 생각하면 나는 도저히 견딜 수가 없어요!'

애쉴리는 여기서 신부와 결혼했다. 그러나 그의 아들이나 손자는 다시는 이 집에서 신부를 맞을 수 없을 것이다. 그녀가 그처럼 사랑하고, 그처럼 지배하기를 바라던 이 지붕 밑에서는 이제 영원히 결혼식이나 출생 축하파티 같은 것이 베풀어질 수 없는 것이다. 이 저택은 죽고 말았다. 그리고 그와 함께 윌크스 집 안 사람들도 모두 그 잿더미 속에서 죽어 버렸을 것같이 생각되었다.

"더는 아무것도 생각지 말자. 이 이상은 도저히 견딜 수 없다. 생각하는 것은 뒤로 미루자." 그녀는 눈길을 돌리면서 큰 소리로 중얼거렸다.

그녀는 채소밭을 찾아 다리를 절룩거리며 불탄 자리를 돌아다녔다. 윌크스 집 딸들이 그토록 공들여 가꾸던 장미 화단이 무참하게 짓밟힌 옆을 지나 뒷마당을 가로질러서 훈제소며 광이며 닭장의 타고 남은 재를 밟으면서 지나갔다. 부엌뜰에 둘러친 울타리는 부서지고, 정연하게 줄지어 있던 야채들은 타라의 채소밭과 마찬가지로 피해를 입은 상태였다. 부드러운 흙은 말 발자국과 육중한 차바퀴로 구멍투성이가 되어 있고, 야채류는 흙 속에 짓이겨져 있었다. 그녀가 찾는 것은 하나도 눈에 띄지 않았다.

그녀는 뒷마당으로 되돌아와서 노예들의 주택 구역인 쥐죽은 듯이 조용한 흰색 행랑채 쪽으로 좁은 길을 걸어갔다. 그리고 걸으면서 "이봐요!" 하고 불러 보았다. 그러나 대답은 없었다. 개짖는 소리마저 들리지 않았다. 분명히 윌크스 네 흑인들은 달아났거나 아니면 북군을 따라 가 버렸거나 했을 것이다. 노예들 이 제각기 작은 채소밭을 가지고 있다는 것을 알고 있었으므로 그녀는 그 주택 지역으로 갔을 때 제발 그 채소밭들이 무사하기를 빌었다.

찾아 헤맨 보람은 있었지만, 그때 그녀는 순무나 양배추를 보고도 기뻐할 생각이 나지 않을 정도로 지쳐 있었다. 순무와 양배추는 물을 주지 않아 시들 기는 했지만 그래도 아직 있었고, 뒤얽힌 오색콩과 꼬투리 완두도 누렇게 떡잎 이 지기는 했지만, 그런 대로 먹을 만 했다. 그녀는 밭이랑에 앉자 떨리는 손으로 땅을 파헤쳐서, 간신히 광주리를 채웠다. 야채와 함께 끓일 고기는 없지만, 이만하면 오늘 저녁 타라에서는 맛있는 것을 먹을 수 있다. 조미료로는 딜시가 등잔불 대용으로 쓰고 있는 돼지 기름을 쓰면 된다. 등불로는 소나무 뿌리를 쓰고 기름은 요리용으로 간직하도록 잊지 말고 딜시에게 일러 두어야겠다.

문득 한 행랑채 뒤쪽 쪽문 옆에 짧은 무 이랑이 있는 것을 발견했다. 그러자 갑자기 시장기를 느꼈다. 혓바닥이 찌르르한 매운 무야말로 바로 그녀의 배 속에서 요구하고 있는 것이었다. 치마에 문질러 진흙을 닦아 내기가 무섭게 그녀는 절반쯤 베어 물어 재빨리 삼켰다. 묵어서 뻣뻣한데다 눈물이 날 만큼 매웠다. 그런 무 조각이 배 속으로 들어가자마자 여태까지 텅텅 비워 두어 화가 나 있던 배 속은 당장 반란을 일으켰다. 그녀는 부드러운 흙 위에 쓰러져 힘없이 토해 내기 시작했다.

행랑채에서 희미하게 풍겨나오는 흑인 특유의 냄새가 더욱 그녀의 구역질을 돋우었으나, 그녀는 이미 그것을 누를 기운마저 없어 그저 애처롭게 토해내기만 했다. 오두막집이며 나무들이 그녀의 주위를 빙글빙글 돌고 있었다.

오랫동안 그녀는 힘없이 얼굴을 땅에 박고 엎드려 있었다. 대지가 마치 깃털 베개처럼 푹신하고 아늑했다. 그녀의 마음은 힘 없이 이곳저곳을 헤매고 있었다. 그녀, 스칼렛 오하라가 지금 몸을 움직이지 못할 만큼 기진맥진해서 폐허 속의 흑인 오두막 뒤에 쓰러져 있는데도 이 세상 어느 한 사람 이것을 알지도 못하고 염려해 주지 않는다. 설사 알았대도 아무도 걱정해 주지는 않을 것이다.

지금은 누구에게나 너무도 많은 고난이 지워져 있다. 그러므로 그녀를 돌볼 여유 따위는 아예 없는 것이다.

여태까지 단 한 번도 마룻바닥에서 양말을 집을 때조차도 자신의 손을 움직인 적이 없었고, 실내화의 끈을 매어 본 적도 없었던 그녀 스칼렛 오하라에게 지금 이러한 일이 일어나고 있는 것이다.

머리가 조금 아프거나 화만 내도, 금이야 옥이야 떠받들려서 자라온 스칼렛에게 이런 일이 일어나고 만 것이다.

갖가지 추억이며 고통을 떨어 버릴 기운마저 잃고 쓰러져 있으려니, 그러한 추억이며 고통이 느닷없이 그녀를 향하여 밀어닥쳐서 죽기를 기다리며 주위를 빙빙 돌고 있는 독수리처럼 주위를 에워쌌다. 이미 그녀에게는 '어머니나 아버지나 애쉴리나, 그 밖의 모든 파멸에 대해서는 나중에 생각하자. 그렇다. 생각하는 일에 견딜 만큼 되고 나서' 하고 말할 기운조차 없었다. 지금은 생각할 기운조차도 그녀에게는 없었다.

그러나 생각하려고 하든 안 하든 역시 그녀는 그런 것들을 생각하지 않을 수 없었다. 온갖 상념이 그녀 위에 원을 그리며 빙빙 돌다가, 갑자기 날아 내려와서는 그녀의 마음을 사나운 발톱으로 할퀴어 뜯고 날카로운 부리로 마구 쪼아 댔다. 얼마나 시간이 흘렀을까, 그렇게 얼굴을 흙에 묻고 뙤약볕을 받으면서 그녀는 쓰러져 있었다. 생각나는 것은 죽은 사람들에 대한 일과 영원히 가버린 지난날의 생활방식이었고…… 그리고 바라보는 것은 캄캄한 장래에 대한 비참한 예상뿐이었다.

가까스로 몸을 일으켜 다시 트웰브 오크스의 검은 잔해를 보았을 때, 그녀는 번쩍 머리를 높이 쳐들었다. 젊음, 아름다움, 마음속 상냥함 같은 것들이, 그녀 얼굴에서 영원히 사라져 버렸다. 과거는 과거다. 죽은 사람은 죽은 사람이다. 지난날의 사치스럽고 한가로운 생활방식은 가 버리고 이제 다시는 돌아오지 않는 것이다. 무거운 광주리를 팔에 드는 동시에 스칼렛은 마음을 정하고 그녀 자신의 인생을 결정했다.

이제 뒤로 되돌아갈 길은 없다. 앞을 향해 나아갈 뿐이다. 이제부터 앞으로 50년 동안에는 과거를 돌아보고 죽은 시대, 죽은 사람들을 생각하며 부질없는 슬픈 추억에 잠기며, 그러한 추억을 가졌다는 쓰라린 긍지 때문에 눈에 슬픔을 띠고, 고생을 참고 살아가는 여자들이 남부 여러 주를 통해서 수없이 존재하게 될 것이다. 그러나 스칼렛은 결코 과거를 돌아보지 않기로 결심했다.

그녀는 검게 그을은 기초석을 물끄러미 바라보고 있었다. 그러자 부와 긍지를 가지고 서 있던 그전대로의 트웰브 오크스 저택이 한 종족, 한 생활방식의 상징처럼 그녀의 눈 앞에 나타났다. 그러나 그것이 마지막이었다. 그녀는 살에 파고 들도록 무거운 광주리를 안고 타라로 가는 길을 내려갔다.

시장기가 또다시 그녀의 주린 창자를 쥐어 뜯기 시작했다. 그녀는 소리 내어 외쳤다.

“하느님이 증인이시다. 하느님을 증인으로 나는 맹세하겠다. 나는 양키 따위에 굴복하지 않는다. 끝끝내 살아남고 말 테다. 그리고 전쟁이 끝나면 다시는 배고픈 고생 따위는 절대로 하지 않는다. 그렇다, 집사람들에게도 절대로 그런 고생은 시키지 않을 테다. 비록 그 때문에 도둑질을 하고 사람을 죽이는 한이 있을지라도 하느님께 맹세코 나는 두 번 다시 배고픈 생각을 하게 하지는 않으리라.”

그로부터 며칠 동안 타라는 마치 로빈슨 크루소가 표착한 무인도와 같았다.

그토록 조용하고 그토록 다른 세계와는 외따로이 떨어져 있었다. 다른 세계와는 겨우 오륙 마일밖에 떨어져 있지 않았지만, 타라와 존즈버러, 또는 페이엇빌이나 러브조이와의 사이는 물론이고 근처 농장과의 사이마저도 마치 천 마일이나 사나운 파도로 가로막힌 것 같았다. 그 늙은 말이 죽어 버렸으므로 유일한 교통수단이 없어졌고, 걷기 힘든 황톳길을 몇 마일씩이나 걸어갈 시간도 기력도 없었다.

먹을 것을 얻기 위해 죽을힘을 다하여 일하고, 쉴 틈도 없이 세 사람의 환자에게 마음을 쓰고, 등뼈가 부러지도록 일한 날에는, 가끔 스칼렛은 그리운 소리를 듣기 위해 귀를 기울이고 있는 자신을 발견하곤 했다. 흑인들의 주택 구역 쪽에서 들려오는 흑인 아이들의 드높은 웃음소리, 밭에서 돌아오는 짐마차의 삐거덕거리는 소리, 목장을 넘어서 치달려 오는 제럴드가 탄 말발굽 소리, 차도의 자갈 위를 덜그럭거리면서 굴러오는 마차의 바퀴 소리, 오후의 잡담을 즐기기 위해서 마차에서 내려오는 이웃 사람들의 쾌활한 이야기 소리 등이 그것이었다. 그러나 아무리 귀를 기울이고 있어도 헛일이었다. 큰길은 조용한 채 사람 그림자도 볼 수 없고, 방문객이 가까이 오는 것을 알려 주는 붉은 먼지구름 따위도 찾아볼 수 없었다. 타라는 높고 낮은 푸른 언덕과 황토밭의 바다 가운데 외따로 떨어진 작은 섬이었다.

어딘가 다른 세계에는, 자기들의 지붕 밑에서 편안히 먹고 자고 하는 많은 가족이 분명히 있을 것이다. 또 어디선가는 많은 처녀가 세 번이나 뒤집어 만든 옷을 입고 즐겁게 남자들과 시시덕거리며 '고통스런 싸움이 끝날 때' 하고 노래를 부를 것이 틀림없다. 그것은 스칼렛도 불과 몇 주일 전까지는 하던 일이다. 그리고 어디엔가는 전투가 벌어져서 대포가 울리고 많은 거리가 불타고, 속이 메스꺼워지는 시큼한 악취가 풍기는 병원 안에서 죽어 가는 사람들도 있다. 또 어디에선가는 손수 만든 때묻은 군복을 입은 맨발의 군대가 쳐들어와서 싸우고, 자고, 굶주림에 시달리고, 희망이 사라졌을 때 엄습해 오는 피로에 고생하고 있다. 그리고 조지아 주의 그 어느 언덕인가는 옥수수를 먹고 살이 올라 털이 번지르르한 말에 올라앉은 피둥피둥한 북군의 푸른 군복으로 뒤덮여 있는 것이다.

타라의 저쪽에는 전쟁이 있고, 세계가 있다. 그러나 이 고장에는 전쟁도 세계도 오직 추억 속에 있을 뿐이었다. 그런 추억들은 지치거나 했을 때 가끔 떠오르지만, 싸워서 쫓아 버려야 하는 것이었다. 외부의 세계 따위는 아주 텅 비었거나, 또는 반쯤 비어 있는 위장의 요구 앞에서는 질겁하고 달아나 버렸다. 그리고 생활 그 자체가 두 개의 서로 관련된 생각, 먹을 것과 그 먹을 것을 어떻게 얻느냐 하는 관념 속으로 환원되고 마는 것이었다.

먹을 것! 먹을 것! 어째서 배 속은 머리보다 기억력이 좋을까. 스칼렛노 상처입은 마음은 잊을 수 있었지만, 배고픔을 잊을 수는 없었다. 매일 아침 꿈과 현실 사이를 헤매면서 머리가 전쟁과 시장기를 미처 생각하기 전에 그녀는 기름에 튀긴 베이컨과 노릇노릇 구워진 식빵의 맛있는 냄새를 기대하며 선잠 속에 몸을 웅크리는 것이었다. 그리고 매일 아침, 그녀의 잠을 깨우던 음식 냄새를 맡으려고 열심히 코를 발름거리는 것이었다.

타라의 식탁에는 사과와 고구마와 땅콩과 우유가 있었다. 그러나 그러한 원시적인 음식까지도 언제나 모자라기 일쑤였다. 하루에 세 차례씩 꼬박 이런 음식만을 대하고 보면 그녀의 기억은 곧바로 지난날의 요리, 촛불이 식탁을 밝히고 맛있는 음식이 좋은 냄새를 풍기던 과거로 되돌아가는 것이었다.

그 무렵에는 정말 어쩌면 누구나 먹는 것에 대해서 그처럼 무관심했던 것일까! 어쩌면 그렇게 사치스런 소비를 했던 것일까! 버터가 흐르는 롤빵·옥수수 머핀·비스킷·와플 따위가 한꺼번에 몽땅 나왔었다. 그리고 식탁 저쪽 끝에는 햄이 있었고, 이쪽 끝에는 기름에 튀긴 닭고기가 있었다.

기름이 둥둥 떠 있는 국그릇 속에는 콜라드[9]가 담뿍 들어 있었고, 예쁜 꽃무늬가 있는 접시에는 꼬투리 완두가 수북이 담겨져 있었으며, 칼로 베어 낼 수 있을 만큼 진한 크림 소스 속에는 기름에 볶은 호박도 있었고 뭉근히 끓인 오크라[10]도 있었으며 당근도 있었다. 디저트는 세 가지가 있었기 때문에 모두들 초콜릿 케이크나, 바닐라를 넣은 블라망주, 위에 휘핑크림을 씌운 파운드 케이크를 마음대로 고를 수 있었다. 그러한 맛있는 음식에 대한 추억은 죽음도 전쟁도 그녀의 눈에서 솟아나게 하지 못했던 눈물을 솟게 할 힘이 있었고, 줄곧 굶주림에 시달려 쪼르륵 소리를 내고 있는 빈 속을 가슴 답답하게 하는 힘이

---

9) 양배추의 일종.
10) 아욱과의 식물.

있었다. 마미는 스칼렛의 식욕, 열아홉 살 처녀의 왕성한 식욕을 늘 한탄했지만, 요즘은 여태까지 겪지 못한 쉴 새 없는 심한 노동 때문에 예전의 네 곱이나 먹게 되었다.

그러나 타라에서 식욕에 시달리는 것은 그녀만이 아니었다. 어디를 보아도 허기진 검은 얼굴과 흰 얼굴들이 눈에 띄었다. 이제 곧 캐린과 수엘렌은 회복기에 들어선 티푸스 환자의 끝없는 식욕에 의해 배고픔을 호소하게 될 것이다. 벌써 어린 웨이드는 "웨이드는 고구마 싫어. 웨이드 배고파" 하고 똑같은 소리를 하며 투정했다.

다른 사람들도 불평이 이만저만이 아니었다.

"스칼렛 아씨, 저는 좀더 많이 먹지 않으면 두 아이의 젖이 나오지 않습니다요."

"스칼렛 아씨, 좀더 배 속에다 다져 넣지 않으면 도저히 장작을 팰 수 없습니다요."

"아씨, 진짜 요리를 먹지 못하면 전 죽사와요."

"얘야, 우리는 줄곧 감자만 먹어야 하는 거냐."

멜라니만은 불평하지 않았다. 얼굴은 점점 여위어 가고 창백해져서, 자면서도 고통 때문에 얼굴의 근육이 실룩거리는 멜라니만은 불평을 하지 않았다.

"난 배고프지 않아, 스칼렛. 내 우유를 딜시에게 줘요. 딜시는 두 아기에게 젖을 먹여야 하니까. 병자는 배가 안 고픈 법이에요."

스칼렛을 더욱 짜증나게 하는 것은 다른 사람들의 귀찮은 엄살이 아니라 멜라니의 그러한 정답고 굳센 점이었다. 다른 사람이라면 따끔하게 핀잔을 퍼부어서 입을 막을 수도 있었고, 사실 또 그렇게 막고 있었지만 멜라니의 이 욕심 없는 데는 어쩔 도리가 없었다. 어쩔 수 없는 것이 원망스러울 정도였다. 제럴드도, 흑인들도, 웨이드도, 지금은 멜라니에 달라붙어 있었다. 병약한 몸이면서도 그녀는 친절하고 동정심이 많았기 때문이다.

그런데 요즘의 스칼렛은 그 어느 쪽도 아니었다.

특히 웨이드는 멜라니의 방에만 틀어박혀 있었다. 웨이드도 어딘가 몸이 아픈 것 같았지만, 어디가 아픈지 스칼렛은 주의해서 보아 줄 겨를도 없었다. 회충이 생겼다는 마미의 말을 듣고, 엘렌이 늘 흑인 아이들의 구충제로 쓰던 약초와 나무껍질 섞은 것을 달여서 웨이드에게 먹여 보았지만, 이 구충제의 효력은 아이의 얼굴빛을 더욱 나쁘게 했을 뿐이었다. 그 무렵 스칼렛은 웨이드를 하나의 인간으로 생각하고 있지 않았다. 그저 하나의 군더더기 고생거리, 먹여 기르지 않으면 안 되는 하나의 군식구에 지나지 않았다. 현재의 고비만 넘기면 웨이드와 놀아 주고 이야기를 들려 주고, ABC를 가르쳐 줄 수도 있겠지 하는 생각은 있었지만 현재의 그녀로선 그럴 겨를도 그럴 마음도 없었다. 게다가 몹시 피로하거나 걱정거리가 있을 때만 골라가며 발에 걸리적거리는 것만 같아서 호되게 나무라는 경우가 많았다.

그녀가 사정없이 꾸짖으면 아이는 동그란 눈에 이루 표현할 수 없는 공포의 빛을 띠었다. 그것이 스칼렛을 괴롭혔다. 공포를 느꼈을 때의 웨이드는 백치처럼 보였다. 어린 웨이드가 어른들이 떠올릴 수 없는 커다란 공포와 함께 살아가고 있는 것을 그녀는 몰랐다.

공포는 웨이드와 함께 살고 있었다. 정신 밑바닥까지 뒤흔들어서 밤중에 울부짖으며 잠을 깨게 할 정도의 깊은 공포였다. 뜻밖의 무슨 소음이나 거친 말소리를 들을 때마다 그는 소스라쳐 놀랐다. 그의 마음속에서는 소음이나 거친 말은 곧 양키라는 관념에 풀 수 없을 만큼 단단히 맺어져 있었다. 그는 프리시의 유령 따위보다도 훨씬 더 양키를 무서워하고 있었다.

포위 전 포성이 울릴 때까지의 그는 행복하고 평화롭고 안정된 생활밖에는 아무것도 몰랐다. 어머니가 시중을 드는 일은 거의 없었지만, 그날 밤 갑자기 잠을 깨어 시뻘겋게 타는 하늘을 보고 고막을 찢는 폭음을 듣기까지의 그는 다만 정다운 애무와 따뜻한 말만을 알고 있을 뿐이었다. 그러나 그날 밤과 이튿날, 그는 난생처음 어머니에게 매를 맞고, 거칠고 큰 소리로 야단을 맞았다. 웨이드가 알고 있었던 유일한 생활인 피치트리의 벽돌집 속에서의 즐거운 생활은 그날 밤부터 사라지고 말았다. 그것은 그에게 있어서 메울 수 없는 손실이었다. 애틀랜타에서 달아나 올 때도 그가 알고 있었던 것은 단지 양키가 뒤쫓아온다는 것뿐이었다. 그리고 지금도 여전히 양키에게 붙들려 난도질을 당하지나 않을까 하는 공포 속에서 살아가는 것이었다. 그러므로 스칼렛의 꾸짖는 소리가 높아질 때마다 어린 마음에는 처음 야단맞았을 때의 무서움이 되살아나서 겁에 질려 움츠러들고 마는 것이었다. 지금은 양키와 어머니의 꾸짖는 소리가 마음속에 단단히 하나로 엮어 있는 것이다. 웨이드는 어머니가 무서웠다.

아이가 자기 눈길을 피하게 된 것을 스칼렛 역시 깨닫지 않을 수 없었다. 아주 드문 일이기는 했지만, 끝도 없는 일에 몰리는 틈틈이 무언가 생각해 낼 여유가 생길 때마다 웨이드의 일이 마음에 걸렸다. 그것은 줄곧 치맛자락에 매달려 있는 것보다도 더 나빴다.

웨이드의 피난처가 멜라니의 침대이며, 거기서 그가 멜라니한테서 배운 놀이를 하며 얌전히 놀거나 그녀가 들려주는 여러 가지 이야기들을 듣거나 하는 것 또한 스칼렛의 마음을 아프게 했다.

웨이드는 '고모 아줌마'가 좋았다. 고모 아줌마는 목소리가 부드럽고, 늘 생글생글 웃고 있어서 "조용히, 웨이드! 골치가 아프구나"라든가, "제발 웨이드야, 조르지 좀 말아라!" 하는 소리는 절대로 하지 않았기 때문이었다.

스칼렛은 웨이드를 귀여워해 줄 틈도 없었거니와 사랑해 주고 싶은 생각도 없으나, 멜라니가 귀여워하는 것을 볼 때마다 시샘했다. 어느 날 웨이드가 멜라니의 침대에서 물구나무를 서다가 멜라니 위에 벌렁 나자빠지는 것을 보게 되었을 땐 다짜고짜 웨이드를 마구 때리기까지 했다.

"고모 아줌마가 아프신데 그런 못된 장난을 하면 나쁘다는 것을 모르니? 어서 마당에 나가서 놀아라. 인제 다시는 여기에 들어오면 안 된다."

그러자 멜라니는 여윈 팔을 내밀어 울고 있는 아이를 자기 품 안으로 끌어당겼다.

"괜찮아. 이리 온, 웨이드야. 너는 고모 아줌마에게 못된 장난을 친 게 아니지? 나는 상관없어요, 스칼렛. 그러니까 내 곁에 놔두어요. 내가 친구가 되어 줄 테니까. 몸이 나을 때까지 내가 할 수 있는 일이란 이런 정도예요. 언니는 너무 일이 많아서 웨이드를 좀처럼 돌볼 겨를이 없잖아."

"쓸데없는 소리 말아요, 멜라니." 스칼렛은 퉁명스럽게 말했다. "멜라니는 병이 더 잘 나을 만도 한데 그다지 좋아지지 않고 있잖아. 웨이드를 배 위에서 곤두박질 치게 해서 좋을 것은 전혀 없어요. 웨이드, 너 또다시 고모 아줌마 침대에 올라간 것을 보기만 하면 가만 안 둘 테다. 그만 좀 훌쩍거려라. 너는 줄곧 훌쩍거리고만 있구나. 사내답게 굴어라."

웨이드는 지하실에 숨으려고 흐느껴 울면서 달려갔다. 멜라니는 입술을 깨물고 눈에 눈물을 글썽거리고 있었다. 복도에 서서 이 모양을 보고 있던 마미는 못마땅한 듯 바라보며 한숨을 쉬었다. 그러나 요즈음에 와서는 누구 한 사람 스칼렛에게 말대꾸를 하는 사람은 없었다. 모두가 그녀의 가시돋친 혀를 무서워했고 그녀의 몸속에 들어선 새로운 인간을 무서워하고 있었다.

지금 스칼렛은 타라의 최고 지배자였다. 그리고 갑자기 권력의 자리에 오른 많은 사람이 그러하듯이 그녀의 성격 속에 숨어 있던 우쭐거리고 싶어하는 온갖 본능이 표면에 나타났다. 그러나 그렇다고 해서 그녀가 근본적으로 불친절하다는 것은 아니었다. 오히려 그녀는 다른 사람들이 그녀의 무능을 꿰뚫어보고 권위에 복종하지 않게 되지나 않을까 두려워하며, 자기 스스로 자신감을 가질 수 없으므로 매정한 태도로 나오게 되는 것이다. 사람들에게 호통을 치고 사람들이 쩔쩔매는 꼴을 보는 것도 경쾌하지 않은 것은 아니었다. 그것이 지친 신경의 위안이 된다는 것을 스칼렛은 알고 있었다. 그녀도 자기의 성격이 변해 가고 있다는 것은 알고 있었다. 가끔 그녀의 퉁명스러운 명령을 듣고 포크가 아래턱을 내밀거나, 마미가 "요즘 몹시 뽐내는 사람이 있더군입쇼" 라는 둥 중얼대는 것을 들으면, 전에 있었던 자기의 얌전한 구석은 대체 어디로 가 버린 것일까, 하고 스스로도 이상한 생각이 들었다. 엘렌이 그녀에게 가르치려고 그토록 애썼던 예절과 상냥함이 마치 처음 불어오는 가을 찬바람에 떨어져 버리는 나뭇잎처럼 순식간에 그녀에게서 떨어져 나가 버렸던 것이다.

엘렌은 수없이 말했었다.

'손아랫사람, 특히 흑인에게 대해서는 마음을 단단히 가지되, 부드럽게 대해야 한다.' 그러나 만약 그녀가 부드럽게 대하면 흑인들은 온종일 부엌에 틀어박혀서, 집안일하는 흑인은 결코 들일을 나갈 걱정이 없었던 행복한 옛날 생활을 끝없이 지껄여 댈 것이다.

'동생들을 사랑하고 아껴 주어라. 걱정이 있는 사람에게는 친절하게' 하고 엘렌은 말했었다. '그리고 슬퍼하는 사람과 괴로워하는 사람에게는 상냥하게 대해 주어라.' 그러나 지금의 그녀는 동생들을 사랑할 수가 없었다. 동생들은 단순히 그녀의 어깨에 지워진 비생산적인 무거운 짐일 뿐이었다. 동생들의 시중을 드는 데 있어서는, 그녀도 둘의 몸을 씻겨 주기도 하고 머리를 빗겨 주기도 하고 그녀들에게 먹일 야채를 구하기 위해 날마다 몇 마일씩이나 돌아다니지 않는가. 또 암소의 젖을 짜는 일도 배우지 않았는가. 무시무시한 그 짐승이 뿔을 휘두르며 마구 들이닥칠 때는 언제나 심장이 목구멍으로 치밀어오르는가 싶을 만큼 무서웠지만 말이다. 친절하게 대해 준다는 것은 시간 낭비에 불과하다. 만약 그녀가 동생들의 응석을 받아 준다면, 그녀들은 아마 언제까지나 침대에서 떠나려고 하지 않을 것이다. 그러나 그녀는 자기를 도와주는 네 개의 손이 더 필요했다. 그래서 동생들이 될 수 있는 대로 빨리 일어나 주기를 바라고 있었다.

동생들의 회복은 더뎌서 바싹 여윈 채로 침대에 누워 있었다. 그녀들이 의식을 잃고 있는 동안에 세상은 완전히 바뀌고 말았다.

북군이 밀어닥치고 흑인들은 달아나고 어머니는 죽고 말았다. 여기에 세 가지 믿어지지 않는 일이 생겨났건만 그녀들의 마음은 그것을 인정할 수가 없었다. 가끔 그녀들은 그런 일은 결코 실제로 생겨났던 것이 아니라 자기들이 아직도 정신이 열에 떠 있는 것이 틀림없다고 생각하곤 했다. 아닌 게 아니라 스칼렛은 사실이라고 믿어지지 않을 만큼 몹시 변해 있었다. 그녀가 침대 다리에 기대앉아서, 동생들이 회복되면 해 주기를 바라는 일을 대충 말하고 있을 때면 그녀들은 요괴라도 보는 것처럼 언니를 바라보았다.

그런 일을 하기 위해서 백 명이나 있던 노예들이 이미 하나도 안 남아 있다는 것은 두 사람에겐 도저히 사실이라고 믿어지지 않았다. 오하라 집안의 딸들이 손수 일하지 않으면 안 되다니, 어떻게 사실이라고 생각할 수 있겠는가.

"하지만 언니" 하고 캐린은 말했지만, 그 순진한 어린애 같은 얼굴은 놀라서 멍해져 있었다. "난 장작 같은 건 못 패! 손이 거칠어지잖아!"

"내 손을 봐라." 못이 잔뜩 박인 딱딱하고 두꺼운 손바닥을 내보이면서 무서운 미소와 함께 스칼렛은 말했다.

"캐린이나 나한테 그런 얘기를 하다니, 언니는 지독한 심술쟁이야!" 수엘렌은 외쳤다. "틀림없이 언니는 거짓말로 우리를 놀래 주려고 그럴거야. 만약에 엄마가 계시다면 언니에게 그런 말을 하게 내버려 두지는 않을 거야! 장작을 패다니, 어쩌면!"

수엘렌은 스칼렛이 그저 심술을 부리고 싶어서 그런 소리를 하는 것이라고 생각하고 미워 죽겠다는 눈빛으로 언니를 바라보았다. 죽을 뻔한 병을 치른 데다 어머니를 여의었으므로, 수엘렌은 쓸쓸하기도 하고 불안하기도 하여 귀염도 받고 응석도 부리고 싶었던 것이다. 그런데 스칼렛은 매일같이 침대 발치에 와서는, 새파란 눈을 징그럽게 반짝이면서 그녀들의 회복되어 가는 상태를 알아보고 잠자리를 청소하는 일이며, 식사 준비를 하는 일이며, 물이 들어 있는 양동이를 나르는 일이며, 장작 패는 일 따위만을 이야기하는 것이다. 뿐더러 그런 끔찍한 이야기를 하는 것이 스칼렛에게는 유쾌한 것이나 아닌가 하는 생각이 들었다.

사실 스칼렛에게는 그것이 유쾌했다. 흑인들을 을러 대거나 동생들을 들볶거나 하는 것은, 그녀가 그럴 수밖에 없을 만큼 걱정하고 긴장하고 지쳐 있었던 때문만이 아니라, 인생에 대해서 어머니한테 배운 일들이 모조리 틀린 것이었다는 그녀 자신의 고통을 잊는 데에 도움이 되었기 때문이기도 하다.

어머니에게서 배운 일들이 모조리 아무 쓸모없이 돼 버린 지금, 스칼렛의 마음은 아프고 갈피를 잡을 수가 없었다. 엘렌은 그 속에서 딸들을 길러 낸 문명의 붕괴를 미리 알 수 없었고, 또 거기에 알맞게 딸들을 가르친 사회적 지위가 전락하리라고 예상할 수도 없었다. 그런 일을 스칼렛은 이해할 수 없었다. 정답게 굴어라, 얌전하게 굴어라, 정숙하고 친절하게 굴어라, 겸손해라, 성실해라 하고 딸들에게 가르쳤을 때, 엘렌은 자기 자신의 무사태평했던 생애와 똑같은 평화로운 미래의 원경을 바라보고 있었던 것이다. 그러므로 그런 미덕을 지키면, 인생은 여성에게 행복을 준다고 엘렌은 말했던 것이다. 그것을 스칼렛은 이해하지 못했다.

스칼렛은 될 대로 되라는 심정으로 생각했다. '어머니에게서 배운 일은 아무 짝에도 쓸모가 없다! 아무것도! 현재의 나에게 친절이 무슨 소용이 있는가? 상냥한 것이 얼마만한 가치가 있겠는가? 차라리 흑인처럼 밭 갈고 목화 따는 재주를 익히게 한 편이 나았을 것이다. 아, 어머니, 어머닌 잘못 생각하고 계셨어요!'

질서 있는 엘렌의 세계는 가 버리고, 그 대신 야만적인 세계가, 모든 표준, 모든 가치가 변해버린 세계가 나타났다는 것을 스칼렛은 생각해 보지 않았다. 그녀가 깨달은……또는 깨달았다고 생각한 것은 오직 어머니의 생각이 틀렸다는 것뿐이었다. 그리고 그녀는 그것에 대해서, 자신이 아무런 준비도 하지 않고 있던 새로운 세계에 대응하기 위해서 급속히 변화해 갔던 것이다.

변화하지 않은 것은 타라에 대한 마음뿐이었다. 기진맥진하여 밭을 넘어서 집으로 오면서 그 허술해 보이는 흰 집을 바라볼 때마다 그녀의 가슴은 내 집에 돌아왔다는 기쁨과 애정에 뛰지 않은 적이 없었다. 푸른 목장이며, 황토밭이며, 높고 울창하게 우거진 습지의 숲들을 창에서 바라볼 때마다 언제나 그녀는 진정으로 아름답다고 느꼈었다. 높고 낮은 눈부신 황토 언덕, 푸른 잎에 흰 목화꽃을 별처럼 달고 있는 목화나무가 기적처럼 무성하고, 피처럼 석류석처럼 벽돌가루처럼 주홍빛처럼 아름다운 붉은 대지, 그러한 것에 대한 스칼렛의 애정만은 다른 모든 것이 변해가고 있는 그녀 속에서 이것만은 조금도 변하지 않는 한 부분이었다. 세계 그 어디에도 이러한 고장이 있으리라고는 생각되지 않았다.

타라를 바라보면 왜 전쟁이 일어났는지 어렴풋이 알 것도 같았다. 레트는 인간이 싸우는 것은 돈 때문이라고 했지만 그것은 틀린 말이다. 사람들은 괭이로 부드럽게 갈아 놓은 높고 낮은 밭 때문에, 짧게 깎은 푸른 목장 때문에, 누런 물이 유유히 흐르는 강 때문에, 목련나무 숲 속에 있는 서늘한 흰 벽돌집 때문에 싸우는 것이다. 싸울 만한 가치가 있는 오직 한 가지, 그것은 그들의 것이며 그들의 자식들의 것이어야 하는 붉은 대지, 그들의 자식들, 자식들의 자식들을 위해서 목화를 생산해야 할 붉은 대지였다.

어머니는 죽고, 애쉴리는 가버리고, 제럴드는 심한 충격 때문에 늙고, 재물과 노예와 안정과 사회적 지위가 하룻밤에 사라져 버린 지금, 적에게 짓밟혀 황폐한 타라의 경작지만이 그녀에게 남겨진 전부였다. 그녀는 일찍이 땅에 대하여 아버지로부터 들은 이야기를 마치 다른 세계의 것처럼 생각해 냈다.

땅만이 이 세상에서 싸울 만한 가치가 있는 유일한 것이라고 아버지가 말했을 때, 그 뜻이 이해되지 않을 만큼 어리고 철이 없었던 그 무렵의 자신이 그녀에게는 이상하게 느껴졌다.

'왜냐하면 그것은 이 세상에서 멸망하지 않는 단 하나의 것이기 때문이다……. 한 방울이라도 아일랜드 사람의 피를 갖고 있는 사람에게 자기들이 사는 토지는 어머니나 다름없다……. 그 때문에 일하고, 그 때문에 싸우고, 그 때문에 죽을 가치가 있는 것은 오직 토지뿐이다.'

그렇다, 타라야말로 그를 위해 싸울 만한 가치가 있는 것이다. 그러므로 그녀는 서슴지 않고 단순히 타라를 위하여 싸울 것을 시인했다. 누구에게도 타라를 빼앗겨서는 안 된다. 누구도 그녀와 그녀의 가족을 내쫓아서 친척의 신세를 지게 할 수는 없다. 비록 그 때문에 온 집안 사람의 등뼈가 부러질 만큼 일을 시켜야 한다 해도 그녀는 타라를 굳게 지킬 것이다.

26

애틀랜타에서 돌아와 두 주일쯤 지나자 스칼렛의 발가락에 생긴 커다란 물집이 곪기 시작하더니, 신을 신지 못할 만큼 부어올라서 절뚝거리며 발뒤꿈치로 걸어야만 했다. 염증을 일으켜서 곪은 발가락을 바라보면 그녀는 절망으로 가슴이 찢기는 것 같았다. 근처에는 의사도 없는데 만약 이것이 병사들의 부상처럼 괴저라도 일으켜 그 때문에 죽어야 한다면 어떻게 할 것인가? 지금의 생활이 아무리 고달프더라도 그녀는 그것을 버리고 싶지는 않았다. 더욱이 그녀가 죽으면 대체 누가 타라를 돌본단 말인가?

처음 돌아왔을 당시에는 제럴드가 다시 옛날 기력을 회복하여 모든 것을 처리해 줄 것으로 기대하고 있었지만 두 주일 동안에 그 기대는 헛되이 사라져 버리고 말았다. 그녀가 원하건 원하지 않건 타라와 거기서 살고 있는 모든 사람이 이제는 그녀의 서툰 두 손 안에 쥐어져 있다는 것을 스칼렛은 알았다. 왜냐하면 제럴드는 여전히 꿈을 꾸는 사람처럼 타라에 대한 일은 전혀 염두에도 두지 않고 말없이 가만히 앉아 있기만 했기 때문이다. 그녀가 의논을 해 보아도 그는 다만 이렇게 대답할 뿐이었다.

"네가 제일 좋다고 생각한 대로 하려무나, 애야." 그러나 그보다도 더욱 딱한 것은 "어머니하고 상의해 보려무나" 하고 대답하는 일이었다.

아버지는 그 이상 나아질 것 같지 않았다. 스칼렛은 이제는 그런 사실을 인정하고…… 제럴드는 죽을 때까지 엘렌을 기다리면서 그녀가 가까이 오는 인기척에 계속 귀를 기울일 것이라고 별 마음의 동요도 없이 그 사실을 받아들이고 있었다.

그는 밝고 어두운 경계선에 있는 몽롱한 나라에서 살고 있는 것이다. 그곳에서는 시간의 흐름도 멎고, 엘렌이 언제나 옆 방에 있다. 그의 생존의 버팀대는 엘렌의 죽음과 함께 뽑혀 버리고, 동시에 그 약동하던 자신감도, 방약무인한 기력도, 발랄한 생활력도 모두 다 가버리고 만 것이다. 엘렌은 제럴드 오하라가 우쭐대며 연출하여 온 연극의 관객이었다. 이제 막은 영원히 내려지고, 스포트라이트는 꺼지고 관객은 갑자기 모습을 감췄건만, 머리가 흐리멍덩해진 늙은 배우는 혼자 텅빈 무대 위에 남아서 마지막 지시를 기다리고 있는 것이다.

그날 아침 집 안은 조용했다. 스칼렛과 웨이드와 세 사람의 병자 말고는 모두 늪지로 돼지를 찾으러 나갔기 때문이다. 제럴드까지도 오늘 아침은 다소 기운을 차리고 한 팔을 포크의 부축을 받으면서 한 손에는 올가미를 지은 밧줄을 가지고 밭을 건너서 나갔다. 수엘렌과 캐린은 울다가 잠이 들어 버렸다. 그녀들은 엘렌을 생각하고 날마다 적어도 두 번은 반드시 울었다. 슬프고 처량한 눈물이 그녀들의 바싹 여윈 뺨 위로 흘러내렸다. 멜라니는 그날 처음으로 베개를 의지하여 몸을 일으키게 되어서 누덕누덕 기운 시트를 걸치고 양쪽에 하나씩 두 갓난아이를 재우고 있었다. 아마빛 배내털이 보드라운 머리와 딜시의 갓난아이의 검은 곱슬머리가, 그녀의 두 팔을 베개삼아 자고 있었다. 웨이드는 침대 발치에 앉아서 멜라니가 들려 주는 옛날이야기에 정신이 팔려 있었다.

스칼렛은 타라의 고요가 지겨웠다. 그것은 애틀랜타에서 돌아오던, 그 긴 하루 동안 지나온 황폐한 땅의 죽음과도 같은 고요가 너무도 또렷하게 머리에 되살아났기 때문이었다. 어미소도 송아지도 오랫동안 전혀 소리를 내지 않았다. 창밖에는 작은 새의 지저귀는 소리도 없고, 살랑살랑 흔들리는 목련 잎 속에, 몇 대째 둥지를 틀어온 시끄러운 앵무새 일가마저도 오늘은 울지 않았다. 그녀는 창문을 열어젖힌 침실 가까이 낮은 의자를 끌어당기고 치마를 무릎 위까지 걷어올린 다음, 창턱에 올려놓은 팔에 턱을 묻으면서 앞의 찻길이며 잔디밭이며 큰 길 저쪽의 짐승 한 마리 없는 푸른 목장을 바라보고 있었다. 곁의 마룻바닥에는 물이 들어 있는 양동이가 놓여 있었다. 가끔 그 속에 물집투성이의 발을 담그고 찌르는 듯한 아픔에 얼굴을 찡그렸다.

그녀는 짜증스러워서 턱을 한층 더 깊숙이 팔에 묻었다. 힘이 제일 필요할 때 발가락이 곪기 시작했던 것이다. 그 우둔한 녀석들에게 암돼지가 붙잡힐 리가 없다. 새끼 돼지를 한 마리 붙잡는 데도 일주일이나 걸렸다. 벌써 두 주일이나 되는데도 어미 돼지는 제멋대로 돌아다니고 있는 것이다. 만약 자기가 그들과 함께 늪지로 갔었다면 옷을 무릎까지 걷어올리고 밧줄을 던져서 눈 깜짝할 사이에 어미 돼지를 올가미로 옭아 보일 터인데.

그러나 설령 어미 돼지를 붙잡았다 하더라도 막상 붙잡은 다음에는 어떻게 될 것인가? 어미 돼지와 새끼 돼지를 먹어 버린 다음에는 어떻게 하지? 목숨이 계속되는 한 식욕도 계속된다. 이제 곧 겨울이 닥쳐올 텐데 식량이 없는 것이다. 조금밖에 남지 않은 근처 채소밭에서 모아온 야채도 벌써 떨어져 가고 있었다. 말린 완두콩이니, 사탕수수니, 곡물가루니, 쌀이니, 이렇게 꼭 있어야 할 것들이 많았다. 다음 봄에 심을 옥수수며 목화 씨도 필요했고, 새옷도 필요했다. 그런 것들을 대체 어디서 얻어 오면 좋단 말인가? 그 대금을 어떻게 마련하면 좋을 것인가?

그녀는 몰래 제럴드의 주머니와 금고를 뒤져 보았다. 그러나 그녀가 발견한 것은 남부동맹 정부가 발행한 공채 다발과 3천 달러의 남부동맹 지폐뿐이었다. 이것만 있으면 온 식구들의 한끼 거리는 충분하다고 그녀는 익살스런 생각을 했다.

지금 남부동맹의 지폐를 가지고 있다는 것은 전혀 갖고 있지 않은 것보다도 더 나빴다. 그러나 돈이 있고 먹을 것을 발견했다고 하더라도, 그것을 타라로 가져올 방법이 뭐가 있겠는가. 왜 하느님은 그 늙은 말을 죽게 해 버렸을까? 레트가 훔쳐온 그 늙다리 말이나마 살아 있었으면 모든 사정이 풀릴 수도 있었을 텐데. 아아, 큰길 건너 저쪽 목장에서 뒷발질을 하던 그 털이 반지르르 하던 노새, 큼직한 마차 말, 그녀가 타던 귀여운 암말, 동생들의 망아지, 잔디밭을 짓밟으며 힘차게 뛰어다니던 제럴드가 사랑하던 큰 말, 아아, 한 필이라도 그 말이 남아 주었더라면. 제일 고집이 세던 노새라도 남아 주었더라면.

그러나 걱정할 것 없다. 발만 나으면 존즈버러까지 걸어서 가 보자. 세상에 태어나서 지금까지 그렇게 먼 길을 걸은 적은 없지만, 그러나 그녀는 걸을 것이다. 설사 그곳이 북군에 의해서 완전히 타 버렸더라도 틀림없이 근처에서 누군가를 만나서 식량을 구할 수 있는 곳을 알아낼 수 있을 것이다. 이때 문득 웨이드의 여윈 얼굴이 떠올랐다. 그는 노상 고구마가 싫다고 했다. 닭다리 살이나 쌀밥이나 고깃국을 먹고 싶은 것이다.

눈물 때문에 앞뜰에 비치고 있던 밝은 햇살이 갑자기 부예지며 나무들의 모양이 희미해졌다.

스칼렛은 팔에 얼굴을 묻고 울지 않으려고 애썼다. 새삼스럽게 울어 봐야 무슨 소용이 있겠는가. 눈물이 쓸모 있는 것은 호의를 가져 주는 남자가 옆에 있을 때 뿐이다. 울지 않으려고 눈을 꼭 감은 채 그대로 웅크리고 있는 동안 그녀는 달려오는 말밥굽 소리에 놀랐다. 그러나 그녀는 머리도 들지 않았다. 이 두 주일 동안 밤이고 낮이고 그녀는 가끔 그런 소리를 들은 것 같았다. 마치, 엘렌의 사락사락거리는 치마 소리를 꿈결에 듣는 것처럼. 그런 소리를 들을 때마다 '부질없이!' 하고 몹시 자기를 꾸짖을 때까지 그녀의 가슴은 으레 두근거렸다. 그러나 지금 들려오는 말발굽 소리는 놀라울 만큼 자연스럽게 보통 속도의 율동적인 가락으로 변해서 데그럭데그럭 자갈을 밟으면서 오는 것이다. 틀림없이 말이다. 탈레턴 집안 사람인지 모른다. 아니면 폰테인 집안 사람일까? 그녀는 얼른 눈을 들었다. 그것은 북군의 기병이었다.

그녀는 무의식중에 커튼 뒤로 몸을 숨기고는 어두침침한 커튼 주름 사이로 마치 무엇에 홀린 것처럼 가만히 그 사나이를 지켜보았다. 너무나 놀랐으므로 허파에서 바람이 한꺼번에 쑥 빠져 버린 것 같았다.

몸을 웅크리고 안장에 걸터앉아 있는 것은 뚱뚱하고 험상궂은 사나이였는데 자랄 대로 자란 검은 수염이, 단추를 끄른 푸른 윗옷 위에 흐트러져 있었다. 두 눈 사이가 좁은 작은 눈을 부신 듯이 가늘게 뜨고, 조금 작아 보이는 푸른 모자 차양 밑으로 침착하게 집 안 동정을 살피더니 이윽고 유유히 말에서 내려 고삐를 말뚝에 던져서 걸쳤다. 스칼렛은 배를 얻어맞았을 때처럼 갑자기 고통과 함께 심장이 되살아났다. 양키다. 허리에 긴 권총을 찬 양키다! 그러나 그녀는 세 사람의 병자와 갓난아이만 있는 집에 오직 혼자 있는 것이다!

권총 가죽집에 손을 대고 유리알 같은 작은 눈으로 좌우를 살피는 그 사나이가 천천히 보도를 걸어오는 것을 보고 있는 동안, 가지가지 광경들이 만화경처럼 그녀의 가슴속에서 빙글빙글 돌았다.

그것은 피티팻 시고모가 목소리를 죽여 가며 이야기해 준 일, 무방비 상태의 여성을 덮치고, 목을 찌르고, 다 죽어가는 여자들을 집 안에 가둔 채 불을 지르고, 운다고 해서 아이들을 총검으로 산적 꿰듯 한다는, 무릇 '양키'라는 이름과 결부되어 있는 이루 말할 수 없이 끔찍스러운 광경들이었다.

가슴이 철렁 내려앉은 그녀의 최초의 충동은, 벽장에 숨을 것인가, 침대 밑

으로 들어갈 것인가, 뒷계단으로 뛰어내려서 비명을 지르며 늪지 쪽으로 달아
날 것인가 하는 것이었다. 어떻게든지 해서 그 사나이를 피하고 싶은 생각뿐이
었다. 그러나 그러는 동안 현관 계단을 밟는 조심스러운 발자국 소리가 들렸다.
그리고 발소리를 죽이며 복도에 들어온 것을 알게 되자, 그녀는 이미 달아날 길
이 없음을 알았다. 공포로 몸이 꼼짝할 수 없이 얼어붙어서 그녀는 아래층에
서 이 방 저 방으로 걸어다니는 양키의 발소리를 듣고 있었다. 아무도 없다는
것을 알았는지 사나이의 발소리는 먼저보다도 더 크고 대담해졌다. 지금 식당
에 있다. 곧 부엌으로 들어가겠지.

　부엌에 생각이 미치자 별안간 칼로 쿡 찌르는 듯이 날카로운 분노가 그녀의
가슴을 꿰뚫었다.

　압도적인 분노 앞에서 공포도 사라져 버렸다. 부엌! 그곳에는 화덕 위에 냄비
가 두 개 걸려 있고, 그 하나에는 구운 사과, 다른 하나에는 천신만고 끝에 트
웰브 오크스와 매킨토시네 채소밭에서 거둬온 야채 잡탕이 들어 있다. 두 사
람 몫도 채 못되는 그 요리는 주린 사람 아홉 명이 먹어야 하는 중요한 끼니였
다. 더구나 스칼렛은 몇 시간이나 시장기를 견디면서 다른 식구들이 돌아오기
를 기다리지 않았는가. 그런만큼 양키가 그 초라한 요리를 먹어치울 것을 생각
하자 치가 떨릴 만큼 분노가 치밀어올랐다.

　그들 모두에게 저주 있으라! 그들은 메뚜기 떼처럼 달려들어 타라를 서서
히 굶어 죽게 하고서도 그 약간 남은 것마저도 훔쳐 가려고 지금 또다시 침입
해 온 것이다. 텅 빈 위는 그녀의 몸속에서 몸부림을 치고 있었다. 하느님의 이
름을 걸고서라도 저 양키에게 더는 도둑맞을 수 없다! 그녀는 해진 신을 벗고
맨발이 되자 발가락이 곪은 것도 잊어버리고, 발소리를 죽여 급히 장롱 앞으
로 뛰어갔다. 그리고 맨 위 서랍을 살그머니 열고 애틀랜타에서 갖고 온 육중
한 권총을 꺼냈다. 그것은 찰스가 싸움터에 가지고 갔다가 끝내 써 보지도 못
한 것이었다. 그녀는 벽에 걸린 사벨 밑에 매달려 있는 가죽 상자를 열고 뇌관
을 꺼냈다. 그리고 떨지도 않고 그것을 권총에 쟀다.

　그리고 발소리를 죽여 얼른 2층 복도로 나가자 한 손으로 난간을 꽉 잡아 몸
을 지탱하고, 권총을 허리 가까이 치마 주름 속에 숨기고 계단을 내려갔다.

　“누구냐?” 하고 느닷없이 코멘 소리로 고함을 치는 바람에 그녀는 계단 중간

쯤에 멈춰 섰다. 피가 귓속에서 왕왕 소리를 내서 사나이의 소리도 잘 알아들을 수 없었다. "서라, 움직이면 쏜다!"

사내는 식당 문 어귀에 서서 빈틈없이 경계하고 있었다. 한 손에 권총을 잡고, 다른 손에는 금으로 만든 골무며, 황금자루가 달린 가위며 꼭대기에 금장식이 붙은 도토리 모양의 조그만 금강사 바늘닦개 따위가 들어 있는 조그만 자단목 바느질 상자를 들고 있었다. 스칼렛의 다리는 무릎까지 싸늘하였으나 얼굴은 분노 때문에 화끈 달아올랐다. 사나이가 갖고 있는 것은 엘렌의 바느질 상자가 아닌가. '그걸 내려 놔! 이 더러운……' 그렇게 호통을 치고 싶었으나 말이 나오지 않았다. 그녀는 말없이 난간 위에서 그를 노려보고 있었다. 사나이는 험악한 표정을 누그러뜨리며 반은 사람을 무시하는 듯하고, 반은 아첨하는 듯한 미소를 띠었다.

"아무도 없었던 건 아니로군." 권총을 가죽집에 넣으면서 그는 말했다. 그리고 홀을 가로질러 와서 그녀의 바로 밑에 섰다. "당신 혼자뿐인가, 아가씨?"

그녀는 번개처럼 권총을 난간 위로 들고 깜짝 놀라는 텁석부리 얼굴을 겨눴다. 그러고는 그가 가죽띠에 손을 가져갈 틈도 주지 않고 방아쇠를 당겼다. 권총의 강한 반동으로 그녀는 비틀거렸다. 총소리는 고막을 울리고, 화약 연기는 코를 찔렀다. 사나이는 벌렁 몸을 젖히면서 가구들이 흔들릴 만큼 요란하게 식당에 나가떨어졌다. 바느질 상자가 소리를 내면서 손에서 떨어지고 속에 담겼던 것들이 사나이의 주위에 흩어졌다. 스칼렛은 움직인다는 의식도 없이 움직여 계단을 뛰어 내려가 그 곁에 서서 수염 속에서 나타난 얼굴을 내려다보았다. 코가 있었던 자리는 핏구멍이 되고 유리알 같은 눈은 화약에 타고 있었다. 피한 줄기가 얼굴과 뒤통수에서 나와 윤이 나는 마룻바닥으로 흘렀다.

그렇다. 사나이는 죽었다. 분명히 죽었다. 그녀는 사람을 죽인 것이다.

화약 연기는 천천히 천장으로 맴돌면서 올라가고, 붉은 피는 발밑으로 퍼져 간다. 시간을 초월한 한순간, 그녀는 그 자리에 우뚝 서 있었다. 여름 아침의 잠잠하게 더운 고요 속에서 온갖 관계도 인연도 없는 소리며 냄새가 확대되어 갔다. 북처럼 울려 대던 빠른 가락의 심장 고동도, 목련 잎이 스치는 아련한 소리도, 멀리 늪지에서 우는 작은 새의 소리도, 창밖에 핀 꽃의 달콤한 냄새도, 모두 여느 때 보다 강하게 느껴졌다.

사냥을 할 때도 짐승을 죽이는 데는 끼지 않으려고 조심하던 그녀, 도살장의 돼지 비명소리나 덫에 걸린 토끼의 우는 소리마저 차마 듣지 못하던 그녀가 사람을 죽이고 말았다. 살인! 그녀는 멍하니 생각했다. 나는 살인을 한 것이다. 아니 내가 그런 짓을 할 리가 없어! 그러나 바느질 상자 바로 옆 마룻바닥에 내던져진 커다랗고 털 많은 손을 보자 그녀는 갑자기 생기가 돌며, 차갑고 잔인한 환희에 가슴이 설레었다. 코가 있었던 자리에 커다랗게 벌어진 총알 자리를 발뒤꿈치로 짓뭉개고 맨발에 뜨뜻미지근한 피를 느낀다 해도 거기에 짜릿한 기쁨을 느꼈을지도 모른다. 그렇다, 그녀는 타라를 위하여, 또 엘렌을 위하여 복수의 일격을 가한 것이다.

이때 2층 복도를 빠르게 걷는 어지러운 발소리가 들렸다. 발소리는 잠깐 쉬었다가 다시 움직이기 시작했다. 걸을 때마다 금속성의 울림이 섞여 있는, 힘없이 끄는 듯한 발소리다. 스칼렛이 시간과 현실의 감각을 되찾고 올려다보니 계단 위에 멜라니가 서 있었다. 잠옷 대용인 헌 누더기 슈미즈만 걸치고 약하디약한 손에 찰스의 군도를 끌고 있다. 멜라니의 눈은 아래층 광경—붉은 피의 못 가운데 나자빠져 있는 푸른 옷의 시체, 그 옆에 떨어져 있는 바느질 상자, 새파랗게 질린 얼굴로 길쭉한 권총을 움켜쥐고 서 있는 맨발의 스칼렛 등을 남김없이 보았다.

잠자코 그녀는 스칼렛과 눈을 마주쳤다. 언제나 상냥한 멜라니의 얼굴에는 처절하고 격렬한 긍지가 빛나고 그 미소 속에 스칼렛의 가슴속 깊이 불타는 격정과 같은 찬양과 환희가 떠올라 있었다.

‘어머나…… 어쩌면…… 저 애도 나와 같구나! 내가 생각하고 있는 것을 저 애도 아는구나!’ 스칼렛은 그 순간 생각했다. ‘저 애도 틀림없이 나와 똑같이 했을 거야.’

그때까지는 혐오와 경멸밖에 느끼지 않았던 약하디약한 멜라니의 모습을 그녀는 어떤 감동을 가지고 쳐다보았다. 그리고 애쉴리의 아내로서의 그녀에 대한 혐오와 싸우면서 존경과 우의의 감동이 새로 솟아나는 것을 느꼈다. 스칼렛은 저속한 감정에 흐려지지 않은 또렷한 반짝임으로 멜라니의 부드러운 목소리와 비둘기 같은 눈 속에 꺾이지 않는 강철로 만들어진 날카롭게 번뜩이는 칼날이 숨겨져 있는 것을 보았고, 그 고요한 핏속에 늠름한 용기가 흐르고 있음을 느꼈다.

"스칼렛! 스칼렛!" 캐린의 겁에 질린 연약하고 떨리는 목소리가 굳게 닫혀 있는 문 너머에서 들려왔다. 웨이드는 "고모 아줌마! 고모 아줌마!" 외치고 있었다.

멜라니는 얼른 입술에 손가락을 대고 칼을 맨 윗계단에 놓더니 아주 힘들게 2층 복도로 되돌아가서 병실 문을 열었다.

"무서워할 것 없어, 겁쟁이구나!" 그녀의 목소리는 놀려 대는 듯 쾌활했다.

"언니가 찰스의 권총 청소를 하고 있었어. 그러다가 갑자기 총알이 나가 버렸거든. 그래서 언니는 그만 기절할 만큼 놀랐어."

"괜찮아, 웨이드 해밀턴, 지금 엄마가 아빠의 권총을 쏜 거야! 네가 좀더 자라면 틀림없이 엄마는 네게도 쏘게 해 주실 거야." '어머나, 어쩌면 저 애는 저렇게 천연스럽게 거짓말을 할까.' 스칼렛은 감탄했다. '나는 도저히 저렇게 능란하게 꾸며 댈 수 없어. 하지만 왜 거짓말을 할까? 내가 한 일을 사람들에게 알리는 편이 낫지 않을까?'

그녀는 또 시체를 내려다보았다. 분노와 공포가 사라지고 대신 전혀 다른 감정이 솟아나서 그 반동으로 그녀의 무릎은 후들후들 떨리기 시작했다. 멜라니는 자기 몸을 끌다시피하며 다시 계단 위로 모습을 나타내더니 난간을 붙들고 내려오기 시작했다. 핏기 없는 아랫입술을 악물고 있었다.

"침실로 돌아가요, 바보. 무리한 짓을 하면 자기를 죽이는 거나 마찬가지야!" 스칼렛은 외쳤으나 멜라니는 반 나체로 괴로운 듯이 아래층 홀까지 내려왔다.

"스칼렛." 그녀는 속삭였다. "시체를 끌어내다가 묻어 버려야 해. 같은 패거리가 있을지도 모르고 만약 그들이 알게 된다면……." 그녀는 스칼렛의 팔을 붙들고 몸을 가누었다.

"틀림없이 혼자뿐일 거야." 스칼렛은 말했다.

"아까 2층 창문에서 보았는데 밖에는 아무도 없었어. 틀림없이 탈주병일 거야."

"밖에 아무도 없었더라도 누구에게든 이 사실을 알려서는 안 돼. 검둥이들의 얘기를 듣고 같은 패들이 언니를 잡아갈지도 몰라. 스칼렛, 모두 늪지에서 돌아오기 전에 빨리 시체를 어디다 숨겨 버려야 해요."

멜라니의 끈덕진 권고에 자극을 받아 그녀의 마음도 움직이기 시작했다.

"마당 구석 포도나무 밑에 묻으면 어떨까…… 거기는 포크가 위스키 통을 파낸 데니까 아직 흙이 부드러울 거야. 하지만 어떻게 끌어내가지?"

"둘이서 다리를 하나씩 잡고 끌고 갑시다." 멜라니는 딱 잘라 말했다.

스칼렛의 그녀에 대한 감탄은 내심 꺼림칙하면서도 한층 커졌다.

"멜라니는 고양이도 못 끌어낼 거야. 내가 끌고 갈게." 그녀는 약간 퉁명스럽게 말했다. "그러니까 멜라니는 빨리 침대로 가래두. 스스로 자기를 죽이는 거란 말이야. 멜라니가 도와주지 않아도 나 혼자 넉넉해. 그렇지 않으면 내가 멜라니를 2층으로 떠메고 갈 거야."

멜라니의 창백한 얼굴에 상냥한 이해의 미소가 피어올랐다. "언니는 정말 친절해, 스칼렛." 그렇게 말하고 그녀는 입술을 살짝 스칼렛의 볼에 대었다. 그리고 스칼렛의 놀라움이 채 가시기도 전에 다시 말을 이었다. "언니가 혼자 끌어내 갈 수 있으면, 나는 사람들이 돌아오기 전에 이 더러워진 데를 닦아 놓겠어요. 그리고 말이에요, 스칼렛……."

"뭔데?"

"이 사나이의 배낭을 뒤져 보면 안 될까? 뭐 먹을 게 들어 있을지도 모르잖아요."

"안 될 게 뭐가 있어?" 스칼렛은 말했다. 그리고 왜 자기가 먼저 그 생각을 못 했을까 하고 화가 났다. "멜라니는 배낭을 뒤져 봐. 나는 주머니를 뒤져 볼 테니."

마지못해서 시체 위로 몸을 구부리고 그녀는 윗옷 단추를 풀고 차근차근 주머니를 뒤졌다.

"어머나!" 헝겊 조각에 싼 두둑한 지갑을 꺼내면서 그녀는 소곤거렸다. "멜라니! 멜라니, 돈이 잔뜩 들어 있는 것 같아!"

멜라니는 아무 말도 하지 않고 갑자기 마룻바닥에 쪼그리고 앉아서 벽에 등을 기댔다.

"언니가 꺼내 보아요." 그녀는 떨리는 소리로 말했다. "난 약간 기운이 없네."

스칼렛은 헝겊을 헤치고 떨리는 손으로 가죽지갑을 열어 보았다.

"어머, 멜라니! 이거 봐."

그것을 보자 멜라니는 눈을 크게 떴다. 북부 연방 정부의 그린백[11]과 남부동맹 정부의 지폐가 한데 섞여서 꽉 차 있었고, 그 속에 10달러짜리 금화 한 닢과 5달러짜리 금화 두 닢이 빛나고 있었다.

"지금 셀 건 없어요." 스칼렛이 지폐를 세기 시작하는 것을 보고 멜라니가 말했다. "시간이 없잖아요……."

"이 돈은 우리가 먹을 수 있는 게 생긴다는 거야. 알겠지, 멜라니?"

"그래 그래, 알아요. 하지만 우물쭈물할 때가 아냐. 빨리 다른 주머니를 뒤져 봐요. 나는 배낭을 조사해 볼 테니."

스칼렛은 지갑을 손에서 놓기가 싫었다. 밝은 앞길이 눈앞에 훤히 틔어 왔다. 진짜 돈, 이 사나이가 타고온 말, 양식, 역시 하느님은 계시는 거다. 얄궂은 방법으로 돕는다고 생각되기는 하지만 하여간 도와주신 것이다. 그녀는 철퍼덕 주저앉은 채 미소를 띠며 지갑을 들여다보고 있었다. 양식! 멜라니는 그것을 그녀의 손에서 획 낚아챘다.

"빨리 하래두요!" 그녀는 말했다.

바지 주머니에서 나온 것은, 타다 남은 양초 토막과 잭나이프와 담배와 실 토막뿐이었다. 멜라니는 배낭에서 조그만 커피 봉지를 꺼내자 세상에서 가장 귀중한 향료이기라도 한 것처럼 냄새를 맡았다. 군용 비스킷이 나왔다. 그리고 그 다음에 나온 것을 보자 그녀는 낯빛이 변했다. 그것은 작은 진주를 잔뜩 박고 황금 테로 둘러싼 소녀의 조그만 조각상, 석류석 브로치, 가는 황금 사슬이 달린 두 개의 폭넓은 황금 팔찌, 황금 골무, 갓난아기용 작은 은컵, 황금 장식이 붙은 자수 가위, 다이아몬드가 박힌 반지 하나, 배(梨) 모양의 다이아를 늘어뜨린 한 쌍의 귀걸이 등이었다. 그것은 보통 사람 눈으로 보아도 각각 한 캐럿 이상은 넉넉히 됨직하였다.

"도둑놈이네!" 움직이지 않는 시체에서 물러나면서 멜라니가 소곤거렸다. "스칼렛, 이건 틀림없이 모두 훔쳐 온 걸 거예요."

"물론이지." 스칼렛은 말했다. "이놈은 우리에게서 더 훔쳐 가려고 찾아온 거야."

---

11) 1862년 초에 발행.

"잘 죽였어요." 상냥한 눈에 강한 빛을 띠며 멜라니는 말했다. "자, 어서 끌어내 가요."

스칼렛은 몸을 구부려 시체의 구두를 잡고 끌어당겼다. 어쩌면 이다지도 무거울까. 갑자기 그녀는 자신이 몹시 무력하게 여겨졌다. 만약 시체를 움직일 수 없으면 어떻게 하지? 그래서 이번에는 시체 쪽으로 등을 돌리고 양쪽 겨드랑이에 무거운 장화를 끌어안고, 다시 힘을 모아 앞으로 끌었다. 시체가 움직였다. 다시 확 잡아 끌었다. 흥분해서 그때까지 모르고 있었던 발의 통증이 느껴져 갑자기 몹시 아팠으나 그녀는 이를 악물고 참았다. 그리고 발뒤꿈치에 몸무게를 싣고 이마엔 땀을 뻘뻘 흘리면서 온몸의 힘을 모아 시체를 끌고 갔다. 붉은 핏자국이 복도에 줄을 그었다.

"마당에 피가 흐르면 감출 수 없을 거야." 그녀는 숨을 헐떡이며 말했다. "그 슈미즈를 빌려 줘, 멜라니. 그걸로 피가 나오지 못하게 머리를 동여맬 테니."

멜라니의 창백한 얼굴이 새빨개졌다.

"바보같이 굴지마. 나는 그쪽을 안 볼 테니까." 스칼렛은 말했다. "내가 페티코트나 팬털렛이라도 입고 있었으면 그걸 쓰겠지만."

멜라니는 창가에 쪼그리고 앉아서 너덜너덜한 리넨 슈미즈를 머리 위로 벗더니, 두 팔로 될 수 있는 대로 알몸을 감추면서 잠자코 그것을 스칼렛 쪽으로 던졌다.

'다행히도 나는 저렇게까지는 부끄럼을 타지 않아.' 떨어진 슈미즈로 죽은 사람의 상처난 머리를 동여매면서 스칼렛은 어쩔 줄 몰라하는 멜라니를 보지 않고 느끼면서 생각했다.

그녀는 절뚝거리며 끌다가 쉬고 끌다가 쉬면서 시체를 복도에서 뒤 현관 쪽으로 끌고 나갔다. 손등으로 이마의 땀을 닦기 위하여 멈춰 섰다.

멜라니 쪽을 돌아보니, 멜라니는 벽 쪽을 향해서 여윈 무릎을 벗은 가슴으로 안고 있었다. 이럴 때도 몸차림에 신경을 쓰다니 얼마나 어리석은가, 하고 스칼렛은 짜증스럽게 생각했다. 여태까지 늘 스칼렛에게 경멸하는 마음을 일으키게 했던 원인의 일부는 바로 멜라니의 그 고상한 태도였다.

그러나 곧 자책감이 일어났다. 어쨌든…… 어쨌든 아기를 낳은 지 얼마 안 되는 멜라니가 침대에서 일어나 스칼렛도 들지 못할 만큼 무거운 군도를 잡고, 도와주려고 와 주지 않았는가. 그것은 용기가 필요한 일이었다.

그것은 다시 말해서 스칼렛에게는 없는 종류의 용기라는 것을 그녀는 알고 있었다. 저 무시무시한 애틀랜타가 무너지던 날 밤에도, 여기까지 찾아오는 긴 여정에서도 멜라니가 발휘한 것은 가느다란 강철이나 명주실 같은 용기였다. 그것은 윌크스 집안 사람들이 지니고 있는 남의 눈에 띄지 않는 소박한 용기로서 스칼렛에게는 잘 이해되지 않는 것이긴 하지만, 싫으면서도 감탄하지 않을 수 없는 특이한 것이었다.

"가서 누워요." 그녀는 어깨너머로 말했다. "그러고 있으면 죽고 말거야. 거기는 내가 이걸 묻고 나서 닦아낼 테니까."

"이 깔개 조각으로 닦을 거예요." 기분 나쁜 듯이 피웅덩이를 바라보면서 멜라니는 속삭였다.

"뭐, 죽어도 난 몰라. 만약 내 일이 끝나기 전에 누가 돌아오거든 집에서 못 나가게 하고, 말은 어디서 길을 잘못 들어 온 모양이라고 말해 줘."

멜라니는 아침 햇살 속에서 바들바들 떨었다. 그리고 현관 계단으로 끌려내려가는 시체의 머리가 계단에 부딪쳐서 둔한 소리를 내자 귀를 틀어막았다.

말이 어디서 왔는지 묻는 사람은 아무도 없었다. 누구나 가까운 싸움터에서 길을 잃고 들어온 것으로밖에 생각하지 않았기 때문이다. 모두 말이 생긴 것을 기뻐했다. 북군 병사의 시체는 스칼렛이 포도나무 시렁 밑에 판 얕은 구덩이 속에 누워 있었다. 무성한 포도나무를 버티는 기둥은 썩어 있었다.

그날 밤 스칼렛은 부엌칼을 가지고 나와서 그 기둥을 잘라 넘어뜨렸다. 무덤은 무성하게 뒤얽힌 포도 덩굴로 완전히 덮이고 말았다. 기둥을 고쳐 세우는 것은 쉬운 일이었지만 스칼렛은 고치라고 하지 않았다. 흑인들도 그 까닭을 아는지 모르는지 잠자코 있었다.

잠이 들지 못할 만큼 피곤해서 눈을 뜬 채로 누워 있는 긴 밤에도 얕은 구덩이에서 유령이 나와 스칼렛을 괴롭히는 일은 없었다.

그런 일이 생각나도 그녀는 공포도 후회도 느끼지 않았다. 한 달 전의 그녀라면 도저히 그런 일을 못했을 것이라는 생각이 들자 자기 자신도 그것이 이상했다. 얼굴에 보조개를 짓고, 귀걸이를 댕그랑거리며 몸놀림이 연약하던 젊고 아름다운 해밀턴 부인이 사나이의 얼굴을 여지없이 으깨놓고, 그 시체를 재빨리 끌어내 구덩이에 묻어 버리다니! 자기를 잘 아는 사람들이 이 사실을 알게 되면 얼마나 놀랄 것인가 하고 스칼렛은 기분 나쁜 미소를 지었다.

'이제 이 일은 생각하지 말기로 하자.' 그녀는 다짐했다. '지나가 버린 일이고 저질러 버린 일이다. 그 사나이를 죽이지 않았다면 내가 어떻게 되었을지 모른다. 어쨌든 분명히…… 분명히, 타라로 돌아온 뒤로 나는 좀 변한 모양이다. 그렇지 않다면 내가 그런 일을 할 수는 없지.' 그 이후 특별히 의식적으로 생각한 것은 아니었지만, 무엇인가 언짢고 힘든 일에 부닥칠 때마다 마음 깊숙이 숨어 있는 한 가지 생각이 그녀의 기운을 돋우어 주는 것이었다. '나는 살인까지 했었다. 이런 것쯤 못할 게 없어!'

그녀는 스스로 생각하고 있는 이상으로 변해 갔다. 트웰브 오크스 농장 노예들의 오두막집 채소밭에 쓰러졌을 때, 그녀의 심장을 싸기 시작한 굳은 껍질은 점점 두꺼워져 가고 있었다.

말이 생겼으므로 스칼렛은 근처가 어떻게 되었는지 직접 보러 갈 수가 있게 되었다. 집에 돌아온 이래 그녀는 이미 천 번이나 절망적으로 생각이 헛갈려서 갈피를 잡지 못했다. '이 고을에 남아 있는 것은 우리뿐일까? 온 고을이 모두 불타 버렸을까? 그렇지 않으면 모두 메이컨으로 피란가 버렸을까?' 트웰브 오크스 농장이나 매킨토시 농장, 슬래터리 오두막 따위의 폐허가 아직도 생생하게 마음속에 남아 있었으므로, 그녀는 사실을 알게 되는 것이 어쩐지 무서운 생각이 들었다. 그러나 긴가민가하는 것보다는 최악의 상태를 보아 버리는 편이 오히려 속이 편할지도 모른다.

그래서 그녀는 우선 폰테인 댁으로 말을 몰았다. 그것은 제일 가깝기 때문이 아니라, 어쩌면 폰테인 노선생님이 있을지도 모른다고 생각했기 때문이다. 멜라니에게는 의사가 필요했다. 그녀의 회복은 예상보다 더뎠고 창백하고 쇠약해 있는 모양이 스칼렛에게는 못 견디게 걱정되었다.

그래서 발이 나아 실내화를 신게 되자, 그날로 당장 그 북군 병사의 말에 올라탔다. 한쪽 발을 짧게 줄인 등자에 걸고, 한쪽 발을 부인용 안장에 탈 때처럼 안장 위로 얹고는 설사 모조리 타 버렸더라도 놀라지 않으리라고 마음을 도사려 먹으면서, 미모사 저택을 향하여 들을 지나서 갔다.

그런데 퇴색된 노란 회칠을 한 건물이 옛날과 다름없이 미모사 숲 속에 서 있는 것을 보자 그녀는 한편 놀랍고 또 기뻤다. 그리고 폰테인 댁 세 여자들이 환성을 올리며 집 안에서 뛰쳐나와 키스를 퍼부으면서 반겨 맞아 주었을 때는 따뜻한 행복감, 눈물이 나올 만큼 벅찬 행복감이 가슴속에 넘쳐흘렀다.

그러나 떠들썩하고 정다운 첫 인사가 끝나고 앉기 위하여 다 같이 식당으로 들어갔을 때, 스칼렛은 오싹해지는 듯한 느낌이 들었다. 큰길에서 멀리 떨어져 있었으므로 양키들도 이 미모사 저택까지는 들어오지 않았었다. 그래서 폰테인 집에는 아직 가축도 있었고 식량도 남아 있었으나, 이 저택 역시 타라를 뒤덮고, 이 지방 일대를 뒤덮고 있는 저 기묘한 정적에 휩싸여 있었다. 집안일을 하는 네 여자 노예 말고는 다른 노예는 모두 양키의 내습이 무서워서 달아나 버렸다. 샐리의 아들 조 말고는, 남자라고는 한 사람도 없고, 그 조는 겨우 기저귀를 면한 아이이므로 남자 축에도 들지 못했다.

커다란 저택 안에 남아 있는 사람이라고는 일흔 고개를 넘은 조모 노 폰테인 부인과 그 조모가 있으므로 쉰이나 되었는데도 아직 아씨라고 불리는 며느리와, 이제 겨우 20대에 갓 접어든 샐리뿐이었다. 근처 이웃과는 떨어져 있고 지켜 줄 사람도 없었으므로 비록 두려움은 품었을지라도, 세 사람은 조금도 그런 내색을 하지 않았다. 아마 샐리와 아씨는 육체는 비록 사기 그릇처럼 잘 깨지게 되어 있었지만 꿋꿋한 정신을 가진 조모님이 무서워서 엄살을 할 수가 없는 것이리라 하고 스칼렛은 생각했다. 스칼렛 자신도 이 노부인에게는 두려운 생각을 갖고 있었다. 이 늙은 할머니는 날카로운 눈과 보다 날카로운 혀가 있어서 스칼렛도 과거 그 두 가지 맛을 톡톡히 맛본 적이 있었기 때문이다.

핏줄도 닿지 않은 데다가 나이도 많은 차이가 났지만 이 세 여인은 비슷한 정신과 경험으로 서로 결합되어 있었다. 세 사람 다 손수 물들인 상복을 입고 다 같이 지치고 슬퍼하고 고생하고 있었다. 세 사람 다 슬픈 듯한 얼굴을 보이지 않고 불평도 늘어놓지 않았지만 모두가 고통을 참고 있었고, 그 고통이 미소와 환영의 말 속에 깃들어 있었다.

노예들은 달아났고 갖고 있는 화폐는 가치를 잃었다. 샐리의 남편은 게티스버그에서 전사했으며, 아씨는 남편인 젊은 폰테인 선생이 빅스버그에서 이질로 죽었으므로 역시 과부가 되어 있었다. 알렉스와 토니는 버지니아 전선 어딘가에 있을 테지만 생사는 모르고 있었다. 폰테인 노선생도 휠러 장군의 기병대에 종군해서 어딘가로 가고 없었다.

"그 노인도 자기딴엔 젊은 것 같아서 그러고 있지만, 글쎄 아무튼 벌써 일흔 셋이거든. 게다가 돼지에게 벼룩 꾀듯 온몸이 류머티즘 투성이인걸." 할머니는 말했다. 눈은 그 신랄한 말과는 딴판으로 남편을 자랑하는 빛으로 빛나고 있었다.

"애틀랜타는 그 뒤 어떻게 되었을까요, 무슨 소식 들으셨나요?" 모두 자리에 앉고 나서 스칼렛은 물었다. "저희는 아주 타라에 꼭 파묻혀 있었기 때문에……."

"아니, 나 좀 봐." 여느때와 같이 이야기의 주도역을 맡아 노할머니가 입을 열었다. "우리도 너희와 조금도 다름없어. 우리가 알고 있는 거라곤 단지 셔먼이 마침내 시를 점령했다는 것뿐이야."

"역시 점령했군요. 셔먼은 지금 무엇을 하고 있을까요? 전투는 지금 어디서 하고 있을까요?"

"몇 주일 동안을 편지도 신문도 전혀 본 적이 없는 시골 살림하는 세 여자가 전쟁 따위를 어떻게 알 수 있겠어." 노부인은 대수롭지 않게 말했다. "우리집 흑인이 존즈버러에 있던 흑인을 만났다는 흑인한테 얻어 들은 얘기라는데, 우리가 알고 있는 거라고는 그 정도야. 그 이야기로는 양키들은 애틀랜타에 주저앉아서 병사랑 말을 쉬게 하고 있다지만 참말인지 아닌지 우리도 너와 마찬가지로 판단할 수가 있어야 말이지. 용감한 우리 군대와 싸운 뒤니까 그들도 휴식이 필요하기는 하겠지만."

"당신이 주욱 타라에 있었다는데, 우리가 전혀 모르고 있었다니!" 아씨가 말참견을 했다. "타라의 형편을 보러 갈 생각도 못하고, 정말 미안해요. 하지만 노예들이 다 도망쳐 버렸기 때문에 일이 잔뜩 밀려서 도무지 손을 뗄 겨를이 없었어요. 그렇더라도 우리로서는 어떻게든지 시간을 내서 찾아 봤어야만 했어요. 이웃간에 인사가 안 됐어. 그렇지만 우리는 틀림없이 타라도 트웰브 오크스나 매킨토시 농장처럼 불에 타버려서 댁 식구들은 메이컨에라도 가 버렸을 걸로 생각하고 있었어요. 당신이 집에 있으리라고는 꿈에도 생각지 못했었어요, 스칼렛."

"그래 그래, 오하라 댁 흑인들이 아주 겁에 질려서 달아나서는 지금 북군이 타라를 불사르고 있느니 어쩌니 하고 야단들을 하잖아. 그렇게 생각하는 것도 무리는 아니었어." 노부인이 말을 가로챘다.

"그리고 우린 보았거든요……" 이번엔 샐리가 끼어들었다.

"내가 말하는 중이잖니!" 노부인은 샐리를 나무랐다. "흑인들 말로는 북군이 타라 농장 일대에다 야영 캠프를 쳤으므로 너희 식구들은 메이컨으로 가기로 됐다고 하지 않았겠니. 게다가 그날 밤 마침 타라 쪽에서 불길이 보였거든. 그게 몇 시간이나 계속 됐으므로 우리집 노예들까지 겁이 나서 달아나고 말았어. 대체 뭘 태웠지?"

"목화를 깡그리…… 값으로 따지면 15만 달러예요." 스칼렛은 비통하게 대답했다.

"하지만 집을 태우지 않은 것만도 고맙게 생각해야 해." 노부인은 지팡이로 턱을 괴면서 말했다. "목화는 얼마든지 밭에서 자라지만, 집은 밭에서 자라지 않거든. 그런데 벌써 목화를 따기 시작했나?"

"아뇨." 스칼렛은 말했다. "거의 결단이 나 버렸어요. 멀리 떨어진 개울가 얕은 곳 목화밭에만 좀 남아 있지만 고작해야 세 짝 정도니 무엇에 쓰겠어요? 게다가 들일하는 노예가 다 없어졌기 때문에 딸 손이 없어요."

"큰일이로구먼. 들일하는 노예가 모두 달아나서 딸 손이 없으니!" 노부인은 흉내를 내면서 스칼렛을 비꼬듯 흘끔 바라보았다. "자네의 귀여운 손으로는 할 수 없을까, 아가씨? 그리고 동생들 손으로는?"

"저요? 절 보고 목화를 따라는 말씀이신가요?" 마치 할머니로부터 무슨 천한 죄악이라도 암시받은 것처럼 스칼렛은 깜짝 놀라 외쳤다. "마치 들일하는 계집 노예처럼? 마치 백인 쓰레기처럼? 슬래터리네 여자들처럼요?"

"백인 쓰레기? 한심하구나! 요즘 젊은이들이란 나약하고, 공주님이라도 되셨단 말인가! 자 들어 봐요, 아가씨. 내가 아직 처녀였을 때 아버지가 재산을 몽땅 없애 버렸는데 말이야. 그러나 그때 나는 내 손으로 떳떳한 일을 하는 걸 천하게 여기지는 않았어. 아버지가 다시 돈을 벌어서 더 많은 노예를 사들이게 될 때까지는 밭일을 했거든. 밭을 괭이로 갈기도 했고, 목화 따는 일도 했지. 지금이라도 그래야만 한다면 얼마든지 하겠다. 어쩐지 해야만 할 때가 온 것 같기도 하지만 말이야. 백인 쓰레기라, 허 참 기가 차는군……."

“아이. 그렇지만 어머니.” 며느리인 아씨가 외쳤다.

그리고 노부인의 머리칼을 매만지며, 비위를 거스르지 말아 달라는 듯 스칼렛과 샐리에게 애원하는 눈길을 흘끗 보냈다. “그건 벌써 아주 옛날에 전혀 다른 시대의 말씀이죠. 지금은 시대가 바뀐 걸요.”

“떳떳한 일을 해야 될 경우는 어느 시대고 다를 게 없는 거야.” 며느리의 말은 들은 체도 하지 않고 날카로운 눈을 번뜩이며 노부인은 말했다. “스칼렛, 네가 그런 식으로 떳떳한 일을 하는 것이 훌륭한 사람을 망나니로 만들기라도 하는 것처럼 말하는 걸 들으면, 나는 네 어머니를 대하기가 부끄러워진다. ‘아담이 밭갈이하고 이브가 길쌈을 할 때…….’”

스칼렛은 화제를 바꿀 생각으로 얼른 물었다.

“탈레턴 씨 댁과 캘버트 씨 댁은 어떻게 되었을까요? 역시 타 버렸을까요? 그리고 그분들은 메이컨에라도 피란하셨을까요?”

“양키는 탈레턴 댁에는 가지 않았어. 여기와 마찬가지로 큰길에서 뚝 떨어져 있으니까. 그렇지만 캘버트 씨네는 당했어. 가축이며 가금 따위는 모조리 뺏기고 노예들은 모두 끌려가고 말았어…….” 샐리가 말을 시작했다.

할머니는 그것을 가로챘다.

“흥! 양키가 말이야, 흑인 계집들에게 비단옷이며 황금 귀걸이를 준다고 약속을 했다나. 정말로 그런 약속을 했다는 거야. 캐들린 캘버트의 얘기로는 바보 같은 흑인 계집을 안장 뒤에 태우고 간 양키 기병이 있었다지만, 기껏해야 누르스름한 아이나 낳는 게 고작이지. 양키의 피가 섞였다고 해서 흑인의 혈통이 좋아질 것 같아?”

“할머니도 참!”

“그렇게 혼나간 것처럼 기겁을 할 건 없다. 제인, 여기 있는 사람은 모두 결혼한 여자들 뿐이잖니. 안 그래? 게다가 지금까지 흑백 혼혈의 갓난아이를 못 본 것도 아니겠고.”

“왜 캘버트 씨 집은 타지 않았을까요?”

“캘버트의 둘째 부인하고 북부 태생의 농장감독인 힐튼의 북쪽 사투리 덕분에 살았지.” 노부인은 말했다. 캘버트의 전 부인은 20년이나 전에 죽었는데도 불구하고, 후처가 된 북부 태생의 가정교사를 ‘캘버트의 둘째 부인’이라고 부르는 것이 노부인의 입버릇이었다.

"우리는 북부 연방의 충실한 동조자랍니다." 살이 없는 가늘고 긴 코에 걸리는 듯한 발음으로 노부인은 북쪽 사투리를 흉내냈다. "캐들린한테서 듣자니까 그 둘은 캘버트 집 남자들은 위에서 아래까지 전부 북쪽 사람이라고 맹세를 했다는 거야. 그렇지만 캘버트 씨는 윌더니스에서 전사했거든! 레이포드는 게티스버그에서 전사하고, 캐이드는 버지니아 전선에 있는 형편이란 말야! 캐들린은 몹시 분해하면서 차라리 집이 타는 편이 낫다고 하더군. 캐이드가 돌아와서 그 소리를 들으면 얼마나 화를 낼지 모른다고 하더라. 그런 것도 다 북쪽 계집하고 결혼했기 때문이야. 자존심도 없고, 예절도 모르고, 제 몸 생각밖에 하지 않는 양키 계집하고 말이야. 그런데 어떻게 타라는 안 타고 배겼을까, 스칼렛?"

스칼렛는 대답하기 전에 잠시 입을 다물었다. 그 다음에는 틀림없이 '다들 어떻게 지내시지? 어머니는?' 하고 물을 것이 뻔하다.

그녀는 엘렌이 죽었다는 말을 도저히 할 수 없을 것 같았다.

인정 많은 이들 앞에서 그런 말을 입 밖에 내면, 아니 생각만 해도 틀림없이 그녀는 눈물이 비오듯 해서 병이 날 만큼 울 것임을 스스로 잘 알고 있었다. 그러니까 울어서는 안 되는 것이다. 그녀는 타라로 돌아와서 정말로 운 적이 한 번도 없었다. 만약 한 번이라도 눈물보를 터뜨리는 날이면 소중히 간직하고 있는 용기가 달아나 버릴 것이 틀림없었다. 그러나 그녀는 또, 주위의 다정스러운 얼굴들을 바라보면서 만약 자기가 엘렌의 죽음을 숨긴다면 폰테인 집 사람들은 절대로 자기를 용서하지 않으리라고도 생각하여 망설이고 있었다.

그중에서도 특히 노부인은 엘렌을 무척 좋아했다. 그리고 이 노부인이 그 뼈와 가죽만 남은 손가락에서 뚝뚝 울려 가며 환영하는 사람은 이 고을 안에서도 극히 소수밖엔 없었다.

"어서 말해 봐." 노부인은 날카롭게 그녀를 쏘아보며 말했다. "어떻게 된 거지?"

"사실은요, 제가 돌아온 것은 전투가 있던 이튿날이었어요." 그녀는 얼른 대답했다. "그때는 벌써 양키들은 모두 철수해 버린 뒤였어요. 아버지—아버지한테서 들었는데요—아버지는 수엘렌과 캐린이 장티푸스로 위독하기 때문에 절대로 움직일 수 없다고 말하자 양키들이 집을 태우지 않았다고 하시더군요."

"흠, 양키가 그런 기특한 일을 하다니 난 처음 듣는걸." 노부인은 말했다. 침락군이 선행을 했다는 말을 듣기가 역겨웠던 모양이다. "그래, 동생들의 병세는 이제 어떤가?"

"네, 좋아졌어요. 이젠 거의 다 나은 거나 다름없지만, 다만 아직도 무척 쇠약해요." 스칼렛은 대답했다. 그리고 그녀가 두려워하고 있는 질문이 노부인의 입술에 떠돌고 있는 듯한 눈치를 채자 화제를 다른 곳으로 돌리려고 얼른 주위를 돌아보았다.

"저어…… 무엇이든 양식을 좀 빌려주실 수 없을까요? 북군이 마치 메뚜기 떼처럼 집에 있는 것을 모조리 앗아가 버렸어요. 하지만 댁에서도 넉넉지 못한 형편이시면 그저 그렇게 말씀만 해 주세요. 그러시다면……."

"포크에게 짐마차를 끌려 보내라구. 그러면 쌀이고, 곡식가루고, 햄이고, 닭이고 우리집에 있는 건 무엇이든 반씩 나눠 줄 테니" 하고 말한 다음 문득 노부인은 스칼렛의 얼굴을 날카롭게 바라보았다.

"어머, 그건 너무 많은 걸요! 참으로 저는……."

"아무 말도 마라! 난 듣고 싶지 않으니까. 이웃으로서 당연한 일 아니겠니?"

"정말 뭐라고 고맙다는 말씀을 드려야 좋을지…… 저, 그만 가봐야 되겠어요. 집에서 모두들 걱정하고 있을 테니까요."

노부인은 갑자기 일어나 스칼렛의 팔에 손을 얹었다. 그러고는 "너희 둘은 여기 있어라" 하고 며느리들에게 명령하더니 스칼렛을 뒤쪽 현관으로 데리고 갔다. "난 잠깐 이 애에게 조용히 할 얘기가 있어. 계단을 내려가는 데 좀 도와주렴, 스칼렛."

아씨와 샐리는 작별인사를 하며 머잖아 꼭 찾아가겠다고 약속했다. 노부인이 스칼렛에게 무슨 말을 하려는 건지 두 사람은 몹시 궁금했지만, 노부인이 자진해서 이야기하려고 하지 않는 한 알 수 없는 일이었다. 노인이란 다루기 힘든 법이라고, 다시 바느질을 시작하면서 아씨는 샐리에게 소곤거렸다.

스칼렛은 개운찮은 기분을 속으로 느끼면서 말고삐를 잡고 서 있었다.

"자" 하고 노부인은 그녀의 얼굴을 들여다보며 말했다. "도대체 타라에 무슨 궂은 일이 있었지? 너는 무얼 숨기고 있지?"

스칼렛은 노부인의 날카로운 늙은 눈을 쳐다보았다. 울지 않고도 사실을 이야기 할 수 있을 것 같았다. 특별히 울어도 좋다는 말이 나오기 전에 폰테인 할머니 앞에서 운다는 것은 아무에게도 허락되지 않는 일이었다.

"어머니가 돌아가셨어요." 그녀는 무표정하게 말했다.

스칼렛의 팔을 잡고 있던 손에 아플 만큼 힘이 들어가며 노란 눈 위에 덮여 있는 주름살투성이의 눈꺼풀이 깜박깜박 움직였다.

"양키에게 죽었나?"

"장티푸스로요. 제가 돌아오기 전날 돌아가셨어요."

"다시는 생각하지 마라." 할머니는 엄숙한 목소리로 말했다. 스칼렛은 노부인이 꼴깍 침을 삼키는 것을 보았다.

"그리고 너의 아버지는?"

"아버지는…… 아버진 이전의 아버지가 아니세요."

"무슨 뜻이지? 말해 봐. 병환이신가?"

"너무나 충격이 컸기 때문에…… 아주 이상해요. 지금까지의 아버지는 아니고……."

"여느 때 아버지가 아니란 말이지. 정신이 돌기라도 했단 말이냐?"

사실을 노골적으로 말하는 바람에 그녀는 마음이 놓였다. 노부인이 서툰 동정으로 자기를 울게 만들지 않는 것이 도리어 고마웠다.

"그래요." 그녀는 차분한 목소리로 대답했다. "아버지는 정신이 돌아 버리셨어요. 아주 멍해져서 어머니가 돌아가신 것조차 생각지 못하는 것 같아요. 참말이지 할머니, 아이들보다도 더 가만히 있지 못하시던 아버지가 몇 시간이고 가만히 앉아서 참을성 있게 어머니를 기다리시는 걸 보면, 전 정말 견딜 수가 없어요. 더욱 나쁜 것은 어머니가 안 계신 것이 생각났을 때예요. 어머니 인기척을 들으려고 귀를 기울이고 조용히 앉아 있다가는 느닷없이 벌떡 일어나서 무거운 발길로 집을 나서서 묘지로 가는 일이 가끔 있어요. 조금 있다가 얼굴을 온통 눈물로 적시고 돌아오시면, 이번엔 제가 비명을 지르고 싶을 때까지 어머니의 죽음을 알려 줄 작정이신지 몇 번이고 되풀이 말씀하시는 거예요. '스칼렛, 오하라 부인은 죽었다. 너의 어머니는 죽어 버렸어.' 때로는 또 밤늦게 어머니를 부를 때가 있어요. 제가 잠자리에서 일어나 아버지 옆으로 가서, 어머니는 흑인이 병이 나서 흑인 행랑으로 가 계신다고 하면, 늘 남의 병구완만 하고 있으면 자기가 지쳐 쓰러질 것 아니냐면서 화를 내시므로 잘 달래어 주무시게 하려면 여간 애먹지 않아요. 아버지는 마치 어린애 같아요. 폰테인 선생님이 계셨더라면 싶어요. 선생님이시라면 아마 어떻게든지 손을 써 주셨을 거예요. 그리고 멜라니도 의사 선생님이 필요해요. 산후 조리를 잘못해서 좀처럼 회복이 되지 않고 있어요……."

"멜라니…… 갓난아기? 그 애가 너하고 같이 있니?"

"그래요."

"도대체 멜라니가 어떻게 너와 같이 있게 되었지? 왜 메이컨에서 고모나 친척들과 같이 안 지내지? 그애는 찰스의 여동생이지만 네가 그 애를 그렇게 좋아하는 줄은 난 몰랐구나. 자, 무엇이고 남김없이 얘기해 봐라."

"다 얘기하려면 너무 길고 번거로워요. 할머니! 안으로 들어가셔서 앉으시는 게 어떠시겠어요?"

"난 서 있어도 아무렇지 않아." 할머니는 딱 잘라 말했다. "다른 사람 앞에서 네 이야기를 들려 주면, 모두 울고불고해서 너를 슬프게 할 게 뻔하다. 어서 말해 봐."

스칼렛은 떠듬떠듬 애틀랜타의 포위전이며 멜라니의 건강 따위에 대해서 이야기하기 시작했다. 눈도 깜짝하지 않고 지켜보고 있는 노부인의 날카로운 늙은 눈에 위축이 되어서 말을 해나가는 동안 그녀는 말이, 힘과 공포에 찬 말이 입에서 나오게 되었다. 병이 날 만큼 더웠던 해산 날의 일, 극도의 공포, 탈출, 레트가 자기를 내버려두고 떠나 버리던 일들이 또렷하게 생각났다. 그날 밤의 냉혹한 어두움, 적의 것인지도 알 수 없는 야영의 화톳불, 아침 햇빛 속에서 그녀의 눈을 사로잡던 처참한 굴뚝, 길가에 쓰러져 있는 사람이며 말의 시체, 굶주림, 적막함, 타라도 불타 버리지 않았나 하고 걱정했던 일들을 얘기했다.

"어머니가 계신 집으로 돌아가기만 하면 틀림없이 어머니가 모든 걸 맡아 주셔서 저는 무거운 짐을 벗을 줄로만 알았어요. 오는 도중, 저는 이것이 최악의 일이고 이 이상 무서운 일은 다시는 제게 닥치지 않겠지 하고 생각했었는데, 어머니가 돌아가신 것을 알았을 때 진정한 최악의 일은 이것이구나 하고 알았어요."

그녀는 땅바닥에 눈길을 떨어뜨리고 노부인의 말을 기다렸다. 그러나 아무리 기다려도 아무런 말도 하지 않아서 그녀는 어쩌면 자기의 절망적인 곤경을 노부인은 모르는 것이 아닌가 생각했다. 마침내 노부인이 입을 열었다. 상냥한 말투였다. 노부인이 이토록 상냥한 투로 남에게 말하는 것을 스칼렛은 아직 한 번도 들은 적이 없었다.

"얘야. 여자가 자기에게 밀어닥친 최악의 것을 경험한다는 것은 여자에게 있어서 매우 불행한 일이야. 왜냐하면 최악의 것을 경험하고 나면 정말 무서운 것이 없어져 버리기 때문이지. 그런데 아무것도 무서운 게 없어졌다는 것만큼 여자에게 있어서 불행한 일은 없는 거야. 너는 네가 내게 한 이야기와 네가 헤쳐 나온 일들을 내가 이해 못하는 줄 아는 모양인데, 나는 잘 알고 있어. 내가 너만한 나이였을 때지만 밈스 요새 학살 사건 직후에 크리크 족의 폭동이 일어났는데 말이야. 그래⋯⋯." 그녀는 먼 옛날을 떠올리는 듯한 목소리로 말했다. "지금부터 50년쯤 전이니까 꼭 너하고 같은 나이 또래였구나. 나는 숲 속으로 달아나서 그 속에 드러누워 몸을 숨기고 집이 불타고, 인디언들이 우리 형제자매들의 머리 가죽을 벗기는 것을 보았단다. 그래도 나는 그곳에 몸을 웅크리고 타는 불빛이 내 숨은 곳을 비추지 않기만을 빌었지. 그러는 동안 인디언들은 어머니를 끌어내더니, 내가 숨어 있는 곳에서 20피트 정도밖에 떨어지지 않은 곳에서 어머니를 죽여 버리고 말았어. 그리고 역시 어머니의 머리 가죽도 벗겨 버렸단다. 한 인디언이 몇 번이고 어머니한테로 가서 어머니 머리를 도끼로 내리찍는 것을 나는, 어머니의 귀염둥이였던 나는, 바로 옆에 숨어서 모조리 보고 있었어. 그리고 날이 밝은 뒤에 제일 가까운 부락을 바라보고 마구 뛰었지만, 제일 가깝다 해야 30마일이나 떨어져 있었단다. 도중에 몇 곳인가의 늪 지대와 인디언들이 있는 곳을 지나서 겨우 사흘 만에야 목적지에 도착했는데, 나중에 사람들은 모두 내가 미친 줄로 알았다더라⋯⋯. 거기서 나는 폰테인 박사를 만났던 거야. 선생님은 나를 돌봐 주셨지⋯⋯. 그러나 그까짓 얘기는 아무래도 좋아. 아무튼 50년이나 옛날 일이니까. 그때부터 나는 이 세상에 아무것도 누구도 무서운 게 없게 되었단다. 최악의 것을 겪어 버렸기 때문이야. 무서운 걸 모르기 때문에 나는 그 뒤로 여러 가지 문제를 일으켰고 많은 행복을 희생했단다. 하느님께서는 여자를 겁 많고 무서운 것을 아는 것으로 만드셨기 때문에, 무서운 것을 모르는 여자에게는 어딘가 부자연스러운 데가 있단다⋯⋯. 스칼렛은 늘 무엇인가 무서운 것을 간직해 두도록 해요⋯⋯. 무엇인가 사랑하는 것을 지니고 있도록 하는 것과 마찬가지로 말이다⋯⋯."

노부인의 목소리는 점점 가늘어지다가 끝내는 사라졌다. 아직 무서운 것을 알고 있었던 반 세기 전 옛날을 생각하는 눈으로 잠자코 서 있었다. 스칼렛은 마음이 초조해져서 몸을 움직였다. 할머니라면 사정을 이해해 주고, 어쩌면 이 곤경을 뚫고 나갈 방법을 무엇인가 가르쳐 줄 것이라는 생각이 들었던 것이다. 그러나 세상의 모든 노인과 마찬가지로, 노부인 역시 노인들이 그러하듯이 아직 아무도 태어나지 않았었던 옛날 일을, 아무도 흥미를 갖지 않을 일을 이야기할 뿐이었다. 스칼렛은 모든 것을 털어놓고 이야기하지 말 걸 그랬다고 생각했다.

"자, 이젠 돌아가 보아라. 집에서 걱정들을 하면 안 될 테니까." 노부인은 갑자기 말했다. "오후에 포크에게 짐마차를 끌고 오게 해서 가져가도록 해라……. 그리고 언젠가는 무거운 짐을 벗게 되겠지 하고 생각해서는 안 된다. 너는 그렇게 안 될 테니까 말이다. 나는 알고 있단다."

그해는 11월이 되어도 봄날 같은 날씨가 계속되었다. 타라 사람들에게 따뜻한 하루하루는 밝은 나날이었다. 최악의 시기는 지났다. 지금은 말이 있으므로 걷는 대신 말등을 빌릴 수가 있었다. 고구마와 땅콩과 말린 사과 등 판에 박은 음식의 단조로움을 깨뜨려 아침에는 계란 프라이, 저녁에는 햄 프라이를 먹을 수가 있었다. 한 번은 축제일이었으므로, 큰 마음 먹고 구운 닭고기까지 먹었을 정도였다. 늙은 암퇘지도 그새 붙잡혀서, 많은 새끼 돼지들과 함께 마루밑 우리 속에서 행복한 듯이 코로 땅을 파기도 하고 꿀꿀거리기도 했다. 가끔 이 돼지들은 집안 사람들이 이야기도 할 수 없을 만큼 크게 꽥꽥거릴 적도 있었지만, 그것은 흐뭇한 소리이기도 했다. 왜냐하면 그것은 곧 추운 겨울이 되어서 돼지를 잡을 시기가 되면, 백인에게는 신선한 돼지고기가, 흑인에게는 내장이 돌아간다는 것을 뜻하였고, 온 식구들을 위한 겨울 식량을 뜻하기 때문이었다.

스칼렛이 폰테인 댁을 방문한 것은 그녀 자신이 느끼고 있는 이상으로 그녀의 기운을 돋우어 주었다. 이웃이 있다는 것, 옛날부터 한집 식구처럼 지내 오던 친지며 오랜 집안들이 남아 있다는 것을 안 것만으로도 타라에 돌아온 직후의 몇 주일 동안 그녀의 마음을 내리누르던 무서운 상실감과 고독감을 쫓아 버릴 수 있었다. 군대의 진격로에서 떨어져 있었던 폰테인 집과 탈레턴 집 사람들은 조금씩 가지고 있는 물건들을 인심 좋게 나눠 주었다. 이웃간에 서로 돕는 것은 이 지방의 전통이라면서 1센트의 대금도 스칼렛에게서 받으려 하지 않았으며, 우리가 궁지에 빠지면 너도 역시 똑같은 일을 해주었을 것이라며 꼭 값을 치르고 싶거든 내년에 타라 농장이 다시 일어나서 수확을 할 수 있게 될 때 물건으로 달라고 하는 것이었다.

이제 스칼렛에게는 식구들을 먹여 살릴 정도의 양식도 있고, 말도 한 필 있고, 그 북군 탈주병에게서 빼앗은 돈이며 보석류도 있었다. 가장 아쉬운 것은 새 옷가지들이었다. 포크를 보내서 남쪽에서 사 오게 할 수도 있었으나, 그것은 북군이나 남군 어느 쪽인가에게 말을 빼앗길 염려가 있어서 위험했다. 그러나 뭐니뭐니해도 그녀에게는 옷가지들을 살 만한 돈이 있고, 사러 갈 때 탈 말도 짐마차도 있는 것이다. 그리고 잘만 하면 포크가 아무에게도 잡히지 않고 사러 갔다 올지도 모르는 일이다. 그렇다, 모든 최악의 시기는 지나간 것이다.

매일 아침 눈을 뜰 때마다 스칼렛은 푸르게 갠 하늘과 따뜻한 태양의 은혜에 대하여 하느님께 감사했다. 좋은 날씨의 하루하루는 따뜻한 옷감이 필요해지는 피치 못할 시기를 그만큼 연기해 주기 때문이다. 그리고 따뜻한 날이면 날마다 목화가, 지금 농장에 남아 있는 유일한 창고인 노예의 행랑채에 점점 높이 쌓여 갔다. 밭에 있었던 목화는 그녀와 포크가 예상했던 것 이상으로 많았다. 아마 네 짝은 될 것 같았으며 노예들의 행랑채는 곧 꽉 차게 될 것 같았다.

폰테인 할머니에게 톡톡히 꾸중을 듣기는 했지만, 스칼렛은 손수 목화를 딸 생각은 하지 않았다. 오하라 가문의 따님이며 이젠 타라의 여주인인 그녀가 밭일을 한다는 것은 도저히 생각할 수도 없는 일이었다. 그것은 머리카락이 헝클어진 슬래터리 집 아낙네나 에미 따위 같은 수준까지 전락하는 일인 것이다. 밭일을 흑인들에게 시키고, 자기와 몸이 회복된 동생들은 집안일을 할 작정이었으나, 여기서 그녀는 그녀 자신의 차별 감정보다도 한층 더 강한 편견에 부닥쳤다. 포크와 마미와 프리시는 밭일을 한다는 것에 일제히 반대했다. 그리고 자기들은 집 안에서 일하는 흑인이지 결코 들일하는 흑인은 아니라고 되풀이 주장했다.

그중에서도 마미는, 자기는 마당일조차 해본 적이 없다고 강경하게 주장했다. 그녀는 다른 흑인처럼 흑인 행랑집에서 난 것이 아니라 로빌라드의 큰 저택 안에서 태어났으며, 큰마님의 침실에서 자랐고, 그 침대 발치의 짚방석 위에서 자라났다는 것이다. 다만 딜시만은 아무 말도 하지 않았으며, 구시렁대는 딸 프리시를 눈도 깜박이지 않고 흘겨보아 꼼짝 못하게 만들었다.

스칼렛은 그러한 항의에 귀도 기울이지 않고, 모두를 목화밭으로 내몰았다. 그러나 마미와 포크는 일이 느린 데다가 노상 불평만 늘어놓으므로 하는 수 없이 마미를 부엌으로 불러들여 요리를 만들게 하고, 포크에게는 토끼나 주머니쥐 따위를 잡는 덫이나 낚싯대를 들려서 숲이나 개울로 내보내기로 했다. 포크로서는 목화를 따는 것은 체면에 관계되지만, 사냥이나 낚시질은 아무 상관이 없는 모양이었다.

그리고 스칼렛은 동생들과 멜라니까지 밭으로 내보내서 일을 시키려 했으나 이것 역시 성공하지 못했다. 멜라니는 자진해서 일을 하여 제법 빨리 솜씨 있게 땄으나, 이윽고 뜨거운 햇볕을 쬐며 한 시간쯤 일을 하더니 축 늘어져서 기운을 못 차리고 그대로 일주일쯤 눕고 말았다. 화가 나서 울고만 있는 수엘렌도 가끔 까무러치는 시늉을 하였으나 스칼렛이 바가지로 물을 떠서 얼굴에다 끼얹자 성난 고양이처럼 발딱 일어섰다. 그리고 마지막에는 대놓고 일하기를 거절했다.

"난 흑인처럼 밭일 같은 건 하기 싫어! 이제 언니가 시키는 건 절대로 안 들을 테야. 만약 이런 말들이 어떤 친구의 귀에라도 들어가면 어떡할 테야? 만약…… 만약에 케네디 씨라도 알게 되면 어떻게 할 테야? 아이 참, 만약에 어머니가 이런 일을 아신다면……."

"수엘렌! 다시 한 번만 어머니 말을 했단 봐라, 때려 줄 테다." 스칼렛은 소리쳤다. "어머니는 어떤 흑인들보다도 더 부지런히 일하셨어. 그건 너도 알지? 이 잘난 체하는 아가씨야!"

"그런 적은 없었어! 적어도 밭일 같은 건 안 하셨어. 나를 부려 먹으려고 해도 안 될걸. 아버지한테 이를 테야. 아버지는 내게 이런 일을 시키실 리가 없어!"

"우리 문제로 아버지께 걱정을 끼치게 하면 용서하지 않을 테다!" 스칼렛은 소리쳤다. 동생에 대한 노여움과 제럴드에 대한 두려움으로 마음의 갈피를 잡을 수가 없었다.

"내가 거들게, 언니." 캐린이 얌전하게 끼어들었다. "내가 수엘렌 몫까지 두 사람 몫을 하겠어요. 수엘렌은 아직도 몸이 제대로 다 낫지 않았으니까 뷑에 나오면 안 될 거야." 스칼렛은 기쁜 듯이 "고맙다, 귀여운 캐린" 하고 말했으나, 캐린을 보자 걱정스런 듯이 얼굴빛을 흐렸다. 봄바람에 지는 분홍빛과 흰빛의 과수원의 꽃잎처럼 가냘프던 캐린이 지금은 그 분홍빛만은 바래 버렸을망정 그 천진스럽고 다정스러운 얼굴에는 역시 꽃을 생각케 하는 품위가 있었다. 의식을 되찾자 엘렌이 죽고, 스칼렛이 마구 잔소리를 하게 되고, 세상이 바뀌어 지금은 모두가 쉬지 않고 일하지 않으면 안 되게 된 것을 알았다. 캐린은 말수가 적어지고 멍하니 있곤 했다. 변화에 자신을 적응시키는 일은 날 때부터 섬세한 성격을 지닌 그녀로서는 불가능했다. 그래서 시키는 일은 무엇이든 꼭꼭 하면서 몽유병자처럼 타라 안을 돌아다니고 있었다. 그녀는 보기에도 가냘프고 사실 연약했는데, 자진해서 일을 하려고 했고 유순하게 곧잘 일했다. 스칼렛이 시키는 일이 없을 때는 언제나 묵주를 만지작거리면서, 어머니와 브랜트 탈레턴을 위하여 입을 달싹거리며 기도를 올리고 있었다. 그러나 스칼렛에게는 브랜트의 죽음이 캐린에게 그처럼 엄숙한 것이고, 슬픔이 치유되기 어려운 것이라고는 생각되지 않았다.

스칼렛의 눈으로 보면 캐린은 아직 한낱 어린아이이어서, 정말 참다운 연애를 경험하기에는 너무나 어렸다. 햇볕이 내리쬐는 목화밭에 있으면 스칼렛은 줄곧 구부리고만 있으므로 허리가 끊어지는 것처럼 아팠고, 마른 목화송이로 인해서 손이 거칠어지므로, 수엘렌의 정력과 힘, 거기에 캐린의 상냥한 마음씨를 모두 가진 동생이 있었으면 싶었다. 왜냐하면 캐린은 힘을 내서 열심히 따기는 하는데, 한 시간쯤 되면 아직 이런 일을 할 수 있을 만큼 건강이 회복되지 않은 사람은 수엘렌이 아니라 캐린이라는 것을 확실히 알려 주었기 때문이다. 그래서 스칼렛은 캐린도 집으로 돌려보내고 말았다.

지금 긴 밭이랑 사이에 그녀와 함께 남아 있는 것은 딜시와 프리시뿐이었다. 프리시는 느릿느릿 띄엄띄엄 따면서 다리가 아프다느니, 허리가 아프다느니, 아주 지쳐 버렸다느니 하며 끊임없이 투정만 했으므로, 마침내 어머니인 딜시가 목화대를 움켜잡고 그녀에게로 가서 비명을 지를 때까지 두들겨 주는 것이었다. 고집센 프리시지만 그 뒤로는 어머니의 손이 닿는 곳에 가까이 가지 않으려고 경계를 하면서 얼마간 힘을 내게 되었다.

딜시는 기계처럼 묵묵히 피로한 기색조차 보이지 않고 일을 했다. 스칼렛은 아픈 허리와 무거운 목화 자루를 나르느라고 벗겨진 어깨의 아픔을 참으면서, 딜시야말로 바로 그 몸무게만한 황금과 맞먹을 만큼 가치가 있다고 생각했다.

"딜시." 그녀는 말했다. "다시 옛날 같은 좋은 시대가 되더라도, 나는 네가 이렇게 일을 잘 해 줬다는 걸 절대 잊지 않겠다. 너는 정말이지 일을 잘해 주거든."

그러나 청동상처럼 우람한 이 여자는 칭찬을 들어도 다른 흑인들처럼 기쁜 듯이 이를 드러내고 싱글벙글 웃거나 몸을 꼬거나 하지는 않았다. 눈썹 하나 까딱하지 않는 얼굴로 스칼렛을 보고 위엄있게 대답하는 것이었다. "고맙습니다요. 하지만 제럴드 나리와 엘렌 마님께서는 제게 무척 잘해 주신걸입쇼. 제럴드 나리께서는 이 프리시까지 사 주셨으니 그 은혜는 절대로 잊지 않겠사와요. 제게는 인디언의 피가 섞여 있습죠만, 인디언은 친절하게 해주신 분을 결코 잊지 않습니다요. 프리시 때문에 정말 죄송스럽게 생각하고 있사와요. 아무 짝에도 쓸모가 없는 걸입쇼. 제 아비를 똑 닮아서 순수한 검둥이와 조금도 다른 데가 없는 것 같사와요. 제 아비도 역시 무척 달랑거렸으니까요."

목화를 따는 일손을 어떻게든지 해결해야 했으므로 손수 일을 하니 피로하기는 했지만, 그래도 목화가 밭에서 행랑채로 옮겨지는 데 따라서 스칼렛은 기운이 났다.

목화에는 뭔지 모르게 마음을 놓게 해주는 것, 한결같은 것이 있었다. 전체 남부 여러 주가 그랬듯이 타라 또한 목화에 의하여 일어났다. 그리고 남부 사람인 스칼렛은 타라고 남부고 다같이 다시 황토밭에서 일어나리라는 것을 믿을 수가 있었다.

물론 그녀가 수확한 많지 않은 목화는 대단한 것은 아니었으나 그래도 얼마쯤의 가치는 있었다.

약간의 남부정부 지폐와 바꿀 수 있었고, 그리고 그 약간의 돈이 있으면 북군 병사에게서 뺏은 북부정부의 지폐나 금화를 써야 될 때까지 견뎌낼 수 있을 것이다. 내년 봄에는 정부와 교섭해서 징발된 빅 샘과 그 밖의 들일하는 검둥이들을 찾아오도록 해야겠다. 만약 정부가 돌려주지 않는다면 그때는 북부정부의 돈으로 근처에서 노예를 고용하기로 하자. 내년 봄이 되면 닥치는 대로 심어야지……. 그녀는 피로한 허리를 펴고 누래지기 시작한 가을 밭을 바라보았다. 그리고 끝없이 아득하게 싱싱하고 푸르게 자랄 내년 농사를 망연히 그려

보았다.

내년 봄! 아마도 내년 봄에는 전쟁도 끝나고 다시 좋은 시대가 돌아오겠지. 남군이 이기건 지건 간에 보다 좋은 시대가 틀림없이 올 것이다. 설령 어떻게 변하던 남북 양쪽 군대로부터 습격을 받을 위험에 끊임없이 맞닥뜨려 있는 현재 상태보다는 나을 게 틀림없다. 전쟁만 끝나면…… 농장은 착실한 생활을 지탱하기에 넉넉한 것을 낳아 주는 것이다. 아! 전쟁만 끝나면! 그렇게 되면 사람들은 많든 적든 수확을 믿고 농사를 지을 수가 있는 것이다.

지금 그 점에는 희망이 있었다. 전쟁이 영구토록 계속되는 일은 있을 수 없다. 뿐더러 그녀에게는 얼마 안 되지만 목화가 있고, 양식이 있고, 말이 있고, 그리고 역시 적으나마 소중하게 감춰 둔 금화와 지폐가 있다. 그렇다, 최악의 시대는 지난 것이다.

27

11월 중순께의 어느 날 점심때, 온 식구들은 식탁에 둘러앉아서 마지막 디저트를 먹고 있었다. 그것은 마미가 옥수수 가루와 말린 월귤나무 열매를 섞고 사탕수수로 단맛을 낸 것이었다. 공기는 차가웠다. 금년 들어 처음 있는 추위였다. 스칼렛의 의자 뒤에 서 있던 포크는 기쁜 듯이 손을 마주 비비면서 물었다.

"이제 돼지를 잡아도 좋을 때가 아닐깝쇼, 스칼렛 아씨?"

"벌써 자네는 돼지 내장 맛이라도 보고 싶은 거야?" 스칼렛은 웃으며 말했다. "하기는 내 혓바닥에도 싱싱한 포크(돼지고기) 맛이 도는 것 같구나. 좋은 날씨가 사오 일 계속되면……."

이때 갑자기 멜라니가 숟가락을 입술에 댄 채 이야기를 가로막았다.

"가만! 누가 온 모양이야!"

"누가 고함을 치고 있구먼입쇼" 하고 포크도 불안한 듯이 말했다.

상쾌한 가을 공기를 흔들며 마치 겁에 질린 심장처럼 다급하게 땅을 차는 말발굽 소리, 뒤이어 "스칼렛! 스칼렛!" 하고 높은 가락으로 부르짖는 여자의 목소리가 들려 왔다.

의자들을 밀어젖히고 벌떡 일어나기 전 공포의 한순간 사람들은 서로의 눈을 마주 보았다. 공포 때문에 이상한 쇳소리를 지르기는 하지만, 그것이 샐리 폰테인의 소리라는 것은 누구의 귀에도 또렷했다. 더구나 그 샐리는 바로 한 시간쯤 전에 존즈버러로 가는 길이라면서 타라에 들러 잠시 이야기하고 간 것이다. 모두 앞다투어 우르르 현관으로 뛰어나가 보니, 샐리는 말에 거품을 물리고 질풍처럼 마찻길을 달려오는 길이었다. 머리카락을 뒤로 흩날리고 모자가 벗겨져서 끈만으로 매달려 있었다. 고삐를 잡아당기지도 못하고 마치 미친 것처럼 말을 몰면서 그녀는 지금 온 방향으로 팔을 흔들면서 외쳤다.

"양키가 와! 내가 보았어요! 이 길로 와요! 양키가……"

말이 막 현관 계단으로 뛰어오르려는 순간, 그녀는 말 입이 찢어질 정도로 난폭하게 고삐를 당겨서 방향을 돌렸다. 무섭게 옆으로 비껴난 말은 세 달음으로 잔디밭을 달려나갔다. 그녀는 흡사 사냥터에라도 있는 듯이 네 피트나 되는 담을 단번에 뛰어넘게 했다.

이윽고 뒷마당을 지나 흑인 행랑채 사이의 좁은 길을 달려가는 요란한 말발굽 소리가 들려 왔다. 분명히 그녀는 밭을 가로질러 미모사 저택으로 급히 가고 있는 것이다.

모두 잠깐 멍청하게 서 있었다. 이윽고 수엘렌과 캐린이 서로 손가락들을 마주 끼어 잡으면서 흐느껴 울기 시작했다. 어린 웨이드는 울 기력도 없어서 가만히 그 자리에 떨면서 서 있기만 했다. 애틀랜타를 도망쳐 나오던 날 밤부터 늘 걱정하던 일이 기어코 닥친 것이다. 양키가 나를 잡으러 온다! "뭐, 양키라고?" 제럴드는 멍청한 소리로 말했다. "양키라면야, 벌써 와 있지 않으냐."

"큰일났다!" 스칼렛은 외쳤다. 멜라니의 겁에 질린 눈과 눈이 마주쳤다. 애틀랜타의 마지막 날 밤의 공포, 이 지방 여기저기에 흩어져 있는 파괴된 집들, 소문에 들은 폭행, 고문, 살인 등 모든 이야기가 그녀의 기억 속을 달려갔다. 엘렌의 바느질 상자를 한 손에 들고 복도에 서 있던 북군 병사의 모습이 눈앞에 떠올랐다. 그녀는 생각했다.

'나는 죽는 거야. 여기서 죽고 마는 거야. 이런 일은 이제 일어나지 않으리라고 생각했는데. 나는 피살될 거다. 인제 어떻게 해 볼 힘도 없구나.'

문득 그녀의 눈길은 안장을 얹고 매어 있는 말에게로 향했다. 포크가 그것을 타고 탈레턴 집으로 심부름을 가기로 했었던 것이다. 내 말! 내 단 하나의 말! 적은 이 말도, 암소도, 송아지도, 뺏어가 버릴 것이다. 그리고 암퇘지며 새끼 돼지들도…… 아아, 저 암돼지와 재빠른 새끼 돼지를 붙잡기 위하여 얼마나 오랫동안 고생했던가! 적은 또 폰테인네 집에서 얻어온 수탉이며 알을 품고 있는 암탉이며 오리들을 뺏어 가버릴 것이다. 그리고 광의 큰 상자에 들어 있는 사과며 고구마도, 밀가루도, 쌀도, 말린 완두콩도, 북군 병사의 지갑 속의 돈도, 그들은 깡그리 뺏고 우리를 굶겨 죽일 것이다.

"놈들에게 빼앗길 수는 없어!" 그녀가 부지중 큰 소리를 치는 바람에 모두 깜짝 놀라 그녀의 얼굴을 보았다. 돌발 사건에 놀라서 정신이 돌아 버린 것은 아닌가 하고 걱정했던 것이다. "나는 두 번 다시 배고픈 꼴을 당하고 싶지 않아! 놈들에게 빼앗기는 것만은 안 된다!"

"뭐 말이야, 스칼렛? 왜 그래?"

"말이야! 암소야! 돼지야! 그놈들에게 빼앗길 수는 없어! 나는 절대로 놈들에게 내 주지 않을 테야!"

그녀는 문어귀에 몰려 있는 네 명의 흑인 쪽으로 몸을 획 돌렸다. 모든 검은 얼굴은 빛을 잃어서 잿빛이 되어 있었다.

"늪지로!" 그녀는 재빨리 말했다.

"어느 늪지 말씀입지요?"

"냇가 늪지지 어디야, 멍텅구리! 돼지를 늪지로 데리고 가. 모두 빨리! 포크, 자네하고 프리시는 마루 밑으로 들어가서 돼지를 몰아내. 수엘렌! 너와 캐린은 가져갈 수 있는 대로 힘껏 광주리에 식량을 담아서 숲으로 달아나라. 마미, 너는 은그릇을 다시 우물 속에 처넣어. 그리고 포크! 포크는 그렇게 서 있지만 말고, 들어봐! 자네는 아버지를 모시고 가 줘, 어디로냐고 내게 물을 건 없어! 어디든지 좋아! 자, 포크와 같이 가세요, 아버지. 아버진 정말 좋은 분이세요."

미친 듯이 서두르면서도 그녀는 북군의 군복이 제럴드의 착란된 마음에 어떤 영향을 미칠까 봐 염려하고 있었던 것이다. 그녀는 말을 끊고 두 손을 쥐어 짰다. 멜라니의 치마에 잔뜩 매달려 있는 어린 웨이드의 겁에 질린 울음소리가 한층 그녀의 마음을 짜증스럽게 했다.

"나는 무얼 하면 되지, 스칼렛?" 비탄과 눈물과 쿵쾅거리는 발소리 속에서 멜라니의 가라앉은 소리가 들렸다. 그녀의 얼굴빛은 백지장처럼 하얬고, 온몸을 떨고 있었으나 착 가라앉은 목소리는 스칼렛까지 침착하게 했다. 그리고 그 소리는 모든 사람이 자기의 명령을 기다리고 지휘를 기다리고 있다는 것을 스칼렛에게 깨닫게 해 주었다.

"암소와 송아지를 부탁해." 그녀는 재빨리 말했다. "그전 목장에 있어. 말을 타고 가서 늪지로 몰아넣어 줘. 그리고……."

그녀의 말이 채 끝나기도 전에 멜라니는 매달려 있는 웨이드의 손을 뿌리치고 현관 계단을 내려가자 넓은 치마를 걷어올리고 말 쪽으로 달려갔다. 바짝 어인 두 다리와 펄럭기리는 치마와 속옷이 얼핏 스길렛의 눈에 비치는 순간, 어느새 멜라니는 안장 위에 걸터앉아 있었다. 두 발이 등자에 가 닿지 못하고 늘어져 있었다. 그녀는 고삐를 바싹 잡아당기고 발뒤꿈치로 말의 배를 차고는 문득 공포로 얼굴에 경련을 일으키면서 갑자기 말을 세웠다.

"아기를!" 그녀가 외쳤다. "오오, 내 아기를! 양키에게 죽고 말아요! 내게 보내 줘요."

한 손을 안장 앞턱에 짚고 그녀는 금방이라도 내릴 듯했으나, 그 광경을 본 스칼렛이 이쪽에서 소리쳤다.

"그냥 가! 가래두! 소를 쫓아 줘! 아기는 내가 볼 테니! 빨리 가라구! 내가 애쉴리의 아기를 적의 손에 내줄 것 같아? 어서 빨리 가라구!"

멜라니는 절망적으로 뒤를 돌아보았으나 그대로 말을 발로 찼다. 그리고 자갈을 튀기면서 마찻길을 거쳐 목장 쪽으로 달려갔다.

'남자처럼 말에 올라탄 멜라니 해밀턴을 보게 될 줄은 몰랐다'고 생각하며 스칼렛은 집 안으로 뛰어들어갔다. 웨이드가 울면서 어머니의 펄럭거리는 치마에 매달리려고 뒤를 쫓았다. 한 번에 세 단씩 계단을 달려 올라가는데 수엘렌과 캐린이 떡갈나무로 만든 광주리를 들고 광 쪽으로 달려가는 것이 보였다. 포크는 제럴드의 손을 마구 잡아끌면서 뒤 현관 쪽으로 가고 있었다. 제럴드는 못마땅한 듯이 투덜거리면서 어린애처럼 끌려 갔다.

뒷마당 쪽에서 마미의 악쓰는 소리가 들려 왔다. "너 말이다, 프리시 네가 마루 밑으로 기어들어가 돼지를 데리고 나와라! 나는 몸뚱이가 너무 커서 도저히 들어갈 수 없다는 것쯤 너도 알고 있지 않니. 딜시, 이리 와서 이 덜된 계집애를……."

'돼지를 도둑맞지 않으려면 마루 밑에 넣어 두는 것이 가장 좋은 생각인 줄 알고 있었는데,' 자기 방으로 뛰어가며 스칼렛은 생각했다. '왜, 아아, 왜 나는 늪지에 돼지우리를 만들 생각을 못했단 말인가?'

그녀는 낚아채듯이 장롱 윗서랍을 열고 옷가지를 휘저어서 북군 병사에게서 얻은 지갑을 꺼냈다. 그리고 바느질 상자에 숨겨둔 보석 반지와 다이아몬드 귀걸이를 집어들어 얼른 지갑 속에 쑤셔 넣었다. 그러나 어디다 이것을 숨길 것인가? 이불 속에 감출까? 굴뚝에 감출까? 우물 속에 처넣을까? 아니면 품속에 넣어 둘까? 아니 그건 안 된다! 옷 위로 틀림없이 지갑 모양이 튀어 나올 것이다. 만약 이것이 북군의 눈에 띄면 놈들은 나를 발가벗기고 신체검사를 할 것이다.

'그런 일을 당하면 나는 죽어 버릴 테야!' 그녀는 발끈 화를 내며 생각했다.

뛰어다니는 소리와 울음소리로 아래층은 야단법석이었다. 미칠 것 같으면서도 스칼렛은 멜라니의 침착한 목소리를 듣고 북군 병사를 쏘아 죽였을 때 그토록 용감했던 멜라니가 곁에 있어 주었으면 좋겠다고 생각했다. 정말이지 멜라니는 다른 사람 세 몫의 가치는 있었다. 멜라니, 멜라니가 아까 무슨 소리를 했더라? 아, 그래 그래, 아기였어.

지갑을 가슴팍에 꽉 움켜쥐고, 스칼렛은 복도를 지나 갓난아이가 나직한 요람에서 잠들어 있는 방으로 뛰어들어가서 두 손으로 덥석 안아 올렸다. 아기는 눈을 뜨고 졸린 듯이 침을 흘리면서 꼭 쥔 주먹을 휘둘렀다.

수엘렌이 외치는 소리가 들려왔다. "이리 와, 캐린! 빨리 와! 이만하면 됐어. 어서 빨리!" 뒷마당에서 꽥꽥거리는 소리와 성난 듯이 중얼거리는 소리가 들려왔으므로 창문으로 달려가 보니 마미가 양쪽 팔에 한 마리씩, 버둥거리는 돼지 새끼를 안고 뒤뚱거리면서 목화밭을 가로질러 가는 참이었다. 그 뒤로 포크 역시 두 마리의 새끼를 안고 제럴드를 앞으로 밀면서 걸어가고 있었다. 제럴드는 지팡이를 흔들어 대면서 밭이랑을 넘어서 갔다.

스칼렛은 창으로 얼굴을 내밀고 외쳤다.

"어미 돼지를 붙잡아, 딜시! 프리시더러 쫓아내라고 해. 밭으로 몰고 가는 것은 자네라도 할 수 있잖아."

딜시는 이쪽을 쳐다보았다. 그 청동색 얼굴에는 당황한 빛이 떠 있었다. 그녀의 앞치마에는 은식기들이 쌓여 있었다. 그녀는 마루 밑을 가리켰다.

"어미 돼지가 물어뜯으려고 하는 통에 프리시는 나오려고 해도 나오지 못하고 있는걸입쇼."

'고것 잘됐다'고 스칼렛은 생각했다. 그리고 재빨리 방으로 되돌아오자 죽인 적병에게서 뺏은 팔찌며 브로치며 작은 조각상이며 컵 등을 허겁지겁 감춰 둔 곳에서 주워 모았다. 하지만 대체 어디다 숨겨야 좋단 말인가! 한 팔에 아기를 안고 한 손으로 지갑이며 패물들을 나른다는 것은 아무래도 안 될 것 같았다. 그래서 아기를 침대 위에 내려놓으려 했다.

그녀의 팔을 떠나서 아기가 울기 시작했을 때 문득 희한한 생각이 떠올랐다. 그렇다. 갓난아이의 기저귀보다 더 숨기기 좋은 장소가 달리 또 있겠는가? 그녀는 얼른 아기를 반듯이 뉘고 옷을 걷어올려 기저귀와 등 사이에 지갑을 쑤셔 넣었다. 그런 일을 당하자 아기는 더욱 큰 소리로 울기 시작했으나, 그녀는 버둥거리는 갓난아기의 다리 사이로 재빨리 세모꼴의 헝겊으로 동여매었다.

'자', 한숨을 내쉬면서 그녀는 생각했다. '자, 늪지로 가야지!'

한 손에 울며 보채는 갓난아기를 안고, 한쪽 손에 보석류를 가지고 2층 복도로 달려나왔다. 문득 그녀는 공포로 무릎이 떨리며 힘이 쭉 빠져서 그 자리에 우두커니 서고 말았다. 집 안이 어쩌면 이다지도 괴괴하단 말인가! 어쩌면 이렇게 을씨년스럽도록 고요하단 말인가! 모두 그녀를 남겨 놓고 가 버리고 만 것일까? 누구 한 사람도 그녀를 기다려 주지 않았단 말인가? 자기를 혼자만 놓아 두고 가라고는 하지 않았을 텐데. 요즘은 여자가 혼자 있으면 어떤 일이 일어날지 모르는 것이다. 하물며 곧 북군이 들어온다는 마당에…….

희미한 소리가 났으므로 화닥닥 놀라 얼른 돌아보니 여태까지 잊고 있었던 그녀의 아들이 공포에 눈이 휘둥그레져서 난간 옆에 웅크리고 있었다. 웨이드는 뭐라고 하고 싶은 모양이었지만, 그저 목이 소리 없이 움직였을 뿐이었다.

"일어서, 웨이드 해밀턴." 그녀는 재빠른 소리로 명령했다. "일어서서 걸어가. 엄마는 너를 안고 갈 수가 없으니까." 웨이드는 마치 겁에 질린 어린 짐승처럼 그녀의 곁으로 달려왔다. 그리고 그녀의 넓은 치마에 매달려서 그 속에 얼굴을 파 묻었다. 조그만 두 손이 주름을 헤치고 자기 다리를 잡으려고 더듬는 것을 그녀는 느꼈다. 계단을 내려가기 시작했으나 한 걸음마다 매달리는 웨이드의 손이 걸리적거려서 매정스럽게 야단을 쳤다.

"놔라, 웨이드, 손을 놓고 걸어가!"

그러나 아이는 점점 더 바싹 달라붙기만 했다.

계단 중턱의 층계참까지 오자 아래층 전체가 그녀에게로 달려드는 것처럼 생각되었다.

눈에 익은 정다운 가구들이 모조리 '안녕히! 안녕히!' 하며 속삭이고 있는 것 같았다. 흐느낌이 목구멍까지 치밀어 올라왔다. 엘렌이 그토록 부지런히 일하던 사무실 문이 열려 있어서 헌 사무용 책상 모서리가 퍼뜩 눈에 비쳤다. 식당은 의자가 밀려나가고, 접시에는 아직 음식이 남아 있다. 마룻바닥에는 엘렌이 손수 물들이고 손수 짠 융단이 깔려 있다. 로빌라드 할머니의 해묵은 초상화가 벽에 걸려 있다.

반쯤 드러낸 가슴이며 높게 빗어올린 머리, 깊이 파인 콧구멍 그늘 등이 그 얼굴에 고귀하고 영원한 냉소를 던지고 있다. 스칼렛의 가장 어렸을 때 기억의 한 부분이 되어 있는 가지가지의 물건들, 그녀에게 깊이 뿌리박혀 있는 모든 것들이 '안녕, 안녕, 스칼렛 오하라' 하고 속삭이고 있는 것이다.

이것들이 모조리 북군의 손에 타 버리고 마는 것이다. 모조리! 이것이 우리집을 마지막 보는 것이다. 얼마 안 있으면 숲이나 늪지의 숨은 곳에서 연기에 휩싸인 높은 굴뚝과 불꽃 속에 타서 내려앉는 지붕을 보고 있겠지. '나는 이 모든 것들을 놓아 두고 달아날 수는 없어' 하고 스칼렛은 생각했다. 공포로 이가 딱딱 맞부딪쳤다. '나는 당신들을 두고 달아날 수 없어. 아버지도 버리시지는 않았었다. 아버지는 그들에게 당신들을 불사르려거든 아버지 자신의 머리 위에서 타게 하라고 하셨다. 그러니까 태우려면 내 머리 위에서 태워라. 나도 당신들을 두고 달아날 수는 없어. 내 손에 남은 거라고는 당신들뿐인 것이다.'

그렇게 결심하자 공포가 얼마쯤 가셔졌다.

그리고 모든 희망과 공포가 얼어붙은 것처럼 어떤 응결된 감정만이 가슴에 남았다. 그곳에 우뚝 서 있으려니까 이윽고 가로수길 쪽에서 수많은 말발굽 소리와 재갈 부딪치는 소리, 칼집에 부딪쳐 절꺼덕거리는 군도 소리, 그리고 "말에서 내렷!" 명령하는 거친 목소리가 들려왔다.

그녀는 곁에 있는 아이에게로 얼른 몸을 숙이고는 절박한, 그러나 이상하게 상냥한 목소리로 말했다.

"손을 놓아, 웨이드야, 착하지. 얼른 계단을 내려가서 뒷마당으로 늪지로 가거라. 거기에는 마미와 멜라니 고모가 계시니까. 자, 어서 빨리 달려가거라, 착하지. 무서울 건 조금도 없단다."

목소리가 달라졌으므로 아이는 어머니 얼굴을 쳐다보았다. 스칼렛은 아이의 눈이 덫에 치인 토끼 새끼와 너무 닮은 데에 소스라쳐 놀랐다.

'오오, 성보 마리아님!' 그녀는 기도했다. '이 아이가 경련을 일으키지 않도록 하여 주옵소서. 하다못해 양키 앞에서만이라도. 우리가 무서워하고 있다는 것을 그들이 알지 못하도록 하여 주옵소서.' 아이가 더욱더 단단히 치마에 매달렸으므로 그녀는 무서운 소리로 말했다.

"사내답게 굴어, 웨이드. 양키 따윈 조금도 무섭지 않은 거야!"

그리고 그녀는 양키를 만나기 위하여 계단을 내려갔다.

적장 셔먼은 조지아 주를 거쳐 애틀랜타에서 바다를 향하여 진군하고 있었다. 그의 등 뒤에는 아직도 연기를 뿜고 있는 애틀랜타의 폐허가 있었다.

푸른 옷의 북군이 떠날 때 횃불로 불을 질렀던 것이다. 그의 앞에는 소수의 국민군과 향토 방위군의 노인이나 아이들밖에 없는, 무방비 상태나 다름없는 3백 마일의 지역이 가로놓여 있었다. 여자와 아이들과 아주 늙은 노인과 흑인들이 몸을 붙이고 있는 농장이 곳곳에 흩어져 있는 풍요롭고 비옥한 지방이었다. 북군은 80마일의 넓이에 걸쳐서 약탈하고 방화하면서 나아갔다. 몇백 채나 되는 집들이 불길에 싸이고, 몇백 채라는 집이 그들의 흙발에 짓밟혔다. 그러나 지금 현관문으로 쏟아져 들어오는 푸른 옷의 적을 바라보고 있는 스칼렛에게는 전국적으로 일어나는 공적인 일이 아니었다. 이건 완전히 개인적인 문제이고, 직접적으로 그녀와 그녀의 가족을 목표로 삼고 행해지는 악의 있는 행위였다.

그녀는 갓난아기를 두 팔에 안고 계단 밑에 서 있었다. 웨이드는 그녀에 바싹 달라 붙어서 치마에 얼굴을 파묻고 있었다. 떼지어 들어온 북군은 난폭하게 그녀의 곁을 지나서 계단을 오르더니, 가구를 앞쪽 현관으로 끌어내고 무언가 값진 물건이 숨겨져 있지 않나 하고 총검과 칼로 의자를 찢어서 속을 살피기도 했다. 2층에서는 요나 깃털이불을 찢어 내고 있는지 깃털들이 조용하게 그녀의 머리 위로 날아 내려왔다. 병사들이 함부로 약탈하고 파괴하는 것을 손써볼 도리도 없어서 그저 서서 보고 있는 동안, 그녀의 가슴에는 무력한 분노가 치밀어 올라와 조금 남아 있던 공포를 몰아내고 말았다.

이 패거리의 책임자인 상사는 안짱다리에 흰 머리카락이 듬성듬성 섞인 작달막한 사나이로서 담배 덩어리를 볼이 터지도록 가득 문 채 씹고 있었다. 그는 맨 먼저 스칼렛에게 다가오더니 마룻바닥이며 그녀의 치마에 함부로 침을 뱉어 대면서 짧게 말했다.

"부인, 당신 손에 들고 있는 것을 내 주시지."

감출 작정이었던 패물들을 그녀는 잊고 있었던 것이다. 그녀는 냉소를, 로빌라드 할머니의 얼굴에 그려져 있는 것과 같은 정도로 신랄한 것이기를 바라는 냉소를 띠면서 손에 가지고 있던 것을 마룻바닥에 내던졌다. 다음에 벌어진 광경, 병사들이 앞다투어 서로 빼앗는 광경은 한층 그녀를 재미있게 했다.

"수고스럽지만 그 반지와 귀걸이도 부탁하겠소."

스칼렛은 아기를, 얼굴이 아래로 처지고 새빨갛게 되어 울어 댈 만큼 힘껏한 팔로 안고, 제럴드가 엘렌에게 결혼선물로 준 석류석 귀걸이를 벗겼다. 그리고 찰스에게서 받은 큰 사파이어가 박힌 약혼반지를 뽑아들었다.

"던지면 안 돼. 내게로 주시오" 하고 상사는 두 손을 내밀었다. "이놈들은 벌써 잔뜩 후려 가졌거든. 이 밖에 또 가진 것 없소?" 그의 눈은 날카롭게 그녀의 윗옷으로 쏠렸다.

일순간 거친 손이 가슴으로 쑥 들어오고, 양말 대님을 마구 더듬을 것 같은 생각에 스칼렛은 정신이 가물가물했다.

"이게 전부예요. 하지만 피해자를 발가벗기는 게 당신들의 버릇이지요?"

"천만에, 나는 당신 말을 믿지." 상사는 인심 좋은 듯이 말하고는 또 침을 뱉고 저쪽으로 가 버렸다. 스칼렛은 아기를 고쳐 안고 달래면서 지갑을 감춰 둔 기저귀 근처를 위에서 손으로 더듬었다. 멜라니가 아기를 낳았다는 것, 그리고 아기가 기저귀를 차고 있다는 사실에 감사했다.

2층에서 우당퉁탕 걸어 다니는 무거운 부츠 소리, 마룻바닥을 끌려가고 있는 가구의 반항하는 것 같은 삐꺼덕 소리, 사기 그릇과 거울이 깨지는 소리, 값진 것이 발견되지 않았을 때의 욕지거리 따위가 들려왔다. 마당 쪽에서 크게 외치는 소리가 들렸다. "목을 탁 쳐라! 놓치면 안 된다!" 그와 동시에 닭의 비명과 오리와 거위의 꽥꽥거리는 비명이 들려왔다. 한 방의 총소리와 함께 괴로운 듯한 비명이 뚝 그쳤을 때 극심한 아픔이 그녀의 온몸을 지나갔다. 암퇘지가 잡힌 것이다. 프리시란 년, 저주를 받아야 마땅해. 틀림없이 암퇘지를 버리고 달아나 버린 것이다. 그러나 새끼 돼지만이라도 무사하다면! 가족들이 무사히 늪지로 달아나기만 하였다면! 그러나 그것을 알 도리는 없었다.

병사들이 고함을 치기도 하고 욕지거리를 하기도 하면서 주위에서 소란을 떨고 있는 가운데 그녀는 여전히 말없이 복도에 버티고 서 있었다. 공포 때문에 웨이드의 손가락은 그녀의 치마를 꽉 움켜잡고 있었다. 찰싹 달라붙은 웨이드의 몸이 부들부들 떨고 있는 것이 느껴졌다. 그러나 기운을 북돋울 말을 해줄 수도 없었다. 양키에게 애원이나 항의나 화난 소리를 던질 수도 없었다. 그녀는 다만 아직도 무릎에 몸을 지탱할 만한 힘이 남아 있다는 것, 아직도 버젓이 머리를 쳐들고 있을 만큼 목이 꼿꼿한 것을 하느님께 감사할 뿐이었다. 그러나 갖가지 잡다하게 훔친 물건들을 지고 쿵쾅거리며 계단을 내려 온 텁석부리 무리 속에서 찰스의 군도를 손에 들고 있는 병사를 보자 그녀는 소리를 질렀다.

그 군도는 웨이드의 것이었다. 그것은 웨이드 아버지의 군도이며, 아버지의 아버지의 군도였는데, 그것을 스칼렛은 지난번 생일날 웨이드에게 주었던 것이다. 정식으로 수여식을 거행하고, 멜라니는 자랑과 슬픈 기억으로 울면서 웨이드에게 키스를 하고, 너도 커서 아버지와 할아버지처럼 용감한 군인이 되어야 한다고 말해 주었었다. 웨이드도 신이 나서 몇 번이고 탁자 위에 올라가서 걸려 있는 군도를 어루만지곤 했었다. 자기 것이 남의 손에 의해서 집 밖으로 나가게 되는 것이라면 스칼렛도 참고 볼 수 있었다. 그러나 이것만은…… 어린 자식의 긍지만은 참을 수 없었다. 그녀의 외치는 소리를 듣고 치마 그늘에 숨어서 바라 보고 있던 웨이드는 울면서 말을 꺼낼 용기가 생겼다. 한쪽 손을 내밀고 그는 외쳤다.

"내 거야!"

"그걸 가져가면 안 돼요!" 스칼렛도 한쪽 손을 그쪽으로 내밀면서 다급하게 말했다.

"뭐, 가져가면 안 돼?" 군도를 가지고 있던 키 작은 사나이는 넉살 좋게 느물 느물 웃었다. "무슨 소리야, 난 가져갈 테다! 반란군의 군도가 아니냔 말이야!"

"아니에요, 그건…… 그건 그렇지 않아요. 그건 멕시코 전쟁 때의 군도예요. 가져가면 안 돼요. 그건 내 어린 아들 거예요. 이 아이의 할아버지 것이었어요! 오오, 대위님!" 그녀는 상사 쪽을 바라보고 소리쳤다. "제발 저것만은 제게 돌려 주세요!"

대위로 진급되어 자못 우쭐해진 상사는 앞으로 걸어 나왔다. "그 군도를 내게 보여라, 바브."

키 작은 기병은 마지못해 그것을 상사에게로 건네주면서, "자루는 순금인데요" 하고 말했다.

상사는 뒤집어 살펴보더니, 이윽고 새겨진 글자를 읽기 위해 자루를 높이 햇빛에 비추었다.

"'윌리엄 R 해밀턴 대령님께.'" 그는 읽었다. "'부에나 비스타의 무공을 기념하여 증정함. 막료 일동. 1847년.'"

"허어, 부인." 그는 말했다. "부에나 비스타 전투에는 나도 참가했었소."

"아, 그러세요?" 스칼렛은 냉랭하게 말을 했다.

"그럼요, 정말 격렬한 전투였었소. 그런 격전을 이번 전쟁에서는 볼 수 없었소. 그럼 이 군도는 이 꼬마의 할아버지 것이오?"

"그래요."

"좋아, 그러면 이것은 꼬마의 것이다." 상사는 말했다. 그는 이미 손수건에 싼 보석이나 패물들로 충분히 만족하고 있었던 것이다.

"하지만 자루는 순금이란 말입니다." 키 작은 기병은 아직도 단념하지 못하고 있었다.

"우리는 회상할 만한 것을 이 부인에게 남겨 두고 가는 거다." 상사는 유들유들 하게 웃으면서 말했다.

스칼렛은 '고마워요'라고도 하지 않고 군도를 받아들었다. 도둑들에게서 내 것을 되찾는데 인사를 할 필요가 어디 있겠는가? 키 작은 기병은 아직도 상사와 옥신각신 말다툼을 하고 있었다. 그녀는 군도를 꽉 끌어안았다.

끝내는 상사가 울화통을 터뜨리며, 두 번 다시 말대꾸를 하면 가만 두지 않겠다고 말하자 키가 작은 남자는 큰 소리로 대꾸했다.

"오냐, 그렇다면 나는 반란군 놈들에게 나를 기억할 만한 것을 남겨 주고 갈 테다!” 그리고 뒤쪽으로 달려가 버렸으므로 스칼렛은 속이 좀 편해졌다. 양키는 집을 태우는 데 대해서는 아무 말도 하지 않았다. 불을 지를 테니 밖으로 나가라고도 하지 않았다. 혹시나, 혹시나 하는데 병사들이 2층과 문 밖으로부터 복도로 모여 들었다.

“뭐가 있던가?” 하고 상사가 물었다.

“돼지가 한 마리, 그리고 닭과 오리가 대여 섯 마리뿐입니다.”

“옥수수하고 고구마하고 완두콩이 조금 있었습니다. 아까 본 그 말탄 살쾡이 같은 계집이 앞질러와서 일러준 게 틀림없습니다.”

“흠, 여자 폴 리비어[12]로군.”

“상사님, 여기는 이제 별 게 없습니다. 상사님도 전리품을 얻으셨고 하니, 우리 진군 소식이 알려지기 전에 빨리 떠나서 다른 곳으로 옮깁시다.”

“훈제소 바닥을 파보았나? 여러 가지 물건을 묻어 두는 장소로는 대개 그런 데로 정해져 있지 않나.”

“훈제소 같은 건 없는걸요.”

“검둥이 행랑채는 뒤져 보았나?”

“행랑채엔 목화뿐이었습니다. 벌써 불을 질렀습니다.”

잠깐 스칼렛은 목화밭에서 보낸 길고 더운 나날들을 떠올리고, 허리의 심한 통증이며 가죽이 벗겨진 어깨의 아픔을 다시 한 번 느꼈다. 모든 것이 헛일이 되었다. 목화는 없어졌다.

“정말로 당신네 집에는 이젠 별 게 없는 모양이로군, 어떻소, 부인?”

“당신네들 패가 전에도 한 차례 다녀갔으니까요.” 그녀는 매정스럽게 대답했다.

“사실이야. 틀림없이 우리는 9월에도 이 근처에 왔었어” 하고 한 사나이가 무엇인지 손으로 만지작거리면서 말하였다. “난 까맣게 잊고 있었는 걸.”

보니까 그 사나이가 가지고 있는 것은 엘렌의 황금 골무였다. 엘렌이 옷 장식 같은 것을 꿰맬 때 이 골무가 어머니 손에서 반짝이는 것을 그녀는 얼마나 자주 보았었던가. 그것을 보자 그 골무를 끼고 있던 화사한 손에 대한 슬픈 추

---

12) 독립 전쟁 때 보스턴에서 렉싱턴까지 말을 타고 달려가 영국군의 내습을 알린 용사.

억이 한꺼번에 확 되살아났다. 지금 이 낯선 사나이의 무신경한 더러운 손에 쥐어져 있지만, 그 골무는 머잖아 북부의, 훔친 물건을 몸에 지니고 우쭐댈 양키여편네의 손가락에 끼워지겠지. 아, 엘렌의 골무!

스칼렛은 우는 얼굴을 적에게 보이지 않으려고 고개를 수그렸다. 눈물이 조용하게 갓난아기의 머리에 떨어졌다. 눈물로 흐려진 눈으로 병사들이 문 쪽으로 움직여가는 것을 보았다. 상사가 크고 거친 목소리로 호령하는 것이 들렸다. 그들은 돌아가려 하고 있다. 타라는 무사했다. 그러나 엘렌의 슬픈 추억 때문에 그녀는 그다지 기쁘다고도 생각하지 않았다. 철커덕거리는 군도 소리와 말 발굽 소리를 들어도 그저 조금 마음이 놓일 뿐이었다.

옷, 담요, 그림, 닭, 오리, 암퇘지, 그들이 훔친 물건을 가지고 가로수길로 나가 버리자 갑자기 긴장된 마음이 풀린 그녀는 그 자리에 멍청히 서 있었다.

한데 그때 문득 무엇인지 타는 것 같은 냄새에 그녀는 뒤를 돌아보았다. 너무나 맥이 풀려서 목화를 돌보는 것조차도 귀찮았다. 활짝 열어젖힌 식당의 창문으로, 노예 행랑채에 연기가 모락모락 오르는 것이 보였다. 목화가 타고 있는 것이다. 세금과 그리고 닥쳐오는 엄동설한에 온 식구들을 살아가게 해 줄 돈의 일부가 타고 있는 것이다. 그렇다고 해도 그녀는 우두커니 서서 지켜보는 도리밖에 별수 없었다. 전에도 목화에 불이 붙은 것을 본 적이 있었지만, 많은 남자가 기를 쓰고 덤볐는데도 그 불을 끄는 작업이 얼마나 어려웠던가를 그녀는 알고 있었다.

다행히도 노예 행랑채는 본채에서 훨씬 떨어져 있었다. 그리고 고맙게도 오늘은 바람도 없으므로 불티가 타라의 지붕으로 떨어질 염려는 없었다! 갑자기 휙 돌아서서 그녀는 마치 포인터 종 사냥개처럼 몸을 긴장시키며, 공포에 찬 눈으로 부엌으로 가는 통로를 바라보았다. 부엌에서 연기가 났던 것이다.

복도와 부엌 사이의 어디엔가에 갓난아기를 놓았다. 어딘가에서 웨이드의 손을 뿌리치고 벽 쪽으로 밀어젖혔다. 그리고 검은 연기가 자욱한 부엌으로 달려왔으나, 얼마 되지도 않아서 연기에 숨이 막히고, 눈물을 흘리면서 비틀비틀 돌아나왔다. 그러나 치마로 코를 싸 쥐고 다시 뛰어들어갔다.

작은 창문이 단 하나 있을 뿐이었으므로 부엌은 어두웠다. 게다가 자욱한 연기 때문에 아무것도 보이지 않았으나, 타오르는 불길의 탁탁 튀는 소리는 들을 수가 있었다.

손을 눈 앞에서 저어 연기를 헤치면서 앞을 내다보니 몇 가닥의 가느다란 불줄기가 바닥에서 벽 쪽으로 기어가고 있었다. 누군가가 화덕 안에서 타고 있던 통나무를 마룻바닥에 뿌려 놓았으므로, 바싹 마른 마루 송판이 금세 불기를 빨아들여 마치 분수처럼 불길을 뿜어올리고 있었던 것이다.

그녀는 다시 식당으로 달려가 두 개의 의자를 내동댕이치면서 조그만 깔개를 마루에서 잡아 벗겼다.

'나로서는 도저히 끌 것 같지 않구나, 도저히. 도저히 안 된다! 아아, 하느님! 누군가 나를 도와줄 사람이 있어 주었으면! 타라는 타 버린다! 타 버린다! 오오, 하느님! 아까 그 땅딸보 병사 녀석이 무언가 자기를 기억할 만한 것을 남기고 간다고 한 게 바로 이것이었구나! 아, 군도 따윈 그놈에게 주어 버렸더라면 좋았을 것을.'

복도를 뛰어 빠져나가려다 그녀는 웨이드가 군도를 쥔 채 구석 쪽에 쓰러져 있는 것을 보았다.

눈을 감고, 그리고 그 얼굴에는 한가로운, 이 세상 것으로는 보이지 않는 평화로운 빛이 떠올라 있었다.

'아이구 어쩐담? 이 애는 죽었구나! 놈들에게 놀라서 죽은 거다!' 그녀는 비통한 마음으로 생각했으나, 그대로 놓아두고 그 곁을 지나서 늘 부엌 입구 통로에 놓아 두는 음료수 양동이로 달려갔다.

그리고 깔개 끝을 양동이에 담그고 깊이 숨을 들이마신 다음, 연기가 꽉 차 있는 부엌으로 뛰어들어 등 뒤의 문을 닫았다. 영원이라 생각될만큼 길게 느껴지는 시간을 그녀는 비틀거리면서 연기에 숨이 막혀 가며, 눈 앞에 뿜어오르는 불줄기를 깔개로 두들겨 댔다. 긴 치마에 두 번이나 불이 붙은 것을 두 손으로 두들겨 댔다. 핀이 빠져 어깨에 흐트러진 머리카락이 타는 고약한 냄새가 났다. 불길은 그녀가 끄기에 앞서서 통로의 벽쪽으로 타들어갔다. 그것은 마치 몸부림치며 뛰어르는 화룡과도 같았다. 이젠 손쓸 도리도 없었다. 이젠 틀렸다고 생각했다.

그때 갑자기 문이 열렸다. 새 공기를 마신 불길은 한결 높이 치솟았다. 문이 다시 쾅 하고 닫혔다. 소용돌이치는 연기 때문에 눈이 거의 보이지 않는 스칼렛은 그 연기 속에서 발로 불길을 밟으면서, 뭔가 검고 무거운 것으로 두들겨 끄려고 하는 멜라니의 모습을 어렴풋이 알아보았다. 그리고 그녀가 비틀거리는 것을 보고, 콜록거리는 소리를 들었다. 단호하고 창백한 얼굴과 연기를 막기 위해 실처럼 가늘게 뜬 눈과, 깔개를 들어올렸다 내리쳤다 할 때마다 조그마한 몸이 앞뒤로 꺾이는 것을 번개처럼 한눈에 보았다. 또다시 영원처럼 느껴지는 시간을 두 사람은 나란히 서서 죽을힘을 다하여 싸웠다. 이윽고 스칼렛은 불 줄기가 짧아진 것을 볼 수 있었다. 그때 갑자기 멜라니가 그녀 쪽을 향해서 고함을 치며 온몸의 힘을 모아 깔개를 그녀의 어깨너머로 내리쳤다. 스칼렛은 연기의 소용돌이와 암흑 속에서 정신을 잃었다.

눈을 뜨자 그녀는 멜라니의 무릎을 베고 뒤쪽 현관에 편안히 누워 있었다. 오후의 태양이 그녀의 얼굴을 비췄다. 손도 얼굴도 어깨도 화상 때문에 견딜 수 없이 아렸다.

노예 행랑채 근처에는 아직도 연기가 감돌면서 검은 구름처럼 행랑채를 둘러싸고 있었고, 목화 타는 독한 냄새가 흘러왔다. 몇 가닥인가의 연기가 부엌에서 새어나오는 것을 보자 스칼렛은 다시 미친 듯이 일어나려 했다.

그러나 멜라니의 차분한 목소리가 그녀를 잡아 눌렀다.

"가만히 있어요. 불은 꺼졌어요." 잠시 그녀는 조용히 누워 있었다. 눈을 감고 안도의 한숨을 쉬었다. 옆에서 갓난아기의 울음소리가 들렸다. 웨이드의 훌쩍거리는 소리도 들렸다. 다행이다. 웨이드는 죽지 않았었구나! 그녀는 눈을 뜨고 멜라니 얼굴을 올려다보았다. 멜라니의 머리카락은 타서 그을리고, 얼굴은 검댕으로 꺼멓게 되어 있었으나, 눈은 흥분으로 반짝거리며 미소짓고 있었다.

"멜라니는 꼭 검둥이 같네." 부드러운 무릎에 머리를 나른하게 푹 묻으며 스칼렛은 속삭였다.

"언니는 꺼멓게 칠하고 손님을 불러 모으는 극단패와 똑 닮았어" 하고 멜라니도 지지 않고 대답했다.

"왜 아까 나를 쳤지?"

"글쎄, 언니 등에 불이 붙었지 뭐야. 하지만 언니가 기절할 줄은 전혀 생각지도 못했어요. 하기야 오늘 언니가 겪은 고생은 그야말로 죽을 정도였겠지만……. 난 소를 무사히 숲 속에 감추고 곧장 되돌아왔어요. 집에 남아 있는 것은 언니랑 아기뿐이라고 생각하니까 미칠 것 같았어요. 그들이…… 양키가 언니한테 해코지했어요?”

“내게 난행했느냐는 뜻이라면 그런 일은 없었어” 하고 스칼렛은 말했다. 그리고 일어나려다가 괴로운 신음을 질렀다. 멜라니의 무릎은 부드러웠지만 누워 있는 현관은 그다지 쾌적하지 않았다. “하지만 놈들은 깡그리 훔쳐가 버렸어. 우리는 이제 빈털터리야……. 고모는 어떻게 그렇게 행복한 얼굴을 할 수 있어?”

“그렇지만 우리는 모두 무사했고, 아이들도 무사하고 게다가 머리 위에는 지붕도 있잖아요.” 멜라니는 말했다. 기쁜 목소리였다. “이 형편에 이 정도 갖춰져 있으면 되는 거예요. 어머나, 아기가 쉬를 했네요! 아마 병사들은 갈아 채울 기저귀까지 가져가 버렸겠지요. 아기는…… 아니, 스칼렛, 아기 기저귀 속에 있는 게 대체 뭐예요?” 깜짝 놀란 멜라니는 얼른 아기 등에 손을 밀어넣어 지갑을 꺼냈다. 그리고 잠깐 마치 그것을 한 번도 본 적이 없었던 것처럼 바라보더니 이윽고 웃음을 터뜨렸다. 유쾌한 듯이 자지러지게 웃었다. 그 웃음에는 조금도 신경질적인 울림은 없었다.

“이런 걸 생각해 낼 사람은 언니밖에 없어요.” 그녀는 말했다. 그리고 목을 두 팔로 안고 스칼렛에게 키스했다. “언니는 나의 가장 훌륭한 동기간이야!”

스칼렛은 포옹하는 대로 가만히 있었다.

너무 지쳐서 몸을 빼낼 수가 없었던 탓도 있지만, 칭찬하는 소리가 그녀의 마음을 흐뭇하게 해준 때문이기도 했다. 그리고 또 그 검은 연기 자욱한 어두운 부엌에서 이 시누이에 대한 보다 큰 존경심, 보다 친밀한 우애의 정이 느꼈기 때문이기도 했다.

‘나도 이것만은 인정하지 않을 수 없다.’ 그녀는 억지로라도 생각하지 않을 수 없었다. ‘이 여자는 필요한 때 언제나 곁에 있어 준단 말이야.’

28

살을 에는 듯한 서리와 함께 갑자기 추위가 밀어닥쳤다. 찬바람이 문지방 사이로 불어 들고, 헐거워진 유리창을 단조롭게 덜컹덜컹 울려 대고 있었다. 벌거벗은 나무들은 마지막 마른 잎을 떨어뜨리고, 오직 소나무만 옷을 입은 채 잿빛 하늘에 검게 추운 듯이 서 있었다. 바퀴 자국이 있는 황톳길은 부싯돌처럼 얼어붙고, 굶주림이 찬바람을 타고 조지아 주를 휘몰아쳤다.

스칼렛은 폰테인 댁 노부인과의 대화를 서글픈 마음으로 떠올렸다. 지금은 몇 년 전의 일처럼 생각되는 두 달 전의 그 오후, 그녀는 노부인을 향해 자기는 이미 자기에게 일어날 수 있는 최악의 것을 겪어 버렸다고 말했다. 그것은 그녀의 마음속에서 나온 말이었다. 그러나 지금 생각하니 그런 말들은 여학생의 과장으로밖엔 느껴지지 않았다. 셔먼 부대가 두 번째로 타라를 덮칠 때까지는, 그녀에게는 얼마 되지 않았지만 식량과 돈이 있었고 그녀보다 행복한 사람들이 근처에 살고 있었고, 봄까지 그녀들을 지탱하기에 족할 만한 목화도 있었다. 그러나 지금은 목화는 타 버렸고, 식량은 빼앗기고, 돈은 있어도 소용이 없었다. 돈으로 살 만한 식량이 전혀 없었기 때문이다. 그리고 이웃 사람들은 그녀보다도 더 비참한 궁지에 몰리고 있었다. 그녀에게는 암소와 송아지와 몇 마리의 새끼 돼지와 말이 있었지만, 이웃들에겐 숲에 감추거나 땅에 묻거나 했던 약간의 물자밖에는 아무것도 남지 않은 것이다.

탈레턴 집의 페어힐 저택은 기초석까지 타 버려서 탈레턴 부인과 네 딸들은 농장감독 집에서 살고 있었다. 러브조이 근처에 있는 먼로 댁 역시 초토로 변해 있었다. 폰테인 댁의 미모사 저택은 목조로 된 한쪽 날개는 타 버렸지만 본채만은 방화력 강한 두꺼운 회벽의 힘과 폰테인 댁의 여자들과 노예가 물에 적신 담요와 이불로 정신없이 불을 끈 덕에 타지 않고 남았다. 캘버트 댁은 북부 태생의 농장 감독 힐튼의 주선으로 이번에도 무사했으나, 그 대신 가축 한 마리, 닭 한 마리, 옥수수 씨앗 한 톨 남김없이 뺏기고 말았다.

타라를 비롯한 군 전체가 당면한 문제는 식량이었다. 어느 집이든 파가고 남은 고구마와 땅콩, 그리고 숲에서 사냥한 짐승 말고는 아무것도 없었다. 그들은 예전에 유복했던 시절과 마찬가지로 있는 것을 보다 불행한 이웃들과 나누어 가졌다. 그러나 아무것도 나눌 것이 없는 날이 곧 닥쳐왔다.

타라에서는 포크의 재수가 좋았을 때는 토끼나 주머니쥐나 메기 따위를 먹을 수 있었다. 그러나 그렇지 못한 날에는 약간의 우유와 호두와 도토리 구운 것과 고구마 같은 것만 먹고 지냈다. 누구나 늘 배를 곯고 있었다. 어느 쪽을 보더라도 스칼렛은 먹을 것을 달라고 내미는 손이나, 주었으면 하는 눈길과 부딪쳤다. 그것을 보면 그녀 자신도 그들과 마찬가지로 굶주려 있으므로 곧 미칠 것만 같았다.

귀중한 우유를 너무 많이 먹는다고 그녀는 송아지를 잡게 했는데, 신선한 고기를 너무 먹고 모조리 배탈이 난 것은 그날 밤의 일이었다. 새끼 돼지도 한 마리 잡아야 한다는 것은 알고 있었지만, 좀더 자란 다음에 잡으리라 생각하고 하루하루 미루고 있었다. 새끼 돼지는 아직 너무 어렸다. 지금 당장 잡아봤자 고기 분량이 빤하므로, 하루라도 미루면 그만큼 더 먹을 수 있게 되기 때문이다.

매일 밤 멜라니와 의논을 하는 것은 포크에게 돈을 주어서 말을 타고 식량을 사러 보내면 어떻겠느냐는 문제였다. 그러나 말도 돈도 한꺼번에 빼앗길지 모른다는 걱정이 그 계획을 단념하게 하였다. 적군이 어디 있는지 그녀로서는 짐작이 가지 않았다. 천 마일 저쪽에 있는지도 알 수 없었고, 바로 강 저쪽에 있는지도 알 수 없었다. 스칼렛은 될 대로 되어라 하는 마음으로, 말을 타고 먹을 것을 찾아 나서려 했으나 적군을 두려워한 집안 사람들이 신경질적으로 법석을 떠는 바람에 끝내 단념했다.

포크는 먼 곳까지 먹을 것을 구하러 갔다가 밤새도록 돌아오지 않는 때도 가끔 있었다. 그러나 스칼렛은 어디에 갔었느냐고 묻지 않았다. 때로는 사냥한 짐승을 가지고 오는 일도 있었고, 약간의 옥수수와 마른 완두콩을 한 자루 가지고 올 때도 있었다. 한 번은 숲 속에서 잡았다면서 수탉을 한 마리 가지고 돌아온 적이 있었다. 모두 맛있게 먹었지만 어쩐지 꺼림칙한 생각을 뿌리칠 수 없었다. 완두콩이나 옥수수와 마찬가지로 포크가 훔쳐온 것이란—것을 누구나 잘 알고 있었기 때문이다. 그 뒤 얼마 안 지난 어느 날 밤, 온 집안이 잠든 뒤에 포크가 스칼렛의 방문을 두들겼다. 그리고 계면쩍은 듯이 산탄에 맞은 다리를 내보였다. 그녀가 상처를 싸매 주자 그는 거북스러운 듯이 페이엇빌에서 어떤 닭장에 몰래 들어가려다가 들켰노라고 변명했다. 스칼렛은 누구네 닭장이냐고 묻지도 않고 눈에 눈물을 글썽이며 상냥하게 포크의 어깨를 어루만져 주었다. 흑인이라는 것은 멍청하고 게을러서 때로는 짜증스러울 만큼 화가 치밀 때도 있지만, 거기에는 돈으로 살 수 없는 충성, 주인의 식탁에 올릴 좋은 것을 마련하기 위해 생명의 위험마저 무릅쓸 만큼 백인 가족들과 한몸이라는 마음이 있었다.

이게 그전 같았으면 포크의 도둑질은 아마 채찍으로 얻어맞을 만한 중대 사건이어야 했다. 적어도 그녀는 호되게 그를 꾸짖었을 것이 틀림없었다.

"알겠니, 언제나 잊어서는 안 된다." 엘렌은 말했었다. "하느님으로부터 그 감독이 맡겨진 이상 흑인에 대해서는 그 육체적 행복은 물론, 도덕적 방면에도 너에게 책임이 있는 것이다. 흑인은 아이들과 같다는 것을 알고, 아이들에 대해서와 마찬가지로 보살펴 주지 않으면 안 되는 거다. 그러기 위해서는 네가 훌륭한 모범을 보여 주지 않으면 안 된다."

그러나 지금의 스칼렛은 어머니의 그러한 훈계를 마음 한구석으로 밀어붙이고 말았다.

자기가 도둑질을, 그것도 틀림없이 자기보다도 더 곤란한 사람들로부터 훔쳐오는 것을 장려하고 있다는 것도 그녀의 양심은 문제삼지 않았다. 사실 그 같은 문제의 도덕성은 그다지 그녀를 괴롭히지 않았던 것이다. 그래서 그녀는 벌을 주거나 야단을 치는 대신에 그저 그가 부상한 것만을 안타까워 하였다.

"좀더 주의를 해야 해, 포크. 우리는 자네를 잃고 싶지 않으니까 말이야. 만약 자네가 없어지면 우리는 어떻게 할 수도 없게 되잖아. 자네는 정말 우리에게 충성을 다해 왔으니까 이제 다시 부자가 되면 내가 자네에게 커다란 금시계를 사줄게. 그리고 거기에다 성서의 '착하도다, 마음 곧고 충성된 종이여'라는 말씀을 새겨 줄게."

포크는 칭찬을 받자 얼굴을 빛내면서 싸맨 다리를 가만히 어루만졌다.

"고마운 말씀을 해 주셨습니다요, 스칼렛 아씨, 그런데 그 돈은 언제 생깁니까요?"

"그건 모르겠어, 포크. 하지만 나는 어떻게 해서든지 부자가 되어 보이겠어." 그녀는 여태까지 보지 못했던 눈빛으로 흘끗 그를 보았다. 그건 포크가 불안을 느끼고 움찔했을 만큼 사나운 눈빛이었다.

"언젠가 이 전쟁이 끝나면 나는 큰 부자가 될 거야. 그리고 다시는 배고픈 고생이나 추운 꼴을 당하지 않을 거야. 아니 집안 사람 누구에게도 배고픈 생각, 춥다는 생각은 갖지 않게 할 테야. 우리는 모두 좋은 옷을 입고, 닭고기 구이를 매일 먹고, 그리고……."

그녀는 갑자기 입을 다물었다. 타라의 가장 엄격한 규칙의 하나…… 그녀가 스스로 만들어서 엄격하게 지키게 하고 있는 규칙의 하나는, 예전에 먹은 일이 있는, 또 이를테면 지금 먹게 된다면 무엇이 제일 먹고 싶은가 하는 식의 맛있는 음식 이야기를 누구나 절대로 입 밖에 내서는 안 된다는 것이었다.

그녀가 시무룩해서 언제까지나 먼 곳을 바라보고 있자 포크는 슬그머니 방에서 빠져나갔다. 이제는 죽어 버린 그리고 지나가 버린 과거에는 생활이 얼마나 복잡하게 뒤얽히고 귀찮은 문제로 가득 차 있었던가. 애쉴리의 사랑을 얻으려는 한편, 열 명도 넘는 구애자를 실망과 불행으로 괴롭혀 주면서도 오히려 그들의 애정을 붙잡아 두려는 욕심도 있었다. 윗사람에게 숨겨야 할 예의상의 조그만 실수, 질투에 불타는 처녀들을 우롱하기도 하고 위로하기도 하는 일, 옷 스타일과 재료의 선택, 머리 손질을 이 모양 저 모양으로 시험해 보는 것, 그 밖에 해결해야만 하는 문제가 많이, 정말 많이도 있었다! 그러나 지금은 생활이 놀랄 만큼 단순했다. 굶주림을 면하기에 족할 정도의 식량, 추운 것을 막아 낼 정도의 옷가지, 비와 이슬을 피하기에 족할 정도의 지붕, 이것이 문제의 전부였다.

스칼렛이 그 뒤 몇 해씩 그녀를 줄곧 괴롭히던 악몽을 몇 번이고 계속해서 꾼 것도 이 무렵의 일이었다. 그것은 언제나 같은 꿈으로, 사소한 부분까지 조금도 변함이 없었는 데, 무서움은 그때마다 더욱 심해져서 그 꿈을 또 꾸게 될 것을 생각하면 그 공포로 깨어 있을 때도 마음이 편안하지 못했다. 처음 그 꿈을 꾸던 날의 사건을 그녀는 똑똑히 기억하고 있다.

지루한 비가 며칠을 두고 내려서 집 안은 문틈으로 새어 드는 바람과 습기로 썰렁했다. 난로에 지핀 통나무는 비에 젖어서 픽 소리를 내면서 그을리기만 하고, 조금도 따뜻해지지가 않았다. 아침을 먹고 나서는 우유 말고는 아무것도 먹은 것이 없었다. 고구마가 없어진데다가 포크의 덫에도 낚싯대에도 아무것도 걸리는 것이 없었기 때문이다. 무엇이든지 먹으려면 새끼 돼지를 한 마리 잡아야 했다.

굶주림에 긴장된 검은 얼굴과 흰 얼굴들이 입 밖에 내지만 않았을 뿐, 먹을 것을 바라면서 그녀를 지켜보고 있었다. 말을 잃을지도 모르는 위험을 무릅쓰고서라도 포크를 물건 사러 내보낼까 하고도 생각했다. 게다가 한층 더 난처한 것은, 웨이드가 후두염으로 높은 열이 있는데도 의사도 약도 없는 것이었다.

굶주림에 시달리고 아이의 병구완에 지친 그녀는 잠시 멜라니에게 뒷일을 부탁하고 잠깐 눈을 붙일 생각으로 침대에 누웠다. 발이 얼음처럼 차서 마주 비비기도 하고 몸을 뒤척거리기도 했으나 잠이 오지 않았다. 공포와 절망이 무섭게 온몸에 덮쳐 왔다. 몇 번이고 그녀는 속으로 중얼거렸다. '어떻게 하면 좋은가? 어디로 가면 좋은가? 이 세상에는 누구 한 사람 나를 도와줄 사람이 없단 말인가?' 세상의 안전은 어디로 가 버린 것일까? 어째서 나에게서 무거운 짐을 내려놓아 줄 누군가 강하고 현명한 사람이 없는 것일까? 나는 무거운 짐을 지도록 돼 있지는 않다. 어떻게 져야 할지도 나는 모르는 것이다. 그런 일을 생각하다가 그녀는 스르르 불안한 잠에 빠져들어 갔다.

그녀는 황량하고 기묘한 곳에 있었다. 손을 얼굴 앞에 내밀어도 보이지 않을 정도로 짙은 안개가 소용돌이치고 있었다. 발밑의 대지가 흔들렸다. 그것은 무서운 고요 속에 휩싸인 유령에게 잡혀 있는 나라였다. 그녀는 그곳으로 잘못 들어와서 어둠 속의 어린애처럼 떨고 있었다. 몹시 춥고 배고팠다. 게다가 주위의 짙은 안개 속에 숨어 있는 것이 무서워서 비명을 지르려고 해도 소리가 나오지 않았다. 안개 속에 무엇인가가 있어서 손가락을 내밀어 그녀의 치마를 움켜잡고 그녀가 서 있는 흔들리는 불안정한 땅 위에 넘어뜨리려고 했다. 소리도 없고, 냉혹한 요괴 같은 것이었다. 이윽고 그녀는 그녀를 둘러싸고 있는 이 음울하고 어두침침한 어딘가에 숨을 집이, 구원의 손길이, 피난처가, 따뜻한 곳이 있다는 것을 알았다. 그러나 그것은 도대체 어디에 있는 것인가? 마귀의 손에 붙들려서 홍수의 모래 사태 속에 쓰러뜨려지기 전에 과연 그곳까지 갈 수 있을까.

그녀는 갑자기 뛰기 시작했다. 울부짖으면서 미친 것처럼 안개 속을 달렸다. 무엇인가를 잡으려고 두 팔을 뻗어 보았으나 그곳엔 아무런 반응도 없는 공기와 젖은 안개가 있을 뿐이었다. 피난처는 도대체 어디에 있는 걸까? 그녀를 피하고 있지만 어딘가에 있었다. 어딘가에 숨어 있는 것이다. 그곳으로 갈 수만 있다면! 그곳까지 가기만 한다면 안전할 텐데! 그러나 이윽고 공포로 발은 떨어지지 않고, 굶주림에 기력이 빠졌다. 그녀는 마침내 절망의 비명을 질렀다. 눈을 뜨니 멜라니의 걱정스러운 얼굴이 들여다보고 있었다. 멜라니가 흔들어 깨워 준 것이다.

배가 고픈 채 자려고 하면 언제나 꼭 이 꿈을 꾸었다. 그리고 배가 고픈 채

잘 때가 참으로 많았다. 꿈 따위는 무서워할 것이 못된다고 열심히 스스로에게 타일러 보지만, 끝내는 자는 일조차 무서울 만큼 겁에 질렸다. 안개, 꿈 따위는 그다지 무서울 것이 없었다. 절대로 없다. 그러나 또 그 짙은 안개의 나라로 빠져드는 것인가, 생각하면 너무도 무서워서 나중엔 멜라니와 함께 자게 되었다. 그 꿈에 붙잡혀서 신음하고 몸부림을 칠 때에는 멜라니에게 깨워 달라고 하기 위해서였다.

그러한 고통 속에서 그녀는 창백하게 야위어 갔다. 그녀의 얼굴에서는 아름답고 풍만함이 사라지고, 광대뼈가 두드러져서 푸른 눈의 눈꼬리가 치올라간 특징이 한결 눈에 띄었다. 그 모습은 배가 고파서 쏘다니는 들고양이를 떠올리게 했다.

'그런 꿈은 꾸지 않지만, 대낮도 악몽과 다름없어' 하고 그녀는 절망적으로 생각했다. 그리고 그 뒤로는 자기 전에 먹으려고 매일 먹을 것을 조금씩 남겨 두기로 했다.

크리스마스 무렵, 프랭크 케네디에게 인솔된 병참부의 작은 부대가 군대용 곡식과 가축을 찾으러 헛일이었지만 타라까지 터덜터덜 찾아왔다. 초라한 옷을 입고 부랑자처럼 되어 쇠약하여 절룩거리는 말을 타고 있었으나, 그 말은 분명히 좀더 활동적인 임무에는 도저히 쓸 수 없을 물건이었다. 병사들도 말과 마찬가지로 전선에 둘 수 없는 상이병이었는데, 프랭크를 제외하면 모두 한쪽 팔이나 한쪽 눈이 없는 사람이거나 관절을 못쓰게 된 사람들뿐이었다. 그래서 잠시 동안 타라 사람들은 셔먼 장군의 부하들이 또 온 것이나 아닌가 하고 기겁했었다.

그들은 그날 밤 타라에서 묵었다. 객실 마루 위에서 잤는데, 그곳에 깔려 있는 벨벳 융단에 누울 수 있다는 것만으로도 그들에게는 대단한 사치였다. 최근 몇 주일 동안 지붕 밑에서 자거나, 솔잎 또는 딱딱한 땅바닥보다 부드럽고 푹신한 것 위에서 자본 적이란 전혀 없었기 때문이다.

지저분하게 수염이 자라고 누더기를 입고 있기는 했지만, 그들은 모두 지체 있는 사람들로서 제법 유쾌한 이야기를 풍부하게 갖고 있었고, 농담을 하고 너스레를 떨었으며, 먼 옛날에 흔히 그러했듯이 미녀들에 둘러싸여 큰 저택에서

성탄 전야를 보내게 되는 것을 무척 기뻐하고 있었다. 누구나 정색을 하고 전쟁 이야기하기를 꺼려서 터무니 없는 거짓말로 여자들을 웃겼다. 그리고 약탈당하여 썰렁해진 집 안에 오랫동안 경험하지 못했던 축제 기분을 가져와서 명랑하게 만들어 주었다.

"집에서 파티를 열었던 옛날 같은 기분이 들지 않아?" 수엘렌이 즐겁다는 듯이 스칼렛에게 소곤거렸다. 자기 애인이 다시 제 집에 모습을 나타냈기 때문에 수엘렌은 기뻐서 어쩔 줄을 몰랐으며 잠시도 프랭크 케네디로부터 눈을 떼어 놓지 않았다. 병이 난 뒤로 살이 빠진 채 좀처럼 회복되지 않았는 데도 수엘렌이 묘하게 아름다워 보여서 스칼렛은 놀랐다. 볼은 상기되고 눈은 부드럽게 빛나고 있었다.

'이 앤 정말로 저 사람을 좋아하는 게로군.' 스칼렛은 마음속으로 경멸하면서 생각했다. '저 좀스러운 프랭크 같은 늙은이일망정 자기 남편을 가지게 되면, 얘도 얼마쯤은 사람답게 될지도 모르겠구나.'

캐린도 얼마쯤 기운이 나서 그날 밤의 그녀의 눈에서는 그 몽유병자 같은 빛이 보이지 않았다. 그녀가 좋아하는 브랜트 탈레턴을 알고 있어서 브랜트가 전사했을 때 곁에 있었다는 병사를 이 무리 속에서 찾을 수 있었으므로 저녁 식사를 마치고 나서 그 병사와 조용히 이야기를 해야지 하고 혼자 마음을 정하고 있었던 것이다.

저녁식사 때 멜라니는 애써 평소의 내성적인 성질을 버리고 거의 활발하다고 할 만큼 행동해서 사람들을 놀라게 했다. 애꾸눈 병사를 상대로 웃기도 하고 농담도 하고, 교태라고도 할 수 있는 태도를 보이기도 했다. 애꾸눈 병사도 계속 칭찬을 늘어놓으면서 기꺼이 그녀의 서비스에 보답하고 있었다. 그러나 스칼렛은 멜라니가 정신적으로나 육체적으로나 대단한 노력을 하고 있다는 것을 잘 알았다. 남자들 앞에 나가면 아주 수줍어하는 멜라니의 성격을 스칼렛은 잘 알고 있었기 때문이다.

게다가 멜라니의 몸은 아직 제대로 회복되지 못했다. 자신은 건강해졌다고 하면서 딜시 못지않게 일하고 있었지만, 아직도 쇠약하다는 것을 스칼렛은 알고 있었다. 무엇을 들어올리거나 하면 얼굴이 금세 창백해졌고, 힘든 일을 한 뒤에는 다리에 힘이 빠져 버린 것처럼 곧 주저앉고 마는 것이었다. 그러나 오늘 밤의 그녀는 수엘렌이나 캐린과 마찬가지로 할 수 있는 데까지 병사들에게 즐거운 크리스마스 이브를 보내게 해 주려고 애쓰고 있었다. 이 손님들을 조금도 반가워하지 않는 것은 스칼렛뿐이었다.

마미가 마른 완두콩과 말린 사과, 스튜, 땅콩 따위를 식탁에 벌여놓자 그들은 거기에 휴대용 식량인 볶은 옥수수와 그 밖의 부식물을 꺼내어 벌여 놓았다. 그리고 최근 몇 달 동안은 이런 맛있는 요리는 먹은 적이 없다느니 하고 말했다. 스칼렛은 그들의 먹는 모습을 지켜보면시 마음이 편치 못했다.

그녀에게는 그들이 우물거리는 한 입 한 입이 아까웠을 뿐만 아니라 포크가 어제 잡은 돼지를 어쩌다가 그들이 냄새라도 맡지 않을까 하고 그게 걱정이었던 것이다. 새끼 돼지는 지금 광에 매달아 두었는데, 그녀는 집안 사람들을 향하여 누구든지 잡은 새끼 돼지나 늪지의 나무 우리 속에 안전하게 숨겨 놓은 새끼 돼지 이야기를 손님 앞에서 입 밖에 내면 눈알을 뽑아 버리겠다고 엄중하게 일러 두었었다. 배가 고픈 병사들은 새끼 돼지 한 마리쯤 단숨에 죄다 먹어 치울 것이 틀림없다. 또 만일 살아 있는 돼지가 있는 줄 알면 군대를 위하여 징발해 버릴 것이 틀림없었다. 그녀는 또 암소와 말에 대해서는 불안해 했다. 그리고 목장 아래 숲 속에다가 매어 두기보다는 늪지에 숨겨 두었더라면 좋았을 것을 하고 후회했다. 만약 병참부에 가축을 징발당하면 타라는 이 겨울을 넘길 수 없을 것이다. 보충할 방법이 없기 때문이다. 군대가 무엇을 먹고 지내든 그녀가 알 바 아니었다. 만약 그럴 수만 있다면 군대는 군대대로 그들 능력껏 식량을 마련하는 것이 좋다. 그녀로서는 식구들을 먹이는 것만으로도 여간 힘든 일이 아니니까.

병사들은 디저트라면서, 배낭 속에서 '램라드롤'이라고 하는 타래빵을 꺼냈다. 이(虱)와 마찬가지로 농담거리가 되어 있는 저 유명한 남군의 식량이었다는데, 실물을 보기는 스칼렛도 이것이 처음이었다. 배배 꼬인 나무를 그슬린 것 같은 것이었다. 병사들은 그녀에게 한 입만이라도 먹어 보라면서 자꾸만 권하였다. 그래서 한 입 물어 보니, 새까맣게 그슬린 겉껍데기 밑은 소금기 없는 옥수수빵이라는 것을 알 수 있었다. 병사들은 식량이라고 급여되는 옥수수가루를 물로 반죽해서 소금이 생기면 그것으로 간을 맞추어 반죽한 가루를 총의 장전간 주위에 두껍게 감아 붙인 다음 야영불에 굽는 것이었다. 록 캔디처럼 딱딱하고 톱밥처럼 맛도 없었다. 스칼렛은 한 입 물자 터져나오는 폭소 가운데 얼른 그것을 돌려주었다. 그리고 멜라니와 눈길을 마주쳤다.

두 사람의 얼굴에는 분명 똑같은 생각이 나타나 있었다. '이런 것밖에 먹을 것이 없다면, 어떻게 이 사람들이 전쟁을 해 나갈 수 있겠는가?' 하는 의문이 었다.

식사는 매우 떠들썩했다. 멍하게 식탁의 주인 자리에 앉아 있는 제럴드까지 도 몽롱한 마음속에서 주인공다운 태도를 찾아내어 애매한 미소를 띠고 있었 다. 병사들은 잘 지껄였다. 여자들은 미소를 짓기도 하고 비위를 맞추어 주기도 하였다. 문득 스칼렛은 피티팻 고모의 소식을 물으려고 프랭크 케네디 쪽을 바 라보았다. 그러나 그의 표정을 보자 하려던 말을 잊고 말았다.

그는 수엘렌에게서 눈을 돌리고는 방 안을 둘러보고 있었다. 어린애처럼 멍 청한 제럴드의 눈을 보고, 융단이 깔려 있지 않은 마루를 보고, 아무 장식도 없는 벽난로 선반을 보고, 북군의 총검으로 찢긴 의자들의 용수철이 풀려 있 는 것을 보고, 그릇장 위의 깨진 거울을 보고, 약탈자들이 오기까지 액자가 걸 려 있었음을 나타내는 뚜렷이 네모난 자리가 나 있는 벽을 보고, 빈약한 식기 들을 보고, 부인들의 단정히 깁기는 했으나 낡은 옷들을 보고, 자루 부대로 만 든 웨이드의 반바지를 보았다.

프랭크는 전쟁 전에 알고 있던 타라를 떠올리고 있었던 것이다. 그리고 애처 로워하는 빛, 지쳐서 어찌해 볼 수 없는 분노의 빛을 얼굴에 띠고 있었다. 그는 수엘렌을 사랑하고, 그녀의 자매들을 사랑하고, 제럴드를 존경하고, 타라를 진 심으로 좋아했었다. 셔먼이 조지아 주를 휩쓴 뒤로 프랭크는 군용 양식과 마초 를 거두러 주 안을 돌아다니며 온갖 참담한 광경을 보아 왔으나, 현재의 타라 만큼 그의 마음을 아프게 한 데는 없었다. 그는 오하라 집을 위하여, 특히 수엘 렌을 위하여 무엇인가 해 주고 싶었다. 그러나 그가 할 수 있는 일은 아무것도 없었다. 오하라 집이 딱하게 느껴져서 무심결에 혀를 차면서 구레나룻이 덥수 룩한 얼굴을 흔들었을 때 문득 스칼렛과 눈이 마주쳤다. 그는 그녀의 눈에 분 연히 자랑스러운 불꽃이 타고 있는 것을 보자 그만 어쩔 줄 몰라서 황망히 자 기 접시로 시선을 떨구었다.

여자들은 세상 소식에 굶주려 있었다. 애틀랜타가 무너진 지 넉 달이 되었는데, 우편이 완전히 끊어져 버렸으므로 적군이 어디에 있는지, 남군은 어떻게 하고 있는지, 애틀랜타와 낯익은 친한 사람들에게 어떤 일이 일어났는지, 그녀들은 어느 것 하나도 알 수가 없었다. 직무상 이 지방을 골고루 돌아다니고 있었던 프랭크야말로 신문이나 다름없었다. 아니 신문 이상이었다. 왜냐하면 메이컨에서 북쪽으로 애틀랜타에 걸쳐서 거의 모든 주요한 사람들이 그의 친척이거나 아는 사람이었고, 따라서 신문에서는 빼버리고 말 것 같은 여러 가지 흥미로운 개인적인 이야기까지 알고 있있기 때문이다. 그는 스칼렛에게 속을 들여다보인 어색함을 얼버무리기 위하여 얼른 여러 가지 소식을 늘어놓기 시작했다. 그의 말에 의하면 셔먼 군이 떠나간 뒤 남군은 다시 애틀랜타를 탈환했지만, 이미 적의 손으로 모조리 타 버리고 만 뒤였으므로 전혀 아무런 가치도 없어져 버렸다는 것이었다.

"하지만 나는 애틀랜타가 우리가 도망쳐 오던 날 밤에 탄 것으로 알고 있었는데요." 스칼렛은 미심쩍게 외쳤다. "우리 군대가 불을 질렀다고 하던데요."

"아닙니다, 스칼렛 씨!" 프랭크는 깜짝 놀라 소리쳤다. "우리는 우리 편 사람들이 살고 있는 거리를 불지른 일은 없습니다! 당신들이 타고 있는 것을 본 것은 적의 손에 넘겨 주어서는 안 되는 창고라든가 보급품이라든가 제철소라든가 탄약고 같은 그런 것들입니다. 셔먼이 시가를 점령했을 때는 주택이며 점포는 고스란히 그대로였습니다. 그래서 그는 그것을 군대의 숙박소로 삼았던 것입니다."

"하지만 그렇다면 시민들은 어떻게 되었나요? 그는…… 셔먼은, 시민들을 죽였나요?"

"다소는 죽였습니다……. 그러나 총알로 죽인 것은 아닙니다" 하고 애꾸눈 병사가 음침한 소리로 말했다. "셔먼은 애틀랜타에 들어서자 곧 시장을 불러다가 시민들을 빠짐없이, 살아 있는 사람은 한 사람도 남기지 말고 철거시키라고 명령했습니다. 그러나 시중에는 도저히 철거할 수 없는 노인도 있었고 움직일 수 없는 병사도 있었고, 또 부인으로서…… 부인으로서 절대 움직여서는 안 될 사람이 무수히 있었던 겁니다. 그는 심한 폭풍우 속에 몇백 명이라는 시민을 시에서 끌어내 러프 앤 레디 근처의 숲 속으로 몰아넣었습니다. 그리고 우리 군의 훗 장군에게 사람을 보내어 그런 시민들을 인수하러 오라고 전해 왔던 겁니다. 그 때문에 많은 사람이 폐렴에 걸렸고, 그러한 고생을 견뎌 내지 못해서 죽었던 겁니다.”

“어머나! 그렇지만 왜 셔먼은 그런 짓을 했을까요! 그 사람들이 그에게 해를 입힐 리가 없잖아요” 하고 멜라니는 외쳤다.

“시내에서 부하와 말을 쉬게 하기 위해서라는 것이 셔먼의 핑계였습니다.” 프랭크는 말했다. “그리고 그는 11월 중순까지 사람과 말을 쉬게 하고, 마침내 떠날 때가 되자 온 시내에 불을 질러 모조리 태우고 말았습니다.”

“어머나! 정말로 모조리 다요? 설마 그럴 리는 없겠지요!” 여자들은 깜짝 놀라 외쳤다.

그녀들이 알고 있는 그 번화한, 병사들로 들끓던 시가가 잿더미로 변하고 말았다는 것이 어떻게 사실이라고 여겨지겠는가. 푸른 나무 그늘의 아름다운 주택, 커다란 점포, 호화로운 호텔, 그러한 모든 것들이 없어지다니, 그런 일이 있을 수 있단 말인가! 그곳에서 태어나 그곳에서밖에 생활해 보지 않은 멜라니는 곧 울음을 터뜨릴 것만 같았다. 스칼렛의 마음도 어둡게 가라앉았다. 지금은 그녀도 그 도시를 타라 다음으로 사랑하고 있었기 때문이다.

“아니, 전부라지만 모조리 다란 것은 아닙니다.” 여자들의 표정에 놀란 프랭크는 황급히 말을 고쳤다. 그는 애써 명랑하게 꾸며 보였다. 이성을 잃은 부인들을 보면, 감당하지 못한다는 것을 알고 있기 때문이었다. 그런 부인들을 보면 그 자신이 역시 갈피를 못 잡아서 얼떨떨해지고 말기 때문이었다. 그래서 그는 도저히 최악의 사실을 그녀들에게 이야기할 마음이 생기지 않았다.

그런 이야기는 누구든지 다른 사람한테서 들어 주기를 바랐다.

남군이 다시 애틀랜타로 들어왔을 때 본 광경은 도저히 말할 용기가 나지 않았다. 광막한 잿더미 위에 검게 그을은 굴뚝이 수없이 서 있었다. 반쯤 타다 남은 잡동사니 무더기, 거리를 막고 있는 부서진 벽돌 더미, 찬바람이 불 때문에 말라죽어 가는 늙은 나무의 숯이 된 가지를 땅바닥에 구르게 하고 있었다. 그런 광경이 얼마나 그에게 아픈 감정을 불러일으켰던가. 폐허가 되어 버린 시가를 바라보며 남군 병사들이 얼마나 무섭게 신을 저주하였던가를 그는 생각해 냈다. 그는 약탈 당한 묘지의 참상 따위는 부인들에게 절대로 들려 주지 않으리라고 생각했다. 섣불리 들려주었다가는 그녀들은 한평생 그 충격을 잊을 수 없을 것이 뻔했다. 찰스 해밀턴도, 멜라니의 부모도 그곳에 묻혀 있는 것이다. 그 묘지의 광경은 지금도 악몽이 되어 프랭크를 괴롭히고 있었다. 북군 병사들은 죽은 사람과 함께 묻혀 있는 보석류를 훔쳐 가려고 납골당을 부수고, 묘지를 파헤쳤던 것이다. 그리고 시체에서 약탈하고, 관에 못박아 놓은 금이나 은으로 만든 이름판을 벗겨 내고 은 장식과 은 손잡이 따위를 뜯어냈다. 해골과 시체가 파괴된 관 사이에 던져져서 처참하게 비바람을 맞고 있었다.

개와 고양이에 대해서도 프랭크는 이야기할 수가 없었다. 부인들은 그러한 애완동물에 대해서는 극히 삼성석이기 때문이다. 주인들이 상제도 쫓겨났으므로 갑자기 집을 잃게 된 몇 천이나 되는 동물들이 굶주림에 헤매고 다니는 광경은 묘지 못지않게 그의 마음을 아프게 하였다. 프랭크는 고양이나 개를 무척 좋아했기 때문이다. 동물들은 겁에 질리고, 추위에 떨고, 배가 고픈 나머지 숲속의 야수처럼 흉포해져서, 센 놈은 약한 놈을 덮치고 약한 놈은 좀더 약한 놈이 죽으면 그 고기를 먹으려고 기다리고 있었다.

그리하여 폐허가 된 시의 하늘에는 독수리 떼가 우아하기는 하지만, 불길한 모습을 여기저기 겨울 하늘에 수놓고 있었다.

프랭크는 부인들의 마음을 흥겹게 하여 마음을 가라앉힐 무슨 정보는 없을까 하고 자신의 마음속을 더듬어 보았다.

"개중에는 그대로 있는 집도 있습니다." 그는 말을 했다. "다른 집에서 멀리 떨어진 넓은 곳에 있어서 불타는 걸 면한 집이지요. 교회와 프리메이슨 식당은 남아 있습니다. 상점도 약간은 남아 있는 것 같습니다. 그러나 상점가와 철도 연선과 파이브 포인트 등…… 네, 시내에서도 그 일대는 전혀 흔적도 없이 사라졌습니다."

"그렇다면" 하고 스칼렛은 슬픈 듯이 외쳤다. "찰스가 제게 남겨 준 그 선로 옆에 있는 창고도 역시 글렀군요."

"선로 옆이라면 아마 탔을 겁니다. 그러나……." 갑자기 그는 미소지었다. 그렇다, 왜 진작 이 말을 하지 못했단 말인가? "기뻐하십시오, 여러분! 피티 아주머니의 집은 무사합니다. 꽤 상하기는 했지만, 어쨌든 무사합니다."

"어머, 어떻게 무사했을까요?"

"벽돌집인데다가, 지붕이 애틀랜타에선 단 한 집뿐인 슬레이트로 되어 있기 때문에 불티가 옮겨 붙지 않은 것 같아요. 게다가 시내 맨 북쪽 끝이고, 그쪽으로는 불길도 그리 세지 않았거든요. 물론 묵고 있었던 적병들이 퍽 험하게 써서 마루 판자며, 마호가니로 만든 계단 난간까지 장작으로 때 버리고 말았지만, 어쨌든 고스란히 본래 모습대로 있습니다. 지난주에 메이컨에서 피티 아주머니를 뵈었을 때……"

"어머, 고모님을 만나셨어요? 어떻게 지내시던가요?"

"안녕하시더군요. 기력이 좋으시던데요. 집이 무사한 것을 알려 드렸더니, 당장 돌아 가실 결심을 하시더군요. 물론 그렇게 말씀은 하셔도, 그 검둥이 피터 할아범이 좋다고 했을 때 이야기겠지요. 애틀랜타 시민들은 벌써 많이 돌아와 있습니다. 메이컨은 위험해서 마음이 안 놓이기 때문이겠지요. 셔먼은 메이컨을 점령하지는 않았지만, 이번엔 윌슨의 기습대가 곧 밀려들 것이라고 해서 모두들 걱정하고 있습니다. 게다가 윌슨은 셔먼보다 더욱 사납다고 하니까요."

"하지만 집도 없는 곳으로 돌아 간다는 것은 너무 어리석잖아요! 어디서 살려는 걸까요?"

"스칼렛 씨, 천막이며 판잣집이며 통나무 오두막집에서 살고 있답니다. 타다 남은 얼마 안 되는 집에는, 여섯 집이나 일곱 집씩 공동생활을 하고 있습니다. 그리고 집을 다시 세울 준비를 하고 있어요. 스칼렛 씨, 그들이 어리석으니 어쩌니 말씀해서는 안 됩니다. 당신도 나만큼은 애틀랜타 사람들을 이해하실 겁니다. 그들은 찰스턴 사람들이 찰스턴에 애착을 가지고 있는 것과 마찬가지로 애틀랜타에 강한 애착을 가지고 있는 겁니다. 북군이 왔다든가 시가지를 불태워 버렸다든가, 그런 정도로는 그 사람들의 애착을 끊어 버리지는 못합니다. 애틀랜타 사람들은—멜라니 씨 앞에서 말씀드리는 것은 실례지만—애틀랜타 일이라면 마치 노새처럼 고집이 세거든요. 왜 그런지 전 알 수 없습니다. 제가 보기에는 언제나 그곳은 몹시 주제넘고 건방진 도시였으니까요. 그러나 그건 저라는 인간이 시골뜨기여서 어떤 도시이고 좋아하지 않는 탓인지도 모르지요. 제가 보기엔 맨 처음에 돌아온 사람들은 빈틈없는 패들입니다. 나중에 돌아오는 사람들은, 자기 집 기둥도 돌도 벽돌도 아무것도 발견할 수 없을 겁니다. 모두들 집을 고쳐 지을 재료들을 찾아서 시내를 돌아다니고 있으니까요. 엊그제도 저는 메리웨더 부인이 메이벨 씨와 검둥이 할멈 셋이서 손수레에 벽돌을 주워 모으고 있는 것을 보았습니다. 미드 부인도 선생님이 돌아오시면, 선생님의 힘을 빌어서 곧 통나무 오두막을 세울 예정이라고 말씀하시더군요. 그리고 또 마서스빌이라고 부르던 시대의 애틀랜타로 처음 왔을 때도 난 통나무 오두 막집에서 살았으니까, 또 한 번 통나무 오두막에서 산다는 것이 전혀 아무렇지 도 않다고 하던걸요. 물론 농담이겠지만, 이것만 가지고도 애틀랜타 시민들의 마음이란 것을 아실 수 있으리라고 생각합니다."

"모두들 여간 용기가 있는 것이 아니에요." 멜라니는 자랑스럽게 말했다. "그 렇게 생각하지 않아요, 스칼렛?"

스칼렛은 고개를 끄덕였다. 제2의 고향인 애틀랜타에 대한 은근한 기쁨과 자부심이 그녀의 마음에도 넘쳤다. 프랭크가 말한 대로 그곳은 주제넘고 건방 진 도시였다. 그러나 그렇기 때문에 그녀는 좋아했던 것이다. 그것은 역사 있는 다른 옛 도시처럼 옹졸하고 옛 풍습을 답습하기만 하는 도시가 아니라, 그녀 못지않을 만큼 싱싱하고 활기 넘치는 도시였다. '나도 애틀랜타 같다'고 그녀는 생각했다. '적군이 와서 불을 지르는 정도로는 나도 결코 항복하지 않는다.'

"피티 고모님이 애틀랜타로 돌아오신다면 우리도 돌아가서 고모님과 같이 지 내는 편이 좋지 않겠어요, 스칼렛?" 생각에 잠긴 그녀를 보며 멜라니가 말했다. "혼자 계시게 두면 고모님은 무서워서 돌아가실 거야."

"어머! 그렇지만 어떻게 내가 이곳을 버릴 수가 있겠어, 멜라니?" 스칼렛은 매정한 투로 대꾸했다. "멜라니가 그렇게도 돌아가고 싶거든 돌아가요. 난 말리 지 않을 테니까."

"어머나! 난 뭐 그런 뜻으로 말한 건 아니에요." 멜라니는 난처해 정색을 하 고 외쳤다. "난 정말 아둔해요! 물론 언니는 타라를 떠날 수는 없을 거예요. 그 리고, 그리고 피터 할아범과 식모 할멈이 고모님의 시중을 들어 드린다는 것을 알고 있으면서도."

"멜라니를 잡아 둘 이유는 아무것도 없어요." 스칼렛은 사정을 두지 않고 말 했다.

"저, 나는 언니하고 떨어질 수 없을 거예요." 멜라니는 대답했다. "그리고 난 언니가 곁에 있어 주지 않으면 도무지 무서워서 견뎌내지 못해요."

"좋을 대로 해요. 하지만 나를 애틀랜타로 돌아가게 할 수는 없어. 웬만큼 집 이 섰을 때쯤 해서, 셔먼이 다시 돌아와서 또 불을 지를 것이 뻔하니까."

"아니, 그가 되돌아 올 염려는 없습니다." 프랭크가 말했다. 명랑하게 보이려고 했지만 얼굴빛은 침울했다. "조지아 주를 지나 해안까지 갔습니다. 서배너는 이번 주에 점령당했습니다. 소문에 의하면 북군은 남캐롤라이나를 향해 진격 중에 있다고 합니다."

"서배너가 점령당했다고요?"

"그렇습니다. 그러나 결국 서배너는 함락될 수밖에 없었습니다. 방어할 만한 인원이 없었으니까요. 긁어모을 수 있을 만한 남자는 다리를 절룩거리면서라도 걸을 수 있는 사람까지 한 사람도 빼지 않고 동원했지만 그래도 모자랐습니다. 아십니까, 북군이 밀리지빌에 침입했을 때에는 나이 같은 것은 문제삼지도 않고 유년학교 학생들마저 남김없이 다 소집하고 주의 형무소 문까지 열어서 새 부대를 만들었어요. 종군을 지원하는 죄인은 모두 풀어 주고 만약 최후까지 싸워 내면 죄를 용서해 주겠다고 약속하고 말입니다. 나이 어린 남학생들이 도둑놈이나 살인범들과 함께 대열에 있는 것을 보고는 저도 어떤 전율을 느꼈습니다."

"죄수를 석방하면 우리가 있는 곳에까지 올지도 모르잖아요!"

"뭐 스칼렛 씨, 걱정하실 건 없습니다. 그 녀석들이 있는 곳은 여기서 아주 먼 데고, 그들도 지금은 훌륭한 병사가 되어 있으니까요. 도둑질하는 사람이라도 충분히 훌륭한 군인이 되더군요. 그렇게 생각하지 않으십니까?"

"전 그건 잘한 일이라고 생각해요." 멜라니는 상냥하게 말했다.

"하지만 나는 그렇게 생각하지 않아." 스칼렛은 잘라 말했다. "그렇지 않아도 시골에는 도둑이 우글거리니까요. 양키도 있고, 그리고" 하며 말을 하다가 아슬아슬하게 입을 다물었는데, 병사들이 웃기 시작했다.

"양키도 있고, 우리 같은 병참부도 있다는 말이지요." 스칼렛의 뒷말을 병사들이 이었으므로 그녀는 새빨개졌다.

"하지만 훗 장군의 군대는 어디에 있나요!" 멜라니가 얼른 그 장면을 얼버무렸다. "훗 장군이면 서배너를 지탱할 수가 있었을 텐데요."

"아니죠, 멜라니 씨." 프랭크는 깜짝 놀라면서 비난하듯 말했다. "훗 장군은 그쪽에는 전혀 가지 않았습니다. 장군은 적을 조지아 주에서 꾀어 내기 위해서 테네시에서 싸우고 있습니다."

“그리고 그 계획이 성공하지 못했다는 거군요!” 스칼렛은 빈정거리면서 말했다. “그리고 그 저주받을 적병들에게 학생과 죄수와 향토 방위군밖에는 아무도 지켜 줄 사람이 없는 우리 속을 마음대로 돌아다니게 내버려 두는군요.”

“얘야” 하고 제럴드가 몸을 일으키면서 말했다. “말을 좀 삼가해라. 어머니가 걱정하시지 않니.”

“저수받을 적병늘인걸요!” 스칼렛은 핏대를 세우면서 외쳤다. “저는 그 밖의 이름으로는 절대 부르지 않겠어요!”

엘렌의 이야기를 듣자 사람들은 이상한 감회에 젖어 갑자기 이야기를 멈추었다. 멜라니가 또 그 자리의 공기를 얼버무렸다.

“메이컨에 계셨을 때 윌크스 집 인디어나 하니는 만나지 못하셨나요? 그 사람들은 무슨, 애쉴리의 소식이라도 듣지 못했던가요?”

“아니오, 멜라니 씨 만약 제가 애쉴리의 소식을 들었으면 메이컨에서 곧장 말을 몰아 당신에게로 알리러 왔지요.” 프랭크는 나무라듯이 말했다. “아무 소식도 없었습니다. 그러나 애쉴리의 일은 걱정하실 것 없습니다, 멜라니 씨. 오랫동안 당신에게 소식이 없는 것을 알고 있습니다만, 수용소에 있는 사람의 소식을 들으려는 것은 좀 무리한 이야기가 아닐까요. 그쪽 수용소의 대우는 우리쪽 수용소보다는 좋은 것 같아요. 뭐니뭐니해도 적은 식량도 약품도 담요도 풍부하니까요. 우리와는 다릅니다. 우리는 우리 자신이 먹느냐 굶느냐 하는 형편이니까, 도저히 포로들까지는 손이 미치지 않거든요.”

“그래요, 분명히 적은 넉넉히 가지고 있어요!” 멜라니는 몹시 비통하게 외쳤다.

“하지만 포로에게는 그걸 주지 않지요. 그건 당신도 알고 계시겠지요, 케네디 씨? 당신은 나를 안심시키려고 그런 말씀을 하시는 거예요. 포로가 된 우리 군 병사들은, 북군이 우리를 몹시 미워하고 있다는 단 한 가지 이유 때문에 의사도 약도 주지 않아서 얼어 죽고 굶어 죽고 있는 거예요. 아아, 북부의 인간들을 한 사람도 남기지 말고 이 땅 위에서 쓸어 낼 수 있다면! 나는 알고 있어요, 애쉴리는…….”

“그런 말 하지 마!” 스칼렛은 외쳤다. 심장이 목구멍으로 치밀어 올라오는 것 같아서 가슴이 막혔다. 아직 애쉴리가 죽었다고 단언하기 전에는 살아 있을지도 모른다는 희망을 지닐 수가 있는 것이다. 그러나 죽었다는 말을 들으면 그 순간 그녀는 그가 죽을 것이라고 생각하고 있었던 것이다.

"그러나 윌크스 부인, 주인 때문에 걱정하실 건 없습니다." 애꾸눈 사나이가 위로하듯 말했다. "저도 첫 매너서스 싸움에서 포로가 되었다가 포로 교환으로 돌아왔습니다만, 제가 수용되어 있었던 때는 그들이 아주 고급 음식을 먹여 주던 걸요. 닭고기 구이니 따뜻한 비스킷이니……."

"거짓말을 하시는 거겠죠!" 멜라니는 살짝 웃어 보이면서 말했다. 그것은 스칼렛이 처음 본 남자에 대한 그녀의 생기 찬 응수였다.

"그렇지요?"

"그렇습니다." 애꾸눈의 사나이는 말을 하고 웃으면서 철썩 하고 다리를 쳤다.

"여러분, 객실로 가시지 않겠어요? 제가 크리스마스 캐롤을 부르겠어요." 화제를 바꾼 것이 기뻐서 멜라니가 말했다.

"단 한 가지 피아노만은 양키도 가져가지 못했어요. 수엘렌, 어때요? 음조가 형편없는 건 아닌지 모르겠어."

"아주 형편없어요." 수엘렌은 대답했다. 그리고 미소를 지으면서 행복한 듯이 프랭크에게 고개를 끄덕였다. 그러나 모두가 방에서 나가도 프랭크는 머뭇거리면서 그곳에 남아 있다가 스칼렛의 소매를 당겼다.

"당신에게만 말씀을 드리고 싶습니다만……."

가축 이야기인 줄 알고 한순간 그녀는 가슴이 섬뜩했다. 그래서 그럴듯하게 거짓말을 해 주리라고 마음먹었다.

방에는 아무도 없고, 그와 단둘이 불 옆에 서자 프랭크 얼굴에서는 지금까지 여러 사람 앞에서 보이고 있었던 유쾌한 듯한 빛이 완전히 사라지고 말았다. 마치 노인처럼 나이 들어 보였다. 타라의 잔디밭에 흩날리는 낙엽처럼 갈색으로 메마른 표정이었다. 생강빛 구레나룻은 엉성하고 희끗희끗했다. 그는 그 수염을 맥없이 쓰다듬으면서 이야기를 꺼내기 전에 괴로운 듯이 헛기침을 했다.

"어머님께서 작고하셨다니 얼마나 마음이 아프시겠습니까, 스칼렛 씨."

"제발 그 얘기는 하지 말아 주세요."

"그리고 아버님께서는, 아버님께서는 오래전부터 저렇게 되셨습니까?"

"그래요. 아버지는, 아버지는 보시다시피 제정신이 아니세요."

“아마 어머님께서 돌아가셨기 때문이겠지요.”

“부탁이에요, 케네디 씨. 이제 그 이야기는 그만둬 주셨으면…….”

“죄송합니다, 스칼렛 씨.” 그는 신경질적으로 발을 움직였다. “실은 아버님과 상의를 드리려고 했었습니다. 그러나 지금은 말씀드려 봐야 소용없다는 것을 알았습니다.”

“저라도 의논 상대는 될 수가 있을 거예요, 케네디 씨. 보시다시피 지금은 제가 이 집 주인인 셈이니까요.”

“네, 저는” 하고 프랭크는 말을 시작하면서 또 신경질적으로 수염을 만졌다. “실은, 실은 스칼렛 씨. 저는 아버님께 부탁드려서 수엘렌 씨를 저에게 주십사고 할 작정이었습니다.”

“그럼, 당신은…….” 스칼렛은 유쾌한 놀라움을 느끼면서 소리쳤다. “아직도 수엘렌에 대해서 아버님께 말씀드리지 않았다는 말씀이신가요? 벌써 오래전부터 그 애의 사랑을 원하고 계셨었을 텐데!”

그는 얼굴을 붉히면서 계면쩍은 듯이 히죽히죽 웃기 시작했다. 그 모습은 마치 부끄럼 잘 타는 수줍은 소년과 같았다.

“그렇긴 합니다만, 저는 그녀가 받아들여 줄지 알 수가 없었습니다. 저는 훨씬 나이가 많은 데다 타라의 주위에는 잘생긴 청년들이 많았으니까요.”

‘흥!’ 스칼렛은 속으로 생각했다. ‘그들은 그 애가 아니라 나를 따라다녔었지요!’

“저는 아직 그녀가 저와 결혼해 줄지 어쩔지 모릅니다. 한 번도 고백한 일은 없지만, 제가 어떻게 생각하고 있는지는 그녀도 알고 있을 겁니다. 저는, 저는 오하라 씨의 허락을 받고 이 얘기를 할 작정이었습니다. 스칼렛 씨, 저는 지금 빈털터리입니다. 주제넘은 소리를 하는 것 같습니다만 예전에는 저도 꽤 많은 돈을 가지고 있었습니다. 그러나 현재는 타고 온 말과 입고 있는 옷밖에 가진 것이 없습니다. 알고 계시겠지만 저는 군대에 들어갈 때, 땅을 거의 다 팔아서 돈을 모두 남부동맹 정부의 공채로 바꿔 버렸습니다. 그 공채의 가치가 지금 어떻게 되어 있는지는 당신도 아시는 바 그대로입니다. 그저 인쇄가 되어 있을 뿐이지 그냥 종이보다도 더 가치가 없어지고 말았습니다. 게다가 지금은 그것마저도 제게 없습니다. 적이 제 누이동생 집을 불태웠을 때 함께 타 버렸으니

까요. 빈털터리가 된 몸으로 수엘렌 씨를 주십사 하는 것은 저 자신도 뻔뻔스
러운 일인 줄 압니다. 그러나 그것은 이런 생각에서입니다. 이 전쟁에 의해서 모
든 것이 어떻게 될 것인지 누구도 예상할 수 없다고 저는 생각합니다. 저로서는
마치 이 세상의 종말로밖에는 생각되지 않습니다. 확실하게 믿을 수 있는 모든
것이 없어졌습니다. 그래서 전 만약 우리가 약혼을 하면 저에게 커다란 위안이
되고, 아마 그녀에게도 위안이 되지 않을까 생각합니다. 거기에는 다소나마 확
실함이 있기 때문입니다. 저는 충분히 그녀를 거둘 수 있을 때까지는 결혼해 달
라고 할 생각은 없고, 그때가 언제 오리라는 것도 알지 못합니다. 그러나 당신
이 진실한 사랑이라는 것을 조금이라도 소중하게 생각하신다면, 비록 그 밖에
는 아무것도 가진 것이 없지만, 수엘렌 씨가 애정만은 풍부하게 가지게 될 수
있다는 것을 믿어 주실 줄 압니다."

그는 마지막 말을 순수한 품위를 가지고 이야기했다. 그러므로 그때까지 장
난삼아 듣고 있던 스칼렛도 감동하고 말았다. 수엘렌이 누군가에게 사랑받게
된다는 것은 그녀로서는 도저히 이해되지 않는 일이었다. 그녀가 본 수엘렌은
이기심과 불평과 천벌을 받았다고밖에는 할 수 없는 성격을 가진 괴물이었다.

"어머나, 케네디 씨." 그녀는 상냥하게 말했다. "참 좋으신 말씀이에요. 제가
아버지를 대신해서 말해 보겠어요. 아버지는 늘 당신을 좋아하셔서 수엘렌이
당신과 결혼할 것으로 기대하고 계셨어요."

"지금도 그러실까요?" 얼굴에 행복의 빛을 띠고 프랭크가 외쳤다.

"그렇고말고요." 웃음을 참으면서 스칼렛은 대답했다. 가끔 제럴드가 저녁식
사 자리에서 수엘렌에게 거리낌 없이 이렇게 소리치던 것이 생각났기 때문이다.
'어떻게 된 거냐, 얘야? 너의 열렬한 구애자는 아직 아무 말도 꺼내지 않니? 내
가 그쪽 의향을 물어 봐 주랴?'

"저는 오늘 밤 그녀의 생각을 물어 보기로 하겠습니다." 얼굴을 바짝 긴장시
키면서 그는 말했다. 그리고 그녀의 손을 잡고 힘을 주었다. "당신은 참으로 친
절하신 분입니다, 스칼렛 씨."

"그럼 수엘렌을 당신에게 보내겠어요." 객실 쪽으로 발길을 옮기면서 스칼렛
은 미소를 짓고 말했다. 멜라니의 노래가 시작되고 있었다. 피아노의 음조는 형
편없이 틀렸지만, 개중에는 맞는 소리를 내는 키도 있었다. 이윽고 멜라니는 합

창을 인도하기 위해 한층 더 소리를 높였다. '귀를 기울여라, 거룩한 천사의 노래에!'

스칼렛은 발을 멈추었다. 그 그립고 아름다운 크리스마스 찬송가를 듣고 있노라니 전화가 두 번씩이나 자기들을 휩쓸고 지나간 뒤 자기들이 황폐된 땅에 살면서 굶어 죽느냐 사느냐 하는 갈림길에 놓여 있다는 것이 도저히 있을 수 없는 일같이 생각되었다. 그녀는 문득 프랭크 쪽을 보았다.

"아까 당신은 마치 이 세상의 종말과 같은 생각이 든다고 하셨지요. 그건 무슨 뜻인가요?"

"사실대로 말씀드리지요." 그는 천천히 말했다.

"그러나 제가 말씀드리는 것을 다른 부인들께는 들려 드리지 말기를 부탁합니다. 전쟁도 이제 그다지 오래 가지는 못합니다. 전선으로 채워 줄 새로운 병력이 전혀 없는데도 탈주병의 수는 불어날 뿐입니다. 군으로서는 인정하고 싶지 않을 만큼 막대한 수에 달하고 있습니다. 아시다시피, 병사들로서는 가족들이 굶주리고 있다는 것을 알면서도 잠자코 보고 있을 수만은 없는 일이거든요. 그들은 가족들을 굶기지 않기 위해서 속속 고향으로 탈주해 가는 겁니다. 저로서는 그런 사람들을 나무랄 수 없습니다만, 군대의 힘은 그 때문에 약해져 가는 겁니다. 배고파서는 싸움을 할 수 없는데도 먹을 것이 아무것도 없는 겁니다. 식량을 찾는 것이 제일 급선무기 때문에 전 잘 알고 있습니다. 우리 군이 애틀랜타를 탈환하고 나서 저는 이 지방 구석구석을 돌아다녔지만, 어치 한 마리 기를 만한 양식도 없는 겁니다. 여기서 서배너까지 남쪽으로 3백 마일 사이는 어디를 가나 마찬가지입니다. 주민들은 굶주려 있고, 철도는 파괴되어 있으며, 새로운 총은 채워지지 않고, 탄약은 바닥이 나고, 신을 만들 가죽도 전혀 없어요. 그러니까 아실 수 있겠지요. 전쟁이 끝나는 것도 머지않았습니다."

그러나 남부동맹의 희망이 엷어져 가고 있다는 사실보다도 먹을 것이 떨어져 가고 있다는 말이 스칼렛을 한층 슬프게 했다. 요전부터 그녀는 말에다가 짐마차를 달고 포크에게 북부정부의 금화와 지폐를 줘서 이 지방 일대를 찾아다니면서 먹을 것과 옷감을 사러 보내려고 마음먹고 있었다. 그러나 만약 프랭크가 한 말이 사실이라면…….

그러나 메이컨은 아직 무너지지 않았다. 메이컨에 가면 먹을 것이 있을 게 틀림없다. 병참부 사람들이 이대로 아무 일 없이 떠나면 당장 포크를 메이컨으로 보내야지. 까딱하면 소중한 말을 군대에게 징발당할 염려가 있을지도 모르지만, 그 정도 위험은 감수하고 해보지 않으면 안 될 것이다.

"오늘 밤엔 언짢은 이야기는 더 이상 하지 않기로 해요, 케네디 씨" 하고 그녀는 말했다. "어머니의 조그만 사무실로 가서 기다리고 계세요. 나중에 수엘렌을 보내겠어요. 그렇게 하면 단둘이서 이야기를 하실 수 있겠죠."

프랭크는 얼굴을 붉히고 싱글벙글 웃으면서 방에서 나갔다. 그 뒷모습을 스칼렛은 묵묵히 바라보고 있었다.

'지금 곧 결혼할 수 없다니 얼마나 한심스런 이야기란 말인가.' 그녀는 생각했다. '수엘렌이 결혼해 버리면 먹여 살려야 할 입이 하나 주는 셈이 될 텐데.'

29

이듬해 4월, 원래 그의 휘하에 속해 있던 패잔부대의 지휘를 다시 맡게 된 존스턴 장군이 북 캐롤라이나에서 투항하고, 이리하여 전쟁은 끝났다. 그러나 그 소식이 타라에 도착한 것은 그로부터 두 주일이나 지난 뒤였다. 타라의 사람들은 각자 할 일이 많았으므로 멀리까지 나가서 소문을 듣고 올 만한 겨를도 없었고, 그리고 근처 사람들도 마찬가지로 바빴으므로 남을 찾아가는 일도 거의 없어서 소식이 전해지는 것도 더뎠던 것이다.

마침 봄갈이가 한창 바쁜 때라 사람들은 포크가 메이컨에서 가지고 온 목화나 야채 씨를 뿌리기에 정신이 없었다. 그러나 메이컨에서 옷감이며 종자며 가금류며 햄이며 소금에 절인 돼지고기며 곡식 가루 따위를 짐마차에 싣고 탈 없이 돌아온 뒤로 포크는 그 자랑만 늘어놓을 뿐 도무지 쓸모가 없어져 버렸다. 타라로 돌아올 때까지 여러 번 위험한 고비를 당해서 아슬아슬하게 모면했다는 이야기라든가 지나온 샛길이나 시골길 얘기, 인적이 드문 길, 못 쓰게 된 길, 말이 겨우 빠져나갈 수 있는 작은 길 얘기 따위를 그는 되풀이 이야기했다.

오가는 데에 다섯 주일이나 걸렸다. 그것은 스칼렛에게 있어선 가슴 죄는 불안한 다섯 주일이었다. 그러나 그가 돌아왔을 때 그녀는 꾸짖지 않았다. 탈 없이 목적을 이루고 돌아와 준 것이 반가웠을 뿐만 아니라 들려 보냈던 돈을 그다지 쓰지 않은 것이 기뻤던 것이다. 그렇게 돈을 많이 남겨 온 것으로 보아 분명히 그가 닭이나 식료품의 대부분을 돈을 주고 사지 않았을 것이라고 스칼렛은 추측했다. 길가에 지키는 사람이 없는 닭장이 있거나, 안성맞춤으로 훈제소가 있거나 하는 경우에 구태여 그녀의 돈을 쓰는 것을 포크는 면목 없는 일이라고 생각했을 것이다.

이리하여 먹을 것도 조금 생겼으므로 타라의 사람들은 생활을 조금이라도 이전의 상태로 되돌려 보려고 바쁘게 일하고 있었다.

누구에게나 힘에 겨울 만큼의 일이, 너무나 많은 끝없는 일들이 있었다. 새로 씨를 뿌리기 위해서는 지난해의 묵은 목화대를 파 엎어야만 했다. 쟁기질에 서툰 말이 마지못해 밭으로 끌려다니고 있었다. 채소밭의 잡초를 뽑고 씨를 뿌리고 장작을 패고, 그리고 북군이 닥치는 대로 불사르고 간 가축장의 우리며 몇 마일이나 되는 밭 울타리의 수선도 시작해야만 했다. 포크가 만들어 놓은 토끼 덫을 하루 두 번은 가 보아야 했고, 냇물에 드리워 놓은 낚시에는 미끼를 바꿔 끼워야 했다. 침대도 정돈해야 했고, 마루도 청소해야 했다. 음식도 만들어야 되었고, 접시도 씻어야만 했다.

돼지나 닭에게 모이를 주어야 했고, 알도 모아야 했다. 소젖도 짜야 했고, 그 소를 늪지 가까이 데리고 가서 풀도 뜯겨야 했다. 게다가 북군이나 프랭크 케네디의 부하들에게 빼앗기지 않도록 온종일 누군가가 지키고 있어야만 했다. 어린 웨이드에게까지도 일이 맡겨져 있었다. 매일 아침 그는 광주리를 들고 제법 그럴 듯한 얼굴로 나갔다. 불쏘시개로 쓸 잔가지와 나뭇조각을 주워 오는 것이다.

이 군(郡)에서 나간 병사 가운데 제일 먼저 돌아온 것은 폰테인 집안 사람들이었는데, 항복한 소식을 전해 온 것도 그들이었다. 아직 신발이 있는 알렉스는 걸어서 왔고, 신발이 없는 토니는 안장 없는 노새를 타고 왔다. 토니는 언제나 그렇듯이 제일 단물을 빨아먹고 있는 셈이다. 4년 동안 태양과 비바람을 맞았으므로 두 사람 다 얼굴이 아주 새까맣게 되고, 전에 비하면 쇠꼬챙이처럼 여위어서 전선의 선물인 검은 수염이 더부룩하게 자라나 있었기 때문에 마치 딴 사람처럼 보였다.

미모사 집으로 돌아가는 도중 마음은 집으로 줄달음치면서도 그들은 아주 잠깐 타라에 들러서 여자들에게 키스를 하고, 항복 소식을 전했다. 이젠 이것으로 끝장이다, 모든 것이 끝나 버렸다고 그들은 말했지만, 그것을 그다지 걱정하는 빛도 없었고, 그런 이야기는 건드리고 싶지 않은 모양이었다. 그들이 알고 싶어하는 것은 미모사 저택이 불탔는지에 대한 일뿐이었다. 애틀랜타에서 남쪽으로 내려오는 도중 그들은 많은 친구의 저택 자리에 굴뚝 만이 남아 있는 것을 보아 왔다. 그래서 자기들의 집만은 무사하길 바라는 것은 너무 염치없는 일 같았던 모양이다. 그런 만큼 기쁜 소식을 듣자 두 사람 다 안도의 한숨을 내쉬었다. 적의 군대가 왔을 때 샐리가 정신없이 말을 몰아서 알려 주러 왔었다는 것, 그리고 그녀가 얼마나 교묘히 울타리를 뛰어넘었는가 하는 이야기를 스칼렛으로부터 듣자 그들은 허벅지를 두들기며 웃었다.

"샐리는 용감해요." 토니가 말했다. "조가 전사해 버려서 정말 불쌍해. 그런데 씹는 담배 좀 없을까요, 스칼렛?"

"있는 거라고는 래빗 담배[13]뿐이에요. 아버지는 옥수숫대로 만든 담뱃대로 그것을 태우고 계시답니다."

"나는 아직 그런 처량한 신세는 되지 않았어요." 토니는 말했다. "그러나 머잖아서 그 꼴이 되겠지."

"디머티 먼로는 무사합니까?" 간절하면서도 계면쩍은 듯이 알렉스가 물었다. 그가 샐리의 동생인 디머티에게 마음을 두고 있었던 것을 스칼렛은 어렴풋이 생각해냈다.

"네, 무사해요. 지금은 큰어머님과 함께 페이엇빌에 있어요. 러브조이의 집이 불타 버린 것은 아시지요. 다른 사람들은 메이컨에 가 있어요."

"이 녀석이 궁금한 것은 디머티가 향토 방위군의 용감한 대령 따위와 결혼이라도 하지 않았나 하는 겁니다." 토니가 놀렸다. 그러자 알렉스는 사나운 눈으로 그를 노려보았다.

"물론 결혼 같은 것은 하지 않았어요." 스칼렛은 재미있다는 듯이 그렇게 말했다.

"그러나 결혼했던 편이 그 사람을 위해서 좋았을지도 몰라요." 알렉스는 쓸쓸한 표정으로 말했다. "에이, 빌어먹을! 아, 미안합니다, 스칼렛 씨. 그러나 흑

---

13) 잡초로 만든 담배의 대용품.

인들은 모두 해방되고, 가축은 없어졌겠다, 현재 주머니에 돈 한 푼 없는 녀석이 어떻게 프로포즈 같은 걸 합니까?”

“그런 건 디머티는 전혀 아무렇지도 않게 생각할 거예요.” 스칼렛은 말했다. 알렉스 폰테인이 자기 애인이었던 일은 한 번도 없었으므로 스칼렛은 디머티에 대해서는 얼마든지 관대할 수 있었고, 얼마든지 두둔해 줄 수 있었다.

“우라질! 아, 이런, 또 실례를 했습니다. 이젠 이런 점잖지 못한 말은 그만둬야지. 그렇지 않았다간 할머니한테 틀림없이 가죽이 벗겨지고 말 거야. 하지만 나는 어떤 부인에게 대해서도 가난뱅이와 결혼해 달라고 부탁할 수는 없어요. 저쪽에서는 아무렇지도 않게 생각할지 모르지만 내가 참을 수 없거든요.”

스칼렛이 청년들과 앞쪽 현관에서 이야기하는 동안 멜라니와 수엘렌과 캐린은 항복 소식을 듣고 살그머니 집 안으로 들어가 버렸다. 청년들이 뒤쪽 밭을 지나 자기들 집으로 가자 스칼렛도 안으로 들어갔다. 엘렌의 조그만 사무실 소파 위에서 흐느껴 울고 있는 여인들의 울음소리가 들려 왔다. 그녀들이 그처럼 사랑하고 희망을 걸고 있었던 찬란하고 아름다운 꿈도, 그녀들이 친구나 애인이나 남편을 바치고 가정을 가난의 밑바닥에 떨어뜨린 ‘대의’도 다 사라져 버린 것이다. 절대로 지지 않는다고 믿고 있었던 ‘대의’가 이제는 영원히 사라지고 만 것이다.

그러나 스칼렛은 눈물 한 방울도 흘리지 않았다. 항복했다는 말을 듣는 순간 스칼렛은 아, 잘됐다! 하고 생각했다. 그렇다면 또다시 암소를 도둑맞는 일도 없게 될 것이다. 말도 걱정 없다. 우물 속에서 은그릇을 꺼내다가 모두들 마음놓고 은 나이프와 포크를 쓸 수도 있다. 부근에 먹을 것을 찾아 나가더라도 조금도 무서울 것이 없게 되는 것이다.

이 얼마나 마음 편한 일인가! 말발굽 소리를 듣고도 두 번 다시 벌벌 떨지 않아도 된다. 어두운 밤중에 잠이 깨어 말재갈 부딪는 소리나 어지러운 말발굽 소리며, 양키의 우락부락한 구령소리 따위가 밑에서 들려오는 것만 같아서 꿈인가 생시인가 하고 숨을 죽이고 귀를 기울이는 일도 이제는 없게 된다. 게다가 무엇보다 다행한 것은 타라가 무사했던 일이다. 이젠 저 최악의 악몽이 현실로 나타날 걱정은 없어졌다. 잔디밭에 서서 정든 내 집에서 뭉게뭉게 피어오르는 검은 연기를 보는 일도 없겠거니와 지붕이 무너져 내릴 때 불꽃이 무섭게 울부짖는 소리를 듣지 않아도 된다.

그렇다. '대의'는 죽었다. 그러나 늘 전쟁이 어이 없는 것으로밖에 생각되지 않았던 그녀에게는 평화가 얼마나 좋은지 모른다. 남부동맹 깃발이 깃대에 오르는 것을 보고 눈을 빛낸 적도 없거니와 '딕시'의 노랫소리가 울리는 것을 들어도 감격에 떤 적이 없었다. 궁핍과 지겨운 간호 일과 농성의 공포와 최근 수개월을 굶주리는 동안 그녀를 지탱하고 있었던 것은 다른 사람들처럼 이 모든 고생을 참게 한 '대의'가 승리할 것이라는 광신적인 감정은 결코 아니었다. 그러므로 모든 것이 끝장 나고, 모든 것이 끝났다고 해도 그녀로서는 울 일이 아니었던 것이다.

모든 것이 끝났다! 무한정 계속될 것 같던 전쟁, 청하지도 원하지도 않았던 전쟁은 그녀의 인생을 두 토막으로 잘라 놓고 말았다. 마음 편하였던 다른 절반을 생각해 내기가 곤란할 만큼 뚜렷하게 갈라놓고 말았다. 그녀는 푸른 색의 화사한 모로코가죽으로 만든 실내화를 신고, 라벤더 향기가 풍기는 옷 장식을 단 치마를 입은 아름다운 자신의 모습을 무감동하게 생각해 낼 수가 있었다. 그리고 그것이 과연 자기였던가 하고 의심하였다. 그것은 군내의 찬미자들을 발 아래 다 무릎 꿇게 하고 백 명의 노예를 턱짓으로 부리고, 타라의 부를 성벽처럼 등에 지고, 그녀가 원하는 어떤 소망이라도 들어 주는 양친의 애정으로 지켜졌던 스칼렛 오하라였다. 애쉴리에 관한 일 말고는 무엇 하나 생각대로 되지 않는 것이 없었던, 귀염둥이 응석받이로 자란 스칼렛이었다.

향주머니를 차고 무용화를 신은 그 소녀는 이 4년 동안의 굽이지고 먼 길 어디에선가 모습을 감추고, 뒤에 남은 것은 부지런히 잔돈을 세거나 여러 가지 천한 막일로 손이 거칠어지고 날카로운 푸른 눈의 한 여인, 그녀가 지금 서 있는 단단한 붉은 대지 말고는 모두 파괴되어 아무것도 남아 있지 않은 한 사람의 여자였다.

복도에 서서 여자들의 흐느껴 우는 소리를 들으면서 그녀는 마음을 분주하게 움직이고 있었다.

'목화를 좀더 심자. 더 많이! 내일 포크를 메이컨으로 보내 종자를 사오게 하자. 이제는 적도 불을 지르지 않을 것이고, 우리 군대도 그것이 필요하지 않을 것이다. 그렇다! 금년 가을에는 목화 값이 엄청나게 올라갈 것이다!'

그녀는 조그만 사무실로 들어갔다. 그리고 소파에서 울고 있는 여자들을 아랑곳하지 않고 사무책상 앞에 앉자 거위깃 펜을 집어 들고 남아 있는 현금으로 새 종자를 얼마나 살 수 있을까를 계산하기 시작했다.

'전쟁은 끝났다.' 그렇게 생각하자 별안간 벅찬 행복의 물결이 넘쳐올라 펜을 떨어뜨리고 말았다. 전쟁이 끝났으니 애쉴리도 만약 살아 있다면 돌아온다! 잃어버린 '대의'를 위하여 우는 멜라니는 이것을 생각하고 있는 것일까 하고 스칼렛은 속으로 생각했다.

'이제 곧 편지가 오겠지. 아니, 편지가 아니지, 편지 같은 건 기대할 수가 없어. 하지만 이제 곧 애쉴리는 어떻게 해서든지 소식을 알려 올 것이 틀림없어.'

그러나 날이 가고 몇 주일이 지났지만 애쉴리에게서는 아무런 소식도 없었다. 남부 여러 주의 우편은 늦어지기 일쑤였고, 특히 시골에서는 완전히 두절되어 있었다. 가끔 애틀랜타로부터 온 여행자가 피티 시고모의 편지를 가지고 왔다. 거기에는 조카들에게 부디 돌아와 달라는 눈물겨운 사연이 적혀 있었다. 그러나 애쉴리로부터는 아무런 소식도 없었다.

전쟁이 끝나자 스칼렛과 수엘렌의 사이에는 줄곧 말 때문에 싸움이 끊일 새가 없었다. 양키의 위험이 없어졌으므로 수엘렌은 줄곧 근처 사람들을 방문하고 싶어했다. 옛날 같은 행복한 사교 생활이 없어져서 쓸쓸해하고 있는 수엘렌은 군내의 다른 집들도 타라 만큼이나 처참하다는 것을 스스로 확인하고 마음을 놓고 싶다는 것 말고는 아무 이유가 없었지만, 어쨌든 친구들을 찾아가고 싶어서 견딜 수가 없었던 것이다. 그러나 스칼렛은 완고했다. 말은 숲에서 목재를 나르기도 하고 쟁기를 끌기도 하고, 포크를 태우고 먹을 것을 구하러 가기도 하고 여러 가지 일이 많았다. 그러니까 일요일에는 목장에서 풀을 뜯으며 휴식할 권리가 있다. 만약 찾아보고 싶으면 수엘렌은 걸어서 가면 될 것이 아닌가. 작년까지 수엘렌은 태어난 이래 1백 야드도 걸은 적이 없었다.

그러므로 걸어야 한다고 생각하면 우울해지지 않을 수 없었다. 그래서 그녀는 집에 틀어박혀서 불평하기도 하고 울기도 했다. 언젠가는 "아아, 어머니만 살아계셨더라면!" 하고 넋두리를 했으므로 스칼렛은 전부터 말했던 대로 동생을 호되게 때렸다. 수엘렌은 비명을 지르고 침대에 쓰러져 온 집 안이 떠나가도

록 울었다. 그 뒤 수엘렌은 적어도 스칼렛이 있는 데서는 그다지 불평을 늘어놓
지 않게 되었다. 스칼렛이 말을 쉬게 해야 한다고 말한 것은 진실이었지만, 그
것은 반만이 진실이었다. 나머지 반은 패전 뒤 첫 달에 근처 친구들의 집을 한
바퀴 주욱 찾아다니며 옛친구들과 경작지의 참상을 보고, 스스로도 인정하고
싶지 않을 만큼 용기가 꺾이고 말았기 때문이었다.

샐리가 말을 몰아 북군의 내습을 알려 준 덕택에 폰테인 댁 사람들은 어느
곳보다도 나은 생활을 하고 있었으나, 그렇다고 해도 단순히 다른 이웃 사람들
의 절망적인 상태와 비교해서 얼마쯤 낫다는 데 지나지 않았다. 폰테인 할머니
는 누구보다도 먼저 앞장서서 불을 두드려 꺼서 집을 구해 냈지만, 그날 일으킨
심장병의 발작이 아직 완전히 가라앉지 않았다. 폰테인 노선생의 절단된 팔도
회복이 신통치 못했다. 알렉스와 토니는 서툰 솜씨로 삽과 괭이 자루를 휘두르
고 있었다. 스칼렛이 찾아가자 그들은 울타리 위로 손을 내밀어서 그녀와 악수
하고, 그녀가 타고 온 느린 마차를 보고 웃었으나, 그 검은 눈엔 서글픈 빛이 있
었다.

그들은 그녀를 보고 웃는 동시에 자기들 자신에 대해서도 웃는 것이었다. 그
녀가 옥수수 종자를 사고 싶다고 하자 그들은 즉석에서 승낙하고 농장 문제
에 대하여 이야기를 시작했다. 그들에게는 닭이 열두 마리, 암소가 두 마리, 돼
지가 다섯 마리, 그리고 싸움터에서 타고 온 노새가 한 마리 있었다. 마침 돼
지 한 마리가 막 죽었으므로 그들은 다른 돼지도 죽지 않을까 하고 줄곧 걱정
을 하고 있었다. 여태까지는 어떤 크라바트가 가장 유행형이냐 하는 정도밖에
는 인생에 대해서 진지하게 생각한 일이 없는 두 멋쟁이 사나이들이 돼지에 대
한 얘기를 심각하게 하는 것을 보자 스칼렛은 저도 모르게 웃음을 터뜨렸으나,
그 웃음도 허전하고 쓸쓸한 것이었다.

미모사 저택의 사람들은 모두 그녀를 환영했다. 그리고 옥수수 종자도 팔려
하지 않고 그냥 주겠다면서 고집을 부렸다. 그녀가 한 장의 그린백 지폐를 테이
블 위에 놓자 언제나 화를 곧잘 내는 폰테인 집안의 버릇으로 금세 화를 내면
서 받기를 거절했다. 스칼렛은 옥수수를 나누어 받자 1달러짜리 지폐를 샐리
의 손에 살짝 쥐여 주었다. 샐리에게는 스칼렛이 8개월 전 처음으로 타라에 돌
아왔을 때 반겨 맞아 주던 그 처녀다움을 잃고 마치 딴사람처럼 보였다. 그 무

렵에도 그녀는 창백한 얼굴로 우울하기는 했지만, 그래도 어딘가 모르게 기운이 있어 보였다. 그러나 지금 보니 패전이 그녀의 모든 희망을 남김 없이 빼앗아간 것처럼 완전히 기운이 없어져 있었다.

"스칼렛!" 지폐를 움켜쥐고 그녀가 속삭였다. "도대체 좋은 일이 뭐가 있기라도 했을까? 왜 우리는 전쟁을 했을까? 아아, 내 불쌍한 남편! 불쌍한 내 아기!"

"왜 전쟁을 했는지 나는 알 수 없어. 그러나 그런 것은 내게는 아무래도 상관없어." 스칼렛은 말했다. "나는 전쟁 같은 건 조금도 흥미가 없어. 어태까지도 흥미를 가진 일은 없었어. 전쟁은 남자의 일이지 여자의 일은 아니거든. 지금 내가 흥미를 가지고 있는 것은 목화를 잔뜩 만들어 내는 것뿐이야. 자, 이 돈을 받고 아기에게 옷이라도 사줘. 아기는 아무래도 돈이 들 거야. 난 알렉스와 토니의 친절은 고맙지만 당신들의 귀중한 옥수수를 도둑질해 가는 것처럼 그냥 얻어갈 수는 없어."

청년들은 그녀를 부축해서 짐마차에 태워 주고 배웅을 했다. 누더기를 입고는 있었지만 그들은 기분파인 폰테인 집안 사람들답게 명랑하고 쾌활했다. 그들의 궁색한 모양을 일일이 보고 온 만큼 마차를 달려서 미모사 집을 떠날 때 진저리가 쳐졌다. 궁색과 가난에는 그녀는 이미 넌더리가 나 있었던 것이다. 이다음 끼니는 어디서 구해 올 것인가 따위의 걱정이 없는 유복한 사람들을 만날 수 있으면 얼마나 마음 편할 것인가.

캐이드 캘버트는 파인 블룸 저택에 있었다. 보다 행복했었던 옛날, 자주 춤을 추러 왔던 그 해묵은 저택의 계단을 올라갔을 때 스칼렛은 그의 얼굴에 죽음이 드리워진 것을 보았다. 양지쪽 안락의자에 누워서 무릎에 숄을 두르고 있던 그는 비쩍 말라 기침을 하고 있었는데, 그녀를 보자 얼굴을 빛냈다. 그리고 그녀에게 인사하기 위해 일어나려고 하면서 감기가 들었는데 그것이 가슴에 전이됐다고 했다. 가끔 비를 맞으면서 자곤 했기 때문이지만 이제 곧 나을 테니 그때에는 여러 사람의 일을 도울 작정이라고 했다.

목소리를 듣고 밖으로 나온 캐들린 캘버트는 오빠의 머리 너머로 스칼렛과 눈이 마주쳤다. 스칼렛은 그 눈에서 모든 것을 알고 있는 사람의 참혹한 절망을 보았다. 캐이드는 모를지 모르지만, 캐들린은 알고 있는 것이다. 파인 블룸 저택은 황량해 보였다. 잡초가 우거지고, 솔씨가 밭에 떨어져서 자라기 시작했고, 집도 보기 싫게 기울어 가고 있었다. 캐들린은 여위기는 했지만 기운을 차리고 있었다.

쥐죽은 듯이 조용하여 이상하게 소리가 울리는 집 안에 남아 있는 사람은 그들 둘과 북부 태생인 계모와 배다른 네 누이동생, 그리고 북부 태생인 농장 감독 힐튼이었다. 스칼렛은 자기 집 농장감독이었던 조나스 윌커슨을 좋아하지 않았던 것처럼 이 힐튼을 좋아하지 않았다. 지금 어슬렁거리며 다가와서 마치 동등한 인간인 것처럼 인사하는 것을 보자 이전까지보다도 더 싫어졌다. 예전의 그는 윌커슨이 그랬던 것처럼 비굴함과 버릇없는 면을 함께 지니고 있었는데, 이제 캘버트 씨와 레이포드가 전사하고, 캐이드까지 병들게 되자 그는 그 비굴함을 완전히 벗어던져 버리고 말았다. 재취로 들어온 캘버트 부인은 어떻게 해야 흑인 노예들의 존경을 받을 수 있는지 알지 못했다. 그러므로 백인의 존경을 받는다는 것은 바랄 수도 없는 일일 것이다.

"힐튼 씨는 무척 친절하게 이런 어려운 시기를 줄곧 우리와 함께 있어 주셨지." 잠자코 있는 전실 딸을 흘끗흘끗 바라보면서 캘버트 부인은 신경질적인 목소리로 말했다. "정말 친절하셨어. 들었을 줄 알지만 셔먼의 군대가 밀려들어왔을 때 힐튼 씨는 두 번이나 우리집을 구해 주셨어. 만약 이분이 안 계셨더라면 정말로 우리는 어쩔 도리가 없었을 거야. 돈은 없지, 캐이드는……."

캐이드의 창백한 얼굴이 붉게 상기되었다. 캐들린은 입을 꼭 다물고, 긴 속눈썹으로 눈을 가렸다. 북부 태생 농장감독의 은혜를 입고 있다는 것에 대한 어쩔 수 없는 분노로 두 사람의 영혼이 고민하고 있는 것을 스칼렛은 알아보았다. 켈버트 부인은 금세 울음을 터뜨릴 것처럼 보였다. 또 무언가 실수를 한 모양이구나 하고 생각했던 것이다. 그녀는 언제나 실수만 하고 있었다. 조지아에서 20년이나 살면서도 그녀는 아직도 남부 사람들의 기질을 모르고 있었다. 어떤 것을 전실 자식들에게 말하면 안 되는지 그녀는 도무지 알 수가 없었다. 뿐만 아니라 전실 자식들은 그녀가 무슨 소리를 하거나 어떤 짓을 해도 언제나 계모에 대하여 더할 나위 없이 깍듯했다. 그녀는 잠자코 마음속으로 맹세했다. 역시 이렇게 속을 헤아릴 수 없는 완고한 사람들과 헤어져서 자기 아이들을 데리고 자기들과 같은 사람이 있는 북부로 가야겠다고.

이날 두 가정을 방문하고 난 스칼렛은 이미 탈레턴 댁을 방문할 마음이 나지 않았다.

네 아들은 전사하고, 집은 타 버리고, 가족은 농장감독의 집에 웅크리고 있는 현재의 탈레턴 댁. 그런 곳에 가고 싶은 생각은 없었다. 그러나 수엘렌과 캐린이 줄곧 졸라 대고, 멜라니는 멜라니대로 전지에서 돌아온 탈레턴 씨에게 인사를 가지 않는 것은 이웃답지 않다고 말했으므로 어느 일요일에 모두 함께 나섰다.

이것이 가장 나빴었다.

그녀들이 탈레턴 댁이 타버린 자리 옆을 마차로 달려가자 다 해진 승마복을 입고 채찍을 겨드랑이에 낀 베아트리스 탈레턴 부인이 마장 주위에 둘러친 울타리의 가로대 꼭대기에 앉아 넋을 잃고 엉뚱한 곳을 바라보고 있었다. 그 곁에는 그녀의 조마사인 밭장다리 키 작은 흑인이 앉아 있었는데, 그 역시 여주인과 마찬가지로 우울한 얼굴을 하고 있었다. 옛날에는 좋아라고 뛰어 돌아다니는 망아지와 듬직한 종자말이 그득하던 마장도 지금은 한 마리의 노새가 있을 뿐 조용하기만 했다. 그것은 패전 뒤 탈레턴 씨가 전지에서 타고 돌아온 노새였다.

"내 귀염둥이가 없어졌으니 나는 이제 어떻게 하면 좋을지 도무지 모르겠구나." 울타리에서 내려오며 탈레턴 부인이 말했다. 모르는 사람이 들으면, 죽은 네 아들을 말하고 있는 것이라고 생각하겠지만, 타라에서 온 여자들은 부인이 말에 대하여 말하고 있다는 것을 충분히 이해할 수 있었다.

"내 예쁜 말은 모두 죽고 말았어. 아아, 불쌍한 넬리! 넬리만 있어 주었더라면! 그런데 이 마장에 있는 것은 저주스러운 노새 단 한 마리뿐이란 말이야, 저주받은 노새." 뼈와 가죽뿐인 동물 쪽을 바라보면서 화가 치미는 듯 그녀는 되풀이했다. "이 마장에 노새 따위를 들여놓는 것은 내 혈통 좋은 아이를 생각하는 마음에 대한 모욕이야. 도대체가 노새라는 건 잘못 태어난 병신이거든. 그 번식은 법률로 금지해야 돼."

덥수룩한 수염 때문에 완전히 모습이 달라진 짐 탈레턴이 농장감독의 집에서 나와 여자들에게 키스하며 반겼다. 그 뒤에서 누덕누덕 기운 드레스를 입은 붉은 머리의 네 딸들이 귀에 익지 않은 목소리를 듣고 문간에서 짖어 대는 10여 마리의 검거나 황갈색인 사냥개를 헤치면서 우르르 몰려 나왔다. 가족들 누구나 애써 쾌활하게 행동하려고 결심한 것 같았다. 하지만 그것을 보자 스칼렛은 미모사 저택의 고통이나 파인 블룸 저택의 죽음 같은 참상을 보았을 때보다도 훨씬 더 심한 오한을 느꼈다.

탈레턴 댁 사람들은 최근에는 찾아오는 사람도 없고, 여러 가지 세상 형편도 듣고 싶으니 부디 저녁식사를 함께 들자고 권했다. 스칼렛은 무엇인가 짓눌리는 것 같은 분위기 속에서 오래 머물고 싶지는 않았다. 그러나 멜라니와 동생들이 돌아가려고 하지 않았으므로 결국 네 사람은 저녁식사 때까지 앉았다가 식사에 내놓은 저장해 둔 고기와 말린 완두콩을 되도록 사양하면서 먹었다.

일부러 빈약한 요리를 웃어가며 탈레턴 집안 딸들은 다시없이 유쾌한 농담이라도 하는 것처럼 의복 대용품 이야기를 하며 웃었다. 멜라니는 뜻밖에도 쾌활함을 보여 스칼렛을 놀라게 하면서, 중도에서 그 이야기에 끼어들어 타라의 시련을 이야기하고, 그와 같은 궁핍을 아무것도 아닌 것처럼 가볍게 넘겨 버렸다. 그러나 스칼렛은 아무 말도 할 수가 없었다. 어슬렁거리기도 하고, 담배를 피워 대기도 하고, 농지거리를 하기도 하는 몸집이 커다란 네 아들들이 없기 때문에 집 안이 몹시 허전하게 느껴졌다. 그녀에게까지 이렇게 허전하게 느껴지는데, 손님들에게 애써 웃는 얼굴을 짓고 있는 탈레턴 집 사람에게는 그것이 얼마나 쓸쓸하겠는가.

캐린은 식사하는 동안 거의 입을 열지 않다가 식사가 끝나자 탈레턴 부인의 곁에 붙어 앉아 뭔가 작은 소리로 소곤소곤했다. 그러자 탈레턴 부인은 표정이 달라지며 캐린의 가느다란 허리에 팔을 둘렀는데, 쓸쓸한 미소는 어느덧 부인의 입술에서 사라져 있었다. 둘은 방을 나갔다. 더 이상 잠시도 집 안에 있을 수가 없어서 스칼렛도 그 뒤를 따라 방을 나왔다. 둘은 뜰을 지나갔다. 묘지로 가는구나, 스칼렛은 생각했다. 스칼렛은 방으로 돌아갈 수도 없어졌다. 그것은 무례하게 보일 수 있었다. 그런데 탈레턴 부인이 애써 쾌활하게 꾸며 보이고 있을 때 어쩌자고 캐린은 또 부인을 아들들의 묘지로 끌어내는 것일까?

음산한 삼나무 아래 벽돌담으로 둘러싸인 묘지 안에 두 개의 대리석 묘표가 서 있었다. 아직 새것인 채 빗물이 튀어오른 붉은 진흙 자국조차 없다.

"지난 주일에 세운 거야." 탈레턴 부인은 자랑스럽게 말했다. "바깥양반이 메이컨까지 가서 마차에 싣고 운반해 온 거야."

묘비! 퍽 값비싼 것임에 틀림없다. 스칼렛은 문득 맨 처음 느낀 것처럼 탈레턴 집안 사람들이 그다지 딱하지 않다고 생각했다. 식량값이 너무 비싸서 거의 손에 넣기 어려운 이때 소중한 돈을 묘비에 써 버리는 사람은 동정할 가치가 없다. 게다가 어느 비석에나 몇 줄씩의 글자가 새겨져 있다. 글자가 많으면 많은 만큼 돈이 더 드는 것이다. 이 집 사람들은 모두 머리가 어떻게 된 것이 틀림없나! 세 아들의 시체를 집에까지 운반해 오는 데노 역시 꽤 많은 논이 늘었을 것이다. 단지 보이드의 시체만은 찾을 수가 없었고, 행방마저 묘연했다.

브랜트와 스튜어트를 매장한 중간에 있는 묘비에는 이렇게 기록되어 있었다. '생전에 쾌활하고 명랑했던 두 사람은 죽어서도 떨어지지 않으리.'

또 다른 묘비에는 보이드와 톰의 이름과 나란히 'Dulce et……'('조국을 위하여 죽은 것은 즐겁고 또한 명예로다……'로 시작되는 호라티우스 시의 한 구절)로 시작되는 라틴어의 글귀가 적혀 있었으나, 페이엇빌의 여학교 시절에 라틴어 시간을 어떻게 해서든지 빼먹기만 한 스칼렛으로서는 전혀 뜻을 알 수 없었다.

묘비에 그 많은 돈이 들어 있는 것이다! 어쩌면 이다지도 어리석은 사람들인가! 마치 자신의 돈을 함부로 써 버린 것처럼 그녀는 분개했다.

캐린의 눈은 야릇하게 빛났다.

"참 아름답다고 생각해요." 그녀는 첫 번째 묘비를 가리키며 속삭였다. 캐린에게는 그것이 아름답게 생각되는 모양이다. 무엇이든 감상적인 것에 그녀는 감격하는 것이다.

"그래." 탈레턴 부인은 말했다. 상냥한 목소리였다. "우리도 그 구절이 저 두 사람에게 알맞다고 생각하고 있어……. 둘은 거의 동시에 죽었단다. 스튜어트가 먼저고, 브랜트는 스튜어트가 떨어뜨린 깃발을 집어 올리려는 순간에 쓰러졌단다."

타라로 돌아오는 도중 스칼렛은 잠시 말없이 지금까지 여러 곳의 가정에서 목격한 일들을 생각했다. 그러자 모든 커다란 저택에 많은 손님이 모여들고, 돈은 얼마든지 있고, 검둥이들은 흑인 주택 구역에 떼를 지어 있고, 손질이 잘 되어 있는 밭에는 목화꽃이 만발했던 이 지방의 황금시대의 광경이 저도 모르게 그리워져서 견딜 수가 없었다.

'앞으로 1년만 지나면 이 근처의 밭은 온통 잔솔로 뒤덮이고 말 것이다.' 그녀는 생각하며 주위를 둘러싸고 있는 숲더미를 바라보며 몸서리를 쳤다.

'흑인들이 없으면 우리는 몸과 마음을 지탱하는 것이 고작이다. 흑인의 힘을 빌지 않고는 아무도 큰 농장을 경영할 수 없다. 많은 밭이 갈지도 않은 채 그냥 내버려질 것이고, 그렇게 되면 숲이 또 밭을 정복해 버릴 것이 틀림없다. 누구나 목화를 많이 재배할 수 없게 될 텐데, 그렇게 되면 우리는 도대체 어떻게 하면 좋단 말인가. 시골에서 사는 사람은 어떻게 될 것인가? 도시 사람들이라면 어떻게든지 해 나갈 수가 있겠지. 여태까지도 늘 그럭저럭 어떻게 해왔었다. 우리 같은 시골 사람들은 개척자 생활로 돌아가서 작은 통나무 오두막집을 짓고 살면서 조금밖에 안 되는 밭을 뒤지며 이슬 같은 목숨을 겨우겨우 이어가지 않으면 안 된다는 말인가.'

'아니, 아니…….' 그녀는 정색하며 생각했다. '타라는 절대 그렇게는 만들지 않는다. 설사 내가 직접 밭을 가는 한이 있더라도. 이 고장이나 이 주 전체가 다시 옛날처럼 숲으로 돌아가도 하는 수 없다. 그렇지만 타라만은 그렇게는 안 된다. 나는 묘비에 돈을 낭비하거나, 전쟁을 한탄하고 우는 것에 시간을 낭비하거나 할 생각은 없다. 어떻게 해서든지 기어코 일어난다. 남자들이 한 사람도 남지 않고 죽어 버렸다면 몰라도 그렇지 않은 한 반드시 어떻게든지 해나갈 수 있을 것이다.' 가장 나쁜 것은 흑인이 없어졌다는 것이 아니다. 남자들이, 젊은 남자들이 없어졌다는 것이다. 네 사람의 탈레턴 형제와 조 폰테인, 레이포드 캘버트와 먼로 형제, 그 밖의 언젠가 전사자 명부에서 읽은 페이엣빌과 존즈버러 출신의 모든 청년을 그녀는 생각해 냈다.

'필요한 만큼의 남자들이 남아 있기만 하면 어떻게 해 나갈 수 있다. 그러나…….'

문득 다른 생각이 마음속에 떠올랐다. 그녀가 다시 한 번 결혼할 생각을 먹는다면 어떨까. 물론 재혼하고 싶어서가 아니다. 결혼 같은 것은 확실히 한 번이면 족하다. 게다가 그녀가 앞으로나 지난날에나 결혼을 바라고 있었던 오직 한 남자는 애슐리뿐이었으나, 만약 아직 살아 있더라도 그는 이미 결혼해 버린 것이다. 그렇다면 지금 다시 재혼하려고 하면 어떻게 될 것인가? 결혼 상대로 도대체 누가 있단 말인가? 그렇게 생각하자 그녀는 무서워졌다.

"멜라니!" 그녀는 말했다. "남부 여자들은 앞으로 어떻게 될까?"

"그건 어떤 뜻이에요?"

"말 그대로야. 앞으로 여자들은 어떻게 될까? 결혼할 상대가 없잖아. 글쎄 멜라니, 젊은 남자들이 모두 전사해 버렸다면, 노처녀로 죽어야 할 여자가 남부 전체에서 몇 천 명이나 생긴 게 아니만 말이야."

"그리고 아이도 낳지 못하게 되겠군요." 멜라니가 덧붙였다. 그녀에게는 이것이 가장 큰 문제였다.

짐마차 안쪽에 앉아 있던 수엘렌에게도 이것이 새로운 생각이 아니라는 것은 그녀가 갑자기 울기 시작한 것으로 보아 분명했다. 크리스마스 이래 프랭크 케네디로부터는 아무 소식이 없었다.

그 원인이 우편 사무의 지체에 있는지, 아니면 그가 단순히 그녀의 애정을 희롱하고 그것만으로 잊어버리고만 때문인지 그녀로서는 전혀 짐작이 가지 않았다. 그렇지도 않다면 경우에 따라서는 전쟁이 끝날 무렵에 전사했을지도 모르는 일이다.

그러나 잊히는 것에 비하면 전사해 버리는 편이 훨씬 더 나을 것 같았다. 왜냐하면 캐린이나 인디어 윌크스의 경우처럼 죽은 애인에게 애정을 바치는 것이라면 적어도 어느 만큼은 떳떳하지만, 약혼자에게 버림받았다고 한다면 도무지 체면이 말이 아니기 때문이다.

"아, 제발 좀 울지 말아 줘!" 스칼렛은 말했다.

"언니가 아무렇지도 않게 그런 소리를 하는 건," 수엘렌이 흐느껴 울면서 말하였다. "언니는 이미 결혼해서 아이가 있고, 언니를 사랑했던 분이 있다는 것을 다들 알고 있기 때문이야. 그런데 나는 어떠냔 말이야! 언니는 내가 노처녀가 된다고 나를 빗대놓고 비꼬느라 그런 소리를 하겠지만, 노처녀가 된대도 그건 내 탓이 아니야. 난 정말 언니가 미워!"

"울지 마라! 내가 늘 찔찔 짜는 사람을 얼마나 싫어하는지 너도 잘 알 거야. 그 생강빛 구레나룻 영감은 죽지도 않았고 이제 곧 돌아와서 너와 결혼할 것이라는 것은 너 자신도 잘 알고 있잖니. 그 사람은 그것밖에는 다른 재주가 없단 말이다. 하지만 나라면 그런 사람하고 결혼하느니 노처녀가 되는 편이 훨씬 낫겠다."

마차 뒤쪽에서는 잠깐 아무 소리도 들리지 않았다. 캐린은 멍청히 수엘렌의 어깨를 쓰다듬으면서 위로하고 있었으나, 그녀의 마음은 거기에 있지 않았다. 3년 전 브랜트 탈레턴과 말을 타고 나란히 지났던 길을 마음속으로 다시 그려 보고 있었던 것이다.

"아," 멜라니는 쓸쓸하게 말했다. "훌륭한 젊은이들이 없어져 버렸으니 남부는 앞으로 어떻게 될까? 만약 그 사람들이 살아 있었다면 남부는 어떻게 되었을까? 우리는 그 사람들의 용기와 정력과 두뇌를 얼마든지 활용할 수가 있었을 텐데. 스칼렛, 우리처럼 아들이 있는 사람은 모두들 죽은 사람들처럼 훌륭한 청년으로 길러내야 되겠지요?"

"그런 사람들은 두 번 다시 나지 않을 거야." 캐린이 차분한 목소리로 말했다. "그 사람들을 대신할 사람은 한 사람도 없어요."

타라로 돌아가는 나머지 길을 그녀들은 잠자코 마차를 타고 달렸다.

그 뒤 며칠 되지 않은 어느 날 캐들린 캘버트가 해질 무렵에 타라로 찾아왔다. 그녀의 부인용 안장은 스칼렛이 여태까지 본 적이 없을 만큼 한심한, 귀가 축 늘어지고 절룩거리는 노새 등에 매여 있었다. 캐들린 역시 타고 있는 노새에 못지않을 만큼 처량한 모양이었다. 드레스는 옛날 같았으면 하녀들밖에 입지 않았을 것 같은 모양에다가 색이 바랜 깅엄[14]이었고 볕을 가리는 모자를 삼베 실로 턱에다 매고 있었다. 그녀는 앞쪽 현관까지 노새를 타고 왔는데, 노새에서 내리려고는 하지 않았다. 그때까지 석양을 바라보고 서 있던 스칼렛과 멜라니는 계단을 내려가서 그녀를 맞았다. 캐들린의 얼굴은 스칼렛이 찾아갔던 날의 캐이드처럼 창백하게 굳어 있었고, 말을 하면 얼굴이 부서져 버리지 않을까 하고 생각될 만큼 부실해 보였다. 그러나 그녀는 꼿꼿하게 등을 펴고 고개를 끄덕여 두 사람에게 인사를 하면서도 허리를 높이 세우고 있었다.

윌크스 댁에 바비큐파티가 열렸던 날, 자기와 캐들린이 레트 버틀러의 이야기를 소곤거리며 주고받았던 일이 있었다는 것을 스칼렛은 문득 생각해 냈다.

푸른색 오건디의 얇은 옷을 입고, 향기 그윽한 장미꽃을 새쉬에 꽂고, 예쁜 검정 벨벳 실내화를 레이스로 가느다란 발목에 동여맸던 그날의 캐들린의 맵

---

14) 굵은 실로 짠 격자무늬 옷감.

시는 무척 사랑스럽고 싱싱해 보였었다. 그러나 지금 격식을 차리고 딱딱하게 노새 등에 앉아 있는 그녀에게는 그러한 소녀적 옛모습은 전혀 찾아볼 수 없었다.

"모처럼이지만 이대로 실례해야 되겠어." 그녀는 말했다. "나 결혼하게 되어서 그것을 알리려고 왔어."

"어머나!"

"어느 분하고?"

"캐들린, 정말 대단하다!"

"언제지?"

"내일이야." 캐들린은 조용히 대답했으나 그 목소리에는 무언가 두 사람의 얼굴에서 미소를 거두게 하는 것이 있었다. "내일 나는 존즈버러에서 결혼하게 돼서 알리려고 왔지만, 너희를 초대하지는 않겠어."

두 사람은 어이가 없어서 그녀의 얼굴을 쳐다보면서 잠자코 그 뜻을 생각하고 있었다. 이윽고 멜라니가 말했다.

"어느 분이지? 우리가 아는 분이니?"

"응." 캐들린은 짧게 말했다. "힐튼 씨야."

"힐튼 씨?"

"그래, 우리집 농장감독 힐튼 씨."

스칼렛은 '어머나!' 하고 놀라는 소리조차 지를 수 없었다. 문득 멜라니를 내려다본 캐들린은 낮고 사나운 소리로 말했다. "멜라니, 네가 울면 나도 참을 수 없잖아. 난 죽어 버릴 거야!"

멜라니는 아무 말도 하지 않고 등자에서 드리워져 있는, 손으로 만든 볼품없는 신을 신고 있는 발을 어루만졌다. 그녀의 얼굴은 푹 수그러져 있었다.

"내게 손을 대도 싫어! 어느 쪽도 나는 참을 수가 없단 말이야!"

멜라니는 손을 떼었으나 여전히 얼굴을 들려고 하지는 않았다.

"나 돌아가야 해. 잠깐 그것만 알리러 왔던 거야."

여전히 창백한 부서지기 쉬운 가면 같은 표정을 하고 그녀는 고삐를 잡았다.

"케이드는 좀 어때?" 스칼렛이 물었다. 그녀는 전혀 사태를 이해할 수 없었지만, 그러면서도 그 어색한 침묵을 깨뜨릴 말을 찾아내려 하고 있었던 것이다.

“거의 죽어 가고 있어.” 캐들린은 퉁명스럽게 말했다. 그 목소리에는 아무런 감정도 들어 있지 않은 것 같았다.

“내가 결혼하면 캐이드도 자기가 죽은 뒤에 누가 나를 보살펴 줄 것인가 하는 걱정하지 않고 마음놓고 조용히 죽을 수 있을 거야. 계모는 자기 아이들을 데리고 북쪽으로 가기로 했어, 내일. 그럼 나 돌아가겠어.”

멜라니는 얼굴을 들고 캐들린의 심각한 눈을 마주 보았다. 멜라니의 속눈썹에는 눈물이 반짝거렸고, 눈에는 이해의 빛이 감돌았다. 그것을 보자 캐들린의 입술은 울음을 참는 씩씩한 아이처럼 경련이 이는 미소로 일그러졌다. 스칼렛은 뭐가 뭔지 도무지 영문을 알 수가 없었다. 캐들린 캘버트가, 부유한 농장주의 딸인 캐들린이, 이 군내에서는 스칼렛 다음으로 어느 처녀보다도 애인이 많았던 캐들린이 어째서 한낱 농장감독 따위와 결혼하려고 하는 것인지 스칼렛은 너무나 어리둥절했다.

캐들린은 몸을 구부리고 멜라니는 발돋움을 했다. 둘은 키스했다. 그리고 캐들린은 고삐로 철썩 채찍질을 했다. 늙은 노새가 천천히 움직이기 시작했다.

멜라니는 흐르는 눈물을 적시면서 그 뒷모습을 배웅하고 있었다. 스칼렛은 아직도 멍하니 그것을 바라보고 있었다.

“멜라니, 저 애가 정신이 돈 거 아니야? 그런 남자를 사랑하다니 말도 안 돼.”

“사랑한다고? 스칼렛. 지나가는 말이라도 그런 가혹한 말을 해서는 안 돼! 아, 불쌍한 캐들린! 불쌍한 캐이드!”

“당치도 않잖아!” 스칼렛은 짜증을 내며 외쳤다. 언제나 멜라니가 자기보다도 빨리 사정을 알아차리는 것이 못마땅했다. 캐들린의 입장이 그녀에게는 비극으로 느껴지기보다 놀라운 일로 느껴졌다. 물론 북부 태생의 백인 쓰레기와 결혼하는 것은 유쾌한 일일 수는 없지만, 뭐니뭐니해도 농장에 젊은 여자가 혼자서 살 수는 없는 것이다. 힘이 되어 줄 남편을 갖아야만 하는 것이다.

“언젠가 내가 말한 대로야. 멜라니. 여자들은 적당한 결혼 상대가 없기 때문에 결국은 아무하고라도 결혼하지 않으면 안 되는 거야.”

“아니, 꼭 결혼할 필요는 없어요! 노처녀가 되었다고 조금도 부끄러워할 건 없다고 생각해요. 피티 고모님을 보아요. 아, 나는 차라리 캐들린이 죽는 걸 보는 편이 낫겠어! 캐이드만 해도 분명히 그렇게 생각하고 있을 거야. 캘버트 집

도 이젠 마지막이야. 정말 그 사람에게서, 그 사람들한테서 어떤 아이가 태어
날 것인지 생각 좀 해보란 말이야. 아, 스칼렛, 빨리 포크에게 안장을 차리라고
해서 그 애 뒤를 쫓아가 주어요. 그리고 캐들린에게 우리와 함께 살자고 권해
줘요!”

“맙소사!” 스칼렛은 외쳤다. 멜라니가 대수롭지 않은 일처럼 캐들린에게 타
라를 제공하라는 태도에 몹시 놀랐던 것이다. 그녀는 군식구를 한 사람 더 먹
여 살릴 생각이 전혀 없었다. 그래서 말을 하려고 했지만, 멜라니의 슬픔에 짓
눌린 얼굴을 보자 차마 망설이지 않을 수 없었다.

“그 앤 오지 않아요, 멜라니.” 그녀는 하고 싶은 말과는 다른 말을 했다. “멜라
니도 오리라고는 생각하지 않지? 그렇게 콧대가 높은 애인데, 그걸 동정이라고
생각할 거야.”

“그건 그래요, 그럴 거야!” 큰길 저편으로 사라져 가는 조그만 붉은 먼지 구
름을 바라보면서 멜라니는 망연하게 대답했다.

‘너는 벌써 몇 달씩이나 내 집에 있지만,’ 시누이 쪽을 보면서 스칼렛은 짜증
스럽게 생각했다. ‘자기가 남의 동정으로 살아가고 있다는 것은 한 번도 생각
하지 못했지. 언제까지나 생각하지 못할 거야. 너는 전쟁도 그 인간성을 바꾸지
못한 사람 가운데 하나야. 그리고 마치 아무 일도 일어나지 않았던 것처럼. 우
리가 크로이소스[15]처럼 돈 많고, 주체 못할 만큼 먹을 것이 있고, 손님이 몇 사
람씩 묵어도 상관없는 것처럼 생각하면서 살아갈 수 있는 사람이야. 나는 한
평생 너를 내 목에 매달고 다녀야 된다고 생각하고는 있지만, 캐들린까지 내 목
에 매달 생각은 없단 말이야.’

30

평화가 찾아온 따뜻한 여름, 타라의 고립된 상태가 갑자기 달라졌다. 그로부
터 수개월 동안 허수아비처럼 마르고 수염투성이 얼굴에 누더기 옷을 입은 채
아픈 다리를 끌며, 언제나 굶주린 사람의 물결이 황톳길 언덕을 타라까지 올라
와서, 현관 계단에서 쉬면서 먹을 것을 구걸하고 하룻밤 잠자리를 청했다. 그

---

15) 리디아 최후의 왕.

들은 고향을 향하여 돌아가는 남군의 패잔병이었다. 철도는 존스턴 군의 패잔 부대를 북캐롤라이나에서 애틀랜타까지 실어다가 거기서 내려놓았다. 그리하여 애틀랜타로부터 그들의 도보 행군이 시작되었다. 존스턴 군의 병사들이 한 차례 지나고 나면, 버지니아 부대의 참전 용사들이 기진맥진해서 찾아들었다. 그 다음에는 서부 전선의 장병들이었다. 그들은 이미 없어져 버렸는지도 모르는 집과 생사조차 확실치 않은 가족들에게로 고향을 향하여 남쪽으로 발을 옮겨 놓는 것이었다. 대부분은 도보였고, 몇 사람 재수 좋은 사람들만이 말라비틀어진 말이나 노새를 타고 있었다. 이들 동물은 항복 조건에 의해서 소유가 허락된 것들이지만, 누가 보아도 플로리다나 남조지아까지 무사히 갈 수 있으리라고 생각되지 않을 만큼 쇠약해 있었다.

집으로! 집으로! 이것이 병사들의 가슴에 있는 오직 한 가지 생각이었다. 어떤 사람은 서글픈 듯이 침묵을 지키고 어떤 사람은 갖은 고생을 비웃으며 명랑한 체 굴고 있었지만, 똑같이 가슴속에 있는 것은 모든 것이 끝났다는 생각이었고, 집으로 돌아간다는 그 한 가지가 그들을 지탱하고 있었다. 괴로운 얼굴을 하고 있는 사람은 적었다. 비통함은 집을 지키는 여자나 노인에게 내맡겨 버렸던 것이다. 그들은 잘 싸웠다. 그리고 진 것이다. 앞으로는 그들이 그것을 위해서 싸웠던 깃발 밑에서 평화롭게 살고 싶다고 바랄 뿐이다.

집으로! 고향으로! 그들은 이 말밖에는 입에 담지 않았다. 전투에 대해서도, 부상당한 이야기도, 포로가 되었던 것도, 장래의 계획도, 아무것도 말하지 않았다. 훗날 전쟁의 추억을 되살려서 아들이나 손자에게 진중에서 한 장난, 약탈, 돌격, 굶주림, 강행군, 부상 따위에 대해서 이야기할 때도 있겠지만, 지금은 아니다.

한 팔이 없는 사람, 한쪽 다리가 없는 사람, 한쪽 눈이 없는 사람도 있었고, 많은 사람이 상처 자국을 가지고 있었으므로 만약 일흔 살까지 살게 된다면 비가 오는 날에는 옛 상처가 쑤시는 일도 있겠지만, 지금은 그런 것은 문제가 아니었다. 더 먼 뒷날에는 달라지겠지만.

노인도, 젊은이도, 수다쟁이도, 입이 무거운 사람도, 농장 주인도, 혈색이 나쁜 빈농도 모두 공통된 한 가지를 경험하고 있었다. 이와 이질이었다. 이 기생충에 대해서는 남군 병사들은 모두 익숙해져서 마음도 쓰지 않고 숙녀들 앞에서도 거리낌없이 벅벅 긁고 있었다. 이질에 대해서는—귀부인들은 이것을 점 잖게 '적리(赤痢)'라고 부르고 있었다—병사에서 장군에 이르기까지 한 사람도 빼놓지 않은 것만 같았다. 절반은 굶은 4년 동안, 거칠고 푸르고 썩기 시작한 양식뿐이었던 4년이 그들에게 이 병을 가져다주었던 것이다.

타라에서 묵은 병사들은 겨우 회복되기 시작했거나 혹은 현재 앓고 있는 사람들뿐이었다.

"남군에는 창자가 성한 사람은 한 명도 없나보군입쇼." 마미는 침울하게 중얼거리면서 엘렌이 이 병의 묘약이라고 말하던 검정 딸기 뿌리를 달인 쓴 약을 만들기 위해 불 옆에서 땀을 뻘뻘 흘리고 있었다. "남군의 신사들이 지신 것은 북군 때문이 아니라 아무래도 자기들의 배 속 탓인 것 같군입쇼. 배 속이 물이 되어서야 아무리 신사라도 견딜 재간이 없습죠."

마미는 한 사람도 빼지 않고 그 달인 약을 먹였다. 배 속은 좀 어떠냐는 둥 그런 어리석은 질문은 아예 하지 않았다. 한 사람도 빠짐없이 순순히 얼굴을 찡그리면서 마미의 약을 마셨다. 아마 그들은 어딘가 먼 곳에서, 위엄 있게 지켜보는 검은 얼굴과 약숟가락을 들고 인정사정없이 먹으라고 권하던 검은 손이 생각났을 것이다.

'전우(이)'에 대해서도 마미는 역시 단호했다. 이가 끓는 병사는 절대로 타라에 들여 놓지 않았다. 우선 우거진 덤불 그늘로 데리고 가서, 군복을 벗기고 물을 가득 채운 대야와 센 빨랫비누를 내주어 더러운 몸을 씻게 하고 알몸을 이불이나 담요로 가리게 해 놓고 그 동안에 입고 있었던 것들을 큰 빨래 솥에 삶았다. 여자들은, 그런 짓을 하는 것은 병사들을 망신시키는 것이라고 완강히 말했지만 효과는 없었다. 아씨들에게 이가 옮으면 그거야말로 부끄러운 일이 아니겠냐고 마미는 대답했다.

병사들이 거의 매일처럼 찾아오게 되자 마미는 그들에게 침실을 내주는 것을 반대했다. 그녀의 눈을 벗어난 이가 그곳에 떨어져 있지는 않을지 그것이 걱정이었던 것이다.

옥신각신하기가 귀찮아서 스칼렛은 마미에게 거역하지 않고 벨벳 융단을 깐 객실을 그들의 침실로 하기로 했다. 마미는 엘렌 부인의 융단 위에 병사들을 재우는 것을 마치 신성을 모독하기라도 하는 것처럼 소란을 부렸으나 스칼렛은 들어 주지 않았다. 어디에라도 재우지 않으면 안 되었던 것이다.

이리하여 항복한 지 수개월이 지나자 융단의 두껍고 보드라운 털은 다 닳았고, 아무렇게나 구두 뒤꿈치로 세게 밟은 곳이나 박차에 부딪친 곳에는 굵은 씨실과 날실이 드러나고 말았다.

병사들 한 사람 한 사람을 붙잡고 그녀들은 열심히 애쉴리의 소식을 물었다. 수엘렌은 살짝 케네디의 소식을 물었다. 그러나 아무도 두 사람의 소식을 알고 있는 사람은 없었고, 뿐만 아니라 그들은 행방불명된 사람들의 이야기를 꺼렸다.

그들은 자기들이 살아 있다는 것만으로도 충분했던 것이다. 이름도 새겨지지 않은 무덤 아래 누워서 영원히 고향에 돌아갈 수 없는 몇천 명의 전우들을 생각할 여유는 없었다.

가족들은 그때마다 실망하는 멜라니의 기운을 북돋워 주려고 애썼다. 물론 애쉴리는 포로수용소에서 죽지는 않았을 것이다. 만약 죽은 것이 사실이라면 북부의 목사가 통지 정도는 해 줄 것이다. 틀림없이 그는 지금 집으로 돌아오고 있다. 그러나 그 수용소는 너무나 멀다. 기차를 타도 여러 날 걸린다. 애쉴리가 이들과 마찬가지로 걸어서 돌아온다고 하면 어째서 편지도 주지 않느냐고? 하지만 요즈음의 우편 상태는 멜라니도 잘 알고 있잖아. 배달이 복구된 곳조차 그 모양으로 불확실하고 엉망인걸. 만약…… 만약 돌아오다가 죽으면 어떻게 하느냐는 거야? 어쩌면 멜라니도, 그렇게 되면 틀림없이 북쪽 여자들이 알려 줄 거야…… 북쪽 부인이라고? 아니야……. 멜라니, 북쪽에도 친절한 부인은 있어. 암, 있고말고! 하느님이 친절한 부인이 없는 나라를 만드시지는 않을 거야! 스칼렛, 언니는 우리가 새러토가에서, 그때 친철한 북부 부인들을 만났던 일을 기억하고 있겠죠. 스칼렛, 그 부인의 이야기를 멜라니에게 들려 줘요!

"친절한 여자라고? 기가 막혀!" 스칼렛은 말했다. "그 여자는 노예를 부리는 데에 블러드하운드 종류의 사냥개를 몇 마리 기르고 있느냐느니 물었잖아! 나도 멜라니와 같은 의견이야. 남자든 여자든 북쪽 태생인 사람치고 친절한 사람이라곤 보지를 못했어. 하지만 울지 말아. 멜라니! 애쉴리는 틀림없이 돌아올 거야. 길이 먼 거야, 틀림없이. 그에게는 부츠가 없는지도 몰라."

애쉴리가 맨발일 것을 생각하자 스칼렛은 울고 싶어졌다. 다른 병사들이 모두 누더기를 입고 융단 조각이나 부대 조각으로 발을 싸맨 채 절룩거리더라도 상관없지만, 애쉴리 만은 그럴 거라고 하고 싶지 않았다. 그만은 힘센 말을 타고, 훌륭한 옷을 입고, 번쩍거리는 부츠를 신고, 모자에 새 깃털을 달고 돌아와 주기를 바랐다. 애쉴리도 이들 병사들과 같은 상태로 깎아내려 생각한다는 것은 그녀로선 그 이상 가는 괴로움은 없었던 것이다.

6월의 어느 날 오후, 타라 사람들이 모두 뒤쪽 현관에 모여서 아직 설익은 첫 수박을 포크가 자르는 것을 열심히 보고 있을 때 마차가 들어오는 자갈길에 말발굽 소리가 울리는 것이 들렸다. 프리시가 느릿느릿 일어나 현관 쪽으로 가자 뒤에 남은 사람들은 현관의 방문객이 늘 있는 병사들이겠지만 수박을 감출 것인가, 아니면 저녁상에 낼 것인가 하고 옥신각신하고 있었다.

멜라니와 캐린은 병사들에게도 대접을 해야 한다고 속삭였으나 스칼렛은 수엘렌과 마미도 거들고 해서 포크에게 얼른 그것을 감춰 버리라고 재촉하였다.

"모두 그런 바보 같은 소리를 하지 마. 우리도 모자라는 형편인데 배고픈 병사들이 두세 사람씩이나 오게 되면 우리는 누구 한 사람 맛볼 수 없잖아." 스칼렛은 말했다.

어느 쪽으로도 의견이 결정되지 않자 포크가 조그만 수박을 손에 든 채 우두커니 서 있을 때 프리시의 고함소리가 들렸다.

"큰일났사와요! 스칼렛 아씨! 멜라니 아씨! 빨리 나오시와요!"

"누굴까?" 외치는 것과 동시에 스칼렛은 계단을 뛰어올라서 멜라니와 어깨를 나란히 하고 복도로 뛰어나갔다. 다른 사람들 역시 그 뒤를 따랐다.

애쉴리다! 스칼렛은 생각했다. 아, 그렇다면 얼마나 좋을까?

"피터 할아범입니다요! 피티 고모님 댁의 피터 할아범이 와요."

모두 현관으로 달려가 보니 피티 고모댁의 늙은 폭군인 키 크고 머리가 희끗희끗한 흑인이 안장 대신 작은 요를 등에 두르고 쥐꼬리 같은 꼬리를 한 작은 말에서 내려오는 참이었다. 언제나 위엄 있는 표정을 짓고 있는 검고 큰 얼굴은 정다운 옛 친지를 만난 기쁨을 억누르느라 이마에 시무룩한 것 같은 주름을 짓고 있었으나 입은 이 빠진 늙은 사냥개가 반가워할 때처럼 아랫입술을 늘어뜨리고 있었다.

사람들은 계단을 뛰어내려가 그를 맞았다. 흰 손과 검은 손이 번갈아 그의 손을 잡고는 이야기를 걸었다. 그중에서도 멜라니의 목소리가 한결 높게 울렸다.

"고모님이 아프신 건 아니겠지?"

"네, 편찮으십니다요." 피터는 엄숙하게 먼저 멜라니를 보고 이어서 그 눈을 스칼렛에게 옮겼다. 두 사람은 어쩐지 뒤가 캥기는 것을 느꼈다.

"편찮으시긴 하지만 그보다도 아씨들의 소행을 몹시 노여워하고 계십니다. 바른말로 저도 마찬가지입죠만."

"어째서, 피터 할아범? 도대체 무슨 소리를……."

"변명은 필요 없습니다요. 피티 마님께서 몇 번씩이나 돌아와 달라고 편지를 내셨을 텐뎁쇼. 저는 이 눈으로 마님께서 편지를 쓰고 계시는 걸 보았습죠. 그리고 아씨들께서 이 보잘것없는 밭갈이가 바빠서 돌아가지 못한다고 답장을 보내셨을 때 마님께서 울고 계시는 것도 보았습죠."

"하지만 피터 할아범……."

"마님께서 그처럼 무서워하고 계시는데 어쩌면 아씨들은 피티 마님을 혼자 계시게 내버려두십니까요. 아씨들도 마님께서 여태까지 혼자 지내신 일이 없다는 것을 잘 알고 계실 텐뎁쇼. 마님께선 메이컨에서 돌아오신 뒤로는 언제나 조마조마하며 떨고 계십니다요. 피티 마님께선 당신이 가장 아씨들이 필요할 때에 당신을 내버려 두다니 도무지 아씨들 속을 알 수 없다고, 이 말을 잘 전하라고 제게 말씀하시더군입쇼."

"그만해!" 타라에 대해서 보잘것없는 밭갈이라고 한 말을 듣고 기분이 언짢아서 마미가 말했다. 도시에서 자란 무식한 흑인 따위는 밭과 농장의 구별조차도 할 줄 모른다고 생각했기 때문이다. "우리한테는 필요가 없다는 말이야? 우리에게 스칼렛 아씨나 멜라니 아씨가 얼마나 필요한 분인지 모른단 말이야? 피티 마님은 그렇게도 사람이 아쉬우시다면 왜 당신 오빠께 부탁하지 않는 거지?"

피터 할아범은 쏘는 듯한 눈으로 마미를 보았다.

"우리는 헨리 나리하고는 오랫동안 왕래가 없었어. 새삼스럽게 이 나이에 가까이 지낼 수도 없잖아." 그러고 나서 그는 웃음을 참고 있는 여자들 쪽을 보았다. "아씨들은 불쌍한 피티 마님을 내버려 두고 부끄럽다고 생각하지 않으십니까요. 그분의 친지들은 절반은 전사하고, 절반은 메이컨으로 가 버렸습니다요. 게다가 애틀랜타는 지금은 북군과 해방된 검둥이들로 우글거리고 있습죠."

두 여자는 할아범이 나무라는 말을 될 수 있는 대로 다소곳이 참고 있었다. 피티 고모가 피터를 보내어 두 사람을 애틀랜타로 데려가려는 것을 알자 도저히 더는 참을 수가 없었다. 그래서 두 사람은 끝내 웃음을 터뜨리고 말았다. 그리고 서로 어깨에 기대고 너무나 우스워서 가눌 수 없는 몸을 버티고 있었다. 포크와 딜시와 마미도 사랑하는 타라를 욕한 사나이를 무시하는 이 웃음소리를 듣자 역시 킬킬거리며 웃어댔다. 수엘렌과 캐린도 킥킥거리며 웃음을 참고, 제럴드의 얼굴에까지 얼빠진 웃음이 떠올랐다. 피터 말고는 모두 웃었다. 피터는 치미는 분노 때문에 중심을 잃기 시작한 커다란 밭장다리 발을 다른 쪽 발로 바꿔 디디었다.

"뭐가 어쨌다는 거지, 검둥이 양반?" 마미는 싱글싱글 웃으면서 물었다. "늙어빠져서 어른 시중을 들 수 없다는 건가?"

피터의 분노가 터졌다.

"늙어빠져? 이 내가 늙어빠졌다고? 어림도 없어! 나는 옛날이나 마찬가지로 앞으로도 피티 마님의 시중을 들 수 있단 말이다. 피란할 때 마님을 메이컨까지 모시고 간 게 내가 아니었냐는 말이야. 메이컨까지 북군이 와서 마님께서 너무 무서워 졸도하셨을 때도 줄곧 시중을 든 건 나였단 말이야! 그리고 이 작은 말을 사서 마님을 애틀랜타로 도로 모셔 오고, 마님과 마님 아버님의 은그릇들을 탈 없이 가져다 드린 것도 내가 아니고 누구란 말이야?" 피터는 될 수 있는 대로 몸을 젖히고 변명했다. "나는 조금도 시중 드는 것을 가지고 이러쿵저러쿵하는 게 아니야. 세상 사람들의 소문을 말하는 거야."

"누구의 어떤 소문인데?"

"피티 마님이 혼자 살고 계시니까 남들이 말을 할 것 아닌가. 독신 여자가 혼자서 살림을 한다는 것은 어쨌든 이상한 소문이 나기 마련이니까." 듣는 사람에게는, 그가 분명히 피티팻을 열여섯 살 난 포동포동하고 아름다운 처녀로 여기므로 어떻게든지 세상의 나쁜 소문에서 막아 주어야 한다고 생각하고 있는 것처럼 들렸다.

“나는 마님에 대한 일을 세상 사람들이 이러니저러니 지껄이게 하고 싶지는 않아. 마님이 동거인을 두는 데 대해서 나는 반대야. 그래서 마님께도 그렇게 말씀드렸지. 마님께 친척이 있는 한 동거인은 안 된다고 말이야. 그래도 마님의 친척들은 못 본 체하고 있어. 피티 마님은 정말 어린아이라서……..”

이 말에는 스칼렛도 멜라니도 한층 웃음이 터져나와 계단에 쪼그리고 앉아 버렸다. 이윽고 멜라니는 웃느라고 흘린 눈물을 닦고 말했다.

“피터 할아범! 웃어서 미안해. 정말이야! 나를 용서해. 스칼렛 아씨나 나나 지금은 돌아갈 수가 없단 말이야. 9월이나 되어 목화 따는 일이 끝나면 돌아가게 될지도 모르지. 그런데 고모님은 그 뼈와 가죽밖에 없는 말에다 우리를 태워 가지고 돌아오라고 먼 길을 할아범을 보내신 건가?”

이 질문을 받은 피터는 얼른 턱을 당겼다. 그 주름투성이의 검은 얼굴에 자책과 낭패의 빛이 스쳐갔다. 거북이가 등껍질 속으로 목을 움츠리듯 그는 재빨리 그 쭉 내민 아랫입술을 끌어당겼다.

“멜라니 아씨, 저도 이젠 그럭저럭 나이를 먹었군입쇼. 실은 여태까지 마님께서 저를 보내신 용건을 까맣게 잊고 있었군입쇼. 그것도 무척 소중한 용건입죠. 아씨께 편지를 가지고 왔습죠. 피티 마님은 제가 가지고 가지 않으면 우편이든 인편이든 마음을 놓을 수 없다 하시면서 저에게 주셨는뎁쇼.”

“편지? 내게? 누구에게서?”

“그건 말입죠. 피티 마님은 저보고 멜라니 아씨를 놀라게 하지 말라고 간곡히 말씀하셨습죠. 그래서 저는……..”

멜라니는 벌떡 일어서면서 가슴에 손을 얹었다.

“애쉴리야! 틀림없이 애쉴리야! 그가 죽은 거야!”

“아닙니다요! 아닙니다요!” 피터는 외쳤다. 누덕누덕 기운 윗도리 안주머니를 더듬으면서 외친 그의 목소리는 비명에 가까울 만큼 높아졌다.

“나리는 살아계십니다요. 이게 나리께서 보내신 편지입죠. 나리는 돌아오십니다요. 나리는, 아이구, 저런! 아씨를 붙잡아 드려, 마미! 내가……..”

“아씨에게 손대지 말아, 이 멍청한 늙은이야!” 마미는 호통을 치면서 땅바닥에 쓰러지려는 멜라니의 몸을 부축했다. “이 시원찮은 검정 원숭이 같으니라구! 놀라게 하지 않느니 어쩌니 하더니! 자, 포크, 발을 잡아요, 캐린 아가씨, 머리를 잡고 계십쇼. 객실 소파에 눕혀 드려야겠습니다요.”

스칼렛을 제외한 사람들이 까무러친 멜라니 주위로 모여서 와글와글 떠들고 놀란 소리를 지르면서 물이야, 베개야 하고 집 안을 우왕좌왕했다. 스칼렛과 피터만이 현관에 남게 되었다. 스칼렛은 할아범의 말에 놀란 나머지 뛰어나온 그 자리에 그대로 뿌리가 내린 것처럼 움직이지 못하고 서서 편지를 펄럭이면서 기운 없이 서 있는 할아범을 지켜 보고 있었다. 피터는 섬은 얼굴에 평소의 위엄은 흔적도 없고, 어머니에게 꾸중들은 아이처럼 풀이 죽어 있었다.

잠깐 스칼렛은 말을 할 수도 몸을 움직일 수도 없었으나 그래도 마음속으로는 외치고 있었다.

‘그는 죽지 않았다! 그가 돌아온다.’ 그러나 기쁨도 흥분도 느낄 수 없었다. 그저 어리둥절할 뿐이었다. 달래는 듯하는 피터 할아범의 처량한 목소리가 아득히 먼 데서 오는 것이 들렸다.

“친척 되시는 윌리 버 나리께서 일부러 메이컨에서 갖고 오셔서 피티 마님께 전해 주셨습죠. 윌리 나리는 애쉴리 나리와 같은 수용소에 계셨다는 군입쇼. 윌리 나리는 말을 구할 수 있어서 빨리 도착하셨는데, 애쉴리 나리께서는 걸어서 오시느라고……”

스칼렛은 그 편지를 그의 손에서 낚아챘다. 피티의 필적으로 멜라니에게 보낸 것이었으나 그런 것에는 아랑곳하지 않고 겉봉을 뜯었다. 겉봉을 뜯자 동봉한 피티의 편지가 날아 떨어졌다. 봉투 속에 접은 종이쪽지가 들어 있었다. 더러운 호주머니에 들어 있었던 까닭인지 종이쪽지는 때가 묻고 꼬깃 꼬깃 구겨져 끝 쪽은 닳아서 해져 있었다.

거기서 애쉴리의 필적으로 ‘조지아 주 존즈버러 트웰브 오크스, 또는 애틀랜타 시, 사라 제인 해밀턴 씨 댁, 조지 애쉴리 윌크스 부인 귀하’라고 적혀 있었다.

떨리는 손끝으로 그것을 펴서 읽었다.

‘사랑하는 이여, 나는 당신에게로 돌아가오……’

눈물이 흘러내리기 시작해서 다음은 읽을 수가 없었다. 가슴은 기쁨에 파도치고, 이 기쁨을 이길 수 있을까 하는 생각마저 들었다. 편지를 움켜쥔 채 현관 계단을 뛰어올라가서 복도를 지나 객실로 들어갔다. 그곳에는 모든 사람이 까무러친 멜라니를 간호하느라 허둥지둥 서로 걸리적거리고 있었다. 그곳을 지나 엘렌의 사무실로 뛰어들어 갔다. 그리고 문을 닫고 자물쇠를 잠그고 낡아서 용수철의 힘이 풀린 소파에 몸을 던지고는 울기도 하고 웃기도 하고, 편지에 키스도 했다.

"사랑하는 이여" 하고 그녀는 속삭였다. "나는 당신에게로 돌아가오."

애쉴리에게 날개라도 돋지 않는 한 일리노이에서 조지아까지 걸어오려면 몇 주일 또는 몇 개월은 걸릴 것임은 상식적인 이야기인데도, 타라로 통하는 가로수길에 병사의 모습이 보일 때마다 가슴이 세차게 두근거렸다. 수염을 기르고 허수아비처럼 된 모습을 보면 누구나 한 번은 애쉴리로 보였다. 만약 애쉴리가 아니더라도 그의 소식을 아는 병사이거나, 혹은 그의 소식을 전하는 피티 고모의 편지를 가지고 온 사람인지도 모른다고 생각하기도 했다. 말소리를 들을 때마다 백인이나 흑인이나 현관으로 뛰어나왔다. 군복만 보면 말뚝을 패서 장작을 만들던 사람이건 목장이나 목화밭에서 일하던 사람이건 모두 달려왔다. 편지가 오고 나서 한 달 동안은 일이 손에 잡히지 않았다. 그가 돌아왔을 때, 집안일을 등한히 했던 것이 알려질까 봐 모두 두려워했다.

스칼렛은 특히 그랬다. 그녀는 자기가 일을 게을리하고 있는 만큼 다른 사람에게 일을 강요할 수도 없었다.

그러나 애쉴리는 돌아오지 않았고, 그의 소식도 없는 채로 몇 주일이 느릿느릿 지나갔다. 그리고 타라는 다시 본디 상태로 돌아갔다. 아무리 애타게 기다리는 마음이라도 기다리다 지치지 않을 수 없었다. 도중에 그의 몸에 무슨 탈이 생긴 것은 아닐까 하는 불안이 스칼렛의 마음에 스며들었다.

록아일랜드는 워낙 먼데다가, 풀려났을 때 그는 몸이 아주 쇠약했거나 혹은 병에 걸렸을지도 모른다. 그리고 돈도 없이 남군에게 적의를 품고 있는 지방을 걸어오는 것이다. 만약 그의 거처만 알 수 있다면 돈을 보낼 수도 있으련만. 그가 기차를 타고 빨리 돌아오게 하기 위해서라면 비록 가족들을 굶기는 한이 있더라도 그녀는 있는 돈을 긁어모아 그에게 보냈을 것이다.

'사랑하는 이여, 나는 당신에게로 돌아가오.'

맨 처음 치밀어 올라온 기쁨 속에 비로소 그녀의 눈이 이 구절에 닿았을 때,

스칼렛은 이것을 자기에게 돌아온다는 글로만 생각했다. 그러나 지금 냉정하게 깊이 따져 생각해 보니 그는 멜라니한테 돌아오는 것이다. 요즈음 명랑한 듯이 노래를 흥얼거리면서 집 안을 왔다 갔다 하는 멜라니에게로인 것이다. 이따금 스칼렛은 멜라니가 애틀랜타에서 아기를 낳았을 때 왜 죽지 않았을까 하고 쓰라리게 생각할 때가 있었다. 그랬다면 모든 것이 순조롭게 됐을 것을. 적당한 기간이 지난 뒤에 애쉴리와 결혼할 수도 있을 것이고 보를 위해서 상냥한 게모가 되이 주었을 텐데. 이런 생각이 떠올리도 요즈음 그녀는 히겁지겁 하느님 앞에 그것을 사죄하지는 않았다. 그녀는 더 이상 하느님을 두려워하지 않던 것이다.

병사들은 여전히 혼자서 또는 둘이서, 또는 열 명 이상이 떼지어 찾아왔다. 그들은 언제나 굶주려 있었다. 스칼렛은 아주 낙심한 나머지 차라리 메뚜기 떼에게 해를 입는 편이 났다고 생각하기도 했다. 그녀는 옛날 물자가 넉넉했던 시절에 꽃피었던 환대의 관습을 원망했다. 나그네에겐 귀천을 가리지 않고 하루를 묵어가게 하고, 사람이나 말에게 먹이를 주고, 온 집안이 나서서 대접하는 관습이었다. 그런 시절은 영원히 가 버렸다는 것을 그녀는 알았지만, 다른 가족들이나 병사들은 아직 그것을 깨닫지 못하고, 어느 병사라도 오랫동안 기다리던 손님이라도 맞는 것처럼 환대했다.

그런 일이 끝없이 계속됨에 따라 그녀의 마음은 굳어 갔다. 그들은 타라의 사람들이 먹을 식량을 먹고, 그녀가 등뼈가 아프도록 긴 밭고랑을 갈아서 가꾼 야채를 먹고, 몇 마일이나 마차로 몰고 가서 사온 식량을 먹어 버리는 것이다. 식량을 구하기란 여간 힘들지 않았고, 적병에게서 빼앗은 지갑 속의 돈도 영원토록 있을 리 없었다. 이제는 지폐 몇 장과 금화 두 닢이 남아 있을 뿐이었다.

어째서 그녀는 이 굶주린 사람들을 먹여 살리지 않으면 안 되는가? 전쟁은 이미 끝났다. 이제 그들이 자기들의 위험을 지켜 줄 리도 없다. 그래서 그녀는 병사들이 왔을 때에는 식량을 될 수 있는 대로 아끼도록 포크에게 단단히 말했다. 이 분부도 오래 실행되지는 못했다. 왜냐하면 보를 낳은 뒤로 도무지 회복이 시원치 못한 멜라니가 포크를 설득해서 자기 접시에는 먹을 것을 아주 조금만 담게 하고, 나머지를 전부 병사들에게 나눠 주고 있는 것을 알아챘기 때문이다.

"그러지 마, 멜라니." 그녀는 나무랐다. "멜라니는 아직 병자야. 좀더 먹지 않으면 또 앓아눕게 되어서 모두가 멜라니를 간호하지 않으면 안 되게 될 거야. 그 사람들에게는 배고픈 걸 참아 달라고 하자구. 그럴 수 있는 사람들이야. 4년간이나 참아 왔는데 조금쯤 더 참을 수도 있을 거야."

멜라니는 그녀 쪽을 돌아보았다. 그 얼굴에는 스칼렛이 처음 보는 노골적인 감정이 맑은 눈동자에 나타나 있었다.

"제발 스칼렛, 야단치지 말아 줘! 내가 하는 대로 그냥 내버려 두어요. 내가 그 때문에 얼마나 위안을 받는지 언니는 모를 거야. 내가 그 불쌍한 병사들에게 내 몫을 나누어 줄 때마다 어딘가 북쪽 거리에서 알지 못하는 여인이 나의 애쉴리에게 먹을 것을 나눠 주고, 그가 나에게로 돌아오는 것을 도와주는 것처럼 느껴지는 걸요."

'나의 애쉴리.'

'사랑하는 이여, 나는 당신에게로 돌아가오.'

스칼렛은 말없이 돌아서고 말았다. 그런 일이 있은 뒤로 손님에게 내는 음식 양이 많아진 것을 멜라니는 알아챘다. 그 한 입 한 입이 스칼렛에게는 아까워서 견딜 수 없었지만 그녀는 억지로 참았다.

병사들 중에는 병이 심하여 계속해서 걷지 못하는 사람도 있었다. 그런 사람이 퍽 많았지만, 스칼렛은 그 사람들을 마지못해 침대에 재웠다. 병자가 한 사람 있다는 것은 먹여야 할 입이 하나 늘었다는 것을 뜻한다. 그뿐 아니라 누군가가 붙어서 간호를 해야만 했다. 울타리를 세우거나 풀을 베거나 씨를 뿌리고 밭을 갈거나 하는 일 속에서 한 사람의 일손이 빠지게 되는 것이다.

겨우 얼굴에 금빛 솜털이 갓 나기 시작한 한 소년을 페이엇빌로 가는 기병이 타라의 현관에 내려놓고 간 일이 있었다. 기병은 의식을 잃고 길가에 쓰러져 있는 소년을 발견하자 우선 자기 안장에 태워서 가장 가까운 타라의 저택으로 데려왔던 것이다. 여자들은 이 소년을 셔먼 군이 밀리지빌에 거의 다다랐을 때 유년학교에서 소집된 소년병에 틀림없다고 생각했지만, 그것은 끝내 확인할 수가 없었다. 왜냐하면 소년은 의식을 회복하지 못한 채 죽어 버렸고, 주머니를 뒤져 보았지만 단서가 될 만한 것이 아무것도 없었기 때문이다.

분명히 양갓집 자제로 생각되는 아름다운 소년이었다. 아마 남쪽 어딘가에는 그 아이가 어디에 있을까, 언제 돌아올 것인가 하면서 그녀와 멜라니가 벅찬 기대를 안고 보도를 걸어오는 수염난 병사 한 사람 한 사람을 바라보듯이 거리를 바라보면서 이 소년을 기다리고 있는 부인이 있을 것이 틀림없다. 그녀들은 이 소년의 유해를 가족 묘지의 오하라 집 세 아들들과 나란히 묻었다.

포크가 무덤을 흙으로 덮을 때 멜라니는 다른 고장 사람들이 어디선가 애쉬리의 키 큰 시체에 똑같은 일을 하고 있는 것이 아닌가 생각하면서 소리내어 울었다.

윌 벤틴도 그런 한 사람으로, 이 이름 없는 소년처럼 의식을 잃은 채 동료 병사의 안장에 실려서 타라로 온 병사였다. 윌은 심한 폐렴을 일으켜서 여자들이 침대에 눕혔을 때는 곧 무덤 속 소년의 친구가 되는 것이 아닌가 하고 모두 걱정했다.

그는 남조지아의 가난한 농민 특유의 말라리아를 앓은 적이 있는 누런 얼굴을 하고 있었다. 머리카락은 바랜 담홍색이고, 빛이 없어진 푸른 눈은 의식이 없는 동안에도 참을성 있고 상냥했다. 한쪽 다리는 무릎에서부터 잘리고, 그 자리에는 거칠게 깎은 나무로 만든 의족이 달려 있었다. 바로 며칠 전에 묻은 소년이 농장 주인의 자제인 것을 대뜸 알 수 있었듯이 이 남자가 가난한 농부란 것도 대번에 알 수 있었다. 그러나 어떻게 그것을 알 수 있느냐고 해도 여자들로서는 뭐라고 설명할 수가 없었을 것이다. 윌은 여태까지 타라에 온 지체 있는 많은 신사 병사들에 비해서 특히 더 더러운 것도 아니고, 그다지 수염이 자란 것도 아니고, 이가 특히 더 많은 것도 아니었다. 그가 헛소리로 지껄인 말로보더라도 탈레턴네 쌍둥이에 비해 그다지 문법이 틀리지도 않았다. 그러나 그녀들은 순종 말과 잡종 말을 한눈에 가려내는 것처럼 본능적으로 자기들과는 계급이 다르다는 것을 느꼈다. 그러나 그 때문에 그를 소홀히 돌보는 일은 없었다.

윌은 북군의 포로수용소에서 1년이나 지내서 완전히 쇠약해지고, 게다가 잘 맞지 않는 의족을 끌며 먼 길을 걸어왔으므로 폐렴과 싸울 기력도 없어 며칠 동안 침대에 누운 채 계속 신음하면서 싸움터의 일이라도 생각나는지 이따금 일어나려고 했다. 그러나 한 번도 어머니라든가 아내라든가 자매나 연인 비슷한 사람의 이름을 부르지 않았다. 캐린은 그것이 마음에 걸렸다.

"누구나 사람에게는 무슨 일가붙이가 있기 마련이야." 그녀는 말했다. "그런데 이 사람은 이 세상에 그런 사람이 단 한 사람도 없는 것 같아."

바싹 여위어 있기는 했으나 억센 구석이 있었던지 친절하게 간호한 보람이 있어 그는 위험한 고비를 넘겼다. 이윽고 그의 엷은 푸른 눈이 주위를 확실히 알아보게 되고, 자기 곁에 앉아 있는 캐린에게 머무는 날이 왔다. 아침 햇살에 아름다운 머리카락을 빛내면서 그녀는 묵주를 세어 넘기고 있었다.

"그럼 역시 당신은 꿈속의 사람이 아니었군요." 그는 낮고 단조로운 목소리로 말했다. "너무 폐를 끼친 게 아닙니까, 아가씨."

그의 회복기는 길었다. 그러나 그는 창밖의 목련을 마라보면서 조용히 누워 누구에게나 별로 수고를 끼치지 않았다. 이렇게 조용하고 고통스럽지 않은 그의 침묵이 캐린은 마음에 들었다. 덥고 긴 오후를 그의 곁에 앉아서 말없이 부채를 부쳐 주기도 하였다.

캐린은 요즘 아주 말이 없어졌다. 그녀는 힘이 닿는 한도껏 일을 하면서 살아 있는 유령처럼 소리 없이 움직이고 있었다. 그리고 곧잘 기도를 했다. 스칼렛이 노크를 하지 않고 방에 들어가면 으레 침대 옆에 무릎을 꿇고 기도하는 모습을 발견하게 되는데, 그것을 볼 때마다 스칼렛은 짜증이 났다. 왜냐하면 스칼렛은 기도 같은 걸 하는 시대는 지났다고 느끼고 있었기 때문이다. 만약 하느님이 이렇게까지 자기들이 벌받아 마땅하다고 생각하는 것이라면 기도 따위는 드리지 않아도 상관이 없을 것이다. 스칼렛에게는 종교도 하나의 거래였다. 은총을 내릴 것을 교환 조건으로 하느님께 선행할 것을 약속하는 것이다. 더욱이 그녀의 사고방식에 의하면 하느님은 몇 번이나 그녀와의 거래 조건을 깨뜨렸다. 지금은 이미 하느님에게 아무런 대차 관계도 없다고 그녀는 느끼고 있었다. 그러므로 캐린이 낮잠을 자거나 헌옷이라도 기워야 할 시간에 무릎을 꿇고 있는 걸 보면, 그녀가 자신이 져야 할 무거운 짐이 나눠지기를 피하고 있는 것처럼 스칼렛에게는 느껴지는 것이었다.

의자에 앉을 수 있을 만큼 회복한 윌 벤틴에게 어느 오후 스칼렛이 그녀의 이 같은 태도에 대해 말하자 그는 낮은 소리로 "내버려 두시지요. 스칼렛 씨. 그것이 그녀의 위안이니까요" 하는 대답을 해서 스칼렛을 놀라게 했다.

“그 애의 위안이라고요?”

“그렇습니다. 그녀는 어머님과 그 사람을 위해서 기도하고 있을 겁니다.”

“그 사람이라니, 누구 말인가요?”

바랜 듯한 푸른 눈이 모래빛의 속눈썹 밑으로 당황하는 빛도 없이 그녀를 바라보았다. 어떤 일에도 허둥대거나 흥분하거나 하는 일 없는 얼굴빛이었다. 여태까지 너무나 뜻밖의 일만 수없이 경험해 왔으므로 놀랄 일이 없게 되었는지도 모른다.

스칼렛이 동생의 마음에 무엇이 숨겨져 있는지 모르는 데 대해서도 그는 이상하다고 생각하지 않았다. 그것은 캐린이 생면부지인 그에게 털어놓고 위로받는 것과 같이 어느 쪽이나 사실로서 당연하게 생각되는 것이었다.

“그녀의 애인이고, 게티스버그에서 전사한 브랜트인가 하는 청년 말입니다.”

“그 애의 애인이라고요?” 스칼렛은 잘라서 말했다. “그럴 리가 있나요! 그들 형제는 내 애인이었는걸요.”

“네, 그녀도 그렇게 말하더군요. 이 고을 청년은 대개가 당신의 애인이었던 모양이더군요. 하지만 그렇더라도 당신에게 버림을 당하자 그녀의 애인이 되었던 겁니다. 마지막 휴가로 귀향했을 때 두 사람은 약혼했다고 하더군요. 그녀가 언제나 바라보던 청년은 그뿐이었기 때문에 그를 위해서 기도하면 위로가 된다고 하더군요.”

“시시하기 짝이 없네요!” 하고 말은 했으나 스칼렛은 작고 가느다란 질투의 화살이 뚫고 지나가는 것을 느꼈다.

담홍색 머리와 온화하고 변함없는 눈과 딱 벌어진 어깨를 한 이 마른 사나이를 그녀는 다시 바라보았다. 그렇다면 이 남자는 그녀가 여태까지 골칫거리를 만들고 싶지 않아서 마음에도 두지 않던 그녀의 집 가족에 대한 일들을 알고 있단 말인가? 그래서 캐린이 줄곧 멍하니 기도만 하고 있는 까닭도 알았다는 것이다. 좋아, 그 애도 극복하게 되겠지. 많은 여자들이 애인의 죽음을 극복했다. 죽은 남편의 기억을 잊어버리고 만 사람도 있다. 그녀도 찰스를 잊었다. 애틀랜타의 어느 여자는 전쟁 때문에 세 번이나 과부가 되었지만, 지금도 남자들의 주의를 끌고 있다. 그녀는 그 이야기를 윌에게 했다. 그러나 윌은 머리를 저었다.

"캐린 씨는 다릅니다." 월은 분명히 말했다.

그는 별로 말을 하지 않으면서도 상대편 이야기를 잘 듣고 이해해 주는 무던한 말상대였다. 그래서 그녀는 씨뿌리기, 김매기, 모심기, 돼지 기르는 법, 암소의 새끼치기 등 무엇이고 그와 의논했다.

그러면 남조지아 주에 조그만 밭을 가지고 있으며 노예를 두 사람 부리고 있었던 그는 유익한 의견을 그녀에게 제공해 주었다.

그의 노예도 지금은 해방되어 밭에는 잡초와 잔솔이 무성할 것이다. 누이동생이 유일한 육친이지만, 몇 년 전 결혼해서 남편과 함께 텍사스로 이주했으므로 그는 사고무친한 신세였다. 그래도 그런 것은 버지니아의 싸움터에 남겨놓고 온 한쪽 다리와 마찬가지로 그에게는 고통을 주지 않는 것 같았다.

흑인들은 투털투덜 불평을 늘어놓고, 수엘렌은 떼를 쓰며 울고, 제럴드는 끈질기게 엘렌이 있는 곳을 묻는다. 이런 고달픈 날을 보내고 난 다음 월과 이야기하는 것은 스칼렛에게도 위로가 되었다.

그에게라면 무엇이나 이야기할 수가 있었다. 적병을 죽인 일까지도 털어놓아 "잘하셨군요"라는 간단한 칭찬을 받고는 자부심에 얼굴이 상기되었다.

월의 방은 마침내 온 집안 식구가 저마다의 불평을 쏟아 놓는 곳이 되고 말았다. 처음에는 신사가 아니라느니, 겨우 두 명의 노예밖에 가지고 있지 않았느니 하며 쌀쌀하게 굴던 마미까지도 역시 그를 찾아가게 되었다.

비틀거리면서도 집 안을 걸어다니게 되자 그는 떡갈나무 가지를 쪼개어 광주리를 엮기도 하고, 적병이 부수고 간 가구를 고치기 시작하기도 했다. 그는 손재주가 있어서 장난감을 만들어 주기 때문에 웨이드는 아예 옆에 붙어 떨어지지 않았다. 그것은 웨이드가 처음으로 가져보는 장난감이었다. 월이 집에 있으면, 웨이드나 두 어린아이를 놓아 둔 채 모두 마음놓고 일하러 나갈 수가 있었다. 왜냐하면 그는 아이를 보는 데 있어서는 마미 못지않게 익숙했기 때문이다. 다만 울며 보채는 검은 아기나 흰 아기들을 달래는 데에는 마미를 당해낼 수가 없었다.

"당신은 생면부지로 아무 관계도 인연도 없는 저에게 정말 친절하게 해 주셨습니다, 스칼렛 씨." 그는 말했다. "당신에게 당치도 않은 고생과 걱정을 끼쳐서 미안하게 생각하고 있습니다. 만약 좋으시다면 이대로 여기 눌러 있으면서 당신의 일을 도와드리며 은혜를 다소나마 갚았으면 싶은데, 어떻겠습니까. 무슨 짓을 해도 은혜를 다 갚을 수는 없겠지만 말입니다. 목숨을 건져 주신 데 대해서는 은혜를 갚을 도리가 없을 겁니다."

이렇게 해서 그는 그대로 눌러 있게 되었다. 그리고 서서히 눈에 띄지 않게 타라의 무거운 짐들이 스칼렛의 어깨에서 윌 벤틴의 앙상한 어깨로 옮겨갔던 것이다.

9월이었다. 목화를 따는 시기였다. 윌 벤틴은 스칼렛의 발 아래 현관 계단에 앉아서 기분 좋은 초가을 오후의 햇볕을 쬐고 있었다. 그리고 예의 무표정한 목소리로, 페이엇빌 근처에 신설된 조면공장이 조면 삯을 터무니없이 요구한다는 것, 그런데 오늘 페이엇빌에 갔더니 조면 공장주인이 2주일 동안만 말과 짐마차를 빌려 주면 삯을 4분의 1로 깎을 수 있다는 말을 하더라는 이야기를 하고 있었다. 그는 스칼렛과 상의한 뒤에 결정하려고 그 교섭을 일단 미루어 놓고 왔다는 것이었다.

그녀는 현관 기둥에 기대서서 짚을 씹고 있는 그의 여윈 모습을 흘끗 보았다. 마미가 가끔 말하듯 정말 윌은 하느님께서 내려 주신 사람이다. 만약 그가 없었더라면 지난 몇 달 동안 타라의 생활을 과연 꾸려낼 수 있었을지 의심스럽다고 스칼렛은 이따금 생각했다. 그는 결코 필요 이상의 말을 하지 않았다. 활기찬 티를 나타내는 일도 없었다. 주위 일에 대해 그다지 흥미를 갖고 있는 것 같지도 않았다. 그러나 타라에서 살고 있는 모든 사람들에 대해 무엇이든지 잘 알고 있었다. 뿐만 아니라 부지런히 일했다. 말없이 참을성 있게 실수 없이 해냈다.

외다리였지만 포크보다도 일이 빨랐다. 게다가 포크를 부리는 솜씨에 이르러서는 스칼렛을 놀라게 했다. 암소가 배앓이를 하거나 원인 모를 병으로 쓰러지거나 해서 이젠 도저히 살릴 가망이 없다고 생각될 때에도 윌은 며칠 밤이고 가축 옆에 붙어서 끝내 살려 내곤 했다. 게다가 스칼렛이 존경하는 점은, 그가 물건 거래에 있어서 참으로 빈틈이 없다는 점이었다. 한 부셸¹⁶⁾인가 두 부셸

---

16) 곡물이나 과일의 중량 단위로 8갤런에 해당.

인가의 사과, 고구마, 야채 따위를 싣고 아침에 나갔다가 이윽고 씨앗, 옷감, 밀가루 그 밖의 필수품을 가지고 돌아오는 것이었는데, 흥정 솜씨를 자랑하는 스칼렛으로서도 도저히 그만한 물건을 구해 올 수는 없을 것 같았다.

그는 차차 가족의 한 사람으로 대우받게 되고, 제럴드 방 옆의 작은 탈의실 침대에서 자게 되었다. 타라를 떠난다든가 하는 데 대해서는 그는 한 마디도 하지 않았고 스칼렛도 그 이야기는 꺼내지 않으려고 하고 있었다. 섣불리 물었다가 정말로 가버리면 큰일이라고 생각했기 때문이다. 가끔은 그녀도 만약 그가 지체 높은 인간이고, 어느 정도 진취적이라면 비록 집은 없어졌다 해도 고향으로 돌아가는 것이 당연하다고 생각할 때도 있었지만, 그렇게 생각하는 한편으로는 역시 언제까지나 있어 주었으면 하고 바라지 않을 수가 없었다. 뭐니뭐니해도 집안에 남자가 있다는 것만큼 편리한 일은 없었다.

그녀는 또, 캐린에게 쥐꼬리만한 분별이라도 있다면, 윌이 그녀에게 호의를 갖고 있는 것쯤 알아챌 만도 하다고 생각했다. 만약 윌이 스칼렛에게 캐린과 결혼하고 싶다고 말해 온다면 그녀는 아마도 진심으로 윌에게 감사했을 것이다. 물론 전쟁 전이었다면 윌은 얼토당토 않는 청혼자가 틀림없다. 가난뱅이 백인은 아니라 하더라도 적어도 대 농장주 계급의 인간은 아니다. 평범한 무지렁이에 소농이었으며, 말솜씨도 자칫하면 문법상의 잘못을 일으키기 일쑤였고, 오하라 집 사람들이 신사는 이래야 한다고 생각하고 있는 품위 있는 태도에도 모자라는 점이 있었다.

스칼렛도 그를 신사라고 생각할 수 있을까 어떨까 하고 생각했으나, 결국 신사라고 할 수는 없다고 결론지었다. 멜라니는 기를 쓰고 윌처럼 친절하고 남에게 배려하는 사람은 반드시 온화한 가정에서 태어났을 거라고 두둔하였다. 엘렌이라면 자기 딸 하나가 이런 남자와 결혼한다는 것은 생각만 해도 졸도했을 것이라고 스칼렛은 생각했다. 그러나 필요에 쫓겨 엘렌의 훈계에서 멀리 떨어져나온 현재로서는 그렇게 생각한다고 해도 별로 마음속에 거리낄 것은 없었다.

남자의 수는 줄어들었다. 뿐더러 여자들은 누군가와 결혼해야 한다. 그리고 타라에는 남자의 손이 필요한 것이다. 그러나 기도서에 더욱 깊이 빠져들어서 날이 갈수록 현실 세계와의 접촉을 잃어가는 캐린은 윌을 형제처럼 살뜰하게 대하기는 하였지만, 포크를 아무렇지도 않게 생각하듯이 윌도 아무렇지도 않게 생각하고 있었다.

'내가 여태까지 해준 것에 대해서 만약 캐린이 조금이라도 감사하는 마음이 있다면, 윌과 결혼해서 그 사람을 타라에 주저앉히는 것이 당연하다'고 스칼렛은 괘씸하게 생각했다. '그런데 그 애에게는 그런 마음이 없다. 그러면서 진지하게 생각해 주었는지도 알 수 없는 철없는 청년을 언제까지나 잊지 못하고 시간을 낭비하고 있는 거야.'

이리하여 윌은 스칼렛도 분명히 알 수 없었으나 어쨌든 타라에 머물러 있었다. 그녀에 대한 그의 사무적인 솔직한 태도가 그녀는 유쾌하기도 했고 믿음직하기도 했다. 그는 머리가 멍청해진 제럴드에 대해서도 깍듯이 공손하게 굴었으나, 진정한 집주인으로서 상의를 하는 것은 스칼렛에게였다. 그녀는 조면공장 주인에게 말을 빌려주자는 윌의 제안에 동의했다. 잠깐이지만 가족들은 교통기관을 잃은 셈이었는데, 이것을 가장 비관한 건 수엘렌이었다. 그녀의 가장 큰 즐거움은 윌이 마차를 몰고 존즈버러나 페이엇빌로 볼일을 보러갈 때 가족들의 가장 고운 것들을 그러모아 차려입고는 옛 친구들을 찾아가서 고을 안의 소문을 듣고, 옛날 타라의 오하라 댁 따님이 된 것 같은 기분에 젖는 것이었다. 수엘렌은 그녀가 마당의 풀을 뽑거나 이부자리를 정돈한다는 것을 모르는 사람들에게 가서는 고상한 척 뽐낼 기회라도 있으면 절대로 그 기회를 놓치지 않았다.

안됐지만 그 뽐내기 좋아하는 아가씨에게도 두 주일쯤 참아 달래야 하고 스칼렛은 생각했다. 물론 그 대신 이쪽도 동생들의 불평이나 징징거리는 소리를 참아야겠지만.

아기를 안고 베란다로 온 멜라니는 그곳에 낡은 모포를 깔고, 그 위에 보를 기어다니게 하고 있었다. 애쉴리에게서 편지가 온 뒤로 멜라니의 시간은 행복하게 노래를 흥얼거리는 시간과 심한 불안에 시달리는 시간으로 나뉘어 있었다. 그러나 행복해 보이거나 울적해 하고 있거나 간에 너무나 여위고 너무나 파리했다. 그녀는 자신에게 맡겨진 일은 군소리 없이 했으나, 늘 어딘가 성치 않은 것 같았다. 폰테인 노선생은 부인병이란 진단을 내리고 보를 낳지 말았어야 했다는 점에 대해선 미드 박사와 같은 의견을 내놓았다. 그리고 솔직하게 이제

한 번 더 아기를 낳게 되면 이번에야말로 목숨을 잃는다고 했다.

"저는 오늘 페이엇빌에서 아주 재미있는 것을 발견했어요." 윌은 말했다. "여러분들에게도 재미있으리라고 생각되어서 가지고 왔답니다."

그는 바지 주머니를 뒤져서 지갑을 꺼냈다. 그것은 캐린이 그를 위하여 만든 것으로, 나무껍질로 속을 넣어서 모양을 낸 캘리코 지갑이었다. 그는 속에서 남부정부 발행의 지폐를 한 장 꺼냈다.

"당신은 남부의 지폐가 재미있는 것으로 생각될지도 모르겠지만, 윌, 내게는 재미있게 생각되지 않아요." 남부의 지폐를 보면 미칠 듯이 화가 치미는 스칼렛은 쌀쌀하게 말했다. "지금도 아버지 트렁크 속에 3천 달러는 있어요. 마미는 바람을 막기 위해서 다락방 벽 구멍에 바르게 해 달라고 조르고 있는 형편이에요. 그리고 난 바르라고 할 작정이에요. 그러면 무엇에고 소용이 된 셈이니까요."

"권세를 자랑하는 시저도 죽으면 한낱 흙이 되나니……." 멜라니는 쓸쓸하게 웃었다. "그런 짓은 하지 말아요, 스칼렛. 뒀다가 웨이드에게 주면 좋을 거예요. 언젠가 그 애가 그것을 자랑으로 여길 날이 올 테니까요."

"아니, 저는 권세를 자랑한 시저에 대해서는 아무것도 모르지만," 윌은 여전히 차분하게 말했다. "제가 가지고 온 것에도 멜라니 씨, 지금 당신이 웨이드를 위해서라고 말씀하신 것과 비슷한 말이 적혀 있어요. 즉 지폐 뒤에 붙어 있는 시인데 말입니다. 스칼렛 씨는 시에 그다지 흥미를 갖지 않으시는 것 같지만, 이것은 틀림없이 재미있지 않을까 생각돼요."

그렇게 말하고 지폐를 뒤집어 보였다. 뒤에는 초라한 갈색 포장지 조각이 발려 있고 흐릿한 잉크로 무엇인가 적혀 있었다. 윌은 기침을 한 번 하고 나서 "제목은 '남부 지폐 뒤에 적은 시'란 겁니다" 하고 천천히 더듬거리며 읽었다.

이제 신의 대지와 물속, 그 아래에는
신을 나타낼 만한 것이라곤 없다.
그러니 멸망한 국민들의 굳은 맹세를 간직한 벗이여,
그것을 보여다오.
이 하찮은 이야기에 귀 기울일 이들에게 보여주어라.
폭풍우에 휩쓸려 무너진 나라

애국자들의 꿈에서 태어난
자유의 이야기를.

"어쩌면, 얼마나 아름다워요! 얼마나 감동적인 시람!" 멜라니는 외쳤다. "스칼렛, 지폐를 마미에게 주어서 다락 따위를 바르게 해서는 안 돼요. 그건 예사 종이가 아니에요! 이 시가 노래했듯이 '멸망한 국민의 맹세'인 거예요."

"원 멜라니도, 감상에 빠지면 안 돼요! 종이는 종이고, 우리는 좀 필요 이상으로 많이 갖고 있는데다 마미가 다락방 벽 구멍 때문에 투덜거리는 것도 진저리가 나니까 말이야. 웨이드가 자라면 나는 남부정부의 종이 부스러기 따위를 줄 게 아니라 그린백 지폐를 듬뿍 주고 싶어."

이런 논쟁을 하는 동안 그 지폐를 장난감 삼아 담요 위를 기어다니는 보를 어르고 있던 윌은 문득 얼굴을 들더니 눈 위에 손을 얹고 마찻길 쪽을 바라보았다.

"동지가 또 생겼군요." 그는 말했다. 햇빛에 눈이 부신 모양이다. "또 병사구먼."

스칼렛은 그의 눈길을 따라 언제나 눈에 익은 광경을 보았다. 이 역시 수염을 기른 사나이였는데 삼목 가로수길을 힘없이 걸어오고 있었다. 남군과 북군의 푸른빛과 흰빛의 너덜너덜한 군복을 섞어 입고, 고개를 축 늘어뜨리고 느릿느릿 다리를 끌고 있었다.

"병사들은 이젠 그럭저럭 끝났는가 생각했는데," 그녀는 말했다. "저 사람은 너무 허기져 있지 않으면 좋겠네."

"몹시 허기졌겠지요." 윌이 짧게 말했다.

멜라니는 일어섰다.

"딜시에게 식사를 한 사람 몫 더 늘이도록 일러야지." 멜라니는 말했다. "그리고 마미에게 너무 다짜고짜 옷을 벗겨 불쌍한 사람을 놀라게 하지 말라고 주의시켜 두겠어요. 그리고……."

갑자기 그녀는 말을 끊었다. 스칼렛이 돌아보니, 멜라니는 가느다란 손을 목에 대고 마치 고통으로 찢기기라도 하는 것처럼 그곳을 꽉 움켜잡고 있었다. 하얀 피부 밑으로 무섭게 뛰고 있는 핏줄이 스칼렛의 눈에 비쳤다. 얼굴에서 핏기가 가시고 갈색 눈이 무서울 만큼 확대되어 있었다.

기절하는 거라고 생각한 스칼렛은 벌떡 일어나 그녀의 팔을 잡았다.

그러나 그 순간 멜라니는 손을 뿌리치고 계단을 내려갔다. 그리고 나는 듯이 자갈길을 뛰어나갔다. 빛 바랜 치마를 펄럭이며 두 손을 벌리고 작은 새처럼 가볍게 달려갔다. 그 순간 스칼렛은 호되게 얻어맞은 것처럼 진상을 깨달았다. 걸어온 사나이가 지저분한 금빛 수염에 덮인 얼굴을 들고 조용히 멈춰서서 이제는 한 걸음도 더 걸을 수 없다는 듯이 집 쪽을 바라보았을 때 그녀는 저도 모르게 현관의 기둥을 잡고 비틀거렸다. 심장이 마구 뛰더니 잠시 고동이 멎었다. 그리고 다시 맹렬히 뛰기 시작했다. 이윽고 멜라니가 형용하기 어려운 고함을 지르며, 그 더러운 병사의 품으로 몸을 던졌다. 그의 머리가 그녀의 머리 위로 수그러졌다. 스칼렛이 기쁨에 벅차서 뛰어가려고 했을 때 월의 손이 그녀의 치마를 잡았다.

“방해해서는 안 됩니다.” 그는 조용히 말했다.

“놓아요, 바보! 놓으라니까! 애쉴리란 말이야!”

그러나 그는 손을 늦추지 않았다.

“어쨌든 ‘그녀’의 남편이시죠. 아닙니까?”

그는 침착한 목소리로 물었다. 기쁨으로 인한 혼란과 무력한 분노로 그를 내려다보았을 때, 스칼렛은 그 조용한 눈 속에서 이해와 연민의 빛을 보았다.

옮긴이 장왕록(張旺祿)

서울대학교 영문학과 및 동 대학원 졸업. 미국 아이오와대학교 대학원 졸업. 서울대학교 문학박사. 서울대학교 교수 및 한림대학교 교수 역임. 한국영어영문학회장 역임. 한국문학번역상(코리아타임즈), 한국번역문학상(국제펜클럽), 세계미국문학번역공로상(미국 컬럼비아대학) 수상. 지은책 《영문학개론》《미국문학사》《헨리 제임스의 소설기법》. 옮긴책 멀건 《영문학사》, 스필러 《미국문학사》, 불핀치 《그리스 로마 신화》, 멜빌 《백경》, C. 브론테 《제인에어》, 펄벅 《대지》, 서머셋 몸 《인간의 굴레》《달과 6펜스》, 김은국 《순교자》 능.

World Book 128
Margaret Mitchell
GONE WITH THE WIND
바람과 함께 사라지다 Ⅰ
마거릿 미첼/장왕록 옮김
1판 1쇄 발행/1988. 3. 1
2판 1쇄 발행/2010. 8. 1
2판 3쇄 발행/2022. 5. 1
발행인 고윤주
발행처 동서문화사

창업 1956. 12. 12. 등록 16-3799
서울 중구 마른내로 144(쌍림동)
☎ 546-0331~2 Fax. 545-0331
www.dongsuhbook.com
잘못 만들어진 책은 바꾸어 드립니다.

＊

이 책의 출판권은 동서문화사가 소유합니다.
의장권 제호권 편집권은 저작권법에 의해 보호를 받는 출판물이므로 무단전재와 무단복제를 금합니다.
사업자등록번호 211-87-75330
ISBN 978-89-497-0669-6 04080
ISBN 978-89-497-0382-4 (세트)